Obra Completa de C.G. Jung
Volume 20

Índices gerais
Onomástico e analítico

Comissão responsável pela organização do lançamento da Obra Completa de C.G. Jung em português:
Dr. Léon Bonaventure
Dr. Leonardo Boff
Dora Mariana Ribeiro Ferreira da Silva
Dra. Jette Bonaventure

A comissão responsável pela tradução da Obra Completa de C.G. Jung sente-se honrada em expressar seu agradecimento à Fundação Pro Helvetia, de Zurique, pelo apoio recebido.

Dados Internacionais de Catalogação na Publicação (CIP)
(Câmara Brasileira do Livro, SP, Brasil)

> Jung, Carl Gustav, 1875-1961.
>   Índices gerais: onomástico e analítico : volume 20 / C.G. Jung; [compilação da Editora]. – Petrópolis : Vozes, 2011 – (Obra Completa de C.G. Jung)
>
> Título original: Gesamtregister
>
> 11ª reimpressão, 2022.
>
> ISBN 978-85-326-2452-9
>
>   1. Psicanálise 2. Psicologia junguiana
> I. Título. II. Série
>
> 10-12338   CDD-150.1954

Índices para catálogo sistemático:
1. Jung, Carl Gustav : Psicologia analítica
150.1954

C.G. Jung

Índices gerais

Onomástico e analítico

20

Petrópolis

© 1994, Walter-Verlag, AG.

Tradução realizada a partir do original em alemão intitulado
Gesamtregister – Gesammelte Werke 20

Editores da edição suíça:
Marianne Niehus-Jung
Dra. Lena Hurwitz-Eisner
Dr. Med. Franz Riklin
Lilly Jung-Merker
Dra. Fil. Elisabeth Rüf

Direitos exclusivos de publicação em língua portuguesa:
2011, Editora Vozes Ltda.
Rua Frei Luís, 100
25689-900 Petrópolis, RJ
www.vozes.com.br
Brasil

Todos os direitos reservados. Nenhuma parte desta obra poderá ser reproduzida ou
transmitida por qualquer forma e/ou quaisquer meios (eletrônico ou mecânico,
incluindo fotocópia e gravação) ou arquivada em qualquer sistema
ou banco de dados sem permissão escrita da editora.

CONSELHO EDITORIAL
Diretor
Gilberto Gonçalves Garcia

Editores
Aline dos Santos Carneiro
Edrian Josué Pasini
Marilac Loraine Oleniki
Welder Lancieri Marchini

Conselheiros
Francisco Morás
Ludovico Garmus
Teobaldo Heidemann
Volney J. Berkenbrock

Secretário executivo
Leonardo A.R.T. dos Santos

Elaboração: Maria da Conceição B. de Sousa
Diagramação: AG.SR Desenv. Gráfico
Capa: 2 estúdio gráfico

ISBN 978-85-326-2424-6 (Obra Completa de C.G. Jung)

ISBN 978-85-326-2452-9 (Brasil)
ISBN 3-530-40720-8 (Suíça)

Este livro foi composto e impresso pela Editora Vozes Ltda.

Sumário

Prefácio à edição suíça, 7

Prefácio à edição brasileira, 9

Observações sobre a estrutura dos índices, 11

Índice onomástico, 13

Índice analítico, 115

Prefácio à edição suíça

Atendendo ao desejo diversas vezes pronunciado, os herdeiros deciram por unanimidade acrescentar um novo volume à Obra Completa de C.G. Jung (OC 1-18): *Índices gerais*.

Devido ao fato de as reedições poderem apresentar paginação diversa daquela das primeiras edições e no intuito de preservar a compatibilidade com a edição inglesa, *Collected Works of C.G. Jung*, foi realizada uma mudança de sistema, isto é, as referências antes indicadas por número de página passaram a ser indicadas pelo número do parágrafo. Gostaria, nesse sentido, de agradecer a Christina Jung-af Uglass, Vreni Jung-Gerber e Heide Vüllers pelo auxílio prestado no momento da modificação dos índices isolados.

As primeiras edições da OC ainda não apresentavam paragrafação. As posteriores já foram organizadas através de parágrafos; estes, porém, em parte não correspondem aos índices gerais em questão. Nos últimos anos a paragrafação de toda obra completa foi adaptada àquela dos *Col lected Works*, o que, em alguns casos, envolveu pequenos deslocamentos de texto. Por isso, se os senhores eventualmente, no caso de edições mais antigas, não encontrarem uma ou outra palavra-chave no parágrafo indicado, pedimos que, antes de se aborrecerem, consultem o Índice analítico do volume em questão.

O presente volume se baseia nos índices isolados de cada obra, o que envolveu certas dificuldades no momento da elaboração dos índices gerais. Por um lado, deparamo-nos com variações no que diz respeito à ortografia; por outro, as palavras-chave nem sempre são unânimes, dependendo do volume e dos autores dos índices. Desse modo, encontramos, por exemplo, as palavras alquimia e alquimista separadamente; em outros casos, porém, reunidas a partir de diversas composições: alquimia / alquimista, alquimia / alquímico etc. Infelizmente, o tempo limitado e o âmbito extenso da tarefa em questão não nos permitiram desmembrar as composições das palavras-chave uma por uma e apresentá-las isoladamente. As diferenças ortográficas foram assumidas dos índices isolados. No intuito de facilitar a identificação, variações ortográficas serão apresentadas.

Devido a dificuldades técnicas não foi possível reproduzir palavras-chave escritas em grego com seus respectivos caracteres. Estas, porém, encontram-se devidamente assinaladas.

Originalmente houve a intenção de complementar o volume *Índices gerais* com anexos temáticos. Desse modo, o anexo n. 3, por exemplo, compreenderia todas as palavras-chave referentes à Bíblia. Para que o volume *Índices gerais* pudesse ser manuseado com mais facilidade, esses anexos não foram elaborados. Sendo assim, as palavras-chave referentes a pessoas, textos e assuntos se encontram reunidas em um só registro.

Apesar de o trabalho ter sido realizado com o máximo de minuciosidade não podemos excluir a possibilidade de pequenas falhas devido ao grande número de palavras-chave (acima de 12.000) e de parágrafos (acima de 250.000) Compreendo o eventual aborrecimento dos senhores, pedindo desculpas de antemão. Agradeço pela notificação de erros, assim como de palavras-chave. Ambos deverão ser corrigidos e considerados em edição posterior.

Baden, julho de 1994

L. Niehus

Prefácio à edição brasileira

Desde há muito sentíamos a necessidade de acrescentar aos 18 volumes da Obra Completa de Jung, cuja tradução concluiu-se há vários anos, também o volume dos Índices Gerais.

Como cada volume já possuía o próprio índice, a complexidade de uma tentativa de padronização dos termos utilizados pela equipe de tradutores e a energia dispendida em tal empreendimento somente vieram a justificar-se neste momento em que, motivados pela necessidade de implantar a reforma ortográfica vigente, optamos pela completa revitalização de todos os volumes, de modo que toda a obra recebesse, além de revisão ortográfica, um novo projeto gráfico e visual, neste ano em que comemoramos o 50º aniversário da morte de Jung.

Portanto, encontra-se agora a Obra de C.G. Jung enriquecida com a publicação destes Índices gerais, que facilitarão enormemente o estudioso e o profissional, pois em um único volume é possível visualizar todos os principais temas abordados por Jung nos 18 volumes da Obra Completa.

Optamos por elaborar o presente volume a partir dos índices (onomástico e analítico) já publicados isoladamente nos demais volumes da coleção, porém acrescentando as adaptações advindas de sua revisão e, sobretudo, considerando as variantes utilizadas pelos tradutores para expressões próximas e derivadas de uma mesma família.

Na esperança de estar prestando um bom serviço à leitura e ao estudo de Jung,

Editora Vozes

Março de 2011

Observações sobre a estrutura dos índices

1) Os números em negrito se referem ao número do volume da OC.

2) Os números seguintes aos negritados indicam o parágrafo, exceto quando se mencionam as páginas.

3) Na ausência de parágrafos (p. ex., títulos e prefácios) é indicada a página correspondente, antecedida de "p."

4) Os números entre parênteses significam que a palavra-chave aparece de modo indireto.

5) Os números elevados correspondem às notas de rodapé.

6) As notas de rodapé também são indicadas por capítulos, antecedidos de "R" (R_1, R_2, R_3) e seguidos do número da nota em itálico.

7) O asterisco (*) se refere a uma figura. O número com asterisco corresponde ao número da figura.

8) Abreviaturas:

cf.: confira

cf. tb.: confira também

d.p.: demência precoce

(D): delírio

F: figura

m.s.: motivo onírico ou de sonho

(S): motivo do sonho

s.: parágrafo, nota de rodapé ou página seguinte.

SE: sujeito da experimentação

ss.: parágrafos, notas de rodapé ou páginas seguintes.

Índice onomástico

A

Abarbanel (Abrabanel), I. **9/2** 128[7], 128, 168

Abbeg, L. **8/3** 913[75]; **14/2** R[5]: *190*; **18/2** 1.483s.

Abegg, E. **5** 214[21]; E. **6** 337[42], 379[89]

Abeghian, M. **5** 163[77], 486[19]

Abelardo **5** 14, 22; **6** 52, 65s., 68s., 74, 89, 603s.; **7/1** 80; **8/1** 4[5]; **8/2** 393; **14/1** 308; **14/2** R[5]: *268*; **14/3** 101[125]

Abi'l Qasim al Iraqi **14/3** 17, 58[15-24], 66[36], 115[176], 366[109]

Abraão Ben Hijja, R. **9/2** 128

Abraão, E. **9/2** 202

Abraham Cohen Irira
- cf. Herrera

Abraham de Frankenberg **14/1** 192

Abraham ibn Esra de Toledo **18/2** 1.526

Abraham le Juif **13** 263, 268[127], 457[324]; **14/2** 377
- cf. tb. Eleazar

Abraham, K. **3** 356[5]; **4** 227, 277, 478, 507; **5** 2, 26[28], 29, 208, 319[18]; **9/1** 259[3]; **18/1** 934, 1.027; **18/2** 1.160a

Abravanel
- cf. Leão Hebreu

Abt, A. **14/1** R[3]: *453*

Abu Aflah **14/3** 58[14]

Abu Bekr Muhammed Ben Zakeriya er-Rasi
- cf. Rhazes

Abu'l Hasan'Ali ibn Abdulla **14/3** 22

abu'l Qasim Muhammad Ibn Ahmad Al-Iraqi **12** 473, 516, 537; **13** 173[103], 273[171], 402, 406, 408[191], 409[197]; **14/1** 5, 12 / R[2]: *180*, R[3]: *208*; **14/2** 49 / R[4]: *112, 186* / R[6]: *40*; **16/2** 403[7], 497[16]

Abu-Ma-Ashar
- cf. Albumasar

Acta Archelai
- cf. Hegemonius

Acta Philippi, T.
- cf. Bíblia, apócrifos

Acta S. Joannis **16/2** 400[59]

Acta Sanctorum **1** 143

Adam von Bodenstein **15** 21

Adam, S. **9/2** 158

Adamski, M. **10/4** 612

Adamson, R. **14/3** 26[82]

Adamus **14/3** 524[71]

Adão e Eva **14/2** 221

Addam et processum sub forma missae
- cf. Cibinensis

Ademarus **12** 224[113]

Adler, A. **3** 397, 411, 419, 544; **4** 129, 553, 564, 638, 658, 675s., 755s., 773; **6** 84s., 86, 567, 670, 698, 773s., 782, 887, 935, 949; **7/1** 44, 50, 56s., 78, 88, 92, 170[11], 199; **7/2** 224, 256, *p. 137, 159[1], 161,163*; **8/1** 7[15], 44, 95; **8/2** 497, 506[10]; **9/1** 91; **9/2** 253; **10/1** 556; **10/3** 19, 342s., 352s.; **10/4** 658s.; **11/6** 492, 496, 507, 539, 1.029; **14/2** R₄: *405*; **15** 44[1], 57; **16/2** 360, 368; **17** 13[4] , 156s., 203, 215; **18/1** 3, 124, 274s., 1.027, 1.030[6], 1.031[7], 1.061; **18/2** 1.153s., 1.157, 1.259, 1.774

Adler, G. **9/1** 622[185]; **11/6** 1.060; **18/1** 278[60]; **18/2** 1.134, 1.152[2], 1.226, 1.238-1.244, 1.737

Adolphus Senior **12** 99[30]

Aegidius de Vadis **12** 166[141], 427[4], 433[25], 459[83]; **14/1** R₃: *78*; **14/2** R₆: *8, 130*; **16/2** 525[5]

Aeliano, C. **9/1** 428[55]; **12** 521[20], 526[30]; **14/1** 244; **14/2** R₆: *173*

Aenesidemos **12** 409[25] **12**

Aenigmata Philosophorum
- cf. Visio Arislei

Aesch Mezareph **14/2** R₅: *297*

Afonso X (de Castela) **18/2** 1.788

Africanus **14/2** R₄: *15*

Agathias Scholasticus **14/1** 88

Agathodaimon **14/3** 167[8], 448

Agobardo de Lyon **14/3** 515[45]

Agostinho (Aurelius Augustinus) **5** 21[23], 102, 104[58], 107, 111, 112, 162, 186, 411, 669[72], 671; **6** 16, 27, 443, 958; **8/2** 275, 469; **8/3** 957[149]; **9/1** 5, 38[23]; **9/2** 71, 80, 89s., 127[1, 2], 132[45], 133[47], 147[78], 157, 174, 185, 228, 243,

285; **10/1** 555; **10/2** 914; **11/6** 484; **12** 51, 112[42], 497, 500[192], 524; **13** 299s., 455; **14/1** 17, 20, 249, 250, 270, 310 / R₁: *53, 170, 187, 211, 213, 215*; **14/2** 60, 233 / R₄: *139, 248, 415* / R₅: *40, 78, 170;* **14/3** 69[44], 94[111], 97[118], 143, 172[17], 231[4], 234, 243[33], 306, 442[6], 466[45], 484, 484[70], 501[15], 530[85], 614; **15** 149; **16/2** 16-18, 397, 412, 533[23]; **17** 271; **18/1** 16, 80, 688[1]; **18/2** 1.655[32]

Agrícola, G. **9/1** 268[10]; **13** 124[157]

Agrippa von Nettesheim, C. **8/2** 393; **8/3** 920-922; **12** 313, 422[50]; **13** 148, 152, 164, 167, 193[187, 190], 223[246], 229, 234; **14/1** 27 / R₂: *336*; **14/3** 101[125], 424[90]; **15** 10, 17; **16/2** 10, 414; **18/2** 1.757

Ahlenstiel, H. **10/4** 803[2]

Aigremont (Dr.) **5** 209[10], 356[52], 292[122], 422[14], 422[16], 481[16]; **7/1** 128[5]; **14/2** R₆: *151*

Ailly, P.
- cf. Pedro de Alíaco

Akbar o Grande **10/3** 983

Aksakow, A.N. **18/1** 698[1]

Al' Iraqui **14/2** R₆: *170*
- cf. Abü'l-Qâsim

Alano da Ilha (Alanus de Insulis) **12** 480[157]; **13** 389[123], 389; **14/3** 38[1], 52[4], 146, 158[12]

Albareda, A.M. **14/3** 12[54], 40[4]

Alberto Magno **8/2** 393; **8/3** 859, 860; **9/2** 130[41], 133[47], 143, 404; **10/3** 864; **12** F 117, 457, 465, 471[127], 481, 484[171], 524; **13** 158[33], 173[97], 377, 409[197], 415s., 417, 444, 456, 458s.; **14/1** 13, 296; **14/2** 371, 372, 373, 395, 396 / R₄: *92, 391, 243* / R₆: *249* / R₆: *149, 162;* **14/3** 5, 7, 8, 11, 11[28], 14, 20, 24[70], 26, 27, 27[91], 31, 33, 38[1], 41[6],

Índices gerais

42, 54, 53[8, 10], 62[34], 65[35], 69[44], 70[47, 48], 73, 73[55], 75[62], 88, 92, 93, 94, 101, 101[125, 126], 121, 121[3], 169[13], 185[53], 194[70], 206[90], 306, 306[14], 311, 424[85], 428, 428[103, 106], 570, 570[172], 592[3], 595-615, p. 52-53[21],54-55[4], 76[21], 94-95[39], 94[42], 96[48], 98-99[55], 112[52]; **16/2** 103, 533[26]; **18/2** 1.222, 1.530
- pseudo **14/3** 11[28], 54[8], 65[35], 101[126], 121[3], 169[13], 194[70], 224[122], 240[27], 243, 243[36], 248[44], 257[64], 267, 267[7, 8], 401[11], 206[90, 94], 475[60], 486[73], 524[76], 530[88], 532[93], 555, 570
- - cf. tb. *Scriptum Alberti*

Albertus Pictor **12** F. 42

Albumasar / Abu Ma'shar (Já'afar ibn Muh. al-Balkhi) **9/2** 128, 130[36], 41, 133[47], 151, 153

Alciati (Alciatus), A. **5** 261[10]; **9/2** 243; **13** 350[33], 412

Alcides
- cf. Alphidius

Alcorão **14/1** R$_1$: *156*, R$_2$: *188*; **14/2** R$_5$: *31*

Alcuíno **14/3** 102[132], 401[12]

Aldrich, C.R. **18/2** 1.296-1.299

Aldrovandus, U. **9/1** 53[30], 223[17]; **13** 458[330]; **14/1** 69, 72, 90 / R$_2$: *96*

Aleixo, C. (imperador) **9/2** 229

Alexander à Suchten **13** 165

Alexander Polyhistor **12** 409[25]

Alexandre (rei) **14/3** 60, 487[75]

Alexandre de Afrodísia **14/3** 330[63]

Alexandre de Licópolis **14/3** 484[70]

Alexandre Janeu **5** 594

Alexandre Magno **9/1** 252s., 604; **10/3** 984; **12** 457; **13** 415, 428; **14/1** 254, 313; **18/1** 509

Alexandre VI (papa) **15** 10

Alexis **14/1** 93

Alfarabi **14/3** 143[10], 181[40], 225[123]

Alfidius **16/2** 458, 484

Alfredo de Sareshel **14/3** 7

Alfredo o Grande **18/1** 650

Algazel **14/3** 596[32]

Al-Gazzali
- cf. Algazel

Al-Iraqi
- cf. Abu'l Qasim

Allegoria Merlini **14/2** 10, 18, 61, 65, 83 / R$_4$: *30* / R$_6$: *59*
- cf. Merlinus

Allegoriae Sapientum **14/1** 36, 234 / R$_1$: *101*, R$_3$: *181*; **14/2** R$_4$: *22, 34* / R$_6$: *100, 101*

Allegoriae super librum Turbae **14/1** 152 / R$_1$: *306*; **14/3** 131[21], 539, 549

Allenby, A.I. **9/2** 427[3]; **18/2** 1.486-1.496

Allendorf, J.L.K. **5** 268

Allendy, R. **12** 313; **14/3** 347, 424[90]; **18/2** 1.723

Allport, G.W. **15** 44[1]

Alphidius **12** 382, 450[11], 462, 465; **13** 392, 429; **14/1** R$_1$: *9*; **14/3** 5[1], 16[46], 19, 20, 20[58], 22, 29, 59, 60, 64, 366[109], 374, 375, 380, 381, 394, 394[1, 2, 4], 395, 397, 413[39], 425, 434, 435, 437[1], p. 46-47, 46-47[8], 50-51, 62-63[3], 68-69[10], 94-95, 98-99, 98-99[56], 106-107, 106[27a], 108-109[30, 33], 116-117[62], 118-119, 118-119[72]

Al-Tabari **18/2** 1.527

Alverdes, F. **8/2** 282[13]

Alvernus (Auvergne), G. **8/2** 393

Amalarico de Bena **9/2** 138

Amaldus de Villanova **12** 209[83], 246[127], 423[65], 465, 471[127]

Amann, J. **12** F. 239

Ambrósio (santo) **6** 442s.; **9/2** 143, 373[44]; **12** 418, 522; **13** 407[184], 456; **14/1** 28, 143 / R_3: *523*; **14/2** 25, 139 / R_4: *70*; **16/2** 11, 533[23]

Amenhotep (Amenofis) *IV 5* 148s., F. 14

Amenófis IV **8/1** 92; **15** 175, 176

Amnianus Marcellinus **18/1** 703

Amobius **12** 184[57]

Amphitheatrum **14/1** 323
- Sapientum **14/2** R_4: *24, 121, 122, 123, 278*

Anacreonte **9/2** 331; **12** 550

Anastásio **6** 119

Anastasius Sinaíta **16/2** 12, 533[23]

Anaxágoras **5** 67, 76, 176[2]; **12** 410[27], 433, 435[35]

Anaximandro **12** 428[7]

Anaxímenes **12** 410[27], 428[7]

Ancoratus **14/2** R_4: *291, 292*

Andersen, C. **17** 286

André (apóstolo) **9/2** 145

Andreae, J.V. **18/2** 1.692-1.699
- cf. tb. Rosencreutz, C.

Andreas, F.C. **14/1** R_3: *568*

Andreyev, L. **3** 518

Angelucci, O.M. **10/4** 791 803, 816, 820

Ângelo Silésio (Johann Scheffler) **6** 476s.; **7/2** 396; **9/1** 19; **13** 151, 154; **15** 11; **14/1** 121, 192, 277 / R_3: *52, 65, 102, 341*; **14/2** 87, 106 / R_4: *245, 247*; **16/2** 13, 482[9], 504[31]; **18/2** 1.552, 1.675

Angelus, M.L.M. **14/1** 51

Anger, R. **9/2** 128[13]

Anônimo **8/3** 952, 957[149]; **18/1** 700

Anquetil Duperron **6** 182; **10/3** 175, 187; **14/2** 392; **15** 87

Anschütz, R. **16/2** 14, 353[5]

Anselmo de Cantuária **6** 53s., 56s.

Antão **6** 76s.; **12** 59

Antifão de Rhamnos **6** 36

Antigo Testamento
- cf. Bíblia

Antístenes **6** 35, 41s., 46

Anton **6** 773[23]

Apeles **9/2** 128

Aphorismi Basiliani **14/1** R_3: *140*

Apocalipse de Daniel
- cf. Bíblia

Apocalipse de São João
- cf. Bíblia

Apolônio de Tiana (Apollonius de Tyana) **9/2** 193[1]; **12** 336[11]; **14/1** 159 / R_1: *101*; **15** 7, 91
- pseudo **13** 103, 161, 268
- - cf. tb. *Dicta Belini*

Apparatus **14/2** R_5: *297*

Aptowitzer, V. **9/1** 580[131]; **14/2** R_5: *155, 172*

Apuleio **5** 102[52], 130[14], F. 9, 148[45], 158, 208[10], 439[42], 610, 644[36]; **9/1** 66,

Índices gerais

84, 107, 194, 229, 619; **12** 66; **13** 86[15], 228[255], 451; **14/1** 14; **14/2** 66, 391 / R_4: *169, 408*; **18/2** 1.079

Aquarium Sapientum **14/1** 323 / R_2: *123, 206,* R_3: *171;* **14/2** 54, 127, 150, 159, 248 / R_4: **18**, *217, 357, 380*

Arato (Aratus) **8/2** 394; **9/2** 147[84]; **14/1** 171

Arcanum Hermeticae Philosophiae Opus **14/1** R_3: *183, 319;* **14/2** R_4: *194, 392*

Archelaus **12** 410[27], 435[35]

Archytas **12** 433

Areopagita
- cf. Dionísio

Arfultus **14/2** 36

Ario **6** 25

Ariosto, F. **12** 244

Arisleu **13** 403
- cf. tb. *Visio Arislei*

Aristófanes **5** 577; **18/1** 258

Aristóteles **2** 868; **6** 51s.; **8/1** 55; **8/2** 655; **8/3** 923; **9/1** 149s.; **9/2** 92, 197[11]; **11/6** 1.020; **12** 371[59, 60], 478; **13** 41, 149, 303, 377; **14/1** 166: 8a / R_1: *35,* R_2: *40;* **14/2** R_4: *262* / R_6: *162;* **16/2** 533[26]
- pseudo **12** 157[29], 167[42], 469, 475[150]; **14/2** 290 / R_5: *226;* **16/2** 2, *5*

Aristóteles (alquimista) **13** 403, 427; **14/1** 254, 255, 278 / R_2: *53,* R_3: *315*

Arnaldo de Villanova **13** 103, 150, 158[33], 387; **14/1** 174, 175, 234 / R_1: *315, 316, 506;* **14/2** 290 / R_4: *276;* **18/2** 1.780

Arndt, E. **3** 1[1]

Arnóbio **5** 530

Arnold, E, **5** 362, 490

Arquelau **13** 158[33]; **15** 19; **18/1** 241
- cf. tb. *Acta Archelai*)

Ars Chemica **14/1** 117 / R_1: *3, 5, 9, 11, 33, 139, 146,* R_2: *10,* R_3: *39, 43;* **14/2** R_4: *41, 221, 388;* **16/2** 1, 353[7], 402[2], 450[1], 494[1], 495[5]

Artéfio (Artefius) **9/2** 204[38], 227[92]; **14/1** 159, 160 / R_1: *11;* **14/2** 65 / R_4: *164* / R_6: *77, 87;* **16/2** 5, 525[1]

Artemidor **14/2** 139; **17** 262

Artemidoro de Daldis **18/1** 544

Artemidoros **5** 4

Artephius **13** 273

Artis Auriferae **14/1** R_1: *5, 6, 15, 34, 53, 54, 101, 199,* R_2: *9, 11, 13, 37, 103, 116, 154, 209, 216,* R_3: *1, 48, 110, 127, 141, 182, 196, 197, 207, 221, 243, 248, 285, 295, 306, 315, 316, 377, 378, 390, 394, 397, 401, 416, 426, 428, 429, 436, 503, 553, 555, 598;* **14/2** R_4: *29, 75, 161, 210, 269, 276, 283, 393, 404, 421, 443* / R_5: *3, 213, 244, 246, 256, 266* / R_6: *9, 24, 31, 38, 81, 140, 168, 169, 176, 178, 180, 199, 230;* **16/2** 2, 353[1], 384[40], 402[1] 403[6, 10, 12], 411[2], 418[14], 450[3], 451[6], 454[2, 3, 4, 6, 11, 12, 16, 21], 455[24-26] 458[2-4], 459[5], 461[9], 467[1, 2], 468[5, 9], 472[16], 476[2], 478[4], 479[6], 483[4], 484[7, 9, 10, 11], 486[17], 494[1], 495[2, 5], 497[16, 17], 498[20], 504[30], 505[33], 527[8], 529[11, 14], 531[17], 533[24]

Artus **14/2** R_4: *30*

Aschaffenburg, G. **1** 311[17, 19]; **2** 18, 22s., 41, 45, 57, 70, 75s., 80, 100[23], 115s., 132s., 157[41], 387s., 524, 551[22], 568, 577, 584s., 593, 599, 731, 866s., 870s., 1.079; **3** 2, 22[38]; **4** 1s., 695; **7/1** p. 111

Aschner, B. **15** 12

Ashmole, E. **12** 404[7], Fl 267; **14/2** R_4: *107*

Ashvagosha **13** 458[329]

Assagioli, R. **18/1** 934

Assurbanipal, A. **5** 280, 659[49]

Ast, P.H. (Pastor Ast) **18/1** 797

Astério (bispo) **5** 528; **9/1** 297[41]; **18/1** 264

Atanásio **16/2** 384

Atanásio de Alexandria **6** 76

Ateneu **5** 321, 671[77]

Atharvaveda **6** 347[51], 365[71], 381[92, 93]; **14/2** 392 / R_6: *205, 207, 209, 210*

Athenaeus **14/1** 93

Athenagoras **14/1** 14

Atos de Tomé
- cf. Bíblia

Atos dos Apóstolos
- cf. Bíblia

Atwood, M.A. **16/2** 15, 505, 505[36]

Augurelo (Augurellus), J.A. **9/2** 367[28]

Augusto, César **9/2** 223; **10/3** 293; **10/1** 488; **18/1** 241

Aurei Velleris **14/2** R_4: *287/* R_5: *238*

Aurélia Occulta **14/1** 290; **14/2** 390

Aurobindo, S. **10/3** 875

Aurora Consurgens **14/1** 6, 30, 149, 150, 310 / R_1: *9, 62, 65, 73, 74, 134, 163,* R_2: *46, 58, 69, 85, 104, 147, 181, 189, 203, 209,* R_3: *24, 29, 83, 148, 201, 202, 322, 395;* **14/2** 50, 105, 133, 157, 197, 258 / R_4: *37, 40, 75, 432, 443 /* R_5: *17, 337;* **16/2** 2, 34, 353[7], 384[40], 399, 403[12], 414[5], 418, 420[17], 454[3, 10], 467[2], 472[16], 484[11], 496, 507[39]

Auvergne, G. **8/2** 393

Avalon, A. **9/1** 142[31], 312[5], 467[14]; **12** 123[3], 184[58], 246[128], 397[108]; **13** 35[19], 334[12]; **14/2** R_6: *134;* **16/2** 19, 380[33]; **18/2** 1.331[11]

Avantius, J. **12** 356[15]

Avenarius, H. **6** 862

Avicena (Ibn Sina) **8/3** 859; **13** 150, 263, 377, 442; **14/1** 2, 270 / R_2: *154 /* R_3: *206;* **14/2** R_4: *276;* **15** 19, 24, 33; **16/2** 5, 414[5], 467[1]
- cf. tb. *Tractatulus Avicennae*)

Axioma de Maria (profetisa) **14/1** 66, 262, 271, 272
- cf. tb. Maria Prophetissa

Azam, C.M.E.E. **1** 17[10], 110, 280; **6** 752

B

Baader, F. **4** 748; **14/2** 245/ R_5: *137, 138*

Babinski, J. **18/1** 943

Baccius, A. **12** 518[11]

Bach, J.S. **10/3** 158; **12** 177; **14/2** 408

Bachofen, J.J. **15** Prefácio, cap. VII

Bacon, F. **8/2** 275

Bacon, J.D. **9/1** 312[5]

Bacon, R. **9/2** 143, 154, 404; **16/2** 20; **18/2** 1.530

Badrutt, H. **10/2** 909

Baechtold-Staeubli **14/1** R_1: *351*; **14/2** R_6: *114, 117*

Baetz, E. **1** 123[96], 307; **3** 147

Bahir (livro) **14/2** R_5: *236*

Bahr, H. **3** 105

Bain, A. **1** 86[37]

Balduinm, C.A.F. **12** 209

Balduíno (arcebispo de Cantuária) **14/3** 234[12], 606[89]

Baldwin, J.M. **5** 12[6], 15; **6** 584, 801

Bálint, E. (Ranschburg, P.B.) **2** 1.316[*1]

Ball, B. **3** 170[156]

Ballet, G. **1** 86[30], 117; **11/6** 1.016s., 1.034[5]; **18/1** 714[11]; **18/2** 714[11]

Bamaud(us), N. **12** 518[7]

Bancroft, H.H. **5** 400

Bandelier, A. **9/1** 456

Banerjee, S. **18/2** 1.790

Bänziger, H. **9/1** 622[185]

Bapp, K. **5** 208[6]

Barchusen, J.C. **5** F 15; **12** F 120, F 127, F 130, F 136, F 194

Bardenhewer **14/3** 504[20]

Bardesanes **9/1** 38; **9/2** 99; **12** 436[41]; **13** 458; **14/1** R_1: *211* / R_2: *209*; **14/2** R_4: *414*; **14/3** 107, 407[22]

Baring-Gould, S. **13** 218[239s.]

Barlach, E. **4** 780; **5** 566[110], 569[116]; **6** 468[151], 482, 497[175]; **9/1** 396; **15** 142

Barnaud, N. **14/1** 51, 52, 53, 56, 57, 58, 64 / R_2: *95*

Baroldus, W. **14/1** R_3: *157*

Barth, K. **18/2** 1.674

Bartolomeu de Cápua **14/3** 609, 611, 616[133]

Bartsch, K. **6** 443[128]

Baruch-Apokalypse **16/2** 21, 472[15]

Bash, K.W. **10/4** 803[2]

Basílides / basilidanos **9/2** 118, 119, 290s., 297, 366, 370[32], 428; **9/1**

580[131]; **13** 280; **14/1** 12, 121, 288 / R$_2$: *167*; **14/2** 152, 323 / R$_4$: *78*; **14/3** 305[8], 369[114], 518, 581; **16/2** 481; **18/2** 1.642

Basílio **12** 522, 525; **14/3** 415

Basílio Magno **9/2** 82s., 114, 199; **18/2** 1.593

Basílio Valentino (Basilius Valentinus) - cf. Valentino Basílio

Basílio (bispo bogumila) **9/2** 229

Basílio, S. **14/1** 282

Basingstoke, J. **14/3** 25[70]

Bassini, E. **3** 271

Bastian, A. **8/2** 353; **9/1** 89, 153, 259

Batiffol, P. **12** 455[36]

Baudouin, C. **11/6** 1.052

Baudouin, L.C. **18/2** 1.723

Bauhin, C. e H. **14/1** R$_2$: *201*

Baumann, J. **1** 220

Baumgardt, D. **14/2** / R$_5$: *138*

Baumgartner, M. **9/1** 572[104]; **10/4** 622[10]

Baur **14/3** 102[131, 133] - cf. Walch Baur, L.

Bayle, A. **3** 322

Bayle, P. **8/3** 927[115]

Baynes, C. **12** 138[10], 139[12, 13, 14], 140[17], 458[81]; **13** 212[230]; **16/2** 22, 378[30]

Baynes, H.-G. **9/1** 319[9]; **11/6** 1.052, 1.069; **14/2** R$_4$: *9*; **18/1** 384; **18/2** 1.134, 1.402[1], 1.421s.

Beaconsfield, L. **6** 241

Beauchamp, C.L. **10/3** 257

Bechterew, W.M. **2** 638; **18/1** 915

Becker, F. **14/1** R$_3$: *383*

Becker, T. **18/1** 919

Beda **12** 522[21]

Beek, C.J. **14/1** R$_1$: *209*

Beer, P. **14/2** R$_5$: *94*

Beeson, C.H. **13** 419[245]; **14/1** R$_1$: *218, 222*, R$_3$: *193*; **14/2** R$_4$: *94, 95, 266*, R$_5$: *69*

Beethoven, L. **17** 206

Behr, A. **1** 117[83]

Belilios, A.D. **18/1** 681

Belinus (Apollonius de Tyana) **14/3** 549[125] - cf. tb. *Dieta Belini*

Bemardus à Portu - cf. Penotus

Bemardus Trevisanus **12** 363, 401

Ben Sira **14/2** R$_5$: *163*

Bender, H. **18/2** 1.174

Bendit, L.J. **18/1** 71

Benedictus Fernandius **14/1** R$_3$: *346*

Benedictus Figulus **14/2** R$_4$: *200, 215*

Beneke, P. **5** 190[2]

Benndorf, O. **5** 665

Bennet, E.A. **18/1** 60s., 407s.

Benoist, J. **9/2** 225

Benoît, P. **7/2** 298s.; **9/1** 60, 64, 145, 356, 516, 518[11]; **10/3** 75, 87; **13** 131; **15** 137, 142; **16/2** 23, 421[19]; **17** 339[2], 341; **18/1** 457; **18/2** 1.279

Bento, S. (beneditinos) **9/2** 137, 141

Benvenuti, G.B. (Ortolano) **12** F 244

Bergaigne, A. **6** 379

Berger, H. **8/1** 23[20]

Bergson, H. **3** 137[124], 418, 423; **4** 568, 665; **5** 425; **6** 604, 865[62], 940; **7/2** p. 159; **8/2** 269, 278; **8/1** 55; **10/3** 312; **18/1** 266

Beringer, K. **8/3** 939

Berkeley, G. **18/2** 1.734

Bernardino de Sahagun **5** 522[49]; **14/1** R₁: *153*

Bernardo **12** 214

Bernardo de Claraval, S. **9/2** 192; **14/3** 97, 97[116], 143; **16/2** *24*, 519[45], 523[47]

Bernardo de Cluny **14/3** 181[43], 515[47]

Bernardo de Treviso (Bernardo Trevisano, Bernardus Trevisanus) **8/3** 952; **9/2** 220, 377[57]; **13** 267[94], 276[195], 282[228], 405[175], 446[312]; **14/1** 7, 72, 186 / R₂: *69* / R₃: *10, 91, 315*; **14/2** 13, 235 / R₄: *282*

Bernardo (santo) **13** 389

Bernardus Magnus **14/3** 381

Bernays, J. **16/2** 403[6]

Bernheim, H. **4** 577; **7/1** 2; **10/3** 366; **15** 62; **17** 128

Bernoulli, C.A. **5** 47[1], 585[166]; **10/2** 909

Bernoulli, J. **12** 325

Bernoulli, R. **9/1** 81; **12** 332; **14/1** R₁: *336*

Béroalde de Verville, F **12** F 4, F 5, 61[4], 112[44], F 33, 338[20], 349[7], 439[48], 530[37]; **13** 187[157];**14/2** R₄: *402, 403*; **16/2** 36; **18/2** 1.711³, 1.749
- cf. tb. Colonna Francesco; Poliphilo

Berry, D. **16/2** *33*, 454

Berthelot, M. **5** 200[24], 512[44], 553[99], 671[74]; **9/1** 234[24], 238[36], 246[53], 268[9], 537[36], 564[94], 579[129]; **9/2** 1945, 241[5, 15], 244[26], 376[50], 377[54, 57], 420[127]; **12** 66[9], 80[17], 99[30], 157[30], 209[75, 78], 336[11], 338[14, 15], 349[7], 356[17], 392[101], 404[11], F. 147, 405[15,19], 406[21], 407[22], 408[23], 413[30, 34], 423[55], 426[1], 441[55], 455[20], 456[21], 457[73], 458[80], 459[85], 472[128], 483[164], 517[5], 530[39], 536[54]; **13** 86[1, 2, 6, 15], 88[21], 89[25], 96[52], 97[54, 60-62], 99[64], 101[76], 103[90], 104[95], 109[110], 117[149], 124[158s.], 125[167s.], 126[169-172], 127[174], 130[182], 131[186], 133[200], 139[217], 164[51], 168[57], 173[101, 105], 186[148], 187[160], 191[178s.], 198[198], 251[23], 254, 255[39], 264, 265[86-90], 270[136], 273[165, 170s.], 354[39], 357[49], 358[55], 359[59], 370[77], 371[79], 372[82], 374[92], 380[104], 407[182], 414[222s.], 426[257], 430[273s.], 431[275], 445[304]; **14/1** 311 / R₁: *9, 27, 29, 50, 52, 78, 92, 148, 160, 174* / R₂: *7, 8, 104, 107, 117, 150, 196, 203, 209, 222* / R₃: *11, 21, 35, 191, 243, 312, 326, 328, 583, 604, 606, 625, 653*; **14/2** 5 / R₄: *14, 15, 16, 17, 111, 116, 207, 208, 274, 364* / R₅: *20, 39, 47, 48, 147, 175, 196, 239, 240, 243, 251, 345* / R₆: *7, 21, 46, 53, 81, 100, 138, 154, 170, 176, 226*; **14/3** 6[1], 11[28], 20, 20[58], 21[59], 24[71], 32, 58[16], 62[29], 66[36], 84[82], 103[139, 140, 142], 123[5], 131[21], 134[2], 136[5], 144[13, 15, 17], 167[6, 7, 8], 180[35], 181[36], 202[83], 221[116], 225[124], 231[15], 234[7], 240[25, 28], 261[78-82, 84, 88], 283[48, 49], 305[8, 11], 318[48], 325[55], 328[58], 330[54-63], 375[123], 379[127], 381[129], 401[9], 407[19-21], 413[34, 37, 39], 419, 419[73], 420[78], 425[97], 428[101], 440[3], 448[l6], 452[20, 22, 23, 25], 453[26], 460[36], 468[51], 474[57], 501[15], 510[35, 40, 41], 526[77, 79], 549[127], 561[139, 140], 569[158-160, 162], 582[198, 199]; p.76-77[21], 82-83[24],116-117[63]; **15** 39[56]

Berthelot, P. **16/2** *25-26*, 353[1, 2], 403[6], 408[19], 469[12], 472[13], 497[16]

Bertine, E. **18/2** 1.259 nota

Bertschinger, H. **5** 261

Berze **3** 169

Besant, A. **10/3** 90, 176

Bezold, C. **14/2** R_5: 27, *41, 148, 157, 334*
- cf. tb. Schatzhöhle

Bezold, O. **13** 446[309]

Bezzola, D. **18/1** 935

Bhagavadgîtâ **6** 327[33]

Bhâgavata-Purâna **6** 334[39], 335[40]

Bíblia
- Antigo Testamento **6** 317; **7/1** 108
- - Baruc **14/3** 218, 261, 389, 407[16], p. 70-71[23]
- - Cântico dos Cânticos **6** 441s., 451; **14/1** 12, 24, 30, 43, 149, 179, 261, 278, / R_1: *162, 165* / R_2: *63, 69, 178* / R_3: *171, 184, 270, 536*; **14/2** 215, 258, 276, 290, 291, 292 / R_4: *69, 188, 297* / R_5: *187, 200, 221, 235, 288, 351*; **14/3** 148, 198[75], 218, 231, 234[10], 246[41], 320, 363, 401, 446, 461, 466, 518, 598, p. 62-63[4], 66-67[9], 90-91[21], 74-75[6], 130-131[2], 132-133[11], 134-135[21-23, 26, 27], 136-137[30-33, 36, 37, 39, 40], 140-141[53, 56-61], 142-143[62, 64, 65, 68]; **16/2** 361, 438, 451[4], 460, 496[9], 507
- - 1Crônicas **14/3** p. 68-69[10]
- - Daniel **14/1** R_3: *489, 596*; **14/2** 29 / R_5: *240*; **14/3** 185[56], 209[99], 389
- - Deuteronômio **14/2** 306 / R_4: *383*; **14/3** 235, 389, p. 72-73[1], 132-133[15], 138-139[45], 140-141[52]; **16/2** 454[3]
- - Eclesiastes **14/1** R_1: *130*; **14/3** 101[126], 280, 573, p. 78-79[12], 144-145[72]
- - Eclesiástico **14/1** 20; **14/2** R_4: *43, 54*
- - Ezequiel **14/1** 17, 260, 262, 263, 265, 278 / R_1: *26*; **14/2** 266, 274, 308 / R_5: *191, 336, 338*; **14/3** 389, p. 78-79[5], 96-97[52]; **16/2** 378[30], 469[11]
- - Êxodo **6** 443; **14/2** 274/ R_4: *383*;

14/3 p. 102-103[13], 120-121[4]
- - Gênesis **14/1** 27, 101, 165, 199 / R_1: *54* / R_2: *206* / R_3: *66*; **14/2** 141, 383 / R_4: *315, 316, 345, 375, 383, 386* / R_5: *234, 352*; **14/3** 74-75[13], 84-85[22], 1 16-117[4]], 257, 280, 328, 330, p. 74-75[15], 78-79[13], 88-89[22], 120,121[4]; **16/2** 468[8]; **7/2** 243[1]
- - Isaías **6** 132[24], 483s., 503; **14/1** 77, 131, 141 / R_3: *160, 184, 534*; **14/2** 150, 386 / R_4: *133, 221* / R_5: *318, 330*; **14/3** 264, 289, 378, 389, 410, 443[6], 521, p. 52-53[7], 72-73[1], 76-77[1], 78-79[7], 80-81[15-17, 20], 82-83[22], 84-85[8], 86-87[13], 96-97[52], 100-101[63], 104-105[14], 122-123[11], 126-127[27], 134-135[19, 24], 138-139[42]
- - Jeremias **6** 75; **14/1** R_3: *458*; **14/3** 54[9], 212[102], p. 140-141
- - Jó **6** 521s.; **14/1** 249, 332; **14/2** 159 / R_4: *329* / R_5: *123, 172, 228, 297, 299, 305, 318, 330, 333*; **7/2** 311; **14/3** 428, p. 62-63[4], 100-101[62], 112-113[51], 120-121[4]
- - Joel **14/3** 235[13], 493, p. 72-73[4], 130-131[1]
- - Jonas **14/3** p. 72-73[2], 130-131[3]
- - Juízes **14/1** R_3: *25, 528*; **14/2** R_5: *315* / R_6: *115*; **16/2** 483[1]
- - Lamentações **14/3** p. 130-131[8], 142-143[63]
- - Levítico **14/1** R_3: *633*; **14/2** R_5: *185*; **14/3** p. 102-103[12]
- - Malaquias **14/2** 24; **14/3** 24, p. 62-63[6], 74-75[9]
- - Números **14/3** p. 102-103[13]
- - Oseias **14/1** 258; **14/2** 312; **14/3** p.46-47[7]
- - Provérbios **14/2** R_5: *290*; **14/3** 52, 178, 398, 424, 442, p. 46-47[3], 48-49[12], 50-51[19-20], 52-53[24, 25], 56-57[1], 62-63[1, 2], 66-67[7], 68-69[11, 15, 16], 72-73[4], 82-83[23], 100-101[1], 108-109[48-49], 122-123[13], 128-129[37]

Índices gerais

- - Reis **14/1** 17 / R_3: 522
- - 2Reis **14/3** p. 100-101[64]
- - Sabedoria **14/2** R_4: *248, 382;* **14/3** 52, 58, 58[25], 98, 306, 381[132], 568, p. 46-47[1], 48-49[10], 52-53[27, 28], 54-55[1, 3], 56-57[5], 84-85[7], 92-93[36], 98-99, 98-99[58], 126-127[25], 144-145[69]
- - Salmos **6** 439; **14/1** 20, 282 / R_1: *134, 135, 187 /* R_2: *53, 346;* **14/2** 73, 134, 149, 150, 254, 293, 310 / R_4: *286, 341 /* R_5: *262, 310, 318, 348, 349 /* R_6: *170, 173;* **16/2** 420[17]
- - 1Samuel **14/3** p. 138-139[41]
- - Zacarias **14/1** 60, 163 / R_3: *487;* **14/2** R_5: *263, 318, 324;* **14/3** 58[19], p. 46-47[2], 104-105[15]
- Novo Testamento **1** 143; **6** 523; **7/2** 219
- - Apocalipse **14/1** 40, 193, 258 / R_1: *115 /* R_2: *135 /* R_3: *53, 305;* **14/2** 73, 84, 132, 148, 192, 274, 299 / R_4: *175, 220, 227, 236 /* R_5: *25, 332;* **14/3** 157, 158, 160, 162, 173, 178, 185[56], 204, 208[97], 267, 286, 289, 405, 407, 409, 419, 419[58], 486, 575, 616, p. 64-65[78], 66-67[6], 68-69[10], 70-71[17, 18-20], 72-73[24], 76-77[20, 22], 80-81[19], 82-83[1], 102-103[7], 104-105[14, 18], 106-107[21, 22], 110-111, 110-111[37], 130-131[9], 139[43], 140-141[50], 144-145[71]
- - Atos dos Apóstolos **6** 808; **14/2** 139, 148, 150 / R_4: *130*
- - Colossenses **14/1** 292, 293, 310, 318 / R_1: *187;* **14/2** 252, 261/ R_4: *310, 437;* **14/3** 185[36]
- - Coríntios **14/1** R_1: *44, 50, 187 /* R_2: *167 /* R_3: *347;* **14/2** 233, 258 / R_5: *78, 186, 243 /* R_6: *216*
- - 1Coríntios **14/3** 407, 415, 518[64], p. 102-103[9], 104-105[17, 19], 112-113[47], 126-127[29, 31, 32], 128-129[33]
- - 2Coríntios **14/3** p. 112-113[5], 117[63], 132-133[12]
- - Efésios **14/1** 10, 11, 200, 201; **14/2**

139, 150, 229; **14/3** p. 116-117[64]
- - Filipenses **6** 64; **14/1** 29 / R_1: *158;* **14/2** 150; **14/3** p. 118-119[69]
- - Gálatas **14/2** 185; **14/3** 246[38], 308[25], p. 74-75[10], 116-117[66, 67]
- - Hebreus **14/2** 150; **14/3** 62, 193, 246[39, 40], 470, p. 68-69[10], 74-75[11-12], 116-117[68,] 124-125[23]
- - João **14/1** 165, 245 / R_1: *46, 182 /* R_2: *25, 73 /* R_3: *57, 296, 303, 321, 322, 334, 460, 538, 547, 655, 676, 684;* **14/2** 57, 141, 148, 196, 442 / R_4: *317 /* R_5: *212, 360 /* R_6: *62;* **14/3** 148, 280, 305[4], 325, 325[52], 401, 584, p. 60-61[2], 78-79[10], 88-89[17], 100-101[2], 104-105[14], 110-111[40], 112-113[44, 48], 118-119[1], 138-139[46, 48], 140-141[54]; **16/2** 458, 485[12]
- - Lucas **14/1** 9, 252, 261 / R_2: *24, 37 /* R_3: *211;* **14/2** 139, 150, 200 / R_4: *296, 383 /* R_6: *62;* **14/3** 251, 577[186], p. 62-63[5], 64-65[9], 76-77[19], 78-79[9], 96[52], 106-107[25], 130-131[5]
- - Marcos **14/1** 313, 318, 319, 321; **14/2** 150, 437; **14/3** 415, 466[46], p. 70-71[19], 104-105[16], 124-125[18], 132-133[3]
- - Mateus **6** 75, 439; **14/1** 136, 310, 318, 319 / R_1: *54 /* R_2: *90 /* R_3: *177, 288, 305, 333, 346, 634, 683;* **14/2** 140, 150, 190, 200, 310 / R_4: *226, 357, 422 /* R_6: *62;* **14/3** 58[13], 129[17], 134, 185[56], 238, 280[41], 398, 401[9], 547, 575, p. 46-47[2], 56-57[6], 58-59[4], 62-63[5], 72-73[5], 74-75[7, 13, 18], 78-79[10], 82-83[12], 102-103[6, 11], 104-105[20], 108-109[32], 110-111[39], 112[51], 128-129[36], 136-137[35], 138-139[44], 144-145[71]
- - 1Pedro **14/2** 68, 140, 150/R_6: *229*
- - Romanos **6** 496[173]; **14/2** 150, 260 / R_4: *310 /* R_6: *231;* **14/3** 54[10], 101[126], 181[39], 248[43], 381, 479, 479[65],p. 74-75[17], 84-85[8], 98-99[56], 112-113, 112-113[43], 114-115[54, 55], 116-117[30],

138-139[42], 140-141[55], 142-143[66]
- - Tessalonicenses **14/1** R$_3$: *534*
- - Tiago **14/3** 54[10], 101[136], p. 84-85[3], 114-115[58]
- Apócrifos e pseudoepígrafos
- - Acta Cyriaci **14/3** 272
- - Acta Philippi **14/3** 518[63]
- - ActaThomae **14/3** 106[155], 107[158], 486[72], 518[63]
- - Apocalipse de Daniel **14/1** R$_1$: *69*
- - Ascensão de Isaías **14/3** 518[63]
- - Atos de São João **14/1** R$_1$: *32*
- - Atos de São Tomé **14/1** R$_1$: *179*
- - Atos de Tomé **14/2** 163
- - Enoque **14/1** R$_3$: *342*
- - Evangelho dos Egípcios **14/2** 193
- - Henoc **14/3** 284, 460, 518[63], 535[97]
- - Jesus Sirac (Eclesiástico) **14/3** 52, 54[10], 136, 325, 510, 524, p. 46-47[1], 54-55[2], 58-59[6], 66-67[5], 82-83[21], 86-87[16], 92-93[32], 120-121[4], 134-135[20, 28], 136-137[29, 34, 38]
- - Livro de Bartolomeu **14/2** R$_4$: *327*
- - Livro de Enoc **14/2** R$_6$: *116*
- - Odes de Salomão **14/3** 264
- - Testamento de Salomão **14/3** 284, 284[52]
- Traduções
- - Bíblia Mariana **14/3** 58[15]
- - Bíblia Vozes **6** 75s., 441[122]
- - Septuaginta **14/1** R$_3$: *454*; **14/2** R$_6$: *173*
- - Vulgata **6** 522[187]; **14/1** 20, 240, 318 / R$_1$: *130, 134* / R$_3$: *467, 487, 491*; **14/2** 134, 141, 233, 310 / R$_4$: *124, 125* / R$_5$: *191, 232, 279* / R$_6$: *173*

Bibliotheca chemica curiosa **16/2** 3, 383[37], 450[1], 472[15], 475[1], 505[34], 526[6], 538[1]

Bier, A.K.G. **3** 271

Billerbeck, P.
- cf. Strack, H.L.

Billod, E. **1** 351

Bin Gorion, M.J. **9/1** 253[59]; **14/1** R$_3$: *666*
- cf. tb. Gorion

Binet, A. **1** 5, 21[14], 24[16], 75, 78, 82[32], 93, 97, 117[86], 119[92], 138, 160s., 280[10] 339; **3** 12[22], 19, 35[61], 55; **4** 155; **6** 934; **7/1**, p. 112; **10/3** 2; **18/1** 798, 961[2]
- e Féré **1** 28, 96[42]

Binswanger, L. **2** 1.035, 1.044, 1.094, 1.136, 1.182, 1.304[7], 1.326[7]; **4** 28, 159; **6** 751[8]; **8/1** 23[20]; **18/1** 978, 1.027

Bion, W.R. **18/1** 55, 135, 137

Bircher, M. **4** 604

Birkhäuser, P. **10/4** 736, quadro 3

Bischoff, E. **12** 313[140]; **14/1** R$_3$: *210*

Bismarck, O. **7/2** 306; **10/2** 425

Bitter, W. **10/3** 858

Bjerre, P. **6** 534[5]; **11/6** 1.049, 1.055, 1.068

Blake, W. **6** 465[147], 526, 624; **12** F 14, F 19; **15** 142

Blanke, F. **9/1** 13[13], 14[14], 16, 131[21]; **18/2** 1.497 nota

Blavatsky, H. **10/3** 176

Blemmides, N. **12** 441[55]

Bleuler, E. **3** 27, 45[68], 78[93, 94], 70[95], 83, 109, 138, 146, 160[41], 169, 318, 425, 505, 512, 534, 539, 544, 554, 571; **4** 154, 156[7], 523; **5** 19[21], 37, 58[2], 253[3], 680[86]; **6** 171, 751s., 786[36], 848; **7/1** p. 113; **7/2** 233; **8/2** 369, 395[48]; **11/6** 1.034, 1.066; **17** 129; **18/1** 750, 793, 888s., 921[18], 925 nota, 936, 938s., 962, 970s., 1.038; **18/2** 1.077[1], 1.142, 1.155
- cf. tb. Jung, C.G.

Bleuler, M. **3** 553; **15** 44[1]

Bleuler, P.E. **2** 1, 169, 492, 523[12], 619[48], 664, 731, 762[23], 827[15], 1.036, 1.048, 1.080, 1.111, 1.355[6]

Blochet. E. **14/3** 424[89], 437[1]

Block, R. **9/1** 121[18]

Blumhardt, J.C. **3** 321; **6** 1.036; **17** 154

Boas, F. **4** 478; **10/3** 94, 948

Boaventura, J.F. **14/2** 30, 375/R$_6$: *141*

Boaventura (santo) **14/3** 62[34], 127[16]

Bock, H. **12** F. 249

Böcker, F.W. **1** 346

Bodenstein, A. **8/2** 390; **13** 148, 149[17], 154, 169, 169[75], 170[77], 176[115], 190[172], 194, 199[201], 200[202], 201[204], 213, 234[258]; **14/1** R$_3$: *15, 80*; **14/2** 307

Boehme, J. **5** F 10; **8/3** 922[103]; **9/1** 18, 534s., 549, 564, 566[97], 507[99], 575s., 585s., 602, 626, 704, 717; **9/2** 111, 191, 266, 397[97]; **10/4** 640, 733, 763; **11/6** 470; **12** 214, 332, F 192, 453, 479, 510, 512, 514; **13** 31, 417; **14/1** 121, 192, 310; **14/2** 244, 245, 298 / R$_4$: *316, 345, 357, 415*; **14/3** 36, 347, 369, 370, 370[116], 424; **15** 11, 142; **16/2** 506[37]; **18/2** 1.225, 1.654, 1.675

Boeteau, M. **1** 19

Boetus (o árabe) **14/2** R$_4$: *296*

Böhler, E. **10/4** 616[6]

Böhmer, F. **14/3** 172[16]

Bohn, W. **1** 117, 304[11]; **3** 164[147]

Bohr, N. **8/3** 914[76]; **17** 164[12]

Boll, F.J. **9/2** 136[50, 52], 146[76], 147[78, 81], 163[4], 166[6], 167; **14/3** 158[11], 162[24], 284[55], 424[85], 605[68]

Boller-Schmid, M.-J. **18/2** 1.714[6]

Bolte, A. **1** 301, 351[44]

Bolte, R. **18/1** 941

Boltzmann, L. **8/1** 49

Bombast von Hohenheim, G. **15** 3
- cf. tb. Paracelso

Bombast, W. **15** 3

Bonamaison, L. **1** 125

Bonellus **14/1** 159

Bonhöffer, K. **2** 450[68]; **3** 10

Bonifácio VIII (papa) **18/1** 222

Bonus, P. **12** 423[58], 462; **13** 392s., 442; **14/1** 13 / R$_1$: *3, 18, 38, 106*, R$_2$: *1*, R$_3$: *27*; **14/3** 15, 38[1], 60, 73[57], 103, 125[12], 152[2], 221[114], 224[122], 280[43], 305, 305[12], 407[23], 425[99], 440[4], 504, 575, p. 48-49[11], 52-53[26], 58-59[7], 62-63[3], 68-69[10], 78-79[11], 82-83[24], 90-91[27], 94-95[42], 108-109[33], 116-117[65, 67], 120-121[3], 124-125[17], 132-133[14], 142-143[68]; **16/2** 5, *529*[12]
- cf. tb. Lacinius

Bosch, H. **18/2** 1.253

Boschius, J. **12** F 37, F 84, F 89, F 94, F 111, F 181, F 189, F, 265, F 270

Boss, M. **18/1** 822s.

Bostra, T. **13** 448

Bouché-Leclercq, A. **9/1** 604[163], 605[169]; **9/2** 129, 136[52], 163[4], 174[32]; **14/1** R$_2$: *124*; **14/2** R$_4$: *360, 365*

Bourdon, B. **2** 24, 105

Bourget, P. **17** 233; **18/1** 185

Bourke, V.J. **14/3** 593[5]

Bourru, H. **1** 110

Bourru, P. **1** 110

Bousset, W. **5** 576[135]; **9/1** 242[43]; **9/2** 128[21], 168[18], 171, 307[35], 308[39], 325[81], 344[142, 149]; **12** 456[21, 33, 47, 59], 458[81]; **13** 168[72], 275[190], 278[220], 448[315]; **14/1** R_1: *69, 211* / R_2: *214, 567, 568*; **14/2** R_4: *389* / R_5: *111, 148, 154, 190*; **14/3** 103[142], 106[155], 107[157-160], 187[59], 217[107], 251[50-52, 61], 257[67], 261[75-77], 267[6], 274[25, 26], 284[51-53, 55], 407[16, 22], 475[59], 484[69-71], 486[72], 487[76], 510[31, 39], 518[52, 60, 63], 521[69], 535[96, 98-100], 539[110], 549[126], 583[200-202]; **16/2** 27, 355[11], 378[29]; **18/2** 1.528

Bovillus, K. **9/1** 14

Boyd, F. **18/1** 687

Bozzano, E. **9/1** 532[4]

Braceschus, J. **13** 176[114]

Brahe, T. **9/2** 136[51]

Brandt, W. **14/3** 107[162]

Brant, S. **12** F 227; **14/2** 120, 121 / R_4: *260*

Braun, J. **12** 451[12]

Breasted, J.H. **14/2** R_4: *260*

Brendanus **12** 417[42]

Brenner, A. **5** 45[46]; **15** 153[11]

Brentano, C. **14/1** R_2: *245*

Bresler, J. **1** 143; **3** 321[3]; **15** 62; **16/2** 256, 262; **17** 176[18]

Breuer, J. **2** 640; **3** 55, 61[85]; **4** 28s., 94, 205s., 577, 582; **7/1** 4s., 8, 199, p. 133[4], 134s.; **18/1** 922; **18/2** 1.147
- e Freud, S. **1** 115, 133, 298

Breukink, H. **2** 501; **3** 10

Brewer **14/3** 25[74], 102[131], 311[38]

Brihadâranyaka-Upanishad **6** 334[39], 339[44], 345, 346, 358
- cf. tb. Upanishad

Brill, A.A. **2** 1.036[*]; **4** 154; **18/1** 1.027

Brody, D. **15** 203

Broglie, L. **9/1** 490[1]; **18/1** 69[9]

Brown, W. **16/2** *28*, 255

Browne, L.F. **18/1** 206s.

Bruchmann, C.F.H. **12** 172[47]; **14/2** R_4: *219*

Bruder (irmão) Klaus
- cf. Nicolau (Niklaus) de Flüe

Brugsch, H. **5** 235[39], 316[13], 357[53s.], 358[58], 359[59], 367[79], 388[110], 408[151]; **9/2** 322[76]; **14/1** R_1: *78, 171*; **14/2** R_4: *335* / R_5: *155*

Brun, R. **18/2** 1.152[2]

Brunner-Scharpf, C. **18/2** 1.276-1.283

Bruno de Asti **14/3** 257[71]

Bruno de Jésus-Marie **18/2** 1.518-1.531

Bruno Herbipolensis [de Würzburg] **12** 524

Bruno, G. **5** 24; **8/2** 696

Bruns, L. **18/1** 884s.

Brunton, C. **18/1** 202

Buber, M. **5** 137[24], 139[27], 140[28], 141[30]; **6** 39[15]; **18/2** 1.499-1.513, 1.526, 1.536

Buber, S. **12** 545[72]

Bücher, K. **5** 104[60], 218[27]

Büchner, L. **11/6** 508; **18/2** 1.383

Buda, **5** 362[63], 437, 470, 490; **15** 191; **18/1** 409, 413, 745; **18/2** 1.453, 1.476, 1.575-1.580, 1.611, 1.672, 1.747
- cf. tb. Budismo

Índices gerais

Budge, E.A.T.W. **5** 479[12]; **6** 76[36], 445; **9/2** 129[35], 130[43], 143[67], 187[20], 322; **12** 84[18], 173[51], 314[146]; **13** 31[12], 97[57], 104[94], 193[184], 360[62]; **14/1** R_1: *154, 218*, R_2: *119*; **14/2** R_4: *326*; **14/3** 332[73]

Buettner, H. **6** 459[141], 460[142], 461[144], 462[145], 466[148], 467[149], 468[150], 469[154], 471[155], 472[156], 473[157], 474[158], 523[190]

Bultmann, R. **9/1** 190[24]

Bumke, O. **18/1** 909

Bundahisn **14/1** R_1: *218*

Bunyan, J. **10/4** 722

Burckhardt, J. **5** 21[23], 45, 107; **6** 696, 830[53]; **8/2** 270[8]; **7/1** 101; **10/2** 434; **13** 154, 372[81]; **15** 153, 159; **18/2** 1.279[2], 1.749

Burgkmair, H. **5** F 56

Buri, F. **9/1** 190[24]

Burot, P.
- cf. Bourru

Burt **8/3** 834

Bury, R.G. **14/2** R_4: *61*

Busemann, A. **8/2** 368

Busse, L. **8/1** 9, 33, 34[31]

Butler, S. **8/3** 921[95]

Byron, G.G. **5** 165, 169, 170[85], 171, 172[94], 172[95], 172[96]

C

Cabasilas, N. **12** 417, 421

Cabrol, F. **9/2** 145[74]

Caesarius de Heisterbach **14/1** 162

Caetani-Lovatelli, E. **5** 530[71]

Cagliostro **5** 282[27]

Cahen-Salabelle, R. **18/2** 1.357s.

Calid **14/3** 6, 9, 12, 12[14], 13, 14, 14[39, 40], 16[46], 17[31], 29, 38[1], 328, 330[68], 335, 352, 353, 511, 549[123], 553, 586, 587, 592[3], p. 88-89[23], 90-91, 90-91[26], 92-93, 114-115, 144-145[73]

Calígula (imperador) **9/2** 223

Calixto **6** 16

Callot, J. **9/1** 464

Camerarius Georgius **14/2** R_4: *224*

Campbell, C. **9/2** 309; **14/1** 117, 137; **14/2** R_4: *27, 28*

Campout, H. **14/3** 38

Camps, P.W.L. **18/1** 285

Camuset, L. **1** 110

Çânkhâyana-Brâhmanam **6** 351[56]

Cannegieter, H. **5** 370

Cântico dos Cânticos
- cf. Bíblia

Cantilena **14/2** 23, 24, 46, 54, 65, 73, 74, 82, 84, 87, 88, 89, 95, 96, 97, 106,

110, 113, 124, 130, 131, 163, 170, 171, 174, 176, 189

Capelle, P. **14/1** R_3: *193*

Capron, E.W. **18/1** 698[1]

Cardano, J. **1** 100[50]; **8/3** 869[53]; **9/2** 130[36, 41], 136, 151[2]; **14/2** 139; **15** 36

Cardanus, H. **16/2** 29, 401[60], 486

Carini **14/3** 20[58]

Carlyle, T. **5** 140[28]

Carmen Archelai **14/1** R_1: *32, 103*

Carmina Heliodori **14/1** 13 / R_1: *32, 103*, R_2: *69*
- cf. Heliodori

Carnot **8/1** 48

Carpenter, W.B. **8/2** 371[36]

Carpócrates **10/3** 271; **13** 403

Cartari, V. **12** 172, F 165

Carter, I.B. **13** 234[260]

Carus **4** 748; **5** 258; **8/2** 212, 355, 359, 361; **9/1** 1, 259, 492; **9/2** 11; **14/2** 446; **15** 157; **16/2** 294; **18/1** 1.070; **18/2** 1.223, 1.295, 1.732, 1.739

Cassei, D.P. **14/1** R_1: *68*

Cassiano **9/1** 295

Cassini, J.D. **18/1** 704

Cassiodoro **14/2** 36 / R_4: *128*

Índices gerais

Cassiodoro, M.A. **13** 401

Çatapatha-Brâhmanam **6** 349[54], 353[58], 362[68], 371[82], 373[85], 380[91]

Catarina (santa) **18/2** 1.751

Catarina de Alexandria **14/1** 221

Catarina de Sena **3** 279

Catelanus, L. **12** 518[11]

Cattel, J.M. **2** 638

Caussino (Caussinus), N. **9/1** 573; **9/2** 197, 299; **12** 498[186], 522, 524; **14/1** 320 / R_3: *679;* **14/2** R_4: *306, 314* / R_8: *173*

Cedrenus **14/1** R_1: *193*

Celéstio **6** 28

Cellini, B. **7/1** 100; **9/1** 94, 311[3]; **12** 404

Celso **9/2** 128; **14/2** 238, 239, 242; **14/3** 103[142]

César, C.J. **5** 42, 371

Cesário de Heisterbach; **9/1** 532; **9/2** 377[56]; **13** 114, 245

Chalewski, F. **18/1** 942

Chamberlain, H.S. **10/2** 389; **5** 119[5]; **8/1** 70[49]

Chamberlain, N. **10/2** 420s.

Champeaux, W. **6** 52

Champollion, J.F. **12** F. 66

Chândogya-Upanishad **6** 361[67]

Chantepie de la Saussaye, P.D. **5** 395[126]; **9/1** 119[10]

Charcot, J.M. **3** 470; **4** 207; **7/1** 2s., 8, p. 134, 137, 139; **10/3** 366; **15** 62, 71 e 157; **17** 128; **18/1** 872, 884

Charles **14/3** 25[76]

Chartier, J. **9/2** 215[64]

Chaslin, P. **3** 22

Chaucer, G. **13** 124

Chenu, M.D. **14/3** 593[8], 594[10], 595[25], 597[41], 604[61], 606[82, 83, 92]

Cherbury, H. de **8/2** 275

Chevreul, M.E. **1** 82

Chladni, E.F.F. **18/1** 740

Chrétien de Troyes **13** 272[156]

Christensen, A. **9/2** 130[37], 338[82]; **13** 268[129], 458[327s.]; **14/1** R_1: *218;* **16/2** 30, 458[4]

Christianos (Berthelot) **12** 209, 423[55]; **13** 186; **14/1** 150 / R_3: *605;* **14/2** R_6: *100;* **14/3** 231, 401[9], 413[39], 452[25]

Christophorus Parisiensis **12** 442

Chrysostomus, J. **14/1** R_2: *192*

Chuang-Tsé **3** 913; **6** 90;

Chwolsohn, D. **9/2** 129[24], 307[33]; **13** 86[4], 272[159], 412[215]; **14/2** R_5: *87, 88, 89* / R_6: *99;* **14/3** 561[142]; **16/2** 31, 472[13]

Chwolsohn, R. **14/1** R_1: *27*

Chymische Hochzeit **14/2** 387 / R_4: *141* / R_5: *243* / R_6: *188*
- cf. Rosencreutz

Cibinensis, N.M. **14/3** 175[26]
- cf. tb. Szebeny **13**

Cícero, M. **4** 252; **5** 185s.; **9/1** 573[111]; **13** 270; **14/1** 318 / R_3: *172*

Cienfuegos, A. **12** 417[41]

Cimbal, W. **11/6** 1.021, 1.036

Cipriano **9/2** 121[33]
- cf. tb. Pseudo-Cipriano

Cirânidas **14/2** R_4: *139* / R_5: *51*; **14/3** 369[114]

Cirilo (bispo) **14/3** p. 50-51[12], 58-59[8]

Cirilo de Alexandria **14/3** 407[17]

Cirilo (Cyrillus) de Jerusalém **5** 576[136]; **14/1** 310 / R_1: *194*; **14/2** 139; **14/3** 242, 257[64], 510

Citação de Platão **14/1** R_1: *121* / R_3: *280*
- cf. tb. Turba Clangor Buccinae

Clemens Alexandrinus

Clangor Buccinae **14/2** R_5: *266;* **14/3** 16[46], 34[13], 389, 549[122], 592[5], p. 96-97[46]

Claparède, E. **2** 23s., 451, 560, 564, 868[3], 1.354; **3** 137[123, 124], 418; **4** 125, 273, 569; **5** 25[27]; **18/1** 943

Claus, A. **1** 351[44]; **3** 175[165]

Clavis maioris sapientiae **14/3** 22[62], 41[6]

Clavis Philosophorum **14/3** 20[58]

Clemente
- pseudo **9/1** 295

Clemente de Alexandria **5** 529s.; **9/1** 295, 573; **9/2** 42, 347, 370[32, 33]; **12** 139[15]; **14/2** 193/ R_5: *272*; **14/3** 162[24], 181[44], 484, 484[71]

Clemente de Roma / Clemente Romano / Clemens Romanus **5** 163[73]; **9/1** 572; **9/2** 99-103, 158[25], 191, 299[22]; **11/6** 470; **12** 469; **14/1** R_3: *215, 344*; **14/2** 139, 237, 249; **18/2** 1.537

Clementinas Etíopes **14/2** 221

Cleópatra **9/1** 372

Coccius, S. **10/4** 758

Cockin, F.C. **18/2** 1.689[41]

Codex Ashburn Laur. **14/1** 23; **16/2** 32, 519

- Berol. Lat. **14/1** R_2: *33*, R_3: *22*
- Brucianus **14/1** R_2: *47*
- Germ. Alch. Vad. **14/1** R_1: *159*
- Germ. Mon. **14/1** R_1: *159*

Codex Rhenovacensis **16/2** 34, 401

Codicillus **14/2** R_5: *54*

Cohen, H. **6** 820

Coislin, D. **14/3** 38

Coleridge, S.T. **5** 169; **10/3** 334

Collesson, J. **9/2** 245, 248

Colonna, F. **9/1** 313[6]; **13** 228; **14/3** 109; **15** 142, 154; **16/2** 35; **18/2** 1.134, 1.279, 1.711s., 1.749-1.752

- cf. tb. *Poliphili Hypnerotomachia*; Poliphilo

Colossenses
- cf. Bíblia

Colucci, C. **2**, 501

Comário **9/1** 372

Compendium S. Thomae **14/3** 592[3]

Compositum de Compositis **14/3** 33

Condillac, E. **8/2** 197; **10/3** 370

Confúcio **9/1** 598; **18/2** 1.536
- cf. Confucionismo

Conrado de Würzburg **9/1** 653

Consilium Coniugii **14/1** 21, 22, 32, 40, 111, 138, 139, 285, 286, 310 / R_1: *3, 5, 9, 33, 146, 157, 159, 219* / R_2: *3, 189, 190, 209* / R_3: *7, 9, 80, 85, 89, 152, 176, 189, 271, 315, 319;* **14/2** 127, 323 / R_4: *161, 225, 387* / R_6: *176;* **14/3** 6[1], 10, 15, 20[58], 95[115], 269[15], 394[4], 561[140]; **16/2** 353[7], 402[2], 454[2], 495[5], p. 48-49[8], 50-51[14], 56-57[9], 58-59[7], 76-77[21], 88-89[20, 23], 90-91[27], 94-95[42], 96-97[46], 98-99[54, 55],

Índices gerais

33

108-109[30, 33], 118-119[72], 122-123[9], 128-129[34]

Constantino (imperador) **13** 157

Conybeare, F.C. **5** 318[16]

Cook, F. (General Florrie) **18/1** 715

Coomaraswamy, A.K. **13** 408[194], 412[216], 458[326]

Corbett **14/3** 38[2]

Corbin, H. **18/2** 1.279[4]

Cordes, G. **2** 14, 20, 86, 451[76], 730

Cordovero, M. **14/1** R_1: *107*

Coríntios
- cf. Bíblia

Cornélio Agripa
- cf. tb. Agripa de Nettesheim

Corpus Hermeticum **14/1** R_2: *69* / R_3: *214*; **14/2** R_4: *60*; **14/3** 106[15, 21, 55], 142[5], 172, 181, 251[52], 284[55], 330[68], 355[106], 389, 407[23, 24], 414, 420[79], 442[6], 447[12], 452, 452[21], 487[76], 561, 582, 583[202]

Corpus Inscriptionum Latinarum **14/1** 47, 69

Cox, D. **18/2** 1.584, 1.625-1 676

Crafftheim, C. **13** 154, 165

Cramer, A. **18/1** 920

Cramer, S. **16/2** 533[27]

Crasselame, F.M. **14/2** 142 / R_4: *324*

Crates **14/3** 181[136]

Crato von Crafftheim **15** 21

Crawford, W.J.P. **14/1** R_2: *226*

Crawley, A.E. **8/1** 92[26]; **9/1** 116[8]; **13** 180[127]; **14/2** R_4: *395*

Cremer, J. **12** 404[5]

Creuzer, F. **5** 354, 355

Crévecoeur, M.G.J. **5** 501[34]

Crichton-Miller, H. **18/1** 1, 303, 305; **18/2** 1.462-1.465

Crisipo **14/3** 330[65]

Crisóloso **14/3** 231[4]

Crisóstomo, J. **14/2** 82; **18/2** 1.521

Cristóforo **12** F 222

Cristóvão de Paris **14/2** R_5: *54*

Cromwell, O. **17** 313[4]

Crookes, W. **8/2** 571; **18/1** 722, 737s., 750

Crottet, R. **18/2** 1.753s.

Cullerre, A. **1** 14[6]

Cumberland, S. (pseudônimo de Charles Gardner) **18/1** 715

Cumont, F. **5** 102[52], 104[57], 104[59], 109, 149[46], 150[49], 158[63s.], 158[66], 159[67], 160[68], 161[69], 165[78s.], 288[44s.], 289[47s.], 294, 294[57s.], 319[21], 423[21], 425[24], 425[27], 426, 439[46], 460[69], 528[68], 572[128], 574[130], 577[137], 667, 671[74s.]; **6** 443; **8/2** 394; **9/1** 240[38], 553[72]; **9/2** 147[83], 178[45], 186; **12** 314[147], 469[109, 114]; **13** 404[173]; **14/1** R_3: *568*; **14/2** R_4: *340*; **18/2** 1.528

Curtius, E.R. **14/1** R_3: *569, 572*; **14/2** 120 / R_4: *80*; **14/2** 120 / R_4: *80*

Cusa (Cusanus), N. **8/2** 406; **9/1** 18; **9/2** 355[14]; **14/1** 121, 193; **16/2** 122-123; **18/2** 1.537, 1.637

Custance, J. **9/1** 82; **18/1** 826-831; **18/2** 1.510

Cuvier, G. **6** 704

Çvetâçvatara-Upanishad **6** 340[45], 341[46]

Czepko, D. **14/1** R_3: *341*

D

d'Achcry **14/3** 310[32]

Dacqué, E. **8/2** 652

Dähnert, U. **14/3** 101[126], 169[13], 548

Dahns, F. **8/3** 842[31]

Dalcq, A.M. **8/3** 949

Dale, A. **14/2** R₅: *163*

Damásio **14/2** R₅: *117*

Damião, P. **14/3** 269[15], 355[105]

Dana, M. **18/2** 1.558

Daniel **18/1** 245
- cf. tb. Bíblia

d'Anjou, R. **14/2** 312

Dante Alighieri **5** 119[7]; **6** 317, 425s., 453s., **7/2** 232; **9/1** 132[24], 425, 652; **11/6** 468; **12** F 19, F 69, F 83, 229, 315; **13** 176[114], 215, 283, 389, 410[203]; **4/2** 158 / R₄: *363*; **14/3** 202; **15** 142, 143, (48), 151, 153; **16/2** 403, 529[13]; **18/1** 221; **18/2** 1.279
- cf. tb. *Divina Comédia*

Dariex, X. **8/3** 830, 964

Darmstaedter, E. **12** 384[85]; **14/3** 14

Darwin, C. **6** 592, 704; **8/1** 42; **18/1** 485

Datin **14/3** p. 94-95[41]

Daudet, L. **7/2** 270; **9/1** 224

Daustin, J. **16/2** 525[5]

Davenport, I.E. **18/1** 715

David de Dinant **14/3** 309, 516[47], 606, 606[84, 88, 89]; **16/2** 533[26]

Davidson, A. **2** 1.349[*]

Davie, T.M. **18/1** 135[26], 300

Davis, T.L. **13** 161[45]; **14/2** R₄: *352*

Davy, H. **6** 609s.

De adhaerendo Deo
- cf. Alberto (pseudo)

De Alchemia **14/2** R₅: *90*; **14/3** 4

De Arte Chemica **14/3** 10[23], 16[46], 20[58], p. 48-49[8], 50-51[14], 56-57[9], 58-59[7], 76-77[21], 88-89[20, 23], 90-91[27], 94-95[42], 96-97[46], 98-99[54, 55], 108, 108[30, 33], 128-129[34], 122-123[9]
- cf. tb. *Liber*

De Chemia Senioris **14/2** R₅: *49, 64*

De Goeje, M.J. **9/2** 128[16]; **13** 273

De Gubernatis, Â. **9/2** 176, 176[40]; **14/2** 58

De Jong, K.H.E. **5** 528[64], 530[72], 530[80], 533[81]; **9/1** 205[2]

De lapide philosophico **14/3** 20[58]

De mirabilibus mundi **14/3** 27, 28, 28[92], 88

Índices gerais 35

De perfecto magisterio **14/3** 8[1], 15[45], 29, 453[26]

De philosophia occulta **14/2** R[6]: *81*

De promissionibus **14/2** 148

De re recta ad Hasen
- cf. Avicena (pseudo)

De revolutionibus animarum **14/2** 226, 267, 268 / R[5]: *46, 246*

De Sanctis, S. **3** 181[169]

De secretis mulierum **14/3** 27

De Sulphure (*Sendivogius*) **14/2** 320

De transmutatione metallorum **14/2** R[4]: *132, 161, 421* / R[4]: *4*

Décio (imperador) **6** 19; **9/1** 242[42]

Declaratio Lapidis Physici **14/3** 34, 34[14]
- cf. Avicena Degenhardus

Dee, J. **9/1** 575; **9/2** 345; **13** 193[184], 268[126], 429[268], 446[310]; **14/2** 210; **16/2** 5, 525[1]

Degenardo / Degenhardus (padre) **9/2** 215; **12** 443[59]

Delabarre, E.B. **2** 1.058, 1.187, 1.311 (bibl.)

Delacotte, J. **9/1** 132; **12** 315[148]

Delacroix, E. **12** F 36

Delatte, L. **8/2** 559[11]; **9/1** 580[131]; **14/2** R[4]: *139*; **14/3** 369[114]

Delbrück, A. **1** 117, 118[88], 304

Delisle, L. **14/3** 38[2]

Delphinas **12** 436[42]

Demant, V.A. **18/2** 1.586

Demócrito (alquimista) **9/1** 234; **9/2** 220[78], 244, 244[26]; **14/3** p. 96-97[46]

Demócrito **8/2** 278[12]; **10/4** 766; **14/2** 5 / R[4]: *21* / R[6]: *53*
- pseudo **12** 342, 405; **13** 89, 102, 102[82], 137, 184, 198, 273, 374, 426; **14/2** 6; **16/2** 38, 469

Demócrito de Abdera (pré-socrático) **9/1** 116s., 573

Demóstenes **3** 347

Denzinger, H. **9/2** 94[47], 133[56], 397[98]

Descartes, R. **8/1** 13[14]; **8/2** 276; **8/3** 927[123]

Deschamps **8/3** 830[20]

D'Espagnet, J. **12** 440[52], 475[138]; **14/1** 187 / R[3]: *329*

Dessoir, M. **1** 130[110], 137; **6** 786[28]; **8/2** 355; **18/1** 798

Deursen, A. **13** 132[189-192]

Deussen, P. **5** 227[36], 229[37], 230[38], 246[54], 296[61], 556[102], 557[103s.], 656[42], 657[43], 658, 659[46]; **6** 328-415; **9/1** 218[11], 671[18]; **9/2** 237[111], 300[25], 343[3], 349[4]; **10/3** 188; **12** 137[9]; **13** 254[26], 301[257]; **13** 254[26], 301[257]; **14/2** R[5]: *190*

Dewey, J. **10/2** 928

Dialogus inter naturam et filium philosophorum **14/2** R[6]: *8, 130*

Dicks, H.V. **18/1** 47, 386

Didaché **14/3** 293[69]

Dídimo de Alexandria **9/2** 373[43]; **12** 522[22]

Didimo
- cf. Areios Didymos **14/3**

Diehl, A. **1** 31

Diels, H. **5** 113[68]; **6** 83[37], 794[40]; **9/1** 572[108], 573[110]; **12** 435[36]; **14/3** 452[21], 568[152]

Diem, O. **3** 10

Dieta Alani **14/2** 13

Dieterich, A. **5** 65[9], 102[51s], 130[15], 138[26], 143[32], 144[33], 149[46], 149[47], 152, 156[56s.], 214[21], 223, 274[21], 297[62], 316[13], 391[117], 411[155], 484[18], 526[58s.], 529[69], 530[75], 530[77s.], 536[84s.], 581[161], 596[186], 665[67]; **8/2** 228, 318; **8/3** 919[85]; **9/1** 105; **9/2** 144[75], 190[31]; **12** 61[3], 456[30]; **13** 91[36]; **14/3** 222[118], 518[66]; **18/1** 86, 259[53]; **18/2** 1.573[7]

Dietrich (mestre) **14/3** 348[98]

Diez, F.C. **5** 417[160]

Digulleville, G.
- cf. Guillaume de Digulleville

Dinan, W. **13** 218[242]

Dio Chrysosthomus **5** 423

Diocleciano **18/1** 257

Diodoro (filósofo de Mégara) **5** 354[48]; **9/2** 129[26]; **14/2** R_4: *98*

Diodoro da Sicília **9/2** 129

Diodorus **12** 457[74]

Diógenes **6** 35, 46

Diógenes Laércio **9/2** 37[4]; **12** 370[56]; **14/3** 330[65], 452[21]

Dionísio Areopagita **5** 294; **6** 56; **7/1** 104; **8/2** 275[9]; **9/2** 87, 88, 91; **9/1** 5, 603[161]; **14/3** 97[121]
- pseudo **14/2** 223, 229, 233, 310 / R_5: *72*

Dionisio, T. **9/1** 573[109]

Dioscórides **5** 208[10]; **9/2** 241[5]; **12** F 186; **13** 193[187, 190]; **14/2** R_6: *81, 83*

Dióscuro (sacerdote de Serápis) **9/2** 244[26]; **13** 173[101]

Dirac, P.A.M. **8/3** 952[138]

Disraeli, B. **10/3** 292

Dittus, G. **3** 321

Djabir [Djâber] **12** 423[55], 459[85]
- cf. tb. Geber

Djabir ibn Hayyan **13** 264[80], 374, 414

Dölger, F.J. **9/2** 127, 145, 175[37, 38], 176[42, 43], 177, 186; **14/2** R_6: *160*; **14/3** 243[31], 355[106]

Döllinger, I. **14/3** 606[87]

Dom(eus), G. **12** 333[4], 338[15, 16], 352, 356[22], 358, 366, 375, 377, 426, 430, 469

Domiciano (imperador) **9/2** 171

Donath, J. **1** 109[66]

Dorneo, G. [Gerardus Dorneus] **8/2** 389s.; **8/3** 952; **9/1** 335, 338, 580; **9/2** 243, 244, 246-257, 261, 270, 281, 292[13], 307[33], 345, 377, 420; **13** 95, 110, 115, 149[17], 158[37], 168[65], 170[77], 173[104], 176[114], 180, 186s., 190, 194, 201[208], 204, 207[222], 209, 210[228], 211[229], 213-236, 256[41], 264, 267s., 273[171], 278[202], 282[231], 283, 375s., 380-382, 390, 394, 409[196], 409, 432, 443s.; **14/2** 14, 16, 17, 50, 58, 77, 151, 158, 159, 210, 219, 235, 253, 307, 324, 327, 328, 331, 334, 337, 343, 346, 347, 348, 358, 359, 370, 373, 387, 389, 395, 396, 397, 398, 403, 411, 414, 417, 422 / R_4: *43, 45, 69, 143, 171, 211, 212, 229, 368, 370, 373, 422, 423, 433* / R_5: *11* / R_6: *20, 27, 62, 77, 79, 81, 84, 194, 225*; **14/3** 80, 95[114], 104, 113[173], 115[175], 325[56], 366, 369[114], 415, 415[49], 419[64], 437, 458[33], 460[37], 465, 505, 532, 569[153], 571, 580; **16/2** 5 403, 454, 499[22], 525[1]; **18/1** 533; **18/2** 1.528, 1.700

Dost, M. **18/1** 913

Douwes, E. (Dekker) **9/1** 607[177]

Índices gerais 37

Doyle, C. **15** 137

Dozy, R. **9/2** 128[16]; **13** 273

Dragomanov, M. **9/2** 227[91]

Drews, A. **5** 42[45], 198[14s.], 515[46], 671[73]; **8/3** 917[80]; **9/2** 146[76]

Drexler, W. **5** 364

Dreyfus, J. **12** 185[60]; **18/1** 916

Driesch, H. **8/2** 368, 380; **8/3** 843[32], 921

Drummond, H. **7/2** 306

Dryden J. **7/2** p. 157

Dryden, H.L. **10/4** 606

Dschabir
- cf. Geber

Dschelaleddin
- cf. tb. Jalaludin

Du Bois-Reymond, E. **6** 607

Du Cange, C. **9/1** 458[5], 462s.; **9/2** 196[8], 213[55], 239[1]; **13** 184[145], 429[266]; **14/2** R_6: *132*; **16/2** 39, 484[6]

Du Prel, C. **17** 169

Dubois, P. **4** 41, 414, 527, 584, 619; **11/6** 539; **18/1** 486, 903, 1.050

Duchesne, L. **5** 572[128]

Dunne, J.W. **8/3** 852[37]

Duns Scotus, J. **5** 22; **18/1** 14[2]

Dürkheim, E. **9/1** 153

Dürr, E. **18/1** 790

Durrer, R. **11/6** 476[4], 478[7]

Dussaud, R. **18/2** 1.528

E

Ebbinghaus, H. **5** 11[2]; **6** 768

Ebers, G. **15** 41[64]

Eberschweiler, A. **5** 16[15], 219[28]; **6** 528; **18/1** 934 nota, 944

Echnaton **15** 176

Écio **14/3** 487[76]

Eckermann, J.P. **1** 143[125], 183; **7/2** 306; **8/3** 860; **15** 159[19]

Eckert, E.E. **14/1** R$_1$: *69*

Eckhart (mestre) **6** 182, 452s., 457s., 464s., 466s., 469s., 475s., 523; **7/2** 397; **9/1** 268, 396[8]; **9/2** 143, 209, 295, 321, 344; **10/2** 397, 440; **11/6** 1.026; **12** 10, 126[6], 152[25]; **14/1** 41, 99, 100, 252 / R$_3$: *475*; **14/2** 34, 105, 108, 437 / R$_4$: *296*; **14/3** 52[2], 57[11], 69[44], 97[122], 186[58], 187, 187[61], 193, 415[54], 493[11]; **15** 11; **17** 320; **18/1** 638; **18/2** 1.374s.

Edda **14/2** 147

Eddington, A. **8/2** 441

Edwards, H.M. **18/1** 677s.

Efésios
- cf. Bíblia

Efrém o Sírio / Ephraem Syrus **5** 245; **9/2** 216; **14/1** 29 / R$_1$: *34* / R$_3$: *53*; **14/2** R$_4$: *81* / R$_5$: *66*; **14/3** 62, 66[36], 70[48], 142[1], 146, 146[20], 206, 206[92], 208[98], 214[104], 218[109], 226[125], 240[26], 243, 243[34, 35], 257, 257[63, 70, 71], 272[19], 276[34],

278[40], 287[58-62], 330[68], 355, 355[105, 106], 375[123], 389[136, 138], 401[8], 405, 405[14], 407[22], 415, 415[48], 419[70], 425, 425[98], 458[31], 475[58], 486, 486[72], 515, 515[46], 518[62], 521, 527, 527[82, 83], 539, 539[106], 570, 570[168-170], 584, 584[204-206]

Egídio de Vadis **8/3** 921; **13** 263[71], 267[93], 276

Ehrenfels, C. **18/1** 911

Einstein, A. **10/3** 182; **11/6** 1.020; **18/1** 140; **18/2** 1.187[5]

Eirenaeus Orandus **8/2** 394[96]

Eisenstein, J.D. **12** 546[73]

Eisler, R. **8/2** 394; **9/1** 553[72]; **9/2** 147[79, 81], 162[1], 163[3], 178[52], 186[16]; **12** 177[53, 54]; **13** 404[173]; **14/1** R$_1$: *83, 85* / R$_3$: *173, 179, 329;* **14/2** R$_5$: *217;* **14/3** 107[157]

Eissfeldt, O. **14/1** R$_1$: *165*

Elbo Interfector **14/1** 310; **16/2** 484[7]

Eleazar, A. **9/1** 535[24]; **12** 40[15], F 10/11/12, F 46/47, F 160, F 217, F 238; **14/1** 42, 179, 332 / R$_2$: *6*; **14/2** 257, 260, 278, 297, 298, 310, 377, 391 / R$_4$: *173, 359* / R$_6$: *178, 212, 222* / R$_6$: *146*
- cf. tb. Abraão, E.

El-Habib **14/2** R$_6$: *176*

Eliade, M. **9/1** 115[6]; **13** 91[37], 132[198s.], 402[156], 404[172], 407[183], 460[336-341], 462;

Índices gerais

14/1 R₁: *6, 219*; **14/3** 574[181-183]; **18/1** 578; **18/2** 1.250

Elias **12** 469, F. 207

Elieser Ben Hyrcanus, R. **5** 509; **13** 420[247]

Ellenberger, H.F. **18/1** 884 nota, 1.034 nota, 1.040[3]

Ellis, H. **2** 1.349*; **10/3** 177; **18/1** 904

Ellman, R. **15** 203

Emerson, R.W. **5** 102[53]; **10/2** 928; **12** 445[61]

Emmerich, A.C. **5** 435s.; **18/1** 700

Emminghaus, H. **1** 107[64]

Empédocles **6** 1.031; **8/1** 55; **9/2** 35; **12** 109[41], 433, 436[41]; **13** 242; **15** 12

Engelberto de Estrasburgo **14/3** 604

England, H. **18/1** 640, 654

Enigma bolognese
- cf. Índice analítico

Ennemoser, J. **4** 748; **18/1** 797

Epíteto **9/2** 333, 111

Epicuro **6** 14; **14/1** 62; **14/3** 487[76]

Epifânio / Epiphanius **5** 487[20]; **9/2** 78[28], 103, 119, 127[1], 130[32], 134[49], 143, 164, 176, 229, 243[24], 298, 307, 314, 326; **12** 209, 469[110]; **13** 116[147], 183, 231, 271[155], 275[188], 407[184]; **14/1** 14, 31 / R₁: *26, 208* / R₂: *167* / R₃: *52, 57, 523*; **14/2** 134, 137, 139, 149 / R₄: *314, 343, 358* / R₆: *170*; **14/3** 175[30]; **18/2** 1.481[2]

Epistola ad Hermannum **14/1** R₃: *85, 236*; **14/2** 307

Epístola aos Filipenses
- cf. Bíblia

Epístola aos Romanos
- cf. Bíblia

Epistola Arnaldi **14/2** R₅: *266*

Epistola Solis ad Lunam Crescentem **14/1** 167

Erasmo, **3**

Erdmann, B. **5** 15

Erígena
- cf. Scotus Erígena

Erler **1** 14[6], 117

Erman, A. **5** 133[20], 147[37s.], 351[42], 451[60]; **9/1** 573[112]; **9/2** 130[43]; **14/1** R₁: *80, 81*

Ermatinger, E. **15** Prefácio, cap. VIII

Erskine, J. **9/1** 60, 372

Eschenmayer, K.A. **4** 748; **18/1** 797

Eschle, F.C.R. **18/1** 900

Escobar **12** 24[8]

Esopo **8/2** 449

Ésquilo **5** 671[78]; **8/2** 371[35]; **14/3** 221[117]

Esquirol, J.E.D. **3** 322, 466

Estêvão de Cantuária **9/2** 174

Estilpão **6** 36, 46

Eubúlides **6** 40; **9/2** 37[4]

Eucherius **12** 466[104]

Eucherius Lugdunensis **14/1** 142

Euclides de Mégara **6** 43

Eulógio de Alexandria **13** 243

Euquério de Lião **9/2** 127[1], 157; **13** 137[212]; **14/2** R₆: *173*

Eurípides **5** 526[59]; **13** 91

Eusébio / Eusebius **14/1** 270; **14/2** R₄: *15*; **14/3** 464[42]

Eusébio de Alexandria **5** 161; **12** 112[42]

Eusébio de Caesarea **12** 456[34]

Eustáquio (irmão) **9/1** 268

Eusthatius **14/1** R_2: *232*

Euthice
- cf. Rosino

Eutímio Zigadeno **9/2** 229; **13** 271[154]; **14/2** R_5: *170*

Eutíquio **13** 86[4]

Eva
- cf. Adão e

Evangelho de Mateus
- cf. Bíblia

Evangelho de São João
- cf. Bíblia

Evangelhos
- cf. Bíblia

Evangelium Aeternum **14/3** 309

Evangelium Mariae (copta) **14/3** 484[69]

Evans, E. **18/2** 1.793s.

Evans-Wentz, W.Y. **13** 37[21], 334[13]; **14/3** 509[28]

Evêmero **9/1** 121

Evensen, H. **3** 13

Evola, J. **12** 332, 342[1]

Exercitationes in Turbam **14/2** R_4: *393, 394* / R_6: *16, 23, 38*; **14/3** 276, 518[49]
- cf. tb. Turba

Êxodo
- cf. Bíblia

Experimenta Alberti **14/3** 27

Expositio Epistulae Alexandri Regis **14/3** 569

Ezequiel
- cf. Bíblia

F

Falke, K. **4** 199

Falópio, G. **9/2** 243

Faniano, J.C. **9/2** 243

Faraday, M. **6** 609s.

Faria, A. **10/3** 366

Fausto **14/2** 130, 163, 312

Fechner, G.T. **8/2** 352, 364[24], 426; **9/1** 111; **12** 372[61]; **17** 162; **18/2** 1.144, 1.161

Feindel, E. **2** 394; **3** 187

Fendt, L. **9/1** 295[36]

Ferckel, C. **14/3** 6[2]

Féré, C.S. **2** 569, 1.179s., 1.311; **3** 134[117]; **6** 751[7]

Ferenczi, S. **3** 391[7]; **5** 195[10]; **6** 862

Ferguson, J. **9/2** 205[39]; **12** 362[38], 462[87], 505[195]; **13** 176[114], 277[199]; **14/1** R₁: *177* / R₂: *96*; **14/3** 20, 20[56], 23[68]; **16/2** 40, 525[5], 526[6]; **13** 461[344]

Ferrari, G.C. **2** 1.316[1]

Ferrero, G. **5** Epígrafe, 35; **6** 903; **7/1** 200

Feuerbach, L. **3** 416

Fichte, I.H. **5** 39[41]; **6** 53s.; **18/2** 1.730-1.736

Fichte, J.G. **18/2** 1.732[1]

Ficino, M. / Ficinus **8/3** 920; **9/1** 557[79]; **9/2** 78[28], 229[97]; **12** 240[119], 403, 505[195]; **13** 168, 170[76], 271[153]; **14/1** 61; **14/2** 233; **14/3** 54[7]; **15** 10, 13

Fick, A. **5** 366[71], 371[96], 570[121], 579[153], 579[155]

Fídias **6** 36

Fiechter, E. **5** 403[143]

Fierz, J. **18/2** 1.408 nota

Fierz, L. **14/3** 109[106]

Fierz, M. **8/3** 896, 933[127], 979; **17** 163[11]; **18/2** 1.193-1.207

Fierz-David, H.E. **9/2** 394[94]; **16/2** 41, 353[5]

Figulus, B. **12** 394[104], 423[62, 63]; **13** 186, 257, 404

Figurariam Aegypt. Secretarum **14/1** R₁: *19* / R₂: *69* / R₃: *73*; **14/2** R₄: *131* / R₅: *12* / R₆: *147, 148*

Fihrist **14/3** 22, 518[64], 561[140]

Filaleta, I. Philaletha **9/1** 289[30], 516; **9/2** 204, 204[39], 379; **13** 255[40], 256[47s.], 257[52], 261[64], 263[72], 267[96], 268[111], 269[131], 276[195], 278[210], 374[85]

Filipe de Tripoli (Salerno) **14/3** 8

Filipenses
- cf. Bíblia

Fílon de Alexandria (Filo Judeu) **5** 425, 580; **8/3** 855, 915; **9/1** 5, 106, 679; **13** 168, 336[15], 456; **14/2** 5, 252, 258, 415 / R_5: *340* / R_6: *225*; **14/3** 106[155], 221[117], 222[120], 257[66], 284[51], 420, 442[6], 447[12], 452[21], 582[197]; **18/2** 1.480

Filóstrato **14/3** 487[76]

Finck, F.N. **6** 947

Finnicus Matemus, J. **12** 66

Fiori
- cf. Joaquim **14/3**

Fios florum **14/3** 276[32]

Firdosi **5** 426

Fírmico Materno, J. / Firmicus Maternus **5** 274[21], 487[20], 535, 596[187], 662; **9/2** 143; **13** 91[38]; **14/1** 14, 60 / R_2: *103, 153* / R_3: *177*; **14/2** 383 / R_4: 5 / R_5: *226* / R_6: *156*; **16/2** 42, 454[13]

Flaciano (procônsul) **9/2** 127[2]

Flambart, P. **8/3** 868[51]

Flamel, N. / Flamellus **12** 391[100], 459[85]; **13** 263, 267[101], 403[164], 407, 457[324]; **14/1** 60 / R_1: *68* / R_3: *10, 131, 317*; **14/2** 68, 74, 257 / R_4: *150, 196* / R_5: *179*; **14/3** p. 96-97[46]; **16/2** 5, 454[14], 505; **18/2** 1.703

Flammarion, C. **8/3** 830, 964; **10/4** 764[2]; **18/1** 750

Flammel, N. **8/2** 394; **9/1** 246[53]

Flaubert, G. **1** 123[95]; **12** 59

Flávio Josefo **10/2** 414; **17** 262

Fleischer, H.L. **12** 109[41]

Flodius **14/3** 15[44]

Flournoy, T. **1** 96[43], 98, 101s., 115, 116[77], 125[99] 126[107], 127[109], 136[118], 143[129], 144[130], 146[131], 180[5]; **3** 10,

58[83], 59[84], 157[137], 163[144], 164[147], 298, 304, 415; **4** 152, 155; **5** 39[42], 46, 683; **6** 523[189], 575s., 752[9], 847[58], 1.036; **7/2** 219[4], 252[3]; **8/2** 371[36], 488, 488[4], 503; **9/1** 113, 263, 490; **16/2** 294; **17** 129; **18/1** 946; **18/2** 1.130, 1.223

Fludd, R. **8/3** 866[50], 952; **9/2** 415[119]; **12** F 8, F 29, F 50; **13** 378s.; **18/2** 1.133

Flüe, N. **8/2** 413

Flügel **14/3** 549[126]

Foerster, R. **14/3** 8[16]

Fontgibu, M. **8/3** 830, 830[20]

Fordham, F. **18/2** 1.165s.

Fordham, M. **18/2** 1.168-1.173, 1.193 nota, 1.208s.

Forel, A. **1** 117; **3** 50[70], 137[123], 150[133], 157[136], 193, 275; **4** 637; **10/3** 213, 366; **17** 129; **18/1** 798, 921

Forest, A. **14/3** 87[90], 102[130]

Förster, M. **12** 328[159]

Förster-Nietzsche, E. **10/2** 382; **18/1** 456; **18/2** 1.281

Foucart, P.F. **9/1** 297[41]; **12** 105[38]; **18/1** 264[54]

Fouillé, A. **5** 190[2]

Fracastoro, G. **12** 508[201]

Fragmento da filosofia persa **14/1** 212

Fragmentum Oxyrhynchos **14/2** R_4: *412*

France, A. **3**, **5** 13, 41[43]; **6** 33; **14/1** 221; **18/1** 92, 795[3], 928; **18/2** 1.537[9], 1.751

Francisco **8/2** 707

Francisco de Assis **5** 131, 158[64]; **18/1** 222

Índices gerais   43

Franciscus Epimetheus
- cf. Reusner, H.

Franck, A. **12** 313

Franco, F. **18/2** 1.339

Frank, L. **4** 577, 589, 602; **18/1** 947

Franz, M.-L. **7/1** 119[17]; **8/2** 388[54]; **8/3** 926[112], 927[123], 952; **9/2** 329, 344[147], 416[120]; **10/4** 643[8], 811[5]; **12** 464[98]; **13** 86[15], 90[31], 103[87], 126[173], 132[187], 186[149], 268[113], 356[47], 403[161], 414[227], 416[233], 429[263]; **14/1** R_1: *209* / R_2: *66*; **14/2** R_6: *161, 224*; **14/3** 175[30], 365[108], 321; **16/2** 43; **18/1** 416 nota; **18/2** 1.134, 1.825 nota
- cf. tb. Jung, E.

Frazer, J.G. **5** 594[182], 595[185], 644[36]; **7/1** 108; **13** 92[40-42], 93[43], 128[177], 129[180], 241[3]; **14/2** R_4: *5, 28, 395*; **16/2** 44, 372[24], 433[24]; **18/2** 1.296s.

Frederico o Grande **15** 203; **18/1** 480

Freeman, J. **18/1** 416 nota introdutória

Frei, G. **10/3** 858; **18/2** 1.135

Freud, S. **1** 97, 117, 119[91], 133; **2** 323, 451, 490[87], 547[20], 610, 611, 619[48], 639s., 657s., 658-665, 675s., 690, 692, 703, 712, 717, 725s., 733[10], 762s., 816, 839, 843, 846, 851s., 910[20], 919, 939*, 950, 998*, 1.013, 1.067, 1.082, 1.111, 1.335, 1.348, 1.349*, 1.351, 1.353[2, 4]; **3** 7, 16[26], 23, 50, 55, 61, 62, 64, 66, 68, 69, 70, 71, 72, 74, 76, 77, 92, 104[104], 105[105], 109, 111, 117, 122, 127, 135[120], 137, 148, 164, 166, 180, 197, 217[181], 239, 279, 285, 286, 298, 299, 317, 333, 389, 392, 397, 408, 411, 419, 429[6], 435, 449, 450, 527, 544, 564; **4** 1s., 27-63, 64s., 71s., 106, 129, 154s., 194, 196s., 200, 203s., 237, 241, 243, 250, 252, 258s., 262s., 294, 302, 307, 312, 319, 322s., 334, 338, 351s., 362, 367s., 427, 452, 478, 500, 513, 522, 524, 552s., 558, 560, 562, 573s., 577, 582, 589, 601[3], 624, 635, 638, 657s., 672, 675s., 694, 745s., 755s., 772s.; **5** 1, 3, 9, 18[18], 25[25], 26[29], 28, 37, 39, 76[16], 104[61], 185, 190, 191, 197, 199, 204[1], 211[15], 216, 219, 253, 276[25], 277, 300[1], 319[18], 332, 370[92], 396, 458[65], 504[38], 507, 652, 654, 655; **6** 84s., 187, 539, 554, 637s., 670, 782, 786, 804, 844, 848, 887, 894, 911, 933, 949, 994s., 1.036; **7/1** 2, 8, 10, 20s., 23s., 44s., 56s., 77[7], 79, 88, 92, 94[13], 100, 162, 199, p. 113, p. 127, p. 129; **7/2** 205, p. 131s., 149[1], 156, 161; **8/1** 17[15], 19[17], 22, 35, 40, 44, 46, 51, 54, 62, 93, 95, 97, 104, 105, 106; **8/2** 141, 179, 184, 210, 212, 213, 216, 230, 296, 366, 371, 372, 373, 374, 383, 398, 447, 449, 450, 461, 462, 470, 473, 485, 486, 496, 505, 506, 509, 539, 547, 701, 702, 705; **9/1** 2, 61, 91, 101, 112s., 140[29], 159, 259[3], 492, 513, 540; **9/2** 253, 315[60], 316[61], 357; **10/1** 530, 556; **10/3** 6, 19, 50, 61, 160, 169, 173, 177, 186, 257, 319, 339s., 351, 360s., 367s., 830s., 842; **10/4** 637, 658, 659; **11/6** 452, 492s., 507, 517, 531, 539s., 1.029, 1.034, 1.042, 1.062; **12** 81, 171; **13** 48, 62, 108, 293, 396, 465, 478, 480; **14/1** 104, 335, 338; **14/2** 338, 397, 406 / R_4: *405* / R_5: *215*; **15** 44-59, 60-73, 101-106, 155, 156, 179, 181; **16/2** 46-51, 256, 262, 276, 296, 319, 327s., 340, 357s., 368, 381[34], 381, 415, 420[16], 533; **17** 1, 2, 7, 17[5], 97, 99s., 128s., 156, 157s., 162, 176, 180, 185, 195, 200[23], 203, 260, 282, 292; **18/1** 3, 14, 111, 115, 121s., 175, 192, 273s., 292, 310, 322s., 351, 367, 421s., 451, 475, 483s., 598, 510, 521,

593, 606, 633s., 796, 799, 832, 834, 841-1.076; **18/2** 1.077, 1.111, 1.130, 1.145s., 1.162, 1.223, 1.226, 1.259s., 1.278, 1.298, 1.455, 1.480, 1.492, 1.584[2], 1.636, 1.703, 1.723s., 1.737
- como editor de *Jahrbuch für Psychoanalyse und psychopathologische Forschungen* **18/1** 925
- e Breuer, J. **2** 490[87], 761[21]
- escola de **18/1** 993, 1.063, 1.076; **18/2** 1.160, 1.239, 1.774
- Obras:
- - - *Acerca do sonho* **18/1** 841-870
- - - *Além do princípio do prazer* **18/2** 1.152[2]
- - - *Análise fragmentária de uma histeria* **18/1** 906[13]
- - - *Cinco lições sobre psicanálise* **18/1** 1.038
- - - *Eine Kindheitserinnerung des Leonardo da Vinci* **9/1** 93, 95
- - - *História abreviada da psicanálise* **18/2** 1.261[2]
- - - *Interpretação dos sonhos* **18/1** 832; **18/2** 1.152[2]
- - - *O chiste e sua relação com o inconsciente* **18/2** 1.152[2]
- - - *O ego e o id* **18/2** 1.152[2]
- - - *Psicopatologia da vida cotidiana* **18/1** 906; **18/2** 1.152[2]
- - - *Totem e tabu* **18/2** 1.152[2], 1.298
- - - *Uma teoria sexual* **18/1** 906[13]; **18/2** 1.152[2]
- - - *Um caso de neurose obsessiva* **18/1** 1.056[2]
- - com Breuer, J.
- - - *A histeria* **18/1** 421, 893[8], 935, 947, 972, 1.023, 1.042; **18/2** 1.152[2], 1.223

- - com Jung, C.G.
- - - *Cartas*
- - - - cf. Jung, C.G. **18/1**; **18/2**
- cf. tb. Psicanálise

Freundlich, J. **18/1** 57

Freusberg **3** 1, 2, 3

Frey-Rohn, L. **8/3** 817, 891, 926[112], 979; **18/2** 1.177

Friedländer, S. **5** 140[28]

Frisch, K. **8/3** 946, 947

Frobenius, L. **4** 478; **5** 248[56], 289[49], 291[52], 307, 308s., 310s., 318[15], 321[25], 352[44], 356[51], 362[62], 367[73], 369[87], 374[101], 374[103], 380, 387, 392[118], 396[127], 487[20], 526[56], 528[63], 538[87], 538[89], 574[131], 579[156], 620[9], 620[10], 662[60], 681[88]; **6** 496; **7/1** 160; **8/1** 68; **8/2** 474; **9/1** 552[68]; **9/2** 173[26]; **12** 416[37], 440[53]; **13** 133; **14/1** R_3: *502*; **14/2** R_4: *326*; **16/2** 52, 455[23]; **17** 219[31]; **18/2** 1.140

Froboese-Thiele, F. **18/2** 1.581s.

Fromm, E. **18/2** 1.452 nota, 1.584

Fuhrmann, M. **2** 502s., 539; **3** 9[10]

Funk, P. **8/2** 395[103]

Fürer **2** 116[32]

Fürst, E. **2** 886[12], 999; **4** 309, 695, 699; **8/2** 228; **18/1** 155[35], 948, 966, 976s.

Fürstenau, R.
- cf. Sommer, R.

Fürstner, C. **1** 301, 352; **3** 159[138]

Furtmüller, C. **4** 634

G

Gabir Ibn Hayyan
- cf. Geber

Gabirol, S. ibn **14/3** 143[10]

Gaedechens, R. **9/2** 147[82]

Galeno, C. / Galenus **6** 951, 1.031; **13** 150, 171[79], 375[93]; **14/1** 151, 152 / R[2]: *224*; **14/3** 330[65]; **15** 19, 24, 33

Galilei, G. **4** 230; **5** 195; **8/3** 861; **9/2** 63; **11/6** 1.020

Gall, F.J. **3** 323; **6** 980

Galton, F. **2** 569, 638, 730, 868, 1.079

Gamaliel o Velho (rabi) **9/2** 175[37]

Gamow, G. **9/2** 411[117]

Ganser, S. **1** 226, 279; **2** 611, 657; **3** 163[144], 164[147], 179, 271
- cf. Tb. Estado crepuscular

Ganz, D. **5** 509[42]

Ganz, H. **7/1** 159[7]

Ganz, R.D. **13** 458[326]; **14/2** R[5]: 25, *37, 45, 86*

Garbe, R. **9/1** 158[4]

Gardner, C.
- cf. Cumberland

Garlandia, J. **14/3** 41[6]

Garlandius **14/1** R.: *618*

Garnério de São Vítor / Garnerius de Sancto Victore **9/2** 158, 192[33]; **14/1** R: *140*

Garrett, E. **8/3** 838

Garuda-Purâna **6** 336[41]

Gatschet, A.S. **8/1** 92[63]

Gatti, A. **5** 452[61]

Gaudêncio **13** 137[212]

Gaugier, E. **12** 414[35]

Gaunilo **6** 54, 56

Gauss, K.F. **6** 617; **8/3** 933

Gdring, H. **10/2** 420

Geber (Jabir ibn Hayyan) **12** F. 119, 358[30], 384[85], 401, 422[49], 471[127]; **13** 231, 254, 258[54], 442, 444; **14/1** 175 / R[2]: *104* / R[3]: *592*; **14/2** 217/ R[5]: *19, 274*; **14/3** 5, 14, 31, 41[6], p. 50-51[15], 82-83[24], 114-115[56.57]; **18/2** 1.691

Geddes, Sir A. **8/3** 944

Geffcken **14/1** R[1]: *507*

Geisse, W.F. **5** 15

Geley, G. **13** 76[37]

Gellius, A. **14/3** 25, 25[77], 26, 31, p. 58[3]

Gellone **12** 314[146]

Gemma Gemmarum **14/1** R[3]: *223*

Gênesis
- cf. Bíblia

Gengis Khan **10/2** 907

Genza **14/3** 503[18]

George, S. **10/2** 375

Georges, C.E. **14/3** 25[78]

Gerardo de Borgo San Donnino **9/2** 137

Gerardo de Cremona **14/3** 6[1]

Gerardus Dorneus
- cf. Dorn, G.

Gerhardt, O. **9/2** 128[13, 14, 18], 130

Gerry, P. **18/2** 1.558 nota

Gerster, G. **18/2** 1.431 nota

Gervasius von Schwartzburg **14/2** R_5: *178, 218*

Gessmann, G.W. **9/1** 537

Gessner, C. **12** 462[87]; **13** 154, 165s.; **15** 21, 22, 23

Geulincx, A. **8/3** 860, 927[113], 938; **10/4** 593

Gevartius, J.C. **14/1** 65, 67, 93, 94, 95

Ghazali **14/2** R_5: *155*

Giedion-Welcker, C. **15** 165[7]

Gierlich, N. **3** 169[151]

Gikatilla, J.I. **14/1** R_1: *126* / R_3: *210*

Gilbert, J.A. **18/2** 1.725s.

Gilbert, S. **15** 166[9], 170[13], 173[14], 186[15], 186[16], 191, 203

Gilberto de Hoy **14/3** 234[12]

Gilgamesh
- epopeia de **6** 376

Gillen, F.J. **8/1** 87[57], 92[61], 119[75], 120[76]; **16/2** 438
- cf. tb. Spencer

Gilli, G. **18/2** 1.742-1.746

Gilson, E. **14/3** 69[42], 73[53, 56-58], 74[61], 75, 75[62], 77[67], 87[84, 85, 87, 90], 97[117, 122], 102[131], 143[10], 479[63], 604[64]

Gioacchino da Fiore / Joachim de Flores **14/1** 22
- cf. tb. Joaquim de Fiore

Glanville, B. **12** F. 64

Glauber, J. **14/1** R. 229, 236, 313, 315, 317, 323 / R_3: *114*; **14/2** 253; **14/3** 368[111]; **18/2** 1.528

Gley, M.E.E. **1** 82

Gloria mundi **14/1** 248, 312, 315, 331, 332, 334, 335 / R_2: *18*, R_3: *169, 185, 235, 367, 403, 409, 418, 471, 624, 646*; **14/2** 64, 210, 235 / R_4: *19, 218 /* R_5: *7, 266*; **16/2** 4, 496[16]

Glover, E. **18/2** 1.588

Gnosius, D. **18/1** 429[1]

Goblet d'Alviella, E. **8/2** 228

Goclenius, R. **18/2** 1.818

Goddard, V. **8/3** 973

Godefridus, A. **14/2** R_6: *194*

Godet, E. **18/1** 741 nota

Godfernaux, A. **3** 78[94], 166[149]

Godofredo, A. **13** 389

Goebbels, J. **10/2** 420, 472

Goeje, M.J.
- cf. Dozy, R.

Goethe, J.W. **1** 28, 38, 100[50], 101[56]; **2** 212, 315; **3** 105, 391, 397; **4** 196, 728; **5** 120, 121, 180, 181, 235s., 283[31], 299, 416, 504[38], 591; **6** 4, 6, 98s., 116s., 137, 141, 188, 206, 216, 282s., 299s., 305s., 312s., 371, 424, 453, 468[151], 470, 661, 796, 917; **7/1** 43, 87, 121, 153; **8/1** 70; **8/2** 384[41], 414, 707,

711, 765; **8/3** 860, 869[52]; **9/1** 52, 141, 187, 311[3], 387, 516, 554[76], 593[147]; **9/2** 325, 338[132], 371; **10/2** 397[14], 417; **10/3** 22, 75, 85, 199, 278[1], 302, 309[6]; **11/6** 471s.; **12** 85, 203, 204, 209, 210, 243, 404[8], 554, 558; **13** 5, 38[22], 90, 105[98], 120, 145, 154, 155[26], 159, 163, 171[82], 199[200], 210, 215, 220, 228[255], 295, 391; **14/1** 72, 112, 124, 321 / Prefácio 1 / R₁: *216*; **14/2** 72, 80, 325, 446/ R₆: *53*; **15** 25[10], (01), (11), (117), (20), 134, (38), (39), (41), (48), 151, 153, 154, 159, (78), 185, 192, (99); **16/2** 361, 386, 398[54], 407, 462[10], 500; **17** 284, 301; **18/1** 59, 553, 759, 795; **18/2** 1.083[1], 1.355, 1.374s., 1.480, 1.694, 1.721[1], 1.723, 1.748
- *Fausto* **9/1** 60, 141, 180s., 190, 204, 254, 268, 298, 311, 400, 408, 425, 518[11], 651, 680, 715; **10/2** 423, 426, 434, 439; **10/3** 368, 844; **10/4** 674, 692[21], 703[26], 715, 730, 738

Goetz, B. **9/1** 269, 396; **10/2** 384, 391[11]; **14/2** R₄: *183*; **15** 142

Gogarten, F. **11/6** 480

Gogh, V. **10/4** 740[8]

Goldbrunner, J. **18/2** 1.589s.

Goldeney, K.M. **8/3** 956

Goldschmidt, G. **14/1** R₁: *32, 68, 103* / R₂: *69*, R₃: *666*; **14/2** R₄: *416*; **14/3** 43, 168[9], 181[37], 192[64], 305[9], 334[74], 425[97], 526[78]

Goldschmidt, L. **12** 540[61, 63, 64, 65]

Goltz, F.L. **3** 193

Gomperz, T. **6** 37, 40, 42s., 790[39]

Gonzales, L. **8/2** 397[102]

Goodenough, E.R. **5** 268[17]; **9/2** 127[5]; **14/1** R: *32* / R₃: *534*; **16/2** 53, 495[4]

Göring, M.H. **11/6** 1.016[4], 1.021, 1.048, 1.055

Gorion, B.J. **12** 542[67]

Gorki, M. **3** 105

Görres, J.J. **1** 117[82], 143[126]; **5** 163[72]; **18/1** 700

Gotthelf, J. **10/4** 671

Gourmont, R. **12** 481; **13** 456[322]; **14/2** R₆: *170*

Gower, J. **16/2** 54, 353, 523

Grabmann, M. **14/3** 8[16], 52[6], 73[56], 75[62], 461[40], 592[3], 593[118], 594[14], 613[118], 614[126, 127], 616[131-133, 137]

Grabowsky, A. **2** 664[7], 1.035

Graeter, C. **1** 130[112]

Graf, M. **5** 299[73]

Graham, B. **18/2** 1.461 nota

Grande Papiro Mágico de Paris **14/2** R₄: *165, 169*

Granet, M. **8/3** 914

Grässe, J.G. **14/3** p. 50-51[12], 58-59[8]

Grasseu, J. / Grasseus **9/2** 215; **12** 443, 471[127], 518[6]; **14/1** 333 / R₃: *645*; **14/2** 196/ R₆: *84*; **14/3** 34, 84[82], 187

Gratarolo G. / Gratarolus **9/2** 226[89], 367[28]; **14/1** R: *63, 71* / R: *506*

Grato **14/3** 42[7]

Gray, R.D. **13** 90[32]

Grebelskaja, S. **3** 390

Greenwood, J.A. **8/3** 833[23]

Gregório de Nissa **14/3** 415

Gregório Di (papa) **12** 362[38]

Gregório Magno (papa) **9/2** 158, 320[68], 321[71]; **13** 275[188], 458[329]; **14/1**

17, 249 / R_3: *281, 322, 378*; **14/2** 243, 246, 308 / R_4: *88, 430* / R_5: *342*; **14/3** 29, 58, 58[20, 23], 143, 143[7], 146[22], 172, 172[15, 17], 181[40], 200[81], 211[101], 251, 267[9], 272[21], 287[60], 291, 355[105], 477, 477[62], 493[11], 537[102], 598, 613, 613[119], p. 112-113, 112-113[50]; **16/2** 55-56, 468[8], 496[9]

Gregório XIV (papa) **12** 478; **13** 303

Grenfell, B.P.
- e Hunt, A.S. **12** 433[15]; **14/2** R_4: *412*; **18/1** 269[57]

Grenfell, N.P.
- e Hunt, A.S. **9/2** 224[83]

Gressmann, H. **5** 659[49]; **14/3** 238[18, 21]

Greverus, I. **13** 354-357, 373, 403[164], 409[198]

Griesinger, W. **7/1** 106

Griffith, R.T.H. **14/1** R_3: *675*

Grill, J. **14/2** R_6: *210*

Grimm (irmãos) **9/1** 407[30], 428[54], 456; **14/1** 73, 82; **14/2** 238 / R_4: *206* / R_5: *103*

Grimm, J. **5** 212[17], 278[23], 362[61], 367[74], 368[81], 368[85], 370[93s.], 581[161], 585[168], 593[178]; **8/3** 956[148]; **14/2** R_4: *332* / R_5: *29*; **14/3** 192[66]
- e Grimm, W. **13** 218[237], 239, 321, 459[334]; **18/1** 230, 987

Groddeck, G. **18/2** 1.152

Gross, A. **2** 640[5], 664, 758, 765[24], 791, 907, 1.317[2]

Gross, H. **1** 303[5]; **2** 640, 664, 755, 758

Gross, O. **2** 662; **3** 55, 56, 57, 60, 61, 70, 76, 299, 419; **6** 527s., 532s., 538s., 541s., 546s., 773[23], 948

Grot, N. **8/1** 8, 10, 26

Grünbaum, M. **13** 417[237]; **14/2** R_5: *149*

Grunwald, M. **14/2** R_5: *94*

Gu De **13** 73

Gubernatis, A. **5** 276[23], 450[58]; **9/1** 605; **9/2** 333[111]

Guest, C.E. **14/2** R_5: *243*

Gueterbock, H.G. **14/2** R_6: *226*

Guilhelmus Tecenensis **12** 471[127]

Guilherme de Auvergne **8/2** 393; **14/3** 25[76], 73, 87[87], 101, 101[125], 102, 103[138], 234[12], 268

Guilherme de Conches **14/3** 101[125]

Guilherme de Occam **5** 22

Guilherme de St. Amour **14/3** 606, 606[92]

Guilherme de Thierry **14/3** 234[12]

Guilherme Parisiense **14/3** 101[125]
- cf. tb. Guilherme de Auvergne

Guillaume de Conches **8/2** 393

Guillaume de Digulleville **9/1** 132; **12** 315-322, 500[191]; **18/1** 221

Guinon, G. **1** 16[7]
- e Woltke, S. **1** 22, 75

Gundalissinus **14/3** 78[72], 102[133], 143[10], 152[3]

Gundolfingen, H. **11/6** 476

Gurikel, H. **5** 379[108], 383

Gurlitt, W. **5** 460[69]

Gurney, E. **8/3** 830, 862; **18/1** 705

Gustloff, W. **10/2** 397[14]

Gutmann, B. **15** 150[10]

H

Hadfield, J.A. **18/1** 44, 74, 390

Hagen, F.W. **1** 97[44], 100[49, 50], 101[55, 57], 124[97]

Haggard, H.R. **5** 678; **7/2** 298, 375; **9/1** 60, 60[34], 64, 145, 356, 516, 518[11]; **10/3** 75, 87; **13** 131[184]; **15** 137, 142, 143; **16/2** 57-58, 421[19]; **17** 339[1], 341; **18/1** 457; **18/2** 1.279s.

Hahn, C. **9/2** 139, 225[86], 226[88]; **14/3** 25[79], 58[12, 22], 137[9], 164[30], 214[105], 276[27], 294[71], 308[2a, 22, 24], 309[27, 31], 310[32, 35], 311[37], 316[44], 422[82], 424[86], 432[108-110], 457[28], 468[54, 55], 477[63], 479[64], 484[68], 505[24], 513[44], 553[132], 584[210], 586[21], 601[59], 606[87, 91]

Hahn, J.G. **5** 214[21]

Hahn, R. **1** 151[?]

Hajós, L.
- cf. Ranschburg, P.

Hall, G.S. **18/1** 399

Hall, M.P. **12** 332[1]

Hall, S. **15** 52

Haller, M. **14/1** R$_1$: *165*

Halm, K. **12** F. 457[78]; **14/1** R$_1$:. *103*; **14/2** R$_4$: *5*

Haly **14/3** 366[109]

Hamack, A. **12** 24[8]

Hamann, J.G. **5** 12[6], 14[11]

Hambruch, P. **12** 416[37]

Hamburger, J. **14/1** R$_3$: *210*

Hammer-Purgstall, J. **12** 184[57]; **16/2** 59-60, 533[21, 22]

Hanan ben Talipha, rabi **9/2** 133[48]

Händel, G.F. **3** 114

Händler, O. **12** 6[1]

Haneberg, P. **14/3** 73[55, 57], 75[62], 92[101]

Hannah, B. **14/3** 588[212]; **18/2** 1.590[7]

Hapelius, N.N. **13** 263[74, 79], 268[118]

Hapsberg, L.W. **13** 169

Harden, M. **1** 186

Hoop **11/6** 1.048, 1.055

Harding, E. **5** 468[5], 615[2]; **9/1** 559[85]; **10/4** 722; **11/6** 1.052; **14/1** R$_3$: *355*; **16/2** 61, 518[43]; **18/2** 1.125s., 1.134, 1.228-1.233, 1.795-1.802

Hardy, A.C. **8/3** 921[95], 949[136]

Harforetus
- cf. Carpócrates

Harling, A. **18/1** 662

*Harmoniae imperscrutabilis...
Decades duae* **14/3** 4, 44

Harnack, A. **6** 18; **9/2** 99[48], 400[105]; **14/2** 181

Hartlaub, G.F. **5** 113[70], 619[7]

Hartmann, E. **4** 318, 748; **5** 258; **6** 267, 888[69;] **8/1** 2^2, 5^6, 37^{34}; **8/2** 212, 355, 371; **9/1** 1, 259, 492; **9/2** 11; **10/3** 1; **15** Prefácio, cap. VII; **18/1** 124, 1.070; **18/2** 1.143, 1.223, 1.295, 1.732

Hase, K.A. **6** 30

Haskins, C.H. **14/3** $7^{10, 11}$, 594^{14}

Haslebacher, J.A. **4** 196^3

Hastings, J. **12** 436^{41}; **13** 128^{177}; **14/1** R: *83, 114*; **16/2** 62, 501^{27}; **14/2** R_5: *96*

Hauck, A. **16/2** 63, 533^{27}

Hauer, A. **15** 90 e 90^5

Hauer, W. **10/2** 397s.

Hauffe, F. **10/3** 257; **18/1** 700

Haupt, H. **14/3** 308^{22}, 606^{87}

Hauptmann, C. **1** 132^{114}; **3** 279, 381, 385; **5** 448^{53}, 460, 637^{30}; **15** 124

Havet, J. **18/2** 1.388 nota

Hay, M. **10/3** 89s.; **17** 339^2

Heard, G. **10/4** 667^{12}

Hecker, J.F.C. **1** 106

Hegel, G.W.F. **6** 54, 63, 605, 818, 935; **8/2** 358, 359, 360; **9/1** 631; **18/2** 1.223, 1.734

Hegemonius **13** 419^{245}; **14/1** 33 / R_1: *24, 192* / R_2: *209* / R_3: *193, 240;* **14/2** 37, 154, 232 / R_4: *94, 95, 266* / R_5: *70* - cf. tb. *Acta Ardielai*

Heidegger, J.H. **9/2** 130^{36}

Heidel, A. **5** 293^{55}

Heilbronner, K. **2** 116, 450^{68}, 918, 1.317; **3** 12^{19}, 54, 183^{172}, 186

Heiler, F. **14/2** R_6: *56*

Heine, H. **5** 235^{40}, 487; **10/2** 417; **18/2** 1.748

Heisterbach, C. de **14/3** 309^{26}

Held, H.L. **14/1** R_1: *172* / R_3: *341*

Helia Artista **13** 158^{33}

Helinando (de Froidemont) **14/3** 593^{179}

Heliodori Carmina **14/3** 168, 173, 181, 192^{64}, 234^8, 305, 305^{9-11}, 330^{62}, 334, 375^{123}, 413, 419^{65}, 425^{97}, 452^{23}, 499, 499^{13}, 526, $569^{155, 161}$

Heliogábalo (imperador) **9/2** 145^{75}

Hellpach, W. **2** 662; **18/1** 81-883

Hellwig, J. **14/2** R_6: *101*

Helm, G.F. **7/1** 107

Helmholtz, H. **6** 607, 616

Helsdingen, J.R. **18/2** 1.252s.

Helvetius, J.F. **14/2** R_6: *233*; **18/2** 1.528

Hendy, B.D. **18/1** 68

Hennecke, E. **5** 560^{106}, 561^{107}; **13** 116^{145}, 292^{250}; **14/1** R_1: *56*, R_3: *570*; **14/3** 264^2; **18/1** 269^{57}; **18/2** 1.415^3

Henning, W. **12** 458^{81}

Henrique de Herford **14/3** 595^{26}

Henrique II (rei da França) **9/2** 151

Henry, V. **3** 303^{190}

Herácleon / heracleonitas **13** 116

Heráclito **3** 424; **6** 83^{37}, 143, 790s.; **7/1** 108, 111; **8/1** 99; **8/2** 278; **8/3** 906; **9/1** 32, 55, 68; **9/2** 344, 394^{92}; **10/3** 164; **10/4** 630, 695; **12** 157, 182, 297, 333, 435^{36}; **13** 408; **14/1** 41, 245; **14/3** 73^{60}, 352, 568, 568^{152}; **15** 85; **16/2** 455

Índices gerais   51

Heráclio de Bizâncio (imperador) **13** 414

Herakleios (imperador) **12** 404[12], 449[2]

Herão de Alexandria **10/3** 159

Herbart, J.F. **2** 128; **6** 171, 584; **8/2** 350; **10/3** 370

Hércules
- cf. Heráclio de Bizâncio

Hermann **18/1** 934, 949

Hermannus de Mynda **14/3** 27[88]

Hermas **6** 430s., 436s., 448, 451; **14/1** 11, 295, 296, 297, 298, 299; **15** 142, 148, 153

Hermes Trismegisto **14/2** 74, 127, 158, 161, 199, 201 / R_4: *41, 178* / R_6: *115*; **14/3** 10, 127[16], 144, 167[8], 221, 280[42], 305[8], 374, 376, 426[102], 427, 440, 440[3], 449, 460[39], 549, 582, 582[192], 596[38], p. 50-51, 50-51[15], 86-87[12], 94-95, 96-97, 110-111, 120-121, 120-121[3, 6]; **15** 19, 195
- cf. tb. Tabula Smaragdina; Tractatus Aureus de Lapide

Hermógenes **14/1** R_1: *211*; **14/3** 442

Hermolaus Barbarus **13** 102

Herodes o Grande **18/2** 1.744

Heródoto **5** 149, 183, 316[13], 390, 439[44], 57[156], 682[89]; **12** 105; **14/1** R_1: *23*; **14/2** R_4: *116*; **18/1** 264

Heróstrato **10/4** 725[1]

Herrad von Landsbere **12** F 28, F 53; **14/3** 437[1]

Herrera **14/2** 267/ R_5: *197, 202*

Herrmann, P. **5** 367[76], 371[96]; **12** 436[41]

Hertz, C.
- cf. Böcker

Hertz, M. **9/2** 212[50]; **14/3** 25[77]

Herzog, R. **5** 577[145], 577[148], 577[149]

Hesíodo **5** 198[12], 577; **12** 456

Hesíquio **5** 208

Hesychius **12** 456[34]

Hetherwick, A. **8/1** 117

Heyer, G.R. **18/1** 278[60]; **18/2** 1.227, 1.737, 1.774-1.779

Heyer, L. **18/2** 1.778

Hidayat Husain Shams **14/1** R_2: *196*; **14/3** 22

Hieroglyphica **14/2** R_4: *306, 308*

Higino **5** 316[13]

Hiirlimann, M. **16/2** 132
- cf. tb. Pestalozzi

Hilário **14/1** 29, 249, 320; **14/2** 388; **14/3** 231; **18/1** 703

Hildegard von Bingen **5** 139, F 61; **9/1** 703; **10/4** 765 3, 766, 767, 769[5], quadro 8; **12** F 126, F 195; **13** 42s.; **14/2** R_6: *170*; **14/3** 437[1]; **18/2** 1.225

Hilka, A. **13** 272[156], 403[165]; **14/1** R_3: *198*

Hillebrandt, A. **8/2** 395[104]

Himmler, H. **10/2** 410

Hinkle, B. **4** 346; **13** 40[23]

Hipada **6** 165

Hiparco **9/2** 136, 147

Hiparco de Alexandria **9/1** 7

Hipócrates **5** 209[10]; **6** 951; **8/3** 920; **9/2** 313[55]; **14/3** 330[65]; **15** 19, 24

Hipólito **8/2** 394, 395; **9/1** 282[27], 297[41], 533[5-7], 538[46], 552[71], 560[87, 88], 571, 580[131]; **9/2** 118-119, 128[22, 23], 143[71],

176, 215, 267, 288-292, 298, 310-313, 324, 326^{84}, 327^{88}, 328-345, 347, 350^5, 358, 366^{23}, 369, 402; **12** 314, 413^{33}, 528, 529, 550; **13** 101, 116^{145}, 182, 182^{139}, 184, 242^7, 274^{183}, 278, $366^{74s.}$, 372, 408^{194}, 420^{248}, $459^{332s.}$; **14/2** 34, 152, 293, 318 / R_4: *134, 336, 365, 400, 417* / R_5: *168, 243, 258* / R_6: *33, 157, 158, 170;* **14/3** 221^{117}, 251^{54}, $261^{76, 77, 83}$, 331^{70}, 355^{106}, 369^{114}, 425^{97}, 490^2, 493^{11}, 510^{29}, $518^{61, 63}$, 524^{71}, 535^{96}, 531^{110}, 590^1; **18/2** 1.481^3, 1.515, 1.647, 1.827

Hipólito de Roma **5** 65^7, 132^{17}

Hippolytus **14/1** 37, 41, 141, 155, 171, 253, 267, 319, 321, 322 / R_1: 6, *178, 211,* R_2: *90, 117, 146, 167, 209,* R_3: *57, 337, 669, 684;* **16/2** 65, 403^6, 481^8, $525^{1, 2, 5}$

Hirt, H. **5** 212^{16}

Hitler / hitlerismo **10/2** 373, 386, 389, 410, 418, 420s., 437, 452, 455, 472; **18/1** 372, 639; **18/2** 1.326s., 1.332s., 1.368, 1.381s., 1.384s., 1.389

Hitschmann, E. **18/1** 1.026

Hoare, S. **18/2** 1.327

Hocart, A.M. **14/2** R_4: *1, 4;* **16/2** 66, 433, $433^{26, 27}$, $435^{29, 30}$, 438^{38}

Hoch, A. **2** 1.020^1; **4** 154; **6** 934

Hoche, A. **1** 304^{13}; **4** 155; **18/1** 920

Höderlin, F. **15** 178

Höfelt, J.A. **1** 110

Höffding, H. **3** 170; **6** 896

Hoffmann, E.T.A. **5** 393, 615^4; **6** 468^{151}; **7/1** 51; **8/3** 921^{99}; **9/1** 513; **14/1** 223 / R_2: *37;* **15** 142; **18/1** 782

Hoffmann, M.L. **18/1** 1.065 nota introdutória

Hoghelande, T. **9/2** 213, 377^{55}, 378; **12** 338^{19}, 349, 350, 353, 356, 364, 423^{57}, 426^2; **13** 113^{130}, 139^{217}, $173^{98,}$ $^{102, 106}$, $255^{28, 31}$, 261, 264^{80}, 359^{59}, $374^{84, 86}$, 401^{151}, 414, 429, 429^{267}, 431; **14/1** R_2: *147* / R_3: *13, 101, 103;* **14/2** 49, 67 / R_4: *18, 106, 426* / R_5: *9;* **14/3** 20^{58}, 202^{83}, p. 58^7, 106^{27a}, 108^{30} **16/2** *5, I,* 353^1, 400^{58}, 497^{16}

Hohenheim
- cf. Bombast; Paracelso

Holando, J.L. / Hollandus **9/2** 373

Hölderlin, F. **5** 236, 618, 620s., 624, 625s., 627, 628, 632, 634, 636, 639, 682^{89}; **9/1** 576; **9/2** 55; **10/3** 22, 195; **13** 300; **14/1** 288; **18/1** 795

Hölderlin, J.C.F. **6** 502

Hollandus, I.I. **9/1** 246

Holmberg, U. **13** 354, 381^{112}

Holmyard, E.J. **12** 473^{130}; **13** 173^{103}, 273^{171}, 402^{155}; **14/1** R_1: *25, 30,* R_2: *180,* R_3: *208;* **14/2** R_4: *186* / R_6: *40;* **14/3** 12^{32}, 17^{48}, $58^{15, 24}$, 115^{176}, 167^5, 366^{109}; **16/2** 67, 403^7

Holobolus **14/1** R_2: *232*

Holtzmann, A. **12** 534^{52}

Home, D.D. **18/1** 715

Homero **5** 363, 421, 533, 571^{123}, 634^{26}; **6** 198, 945; **9/1** 205^2, 538; **9/2** 322^{75}, 326^{83}, 327, 338, 340^{137}; **14/1** R_1: *117,* R_2: *22, 203,* R_3: *45, 278;* **14/2** 348; **15** 163, 212

Honegger, J.J. **5** 200; **18/1** 1.033

Honório de Autun **8/2** 559^{11}; **9/1** 403; **9/2** 158^{25}; **12** 523; **13** 116^{145}; **14/1** 24, 25, 250, 261 / R_1: *49* / R_3: *49, 336, 488;* **14/2** 68, 78, 200 / R_4: *133, 328, 339* / R_6: *195, 196;* **14/3** 52^2, 58^{17}, 62^{33}, 70^{48}, 107^{163}, 142, 143^7, 146^{24},

172^{15}, 181^{43}, 187^{59}, 195^{73}, 217^{106}, 220^{113}, 238^{17}, 246^{42}, 272^{22}, 284^{55}, $287^{58, 60}$, 316, 316^{44}, 318, 328^{57}, 389^{137}, 401, 407^{17}, 415, 437^{1}, 491^{5}, 493^{11}, 518^{50}, 524^{71}, 527^{83}, 530, 530^{87}, 532^{90}, 537^{101}, 539, 539^{105}, 543^{115}, 561, 563^{149}, 570^{169}, 571^{176}, 573^{177}, 584, 613, 613^{119}, 614^{124} p. 70^{22a}

Hopfer, H. **10/4** 696

Hopkins, W. **18/1** 691s.

Horácio **5** 480^{13}, 626; **9/1** 464^{12}; **13** 229^{256}; **14/1** R_2: *113*; **15** 198^{25}

Horapolo / Horapollo **8/2** 392^{87}, 394; **9/1** 95, 100, 553; **12** F 7, 530; **13** 322; **14/1** R_3: *281*; **14/2** 139 / R_6: *132*

Horneffer, E. **9/1** 210^{5}

Hornefferl, A. **14/2** R_4: *336*

Horst, G.C. **18/1** 797

Horstmann, C. **13** 400^{147}

Horten, M. **14/3** 225^{123}

Horton, H. **18/2** 1.534, 1.546

Hortulano / Hortulanus **12** 220^{109}, 433; **13** 90^{31}, 137^{209}, 175^{112}; **16/2** 68, 402^{4}, 467^{2}, 490, 490^{19}

Horus **14/2** R_4: *30*

Houten, D. **10/4** 764^{2}

Howe, E.G. **18/1** 51s., 115s., 126

Howitt, A.W. **16/2** 69, 433

Hoyle, F. **10/4** 810-820

Hubert, H. **7/2** 220^{7}; **8/1** 52^{42}; **8/2** 254
- e Mauss, M. **9/1** 89, 136^{26}, 153; **18/1** 81

Hübner, M. **14/1** R_3: *210*

Huch, R. **5** 141^{29}

Hucher, E. **8/2** 559; **14/1** R_3: *336*

Hufeland, C.W. **3** 271, 377

Hugo de Estrasburgo **9/2** 133^{47}, 159^{31}

Hugo de São Vítor **5** 97; **14/2** 215; **14/3** 52^{47}, 181^{43}, 214, 355^{106}, 484^{68}, 588, 588^{112}, 613, 613^{119}

Humboldt, A. **5** 481

Hume, D. **18/2** 1.734

Hunt, A.S.
- cf. Grenfell, B.P.

Hurwitz, S. **9/2** 357^{16}, 425^{2}; **14/1** R_1: *116, 126* / R_2: *178*; **14/2** R_5: *172, 189, 272, 324*; **14/3** 145^{19}, 251^{54}, 410, 410^{30}

Huser, J. **8/2** 388^{61}, 390^{69-77}, 391^{23}; **12** 210^{89}; **13** 146^{2}, $148^{5s., 8, 10, 13s.}$, $149^{18s.}$, 151^{20}, $156^{28s.}$, 166, 168^{62}, 170^{77}; **14/1** R_3: *90, 97, 151*; **14/2** R_6: *80, 81*; **15** 19, 40^{62}

Huss, J. **10/3** 845

Hussain, H.H. **16/2** 151
- cf. tb. Stapleton

Hutchins, P. **15** 203

Hutchinson, G.E. **8/3** 956

Huxley, A. **18/2** 1.461 nota; **14/2** R_4: *425*

Hyslop, J.H. **13** 60^{33}

I

Ibn Al-Nadim **13** 287[243]

Ibn Esra **9/2** 169

Ibn Roschd
- cf. Averróis

Ibn Sina
- cf. Avicena

Ibsen, H. **18/1** 366

Içâ-Upanishad **6** 343[48]

I Ching / I Ging **7/1** 132; **14/1** R_1: *372*;
14/2 61 / R_4: *125* / R_5: *300*

Ideler, C.L. **9/2** 189[27, 28]

Inácio de Antioquia **8/2** 388

Inácio de Loyola (santo) **5** 177[4]; **7/1**
19; **8/2** 395; **9/1** 236; **9/2** 252; **10/1**
522; **12** 166, 390[94]; **13** 114, 201[208],
267[102], 293; **14/1** 249, 276; **14/2** 157,
367; **18/2** 1.536, 1.538, 1.548, 1.590

Incipit Figurarum **14/2** R_4: *131*

Ingram, J.D. **9/1** 268[14]

Inocêncio III (papa) **9/1** 458; **9/2** 138

Inouye, T. **6** 420

*Introductorium in Evangelium
Aeternum*
- cf. *Evangelium*

Introitus apertus **14/2** 45, 53, 68, 74,
75, 127, 131, 132, 135 / R_4: *126, 257* /
R_5: *266* / R_6: *20, 23, 201*
- cf. tb. *Philaletha*

Iraqi
- cf. Abu'l Qasim

Ireneu / Irinaeus **5** 515[47]; **8/2** 388[54];
9/1 5, 120[14], 131[22], 142[32], 469[15]; **9/2**
75[24], 80, 99, 118[87], 120[93], 171[23],
233[105], 307, 340[138], 344; **12** 139[15]; **13**
419, 449, 459; **14/1** 282, 321 / R_2: *55,
90*; **14/2** 238, 359 / R_4: *318* / R_5: *118,
148, 166, 207, 353* / R_6: *115*; **14/3**
94[111], 107[157], 251, 251[60], 261[175],
482[66], 539[110], 583, 583[200, 203]; **16/2** 70,
378[30]; **18/2** 1.617

Irminger, H. **18/2** 1.466 nota

Isaac de Antioquia **14/3** 515

Isaacus Hollandus **14/1** 234, 288 / R_3:
325

Isaías
- cf. Bíblia

Isidoro (gnóstico) **9/2** 370

Isidoro de Sevilha **8/3** 866[48]; **9/2** 239[1];
12 522[22], 524; **14/1** 239 / R_3: *275,
511*; **14/2** 29 / R_5: *30, 330;* **14/3** 206[93];
16/2 71, 496

Isidoros (filho de Basilides) **14/1** R_2:
188

Isis (jornal) **14/3** 22[60, 61], 58[15, 24],
115[176], 366[109], 594[14]

Isis a Horus **14/3** 106[152], 144[16], 447[12],
452, 452[21], 487[76], 569, 582

Isserlin, M. **2** 918; **4** 156[7]; **18/1** 950

Itten, W. **3** 390

Izquierdo, S. **9/1** 236[27]; **12** F 151

J

Jabir ibn Hayyan **16/2** 497[16]
- cf. tb. Geber

Jacó de Sarug **9/2** 128

Jacobi J. **7/1** 122[3]; **9/2** 398[100]; **13** 195[194]; **16/2** 72, 406[14]; **18/1** 205[41]; **18/2** 1.107, 1.121, 1.134, 1.162[5], 1.256s., 1.388 nota, 1.402[1], 1.755s., 1.803-1.817

Jacobi, K. **8/3** 932; **10/4** 777

Jacobi, M. **1** 346

Jacobsohn, H. **13** 97[58], 458[328]; **14/2** R[4]: *2, 3, 6, 7, 8, 9, 10,11, 12, 35* / R[6]: *164*; **14/3** 424[87], 583

Jacoby, E. **10/4** 736, quadro 2

Jaffé, A. **2** 1.072[19]; **5** 615[4]; **8/3** 921[99]; **9/1** 60; **10/4** 700[22]; **13** 258[66], 416[230]; **14/1** R[1]: *37, 245*, R[3]: *138*; **15** 142[5]; **18/1** 782-789; **18/2** 1.247, 1.825 nota
- cf. tb. Jung, C.G.

Jahns, M. **5** 420[611]

Jalaludin Rumi **14/2** 217

Jâmblico **9/1** 573; **14/3** 251[54], 452[21], 487[76]; **18/2** 1.521

James, M.R. **9/1** 74[74]

James, W. **1** 20, 107[63]; **3** 419, 569[6]; **4** 676; **5** 11[4], 18, 19, 20[22]; **6** 571s., 584s., 647, 935s., 1.036; **7/1** 80; **7/2** 270, p. 159; **8/2** 210, 262, 267, 271, 356[21], 366[26], 382, 413; **9/1** 113, 388; **10/2** 928, 941; **13** 60[33]; **18/1** 46, 69, 465; **18/2** 1.144, 1.331

James-Lange **6** 751

Jamsthaler, H. **12** F 59, F 115, F 137, F 199

Janet, P. **1** 73, 86[35], 92s., 93[41], 110; **2** 850, 949, 1.066s., 1.354; **3** 2, 12, 19, 24, 29, 32, 55, 76, 1371[23], 124, 147, 155[134], 157, 159, 161, 162, 164,170, 171, 172, 175, 176, 181, 184, 192, 195, 300, 505, 506, 544, 569; **4** 28, 155, 254[13], 274, 296, 569, 574; **5** 25[27], 192; **6** 186, 800, 859, 1.036; **7/1** 2, 4; **7/2** 235, 344, p. 139; **8/1** 39; **8/2** 152, 202, 351, 371, 374, 383, 586; **9/1** 113, 213, 264, 490; **10/3** 2s., 366; **11/6** 1.034; **12** 116; **15** 62, 123, 166[8]; **16/2** 294; **17** 128, 129; **18/1** 139, 154, 421, 511, 560, 798, 922, 1.070; **18/2** 1.130, 1.145, 1.152[2], 1.223, 1.737

Jantz, H. **8/3** 939

Jastrow, M. **14/1** R[1]: *165*

Jeans, J. **8/2** 416, 441; **8/3** 949, 952[140]; **9/2** 409; **14/2** 423

Jebb **14/3** 25[73]

Jensen, P. **5** 251[1], 293, 396[128], 577[141]

Jeremia ben Eleazar **14/2** 254

Jeremias
- cf. tb. Bíblia

Jeremias, A. **9/2** 128, 174, 189[29], 190[30]

Jerônimo (santo) **9/1** 559; **14/1** 249; **14/3** 60[26], 493[11]; **16/2** 64, 455[25]

Jerusalém, W. **2** 451; **6** 584; **8/2** 374

Jessen, P.W. **1** 136[117]

Jesus **9/1** 216; **13** 80, 137, 201[208], 292, 366, 419; **15** 191; **18/1** 657s.; **18/2** 1.415, 1.468, 1.520, 1.568s., 1.633s., 1.648, 1.654s., 1.687, 1.745s.
- histórico **9/2** 66, 69, 115s., 118, 120, 123, 277, 283s., 287, 293
- cf. tb. Cristo

Jesus Sirac (Eclesiastes)
- cf. Bíblia

Jewish Encyclopaedia **14/2** R_5: *25, 26,30, 31, 38, 65, 94, 142, 148, 159, 189*

Jó
- cf. Bíblia

Joannes de Garlandia **16/2** 68
- cf. tb. Hortulanus

João Batista **18/1** 242; **18/2** 1.520

João Crisóstomo **5** 160; **9/2** 86; **14/3** 94[111]

João da Cruz **8/2** 431; **9/1** 563[91]; **14/2** R_5: *62*; **14/3** *613*; **16/2** 73, 479, 526[7]

João Damasceno **14/3** 410[29], 515[43]

João de Basingstoke
- cf. Basingstoke

João de Londres **14/3** 25[76]

João de Lúgio **9/2** 226

João de Paris **9/2** 133[47]

João Diácono **14/3** 401[12], 561[145]

João Evangelista **9/2** 122; **18/2** 1.549
- cf. tb. Bíblia

Joaquim de Fiore / Gioacchino da Fiore / Joachim de Flores **9/2** 137s., 140s., 232, 235, 397[98], 399; **14/3** 58[18], [22], 157, 157[9], 164, 164[30], 214, 276, 276[27], 294[71], 308, 308[21], 309, 312[40], 314, 316[44], 422, 422[82, 83], 424[86], 432, 457[28], 468, 477, 479, 484[68], 513, 553, 584[210], 586[211], 606, 606[92]; **18/2** 1.530, 1.552

Jodl, F. **5** 15; **6** 553

Jodocus Greverus **14/2** R_5: *270, 271*

Joel, D.H. **14/1** R_1: *210*

Joel, K. **5** 500, 501

Johannes Hispalensis **14/3** 8

Johannes Lydus **6/2** 109; **14/3** 251[54]
- cf. tb. Lydus

Johannes Rhenanus **12** 203[71], 465

Johnson, S. **5** 470[6]

Jones, E. **4** 154, 169, 193, 478; **5** 2[7], 370[90]; **18/1** 934 nota; **18/2** 1.160a

Jordan, F. **6** 226s., 234s., 276, 281, 532, 538, 539[9], 609

Jordan, P. **8/2** 440[131]; **8/3** 862[43]; **17** 164[12]; **18/2** 1.133

Jorge (santo) **18/2** 1.527

Jörger, J. **4** 695[4]

Josefo, F. / Flavius Josephus **9/2** 129; **12** 456[34]; **18/1** 240; **18/2** 1.568[4], 1.744

Josephus Quercetanus **12** 340

Joshua ben Levi **18/2** 1.527

Jourdain **14/3** 8[16]

Joyce, J. **10/2** 430; **14/2** 120, 121; **15** 52, 143[6], 163-203, 180-184, 188, 192, 194, 197, 198, 204, 208[3], 209

Jshaq Abravanel Ben Jehuda
- cf. Abarbanel

Índices gerais

Jubinal, A. **5** 368[83]

Judas da Galileia **18/2** 1.561, 1.743

Juízes
- cf. Bíblia

Juliano Apóstata **5** 118[4], 528; **6** 111, 136[26]; **12** 99; **14/2** 166

Júlio César **10/3** 332

Jundt, A. **14/3** 415[54]

Jung, C.G. **1** 1[1], 151[1], 168[3], 180[6], 186[12] 187[1], 226[1], 301[1], 316[22], 319[26], 349[43], 352[49], 356[1], 430[1], 478[1,2], 479[4], 482[7]; **3** 79[95]; **4** 18s., 40[5], 42, 63[8], 75[2], 92s., 106, 127[3], 152[3], 154, 173[15, 18], 180[19], 199[2,3], 201s., 218[8], 252[12], 263[14], 271s., 277s., 306s., 342, 350, 377, 405, 435[33], 478[37], 500, 553, 578, 601, 620, 638, 656, 670, 684, 692, 743[10], 768; **5** 11[2], 26[29], 34[36s.], 38[39], 39[42], 75[15], 76[16], 83[22], 83[23], 113[71], 114[73], 117[1], 154[54], 155[55], 156[59], 182[9], 189[31], 192[9], 217[23], 223[30], 224[31s.], 277, 282[28], 291[52], 294[58], 325[31], 343[37], 365[70], 369[86], 370[92], 393[124], 406[146s.], 450[56], 458[65], 465[3], 467[4], 481[15], 492[25], 503[36], 515[45], 522[50], 526[59], 530[74], 550[98], 566[110], 569[117], 576[134], 595[185], 612[196], 612[198], 619[7], 634[27], 646[37], 652[41], 676[82], 677[83s.], 678[85]; **10/1** 547[3]; **10/3** 12, 43, 45, 46[1], 52[2], 53[3], 55[4], 63, 67, 91, 115, 135, 145, 157, 165[2], 181, 203, 219, 256, 257, 259, 262s., 264s., 312[3], 340[5], 353[8], 354[9], 356[13], 359, 368[8]; **10/4** 627; **12** 9, 35, 44, 48[3], 61[5], 65[8], 68[14], 80[17], 103[36], 108[40], 109[41], 112[44], 116[48], 121[50], 122[1], 144[23], 155[26], 165[54], 170[44], 172[45], 173[49, 50], 177[52], 192[67], 205[72], 209[84], 242[121], 283[132], 287[134], 295[135], 298[138], 301[139], 320[153], 323[154], 324, 333[4], 335[5], 356[18], 390[95], 394[102], 403[3], 404[14], 422[50], 426, 431[11], 439[48], 440[51], 441[56], 448[1], 476[151], 478, 500[192], 527[31], 533[51],

539[59, 60], 553[87], 557[1], 564[2]; **14/3** 1, 50, 52[1], 58, 62[32], 66, 66[37], 67[40], 70[45], 71, 71[49-52], 73[60], 79, 79[73-75], 82, 84[82], 88[92], 91, 91[100], 93[108], 95, 97[122, 123], 101[125], 103[127], 104, 104[143, 144, 148-151], 106, 106[153], 108[164], 113[173], 115[175], 123[5], 125, 125[13], 129[18], 131[20, 22, 23], 137[7], 143[11], 145[18], 146[25], 152[4], 159[14], 160, 160[15-22], 162[24], 167, 167[1], 170[14], 173, 173[20-22], 175[26, 27, 29-30], 176[32-34], 181[44], 182, 182[45-47], 183[51], 185[54], 187, 187[60], 192, 192[65, 66], 193, 194, 194[69, 72], 195[74], 198, 198[77], 200[79], 202[84], 203, 203[86], 204[87], 206[95], 210[100], 212[102], 220[111], 221[114], 231[5], 234, 234[9], 239[22], 240[24, 28], 242, 242[29], 243, 243[37], 249, 249[45], 251[54], 254[62], 257[72], 261, 261[75, 89], 267, 270, 270[16], 278, 278[35, 37], 280, 283[46], 288, 288[63], 291, 291[65], 292, 292[66], 293, 293[67, 69], 294[70], 305[8, 12], 306[13], 307[19], 308[20], 311, 311[36, 39], 312, 312[40, 41], 320, 320[50], 325[52, 53, 56], 335, 335[76, 77], 336[78, 79], 337[80], 338, 338[81, 82], 340, 340[83, 88], 342, 345[92], 348, 348[100], 349[101], 355, 355[104], 359[107], 365[108], 366[110], 368[111], 369, 369[114, 115], 370[116, 117], 373, 373[119], 377, 377[124], 379, 379[128], 389[145], 396, 396[5-7], 397, 404[13], 409[27, 28], 410, 413, 413[34], 415[49, 57], 419[62, 64, 72], 421, 421[81], 424, 425[95, 100], 437, 437[2], 444[8], 446, 446[10, 11], 448[17, 18], 452[20], 458, 458-460, 463, 463[41], 465[4], 470, 474, 475[58], 482, 482[67], 493, 493[8, 9, 12], 505[21], 507, 507[26, 28], 510[34], 518, 518[48, 65], 521[70], 524[72-74], 526[80], 532, 532[91, 94], 537, 537[104, 105], 540, 540[111, 112], 543, 543[116], 545, 545[120], 549, 549[129], 561[138, 140, 146, 148], 569[153, 155], 571, 571[174, 175], 580, 580[187], 581[188, 190], 597[42], 605[71, 73], p. 48-49[8], 64-65[10]; **15** 1[1], 18[1], 44[1], (60[1]), (74[1]), (97[1]), (cap. VII[1]), 142[2], (143[6]), (154[12]), 154[16], 159[19], cap. VIII[1], (168), (172), 189[19], 203, 204[1], 208[3]; **17** 106[1], 107[2], 128[2, 3, 4],

153^6, 157^9, 165^{13}, 175^{17}, 176^{18}, 196^{19}, $197^{20, 21}$, 200^{22}, 203, 208^{27}, 219^{32}, 227, 232, 286^3
- como analista 18/2 1.268
- - cf. Médico e paciente
- como motivo do sonho 13 466s.; 18/1 634s.; 18/2 1.077
- diferença com Freud 18/1 175, 275, 320s., 434s., 485; 18/2 1.196, 1.224, 1.737
- e Bleuler
- - Eugen Komplexe und Krankheitsursache bei Dementia praecox 18/1 937
- Editor de Diagnostische Assoziationsstudien 2 499*, 560*, 638, 660*, 762^{23}, 793*, 918*
- e Freud, S.
- - Troca de correspondência 2 1.335^{10}; 18/1 739^{15}, 791, 794s., 797^1, 871 nota, 888^2, 891^4, 893^{69}, 903^{11}, 906^{12}, 921^{18}, 922 nota, 923 nota, 925 nota, 926 nota, 934 nota, 961^2, 1.026 nota, 1.027 nota, 1.033^9, 1.034 nota, 1.041 nota, 1.055 nota; 18/2 1.077 nota, 1.078^4, 1.285 nota, 1.714^5
- e Jaffé, A.
- - Cartas 18/1 746 nota; 18/2 1.193 nota, 1.296 nota, 1.408 nota, 1.466 nota, 1.497 nota, 1.518 nota, 1.532 nota, 1.584 nota, 1.711 nota, 1.737 nota, 1.769 nota, 1.770 nota, 1.774 nota
- - Erinnerungen, Träume, Gedanken, ed. por Aniela Jaffé 2 1.072^{19}; 18/1 486^8, 841 nota
- - Memórias, sonhos, reflexões 18/2 1.288^2, 1.782^1
- e Kerenyi, K. 14/1 R_2: 247
- - Einführung in das Wesen der Mythologie 9/1 8^{10}, 147^{34}, nota aos cap. VI e VII; 9/2 59^{11}
- e Kerényi, K. / Radin, P.
- - Das göttliche Schelm 9/1 456^1
- e Pauli, W.

- - Naturerklärung und Psyche 18/2 1.174^1
- e Petersen, F.
- - Investigações psicofisicas com o galvanômetro e o pneumógrafo em pessoas normais e doentes mentais 18/1 48^6
- e Ricksher, C.
- - Outras investigações sobre o fenômeno galvânico e a respiração em pessoas normais e doentes mentais 18/1 48^6
- e Riklin, F.
- - Estudos experimentais sobre associações de pessoas sadias 18/1 963
- e Wilhelm, R. 10/2 470^{15}; 10/3 78^4
- - Das Geheimnis der Goldenen Blüte 7/1 102^3; 9/2 284^{11}, 352^{12}, 419
- - O segredo da flor de ouro 9/1 119^{10}, 542^{55}, 564^{95}, 596^{150}, 602^{158}, 623, 661^{13}, 691, 710 ; 13 254, 287^{245}; 18/1 141^{30}, 376^{74}, 410^{82}; 18/2 1.162^5, 1.287
- histórias de casos 18/1 107s., 114, 161-201, 205, 226, 282, 320, 325, 330, 334s., 339s., 346s., 391s., 402s., 447s., 467s., 472s., 508s., 515s., 614, 619, 634, 635s., 802s., 817s.
- Obras (citadas em alemão e em português)
- - A constelação familiar 18/1 155^{35}
- - A empiria do processo de individuação 18/1 377^{75}; 18/2 1.245^3, 1.331^{10}
- - A energia psíquica 10/2 $468^{12, 13}$
- - A energia psíquica e a natureza dos sonhos 6 859^{59}, 869^{65}; 18/2 1.162^5, 1.402^1
- - A energia psíquica e outros ensaios psicológicos 18/2 1.110 nota, 1.825 nota
- - A fenomenologia psicológica dos contos de fadas 18/2 1.653^{30}
- - A função transcendente 6 814^{42}; 9/1 623; 18/2 1.554^{20}

Índices gerais

- - *A importância do inconsciente na psicopatologia* **6** 774[26]
18/1 145[33]
- - *A importância do pai no destino do indivíduo* **18/1** 155[35]
- - *A importância psicopatológica do experimento de associações* **18/1** 953
- - *A interpretação psicológica dos processos patológicos* **18/1** 145[33]
- - *Aion* **8/3** 921[99]; **9/1** 86[57], 246[48], 247[54], 278[24], 485[20], 513[4], 551[67], 661[14]; **13** 101[69, 71], 107[100], 117[148], 126[170], 307[2], 337[17], 362[68], 372[80], 390[133], 394[140], 428[262], 432[276], 433[278]; **16/2** 74, 425[20], 437[32]
- - *Algumas observações sobre as visões de Zósimo* **9/1** 240, 408[32]
- - *Allgemeine Gesichtspunkte zur psychologie des Traumes* **7/1** 162[10]
- - *Allgemeines zur Komplextheorie* **7/1** 20[2], 104[6] **8/2** 582[4]
- - *A alma e a morte* **18/1** 741 nota
- - *Analytische Psychologie und Weltanschauung (Psicologia analítica e cosmovisão)* **8/2** 689s.
- - *Antwort auf Hiob* **9/2** 142[63]
- - *As complicações da psicologia americana* **18/1** 94[22]; **18/2** 1.285 nota
- - *Aspectos do drama contemporâneo* **10/2** 371, 400
- - *Aspectos gerais da psicologia do sonho* **18/1** 160[36], 245[48]
- - *Aplicação prática da análise dos sonhos* **18/1** 13 6[27], 160[36]
- - *Apresentação da teoria psicanalítica* **18/2** 1.261[2]
- - *A psicogênese da esquizofrenia* **18/1** 142[31]
- - *A psicologia da dementia praecox* **2** 451[71], 916[21], 1.036*, 1.072[19], 1.096[21], 1.349, 1.356; **3** 138[125], 318, 426[2], 430[7], 435[9], 493, 543, 548[2], 556, 570; **18/1** 826, 832, 892[5]; **18/2** 1.162[5]
- - *A psicologia da meditação* oriental **9/1** 232[223], 683[29]; **18/2** 1.675[35]

- - *A psicologia dos processos inconscientes* **6** 7[1], 920[75]
- - *A realidade da prática psicoterapêutica* **18/1** 334[65]; **18/2** 1.331[11]
- - *A respeito da psicanálise* **18/1** 1.034 nota
- - *As ideias de salvação na alquimia* **13** 158[32], 173[94]
- - *Aspectos gerais da psicanálise* **2** 1.355[6]
- - *As raízes da consciência* **6** 765[13]
- - *A teoria de Freud sobre a histeria* **18/1** 955
- - *A teoria freudiana da histeria* **18/1** 956
- - *A vida simbólica* **18/1** 608-696
- - *Bewusstes und Unbewusstes* **7/1** 154[6]
- - *Bruder Klaus* **7/1** 119[17]; **9/1** 12[12], 131[23]; **10/4** 643[8]; **16/2** 76, 401[61]; **18/1** 81[15], 221[42]; **18/2** 1.538[12]
- - *Collected Papers on Analytical Psychology* **7/1** 72[5]; **7/2** p. 7; **8/1** 24[23]
- - *Comentário psicológico sobre o Bardo Tödol* **9/1** 630[3]
- - *Conferências de Eranos* **18/2** 1.250
- - *Configurações do inconsciente* **9/1** prefácio dos editores, notas aos cap. XI e XII, 718; **13** 304, 343
- - *Considerações teóricas sobre a natureza do psíquico* **9/1** 6[8]; **13** 114[140]
- - *Da essência dos sonhos* **18/1** 160[36]
- - *Da formação da personalidade* **10/2** 471[16]
- - *Das Grundproblem der gegenwärtigen Psychologie* **8/2** 649s.
- - *Das Rätsel von Bologna* **9/2** 26[3]
- - *Das Wandlungssymbol in der Messe* **9/2** 377[52]
- - *Der Geist der Psychologie* **8/2** 282[13]; **8/3** 840, 846[35], 902[63], 921[91]; **9/2** 3, 13[1], 45[4], 251[42], 268[1], 278[8]
- - *Der Geist Mercurius* **9/2** 77[26], 141[62], 212[48], 237[111, 112], 259[55], 332[107];

16/2 79, 384[39], 389[45], 455[26], 483[2], 519[45], 533[20]

- - *Der Inhalt der Psychose* **7/2** p. 162[4]

- - *Die Psychologie der Übertragung* **8/2** 519[16]; **9/2** 26[3], 42[7], 117[79, 81], 245[28], 256[49], 328[94], 355[14], 360[18], 363[22]; **10/4** 762[1]

- - *Determinantes psicológicas do comportamento humano* **18/2** 1.300[1]

- - *Diagnostische Assoziationsstudien* **6** 528[2], 741[1]; **7/1** 20[1], p. 148[14]; **8/1** 18[16], 24[23]; **3** prefácio 10[16], 12[19], 16[28], 22[40], 24, 37[63], 44[67], 70[87], 88, 82[98], 84[100], 100[103], 104[104], 108, 108[107], 109[110], 110[112], 113, 114, 122, 135[118], 119, 145, 148, 157[135], 176[166], 192[176], 203, 204[179], 208[180], 285[184], 185, 291[196], 315; **8/2** 228, 503[6], 592[10]

- - *Die Bedeutung des Unbewussten für die individuelle Erziehung* **7/1** 166[10a]

- - *Die Bedeutung von Konstitution und Vererbung für die Psychologie* **8/2** 220s.

- - *Die Beziehungen zwischen dem Ich und dem Unbewussten* **8/2** 400[111], 515, 569[14]; **9/2** 41[5], 44[2], 116[78], 284[11]; **16/2** 75, 407[18], 420[18], 503[29]

- - *Die Enteschleierung der Seele* **8/2** 649s.

- - Die Inhalt der Psychose **7/1** 131[6]

- - *Die Lebenswende* **7/1** 114[14]; **8/2** 749s.

- - *Die psychologische Diagnose des Tatbestandes* **3** 108[107]

- - *Die psychologischen Aspekte des Mutter-Archetypus* **7/1** 102[3]

- - *Die psychologischen Grundlagen des Geisterglaubens* **7/2** 293[7]; **8/2** 570s.

- - *Die Psychologie der unbewussten Prozesse* **7/1** p. 7[1], 131[1]

- - *Die psychopathologische Bedeutung des Assoziationsexperimentes* **3** 140[126]

- - *Die Struktur der Seele* **7/1** 109[11],

152[4]; **8/2** 283s.

- - *Die transzendente Funktion* **7/1** 121[1]

- - *Ensaios sobre a história contemporânea* **9/1** 453[79]; **18/2** 1.360 nota

- - *Espírito e vida* 9/1 387[3]

- - *Estudo empírico do processo de individuação* **13** 31[11, 13], 304[1], 343[28], 417[236], 454[318]

- - *Estudos diagnósticos das associações* **18/1** 934s., 941, 948, 963s.; **18/2** 1.162[5]

- - *Estudos experimentais* **18/1** 97[23]

- - *Estrutura da alma* **9/1** 104[4], 259[2], 261[5]; **18/1** 85[17], 230[44]

- - *Experimentelle Beobachtungen über das Erinnerungsvermögen* **3** 16[27]

- - *Fenômenos ocultos* **18/1** 741-745

- - *Fundamentos psicológicos da crença nos espíritos* **13** 200[203]; **18/1** 741 nota

- - *Geist und Leben* **8/2** 601s.

- - *Gestaltungen des Unbewussten* **3** 582[9]; **9/2** 124[95], 343[141]; **18/2** 1.245s., 1.825 nota; **8/3** 870[55]

- - *Instinkt und Unbewusstes* **7/1** 195[1]; **8/1** 17[15], 108[70]; **8/2** 255s.; **9/2** 13[1]

- - *Instinto e inconsciente* **6** 859[59]; **9/1** 152[2]; **18/2** 1.260[1]

- - *Kryptomnesie* **6** 847

- - *Mandalas* **13** 31[11], 304[1]; **18/1** 410[82] **18/2** 1.331[10]

- - *Mysterium Coniunctionis* **13** 110[117], 268[127], 356[47], 409[200], 446[312], 455[319], 457[324], 458[330]; **16/2** 80, 425[20] 437[32]; **18/2** 1.132[1], 1.279[3], 1.477, 1.825 nota

- - *Novos caminhos da psicologia* **18/1** 1.034 nota

- - *O conceito do inconsciente coletivo* **18/1** 85[17]

- - *O conteúdo da psicose* **2** 1.072[19], 1.356; **3** 424, 549[3] **6** 287[14], 928[76]; **18/1** 832[2], 982

- - *O diagnóstico psicológico da ocorrência* **18/1** 739[15], 979

Índices gerais

- - *O enigma bolognese* **9/1** 53; **13** 247[19], 458[330]

- - *O espírito da psicologia* **13** 114[138], 267[102], 271

- - *O espírito de Mercúrio* **9/1** 238[33], 426[52], 541[53], 549[62], 550[65], 553[73], 582[138], 682[27]; **18/2** 1.653[30], 1.655[32], 1.693[2]

- - *O espírito Mercurius* **13** 127[175], 371[79], 383[114], 408[188, 190], 420[249], 457[323], 459[334]

- - *O eu e o inconsciente* **6** 174, 265[2], 287[14], 754[10], 765[13]; **9/1** 147[34], 270[18], 274[21], 278[24], 294[34], 297[42], 304[43], 398[13], 512[3], 523; **13** 58[31], 287[245]; **10/2** 460[3],460[4], 467[11]; **18/1** 99[24], 150[34], 358[68], 366, 377[75], 634[2]; 645[59], 623; **18/2** 1.162[5], 1.334[12], 1.402[1], 1.625[21]

- - *O objetivo da psicoterapia* **9/1** 623[186]

- - *Observações experimentais sobre a capacidade da memória* **18/1** 954

- - *O problema da psicogênese nas doenças mentais* **3** 504, 538[3]

- - *Os fundamentos da psicologia analítica* **2** 999[*]

- - *O significado da constituição e da herança para a psicologia* **18/1** 85[17]

- - *O simbolismo do mandala* **13** 31[11], 304[1], 363[71]; **18/1** 334[65]; **18/2** 1.246[4], 1.265[1], 1.331[10]

- - *O símbolo da transformação na missa* **9/1** 209[3]; **10/4** 674[16]; **13** 91[37], 93, 95[46], 107[100s.], 110[114, 120], 113; **18/2** 1.662[33]

- - *Os objetivos da psicoterapia* **18/1** 376[74]

- - *O tempo de reação nos experimentos de associação* **18/1** 728[13]

- - *O valor terapêutico da ab-reação* **18/1** 142[31]

- - *Paracelsica* **8/3** 922[100]; **9/2** 332

- - *Paracelso como fenômeno*

espiritual **9/1** 241[41], 533[5], 560[89]; **13** 268[128], 414[225], 427[258]

- - *Paracelso como fenômeno psíquico* **18/2** 1.113[1]

- - *Paracelsus als Arzt* **9/2** 205[40]; **16/2** 81[a], 530[15]

- - *Paracelsus als geistige Erscheinung* **7/1** 118[16]; **9/2** 332; **16/2** 81[b], 495[3]

- - *Prática da psicoterapia* **9/1** 53[30]

- - *Psicologia analítica e educação* **9/1** 398[13]

- - *Psicologia da transferência* **6** 842[57]; **9/1** 61[36], 147[34], 246[52], 557[82], 612; **13** 114[137], 194[193], 358[57], 387; **18/1** 357[67]; **18/2** 1.132[1], 1.162[5], 1.402[1], 1.477, 1.692[5], 1.780 nota, 1.784[3]

- - *Psicologia do inconsciente* **6** 7[1], 174[66], 783[35]; **9/1** 164[7], 604[168]; **10/2** 467[10]; **18/2** 1.107s., 1.162[5], 1.402[1]

- - *Psychologie der dementia praecox* **6** 374[86], 781[29], 796[41]; **7/2** 252[3]; **8/1** 17[15], 19, 22[19], 56; **8/2** 488

- - *Psychologie und Alchemie* **7/1** 118[16], 121[2], 122[3], 185[12]; **7/2** 360[4]; **8/2** 385[48], 388[51], 393[2], 402[114], 411[117], 551, 559[10, 13]; **8/3** 922, 952[141]; **9/2** 59[11], 60[12], 69[3], 73[22], 116[78], 117[81], 120[94], 143, 178[53], 191[32], 209[43], 212[47], 216[70], 237[109, 112], 240[4], 284, 297[15], 307[33], 311[42], 329[96], 330[100], 352[13], 367[27], 372[38], 375[47], 379[66], 382[74], 410[114], 414, 418[122]; **10/4** 692, 726[3], 730[4]; **16/2** 82, 383, 398[55], 402[5], 403[9, 11], 406[15], 416[11], 450[2], 454[8, 20, 22], 459[7], 473[18], 494[4], 496[7, 8, 12], 505[34], 519[44], 530[15], 531[17], 533[19, 22, 24]

- - *Psychologie und Erziehung* **7/2** 287[4]; **16/2** 83, 420[16]; **18/2** 1.162[5], 1.402[1]

- - *Psychologie und Religion* **7/2** 366[5]; **9/2** 142[63], 284[11]; **16/2** 84, 392[47], 442[42], 530[15]

- - *Psicologia e alquimia* **3** 582[9]; **6** 174[66], 291[16]; **9/1** 72[43], 86[58], 110[6],

132^{24}, 142^{33}, 235^{25}, 238^{33}, 242^{42}, 270^{17}, $278^{23, 25}$, 289^{30}, 311^{3}, 315^{7}, 324^{10}, 396^{7}, 408^{35}, 425^{49}, 426^{52}, 430^{56}, 452^{78}, 512^{3}, 517^{10}, 529^{2}, 532^{3}, 537^{37}, $541^{50, 51, 54}$, 549^{62}, $552^{69, 70}$, 555^{78}, 571^{102}, 573^{115}, 582, $601^{156, 157}$, 623^{186}, 627, 680^{26}, 682^{28}, 686^{30}, 701^{35}; **13** 86^{5}, 88^{22}, 89^{30}, 90, 95^{47}, 101^{75}, 107^{100}, 110^{115}, 126^{171}, $134^{203,}$ 205, 138^{214}, 158^{32}, 173^{94}, 180^{130}, $187^{157, 160}$, 195^{195}, 204^{211}, 209^{227}, 212^{230}, $241^{4s.}$, 242^{8}, 268^{128}, 277^{198}, 278^{219}, 283^{239}, 305, 329, 356^{47}, 357^{53}, 371^{78}, 374, 390^{133}, 398, 399^{146}, 401^{149}, 403^{162}, 406^{176}, 414^{225}, 416, 416^{234}, 418^{240}, 426^{256}, 454^{318}, 456^{322}, 458^{331}; **18/1** 139^{29}, 221^{43}, 264^{54}, 269^{58}, 379^{76}, 396, 402^{80}, 673^{5}; **18/2** 1.162^{5}, 1.225^{1}, 1.265^{2}, 1.595^{10}, 1.631^{24}, 1.699^{3}, 1.739^{1}, 1.783^{2}, 1.787^{5}, 1.825 nota

- - *Psicologia e educação* **9/1** 70^{42}
- - *Psicologia e poesia* **18/1** 81^{15}; **18/2** 1.245^{1}
- - *Psicologia e religião* **9/1** 242^{42}, 278^{23}, 425^{49}, 605^{170}, 628, 660^{12}, 716^{3}; **10/2** 463^{8}; **13** 122^{154}, 207^{223}; **18/1** 81^{15}; **18/2** 1.162^{5}, 1.402^{1}
- - *Psicoterapia e atualidade* **18/1** 612^{1}
- - *Psychologische Abhandlungen* (Ensaios psicológicos) **18/2** 1.110, 1.245 nota, 1.250, 1.292 nota, 1.475s., 1.727, 1.825
- - *Psychologische Determinanten des menschlichen Verhaltens* **8/2** 232s.
- - *Psychologische Typen* **7/1** 63^{1}, 80^{10}, 82^{11}, 85^{12}, 102^{3}, 160^{9}; **7/2** 217^{2}, 219^{5}, 233^{5}, 240^{10}, 241^{11}, 309^{3}, 311^{4}, 367^{6}, p. 146^{7}; **9/2** 52^{7}, 177^{56}, 245^{29}, 350^{6}, 398^{100}; **16/2** 86, 406, 474^{21}, 486^{18}
- - *Resposta a Jó* **9/1** 716^{3}; **13** 466s.; **18/2** 1.498a nota, 1.536^{4}, 1.552^{17}, 1.584 nota, 1.588, 1.595, 1.618s., 1.633, 1.645, 1.678
- - Sigmund Freud als

kulturhistorische Erscheinung (Sigmund Freud, um fenômeno histórico-cultural) **7/1** 33^{3}
- - *Simbolismo do espírito,* **9/1** nota ao cap. VIII 695
- - *Símbolos oníricos do processo de individuação* **18/1** 139^{29}, 406^{81}
- - *Tentativa de apresentação da teoria psicanalítica* **18/1** 1.063^{4}
- - *Terra e alma* **18/1** 94^{22}; **18/2** 1.285 nota
- - *The Process of Individuation* **18/2** 1.590
- - *Transformações e símbolos da libido* **9/1** 248^{55}, 259^{3}
- - *Über das Unbewusste* **7/1** 40^{1}
- - *Über den Archetypus mit besonderer Berücksichtigung des Animabegriffes* **7/1** 102^{3}
- - *Über den Begriff des kollektiven Unbewussten* **7/1** 101^{2}
- - *Über die Archetypen des kollektiven Unbewussten* **7/1** 102^{3}, 154^{6}; **7/2** 287^{4}
- - *Über die Energetik der Seele* **16/2** 78, 368^{22}
- - *Über die Psychology der Dementia Praecox* **7/1** p. 148^{15}
- - *Über die Psychologie des Unbewussten* **8/1** 52^{42}; **8/2** 270^{8}, 278^{12}, 403^{115}, 509^{13}, 554^{8}; **16/2** 87
- - *Über die psychophysischen Begleiterscheinungen im Assoziationsexperiment* **6** 751
- - *Über Mandalasymbolik* **9/2** 73^{21}, 209^{44}, 343^{141}, 355^{15}, 410^{113}; **10/4** 619^{8}
- - *Über psychische Energetik und das Wesen der Träume* **7/1** 71^{4}, 77^{7}; **8/2** 441^{136}; **9/2** 54^{9}
- - *Über Simulation von Geistesstörung* **3** 53^{74}, 164^{147}
- - *Über Wiedergeburt* **9/2** 173^{29}; **10/4** 622^{13}
- - *Um caso de estupor histérico em pessoa condenada à prisão* **2** 657;

Índices gerais 63

18/1 952, 999[4]

- - *Um mito moderno: Sobre coisas vistas no céu* **18/2** 1.445s., 1.609[13]

- - *Untersuchungsgefangenen* **3** 160[140], 164[147]

- - *Versuch einer Darstellung der psychoanalytischen Theorie* **8/1** 56[45]; **16/2** 85, 368[23]

- - *Versuch einer psychologischen Deutung des Trinitätsdogmas* **9/2** 70[5], 128[23], 141[62], 237[112], 351[8], 397[98]

- - *Vom Wesen der Träume* **8/2** 530s.

- - *Von den Wurzeln des Bewusstseins* **18/2** 1.191[6], 1.250s., 1.258, 1.528[8], 1.538, 1.586[4], 1.631[25], 1.825 nota

- - *Wandlungen und Symbole der Libido* **7/1** 160[9], p. 150[18]; **7/2** p. 7[5], 218[3], 260[7], 341[1], p. 7[5], 162[4]; **8/1** 1[1], 35, 46, 56[44], 68, 79, 83[51], 86[53], 92[60], 104[68]; **16/2** 90, 468[41]

- - *Wirklichkeit der Seele* **8/2** 531[2], 796s.

- - *Wirklichkeit und Überwirklichkeit (O real e o suprarreal)* **8/2**

- - *Wotan* **18/1** 372[71]; **18/2** 1.329[9], 1.375[5]

- - *Zentralblatt für Psychotherapie*, **9/1** nota ao cap. X

- - *Zur Empine des Individuationsprozesses* **9/2** 118[87], 120[94], 297[15], 318[64], 343[141], 355[15], 399[101], 410[113]

- - *Zur Empirie des Individuations-prozesses* **16/2** 77, 376[28]

- - *Zur Phaenomenologie des Geistes im Märchen* **7/2** 287[4]; **9/2** 100[50], 141[61], 156[15], 245[28], 317[62], 351[9], 362[20]

- - *Zur Psychologie des Kind-Archetypus* **7/1** 102[3]

- - *Zur Psychologie östlicher Meditation* **9/2** 209[44], 236[107], 318[63]; **18/2** 1.152[2], 1.727s., 1.825 nota

- - *Zur Psychologie und Pathologie sogenannter occulter* Phaenomene **3** 105, 105, 298, 555; **6** 752[9], 782, 847[74]; **7/1** 199[2]

- - *Zur psychologischen Aspekt der Kore-Figur* **7/1** 102[3]

Jung, E. **2** 492; **5** 267[15]; **9/1** 223[18], 444[74]; **7/1** 141[1]; **18/2** 1.727, 1.825 nota

- - e Franz, M.-L. **18/2** 1.783[2]

Jünger, E. **10/2** 435

Junker, H. **14/3** *419[70]*

Juquelier, P. **4** 701[7]

Jurain, A. **12** 348

Justino **14/3** 221[117]

Justino gnóstico **9/1** 552, 560, 571, 579[126];

Justino mártir **5** 622; **9/2** 267, 274, 366[23]; **12** 475[141], 521; **13** 137[212]

K

Kabbala Denudata **14/2** 301 / R_5: *46, 73, 185, 189, 193, 198, 201, 202, 214, 236, 280, 301, 307, 312, 324, 338, 341*; **16/2** 91, 497[13]
- cf. tb. Knorr von Rosenroth

Kaegi, W. **15** 211[4]

Kagarow, E. **13** 462

Kaiser, O. **3** 12[20]

Kalid / Calid / Kallid) **12** 386, 477, 478; **14/1** 169, 171, 172, 174 / R_3: *242, 308*; **16/2** 2, 353[1], 458, 461[9]

Kallisthenus **14/3** 41[6]

Kalthoff, A. **5** 42[45], 113

Kammerer, P. **8/3** 824-825, 840[29]

Kankeleit, O. **18/2** 1.760-1.768

Kant, I. **1** 66; **2** 46; **3** 18[31], 393, 440, 527; **4** 317, 688, 690; **5** 14[11]; **6** 55, 57s., 182, 578, 585, 592, 597[17], 704, 729, 749, 816, 840; **7/2** 260[7], 140[*]; **8/1** 64[46]; **8/2** 212, 265, 276, 352, 358, 359, 454, 654; **8/3** 829[13], 840, 902[64]; **9/1** 120[11], 136[26], 150, 160, 259; **9/2** 11; **10/3** 14, 27, 871; **10/4** 779; **12** 247; **13** 82; **15** 31; **16/2** 294; **18/1** 8[1], 124, 485, 706, 714, 758, 900; **18/2** 1.223, 1.374, 1.589, 1.725, 1.734

Kaposi, M. **2** 616

Kardec, A. **18/1** 730

Karplus, J.P. **1** 131[113]

Kassner, R. **9/2** 51[6]

Kâthaka-Upanishad **6** 342[47]
- cf. tb. Upanishad

Kaufmann, R. **10/4** 803[2]

Kaushitaki-Upanishad **6** 329[35]

Kautzsch, E. **12** 298[137]; **13** 180[118], 183[142], 186[150], 215[235], 268[123], 403[160], 407[180], 419[243]; **14/1** R_3: *342*; **14/2** R_5: *44* / R_6: *116*; **14/3** 134[2], 332[71], 460[35]

Kazowsky, A.D. **3** 181[169]

Kazwini **9/2** 133

Kees **14/2** R_4: *28*

Kékulé von Stradonitz, A. **13** 143

Kekulé, F. **14/1** R_2: *225*; **16/2** 93, 353

Kelchener, E. **9/2** 159[31]

Keller, H. **8/2** 614

Kelley, E. **12** F 16, F 86, F 141, F 153, F 154/155, F 236

Kenyon, F.G. **5** 274[21], 530[78]

Kepler, J. **4** 24, 607; **5** 24; **8/2** 696; **8/3** 873, 923, 925, 935[131], 952; **9/2** 130[41], 267, 323; **13** 154, 378; **18/2** 1.133

Kerényi, K. **5** 34[36s.], 83[23], 89[30], 113[69], 183[12], 184[20s.], 209[11]; **9/1** nota ao cap. VI, 259, 291, nota ao cap. VII, 326, 538[47, 48]; **12** 456[36]; **14/1** 16, Prefácio

Índices gerais

1, R_3: *157, 576*; **14/2** R_6: *37, 204*; **15** 159^{20}; **16/2** 94; **17** 286^3; **18/2** 1.131s., 1.160a, 1.250
- e Jung, C.G.; **6** 491^{170}; **7/1** 102^3; **8/2** 555^9; **12** 215^{101}

Kern, O. **5** 664; **13** 412^{215}; **14/3** 66^{36}, 251^{54}

Kerner von Marilaun, A. **8/2** 268^6

Kerner, J. **1** 49, 59, 73, 116, 141, 148, 180, 183; **4** 748; **5** 149^{46}; **6** 1.036; **9/1** 111; **18/1** 456, 700, 704, 713^{10}, 797; **18/2** 1.739

Kesselring, M. **18/1** 1.034s.

Keyhoe, D. **10/4** 591, 603, 717^{29}, 782; **18/2** 1.447-1.451

Keyserling, G.H. **9/1** 213^7; **10/2** 903-924, 925-934; **10/3** 195; **10/4** 790; **17** 204^{26}; **18/2** 1.499

Keyserling, H.C. de **8/2** 283s.

Khalid
- cf. Calid

Khunrath, H.K. **8/2** 388, 395; **8/3** 952; **9/1** 535^{24}, 580^{131}; **9/2** 143, 241, 345; **12** 165, 165^{38}, 209, $356^{19,26}$, 360, 390, 404^4. 420^{43}, 422^{48}, 453, 463, 479, 552^{84}; **13** 127, 162, 187^{156}, 255^{33}, 267^{106}, 268, 270, 274s., 278^{203}, 283^{236}, 383, 406, 423; **14/1** 40, 45, 152, 154, 236, 238, 248 / R_2: *17*, R_3: *143, 591, 621*; **14/2** 7, 51, 52, 75, 127, 137, 139, 140, 160, 225, 236, 363/ R_4: *18, 66, 121, 163, 188, 204, 276, 313* / R_5: *276* / R_6: *139*; **14/3** 84^{82}, 131^{23}, 368^{111}, 369^{114}; **16/2** 95-96, 497^{16}, 525^4

Kibre, P. **14/3** 39^3

Kierkegaard, S. **9/1** 11

Kindt-Kiefer, J.J. **13** 207^{216}

King, C.W. **6** 444s.

Kingsford, A. **9/1** 133; **13** 40; **14/1** 214

Kircher, A. **5** 77^{17}; **9/1** 268^{10}; **9/2** 416s.; **13** 124^{157}; **14/1** R_2: *157;* **16/2** 97, 384^{41}

Kirchmaier, G.C. **9/2** 178^{55}

Kirsch, J. **18/2** 1.558 nota

Kitab al-Habib **14/3** 325^{55}, 528^{58}

Kitab al'ilm al muktasab **14/3** 167^5

Kitchin, D. **18/1** 685

Klages, L. **9/1** 32, 391; **10/2** 375; **10/4** 657; **13** 7; **15** 72

Klaus (Irmão) **3** 562
- cf. tb. Nikolaus

Klein, J.
- cf. Wertheimer

Kleinpaul, R. **5** 12^7

Kleist, K. **18/1** 908

Kleomedes **14/3** 452^{21}

Klettenberg, F. **12** 85

Klinke, O. **3** 175^{163}

Klinz, A. **16/2** 98, 355^{10}

Kloeckler, H. **8/3** 868^{51}

Klopstock, F.G. **11/6** 468

Kluge, F. **5** 570, 579, 682^{90}; **8/2** 627

Kluger, H.Y. **10/4** 704^{27}

Knapp, A. **18/1** 891, 895

Knapp, M.J. **9/2** 136^{52}

Knobloch, C. **18/1** 706

Knoll, M. **8/3** 872^{56}, 977; **10/4** 591

Knorr von Rosenroth, C. **12** 313; **13** 411; **14/1** 18 / R_1: *69*; **14/2** 258, 306 / R_5: *185, 186, 192, 195, 297* / R_6: *36*; **14/3** 58^{23}, 137^7, $267^{10,11}$, 272^{18}, 348^{97},

368^{113}, 389^{140}, 415^{47}, 419^{71}, 447^{13}, 532^{96}, 575^{184}; **16/2** 91, 497^{15}

Knuchel, E. **12** F 63^6; **13** 36^{20}

Koch, J. **1** 188; **16/2** 99, 485^{15}

Koch-Grünberg, T. **5** 217; **8/1** 89^{58}

Koeber, R. **8/3** 828

Koehler, H. **14/2** R_5: *20*

Koehler, L. **14/2** R_4: *313*

Koenig-Fachsenfeld, O. 1.737-1.741

Koepgen, G. **9/1** 292^{32}

Kohen **14/2** R_5: *65*

Köhler, R. **9/1** 428^{55}

Köhler, U. **6** 444

Kohut, A. **9/2** 389^{82}; **14/2** R_5: *28, 141, 148*; **16/2** 100, 458^4

Kolb, E. **18/2** 1.384 nota

Kolmarer Handschrift
- cf. Meisterlieder

Kolumbus **4** 230

Komarios **12** 157^{30}, 426, 455, 472, 483; **13** 89; **14/1** 35, 310, 311 / R_2: *104, 209*; **14/2** 5, 224/ R_6: *170*; **14/3** 136, 240, 240^{28}, 283, 330, 426, 452^{20}, 460^{36}, 474^{57}, 510, 510^{34}, 569

König, E. **6** 520^{184}

Köpgen, G. **14/1** 120, 121; **14/2** 192, 193, 194, 196 / R_4: *418*

Kopp, H. **12** 465^{99}, 505^{195}, 508^{200}, 509; **13** 392^{137}; **14/2** R_5: *218*

Kopp, J. 1.528

Kore Kosmou **14/3** 106^{152}, 144^{16}, 158, 284, 569

Korsakow, S. **3** 10

Kosmas **12** 526^{30}

Kraepelin, E. **1** 311^{17}; **2** 22, 45, 70, 115, 132, 388, 503, 570, 585^{23}, 638, 669, 730s., 772^{30}, 815, 864s., 871, 878, 882, 1.066, 1.079. 1.092, 1.348, 1.353^3; **3** 2, 5^8, 23^{49}, 33, 50^{70}, 50, 61, 73^{92}, 75, 135^{120}, 144, 180, 300; **4** 211, 695; **5** 58^2; **7/1 18/1** 899, 916, p. 131
- esquema de Aschaffenburg **18/1** 963

Krafft, K.E. **8/3** 874^{57}

Krafft-Ebing, R. **1** 11, 146^{132}, 183, 188, 223^{13}; **2** 718^{20}; **3** 154, 164^{147}; **10/3** 213; **18/1** 712^9

Krämer, A.F. **8/3** 842^{30}

Kramer, F.
- e Stern, W. **2** 1.035 (bibl.)

Kramp, J. **12** 417^{40}

Kranefeldt, W.M. **4** 745; **11/6** 1.060; **15** 159^{19}; **16/2** 101, 340; **18/1** 278^{60}; **18/2** 1.152^2, 1.227, 1.292 nota, 1.727, 1.737, 1.825 nota

Krates **12** 349^7, 356, 392^{101}
- livro de **14/2** 75; **16/2** 102, 497^{16}

Kraus, O. **2** 762s.

Krauss, A. **1** 303

Krebs, E. **14/3** 348^{98}

Kretschmer, E. **6** 980, 1.038; **8/2** 221-222; **11/6** 1.014, 1.016; **18/2** 1.463

Kreuger, I. **10/3** 296

Krickeberg, W. **13** $132^{193-197}$

Krieg, C.W. **14/2** R_5: *105*

Krishna **6** 327

Krishnamurti **10/3** 176

Kronecker, L. **8/3** 933^{127}

Krönlein, J.H. **14/3** 310^{35}, $606^{84, 88, 89}$; **16/2** 103, 533^{26}

Krüger, G. **13** 243[11]

Ktesias / Otesias **12** 526[30], 536

Kubin, A. **6** 702; **7/2** 342; **15** 142, 194

Kuhn, A. **5** 208, 210[13], 211[15], 212, 248[55], 392[120]

Kuhn, F.F.A. **4** 507

Kullüka, **6** 325

Külpe, O. **2** 756; **5** 11[2], 18; **6** 768, 896; **8/2** 374[38]

Künkel, F. **8/2** 599[13]; **17** 203; **18/1** 746 nota

Kurella, H. **18/1** 841 nota

Kyrillos **14/1** R_2: *187*

L

La Rochefoucauld, F. **5** 253; **9/1** 56[32]

Lachat, W. **18/2** 1.532-1.557

Lacinius J. **12** F 79, 210; **13** 89[26], 377[101], 392[139], 413[218], 442[298]; **14/1** R₁: *6, 66*; **14/3** 15[44], 570
- cf. tb. Bonus, Petrus

Lacombe, G. **14/3** 7[12]

Lactâncio / Lactantius, F **5** 669[72]; **12** 185[59], 370[58]; **14/3** 561[137]

Lactancio **9/1** 533[7]

Ladame, **18/1** 934 nota, 983

Ladd, G.T. **1** 101

Ladislau II **12** 480[156]

Lagarde, P.A. **9/2** 100[52]

Lagerlöf, S. **17** 339[2]

Lagneus, D. **9/1** 246[53]; **14/1** R₂: *71, 123* / R₃: *291*; **14/2** 50, 347

Laiblin, W. **9/2** 232[104]

Laistner, L. **5** 370[91]

Lajard, J.B.F. **5** 297s.; **14/2** R₄: *197, 201*

Lalita-vistara **6** 291

Lamblichus **12** 456[30]

Lambsprinck **12** F 168, 441[55], 446[64], F 240, F 179; **13** 109[110]; **14/1** 3; **14/2** R₄: *18, 149, 398*; **14/3** 192[64], 468[52],

573[180]; **16/2** 4, 459[6], 494[1]
- símbolos de **9/2** 147[84], 224

Lambsprincksche Figuren
- cf. *Musaeum hermeticum*

Lamy, T. **14/1** R₁: *34, 189*

Landgraf, K. **1** 344

Landmann, S. **6** 752[9]

Lang, J.B. **12** 26[9]; **18/2** 1.825

Lange, C.G. **18/1** 46, 69

Lange, W. **18/1** 795

Langmann, P. **10/2** 397[14]

Lao-Tsé **6** 90, 178, 181, 401s.; **7/2** 308, 365, 388; **8/3** 908-910; **9/1** 603; **14/1** 193 / R₃: *229*; **17** 249; **18/1** 536

Laplace, P.S.M. de **13** 51

Larguier, L. **14/1** R₃: *317*

Lasswitz, K. **6** 819; **8/1** 10

Laszlo, V.S. **18/2** 1.264-1.275

Laurent, A. **1** 339[31]

Laurent, E. **1** 351

Laurentius Laurentii **5** 269

Laurentius Ventura **12** 356, 471
- cf. tb. Ventura

Lauretana (ladainha) **6** 428, 439, 447, 451

Índices gerais 69

Lavater, J.K. **6** 980

Lavaud, M.-B. **9/1** 15[16]; **14/1** R[3]: *370*; **14/3** 415[54]; **16/2** 104, 378[30], 401[61], 403[6]

Lavoisier, A. **14/1** 142

Laxinius
- cf. Lacinius, J.

Layard, J. **5** 497[29], 652[41]; **16/2** 105-106, 433, 435[25], 436[31], 438, 438[40]

Lazarelus, L. **13** 236

Le Blant, E. **5** 163[73]

Le Bon, G. **9/1** 225[20]; **10/2** 477; **18/1** 318 ; **18/2** 1.474[1]

Le Lay, Y. **18/1** 741 nota

Leade, J. **16/2** 505[34], 506s.; **18/2** 1.704

Leão Hebreu **9/1** 557

Leão X **9/2** 367[28]

Leclerc, H. **9/2** 145[74]

Lederer, M. **2** 1.035

Legge, J. **15** 77

Legrand du Saulle, H. **1** 110

Lehmann, A. **1** 82, 82[33], 126[106], 304[9]; **2** 1.058s.; **6** 896; **8/1** 23[20]; **14/1** R[3]: *26*

Lehmann, E. **5** 395[126]

Lehmann, F.R. **7/2** 388[4]; **8/1** 52[42], 128[82], 129; **16/2** 340

Leibniz, G.W. **3** 440; **5** 67; **8/2** 212; **8/3** 918, 921, 927s., 938, 957, 987; **9/1** 259; **9/2** 11, 251[42], 409; **10/4** 593, 635; **15** 68; **16/2** 294; **18/1** 14[2], 124; **18/2** 1.143, 1.223, 1.732

Leisegang, H. **9/1** 282[27]; **12** 209[77], 410[27]; **14/1** R[1]: *52*; **14/2** R[4]: *351* / R[5]: *113, 116*; **14/3** 106[155], 107, 107[156, 158],

111[167, 168], 221[117], 251[48, 49], 257[67], 261[74, 76, 77], 267[6], 272[23], 284[55], 330[66, 68], 331[70], 414[44, 45], 419[70], 420[76], 442[6], 474[57], 526[78], 535[96], 561[145], 570[168], 581[189]; **16/2** 107, 355[11]

Lejeune, R. **8/1** 92

Lendas Armênias de Alexandre **14/1** R[3]: *508*

Lenglet-Dufresnoy, P.N. **9/1** 579[129]; **14/1** R[3]: *299*; **14/2** 123

Lenin **17** 311

Leo Hebraeus **14/1** R[2]: *139*

Leonardo da Vinci **7/1** 100; **9/1** 93s., 100, 140[29]; **15** 55; **18/2** 1.492

Leppmann, A. **1** 343

Lerbecke, H. **14/3** 27

Les Grandes Heures du due de Berry **16/2** 33, 454

Lesser **14/1** R[1]: *68*

Lessing, G.E. **2** 212

Lessius **12** 417

Leucipo **9/1** 116

Leupoldt, C. **3** 3[6], 54

Levítico
- cf. Bíblia

Lévy-Bruhl, L. **10/3** 69, 106, 130, 852; **13** 66, 122[153], 478; **14/1** R[3]: *654*; **14/2** 398 / R[6]: *107*; **15** 44[1]; **16/2** 108, 376[27], 462[11]; **17** 83, 253; **18/1** 87, 440, 457, 530; **18/2** 1.297

Lewes, G.H. **8/2** 362[23], 371[36]

Lexicon Alchemiae **14/2** R[6]: *125*

Leyen, P.
- e Zaunert, P. **14/1** R[3]: *498, 508*

Libânio **5** 577

Libávio / Libavius, A. **9/2** 243; **12** 400, F. 142

Libellus Desideriorum Joannis Amati **14/1** R_1: *172*

Liber aggregationum **14/3** 27, 28, 28[92], 85, 88[92], 94, 596, 596[32], p. 48-49

Liber alternationum **14/3** p. 82-83[24]

Liber alze **14/1** 239 / R_2: *154*; **14/2** R_6: *170*; **14/3** 137[6], 200[79]

Liber de arte chimica **14/1** 117 / R_2: *37*, R_3: *141, 378, 555*; **14/2** R_5: *271* / R_6: *176*; **16/2** 2, 454[16]

Liber de causis **14/3** 504[20]

Liber de magni lapidis compositione **14/2** R_5: *265*

Liber de Septuaginta **14/3** 24[71], p. 82-83[24]

Liber de spiritu et anima **14/3** 312[40]

Liber divinitatis **14/3** p. 82-83[24]

Liber introductorius **14/3** 606

Liber methaurorum **14/3** 20[58]

Liber Platonis Quartorum **14/1** 109, 139, 160, 165 / R_3: *206, 315*; **14/2** 322, 389 / R_4: *146, 368* / R_5: *243, 247* / R_6: *11, 110, 186, 189, 195, 223*; **14/3** p. 80-81[14]

Liber quintae essentiae **14/3** 6, 24, 427, p. 90-91, 92-93, 94-95, 106-107

Liber secretorum
- cf. Kalid

Liber sexagesimae **14/3** 24

Liber sextarius **14/3** 24, 34[13]

Liber sextus **14/3** 24

Liber Sextus naturalium **14/3** 12, 92
- cf. tb. Avicena

Liber Trinitatis **14/3** 4

Liber trium verborum
- cf. Calid

Licetus, F. **14/1** 92, 93

Lidzbarski, M. **14/2** R_5: *169, 173* / R_6: *116, 170*

Liébault, A.A. **4** 748; **7/1** 2; **10/3** 366; **17** 128; **18/1** 797

Liebig, J. **6** 609

Liepmann, H. **2** 387; **3** 21, 37, 300; **5** 11[2]; **18/1** 891

Lightfoot, J.B. **9/2** 333[111]

Lilium / Lilius) **9/1** 580[133]; **13** 183[142]; **14/3** 152[2], 368[111], 592[3], p. 62-63[3]

Lindau, P. **1** 110

Lingdam Gomtchen **9/1** 574[116]; **12** 123

Lippmann, E. **12** 99[30], 386[87], 405[17], 477[153], 484[172]; **13** 183[140], 375[94s.]; **14/1** R_1: *35*, R_2: *196, 224*, R_3: *591*; **14/2** 320 / R_4: *32* / R_5: *19* / R_6: *165*; **14/3** 6[1, 2], 7[9], 11[27], 12[29, 31, 32], 17[48, 50], 23[68, 69], 23[68-69], 58[14, 16], 103[139], 131[2l], 144[14], 163[28], 164[28, 29]; **18/2** 1.691;

Lipps, T. **6** 553, 555, 584, 766[15], 781, 941; **8/1** 26, 28; **8/2** 354s., 364, 417; **18/2** 1.144

Little, A.G. **14/3** 25, 25[76], 484

Livre des balances **14/2** 217 / R_5: *147*

Livre des secrez de nature **14/1** R_3: *336*

Livro de Crates
- cf. Crates

Livro do alúmene dos sais **14/3** 10 , 60[27], 62[29], 67[39], 112[169], 181[36], 218[110], 261[88], 389, 407[23], 413, 428[102], p. 50[14], 141[50]

Índices gerais

Livro sobre a terra e a pedra **14/3** p. 76-77[21]

Livros de Jeú **14/3** 107

Locke, J. **8/2** 197[2]; **18/1** 14[2]

Locustor **14/3** 115[175]

Lodge, O. **18/1** 750

Loewe, H. **14/1** R₁: *114*

Loewenfeld, L. **1** 17[8]. 121, 125, 126[108], 138[119], 147[133], 148[135]

Logion de Jesus **14/3** 181

Lohmeyer, E. **14/2** R₆: *116*; **14/3** 535[97]

Lombardo
- cf. Pedro Lombardo

Lombroso, C. **1** 175, 219; **5** 277[26]

Lomer, G. **18/1** 904

Long, C.E. **6** 226

Longfellow, H.W. **5** 474, 614, 682; **7/1** 160

Lorichius, J. **14/1** R₂: *156*

Lotze, R.H. **5** 11[5]; **6** 54

Lovatelli
- cf. Caetani-L.

Lovejoy, A.O. **7/1** 108; **8/1** 115[71], 116[72], 126, 127

Löwenfeld, L. **2** 662; **3** 161; **4** 45; **18/1** 841 nota, 893, 907

Löwenthal, A. **14/3** 143[10]

Löwis of Menar, A. **5** 368[80]

Loy, R. **4** 576s., 588, 608, 632, 652

Lu Ch'lang Wu **13** 161[45]

Lucas
- cf. Bíblia

Lucas, S. **18/1** 1.065 nota; **18/2** 1.213 nota, 1.388 nota, 1.447 nota, 1.462

nota, 1.558 nota, 1.584 nota, 1.705 nota, 1.769 nota, 1.790 nota, 1.793 nota

Lu-Ch'iang Wu **9/1** 537[34]
- cf. tb. Wu Lüdy, F.; Wei Po-yang
- e Davis, T.L. **14/1** R₃: *184*; **14/2** R₄: *352* / R₆: *11*

Luciano **5** 528; **9/2** 332; **14/2** R₆: *338* / R₅: *167* / R₆: *116*; **14/3** 561[145]

Lucílio **14/3** 25[78]

Lücke, R. **1** 349

Lucrécio **5** 113; **14/3** 487[76]

Luders, H. **12** 534[52]

Ludus puerorum **14/1** R₂: *154*

Ludwig, O. **3** 66

Luff, M.C. **18/1** 64s.

Luís II **12** 480[156]; **13** 241

Luís XIV **10/1** 500

Luís XVIII **18/1** 713

Lúlio / Lullius, Lulo, R. **3** 89; **12** 220, 351, 365, 405[18], 453; **13** 158[33], 176[114], 231, 274, 282[231], 392[130], 431; **14/1** R₂: *209*, R₃: *142*; **14/2** 225 / R₄: *153, 276* / R₅: *54* / R₆: *130*; **14/3** 30, 42[7], 311; **16/2** 3, 383[37]; **18/2** 1.691, 1.780

Lumem luminum **14/3** 6, 6[1], 15, p. 58-59[7]
- cf. tb. Rasis

Lumholtz, C. **8/1** 121

Lurja, I. **14/2** 222/ R₅: *189*

Lutero, M. **6** 91s., 917; **9/2** 144, 159; **10/2** 382; **14/3** 47; **15** 10, 51; **16/2** 416[10]; **18/2** 1.375

Lydus, J. **5** 487[20]; **12** 456[35]; **16/2** 109, 451[8], 468[7], 525[1]

M

Maack **14/2** R_4: *141*

Maag, V. **9/2** 283^{10}

Mabbott, J.D. **18/2** 1.689[41]

Mabinogion, P. **14/2** R_5: *243*

Mac Nish, R. **1** 25, 280

Macario, M.M.A. **1** 106

MacDonald, R. **18/2** 1.335

MacDonell, A.A. **8/3** 956[148]; **14/2** R_6: *207*; **14/1** R_3: *213*

Machos (alquimia) **14/3** 413, 468[49]

Mackenzie, M. **18/1** 294

MacIntyre, A. **18/2** 1.689[41]

Macróbio / Macrobius **5** 425; **9/1** 119; **9/2** 344[145]; **10/4** 766[4]; **14/1** 149, 168 / R_2: *56*, R_3: *172, 189, 191, 274*; **14/2** R_5: *266* / R_6: *115*; **14/3** 330[65], 549[126], 561[145]

Madathanus, H. **14/1** R_2: *69*; **14/3** 182

Maeder, A. **3** 390; **4** 94, 452, 478, 548; **5** 2; **6** 782; **7/2** 228, p. 133; **8/1** 17[15], 28[29]; **9/1** 259[3]; **18/1** 985

Maehly, J. **5** 572[27], 580[158]

Maeterlinck, M. **5** 78, 217

Magnan, V.J.J. **1** 190, 218; **3** 166[149]

Mago Filósofo **9/2** 257

Mahâbhârata **6** 331[37], 333[38]

Maier, M. **8/3** 952; **9/1** 120[16], 537[41, 43], 554[77], 580[133]; **9/2** 292[13], 344[147], 345, 393, 396s., 418; **12** F 31, 109[41], 165[40], F 60, F 78, F 81, F 97, 343[3], 387, F 138, 401, 401[1], F 144, 405[18], 421[47], 433[31], 435[38], 436[42], 438, F 175, 445, 450[11], 457, 469, 470, F 210, F 216, 490, F 225, 508, 515; **13** 90[31], 95, 102[79], 104[96], 109[106, 110], 113, 181-184, 186, 197[197], 273[161], 274[179], 278, 355[41], 357, 398, 403[164], 409

Maimônides, M. **9/2** 178[55], 183[8]; **14/2** 235; **14/3** 73

Maitianus Cappella **9/1** 538

Maitland, E. **9/1** 133; **13** 40; **14/1** 214

Maiuri, A. **12** 177[53]

Majer, M. **14/1** 2, 14, 16, 40, 46, 51, 52, 54, 55, 57, 58, 59, 60, 74, 87, 114, 115, 150, 269, 270, 274, 276, 278, 280, 281, 282, 287, 291, 292, 294, 296, 297, 299, 303, 305, 306, 307, 308 / R_1: *3, 217* / R_2: *58, 95, 96, 117, 119* / R_3: *2, 247, 438, 682;* **14/2** 54, 74, 131, 132, 225, 235, 274, 302, 398 / R_4: *36, 38, 60, 153, 155, 156, 157, 158, 193, 285, 288, 289, 359, 440* / R_5: *54, 180, 262, 265* / R_6: *12, 57, 153;* **14/3** 32[7], 368[111], 50-51[13]; **16/2** 111-113, 383[37], 396[49], 408[19], 480[7] 494[1]

Malalas **8/3** 854

Malaquias
- cf. Bíblia

Índices gerais   73

Male, E. **14/1** R₃: *522*

Malebranche, N. **8/2** 275, 276

Malinine, M. **18/2** 1.515[1]

Malinowski, B. **18/2** 1.296 nota

Malvasius, C. **14/1** 51, 65, 77, 82, 85, 86

Mânava-Dharmaçâstra **6** 325[29], 326[31]

Mandonnet, P. **14/3** 596[27], 597[43], 606[85], 609[105], 616[131]

Manget, J.J. / Mangetus **8/2** 559[11]; **9/2** 194[4]; **12** 95[28]; **13** 161[42], 176[114], 268[122], 272[160], 282[231], 283[237], 392[139]; **14/1** 60 / R₁: *3, 39, 40, 42, 43, 47, 51, 140*, R₂: *97*, R₃: *329, 336*; **14/2** 173 / R₄: *192* / R₆: *77*; **14/3** 6[1], 10[23, 24], 12, 14[38, 41], 16[46], 20[58], 22[60, 62], 26, 32[3], 34[12,14], 35[16], 60[27], 204[37], p. 34-35[8], 50-51[15, 16], 64-65[10], 88-89[23], 96-97[48], 98-99[60], 106[27a], 108-109[30], 114-115[56, 57], 116-117[67], 128-129[38]
- cf. tb. *Bibliotheca Chemica Curiosa*

Mani **14/3** 251[51], 518[64]

Mani, K. **14/2** 232

Mannhardt, W. **5** 214[22], 662; **8/1** 87[54], 87[55]

Mansi **14/3** 310[32]

Mantell, T.F. **10/4** 628[1]

Manu **6** 326

Maomé **9/1** 253, 258, 580[131]; **9/2** 130[36], 153[6]; **12** 390[98]; **18/1** 639, 689

Mapeus, W. **14/3** 25[79]

Marais, E.N. **8/2** 374[37]

Marandon de Montyel, E. **1** 345

Marbe, K.
- cf. Thumb, A.

Marcal **14/1** 95

Marchos **14/1** 74

Marcial **14/3** 582[197]

Marcião **9/2** 128; **12** 126, 436[41]

Marco Antônio **9/2** 223

Marco Aurélio **5** 158

Marcos (gnóstico) **14/3** 251, 583

Marcos
- cf. Biblia

Marcus Graecus **14/1** R₂: *196*

Marguliés, A. **3** 169[151]

Maria a Judia / Maria Prophetissa **3** 582; **12** 26, 31, 209, 338, 422[50], 484[169, 172]; **14/1** 66, 262, 271, 272 / R₁: *198*; **14/2** 238, 287, 321/ R₆: *176*; 14/3 9, 58, 167, 167[8], 261, 318, 381[129], 448, 452[20], 549[127], p. 120-121[6]; **16/2** 2, *V*, 403, 459[5], 483[4], 497[14], 505
- Axioma de
- cf. Índice analítico

Mariette, F.A.F. **9/2** 129[27]

Marino / Marinus **9/2** 99; **14/1** R₁: *211*

Marius Victonnus **12** 457[78]

Markos **14/1** R₃: *369*

Maroues, M. **12** F 162

Marsílio F. **6** 165[59]

Marti, F. **18/1** 1.040

Martial / Marcus Valerius Martialis **13** 270

Martin, P.W. **18/2** 1.388

Martius, G.
- Minnermann, C. **2** 1.059, 1.187, 1.191

Marx, K. **17** 311
- cf. tb. Marxismo **9/2**

Mascnius, J. **9/1** 604[166]

Masênio, J. **9/2** 239[2]

Maspero, S.G. **12** 84

Masseion, R. **3** 15, 16, 17, 19, 20, 74, 76

Masudi **14/2** 217

Mateus
- cf. Bíblia

Mathieu de Vendöme **14/1** 86, 100

Matter, M.J. **6** 444

Matthews, W. **9/1** 240[40]; **13** 31[15]

Maurice, T. **5** 402

Maury, L.F.A. **1** 101

Mauss, M. **7/2** 220[7]; **8/1** 52[42]; **8/2** 254
- cf. tb. Hubert, H. McDougall, William **18/1** 142

Mauthner, F. **5** 12[6], 16

Max Müller, Fr. **10/3** 188

Maximiliano (imperador) **12** 508[200]

Máximo de Turim **14/3** 206[93], 452[21]

Mayer, A.
- Orth, J. **2** 23, 563s., 602, 638 (bibl.), 889

Mayer, J.R. **5** 189

Mayer, K. **3** 39[64], 50[70], 109, 164[147]

Mayer, R. **4** 246, 567; **6** 608s.; **7/1** 106s.; **8/1** 128[85]; **10/3** 21

Mayhoff **14/2** R_4: *298*

Maylan, C.E. **4** 747

Mazzuchelli, G.M. **12** 462[87]

McConnell, R.A. **8/3** 839

McCrindle, J.W. **12** 526[30]

McDougall, W. **3** 504; **16/2** 110, 255, 263, 266, 272

McGee, W.J. **8/1** 115

McGlashan, A. **9/1** 465[13]

Mead, G.R.S. **5** 153; **13** 137[213]; **18/2** 1.568[4]

Mectildes de Magdeburgo **5** 136, 144, 171[92], 425; **6** 442; **7/2** 215; **9/1** 295; **9/2** 320; **13** 388s.; **14/2** R_6: *53*; **18/2** 1.079

Medjmael-Bahrein **14/3** 437[1]

Meerpohl, F. **9/2** 344[143]

Mehlich, R. **18/2** 1.730-1.736

Mehung, I. / Mehun **12** 381[77]

Mehung, J. **14/1** R_3: *126*

Meier, C.A. **2** 563[3]; **8/2** 385[50], 440, 549[6], 589[7]; **8/3** 928[125]; **9/1** 553[74], 622[185]; **11/6** 1.036; **13** 143[220]; **14/1** R_2: *215* / R_3: *576*; **16/2** 115-116, 468[10], 477[3]; **17** 164[12]; **18/2** 1.133, 1.162s., 1.514, 1.826

Meier, M. **14/3** 234[12]

Meier-Fritzsche, J. **18/2** 1.165 nota

Meige, H. **2** 794; **3** 187

Meir ben Jizchak, rabi **9/2** 181

Meir (rabi) **14/2** 217

Meisterlieder der Kolmarer Handschrift **6** 443

Melchior Cibinensis **12** 450[10], 480-489, 490
- cf. tb. Cibinensis

Melchior de Brixen
- cf. *Aureum vellus* **13**

Melchior von Hermannstadt
- cf. Szebeny

Melchior (bispo de Bressanone) **12** 480[156]

Melchior, C. **16/2** 5, 454

Melchior, N. **14/2**

Melitäo de Sardes **5** 158, 668[71]; **9/2; 12** 314[147]

Melville, H. **15** 137

Membranáceo (século XVIII) **14/2** R$_4$: *12*

Menandro **14/3** 407[24]

Mendel, E. **1** 188; **3** 175[165]

Mendel, G.J. **10/3** 141

Mendel, K. **4** 196

Mennens, G. **9/1** 579, 602[159]; **16/2** 5, 533[26]

Mennens, J. **14/3** 34, 220[112], 300[2], 306, 306[18], 348, 348[97], 420[80], 468[48], 501[14], 543[114], 547[121], 549[128], 569[153]

Mennens, W. **14/1** 212 / R$_3$: *178, 277, 346;* **14/2** R$_5$: *223, 273*

Menninger, K. **18/2** 1.452 nota

Mentz, P. **2** 1.058s., 1.187[4], 1.187, 1.311 (bibl.)

Menzel **18/2** 1.435

Menzel, D.H. **10/4** 701, 701[25], 782

Merculinus, M. / Merculino) **14/2** 10 / R$_4$: *31;* **14/3** 501[15]; **16/2** 2, 457, 472[13, 14]

Mereschkowski, D.S. **5** 576, 581[160]

Meringer, R. **3** 39[64], 50[70], 109; **5** 214[21]; **8/1** 86

Merlin
- cf. Romance

Merlinus **14/2** 10, 18

Mersadel-ibad **14/3** 437[1]

Merula **14/2** 59

Mesmer, F.A. **10/3** 21, 366; **18/1** 702, 797

Mesnet, E. **1** 21, 23

Messahali **9/2** 128[18], 136[53]

Mestre Eckhart **13** 20, 75, 148[7], 372; **15** 11

Metódio **9/2** 168[15]

Metódio de Filipos **14/3** 142[2], 157[8]

Meumann, E. **7/1** p. 132
- cf. tb. Zoneff

Meyer, A. **2** 1.020[1]

Meyer, C.F. **18/1** 795s.

Meyer, E. **3** 5[8], 163[145]; **4** 154; **18/1** 905, 937

Meyer, E.H. **5** 422[19]

Meyer, K.H. **9/2** 227

Meynert, T. **3** 323

Meyrink, G. **6** 189, 468[151], 702; **7/1** 153; **9/1** 405[22]; **12** 53, 103, 341[22]; **14/3** 592[3], 605[70]; **15** 142

Michael Scotus **14/3** 7, 594, 594[14]

Michaelis, K. **7/1** 122[12]

Michel, A. **10/4** 591[4], 609[4], 668[13]

Michelsen, J. **18/1** 1.040

Michelspacher, S. **12** F 93; **13** 241[5]

Midrasch Bereschith Rabba **14/2** R$_5$: *154*

Midraxe dos 10 reis **14/2** 258 / R$_5$: *324*

Mieg, J.F. **18/2** 1.521

Migne, J.P. **6** 442[123, 126], 443[127]; **8/2** 559[11]; **13** 271[154], 275[188], 389[123, 126-130], 401[154], 407[184s.], 456[321], 458[329]; **14/1**

R[1]: *32, 161, 193,* R[2]: *144, 179* / R[3]: *166, 322, 336, 344, 378, 488, 566*

Mil, J. **2** 21

Milio
- cf. Mylius

Miller **14/1** R[3]: *337*

Miller, E. **18/1** 228

Miller, F. (pseudônimo) **9/1** 319

Milo **14/3** 413[36]

Milton **11/6** 468, 470

Milton, J. **5** 60, 68, 72

Milvescindus **14/1** R[1]: *38*

Minnemann, C.
- cf. Martius, G.

Mirandula, P. **14/1** 165, 166, R[3]: *37;* **14/2** 257

Mirandula, J.F. **14/2** R[5]: *330*

Mitchell, S.W. **1** 107, 280

Mitchell, T.W. **4** 687s.

Mitscherlich, A. **18/1** 822[1]

Möbius, P.J. **2** 661; **5** 190[2]; **18/1** 795, 885, 922

Moerbecke, W. **14/3** 77[12], 605

Mohammed ben Isch'Aq En-Nedim **14/2** R[6]: 99

Mohammed Ibn Umail **14/1** 3, 74, 114, 149, 234, 237, 313, 314 / R[1]: *11, 12, 32, 42, 143, 159, 178, 219* / R[2]: *3* / R[3]: *5[1] 172, 219, 220, 222, 250, 268., 305, 306, 320, 543*
- cf. tb. Sênior

Moisés **14/1** 233, 245; **14/3** 440; **15** 67 e 67[2], 165[6], 168, 182

Moisés ben Leon **18/2** 1.526

Moisés Cordovero **18/2** 1.526

Moisés Ha-Darshan, rabi **9/2** 167

Molberg, L.C. **14/3** 41, 41[5, 6]

Moleschott, J. **4** 687; **6** 661, 780; **18/2** 1.372

Molière, J.B. **6** 1.006

Moll, A. **1** 110[70]; **18/1** 798, 893s.

Moltzer, M. **4** 458

Monakow, C. **3** 497; **18/1** 793

Monoimos **8/2** 395; **9/2** 340, 347, 350; **14/1** 37, 45; **14/2** R[5]: *324;* **16/2** 525[1]

Montano **6** 16

Montessori, M. **4** 643

Mörchen, F. **1** 31, 118[88]

Moret, A. **14/2** 11 / R[4]: *28, 59;* **14/3** 419[70], 424[88]

Morgan, C.L. **8/2** 266, 398

Morgan, D.G. **18/1** 656

Morgenthaler, W. **11/6** 1.060s., 1.063

Morienus Romanus **8/2** 388[52], 394; **9/2** 256, 258; **13** 158[33], 414[220]; **14/1** 60, 241 / R[2]: *70, 71,* R[3]: *599, 672, 678;* **14/2** 153, 398 / R[4]: *161, 358, 404;* **14/3** 6, 12[34], 14, 15, 15[44], 16, 16[46], 17, 17[51], 18, 29, 137, 372, 380, 381, 440, 448[17], 592[3], p. 48-49[8], 58-59, 94-95, 94-95[41], 98-99, 112-113, 114-115, 120-121[3]; **15** 19; **16/2** 2, *XII,* 403[12], 408[19], 440, 484[7, 10], 495, 529; **18/2** 1.699

Mörike, E. **5** 8, 489

Moroney, M.J. **18/2** 1.206[3]

Morris, R. **5** 412[157]; **14/1** R[1]: *173*

Mortos
- livro egípcio dos **14/2** R[4]: *327*

Índices gerais

Moser, F. **18/1** 757, 762, 781 apêndice

Moses von Khoren **5** 528

Mosley, O. **18/2** 1.327

Mosso, A. **2** 1.058, 1.187[4], 1.187, 1.311

Mozart, W.A. **17** 206

Ms. Egerton **14/2** R_4: *86*

Ms. Francês do século XVIII **14/2** 274

Ms. Maniqueus do Museu Oficial de Berlim **14/2** R_5: *70*

Ms. Sloane **14/2** R_4: *87*

Muhammed ibn Umail **12** 475[147]

Müller, E. **1** 223[13]; **2** 1.043; **14/1** R_1: *5, 119*; **14/2** R_5: *187, 200*

Müller, F.M. **5** 65[7], 240[45]

Müller, G.E. **3** 12
- e Pilzecker, A. **2** 100[24], 605[35, 37], 638

Müller, H.E. **18/1** 934 nota, 992s.

Müller, J. **5** 255[7]
- e Schumann, F. **6** 768

Müller, J.G. **5** 400[133]

Müller-Lyer, F. **4** 658

Multatuli
- cf. Douwes, E.

Mundus Symbolicus **14/2** R_4: *138*

Münsterberg, H. **2** 24, 65, 88[21], 451, 585[23], 638, 876

Münter, F. **9/2** 128

Murmelstein, B. **14/2** 172, 324

Murray, H.A. **16/2** 119; **18/1** 612[1]

Murray, J. **10/3** 1.013

Murry, M. **15** 190

Musaeum Hermeticum **14/1** R_1: *14, 18, 20* / R_2: *4, 18, 21, 29, 31, 64, 123, 154, 206, 248* / R_3: *6, 14, 75, 77, 79, 82, 88, 95, 138, 156, 157, 169, 171, 185, 235, 249, 335, 367, 403, 409, 418, 430, 443, 471, 608, 613, 623, 624, 644, 646, 647, 657, 662, 670, 671, 673*; **14/2** R_4: *109, 130, 149, 150, 161, 174, 177, 185, 187, 191, 199, 217, 218, 267, 268, 270, 282, 284, 344, 359, 380, 398* / R_5: *6, 7, 8, 79, 83, 144, 266, 333* / R_6: *13, 17, 18, 23, 26, 27, 28, 58, 109, 167, 174, 201*; **14/3** 36[17], 52[1], 123[5], 137[6], 182, 200[79], 240[28], 283[46], 373[121], 383[134], 389[142], 482[66], 493[6]; **16/2** 4, 459[6], 472[15], 475[1], 494[1], 496[10, 13], 526[6]

Mussolini, A. **10/2** 420

Mussolini, B. (Duce) **10/2** 397, 420; **18/1** 279, 372s.; **18/2** 1.328, 1.333s.

Muther, R. **5** 332[35]

Mutianus Rufus **5** 148[45]

Mutus Liber **14/1** R_1: *317, 318*; **14/2** 96 / R_4: *238*; **16/2** 120, 505, 538[1]

Myers, F.W.H. **1** 88, 91[38], 100; **8/2** 356[21], 382[45], 571; **8/3** 830, 862; **18/1** 705; **18/2** 1.144

Mylius **14/3** 84[82], 368[111]; **15** 37[46]

Mylius Ioannes Danielis **12** F 21, 99[30], F 34,140[19], F 114, 338[20], F 125, 427, F 163, F 188, F 200, 469[113], F 218, F 223, 518

Mylius, J.D. **8/2** 388[52]; **9/1** 246[53], 268[11], 580[133]; **9/2** 143[69], 215, 241[6, 9], 292[13], 307[33], 345, 373[41], 376[48], 377[55]; **13** 95, 113s., 161[45], 163[49], 173[99s.], 188, 255[32, 36], 256[41], 261, 263, 267[94, 98], 268, 270, 273[167, 171], 274[175, 180], 276, 282[228], 337[16], 398[142], 403[160], 406, 407[186], 408[192], 422[251]; **14/1** 5, 40, 132, 138, 159, 235, 238, 239, 240,

289, 332 / R_1: *21, 52, 70, 140* / R_2: *12, 27, 70, 79, 103, 209* / R_3: *9, 38, 40, 45, 75, 80, 86, 87, 113, 114, 206, 236, 244, 245, 315, 378, 426, 518, 591, 593, 595, 617*; **14/2** 49, 127, 232, 289, 368 / R_4: *91, 107, 143, 148, 151, 162, 205, 216, 254, 430* / R_5: *21, 67, 82, 266, 330* / R_6: *34, 140, 170, 176, 188*; **16/2** 121, 376[26], 389[46], 454[16], 460[8], 525[1]

N

Nabucodonosor **3** 450; **8/2** 163, 484, 495, 496, 559; **12** 449; **13** 14, 350[33], 408, 458; **18/1** 245

Näcke, P. **18/1** 918

Naef, M. **1** 17[9], 295

Näf, H.
- cf. Tribunal do júri, processo de

Nägeli **18/1** 702

Nagy, P. **18/2** 1.107

Nahlowsky, J.W. **6** 747, 896[70]

Nânio de Viterbo **9/2** 159[32]

Napoleão **8/2** 707; **10/2** 907

Napoleão I, **17** 301; **18/1** 509

Napoleão III **18/1** 715

Natorp, P.G. **6** 781[27]

Nazari, G.B. **13** 88[23]

Nazari, O. **5** 188[30]

Negelein, J. **5** 421[1], 421[9], 421[10], 421[17], 428[30], 542[90], 545[91]

Neidhardt, J.G. **14/1** R$_3$: *487*

Neiditsch, J. **18/1** 934 nota

Neisser, C. **3** 3, 5, 6, 7, 50, 73, 74, 76, 169[150]

Nelken, J. **3** 390; **8/2** 589[7]; **7/1** 110[12]; **9/1** 82, 318[8], 494[2], 516; **9/2** 62[14]; **13**

459; **14/1** R$_2$: *50, 179*; **14/2** 33 / R$_4$: *83 /* R$_5$: *5*; **18/1** 1.055-1.064

Nemésio **14/3** 330[65]

Nerval, G. / Gérard Labrunie **5** 83[22], 83[23]; **7/1** 121; **18/2** 1.279, 1.748

Nestle, E. **14/2** R$_6$: *116*

Nestório **6** 28

Nettesheim
- cf. Agrippa

Neumann, E. **9/1** 487[22], 595[149]; **9/2** 230[100], 286[12]; **13** 451; **14/1** R$_3$: *66*; **14/3** 108[165]; **18/2** 1.134, 1.160a, 1.234-1.237, 1.250, 1.408-1.420, 1.510

Neumann, K.E. **5** 437[38]; **9/1** 596[152]; **18/2** 1.575-1.580

Newcomb, F.J.
- e Reichard, C.A. **9/1** 651

Newman (cardeal) **14/2** 399, 432

Newton, I. **4** 24; **13** 90

Newton, J. **7/2** 270

Nicolai, C.F. **16/2** 124, 533[21]

Nicolau de Cusa, **10/4** 766, 806; **16/2** 122-123, 409, 485, 527[9], 537

Nicolau de Flüe / Bruder Klaus **7/1** 119; **8/2** 413; **9/1** 12s., 131, 133; **9/2** 34; **10/4** 643[8]; **13** 477; **14/1** 214; **14/3**

415[54]; **16/2** 378[30], 403[6]; **18/1** 221; **18/2** 1.497s., 1.538

Nicoll, M. **6** 446[137]

Nicômaco **12** 410[28], 436[41]

Niedner, F. **14/2** R$_4$: *331*

Niehus-Jung, M. **18/2** 1.305 nota

Niemöller, M. **10/2** 429a

Nierenstein, M.
- e Chapman, P. **12** F 404[7]

Nietzsche, F. **1** 139[121], 140s., 142[124], 180s., 184; **3** 171, 350; **4** 675, 748; **5** 11[5], 12[6], 14, 21, 27, 47[1], 141-143, 145s., 149, 253, 444, 448, 459, 460, 523[52], 530[78], 583[163], 585, 586, 587, 597, 601, 602, 623, 635, 682[89]; **6** 33, 104, 142s., 192, 206s., 318s., 394, 453, 468, 543, 605s., 696, 704, 780, 795, 796, 946, 1.033; **7/1** 29, 36, 39s., 65s., 113, 153, 199; **7/2** 306, 373, 397, p. 164; **8/1** 108; **8/2** 162, 169, 212, 254, 344, 359, 398, 474, 643, 659; **9/1** 61, 77s., 190, 216s., 254, 442[73], 541; **9/2** 410; **10/2** 375s., 379, 382s., 432-434, 937, 943; **10/3** 19, 176, 201, 250, 271; **12** 104, 118, 181, 184, 201, 247, 406, 407, 559, 560; **13** 77, 131, 154, 163; **10/4** 657, 658; **11/6** 472; **14/1** 246, 324; **14/2** 123 / R$_4$: *333, 402*; **15** 7, 9, 45, 48, 52, 61, 69, 103, 111, (17), prefácio cap. VII **15** 141, 142, 151, 154, (59), 178, 182, 185, 192, 214; **17** 200[22], 313; **18/1** 61, 371[70], 451s., 534, 928, 930, 951, 1.069; **18/2** 1.115, 1.161, 1.170, 1.281, 1.295, 1.322, 1.333, 1.375, 1.417, 1.454, 1.630
- *Assim falou Zaratustra* **9/1** 36, 78,

190, 210, 217, 463; **10/2** 376[5], 381[9], 417, 439

Nigídio Fígulo / Nigidius Figulus **9/2** 212

Nikotheos **12** 456[30], 456, 458

Nilo **12** 521

Ninek, M. **10/2** 392; **13** 461[342]; **14/3** 518[62]

Nissl, F. **1** 226, 279

Nola, P. **13**

Nordau, M.S. **1** 175; **2** 132[35]

Norden, E. **5** 119[7]; **14/3** 468[53]

Norton, S. **12** F 122, F 214, F 221

Norton, T. **12** 381[72]; **13** 245[15], 250[22]; **14/2** 48, 227 / R$_5$: *55, 56*; **16/2** 6
- cf. tb. Theatrum Chemicum Britannicum

Nostradamus, M.M. **9/2** 151-160, 193; **10/2** prefácio[1]; **10/3** 371, epígrafe

Notcero o Gago **14/3** 142, 320, 363, p. 86-87[11]. 92-93[34], 98-99[57]

Notker (Balbulus) **16/2** 125, 399[57]

Nova Acta Paracelsica **14/1** R$_3$: *72*

Novum lumen chemicum (Sendi-vogius) **14/1** 39, 42, 44 / R$_3$: *14, 157*; **14/2** 384; **14/3** 52[1]

Numênio **14/3** 442[6]

Nunberg, H. **8/1** 23[21]

Nunberg, P. **6** 171[64]

Nutt, A. **6** 446[137]

Nymwegen, R. **14/3** 27[88]

N

Nabucodonosor **3** 450; **8/2** 163, 484, 495, 496, 559; **12** 449; **13** 14, 350[33], 408, 458; **18/1** 245

Näcke, P. **18/1** 918

Naef, M. **1** 17[9], 295

Näf, H.
- cf. Tribunal do júri, processo de

Nägeli **18/1** 702

Nagy, P. **18/2** 1.107

Nahlowsky, J.W. **6** 747, 896[70]

Nânio de Viterbo **9/2** 159[32]

Napoleão **8/2** 707; **10/2** 907

Napoleão I, **17** 301; **18/1** 509

Napoleão III **18/1** 715

Natorp, P.G. **6** 781[27]

Nazari, G.B. **13** 88[23]

Nazari, O. **5** 188[30]

Negelein, J. **5** 421[1], 421[9], 421[10], 421[17], 428[30], 542[90], 545[91]

Neidhardt, J.G. **14/1** R$_3$: *487*

Neiditsch, J. **18/1** 934 nota

Neisser, C. **3** 3, 5, 6, 7, 50, 73, 74, 76, 169[150]

Nelken, J. **3** 390; **8/2** 589[7]; **7/1** 110[12]; **9/1** 82, 318[8], 494[2], 516; **9/2** 62[14]; **13**

459; **14/1** R$_2$: *50, 179*; **14/2** 33 / R$_4$: *83 /* R$_5$: *5*; **18/1** 1.055-1.064

Nemésio **14/3** 330[65]

Nerval, G. / Gérard Labrunie **5** 83[22], 83[23]; **7/1** 121; **18/2** 1.279, 1.748

Nestle, E. **14/2** R$_6$: *116*

Nestório **6** 28

Nettesheim
- cf. Agrippa

Neumann, E. **9/1** 487[22], 595[149]; **9/2** 230[100], 286[12]; **13** 451; **14/1** R$_3$: *66*; **14/3** 108[165]; **18/2** 1.134, 1.160a, 1.234-1.237, 1.250, 1.408-1.420, 1.510

Neumann, K.E. **5** 437[38]; **9/1** 596[152]; **18/2** 1.575-1.580

Newcomb, F.J.
- e Reichard, C.A. **9/1** 651

Newman (cardeal) **14/2** 399, 432

Newton, I. **4** 24; **13** 90

Newton, J. **7/2** 270

Nicolai, C.F. **16/2** 124, 533[21]

Nicolau de Cusa, **10/4** 766, 806; **16/2** 122-123, 409, 485, 527[9], 537

Nicolau de Flüe / Bruder Klaus **7/1** 119; **8/2** 413; **9/1** 12s., 131, 133; **9/2** 34; **10/4** 643[8]; **13** 477; **14/1** 214; **14/3**

415^{54}; **16/2** 378^{30}, 403^6; **18/1** 221; **18/2** 1.497s., 1.538

Nicoll, M. **6** 446^{137}

Nicômaco **12** 410^{28}, 436^{41}

Niedner, F. **14/2** R_4: *331*

Niehus-Jung, M. **18/2** 1.305 nota

Niemöller, M. **10/2** 429a

Nierenstein, M.
- e Chapman, P. **12** F 404^7

Nietzsche, F. **1** 139^{121}, 140s., 142^{124}, 180s., 184; **3** 171, 350; **4** 675, 748; **5** 11^5, 12^6, 14, 21, 27, 47^1, 141-143, 145s., 149, 253, 444, 448, 459, 460, 523^{52}, 530^{78}, 583^{163}, 585, 586, 587, 597, 601, 602, 623, 635, 682^{89}; **6** 33, 104, 142s., 192, 206s., 318s., 394, 453, 468, 543, 605s., 696, 704, 780, 795, 796, 946, 1.033; **7/1** 29, 36, 39s., 65s., 113, 153, 199; **7/2** 306, 373, 397, p. 164; **8/1** 108; **8/2** 162, 169, 212, 254, 344, 359, 398, 474, 643, 659; **9/1** 61, 77s., 190, 216s., 254, 442^{73}, 541; **9/2** 410; **10/2** 375s., 379, 382s., 432-434, 937, 943; **10/3** 19, 176, 201, 250, 271; **12** 104, 118, 181, 184, 201, 247, 406, 407, 559, 560; **13** 77, 131, 154, 163; **10/4** 657, 658; **11/6** 472; **14/1** 246, 324; **14/2** 123 / R_4: *333, 402*; **15** 7, 9, 45, 48, 52, 61, 69, 103, 111, (17), prefácio cap. VII **15** 141, 142, 151, 154, (59), 178, 182, 185, 192, 214; **17** 200^{22}, 313; **18/1** 61, 371^{70}, 451s., 534, 928, 930, 951, 1.069; **18/2** 1.115, 1.161, 1.170, 1.281, 1.295, 1.322, 1.333, 1.375, 1.417, 1.454, 1.630
- *Assim falou Zaratustra* **9/1** 36, 78,

190, 210, 217, 463; **10/2** 376^5, 381^9, 417, 439

Nigídio Fígulo / Nigidius Figulus **9/2** 212

Nikotheos **12** 456^{30}, 456, 458

Nilo **12** 521

Ninek, M. **10/2** 392; **13** 461^{342}; **14/3** 518^{62}

Nissl, F. **1** 226, 279

Nola, P. **13**

Nordau, M.S. **1** 175; **2** 132^{35}

Norden, E. **5** 119^7; **14/3** 468^{53}

Norton, S. **12** F 122, F 214, F 221

Norton, T. **12** 381^{72}; **13** 245^{15}, 250^{22}; **14/2** 48, 227 / R_5: *55, 56*; **16/2** 6
- cf. tb. Theatrum Chemicum Britannicum

Nostradamus, M.M. **9/2** 151-160, 193; **10/2** prefácio[1]; **10/3** 371, epígrafe

Notcero o Gago **14/3** 142, 320, 363, p. $86-87^{11}$. $92-93^{34}$, $98-99^{57}$

Notker (Balbulus) **16/2** 125, 399^{57}

Nova Acta Paracelsica **14/1** R_3: *72*

Novum lumen chemicum (*Sendi-vogius*) **14/1** 39, 42, 44 / R_3: *14, 157*; **14/2** 384; **14/3** 52^1

Numênio **14/3** 442^6

Nunberg, H. **8/1** 23^{21}

Nunberg, P. **6** 171^{64}

Nutt, A. **6** 446^{137}

Nymwegen, R. **14/3** 27^{88}

O

Occulta Chemicorum Philosophia **14/1** R$_3$: *124*

Ockham, G. **8/2** 383

Oehler **9/2** 298

Oeri, A. **14/1** R$_3$: *91*

Öhler **14/2** R$_4$: *290*

Oldenberg, H. **6** 379[89]; **10/3** 188

Olimpiodoro **9/2** 377, 420; **12** 338[14], 423[55], 426, 456[34]; **13** 97, 109[110], 139[217], 164[51], 173[105], 251[23], 372, 372[82], 430; **14/1** 23, 177 / R$_1$: *27, 50* / R$_2$: *117* / R$_3$: *11, 35, 653*; **14/2** 158, 383 / R$_4$: *111*; **14/3** 84[82], 144, 167[6], 180[35], 231[5], 283[48], 318[48], 325[55], 381[129], 407[20], 440[3], 452[23], 549[127], 561[139], p. 116-117[63]; **16/2** 126, 408[19]; **18/2** 1.700

Onians, R.B. **13** 334[12]

Onomasticon **14/2** 307

Opicinus de Canistris 295

Oporin, J. / Oporinus **13** 154s., 169

Oporinoi, J. **15** 8

Oppenheim, G. **12** 456[36]

Oppenheim, H. **4** 31

Oppenheimer, R.J. **10/3** 879

Opus praeclarum Magistri Valentini **14/1** R$_3$: *311*

Opusculum autoris ignoti **14/1** R$_1$: *34*; **14/3** 144[12], 375[123], 468[52]

Orando, I. **9/1** 246[53]

Orandus, E. **14/1** 60

Orígenes **5** 392[119]; **6** 8, 11, 18s., 35; **8/3** 957[149]; **9/1** 288[29], 624, 675; **9/2** 70, 74, 79[29], 128, 136, 147[78], 171, 177[44], 320, 336; **10/3** 199; **12** 297[136], 316[150]; **14/1** 233, 293 / R$_1$: *26, 137, 208* / R$_3$: *259*; **14/2** 25, 48, 239, 246, 249, 252 / R$_4$: *68* / R$_5$: *104, 106, 110, 114, 119, 122, 180, 190*; **14/3** 57[12], 60[26], 71[52], 107[158], 240[28], 286[57], 355[106], 415, 457, 477, 490, 493, 493[11], 530[86], 532[92], 570, 570[171]; **16/2** 127-128, 397; **18/1** 528; **18/2** 1.552

Orósio **9/2** 366[25]

Orosius, P. **14/1** R$_1$: *565*

Ortega y Gasset, J. **10/2** 945

Orth, J
- cf. Mayer, A.

Orthelius **12** 462[90], 511, 512, 513; **14/1** R$_1$: *55*; **14/2** R$_6$: *86*
- cf. tb. *Theatrum chemicum*

Ortulanus **14/2** R$_4$: *276*
- cf. Benvenuti

Os oito túmulos **14/3** 407

Oseias
- cf. Bíblia

Ostanes **9/2** 245^{26}, 376^{50}; **12** 356, 405, 447, 451, 463, 536; **13** 104^{95}, 191, 265, 299^{254}, 359^{59}, 407, 414^{223}, 424, 428, 436, 439, 445; **14/1** 5, 311; **14/3** 62^{29}, 103, 131^{21}, 261

Ostanesa Petesis **14/3** 510^{38}

Ostwald, W. **6** 319, 607s., 609s., 615s., 619s., 780, 939; **7/1** 72, 80; **8/1** 5^6, 19^{18}; **10/3** 214

Otto, R. **8/2** 216

Ovídio **5** 439, 526, 661; **14/1** R_2: *188*

Oxford (manuscrito de) **6** 70

P

Page, G. **18/2** 1.514 nota, 1.826

Page, H. **4** 206

Paládio **6** 76[36]

Palingenius, M. **12** 343[3]

Panarium **14/2** R[4]: *290*

Pancavinça-Brâhmanam **6** 371[79], 372[84]

Pandora
- cf. Reusner

Pându **6** 331

Paneth, F. **14/3** 101[126]

Panteu, J.A. / Pantheus **9/2** 215[67]; **13** 274[181]

Panzer **9/1** 428[55]

Papiros de Leyden
- cf. Preisendanz

Papiros Mimaut
- cf. Preisendanz

Paracelso / Theophrastus Bombastus von Hohenheim **13** 145-238, 268, 283, 355[45s.], 357
- *Anatomiae liber primus* **13** 168[67s.]
- *Apokalypsis hermetis* **13** 166
- *Archidoxis magicae* **13** 156[30]
- *Argumentum... Von der himmlischen Wirkung* **13** 148[11]
- *Astronomia magna* **13** 168[60]
- *Caput de morbis somnii* **13** 148[6]

- *Das Buch der philosophei des himlischen firmaments* **13** 148[10]
- *Das Buch Pragranum / Liber Paragranum* **13** 146, 158, 168, 218[241], 234[258]
- *De caducis* **13** 146[2], 151[20]
- *De incertitudine et vanitate scientiarum* **13** 152
- *De morbis amentium* **13** 156[29]
- *De morbis somnii* **13** 148[9]
- *De natura rerum* **13** 158[35]
- *De nymphis* **13** 148[15], 180
- *De pygmaeis*
- *De nymphis* **13**
- *De pestilitate* **13** 148[10], 156[28], 201[206]
- *De podagricis liber* **13** 148[6, 14], 167[56]
- *De religione perpetua* **13** 167[56]
- *De vita longa* **13** 158[37], 169-193, 197, 199[201], 201[207s.], 205[212], 213s., 220[244]
- *Fragmenta anatomiae* **13** 193[188]
- *Fragmenta medica* **13** 148[8], 171[79]
- *Fragmentarische Ausarbeitungen zu Anatomie und Physiologie* **13** 168[69]
- *Labyrinthus medicorum* **13** 148[4, 10, 13]
- *Liber Azoth* **13** 161[40], 174[111], 180[118, 122-126], 201[205], 211[229]
- *Liber de sanguine* **13** 180
- *Paramirum de quinque entibus morborum* **13** 148, 148[12], 156[29]
- *Philosophia ad athenienses* **13** 180[120]
- *Philosophia sagax* **13** 149
- *Von den dreyen ersten essentiis* **13** 168[66]
- *Von erkantnus des gestirns* **13** 148[3]

Paracelso, T. (*Paracelsus Theophrastus*) **5** 510; **8/2** 388, 392; **8/3** 921[88], 922; **9/1** 52[28], 241, 533, 579; **9/2** 205[40], 251, 281, 334, 344, 376; **10/2** 431; **12** 40[15], 41, 61, 85, 116, 150, 209[84], 210, 244, 340, 394[102], 403[3], 413[33], 422[50], 426, 430, 431, 431[11], 468, 476, 478, 490, 508, 513, 514, 530, 533[51], F. 261; **14/1** 12, 40, 42, 113, 131, 132, 139, 140, 209, 229 / R$_1$: *210* / R$_2$: *77, 79* / R$_3$: *15, 23, 80, 202, 384*; **14/2** 59, 212, 225, 307, 328, 337, 338, 358, 411, 421 / R$_4$: *162, 211, 212, 324* / R$_5$: *10, 126, 136, 326, 328* / R$_6$: *80, 81, 84, 98, 105*; **14/3** 80, 101[125], 276, 444[8], 571; **15** 1-17, 18-43; **16/2** 129-130, 401, 530; **17** 203; **18/2** 1.115s., 1.498, 1.528, 1.579, 1.700, 1.756s.

Paradisus animae **14/3** 306

Paragranum **14/2** 307

Parmênides **9/1** 572s., 579[126]; **12** 363[40]; **13** 102
- na literatura alquimista **9/2** 213[53], 220

Partington, J.R. **14/3** 27[91]

Pascásio R. **6** 30s.

Passavant, J.K. **4** 748

Passio Perpetuae **14/1** 31

Pastor de Hermas
- cf. Hermas

Patanjali **6** 328

Patrício **13** 303; **18/1** 703

Patritius / Patrizi, Francesco **12** 478[155]

Paul **3** 50[70]; **5** 14[11]

Paulhan, F. **3** 28[52], 105[106]; **6** 275

Pauli, W. **8/2** 438[128], 439[129]; **8/3** 839[27], 914[76], 957[113], 987; **9/2** 323[79]; **13**

378[103]; **14/3** 73[60], 79[73], 88[92], 91[100]; **18/2** 1.133
- e Jung, C.G. **8/3** 987

Paulino de Nola **9/2** 118; **13** 363; **14/2** 30

Paulinus Aquileiensis **14/2** R$_6$: *212*; **16/2** 131, 533[23]

Paulo (apóstolo) **4** 750; **5** 95; **8/2** 162, 413, 582, 584, 767; **9/1** 216s.; **9/2** 71, 122, 269, 274s, 299; **10/1** 536, 566; **10/3** 265, 834, 843; **12** 177; **13** 41, 77, 190[168], 257; **14/1** 200, 321; **18/1** 567, 713; **18/2** 1.468, 1.480, 1.536, 1.561, 1.574, 1.587
- cf. tb. Bíblia

Paulus, J. **8/2** 371[35]

Pauly-Wissowa **14/1** R$_2$: *188*

Pausânias **5** 363, 364, 570s.; **13** 129[178]; **14/1** R$_1$: *23, 178*

Peale, N.V. **18/2** 1.461 nota

Pechuel-Loesche, E. **8/1** 84[52], 119[75]

Pedro da Prússia **14/3** 604[65]

Pedro Damião **9/2** 175

Pedro de Alíaco / Petrus de Aliaco / Pierre d'Ailly **9/2** 128[18], 130[36, 41], 136, 138, 153s., 156[12, 13]

Pedro de Toledo **18/2** 1.780

Pedro Lombardo **9/2** 397[98]; **12** F 104; **14/3** 605, 605[69]

Pedro (apóstolo) **9/2** 145; **18/1** 266; **18/2** 1.561, 1.568
- cf. tb. Bíblia

Pelágio **6** 28; **14/1** 35 / R$_1$: *625*; **14/3** 181[36], 582[199]

Pelletier, M. **3** 22, 24, 26, 37, 41, 51[72], 136, 138, 300

Pelman, C. **1** 30[19], 136[116]

Índices gerais   85

Pelster, P. **14/3** 6^3, $7^{14,\,15}$, 26^{84}, 27^{88}, 54^8, 65^{35}, 169^{13}, 594^{21}, $595^{25,\,26}$, 615^{129}, 616^{132}

Penotus, B.G. **12** 490, 518; **13** 261, 271^{152}, 278, 280; **14/1** 210, 289, 310 / R_3: *84, 174, 280*; **14/2** 196, 292 / R_5: *254* / R_6: *80*; **16/2** 5, 480^7

Peregrinus **12** F 197

Pergamenus, N. **14/3** p. 58-59^8

Pernety, A.J. **9/2** 240, 247; **13** 176^{114}, 203^{209}; **14/1** 84 / R_1: *203, 204*, R_2: *26, 117* / R_3: *143, 157, 336*; **14/2** 173, 391 / R_4: *197, 348* / R_5: *54* / R_6: *148, 203*; **18/2** 1.700

Perry, J.W. **18/1** 832-838

Pestalozzi, H. **16/2** 132, 539

Pestalozzi, J.H. **9/1** 387

Petasios **13** 97, 139^{217}, 251; **14/2** 158; **14/3** 231^5

Peters, C.H.F.
- e Knobel, E.B. **9/2** 130^{40}, 149^{87}

Peters, W. **4** 211

Peterson, F. **2** 1.036*; **18/1** 960
- e C.G. Jung **8/1** 23^{21}

Petesis **14/3** 103

Petitot, L.H. **14/3** 593^{89}, $594^{10,\,12,\,16,\,17,}$ $^{19\text{-}21,\,23,\,24}$, $598^{46,\,47}$, $600^{55,\,56}$, 604^{62}, 605^{74}, 606^{90}, $607^{95,\,96}$, 609

Petrarca **5** 21; **12** F 252; **16/2** 412

Petrie, W.F. **13** 401^{152}

Petronillus **14/2** R_6: *225*

Petrônio (Titus Arbiter) **5** 355

Petronius **12** 219

Petrus Bônus
- cf. Bônus

Petrus Calo **14/3** 594^{21}, 595^{26}, $607^{95,\,96}$

Petrus de Silento **14/1** R_1: *201*

Petrus Hispanus **14/3** 73^{57}, 594

Pfaff, I.W. **7/2** p. 157

Pfeiffer, F. **6** 457^{140}; **14/1** R_2: *246*, R_3: *475*; **14/2** R_4: *248, 250, 296*

Pfister, O. **3** 185^{174}; **5** 2; **18/1** 995

Pherekydes **14/1** 71 / R_2: *188*; **14/2** R_5: *266*

Philalethes, E. / Philaletha **12** 187, 265^{131}, 338^{20}, 349^7, 390, 459^{83}, 470; **16/2** 4, 496^{13}, 526^6; **14/1** 27, 81, 176, 180, 183, 206 / R_2: *209* / R_3: *74, 185, 186, 190*
- cf. tb. Introitus Apertus

Philo **12** 456^{34}; **14/1** R_1: *52* / R_2: *179*

Philolaos **12** 433

Philosophia chemica **14/2** R_4: *119*

Philosophia reformata **14/2** R_5: *67, 225* / R_6: *140*

Philostratus **12** 526^{30}

Philp, H.L. **18/2** 1.584-1.690

Phleps, E. **1** 307^{16}, 319

Photios **12** 456^{55}

Physica trismegisti **14/2** R_4: *369, 370*

Physica trithemia **14/2** 16

Pibechios **14/1** R_2: *203*

Picasso, P. **13** 325; **15** 204, 205, 206, 210, 212, 213 e 214

Picavet, F. **8/2** 393^{91}

Picinellus, P. / Picinelli **9/2** $174^{31,\,33,\,36}$, 187^{23}, 198, 210; **12** 214^{94}, 522; **13** 193^{186}, 417^{238}; **14/1** 320 / R_3: *281, 346, 523, 579*; **14/2** 59 / R_4: *136, 137,*

224, 305, 308 / R$_5$: *316, 335;* **14/3** 413[35]

Pick, A. **1** 30[19], 117, 304; **2** 657[8]; **3** 28[52], 164[147]; **5** 39

Pico della Mirandola, G. **8/3** 917, 918; **12** 505[195]; **13** 167s., 168[64], 171[87], 209[226]

Pieisendanz, K. **12** 172[46], 530[38]

Pierius **14/1** R$_3$: 579

Piéron, H. **2** 451

Pierre, N. **13** 348

Pilatos, P. **10/1** 551

Pilcz, A. **18/1** 914

Pilzecker, A. **3** 12
- cf. tb. Müller, G.E.

Píndaro **5** 439

Pinel, P. **1** 188; **3** 322

Pio XII **14/3** 158, 257[64], 410[29]; **18/2** 1.536[4]

Pio (bispo) **18/1** 255

Piper, L. **13** 60

Pirke Rabbi Eliezer **14/2** 117, 121, 235 / R$_5$: *37, 45*

Pistis Sophia **14/2** 255 / R$_4$: *12* / R$_6$: *169;* **14/3** 107, 251[61], 267[6], 284[55], 420, 518[63]

Pitágoras / *Pythagoras* **5** 235; **6** 133; **9/1** 641; **12** 115[46], 439[47], 450, 462, F 211; **13** 367, 403; **14/1** 24; **15** 12; **18/2** 1.521, 1.536
- Pseudo **14/3** 251, 251[56]

Pitaval, F.G. **18/1** 933

Pitra, J.-B. **5** 158[66]; **8/2** 394[100]; **12** 522[22]; **13** 98[63], 407[186]; **14/1** R$_1$: *322, 529, 596, 602;* **14/2** R$_6$: *115*

Platão **2** 868; **3** 527, 582[10]; **5** 227[36], 242, 404, 550, 556, 612; **6** 35s., 40s., 43, 46, 51, 283, 578, 816, 1.033; **8/1** 55; **8/2** 275, 336, 388, 416[121], 474; **8/3** 913, 932; **9/1** 5, 68, 138, 149, 326; **9/2** 417; **10/2** 408; **10/3** 199, 844; **10/4** 621; **12** 109[41], 456; **13** 39, 102, 173, 263, 393, 412; **14/1** R$_2$: *229* / R$_3$: 253, *259;* **14/2** 129, 253, 258, 386, 389 / R$_4$: *368, 430;* **14/3** 221[117], 330[65], 452[21], 561, 582[197]; **15** 105; **18/1** 639, 753
- *Banquete* **9/2** 51[6]
- *Fedro* **9/2** 118
- Pseudo- **12** 462; **16/2** 5, 483[4]
- *Simpósio* **9/1** 138[28], 164, 557[79]
- *Timeu* **9/1** 425s., 436, 695, 715; **9/2** 212, 389[63]; **10/4** 738

Platonis Liber Quartorum
- cf. Liber

Plauto **5** 274, 279

Plínio **5** 183[13]; **9/1** 537; **9/2** 197, 214, 223s., 241, 274; **12** 405, 456[30], 526[30]; **14/1** 149 / R$_2$: *224;* **14/2** 139 / R$_6$: *188*

Plotino **5** 198; **6** 18; **8/3** 917; **9/2** 342; **12** 458; **14/2** 416; **14/3** 330[65]

Plutarco / *Plutarchus* **5** 349, 363, 374[100], 396, 421, 471[7], 528, 620; **6** 36; **9/1** 706; **9/2** 129, 186; **14/1** 149, 161, 213, 240 / R$_1$: *88, 94, 96* / R$_2$: *117, 137* / R$_3$: 275, *293, 668;* **14/2** 363 / R$_4$: *10* / R$_6$: *155,*

Podmore, F. **8/3** 830, 862; **18/1** 705

Poe, E.A. **5** 81

Pohl, O. **9/2** 175[38]

Pöhlmann, R. **5** 104[60]

Poiret, P. **16/2** 533[27]

Pöldinger, W. **18/2** 1.792 nota

Pólemon **9/2** 129[26]

Polifilo **9/1** 60, 313; **13** 176[114]; **14/1** 291 / R$_3$: *249, 562, 572*; **14/2** R$_4$: *402*; **16/2** 36, 403[11], 459[7]
- cf. tb. Colonna, Francesco; *Poliphili Hypnerotomachia*

Pommet, P. **12** F 254

Pompônio Mela **13** 218

Pontanus, J. **16/2** 526[6]

Popelin, C. **14/1** R$_3$: 572

Pordage, J. **9/2** 250[40], 373; **13** 194[193], 403[164]; **16/2** 133-134, 505[34], 506s., 518; **18/2** 1.703

Porfírio / *Porphyrius* **5** 484[18]; **6** 18, 48; **12** 338[15], 458; **14/1** R$_1$: *26*; **14/3** 181[40], 561[144]; **18/1** 259

Porta, G. **12** F 76

Portu, B
- cf. Penotus

Post, L. **14/2** R$_6$: *99*

Pototzky **18/1** 934, 996

Powell, A.J. **6** 38

Practica (Alberti) **14/3** 28[42]

Pratt **8/3** 833[23]

Preger, W. **14/3** 52[3, 4], 310[34, 35], 316[47], 484[68], 505[23], 606[87]

Preisendanz, K. **9/1** 541[52], 549[62]; **13** 162[46s.], 198[199], 273[170s.], 359[61], 441[291]; **14/1** 38, 161, 245 / R$_1$: *27, 78, 82, 91* / R$_2$: *141*, R$_3$: *278*; **14/2** R$_4$: *165* / R$_6$: *132*; **14/3** 582[193]; **16/2** 135, 353[1]

Preiswerk, S. **5** 534

Preller, L. **5** 421[12], 662[54]; **13** 91[35], 275[186]

Prellwitz, W. **5** 321[26], 570, 579, 638[33]

Pretiosa Margarita novella
- cf. Bônus, P.

Preuschen, E. **9/1** 288[29]; **12** 297[136], 475[141]; **13** 137[212]; **14/2** R$_4$: *412*

Preuss, J. **14/1** R$_3$: *26*

Preuss, K.T. **5** 213[19]; **8/1**. 83[51], 128

Preyer, W. **1** 82[33], 84[34]

Price, H. **18/2** 1.326

Prince, M. **1** 110; **4** 154-193; **6** 752[9]; **8/2** 202; **9/1** 490; **17** 129

Prisciliano / Priscillianus **9/2** 143, 212, 366[25]; **12** 521; **13** 134; **14/1** 293

Pritchard, J.B. **13** 458[328]

Proclo / Proclus **5** 536; **8/2** 278; **14/1** R$_1$: 23, *125*, R$_3$: *19*; **14/3** 221[117], 251, 561[145]; **16/2** 136, 525[1]

Prodromus Rhodostauroticus **14/1** R$_3$: *42*

Propércio **9/1** 605

Prophetia Merlini **14/2** R$_4$: *30*

Próspero de Aquitânia **8/3** 957[149]

Proust, A.A. **1** 18[11]

Prudêncio **9/1** 413[43]

Prümner, D. **14/3** 593[5], 594[21], 595[26], 601

Przywara, E. **12** 32; **18/2** 1.553

Pselo, M. / Psellus **9/2** 78[28], 229[97]; **13** 271; **14/1** R$_3$: 57

Pseudo-Aristóteles **9/1** 238[30]

Pseudo-Calístenes **9/1** 604

Pseudo-Cipriano **5** 159

Pseudo-Demócrito **18/1** 616; **18/2** 1.700

Ptolomeu **8/3** 869[53]; **9/2** 128[14], 149[88]; **18/2** 1.185, 1.198

Ptolomeu de Lucca **14/3** 615[130]

Puech, H.C. **12** 458[82]; **18/2** 1.515[1]

Pulve, M. **2** 1.358

Putnam, J.J. **4** 154

Q

Quaestio curiosa de natura solis et lunae **14/3** 41[6]

Quercetanus, J.
- cf. Josephus Quercetanus

Querfeld, A.H. **14/3** 7[11]

Quétif. J.
- e Echard, J. **14/3** 592[3]

Quicherat, J. 101[54]

Quimby, P.H.I.N.E.A.S.P. **4** 748

Quisling, V. **18/2** 1.384

Quispel, G. **9/2** 119, 120[92, 93], 298; **14/3** 66[38]; **18/2** 1.478, 1.515[1]

R

Rabano M. **9/2** 157; **12** 466[104]; **13** 389; **14/1** R_1: *32* / R_2: *144*; **14/2** R_6: *115, 170, 173*; **14/3** 202[83], 373[121], 389[139], 553, 553[131], 561, 561[136]; **16/2** 137, 525[3]

Rabe **14/2** R_5: *167*

Rabelais, F. **5** 311; **18/1** 990

Radhakrishnan, S. **14/1** R_2: *143*

Radin, P. **9/1** 470, 477, 480

Raecke, J. 226, 279, 281, 284, 298, 320[27]

Rahner, H. **9/1** 413[43], 428[55], 559[84], 604[162]; **9/2** 230[126], 373[44]; **13** 409[200]; **14/1** 28, 150, 249 / R_1: *100, 127, 137, 138* / R_3: *177, 201, 276, 459;* **14/2** 25 / R_4: *67, 68, 71, 80, 84* / R_5: *266* / R_6: *170;* **14/3** 142[2], 143[7], 146[32], 157[8], 172, 175[30], 194[68], 206[93], 211[101], 231, 231[2-4], 242[30], 243[33], 257[69], 272[22], 276[34], 286[57], 355[106], 407[17], 415[49, 54, 55], 466[45], 477[62], 487[76], 501[15], 524, 530[87], 549[126], 566[151], 570[167], 584[209]; **16/2** 138, 355[9]; **18/2** 1.160a

Raimann, E. **2** 1.068[18]; **4** 37

Raimundo Lulo **6** 795
- cf. tb. Lulo

Ramanuja **9/1** 675; **10/3** 875; **14/1** R_3: *495*

Râmâyana **6** 325[30]

Ramsay, W.M. **9/2** 127[4]

Ramsés **9/2** II 130

Rank, O. **4** 328, 478; **5** 2, 28[33], 34[36], 306[4], 332[34], 494, 654; **9/1** 259[3]; **15** 155; **18/1** 794 nota, 1.031[8]; **18/2** 1.082 nota, 1.160a, 1.284 nota

Ranschburg, P.
- e Bálint, E. **2** 20[4], 145[40], 392, 577[15], 636, 884[10]
- e Hajós, L. **2** 116[29]

Rascher, A. **4** 199

Raschi / Salomão Jizchaki (rabi) **9/2** 107[64], 133s.

Rasiel, livro de **14/2** R_5: *94*

Rhases / Rhazes / Razes / Rasis **13** 150, 176[114], 377, 392; **14/1** R_1: *34* / R_3: *618;* **14/3** 6, 231, 278[39], 305[7], 375[123], 376, 377, 384, 425[96], 541[113], p. 58-59[7], 66-67[11], 82-83[24], 96-97, 98-99, 140[51]; **15** 19; **16/2** 403[6]

Rasmussen, K. **16/2** 139, 519[46]; **18/1** 674

Ratramno **6** 30

Raynaldus
- cf. Reginaldo

Raziel **13** 171[87]

Read, J. **14/1** R_2: 222

Rees, J.R. **18/1** 304

Reginaldo de Piperno **14/3** 609, 609[106], 610, 610[108], 612[116], 616[132]

Regulae Philosophicae **14/1** R$_3$: *80*

Reibmayer, A. **18/1** 917

Reichhardt, M. **18/1** 896s.

Reid, T. **8/2** 265

Reil, J.C. **3** 22

Reinach, S. **13** 270[138]

Reis
- cf. Bíblia

Reith, M. **18/2** 1.558 nota

Reitzenstein, R. **5** 102[51]; **9/1** 79[46], 238[34]; **9/2** 128[19], 162; **12** 66[9], 125[4], 185[60], 332, 338[15], 386[87], 404[12], 410[28], 456[23-69], 457[78]; **13** 97[53], 236[263], 252, 270[137], 276[192], 278; **14/1** R$_1$: *80, 95, 97, 99*, R$_3$: *49, 568*; **14/2** R$_6$: *163, 196*; **14/3** 17[48], 172[19], 181[39], 221[117], 222[120], 251[52], 257[68], 264[23], 267[6], 272[20], 283[50], 284[55], 330[61], 332, 407[124], 419[66], 424[84], 426[102], 437[1], 484[68a, 69], 503, 503[16-18], 510[34, 35], 518[52, 62, 64], 539[105], 564[150], 584[207]
- e Schäder, H.H. **9/2** 389[82]; **13** 119[152], 269[134], 446[311]; **14/1** R$_1$: *143 /* R$_2$: *167*; **14/2** R$_5$: *158, 190 /* R$_6$: *196*; **16/2** 140, 416[11], 531[18]

Reiwald, P. **10/2** 477[18]

Rembrandt **12** F. 55

Rémusat, C. **6** 65s., 68

Renan, E. **5** 138[25], 176

René d'Anjou 1.281, 1.711

Reni, G. **5** 665

Reuchlin, J. **14/1** 18; **14/2** 257 / R$_6$: *176*

Reusner **14/2** 360, 361 / R$_5$: *330 /* R$_6$: *51*

Reusner, H. **12** F. 231, 498[187], F. 232; **14/1** 23, 71, 140, 232 / R$_1$ *200* / R$_2$: 95

Reusner, J. **13** 180[129s.], 321, 401, 415[229], 418, 420, 427, 458, F V

Reuter, H. **14/3** 308[21]

Rhenanus, J. **12** 203[71], 465; **13** 416[234], 429[263], F VIII; **14/3** 4, 591, 591[2]

Rhine, J.B. **8/2** 441, 504[8]; **8/3** 833, 836, 837, 838, 840, 901, 902, 904, 965, 969, 970, 971; **9/1** 197, 249[57]; **9/2** 287[1]; **10/4** 660, 743, 780; **14/2** 327 / R$_4$: *181* / R$_6$: *45*; **14/3** 90[99]; **16/2** 140a; **18/1** 747, 761; **18/2** 1.133, 1.159[4]
- cf. tb. Experimento

Ribot, T.A. **1** 110, 112[74], 113[75]; **5** 190[2]; **6** 752[9], 896[70], 1.036; **10/3** 2

Ricardo de São Vitor **9/1** 403[17]; **14/3** 168, 181[43], 355[106], 373[121], 530[87], 573[178], 613

Richard de St. Laurent **14/3** 54[8]

Richardus Anglicus **12** 362, 365

Richardus Vitus **9/1** 53[30]

Richarz, F. **1** 339[32], 346
- cf. tb. Böcker

Richelieu **14/2** R$_5$: *179*

Richer, C. **1** 77, 148

Richer, P. **1** 13[5], 14[6], 110

Richet, A. **18/1** 750

Richet, C. **8/3** 830

Rickert, H. **18/2** 1.732

Rickscher, C. **2** 1.180[*]
- e C.G. Jung **8/1** 23[21]

Rieger, C. **1** 110

Riegl, A. **6** 940

Riehl, A. **6** 781[28]

Índices gerais 91

Riessler, P. **14/2** R_5: *43*

Rigveda **6** 367; **14/1** R_3: *67, 675*

Riklin F. **2** 1, 507s., 520, 566, 611[44], 621[49], 638 , 657, 658[11], 662, 684, 754[15], 762[23], 793[1], 901[18], 1.350; **3** 16[26], 149[132], 160, 163[144], 164[147], 165[148], 179, 427; **4** 18, 478; **5** 2, 29, 154[52]; **9/1** 259[3]; **17** 44[8]; **18/1** 973, 997, 1.040; **18/2** 1.081[8];
- cf. tb. Jung, C.G.

Rimas
- cf. Zósimo **13**

Ripley, G. / Riplaeus **8/2** 394; **9/1** 412, 516; **9/2** 215, 224, 230[101], 393; **12** 338[17], 400[112], 446, 459[85], 469[112], 490a, 493, 496a, 501, 519, 547; **13** 110[117], 261[60], 264[81], 274, 278[204, 209], 283[233], 374[85, 88-90], 403[163], 408[192s.], 410, 414, 444, 446; **14/1** 60, 73, 133, 239, 240, 248, 249 / R_1: *1* / R_3: *40, 60, 78, 79, 81, 93, 185*; **14/2** 21, 22, 23, 29, 33, 34, 38, 43, 46, 64, 83, 96, 106, 171 / R_4: *37, 141, 155, 158, 362* / R_5: *25, 30, 86*; **14/3** 35, 37, 200[12], 210, 389[146], 419, 470[56], 477[61]; **16/2** 141, 472[17], 519[45]

Ripley-Scrowle **9/2** 372, 421

Rippon, T.S. **18/1** 683

Ritsehl, A. **18/2** 1.674

Rivers, W.H.R. **8/2** 264, 271, 278, 377

Robeno de Chester **14/3** 18[52]

Roberto de Chartres **16/2** 484[7]

Roberto de Grosseteste **14/3** 102

Roberto I o Sábio **18/2** 1.780

Roberts, R. **9/2** 346[160]

Roberts, W.H. **18/2** 1.452

Robertson, J.M. **5** 329[32], 400[136], 400[136], 401[138], 402[139], 403, 530[80], 579[156], 594[180], 622[12], 668[71], 671[77]

Rocque, F. **18/2** 1.327

Rodochaeus de Geleinen Husio, G.P. **14/2** 307

Roehr, J. **14/1** R_3: *26*

Rogues de Fursac **3** 175[165]

Rohde, E. **5** 530, 572[125], 572[126], 578[152]; **14/2** 326

Röhr, J. **8/1** 128

Roller, C.F.W. **3** 3, 4, 5, 6

Romance de Alexandre **14/1** R_3: *198*

Romance de Merlin **14/1** 86

Romano, G. **15** 212

Romano (santo) **13** 98[63]

Romanos, Epístola aos
- cf. Bíblia

Romanos, S. / Romanus **14/1** R_3: *596*; **14/2** R_6: *115*

Roosevelt, F.D. **18/2** 1.327

Roques, H. / H. von Beit **18/2** 1.134

Roquetaillade, J.
- cf. Rupescissa

Rorschach, H. **6** 980

Rosarium Philosophorum **14/1** 2, 15, 21, 22, 63, 79, 134, 152, 159, 163, 169, 175, 234, 239, 241, 283, 310, 329 / R_1: *53, 101*, R_2: *9, 11, 13, 103, 116, 209*, R_3: *127, 182, 196, 295, 315, 316, 377, 401, 426, 553, 554, 598*; **14/2** 4, 207, 289, 292, 390 / R_4: *31, 57, 161, 276* / R_5: *140, 244, 265* / R_6: *68, 168, 169, 230*; **14/3** 5, 10, 32, 32[7], 37, 45, 156[5], 157, 162[24], 366[109], 368[111], 381[130, 131], 425[94], 432[107], 448[17], 501[15], 518[51, 53], 524[75], 539[108], 545, 549[125], 591, p. 46-47[8], 48-49[9, 10], 50-51[13, 15, 16], 64-65[10], 96-97[48],

$98\text{-}99^{55}$, $108\text{-}109^{30}$, $114\text{-}115^{56, 57}$, $116\text{-}117^{67}$, 120^6, $128\text{-}129^{38}$; **16/2** 2, 142, 353^1, 376^{26}, 380^{32}, 386^{43}, 401, 403^6 408, 411^2, 418, 450, 454, 454^{11}, 455^{26}, 458, 459, 468, 468^9 476^2, 478s., 483, $484^{7, 9, 10, 11}$, 486^{17}, 495, 497, 497^{16}, 498, 520, 523, 527, 531, 533^{24}

Rosarius, W.H. **14/1** R_1: *117, 166, 168*
- cf. tb. Arnaldus de Villanova Roscher

Roscelino, J. **6** 52

Roscher, W.H. **5** 183^{12}, 183^{15}, 184^{19}, 198^{13}, 208^6, 208^8, 208^9, 274^{21}, 289^{48}, 298^{68}, 364^{68}, 439^{45}, 440, 450^{57}, 528^{62}, 530^{79}, 547^{94}, 577^{138}, 577^{139}, 662^{51}, 662^{57}, 662^{59}; **9/1** 604^{168}; **12** 473^{131}; **13** 176^{114}, 270^{142}; **14/2** R_4: *100, 365* / R_5: *167*

Rose, V. 8^{16}

Rosenbach **18/1** 901

Rosenberg, A. **8/3** 918^{84}

Rosencreutz, C. **8/1** 90^{59}; **9/1** 452, 533^7; **12** 484^{171}, 518, 518^6; **13** 120, 228, 265, 278, 414, 434; 14/1 31, 36, 101, 306 / R_3: *437*; **14/2** 64, 75, 76, 130, 158, 323 / R_5: *243* / R_6: *183*; **14/3** 175, 592; **16/2** 143-145, 407, 416, 497^{16}, 500
- cf. tb. Andreae, J.V.

Rosenthal, H. **18/2** 1.727, 1.825

Rosino / Rosinus **9/2** 241, 243; **14/3** 185, 185^{52}, 192^{64}, 222, 234^7, 257^{65}, 269, 305, 305^7, 425^{96}, 448^{17}, 530^{86}, 545^{117}, p. 48-49[8]

Rosinus ad Euthiciam **14/1** 239, 253 / R_2: *5* / R_3: *143*; **14/2** 210

Rosinus ad Sarratantam **14/1** 239, 240 / R_2: *53*, 225, R_3: *189, 194, 229, 237, 589*; **14/2** 76 / R_4: *269* / R_5: *9, 31*
- cf. tb. Zosimos

Ross, T.A. **18/1** 283

Rossellini, N.F. **5** 400^{137}

Rostand, E. **5** 48, 49, 72

Roth-Scholtz **14/1** R_1: *202*; **16/2** 146, 506^{38}

Rousseau, J.-J. **6** 119s., 129s., 153; **7/2** p. 138^2; **8/2** 739, 750; **10/3** 223

Rousselle, E. **9/1** 81^{50}; **9/2** 20^1; **14/1** R_3: *229*; **14/2** R_5: *300*

Royce, J. **3** 28^{52}

Rtickert, F. **14/1** R_3: *339*

Rubens, P.P. **5** 681

Rückert, F. **5** 282

Rüdin, E. **1** 218^7, 283^{11}; **2** 116^{32}

Ruelle, C. **12** $456^{21, 26, 36, 59, 60}$; **14/2** R_5: *117, 299*

Rüf, E. **18/2** 1.186^3, 1.518 nota, 1.532 nota, 1.770 nota

Rufino **14/3** 60^{26}, 493^{11}

Rufus
- cf. Mutianus R.

Ruisbroeck, J. **14/1** R_3: *222*

Ruland, M. / Rolandus **9/1** 85^{55}, 236^{26}, 533^7, 537; **9/2** 205^{40}, 214^{60}, $241^{12, 13, 16}$; **12** 340, 390, 393, 394, 404, 425, 484^{172}, 498^{188}, 512^{207}; **13** 102, 103^{86}, 170^{78}, $171^{79, 83\text{-}85}$, $173^{91s.}$, 174^{110}, 176, 180^{129}, $190^{168, 172}$, 193, 193^{183}, 194, 206s., 215, $268^{114, 125}$, 321^4, 359^{59}, 375^{94}, 376^{97}; **14/1** 154, 188 / R_1: *75, 196* / R_2: *79, 98, 224* / R_3: *115, 143, 206, 336, 434, 484, 587*; **14/2** 7, 210, 212 / R_4: *61, 129, 360* / R_6: *81, 83, 84, 85, 101, 129*; **14/3** 526, 526^{80}

Rumi **14/2** 217

Rupertus **12** 524

Rupescissa, J. **9/2** 226, 379, 420; **12** 477[153]; **13** 117, 158[33], 173[98], 185[146], 268, 277[199]; **14/1** 238 / R$_3$: *8*; **14/2** R$_6$: *76, 170*; **14/3** 311

Ruppelt, E.J. **10/4** 591, 601, 782

Ruska, J. **9/1** 516[9]; **9/2** 193[2], 213[53], 345[152]; **12** 66[13], 99[30], 112, 336[10, 11], 355[22, 23], 358[30], 359[31], 382[81], 392[101], 423[55],429[8], 435[35, 37], 449, 456[21-72], 475[137], 484[168, 172]; **13** 88[23], 101s., 109[110], 137[209, 212], 139[216s.], 173[102], 175[112], 188, 274, 280[223], 287[243], 401[151], 403, 414[224], 439s., 444[302]; **14/1** 159 / R$_1$: *11, 34, 38, 52, 64, 102, 149, 175*, R$_2$: *6, 33, 124, 148*, R$_3$: *38, 145, 147, 218, 219, 312, 321, 389, 431, 468, 480, 533, 618, 653, 685*; **14/2** R$_4$: *91, 178, 195, 271, 376* / R$_6$: *3, 81, 170*; **14/3** 5[4], 6[16], 7, 7[8], 8[16], 10[25], 11[27], 12[29, 30], 13, 14[38, 40], 17, 18, 18[52], 19[55], 20[58], 22[60, 61], 31[2], 32, 58[15], 101[126], 112[169, 170, 171], 113, 115[175], 123[5], 163[27], 167, 167[2, 3, 5], 168[10], 181[36], 185[56], 192[63], 251[55, 56], 325[55], 413[40, 41], 425[96], 518[54-59], 539[109], 549[125], 561[140], 592[3], 596[38]; **16/2** 147-148, 384[41], 398[56], 402[3, 4], 412[3], 454[5], 467[2], 469[4], 496[6], 525[1]

S

Sabélio **9/2** 397[98]

Sacer, G.W. **5** 270

Sachs, H. **18/1** 1.031[8]

Sadger, I. **4** 196; **18/1** 795s.

Saint-Exupéry, A. **5** 392[123]; **13** F 2

Saint-Germain, C. **5** 282, 296

Salmos
- cf. Bíblia

Salomão de Basra **14/3** 332[76]

Salomão Jizchaki (rabi)
- cf. Raschi

Salomão (rei) **12** 443, 466[105], 467

Salomon, R. **9/1** 295[40]

Salústio **4** 252, 567; **5** 186

Salvatore, F. **14/3** 461[40]

Salzer, A. **6** 443[130]; **12** 139[11], 526[30]

Samuel Ben Gabirol **9/2** 128

Sanchuniathon **14/3** 464[42]

Sand, G. **9/1** 237

Sareshel, A.
- cf. Alfredo

Sarton, G. **14/3** 7[11, 14], 22[60], 101[126]

Saturnino / Satorneilos **14/1** 41, R_2: 55; **14/2** R_4: 336

Saulo
- cf. Paulo

Savill, A. **4** 687

Saxo grammaticus **13** 129

Sbordone, F. **12** 525[29]

Scala philosophorum **14/1** R_1: *199 / R_3: 416;* **14/3** p. 96-97[48]

Scaliger, J.J. **13** 171[87]

Scaliger, P. **12** F. 261

Schaar Keduscha **14/1** R_2: *25*

Schaeder, H. **14/1** R_1: *69, 206;* **14/2** R_5: *158*
- cf. tb. Reitzenstein, R.

Schaer, H. **11/6** 449[2]; **18/2** 1.135, 1.162[5]

Schärf, R. **5** 89[26], 280; **6** 521[186]; **9/2** 77[25], 185[12], 300, 385[77]; **14/1** R_1: *165, R_3: 522, 666;* **14/2** R_4: *2/ R_5: 45, 188;* **18/2** 1.475, 1.595[10], 1.825 nota;

Scharff, A. **14/2** R_6: *164*

Schatzhöhle, S. **14/2** 217, 220, 253, 308 / R_5: *27, 41, 148, 157, 334*

Schedel, H. **12** F 71

Scheffel, J.V. **5** 367[73]

Scheftelowitz, J. **9/2** 174[34], 175[37], 178, 180, 181[2], 184; **12** 553[86]; **14/1** R_2: *129;* **14/2** R_5: *143, 155*

Scheler, M. **9/1** 32

Schelling, F.W.J. **5** 39[41]; **8/2** 212, 352, 358; **9/2** 11; **18/2** 1.143, 1.223

Scherner, K.A. **18/1** 841

Schevill, M. **9/1** 701[35]; **13** 130[183]

Schiaparelli, G. **18/1** 750

Schiler, F.C.S. **6** 603[18]

Schiller, F. **3** 254, 275, 376; **5** 102[53]; **6** 90, 96s., 206, 212s., 216, 298, 312, 417, 496[172], 526, 536, 802, 945, 1.052; **8/1** 26; **8/3** 932; **9/1** 9, 293, 387; **10/2** 941; **10/3** 24; **11/6** 1.026; **12** 201; **15** 111, 117; **17** 7, 284s., 289; **18/1** 59

Schiur, K. **14/2** 258

Schleich, K.L. **18/2** 1.115-1.120

Schloss, J. **18/2** 1.705s.

Schmaltz, G. **9/1** 64[40]; **18/1** 839s.; **18/2** 1.504[5]

Schmid, H. **5** 249

Schmid-Guisan, H. **18/2** 1.711-1.715, 1.825 nota

Schmidt, C. **12** 209[77], 458[81]; **14/2** R$_4$: *12* / R$_5$: *70, 169*; **14/3** 484[69]

Schmieder, K.C. **12** 505[195], 508[200]; **13** 252; **14/1** R$_1$: *152* / R$_3$: *299*; **14/2** R$_4$: *289*; **14/3** 592[3]

Schmiedler, G.R. **8/3** 898[60]

Schmitz, O.A.H. **9/1** 51; **10/2** 921; **10/3** 189; **18/2** 1.716-1.722

Schneider, R. **18/2** 1.326

Schneiter, C. 1.825 nota

Schnitzler, A. **1** 186

Schnitzler, J.G. **2** 1.317[3]

Schnyder **18/1** 934 nota, 1.023

Schoettgen, C. **9/2** 168[11], 335[120]

Scholem, G.G. **14/1** R$_1$: *114, 116, 126*; **14/2** 274/ R$_5$: *188, 206, 215, 218, 236*; **14/3** 58[14]

Scholz, W. **8/3** 831

Schön, E. **12** F. 100

Schopenhauer, A. **1** 220; **3** 33, 561; **4** 280, 352, 727[2], 748; **5** 14, 195, 197, 258, 284[31], 591, 658, 680; **6** 144, 182, 206, 215, 318, 320, 420, 474, 584, 592, 605, 817, 840, 885, 946; **7/1** p. 125; **7/2** 212, 229, 240, p. 133s., 167; **8/1** 55; **8/2** 276, 358, 359, 361; **8/3** 828, 829, 832, 918, 927, 938, 956; **9/1** 221[15], 492; **9/2** 11; **10/3** 22, 176, 312; **10/4** 593; **12** 149; **13** 111, 207[216], 244, 287; **14/1** 125; **15** prefácio cap. VII; **14/2** R$_6$: *209*; **18/1** 385, 485, 700, 795; **18/2** 1.143, 1.223, 1.295, 1.769

Schott, A. **5** 293[55]

Schrader, E. **12** 532[41]

Schreber, D.P. **3** 150, 155, 155[134], 157, 171[160], 190[175], 314, 389, 408, 410, 416; **4** 271, 273; **5** 39[42], 62[5], 144, 185[22], 192[7], 458, 459[66], 591; **9/1** 82, 270, 494[2]; **9/2** 62[14]; **10/4** 690; **13** 53[28]; **14/1** R$_1$: *119*; **18/2** 1.510

Schrenck-Notzing, A. **18/1** 798

Schroeder van der Kolk, J.L.C. **1** 109, 136, 280

Schubert, G.H. **9/1** 111[3]; **18/1** 841

Schüle, H. **1** 100, 188, 220[9]; **2** 731[7]

Schuler, A. **10/2** 375

Schulinus, J.H. **18/2** 1.521

Schultz, W. **5** 65[8]; **6** 11, 14[5], 20; **9/1** 142[32]; **12** 410[28], 436[41]; **14/1** R$_2$: *209*

Schultze, F. **5** 213[20], 409[153]; **8/1** 83[51]; **14/2** R$_4$: *395*

Schultze, V. **5** 577[147]

Schumann, F. **18/1** 791

Schumann, R. **18/1** 795

Schürer, E. **18/2** 1.474[1]

Schürmayer, I.H. **1** 320[29]

Schwartz, C. **14/1** 97 / R[2]: *96*

Schwartz, W. **5** 421[7], 421[11], 422[18], 423[20]

Schwartzburg, J.G. **14/2** R[5]: *178*

Schwarzwald **18/1** 934 nota, 1.024s.

Schweitzer, A. **5** 42[45]; **10/2** 912; **10/4** 783; **14/1** R[1]: *58*; **18/2** 1.535s.

Schweitzer, B. **13** 270[139], 272[158]

Scoto, E. **6** 30-32

Scott, W. **5** 65[8]; **12** 409[24], 446[66], 450[6], 456[21-71]; **13** 97[53], 104[92]; **14/1** R[2]: *69*; **14/3** 106[152, 155], 142[5], 144[16], 172[19], 185[56], 251[52, 57], 284[51, 54, 55], 330[65, 68, 69], 355[106], 389[144], 407[23, 24], 414[42, 43], 420[79], 425[97], 442[6], 447[12], 452[21, 24], 487[76], 518[61], 561[140, 143, 147], 569[164], 582[191, 192], 583[202]

Scotus Erígena, J. **14/3** 52[35], 121, 134, 316, 484[68], 505, 506, 506[25], 606[88]

Scriptum Alberti **14/1** 136, 152, 162 / R[2]: *151* / R[3]: *128, 195*; **14/2** R[4]: *92, 391* / R[5]: *243* / R[6]: *162*

Scriptum Alberti super arborem Aristotelis **14/3** 175

Scripture, E.W. **2** 451, 730; **4** 154

Scrutinium chimicum **14/2** R[6]: *58*

Scrutinium
- cf. Majer

Sebastianus Izquierdus **14/1** 249

Secreta Alberti **14/3** 28[92]

Secreta Alchimiae **14/3** 12, 14, 592[3]
- magnalia **14/3** 592[3]

Secreta Secretorum
- cf. Aristóteles (Pseudo)

Secundo / Secundus **9/2** 171[23]

Séglas, J. **3** 18[30]

Seier, E. **14/1** R[1]: *253*

Seier-Sachs **14/1** R[1]: *253*

Seif, L. **18/1** 1.027

Seifert, F. **10/3** 858

Seligman, C.G. **8/1** 123[79], 129[86]

Sellin, E. **14/3** 106[153]

Semita recta **14/3** 28[92]

Semon, R. **6** 696, 833; **7/1** 159; **7/2** 219

Senard, M. **9/2** 147[84]

Sendivogius, M. **12** 350[9], 356[19, 25], 423[61], 443[58], 511[206]; **13** 88[23], 278[212]; **14/2** 320, 384
- cf. tb. *Bibliotheca Chemica Curiosa*; *De Sulphure e Novum Lumen Chemicum*

Sendling, F.W.J. **9/1** 259

Sêneca **5** 103, 110, 114[74], 129

Senior **12** 207[73], 336[6], 349[7], F. 128, 350, 356, 475[140], 475, 476, 466, 511[205]; **14/2** 24, 225, 233 / R[4]: *64, 101, 183, 361, 392, 418* / R[5]: *49, 64, 265, 266;* **14/3** 9, 10, 12, 20, 21, 22, 27, 28, 29, 35, 35[16], 58[12], 61, 66[36], 68, 85, 86, 86[83], 87, 95, 95[115], 96, 112, 123, 130, 131, 142, 163[27], 172, 172[15], 185, 189, 206[91], 219, 220, 230, 237, 237[26], 251, 251[56, 60], 257[65], 261, 261[85], 269[15], 270[17], 278[39], 280[42], 294, 305, 305[3, 5, 6], 320, 328[58], 330[63], 334[75], 366[109], 369, 379[127], 389[142],

Índices gerais

394, 408, 408[25], 413, 413[34], 419, 425, 425[91, 96], 434, 435, 447, 448, 449, 452[25], 455[27], 457[29], 458[31], 460, 468[49, 50], 474[57], 483, 487[75], 501, 501[15], 518, 518[49, 53], 537, 539[109], 541[113], 549, 549[123, 127], 555, 555[133], 561[139, 142], 569, 569[157], p. 48-49, 48-49[9], 50-51, 50-51[15], 52-53, 52-53[21, 22], 55-56, 55-56[8,9], 72-73, 72-73[25], 84-85[6], 86-87[12], 88-89, 88-89[18-21], 90-91, 90-91[27], 92-93, 92-93[37], 94-95[38], 100-101[1], 102-103[12], 104-105[18], 106-107[24], 118-119, 118-119[71], 120-121, 120-121[6,7], 122-123[8, 9], 124-125[17], 128-129, 128-129[34], 132-133[14], 138-139[42,47]
- cf. tb. Bíblia; Mohammed Ibn Umail Septuaginta; Zadith

Sepp, J.N. **5** 515[46]

Serrano, M. **18/2** 1.769 nota

Sertillanges, A.D. **14/3** 69[41], 593[8, 10], 595[25], 596[27], 598[50], 609[107], 612[116, 117], 616[132, 135]

Servius **14/1** R₃: *579*; **14/3** 468, 561[145]

Seuse, H. **9/1** 15[16]

Shakespeare, W. **4** 727[8]; **5** 429, 430; **10/3** 332

Sharp, S. **5** 401[138]

Shaw, B. **12** 177, 293; **18/1** 372

Shaw, G.B. **4** 658

Shems ed-Din **14/3** 437[1]

Sibila da Eritreia **14/1** 270, 279

Sidgwick, H. **13** 60[33]

Siebeck, H. **8/2** 343

Siefert, E. **1** 187, 191; **5** 322[28]; **14/1** R₃: *278*

Siemens, F. **1** 348

Sievers, E. **10/4** 612, 667[12], 756

Siewerth, G. **14/3** 75[65]

Silberer, H. **4** 478; **5** 2, 253[2], 261, 302, 659[48]; **6** 782[34]; **7/1** 128[4]; **7/2** 360, p. 162[4]; **8/1** 90[59]; **8/2** 505; **8/3** 832; **9/2** 251[42]; **12** 89, 332; **14/2** 320, 447; **14/3** 200[80]; **16/2** 149, 533[28]; **18/1** 1.061

Silvestre (papa) **13** 107[102]; **14/2** 292 / R₅: *241*

Símaco **14/3** 484[69]

Simão ben Yochai **14/3** 614

Simão de Gitta **14/1** R₁: *229*

Simão o Mago **5** 65; **9/1** 64, 372; **9/2** 307[33], 344; **10/3** 75; **12** 453[14]; **13** 320, 408; **14/1** 31, 41, 155, 156, 160, 165, 175; **14/3** 107, 111, 330, 331[70], 414, 442[7], 570[168]; **16/2** 361[21]; **18/1** 242; **18/2** 1.281

Simeão o Novo Teólogo **5** 140, 141

Simon ben Jochai **14/2** 274

Simon, G. **18/1** 109

Sinésio **6** 165s.; **8/3** 920; **9/1** 178; **9/2** 178, 244[26]; **13** 173[101]; **14/3** 379[127], 425[97], 569[159, 160]

Singer, D.W. **14/3** 12[34], 14[40], 17[51], 19[55], 22[61, 64]

Siphra de Zeniutha **14/2** 309

Sirr-al-asrar
- cf. Aristóteles (Pseudo)

Sisto de Sena **14/3** 614, 614[126]

Slade, H. **18/1** 715

Sloane, W.M. **9/1** 356

Slobaeus, J. **12** 435[35]

Smith, B.M. **8/3** 833[23]

Smith, E.M. **9/2** 147[84], 149[89]

Smith, G. **5** 375

Smith, H. **3** 59[84], 157, 164[147], 298; **10/3** 257

Smith, S. **6** 248

Smith, W. **2** 116[32], 451

Snell, L.S. **1** 346[38]

Soal, S.G. **8/3** 956

Sócrates (historiador) **14/1** R_1: *192*

Sócrates **3** 308, 370, 372; **6** 36, 48, 215, 223; **7/1** 26, 33, p. 151s.; **9/1** 426; **10/2** 907; **10/3** 151, 843, 853; **13** 103; **17** 300; **18/2** 1.453
- Pseudo **14/1** 36 / R_3: *608*

Soederberg, H. **9/2** 228[93]

Soederblom, N. **7/1** 108[9]; **8/1** 101[67], 125

Sófocles **5** 450[56]; **8/2** 394; **18/1** 250

Sohar **14/1** 19 / R_1: *169* / R_2: *178* / R_3: *210*; **14/2** 232, 257, 263, 274 / R_5: *94, 152, 187, 189, 200, 201, 272, 288, 318, 361*

Sokolowski, E. **3** 141

Sollier, P.A. **3** 522, 548

Sommer, R. **2** 9, 501, 564, 638, 730, 864, 1.035, 1.041, 1.079, 1.181, 1.311; **3** 2, 3, 9, 10, 11, 16, 41, 41[66], 54, 177; **4** 695[4]; **11/6** 1.014[1], 1.066
- e Fürstenau, R. **2** 1.035

Sophe, livro de **14/1** R_3: *243*; **14/2** 5, 127 / R_4: *80;* **14/3** 103[142], 569[160]

Sophianus **14/3** 7[12]

Sorin **16/2** 476[2]

Sorokin, P.A. **18/2** 1.461 nota

South, T. **16/2** 505

Southwark (bispo de) / Richard Parsons **18/1** 648s., 675, 689

Speculator **14/3** 25, 31, p. 58-59

Speculum
- cf. Thorndike

Speculum (jornal) **14/3** 19, 39[3]

Speculum Alchimiae **14/3** 26

Speculum naturale
- cf. Vicente de Beauvais

Speculum sapientiae **14/3** p. 50-51[12], 58-59[8]

Speculum secretorum Alberti **14/3** 28[92]

Speiser, A. **8/3** 909[67], 954

Spence, L. **13** 107[100], F 8

Spencer, B. **8/1** 87[57], 92[61], 119[75], 120[76]

Spencer, H. **3** 182; **5** 190[2]; **8/2** 267

Spencer, W.R.
- e Gillen F.J. **6** 38, 475[159], 565[13]; **9/1** 116[8], 226[21]; **13** 128[176]; **16/2** 150, 438

Spencer-Brown, G. **18/2** 1.181

Spengler, O. **10/2** 922; **10/3** 187

Speyr **18/2** 1.080[7]

Spiegel, F. **5** 240[46], 367[77], 426[28], 581[160], 636[29], 662[61], 664[63s.], 668[71]; **13** 461[343]

Spiegel, H.W. **2** 1.357[*]

Spiegelberg, W. **9/2** 187[19]; **14/2** 4/ R_4: *13*

Spielrein, S. **3** 390; **4** 478; **5** 200[21], 200[23], 200[25], 200[26], 201, 217, 354[46], 427[29], 429[46], 445[51], 459[66], 460[68], 504[38], 547[96], 581[161], 634[27], 638, 677; **7/1** 33[4]; **8/2** 589[7]; **13** 91[37]

Spier, J. **18/2** 1.818 nota

Spilmeyer, W. **4** 25

Spinoza, B. **1** 100[50]; **6** 865; **8/2** 276; **9/1** 385, 390; **10/3** 27, 199

Spitteier, C. **14/2** 84

Spitteler, C. **3** 355; **5** 62[5], 362[63]; **6** 261s., 282s., 298s., 305s., 309, 315, 318, 320s., 424, 468[151], 479, 511s., 520, 525, 630, 796, 845; **7/1** 82[11]; **7/2** 311, p. 168; **9/1** 145; **9/2** 25, 424[1]; **12** 103, 160, 514; **13** 209, 460; **15** 142, 147, 151, 154

Splendor Solis **14/2** 131, 292; **14/3** 34

Spon, J. **14/1** R_2: *93*

Squires, H.C. **11/6** 1.069

Stade, B. **9/1** 602[159]

Stadelmann, H. **3** 135[121], 141[129]

Stadtmüller, H. **14/1** R_2: *232*

Staehelin, F. **14/1** R_2: *160*

Stahl, G.E. **9/2** 394

Stalin, J.W. 790

Stanahetti, G. **14/3** 87[90]

Stapleton, H.E. **14/1** R_1: *22* / R_2: *196, 197, 201, 210, 211*; **14/2** R_5: *50*; **14/3** 22, 22[62, 65, 67], 86[8], 95[112], 419[63], 460[38]; **16/2** 151, 483[4], p. 72-73[25]

Steebus, J.C. **12** 517[5]; **13** 102, 109[109], 188[161-164], 263[77s.], 264[83], 418[242]; **14/1** 40, 60 / R_2: *39, 138* / R_3: *15, 16, 175, 663*; **14/2** R_5: *245* / R_6: *115*

Steele, J. **14/3** 8[19]

Stefano da Sant'Agnese **12** F. 103

Steffens, P. **1** 4

Stein, P. **18/1** 981

Steinach, E. **16/2** 491

Steinbüchel, T. **14/3** 97[118]

Steindorff, G. **13** 93, 133[201]

Steinen, K. **13** 253

Steiner, H. **14/2** R_6: *182*

Steiner, R. **10/3** 170; **14/1** 121; **18/2** 1.536

Steinschneider, M. **12** 116[47], 336[11]; **14/3** 8[16], 15[44], 20[58], p. 82-83[24]

Steinthal, H. **4** 63, 507; **5** 176[1], 203, 208[3], 208[10], 425[25], 600[190]

Stekel, W. **4** 129, 351[29], 632, 635, 639, 645; **5** 680[86]; **8/3** 827[11]; **15** 155; **18/1** 923s., 1.031[7]

Stephanos (alquimia) **14/3** 425[97l]

Stephanus de Alexandria **12** 209[74]; **14/1** R_3: *192, 600*

Stephens, J.L. **5** 400[134]

Stern, J. **8/2** 276[11]

Stern, L.W. **4** 125; **8/1** 26

Stern, W. **2** 640[5], 728, 759, 761, 1.035; **18/1** 739
- cf. tb. Kramer, F.

Steuer, R. **14/3** 373[118], 535[100]

Stevenson, J. **9/1** 240[40]; **13** 31[15]

Sticker, G. **2** 1.035, 1.040, 1.181, 1.310; **12** 392[101]

Stirner, M. (pseudônimo de Kaspar Schmidt) **6** 104, 318; **13** 154

Stobaeus, J. **6** 790[37]; **13** 458[325] **14/3** 330[69], 407[23], 447[12], 452[21], 487[76], 582[192]

Stöckli, A. **9/1** 13[13], 14[15], 16[17], 131[21]; **11/6** 474, 476[2, 3] 478; **16/2** 152, 378[30]

Stokes, W. **5** 570

Stolcenberg, S. **14/1** R_1: *2, 7, 17* / R_3: 245

Stolcius de Stolcenberg, D. **12** F 48, F 173; **16/2** 153, 494[1]

Stoll, O. **5** 581[160]; **18/2** 1.474[1]

Störing, G. **2** 662

Strabo **5** 526[57]

Strack, H.L.
- e Billerbeck, Paul **18/2** 1.526

Stransky, E. **2** 1.066; **3** 12[19], 23[49], 33-53, 70, 138, 144, 180, 186, 300; **11/6** 1.055

Strauss, E.B. **18/1** 57, 111, 115, 121, 127, 299s.

Strauss, H.A. **9/2** 136[53]

Strindberg, A. **15** 164

Strunz, F. **13** 146[1], 158[36], 168[62s., 65], 218[241], 234[258]; **14/2** R_5: 325

Stuart, C.E. **8/3** 832[23]

Stuck, F. **5** 8, F 24, 171[93]

Sudermann, H. **2** 127

Sudhoff, K. **8/2** 388[61, 64], 399[67, 69, 77, 79, 80, 82-86]; **12** 430[9, 10], 449[6], 468[108], 516[3]; **13** 148[3, 5, 6, 9s., 11, 15], 149[18], 156[30], 158[35], 161[40], 167[56], 168[60s., 66-69], 169[73, 75], 170[77], 171[79s.], 174[109, 111], 176[117], 180[118-126], 190[168, 170, 174, 176s.], 193[185, 187s., 190], 199[201], 200[202], 201[204-208], 205[212], 207[224], 211[229], 220[244], 222[245]; **14/1** R_1: 210, R_3: 25, 252, 352; **14/2** R_6: 107; **15** 19, 406[2]; **18/2** 1.757

Suetônio **5** 421[4]

Suger **14/1** 278

Suleiman (Livro de) **14/3** 58[14]

Sully, J. **6** 747

Summa Perfectionis **14/3** 14, p. 114-115[57]

Suttie, J. **18/1** 121s.

Suttner, B. **2** 31

Suworow **3** 291

Suzuki, D.T. **9/1** 602[158]

Svenson, F. **3** 28[52]

Swedenborg, E. **6** 795; **8/3** 902, 905, 973; **9/1** 5[7] ; **9/2** 310; **10/3** 175; **15** 9, 13; **18/1** 706, 714; **18/2** 1.161

Symbola Aureae Mensae **14/1** 308 / R_1: 8, 10 / R_2: 58, 92, 102, 117, 128 / R_3: 187, 438, 571, 581; **14/2** R_5: 81, 180, 306

Synesius **7/1** 113; **12** 423[55]

Szebeni
- cf. Melchior Cibinensis

Szebeny, N.M. / Cibinensis **13** 158, 195

Szondi, L. **8/2** 374[37]

T

Tabari **5** 282, 285; **9/2** 133^{47}, 168; **14/2** 217

Tabernae Montanus **13** 171^{79}, 190^{173}, 193^{190}; **14/1** 153 / R$_3$: *201*; **14/2** R$_6$: *81, 82*

Tabit Ibn Qurra **9/2** 193; **14/1** 165

Tabula Smaragdina **11/6** 470^3; **14/1** 12, 58, 66, 118, 157, 282, 283, 288, 289 / R$_1$: *44* / R$_3$: *227, 223, 356, 537, 573, 575, 685*; **14/2** 158 / R$_4$: *178* / R$_4$: *115*; **14/3** 6^1, 8^{16}, 12^{29}, 31^2, 32^5, 101^{126}, 163^{27}, 280, 328^{58}, 334, 440, 457^{29}, 596^{38}; p. 90-91^{45}, 92-93^{49}, 106-107^{35}; **16/2** *68s., 147*, 384^{41}, 402^4, 454, 481, 484^8, 498, 533

Taciano **9/2** 81

Tácito **7/2** 296; **9/2** 129; **18/2** 1.521

Taine **6** 1.036

Taittiriya-Aranyakam **6** 350^{55}
- Brahmanam **6** 354^{59}
- - Samhitâ **6** 369^{74}
- - Upanishad **6** 359

Talbot, A. **13** 247

Talbot, P.A. **6** 445^{136}

Tales de Mileto **9/2** 243, 311; **12** 527; **13** 420^{248}

Talleyrand **8/2** 198

Talmud **14/1** R$_3$: *666*; **14/2** R$_5$: *22*

Tanguy, Y. **10/4** 748s., 763, quadro 4

Tarchanoff **2** 1.035, 1.040, 1.042, 1.048, 1.050, 1.056, 1.179, 1.181, 1.311

Tausk, V. **18/1** 1.055-1.064

Taylor, E.B. **7/1** 108

Taylor, F.S. **12** 404^{10}

Taylor, H.O. **6** 52

Tchuang-Tse **5** 663

Tejobindu-Upanishad **6** 330

Temple, Dr. **14/2** R$_4$: *246*

Temple, F. **18/2** 1.532

Teócrito **5** 274, 438^{39}

Teodoreto **12** 470^{123}

Teodoreto de Ciro **14/3** 143^7, 211, 407^{17}

Teodoro Bar-Kuni **9/2** 307; **14/3** 284^{52}, 419^{68}

Teodoro Estudita **13** 407^{186}; **14/2** R$_6$: *116*

Teodósio II (imperador) **9/1** 242^{42}

Teófilo de Antioquia **9/2** 81; **14/2** R$_5$: *72*

Teofrasto **5** 316^{13}; **8/3** 917; **9/2** 218, 347
- cf. tb. Paracelso

Terêncio **18/1** 91^{20}

Teresa (Neumann), von Konnersreuth **18/2** 1.497

Teresa de Ávila **10/3** 883; **14/3** 613

Teresa (santa) **14/2** R$_5$: *61*

Tersteegen, G. **14/1** R$_3$: *341*

Tertuliano **5** 30, 163, 321; **6** 8, 11s., 18s., 20s., 27, 71, 443; **9/1** 463; **9/2** 70, 129, 147^{77}, 175^{37}; **10/2** 914; **11/6** 550; **12** 14^5, 18, 19, 24, 192, 520, 521, 524; **13** 81; **14/2** 82; **14/3** 330^{65}, 442^6, 583^{202}; **15** 195; **17** 310; **18/2** 1.528

Terzaghi, N. **8/3** 920^{87}

Tessalonicenses, Epístola aos
- cf. Bíblia

Tetralogias platônicas **14/2** 292

Tetzen, J. de **14/2** R$_5$: *233*

Tewekkul-Beg **6** 39

Theatrum Chemicum **14/1** 159 / R$_1$: *2, 4, 18, 35, 36, 38, 55, 60, 66, 77, 101 /* R$_2$: *14, 16, 52, 122, 147, 169 /* R$_3$: *27, 100, 140, 146, 153, 181, 206, 231, 311, 315, 392, 560;* **14/2** R$_4$: *39, 42, 47, 92, 106, 108, 115, 118, 119, 132, 143, 146, 164, 166, 170, 171, 196, 211, 212, 229, 296, 325, 368, 369, 370, 373, 378, 391, 422, 426, 428, 429 /* R$_5$: *1, 4, 23, 32, 33, 35, 54, 55, 71, 77, 80, 90, 92, 152, 223, 226, 243, 247, 248, 249, 255, 265, 266, 271, 329, 330, 332 /* R$_6$: *8, 11, 20, 22, 24, 25, 28, 30, 35, 39, 48, 49, 50, 60, 65, 67, 69, 77, 78, 80, 84, 86, 92, 95, 100, 102, 110, 128, 130, 162, 170, 176, 178, 179, 186, 189, 194, 197, 200, 213;* **14/3** [1602] $172^{26, 27}$, 369^{114}, [1604] p. 96-97^{46}, [1613] 237^{15}, [1622] 22^{60}, 26^{85}, 34^{10}, 60^{28}, 103^{134}, 125^{12}, 220^{112}, 221^{114}, 251^{56}, 300^2, 306^{18},

348^{97}, 420^{80}, 468^{48}, 501^{14}, 543^{114}, 547^{121}, 549^{128}, 569^{153}, p. 58-59^3, 80-81^{14}, [1659] $6^{1, 5}$, 10^{24}, 11^{26}, 12^{37}, 33^8, 84^{82}, 103^{136}, 127^{16}, 278^{36}, 280^{42}, 453^{26}, 592^3, p. 48-49^8, 54-55^4, 56-57^9, 74-75^{11}, 92-93^{31}, 96-97$^{48, 53}$, 98-99$^{6-11}$, 108^{33}, 108-109^{34}, 112^{52}, 114-115$^{56, 57}$, 128-129^{36}, 143-143^{67}, [1660-1661] 22^{60}, 34^{11}

Theatrum Chemicum Britannicum
14/2 R$_4$: *107*; **16/2** 6, 497^{16}, 526^6

Thenaud, J. **12** F 6, F 74

Theodor Bar Konai **14/1** R$_1$: *143*

Theodoretus **14/1** R$_1$: *192*

Theodorus Studites **14/1** R$_3$: *322*

Théry, G. **14/3** 52^2, 57^{11}, 69^{44}, 97^{122}, 186^{58}, 187^{61}, 606^{88}

Thiele, G. **5** 460^{70}; **9/2** 147^{80}

Thölde, J. **12** 508

Thomson, R.C. **5** 293^{55}

Thonensis, J. **14/3** 38

Thorndike, L. **8/2** 393^{90}; **8/3** 866^{50}; **9/2** 153^5, 154^8, 159^{32}; **14/2** R$_5$: *241*; **14/3** $6^{1, 3}$, $8^{16, 18}$, 19, 19^{54}, 25, $26^{81, 83, 84}$, 27, $27^{87, 89}$, 28^{92}, 31, 32^6, 39, 39^3, 40^4, 87^{90}, 88, 88^{91}, 101, $101^{125, 126}$, 311^{39}, $596^{27, 28, 30, 33, 35, 37, 39}$, 597^{41}, 604^{65}, $605^{66, 68, 72}$, 606^{86}, 615^{130}

Thorpe, B. **14/2** R$_5$: *29*

Thumb, A. **2** 564, 638

Thumeysser zum Thum, L. **12** F 91

Thury (professor)
- cf. Cassini

Tiago (apóstolo) **18/2** 1.561

Tibull **6** 556

Tieck, L. **5** 332^{35}

Índices gerais

103

Tiepolo **15** 176

Tiling, T. **1** 220; **3** 72

Timocares / Timochares **9/2** 147

Tito de Bostra 9/2 85; 14/3 484[70]

Tocco, G. de **14/3** 594[10, 20, 22, 23], 595[26], 598[44, 45, 48, 51], 600[56, 57], 601[58], 603[60], 604, 606[84], 607, 607[95], 609[97, 98, 100, 102, 104, 107], 610[108, 110, 113], 614[128], 616[137]

Toju, N. **6** 420

Tomás (Pseudo-) **12** 383

Tomás de Aquino **5** 22; **6** 56; **9/1** 580[133]; **9/2** 92s., 143, 276[5]; **10/4** 763, 811; **12** 341[22], 417, 465; **13** 158; **14/1** 296, 319; **14/2** R_5: *85* / R_6: *224*; **14/3** 3, 7, 7[13], 12, 26, 52[6], 62, 62[34], 69, 69[42, 44], 70[46, 47], 75, 75[62], 76[66], 77, 77[67-71], 87, 87[84, 87, 88, 90], 91, 94[111], 97, 97[116-121], 101, 102[130], 121, 121[4], 127[15], 134[4], 172[17], 186[58], 234, 261, 261[90], 314, 368[111], 407, 428[105], 442, 446[9], 452[25], 457, 460[34], 461, 464[43], 479[65], *589-616, p. 76[21], 110[40], 114-115[56, 57], 142-143[67]*; **18/2** 1.135, 1.551

Tomás de Bolonha **14/3** 592[3]

Tomás de Chantimpré **14/3** 6, 594[18]

Toniola, J. **14/1** R_2: *94*

Tonquédec, J. **9/1** 220[14]

Torquemada (cardeal) **12** 550

Torquemada, T. **13** 391

Touron, A. **14/3** 614[127], 616

Tractatus aristotelis **14/1** 60, 66 / R_2: *16, 147*; **14/2** 49 / R_4: *115*
- cf. Aristóteles (Pseudo-)

Tractatus aureus **14/3** 373[122]; **16/2** 3, 450, 472[15], 475[1]

- em *Ars chemica* **14/1** 12 / R_2: *10,* R_3: *39, 43*; **14/2** 74, 127, 161, 199, 201 / R_4: *41, 282*
- em *Mangeti bibliotheca chemica* (escolios) **8**, 11
- em *Musaeum hermeticum* **14/1** 37, 131 / R_2: *4* / R_3: *6, 75, 77, 78, 641*
- em *Theatrum chemicum* **14/1** R_1: *60,* R_2: *52*

Tractatus aureus hermetis **14/2** R_6: *170*; **14/3** 221[115], 518, 539

Tractatus avicennae **14/2** R_4: *276*

Tractatus duodecim portarum (Riplaeus) **14/2** 64

Tractatus micreris **14/1** 7, 132, 139; **14/2** 217, 323 / R_5: *266* / R_6: *100, 213*

Tractatus sextus de esse et essentia min. **14/3** 592[3]

Traube, L. **14/1** R_2: 227

Trautschouldt, M. **2** 21[6], 70, 569, 584, 638, 730, 868[5]

Trevisanus, B. **14/3** 204[87]

Treviso, B. de
- cf. Bernardo

Trismosin, S. **13** 89[26], 123[156], 268[124]; **14/2** R_5: *238*; **14/3** 34

Tschamer, E.H. **12** 548[74]; **14/2** R_5: *300*

Tschisch, W. **3** 1, 3

Tucídides **16/2** 414[8]

Turba philosophorum **14/1** 15, 27, 35, 63, 118, 131, 132, 139, 159, 160, 175, 234, 253 / R_1: *34, 38, 52, 102, 149,* R_2: *124* / R_3: *38, 40, 312, 321, 414, 431, 608, 653*; **14/2** 37, 74, 127, 159, 217 / R_4: *91, 108, 261, 363, 413* / R_6: *3, 15, 25, 81, 115, 170*; **14/3** 7, 7[8], 20[58], 22, 29, 32[6], 34[12], 58[15], 60[27],

62^{29}, 112, 113, 115, 115^{175}, 123^5, 127^{14}, 167, 168, 173^{25}, 180^{35}, 181^{36}, 185, 185^{56}, 192, 234^7, 251, $251^{55, 56}$, 261, 264^1, 283, 320, 320^{51}, 325^{55}, p. $66\text{-}67^8$, $68\text{-}69^{10}$, $86\text{-}87^{14}$, $90\text{-}91^{26}$, 94-95, $94\text{-}96^{40}$, 98-99, $98\text{-}99^{59,61}$, 108-109, $108\text{-}109^{31}$, 110-111, $110\text{-}111^{41, 42}$, $114\text{-}115^{59, 60}$, $116\text{-}117^{60}$, 124-125, $124\text{-}125^{24}$, $128\text{-}129^{33}$ 328, $330^{63, 64}$, 372, 379^{127},

381, 381^{131}, 407^{23}, 413, $413^{40, 41}$, 425, 448, 471, 472, 474^{57}, 475^{58}, 511, 511^{43}, 518, $518^{54, 59}$, 539^{109}, 541^{125}, 561 569, 592^3; **16/2** *148*, 398^{56}, 402^3, 455^{25}, 484, 525^1

Turrius **14/1** 65, 90, 91 / R$_2$: *95*

Tylor, E.B. **8/1** 118; **14/2** R$_4$: *395*; **18/2** 1.297

Tyrrell, G.N.M. **8/3** 833^{23}, 839, 944^{134}

U

Ueberweg-Baumgartner **14/3** 8[16]

Uhlhorn **9/2** 400[106]

Ulmannus **12** 505[195]

Ulrich (Dr.) **2** 511s.

Umail, M.
- cf. Zadith

Unamuno, M. **18/2** 1.339

Unternährer, A. **5** 582

Upanixades **14/1** R_3: *222, 223*; **14/2** 392; **16/2** 378

Uraltes Chymisches Werck **14/2** R_4: *442* / R_6: *146*

Urstein, M. **18/1** 916

Urstisius **13** 218[240]

Usener, H. **5** 159[67], 165[78]; **9/1** 153; **9/2** 164[5]; **13** 366[76]; **14/1** R_2: *187*; **14/3** 584[207]

Usher, F.L. **8/3** 834

V

Vacant-Mangenot **14/3** 94[111]

Vâjasaneyi-Samhitâ **6** 352[57]

Valente (imperador) **18/1** 703

Valentinelli, J. **14/3** 31[1], 40

Valentino, B. / Valentim **9/1** 537; **12** F 146, 436[41], 440[50], 444, F 185, 508; **13** 255[40], 261[63], 264[82], 267[97], 269[130], 273[171]; **9/2** 75[24], 118[87], 171, 298, 307[33], 428;14/1 235 / R$_1$: *27*, R$_3$: *124, 402;* **14/2** 34, 64, 75, 210 / R$_4$: *187, 188, 198, 289, 418*; **14/3** 330; **18/2** 1.642, 1.827

Valentinus (mestre) **14/1** R$_3$: *322*

Valéry, P. **10/2** 943

Valli, L. **12** 235[17]

Van Deventer, J. **1** 188, 191

Van Gogh, V. **15** 174

Vandier, J. **14/3** 235[14]

Vansteenberghe, E. **16/2** *154*, 409[20], 537[32]

Varro **5** 183[16]

Vaughan, T. **9/2** 204[39]
- cf. tb. Philaletha

Vecerius, C. **13** 218

Vedic Hymns **6** 379[88], 383s., 387s., 393s.

Ventura, L. **13** 113, 263[70], 264, 273[168], 282[231], 403, 410, 429[268], 435; **14/1** 174 / R$_1$: *53, 217* / R$_2$: *117, 123, 147* / R$_3$: *42, 72, 76, 136, 209*; **14/2** R$_4$: *166* / R$_5$: *243* / R$_6$: *25, 28, 29*; **16/2** *5*, 480[7]

Veraguth, O. **2** 1.015s., 1.035, 1.043s., 1.181, 1.311, 1.356; **8/1** 23[22]; **8/2** 198; **18/1** 797

Veranus, C.F. **14/1** 94, 95

Verlaine **5** 682

Verus Hermes **14/2** R$_4$: *359*

Vesálio **15** 34

Vespasiano (imperador) **18/2** 1.521

Vettius, V. **13** 412[215]

Vicente de Beauvais **14/3** 6, 11, 14, 24[71], 596[27], 605

Viemon **14/3** p. 44-45[9]

Vigenère, B. / Blasius Vigenerus **9/1** 5[7]; **9/2** 203, 215, 307[33], 393; **13** 401, 411, 445; **14/1** 19, 20, 236, 238, 248, 323, 331, 333 / R$_3$: *181, 373, 612, 614, 615*; **14/2** 219, 233 / R$_4$: *296*

Vignon, P. **14/2** R$_4$: *417*

Vigouroux, A. **2** 1.180, 1.311; **4** 701[7]

Vilanova
- cf. Arnaldo

Villa, G. **6** 888[69], 896[70]; **8/2** 350[8]

Índices gerais

Virchow, R. **7/2** 282

Virgílio **5** 119; **8/3** 920; **10/3** 250; **12** F 69, 353; **14/1** 89 / R₃: *579*; **18/1** 373[73]

Virgílio Maro, P. **14/3** 109, 468

Viridarium Chymicum
- cf. Stolcenberg

Virolleaud, C. **9/2** 181

Vischer, F.T. **3** 419; **6** 567[17], 699; **8/2** 202, 360; **9/1** 469; **18/2** 1.414

Vito, R. / Richardus Vitus **9/2** 26[3]; **14/1** 65, 88, 89, 90, 91 / R₂: *95*

Vodoz, J. **18/2** 1.825 nota

Vogt, H. **2** 662

Vogt, O. **18/1** 798

Vogt, R. **3** 12

Voisin, J. **1** 110

Volkelt, J. **18/1** 841

Völlers, K. **5** 285[34], 288[39], 288[42], 293; **9/1** 244[40], 245[47], 246[49-51], 247[54], 250, 253; **9/2** 173[29]; **12** 155[27]

Volta, A. **14/1** R₂: *96*

Voltaire **8/2** 709; **9/2** 156[9]; **15** 46, 71

Vrede, W. **14/3** 614[127]

Vreeswyk, G. **12** F 51

Vulgata
- cf. Bíblia

Vulpius, C. **8/3** 862[52]

W

Wacker-Barth / Conde August J.L. **9/2** 133[47]

Wagner, R. **3** 80[96]; **5** 555, 560, 564; **6** 111, 320, 421, 446, 453, 468, 795; **7/1** 43; **7/2** 306; **8/2** 162; **10/2** 383, 432; **12** 293; **14/1** 333; **14/2** 408; **15** 134, 142, 143, 151, 169; **17** 207; **18/1** 261, 263, 366; **18/2** 1.281

Waite, A.E. **9/2** 204[39]; **12** 422[50], 453, 490; **14/1** R₁: *120, 122, 177* / R₃: *385*; **14/3** 592[3]; **16/2** 155-157, 417

Waitz, T. **5** 487[21]

Walch, C.W.F. **14/1** R₁: *214*

Walch, J. **14/3** 524[74]

Walde, A. **5** 188[30], 210[12], 669[72]; **13** 376[97]

Waldkirch, C. **12** 464, 493; **13** 158, 356[47]; **14/3** 5

Waldstein, L. **18/1** 797-799

Walitsky, M. **2** 638

Wallace, A.R. **8/2** 571

Wallenstein **14/1** 195

Walser, H.H. **18/1** 1.033[9]

Walton, R. **18/2** 1.689[41]

Walz, A. **14/3** 593[6], 594[10, 11, 13, 14, 16, 18, 21, 23], 595[25], 597[43], 604[63], 605[75-81], 607[93, 94], 609[99, 101, 102, 107], 610[108, 110, 113], 611[114], 615[130]

Warda, W. **2** 662

Warens, L. **10/3** 223

Warneck, J. **6** 461[143]; **7/2** 293[6]; **8/1** 125[80]; **9/1** 188

Watson, J.B. **10/2** 928

Watts, G.F. **4** 170, 185

Weaver, H.S. **15** 203

Weber, A. **5** 210[13]; **6** 371[80]

Weber, B. **10/4** 764[2]

Weber, C.M. **2** 212[47]

Webster, H. **7/2** 384[3]

Wegener, P.T. **5** 435[37]

Wegmann, H. **14/2** R₄: *47*

Wehrlin, K. **2** 504, 509, 513, 638, 684, 762[23], 775[37], 885[11]; **3** 53[74]; **18/1** 965s.

Wei Po-Yang **12** 453[15]; **13** 161[45], 273, 432; **14/1** 177, 242 / R₃: *440*; **14/2** 155, 160 / R₄: *140, 147, 352* / R₆: *11, 63, 127, 217*; **16/2** 158, 408[19], 417, 497[16]

Weil, G. **14/2** R₅: *155*

Weininger, O. **6** 693

Weiskorn, J. **3** 164[147]

Weiss, J. **9/2** 333[111]

Weizsäcker, V. **10/3** 354[2]

Welles, O. **18/2** 1.434

Índices gerais

Welling, G. **14/1** 229, 317 / R[3]: *376, 643*

Wells, H.G. **7/2** 270, 284, 332; **9/1** 227[22]; **10/4** 599, 738[7]; **13** 53[28]; **18/2** 1.434[1]

Welti, A. **3** 130

Wendland, P. **13** 278[216]; **14/1** R[3]: *57, 292*

Werblowsky, Z. **9/2** 105

Werner, E.V.C. **14/2** R[5]: *101*

Wernicke, A. **15** 166[9]

Wernicke, C. **1** 189, 191, 221, 284; **3** 323, 505; **6** 530, 533; **18/1** 891s., 908

Wertheimer, M. **2** 664[5], 758, 762, 791, 1.035 (bibl.)
- e Klein, J. **1** 479; **2** 640[5], 664, 755s., 758s., 1.035, 1.317[5], 1.357[1]

Wesendonck, M. **5** 141[29]

Wessely, C. **12** 456[30]

Westphal, A. **1** 349

Westphal, C. **1** 29

Weygandt, W. **1** 479; 767, 887; **3** 19, 20, 30, 31, 32, 76, 137[123]

Weyl, H. **8/3** 933[127]

Whickes, F.G. **18/2** 1.134, 1.248s., 1.402[1]

White, A. **5** 154[53]

White, B. **18/1** 749-756

White, P.V. **9/2** 112[75], 276[5]

White, R. (de Basinstoke) **18/2** 1.279[3]

White, S.E. **18/1** 746-756

White, V. **14/3** 62[34], 77[69, 70], 121[4]; **18/2** 1.135, 1.591, 1.594

Wickes, F.G. **9/2** 344[149]; **17** 80-97, 212

Wiedemann, A. **5** 526[58], 581[161]

Wiekes, F.F. **14/1** R[2]: *60*

Wieland, M. **14/2** 66/ R[4]: *168, 222*

Wiinsche, A. **9/2** 167[10], 168[11, 12, 13, 14, 16]

Wilamowitz-Moellendorf, U. **14/1** R[3]: *157*

Wildbrand
- e Lotz **1** 351[47]

Wilde, O. **15** 166

Wilhelm
- e Jung **14/1** R[3]: *482*; **14/2** R[5]: *105*

Wilhelm, H. **8/3** 976

Wilhelm, R. **5** 460[70], 569[117], 619[7]; **7/1** 102[3], 132[7], 185; **8/3** 866[46-47], 907, 909, 910[68], 911s.; **9/1** 598, 629, 643; **10/2** 470; **12** 126; **10/3** 188s., 877; **13** 1, 10, 28, 57s., 74[36], 254; **14/1** R[3]: *371, 372*; **15** cap. V 74-96, 189; **18/1** 141; **18/2** 1.131, 1.160a, 1.267[3], 1.286s.;
- e Jung, C.G. **8/3** 866[46], 908; **12** 34[12], 45, 122[1], 170[44], 229[116], 323[154], 511
- cf. tb. Jung, C.G. e Wilhelm, R. **11/6** 484[9]

Wilken, U. **12** 456[36]

Wilkins, H.T. **10/4** 628, 667[12]

Willcox, A.R. **18/1** 81[15]

William H. **18/1** 715

Wilmann, **18/1** 916

Wilson, T.W. **11/6** 1.072

Windischmann, F. **13** 406[179]

Winkler, H. **14/2** R[5]: *145, 148*

Winslow, B.F. **1** 17[10]

Winter
- e Wünsche **14/1** R[3]: *210*

Winthuis, J. **9/1** 120[13]; **16/2** 159, 454[18]

Wirth, A. **5** 163, 319[20]; **9/2** 178[50], 180[60]; **12** 92[25]

Wischnitzer-Bernstein, R. **9/2** 178[49]

Witcutt, W.P. **18/2** 1.135

Witelo **14/3** 97[116], 605, 605[70]

Wittekindt, W. **14/1** R_1: *165* / R_2: *188* / R_3 *173, 184, 329*; **14/2** R_4: *188* / R_5: *221*; **14/3** 490[1]

Wittels, F. **18/1** 926-931

Woelflin, H. **9/1** 13

Wolbero, A. **14/2** R_6: *212*; **14/3** 187[59]

Wolff, C. **5** 11[3]; **8/2** 345, 352

Wolff, T. **7/1** 102[3]; **9/1** 513[4]; **10/3** 887-902; **12** 48[3]; **17** 166[14]; **18/2** 1.134

Wölflin, H. **11/6** 478

Wolfram von Eschenbach **9/1** 248; **12** 246[127], 552; **14/2** 2 / R_5: *217*; **18/2** 1.783

Woltke, S.
- cf. Guinon

Woodroffe, S.J. **9/1** 142[31]; **12** 184[58]

Worringer, W. **6** 553s., 557, 561, 566s., 940

Wreschner, A. **2** 73, 95, 564, 638; **18/1** 791

Wright, M.B. **18/1** 145s.

Wu, L.-C.
- e Davies Tenney, L. **9/1** 529[2]

Wuensche, A. **14/2** R_5: *14, 15, 145, 148, 171, 189, 272*

Wulfen, E. **18/1** 932s.

Wulfen, W. **6** 675

Wunderlich, E. **14/3** 519[68]

Wundt, W. **2** 29[10], 103, 385, 451, 730, 864, 871, 1.079; **3** 19; **5** 14, 21[24], 39[40], 190[2]; **6** 554, 585, 742, 751[7], 763[11], 766, 769, 815, 888, 896, 896[71], 1.036; **7/1** 2, p. 131; **8/1** 2[2], 4[4], 5[6], 7, 28, 29, 41; **8/2** 210, 348, 349, 351, 352, 363, 365; **9/1** 111, 386; **17** 102; **18/1** 161, 873; **18/2** 1.130, 1.144, 1.737s.

Wünsche, A. **13** 400[147], 417[239]

Wüstenfeld, F. **14/3** 6[1], 8[16]

Wylie, E. 17 339[2]

Wylie, P. **9/1** 159[5]

Wyndham, J. **10/4** 821s.

Wyser, P. **14/3** 593[5]

Wyss, W.H. 17, 57[8]

X

Xá Jahan **10/3** 990

Xenófanes de Eleia **6** 43[18]

Xenofonte **6** 35; **9/1** 564

Y

Yang-Ming, W. **6** 420

Yellowlees, D. **18/1** 273

Z

Zacarias (papa) **12** 451[12]

Zacharias, P. **14/3** 594[22]

Zacharius, D. **12** 365; **14/1** R$_3$: *10, 86, 111, 143*; **16/2** *5*, 353[6]

Zadith Senior **16/2** 160, 353[3], 403[6], 414[8], 454[6], 458, 468[6], 483, 494[1], 495, 497[14, 16] 525[1]
- cf. tb. Mohammed Ibn Umail; Senior

Zadith, S. **13** 109[106], 321, 404[170], 423

Zahn, E. **2** 314

Zauberpapyri **16/2** *135*
- cf. tb. Preisendanz

Zeller, E. **6** 790[38]; **8/2** 417[19]; **12** 409[25], 410[27, 28], 413[31, 32], 433[27, 28, 29], 436[41], 439[47], 450[8]

Zeno **12** 370[56]

Ziegler, K.A. **18/2** 1.691 nota

Ziegler, L. **9/1** 267

Ziehen, G.T. **2** 22s., 29[10], 46, 70, 186, 471[81], 560[1], 562, 571, 577, 581, 590, 599, 602, 621, 638 (bibl.), 730, 733[10], 889; **3** 2, 10

Zierner, M. **4** 695[4]

Zigebano, E. **14/3** 515[43]

Zilborg, G. **18/2** 1.452 nota

Zimmer, H. **11/6** 484[9]; **12** 123[1]: **14/1** R$_2$: *230*; **18/2** 1.131, 1.160a, 1.250

Zinzendorf, N.L.G. **18/2** 1.536

Zöckler, O. **5** 368, 398[130], 400[135], 401[138], 403[141], 407[149], 412[157]; **12** 24[8]; **13** 446[309]; **14/1** R$_1$: *173*

Zoellner, J.K.F. **8/2** 571

Zohar **14/3** 182, 182[50], 410, 410[31, 32], 415[47], 614[122]

Zola, É. **2** 605; **3** 92

Zolento, P. **14/3** 41[6]

Zöllner, F. **18/1** 750

Zoneff, P.
- e Meumann, E. **2** 1.058s., 1.061, 1.187[4], 1.187, 1.311

Zoroastro **5** 102[52], 426[28]; **8/3** 920; **18/1** 259

Zoroastro / Zaratustra **9/2** 344[149], 389[82]

Zósimo **5** 200, 512[44], 553[99], 671[74]; **12** 80, 336[7], 405, 408, 410, 422[50], 456, 456[38, 55], 457, 458, 461, 472, 517[5], 530[36]; **14/1** 27, 239, 303 / R$_1$: *9, 29, 174* / R$_2$: *209* / R$_3$: *21, 243, 317, 600, 606, 625*; **14/2** 5, 6, 29, 256, 257, 292, 403 / R$_4$: *254, 353* / R$_5$: *39, 174* / R$_6$: *46, 81, 188*; **16/2** *161-163*, 353[1], 403[6], 417, 472[13], 505, 529[11]

Zósimo de Panópolis **8/3** 919; **9/1** 240[39], 372, 408, 532, 537; **9/2** 118[86], 241[17], 307[33], 376[50], 377; **10/4** 630,

728, 767; **13** 85-144, 168, 265, 269, 270, 273, 287[243], 354, 358, 359[59], 370, 372, 381[112], 383, 414[223], 439; **14/3** 21, 62, 66[36], 84[82], 103[140, 142], 123[5], 167, 167[68], 168, 225[124], 234[7], 261, 261[88], 269, 269[8], 325[55], 330, 407, 413, 413[34, 37], 420, 425[97], 448, 452, 453[26], 468[31], 501, 510, 518, 526, 549[127], 561, 561[139, 147], 569[160], 582;

18/2 1.281, 1.700, 1.703, 1.789
- visão de **9/2** 283
- cf. tb. Rosinus

Zschokke, H. **1** 147; **10/3** 850

Zündel, F. **1** 143[128]; **3** 321[3]

Zunz, L. **12** 541[66]

Zwínglio **6** 917

Índice analítico

A

Aarão **9/2** 168, 361; **13** 167

Aasverus **6**
- lenda de **6** 520

Abaissement du niveau mental
(Janet) **2** 850; **3** 12, 24, 29, 32, 55,
59, 76, 157, 505-521, 523, 537, 541,
544, 569, 578; **5** 671; **6** 186, 859; **7/2**
344; **8/2** 152, 430; **8/3** 841, 856, 902;
9/1 213, 244, 264; **9/2** 53, 315; **10/4**
795; **11/5** 783, 817, 846; **12** 116, 437;
14/3 74; **15** 123, 166[8], 166[9]; **16/2** 361,
372, 477; **17** 204; **18/1** 83s., 91, 96,
511, 794, 829, 990
- de la tension psychique **3** 73[124]

Abalo da existência vulgar **14/1** 201

Abasia **2** 914

Abastardamento **5** 119[5]

Abdômen **18/1** 194, 203

Abel **11/2** 254[21]; **11/3** 327; **11/4** 641,
650

Abelha(s) **8/3** 946; **9/1** 312[5], 352, 435;
10/4 667[12]; **14/2** 305

Abércio
- inscrição de **9/2** 127, 145[75], 162,
178, 180

Abismo **14/2** 133, 141[316], 296[316],
306[318], 329; **14/3** 261, p. 130-131
- da Terra **5** 571
- do mar
- - como domínio do demônio (S.

Agostinho) **14/1** 249
- intransponível entre o bem e o mal
14/2 339

Abissínia **10/2** 371[2]

Ablução / ablutio **9/2** 293; **12** 334;
14/1 151, 257, 310, 310[583]; **14/2** 13,
38, 274; **16/2** 468, 484
- do *laton* **14/1** 310
- dos pecados **14/1** 310, 312
- por *azoth* e fogo **14/1** 310
- cf. tb. Banho

Abóbada subterrânea **8/2** 555

Abóbora (retorta) / Cucurbita **14/2** 69

Aborrecimento afetivo **14/2** 365

Aborto **14/1** 65, 66
- séptico **8/2** 575

Abraão **9/2** 108; **5** 515; **11/3** 327; **11/4**
661[14]; **12** 313, 431; **14/2** 3[10], 121, 236,
236[95], 253, 319[358]; **18/2** 1.551;
- sacrifício do filho de **11/3** 395, 406

Ab-reação **16/1** 24, 33s., 167, 170; **17**
176; **18/1** 1.001s.; **18/2** 1.147, 1.242
- valor terapêutico da **16/2** 255s.

Ab-reagir **4** 30s., 208, 577, 582, 588,
596; **15** 62

Abrótano (Stabwurz) **5** 212

Absolvição **11/1** 86
- cf. tb. Confissão

Abstinência **2** 1.031

118 Obra Completa – Vol. 20

Abstração **5** 99, 106, 107, 669; **6** 37s., 102, 145s., 197, 557, 599, 1.032; **8/1** 5; **8/2** 474; **11/2** 245; **11/5** 800; **14/2** 412, 428; **17** 79, 185
- científica **5** 670
- como conceito **6** 745s.
- como proteção **6** 565s.
- consciente **6** 139
- do budista **6** 564
- do pessoal, **6** 47, 436
- e objeto **6** 66, 557s., 565s., 611
- em Schiller **6** 116, 145
- exigência de **6** 556, 993
- inconsciente **6** 565
- na psicologia e ciências **6** 8, 81, 936

Abstrativo **6**
- e empírico **6** 580
- e mundo **6** 560, 565

Abstrato
- como ideia, conceito **6** 541, 745s.

Abulia **2** 798; **3** 15, 30, 184
- cf. tb. Fraqueza de vontade

Abutre **9/1** 95, 100; **14/2** 290[136], 302
- cf. tb. Animais

Acabamento / aperfeiçoamento **13** 346, 415

Acácias
- cf. Árvore

Acamado **6** 931

Acamoth **13** 366
- cf. tb. Sofia

Ação **3** 78, 91, 93, 518; **4** (66s.), 404, 423, 430, 666s.; **8/2** 382
- como o ativo masculino **16/2** 407s.
- cultural
- - beleza da **11/3** 379
- indutiva dos conteúdos do inconsciente **16/2** 364
- na esquizofrenia **3** 438
- sintomática **4** 15, 338

Acareação **2** 992
- cf. tb. Juízo, Ocorrência

Acasalamento **4** 728; **13** 283

Acaso **7/1** 12, 72; **8/2** 180, 441, 504; **8/3** 823, 931, 957, 959; **10/3** 106s., 113s., 120s., 135, 142, 848, 900; **18/1** 761
- como produto da anima **14/2** 83
- e método numérico **8/3** 870
- e sincronicidade **8/3** 856
- probabilidade de **8/3** 821, 895s., 901, 905
- série de acasos **8/3** 825, 843, 962
- cf. tb. Coincidência

Acaso / casual **10/4** 743, 750

Acaso(s) / casualidade **2** 868, 886, 920, 923, 1.005; **4** 43, 65, 279, 302, 459, 495, 515, 625, 634, 643, 653; **5** 69; **6** 673; **18/2** 1.186, 1.198s., 1.209, 1.266
- do dado inconsciente **6** 670s.
- do dado objetivo **6** 685, 693

Acausais / acontecimentos **8/3** 949
- cf. tb. Acausalidade

Acausalidade dos acontecimentos **8/3** 820, 822, 824s., 827, 833, 856, 866, 949, 955, 985

Accidens **14/3** 172, 187

Acesso(s) **17** 137s.
- epilépticos 17 137s.

Acetum (vinagre) **9/2** 246; **11/1** nota 88, cap. III
- *fontis* **18/2** 1.784

Acha **18/1** 416

Achaab **14/3** 582

Achados orgânicos
- nas doenças mentais **3** 318, (471), 497, (501), (505), (533), (537), (541), (549)
- cf. tb. Cérebro, Toxinas

Índices gerais

Achaia Pharis **14/2** 225

Achamoth (sophia, sabedoria) **14/3** 107, 158
- na oitava esfera **14/2** 141[318], 240, 240[16]

Acharantos **14/3** 582

Achumawis **7/1** 154[5]

Achurajim **9/1** 535[22], 576, 588[142]

Acidentes **3** 566; **6** 52; **8/2** 546; **8/3** 931
- psíquicos
-- causa dos **7/1** 194

Aço **9/2** 204s., 247; **13** 119, 446

Açor **13** 360

Acquabilitas **9/1** 679

Acta Archelai **10/4** 699
- cf. tb. Hegemonius

Acta sanctorum **6** 1.036
- glossolalia nas **1** 143

Actaeon **14/1** 182

Actariel **9/2** 110

Ad inferas
- cf. Submundo

Adad (deus da tempestade) **11/2** 173

Adaga **8/2** 149; **18/1** 251, 260s.

Adakas
- cf. Adão

Adam **12** 150, 458s., 475, 529
- como *anthropos* (primeiro homem) **12** 456s., 476s.
- como *prima materia* **12** 131*, 426
- como sinônimo de homem **14/2** 266[191]
- criação do **12** 185s., 71*
- forma latina para Adão **14/2** 174[401]

Adam Kadmon (o Adão da Cabala) **14/1** 37, 42; **14/2** 157, 164[392], 258,

258[186], 258[187], 258[189], 264, 266, 267, 268[206], 274, 276, 278, 285, 286, 314, 318
- androginia de **14/2** 318, 319
- colocado em paralelo com Cristo **14/2** 314, 315
- como a árvore das Sephiroth **14/2** 258
- como alma do Messias **14/2** 258[186]
- como alma universal **14/2** 267
- como amante-filho **14/2** 274
- como a totalidade das Sephiroth **14/2** 258[189]
- como coroa máxima **14/2** 258[189]
- como distinto do homem primordial **14/2** 258[187]
- como mediador entre En Soph e as Sephiroth **14/2** 258
- como o amado do Sol **14/2** 276
- como o generalíssimo Um **14/2** 268, 268[206]
- como o homem
-- interior **14/2** 213
-- primordial espiritual **14/2** 264
-- psicopneumático **14/2** 286
- como o *homo maximus* **14/2** 213, 258[189]
- como o *logos* **14/2** 258[187]
- como o si-mesmo **14/2** 267
- como o "velho" Adão **14/2** 260, 264, 314
- como personificação da árvore **14/2** 318
- como primeira emanação de Deus **14/2** 258[186], 258[189]
- como processo de transformação **14/2** 267
- como protótipo da criação **14/2** 258[189]
- como segundo Adão não cristão **14/2** 258[186], 313
- como um segundo deus **14/2** 258[189]
- como unidade e pluralidade da natureza **14/2** 267, 268

- cosmogonia de **14/2** 319
- e o lapis **14/2** 306
- identificado com Cristo pelos alquimistas **14/2** 274
- nascimento de **14/2** 276, 313

Adam primus (Adão) **14/2** 230, 258, 278
- secundus **14/2** 230, 232, 232[66], 258, 259, 278

Adam secundus (Cristo) **14/2** 149, 191, 217[17], 230, 243, 258, 266, 278, 293, 297, 305, 306[324], 314
- cf. tb. Cristo como Adão

Adamah (hebraico)
- como terra vermelha **14/2** 251[148], 290, 290[231], 298, 299, 304

Adamanus
- como homem redondo e gigante **14/2** 253, 389[188]

Adamas **13** 419; **14/3** 101[128], 413-414
- como o Adão do gnosticismo **14/2** 255, 255[166]
- como Sabaoth Adamas (Pistis Sophia) **14/2** 255

Adam's Bridge **10/3** 1.002

Adão **5** 324, 368, 396; **8/2** 338[58], 559; **9/1** 56, 560, 576[120], 596[151]; **9/2** 69, 71, 143, 295, 307, 311, 313, 318s., 321, 325s., 328, 334, 340[139], 358-365, 369, 378, 385, 390, 400, 402; **10/1** 571; **11/1** 47; **11/4** 656, 684[27]; **13** 106, 107[104], 148[6], 168s., 171[87], 173, 209[226], 273[171], 418s.; **14/2** 75, 118[401], 127, 158[365], 190, 209, 210, 210[1], 210[3], 210[4], 211, 212, 216, 217, 231[63], 235, 235[82], 235[84], 235[86], 235[89], 236[94], 236[96], 240, 247, 248, 251, 255, 255[169], 256, 256[172], 258[186], 266[193], 293, 296[166], 298, 318; **14/3** 334, 425, 484, 527; **16/2** 458[4]; **18/1** 529
- androginia ou hermafroditismo de **14/2** 191, 210, 210[4], 215, 230, 243, 245, 253, 254, 318

- antes da queda **14/2** 258, 277, 314
- ascensão e renascimento de **14/2** 235[80]
- a trindade de **14/2** 218[34]
- Belial **9/1** 576[120]
- Cadmão **11/1** 90; **13** 168, 268; **18/1** 638
- casamento de **14/2** 216
- celeste e terrestre (São Paulo) **14/2** 258
- coluna vertebral de **14/2** 259[155]
- como *anthropos* / homem primordial **11/4** 576, 619, 628, 641
- como alma
- - de todos os homens **14/2** 256
- - geral do povo de Israel **14/2** 266
- - universal **14/2** 256
- - vivente **14/2** 258
- como *anima universalis* **14/2** 256
- como *animus* **16/2** 519
- como *anthropos* **14/2** 255, 256[189], 264, 278
- como *aqua permanens* **14/2** 210
- como estátua corporal **14/1** 77[200]
- como homem
- - alto **14/2** 212
- - andrógino primordial **14/1** 269
- - hílico-psíquico **14/2** 286
- - primordial **14/1** 48; **14/2** 222[46], 235[84], 258[186], 264
- - - perfeito **14/2** 258
- como a psique por execelência **14/2** 222, 223
- como a totalidade **14/2** 213, 266, 267, 268
- como "cabeça de *éon*" **14/2** 255[169]
- "com cauda" na tradição rabínica **14/2** 255, 270
- como estátua corporal inanimada **14/2** 231
- como evidenciação da divindade **14/2** 223
- como figura luminosa **14/2** 251
- como filho da anima **14/2** 312
- como *homo maximus* **14/2** 210[22], 256, 260

Índices gerais

- como imagem de Deus **11/4** 628, 631
- como microcosmo **14/1** 8
- como nome coletivo para todos os homens **14/2** 266, 266[191]
- como nosso homem interior **14/2** 252, 265
- como pai primitivo **14/2** 210[5]
- como o corpo do povo de Israel **14/2** 266
- como o *lapis* **14/2** 210, 234, 248, 253
- como o *macrocosmus* **14/2** 256
- como o *microcosmus* **14/2** 217
- como o *mysterium* dos mundos **14/2** 256
- como o poderoso na guerra **14/2** 235[80]
- como o primeiro adepto **14/2** 235, 236, 237
- como risquinho do "i" grego **14/1** 37[25]
- como o quaternário **14/2** 220
- como o si-mesmo do povo de Israel **14/2** 266
- como prefiguração do Homem-Deus **11/4** 628, 640
- como *prima materia* **14/2** 217, 234, 255
- como profeta **14/2** 235, 237, 249
- como projeção do homem interior **14/2**
- como protótipo de Cristo **14/2** 191
- como rei **14/2** 211
- como rochedo **14/2** 294
- como símbolo
- - bíblico de Mercurius **14/2** 230
- - do espírito **14/2** 246
- - do si-mesmo **14/2** 223, 266
- como substância de transformação ou do arcano **14/2** 209, 210, 211, 215, 217, 217[24], 223, 234
- como virgem masculina **14/2** 191[415]
- com rosto duplo **14/2** 216[14], 253, 254
- corpo de **14/2** 253, 308
- costas de **14/2** 253, 253[155]

- culpa de **5** 368, 398, 412s., 671
- criação de **14/1** 12[62]; **14/2** 216[14], 217, 217[22], 217[25], 219, 220, 231, 235, 253
- de cujo sêmen provieram fantasmas e demônios **14/2** 255
- de natureza
- - contraditória **14/2** 251, 253, 254
- - corpórea e espiritual **14/2** 254
- - divino-humana **14/2** 246
- - tetrádica e ogdaédrica **14/2** 218
- descendentes de **14/2** 253[151]
- dotes extraordinários de **14/2** 248, 250
- dupla natureza (corpo e alma) **14/2** 210, 251
- duplicidade ou oposições em **14/2** 210, 244, 245, 251, 252, 254, 256
- e a serpente **11/4** 619
- e as tábuas de pedra usadas por Deus no Sinai **14/2** 235
- e a sulamita **14/2** 258, 262, 264, 278, 313
- e Cristo **14/2** 191, 230, 245, 258 e Eva **3** 421; **11/1** nota 48 (Cap. II); **11/4** 618, 619, 624; **13** 110[113], 126, 180, 268, 316, 327, 398s., 427, F. V e F 32; **14/1** 60, 101; **14/2** 2, 191, 209, 210, 211, 216, 218[34], 221, 235, 245, 246, 246[140], 258, 274, 276, 283, 312, 318
- e Lilith **11/4** 619
- em quem estavam contidos todos os seus descendentes **14/2** 256[172]
- ensinou a Enoc o mistério da intercalação **14/2** 325, 325[86]
- e segundo **11/1** 94, 161
- estátua gigante de **14/2** 220[37], 256[172]
- expulsão do paraíso **14/2** 235
- e Vênus
- - no banho **14/2** 75, 211, 212, 213
- feito
- - à imagem e semelhança de Deus **14/2** 252[150], 253[151]
- - de barro **14/2** 217, 252, 252[150], 253[151], 255

- - de terra preta, vermelha (*adamah*), branca e verde **14/2** 219, 220, **14/2** 251[149]
- ferido por uma flecha **14/1** 23; **16/2** 519
- figura luminosa de **14/2** 251
- filosófico **14/2** 210[4]
- formando um só corpo com Eva **14/2** 210, 210[5]
- "hermafrodita" **11/4** 618, 625
- identificado com Cristo pelos elquesaítas **14/2** 319[358]
- místico **13** 173; **14/1** 8
- morte de **11/1** 56
- na alquimia **13** 203, 282[231]
- no banho **14/2** 74, 75, 210[8]
- nome derivado de *adamah*, na interpretação agádica **14/2** 251, 298
- o segundo **11/4** 625
- os sete filhos de **14/2** 218[30]
- o "velho" Adão **14/2** 159[380], 164[392], 215, 257, 260, 261, 262, 263, 264, 269, 270, 278, 283, 285, 312, 313, 314
- - correspondente ao homem primitivo **14/2** 270
- - correspondente à "sombra" **14/2** 270
- - equiparado a Adām Kadmōn**14/2** 360
- paralelismo com Cristo **14/2** 220
- pecado de **14/2** 312; **16/2** 468[8]
- pecador **14/1** 20, 20[131]
- perfeito antes do pecado **14/2** 278
- primeiro e segundo **14/3** p. 126-127, 128-129
- produzido pela terra **14/2** 231[63]
- quaternidade de **14/2** 222
- queda no pecado **14/2** 235, 236, 251, 216[14], 245, 264, 276, 346
- que reúne em si as almas de todos os homens **14/2** 266[193]
- regeneração de **13** 182
- relacionado com satã **14/2** 255
- renascimento de **14/2** 149, 211, 215, 235[80], 312
- representado

- - pelo círculo **14/2** 253
- - pelo número três (*ternarius*) **14/2** 219
- saber e sabedoria **14/2** 235, 236, 237, 247, 248
- *secundus* / segundo **9/1** 238[36], 247; **13** 106, 209[226], 282, 400; **14/3** 427, 466, 484, 485-489, 505
- - como o espírito vivificante **14/2** 258
- - - cf. tb. Cristo
- sepultamento de **14/2** 221
- sepultura
- - na caverna do tesouro (no Gólgota) **14/2** 220, 221, 319[358]
- - na dupla gruta de Macpela **14/2** 221
- simbolismo das quatro letras de **14/2** 220
- sua alma foi criada milhares de anos antes do corpo **14/2** 254
- sua região genital como origem da árvore filosófica **16/2** 519

Adaptação **4** 271, 286, 303s., 312, 350, 383, 405s., 428, 440s., 448, 469, 504, 553s., 563, 568s., 623, 634, 662, 701; **5** 11, 20, 32, 200, 258, 351, 450, 465, 506, 519; **6** 22, 245s., 267, 312, 320, 423, 697, 755; **7/1** 82; **7/2** 252, 319, 327, p. 139ss., 151; **15** 123, 128, 131, 158, 166[8]; **17** 13[4], 107a, 172s., 211, 215, 247, 289, 337; **18/2** 1.084-1.106, 1.153, 1.256, 1.285, 1.312, 1.386, 1.404, 1.793, 1.815
- ao mundo ambiente **8/1** 67, 75; **8/2** 161, 323s., 326, 340s., 394s., 697, 762
- ao mundo interior **8/1** 66s., 75
- ao objeto **6** 88, 180, 374, 885
- à realidade **6** 469
- através da função diferenciada **6** 163, 375, 621, 679, 964, 1.015, 1.025
- capacidade de **6** 449, 773
- coletiva **6** 155, 568; **17** 255
- com base na intuição **6** 223, 679
- como conceito finalista **8/1** 42, 59; **8/2** 143

Índices gerais

- como objetivo **6** 855
- deficiente **11/1** 159
- desadaptação **7/2** 326
- dificuldade de **6** 538
- distúrbios da **5** 192, 199, 254
- do instinto **6** 170
- dos sentimentos **6** 655
- e ajustamento **6** 630
- empatia como **6** 863
- exigência de **6** 991
- falta de **17** 172, 258a
- funções de **7/2** p. 167; **8/2** 368
- individual **6** 997
- interna e externa **6** 311, 731, 828
- no matrimônio **17** 331bs.
- passiva **6** 469
- perdida **8/2** 597
- psicológica **2** 1.067, 1.071
- prejudicada **6** 842, 881
- processo(s) de **6** 624, 736, 826
- - momentâneo de **8/2** 132
- - parte inadaptada em **8/2** 513
- rápida **6** 530, 539
- reduzida **8/2** 166
- tentativas de, da série filogenética **6** 578

Adaptação / adequação **10/3** 143s., 359

Adebar, cegonha **13** 417

Adech (termo de Paracelso) **12** 150, 209[84], 533[51]; **13** 168, 201, 202s., 209, 214, 220s., 226; **14/1** 42
- como o "homem grande" **14/2** 212
- como o homem interior e invisível **14/2** 212, 213

Adepto(s) **14/1** 72, 111, 133, 140, 175, 177, 193, 292, 298; **14/2** 19, 106, 122, 155, 157, 158, 159, 160, 265, 292, 301, 320, 322, 329, 330, 342, 347, 350, 353, 354, 356, 357, 360, 362, 364, 366, 391[201], 398, 403, 412, 413, 425; **16/2** 424, 468
- doença mental dos **14/1** 177[327]

- e sua soror mystica **16/2** 421, 433, 436, 538[1]

Adequação **3** 195, 218, 298, 417, 454, 496, 529; **10/2** 483

Adhvaryu **13** 340

À direita e à esquerda **11/2** 132; **11/3** 435, 446

Aditya **13** 339

Adivinho **10/2** 376

Adoção **14/2** 40, 40[96], 43, 46, 95, 96, 170
- rito da adoção **14/2** 43, 96

Adolescência **10/2** 928; **17** 272; **18/1** 572
- "anos difíceis" da **8/2** 756
- homossexualidade na **17** 272
- cf. tb. Puberdade

Adonai **14/2** 274[215], 306

Adoni-bezek / Adoni-zedek **14/2** 2[3]

Adonis (Deus pranteado) **5** 165, 316[13], 321, 330[32], 392, 530[80], 671[78]; **9/2** 186, 310; **11/1** 162; **11/4** 612, 715; **14/1** 27[118]; **14/2** 2[3], 190
- na murta **5** 321
- cf. tb. Atis

Adormecer / sono **15** 165, 181

Adormecidos / os que dormem **14/3** 510, p. 58-59
- no Hades **14/3** 136
- sete **9/1** 240s., 243s., 246[53]

Adotivos
- cf. Pais

Adrop como leão verde **14/2** 64[161]

Adultério **2** 643

Adultos **17** 15, 125, 143s., 173, 191, 211, 228, 240, 279, 284s.
- educação e autoeducação dos **17** 109, 125

Adumbratio **18/1** 537

Adumbratio Kabbalae Christianae **9/1** 596[151]

Adversário **11/1** 133; **11/2** 252
- no Timeu **11/2** 290
- o quarto elemento como **11/2** 139, 280

Adviçúra **5** 306[3], 319, 662

Advogado (m.s.) **8/2** 511s.

Adyton **9/2** 339[134]

Aélia
- na *allegoria alchymica* **14/1** 63, 183-207; **14/2** 291[237]

Aenigma Bononiense **13** 247[19]

Aenigma ex visione Arislei philosophi
- cf. *Artis auriferae*

Aenigma philosophorum **13** 274[177]
- cf. tb. *Artis auriferae*

Aenigma regis **12** 142, 54*

Aen-Soph **9/1** 576[119]

Aéreo
- trígono **8/3** 868[51], 869[53]

Aeroplano
- como símbolo onírico **14/1** 290

Aes hermetis **9/2** 241

Afasia **4** 10; **7/1** 4, p. 135; **18/1** 891

Afecção
- da consciência **1** 296
- histérica **1** 298s.

Afetabilidade **6** 222
- em Schiller **6** 156

Afetação planetária (Kepler) **8/3** 924

Afetividade **6** 230, 245, 449, 609, 750, 952s.; **12** 182; **13** 108, 379; **14/2** 335
- inferioridade afetiva **6** 449, 527, 956

- superficialidade afetiva **6** 530
- supervalorização afetiva **6** 538
- sua importância na espiritualidade **8/3** 846, 848, 856, 970

Afetivo(s) afetiva(s) **8/2**
- acentuação **8/1** 19
- atitude **8/1** 61
- fatores, sua pressão **8/2** 183
- fenômenos concomitantes **8/1** 23
- tonalidade **8/1** 19; **8/2** 280s.

Afeto(s) **3** 20, 56, 61, 73, 81, 195, 210; **4** 28s., 46, 259, 313, 344, 390, 398; **5** 7, 194, 644, 655; **6** 170, 310, 337, 520, 528, 751; **7/1** 108; **7/2** 279, 307, 323s., 375; **8/1** 25, 26, 95; **8/2** 247, 529, 634; **8/3** 841; **9/1** 144, 214, 282[26], 496s., 555, 565, 572, 580; **10/3** 4, 33, 286s., 851, 885; **10/4** 643, 646, 680, 708, 728, 745, 755; ; **11/4** 729; **11/5** 969; **13** 12, 17, 48, 58, 60, 66, 75, 108, 450, 466, 478; **14/1** 34, 219, 226
- ab-reação dos **16/1** 167; **16/2** 266
- bloqueio de **4** 32s., 208, 426, 577
- como aquilo que afeta **12** 277 **14/3** 89, 183; **16/1** 130s.; **16/2** 270, 410
- como causa dos sonhos **11/1** 32
- como fenômeno natural **6** 238
- como processos instintivos **6** 218, 859
- como sintoma de desarmonia **6** 134
- descarga de, **6** 541, 842
- deslocamento **8/2** 167
- diferenciado **6** 147
- disfarce, dissimulação dos **8/2** 485, 510
- distúrbios dos processos **16/1** 176, 183
- domínio dos **6** 230
- embotamento dos **8/1** 50
- em Schiller **6** 148, 156
- e sentimento **6** 750, 889
- especialmente forte **3** (339), 513, (560), (578)

Índices gerais

- estancamento do **3** 433
- estar à mercê dos **16/2** 476
- explosão de fundo afetivo (afeto traumático) no sonho como fera **16/2** 267
- falta de **3** 105, (171), 185, 201, 204, (483), 500, 571, 578[8]
- fixação do **3** 73s.
- identidade com os **6** 450, 955
- irrupção incontrolável do **3** 146
- libertação dos **6** 348
- patológico **3** 579
- personificados **8/2** 510, 627
- repressão dos **6** 637
- sintomático(s) **3** 283
- sob o efeito dos complexos **8/2** 593
- subliminar os **8/2** 362
- surgimento dos **6** 842
- transposição do **4** 32
- traumático **4** 32, 39, 427
- validade dos **6** 953s.
- cf. tb. Emoção; Sentimento

Afeto / afetivo **9/2** 15, 31, 53, 61, 203[37]

Afeto / emoção **14/2** 174, 176[403], 356, 404
- animal afetivo **14/2** 176[403]
- ataque dos afetos como tempestade **14/2** 347
- defesa contra o **14/2** 347
- incorporação dos conteúdos dos próprios afetos **14/2** 176[403]
- objetivação de afetos e instintos **14/2** 335
- como ponto de partida para a imaginação ativa **14/2** 365, 404

Affektstörungen **4** 577, 589

Afflictio animae **14/3** 137, 148

Afinidade **16/2** 353, 391, 452
- alquímica **14/1** 139

Afirmação e negação **8/3** 913

Aflição **14/2** 158, 159, 159[380], 267[200], 271, 272

- como *afflictio animae* **14/2** 158[358], 339, 347, 398
- compensação psíquica da **14/2** 440
- consciente **14/2** 427, 434

"Afluxos libidinosos" (Freud) **5** 190, 192

Afogamento **4** 508, 510; **14/1** 140[160]
- como tema na alquimia **16/2** 453
- do rei **14/2** 63
- interno (hidropisia) **14/2** 13

Afogar **17** 49s.

Afonia **4** 181s.; **9/1** 177, 481; **9/2** 272

África **10/3** 97, 185, 249, 324, 962s.; **10/4** 822; **15** 7, 38, 39, 210; **18/1** 93, 341, 581
- Central **18/1** 29
- como analogia para as funções inferiores **14/1** 269
- como inferno **14/1** 270
- como o inconsciente **14/1** 270
- do Sul **18/1** 81
- Equatorial **8/2** 411
- Oriental **8/2** 329, 441, 802; **18/1** 436, 674; **18/2** 1.288, 1.421, 1.439

Afrodite **5** 319, 324[30], 364[67], 577; **9/1** 575; **9/2** 41, 163, 174, 339; **13** 225s., 265, 273; **14/1** 82; **14/3** 572[23]; **16/2** 451[8]
- celeste e terrestre (em Plotino) **5** 198
- ourania **13** 234
- cf. tb. Vênus

Ágada **14/2** 256[172]

Agadir (Marrocos) **18/2** 1.305

Ágape **9/2** 147; **13** 391
- cf. tb. Amor

Agar **11/4** 713

Ágata
- marcas de (m.s.) **8/3** 935

Agathodaimon / Agathodaemon **9/1**
560; **13** 86, 89[24], 97[59]; **9/2** 291, 293,
366, 385[76]
- como espírito do lado "frio" da
natureza **14/1** 245
- como serpente **14/2** 146[326]
- em forma de serpente **14/1** 5, 6,
245, 255
- cf. tb. Serpente

*Agathos Daimon / Agatodaemon /
Agatodemo* **5** 410, 580, 593, F 110;
11/2 276; **14/3** 582

Agdistis (= Cibele)
- lenda de **14/1** 27

Agente
- e paciente **14/2** 320, 321
- provocador **1** 82, 85

Agir inconsciente **8/2** 295

Agitação **8/2** 815

Agnata fides **13** 207
- cf. tb. Fé

Agni **5** 208, 209, F 33, 212, 214[21],
229, 243, 246, 246[53], 271, 421, 515; **6**
368s., 378s.; **13** 340
- como mediador **5** 239
- sacrifício de **5** 240, 243

Agnoia **9/2** 299

Agnosia **9/2** 119, 299, 303; **14/3** 181
- como a inconsciência primordial na
gnose **14/2** 325, 327
- cf. tb. Inconsciência

Agnosticismo **11/4** 735

Agnosticismo / agnóstico **18/2**
1.499s., 1.514s., 1.531, 1.589, 1.591,
1.660, 1.827, 1.830s.

Agônico
- estado **8/2** 809

Agouro **9/1** 47

Agregação
- estado(s) de **9/2** 393, 394, 405

Agressão **1**
- a médicos e funcionários **1** 328, 387

Agressividade **6** 722, 931

Agricultura **8/1** 85s.

Água(s) **3** (S) 559; **4** 330, 508, 511; **5**
337, 479, 503, 503[36], 542, 553; **7/1**
126, 140, 159; **8/1** 123; **8/2** 123, 336,
388, 396, 559; **9/1** 35s., 45, 50s., 93,
156, 244, 266, 325, 336[12], 344, 352,
403, 405, 556, 566, 579, 588, 601,
605, 691; **9/2** 130, 143, 149[20], 173,
176, 198, 200s., 208, 210, 218, 225,
228, 230, 236, 237, 243, 245, 265,
274, 281, 288s., 292, 293, 294, 307,
311, 336, 343, 345[152], 353, 373, 376,
377[55], 379[68], 380, 393, 414, 420; **10/4**
628, 629, 641, 726, 737, 741, 745,
746, 771, 808; **11/3** 313; **11/5** 928ss.;
12 90s., 286s., 338s., 354, 366, 400,
425, 455, 551; **13** 35, 86s., 89, 95[49],
97, 109, 111, 117, 137[209s.], 139, 142,
173, 178, 181, 186s., 191, 198, 200,
210, 214, 220, 223, 225, 241, 245,
255, 263, 266s., 274, 311, 334, 358,
370, 374, 383, 406, 422, 462, F 5, 6,
8, 10, 32; **14/2** 10, 11, 11[34], 12, 13,
13[30], 14, 15[45], 17, 17[54], 18, 19, 25,
25[66], 36, 64, 82, 94, 131, 131[285],
159[383], 217, 220, 226, 226[54], 235,
274, 289, 290, 292, 293[262], 298[273],
299, 301[296], 306[318], 308, 308[395], 309,
320, 351, 374, 383, 384, 386, 386[161],
386, 393, 403, 421[227]; **14/3** 131[23],
131[23], 172, 176, 231, 240, 261[74, 77],
274, 278, 283, 319-320, 349, 370,
391, 415, 446, 457-458, 460[36], 475,
510-511, 524-525, 541, 549, 569-570,
p. 78-79, 108-109, 120-121, 126-127;
15 38, 39, 210; **18/1** 251, 258s., 271,
364, 615; **18/2** 1.361, 1.521, 1.586,
1.698, 1.781s.

Índices gerais

- abençoada **14/2** 384[170]
- alma na **14/3** p. 88-89, 94-95
- *aqua*
- - *doctrinae* **11/5** 931
- - *permanens* **5** 634[27]
- aspecto maternal da **14/2** 374
- batismal, do batismo **9/2** 281; **11/1** 161; **11/5** 828; **12** 522[21]; **14/1** 250, 253, 310, 315[625]
- - cf. tb. Batismo
- beber sua própria **14/2** 10, 83
- benta **8/2** 336; **9/2** 274, 353; **16/2** 454
- - com acréscimo de sal **14/1** 312
- colorida **11/1** 128
- com efeitos de cura **12** 407, 475[141]
- como águas superiores **14/2** 292, 303[308]
- como *allegoria Christi* **14/2** 308
- como divindade **5** 407
- como elemento de ligação (*vinculum*) **16/2** 454
- como espírito / *pneuma* **11/3** 313, 354; **14/3** 358, p. 92-93
- como *filia matredi* **14/2** 301
- como fonte da sabedoria **14/2** 25
- como *flumina de ventre Christi* **14/2** 25
- como "grandes águas" **14/2** 73[184]
- como *hydor theion* **14/2** 11[33]; **14/2** 11[33], 61[143], 348, 374
- como inconsciente **5** 609
- como "interesse frutificante" **14/1** 186, 204
- como *lapis* **12** 94, 159[32], 336s.
- como mãe **14/1** 15
- como parte da Trindade **11/1** 107
- como substância do arcano por excelência **14/2** 210
- como tipo do inconsciente **14/2** 17, 18, 374
- como *sapientia* **14/3** 320, 339
- como símbolo **11/3** 315; **11/5** 935ss.
- - de Cristo **14/1** 142
- - materno **5** 201, 319, F 57, 320,

329, 335, 368, 373, 407, 609
- concepção **14/2** 374
- curso **14/2** 301[300]
- da doutrina **9/2** 178
- da graça **14/2** 25
- da morte **9/1** 624[187]
- da rocha **14/3** p. 102-103, 104-105-
da sabedoria **14/3** p. 86-87
- da subversão **14/2** 301
- da vida **5** 348, 553; **9/1** 245, 253[59], 533; **9/2** 240; **11/4** 726; **12** 92s., 155, 159, 438; **14/2** 371; **18/2** 1.784
- de fogo **13** 117[148], 310, 408[192], 424
- de morte **5** 542, 548
- descer até à **7/1** 68
- divina / *hydor theion* **11/1** 158, 161[90] (cap. III); **11/3** 358; **13** 97, 102, 109[106], 135, 137, 139, 142; **14/1** 14[83], 74[203], 310, 311; **14/2** 61[443], 226[54]; **16/2** 402
- - produção da **11/3** 344, 355, 412
- do ar **14/2** 323, 323[34]
- do bom Deus **14/2** 301
- do mar ou marinha (pôntica) **12** 336; **14/2** 19, 25; **14/1** 107, 228, 238, 311, 335
- do mercúrio **14/2** 301
- do Nilo **14/2** 12, 374
- do ouro **14/2** 301
- dos filósofos **10/4** 629, 727; **13** 88[23], 113, 139
- dos primórdios **14/1** 177, 246, 335
- e cruz **5** 407
- e espírito **13** 135
- e fogo **11/3** 354, 356; **12** 157s., 72*, 336s., 337s., 377, 160*, 551; **16/2** 459, 478, 509
- empregada já no paganismo **14/1** 311
- esférica **14/2** 301, 301[295]
- espiritual **14/2** 323
- etérea **14/2** 77[214]
- eterna ou perene **14/2** 371
- e vinho **14/2** 346
- - na missa **11/3** 312
- filosófica **12** 336

- forte (*aqua fortis*) **14/3** 320
- germinal **14/3** 460, 475, 569
- gorda **14/1** 39
- *hydor theion* **11/1** 151, 160; **11/3** 355; **12** 455, 528
- mãe **14/2** 100
- mágica **14/2** 374
- maravilhosa (miraculosa) **14/1** 150, 311
- meditação sobre a **11/5** 919ss.
- Mercurius como
- - cf. Mercurius
- metálica **12** 475
- mineral (medicinal) **9/2** 353
- mítica **12** 209
- mobilidade da **14/2** 308[328]
- na alquimia **11/1** 151; **11/2** 276; **14/1** 2, 3, 4, 7, 15, 33, 36, 39, 40, 46, 54, 60, 72, 82, 107, 142, 143, 176, 177, 180, 186, 204, 238, 246, 254, 276, 310, 311, 320, 321, 323, 324, 335, 338
- - como motivo de sonho **16/1** 14s., 17
- na cabala **14/2** 301, 308, 309
- nascimento da **5** 333
- negras **5** 541
- no sacrifício **14/1** 311
- periculosíssima **14/1** 107[12], 140, 143
- pôntica **14/2** 19
- preta
- - como o inconsciente **16/2** 472[15]
- *prima materia* como
- - cf. tb. Matéria-prima
- primordiais **5** 358; **9/2** 230, 376
- profundas **14/2** 131[285], 131[286]
- superiores e inferiores **11/1** 160
- queda, curso de
- - como processo energético **8/1** 72, 85, 90, 93
- que germina **14/3** p. 124-125
- relacionada a sacrifício **14/2** 13
- sagrada **11/5** 912ss.
- seu choco na criação do mundo **14/2** 143

- significação hílica da **11/3** 312
- significado
- - eclesial e alquímico **14/2** 348, 374
- - paradoxal da **14/1** 107
- simbólica da **14/1** 311, 335
- simbolismo da **13** 134-138
- - expresso por oposições **16/2** 496
- tartárica **14/2** 351
- tenebrosa **14/1** 172
- tirá-la **5** 349
- - como arquétipo **5** 349
- viva **9/2** 200, 288, 312, 323, 375; **14/2** 25[66]
- - cf. tb. Zon hydor
- cf. tb. *Aqua*

Aguardente **14/2** 11

Águia **9/1** 588, 686; **9/2** 118, 127, 185; **10/4** 622[12], 727; **12** 334s.; **13** 228, 246, 361, 398, 418, 459, 467s.; **14/2** 64, 75, 76[211], 116, 158, 158[359], 158[362], 237[98], 239, 302, 305; **14/3** 114-115, 162, 351, 434, 457, 468; **18/1** 416; **18/2** 1.523, 1.528[8]
- como cabeça do rei **14/2** 158[362]
- como devoradora das próprias asas ou penas **14/2** 158, 158[362], 302
- como etapa logo acima do leão **14/2** 116[256]
- de Zeus **15** 152
- e serpente como símbolo do ciclo do tempo **14/2** 148[336]
- cf. tb. Animais

Águia / *aquila* **14/1** 2, 23[159], 79, 142, 163, 167, 167[221], 176, 177, 179, 260
- e Sol **14/1** 2, 176

Aham, Ahamkâra **11/5** 955, 958

Ahasverus (Assuero) **5** 281, 282, 293; **10/2** 374
Ahriman **3** 397; **5** 421[2], 425, 528; **11/2** 256, 259; **11/4** 579[3]
- provém da dúvida de Ormazd **14/1** 33[218]

Índices gerais

Ahuramazda / Ahura-Mazda **5** 395, 421, 425, 664; **11/2** 256, 262; **11/4** 579[3]; **13** 119
- montado em Angromainyu **5** 421, 664

Aidoneus **5** 572

Aion **8/2** 394
- como filho dos deuses **14/2** 34
- mitraico **5** 163[73], 423[22], F 84, 425, 426

Aípolos **9/2** 338

Aischrologia **18/1** 264

Aitareya-Upanishad **5** 229

Ajik **8/1** 129[86]

Ajustamento **6** 634, 637, 663; **16/1** 138, 149, 150, 249; **16/2** 279, 288, 462
- como meta **16/1** 75, 109, 152s., 161s.; **16/2** 277
- convencional **16/2** 452
- e neurose **16/1** 5
- perturbado **16/2** 357

Aker (deus egípcio) **14/3** 583

Akori **14/2** 4

Alá **9/1** 243[44], 247, 253s.; **9/2** 98[48]; **10/2** 398; **10/3** 193; **10/4** 622; **13** 428; **14/2** 276; **14/3** 185[56]; **18/1** 551; **18/2** 1.290, 1.529, 1.611

Alabastro **13** 86s.

Alabastron **14/2** 292

Alaúde **15** 212

Albaon
- como mineral **14/2** 298[275]

Albedo **9/1** 246[59]; **9/2** 230, 373; **11/2** 176; **11/3** 371; **13** 89, 263; **14/1** 7, 150, 214, 238, 247, 313, 314, 322; **14/2** 48, 94, 278, 296[266]; **14/3** 140, 143-144, 200-204, 208, 220, 226, 240, 280-282, 328-330, 373, 389, 463-468, 491, 524, 530, 569, p. 60-61, 70-71, 72-73, 92-93, 124-125, 140-141; **18/2** 1.701
- como luna **14/1** 285, 301; **14/2** 94, 292, 296[266], 299
- como meta ou escopo **14/2** 48, 77
- como primeiro estado da perfeição **14/2** 94
- e rubedo **14/1** 7, 12, 135, 149, 212, 301, 364; **14/2** 48, 50[118], 61[143], 77, 94
- sinônimo alquímico de **14/1** 314
- cf. tb. Alvejamento

Alberich **10/2** 389

Alberto Magno **14/3** 595-596

Albigenses **9/2** 235

Albumina **4** 764

Albus / candidus / branco **14/1** 314

Alcheringa **9/1** 84, 224, 226, 260; **13** 130[181]

Alcmena **5** 450[59]

Álcool **1** 6, 26, 33, 197, 203; **9/2** 353; **14/2** 11[32], 343

Alcoólatra **3** 461

Alcoólicos
- excessos **3** 105

Alcoolismo **1** 154, 187, 190, 193s., 204, 210, 212, 224; **2** 116, 132s., 388, 450[68], 474[83], 491, 518, 611, 685, 864, 882, 1.230, 1.271, 1.302, 1.311, 1.315; **6** 633, 639, 759; **18/1** 558, 621s., 918
- envenenamento **3** 141, 328
- cf. tb. Embriaguez

Alcorão **14/1** 73[118]
- cf. *Corão*

Aldeamento
- plano primitivo **16/2** 433s.

130 Obra Completa – Vol. 20

Alecrim
- como contraveneno **14/2** 348
- e a conjunção **14/2** 361
- flores do **14/2** 345, 348, 361, 362, 364

Alef **13** 271

Alegoria(s) **6** 765; **8/1** 71; **8/2** 644; **9/1** 7, 80, 195, 261, 291, 428[55]; **9/2** 127, 162, 285, 293, 319, 336[126]; **13** 88, 121, 158; **14/1** 101, 103, 126, 150; **14/3** 157; **15** 105, 185; **17** 44; **18/1** 255, 433, 853; **18/2** 1.515, 1.718, 1.827
- *alchymica* **14/1** 183-205
- ambiguidade da **14/1** 314, 315
- definição de **9/2** 148[79];
- do cordeirinho **5** 667
- e símbolo **3** 136; **13** 395
- hermenêuticas **11/4** 754
- místicas (Alexandre Magno) **14/1** 63, 235[88], 272[508], 313
- o diabo na **14/1** 142, 143, 232
- patrísticas **12** 20
- pensar em **17** 44
- platônica da caverna **14/2** 423

Alegoria / alegórico **14/2** 13, 38, 70, 106, 275, 293, 305, 337

Alegórica
- eclesiástica **14/1** 104, 105, 149, 169[281], 318, 319, 338, 339, 340
- - e patrística **14/2** 30, 36, 61, 90, 94, 189, 190, 309
- patrística **14/1** 117, 142, 150, 249

Alegorismo cristão **11/5** 935

Alegria
- da existência **14/2** 358, 364

Além **1**; **2** 656, 752; **9/1** 188, 276, 372; **10/4** 623, 699, 720, 819; **13** 323, 455; **18/1** 565, 753; **18/2** 1.503
- trato com o, no sonambulismo **1** 59, 63, 65, 77, 133

- túmulo **9/2** 168, 178
- cf. tb. Deste lado e do outro

Alemã
- filosofia **8/2** 358s.

Alemães **10/1** 523

Alemanha **8/2** 359, 430; **9/1** 93, 227; **17** 284[2]; **18/1** 369, 372s., 581, 639
- e Suíça **3** (D) 201, 366, 500
- norte da **18/2** 1.329
- sul da **18/1** 264, 609

Alemanha / alemão **10/2** 371-443, 448-487, 907; **10/3** 64, 973; **10/4** 599, 775; **11/6** 1.026s., 1.064, 1.066; **18/2** 1.311, 1.322s., 1.333s., 1.364, 1.368, 1.371, 1.375, 1.382, 1.385, 1.389, 1.464, 1.472, 1.609
- escolas gnósticas na **10/3** 169
- *Gleichschaltung* na **11/6** 1.018s.
- pacientes na **10/2** 447, 458, 472
- psicologia na **10/3** 2
- reviravolta (revolução) política na **11/6** 1.016s., 1.034, 1.035, 1.060s.

Alemão clássico **2** 10, 446, 624
- cf. tb. Dialeto

Alento **14/3** 327, p. 98-99

Aletheia **14/3** 107, 251, 484[69]

Alexandre **14/2** 148[338]
- romance de **13** 403[165], 459

Alexandre Magno **5** 283, F 42, 288, 290[50]

Alexandria **11/2** 178; **11/5** 835, 953

Alexandria / alexandrino **9/2** 145, 193
- córion de **9/2** 164
- hino de **9/2** 175[37]

Alexandrino **14/2** 10, 18, 19, 20, 322

Alexipharmakon / contraveneno **9/2** 214, 334[17]; **13** 133, 137, 170, 283, 353[37], 390; **14/2** 138, 249, 345[82], 348,

Índices gerais

361, 425
- cf. tb. Remédios

Alfa e ômega **13** 271, 363[71]; **14/2** 82, 148[336]

Alfabeto **18/1** 703, 730

Alface **14/3** p. 60-61

Algir **14/2** 257

Algonquins **8/1** 116

Aliança **14/3** p. 68-69
- da paz **14/2** 300[282]

Alienação **3** 560, 579; **8/2** 590, 764s.
- dos instintos **8/2** 808, 815

Alienista **18/1** 832, 900, 906; **18/2** 1.265, 1.448, 1.633, 1.647

Alimentação **5** 226, 519; **14/2** 61, 82
- para atrair espíritos **8/2** 575[2]
- recusa de **1** 229, 324, 328, 367, 387

Alimento(s) **14/3** 65-68, p. 82-83, 134-135, 136-137
- como deuses **8/2** 333
- espiritual **11/5** 977ss.; **13** 403
- eterno **14/3** 10, p. 50-51
- imortal **14/2** 60
- milagroso **12** 449, 450[11]
- multiplicado milagrosamente **9/2** 237

Alípio **5** 102, 113, 119

Aljirangamijina
- cf. Alcheringa

Al-Kadir
- cf. Chidr

Alkien **15** 39[57]

Allegoria Christi (alegoria de Cristo) **14/2** 36, 87, 120, 131, 139, 148, 149, 150[347], 153[259], 385, 385[173], 386

Allegoriae
- *sapientum* **13** 419, 421, 426
- - cf. tb. Manget

- *super librum turbae* **13** 101, 112[123], 139[216], 244[12], 272, 273[168], 401[149], 406[176], 414, 441[292]
- - cf. tb *Artis auriferae*

All-or-none-reaction / instinto **8/2** 264, 266, 272, 278, 376, 384

Alma(s) **4** 200, 748, 763, 781s.; **6** 283s., 422, 471, 752s., 1.031, 1.036; **7/1** 151; 7/2 240, 293, 400, p. 117s., p. 130, p. 144; **8/2** 441; **9/2** 11, 20[1], 24, 67, 70, 71s., 78, 82s., 85, 113s., 118, 120[93], 170, 187, 211, 212, 219, 234, 241, 249, 281, 283, 292, 307[33], 313, 320s., 325, 327, 342, 344[147], 346, 347, 349, 367[25], 370, 377, 416; **10/1** 536; **10/2** 408, 434, 926; **11/1** 13, 72, 133, 136, 144, 160; **11/4** 557; **12** 2s., 7, 9s., 19*, 109, 126s., 165, 243, 332, 372, 396s., 516s., 556; **13** 7s., 18, 27, 36, 48, 58, 71, 82, 93, 103, 110, 114, 117[151], 126, 133, 137[209], 144, 150, 157, 163, 171[82], 175, 180, 182[136], 193, 195, 198s., 200s., 210, 216, 222, 226, 244, 250, 262s., 266, 278[218], 283[238], 286, 289, 291, 301, 316, 390s., 401, 412[215], 431, 433, 437s., 482; **14/2** 7, 25[69], 50[117], 59, 59[136], 64, 71, 74, 75, 105, 105[248], 107, 137[296], 140, 150, 152, 158, 159, 164[383], 170, 174, 175, 176, 178[406], 192, 201[438], 219, 224, 226[54], 231, 232, 232[67], 232[69], 234, 238[108], 242, 244, 253[165], 266, 274, 296[265], 323, 335, 337, 338, 359, 364, 369, 379, 387, 388[188], 396, 398, 416, 428; **15** 2, 17, 56, 60, 61, 127, cap. VII
- prefácio, 133, 135, 153, 154, 157, 193, 210, 214; **16/1** 71, 111, 206, 212; **17** 25, 81, 85, 93s., 101s., 125, 127s., 156, 159, 302, 313
- abalo da **14/1** 201
- acesso à **16/1** 117
- "acrescida" (Isidoro) como presente na natureza toda **14/2** 29, 70, 84
- - como projeção do inconsciente

14/2 29
- afeição da a. para o corpo **14/2** 429
- alento **13** 262
- alteração da **14/2** 158
- ameaçada pela ciência **14/2**
- anatomia da **14/2** 338
- anatômica **14/2** 416
- animal **7/1** 35, 40, 172; **14/2** 269
- - do animal **14/1** 272
- - do homem **14/1** 272, 275, 281
- *animula vagula* individual **14/1** 90
- antiga viagem ao céu **14/1** 293
- antropoide **5** 506
- a sabedoria como a força da **14/1** 90
- apreendida somente pela imaginação e pelo intelecto **14/1** 91
- aprisionada na *physis* (natureza) **14/2** 338, 339, 356, 379
- arcaica **12** 12
- aspectos principais da **14/1** 259
- atitude
- - espiritual em relação ao *opus* **12** 357s., 366, 381s.
- - interna como **6** 758
- ativação da **6** 308
- autonomia da **6** 463, 758; **7/2** 303, 400; **11/1** 144; **11/4**[555]; **14/2** 246
- Ba **10/3** 84
- bipartição da **6** 417
- capacidade criativa da **12** 249
- caráter
- andrógino da (Vitus) **14/1** 89
- complementar da **6** 759
- metafísico da **6** 265
- carga dada pelos astros **14/1** 303
- cativa na matéria **12** 420
- centelhas da **8/2** 388, 430
- chama como imagem da **5** 149[46]
- cisão ou divisão da **14/1** 251, 326; **14/2** 429
- coexistente com o corpo **14/2** 432
- coletiva **7/2** p. 162; **13** 287[242]; **17** 93s.
- como abstração filosófica **14/2** 430
- como a criadora das coisas **14/1** 90
- como *alma mater* **14/2 14/2** 83

- como a parte superior das pedras (Avicena) **14/1** 152[208]
- como círculo ou esfera, **11/1** nota 15 (cap. III)
- como conceito intelectual **14/2** 403
- como cópia, reflexo **8/2** 657, 675, 737
- como corpo
- - aéreo e volátil **14/2** 403
- - sutil **12** 394
- como dado imediato da experiência **8/2** 283, 343, 421
- como energia **7/1** 108
- como epifenômeno
- - da química cerebral **14/2** 430
- - do cérebro **14/2** 430
- como fogo **12** 370[58]
- como fonte
- - de todos os dados psíquicos **11/5** 857
- - do mal **14/2** 170
- como forma **14/3** 7, 69-70
- como função
- - de relação **6** 267s.; **16/2** 475, 503s.
- - perceptiva **6** 468
- como imagem de Deus (em Eckhart) **6** 462, 466
- como *lapis* preciosíssimo **14/1** 40
- como *nephesch* (hebraico) **14/2** 258, 258[185], 258[189]
- como o mais conhecido **6** 983
- como órgão do espírito **14/2** 335
- como o simples **12** 372[61], 376, 427, 517[5]
- como o um do dois **16/2** 504
- como personificação do inconsciente **6** 286, 425, 464, 466
- como prisioneira do corpo **14/1** 315
- como produtora da "forma" e das coisas (Vitus) **14/1** 90
- como quadrado **11/1** 124[6] (cap. II), **11/2** 246; **12** 439[47]
- como "salvadora" **14/1** 40[37]
- como ser transespacial **8/2** 662, 762

Índices gerais

- como sopro de fogo entre os gregos **5** 149[46]
- como triângulo **11/2** 246
- como uma torrente arrebatadora para o futuro **14/1** 121
- como um todo **16/1** 212
- como vapor **14/3** 330
- como vaso **6** 466
- como velha nos sonhos **14/1** 89
- como vinculum **14/3** 383
- complexo das **8/2** 587, 591
- com tendência para o corpóreo, sensível e emocional **14/2** 338
- com traços individuais **14/2** 430
- conceito
- - na psicologia analítica **6** 464
- concepção materialista da **6** 1.031
- concupiscível dos platônicos **14/2** 258[185]
- conhecimento completo da **14/2** 322
- conjunção
- - com o corpo **14/2** 141, 201, 343[77], 350, 356, 396
- - com o espírito **14/2** 353
- conscientização da **14/2** 430
- corpo e espírito
- - o homem como formado de **14/2** 7, 201, 201[438], 217, 224, 300, 328, 329, 335, 338, 346, 351, 353, 390, 392, 398, 428, 430
- - relação causal entre **14/2** 422
- cortical **8/2** 368
- crença nas **8/2** 577, 579, 586, 691
- criação da **13** 113
- criadora **14/3** 87
- - de símbolos **6** 478
- criativa **6** 284
- cuspe e sopro como substância **8/2** 411
- da floresta **10/3** 132s.
- da matéria na alquimia **14/1** 132, 142
- da natureza ou logos criador do mundo **14/1** 114, 121, 138[10], 229[38]
- - cf. *Anima mundi*

- da pedra **14/3** 413
- da vida **13** 264
- definições **14/3** 330
- de metal **14/3** 181, 296
- demoníaca **6** 270
- - de Prometeu **6** 300, 316
- depreciação da **14/2** 174, 175, 447
- - divina acorrentada aos quatro elementos **14/2** 5, 6, 145
- desenvolvimento da **17** 343
- desprezo pela, **16/1** 169
- desvalorização da **12** 11, 126
- divina **14/2** 5, 7, 29
- - ou pneuma, libertação da (*extractio animae*) **14/2** 6, 11, 77, 356, 358, 359, 360, 379, 387, 388, 403
- descida para a Terra **14/1** 293, 303
- desconhecimento da **16/1** 171
- desvalorização ou subestimação da **14/1** 187
- determinações coletivas da **6** 434
- direito de existência da alma humana **5** 113
- do mundo **5** 426; **8/2** 393; **11/1** 160; **11/2** 187; **11/3** 420; **13** 102, 157, 166, 263, 337[16], 448; **14/3** 69, 89-90, 187, 223, 251, 256, 257-258, 261, 276, 283, 305, 316, 319-320, 484, 510-511, 518, 558, 569, 573, 588, p. 50-51, 66-67, 76-77, 84-85, 96-97, 98-99, 105-106, 110-111[55], 120-121[6]
- - como energia do intelecto (em Plotino) **5** 198
- - divisibilidade da (em Plotino) **5** 198
- - em Platão **5** 227[36], 404, 649
- - Hécate como **5** 577
- - cf. Anima mundi
- dos bosques **11/2** 198
- dos mortos, falecidos **8/2** 570, 665; **10/3** 14, 143
- dos povos **10/2** 907
- do universo **14/1** 260
- dotado de **13** 181, 316, 381
- drama da **14/2** 407
- e a livre escolha **14/2** 335

- e consciência **6** 759
- e coração **14/1** 323
- e corpo **6** 979s., 1.032, 1.037; **7/1** 35, 194; **8/2** 502, 601-622, 653s., 662, 671; **12** 327, 366[51], 394s., 410, 417, 159*, 512, 562s.; **13** 202s., 283[238], 287, 357[52], 392;
- - o homem como formado de **14/2** 11, 140, 141, 175, 201, 219, 224, 234, 254, 343[77], 356, 398
- e Deus
- - cf. Deus
- e espírito **6** 1.034
- e experiência do mundo **8/2** 283
- e função inferior **6** 306
- e imago da mãe **5** 406
- elevação da (em Eckhart) **6** 455s.
- endogamia da **15** 5
- e inconsciente **8/2** 298
- essência da **16/1** 22
- e morte **8/2** 796-815
- empírica **14/2** 430
- enferma **11/2** 185
- entre os primitivos **11/2** 198
- e o consciente **16/1** 111
- perda da **17** 204
- e *persona* **6** 267, 757s.
- e psique **6** 752
- escuridão da a. humana **14/2** 446
- e si-mesmo **7/2** 303
- e espírito **14/2** 201, 328, 329, 335, 337, 338, 390, 395, 412
- - como opostos **14/1** 3, 34, 40, 45
- - libertação **14/2** 430
- espiritualizada (Synesius) **7/1** 113
- espontaneidade da **6** 463
- estrutura da **8/2** 252, 283-342; **14/1** 272; **17** 101
- etimologia **8/2** 663
- experiência da **15** 13
- *extractio* a partir da *prima materia* **14/2** 78
- faculdades da **4** 253s., 258, (601)
- "faiscazinha da alma" (Eckhart) **14/1** 41, 263

- fatores da a. refletidos na matéria **14/1** 123
- feminino-maternal do homem **14/1** 34, 89, 275
- figurativa dos filósofos **14/2** 258[185]
- "força da" **6** 406
- forma esférica da **12** 109
- força impressa na matéria **14/1** 90
- função religiosa da **12** 13
- fundo / raiz da **9/2** 209, 373
- gases e vapores chamados **14/1** 152[208]
- gravidez da **6** 760; **14/2** 83
- histórica **14/2** 139[304]
- humana nas dificuldades da vida **14/1** 121
- humanização da **14/2** 432
- identificação com **6** 843
- imagem da **6** 303, 433, 436, 842s.
- - vivificação da **6** 431
- imortal **14/2** 338; **16/1** 223
- inconsciência da **6** 843
- inespacialidade da **6** 985
- instintiva simbolizada por répteis **14/2** 213
- e inconsciente **6** 270, 466, 761
- - e Trindade **11/2** 242
- individual **14/1** 121
- infantil **17**
- - análise da **17** 80-97
- influência sobre a matéria **14/3** 74[57], 92-93
- infusão no corpo **14/2** 127[276]
- Ka **10/3** 84
- libertação / *extractio* da **12** 139*, 456, 457, 462, 469[110]; **14/1** 42, 291, 295
- liberta do cerco do espírito **14/2** 430
- localização no cérebro da **4** 318
- maneira de conceber a **16/1** 173
- manifestações da **15** 172
- masculina da mulher **14/1** 89
- massificação da **8/2** 427
- medular **8/2** 368
- mistério da **8/2** 527, 530; **14/1** 121,

189, 191, 194; **14/2** 153
- mistura da **11/2** 232
- morta **14/2** 398[213]
- mortal **14/2** 152
- mudanças na **8/2** 773, 778
- múltipla **14/3** 420
- na matéria **11/3** 420, 448; **14/3** 2, 54, 104[142], 104, 108, 270, 324, 382, 493, 540
- nascente da **14/1** 193
- natureza da **8/2** 483, 607, 680
- negra **14/2** 312, 388[188]
- no estado de "perdição na matéria **14/2** 338
- no "fora do eu" **14/2** 70
- no sangue **14/3** p. 86-87
- obscura **15** 210
- o fundo da **14/2** 25
- oposição da **6** 1.033
- o problema das duas almas (Goethe) **3** 105
- opus e **12** 40s., 219, 342, 362, 374s., 399, 448s.
- oriental **11/5** 835ss., 908, 950
- o "ventre" da **14/2** 25
- pacto Deus ou com o diabo **14/2** 350, 362
- paradoxalidade dos processos psicoides **14/1** 272
- parcial(is) **7/1** 104, 141; **7/2** 274
- parte da **13** 465
- - histórica da **16/1** 111
- - separada da 115
- pássaro **8/2** 586, 845
- paz da **8/2** 693
- perda da **6** 433; **7/2** p. 143; **8/2** 586s., 594, 607; **14/1** 140[115]
- perfeição e beleza interna da **14/2** 59
- perigos da **11/1** 23, 29
- pluralidade no indivíduo **14/2** 167[395]
- pó **13** 57
- poder da **14/1** 90
- polo espiritual e fisiológico da **16/1** 185

- preocupar-se com **16/1** 169
- presa mais ao corpo do que ao espírito **14/2** 398
- princípios sem **17** 233
- problema da reunião com o corpo **14/2** 398
- produtos da a. **14/2** 83
- projeção da **6** 267, 761
- - na matéria **12** 345, 375, 380, 406s.
- - no mundo material **14/1** 91, 123, 142, 145
- qualidade feminina da **7/2** 297s., 303, 314
- quaternidade da **11/2** 186[30]
- que tinge **14/3** 367
- racional **14/2** 185, 292, 338
- realidade da **6** 1.053; **12** 93, 120, 411s., 564; **14/2** 296, 338, 407
- - anímica **16/1** 111
- - da psique consciente da **14/1** 267
- realização da **14/2** 432
- reanimação da **14/1** 286
- recanto da **14/2** 365
- relação
- - com a Lua **14/1** 150, 162
- - com o inconsciente **6** 265, 463, 466, 474
- ressuscita o corpo **14/1** 77[201]
- revivifica o corpo morto **14/2** 61[144]
- sal como símbolo da **14/1** 315
- sede da **15** 25
- segundo S.W.
- - boas e más **1** 69
- - dos habitantes das estrelas **1** 59
- - viagem das **1** 42
- semelhante a Deus **14/1** 303
- serviço à **6** 276, 285, 425, 430, 434, 479
- Shen **10/3** 49
- simbolizada pela rainha **14/2** 201
- símbolo da **9/2** 187
- simplicidade da **14/2** 292
- situada
- - entre o bem e o mal (Dorneus)

14/1 4; **14/2** 335, 338

- - no ponto central do coração **14/1** 40
- sofrimento da (Sinésio) **6** 166
- subestima da **11/1** 28; **11/4** 750
- subida e descida da **14/1** 288
- substância luminosa da **5** 171[91], 171[92]
- "superior e inferior" (em Plotino) **5** 198
- supraindividual **8/2** 316
- totalidade da **11/2** 290
- transformação da **11/3** 413; **11/4** 413; **14/1** 315; **15** 28
- transmigração celeste das **5** 141[46]
- três formas de união **14/1** 159[226]
- tríade constitutiva da **11/2** 192
- união com Deus **11/1** 124
- união dos opostos na **14/1** 103
- universal **8/2** 388; **14/2** 256[172], 267
- unicidade da (Plotinus) **14/2** 253[155], 416
- valor da **14/2** 175
- várias em um só indivíduo **8/2** 218, 365, 577, 587, 591
- - cf. tb. Psique
- vegetativa **14/3** 320
- - dos filósofos **14/2** 258, 258[185]
- vida própria da **16/1** 225
- vivificação **14/1** 184
- - pelo espírito **14/2** 335, 338
- vivificante do corpo **14/2** 335, 338, 398
- cf. tb. *Anima*, Consciência; Psique; Psíquico

Alma / anima **14/1** 3, 4, 12, 21, 31, 32, 33, 40, 40, 41, 48, 50, 60, 61, 62, 89, 90, 103, 121, 140, 142, 144, 151, 152, 153, 154[213], 162, 179, 184, 187, 188, 190, 191, 194, 206, 255, 256, 272, 285, 303, 315

Alma / anímico **9/1** 7s., 17, 20, 31, 54s., 60, 74, 85, 107, 113s., 136, 160, 213, 217, 229s., 238[36], 249, 254, 259s., 271, 302, 313, 343, 385s., 393,

397, 400, 432s., 442, 479, 532, 533[7], 534, 536, 550[64], 560, 592, 604, 619, 624, 634, 675, 704, 712; **10/4** 617, 619, 621, 630, 633, 635, 640, 651, 655, 673, 698, 702, 754, 769, 776, 779, 807; **16/2** 330, 469, 478, 487, 539
- alento **16/2** 454
- antítese sexual da **16/2** 52
- ascensão **16/2** 475s., 526[7]
- autorregulação da **16/2** 330s.
- centelha da **10/4** 766
- coletiva **9/1** 262, 273, 277, 675
- como aquilo que unifica **16/2** 494, 504
- como círculo, como esfera **16/2** 406
- como fator etiológico da patologia **16/2** 464
- como homunculus **16/2** 481
- como "matéria" do alquimista **16/2** 440
- conexão anímica do mundo **16/2** 539
- "criança da" **16/2** 465
- e corpo **9/1** 706
- - cf. Corpo
- e descida da **16/2** 493, 497
- *extractio animae* (Cardanus) **16/2** 486
- faíscas da **9/1** 717
- fatos anímicos **16/2** 465
- gui **9/1** 119, 392
- imortal **16/2** 531[16]
- mundial **10/4** 621, 635
- não levar a sério a **16/2** 464
- natureza da **16/2** 386
- perda da **10/4** 721; **16/2** 372, 477
- *peril of the soul* **16/2** 412
- realidade anímica **16/2** 489
- retorno da **16/2** 494, 503
- supratemporalidade da **11/5** 837, 845
- cf. tb. Psique, Psíquico

Almíscar **14/2** 131

Índices gerais

Alpes **15** 2, 3
- habitante dos **10/2** 913

Alqueire **14/3** p. 82-83

Alquimia **8/1** 90; **8/2** 388s., 392s., 416, 558; **8/3** 869, 906, 919, 952; **10/4** 619s., 629s., 727s., 732, 738, 745, 767, 768, 772, 790, 801s., 811s.; **11/1** 160, 161; **11/2** 184, 245[4]; **11/3** 351, 359, 363, 399; **11/4** 672, 714[24], 738, 755; **11/5** 793, 828[34]; **12** 27, 31,40s., 43, 85, 401s., 422s., 448, 502, 554, 556s.; **14/1** 6[28], 11, 13, 19, 21, 23, 24, 27, 31-34, 42, 44, 50, 51, 60, 61, 62, 65, 71, 71[8], 72, 77, 78, 85, 87, 101, 103, 106, 110[19], 113, 120, 121, 136, 145, 154, 158, 179, 186, 193, 207, 216, 229, 233, 234, 246, 255, 276, 277, 283, 291, 301, 311, 312, 336, 338; **14/2** 5, 14, 30, 36, 37, 38, 41, 56, 61, 66, 74, 78, 85, 90, 95, 97, 106, 121, 123, 130, 135, 136, 148,148[334], 150, 172, 176, 176[403], 194, 209, 225, 234, 253, 274, 275, 277, 280, 281, 290, 292, 292[241], 292[257], 293, 296, 296[265], 303, 306, 307, 309, 310, 318, 327, 328, 329, 331, 334, 339, 345[84], 364, 366, 371[132], 373, 375, 383, 404, 414, 430, 431, 445, 446, 447; **14/3** 27, 54[10], 55, 90, 104, 106, 108, 111, 125-129, 160, 223, 311, 314, 338, 355, 507, 510, 596, 605, 613; **16/1** 231; **16/2** prólogo 375, 405, 448, 452s., 480; **18/1** 17, 81, 264, 380, 479, 533, 616s., 638, 674
- aceitação da cabala **14/1** 18, 19
- a homoousia na **14/2** 62
- a ideia do ánthropos na **14/2** 72, 256
- alexandrina **14/2** 180, 322
- ambiguidade da **14/1** 315
- analogias alquímicas **14/1** 141
- antecipação da **11/4** 733
- antiga **14/2** 403
- *aqua permanens* da **5** 634[27]

- árabe / arábica **14/1** 153; **16/2** 455[25], 525
- aspecto filosófico da **11/3** 448
- as projeções da a. e as concepções dogmáticas **14/2** 157
- a substância do arcano como projeção na **14/1** 127
- a Trindade na **14/1** 229
- a união dos opostos como meta da **14/1** 77
- caráter
- - paradoxal da **14/1** 35-40, 87, 88, 107, 250, 267
- - simbólico da **14/2** 320, 354, 404
- chinesa **11/1** 161; **12** 511; **14/1** 149[84], 245, 311; **14/2** 63, 155, 292, 370[127], 373; **16/2** 408[19], 417
- - e ocidental **14/1** 243[410], 245
- clássica **12** 332
- como alegorias **14/2** 299, 337
- como empreendimento individual **14/2** 445
- como *mater alchymia* **14/2** 13, 18[59]
- concepções
- - alquímicas **14/2** 5, 97[239], 151[348], 157[348], 309, 314, 354
- - da meta **12** 335
- conhecimentos objetivos da alquimia antiga **14/1** 142, 314, 329, 330
- *coniunctio* na **5** 330
- - como a meta da **14/2** 427
- coroa na **5** 268[17]
- *corpus imperfectum* na **11/3** 310
- cristã **12** 457
- cristianismo e **11/3** 374, 448; **12** 26, 40s., 451s., 453,457, 478, 509, 512s., 554, 557
- defesa da (M. Majer) / *locus severus* **14/1** 308
- dinâmica afetiva da **14/2** 107
- *divisio* na **11/3** 411
- domínio da **14/1** 66, 87
- drama alquímico **14/1** 121
- dualismo na **14/1** 31
- duplo aspecto da **12** 404

- e a atuação do Espírito Santo **14/2** 196
- e a cabala **14/2** 257, 318
- e a mitologia antiga **14/2** 61, 151, 151[348], 337, 391, 392
- e arquétipo **14/2** 139[304]
- e a simbologia da Igreja **16/2** 471, 480, 496, 525, 533
- e assimilação do cristianismo **14/2** 139[304]
- e astrologia **14/1** 212, 302; **14/2** 158[360]
- e cabala **14/1** 19
- e contaminação de conteúdos **14/2** 61
- e cristianismo **14/1** 11, 22, 103, 117, 120, 121, 141, 142, 165, 171, 247, 249, 318, 338, 339; **14/2** 5, 25, 77, 83, 139[304], 148, 151, 152, 171, 172, 255, 257, 296, 299, 309, 315, 329, 334, 348, 364, 432
- e desconhecimento da natureza das substâncias químicas **14/2** 320
- e gnosticismo **14/2** 6, 293
- - afinidades entre **14/1** 320, 322
- e heresia **14/2** 172, 428
- e ioga **16/1** 219
- e judaísmo **14/2** 257
- elemento feminino na **16/2** 505, 518
- e maniqueísmo **14/1** 31-34
- e música **14/1** 84[222]
- e o inconsciente **14/2** 78
- e o motivo da cabeça dourada **14/2** 291, 291[235], 291[240], 292, 292[243], 305, 387
- e operação alquímica **14/2** 353, 404
- e os símbolos religiosos **14/2** 121[262]
- e psicologia **14/2** 322, 340, 341, 342, 347, 354, 367, 396, 404, 405, 427, 431, 432, 434
- e química **11/3** 448; **12** 532, 341s., 380, 395, 502, 513s., 516; **14/2** 107, 151, 320, 330, 337, 347, 352, 411; **16/2** 353, 397, 404, 486
- e religião do Espírito Santo **14/1** 22, 280[525]

- escopo físico e simbólico: produção do lápis ou de seus equivalentes **14/2** 434
- escopos
- - físicos da **14/1** 101
- - pneumáticos da **14/1** 101
- - principal: a *coniunctio* **14/2** 414, 427, 445
- especulação alquímica **14/2** 280
- essência da **14/3** 28
- - como rapto dos anjos **14/3** 134[2]
- estátua na **14/2** 224, 232, 234
- esquema alquímico **14/2** 278, 281, 285, 286
- e teologia **14/2** 333
- e visão gnóstica de Deus na a. **14/2** 29
- extinta há 200 anos **14/2** 334
- filosófica **14/2** 29, 72, 139[304]
- florescimento e decadência **14/2** 173
- francesa **14/2** 273, 391
- grega **11/1** 160, 161; **11/2** 263; **11/3** 353; **14/2** 112, 292, 322, 372, 375, 386, 392, 427; **16/2** 404, 492, 525
- histórica **14/2** 57
- ideias fundamentais da **14/2** 274
- identificação da sabedoria com o Espírito Santo **14/2** 90
- imagem da totalidade na **14/1** 22
- implicação psicológica na (Dorneus) **14/2** 334
- importância do conceito do si-mesmo na **14/2** 373
- interpretação
- - psicológica do mistério da **14/1** 207, 329
- - racional da **16/2** 524
- *lapis philosophorum* **5** 646[37]
- latina **11/1** 161; **14/1** 234; **14/2** 75, 112, 427
- lendas alquímicas **14/2** 78[222]
- linguagem da **14/2** 6, 29, 106, 185, 308, 307, 377, 391, 394
- - ambígua da **14/1** 2, 192
- literatura **14/2** 229[59], 320, 377, 427

Índices gerais 139

- mais antiga **14/2** 337
- mais tardia **14/2** 257, 322
- maniqueísmo e **12** 469[111]
- *Mater Alchemia* **14/1** 14, 15, 77, 121
- manuscritos alquímicos **14/2** 377
- metas da **14/1** 6, 12, 27, 77, 101
- medieval **14/2** 83, 105; **16/2** 417, 479
- meditações na **11/3** 344
- menosprezo convencional da **14/2** 447
- meta da **16/2** 533
- mistério da **14/2** 305
- ocidental **14/1** 169, 311
- o *filius* da alquimia ocidental **14/2** 155
- o mistério da **14/1** 64, 189, 206, 207
- orientação gnóstico-filosófica **14/2** 6
- origem pagão-gnóstica **14/2** 5, 6, 257
- o ouro como símbolo da alquimia **14/2** 6
- o par irmão-irmã na **5** 676
- o pensar alquímico **14/2** 256
- o ponto
- - de vista empírico da **14/1** 331
- - do "i" na **14/1** 37
- o problema moral da **14/1** 34
- os três domínios de fontes da **14/2** 257
- o três e o quatro na **16/2** 404
- parábolas da **11/3** 344
- paralelo entre a transformação alquímica e a psíquica **14/2** 188
- Paracelso **8/3** 922
- paradoxos da **16/2** 384, 398, 497, 527
- peculiaridade de suas declarações **14/2** 152
- pensamento
- - circular **14/1** 120[53]
- - por antinomias **14/1** 115, 121
- *peregrinatio* na **5** 141[29]
- *praxis* alquímica **14/2** 6
- pressentimento alquímico **14/1** 142

- *prima materia* da **5** 276, 547[95]
- problemática da **14/2** 196
- processo de assimilação na **14/2** 121
- psicologia e **12** 172
- saber secreto da **14/2** 370
- significado
- - da mulher na **14/1** 215
- - psicológico da **12** 26, 448
- sentimento da natureza na **5** 113[71]
- simbólica **14/1** 120[53], 165, 249; **14/2** 158[360], 187, 194, 299, 402
- simbolismo da **16/2** 472, 497, 498, 518
- **simbolização da l. 14/3** 336, 349, 588
- símbolos, simbologia da **11/1** 98s.; **11/2** 276; **11/3** 360, 375
- símbolos teriomorfos na **5** F 15, F 70 (676)
- sinônimos da **16/2** 459
- subida e descida na **14/1** 281-290
- - cf. tb. Simbolismo
- tema do rei enfermo **5** 450[56]
- textos **14/2** 140, 263
- *theoria* e *practica* da **16/2** 471, 488
- tradição **14/2** 328, 354
- transformação
- - como paralelo à Paixão de Cristo **14/2** 150, 151, 157
- - em psicologia **14/2** 432
- vaso alquímico **5** 245

Alquimia / alquímico / alquimista **9/1** 5[7], 20, 68, 72[43], 74, 81, 85s., 198, 236s., 240s., 246, 268, 289, 386s., 391[4], 396, 408, 426, 433[65], 437, 448, 453, 456, 516, 523, 529, 533, 537, 542s., 549s., 557[82], 560, 564, 566, 570, 572, 575, 579s., 601, 608[179], 616, 637, 648[5], 653, 660, 682s., 692, 705, 708, 714s.; **9/2** 72, 122s., 141, 143, 144, 185, 185[11], 191, 192[36], 193-286, 289, 292, 297, 304, 307, 307[33], 315[60], 322, 323, 325s., 329, 333[109], 334, 338, 344[147], 345, 358,

367-398, 401s., 404, 410, 415, 418s., 425-428; **13** 29, 86[15], 89s., 95, 98s., 103[86], 104s., 110, 114s., 122s., 126s., 134s., 139s., 143, 145, 151, 154s., 157-158, 160s., 165s., 168[67], 169, 171, 173, 175, 181, 182[139], 185, 187[160], 193[184], 209s., 222, 234s., 237, 239[1], 241, 245, 250s., 260, 268[120], 269, 273, 278, 278[216], 285s., 288, 296, 305s., 316, 329, 336, 343s., 353, 355s., 360, 369-373, 377, 380, 386, 393, 408, 414, 420s., 426, 432s., 442, 446s., 459s., 481; **15** 19, 20, 25, 26, 27, 37, 39, 40; **18/2** 1.117, 1.131s., 1.140, 1.235, 1.360, 1.414, 1.475, 1.480, 1.528, 1.530, 1590, 1.602, 1.617, 1.631, 1.691-1.704, 1.749, 1.755, 1.780-1.789
- antiga **13** 138
- arábica **13** 278
- chinesa **13** 161[45], 252s., 346, 432s.
- e mitologia **13** 393
- e natureza **13** 198
- elementos gnósticos na **13** 268
- escritos sobre **18/2** 1.691, 1.749, 1.780-1.789
- filosófica **13** 162, 171[79, 82], 184, 198, 220, 231, 236, 380s., 385; **18/2** 1.739
- grega / pagã **13** 128, 252s., 278, 357, 371, 393; **18/2** 1.700s.
- latina **13** 254, 371, 375
- - cf. tb. Harran
- linguagem da **13** 138, 171[82], 203, 231, 275, 395
- medieval **13** 132, 139[216], 158, 163, 360
- processo / opus / mistério **13** 35, 86, 88, 91, 111, 137, 158, 163, 171, 173, 176[114], 190, 193, 195, 203, 209, 212, 220s., 231-236, 245, 250, 255, 275, 283s., 286, 316, 354, 358[54], 359[59], 381, 392s., 398, 404, 409, 413s., 429-435, 439, 446, 459, 482
- quaternidade na **13** 358
- salvador na **13** 390

- simbolismo / alegorias **13** 106, 117, 128, 140, 396, 400s., 448s.
- textos / tratados **13** 85-87, 88, 92, 97, 122s., 136s., 139[216], 169s., 184, 241, 254, 329, 354s., 356, 439

Alquimista(s) / cheimista **11/1** 92; **11/3** 420; **12** 40, 41s., 358, 362, 133*, 376, 137*, 394, 143*, 402; **14/1** 12, 24, 33, 38, 44, 46, 53, 59, 60, 61, 63, 64[156], 65, 66, 73, 87, 101, 107, 114, 117, 118, 122, 127, 128, 130[8], 134[8], 135, 136, 138, 140, 141, 142, 143, 145, 149, 151, 152[20], 178, 206, 210, 232, 233, 235, 239, 249, 250, 253, 268, 275, 279, 288, 291, 310, 329, 330, 336, 338; **14/2** 25, 29, 34, 41, 60, 62, 82, 83, 83[229], 85, 97, 104, 106, 107, 108, 122, 127, 133, 139[318], 145, 145[322], 151, 157, 169, 171, 175, 177, 180, 185, 186, 194, 194[422], 197, 215, 223, 225, 230, 232, 251, 253, 264, 274, 276, 289, 292[255], 293[260], 296, 306, 309, 328, 329, 329[53], 330, 336, 337, 342, 348, 361, 364, 367, 370, 377, 386, 393, 394, 398, 399, 402, 403, 407, 410, 411, 412, 419, 420, 421, 427, 428, 429, 432, 434, 446; **14/3** 1, 484
- aluno **14/2** 406
- atitude religiosa dos **16/2** 383, 386, 393, 399, 413, 451, 471, 484, 486, 490
- como empíricos **16/2** 498[21]
- como escolhido e predestinado por Deus **16/2** 498
- como médico **16/2** 401
- como minister lapis **14/2** 186
- como redentor **12** 436[40], 441s., 562
- descobridores da sombra (psicológica) **14/1** 143
- e a Igreja **12** 41s.
- e as representações religiosas **14/2** 157
- e nossa interpretação psicológica **14/1** 206

Índices gerais

141

- especulações conscientes dos **16/2** 405
- e sua *soror mystica* **16/2** 505
- experiência anterior dos **11/3** 440
- fantasia dos **11/3** 357
- filósofo(s) **13** 85, 88, 90, 120, 139, 143, 154[24], 158, 167s., 173, 177, 183s., 191[178], 195, 199, 205, 209, 219, 231, 243, 250s., 256s., 263, 265s., 267, 272, 283, 302, 322s., 346, 353[37], 355s., 374, 381, 385, 392-397, 414, 431, 437s., 455s., 458s., 481
- - da natureza **14/1** 121, 142, 165, 320
- gregos **14/2** 292[243]
- imbuídos de espírito cristão **14/1** 142; **14/2** 151, 337
- impulso místico de conhecer entre os **14/2** 402
- *insights* psicológicos dos **16/2** 531
- linguagem secreta dos **16/2** 355, 496, 499
- *lux* moderna dos **14/1** 205
- mania de fazer segredo do
- - cf. Mania
- meta do **16/2** 407, 503
- repetem a obra criadora de Deus **14/2** 217
- psicologia do **12** 354
- projeção dos **16/2** 407, 440
- situação espiritual, anímica dos **16/2** 399, 491
- solidão do **12** 422s.
- transformação do **14/2** 38; **16/2** 399

Altar **11/5** 936; **13** 86, 91, 96; **14/3** 561; **17** 275, 277; **18/1** 627
- cf. tb. Igreja

Alteração dos sentidos **7/2** 252

Altjira **11/5** 782

Altruísmo **6** 655, 1.041

Alucinação(ões) **1** 11, 43, 58, 117s., 125s., 299; **2** 793, 816, 1.067, 1.072, 1.178, 1.249, 1.251, 1.354; **3** 32, 56,

61, 71, 150, 157, 161, 166, 180, 191, 299, 304, 364, 453, 471, 476, 503; **6** 38s., 223, 233, 590; **7/1** 6; p. 136; **7/2** 312, p. 152s.; **8/2** 170, 317, 593, 584; **9/1** 319, 395[6]; **10/3** 15, 137; **10/4** 597[1], 609, 649, 651, 714; **11/1** 95; **12** 57, 350; **13** 47, 52, 248, 374; **15** 65; **18/1** 226, 466, 711, 746, 767, 778, 780, 862, 901, 992, 990; **18/2** 1.113, 1.285, 1.329
- acústica(s) **1** 213, 215s., 218; **8/2** 258, 576, 581
- ambiente
- - adaptação ao **8/2** 324s., 339s., 494
- auditivas **3** 180, 304, 558
- - cf. tb. Escuta de vozes
- coletiva **18/2** 1.329, 1.431, 1.441
- de aranhas, na prisão **1** 324, 367, 393
- de esqueletos e crianças mortas **1** 7s.
- de santos **1** 117
- e imagem criptomnésica **1** 145
- em estado de vigília **1** 37
- favorecimento de sua aparição **1** 99
- hipnagógica **1** 28, 43, 100
- hipnopômpica (Myers) **1** 100
- intuitiva (Macário) **1** 106
- levitacional **8/3** 939
- mecanismo psicológico da **1** 97s.
- na *grando hystérie* **1** 13
- negativa **1** 114
- no estado semissonambúlico **1** 114
- prodrômica **1** 280
- sadia e sonambúlica **1** 28
- teleológica **1** 136

Alucinose **3** 571 (E), 574

Alúmen **13** 375, 380[106]; **14/2** 371

Aluno **17** 255s.
- e sua estrutura moral (Dorneus) **14/2** 337

Alvejamento (albedo) 484s.
- cf. tb. Albedo

Ama
- de leite **9/1** 156
- seca **17** 12, 16s., 26, 48

Amada **9/2** 22, 24; **14/2** 158[325], 208, 267[200], 291
- como amada-mãe **14/2** 81, 199[432], 276
- negra **14/2** 278

Amado **14/2** 197, 258, 267[200], 276, 291, 296[266], 300[288]

Amado / amante **9/1** 156, 193

Amadurecimento
- pessoal **14/2** 329
- precoce **6** 612; **17** 211, 236s.
- sexual
- - cf. Atividade sexual

Amálgama **14/2** 320

Amalgamação **14/2** 374

Amalricianos **14/3** 3 10[33]

Amana (montanha) **14/2** 288[221]

Amante **14/2** 70
- filho **14/2** 276
- ilegítimo **14/3** 292

Amarelo **11/1** 129; **11/2** 281; **14/1** 31, 36, 152, 239, 295
- citrino **14/1** 274[810]
- cf. tb. Citrinitas; Cores

Amargo / amarus
- significado de **14/1** 239, 240, 249, 327

Amargor / amaritudo **14/1** 228, 238, 239-249, 324, 329
- como origem das cores **14/1** 239, 327, 329
- e sabedoria **14/1** 324
- - cf. tb. Amargura

Amargura **14/3** 187

Amarras de ouro **11/5** 917, 930

Ambição **11/1** 77; **17** 222s., 228

Ambiente
- infantil **5** 644
- mundo
- - adaptação ao **8/1** 67
- sugestão do **5** (199), 223

Ambiguidade **14/2** 83[229], 140, 263

Ambitendência / ambivalência (Bleuler) **3** 425, 426; **6** 764, 786

Amboina **8/3** 842

Ambra **13** 193[190], 234

Ambrosia **13** 406[176]

Ameba
- psicologia da **8/2** 322

Amenophis IV **14/2** 9[28]

América **4** 477, 553; **9/1** 680[26]; **12** 87, 178, 201; **17** 231
- Central **10/3** 103
- do Norte **10/1** 523
- do Sul **10/3** 103

América / americanismo **10/2** 925-934; **10/3** 18, 94s., 190, 196, 237, 248, 946-980; **10/4** 595, 601, 602[3], 603, 611s., 719, 784, 790; **18/2** 1.284s., 1.301s., 1.327, 1.338, 1.432, 1.442s., 1.464, 1.602

América / americano **18/1** 698, 715, 750, 790 nota, 1.027

Ametista **9/1** 537

Amforta(s) **6** 421
- lenda do Gral **14/1** 333
- Parsifal **17** 207

Ami taba **12** 125

Amigo(s) **5** 476[10], 522[50]
Amigos de Deus (renanos) **14/3** 309
- cf. tb. Companheiro

Amitabha **11/5** 839, 852, 912s., 942
- jarro de água no culto de **14/1** 14[83]

Índices gerais   143

Amitâyur-Dhyâna-Sûtra **18/2** 1.675

Amizade **10/3** 220s.; **14/3** p. 112-113; **18/2** 1.262
- sentimental **4** 693

Amizade / amigos **9/1** 164, 235, 253s., 256, 258, 543

Ammon (rei) **12** 456[30]

Amnael **13** 99, 109, 265; **14/3** 134[2]

Amnesia **1** 6s., 281s., 297; **2** 518, 650s., 726, 744, 816; **3** 16, 93, 149[132]; **4** 266, 369s.; **7/1** 4; **9/1** 213; **17** 199a; **18/1** 593, 997s., 1.067
- anterógrada **1** 319; **4** 369
- após ataques **1** 13, 41, 48s., 114
- com relação a fenômenos automáticos **1** 58
- dependência da **1** 114
- divisão da **1** 111
- histérica **6** 847
- no estado crepuscular epiléptico **1** 130
- periódica **1** 1, 17
- total **1** 107s., 125, 243s.

Amniótico
- líquido **8/2** 336; **14/2** 39

Amogha Siddhi **11/5** 852

Amok
- corrida de **6** 376, 433
- estado de **11/1** 29

Amon **9/2** 130, 322; **12** 66*
- águas primitivas **5** 358
- como deus pai **14/2** 2[3]
- de Tebas **5** 147, 148[41]

Amônio **9/2** 239[2]

Amonita **10/2** 398

Amor **2** 823, 835, 843, 905; **4** 56, 59, 69, 127s., 183, 189, 191[22], 196, 247, 299, 305, 343, 385, 391, 408, 444, 467s., 493, 515, 531, 538, 544, 569,

607, 654, 663, 720; **5** 95; **7/1** 10, 14, 47s., 78, 115, 164s., p. 139s.; **7/2** 231, 236, p. 139s.; **8/2** 627; **9/1** 12, 167[9], 210, 586; **9/2** 30, 105, 107, 111, 191, 198s., 339; **10/1** 580; **10/3** 5, 32, 197-235, 243, 261, 265, 270, 293, 958, 987, 990; **10/4** 677; **11/1** 163; **14/1** 16, 25, 34, 56, 69, 93, 94, 101, 140, 180, 185, 190, 196; **14/2** 81, 197, 198, 200, 224, 289; **14/3** 61-62, 185, 185[58], 188, 194-195, 234-235, 368-369, 537-538, 556, p. 64-65, 70-71, 112-113, 134-135; **16/2** 398, 419, 451, 518, 522; **17** 13, 18, 52, 146s, 218s, 222, 309, 327s.; **18/1** 328, 339, 365s.; **18/2** 1.094, 1.103s., 1.466, 1.539, 1.545, 1.556, 1.630, 1.654, 1.692, 1.699, 1.711[3]
- a Deus **10/3** 199, 876, 990; **14/3** 97-98
- amoras (S) **4** 475
- aos animais, às plantas como compensação **6** 535
- ao próximo / *amor proximi* **6** 652, 956; **10/1** 580; **10/3** 200, 352; **11/4** 701, 708; **13** 207, 230, 234, 391
- à pátria **10/3** 200
- à verdade **11/4** 659
- caridade **10/1** 580; **10/4** 779
- casos de **18/1** 351
- celeste e terreno **16/2** 410
- como antropomorfismo **5** 97
- como aquilo que liga **16/2** 454
- como princípio cristão **6** 10, 180, 211
- criação do **5** 61[3], 65
- cristão **5** 99; **6** 824
- da ideia **10/3** 199
- declaração de **4** 357, 363
- de Deus **9/1** 535; **9/2** 107, 198s.
- *Dei* **10/3** 199
- de pais e filhos **10/3** 200
- desejo de **9/1** 586
- deusa do
- - cf. Afrodite
- Deus do **5** 65, 83; **10/2** 393

- divino **5** 101; **6** 904; **13** 257, 388, 404[171], 447
- dom do **5** 73, 79
- do próximo **10/2** 427
- dos elementos (Empédocles) **8/1** 55
- dos esposos **10/3** 200
- dos pais **9/1** 172
- feitiço do **14/1** 25
- e morte **5** 433
- e ódio **6** 337; **8/2** 517, 584; **8/3** 859; **16/2** 404, 447
- e poder **5** 462; **6** 453
- - cf. tb. Poder
- e psique **14/3** 108, 109
- escolha do **10/3** 72
- escudo e couraça do **14/2** 76[211]
- espiritual **5** 101
- - conjugal **14/2** 198, 364
- Evangelho do **11/4** 715
- experiência subjetiva do **5** 127
- feitiço de
- - cf. Feitiço
- filosófico **14/2** 388[194]
- humano **5** 97; 466
- incapacidade para o **5** 253
- jogo do **13** 441[296]
- livre **10/3** 231
- pelo médico (analista) **4** 632, 639s.
- poção de **14/1** 152[201]
- *profanus* **9/2** 199
- secreto **14/2** 289
- terreno e celestial **5** 97, 332[35], 615
- cf. tb. Eros; Erotismo, Sexualidade

Amoraim **9/2** 133[48]

Amor / amoroso **15** 5, 6, 138, 144, 148, 154, 186

Amor / caritas **13** 114, 176[114], 214, 234, 391

Amorfia (amorphia) **9/2** 119

Amós
- cf. tb. Bíblia

Amplexo **9/1** 631
- matrimonial **14/1** 25, 30

Amplificação **7/1** 122; **8/2** 402s.; **9/1** 436; **10/3** 848, 900; **10/4** 646, 771; **12** 34, 403s.; **14/2** 395; **17** 162; **18/1** 173s.; **18/2** 1.208
- de conteúdos numinosos **14/1** 169[280]
- do sonho pela vida do sonhador **14/1** 183
- espontânea de conteúdos luminosos **14/2** 320
- cf. tb. Método psicológico, interpretação do sonho

Ampliação / amplificação **9/2** 198, 306, 336, 347, 422

Amphitheatrum **8/2** 388[53]

Amset **13** 360

Am-Tuat **8/3** 845

Amuleto(s) **8/1** 118; **13** 154, 156

Amun **14/2** 3[7]

Amygdalos **13** 116[145]

Ana **5** 169, 171, 172, 280

Ana (santa) **9/1** 93, 95, 140[29]

Anábase / catábase **10/4** 674

Anabatistas **14/2** 174; **18/2** 1.364

Anachmus (termo de Paracelso) **13** 193, 207

Anacoreta **4** 276; **9/2** 221; **10/4** 649
- cf. tb. Ermitão

Anacoretismo **5** 120

Anacronismo **14/2** 261

Anahata **9/1** 467[14]; **13** 334

Anakainosis
- cf. Renovação

Analgesia **1** 235, 262
- cf. tb. *Hipalgesia*

Análise **2** 622, 634, 649-658, 668, 695, 761, 772, 780, 800, 814,

Índices gerais

816-822, 826-857, 890, 899s., 919s., 927, 938, 998, 1.024, 1.067, 1.178, 1.326, 1.332-1.347; **5** 3, 62, 66, 78[19], 78; **7/1** 10, 26, 77, 113, 192; **7/2** 202s., 218, 224, p. 165s.; **10/3** 99, 827, 884, 888, 892; **11/5** 779, 842; **11/6** 1.034[3], 1.072; **12** 3s., 32, 36s., 48; **16/1** 11, 239, 242; **16/2** 275, 284, 291, 315, 352, 360, 476
- clínica **16/2** 357
- como dissolução **14/2** 365
- de conteúdos psíquicos **14/2** 365, 406
- de criança **17** 142s.
- de esquizofrênicos **3** 152, 512, 549, 577
- do inconsciente **17** 180s., 184, 193, 199, 260
- dos sonhos **14/2** 70, 365, 409; **16/2** 304, 313, 318s.
- - utilização clínica da **16/2** 294s.
- efeitos no inconsciente **14/2** 367
- em grupos **14/1** 121[38]
- e síntese **7/1** 122; **14/1** 5, 288, 300, 338; **14/2** 365, 378; **16/2** 282
- específica **18/2** 1.160
- exigência de, para o médico (análise didática) **16/1** 8, 165s., 237s.; **16/2** 289, 366; anamnésica **17** 177, 184
- limites da **3** 193
- na histeria **3** 152
- nas doenças mentais **3** 202, 337, 356, 368, 539
- perigos da **14/2** 405, 409
- processo analítico **9/2** 19, 42
- psicológica **14/1** 121, 300, 330; **18/1** 91, 233, 330s., 614, 618, 688, 794, 799; **18/2** 1.091, 1.097, 1.255, 1.418, 1.809, 1.812, 1.816
- terapia analítica **6** 86, 534, 641, 648, 775, 879, 974, 988; **14/1** 175, 175[308], 326, 327
- cf. tb. Psicanálise, psicologia analítica

Análise / analista **9/1** 486, 510, 525-626, 644-698, 705-712
- cf. tb. Psicanálise, Psicologia

Analista **17** 260s., (263), 266s., (282); **18/1** 320s., 345s., 353s., 369; **18/2** 1.094
- e analisando
- - cf. Médico e paciente
- cf. tb. Médico, Psicoterapeuta

Analítico / psicanalítico
- escola **4** 236, 269, 281, 312, 319s., 343, 374, 557, 671s., (773)
- literatura **4** 320, 479, (539), 557, 629, 632, 638
- técnica **4** (195), 205, 315s., 325s., 625, 651
- teoria **4** 205, 302, 307, 322, 353
- terapia **4** 418, 437s.
- trabalho **4** 232, 272, 327

Analogia(s) **4** 553; **14/1** 117, 118; **14/2** 5, 25, 31, 38, 41, 157, 200, 240, 309, 316, 325, 332, 333, 337, 361
- com Deus ou Cristo **14/2** 140
- cósmica **9/1** 550
- criação de **8/1** 89; **8/2** 152
- da linguagem onírica **8/2** 506
- do objeto dos instintos **8/1** 83
- dos processos instintivos **5** 337
- dos quatro rios do paraíso **14/2** 49
- entre Psicologia e Física **8/2** 439[129], 440s.
- entre psique e espectro **8/2** 384, 441s.
- formação de a. sexuais **8/1** 84s.
- magia por **8/2** 313
- psíquica dos processos físicos **8/2** 326

Anamnese / *anamnesis* **2** 666, 815, 846, 996, 1.351: **4** 221, (355), 463, 525, 822s., 633, 702s.; **9/1** 262, 319, 402, 474; **9/2** 73, 279; **14/2** 271, 273; **16/1** 194; **17** 177, 184, 281; **18/1** 107
- na simulação **1** 330s.
- do culto **16/1** 251

Anamnesia **3** 16, 198, 468, 541

Ananda **6** 180, 420, 465; **11/5** 913, 924

Ananke **5** 102^{52}, 426^{28}; **13** 349, 392
- cf. tb. Gnomo

Anão(ões) **7/1** 36; **8/3** 956^{148}; **9/1** 267, 273^{20}, 279, 310, 396, 407, 412; **9/2** 272; **14/2** 70, 237
- tema do **12** 197, 204, 273

Anarquia **9/2** 141

Anatomia **2** 560; **3** 576; **8/2** 476, 675, 688; **10/4** 636; **11/3** 447; **13** 353^{36}; **15** 34; **18/1** 838, 891, 982; **18/2** 1.115, 1.166, 1.231, 1.266, 1.737, 1.777
- terrestre **13** 355; **14/2** 296^{271}

Anazopyresis
- cf. Reanimação pelo fogo

Ancestrais **12** 105, 170s., 174

Ancestral(is) / antepassados **9/2** 50, 216, 216^{71}, 422
- imagens ancestrais **8/2** 524
- nome das almas dos **8/2** 665
- série, herança dos **8/1** 97, 99s.; **8/2** 673, 717, 729, 738

Ancião **9/1** 396, 435; **14/2** 13, 30, 31, 32, 37, 235^{84}; **14/3** (42), 185, 192, p. 104-105, 118-119
- como substância da transformação **14/2** 390
- dos dias **11/4** 619, 668, 678, 708; **14/3** 209
- os 24 anciãos **14/2** 52
- relacionado com a árvore **14/2** 37
- sacratíssimo **14/2** 309^{340}
- transformação do **5** 549; **14/2** 30, 37
- cf. tb. Homem velho, Velho sábio

Ancião / muito velho **13** 267, 269, 274, 278^{208}, 278, 301, 392^{138}, 398, 401^{151}, 403, 420

Ancião / velho **14/1** 7, 72, 76, 172
- alado **14/1** 172

Andorinha **14/2** 345^{81}
- erva de a. **14/2** 345^{81}
- pedras de **14/2** 345^{81}

Andriamanitra **8/1** 125

Andrias Scheuchzeri (Salamandra gigante) **17** 162

Androginia **14/2** 190, 191, 245
- de Cristo (Koepgen) **14/2** 189, 191, 192, 193, 201, 230, 243
- divina **14/2** 245
- da Igreja (Koepgen) **14/2** 192, 193
- de Mercurius **14/2** 371^{132}
- do *lapis* **14/2** 191
- - cf. Bissexual; Hermafrodita; Hermafroditismo

Andrógino **9/1** 138, 292, 560, 653; **10/4** 772
- a natureza de anima do **16/2** 529
- - cf. tb. Cristo; Hermafrodita, Masculino / feminino

Anel(eis) **4** 359; **13** F 10; **9/1** 590; **12** 258s., 302s., 307; **14/3 17** 275, 278, p. 134-135
- de Deus
- - cf. Deus
- de ouro **8/2** 229
- no sonho **7/1** 175, 177
Anel dos Nibelungos, O (Wagner) **15** 134, 142
- cf. tb. círculo

Anemia **1** 7, 40; **3** 513; **6** 715; **8/3** 942

Anemos **8/2** 664

Anestesia(s) **1**; **3** 90; **7/1** 4
- cerebral **1** 82
- da mão **1** 98, 138, 160
- histérica **1** 73, 75, 98, 112, 138
- no estupor histérico **1** 227s.
- sistemática **1** 114

Anestesia / hiperestesia **18/1** 876

Anfi **3** (D) 282

Anfiarau **5** 571, 572

Anglo-saxão **10/3** 1.001

Anglo-Saxônia **10/4** 775

Angola **18/1** 81[15]

Anguitenens (constelação) **14/2** 158[365]

Ângulo reto **11/1** 128

Angústia e ansiedade
- estados de **3** 146, 167, 335
- sonhos **3** 291

Angústia / medo **15** 143, 148; **17** 19s., 29s., 52, 137s., 141, 185, 213s., 298, 313s.
- da criança **17** 95, 213s., 216s.

Ani **8/1** 125
- papiro de **9/2** 129[35]

Aníada paracélsica **14/2** 358

Aniadus (termo de Paracelso) **13** 190s., 200s., 202s., 207, 214, 227, 235

Anima **4** 739; **5** 324[29], 450, 468, 543, 678; **7/2** 355, p. 173; **8/2** 664; **9/2** 16, 20-41, 43, 53-57, 62, 79, 329, 381, 422-425; **11/1** 47s., 128; **11/2** 197; **11/2** 240; **12** 65s., 92, 92[27], 112s., 116, 121, 130, 132, 192[66], 242[121], 246, 273, 321s., 517s.; **13** 57-63, 114, 126, 131, 137, 168[67], 171[82], 180, 200, 216, 223[246], 260s., 316, 399, 435, 453, F VI; **14/1** 132, 163, 175, 179, 275, 287, 300, 315; **14/3** 7, 67s., 86-87, 89-91, 265, 484, 504; **15** 154, 185, 210, 213; **16/2** 361, 421, 518; **18/1** 150[34], 187, 265, 412, 429, 590, 829; **18/2** 1.127, 1.158, 1.162, 1.262, 1.276-1.283, 1.652, 1.696s., 1.721, 1.727, 1.748, 1.789
- aquina **13** 89
- arquétipo da **5** 83[23], 406[146], 515, 611
- aspectos negativos **14/1** 163
- atitude interna como **6** 758
- atuações da **7/2** 308s., 320, 328s.
- autonomia da **5** 563; **16/2** 504

- *aurea* **12** 445
- *candida* **12** 462
- caráter hermafrodita da **16/2** 454, 529
- *catholica* **8/2** 388
- *christiana* **9/2** 68
- como adoradora do sol **12** 110, 112, 116
- como arquétipo **12** 92s., 108, 121; **16/2** 469, 504
- - da vida **5** 678
- como compensação da consciência masculina **7/2** 328
- como função
- - de relação entre o consciente e o inconsciente **16/2** 504
- - função inferior **12** 150, 192, 201, 220, 242[120], 295
- como inconsciente **11/1** 71s., 107, 128
- como meta **16/2** 404
- como o inconsciente **16/2** 434, 474, 504
- como personificação do inconsciente **12** 65, 108, 112, 118, 129, 145, 192, 240s.; **16/1** 17
- como psicopompo / *psychopompos* **12** 74, 19*, 242[121]; **14/1** 275, 281, 294
- como lua **14/1** 287
- como mistagoga **14/1** 73
- conquista da **7/2** 374, 380
- conscientização da **7/2** 309
- *corporalis* **12** 397, 398
- cristã **9/1** 55; **10/3** 79s., 143; **10/4** 766
- *Christi* **14/3** 52
- da matéria **13** 187[157]
- definição da **13** 58
- discussão com a **7/2** 322, 323s., 338, 378
- dissolução da **7/2** 391
- do homem **13** 452, 458
- dos alquimistas **9/1** 391[4]
- e *animus* **6** 759, 762; **7/1** 141[1], 185; **7/2** 297s., 341, 384, 387s., **11/3** 358;

p. 168; **16/2** 421[18], 423, 433, 469, 538[1]
- - autonomia de **7/2** 339s., 370
- - como aquilo que atravessa **16/2** 470
- - e *corpus* 17 338s.
- - identificação com a **16/2** 469
- - projeção da **16/2** 441
- e espírito **14/1** 31, 45
- e o inconsciente **14/1** 316
- e *persona* **7/2** 304, 309s., 318
- Eva como **16/2** 519
- *extractio animae*
- - cf. Alma
- feminina **13** 451
- força impressa na matéria (Vitus) **14/1** 90
- identidade com a **5** 431[33]
- *in compedibus*, **11/1** nota 47 (cap. III)
- inconsciente **16/2** 504, 519, 529
- *intellectualis* **12** 116
- libertação da **14/1** 163, 175
- manifestações da **7/2** 319
- *media natura* **11/1** 92, 152; **16/2** 454; **13** 89, 261, 263, 337[16]
- *Mercurii* **12** 157*
- *mundi* **5** 550; **9/1** 427, 554, 707; **11/5** 759; **13** 89, 163[50], 173, 245, 263, 404; **15** 13; **18/2** 1.116, 1.361, 1.701, 1.832
- - cf. Alma do mundo
- *naturaliter Christiana* **6** 15, 22; **11/5** 771; **15** 195; **17** 310
- Níobe como **14/1** 89
- objetivação da **7/2** 321
- paradoxalidade da **14/1** 315
- personificação da **7/2** 370
- possessão da **13** 223[246]
- projeção da **7/2** 309, 314, p. 168s.; **13** 458, 460; **16/2** 438, 504, 521
- - e introjeção da **16/2** 438, 504
- *rationalis* **9/2** 71; **12** 368s., 376; **11/5** 766; **13** 263, 294
- *rerum* **9/2** 243[19]
- segredo da **11/1** 73

- *tingens* (alquimia) **14/3** 518, 553
- *telluris* (Kepler) **8/3** 925s.
- traços mágicos da **16/2** 432
- vegetativa **15** 25
- cf. tb. Arquétipo

Anima (como alma) **14/2** 6, 48, 81, 83, 335[60], 339, 350[98], 351, 393
- *animae transitus* **14/2** 242
- como *anima in compedibus* **14/2** 112
- como arquétipo do vivente **14/2** 312
- como *ligamentum* entre o corpo e o espírito **14/2** 300, 392
- e *animus* **14/2** 279, 283, 335
- e *spiritus* na separação do corpo **14/2** 351, 428
- extração
- - a partir da *prima materia* **14/2** 61[144]
- - a partir do *lapis* **14/2** 25
- libertação da **14/2** 145[322]
- retorno ao corpo morto **14/2** 145[322]
- *universalis* **14/2** 256
- vegetativa dos filósofos medievais **14/2** 392

Anima (em sentido junguiano) **14/1** 20, 68, 77, 89, 90, 125, 154, 186, 210, 211, 212, 219, 220, 225; **14/2** 163, 165, 201, 204, 244, 279, 283, 312, 338, 393; **14/3** 2, 53, 55, 58, 60, 70, 108-111, 145, 150-157, 173, 181, 186, 200-201, 206, 227, 235, 256, 258, 261, 267, 278, 281, 292-293, 341-343, 349, 368, 398-401, 428, 436, 497, 504, 512, 518, 535, 541-543, 560, 609, 614
- arquétipo da **14/1** 69, 219, 307; **14/2** 74[188], 203
- aspecto(s)
- - negativos da **14/1** 219; **14/2** 204
- - - e positivo **14/2** 280
- ativação da **14/2** 83
- como contaminação de mãe, filha, noiva, esposa e prostituta **14/2** 74[179]
- como mediadora entre a consciência e o inconsciente **14/2** 163, 205

Índices gerais

- como o feminino no homem **14/2**
163, 203, 204, 205, 267, 279, 280,
312, 390[390]
- como o inconsciente **14/2** 258, 312
- como personificação
- - de todos os arquétipos **14/1** 212
- - do inconsciente **14/2** 203, 258,
267, 393
- como portadora da totalidade **14/2**
165
- como sedutora ou condutora **14/2**
205
- comparada com a mulher real **14/2**
283
- componente psíquico do homem
14/1 89, 219
- conceituação junguiana **14/2** 283,
293
- conscientização da **14/2** 163
- do homem como "amante
incertíssima" **14/1** 69
- e *animus* **14/2** 279
- encarnação da **14/3** 109
- e o inconsciente **14/1** 124, 175, 211
- e o redondo **14/2** 165
- irmã **14/1** 83
- negra como o aspecto feminino do
homem primordial **14/2** 313
- os produtos da a. ativada **14/2** 83
- possessão
- - do homem pela **14/1** 219
- - do indivíduo pela **14/2** 204
- projeções da **14/1** 68, 69, 225; **14/2**
313
- representa e personifica o
inconsciente coletivo **14/1** 211
- tipos de **14/1** 124, 219

Anima mundi / alma do mundo **8/3**
921, 924; **11/1** 92, 113, 152, 160[91]
(cap. III); **11/2** 263; **12** 8*, 116, 265,
91*, 117*; **14/1** 45, 90, 263, 312, 315,
316; **14/2** 7, 25, 27, 29, 51, 51[122], 238,
240[118], 289, 359, 364, 376, 386, 389,
403, 419, 421, 425, 434
- aprisionamento na matéria **14/2** 359,

419, 421, 425
- como *anima media natura* **14/2** 112,
386, 386[177], 421
- como força germinativa **14/2** 289
- - e o homem **14/2** 389
- como a *imago Dei* bíblica **14/2** 403
- como *anima media natura* **14/1** 114,
138[140], 229[318]
- como parte do caos primitivo **14/2** 81
- como prisioneira da matéria **14/1**
315
- e Cristo **14/1** 317
- espírito de Mercúrio como **14/1** 312
- extraída
- - da matéria inerte **14/2** 364
- - do Mercurius **14/2** 359, 360
- imagens da **14/1** 263
- libertação da **12** 413, 557
- - da matéria **14/1** 204, 232
- Mercurius como *anima naturaliter
christiana* **12** 14[5], 24
- -cf. tb. Mercurius
- personificada pelo *anthropos* **14/1**
45, 317
- *scintilla* da **14/1** 45, 315, 316
- sementes luminosas da **14/1** 66, 322

Animação **14/3** p. 86-87; **18/2** 1.116
- estética **6** 553
- pelo fogo **14/3** 328s., 510

Animação / inspiração **13** 181, 316,
381

Animal(is) **4** 237, 283, 470, 556, 757;
6 296, 524; **7/1** 6, 41, 45, 97, 109,
145; **8/1** 70, 81, 84, 115, 121, 129[86];
9/1 41s., 60, 74, 151s., 156s., 159s.,
224s., 244, 267, 273[20], 276, 281, 286,
311s., 315, 340s., 358, 396s., 405,
419, 444, 457, 459[6], 472s., 502, 534,
540, 561[90], 587, 624, 660, 715; **9/2**
20[1], 71, 73, 100, 129, 224, 291, 369s.,
374, 386, 402; **10/2** 908, 929; **11/4**
620; **12** 119, 173, 183s., 242, 263,
272, 277; **13** 86[15], 102, 128, 148, 195,
301, 327, 365, 392, 456, 461, F 24,

25; **14/1** 48, 75, 164, 166, 167, 170, 171, 182, 198, 276, 294, 295, 302, 324; **14/2** 1, 65[167], 78, 170[398], 235, 245, 270, 313, 317, 320[8], 389; **14/3** 468, p. 116-117; **15** 99; **17** 32, 79, 105s., 157, 302, 305; **18/1** 222, 245, 324, 412, 440, 525, 540, 585, 686, 712, 742, 780; **18/2** 1.158, 1.260, 1.282, 1.629s., 1.721
- abutre **12** 220[108], 305; **16/2** 494[1]
- - egípcio **5** 150[48], 354, 358
- águia **5** 235[40], 265, 268, 633; **6** 344; 20*, 84, 173, 220[108], 304, 305, 97*, 98*, 200*, 229*, 266*, 518; **11/1** 97[4] (cap. III); **14/1** 177
- - como totem do fogo **5** 208[9]
- alma do **9/1** 225; **9/2** 370[32]
- andorinha **5** 367[73]
- aranha **12** 325
- asno / burro **12** 526[30], 535s., 535, 539; **16/2** 340, 353
- ave **5** 9, 271, 315[11], 367[13]
- baleia **6** 496, 524; **16/2** 455
- besouro **5** 358
- bode **6** 438, 488; **12** 202, 183
- borboleta / esfingídeos **5** 372
- burra de Balaão **5** 421
- burro **5** 147, 421, 428
- - como cavalgadura de Sileno **5** 622
- cachorro, cão **11/2** 176; **12** 183s.
- camaleão **6** 595
- cão **5** 118, 181, 261, 354, 577; **16/2** 433, 496
- - cadela e **16/2** 353, 458
- - como guarda do tesouro **5** 577
- - e serpente do inferno **5** 577
- caranguejo **6** 512; **7/1** 123, 129, 133, 138, 144, 158, 162
- carneiro **5** 148, 163[71], 316[13], 358, 421, 668[71]; **11/3** 375, 406[26]; **11/4** 744
- cavalo **6** 379[87], 394, 1.033; **7/1** 8, 75, p. 138s.; **16/2** 340, 353
- - como arquétipo **16/2** 340
- - como símbolo **16/2** 344, 347
- cegonha **12** 457

- cerva **5** 566[109]
- cervo **12** 246*, 548[74]
- -fugitivo **12** 84, 187, 240*, 518
- chacal **6** 500
- *charadrius pluvialis /
Goldregenpfeifer* **5** 440
- cisne **5** 235[40], 538; **12** 400, 446[65], 198*
- cobra / serpente / víbora) **6** 490, 496; **7/1** 6, 119, 129, 150, p. 136, 137; **7/2** 224, 323, 374, p. 137
- - na água **7/1** 159s.
- coiotes **7/1** 154[5]
- como portador do símbolo do si-mesmo **14/1** 276, 290
- como símbolo(s) **7/1** 130, 133, 159
- - dos afetos **14/2** 176[403]
- corça **5** 568
- corço **5** 502
- cordeiro **5** 36, 89[30]; **6** 310, 316, 488; **12** 139, 417
- corvo **5** 82, 89[30], 369[86]; **12** 84, 173, 305, 115*, 400; **16/2** 494[1], 533
- crocodilo **5** 147[36], 148, 261; **6** 1.015
- ctônico **14/2** 148[336]
- delfim **5** 369[89]
- de presa **9/2** 174
- de rapina **13** 365; **14/2** 174, 175
- dois animais em luta **14/2** 68, 170[398], 334
- dragão **7/1** 48, 129; **7/2** 261; **16/2** 353, 408, 459, 494
- elefante **5** 8
- - fecundação pelo **5** 492, F 93
- escaravelho unicórnio **12** 530
- experiências com **3** 193
- falcão **6** 344
- - como deus Sol **5** 389
- ferozes **4** 703
- galo **5** 36, 289, 299[69], 370, 425; **11/3** 36[13].; **12** 123
- gibão / macaco **11/1** 54
- gralha **12** 220[108]
- íbis **12** 530
- elefante **11/1** 5

Índices gerais

- escaravelho **5** 410
- escorpião **11/3** 359[57]; **16/2** 408
- - como signo do zodíaco **5** 295
- força vital dos **1** 67
- galo e galinha **16/2** 353
- gato **7/1** 8, p. 138
- homens e **3** 403; **13** 11, 66, 263, 361, 365
- imitação da voz de **1** 216
- javali **5** 147
- lagartixa / lagarto **7/1** 150; **12** 537[57]
- leão **6** 488, 1.015; **7/1** 37, 45; **11/1** 97; **11/3** 357; **11/4** 613; **12** 84, 173, 90*, 276s., 355, 400s., 518, 246*, 545s., 258*; **14/1** 324; **16/2** 398, 453, 454[2], 455[26], 533
- - como alegoria de Cristo **12** 547
- - como símbolo
- - - de Mercurius **12** 418s., 547
- - - onírico **14/1** 276[14]
- - domar o **12** 522
- - morte do **11/3** 351
- - verde **12** 400, 169*, 491s., 498, 519
- lobo(s) **5** 504, 654, 681[88]; **6** 488; **11/2** 200; **11/4** 659; **12** 440[50], 175*; **16/2** 353[1]
- - como atributos dos pais **5** 263
- - como divindade **5** 659
- - como "pai" **5** 419
- - do Apocalipse **11/4** 707
- - e grande mãe **5** 503
- - mágicos **5** 418
- - no livro de Jó **11/4** 633
- - prestativos **5** 264, 538, 546
- - quatro **11/4** 469
- - selvagens **5** 8
- macaco **5** 311; **12** 119, 164s., 169s., 172, 173s., 67*, 181, 191, 245s., 246
- - cf. tb. gibão
- mágico **11/2** 230
- natureza animal do homem **14/2** 145
- ovelha **6** 438; **11/2** 229; **11/4** 660
- pássaro(s) **6** 524; **11/1** 111; **11/3** 348[19]; **12** 22*, 214, 304, 307, 400,

404s., 433; **16/2** 380, 494, 533s., 538
- - do amor **16/2** 455
- - e sem asas **16/2** 460, 522
- pavão **5** 163[71]; **12** 319, 491s., 230*, 498
- - *cauda pavonis* **16/2** 480
- peixe **5** 89[30], 291, 293, 356, 357, 367[77], 369, 449, F 87; **7/1** 129; **11/1** 92; **12** 171, 433[15], 433[30], 202*, 500[192], 255*
- - fálico, **5** F 121
- pelicano **12** 167[43], 89*, 457[79], 222*, 256*; **16/2** 533
- pica-pau **5** 547
- pólipo **7/1** 129
- pomba **5** 36, 89[30], 367[73], 492; **12** 134*, 166*, 443, 178*, 518[6]; **16/2** 451, 454, 455
- - de Noé **16/2** 380, 410
- porco **5** 261, 504; **6** 21; **12** 123s.
- potro **16/2** 426
- princípio animal **13** 316, 381
- qualidades, propriedades animalescas da alma **11/2** 245
- quaternidade de animais simbólicos **14/2** 137, 274
- raia **5** 574[131]
- raposa **12** 183s.
- ratos **7/1** 8, p. 138
- rinoceronte **11/3** 408; **12** 521, 522[21]
- sacrifício de animais **16/2** 398
- salamandra, **5** F 15; **12** 391, 138*, 404[8], 537[57]
- sapo / rã **7/1** 8, p. 138; **12** 196*
- selvagens **3** 476; **14/1** 171
- serpente
- - bicéfala **16/2** 403
- - coroada, alada **16/2** 380
- - mercurial (serpens mercurialis) **16/2** 403, 409, 533
- - tricéfala **16/2** 403, 533s.
- - transformação em **16/2** 427
- simbólico **14/2** 237
- simbolização em forma de animais 170

152 Obra Completa – Vol. 20

- símbolos espirituais teriomórficos do **11/2** 276
- tartaruga **12** 75*, 76*, 518s.
- tigre **6** 271; **7/1** 45
- touro(s) **6** 368, 386, 421; **12** 183, 520, 533; **16/2** 340
- - sacrifício do **11/3** 342
- - touros selvagens **7/1** 45
- unicórnio **5** 492; **12** 528
- urso(a) **5** 89[30], 482, fig. 95; **6** 489; **11/1** 90, 128; **12** 117s., 262s., 90*
- - como mãe **5** 484, 496[28], 503, 511
- - selvagem, transformação em **11/1** 25
- - transformações de **11/1** 56, 109
- vaca / boi **5** 351, 358, 558; **6** 368, 381, 489; **11/3** 348
- - como símbolo da mãe **5** 263, 356, F 94, 682[89]
- veado **6** 499; **16/2** 478
- vertebrados **3** 193

Animal / animalesco **10/3** 16, 30s., 33, 55, 133, 137, 150, 217, 280, 288, 842, 851; **10/4** 635, 646, 679, 680, 785
- alma do **10/3** 845
- maus-tratos **10/3** 31
- na pessoa **10/3** 32, 200

"Animal médico" **5** 503

Animalesco, o **9/1** 195, 315, 341, 444
- cf. tb. Animal

Animalis homo **14/1** 12

Animismo **7/1** 108; **11/1** nota 33 (cap. III); **15** 17; **18/2** 1.115, 1.297
- da natureza **14/2** 403

Animismo / animação da natureza **10/4** 629

Animismo / animista **13** 247

Animística
- interpretação **8/1** 118, 129

Ânimo **14/2** 72[183], 235[84], 335[60]
- disposição irracional de **14/2** 88, 404
- estado de **8/2** 167, 444

Animosidade **11/1** 48

Animus **5** 267, 324[29], 458, 462, 465, 466, 543, 566[110], 611, 615; **8/2** 664; **9/2** 16, 20-41, 43, 53, 57s., 62, 79, 329, 381, 422-425; **11/1** 48; **11/2** 276; **11/3** 358; **13** 57-63, 206, 339; **18/1** 150[34], 187, 339, 590; **18/2** 1.158, 1.162, 1.262, 1.727
- Adão como **16/2** 519
- arquétipo do **5** 83[23]
- Chiwantopel como **5** 462, 469, 614, 615, 675, 679
- como figura de herói **7/2** 341
- como função de diferenciação **16/2** 505
- como gerador de preconceitos **16/2** 505[32]
- criativo, engendrador **7/2** 336
- da mulher **13** 458
- do pai **9/2** 329
- explicação com o **7/2** 336, 339
- inconsciente **16/2** 519
- opiniões do **7/2** 331
- personificação do **7/2** 332
- possessão do **9/1** 417
- projeção do **7/2** 333; **16/2** 521
- cf. Arquétipo

Animus (em sentido junguiano) **14/1** 154, 219; **14/2** 163, 279, 280, 283
- como a imagem do pai **14/1** 226
- como sol niger (sol negro) **14/1** 225
- comparado com o homem real **14/2** 283
- componente psíquico da mulher **14/1** 89, 219
- possessão da mulher pelo **14/1** 219
- projeção do **14/1** 225

Anjo(s) **7/1** 104; **9/1** 35, 251, 394, 425[50], 431, 435, 534, 552, 560, 571, 580[131], 588[143]; **9/2** 66, 104, 120[93], 128, 167[8], 225, 307[33], 310, 336, 416; **10/4** 698, 714, 728, 733, 809, 814, 816; **11/1** 20, 97, 116; **11/4** 612, 620, 671, 675, 681, 746; **12** 198, 305, 390,

Índices gerais

398; **13** 50, 97s., 107, 110, 127, 148, 167[56], 180[118], 209[226], 215[235], 226s., 241[5], 265, 289, 365, 414s., 420, 459; **14/1** 6, 32[216], 32, 40, 78, 112, 136, 136[133], 138, 181; **14/2** 52, 58, 140, 150, 236, 237[98], 240[11], 246, 248, 253, 255, 289[196], 292[243], 366; **14/3** 134[2], 185, 594; **18/1** 525, 534; **18/2** 1.077, 1.504, 1.522s., 1.549, 1.560, 1.588
- admoestadores **11/4** 719
- caídos **14/3** 284
- da luz **14/2** 239
- da morte **14/2** 217
- decaído **11/2** 290; **11/4** 742; **13** 290
- - cf. tb. Lúcifer, Satanás
- e as mulheres **14/1** 78
- os sete arcontes como anjos **14/2** 239
- queda dos **8/2** 339; **11/1** 104

Ano **10/4** 775
- estações, ciclo anual **12** 214, 282s., 314
- novo
- - festa de **9/1** 459[6]
- platônico **9/2** 136[51], 351
- - cf. tb. Mês platônico

Anões (S.) **4** 185; **5** 180, 566; **11/1** 120

Anoeton **9/2** 119

Anoia (loucura e inconsciência)
- no gnosticismo **14/1** 155[3]

Anomalia(s) **4** 31, 349s., (398); **15** 146, 173
- constitutivas **3** 325

Anônimo
- tratado **9/2** 217

Anormal **2** 3, 499, 557, 1.083
- cf. tb. Associação; Doença mental; Tipo reativo

Anormalidade **17** 130, (224), (256); **18/2** 1.794

"Anos difíceis" da adolescência **8/2** 756

Ânsia **8/2** 711

Antão (santo) **11/1** 32; **16/2** 384

Antártida **10/4** 603

Antecipação(ões) **3** 109; **15** 175; **8/2** 352, 493, 808; **15** 175
- no sonho **8/3** 963s.

Antecipação / antecipar **12** 65, 129, 166, 175, 220

Antepassados / ancestrais **7/1** 118, 120; **7/2** 233[5], 336; **9/1** 84, 224, 227, 244, 260, 316, 499, 518; **13** 130; **17** 93s.; **18/1** 465, 754
- alma dos **13** 128
- espírito dos **6** 595; **10/3** 44, 103, 140, 969, 979
- o culto dos **7/2** 296; **8/2** 575, 738
- perda dos **10/3** 73
- série de **17** 93, 338
- cf. tb. Espírito

Anteu **5** 259

Anthos / **anthera 13** 160

Anthroparion **9/1** 268, 408

Anthropophyteia **10/3** 1 / /

Anthropos / homem **5** 478[11]; **8/2** 395; **9/1** 529, 532, 541, 550, 555, 660, 690; **9/2** 68[2], 296, 304, 308, 313, 320, 366s., 375, 380, 390s., 408, 410; **10/4** 622, 733, 751, 767; **11/1** 97; **11/2** 276; **11/3** 380, 425, 444; **12** 16*, 138s., 64*, 65*, 209s., 253, 283, 335, 117*, 426, 456, 196*, 533; **13** 133, 168, 173, 209s., 215, 220, 252, 268, 273, 372, 417, 458; **14/1** 12, 32 45 147 203, 205, 298; **14/2** 72, 112, 152, 153, 156, 164, 237, 256, 273, 306[324], 313; **14/3** 108[164], 278, 396-397, 466, 470, 480s., 484, 489, p. 126-127; **16/2** 481; **18/1** 269; **18/2** 1.158, 1.162, 1.511,

154   Obra Completa – Vol. 20

1.528[8], 1.611, 1.657, 1.687, 1.701
- Adão como o **14/2** 255, 256, 259[189], 264, 278
- alquímico não coincidente com Cristo **14/2** 6, 72, 152, 157
- androginia do **12** 209
- arquétipo do **11/2** 202; **11/3** 419, 425; **14/2** 57, 153, 264, 273, 403; **16/2** 418
- autonomia do em relação ao dogma **14/2** 157
- como Adam
- - cf. tb. Adam
- como figura de fundo egípcio, persa e helenístico **14/2** 185
- como filho de Okeanos **16/2** 525[5]
- como *homo maximus* **12** 173
- como *homo philosophicus* **12** 476
- como *lapis*
- - cf. tb. *lapis*
- como *nous* **12** 410s.
- como o homem espiritual interior (Basilides) **14/2** 152
- como planta **14/3** 66[36]
- concepção do **14/2** 403
- cósmico **14/2** 112
- Cristo como **14/2** 57, 152
- - cf. tb. Cristo
- divino **14/2** 6
- doutrina do **14/2** 155[353]
- - entre os chineses **14/2** 155[385]
- - maniqueia sobre o **14/1** 32
- - na alquimia medieval **16/2** 417, 473
- - - cf. tb. Homem primordial
- e o *tetramorphos* de Ezequiel **14/2** 237[98]
- e scintilla **14/1** 45
- *filius philosophorum* como o **14/2** 152, 155
- *foteinós* **13** 168
- gnóstico **14/1** 118, 298
- - identificado com o Sol **14/1** 118[48]
- Mercurius como
- - cf. Mercurius
- mistério cristão do **14/1** 12

- na alquimia chinesa **16/2** 417
- o número quatro do **12** 172, 210, 82*, 117*, 457
- *pneumatikos* **9/2** 118
- *protanthropos* **9/2** 307, 326, 332, 334
- realização do a. como meta da vida **14/1** 205
- rei como o **14/2** 149, 150, 151
- representa a continuidade do homem através do tempo **14/1** 203
- *teleios* **9/2** 312; **11/4** 755; **18/2** 1.566
- - *anthropos* **11/3** 414, 430
- - cf. tb. Homem
- *theos* / teós **13** 182; **18/2** 1.529
- queda na *physis* **5** 113
- vivência pela alquimia **14/2** 158

Anticristo **5** 576; **9/1** 247; **9/2** 68s., 75s., 114s, 130, 133, 133[47], 140, 141, 149, 150, 151, 153[6], 154, 156, 159, 167s., 170, 177, 231, 369; **11/2** 178, 252, 257; **11/4** 654, 698, 725, 733, 743; **11/5** 778; **13** 290, 416; **14/1** 119, 143; **14/2** 78, 78[223], 120; **14/3** 161-162, 468, 606; **15** 164[4], 195, 210; **18/2** 1.545, 1.556, 1.621, 1.660
- como filho da meretriz e do demônio **14/2** 78

Antigo Testamento **5** 1, 22, 644; **10/2** 397[13]; **14/2** 52, 312, 386, 399
- antropomorfismo da **5** 24, 89[28]
- crueza da **5** 341
- fantasia na **5** 1, 24, 644
- rudimentos técnicos na **5** 17, 17[17]
- sentimento da natureza na **5** 107
- cf. tb. Antiguidade; Bíblia

Antigos / antiguidade **10/1** 550

Antiguidade **3** 525, 566; **4** 474; **6** 8s., 104s., 127, 312, 604, 1.032, 1.035s.; **7/1** 17, p. 144; **9/2** 75, 122, 133, 136, 274, 409, 414; **13** 168, 194, 198, 391; **14/2** 29, 85, 158[365], 166, 174, 174[401], 190, 192, 271, 296[266], 374, 384, 402;

Índices gerais

18/1 80, 240, 250, 257, 544, 548, 703, 827; **18/2** 1.079, 1.159, 1.162, 1.442, 1.655, 1.665
- clássica **11/1** 133, 140, 149, 160
- como símbolo da cultura individual **6** 107s.
- concepções antigas **14/2** 402
- conflito apolíneo-dionisíaco **14/2** 192
- e cristandade **6** 111, 122
- e natureza **6** 112
- pagã **14/1** 45, 87, 101, 150 165, 249, 302, 320
- paganismo da **6** 312
- pré-cristã **14/2** Antiguidade tardia **14/2** 166
- ruptura da **6** 111
- supervalorização da **6** 107, 121
- tempos antigos **15** 11, 39[56], 81, 150, 212
- cf. tb. Mundo antigo

Antiguidade / antigo / clássico **12** 40, 99, 112s., 118s.

Antiguidade / mundo antigo **9/1** 11, 61, 107, 121, 189, 268, 313, 408, 484
- cf. tb. Grécia

Antão (santo) **11/1** 32

Antimessias **9/2** 168; **11/1** 32

Antimimon pneuma **9/2** 67, 75; **11/4** 654; **12** 41, 460

Antimimos aqua divina **12** 41, 531
- cf. Diabo

Antimion pneuma **11/2** 263

Antimônio **13** 183; **14/2** 386[179]
- carro triunfal do **14/2** 133, 133[289]
- dos filósofos como substância do arcano **14/2** 132, 235
- pentassulfeto de a. (sulfur do ouro) **14/2** 132, 132[288], 133, 137
- sulfeto como corante para cabelos (kohol) **14/2** 132
- virtude curativa do **14/2** 235[81]

Antinomias **17** 203
- dos pontos de vista **8/1** 31
- entre corpo e psique **16/1** 1
- entre individual e genérico (ou coletivo) **16/1** 1s.
- enunciado por antinomias **14/2** 372, 423
- de Deus **14/3** 193, 198, 201
- cf. tb. Opostos

Antinomismo **10/4** 676

Antiquus dierum / O antigo dos dias **14/2** 28, 28[73], 29, 29[74], 32, 34, 36, 65, 96

Antissemitismo **10/2** 374; **10/3** 354; **11/6** 1.030, 1.034

Antitrindade **11/2** 226, 252

Antogenes **11/1** 60

Antropofagia **11/3** 399

Antropoides **8/2** 191

Antropologia **10/1** 495; **10/3** 105; **18/1** 8; **18/2** 1.223

Antropomórfico / antropomorfismo **9/2** 99, 104, 122

Antropomorfismo **9/1** 136, 408, 604; **10/3** 847; **11/3** 307; **13** 296, 356; **15** 167; **18/2** 1.190, 1.504, 1.536, 1.604, 1.640, 1.680

Antroposofia **4** 749; **7/1** 118; **7/2** p. 157; **8/1** 92; **8/2** 737; **10/3** 21, 170, 176; **11/5** 859ss.; **18/2** 1.579

Anu **9/2** 189s.; **11/2** 173
- e Bel como díade **11/2** 174

Anubis **5** 354, 355, F 65, 577

Anunciação
- a Maria **8/2** 319

Ânus **4** 53, 58, 244; **9/1** 472; **13** 269;

Anut **8/1** 125

Anzol **13** 447[314], 448, 454
- de ouro **11/2** 250; **11/3** 357

Aolibama **5** 169, 171, 172, 280

Apaixonamento **17** 327, (330)

Aparência **6** 281, 553
- arte da (em Schiller) **6** 197

Aparições
- de Maria **11/4** 748

Âpastamba **13** 340[22]

Apatia / apático **1** 311, 326, 348, 367, 387; **2** 1.070, 1.072, 1.282; **3** 15, 30, 145, 547, 571; **4** 255s.; **15** 123

Apep **9/2** 129

Apercepção **2** 26, 88, 120, 385; **3** 19, 24, 569; **4** (282); **6** 692, 763, 879; **8/2** 288, 293s., 366, 437; **8/3** 945; **9/1** 136; **9/2** 259; **10/3** 9; **11/5** 776s., 781; **18/1** 22, 419, 873; **18/2** 1.485, 1.585
- ativa **6** 873, 768, 785
- - e passiva **6** 576s., 586, 592, 763, 900
- consciente e inconsciente **6** 849
- do valor **6** 900
- paralisia da **3** 71
- subliminar **8/2** 362s.
- cf. tb. Percepção

Aperceptiva
- embotamento **3** 19, 29, (51), 74, 103, 158
- fraqueza **3** 48, 56

Aperiódicos / formação de grupos a. **8/3** 824

Apetite(s) **9/2** 100[50], 203[37]
- falta de **1** 330, 419; **4** 569; **17** 216
- em Leibniz **8/3** 927

Ápis **14/2** 8[28]
- como Sol **5** 579[156]
- Osíris como **5** 351
- cf. tb. Animais, touro

Apocalipse **3** (S) 559; **8/2** 426[125]; **11/4** 737, 743, 746; **14/2** 75, 299, 300; **15** 151
- cavaleiros do **11/4** 708, 733
- cf. tb. Bíblia: Apocalipse de S. João

Apocalipse / apocalíptico **9/2** 127[2], 137, 164, 171; **10/4** 727, 740[8]; **13** 225
- cf. tb. Bíblia; Revelação

Apocalipse de Baruc
- cf. Apócrifos; Bíblia

Apocalipse de Elias **13** 93, 133

Apocatástase (apokatástasis) **9/2** 73, 260, 410; **11/3** 401; **16/2** 455
- do instinto **8/2** 416

Apócrifos
- cf. tb. Bíblia

Apófis / serpente **9/2** 366

Apoio
- Diana **16/2** 410
- e Leto **11/4** 711, 713

Apoio / apolíneo **10/2** 375[3], 391

Apokatastasis (restauração) **6** 496, 525; **9/1** 316, 624; **13** 372; **14/3** 254, 437; **18/1** 527, 536
- prefigução da **14/2** 147[327]

Apolíneo (o) **6** 206s.
- e o dionisíaco **6** 206s., 213, 216, 946

Apolo **5** 237, 396; **6** 946; **9/1** 428[55]; **9/2** 134, 393, 393[85], 395; **14/1** 140[157], 255; **17** 321; **18/1** 258, 264
- e Dioniso **6** 209, 211s.
- e Linos **5** 316[13]
- e Pitão **5** 316[13]
- portador da peste **5** 439[43]

Apoplexia **3** 574; **16/2** 411

Aporrhetos **9/2** 319

Aposento fechado **14/2** 92, 97

Índices gerais

Aposta com Deus **5** 84; **11/4** 581, 587, 603

Apostasia **9/2** 68[2], 140

Apóstolo(s) **5** 163; **8/2** 390, 596; **9/2** 147

Apoteose **14/2** 127, 189, 278

Apotropaico **18/1** 409, 759

Apotropaísmo **9/1** 699; **11/2** 222; **11/3** 319
- força apotropaica **13** 36
- cf. tb. Feitiço

Appetitus **5** 185, 187, 194

Apraxia **1** 237; **18/1** 908

Apreensão **3** 31; **6** 773
- estado de **3** 87

Apsü **5** 375

Aqua **9/2** 243s., 246, 393, 414
- *alba* **13** 255
- *argenti* / água de prata **13** 95, 370
- *aurea* **13** 255
- *centralis* **14/1** 180, 190, 193
- *coelestis* **10/4** 628
- de *latere Christi* **14/1** 143
- divina **13** 89, 255, 265, 370, 429[268]; **14/2** 40[143]; **16/2** 497
- - *sapientiae* (da sabedoria) **16/2** 484, 486
- - *sulphur* como **14/1** 131
- *doctrinae* **9/2** 244, 281, 289, 293, 330, 379; **10/4** 745; **14/1** 319, 335; **14/2** 25, 348, 374; **14/3** 293; **16/2** 478
- *gratiae* **14/1** 335; **14/2** 25
- *mercurialis* **12** 209, 210[89], 336, 152*, 213*, 528, 531; **13** 176[114], 256; **14/1** 162
- miraculosa ou mirífica **14/1** 15, 44, 150
- *nostra* **12** 94, 157s., 159, 224, 235, 287, 531; **13** 98, 103[85], 262, 310; **18/2** 1.788

- *permanens* / eterna **5** 634[27]; **9/1** 246; **9/2** 143, 234, 243, 292[13], 379; **10/4** 628, 629, 741; **11/1** 151, 160s.; **11/3** 313[11], 355, 357, 358; **12** 90, 99[30], 355s., 338s., 221*, 356, 433, 455, 528; **13** 89s., 101, 103[86], 104[96], 113, 168[67], 187[157], 274, 359[59], 370, 408, 439[288]; **14/1** 3, 11[52], 14, 45, 116[45], 152[25], 162, 175, 234 238, 300, 310, 312, 315, 335; **14/2** 10, 11, 12, 25, 61, 61[143], 62, 100, 170, 320[16], 320, 323, 345[82], 348, 361, 374, 389, 390[198]; **16/2** 402, 404, 454, 478, 483, 531; **18/1** 616; **18/2** 1.360, 1.698, 1.781s.
- - aspecto feminino-ctônico da **14/2** 170
- - como *anima* ou *spiritus* **14/1** 300, 315; **14/2** 10, 62, 145[322]
- - como *arcanum* **14/2** 374
- - como símbolo ou postulado filosófico **14/2** 320
- - como substância
- - - da transformação **14/1** 277, 335; **14/2** 25, 62, 210
- - - úmida da alma **14/2** 62
- - como urina de criança **14/2** 83[228]
- - efeitos da **14/1** 312
- - *extractio* da **14/1** 175; **14/2** 25
- - Mercurius como **14/2** 320[16], 323, 361
- - *occidit et vivificat* **14/2** 13
- - sangue como **14/2** 61, 78, 350
- pontica ou marinha **14/1** 107, 238, 240, 250, 253, 310, 323, 335; **14/2** 19, 348
- pura **13** 187[157]
- *septies distillata* **13** 255
- *sicca* **13** 255
- sulfúrea **14/1** 139
- *unctuosa* **13** 255, 422
- *vitae* **13** 104[96], 255; **14/2** 348; **18/2** 1.784
- própria **14/2** 48

Aquário (*Aquarius*) **10/4** 589; **11/4** 725[11]
- cf. Zodíaco

Aquarium sapientum (*Musaeum herm.*) **13** 255[29], 256[44, 45, 49], 263[76], 267[94, 100], 270, 283[234s.], 384[117, 120]

Aquastro (ermo de Paracelso) **13** 172-175, 178, 201, 204, 210

Aquática, serpente **8/2** 335

Aquecimento, os quatro graus de **14/1** 5

Aquém **18/2** 1.781
- cf. tb. Ar; Mundo

Aqueum subtile **13** 255

Aquila
- cf. Águia

Aquilo
- cf. Vento

Ar **9/1** 555, 561, 565, 579, 586, 606[176], 609, 702; **9/2** 134, 204[38], 225, 228[92], 345[152], 376, 380, 393, 414, 420; **10/4** 727; **13** 190[172], 201, 245, 261, 267, 273[171], 279, 283[237], 335s., 358[55], 392, 410; **14/1** 1, 2, 7, 74, 79, 155, 156, 180, 200, 276, 289, 311; **14/2** 15[45], 36, 217, 237, 274, 306[318], 320, 374, 415; **14/3** 320[51], 330-331, 360, p. 86-87, 88-89[20], 112-113; **16/2** 454
- *aqua aeris* **14/2** 323, 323[34]
- "cor do ar" ou do céu **14/2** 308, 308[336], 343, 343[76]351, 354, 362, 404, 417
- ígneo **14/2** 118
- inconcebível (na gnose de Simão) **14/1** 155
- incriado e incorruptível **14/2** 237[100]
- como alma **14/3** 330
- cor do **8/2** 414[120]
- em movimento **8/2** 664
- espírito do ar **14/1** 200
- malignidade do **14/1** 180, 198, 200
- dos sábios **14/1** 181[333]

- vital **14/1** 191
- cf. tb. Elementos

Árabe **8/2** 664; **10/3** 113; **14/2** 69[178], 105, 225, 235, 253, 292, 322

Árabes como transmissores da Antiguidade pagã **14/1** 320

Arábia **18/2** 1.472

Arábia Félix **14/1** 273, 274, 281

Arado
- fálico **5** 214, F 34, 527

Arado / arar **9/2** 225, 228, 231

Aranha **9/1** 315; **9/2** 356; **10/4** 666-672, 679; **13** 457
- alucinação de **1** 324
- cf. tb. Animais

Araras **8/2** 516

Ararat (monte) **14/2** 235

Arato
- citações de **8/2** 394

Arbitrariedade **15** 2, 92, 106, 114, 122; **17** 166s., 302, 313

Arbítrio **4** 333

Arbor
- *áurea*
- - cf. Árvore de ouro
- filosófica **13** 119, 288, 458, F I
- inversa
- - cf. Árvore invertida
- *metallorum* **13** 446
- *philosophica* **18/2** 1.360
- cf. tb. Alquimia
- *philosophorum* **9/1** 452[78], 582
- *sapientiae* **13** 278
- cf. tb. Árvore

Arca **5** 308, 311
- da aliança **14/1** 201[380], 258[485]; **14/2** 201[350], 258[485]; **14/3** 555
- de Noé **3** (D) 201; **9/1** 624[187]; **14/1**

Índices gerais

159

258; **14/2** 220; **17** 32
- e unicórnio **12** 540s.

Arcádia **13** 278

Arcaico(s) **3** 524, 550, 563, 581; **9/1** 291, 293, 302, 466, 518; **10/3** 62s., 104-147, 831; **13** 76[37], 292, 336, 475, F 27; **18/2** 1.272, 1.322
- espontaneidade do **6** 258
- pré-histórico **18/1** 80s., 85, 109, 135, 359, 402, 442, 523, 578, 591s., 617
- vestígios, resíduos no inconsciente **8/2** 373, 398, 475, 497

Arcaísmo(s) **4** 553; **6** 245, 764, 890; **13** 478
- concretismo como **6** 778
- da imagem primitiva **6** 830
- da intuição reprimida **6** 725
- do religioso **6** 320
- inconsciente **6** 638

Arcana
- substância **8/2** 388, 392; **10/4** 633, 728

Arcano / arcanum / remédio arcano / substância arcana **11/1** 151, 152[90] (cap. III); **13** 95s., 101, 107, 110[113], 113, 125[166], 136, 137[212], 138[215], 139[216], 158, 171, 171[79], 181-184, 190, 193[190], 194, 201[208], 214, 231, 251, 255, 259, 262, 264s., 273[170], 278, 282s., 289, 354, 359, 370, 382, 390, 392, 408, 414, 424, 439[288], 440, 445; **14/3** 164
- da alquimia **14/2** 127, 339, 371[132], 396, 427, 431, 432
- de natureza
- - física **14/2** 428
- - simbólica **14/2** 342, 373, 374
- doutrina do **13** 148[16], 157s., 159-164
- Paracelso **8/3** 922; **15** 7, 14, 25, 26, 37
- propriedades do **14/2** 427, 428
- segredo e mistério **14/1** 14, 33, 44,

54, 107[5], 139, 142, 145, 188, 232, 306
- químico **14/2** 431
- - simbolização do **14/1** 145
- solar no coração como fonte de vida e calor **14/1** 110
- substância **14/2** 25, 306, 307
- terminologia do **13** 169, 231
- unidade e unicidade do **14/2** 427

Archanthropos **9/2** 307, 318, 326

Arcanum chymicum como acontecimento psíquico **14/2** 431

Archai **13** 31, 208

Archasius **15** 39

Arche **14/3** 107[155], 257, 440s., p. 118-119

Arche megale (Hipócrates) **8/3** 914, 916, 920

Archegonos **9/2** 313

Archetypus mundus
- cf. Mundus

Archeus (servo da natureza e corruptor corporis) **14/1** 42, 44; **15** 39[57]

Archives de psychologie **4** 94

Arco-íris **9/1** 580, 590s., 611s.; **10/4** 728, 764; **11/4** 577; **12** 69, 400s.; **13** F 26, 29; **14/1** 138, 139[111]; **14/2** 49, 49[110], 51, 52, 52[124], 52[125], 53, 57, 381
- deusa do **9/1** 700

Arconte(s) / Arcônides **9/2** 113, 118, 122, 290[8], 297, 325, 366, 400, 403; **11/2** 255; **11/3** 373, 408; **13** 129[179], 273-277
- como anjos **14/2** 141, 166, 239
- pai e mãe dos **14/2** 240
- os sete arcontes **14/1** 292, 300, 302, 303; **14/2** 239, 240

Ardviçûra-Anâhita **5** 319; **13** 406

Areeiro **8/3** 935

Areia **14/3** 549[127]

- vermelha do mar **14/2** 320[13]

Areópago **3** 525, 566

Ares (termo de Paracelso) **5** 364[67], 390[115]; **13** 171[89], 173, 176-178, 202, 216; **14/1** 82
- figura mitológica
- - cf. tb. Marte **13** 176[114]

Areté **13** 86

Argentum **13**
- *putum* **13** 381[108], 390
- - cf. tb. Prata
- *vivum* (alquimia) **13** 103[85], 104[96], 142[219], 168[67], 171[79], 255, 357[48]; **14/2** 76, 301, 371, 372, 375; **18/2** 1.781
- preparação do **14/2** 396

Argila
- imagem de **8/2** 575[2]

Argos **8/2** 394; **15** 197

Argumento ontológico **6** 53s., 57s.
- como fato psicológico **6** 56

Ariadne
- coroa de **14/2** 158[365]

Arianismo **11/2** 226

Ariano **10/2** 389
- parágrafo ariano **10/3** 354; **11/6** 1.025, 1.034, 1.060

Ariano / arianismo **13** 165

Aries **10/4** 589; **14/1** 6, 44[79]
- carneiro **9/1** 7, 410, 624
- deus **9/1** 551
- era de **11/2** 174
- - cf. Zodíaco

Arisleu **9/2** 200, 220[22]
- cf. tb. *Artis auriferae*; *Visio Arislei*

Aristeas **14/2** 388[188]

Aristóteles **14/2** 83[229], 121[262]
- assimilado pela Igreja **14/2** 121[262]

Aristoteles de perfecto magistério
- cf. *Theatrum chemicum*

Aritmética **8/3** 933; **9/2** 351, 354, 358; **10/4** 768, 805

Aristotelian Society **8/2** 660

Arizona **13** 130; **18/2** 1.225

Arjuna **5** 253[4]; **6** 327

Arlequim **13** 325; **15** 211, 214

Arma(s) **8/2** 149; **10/3** 67

Armadilha **14/2** 69, 72[183]

Armata **14/2** 74[197]

Armillus, o filho da pedra **14/2** 306[324]

Armilo **9/2** 168

Aromatika **13** 193[190]

Arqueologia **9/1** 105; **16/1** 96, 111

Arquetípica(s) **14/2** 187[410]
- integração dos arquétipos **14/2** 301
- interpretação dos arquétipos **14/2** 400
- irrupção do a. na vida do indivíduo **14/2** 442
- jogo de motivos arquetípicos **14/2** 61
- mundo arquetípico interior **14/2** 442
- numinosidade do **14/2** 71[182], 223, 401, 442
- perfeição do **14/2** 401

- do número sete **14/2** 243

- arquétipos planetários **14/2** 169
- plenitude do **14/2** 401
- do quaternio de casamentos **14/2** 279
- regularidade natural do **14/2** 61
- reinterpretação do **14/2** 399

Índices gerais

- do rei **14/2** 1, 8, 190
- da renovação de "deus" **14/2** 32, 171
- representação do **14/2** 408
- revitalização do **14/2** 153, 170
- do sacrifício do rei **14/2** 190
- do si-mesmo **14/2** 431
- simbólica arquetípica **14/2** 334
- sincronicidade **14/2** 412[222], 414[224]
- tesouro dos arquétipos **14/2** 399
- unidade do **14/2** 314, 326, 427
- de Urano e Geia **14/2** 391
- vitalidade do **14/2** 139[304], 432
- figuras **8/2** 254

Arquétipo(s) **3** 550, 565; **4** 694[3], 729, 739s.; **5** 62[5], 89, 136, 337, 351, 450, (631), (638); **15** 13, 127, 128, 129, 130, 159, 160
- animação do **5** 655
- autonomia do **5** 95, (344), 468
- como complexo de representações **5** 95, 128
- disposição inata como **5** 154, 224, 474
- energia do **5** 101, 130, 135, 450
- e psique individual **5** 97
- inimizade do a. materno **5** 459
- localização dos **3** 582
- numinosidade do **5** 223, 344, 450, 467
- papel do a. em diversos cultos **5** 662
- projeção do **5** 83[23]
- renascimento autóctone do **5** 209
- vivência do **5** 345

Arquétipo **6** 696, 701, 729, 765, 832; **11/5** 845s.; **14/1** 44[75], 85, 100, 120[53], 141, 194, 231
- como noumenon da imagem **6** 729
- representações arquetípicas **6** 902
- *arrangements* (arranjos) (Adler) **6** 949
- cf. tb. Imagem
- conceito, definição **11/5** 845
- como dominante do inconsciente

11/5 845
- imagens coletivas como **11/5** 845
- como complexos dinâmicos **11/5** 845
- da "criança" divina **14/1** 100
- da divindade feminina **14/1** 231
- do Filho do Homem (Salvador) **14/1** 141
- da imago Dei **14/1** 43[75]
- do inconsciente coletivo **14/1** 85, 104
- da jornada heróica **14/1** 294
- da "menina divina" (anima) **14/1** 100
- arquétipo do mistério ou do segredo **14/1** 306
- da morte e do renascimento **14/1** 34
- numinosidade do **14/1** 306
- das núpcias do rei **14/1** 194
- da união (coniunctio) **14/1** 85, 104
- da união nupcial **14/1** 85, 104
- da união dos opostos **14/1** 194
- do velho sábio **14/1** 307

Arquétipo **14/2** 1, 8, 74[188], 139[304], 153, 166, 174, 175, 187[410], 280, 293, 313, 338, 360, 398, 408, 416
- da anima **14/2** 74[188], 203
- do ánthropos **14/2** 153, 264, 273, 403
- autonomia do **14/2** 333, 401
- atuante sentido como "Deus" **14/2** 441, 442
- a mandala como centro da totalidade dos arquétipos **14/2** 325
- concepções arquetípicas **14/2** 338, 339, 398
- conexão primordial no **14/2** 392
- da consciência **14/2** 169
- constância extraordinária do **14/2** 325
- empolgação pelo **14/2** 400, 401, 432, 441, 442
- expresso no mito **14/2** 399
- forma arquetípica **14/2** 33
- formulação intelectual do **14/2** 400, 401

- do hierósgamos **14/2** 334
- do homem primordial **14/2** 313
- como ideia viva **14/2** 399, 401
- imagens arquetípicas **14/2** 6, 61, 62, 442
- do inconsciente **14/2** 166, 169, 398
- inexauribilidade do **14/2** 432
- inflação e deflação como sensação **14/2**

Arquétipo **9/1** 1-7, 88s., 98s., 110, 111-147, 148-156, 160s., 173s., 187, 189, 193, 206, 260, 264s., 271-278, 300s., 316s., 338, 396, 400, 404, 406, 409, 413, 419, 433[62], 436, 451s., 465, 517, 546, 549[63], 553, 565, 588, 611, 621s., 634, 645, 662, 711, 714
- da anima **9/1** 53, 57, 72, 77s., 82, 86, 111-147, 158, 162, 168, 175, 182, 222s., 294, 297, 306, 311[3], 355s., 417, 433s., 439s., 451[77], 452[78], 485s., 513s., 559, 564[95], 634
- da criança divina **9/1** 259-305, 692
- da mãe **9/1** 148-198, 273[20]
- da menina **9/1** 306-383
- da sombra **9/1** 80, 634
- - cf. tb. Sombra
- da transformação **9/1** 81, 254
- da vida **9/1** 66, 417
- definição de **9/1** 6s., 155,714
- do animus **9/1** 53[30], 63, 175, 223, 297, 326, 350, 396, 417, 439, 444, 518s., 525, 545, 555, 559s., 585, 592, 606[176], 634
- do casal **9/1** 131
- do espírito **9/1** 74, 398, 413, 433s., 454s., 682
- do herói **9/1** 289
- do pai **9/1** 273[20]
- do renascimento, prefácio dos editores **9/1**
- do significado **9/1** 66, 79, 682
- do velho, do Velho Sábio **9/1** 79, 110, 193, 409, 418
- cf. tb. Arquétipo do significado, homem velho

Arquétipo(s) **11/2** 178, 195, 292
- ativação do **11/2** 223
- do Antigo Egito **11/2** 194
- conceito, definição do **11/2** 222
- da trindade
- - cf. Três
- dos dois irmãos **11/2** 254
- dogmas como **11/2** 294
- ser dominado pelo **11/2** 223
- hipótese do **11/2** 222
- numinosidade dos **11/2** 222
- recepção do **11/2** 210
- inevidência, incognoscibilidade do **11/2** 222, 223
- conexões dos, na formação dos mitos **11/2** 257

Arquétipo(s) **11/3** 410, 442; **11/4** 624, 749, 754
- Abel como **11/4** 641
- ativação do **11/4** 714
- como grandeza determinante **11/4** 648
- ser dominado pelo **11/4** 713, 717
- antinomia interna do **11/4** 660
- do hierógamos **11/4** 624
- compensação pelo **11/4** 698
- "luminosidade" dos **11/4** 707[12]
- espontaneidade dos **11/4** 757
- ser hermafrodita primordial **11/4** 727
- transformação pelo **11/4** 758
- numinosidade dos **11/3** 433

Arquétipo(s) **8/2** 230, 255, 336-339, 353, 412, 528[18], 722; **14/3** 52, 70, 79, 81, 91, 98, 173, 261[91], 111, 122, 192, 404, 458, 465, 613; **17** 97, 106, 219[31], 271, 338, 341
- na Alquimia **8/2** 392
- ampliação espontânea dos **8/2** 403
- conceito, ideia **8/2** 270, 275, 417
- confrontação com os **8/2** 410
- definição **8/2** 254, 280, 435, 554
- como disposições **8/2** 353
- efeito sobre a formação de uma imago **8/2** 521[1]

Índices gerais 163

- energia dos **8/2** 425[124]
- experiência dos **8/2** 405
- do filho, da criança **8/2** 336s.
- funcionamento do **8/2** 411s.
- hereditariedade **8/2** 270[8]
- e os instintos **8/2** 283[13], 420, 427
- e intuição **8/2** 277
- da mãe **8/2** 336s., 723s.
- do marido **8/2** 336s.
- da mulher **8/2** 336s.
- natureza psicoide do **8/2** 414-417, 439s.
- número **8/2** 274
- e organização das ideias e representações **8/2** 440
- do pai **8/2** 336s., 723
- e pattern of behaviour **8/2** 397-420
- em Platão **8/2** 275
- poder **8/2** 336, 726
- produção espontânea do **8/2** 599
- e religião **8/2** 426s.
- como scintillae **8/2** 388
- do Si-mesmo **8/2** 599
- valor afetivo do **8/2** 411

Arquétipo(s) **8/3** 856, 895, 921
- definição **8/3** 840, 954
- natureza psicoide do **8/3** 902, 954
- da ordem (número) **8/3** 870
- de todas as coisas, Deus como (Agrippa) **8/3** 920[86]

Arquétipo(s) ativação dos **7/2** 219
- como dominantes **7/2** 377, 388
- fator histórico dos **7/2** 303
- identificação com o(s) **7/2** 389
- do inconsciente coletivo **7/2** 377
- mesclagem com o **7/2** 380

Arquétipo(s) **7/1** 185
- acionar os **7/1** 163
- avaliação dos **7/1** 151
- como dominantes **7/1** 102, 151
- origem dos **7/1** 109
- experiências dos **7/1** 119
- numinosidade dos **7/1** 109
- projeção dos **7/1** 152s.

- autonomia relativa dos **7/1** 104
- do inconsciente coletivo **7/1** 118, 141s.
- realidade dos **7/1** 158
- efeito dos **7/1** 109s., 155
- cf. tb. Imagem

Arquétipo(s), arquetípico **16/1** 254
- condições **16/1** 61

Arquétipo(s) / hereditariedade do **11/1** 88, 165
- imagens coletivas como **11/1** 88
- tempo **11/1** 146s.

Arquétipo / arquetípico **10/1** 530, 540, 547; **10/2** 447, 451, 461, 474; **10/3** 53s., 830, 836, 845s.; **10/4** 589, 593, 621, 622, 625, 629, 635, 646, 652, 656, 660, 663, 694, 703, 713, 720, 728, 730, 731, 747, 755, 767, 776, 780, 803, 805; **12** 12, 15, 19s., 30, 32, 38, 41s., 176, 329s., 400, 553, 558, 563; **13** 90[33], 111, 174[109], 207, 210, 231, 298, 304, 342, 351, 357, 373, 378, 382, 393s., 425, 435, 443, 456, 476, 481; **16/2** 367, 452, 533; **18/1** 80s., 92s., 138, 190, 195, 221, 231, 250, 262, 271, 299, 324, 353, 366, 385, 402, 407, 512, 521-559, 563, 570, 580s., 830; **18/2** 1 117, 1.127, 1.133, 1.158s., 1.182s., 1.190, 1.208, 1.222, 1.223-1.283, 1.323, 1.329, 1.333, 1.389, 1.415, 1.480, 1.488, 1.492s., 1.504, 1.509, 1.519, 1.528[8], 1.529s., 1.536, 1.572, 1.579, 1.636, 1.641s., 1.647s., 1.656, 1.660, 1.679. 1.686s., 1.691, 1.727, 1.748, 1.769, 1.828s.
- autonomia do **18/1** 560; **18/2** 1.183, 1.273, 1.504, 1.679s.
- caráter indeterminado do **16/2** 497
- coletivo(s) **9/2** 26; **16/2** 469
- como base de todas as representações da fantasia **16/2** 538
- como coniunctio
- cf. Coniunctio

- como número **10/4** 778, 779, 780, 805
- como presença eterna **12** 329
- como o primordial desconhecido **16/2** 501
- condições arquetípicas **16/2**
- - imagens da sapientia Dei **16/2** 480
- - ocorrências, projeção dos **16/2** 501
- da *anima* **9/2** 13, 19, 26s., 40; **10/3** 71s., 92; **10/4** 693, 713, 714, 715, 775, 809; **13** 58, 218
- da criança divina **16/2** 482, 533
- da imagem de Deus
- - cf. Imagem de Deus
- da mãe **10/3** 61s., 75
- da ordem **18/2** 1.638, 1.660
- da "origem humilde" **12** 33
- das núpcias **9/2** 22, 68
- da totalidade **9/2** 73, 124, 351; **13** 367s.
- - cf. tb. Totalidade
- da serpente da cura **12** 184
- da sombra **9/2** 13, 19
- - cf. tb. Sombra
- definição **10/2** 395
- Deus como
- - cf. Imagem de Deus
- de Wotan **10/2** 391
- do *animus* **9/2** 16, 19, 40; **10/3** 71, 80s., 246s.; **10/4** 698; **13** 342
- do anticristo **9/2** 156
- do complexo de Édipo **10/4** 658
- do espírito **9/2** 141; **13** 288; **18/2** 1.475, 1.531
- do filho-amante de morte prematura **16/2** 469
- do herói **10/3** 90, 99
- do hierosgamos **16/2** 534
- do Homem-Deus **9/2** 283
- - cf. tb. Homem-Deus
- do homem primordial **9/2** 406
- - cf. tb. Quatérnio de matrimônios
- do incesto **10/4** 659; **13** 396
- do mandala **9/2** 73
- do nascimento divino **13** 336
- do pai **10/3** 65

- do quatérnio de matrimônios
- - cf. Quatérnio
- do si-mesmo **9/2** 70, 112[75], 115s., 120, 123, 216, 257, 261, 351, 422; **10/4** 771, 779, 805, 806; **13** 115; **18/2** 1.567, 1.650, 1.660, 1.669
- - cf. tb. Si-mesmo
- dos pais **10/3** 61s.
- do velho sábio **9/2** 41, 237, 329, 362; **13** 218; **18/1** 590; **18/2** 1.158
- efeito / atuação do **16/2** 469, 533
- fascínio provocado pelos **16/2** 501, 533
- força de assimilação do **16/2** 501
- formadores de religiões **12** 35
- formas de representação externa dos **16/2** 354
- imagens arquetípicas 17 197, 120, 279, 337s.
- inconsciente **18/2** 1.208
- os símbolos como **16/2** 342
- projeção do **12** 40, 43; **16/2** 405, 538
- quatérnio de matrimônios **9/2** 42

Arquétipos / concepção arquetípica do Sol e da Lua **14/1** 220
- condicionam de modo apriorístico o esforço mental **14/1** 98
- do renascimento ou da renovação **14/1** 173
- propriedades das imagens arquetípicas **14/1** 220

Arqueu **13** 168, 176
- como espírito vital **14/2** 258[185]

Arquimedes e seu Pupilo (Archimedes und der Jüngling) (Schiller) **8/3** 932

Arquitetura **15** 174

Arran, pedra de **13** 129

Arranha-céu **3** (S) 124

Arrebatamento, estado de **8/2** 383

Arrependimento **10/2** 483; **18/2** 1.627, 1.811, 1.816
- confissão de **10/2** 482

Arretoforias **5** 530, 571

Ars aurifera ·
- cf. Ourivesaria

Ars chemica **9/1** 238[31]; **9/2** 293[13], 343, 421; **13** 109[105], 110[111], 112[123], 114[141], 117[150], 125[165], 137[209], 142[219], 163[50], 188[166], 267[104], 283[237], 409[197], 423[252], 445[306]
- cf. tb. Bibliografia

Arsenicalis malignitas (maldade venenosa) **14/1** 181, 186, 187

Arsênio **14/1** 180, 188

Ars geomantica **8/3** 866s.

Arte(s) **4** 434, 745; **6** 209, 247, 554s., 572, 645, 719; **8/2** 176, 731, 737; **9/2** 407; **10/1** 584; **10/2** 430; **15** 10, 46, 121, 130, 131, 132, 212; **17** 157, 206, 210; **13** 86, 97, 113; **18/1** 72, 392s., 431, 799; **18/2** 1.150, 1.163, 1.705-1.773, 1.777, 1.810
- cabalística **15** 40
- dos curandeiros **15** 20
- atitude para com **6** 553s.
- e abstração **6** 555, 561, 944
- complexo e **5** 201
- de viver **8/2** /89
- dos primitivos **6** 560
- e vida **6** 555
- greco-romana **6** 555
- moderna **6** 717; **11/4** 725; **15** 174, 175, 178, 205, 207
- - oriental **11/5** 908, 931ss.
- obra de **3** 398; **6** 308, 718; **8/2** 702; **15** 106, 107, 108, 110, 111, 121, 125, 133, 134, 135, 136, 156, 159, 160, 161, 166
- - o homem como (em Nietzsche) **6** 210s.
- oriental e exótica **6** 555, 563
- papel redentor e intermediador da **6** 212, 215
- poética **6**

- - problema dos tipos na **6** 261s.
- química **14/1** 3, 21, 36, 46, 55, 56, 59, 64, 107, 175, 175[307], 234, 235, 288, 300, 308, 335, 336, 340

- - o segredo da **14/1** 63

Arte alquímica ou espagírica **14/2** 17, 61[141], 83[229], 129, 144, 145, 177, 180, 201[440], 208, 245[56], 322, 343, 371, 372, 373, 380, 384
- cabeça ou começo da **14/2** 384, 384[168], 386[176]
- como a rainha do coração do artífice **14/2** 208
- e o drama psíquico do alquimista **14/2** 208
- geomântica **14/2** 364[128]
- segredo da **14/2** 207
- sete artes liberais **14/2** 235, 248

Arte / artista **10/3** 13, 24, 167, 290, 307, 862; **10/4** 724, 725, 754, 755; **11/6** 1.020

Ártemis **5** 89[30], 298, 364, 496[28], 577; **9/1** 339; **14/1** 73[188], 140[157]; **14/2** 274
- templo de **10/4** 725[1]

Artifex / alquimista / artista) **9/2** 239; **12** 43, 72, 17*, 361, 132*, 382s., 136*, 140*, 141ᴬ, 153, 215*, 216*, 237*, 558, 269*; **13** 117, 212, 277, 284, 408, 414, 429, 439
- cf. tb. Alquimista, processo

Artífice / artifex **14/2** 38, 41, 107, 141, 185, 186, 201[439], 217, 292[243], 388[189], 391[201]

Artificialidade **3** 105

Artifício(s) **14/2** 104, 398, 406
- de Jacobi-Jessen **1** 306

Artio **5** 496[28], F 95

Artis auriferae **8/2** 388, 394[93]; **9/1** 238[30, 31, 36], 246[48, 52], 248[55], 268[12], 293[33], 516[9], 580[133]; **9/2** 192[36], 193,

195, 200^{22}, 220, 241$^{7, 9}$, 241^{17}, 256$^{45-49}$, 257$^{50, 51}$, 258^{54}, 307^{33}, 344^{147}, 376^{51}, 377^{55}, 378$^{63, 65}$, 330; **13** 86^6, 89$^{25, 27}$, 90^{31}, 97^{56}, 101^{68}, 103$^{85, 88, 89}$, 104^{96}, 109^{110}, 112^{123}, 113^{127}, 124$^{160s.}$, 125$^{163, 166}$, 137^{209}, 139^{216}, 158$^{31, 34}$, 161$^{42-44}$, 162^{47}, 173^{107}, 183^{142}, 255$^{34, 38}$, 256^{41}, 261$^{56s., 62, 65}$, 264^{80}, 267$^{98, 105}$, 268$^{110, 126}$, 269$^{131, 133}$, 270^{135}, 271^{152}, 272$^{156s.}$, 273$^{167s., 170s.}$, 274^{174}, 278^{221}, 282$^{229s.}$, 283$^{233, 237s.}$, 287^{244}, 357^{52}, 359^{59}, 374$^{90, 93}$, 380^{106}, 401^{149}, 406^{176}, 407^{181}, 409^{199}, 414^{220}, 429$^{263, 268}$, 436^{282}, 441^{292}, 445^{305}; **18/1** 396^{77}; **18/2** 1.631^{25}, 1.699^4, 1.789^6
- cf. tb. *Rosarium philosophorum*

Artista **3** 171; **4** 194, 607; **6** 210, 478, 553, 808; **8/2** 180; **15** 101, 122, 123, 130, 131, 135, 156, 157, 160, 174, 188^{18}, 204, 207
- e mundo **6** 308
- formulação 173, 242, 254
- produção a. do conteúdo inconsciente **8/2** 400s.
- tipo sensação como árvore **6** 291s., 778

Artísticos
- impulsos **3** 531
- naturezas **3** 105

Artus **14/2** 10^{30}; **16/2** 472^{13}

Arunquiltha **8/1** 120; **13** 128

Aruntas **8/1** 86

Arupaloka **11/5** 782

Árvore(s) **5** 348, F 76, 647; **8/2** 359^{10}; **9/1** 36, 156, 267, 406, 417, 427, 535^{20}, 570s., 576, 582, 585, 589, 654, 661, 665, 673; **9/2** 208, 236, 356, 372, 374; **10/3** 44, 128, 137; **11/5** 890; **12** 34, 62s., 217, 237, 198, 376, 135*, 449, 536s., 538; **13** 88^{23}, 119, 228, 239-242, 243, 247-249, 287, 398-405,

439, 455, F 1-32; **14/1** 71, 73, 152, 153^{210}, 153^{22}, 162; **14/2** 36, 37, 37^{92}, 37^{94}, 38, 39, 221, 235, 302^{303}, 419; **14/3** 138-139$^{65, 68}$, 66, 66$^{36, 37}$, 200, 257, 539-540, p. 48-49, 68-69^{10}, 136-137; **18/1** 245, 440, 465, 550, 585; **18/2** 1.360, 1.567
- acácias **13** 401
- alquimista
- - cf. Filosófica
- antropomorfização da **5** 402, 545
- *arbor philosophica* **12** 340, 122*, 357, 131*, 392, 188*, 121*, 498, 231*, 499; **16/2** 408, 519, 533
- a serpente na **14/2** 148^{337}
- aspecto maternal da **14/1** 71, 73, 84, 136; **14/2** 37, 38, 39
- asvattha / *ficus religiosa* **13** 412
- baobá **13** F 2
- bodhi **13** 418
- cabalística **14/2** 274
- caráter hermafrodita da **5** 325
- carvalho **5** 549; **13** 239, 245, 247, 250, 321, 374, 405, 446^{312}
- cedro **13** 458^{328}; **14/2** 12
- como *alexipharmacon* **12** 538
- como imagem arquetípica **13** 350-353, 379, 404, 460
- como mãe **13** 460
- como origem do homem **14/1** 73
- como planta **13** 347
- como símbolo
- - da libido **5** 329
- - da mãe **5** 360, 368, 392, F 76, 546, 577, 659, 662
- como substância arcana **13** 382; **14/2** 64
- da ciência (hindu) **5** 403
- da contemplação **13** 414
- da luz e do fogo **14/1** 77^{209}
- da morte / dos mortos **13** 349, 401
- da sabedoria **13** 403, 419
- da *sapientia* **13** 321
- das hespérides **13** 314, 404, 406^{176},

Índices gerais

461; **14/1** 82[219]
- das joias **11/5** 919
- das Sephiroth **14/1** 18, 153; **14/2** 258, 318
- - como Deus **14/1** 153[210]
- da transgressão do mandamento **14/2** 220[40]
- da vida **5** 306[3], F 62, 368; **9/1** 73, 445, 560; **9/2** 336[125], 373, 379; **11/3** 359; **11/4** 726; **12** 222*, 264*; **13** 110, 348s., 350[33], 354, 406, 411, 418, 460; **14/1** 72[179]; **14/3** 62-63, p. 48-49; **18/2** 1.526; **16/2** 484
- - como símbolo da deusa do amor e deusa mãe **11/4** 610
- - como símbolo da mãe **5** 320, 346, 398
- - oraculares **11/4** 612
- - o verdejar e o secar da **5** 422[23]
- - pender da **5** 672[80]
- de coral(is) **12** 186*; **13** 375, 406; **14/1** 152
- de Cristo **14/2** 36, 38
- - cf. Cristo
- de flores multicoloridas **14/2** 49
- de fogo **13** 320
- de lua **13** 398[142], 403[160], 459
- de luz **13** 308
- de Natal **8/2** 412; **13** 306, 313, 398, 460, F 3; de Natal **9/1** 22, 467, 480; **17** 75
- - sonhar com **16/2** 379
- de ouro / arbor aurea **13** 380, 417, F 4
- de Simão, o mago **13** 408, 459[332]
- de Zaqueu
- - simbolismo da **14/1** 153[211]
- do bem e do mal **13** 420
- do conhecimento **8/2** 754; **9/1** 73, 560; **9/2** 372; **14/1** 73; **14/2** 37, 220[40], 274
- - cf. tb. Árvore do paraíso
- do mundo / cósmica **9/1** 198, 427s., 433, 442, 447, 452; **13** 288, 306, 311,

320, 381[112], 402, 405, 409s., 459s., F 2, 4, 8, 30; mundo **14/3** 574
- do paraíso **13** 173, 180, 241[4], 247, 288, 316, 398s., 419, 446, 458, 460, F 11; **11/4** 578; **14/2** 36, 37, 37[92]
- dos desejos **8/2** 558
- do Sol e da Lua **14/1** 71, 152, 152[8], 175; **16/2** 533
- dos xamãs **13** 350, F 2
- enraizada no fogo **16/2** 403[11]
- e pedra **13** 421-428
- Erica de Osíris
- - cf. tb. Osíris
- e serpente **5** 396
- filosófica **13** 304-482; **14/2** 36, 37, 48, 53, 60
- - apresentação histórica da **13** 374-379, 399s.
- freixo **5** 367, 439
- frutífera **13** 203, 403, 407[185], 458[329]
- - cf. tb. Fruta
- gaokêrêna **13** 461
- genealógica **8/2** 559; **13** 400, 404; **14/2** 36
- história simbólica da **5** 349, 362
- invertida / arbor inversa **13** 410-414, 420, 462
- jambeiro **11/5** 921ss.
- Jessod como tronco ou arbusto **14/2** 301
- lisa **13** 359
- mágica **13** 399, 462
- marinha / da alquimia árabe **14/1** 153
- Mercurius como **14/2** 301
- milagrosa **13** 319
- nakassa **13** 462
- nascimento do seio da **11/1** 163s.
- niagrodha / *ficus indica* **13** 412[216]
- noiva sobre **13** 455
- nos diversos cultos **5** 545, 546, 662
- nume das **9/2** 372, 386
- - feminino **14/1** 71, 73, 74, 75
- o córtex da **14/2** 257[179]

- odor da árvore da vida **14/2** 361[116]
- oji **13** 247
- origem da **13** 406-409
- palmeira **13** 414, 418
- parto da árvore **16/2** 379
- pé de bani **11/5** 933
- pendurar na **5** 349, 398, 595, 659, 672[80]
- pérsea **13** 401, 458[328]
- pine-tree (pinheiro) **5** 544
- pinheiro **13** 401[154]
- - de Atis
- - - cf. Atis
- relação com o banho **14/1** 73; **14/2** 39, 63
- renascimento da **14/2** 37[92], 39
- sagrada **5** 420, F 102, 577
- *sefiroth* **13** 411
- sem casca **13** 400
- sem folhas / morta **13** 321, 333, 343, 400
- simbolismo da **13** 288, 304-349a, 450-482
- sobre a sepultura de Adão **14/2** 221
- solar **13** 398[142], 403[160], 459
- subir alto na **13** 399, 462, F 9, 11
- tília **5** 368[85], 546
- tronco da **13** 462
- - a crisálida no **13** fig. 20 e 21
- - a mulher como **13** 325, 327, 331s., 337, 418, 420, 458, 461, F 22-28
- - cf. tb. Ninfa
- - o homem como **13** F 29-31
- cf. tb. Árvore da vida; Árvore da morte; Arbor philosophica
- videira
- - cf. tb. Vinho

Asas **14/1** 136, 180, 181, 198, 200, 239, 244; **14/2** 24, 24[64], 61[140], 141[314], 302, 302[304], 384; **14/3** 162, 501, 501[15], 505; p. 132-133
- ao céu **14/1** 289, 291
- - como elevação **14/1** 289

- comer as próprias **14/2** 61[140], 61[143], 158
- do sol **12** 491, 497[184]
- - da justiça **14/2** 24
- dos *spiritus volatiles* **14/2** 48
- dos ventos 282 ascensão (dos astros) **14/1** 302
Asa / alado **9/1** 413, 433, 556, 569s., 574, 580[131], 588, 674, 693; **13** 101, 190[175], 278, 363, 460; **18/1** 266

Asasel **11/4** 669, 680

Asat **13** 267[109]

Ascari (nativo da Nigéria) **13** 247

Ascendente (astrológico) **8/3** 869, 978, 982

Ascensão **7/2** 367
- ao céu e a *coniunctio* **14/2** 150, 190[411], 240, 386
- da alma **16/2** 475
- de Isaías
- - cf. Bíblia; Apócrifos
- e descida / queda **7/1** 41, 114; 12 214; **14/2** 145[322], 145[326]
- etapas da (Dorneus) **14/2** 16, 17
- mística (Dionísio Areopagita) **14/2** 310

Ascensus / descensus **9/2** 391, 399, 421
- cf. tb. Assunção; Descida aos infernos

Ascese **3** 89; **4** 777; **5** 119[5], 120, 590; **6** 243, 335, 369[75], 376, 468; **7/1** 17, p. 144; **11/1** 50; **12** 178; **17** 336; **18/1** 700; **18/2** 1.487
- atitude dos alquimistas **14/2** 337, 369
- cristã e os alquimistas **14/1** 28[187]

Ascese / ascético **10/4** 649, 754

Aschane
- nascimento de **5** 362[63], 368

Asclépio / Esculápio **5** 355, 577; **9/1** 553; **18/1** 257

Asco / repugnância **4** 51, 56, 58, 299

Asenan / Asenath **12** 456[36]

Assimilação **15** 122

Associações **15** 123, 166, 173

Ásia **9/1** 26; **15** 7
- Menor (ou Anterior) / Oriente Próximo **9/2** 229, 267, 278, 350; **14/2** 190

Ásia / asiático **10/2** 928, 932; **10/3** 237, 989s.

Ask e Embla **13** 458[327]

Asklepieia / templos de Asclépio **5** 577

Asclépio / Esculápio **14/2** 148, 148[338], 158[365]
- como salvador **14/2** 158[365]
- o caduceu de **14/1** 298, 299
- o mito de **14/1** 140[157], 298[878]

Asma **7/1** 46s., 69; **18/1** 421
- nervosa **4** 365

Asmodeu **4** 742

Asno **12** 394
- cf. tb. Animais

Aspereza ou caráter de base química **14/2** 351

Assimilação, da sombra
- cf. Sombra
- de conteúdos inconscientes
- - cf. Conteúdos
- do inconsciente **16/2** 327

Asno **9/2** 129, 168

Asophol como ouro **14/2** 290, 290[227]

Assassinato(s) **4** 344, 349; **8/1** 105; **8/3** 868[51]; **18/1** 65, 781, 817, 821, 918; **18/2** 1.599

Assassinato / assassino **10/2** 408, 416, 430, 465

Assassínio **14/2** 11, 188[411]

Assassino **14/1** 195
- caso de Leppmann **1** 343

Assim falou Zaratustra
- cf. Nietzsche

Assimilação **3** 169, 416, 575; **6** 554, 825, 863, 1.047; **8/2** 195, 197, 198, 234, 430, 472, 496; **9/1** 475; **9/2** 43-47; **10/3** 968; **13** 12, 48s., 55, 223[246], 296, 307, 464, 477; **18/1** 595, 987; **18/2** 1.515s., 1.520, 1.529, 1.827
- da consciência do eu **8/2** 204, 430, 557
- da imagem perceptiva **6** 692
- das emoções **1** 357
- de conteúdos arquetípicos inconscientes **16/1** 188
- de ideia e sujeito **6** 598
- do inconsciente **8/2** 207, 209, 254, 409s., 413s., 430, 740
- e associação **1** 314s.
- empatia como **6** 525
- força de a. dos complexos **8/2** 204
- cf. tb. Integração

Assírios **14/2** 235[84]

Assistência (serviço) social **10/3** 200

Assobiar **5** 144

Associação(ões) **2** 1s., 12s., 20-498, 499-559, 560-638, 639-659, 664, 675, 718s., 730[2], 731, 780, 793-822, 833, 846, 850, 868, 887, 925, 1.020, 1.067s., 1.197, 1.333, 1.352; **3** 20, 87, 93, 544; **4** (38), 65s., 80, 87, 195, 324, 335s., (427), 476, 480, 541, 622; **6** 528, 530s., 533, 537, 548, 764, 847, 1.036; **8/1** 18, 85; **8/2** 150, 152, 368,

590; **9/1** 101, 107, 123, 127, 236, 485; **10/4** 626, 692; **11/6** 1.034, 1.072[20]; **13** 325, 350, 353; **17** 207; **18/1** 102, 148, 151, 155, 190s., 229, 233, 421, 426s., 430s., 465s., 475, 483, 514, 521, 526, 794, 832, 843, 870, 935, 959, 969s., 987, 1.004; **18/2** 1.208, 1.257, 1.391
- acústica **2** 25, 472
- - cf. tb. Estímulo
- aliteração na **2** 110, 111, 113, 114-381, 394-400, 434-439, 463-471, 586, 611
- anomalias da **2** 157
- características da **2** 1.002
- com carga emocional **1** 184s.
- concordância de **1** 148; **8/2** 228, 503
- conscientes e respostas aproximadas **1** 279
- consonância na **2** 110s., 115-381, 393-400, 434-439, 463-471
- constelação de complexos na **2** 607, 613, 621, 645-659, 664, 733-751, 771-792, 816, 818, 919, 984, 1.177, 1.354
- constelação na **2** 182-207, 271-381, 508s., 539, 548[21], 552, 555, 605, 611s., 616, 650, 687, 716, 816, 844, 919
- coordenação na **2** 29-44, 115-381, 393-419, 434-474, 1.000
- da ocorrência **2** 1.371, 1.375s.
- de canções e melodias **1** 168s.
- de coexistência **2** 9, 32, 43, 46, 55, 66, 111, 115-381, 393-474, 596, 780
- de determinação do objeto **2** 64, 111
- de doentes **2** 1, 641, 794-862, 924
- definição de **2** 20s.
- de ideias **8/2** 149, 266, 269, 668; **8/3** 840, 850
- de julgamento **2** 23
- cf. tb. Valor
- de material **6** 800
- de pessoas sadias, normais **2** 1-498, 640s., 908, 924, 944, 994
- de som(ns) **1** 311s.

- - cf. tb. Reação
- distração nas **3** 37, 52, 134
- distúrbios nas associações provocados pelos complexos **3** 10, 93, 108, 208, 506
- erótica, sexual **2** 692, 696
- e sugestão **1** 87, 148
- e supraconsciente **1** 290
- estudos de **6** 741
- experiências de **3** 12[(19)], 16, 37, 82, 92, 96, 110, 175, 183, 203-207 554; **16/1** 48, 202; **17** 128, 175, 199a; **18/1** 4, 97, 102s., 111, 115, 121, 127s., 147, 155s., 174, 432, 832, 941, 953, 961s., 972, 978s., 996s., 1.019, 1.067; **18/2** 1.130s., 1.137, 1.155, 1.157, 1.256
- experimento das **8/1** 22, 62; **8/2** 196, 198s., 253, 296, 365, 592; **8/3** 821; **11/1** 21, 37
- - experimentos de, com tabelas **1** 311s.
- - fator treinamento em **1** 312[21], 316
- - com criminosos 478, 483
- externa **2** 29[10], 32, 42s., 66-75, 111, 113, 115-381, 391, 437, 444s., 473, 475-498, 599, 637, 796-815, 871s., 889
- forma linguístico-motora **2** da 89, 113, 115-381, 393-474, 1.000
- ilimitadas, em histéricos **1** 340
- incorreta
- - cf. Experimento, reação
- indireta(s) **2** 82-91, 111, 113, 115-381, 393-474, 489, 605, 796-815, 829[16]; **3** 44, 135, 218
- - exemplos de **2** 451, 605
- - parafásica **2** 85
- inibição, "embaraço" **1** 312, 317
- interna **2** 20[4], 21[5], 29-65, 86, 111, 115-381, 391-399, 437s., 444, 469, 473, 475-498, 580, 582, 589, 596, 599s., 637, 796-815, 871, 877s., 889
- intrapsíquica **2** 21, 26
- lei de **3** 22, 41, 82[97]; **6** 553
- limitação das **1** 147[133]

Índices gerais 171

- livre **2** 451, 640, 662, 704; **8/2** 154, 167, 179; **9/1** 101; **11/6** 1.072[20]; **16/1** 100; **16/2** 319; **18/1** 171s., 183, 422s., 433, 856; **18/2** 1.147
- maníaca **2** 387
- mecânica **2** 117, 128, 385
- "medo de" **6** 534
- método da **2** 640, 757s., 776, 792, 907, 939-998, 1.020, 1.079, 1.089, 1.350[1]
- na catatonia **3** 9, 22, 144
- na criptomnésia **1** 138s.
- na *dementia praecox* **3** 8, 22, 210, 216-293, 303
- no diagnóstico psicológico **1** 478s.
- patológica(s) **2** 1, 640; **3** 44
- perseverante
- - cf. Reação
- perturbada
- - cf. tb. Reação
- por semelhança **3** 22, 41, 82[97], 135[20]
- por "semelhança de flexão" **2** 73
- primitiva **2** 169, 174
- relação predicativa na **2** 45s., 111s., 115-381, 393-474, 502
- - cf. tb. Tipo reativo
- repressão das, e percepção **1** 73
- reproduzida
- - cf. Reprodução
- saltadora **2** 23
- segundo a lei da semelhança **1** 183
- - na consciência e no inconsciente **1** 166s.
- sem ajuda da consciência **1** 167
- sem sentido
- - cf. Reação
- separadas **3** 55
- séries de **4** 43
- - associações nos normais **3** 38, 50
- substituição automática **1** 75
- superficialidade da **2** 132, 882
- técnica da **2** 515s., 1.319
- - cf. tb. Método da associação
- teoria da **2** 37
- teste de **10/4** 753

- - cf. Experimento
- vazio de **2** 509; **3** 178, 183[172], 186
- cf. tb. Reação

Associação Internacional de Psicanálise **18/1** 1.027-1.033; **18/2** 1.388 nota

Associação Médica Geral de Psicoterapia **11/6** 1.014, 1.016, 1.035s., 1.048, 1.055, 1.058, 1.062, 1.068

Assombração / fantasma **13** 57, 66, 174, 180, 186, 195, 216

Assonância **2** 93

Assumptio Mariae / Assunção de Maria (dogma) **9/2** 142; **14/2** 104, 329, 331, 333, 399; **14/3** 507
- como festa de núpcias **14/2** 329
- e a ideia da união **14/2** 334

Assunção
- cf. Subida ao céu

Assurbanipal **14/2** 44

Assustado, a **1** 39, 231, 277

Astarte **5** 353[45], 361, 462[59]; **6** 522[187]; **8/2** 336; **9/2** 174; **13** 226, 278, 407[180]; **14/1** 77, 179; **18/2** 1.529
- cf. tb. Ishtar

Astecas **9/2** 222; **13** 92
- como americanos primitivos, o aspecto do pai **5** 266, 272

Aster **13** 160
- cf. tb. Estrela

Astral **9/1** 356

Astrampsico **13** 359, 361

Astro / estrela **13** 99[66], 106, 148, 160, 168, 176, 186, 271, 273, 301, 409

Astrolábio **14/1** 255

Astrologia **5** 42[3]; **6** 980, 999; **7/2** p. 157s.; **8/3** 829, 866s., 889, 906, 934, 976, 984; **9/1** 7, 9, 551, 605, 608[179]; **10/3** 121, 169, 172, 176, 189; **10/4** 682, 684, 687, 700; **11/4** 714, 725[11]; **11/5** 778, 973; **12** 40, 314, 346; **13** 49, 125, 151, 154, 160, 193, 273-277, 285, 355, 408s.; **14/1** 136, 165[803], 216, 302; **14/2** 50, 137[296], 141[319], 158[360], 169; **14/3** 158, 605; **15** 19, 20, 22, 29, 30, 34, 81; **16/2** 410; **18/1** 412
- causalidade astrológica na Antiguidade e na Idade Média **14/1** 20
- e alquimia **8/2** 393; **14/2** 158[360]
- fundamentos **8/2** 405[11]; **8/3** 873, 898, 977, 984
- greco-egípcia **13** 193[184]
- meteorológica de Kepler **8/3** 872s.
- Sol e Lua como símbolo do homem e da mulher **14/1** 216
- terrestre / teirrestris **13** 355; **14/2** 296[271]

Astrologia / astrológico **9/2** 128-136, 137[55], 146, 148-149, 150-159, 162-180, 212, 230, 232s., 415

Astrologia / astrólogo **10/2** 914

Astrológica **8/3**
- situação **8/3** 859
- tradição **8/3** 897s.

Astromitologia **4** 477

Astronomia **8/2** 736; **9/2** 134, 136, 147, 154, 156[12], 232, 323;
- no sistema místico de S.W. **1** 144
- Paracelso **8/2** 390; **10/4** 635, 810; **11/1** 140; **13** 154, 285s., 323; **14/2** 158[365], 235; **15** 29, 22, 38

Astrum / astral **15** 22, 32, 33
- Paracelso **13** 160, 163, 173

Astúcia **5** 248, 351

Asvattha / ficus religiosa
- cf. Árvore

Ataque
- de doentes psíquicos **2** 500

Atarah (coroa) **14/2** 318

Atárgatis **9/2** 127, 163, 173, 174, 186

Atavismo **3** 529; **18/1** 943

Ataxia **3** 33, 35
- intrapsíquica (Stransky) **3** 37

Ataxia / abasia **18/1** 876

Ateísmo **8/2** 712; **9/1** 125; **9/2** 170; **10/1** 510; **11/1** 35, 140, 142; **11/2** 285
- ateu **18/2** 1.531, 1.589, 1.658, 1.660, 1.689
- moderno **14/2** 178

Atená **5** 560; **6** 287
- árvore sagrada de **5** 372, 392[119]

Atená, P.A. **9/1** 95, 368

Atenas **13** 92, 129[179]; **18/1** 260, 264

Atenas / ateniense **9/2** 274, 299, 316[61]
- pequena metrópole de **9/2** 147

Atenção **2** 3, 14, 86, 88[20], 115, 119, 132, 134, 138, 147, 207, 236, 305, 356, 382, 407, 410, 419, 419[64], 444, 451, 461, 471s., 484, 488s., 611, 777, 798, 803, 807, 816, 882, 885, 984, 1.048, 1.058, 1.060, 1.062, 1.067, 1.080, 1.093, 1.138, 1.187, 1.302s.; **3** 12[22] (Binet), 14 (Masselon), 19 (Wundt), 83 (Bleuler), 182; **6** 550, 769, 803; **8/1** 26; **8/2** 294, 382, 690 **17** 199a; **18/1** 445, 452s., 458, 853, 868, 888, 964, 990; **18/2** 1.485
- crítica **8/2** 160
- desvio de **6** 849
- diminuição da **3** 12, 24, 30, 134, 300, 545
- distúrbios da **1** 43, 73, 317s.; **2** 132s., 160, 165, 168s., 237, 387s., 419, 450, 450[68], 470, 491, 563, 605, 731, 798, 882, 1.040, 1.067, 1.322,

Índices gerais

173

1.381; **2**; **3** 17, 22, 53, 162, 434
- - e simulação **1** 338s.
- divisão da 74, 269, 329, 357, 441,
444, 462, 470, 472, 490
- do extrovertido **6** 629
- influência da emoção sobre a **1** 354
- no ato de pensar **1** 119[91]
- orientada para o inconsciente **14/1**
175
- permanente simbolizada pelos olhos
de peixe **14/2** 406
- posse da (Freud) **3** 117, 137
- cf. tb. Distração

Ateniense **11/2** 264

Athanar **13** F V

Athanasianum (símbolo atanasiano)
11/2 171

Atharva-Veda
- cf. tb. Veda(s)

Athîsta **8/2** 329, 411

Athla **9/1** 289, 433

Ática **13** 92

Atis **5** 165[78], 183, 299, 393, 595; **9/1**
162; **9/2** 145[75], 162, 237[110], 310, 334,
339[195]; **11/3** 348; **11/4** 612, 718[3]; **12**
416, 529; **13** 92, 401[154]; **14/2** 174[401],
293[259], 319[359]; **18/2** 1.083[2], 1.287
- árvore sagrada de **5** F 120
- autocastração de **5** 321, 356[51], 585,
659
- como deus moribundo e
ressuscitado **5** 165
- como filho-amante **5** 330[32], 595, 659
- festa de **5** 662
- pinheiro de **5** 321, 349, 659

Atitude(s) **3** 566; **6** 549, 822, 870,
919, 1.040; **10/2** 913; **10/3** 972; **15**
111, 117, 160, 182; **16/1** 79
- abstrata, abstrativa **6** 135s., 201,
309, 749
- - pobreza da **6** 137s.

- afetiva **8/1** 61, 64, 67
- anticristã **14/2** 151
- ascética **11/5** 786
- biológica **8/1** 113
- científica **15** 99
- coletiva **6** 9, 785; **8/2** 142
- - como força destrutiva **6** 309
- como indicador **16/1** 77
- como expectativa **6** 769
- compensação da **16/2** 331s.
- - consciente da **6** 972
- - como cosmovisão **6**
- - mudança da **6** 311s., 322, 530, 971s.
- - como religião **6** 975
- complementar 133
- conceito de **6** 768s.
- consciente **5** 273; **8/2** 488, 494s.,
545; **14/2** 151
- - compensação inconsciente **11/5**
779
- - diante dos instintos **5** 199
- - falsa **5** 655
- - neurótica **5** 262
- contrárias **8/1** 77
- "correta", adaptada **6** 885
- cristã **6** 451, 523
- - e hindu **6** 180s.
- critérios de diferenciação **7/1** 64[2]
- crítica **14/2** 408, 409
- cultural **8/1** 113
- da criança **4** 227
- - alargamento da **4** 554, 678s.
- - emocional **4** 515
- - entre mãe e filha **4** 698s.
- - entre médico e paciente **4** 535s.,
614, 663
- - frívola **4** 538
- de defesa **6** 537s.
- dependente de princípios e ideias
16/1 250
- do sacerdote e do médico **16/1** 239
- do sujeito, testado para com o
experimento **8/2** 197
- duplicidade da **6** 768
- e adaptação **8/1** 61s.

174 Obra Completa − Vol. 20

- e meio ambiente **6** 753s.
- em face da sexualidade **8/1** 108
- empírica em relação à psique **6** 984
- em relação
- - à força **6** 426
- - ao mundo **8/2** 689, 705
- e pontos de vista **8/1** 5, 41
- espiritual **14/2** 108; **16/2** 486
- - e moral **8/2** 144

- estética ou perceptiva **6** 183; **14/2** 408, 409, 410
- - como defesa **6** 214
- extrovertida
- - cf. Extroversão; Extrovertido
- e vontade **8/2** 630, 635
- falsa **8/2** 684
- fortalecimento da **16/1** 64
- geral, comum **6** 109, 584
- - e individual **6** 770
- - como religião **6** 311
- habitual, típica **6** 6, 548, 770, 753
- homogeneamente orientada **6** 440
- idealista **16/1** 60
- ingênua (em Schiller) **6** 199s.
- intelectual **11/1** 56
- interior e exterior **6** 757s., 759s.
- introspectiva da filosofia oriental **8/2** 436
- introvertida
- - cf. Introversão; Introvertido
- juvenil como causa da neurose **16/1** 75
- libertação de uma **6** 311
- limitadora **15** 46
- livre do objeto **11/5** 797
- mental **14/1** 47
- mudança de **6** 530, 548; **7/1** p. 8, 132, 159; **7/2** 252; **8/2** 142s., 482, 495, 514, 594
- na estética **6** 553s.
- neurótica **16/2** 257
- oposta **6** 298, 587, 960
- origem, gênese e degeneração **8/1** 50
- para com a sexualidade **6** 421s.

- para com o exterior **6** 922
- patógena **8/2** 497
- pensativa **8/1** 61, 64-68
- pessimista **8/2** 489
- pragmática **6** 606
- primitiva **6** 590
- prudente **14/2** 443
- psicológica **6** 54, 71, 109, 311, 548, 584; **8/1** 26; **8/2** 201, 338, 523, 630s.
- - e adaptação **8/2** 495s.
- - no Oriente e no Ocidente **11/5** 786s.
- psíquica **12** 247s., 357s., 384s., 389; **14/2** 365
- racionalista **6** 223, 297
- razão como **6** 584s., 884
- regeneração da **6** 668
- religiosa **6** 593; **11/1** 53, 138; **16/1** 99;
- - do aluno **14/2** 337
- - dos alquimistas
- - - cf. Alquimista
- renovação da **6** 298, 322, 469, 475, 525, 668
- rítmica **4** 291
- semelhança dentro de uma família **8/2** 503
- sentimental **6**
- - em Schiller **6** 189s., 200s.
- - e natureza **6** 200
- simbólica **6** 908
- social **6** 824
- tensa **6** 551
- típica **6** 22, 622s., 922s., 997s.
- - diferenciada **15** 122
- tipos de **6** 621, 771; **7/1** 56s., 63; **7/2** p. 145s.; **8/2** 221-224, 250, 258; **12** 295
- - opostos de **7/1** 60, 62, 80
- - cf. tb. Tipo
- transformação da **16/1** 53, 93, 212
- cf. tb. Comportamento
- unilateral
- - cf. Unilateralidade
- visualização **8/2** 630

Índices gerais 175

Atitude espiritual / mental / ocidental / oriental e ocidental **11/5** 773, 778; **12** 361s., 381s.

Ativação do inconsciente **8/1** 65

Atividade **6** 923
- do extrovertido **6** 227s.
- endopsíquica **8/2** 241
- e passividade **6** 259, 1.004s.

Ativo e passivo como opostos **14/1** 159

Atlântida **6** 622; **9/1** 471; **15** 142

Atlantide, L. (Benoit) **17** 341

Atlas Farnesino **9/2** 147

Atmã **6** 178s., 336, 355, 406, 457; **9/1** 248, 289, 408, 554, 572; **10/3** 65, 873; **13** 210, 268, 287, 301; **14/3** 552; **18/1** 638; **18/2** 1.526, 1.832
- dissolução do **14/3** 437

Atman (Deus) **5** 227, 296[61], 550, 596[186], 612[197]; **9/2** 59, 124, 223, 257, 303, 348; **10/4** 779; **11/2** 231; **11/3** 433; **11/4** 666; **11/5** 955s., 959; **12** 9, 16, 209; **16/2** 474
- como si-mesmo **12** 137
- conceito paradoxal **14/1** 141
- pessoal **14/2** 370, 417
- - identificado com o a. superpessoal **14/2** 417
- - superpessoal (Deus) **14/2** 417
- universal e pessoal **14/1** 128, 141, 154[213], 266

Atninga
- cerimônia do **8/1** 86
- força de **8/1** 49
- - do símbolo **8/1** 46, 85

Ato de alimentar-se **5** 318, 651

Atômica(a) **6** 578, 581
- bomba **8/2** 421s., 424, 426, 428; **18/2** 1.474, 1.407, 1.505

- era **18/2** 1.666
- modelo **8/2** 417
- teoria **10/3** 113, 182, 852

Átomo **8/2** 278, 284, 422, 438, 652; **8/3** 957; **9/1** 116, 143, 384, 408; **9/2** 376, 380, 391, 411s.; **14/1** 60, 61, 62, 64
- de rádio e sua desintegração **11/3** 447
- energia atômica **10/2** 485
- física atômica **14/2** 325, 424
- teoria do **10/4** 600, 611, 766
- cf. tb. Física

Aton **14/2** 9[28]

Atores **12** 255

Atos de João
- cf. Bíblia, apócrifos

Atos de Tomé **5** 318[16], 558, 560, 561, 563
- cf. tb. Bíblia, apócrifos do Novo Testamento

Atos dos Apóstolos **10/1** 544; **18/2** 1.311
- cf. tb. Bíblia

"Ato voluntário interior" (em Külpe) **5** 18

Atração **4** 279, 286; **8/3** 825
- força de atração de objetos relacionados (Scholz) **8/3** 831

Atrás
- como região do inconsciente **12** 53

Atributos do fogo **5** 128, 136

Atridas
- maldição dos **6** 206; **17** 88, 154

"Atrofia emocional" **2** 1.066

Atua **8/1** 125

Atum **5** 133, 147

Audição **1** 125
- colorida ("audition coloriée") (Janet)

6 171, 764, 786
- - cf. tb. Sinestesia
- extinção da **8/3** 945
- sentido da **9/2** 288, 311

Audition colorée **5** 237

Augúrio(s) **4** 589, 607, 614; **8/3** 850[36]; **10/3** 120, 125

Aura **7/1** 108
- psicoide **14/2** 441

Aurea hora **13** 158; **14/3** 143

Aurelia occulta (Theatr. chem.) **13** 95, 106, 110[113], 243, 267, 271, 273, 273[172], 281[225s.], 445

Auréola **5** 133[19], 163

Aureum vellus **13** 89[26], 123[156], 268[124]
- cf. tb. Bibliografia

Aurichalcus / Bronze de ouro **14/2** 299[279]

Aurora **14/3** 143-144, 157, 555, 566, p. 60-61, 124-125, 136-137, 142-143

Aurora consurgens **8/2** 388; **10/4** 811; **13** 90[31], 103, 113, 126, 158[31], 186, 255[38], 256[41], 261[56], 268[113], 269[133], 356[47], 359[59], 374[90, 93], 403, 409, 429, 429[268], 445; **14/2** 164
- mística **14/2** 164
- cf. tb. *Artis auriferae*

Aurum
- *non vulgi* **10/4** 728; **13** 203, 355, 357[48], 404
- *nostrum* **9/2** 195; **13** 404
- *philosophicum* **9/1** 543; **13** 353[37], 355
- *potabile* **9/1** 543; **10/4** 741; **13** 212, 353[37]
- *vitreum* **9/1** 543
- - cf. tb. Ouro

Auschwitz **10/2** 404

Ausência(s) **1** 27, 42; **2** 518; **3** 183; **7/1** 4
- cf. tb. Memória

Ausgänge der psychoanalytischen Kuren (Stekel) **4** 632

Auster **14/3** 58, 107, 142-143, 152, 276, p. 62-63

Austrália **9/1** 84, 116, 224, 226[21], 260; **10/3** 103; **13** 129, 130[181]; **18/1** 649

Australianos **8/1** 119s.; **8/2** 570

Áustria **10/2** 908; **10/3** 975; **11/6** 1.055, 1.060, 1.064

Autades **9/2** 307[33]

Autenticidade apostólica
- cf. papa

Autismo (Bleuler) **3** 429; **5** 37

Autismo / autista **9/2** 17

Autoafirmação **17** 156, 319

Autoamplificação **14/2** 320

Autoanálise **4** 449, 633; **8/2** 165, 685, 809

Autoapresentação **13** 334

Autoaquecimento
- incubação por **14/1** 256

Autocastração
- cf. Castração

Autochthonos **13** 327

Autocomiseração **3** 403

Autoconfiança **8/2** 193; **10/4** 674; **14/2** 410

Autoconhecimento **4** 156, 615s.; **6** 957; **7/1** 28; **7/2** 218, 223, 275, 375, 381, p. 135s.; **8/1** 86; **8/2** 141, 426, 737; **9/2** 14, 250-253, 255s., 318; **10/1** 491, 525, 565-588; **10/2** 918; **10/3**

Índices gerais

321, 350, 827, 843, 892, 896; **10/4** 674, 677; **11/1** 140; **13** 39, 126, 301, 372; **14/2** 15, 15[45], 17, 182, 322, 322[19], 322[20], 346, 356, 366, 367, 368, 369, 370, 393, 396, 397, 398, 433; **16/2** 433, 471; **18/2** 1.803-1.817, 1.827
- como denominação do estado inicial **14/2** 367
- como dotação moral **14/2** 433
- conhecimento de si mesmo **11/2** 221, 271; **11/3** 390, 411 **11/4** 662; **11/5** 794, 974, 999
- consequências éticas do **14/2** 433
- meditar sobre si mesmo **11/3** 400, 400[20], 401; **11/4** 639
- promoção e resistência **14/2** 356, 358, 397

Autoconsciência **4** 156, 490

Autoconservação **4** 200, 237, 276[16], 280
- instinto de **8/2** 237, 379

Autocontrole **3** 93, 147, 151, 521; **8/2** 507, 515

Autocopulação **9/2** 22

Autocrítica **3** 456; **4** 380s., 590, 649, 774; **6** 939, 1.051; **7/1** 41; **9/2** 46; **10/1** 578; **10/3** 850; **10/4** 674; **11/1** 86; **16/1** 236; **17** 331a

Autocura **4** 574

Autodecepção **8/2** 699, 704

Autodefesa **3** 487

Autodepreciação **6** 881

Autodestruição **8/2** 245; **15** 176
- do complexo patogênico **3** 547, 583

Autodomínio **4** 200

Autoeducação **4** 444; **6** 539; **16/2** 503

Autoengrandecimento **18/1** 514

Autoerotismo / autoerótico **3** 429; **4** 243; **5** 37; **8/2** 432; **9/2** 17; **10/3** 890; **12** 5; **13** 307; **15** 158
- infantil **6** 449, 962
- - atitude autoerótica **6** 692
- cf. tb. Erótico

Autofecundação **5** 447; **9/2** 323; **12** 209s.; **13** 104

Autógenes **9/2** 307[33]; **13** 419; **14/2** 255[166]
- cf. tb. Monogenes

Auto-hipnose, **2** 134
- cf. tb. Hipnose

Auto-humilhação / humilhação de si-mesmo) **11/5** 772

Autoimolação **5** 671, 675
- divina **5** 176[1]

Autoincineração **12** 416[36], 469

Autoincubação **12** 441
- cf. tb. Tapas

Automática
- ação **1** 119,163
- escrita **1** 28, 49, 73, 79s., 92, 96, 130; **3** (157[137]), 313v; **8/2** 171, 253, 602
- fala **1** 126s.

Automatisme ambulatoire **8/2** 383

Automatismo(s) **2** 136, 451, 611, 847, 849s., 857, 1.072; **3** 7, 12[21] (Janet), 55, 71, 135, 163[144], 186, 300, 308; **8/1** 22; **14/1** 219; **15** 166[8]
- *ambulatoire* **1** 1, 18
- anímico inconsciente **4** 28
- de comando **3** 17, 27
- devido à influência emocional **1** 304, 354
- distúrbios inconscientes **8/2** 640
- do instinto **8/2** 244, 383s.
- dos processos reflexos **8/2** 607s.
- e histeria **1** 304s.

- elementares **1** 74s.
- exemplos de **2** 451, 611[45]
- fomentado pela distração **1** 340
- melódicos **3** 112
- motor **1** 82, 87, 146
- o erro histérico de leitura como **1** 155s.
- psíquicos **6** 800, 860
- subconsciente **1** 122

Automatismo / automático **17** 296

Automatização **1**
- das atividades **3** 182
- de elementos psíquicos **1** 340

Automóvel (m.s.) **8/2** 451s., 535, 562
- no sonho **11/3** 441

Automutilação **6** 433
- cf. tb. Castração

Autonomia **13** 12, 48s., 55s., 61, 75, 437; **14/2** 408, 410, 441
- da imago do objeto **8/2** 521
- das ciências experimentais **8/2** 346
- de um conteúdo traumático **8/2** 500
- do espírito **8/2** 379, 643, 645
- do inconsciente **8/2** 365, 546
- do indivíduo **8/2** 472s.
- do instinto **8/2** 379
- psíquica **4** 65

Autonomia / independência **11/2** 276, 292

Auto-observação da psique **8/2** 165; **8/3** 840

Autópator **9/2** 298

Autoridade(s) **8/1** 111; **9/2** 48s., 236; **10/3** 326, 896; **11/6** 1.019; **13** 479; **15** 5, 11, 17, 19, 25, 183; **16/1** 226; **17** 107a, 215, 284
- espiritual **8/1** 101
- moral **8/1** 105
- relacionamento com **1** 193, 206

Autorrealização
- cf. Individuação

Autorredenção **11/5** 770, 780

Autorreflexão / *ennoia* **14/3** 111
- de Deus **14/3** 111, 558

Autorregulação **7/1** 92; **15** 131
- da alma (psique) **8/1** 96; **8/2** 159, 483, 488, 492, 547

Autorrenovação lendária do cervo **8/2** 559[11]

Autorrepresentação do inconsciente **8/2** 505

Autos de fé **11/2** 291

Autossacrifício **7/1** p. 151; **7/2** 306; **11/3** 307, 379, 390, 392; **11/4** 741; **11/5** 849
- cf. tb. Cristo; Sacrifício

Autossuficiência moral **17** 154

Autossuficiente **11/5** 888, 907, 973

Autossugestão **3** 27, 137[123]; **4** 17s., 206, 208, 596; **8/1** 87
- automatismos neuróticos **18/1** 951
- cf. tb. Sugestão

Autotransformação **18/2** 1.785

Auxiliares **14/3** 424

"Auxílio de aves" **5** 370[86], 538, 546

Avaliação
- método de **8/1** 19

Avalokiteshvara **12** 125

Avatar **9/1** 551; **9/2** 272; **10/3** 986, 992; **14/2** 33

Avatara **13** 334

Ave(s) **14/1** 3, 3[17], 6, 10, 64, 77[20], 78[213], 79, 167, 175, 175[30], 239, 240, 281
- como alegoria de vapores **14/1** 78[213], 241, 242
- de Hermes (espírito) **14/1** 6, 40, 240,

Índices gerais

241, 242, 244
- e a serpente, o par clássico **14/2** 148[336]
- escarlate **14/1** 242; **14/2** 60[140], 61[141]
- espírito **14/1** 275
- e verme como par de opostos clássico **14/2** 148[336]
- negra **14/2** 387, 391
- noturna **14/2** 384, 398[212]
- ou pássaro **14/2** 56, 61[140], 139, 148[336], 290, 290[232], 302
- sem asas **14/2** 56
- simbólica alquímica **14/1** 78[213], 175[303], 239, 240
- cf. tb. Pássaro

Avenida (m.s.) **8/2** 561s.

Avental (S) **4** 491, 498

Aventuras do herói (m.s.) **8/2** 558

Aves (espíritos)
- cores das **14/1** 79, 132, 240, 242
- duas aves como opostos **14/1** 2, 3, 175

Aves-almas
- cf. Pássaro

Avesta **5** 243

Avezinha de Hermes **14/2** 51, 302, 384

Avião **10/4** 603, 635, 639, 666, 668; **11/3** 441; **12** 146s., 153; **15** 152
- motivo de sonho **13** 399, 471

Avidez / cobiça **13** 193[186], 355, 365

Avó **4** 476; **17** 5, 11s., 19, 32, 41, 54, 216s., 219
- nos sonhos **11/5** 996

Avô **9/1** 188, 398; **9/2** 354; **18/1** 359

Awareness **11/4** 638

Axioma de Maria **4** 743 10; **8/3** 952; **14/1** 66, 262, 271, 272; **14/2** 238, 267, 320
- cf. tb. Maria

Axiomas empíricos **4** 7

Ayami **13** 460

Ayik **9/1** 288; **11/2** 200

Azar
- número de **2** 41

Azaziel **5** 169, 170

Azi-Dahaka de três cabeças **14/2** 306[324]

Aziluth **9/1** 576[119]

Azinhavre **12** 207; **14/2** 389

Azoch / Azoth **8/2** 388[58]; **12** 207[73]; **13** 271, 383
- como Mercurius **14/2** 210, 210[2]

Azul **8/2** 414; **11/1** 111, 113, 117s., 120, 123, 125, 128, 160; **11/5** 929; **12** 287, 316, 320s., 322; **14/1** 11, 172; **15** 210
- cf. tb. Cores

B

Ba **8/3** 845
- e ka **7/2** 295

Baal **18/2** 1.529; **9/2** 182
- de Edessa **5** 294

Baba Batra
- cf. *Talmud*

Baba-Yoga **9/1** 435; **16/2** 429

Babel
- construção da torre de **5** 171

Babilônia **10/3** 293; **11/2** 172, 178,
194; **14/2** 3[10], 68, 78, 78[223], 217[22];
14/3 264, 272, p. 80-81, 82-83
- a grande **14/2** 68, 68[175], 78
- - meretriz **14/2** 78[223]
- a meretriz **11/4** 721
- confusão das línguas em Babel **11/4**
695

Babilônia / babilônica **18/1** 234, 365

Babilônia / babilônio **9/2** 127, 172,
174, 178, 186, 189, 191

Bacantes **4** 106

Bach
- fugas de **14/2** 408

Baco **5** 184[20], 264, 530; **9/2** 311
- sagrações baquianas **5** 536
- cf. tb. Dioniso

Bactérias **10/4** 673

Báctria **9/2** 128

Bad Manheim **11/6** 1.016[4], 1.035[10],
1.039, 1.055-1.059

Badi **8/1** 120

Baetylus **14/2** 425

Bahai, Abdul, bahaísmo **11/5** 861

Bahamas **10/4** 603

Bahman Yast **9/2** 169

Bait **14/2** 4, 5[13]

Bakairi
- mito de **5** 298[66], 321[25]

Bakcheus **14/2** 174[401]

Baktol **9/2** 167

Balaão **9/2** 106, 179
- burra de **5** 421

Balac **9/2** 106

Balança **14/1** 142; **14/2** 168[205]
- idade da **5** 662
- cf. tb. Zodíaco

Balder / Baldur **10/4** 701; **11/4** 715
- como *puer aeternus* **5** 393
- corcel de **5** 421
- e Loki **5** 42
- morte de **5** 392

Baldur **9/1** 283; **10/2** 397[13]

Baleia / *cetus magnus* **13** 180 193[190],
398; **14/1** 249 256, 270; **18/1** 80
- dragão **12** 170*, 172*, 174*, 176*,
440,
- cf. tb. Animais

Índices gerais

Balgus **12** 462

Ballinus **12** 336[11]

Balneário (S.) **4** 96s.

Bálsamo **13** 170s., 188; **14/1** 27, 40,
44, 108, 108[15], 235[406], 331; **14/2** 115,
163, 197, 358, 330, 343, 358, 361[115],
372, 425; **14/3** 538, 541, p. 78-79,
136-137, 142-143
- astral no homem **14/1** 108[15]
- como *aqua permanens* **14/2** 328[46]
- como remédio para o corpo e para o
espírito **14/2** 328
- como substância etérea **14/2** 328
- essencialmente espiritual **14/2** 328
- paracélsico **14/2** 328
- cf. tb. Embalsamamento; Óleo

Banheira do rei **14/1** 72, 73; **14/2** 37,
38

Banheiro (W.C.) **17** 38, 54[9], 68

Banho **12** 27*, 57*, 118*, 134*, 152*,
484s.; **14/1** 74, 75; **14/2** 13, 13[35], 75,
202, 320, 320[16]; **14/3** 389
- Adão e Vênus no **14/2** 74, 211, 212,
214
- abraço no banho **14/1** 136
- batismal **14/2** 374
- *coniunctio* ou hierósgamos no **14/2**
13, 320[16], 343[77]
- da rainha **14/2** 202
- de regeneração **14/2** 348
- de renovação **14/1** 186
- de sangue **14/3** 233-237, 241-242,
285
- de suor **14/2** 18
- de vapor **14/1** 73[186]
- do rei **14/2** 13, 38, 63, 75, 131[282],
169, 202, 211, 301
- imersão no **16/2** 453
- nupcial do rei **14/1** 72, 356[488]
- renovação no b. **14/2** 211, 348
- significado maternal do **14/2** 39

Banquete
- cf. Platão

Baobá
- cf. Árvore

Baphomet **16/2** 533

Baptisma
- cf. Batismo

Barata **18/1** 202
- cf. tb. Sonho

Báratro **14/2** 296[273]

Barba **14/2** 225[51]

Bárbaro **9/1** 466; **10/3** 19s., 354; **14/3**
231

Bárbaro / primitivo **6** 108, 115s., 143,
154, 164, 169, 376, 400, 519, 524
- barbarismo psíquico **6** 312
- mentalidade coletiva do **6** 122

Barba-Roxa **14/3** 593

Barbeio **14/1** 33[231]

"Barbeiro" **11/3** 347

Barbeliotas **14/2** 255[166]
- cf. tb. Gnose barbelo

Barbelo **9/2** 304, 307[33]; **10/4** 751; **14/3**
107, 158, 484[69]
- cf. tb. Gnose

Barbelo / barbeliotas **11/1** 60[46] (cap.
III); **11/2** 281; **11/3** 332; **11/4** 672

Barcaça **8/3** 845

Barco **4**
- a vapor **4** 96s. (S)
- dos mortos **5** 368
- viagem de **4** 360

Bardesanes **14/3** 107

Bardo **18/1** 204
- estado de **11/5** 831

Bardo Tödol (o livro tibetano dos mortos) **9/1** 630; **13** 37, 47, 50
- estado **13** 334

Barnabé **11/4** 656

Barrabás **9/2** 147; **11/3** 406

Barrete frígio **5** 183, 299

Barro
- cf. Terra, matéria

Barroco **15** 175

Baruc **9/1** 560, 571; **13** 420, 459

Baruc, Apocalipse de
- cf. Bíblia, Apócrifos

Basedow (doença) **2** 793

Basileia **9/1** 474[16]; **10/4** 758, quadro 5; **15** 7, 8, 20

Basílica de S. Pedro em Roma **9/1** 459[6]

Basilidanos
- doutrina dos **14/2** 57, 309, 328

Basilisco **12** 173; **14/1** 11, 165, 209

Bastão
- de madeira **4** 164s.
- vara **9/1** 413, 533s., 553

Basuto, **13** 133
- mito de **5** 291[52], 579[156]

Bata
- lenda de **14/2** 12

Batak **4** 512; **7/2** 293; **9/1** 188

Bataques **8/1** 125; **8/2** 598

Batismal, fonte **8/2** 336

Batismo **4** 330; **5** 274, 400; **7/1** 176s., p. 130; **7/2** 384; **9/1** 93, 140[29], 231; **9/2** 127, 145, 147, 212, 281, 293; **10/3** 136; **11/2** 207[2], 211; **11/3** 313, 335, 423; **11/4** 659, 678; **12** 334, 360[33], 453, 455; **13** 89, 96s., 104, 137[209],

207; **14/1** 221, 285, 310, 312, 317; **14/2** 13, 13[40], 31, 38, 63, 191[416], 292; **14/3** 226, 355, p. 70-71, 78-79, 100-101; **16/1** 124, 215; **17** 276s.; **18/1** 255, 361s., 616
- água do **18/2** 1.360, 1.786
- banho batismal 374
- como mergulho na morte **14/1** 310
- como renascimento **5** 494
- de fogo **13** 126; **14/1** 310, 313; **14/3** p. 88-89
- de navio **8/1** 87
- de sangue **14/1** 310
- efeito do batismo cristão **14/1** 312
- imersão batismal **16/2** 454s., 473
- mistério do **14/1** 310
- padrinhos de **9/1** 93, 140, 172
- pia batismal **9/1** 156; **17** 270
- prefigurações do **14/3** 389
- três espécies de **14/1** 310

Baubo **9/1** 312s.; **9/2** 24

Baumann, A. **1** 435s., 466, 474s.

Bay
- etimologia de **5** 416

Bazar **3** (D) 293, 382

Beatificação **9/2** 66

Bebedeira **5** 246, 315

Beberagem **14/2** 364

Bebida
- da fertilidade **5** 198
- da imortalidade **5** 289, 566[110], 672[80]
- de Soma **5** 198, 200, 246, 526, 636[29]
- cf. tb. Bebida da imortalidade

Beco sem saída (estar encalhado) **16/1** 59, 84s.

Beemot / Behemoth **6** 309, 479, 498[176], 521, 524; **9/2** 133, 178, 178[49], 181-186, 188, 228[93]; **11/4** 681; **14/1** 332, 332[618]; **14/2** 238
- Leviatã **5** 87; **12** 547

Índices gerais

Begardos (beguinos) **9/2** 139, 235; **14/3** 309, 606

Beguinos(as) **9/2** 235; **14/3** 309, 606; **16/2** 517[40]

Beijar 3 283

Beijo **5** 652; **14/3** p. 140-141

Bel **11/2** 173

Bela Adormecida (A) **4** 493s., 502

Belém **9/2** 163, 167s.; **13** 92[39]; **14/3**, 235, 241; **18/2** 1.620

Belerofonte **5** 421[13]
- e Pégaso **5** 421

Beleza **6** 312, 316; **8/2** 707; **10/3** 135, 139, 990; **10/4** 724; **18/2** 1.505
- como ideal religioso **6** 184
- como mediadora **6** 124
- da Antiguidade **6** 111, 121
- e feiura da natureza humana **6** 190
- empatia e **6** 554
- em Schiller **6** 123s., 129, 162s., 183[191]
- estética e moral **6** 519
- grega **6** 104
- natural **6** 524

Bélgica **10/2** 479

Belial **14/2** 306[324]

Belle indifference **3** 35, 145

Belo, **6** 49; **9/1** 60; **17** 187
- atitude para com o **6** 553

Belti, a "hieródula do céu" **14/2** 74[188]

Belzebu **7/1** 111; **13** 180, 276

Bem **6** 43; **9/1** 59, 560; **9/2** 386; **10/1** 559, 573; **10/2** 438; **10/3** 20; **10/4** 676, 677, 733, 766, 796; **14/3** 97
- desaparecimento do **6** 525
- e mal **5** 86; **6** 311, 314, 399, 420, 520, 652; **7/1** 10, 146, 164, p. 139; **7/2** 224, 236s., p. 138, 140s.; **9/1** 44,

189s., 197, 397, 399, 404, 417, 420, 567, 595[149]; **9/2** 24, 74, 79, 80-105, 116, 123, 158[25], 187, 191, 255, 386, 423, 424; **10/2** 410, 434, 461, 474; **10/3** 108, 154, 263, 834, 843, 858-886; **11/1** 133; **11/2** 180, 247, 252, 267, 291; **11/4** 696; **11/5** 895[37]; **12** 23, 24, 36, 214, 258; **13** 175, 228[254], 244, 249, 257, 267, 271, 276; **14/2** 339, 340; **15** 153, 159, 160, 182, 185, 210; **16/2** 387s., 442; **17** 209, 232s., 244, 256, 290, 319s.; **18/1** 564; **18/2** 1.354, 1.373, 1.377, 1.407, 1.417, 1.553, 1.592s., 1.599s., 1.610s., 1.626s., 1.640, 1.650s., 1.683, 1.743
- - a alma entre **14/2** 335, 338
- - como opostos **14/1** 1, 4, 6, 31, 83, 195, 200, 226, 247, 338
- - - metafísicos **14/1** 83
- - como problema psíquico **14/1** 83
- - como substância metafísica **14/1** 83
- - encarnação do **11/4** 742
- - etimologia de **5** 581
- - obras boas e más **6** 329, 460
- - *omne bonum a deo...* **11/4** 739; **11/5** 791
- - para além do **7/1** 40; **11/2** 258, 267; **11/5** 825; **14/1** 246; **18/2** 1.604, 1.629s., 1.640, 1.651
- - projeção do **11/5** 849
- - relativização do **11/2** 258; **12** 25
- - separação do **6** 1.033
- identidade entre o bem e o ser **14/1** 83
- ponto de vista do bem conhecido e comprovado **14/1** 121

Bem dotado(a) **17** 233s., 242s., 249s.
- classe especial **17** 246s., 249

Benares **9/1** 670; **10/3** 989, 1.006

Bênção **14/3** p. 56-57; **18/1** 619

Benedicta viriditas **14/2** 269

Benedictio fontis / bênção da fonte
7/1 171; **8/2** 337; **11/1** 161; **11/3** 401;
11/4 677; **13** 89, 97, 104, 111; **14/3**
276; **18/1** 364, 615

Beneditinos / Ordem Beneditina **18/1**
613

Benzeduras de sangue **15** 25

Benzeno **14/1** 85[225];
- ciclo de **13** 143

Beótico, vaso **9/2** 178

Bereshit Rabba
- cf. Midraxe

Berissa / planta **13** 409; **14/3** 524
- como remédio **14/2** 61[143]

Beuneuchener Kreis **18/1** 671

Bes, **5** F 26, 566[110]; **9/1** 193, 396

Besouro / escaravelho **9/1** 315, 663

Besouro-rosa **8/3** 843, 857, 972

Besta loira / *Bestie blonde* **6** 478; **10/3**
17; **10/2** 432, 447, 459

Bestial
- primitivo no homem **14/2** 70

Betesda **9/1** 35, 40; **9/2** 200[28]

Betet
- pedra de **14/2** 234

Beya / Beja **11/1** 164; **14/1** 2, 53, 60,
63, 77[209], 136, 173[282], 175; **14/2** 18[57],
69, 212; **14/3** 176[32]
- engole o irmão e o despedaça **14/1**
136
- Gabricus **13** 124s.
- - cf. tb Gabritius

Bezerro **14/2** 67[170]; **14/3** 595

Bezoar **13** 193[190]

Bhagavad-Gita **5** 241, 253[4]; **10/3** 879;
13 334, 339, 342, 412

Bhakti-ioga
- cf. Ioga **10/3**

Bhrgu
- etimologia de **5** 208

Bhutya Busti
- mosteiro de **9/1** 564[96], 574[116]

Bíblia / bíblico **3** 574; **5** 332; **10/3** 870;
10/4 728; **14/2** 30, 361; **14/3** 1; **15**
151; **18/1** 601; **18/2** 1.630
- Antigo Testamento **5** 231, 303; **9/1**
295, 394, 409, 458; **10/3** 844, 866, 883;
10/4 640, 741; **13** 456; **18/2** 1.475,
1.511, 1.521, 1.533s., 1.539, 1.552,
1.593, 1.645, 1.678; **18/1** 690, 713
- - Amós **9/2** 128
- - Cântico dos Cânticos **9/2** 107[65],
168, 198s., 320, 329; **13** 411
- - Daniel **5** 4, 243; **8/2** 4: 484, 559;
9/1 715; **10/4** 733; **13** 14, 168, 362[69],
366; **18/1** 245
- - Deuteronômio **9/2** 100, 168; **13** 403
- - Eclesiástico **5** 438[39]; **9/1** 625[189]; **9/2**
198, 219[46]
- - Êxodo **5** 67, 73; **9/2** 106, 107, 329,
362[19]
- - Ezequiel **5** 232, 280; **8/2** 1, 21:
394; **9/1** 425[50], 588[143], 660, 715; **9/2**
58[26], 167[8], 188; **10/4** 733, 738, 741,
765; **13** 190[168], 361s.; **18/1** 416, 466,
532
- - Filipenses **18/2** 1.623[19], 1.684
- - Gênesis **5** 169[82], 280, 524[54], 621;
8/2 307, 751; **9/1** 535; **9/2** 108, 157[20],
225, 230, 287[2], 331[101], 336[122], 372;
10/3 288, 862[1]; **13** 102, 104, 107,
171[87], 283, 301, 407, 419; **18/2** 1.610
- - Habacuc **9/2** 110, 168[12]
- - Isaías **5** 95[34s.], 231, 305, 319[19],
368[80], 379; **8/2** 14, 23, 427[126]; **9/1**
248; **9/2** 106, 110, 157, 158, 167, 181,
182, 184, 221[80], 330[98]; **10/4** 641[6]; **13**
182[137]
- - Jeremias **5** 231, 304; **9/2** 157, 158;
13 417

Índices gerais

- - Jó **5** 69, 69[12], 71, 79, 84, 85[25], 176, 232, 386, 396[129], 442; **9/1** 428[55]; **9/2** 77, 105, 157[20], 158, 167[78], 169s., 185; **13** 290; **18/2** 1.528[8], 1.694
- - Juízes **5** 526[60], 638[32]
- - Josué **5** 671[73]
- - Levítico **13** 417
- - Malaquias **5** 159[67]
- - Números **9/2** 106[61], 179, 329
- - Oseias **9/1** 295[35]
- - Provérbios **5** 232; **9/1** 576[120]
- - 1Reis **9/2** 107; **18/2** 1.521, 1.526
- - Sabedoria **5** 268
- - Salmos **5** 132, 144, 231, 384, 439; **9/1** 428[55], 573; **9/2** 71[13], 167, 170, 327[89]; **10/4** 728; **13** 181[131], 182[133-136, 138], 183[141], 301[262], 384[118]; **18/2** 1.544, 1.571[6]
- - Tobias **8/2** 209
- - Zacarias **8/2** 3, 9, 394[95]; **9/1** 246[56], 533[7]; **9/2** 167[8]; **10/4** 766; **18/2** 1.528[8]
- Novo Testamento **5** 332; **10/3** 866; **18/2** 1.521, 1.533s., 1.537, 1.545, 1.593, 1.633, 1.645
- - Apocalipse **5** 156, 232, 313-317, 330, 331, 573[129], 573[132], 664; **8/2** 426[126]; **9/1** 14s., 73, 106, 255s., 543[57], 648[5],691; **9/2** 68, 133[47], 146, 163, 166, 167, 171, 233, 339, 366[24]; **10/4** 640, 728; **13** 94, 225[248], 226[250], 227[251], 235, 245[14, 18], 247[21], 271, 290[249], 447; **18/1** 533; **18/2** 1.545, 1.552, 1.556, 1.621, 1.642
- - Atos dos Apóstolos **8/2** 2, 13, 319, 596; **9/1** 470; **9/2** 128[15], 210[46], 299; **10/3** 75, 840; **18/1** 527
- - Colossenses **5** 95[34]; **9/2** 366[25]
- - 1Coríntios **9/1** 576[120]; **9/2** 44[3], 71[15], 143, 178[46]; **13** 141, 391[135]; **18/2** 1.561, 1.684[39], 1.710, 1.827[1]; **18/1** 527
- - 2Coríntios **10/3** 843
- - Efésios **5** 95[34]; **9/1** 217[8], 604[164]; **9/2** 72[19], 143[67], 177[44], 301[31], 326
- - Filipenses **5** 95[32]; **9/2** 333

- - Gálatas **5** 95[39], 311, 318, 594[179]; **13** 77s.
- - Hebreus **5** 95[37], 95[41]; **13** 110[119]; **18/2** 1.588
- - João **5** 132[18], 135[22], 162[70], 163[73], 288[43], 332[36], 496, 510, 575, 644; **8/2** 1, 4-5, 389[67]; **9/1** 397, 536; **9/2** 69[4], 127, 144, 157, 200[28], 230, 269, 289, 291, 299[21], 312[49], 314, 316, 327[89], 330, 336, 340[139]; **10/3** 839; **13** 116[145], 134, 136, 137[212], 271[149], 366, 403s.; **18/2** 1.480, 1.532[2], 1.561, 1.571[6], 1.642; **18/1** 688[8]
- - 1João **5** 95[33], 96, 97[46]; **9/2** 68
- - Lucas **5** 494; **8/2** 12, 49, 391[81]; **9/1** 428[55], 533[7], 534[14], 593; **9/2** 69[4], 144, 145, 167[9], 173, 174, 186[18], 255, 327[89], 340[138]; **10/3** 867; **10/4** 733[6]; **13** 141, 190[168], 292, 390[134]; **18/1** 298[63]; **18/2** 1.415, 1.473, 1.561, 1.617, 1.628[28]
- - Marcos **9/2** 105[57]; **18/1** 568
- - Mateus **5** 285, 292[54], 349, 470; **8/2** 5, 14: 390[74]; **9/1** 575, 591, 593; **9/2** 70[4], 105[57], 123, 147, 158[25], 167[9], 173, 180[57], 187[24], 292, 299[21], 312[49], 313[58], 339[136], 340[138]; **10/3** 293; **10/4** 733; **13** 55[29], 141, 267, 290[248], 384[119], 416, 421; **18/1** 294[62], 527, 638[3]; **18/2** 1.620, 1.641[28]
- - 1Pedro **5** 95[32], 95[35]; **9/2** 143s., 264[59]
- - - Romanos **9/2** 73, 123; **10/3** 834; **13** 77[39]
- - 1Tessalonicenses **13** 299; **18/2** 1.576
- - - 2Tessalonicenses **9/2** 68[2]
- - Tiago **5** 95, 95[39], 232; **9/2** 210
- Apócrifos do Antigo Testamento
- - Apocalipse de Baruc **9/1** 533[7]; **9/2** 178, 181
- - 4º livro de Esdras **9/2** 178[49], 185, 185[13], 228[93]; **13** 168, 183[142], 268
- - O livro de Henoc **9/1** 715; **13** 168, 180[118], 186[150], 215[235], 366, 403, 407, 419

- Apócrifos do Novo Testamento
- - Atos de João **18/2** 1.662
- - Atos de Tomé **9/2** 307
- - 2ª Carta de Clemente **9/2** 41[6]
- - Clementinas **9/2** 99-103, 400
- - Codex Bezae **18/2** 1.415, 1.628[22], 1.642
- - Epístola de Barnabé **13** 116
- - Epístola de Clemente **9/1** 295
- - Logion a Lucas (*Codex Bezae*) **13** 292
- - Oxirrinco, ditos de Jesus **18/1** 269
- - Pastor de Hermas **9/1** 19[46]; **9/2** 144[73], 162, 352[11]

Bibliotheca chemica curiosa **9/1** 238[31, 32, 35], 268[15], 293[33]; **13** 88[23], 113[125], 161[42], 176[114], 268[122], 282[231], 283[237], 392[139]

"Bicorne" **5** 284[31]

Bifurcação **8/2** 561

Bile estragada **14/2** 351[100]

Bilinguismo **18/2** 1.770

Binah **13** 411; **14/2** 309[340]

Binan **9/1** 576[119], 588[143]

Binário / *binarius* **8/3** 952; **11/1** 104, 122; **11/2** 180, 256, 262; **18/2** 1.701
- como o demônio **14/2** 219
- cf. tb. Número dois

Biografia **4** 745
- problema dos tipos na **6** 607s.

Biologia **14/2** 123; **17** 157; **4** 777

Biologia / biológico **9/1** 6[8], 58, 63, 91, 465, 475, 561, 564; **10/1** 548; **10/3** 6, 23, 37s., 73, 225, 240, 846, 893; **10/4** 636, 649, 656[10], 823; **13** 291, 464; **18/1** 839, 915, 928, 1.074; **18/2** 1.118, 1.120, 1.198, 1.213, 1.249, 1.285, 1.389, 1.418, 1.480, 1.484, 1.638, 1.777, 1.797, 1.807, 1.819

- sexual **18/1** 932
- prefácio Boêmia **10/2** 479

Bioquímico, fenômeno
- psique como **8/2** 650s., 660

Bipartição **9/2** 170

Birseck **13** 129

Bissexual **10/3** 368

Bissexual / bissexualidade **9/2** 313, 319, 330, 396
- cf. Androginia

Bissexualidade
- cf. Androginia; Hermafroditismo

Bithus / bitos / bitys **12** 456s.[30]

Blasfemar **4** 717s.

Blasfêmia(s) **1** 216; **9/1** 459[6]; **14/2** 120
- de um possesso **8/2** 202

Blasfemo **14/2** 442

Bleuler, E. **1** 7, 225, 300, 355

Bloqueio(s) **2** 640, 655, 659, 716, 816, 826, 829, 831s., 841, 844, 854, 908; **3** 3, 16, 103, 146, 161, 175, 186, 288, 554, 571, 578; **4** 89

Bloom (Ulisses) **15** 169, 181, 185, 186, 188, 196, 197, 198

Blumhardt, J.C. **1** 143

Boato **4** 95s., 125s., 173[15], 502, 505
- anônimo **14/1** 100

Bobo / tolo **13** 325

Boca **4** 244, 262, 291; **5** 229; **9/2** 288, 311, 396
- língua e fogo **5** 233-235
- na concepção infantil
- - como possível lugar de saída no parto) **17** 23, 32, 45, 70
- nos sonhos **17** 217, 219, 219[31]

Índices gerais

- produção do fogo de dentro da **5** 229

Böcklin, A. **1** 178

Bodas
- "espirituais" **16/2** 442
- núpcias **12** 43, 334, 547s.
- régias **12** 496s.
- cf. tb. Casamento; Matrimônio

Bode **9/1** 597, 603s., 624; **14/2** 225[51]
- como símbolo sexual **14/2** 392[206]
- fedorento **14/2** 77[215]
- expiatório
- - projeção sobre o **11/4** 617
- sacrifício de um **14/1** 74[203]
- sangue de bodes pretos **14/1** 74
- unípede **14/2** 392
- cf. tb. Animais

Bodhisattva(s) **6** 295; **11/5** 923ss.; **12** 169

Boghazköy **14/2** 420[226]

Bogomilos **13** 271[154], 277
- doutrina dos **14/2** 255

Bogumila(s) **9/2** 105, 229, 235, 312[48]

Bui(s) **9/1** 624; **9/2** 225, 228, 230; **13** 92, 228; **14/2** 237[98]; **18/1** 242, 416

Bola **13** 337, 459, F 4, 25
- jogo de bola **9/1** 323s., 329, 460[7], 674; **11/1** 109; **11/3** 418
- cf. tb. Esfera

Bola / esfera **10/4** 618, 619, 627, 635, 639, 683, 758, 760-763, 766-769, 792; **11/2** 276

Bolchevismo **7/2** 326; **10/2** 469, 927; **10/3** 177; **10/4** 610; **11/6** 1.019, 1.022; **17** 311; **18/2** 1.610

Bolchevista **11/1** 24

Bolha / bexiga **13** 334

Bollingen (no lago de Zurique) **18/2** 1.782[1]

Bolo de mel
- como sacrifício **5** 354, 571, 577

Bolo fecal **17** (23a), 68s.

Bolsa de dinheiro **14/2** 107

Bomba **18/2**
- atômica **11/4** 733, 747, 851
- de hidrogênio **9/1** 195; **10/1** 574; **10/4** 615, 812, 816; **18/2** 1.274, 1.442, 1.449, 1.661
- na estratosfera **18/2** 1.383

Bombaim **10/3** 981s.

Bom-senso / senso comum **7/2** 207, 213s.; **16/2** 462s.

Bon, religião **9/1** 564, 680[25]

Bondade **14/3** p. 114-115

Bondade / o bem **18/2** 1.380, 1.505, 1.592s., 1.596, 1.618s., 1.630, 1.640, 1.651s., 1.667
- cf. tb. *Summum Bonum*

Bonde **12** 151

Boneca (S) **4** 491, 498, 500; **17** 12, 38s., 54, 54[9]

Bórax **14/2** 350[99]

Borboleta **4** 237, 263; **8/2** 663; **9/1** 315
- da iúca **8/2** 268, 277

Bordel **4** 710; **15** 198
- cena do (*Ulisses*) **15** 190
- cf. tb. Casa de Prostituição

Borobudur **11/5** 908

Bororos
- cf. Índios

Borra suja **14/3** 251

Bósnia **14/2** 45

188   Obra Completa – Vol. 20

Bosque
- de Vênus **14/1** 69, 82, 84, 136
- mato (como o corpo) **14/1** 3
- significado maternal do **14/1** 136, 176

Bosquímano **6** 449; **18/2**
- cf. tb. Primitivo

Braço
- "arrancar o braço girando-o" **5** 356[51], 662

Brâhamana(s) **9/1**
- *Satapatha* **9/1** *674*

Brahma (Brama) **5** 241, 449, 620; **6** 179s., 326s., 367, 420, 465; **9/1** 517, 674s., 691; **9/2** 348; **10/3** 875; **14/1** 127[87]
- como força vital, libido **6** 365
- como oração **6** 354, 365s.
- como rito **6** 378s., 406
- como si-mesmo **6** 342s.
- como união dos opostos **6** 337, 348s.
- como vento **6** 358
- e Maheswar **5** 545
- e Vishnu **5** 449, F 86
- monstros de **6** 373, 377

Brama-átmã
- doutrina de **6** 178

Brama-sol **6** 349s., 369

Brahman **5** 177, 659[46], 659[47]; **12** 75*, 533
- cidade de Brahman **12** 139

Brahmanaspati **5** 556

Brâmane **11/5** 890; **14/1** 87

Bran **6** 446[137]

Branca de Neve **4** 496

Branco **3** 94, 118; **9/1** 601; **11/5** 851; **14/1** 35, 42, 53, 72, 77, 78, 79, 149[84], 150, 169, 257, 274, 285, 295, 297, 299, 315, 323

- cervo **8/2** 559
- e preto **11/4** 743; **14/1** 31, 36, 42, 77, 78, 78[213], 79, 238, 242, 270, 312, 324
- e vermelho **14/1** 2, 12, 36 , 71, 71[178], 122[9], 133, 152, 169, 175, 244, 331

Brancura (albedo) **14/1** 79, 114[40], 122[6], 211, 213, 238; **14/2** 102

Branqueamento / dealbatio **14/1** 79, 135, 285, 314; **14/2** 48

Braunau **18/2** 1.326

Brentano, B. **1** 123

Brhadânaryaka-Upanishad **5** 227, 230, 246[54], 424, 657, 658, 659[46]

Bridlington **14/2** 30

Brihadâranyaka-Upanishades
- cf. *Upanishades*

Brilho **13** 341

Brimo(s) **5** 530, 577; **9/2** 339

Brincadeira **17** 39s., 54s., 72

British Psychological Society **8/2** 660; **15** 80

Brod-durch-Gott **9/2** 139

Bronze **9/2** 205; **14/1** 239
- espada de (m.s.) **8/2** 149
- incandescente **14/2** 299
- tábuas de bronze **14/2** 55

Brownies escoceses **9/1** 408

Bruchstück einer Hysterie-Analyse (Freud) **4** 46s., 63, 94

Bruder Klaus **11/5** 947

Brünhilde **5** 604
- como figura da Anima **5** 563, 607
- como "mãe espiritual" **5** 555, 605
- como "mãe-esposa-irmã" **5** 607
- como separação de Wotan **5** 560

Índices gerais

Brutalidade **15** 184

Bruxa(s) **5** 654; **6** 447; **7/2** 284; **11/1** 20; **14/1** 74, 74[1], 75; **15** 13, 14, 20; **16/2** 426s., 477; **18/1** 586, 759; **18/2** 1.161, 1.360, 1.389
- arquétipo da **5** 611
- queima de **9/2** 271
- transformação das b. em cavalos **5** 421

Bruxa / bruxaria **9/1** 47, 54, 61s., 157, 159s., 188, 270, 349, 356, 405, 416, 423s., 427s., 433, 435, 450s., 459, 482, 501; **10/3** 43, 60, 106s., 130, 137, 280, 302, 319; **13** 156, 180, 324
- sabbat das **9/1** 459

Bruxaria **3** 540

Bubástis **18/1** 264

Buchenwald **10/2** 404, 427

Buda **5** 470; **8/2** 705; **9/1** 200, 234, 248, 269, 517, 576, 587, 596, 638, 652, 661; **10/3** 192, 986, 991, 1.003; **10/4** 779; **11/1** 10, 113; **11/4** 647, 666; **11/5** 772, 890[29], 912s., 952; **12** 20s., 24, 125, 139[11], 169, 313; **13** 292, 418s.; **14/1** 31, 73[188]; **15** 191; **17** 311, 319
- condição de **11/5** 833, 895[37]
- corpo de **11/5** 808[20], 921
- cósmico **11/5** 884
- espírito de **11/5** 771, 879, 921
- história do nascimento de **5** 362, 362[63], 490, F 93
- "natureza" **11/5** 888, 894, 901
- nascimento de **14/1** 73[188]
- reforma religiosa de **14/2** 185
- cf. tb. Tathâgata

Buda / budismo **9/2** 211, 272, 304

Buda / budista **6** 206, 519, 563s.; **15** 87, 195
- e mara **6** 917

- nascimento de **6** 291s., 482
- sermão do fogo de **6** 563

Budismo **3** 561[3]; **6** 323, 424, 463; **7/1** 118; **8/2** 804; **9/1** 11, 200, 564[93], 564, 597, 599, 607[178], 629, 635, 680[25]; **10/1** 507; **10/3** 22, 32, 76, 200; **11/2** 246; **11/3** 318[14]; **11/5** 769, 883; **12** 22, 123; **13** 47, 63, 244, 278, 292; **14/1** 31[113]; **14/2** 444; **18/1** 564, 600s.; **18/2** 1.507, 1.513, 1.575-1.580, 1.584[2], 1.584, 1.637, 1.647
- e ioga **11/5** 933
- no Ceilão **10/3** 877
- na China **10/3** 326
- hinayana **9/1** 635
- mahayna **9/1** 635; **10/4** 802; **11/5** 833; **13** 47; **18/2** 1.617, 1.675
- teísta **11/5** 912
- tibetano **6** 376; **11/3** 380; **11/5** 768; **13** 31
- cf. tb. Tibet
- zen **18/1** 538

Búfalo **14/2** 65[167]

Bull
- cf. Touro

Bunau-Varilla
- cf. Automatismo, exemplo de

Bundahish / Bundehesh Bundahišn **5** 367, 658[44]; **9/2** 389[82]; **13** 269, 406, 458[328], 461[343]

Burgäschi (lago) **13** 129

Burghölzli **1** 193, 198, 208, 212, 215, 226, 477, 479; **3** 166[148], 171, 199 (D), 325, (332), 358, 365 (D), 527, 554
- cf. Clínica psiquiátrica, Zurique

Buridan
- asno de **10/3** 855; **10/4** 709

Burma **13** 129

Burrice **17** (132), 231s., 238

Burro **8/2** 449; **13** 228[255]; **14/2** 66, 66[169], 239; **14/3** 25, p. 58-59
- como emblema do Sol **14/2** 66[169]
- de ouro **14/2** 66
- procissão do **9/1** 461s.

Busca **12** 206

Bússola **14/2** 348

Bythos **9/1** 33; **11/2** 216; **13** 116[146]

Byssus / linho **14/3** p. 68-69

C

Caaba
- construída por Adão **14/2** 248

Cabala / kabbala **5** 268[17]; **8/2** 736; **9/1** 557[80], 576, 579, 588; **10/4** 779; **11/4** 595[8], 728; **12** 313s., 410[26], 414[35]; **14/1** 2, 6, 14, 18, 18[8], 19, 25, 65, 157, 253, 260, 286[143], 332; **14/2** 213, 216, 223, 231, 232, 233, 235[84], 236[94], 257, 258, 264, 266, 306, 307, 309, 318; **14/3** 272, 389, 410, 415[47], 419, 424[88], 532, 568; **16/2** 497[15]; **18/2** 1.480, 1.516s., 1.666, 1.830
- aceitação na alquimia **14/1** 18
- *cabalistae* (Vigenerus) **14/1** 323
- carro-trono de Ezequiel na **14/1** 260
- escritos cabalísticos **14/2** 258[187]
- influência da **14/2** 257
- o homem perfeito na **14/2** 235[85], 264
- sexualismo da linguagem **14/2** 274

Cabala / cabalístico **9/2** 105, 111, 168, 191, 267, 335, 339[139], 425; **13** 152, 158, 167s., 171[87], 209[226], 276, 401, 411, 420, 460

Cabalistas **14/2** 258[186]

Cabalística **4** 691

Cabana **10/3** 67
- miniatura de (armadilha para espíritos) **8/2** 575

Cabeça(s) **8/2** 639; **9/2** 377, 379[68]; **12** 183, 530; **13** 86, 93, 99, 107, 113, 117, 121, 139[216], 324, 336, 360, 381[112], 404, 410, 416, 462, 479, F 28;
14/1 2, 11, 24, 71, 78, 102, 173; **14/2** 29[74], 52, 52[124], 62, 80, 141[314], 184[407], 207, 217[25], 225, 237, 240, 256[172], 275, 290, 291, 292, 292[249], 298, 308, 309[340], 350[99], 360, 377, 383, 384, 386, 387, 389[196], 433; **14/3** 561
- caixa da **14/2** 292[243]
- como *caput mortuum* **14/2** 282[243], 351[100], 383, 384, 386, 387, 387[182]
- como corpo redondo **14/2** 292
- como morada da alma **14/2** 389
- como órgão divino **14/2** 389
- como vaso **14/2** 388
- *coniunctio* na **14/2** 296
- culto do crânio **11/3** 372
- da serpente **14/2** 293
- de animais / teriomórfica **9/2** 187s., 305
- de corvo / *caput corvi* **14/2** 51, 383, 334, 386, 386[179], 387, 388
- de homem **14/2** 388
- de mouro **14/2** 292[243], 386
- de Osíris **14/2** 387
- de ouro **11/3** 367
- do etíope **14/2** 292[143], 383[162], 386
- dor(es) de **3** 160[140]; **8/2** 639
- dourada ou de ouro **14/2** 291, 291[295], 291[240], 292, 292[243], 305, 387
- duas cabeças **9/2** 130, 203[36]; **14/2** 306[324]
- e coração **8/2** 689; **17** (198), 240s.
- ensanguentada **11/3** 365
- forma esférica da **12** 116
- humana(s) **9/2** 187s., 305; **14/1** 136
- masculinas **8/3** (m.s.) 935

- morta **14/2** 386[182]
- o interior da **14/2** 164[392], 257, 265, 274, 275, 292
- oracular **11/3** 365, 373
- - de Harran **11/3** 366
- - - na Grécia **11/3** 373
- para fazer oráculo **14/2** 292, 350[99]
- separação da **14/2** 387, 387[186]
- sete cabeças **9/2** 181
- surgimento do ouro na **14/2** 292[249]
- cf. tb. Crânio; Tricéfalo

Cabeleira **14/2** 291[235]

Cabeleireiro **13** 479

Cabelo(s) **8/1** 86; **8/2** 559[11]; **12** 426; **13** 122. 381, 411, 462; **14/1** 111, 111[28], 182[38]; **14/2** 29[74], 119, 127, 256[172], 290, 299; **14/3** 533
- brancos **1** 6
- crespos **14/1** 95, 95[243]; **14/2** 291
- na produção do *lapis* **14/2** 10
- prateados **14/2** 291, 292, 305
- perda / queda **11/3** 348; **16/2** 455
- - no mito do herói **14/1** 270
- tintura oriental para **14/2** 132
- vermelhos como ouro **14/2** 306[324]

Cabiro (divindade grega) **14/1** 298[878]; **17** 300

Cabiros **5** 180, 183[12s.], F 30, 299; **9/1** 408, 715; **9/2** 313, 332; **11/1** 119s., 125; **11/2** 243; **11/3** 368; **12** 203s., 77a*, 302, 308; **18/2** 1.695
- cena dos (*Fausto* II) **8/3** 952
- itifálicos **14/2** 255

Cabra **14/2** 78[222], 392[206]
- cf. tb. Animal(is); Bode

Caça **8/1** 86 / caçador(es) **5** 242, **9/1** 423s., 433s., 442s.; **9/2** 446; **10/2** 374, 380, 434; **10/3** 67; **11/3** 382

Cachorro **3** 87, 101, 289, 291[186]; **4** 235; **8/2** 364; **9/1** 242[42], 254, 404[20], 415s., 693; **9/2** 234; **13** 97[56], 120,

125, 278[216], 319, 410; **18/1** 986; **18/2** 1.694
- no sonho **2** 827-833
- cf. tb. Animais

Cadáver(es) **3** (D) 522; **14/1** 46, 60, 64, 88; **14/2** 10, 19, 221, 225, 350[99], 383[157], 391[201]; **14/3** 181, 283, 287

Cadeias / *vincula carceris* **14/3** p.76-77
- de associações **5** 65
- de ferro e bronze **8/2** 484
- de nidanas **11/5** 770

Cadela **14/1** 169[178], 170, 174[30], 175
- armênia (Lua) **14/1** 24, 167[288], 169, 175

Cádi 622, **10/4** 779

Cadinho **14/2** 10

Cadmão
cf. Adão Cadmão

Cadmia (composto de zinco) (Galeno) **14/1** 84[224]

Cadmus, e a arte de trabalhar o ouro **14/1** 84[224]

Caduceu **9/1** 533[5], 553; **14/2** 68, 148
- cf. tb. Vara

Caduceus
- de Esculápio e de Mercúrio **14/1** 299, 299[878]

Caelum **14/2** 196, 353, 425, 436
- a incorruptibilidade do **14/2** 425
- como a essência da perfeição **14/2** 426
- como a *imago Dei* no homem **14/2** 425
- como a medicina universal **14/2** 425
- como a panaceia **14/2** 425
- como a pedra viva **14/2** 425
- como a verdade **14/2** 425
- como bálsamo **14/2** 425
- como cura dos sofrimentos **14/2** 425

Índices gerais

- como *elixir vitae* **14/2** 425
- como o homem total **14/2**
- como o si-mesmo **14/2** 425
- como unidade interior **14/2** 417, 429
- produção do céu (Dorneus) **14/2** 411, 417, 420, 422, 425, 429
- sinonímia múltipla e variada **14/2** 425, 426, 427
- cf. tb. Céu

Caesar **14/1** 318

Cagastrum / cagástrico (termo de Paracelso) **13** 160s., 174, 201s.

Cagliostro **5** 282[27]

Caim
- e Abel **11/2** 254[21]; **11/4** 577, 619, 629, 654, 668
- sinal de **14/1** 340[884]

Caixa
- como símbolo feminino **5** 306, 311, 361
- mística **5** 529, F 97, F 98

Çâkyamuni **11/5** 912s.

Calabash **18/1** 262

Calamidade(s) **5** 223, 450
- e introversão **5** 450

Calar **5** 142

Calcanhar **8/2** 303s.

Calcinação **12** 334, 484[172], 446[67]

Calcinatio **16/2** 398

Calculus / seixo **14/3** 428, 428[104]

Calcutá **10/3** 993, 1.006; **13** 128[177]

Caldeus **9/2** 172; **14/2** 158[360], 231[63], 235[86]

Calendário **11/1** 118, 120, 126; **12** 318, 320
- mexicano **12** 41*, 44*

Cálice **9/2** 178, 330s.
- da missa **14/2** 22

- de mármore ou de serpentina **14/2** 351[101]
- de ouro babilônico (Apocalipse) **14/2** 73, 84
- de unicórnio **12** 550s.
- eucarístico, de Damasco **11/3** 384
- cf. tb. Krater

Cálice / taça **12** 550s., 551

Calid
- cf. Kalid

Califórnia **10/4** 704

Calor **9/1** 68, 178, 197; **12** 441, 449

Calpas **11/5** 926

Calvário **14/2** 221

Calvo **14/3** p. 80-81

Calx viva **12** 446[67]

Cam (Cham), o egípcio **14/1** 42

Camaleão **14/1** 176

Câmara **14/2** 10, 18, 233[77], 233[78]
- de pudor **14/2** 47
- do nascimento **14/2** 8, 91
- escura **2** 563

Cambar **14/3** p. 96-97

Camelo **14/2** 67[170]

Caminhada / passeio / peregrinação **12** 78, 101, 97*, 457, 469, 515

Caminhar dormindo **1** 17[8], 117[87]

Caminho **13** 28, 46-63, 86, 174
- do meio **6** 323, 395
- novo **17** 323
- o próprio **17** 296s., 305
- o símbolo como **6** 502
- o tao como **6** 401
- sagrado **6** 501
- transcendental (Schiller) **6** 135

Caminhos / descaminhos / desvios **11/5** 905

Campo **6** 443, 466
- como mulher **5** 214[22], 306, 527
- da consciência **14/3** 76, 113
- de cereais **14/3** 293
- de concentração **10/2** 404; **18/2** 1.379, 1.528[8]; **13** 466, 472
- visual
- - diminuição, restrição do **1** 7, 130, 235, 333
- cf. tb. Terra

Camponês(es) **14/3** 582;
- guerra dos **14/2** 174

Camundongo (sonho) **18/1** 525, 1.055s.

Ca-mutef **11/2** 177, 197, 222, 235

Caná
- milagre do vinho em **11/3** 384

Canaã **14/2** 257, 287

Cananeu **18/2** 1.529s.

Canção
- de amor epirótica **5** 81[21]
- *de Tishtriya* **5** 395, 439[46]
- dos trovadores **18/2** 1.749

Câncer **5** 421[3], 622; **14/1** 6, 150, 269

Candeeiros / lâmpadas **14/3** 238, 555

Candelabro **14/3** 262-267, p. 76-77
- de sete braços **13** F 3

Candura / candor **14/1** 12

Canela **14/2** 197

Canhões **5** 8, 9

Canhoto **17** 225

Canibalismo **9/1** 159

Canina
- macaco com cabeça **8/2** 364

Canonização **14/3** 616

Cânon-páli **9/1** 200[1], 520, 596; **10/3** 1.002; **11/5** 877

Canopos **9/2** 187

Cansaço **5** 32 ; **17** 216
- crônico **6** 698, 859
- fadiga **2** 13, 115s., 132s., 165-219, 252-266, 318, 388, 474, 491, 813, 816, 864, 878s.

Cântico dos Cânticos **3** 279; **14/3** 613-614
- cf. tb. Bíblia

Cantilena **14/2** 23, 24, 46, 54, 65, 73, 74, 82, 84, 87, 88, 89, 95, 96, 97, 106, 110, 113, 124, 130, 131, 163, 170, 174, 176, 189

Canto **18/2** 1.404
- da mariposa **5** 115-117, 432
- e Sol **5** 117, 165

Cantor **5** 60, 65, 128

Cão **14/1** 3, 21[43], 24, 167, 169, 169[271], 170-177, 179, 181, 182, 210; **14/2** 67, 170[395], 218[31], 239
    canis indicus (alegoria de São Paulo) **14/1** 169[281]
- constelação **14/1** 171
- como lado sombrio de Diana **14/1** 182
- como o *logos* **14/1** 171
- corascênico **14/1** 27, 167[26], 169, 176
- função do **14/1** 171
- raivoso (hidrófobo) **14/1** 21[143], 27[17], 149, 176, 179, 181, 183, 199; **14/2** 67
- riqueza de símbolos do **14/1** 169[281]
- cf. Animais; Filhote de cão

Caos / *chaos* **6** 115, 141, 313, 543; **7/1** p. 144; **7/2** 254; **9/1** 64, 564, 645, 652, 683, 689, 706; **9/2** 60, 132, 187, 230, 240, 241, 304, 307[33], 325, 371, 375s., 382, 409; **10/1** 584; **10/2** 941; **10/3** 900; **10/4** 661, 725, 755, 803; **11/1** 92, 160; **11/2** 260; **11/3** 444; **11/5** 943; **12** 4*, 96, 306, 125*, 366[47], 400; **13** 104, 111, 157, 171[82], 176[114], 268, 275, 282, 286, 433; **14/1** 6, 45, 69, 84,

Índices gerais

85, 177, 182, 240, 246, 249, 335; **14/2** 18[60], 27, 41, 81, 159, 170, 217, 240, 298, 321, 367, 375; **16/2** 375, 381, 385, 402, 404, 443; **18/1** 234, 270; **18/2** 1.336s., 1.442, 1.591, 1.631, 1.660, 1.694, 1.701, 1.784
- águas negras do caos como a inconsciência **14/2** 175
- aspecto materno para com os metais **14/2** 74, 170
- como a inconsciência **14/2** 356
- como combate furioso dos elementos **14/1** 84
- como estado
- - de separação dos elementos **14/2** 159, 321, 375
- - inicial do autoconhecimento **14/2** 367
- como massa confusa **12** 164, 185[59], 370, 433s.
- - original **14/2** 317
- como nigredo **14/1** 247
- como *prima materia* **12** 306, 366[47], 426, 162*, 442; **14/1** 177, 240; **14/2** 41; **16/2** 383
- compensação do **16/2** 536
- *confusum* (Hortulano) **11/1** 160
- do inconsciente **16/2** 392
- e cosmos **5** 73, 79
- espírito do **14/1** 247
- estado de separação dos elementos **14/1** 84
- "filho do" **11/2** 178
- identidade inconsciente como **16/2** 462
- interior **14/2** 48, 367
- irrupção do **14/2** 174
- ordem no **7/1** 110; **11/3** 445; **11/5** 850
- o surgimento do **14/2** 142, 237
- retorno ao caos e *opus alquímico* **14/1** 247; **14/2** 41
- sentido do **14/1** 240

Capela subterrânea **14/2** 225

Capitalismo **10/1** 544; **10/3** 177; **10/4** 610

Capricho **17** 156, 213, 222

Caprichos / humores **7/1** 27, 45, 81s., p. 153; **7/2** 275, 306, 348, 375, 400; **8/2** 266
- disposições de espírito **11/1** 48,130; **11/4** 629, 728
- e a possessão pela anima **14/2** 204; **16/2** 504

Capricórnio / carneiro **5** 290; **13** 360
- cf. tb. Zodíaco

Capricornus **14/1** 6; **14/2** 6

Cápsula craniana **14/2** 388, 389

Caput
- *corvi* **12** 522[84]; **14/2** 51, 56, 58, 150, 159, 381, 383[162], 386, 386[179], 387, 388
- *mortuum* **14/2** 192[243], 351[100], 383, 384, 386, 387, 387[182]
- cf. tb. Cabeça

Caracol **9/2** 356; **18/2** 1.360

Caracterologia **6** 980; **18/2** 1.806, 1.819

Caramanchão **17** 54, 54[9]

Caramujo **9/1** 604

Caranguejo **9/1** 315, 604s.; **18/1** 170, 190s.
- cf. tb. Animal(is).

Carapuça mágica **5** 569

Caráter **3** 154; **4** 310s., 384, 391, 450; **6** 879, 979; **8/3** 923s.; **13** 355; **14/2** 70, 71, 339, 366, 396, 420; **15** 3; **17** 255, (270)
- autonomia do **6** 111s., 758
- batismal **14/2** 38
- componentes do **14/1** 292
- conhecimento do **8/3** 867s.
- da criança **17** 222
- de colorido cambiante **17** 331
- divisão / duplicidade do **6** 752s.

196 Obra Completa — Vol. 20

- e destino **8/3** 890
- e hereditariedade **8/2** 657
- epiléptico **2** 500, 509, 518
- formação do corpo e (Kretschmer) **6** 1.038
- histérico **6** 634, 934
- individual **8/2** 494, 496
- influenciabilidade do **6** 757
- mudança de **7/2** 252, p. 151; **8/2** 773, 809
- paradoxal
- - como característica dos escritos jesuíticos **11/3** 417
- - tomada de consciência / conscientização do koan; **11/3** 401; **11/5** 895
- transformações que se operam no **11/1** 25

Carbo / carvão **14/3** 428

Carbono **13** 336
- átomo de **8/2** 284
- química do **8/1** 10

Carbúnculo (pedra preciosa) **8/2** 384[47]; **9/1** 580[133], 586[139]; **11/4** 738; **14/2** 7, 127, 164[392], 233[78], 257, 275, 275[217]; **14/3** 368, 428
- como sinônimo do *lapis* **14/2** 275
- cf. tb. Carbo

Carcassona **9/2** 225

Cárcere **14/3** 181, 532, p. 76-77
- das trevas **14/1** 43
- cf. tb. Prisão

Carcinoma **3** 319
- imaginário **11/1** 14, 27, 36

Cardíaco
- colapso **8/3** 942

Carga emocional **4** 67, 71; **13** 341

Caricatura do crucifixo **12** 539, 539[60]

Carícia **5** 530

Caridade **15** 42
- cf. tb. Amor

Carinho
- necessidade de **4** 259

Carisma **14/2** 134; **17** 294; **18/2** 1.382, 1.470, 1.505

Cáritas **9/2** 198, 210
- cf. tb. Amor

Carma **7/1** 118[15]; **9/2** 216, 339[134]; **10/3** 181; **11/5** 771, 842, 845, 850ss., 856
- pré-natal **14/1** 293

Carmelo (montanha) **18/2** 1.521s., 1.529s.

Carmesim **14/2** 78[221]

Carnaval **5** 156[61], 214[21]; **9/1** 456, 465, 469, 474, 474[16]; **12** 182

Carne **9/1** 588; **10/3** 76; **13** 86s., 111, 122, 126s., 133, 408; **14/1** 3, 10, 11, 20, 21, 118, 175, 200, 274
- como corpo humano **14/2** 6, 7, 54, 94, 127, 159[380], 176, 200, 234, 246[140], 390
- como mundo no sentido moral **14/2** 6
- como *prima materia* **14/1** 11
- como substância do arcano **14/1** 175[116]
- corrupção da **14/1** 101
- cf. tb. Corpo; Encarnação

Carnea **14/2** 301, 301[289]

Carneiro **8/3** 977; **9/1** 329, 355, 624, 660; **9/2** 145[75], 147, 148, 162, 167; **18/2** 1.522
- preto **14/1** 74[203]
- cf. tb. Zodíaco

Carnot
- princípio de **8/1** 48

Caronte **10/4** 699
- a cavalo **5** 427, 577

Carrasco **15** 14
- negro **14/2** 387

Índices gerais

Carro **13** 362; **14/1** 254, 255, 258, 259[48], 260-266, 278
- celeste como modelo do si-mesmo **14/1** 259
- da serpente **14/1** 254, 255, 258, 259, 263
- de Aminadab **14/1** 278[522]
- de Aristóteles **14/1** 254-262, 265, 266, 278
- de fogo **13** 206
- de triunfo **13** 278
- solar no culto **14/1** 278[822]

Carta(s)
- conteúdo antecipado no sonho **8/3** 854
  de Aristóteles (*Theatrum chemicum*) **13** 160, 182[139], 269[133]
- dos pacientes **3** 199

Cartago **9/2** 145[75]

Cartesianos **8/3** 927
- diabretes **8/2** 202
- filosofia cartesiana **8/3** 845

Cartomante **8/2** 479; **8/3** 841

Carvalho **14/1** 67, 68[2], 70, 72, 73[188], 80-84
- alado **14/1** 73[188]
- aspecto maternal-feminino **14/2** 37, 63
- de Ares **14/1** 82, 82[218]
- de Dodona **14/1** 73
- de Juno **14/1** 67-69
- do Sol e da Lua **14/1** 71
- oco
- - como mãe **14/1** 84
- - ou fendido **14/1** 72, 81, 84
- tronco de **14/1** 72, 73
- cf. tb. Árvore

Carvão **9/1** 537; **12** 327; **14/2** 386[179]

Casa **9/2** 353; **12** 166; **14/3** 21, 185, 394, 398-401, 414-415, 453, p. 118-119
- alheia **14/1** 175[383]

- como consciência e inconsciente **14/1** 175, 175[303]
- como tema dos contos de fada **10/3** 43
- da sabedoria **14/1** 297; **14/3** p. 100-101, 106-107
- de concentração **11/1** 63, 128, 136, 140; **12** 295s.
- de prostituição **15** 14
- - cf. tb. Bordel
- de vidro **14/2** 70, 292; **16/2** 455
- - transpirar na **16/2** 453
- do renascimento **14/2** 60
- do(s) tesouro(s) **14/1** 2, 40[40], 175[314]; **14/3** 394, 401-402, 415-416, 417, 436, p. 100-101, 118-119
- dourada **14/1** 2
- explicação do sentido de **14/1** 175[303], 175[314]
- mal-assombrada **8/2** 571
- própria como o sólido e a consciência **14/1** 175[303]
- redonda **14/2** 27
- sonho **18/1** 986

Casal / casamento **7/1** 46s., 80, 88, 179s.

casal 156s., 384, 504; **7/2** 316; **18/1** 264, 362
- cf. tb. Hierosgamos

Casamento **3** 279, 295; **6** 962, 1.004; **9/1** 61, 168s., 176, 184; **17** 280, 327
- celeste **13** 199
- - cf. tb. Hieros gamos
- conveniente **6** 665
- delírio de **3** 165, 191
- do cordeiro **13** 225
- leis do **5** 351
- místico **13** 193; **16/2** 353, 538
- núpcias **13** 198, 216, 225
- real / divino **16/2** 353, 381, 398
- - cf. tb. Hierosgamos
- régio **13** 358, 434, 441[296]
- segundo
- - proibição do **6** 12

- químico **5** 330; **13** 157, 161, 171, 234, 315
- - cf. tb. Rosencreutz, C.
- sistema de classes de **5** 332, 415[159]
- cf. tb. Bodas; *Coniunctio, Hieros gamos,* Matrimônio; Núpcias; Quatérnio de matrimônio

Casamento / casal **18/2** 1.139, 1.185, 1.194, 1.198, 1.203, 1.262, 1.698, 1.711, 1.800s., 1.804
- *quaternio* **18/2** 1.133

Casamento / casar **2** 997, 1.002, 1.006, 1.009s., 1.385
- complexo de **2** 226, 914
- - cf. tb. Noiva

Casamento / núpcias / matrimônio **4** (S) 90, 92, 96s.; **4/1** 12, 14, 52, 56, 77; **10/3** 81, 209s., 248, 252s., 260s., 273; **14/2** 70, 75, 104, 188[411], 233[78], 323[34], 329
- adultério **10/3** 248, 255, 263
- alquímico **14/2** 43, 72, 323, 329, 334, 337, 362
- - aspecto psicológico do **14/2** 334
- - e tradição pré-cristã **14/2** 329
- - na retorta **14/2** 337
- amplexo matrimonial **14/2** 329[52]
- apocalíptico **14/2** 190
- caráter nefasto na descida **14/2** 190[411]
- celeste **4** 72; **14/1** 2[6]; celeste **14/2** 124, 130, 190
- como matrimônio místico ou teológico **14/2** 329
- como núpcias apocalípticas do Cordeiro **14/2** 72, 189, 190, 193, 329
- como relacionamento dos sexos **14/1** 101
- *croscousin marriage* **14/2** 329[52]
- de Kadmos **14/1** 84
- do dia e da noite **14/1** 166[281], 193
- do espiritual com o material **14/2** 329
- do Sol e da Lua **14/1** 2[8], 169
- do sopro de ar com a água **14/1** 181

- do *spiritus vitae* com a árida *terra virgo* **14/1** 181
- duplo **14/2** 267
- experimental **10/3** 231
- feliz na lua nova / tradição árabe **14/1** 149
- identificado com a morte **14/2** 323
- místico entre rainha-mãe e deus-pai **14/2** 8
- separação **10/3** 248
- químico **14/1** 31, 101
- régio **14/2** 70, 206, 234, 323
- - como símbolo da união da consciência e do inconsciente **14/2** 206
- - mistério do **14/2** 55, 207
- - simbólica do **14/2** 334
- vínculo do sagrado matrimônio **14/2** 324, 324[39], 362

Casas
- astrológicas **8/3** 866s., 977
- dos planetas **14/1** 269, 302, 303, 307

Casca **9/1** 572, 576
- com quatro nozes **11/1** 90, 109
- travessa **11/1** 109, 136; **11/4** 594, 624
- cf. tb. Animais; Cobras

Casos
- A filha, com 13 anos, de mãe ambiciosa torna-se associal e tem fantasias homossexuais **17** 221
- A mais velha de duas irmãs fica histérica quando a mais nova se casa **4** 384s.
- A anamnésia comprova nexos psicológicos com sentido **3** 482-494
- Análise de uma mulher com *dementia praecox paranoide* **3** 63-70
- A paixão pelo professor faz com que a menina diminua de aproveitamento escolar – Perde, assim, as boas graças do professor e se torna neurótica **4** 458s.

Índices gerais

- Aparecimento de uma psicose pela internação em clínica **3** 478
- Assassino débil mental simula imbecilidade com perda da memória **1** 343
- Autoanálise sem resultado, por causa de falsa atitude para com a vida **8/2** 685
- Bando de pássaros por ocasião da morte de uma pessoa – Exemplo de sincronicidade **8/3** 844-851
- Briga e internação em clínica provocando ataque de catatonia numa mulher **3** 474
- B. St. com demência paranoide e delírios muito vivos **3** 198-314, 364
- Caso de Esp durante desmaio – Dissociação da consciência **8/3** 935
- Concordância de associações entre mãe e filha **8/2** 228
- Constelação familiar infeliz impede um homem de viver feliz mais tarde **4** 707s.
- Convulsões histeroepiléticas provocadas pelo fogo **8/2** 295
- Cozinheira que caiu num grave estado de ansiedade após a extração dos dentes **3** 167, 335
- Criança lesada no parto e mimada consulta em questões difíceis uma irmã gêmea imaginária **17** 224s.
- Cura de uma jovem com catatonia grave **3** 571
- Demente precoce que achava que tudo era artificial **3** 169[152]
- Demente precoce que gradualmente desenvolveu estereótipo e degenerações até sons incompreensíveis **3** 191
- Doença de uma menina de 9 anos é causada pelo mau relacionamento entre pai e mãe **17** 216
- Doente que imita os movimentos de seu amado que era sapateiro **3** 358
- Doente que justifica os anos de silêncio **3** 356
- Dores provocadas psiquicamente **8/2** 303
- Duas aparições da mãe em sonho que impedem a conversão de um judeu **3** 307
- Duas irmãs: uma fica histérica e a outra catatônica **4** 397
- Enfermo mental produz símbolos **8/2** 228, 317
- Estudante de teologia sonha com o mágico branco e negro **17** 208
- Estudioso que adoece por duas vezes ao visitar a cidade em que viveu durante o tempo de estudante, tendo que ser hospitalizado **3** 341-354, 473, 533
- Exemplo de paramnese em Jung – Erros (lapsos) de leitura interferem no sonho de uma pessoa **8/3** 854
- Garoto de 7 anos compensa inferioridade orgânica com acessos de cólera **17** 213
- Gênio não reconhecido ou simplesmente grande preguiçoso **17** 248
- Gravidez histérica e maternidade **3** 165
- Histérica ab-reage complexos de reminiscências no estado crepuscular **4** 30
- Histérica que atribuía a depressão a dores no braço **3** 148
- Histérica que se comportava infantilmente nos estados de excitação **3** 159
- Histérica que sofria profundas depressões e, incapacitada para o trabalho, melhorava o humor e mostrava grande prazer quando sugestionada a trabalhar **3** 160[140]
- Histérica que vomitava o leite que bebia por ter sido agredida sexualmente no estábulo **3** 149[132]
- Histérico que dirigia insultos contra

os sinos da igreja **3** 81
- Histérico que ficou com o braço enrijecido depois de uma violência sexual **3** 99
- História de uma família neurótica **17** 147s.
- Homem, 30 anos de idade, com *automatisme ambulatoire* **1** 18
- Homem, 32 anos de idade, com amnésia total e retrógrada **1** 17
- Homem com antecedentes criminais devido a furto e delitos morais foi declarado irresponsável por causa do estupor epiléptico **1** 342
- Homem com neurose se interessa por psicologia **8/2** 478
- Homem de 30 anos queixa-se que, apesar da contínua autoanálise, permanece neurótico – Reprime o fato de se deixar sustentar de modo imoral por uma mulher **17** 182, 200[24]
- Homem de 36 anos de idade com mania crônica **1** 187
- Homem histérico com caráter alternante de amnésia **1** 110
- Homem que, após uma decepção amorosa, não conseguia se lembrar do nome do rival **3** 98
- Ideias delirantes corrigidas pelas próprias vozes **3** 180
- Internação no asilo que provoca alucinações e ideias delirantes **3** 477
- Interpretação sem êxito de sonhos **4** 584[4]
- Irrupção de *dementia praecox* após ocultação durante anos de uma transgressão moral **3** 180[167]
- Jovem esquizofrênica que se queixa de não mais poder retornar à sua psicose **3** 534
- Jovem operário erroneamente acusado de homicídio **1** 348
- Jovem que passeava com um carrinho de bebê, fingindo ter um filho **3** 101

- Jovem senhora alterna períodos anormalmente longos de sono com continuidade de memória **1** 24
- Jovem senhora com irrupções de imagens fantasiosas **3** 415
- Jovem senhora se assusta diante de cavalos – A anamnese mostra que ela não ama seu noivo, mas o marido de sua amiga **4** 218s., 297, 355s.
- Jovem senhora que escondia o rosto na cortina enquanto narrava um sonho **3** 100
- Ladrão contumaz simula imbecilidade **1** 344
- Mão invisível que impede o suicídio de um psicopata **3** 306
- Maria é excluída da escola porque, devido a um sonho seu, causou falatório sobre o professor **4** 95s.
- Melhora surpreendente de um demente precoce no tempo em que se viu com uma doença corporal séria **3** 180[168]
- Menina de 15 anos é curada de enurese noturna através de hipnose **4** 592
- Menina inteligente torna-se má aluna porque sua professora lecionara antes para débeis mentais e não tinha tido experiência com crianças normais **17** 234
- Menino com 5 anos violenta sua irmã, com 9 anos tenta matar seu pai, depois se desenvolve normalmente **17** 136
- Moça com depressão e sonhos amedrontadores estereotipados depois de uma história de amor fracassada **3** 291
- Moça de 16 anos com extraordinária dissociação da personalidade **17** 227
- Moça de 16 anos de idade com mudanças periódicas de caráter, separadas pela amnésia total **1** 109
- Moça que fazia de seus sonhos algo

Índices gerais

tão vivo que eles se transformaram em estados crepusculares histéricos **1** 304
- Mocinha à qual retornava a poesia de Schiller (Cantiga do Sino) **17** 7
- Mudança de caráter no meio da vida **8/2** 775
- Mudança de caráter num homem novo com anestesia periódica em toda a superfície do corpo **1** 112
- Mudez histérica **8/2** 295
- Mulher catatônica que mostrava total falta de afeto com respeito a todas as reminiscências familiares **3** 173
- Mulher com colapso cardíaco, prostrada no leito, vê-se a si própria a partir do teto do recinto **8/3** 940s.
- Mulher culta e instruída fascinada com uma preleção sobre o inconsciente – Seus sonhos apresentam sinais de que ela ficou seriamente abalada **3** 561
- Mulher histérica que apresentava incongruência entre ideia e afeto **3** 146
- Mulher masoquista que não podia suportar que se batesse no sobretudo para sacudir a poeira **3** 97
- Mulher psicopata tenta afogar seu filho e simula amnésia **1** 345
- Mulher que nunca se separara do pai torna-se neurótica após a morte deste **4** 716s.
- Neurologistas que diagnosticam erradamente uma viúva histérica com sarcoma na medula **3** 469
- Neurose da mãe após a morte de um de seus filhos **4** 530
- Neurose infantil em menino cujo pai era muito severo e a mãe muito carinhosa **4** 731s.
- Neurótico sonha com coisas desabonadoras para sua noiva – Confirmação das suspeitas e cura **8/2** 542

- Ordem de distribuição dos convidados à mesa – O inconsciente faz o arranjo de quatro casamentos **8/3** 891[59]
- Paciente com ataques histeroepilépticos causados pelo fogo **1** 130
- Paciente com carga hereditária negativa – Inferioridade sanguínea **1** 188
- Paciente com estereótipo do pente **3** 189
- Paciente com mania de lavar é hipnotizada **4** 596
- Paciente com pouca força de vontade que sonha com o complexo paterno, no qual uma espada atravessa-lhe o corpo **3** 400
- Paciente com sintomas gástricos de origem nervosa – Análise revela ânsia infantil pela mãe **8/2** 711
- Paciente esquizofrênica com vozes distribuídas pelo corpo inteiro **3** 540, 574
- Paciente feminina sonha com escaravelho (besouro) de ouro – Exemplo de sincronicidade **8/3** 843, 850, 972
- Paciente que acreditava ter contaminado os demais com suas ideias obsessivas **3** 148
- Paciente que extraia seus delírios sexuais dos sonhos **3** 181[169]
- Paciente que se queixava de insinuações feitas a ele durante as refeições **3** 157[134]
- Paciente que volta a falar após cinco anos de silêncio **3** 356
- Paciente sonha com sua dependência do médico **4** 162s.
- Persistente perturbação digestiva se resolve quando é afastada a mãe neurótica **17** 139
- Pressentimento da morte em sonhos **8/2** 504

- Psicose histérica de jovem senhora se desenvolve a partir de erotismo anal infantil, masturbação e fantasias sexuais perversas **4** 54s.
- Rapaz com tara hereditária (esquizofrenia) tem emoções patológicas depois que é recusado por uma moça **17** 141
- Rapaz de 12 anos e meio com estados de amnésia **1** 17 32
- Rapaz de 14 anos, num acesso de cólera, mata o padastro **17** 133
- Rapaz homossexual, de 20 anos, com grande fixação na mãe, obtém, através de sonhos compensatórios, conhecimento mais profundo de seu problema e de seu comportamento **17** 266
- Rapazinho com epilepsia, por longo tempo desconhecida, conta sobre visões que o amedrontavam **17** 137
- Rapazinho de 8 anos que sonhava os problemas eróticos e religiosos de seu pai **17** 106
- Rapaz que reprime com o intelecto suas emoções, culminando num delírio de perseguição **3** 501
- Rapaz sofre de perturbações estomacais depois que sua madrasta foi operada de câncer no estômago – A descoberta da conexão trouxe a cura **17** 178
- Repetição catatônica do "Aleluia" **3** 188
- Resistência contra seu trabalho profissional causa aparente neurose em senhor de 40 anos **4** 529
- Rev. Ansel Bourne, 30 anos de idade, "tipo ambulativo" com amnésia total **1** 20
- Sargento, 27 anos de idade, com ataques sonambúlicos e diminuição da consciência **1** 21, 25
- Senhora de 30 anos com *grande hystérie* tem alucinações assustadoras **1** 13
- Senhora histérica faz associações com cores **1** 22
- Solução de problemas durante o sonho **8/2** 299
- Sonho antecipa erupção vulcânica na Martinica **8/3** 852s.
- Três experiências negativas com a terapia da sugestão **4** 578s.
- Três meninas que sonhavam que sua mãe, muito devotada, era uma bruxa ou animal perigoso – Mais tarde ela ficou doente mental **17** 107
- Uma senhora faz de seu casamento cópia fiel do ambiente familiar de sua infância **4** 703s.
- Um garoto que "não queria falar", como se supunha – A causa era uma idiotia, cumulada com uma neurose **17** 133
- Um jovem, após concluir os estudos, torna-se neurótico ao ter que escolher uma profissão **4** 541
- Um jovem oscila entre homo e heterossexualismo **4** 247, 254
- Um sonho anuncia a queda de um alpinista que tinha intenções suicidas **17** 117s.
- Velho general é incapaz de encontrar uma definição do belo **17** 187
- Viúva, de 22 anos, gravemente histérica – Compulsão de viajar e amnésia total **1** 19
- Viúva reprime seus verdadeiros desejos e desenvolve fobias **17** 185

Cassandra **10/4** 713

Cassiano **11/1** 32

Cassius e Brutus **5** 429, 430

Castália **18/1** 259

Castanho / homenzinho **8/3** 935

Castelo **9/1** 346, 646, 691; **9/2** 352; **12** 50*; **14/2** 140, 300[287], 388, 388[194], 389
- cápsula craniana como **14/2** 389
- como *allegoria Mariae* **14/2** 288[194]
- como *castrum sapientiae* **14/2** 388
- como símbolo feminino **14/2** 17
- no sonho **7/2** 281; **18/1** 336
- quatro castelos superpostos (Dorneus) **14/2** 388[194]
- vaso como **14/2** 389

Castidade **14/3** p. 108-109

Castigo **13** 86, 93, 139
- corporal **4** 55, 58
- do inferno **13** 94
- punição, ideia de **11/3** 407

Castor **8/1** 81; **9/2** 134

Castração **5** 356[51]; **6** 20; **9/2** 181[3]; **11/4** 718[3]; **13** 401[149]; **17** 200; **18/1** 822s., 1.056s., 1.062s.; **18/2** 1.083[2]
- auto **5** 671; **9/1** 138, 162, 297[41]
- - de Orígenes **6** 18, 20s., 35
- como sacrifício da libido **5** 559
- dos sacerdotes **5** 392[119]
- pela serpente **5** 680
- sagrada **5** 299
- cf. tb. Complexos

Castrados **5** 192

Casuais (grupos, agrupamentos) **8/3** 826, 959, 961
- interpretação de acontecimentos **8/3** 829

Casuística
- Dois sonhos iniciais de um homem bem-sucedido nos negócios que lhe servem de advertência contra a sua ambição de querer subir cada vez mais **16/2** 299s.
- Fobia de uma mulher em relação a Paris – Ao tentar superar a fobia foi a Paris onde morreu **16/2** 463
- Fobia de um homem em relação a escadarias – Teve um acidente fatal numa escadaria **16/2** 463
- Séries de sonhos de um homem que mostram a continuidade do motivo
- - da água **16/1** 26
- - do motivo da mulher desconhecida em 51 sonhos **16/1** 14s.
- Sonho de uma jovem que anuncia o desfecho letal de uma doença física **16/2** 344
- Sonho de um médico que exprime uma advertência que ele não leva a sério **16/2** 323s.
- Sonho de um rapaz – Compensação pela relação boa demais com o pai **16/2** 335
- Sonho inicial de um homem normal, no qual é criticado seu interesse pelo ocultismo **16/1** 92s.
- Sonhos de uma mulher de certa idade anunciando o início da transferência **16/2** 378
- Três sonhos iniciais de uma mulher ao começar três análises diferentes **16/2** 308

Catábase
- de Anfiarau **5** 572
- - cf. tb. Anábase

Catabasis
- cf. Viagem marítima noturna

Catacumba(s) **5** 163[71], 536, 577; **18/2** 1.697

Catalepsia **1** 50, 262; **2** 1.072; **3** 3, 12, 161, 182, 193; **18/1** 780, 1.013s.
- cf. tb. *Flexibilitas cerea*

Catamnese **1** 338
- em casos duvidosos de simulação **1** 306

Cátaros **9/2** 105, 225-238; **13** 277

Catarse **14/2** 365

- método catártico **16/1** 33, 134s., 141s., 153s., 158, 230; **16/2** 274s.

Catástrofe(s) **3** 522 (D), 559 (S); **17** 302s., 307
- matrimoniais **8/2** 783
- psíquicas, causas comuns da **14/1** 96
- universal **11/4** 735

Catatonia **1** 279, 285; **3** 2, 103, 150, 160, 173, 179, 188, 315, 346, 471, 472, 503, 525, 533, 571; **5** 204[1], 206; **18/1** 874, 893s., 908, 916, 1.013s., 1.055
- associações na **3** 9, 22, 143
- imitação de **1** 309
- impressão de **1** 324, 367
- semelhante a estupor **1** 341

Catatonia / catatônico **2** 116, 450[68], 659, 924, 1.062, 1.065s., 1.072, 1.074s., 1.248s., 1.301, 1.353
- e estupor **2** 1.072-1.074, 1.248s., 1.311

Catatônicas
- enfermidades **8/2** 576

Catecismo de Heidelberg **14/2** 4[12]

Cátedra
- cf. Trono

Catedral **17** 266s., 275

Categorias
- em **3** 527; **8/3** 840

Catégories de la phantaisie **8/2** 254

Catolicismo **7/1** 118, 156; **8/1** 110; **8/2** 338; **15** 10, 183, 195
- e dogma da Assunção de Maria **11/4** 748, 754
- e paganismo **11/1** 50
- e protestantismo **11/1** 75; **11/5** 855; **16/2** 392
- cf. tb. Igreja Católica

Catolicismo / católico **13** 234; **18/1** 362, 364, 370, 565, 603, 608s., 627, 631, 638, 648, 659s., 700; **18/2** 1.466-1.472, 1.510, 1.534s., 1.551, 1.594, 1.606s., 1.633, 1.652, 1.657, 1.665, 1.674s., 1.684, 1.689, 1.811

Católico **4** 750
- fé do **11/2** 285
- Joyce como **15** 180
- Paracelso como **15** 10
- problema da transferência no **16/1** 218
- cf. tb. Igreja Católica

Cauda **14/2** 62, 147[328], 177
- de pavão (*cauda pavonis*) **8/2** 394[97]; **12** 263, 111*, 334, 400s., 404; **13** 190[169], 192[180], 380[105]; **14/2** 48, 51, 52, 53, 56, 57, 88, 94; **14/3** 369, 463; **16/2** 480;
- devorar a própria cauda **14/2** 48, 83

Causa(s)
- de um sonho **8/2** 452s.
- do ponto de vista finalista **8/1** 4[4], 44
- *efficiens* e *finalis* **8/2** 530
- encobridora **2** 662
- *prima* / primeira (Schopenhauer) **8/3** 828
  primordiales **14/3** 52
- transcendental **8/3** 856

Causal(is)
- ponto de vista **8/1** 2, 38[37], 51, 104; **8/2** 166, 438, 451, 456s., 471, 473, 530, 716; **8/3** 828s., 832, 836
- - causal e mecanicista **8/1** 6, 19[18]
- relação c. entre psique e corpo **8/3** 938, 977

Causalidade **6** 595s., 701, 804; **7/1** 45, 58, 72[5]; **7/2** 210; **9/2** 252s., 409; **8/1** 10; **8/3** 828, 843, 855s., 907, 929, 985; **10/2** 447; **10/3** 2, 106, 113s., 120, 142; **10/4** 789, 790; **14/3** 91, 92; **18/1** 142; **18/2** 1.187s., 1.208, 1.213, 1.471, 1.480, 1.485, 1.806
- e finalidade das fantasias **6** 804s.
- em Leibniz **8/3** 927

Índices gerais 205

- em Schopenhauer **8/3** 828
- e sincronicidade **14/2** 327
- lei da **14/2** 327
- mágica **8/3** 905, 931
- psíquica **3** (426), 498, 533; **5** 69
- relativização **8/3** 823, 948
- princípio de **3** 392, 405, 420, 467, 480
- cf. tb. Acausalidade; Finalidade

Causalidade / causal **4** 66s., 392s., 658, 665, 677, 687s., 690

Causalismo **8/3** 952[140], 985
- **8/3** (m.s.) 935

Cautes e *cautópates* **5** 294, 299

Caux sur Montreux **18/2** 1.536[6], 1.539

Cavaleiros
- da Rosa **18/2** 1.711
- quatro **11/4** 734

Cavalgaduras mitológicas **5** 421

Cavalgar **5** 370; **15** 210
- ao redor como exorcismo **14/2** 8[28]

Cavalo(s) **3** (S) 123, 287; **4** 218s., 300s., 355s., 553; **5** 8, 232, 261, 302, 370, 373, 421, 657; **9/1** 71s., 327, 398, 423s., 426s., 433s., 436s., 439s., 449s.; **9/2** 356; **13** 461[342]; **14/1** 75, 77, 260[481], 263; **14/2** 10, 13, 13[38], 67[170]; **17** 47, 209; **18/2** 1.527
- branco e preto (canção de Tishtriya) **5** 395, 439[46]
- como animal priápico **5** 421
- como componente animal do homem **5** 421, (659)
- como fogo e luz **5** 423
- como *psychopompos* **5** 362
- como símbolo
- - da libido **5** 421, 658
- - do tempo **5** 425
- como vento **5** 422
- de Bálder **5** 421
- de Brünhilde **5** 602

- de Chiwantopel **5** 420, 616
- de três patas **5** 428
- e cavaleiro **5** 421, 421[6], 678
- e demônio **5** 421
- e o inconsciente **5** 421, 426
- e serpente, contradição entre **5** 680
- e simbólica da árvore **5** 427
- negro, transformação em **14/1** 76, 77
- pata de **5** 421
- sacrifício do corcel **5** 658, 675
- cf. tb. Animal(is)

Cavanhaque **12** 86s., 117s., 136s.

Caveira
- lugar da **14/2** 221
- cf. tb. Crânio

Caverna (S.) **4** 185s., 189s.; **5** F 28, 291[52], 369[88], 460, 528, 569, 577, 579; **8/2** 555; **9/2** 293; **11/3** 428, 430; **12** 197, 259; **14/2** 213, 288[221], 390; **14/3** 361; **18/1** 257, 272
- alegoria da (Platão) **15** 105
- como sepultura **5** 450[89], 526
- como símbolo materno **5** (180), 313
- cultos da **5** 528
- da iniciação **15** 213
- de Cibele **5** 659
- de Hal Saflieni **5** 536
- de Kos **5** 577
- de Platão **8/2** 416[121]
- dos sete adormecidos **5** 282
- do tesouro **14/2** 217, 220, 253

Caverna / gruta **10/3** 67, 128

Cecrope
- mito de **5** 594

Cécrops **18/1** 195, 260

Cedarenos **14/2** 257[183]

Cedro **14/3** 540, p. 136-137
- cf. tb. Árvore

Cego / cegueira **13** 241

206   Obra Completa – Vol. 20

Cegonha(s) **3** 40; **4** 479, 501, 506; **13** 343[27], 415, 417, 459; **14/1** 152, 162; **14/2** 37[92], 163[391]
- significado da **14/1** 162[239]
- cf. tb. Animais

Cegueira **8/2** 614; **10/4** 645; **18/1** 713
- dos filhotes da andorinha **14/2** 348[81]
- - noturna, cura da **14/2** 345[81], 347
- em relação ao próprio complexo **3** 90, 93, 104
- histérica **1** 42; **7/1** 4
- periférica **8/2** 295
- psicógena **8/2** 582

C.G. Jung-Institut **18/2** 1.129-1.141, 1.163s., 1.388, 1.514s., 1.826s.

Ceia **6** 30; **11/3** 324
- como refeição sacrifical **11/3** 299, 342, 346
- - Última Ceia **11/3** 378
- como Santa Ceia **14/2** 82, 176
- controvérsia sobre a **6** 31, 33, 91s.
- pascal **14/3** p. 78-79; **18/2** 1.522
- cf. tb. Eucaristia

Ceia / comunhão **7/2** 384

Ceilão **10/3** 877, 1.002

Celeste / lugar (Platão) **8/2** 336

Celibatário **4** 91s.

Celibato sacerdotal **11/2** 197; **14/1** 103

Celidônia / *chelidonia* **14/2** 345, 345[81], 347, 358, 360, 364
- como pseudônimo do ouro **14/2** 345[81]
- como remédio para as doenças mentais **14/2** 345[81]
- sal como emenagogo **14/2** 345[81]

Cellini, B. **1** 101

Celta(s) **8/2** 149; **9/1** 450; **13** 154, 218

Célula(s) **6** 581
- cerebrais **8/2** 528

- desempenho das **6** 528, 533, 549
- estado de estímulo das **6** 528

Cem **14/3** 553, p. 74-75

Cemitério **1** 6s., 26

Cena(s)
- fundo inconsciente da cena **14/2** 365, 393
- no palco **14/2** 365, 366

Cenestésico **2** 1.352

Censor / censura **18/1** 510, 864

Censura (Freud) **2** 611; **3** 67, 137, 434; **8/1** 62; **8/2** 132, 461, 486; **18/2** 1.149
- moral (Freud) **16/1** 245
- na psicanálise **13** 467

Centauros **5** 423, 460[71]

Centelha(s) **9/2** 344; **11/1** 154; **14/3** 278
- da alma **8/2** 388, 394[93], 430
- da luz natural **14/1** 336
- cf. tb. Parcelas anímicas luminosas; *Scintillae*

Central
- núcleo de um complexo **8/2** 180

Centralblatt für Nervenheilkunde und Psychiatrie XXIX (Spielmeyer) **4** 25[5]

Centralização nas produções artísticas **8/2** 401, 411, 417

Centrifugação **14/2** 343[75], 351, 404

Centro(s) / meio **9/1** 240, 244, 246, 248, 256, 503, 543, 549[61], 559, 566, 572s., 580, 583, 588s., 596, 604, 608s., 630s., 644s., 665s., 680s., 691s., 714; **9/2** 1s., 11, 69, 120[93], 205, 237, 239, 243, 248, 261s., 292[13], 296, 308, 318, 342s., 352, 390; **11/1** 152[26]; **11/3** 427; **12** 129, 155, 167, 175, 189, 212, 217, 224, 237, 244s., 258s., 286, 310s., 325; **13** 36, 173,

Índices gerais 207

185-189, 201, 229, 243, 334, 337, 346, 349, F 31; **14/2** 138, 238[107], 322[20], 371
- acústico **2** 560
- - cf. tb. Experimento
- o mandala como centro comum dos arquétipos **14/2** 326
- a Terra como centro **14/1** 242, 315; **14/2** 221, 240
- caráter luminoso do **16/2** 535
- como lugar da transformação **12** 186
- como *mediator* (mediador) **11/1** 150[91] (cap. III)
- como símbolo de conjunção (unificação), **11/1** nota 91
- como si-mesmo **12** 44, 137, 310, 327
- concentração em torno de **11/1** 156; **12** 186s., 273
- construção de um **12** 223, 244
- do mandala
- - cf. Mandala
- da personalidade **12** 116, 376, 435, 496, 517
- - e o eu **12** 44s., 126, 129, 135s., 175
- divindade no **12** 125, 139s., 169, 62*, 214, 246
- divino no homem **14/1** 44
- do céu e da terra **14/1** 236, 287; **14/2** 346
- - como origem e fim **14/1** 9, 290
- - como sol no meio da terra **14/1** 236
- dos temas oníricos **12** 35
- existente *a priori* no homem (Dorneus) **14/2** 411, 431
- *lapis* como
- - cf. Lápis
- nervosos **4** 31
- no homem **11/1** 138
- número quatro do **12** 31*, 327
- rotação em torno do **12** 267
- significado de cura (salvação) do **12** 35, 125
- símbolos do meio **12** 35

- tornar-se consciente do **12** 189
- teriomórfico **12** 169s., 173s., 191
- *unarius* como centro **14/2** 158
- vazio **11/1** 114, 136
- vivido **14/2** 432

Centro / centrador / processo centrador **16/1** 219
- procura do **16/1** 111

"Cepo para dádivas" **5** 577

Cérbero **5** 265, 572, 577

Cerca **14/3** 414

Cereal **13** 97[56]

Cerebelo **14/2** 293

Cerebração **6** 847

Cerebral(is)
- anemia **8/3** 942
- células **8/2** 528
- córtex **8/3** 945s.
- edema **3** 537
- lesões **8/3** 939
- psique como secreção **3** 409
- tumor **3** 193

Cérebro **8/1** 10; **8/2** 368, 529, 607, 653s., 729, 743, 812s.; **9/1** 500; **10/1** 527; **10/3** 12, 14, 50; **14/2** 274, 292, 292[245], 293, 294, 297[248], 332, 390; **17** 199a, 207; **18/1** 84, 798, 828, 832; **18/2** 1.116
- atividade do **15** 98, 103, 114, 126, 172
- como sede
- - da consciência e da inteligência **14/2** 292, 388, 388[189]
- - do espírito **14/2** 292
- como substância do arcano **14/2** 292
- córtex cerebral **8/3** 945-947
- do *rex marinus* **14/2** 292
- e a esfericidade da cabeça **14/2** 293
- e doença mental **3** 7, 75, 179, 193, 196, 318, 322, 346, 453, 467, 471,

476, 497, 501, 505, 518, 537, 548, 583
- - cf. tb. Achados orgânicos; Toxinas
- e lua **14/2** 292
- e pedra cerebral **14/2** 292
- escurecimento do **14/2** 292[244], 390
- espinal
- - sistema **18/2** 1.116
- estrutura do **8/2** 227, 342, 589, 729
- exercitação do **14/2** 299
- fisiologia do **3** 193; **8/1** 10, 29; **8/2** 658;
- hereditariedade **8/1** 99; **8/2** 227, 589, 717
- remoção do **3** 193, 196
- cf. tb. Substrato orgânico; Sistema nervoso e psique

Cérebro / cerebral **2** 100[24], 539, 1.062, 1.067, 1.071, 1.187
- mecanismo cerebral **2** 21, 116
- sífilis cerebral **2** 924

Ceres **5** 148[45], 321

Cerimônia(s) **8/1** 83s., 91, 94, 98; **8/2** 726; **18/2** 1.310
- de fertilidade da terra **5** (530), 571
- de lavação **4** 596

Certeza e incerteza **17** 333

Cerva
- cf. Animais

Cervo **8/1** 121; **8/2** 559; **13** 259, 461[342]; **14/1** 3, 24, 182, 182[318], 182[337]
- como símbolo do rejuvenescimento **14/1** 182[330]
- e cerva
- - cf. tb Animal(is)

Cervula
- festa **9/1** 459[6]

Cervus fugitivus **14/1** 182, 182[336]; **16/2** 478
- cf. tb. Animais; Cervo

César **10/1** 514; **18/1** 373; **18/2** 1.334, 1.342, 1.569s.
- romano **9/2** 274

Césares romanos **14/2** 1, 6; **17** 309
- culto dos césares **17** 309, 311

César, J. (Shakespeare) **5** 421

Cestos fálicos **5** 306, 530

Cetewayo **10/3** 99

Ceticismo **8/2** 697

Cetonia aurata / besouro-rosa **8/3** 843, 972

Cetro **9/2** 310; **14/3** 544
- real **14/2** 100, 127, 377, 378

Céu(s) **8/2** 388, 390, 484; **8/3** 916, 920; **9/1** 321, 340, 352, 537, 597, 637, 682s.; **11/1** 161; **11/3** 402; **11/4** 681; **14/1** 19, 44, 46, 54, 78, 111, 117, 138, 229[374], 282, 284, 288; **14/2** 6[19], 15[45], 35[85], 50, 51[121], 58, 93[237], 98, 118, 127, 127[272], 137[296], 150, 197, 200, 217, 219, 225[49], 237, 238, 240, 244, 246, 253, 257, 258, 287, 296[164], 300, 307, 308, 329, 343, 344, 346, 348, 357, 363, 382, 383, 383[164], 383[170], 388[189], 389[196], 391, 392, 411; **14/3** 440, 444, 457-460, p. 118-119, 122-123; **15** 29, 30, 31, 151, 188
- alegórico **13** 28[7], 28, 31[14], 57, 64, 168, 174, 190[172], 201[207], 209[226], 256s., 268, 271, 276, 359, 380, 384[121]
- - e terra **18/1** 237, 245, 262, 534
- alquímico, como a parte superior do alambique ou da retorta 78[213], 286, 287
- ascensão ao **8/3** 939; **13** 132, 206
- - cf. tb. Cristo
- aspecto feminino do **14/2** 199
- as quatro direções do **14/2** 221
- assunção corporal ao **9/1** 195s., 204, 716[3]; **13** 127, 180
- astronômico **9/1** 50, 121, 547, 604,

Índices gerais 209

682, 702; **13** 273s.; **18/2** 1.431,
1.442s., 1.447s.
- como a mãe dos deuses **14/2** 384
- como ave de Hermes **14/2** 384
- como a *veritas* ou a *substantia caelestis* (Dorneus) **14/2** 353, 357, 365, 393, 403
- como a virtude do vinho filosófico **14/2** 343, 351
- como força ou *virtus* **14/1** 61
- como lugar supracelestial **9/1** 68; **13** 109, 176, 188, 190, 263
- como substância celeste oculta no corpo humano **14/2** 343
- concebido como masculino **11/4** 727
- cor do **8/2** 414[120]; **14/2** 308, 308[336], 343, 343[76], 351, 354, 362, 404, 417, 418
- corpos celestes **13** 160, F IV
- - cf. tb. Lua; Sol
- cósmico **9/1** 557, 573, 679; **13** 95, 114, 117, 173, 186, 268, 301, 359, 416
- da Santíssima Trindade **14/2** 296, 296[271]
- de estrelas **14/3** 80, 221
- em cima / embaixo **11/4** 711; **16/2** 384, 481
- empireometafísico **9/1** 50, 195, 603[161], 691
- enquanto paraíso **9/1** 71s., 128, 156, 404[20], 535, 597[133]
- equivalente físico do **14/2** 429
- espagírico ou secreto **14/2** 343
- espiritual **14/2** 137[296], 296[271]
- estrelado **14/1** 263
- eterno **11/4** 611
- e Terra **8/3** 922; **11/3** 361; **13** 86, 137, 187, 193, 198, 267, 270, 280, 365, 412[215], 432; **14/1** 31, 96, 117, 119, 285, 287, 289; **14/2** 219, 237, 240, 272, 274, 300[282], 323, 323[34], 343, 346, 391; **14/3** 221; **18/2** 1.362, 1.431
- - separação entre **14/2** 272, 274
- humano **14/2** 343[76]

- incorpóreo **14/2** 415
- interior **14/2** 411
- metafísico **13** 264, 329
- mitológico **13** 130, 132, 360, 362, 399; **18/1** 221, 234
- na alquimia **9/1** 535[24]
- o círculo como **16/2** 406
- o *Unum* como o céu no homem **14/2** 389
- quatro bandas ou partes do **14/1** 260[487]
- químico **14/2** 357
- quintessência como **14/1** 61
- Rainha do **9/1** 60, 132, 190, 435, 702
- subida ao / descida do **13** 137, 137[212], 175, 187, 267, 280; **18/1** 525; **18/2** 1.523, 1.566
- superior e inferior **14/2**
- surgimento do **14/2** 351, 363, 365, 389
- trono da divindade **18/1** 221, 565

Céu(s) / celeste / celestial 69s. **9/2**
- astronômico **10/4** 635
- como lugar supraceleste **10/4** 621, 823
- como paraíso **10/4** 801
- de estrelas fixas **10/4** 618
- esferas do **10/4** 764
- e terra / celeste-terrestre **9/2** 78, 100, 218, 243, 250, 311, 314, 340[138], 400, 419
- cf. tb. Terra
- metafísico **10/4** 617, 622
- na alquimia **10/4** 628
- ponto de vista
- - astrológico **9/2** 82[33], 104, 146, 148, 212, 240, 353
- - metafísico **9/2** 132, 263, 292[13], 313, 318, 339
- - mítico / Sete céus **9/2** 104, 187s., 336
- reino dos **9/2** 69, 76, 100, 140, 224, 331, 402s.
- sinais do **10/4** 608, 610, 755

Chacal **13** 360

Chacra **9/1**
- do diafragma **9/1** 661
- manipura **13** 337
- sistema do **9/1** 81, 467[14]; **13** 334
- svâdhishthâna **13** 334

Chadir **9/1** 238, 240, 246s., 250s., 253s., 255s., 258; **13** 428
- cf. tb. Chama / Fogo

Chafariz **11/1** 90, 109

Chakras **18/1** 17; **18/2** 1.331

Chaldaei **14/3** p. 80-81[14]

Chalybs
- cf. Aço

Chama / *flammula* **13** 193, 216, 310, 320, F 15
- alma como **8/2** 665
- - cf. tb. Fogo

Chanoch **14/2** 236

Chaos
- cf. Caos

Chapéu **12** 52s., 139, 254, 329
- redondo **11/1** 90

Chapeuzinho Vermelho **4** 476s.; **17** 219[31]

Charadrius pluvialis
- cf. Animais

Charcot, J.-M. **1** 16
- esquema da montagem da formação de palavras de **1** 86[36]

Charlatanice **11/6** 1.062

Charon **3** 165[148]

Chartres **18/1** 254

Chave **5** 180, 299, 425, 577; **8/2** (m.s.) 470; **9/1** 398; **12** 140*, 400; **13** 318, F 13; **14/3** 22[62], 182, 394, 545, p. 138-139; **17** 208; **18/1** 251, 266s.

- como atributo de Hécate **5** 577[140]
- do Paraíso **14/1** 76
- do Reino dos Céus **14/3** p. 104-105
- filosófica **14/2** 345
- labial **2** 563, 593
- mestra **3** 230, 379
- quatro **14/3** p. 118-119

Chavezinha / clavícula **14/1** 45, 52, 142, 234[395]

Chawwa **14/2** 258; **16/2**
- cf. tb. Eva

Chefe
- de governo **17** 155, 159, (248), 284[2], 305, 323
- tribal **8/2** 735, 781

Cheiro(s) **14/3** 231, 571; **18/1** 766, 779
- do inferno **14/2**
- dos sepulcros **14/2** 90
- perfume de flores **14/2** 90, 163, 323, 361
- cf. tb. Odores

Chemista / alquimista
- como arquétipo do ánthropos **14/2** 403[217]
- como homem perfeito **14/2** 155, 370[127], 425

Chên-jen / Chen-yen **9/1** 529, 549; **10/4** 622[11]; **11/3** 432; **16/2** 417

Chequiná **9/2** 425; **11/4** 727

Chermes
- cf. Púrpura

Cheyri **13** 171, 190, 193, 234[258]; **14/1** 152[202]; **14/2** 358
- flor de **14/2** 358[107]

Chico Sgarra **9/1** 464

Chicote
- como atributo de Hécate **5** 577[141]

Chidr / al-Kadir **18/2** 1.290, 1.525, 1.527, 1.529, 1.672

Índices gerais 211

Chidr / Chidher **5** 282, 288, 289, 291, 296, 522[50], 531; **12** 155[27], 157
- e Elias **5** 285. 288, 291

Chifre(s) **8/2** 559[11]; **10/3** 27; **11/1** 104[11] (cap. III); **12** 520s., 524, 526[30], 533[44], 533, 263*, 552; **14/1** 182[336]; **14/2** 237, 275[217]; **18/1** 525, 533
- como *alexipharmacon* **12** 529, 549
- como símbolo
- - da cruz **12** 549
- - da lua **12** 529, 550s.
- - unificador **12** 553[87]
- Cristo como
- - cf. Cristo

Chifre / chifrudo **9/1** 14, 253, 346, 604, 623, 689, 701; **13** 365

Chifre / cornudo **9/2** 167, 311

China **8/3** 863; **11/3** 375; **11/4** 727[19]; **11/5** 816, 890; **12** 25, 139, 169, 191, 436[41], 453; **16/2** 408[19], 438, 532
- unicórnio na **12** 548, 259*, 260*

China / chinês **9/1** 11, 81, 270, 392, 529, 549, 603, 637, 639, 643, 652; **9/2** 126, 148, 385, 419; **10/2** 913, 927, 935, 939; **10/3** 187, 243, 353, 993; **10/4** 631, 772; **11/6** 1.014, 1.034; **13** 1s., 7, 10, 13s., 25, 28, 31[14], 37, 47, 58, 65, 69, 92, 460[338]; **14/2** 61[140], 155[355], 237, 292; **15** 74, 75, 77, 80, 88, 89, 189; **18/1** 91, 141s., 370, 610; **18/2** 1.131, 1.286, 1.476, 1.483, 1.602, 1.617, 1.689
- alquimia **14/2** 373
- desvanecimento lento dos deuses **14/2** 398
- doutrina do *anthropos* entre os chineses **14/2** 101[355]
- cf. tb. Alquimia chinesa / Budismo

Chinês(a)
- filosofia **6** 401s.; **8/2** 437; **8/3** 863, 865, 907, 931, 907-912
- pensamento **8/3** 914, 934

Chipre **14/2** 76[21]

Chirographum / documento de dívida **9/2** 366; **14/1** 292, 304

Chiron **15** 159

Chiste / pilhéria **2** 718, 882; **4** 2, 94
- e sua ligação com o inconsciente **15** 66

Chiwantopel **5** 251, 274, 276, 279, 429, 432, 461, 462, 464, 465, 555, 613
- sacrifício de **5** 420, (433), (613)

Chnum **5** 147, 389, 410
- e hatmehit **5** 357
- - Rê, como carneiro **5** 357

Chochma **9/1** 588[143]

Choco psíquico **14/1** 256

Chokhmah sabedoria **14/2** 267[201], 309[340]

Choque **3** 480, 513, 533; **4** 206s., 559; **8/2** 499; **9/1** 214; **14/2** 342; **17** 171, 176, 187
- *nervous shock* **4** 206
- neurose de **7/1** 9, 15[9]
- violento
- - efeito de um **16/2** 261

Choro convulsivo **3** 146

Chörten(s) **9/1** 564

Christian Science **4** 526, 578, 588, 602, 699, 749; **8/1** 92; **8/2** 342, 503; **10/3** 22, 101, 977; **11/5** 863; **15** 20; **16/1** 3; **18/1** 799

Chrysopoee / fabricação do ouro
- como milagre **14/1** 111;
- como transformação espiritual e moral **14/2** 6
- - cf. Alquimia; Fabricação de ouro

Chumbo **9/1** 408; **9/2** 215, 216; **11/3** 344[8]; **13** 35, 86s., 93, 97s., 119,

139[217], 164[51], 251, 267, 274, 357, 401[151], 430, 433, 445; **14/1** 21, 36, 40, 60[117], 177, 293, 297, 423; **14/2** 25[66], 137, 137[296], 158, 210, 235, 242, 312, 386[179]
- calcinado como sangue de uvas negras **14/2** 345[86]
- como água sulfurosa **14/2** 137[296]
- como matéria-prima / *prima materia* **12** 425, 443, 518[6]; **14/2** 302, 363
- como o maléfico **14/2** 137[296], 158
- como purificador **14/2** 137[296]
- como substância do arcano **14/1** 323
- cores espectrais do chumbo derretido **14/2** 48
- derretido **14/2** 48
- dos filósofos ou do ar **14/1** 40, 323, 333
- dos sábios como substância do arcano **14/2** 137, 158[366], 383
- mudança em ouro **14/2** 283
- negro **14/2** 298[275], 305, 312
- relacionado com Saturno **14/2** 137, 137[296], 242, 363
- vermelho **14/2** 320

Chupar **4** 239s., 262, 291, 483

Church of England
- cf. Igreja anglicana

Churinga **8/1** 92; **13** 128, 132[111], 132

Chuva **6** 388, 445; **10/3** 68; **10/4** 667[12]; **13** 130, 137[210], 341; **14/1** 33, 254, 258, 282; **14/2** 49[110], 58, 225[49], 384, 385[170]; **14/3** 206, 359, 455-456, p. 86-87, 92-93, 120-121
- Deus da **13** 341[25]
- na tradição islâmica **18/2** 1.527

Chymische Hochzeit
- cf. Andreae, J.V.; Rosacruz

Cibatio / alimentação **14/2** 48, 61, 64, 83, 292[243]

Cibele **5** 299, F 49, 303; **9/1** 156, 162, 339; **9/2** 186; **11/1** 10; **11/3** 348; **11/4**

718[3]; **14/1** 27[178]; **18/2** 1.287
- e Atis **5** 659; **12** 26

Cibus
- *aeternus*
- - cf. Alimento (eterno)
- *immortalis* **10/4** 629
- *sanctior* **9/2** 148

Cicenaos (seita) **14/3** 284[52]

Ciclo
- anual **9/1** 7, 553[72]
- da vida / nascimento e morte **13** 104, 135, 139
- do tempo ou o eterno retorno **14/2** 148[336]

Ciconia
- cf. Cegonha

Cidade **5** 348; **9/2** 352s.; **11/2** 190; **12** 31*, 139s., 166[41];
- arcaica **16/2** 435
- celeste **9/1** 73s., 600, 646, 654s., 691; **9/2** 69, 224, 352
- - cf. tb. Jerusalém
- como arquétipo **11/4** 728
- como símbolo da mãe **5** 303, 313, 318[15], 637
- de Deus
- eterna **13** 212
- - cf. tb. Maria-alegorias
- *polis* / metrópolis **11/4** 612, 620
- quadratura da **11/4** 627
- simbólica da **5** 313, 330
- cf. Jerusalém celeste

Ciência(s) **3** 318, 392, 405, 422, 467; **6** 54, 645, 658; **8/1** 45, 90; **8/2** 278, 245a, 437, 600, 623, 625, 730s., 737, 752, 790, 794; **9/1** 120; **11/2** 225; **10/1** 543, 574, 585; **11/5** 946; **12** 40, 346; **14/1** 48, 56, 266; **14/2** 25, 283, 296[171], 432; **14/3** 77, 93, 107[155], 54-55, 56-57, 140-141, 144-145; **17** (160s.), 172; **18/1** 297, 439
- antinomias da **16/1** 1
- como fim em si **6** 81s.

Índices gerais

- como o domínio do conhecimento **14/1** 266
- conceito **6** 772
- da natureza, começos da **5** 23
- das coisas transcendentais e divinas **14/1** 48
- de Deus **14/3** p. 46-47
- desejo ardente da **17** 20
- desenvolvimento das **11/4** 742, 746
- divina **14/2** 194
- do espírito **17** 165s., 168
- dominação da, pelo objeto **6** 593
- e cosmovisão **8/2** 707; **8/3** 907, 918
- e fantasia **6** 81s., 586
- e fé **11/3** 376; **11/5** 762; **12** 15; **14/2** 317
- e imagem primitiva **6** 578
- e mito **6** 470
- empírica **14/2** 317
- e pensamento dirigido **5** 21
- e razão **6** 584, 686
- e religião **6** 596; **11/5** 763, 768, 860ss.
- especialização na **6** 81, 581s.
- e técnica **11/1** 83; **11/5** 863ss.
- exatas **15** 60
- experimental **9/1** 111
- limites da **16/2** 524
- moderna **11/1** 140; **14/2** 430
- - apoiada na observação e na experiência **14/1** 113
- natural(is) **6** 743, 983, 1.035; **8/1** 90; **8/2** 327, 650; **8/3** 829, 864, 931, 950; **9/2** 52, 235, 266, 267, 269, 274, 282, 368, 405, 409; **10/4** 623[14]; **11/3** 375; **14/1** 44, 48, 105, 145, 336; **14/2** 107, 108, 121, 123, 317; **17** 160s.
- - critério das **14/2** 406
- - e psicologia **16/1** 221
- ocidental **11/5** 844
- oculta aos homens **14/2** 194
- o odor da **14/2** 161[115]
- pai das **15** 17
- procedimentos **8/2** 194, 222
- responsabilidade científica **14/2** 196

Ciência / ciência natural / científico **4** 22, 25, 175, 178, 201s., 229s., 251, 302, 434, 582, 589s., 607, 613, 678s., 687, 746, 765s.; **10/3** 3, 6, 162, 210; **11/6** 1.020s., 1.040, 1.046, 1.056s., 1.060s., 1.073; **13** 121, 141, 145, 148s., 163, 194, 196, 293, 378, 383, 395, 481s.; **15** 17, 44, 51-57, 75, 79, 120-122, 127, 145, 148, 154, 176, 180; **18/2** 1.115, 1.163s., 1.182, 1.186, 1.223, 1.265s., 1.278, 1.296s., 1.305s., 1.358, 1.360, 1.364, 1.366s., 1.373s., 1.378, 1.439s., 1.442, 1.448, 1.469s., 1.475, 1.481, 1.503, 1.507, 1.511, 1.530, 1.584, 1.589s., 1.636, 1.642, 1.649, 1.658, 1.666s., 1.671, 1.677, 1.705-1.773, 1.796, 1.818
- do espírito **15** 60

Ciência / *scientia* **13** 47, 163, 303, 355, 378, 424, 482

Científica **10/1** 498, 523, 555, 559
- explicação c. **8/2** 284; **8/3** 829, 856, 918

Cientificismo objetivo **14/2** 339

Cigano(s) **6** 314[27]; **9/2** 227[91]

Cila **5** 265
- Caribde **13** 181; **14/2** 131[285]; **15** 186

Cilícia **10/3** 188

Cima
- em cima e embaixo como opostos **14/2** 339

Cinabre (cambar) **14/3** p. 96-97

Cinco **8/2** 401[112], 559; **8/3** 866, 925; **11/3** 332; **16/2** 410
- e quatro **16/2** 410
- e três, como números masculinos **16/2** 410
- cf. tb. *Quinta essentia*

Cinema **10/3** 195

Cinestesia **2** 132

214 Obra Completa – Vol. 20

Cínicos **6** 42, 44, 541
- e megáricos **6** 35s., 46

Cinismo **10/4** 653; **14/2** 339, 365; **15** 173
- científico **14/2** 342

Cinnabre, Méridien du **13** 86[15]

Cinquecento
- cf. Renascença

Cintâmani
como rei das joias **11/5** 919, 931

Cinza **14/1** 64, 131, 139, 149[82], 152[208], 235, 241, 284[534], 312, 314; **14/2** 127[276], 139, 150, 164, 296[265], 351, 351[100], 381; **14/3** 446, 448-449, p. 120-121; **16/2** 495, 497
- como escória **14/1** 131, 313[609]
- extraída da cinza **14/2** 296[265]
- quarta-feira de **14/2** 187
- - sinônimos de **14/2** 164
- sinônimos de **14/1** 235, 241, 284[834], 313
- cf. tb. Cores

Cipreste **14/3** 540, p. 136-137

Circe **13** 131

Circuitiones
- cf. Circumambulação

Circulação **9/2** 418; **12** 214, 281, 286, 292; **13** 38, 113[125]
- da luz
- - para a direita e para a esquerda **12** 166s., 287s.
- cf. tb. Movimento circular

Circular / destilação **9/2** 418
- *Opus circular* **9/2** 419

Circulatio **14/1** 5; **14/3** 185, 375, 452, 487-489, p. 94-95, 128-129
- cf. tb. Circulação, Circumambulatio, Movimento em círculo

Círculo **5** 611; **6** 902; **7/1** 186; **7/2** 367; **8/2** 401; **9/1** 16, 233s., 248, 278, 315, 342, 532, 537, 541s., 557, 564, 572s., 603, 629s., 634s., 646, 661, 663, 682, 687s., 690, 704s., 713, 716; **9/2** 120[93], 236s., 297, 304, 342, 351s., 355, 377, 393[85], 418s.; **10/4** 619, 622, 672, 704, 729, 738, 740, 741, 749, 751, 767, 771, 772, 775, 792, 803, 812; **11/1** 136; **11/2** 276; **11/3** 424; **11/5** 945ss.; **12** 46[2], 62s., 47*, 155, 165, 167[43], 189, 213, 232s., 283, 287[133], 305, 316s., 320, 433; **13** 31, 47, 111, 187, 193[184], 198, 272, 273[170], 280, 416, 455; **14/1** 40, 79, 162, 255, 302, 293, 317; **14/2** 99, 100, 111, 238, 238[106], 238[107], 240, 240[119], 253, 411, 431; **15** 13, 150
- caminhar em **9/1** 573
- concêntricos **14/2** 238, 240, 241, 258[189], 268, 431
- centro do **12** 132s.
- como centro e como mediador **14/1** 9
- como proteção **11/1** 157
- como símbolo
- - da eternidade **14/1** 40
- - da personalidade **14/1** 255
- - da totalidade **14/1** 255, 317; **14/2** 321
- - de Adão **14/2** 253
- - do ouro e do Sol **14/2** 253
- - do sofrimento de Deus **11/2** 264
- de deuses de Bali, **5** F 113
- de ouro **11/1** 160
- dez círculos
- - das Sephiroth **14/2** 258[189], 268
- - dos ofitas **14/2** 238, 238[106], 240, 258[189]
- dividido em quatro partes **11/1** 90s., 109, 124, 150, 153; **11/2** 246; **11/4** 738; **11/5** 946
- do mundo **14/2** 296, 296[271]
- dos planetas **14/2** 241
- e o centro, ponto central
- - como símbolo de Cristo e da comunidade **11/3** 418
- e tríade como símbolos para Deus **14/1** 262
- feito do homem e da mulher **11/1** 92

Índices gerais

- formar um círculo consigo mesmo **14/2** 174
- lunar **14/2** 163, 163[391]
- mágico **11/5** 943; **12** 219; **13** 31, 36
- marrom **11/1** 111, 113, 125, 160
- movimento do **13** 31-45
- quadratura do **9/1** 634, 646, 652, 660, 665, 713, 715; **9/2** 345, 375[46], 377, 379; **12** 123, 137, 165s., 59*, 166, 60*, 189, 238, 283, 300; **14/2** 99, 292[241], 431
- representações medievais do **11/1** 155
- zodiacal
- - cf. Zodíaco
- cf. tb. Forma redonda; Mandala e o redondo

Círculo / esfera **18/1** 81, 270, 403, 409, 411, 638; **18/2** 1.158, 1.225, 1.265, 1.331, 1.552, 1.573, 1.704
- quadrado
- - cf. Quadratura do círculo

Círculo / movimento circular **16/2** 409, 421, 535, 537, 539
- como expressão de Deus, da alma, etc. **16/2** 406
- como planta básica do aldeamento primitivo **16/2** 435
- quadratura do círculo **16/2** 537
- quaternidade do **16/2** 404
- cf. tb. Mandala

Circulus quadratus **9/2** 318
- cf. tb. Quadratura do círculo

Circumambulação / *Circumambulatio* **9/1** 564, 573, 651, 669, 673; **11/3** 318; **12** 139[11], 167[43], 186s., 231, 246, 287, 292, 314; **13** 38; **18/1** 411
- no pensar **14/1** 120[52]

Circuncisão **7/1** 172, 179; **7/2** 384; **8/2** 725; **17** 271, 277; **18/2** 1.522
- como sacrifício **5** 671
- festa da **9/1** 458

Circunvolução **10/4** 619
- (s) cerebrais de Broca **1** 186

Cirrose **14/2** 11

Cirurgia
- pequena **14/2** 178

Cirurgião de campanha **15** 14, 20

Cisão **8/2** 253, 378; **10/1** 546, 575; **10/4** 653; **11/2** 180, 199, 245, 272; **16/2** 452
- da personalidade **8/2** 202, 365; **12** 152, 156
- da psique **16/2** 435
- dentro de si mesmo **7/1** 16s., 27, 85, 116, p. 10, 146
- do cristão **14/1** 251
- do rei **14/2** 396
- interior **14/2** 175, 429
- pleromática / metafísica **11/4** 677
- política **14/2** 174
- social **16/2** 435
- cf. tb. Dissociação

Cisma(s) **7/2** p. 127; **11/4** 689; **11/2** 289
- entre fé e saber **14/1** 336
- espiritual do homem **14/1** 83, 324
- grande cisma do cristianismo **14/1** 98, 251; **14/2** 441
- no cristianismo **18/2** 1.665, 1.685

Cisne / citrinitas **9/1** 560; **9/2** 134; **13** F 32; **12** 271, 333, 334, 366; **14/2** 56, 163[391], 302
- cf. tb. Animais

Cisterciense
- cf. Monge

Citação(ões) **2** 42, 72, 111, 212s., 229, 273s., 290, 314s., 621; **3** 244
- bíblicas **14/3** 45

Citas **13** 92

Citrinitas **9/2** 195; **11/1** 98; **14/2** 50[118]; **14/3** 140, p. 60-61

216 Obra Completa – Vol. 20

Ciúme **3** 461; **4** 259, 343s., 360, 386, 730, 743; **6** 677; **7/1** 11, 22; **9/1** 168, 170; **17** 11, 213

Civilização **3** 541; **4** 486; **5** 36, 107; **6** 107, 131, 233, 258, 519, 584; **7/1** 74, 111, 156; **8/1** 94; **9/2** 151[2]; **10/3** 1.008s.; **11/1** 134; **11/2** 292; **11/5** 876, 962; **17** 11[3]; **18/1** 434, 441, 467, 473, 563, 651; **18/2** 1.284-1.465, 1.725;
- história da **5** 336
- cf. tb. Cultura

Civilizado(s)
- consciência dos **8/2** 338
- o homem civilizado e o primitivo **8/2** 624, 656, 682, 739

Civitas Dei / Cidade de Deus **10/1** 522; **11/4** 743; **18/2** 1.324

Clã **8/2**
- relação com o **8/2** 725
- totêmico **16/1** 183

Clamor do deserto **14/1** 184

Clarividência **8/2** 440; **8/3** 862[43], 955, 964, 973; **9/1** 82, 188, 197, 426, 563, 602, 679, 704, 717; **14/2** 327; **18/1** 701, 705s., 732, 736

Claro / escuro **18/2** 1.701

Clãs totêmicos **15** 150

Classe(s) **8/2**
- dos conteúdos conscientes **8/2** 294; **8/3** 934
- matrimoniais **16/2** 435s.
- - dicotomia das **16/2** 438, 443
- naturais **8/2** 226

Clássico **6** 607s.
- como professor **6** 615s., 939
- e romântico **6** 572, 607, 609, 613, 939

Clavis
- cf. Chave

Clemente, Carta de
- cf. Bíblia, Apócrifos

Clementinas
- cf. Bíblia, Apócrifos

Cleômenes de Esparta **11/3** 373

Cleópatra **14/1** 35, 53[104]; **14/2** 224

Clérigos não alquimistas **14/2** 104, 171

Climatério **4** 147, 703

Clínica
- como complexo **2** 648-649, 833, 1.165
- de doentes mentais, manicômio **2** 1.008
- - cf. tb. Clínica psiquiátrica
- psiquiátrica **2** 1, 511, 573, 626, 731, 762, 833, 837, 857, 1.036, 1.044s., 1.079s., 1.094, 1.181, 1.188, 1.348, 1.358; **18/1** 107, 226, 766, 892, 921[18], 947, 961, 981; **18/2** 1.129, 1.157
- - laboratório psicológico da **18/1** 791
- - para epilépticos **2** 510

Clitemnestra **4** 347

Cloaca (Freud) **3** 286

Clube de Psicologia de Zurique **18/2** 1.084 nota, 1.692 nota, 1.748 nota, 1.780 nota

Coabitação **10/4** 751; **13** 278
- capacidade de **4** 228, 235
- constante **5** 306, 308, 318[16]
- incestuosa **5** 332
- cf. tb. Casamento

Coação **17** 327
- ideias de **5** 221
- mental **15** 182

Coagulação **14/2** 307, 391; **14/3** 397

Coágulo / *coagulum* **14/3** 9, p. 120-121

Índices gerais

217

Cobalto **14/1** 84[224]

Cobertura **5** 291[51], 536

Cobra **4** 512, 539, 591; **14/3** 261[74, 88],
284[55], 397
- medo de **8/2** 266
- preta (S.) **4** 732s.
- cf. tb. Animail(is)

Cobra / serpente **10/3** 128, 134, 846;
17 217s., 300, 321; **18/1** 169, 181,
194s., 230s., 239, 251s., 257s., 275,
412, 525, 533s., 548, 585, 1.062; **18/2**
1.078s., 1.533, 1.555, 1.593, 1.610,
1.631, 1.784, 1.827
- alma de **17** 298
- espírito de **17** 300
- olhos de **17** 298

Cobre **9/1** 537, 575; **13** 87, 119, 228,
267, 357; **14/1** 107; **14/2** 127, 128[56],
199[279], 320
- como rei na Terra **14/2** 5
- relacionado com Vênus **14/2** 76[211],
320

Cobus
- cf. Dados

- *Codex*
- *Alchemicus Rhenovacensis* **9/1** 686,
707
- *Bezae* **13** 292[250]
- - Lucca **18/2** 1.225
- cf. tb. Bíblia, Apócrifos

Códice
- Ashburn **9/2** 367
- Bruciano **18/1** 269
- Jung / *Evangelium veritatis* **18/2**
1.514-1.517, 1.826-1.834

Códices e manuscritos
- Basel Univ. bibl. AX 128b. *De arbore
contemplationis*: **13** 414[227]
- - *Alchymistisches Ms.*: **13** 180[129]
- Berlim. Codex Berolinensis Latinus
Q. 584: **13** 403[158], 403

- Leiden. Univ. bibl. Codex Vossianus
520(29): **13** 110[116], 278[213], 329
- Londres. British Mus. Add. 15268:
13 F III
- - Ms. Sloane 5025 **13** 374[90], F VI
- - cf. tb. Ripley Scrowle
- Munique. Staatsbibl. Codex
Germanicus 598: **13** 180[129s.], F II
- Paris. Bibl. Nat. Ms. gr. 2250: **13**
191[179]
- - Ms. gr. 2252: **13** 87[19]
- - Ms. gr. 2419: **13** 276[192]
- - Bibl. Ste-Geneviève Ms.
2263-2264: **13** 203[209]
- St. Gallen. Ms. 390 / Vadiana / séc.
XV: **13** 101[71]
- - Codex Germanicus alchemicus
Vadiensis. séc. XVI: **13** 180[129]
- Vaticano. Codex Vaticanus Latinus
7286: **13** 110[115]
- Zurique. ZB Codex Rhenovacensis
172: **13** 180[129], 186[149], 269[133], 278[213]

Código
- de costumes **11/3** 390, 394
- de Napoleão **18/1** 622
- moral **10/3** 831s., 845, 850, 855s.

Coelho / lebre **9/1** 156, 694; **10/4** 779;
13 241[5]

Coeli
- *medium* e *imum* **8/3** 875

Coelum
- cf. Céu

Coesão **14/2** 371[135]

Coexistência / lei da associação **3** 22,
41, 82[97]
- cf. Associação, reação

Cogitatio **11/3** 421
- cf. Pensamento

Cognoscível
- limites do **14/2** 183

Cohabitatio **14/2** 215, 244; **16/2** 459s.
- *permanens* **14/2** 244

Coincidência **10/4** 593, 682; **18/2** 1.206
- cheia de sentido ou sincronicidade **14/2** 327
- dos opostos
- significativa **8/3** 827-870, 901-938, 955-985
- - casual **8/3** 914
- - e acaso **8/3** 823
- - em Schopenhauer **8/3** 828
- - em Silberer **8/3** 832
- - exemplos **8/3** 830s., 844, 852s.
- cf. tb. *Coincidentia oppositorum*; Sincronicidade

Coincidentia oppositorum **9/2** 191, 301; **14/2** 205
- cf. tb. Opostos; União dos opostos

Coiote(s) **9/1** 473
- cf. tb. Animais

Coisa
- em si **14/2** 442
- vermelha **14/3** 231

Coito **3** 165, 285, 292; **4** 135; **9/1** 572; **17** 48, 79
- desejos de **4** 112
- em nível superior **16/2** 462, 465

Coito / acasalamento **2** 716s., 827, 829, 833, 839, 844

Col (medida) **14/2** 300^{282}

Colapso **8/3** 943s.
- desmoronamento moral **11/5** 784
- nervoso **6** 639

Colcotar
- como composto vermelho de ferro **14/2** 386

Cólera **8/2** 456
- ataques de **17** 133, 137, 213s.

Cólera / furor / ira **9/2** 100^{50}, 106, 110, 167, 200^{23}, 299
- de Deus **13** 57, 110, 447, 452

Colérico **6** 951, 954, 999, 1.031

Coletiva(s) **8/2**
- atitudes **8/2** 142
- consciência **6** 306, 315; **8/2** 176, 405, 424s.
- educação **17** 255
- emoção **8/2** 555
- mentalidade **8/1** 112
- normas **8/2** 344; **17** 255
- personalidade **8/1** 110
- religião **8/1** 109s.
- - como problema ético **8/2** 410, 741
- - definição **8/2** 270, 281, 589
- - hipótese **8/2** 403
- - pesquisa **8/2** 325
- representações **6** 475, 770, 772
- sugestão **8/2** 496

Coletividade **9/1** 256, 469, 618; **17** 256s., 272; **18/2** 1.084-1.106, 1.539
- e indivíduo **12** 557, 559
- cf. tb. Massa

Coletivo(s) **10/4** 610, 659, 674, 679, 696, 710, 719, 722, 731; **13** 226, 294, 353, 365, 395, 478; **15** 90, 128, 157, 174
- adaptado coletivamente **6** 155
- assuntos, medos, necessidades **17** 207s., 210s., 218, 297s., 302
- caráter do método redutivo **6** 785
- coletivismo consciente **6** 824
- conceito de **6** 772
- fenômeno coletivo
- - devoção religiosa como **6** 189
- ideal **8/2** 496
- inconsciente **8/2** 229s., 311s., 321, 325, 338, 342, 424, 425, 426, 555, 589-591, 673s., 720, 738; **8/3** 840, 843, 921
- poder do **6** 122
- sistema social **16/1** 222

Índices gerais

- sonhos **3** 524, 565
- - inconscientes **3** 550, 565
- valores **6** 315
- cf. tb. Inconsciente

Coletivo / coletividade **10/1** 490, 507, 512, 516, 523, 529, 562; **10/2** 460, 462-463, 471, 932; **10/3** 957, 972
- cf. tb. Massa

Colina **18/1** 269, 336, 347

Coliridianos **11/2** 194

Colírio **9/2** 195; **14/2** 345[81]; **14/3** 131

Colisão
- do mundo paterno com o materno **14/2** 170
- ferroviária **15** 152

Collyrium
- cf. Colírio

Colo / útero **9/1** 178, 184, 327s., 652

Colômbia / colombiano **13** 132

Colombo **6** 1.003
- cavaleiros de **10/3** 977

Colonial **10/1** 571

Colorbas **9/2** 304; **11/4** 672

Colorido
- da ave **14/1** 242

Colossenses
- cf. Bíblia

Coluna(s) **9/2** 69, 187, 335
- de fumaça **16/2** 403
- estátua, erigida por Adonai Sabaoth **14/1** 77[20]
- feixe de **8/3** (m.s.) 935
- vertebral **14/2** 237
- - sem vida **14/2** 224, 231, 232

Combate
- atitude cristã de **14/1** 64
- motivo do **14/1** 83; **14/2** 335

Combinação(ões)
- capacidade de **8/2**
- de elementos psíquicos **1** 167, 172, 178
- de S e Hg **14/2** 320
- do médico **8/2** 543
- inconscientes **8/2** 132, 370
- nomes secretos das **14/2** 337
- química **14/2** 330, 347
- - como protótipo da *coniunctio* **14/2** 320, 347

Combustão / cremação / queima **13** 86, 91, 163[50], 173[93], 392, 408
- variedade de **14/1** 241

Comédia **9/1** 464; **15** 140

Comer (S) **3** 285
- "Deus" **5** 526[58], 526[59]
- e beber a si próprio **14/2** 82, 84, 176, 177

Comércio carnal
- cf. Copulação; União sexual

Cometa **5** 481, 489

Comic strips **9/1** 465[13]

Commixtio
- como símbolo da ressurreição **11/3** 335
do pão e do vinho **11/3** 334
- do vinho e da água **11/3** 324

Communio
na missa **11/3** 300, 312, 339, 341

Comoção
- emoção **7/1** 110
- interior
- - como fenômeno religioso **11/3** 379; **11/5** 957, 960
- íntima **14/2** 106, 157, 401

Compaixão **6** 713; **8/2** 162, 456; **15** 172
- a grande **11/5** 921, 932

Companheiro **12** 154s., 162s.

Comparação(ões) **8/2** 132, 545
- arcaicas produzidas por dementes **14/2** 210
- psíquica **8/2** 132, 430, 483, 485, 488s., 498, 546, 557
- cf. tb. Compensação / complementaridade / parábola

Compasso **11/5** 917, 930

Compensação(ões) **2** 950, 989; **4** 473, 490; **6** 211, 233, 306[23, 24], 312, 423, 773s., 949; **7/1** 63, 118, 170, 182s.; **7/2** 222, 230, 265, 290; **9/2** 24, 27, 29, 40, 191, 304, 320, 355, 375, 382, 410; **10/4** 648, 649, 650, 651, 732, 742; **12** 61, 64, 106, 154, 230; **13** 286, 294, 396, 435, 452, 473; **14/2** 17, 283, 365, 366, 399; **14/3** 2, 54, 160, 249, 558, 592; **16/1** 235; **16/2** 331;**17** 18, 24, 137[5], 156, (162), 269, 281; **18/1** 247, 331, 336, 368s., 385s., 471s., 477, 507, 535s., 547, 750, 1.000; **18/2** 1.139, 1.156s., 1.161, 1.232, 1.233, 1.249, 1.272, 1.330s., 1.386, 1.388, 1.399, 1.406, 1.410, 1.418, 1.431, 1.442, 1.484, 1.490s., 1.529s., 1.579, 1.581s., 1.585, 1.699, 1.814
- artificial **7/1** 191
- biológica **13** 90
- coletiva **7/2** 278s.
- da dissociação **6** 650
- das disposições
- - da consciência **11/2** 223[4]; **11/4** 699, 732
- - da inconsciência **11/2** 284
- da unilateralidade do tipo, **6** 3, 22, 71, 230, 636, 702, 705, 774, 967s.
- de conteúdos inconscientes
- - cf. Conteúdos
- de uma resistência **6** 666
- de uma situação aflitiva **14/2** 440, 442
- do impulso pela religião **14/2** 271
- do inconsciente **6** 570, 635, 769, 775, 783, 852

- inconsciente **7/1** 187
- mandala como **12** 32
- mitológicas **7/2** 284
- pela consciência **3** 558; **14/2** 204, 399
- - esquizofrênica **3** 567
- - no delírio **3** 61
- - no inconsciente **3** 448, 578
- - por conteúdos patológicos **3** 212, 556
- pelo inconsciente **14/2** 135, 151, 157, 166, 170, 178, 366, 393, 410
- - cf. Inconsciente
- por meio do mandala **11/5** 945
- psicológica **12** 29
- sintomas corporais como **6** 633, 931s.

Compensação / compensador **10/3** 23, 33, 81, 87, 175, 250, 292, 300, 322, 352, 356, 832, 967

Compensação / compensar **15** 130, 152, 153, 184

Compensação / compensatório **10/2** 416, 448, 462

Compensadora
- função dos sonhos **8/2** 483s., 489-491, 492, 496s., 545, 560, 564, 566, 568

Complementação **14/2** 129[280], 365, 366, 378

Complementaridade **13** 294; **18/2** 1.133, 1.157, 1.161, 1.198, 1.232, 1.388, 1.418, 1.491
- entre consciência e inconsciente **8/2** 132s., 385
- entre psique e psicologia **8/2** 440
- na Física **8/2** 439[129], 440; **8/3** 862[43]

Completitude / perfeição **12** 208; **13** 157, 214, 363[71]
- cf. tb. Pessoa perfeita; Totalidade

Índices gerais

Complexio oppositorum **9/1** 18, 257, 555; **9/2** 112[75], 237, 245, 355, 423; 10/4 727, 766, 806; **13** 289; **18/2** 1.537, 1.553, 1.617, 1.632, 1.637, 1.640, 1.650, 1.668
- cf. tb. Opostos

Complexo(s) **2** 103, 136, 167, 178, 182-207, 208-266, 269-381, 383, 414, 417, 428s., 430, 451, 455, 462, 473, 490s., 529, 539, 544, 547, 548[21], 552, 555s., 602s., 605-611, 622[51], 626, 634, 637, 640, 643, 645-659, 664-704, 712, 718, 727, 733-757, 762, 772-778, 780-792, 816, 817s., 833, 843, 844s., 848s., 857s., 861s., 892-901, 916[21], 919s., 926s., 942, 983s., 990s., 997, 1.062, 1.067s., 1.096, 1.177s., 1.302, 1.322[4], 1.335, 1.343, 1.351-1.356; **3** 134[140], 521; **4** 32, 41s., 62, 67s., 306s., 335, 347s., 408s., 458, 495, 497, 562s., 758; **5** 48, 62[5], 95, 117[1], 201, 202, 203, 388, 505; **6** 106, 533s., 540, 781, 988s.; **7/1** 20, 27, 137, 141, 173, p.127; **7/2** 206, 329, 387; **8/2** 197s., 200, 217s., 253, 350, 580-593, 645, 710s.; **9/1** 138, 507; **10/2** 456; **10/3** 62, 69, 165, 842, 847; **10/4** 658, 753[9], 755; **13** 47; **14/3** 108[164], 391; **15** 135, 147, 155, 197; **16/1** 125, 134, 179; **16/2** 262, 320; 17 107, (170), 175, 204, 219; **18/1** 18, 99, 129, (F 7), 133s., 148-154, 168s., 175, 348, 382, 424s., 432, 444, 547, 612s., 832, 944, 954, 959s., 969s., 996; **18/2** 1.080, 1.131, 1.137, 1.155, 1.223, 1.254, 1.256s., 1.374s., 1.473, 1.804, 1.811
- afastamento do **4** 112
- afetivos
- - definição **8/2** 196, 201, 383, 592
- a intensidade do
- - como valor **14/2** 280
- anal **18/1** 1.055s.
- assimilações do **3** 169, 207, 209, 431

- autonomia do(s) **3** 74, 135, 146, 151, 176, 181, 218, 255, 435, 498, 506, 521, 579; **5** 468; **8/2** 200s., 213, 217s., 253, 580s., 591s., 628, 633s.; **11/1** 21s., 26; **11/2** 223, 242[16]; **16/1** 196; **16/2** 266s.; **18/2** 1.155, 1.256s.
- autônomo(s) **6** 463s., 534, 988; **12** 410s.; **7/1** p. 152; **7/2** 303, 329, 374; **13** 75; **14/1** 178, 302; **15** 115, 122, 123, 124
- características de, fenômenos de, indícios de **2** 619, 640, 644, 649, 659, 675, 777, 813, 816, 818s., 919s., 926, 935, 937s., 972, 977, 983, 994, 1.024, 1.082, 1.084, 1.087, 1.324s., 1.329, 1.339, 1.352, 1.360-1.376; **18/2** 1.155
- cisão de **6** 374
- com carga emocional **1** 168[3], 478; **2** 891, 908, 915, 917, 956, 974, 991, 1.024s., 1.031, 1.043, 1.060, 1.064, 1.067, 1.085, 1.104, 1.111, 1.135, 1.149, 1.192, 1.207, 1.326, 1.350s., 1.352, 1.365; **18/1** 949, 959; **18/2** 1.130, 1.155
- como fator de perturbação **8/2** 198, 253, 365, 593
- como partes da personalidade **5** 505
- constelação do **3** (7), 56, 86, 92, 109, (135), 204, 207
- - cf. Associação
- contrastantes **3** 299, 308
- conversão dos (Freud) **3** 76, 141[127]
- da personalidade **3** 17; **14/1** 62
- da profissão **3** 204
- de ansiedade **18/2** 1.257
- de caráter sentimental **4** 46, 67, 69
- de carga emotiva **17** 128, 199a
- - autônoma **4** 34, 42, 211
- de castração **4** 342; **18/1** 111s., 122
- de conflito **6** 534[4], 989
- de culpa **2** 974, 1.023, 1.329, 1.332s.
- - cf. tb. Culpa-inocência; Sentimento de
- de dinheiro **2** 611-614, 892, 906

- de doença **2** 794, 798s., 803, 813, 816, 819s., 827, 835, 862
- de Édipo **3** 564; **4** 343s., , 377, 562, 569; **5** 654; **11/5** 842; **14/1** 104; **17** 144; **18/2** 1.150, 1.261, 1.492
- - na América **5** 272
- - cf. tb. Édipo
- de Electra **3** 564; **4** 347s., , 377, 562; **18/2** 1.261
- de endogamia **3** 564
- de escola **2** 226, 229s., , 374, 816, 820, 847s.
- de filha **4** 743
- definição de **2** 167[42], 733[9], 1.350
- de funções / dinâmico **11/5** 845
- de ideias **2** 1.081, 1.106, 1.178, 1.351s.
- de incesto **3** 564; **4** 351, 377, (469s.); **18/1** 113, 175, 276, 1.060; **18/2** 1.261
- de inferioridade **8/2** 197; **11/1** 130; **11/5** 791; **15** 5; **18/1** 332, 346, 474, 509, 514s.; **18/2** 1.257, 1.386, 1.389, 1.492, 1.617, 1.814
- de inteligência **2** 985s.
- de Jonas / baleia **5** 654
- de lesão **3** 212, 214, 299, 309
- delírio do **3** 164
- de mãe **4** 150[1], 409; **5** 501, 569[116], 585; **18/2** 1.257, 1.723
- de pai **2** 692, 717, 721, 912s.; **4** 738, 781; **7/2** 206; **18/1** 635; **18/2** 1.257, 1.723
- - e mãe **4** 304, 306s., 409; **15** 100
- de poder **17** 215; **18/1** 275; **18/2** 1.257
- de prisão **1** 218, 299
- de representações
- - cf. Arquétipos
- descoberta dos **4** 436, 447
- de tonalidade
- - afetiva **3** 77-106, 107-142, (512), (545), (554), (580)
- - emocional **9/1** 4
- dissolução do **7/2** 341

- distúrbio de **2** 676-703, 772, 816, 1.024, 1.332s.
- do eu **2** 610, 611, 664, 827, 846, 862; **14/1** 62; **17** 38, 49; **8/2** 204, 387, 580, 613, 755, 757s.
- do extrovertido **6** 1.043
- dos analistas **16/1** 8
- e caráter **6** 1.039
- efeito do **3** 84, 138
- elaboração do **17** 38, 49
- e neurose **11/1** 37
- e personalidade fragmentária **8/2** 202, 252
- erótico **2** 816, 835, 851, 905s.; **18/1** 974
- - cf. tb. Sexualidade
- espontaneidade do **6** 440
- esquizofrênico **3** 546, 578
- estímulo de **18/2** 1.137
- e visão de mundo **16/1** 218
- fixação do **3** 184, 195
- ideias **2** de 846, 893, 909, 1.022, 1.067, 1.084, 1.324, 1.352
- identificação com o **8/2** 204
- incompatibilidade **3** 427; **8/2** 201, 212, 215, 253
- inconsciência **8/1** 19[17]; **8/2** 204, 384, 390s., 602
- inconsciente **2** 983, 1.136, 1.138, 1.197; **14/1** 62, 178
- - projeção do **14/2** 151
- independência, autonomia do **2** 1.067, 1.086, 1.352s.
- indicador(es) **3** 109, 117; **4** 335s.; **8/1** 22, 62; **8/2** 203s.
- infantis **8/2** 712
- lógica do **5** 467
- luminosidade do complexo inconsciente **14/1** 62, 263
- neurótico **3** 547
- nuclear **4** (306s.), 352, 354, 562s.
- objetivação dos **1** 132[114]
- origem **8/2** 204, 253, 594
- parental **6** 187, 992
- paterno **3** 401; **11/1** 24; **17** 216

Índices gerais   223

- patogênico **2** 800, 803, 1.351; **3** 35, 578, 581
- pensamentos do **3** 435
- personificação do **6** 440; **7/2** 312s., 339
- posse pelo **3** 102
- projeção dos **5** 644
- psicológico **2** 1.071; **13** 296
- psíquicos
- - supremacia dos **1** 93, 176s.
- reações do **3** 93, 107, 175, 179, 578
- recalque do(s) **11/1** 22; **11/5** 975
- reprimido **2** 659, 994, 1.352; **3** 70, 108, 179, 205, 307; **6** 551
- secundários
- - da consciência **1** 126
- sensibilidade do **3** 87, 96, 104, 106, 141, 433
- separado **5** 39
- sexual **2** 698, 702, 718, 820, 827, 829-835, 844, 849s., 857; **18/1** 987
- - cf. tb. Erótico
- símbolo do **3** 101, 298
- síntese do **6** 539s.
- solução do **6** 933
- surgimento do **6** 989s.
- temor dos **8/2** 207, 211
- teoria do(s) **2** 1.349-1.356; **3** 428; **18/1** 949, 953; **18/2** 1.112, 1.131, 1.155
- - transcendente dos **8/2** 131-193, 194-219, 582
- tonalidade afetiva do **5** 128

Complicação **17** 333, 340

Componentes coletivos da personalidade **14/3** 294-296

Comportamento **10/3** 486, 890, 965
- apaixonado **4** 49, (252), 444
- dos espíritos **8/2** 278
- ético **8/2** 242
- humano **8/2** 194, 232-262, 270, 435
- padrão de **18/2** 1.158, 1.228, 1.260, 1.271, 1.397, 1.415, 1.488, 1.830
- perturbação do **8/2** 194

Composição
- consolidação **11/3** 399, 418, 429, 435, 445
- de forças situadas à direita e à esquerda **11/3** 446
- tema da **5** 354; **12** 242[120]

Composto hermético **14/2** 359[380]

Compreender
- como processo subjetivo **16/2** 314
- em Kant **8/2** 454
- etimologia de **5** 682
- o inconsciente
- - cf. Inconsciente

Compreensão **3** 391, 406, 417; **8/1** 22; **8/2** 172, 174, 508
- ato **14/2** 207, 365, 401, 406, 407, 432, 434, 447
- capacidade de **1** 333, 395, 408, 415
- consciente e sonho **16/2** 318
- da doença pelo paciente **3** (175), 309, 342
- da realidade **14/1** 326
- de um sonho **8/2** 468, 533, 543, 556, 560, 809
- faculdade **14/2** 158, 207, 356, 417, 432

Compulsão **6** 140, 199, 304, 307, 440, 446, 678, 685, 957; **7/1** 12; **8/1** 94; **8/2** 507, 516, 521; **18/1** 815
- arcaísmo da **6** 764
- de andar, viajar **1** 190, 219
- dependência compulsiva **6** 739
- dos astros **6** 398
- ideia compulsiva **6** 534, 685
- neurose compulsiva
- - cf. Neurose
- representações compulsivas **6** 725
- sintomas compulsivos **6** 677, 685, 732
- unilateralidade como **6** 376s.
- vinculações compulsivas **6** 685, 732
- cf. tb. Neurose

Compulsividade **8/2** 234, 241

Compulsivo(a)
- caráter **8/2** 378, 412
- dependência **4** 515
- do pattern of behaviour **8/2** 386
- neurose **4** 32
- cf. Compulsividade

Comunhão **9/2** 66; **13** 193s.; **14/3** 325, 487, 491; 18/1 255, 622s., 640
- sob as duas espécies **14/2** 297
- cf. tb. Eucaristia

Comunicação
- com espíritos **1** 39, 45s., 55, 73

Comunidade **18/2** 1.153, 1.350s., 1.637, 1.676
- cristã **5** 95, 101, 104, 335
- de natureza arquetípica **5** 101
- formação da vida em **8/1** 92, 101
- cf. tb. Coletivo; Sociedade

Comunismo **9/1** 125, 228; **10/2** 932; **10/4** 653, 818; **11/2** 222; **11/4** 688; **11/5** 778; **11/6** 1.019; **18/1** 462; **18/2** 1.272, 1.320, 1.324, 1.335s., 1.569, 1.661
- entre os primitivos **9/1** 228

Comunismo / comunista **10/1** 516, 523, 544, 559, 568
- primitivo **10/1** 504

Conceição
- Imaculada **11/1** 81

Conceito(s) **8/1** 50, 127; **8/2** 242, 356; **17** 239
- concreto **6** 599, 777s.
- correção de (no sonho) **17** 269
- correto (em Spitteler) **6** 276, 524
- - e abstrato **6** 749
- de Deus
- - como totalidade **11/4** 740[2]
- - paradoxal, confrontação **11/4** 736
- - relatividade **11/4** 607; **11/2** 279
- de verdade **11/4** 735
- dúvidas sobre o c. verbal **8/2** 601s.
- filosófico como símbolo (Schiller) **6** 133

- formação na Psicologia **8/1** 28,51; **8/2** 223
- geral, coletivo **6** 585s., 772
- hipostasiado
- - cf. Hipostasiação
- incapacidade de **17** 131
- psicológico, definições do **6** 741s.
- quantitativos e qualitativos **8/1** 51, 56s.
- sexual **16/2** 340
- - cf. tb. Freud
- sistema de c. **8/2** 223, 353
- verbais, dependência em relação aos **11/3** 442

Conceitualismo **6** 66, 70, 90, 603; **7/1** 80

Concentração **2** 165, 172; **9/1** 630, 659, 669, 677, 710, 714; **10/3** 111; **12** 186s., 273, 389; **14/2** 367, 404; **14/3** 609
- arquetípica **16/2** 518
- campo(s) de **9/2** 96; **11/6** 1.019
- deficiente **1** 240s., 277, 285, 333, 397, 409, 415
- em si mesmo
- - renúncia à **5** 675
- psíquica **16/2** 380, 461, 463, 465, 475
- cf. tb. *Conceptio*

Concepção(ões) **6** 423, 530; **17** 162s., 168; **9/1** 95, 156, 170
- alegórica **6** 904
- alquímicas **14/2** 384[170]
- amalgamação ou liga de **14/2** 123
- antigas **14/2** 404
- arquetípicas **14/2** 338, 339, 398
- cabalísticas **14/2** 267
- como tomada de posse **5** 201
- compreensão das **5** 339
- cristãs **14/2** 189, 237, 296
- da meta e seus símbolos **12** 335
- de valor geral **6** 629
- diversidade da **6** 924
- dogmáticas **14/2** 123, 153

Índices gerais   225

- do mito **8/1** 71
- do mundo **11/1** 51; **11/5** 762
- - como causa das neuroses **16/1** 22
- imediata **8/1** 52
- influência da, por ideias coletivas **6** 423
- islâmicas **14/2** 254
- míticas ou mitológicas **14/2** 146, 398
- poder de cura da **16/1** 218
- primitivas **14/2** 146, 420[226]
- psíquicas e a metafísica **14/2** 437
- religiosas **14/2** 332; **16/1** 188
- - a fenomenologia psíquica das **14/2** 123
- semiótica **6** 904
- simbólica **6** 904; **14/3** 104
- subjetiva **6** 8
- virginal **5** 497

Conceptio **16/2** 467, 495
- do *filius philosophorum* **16/2** 473
- *immaculata* **14/3** 507
- cf. tb. Concepção; Ouvido

Conceptualismo **14/2** 296[268]

Concha **5** 538[87]; **9/2** 196

Concílio
- decisões **9/1** 460
- de Éfeso **14/2** 399[215]
- do Latrão **9/2** 94[47], 137, 138[56]; **11/2** 290

Concorreçanos **9/2** 139, 226[88]

Concretismo **6** 43, 51, 91, 582, 711, 751, 777s., 835, 890
- e abstração **6** 777
- das figuras no drama interno **5** 668
- de Nicodemos **5** 335

Concretização **7/2** 353s., 393

Concubina **14/2** 76

Concupiscência / *Concupiscentia* **5** 222, 425; **6** 27; **9/1** 630; **9/2** 174; **10/1** 555; **10/3** 340s.; 11/4 743; **14/1** 96, 136, 154[213], 166, 170, 185, 186, 324;

14/2 18, 37, 37[94,], 84, 174, 175, 176, 177, 338; **14/3** 85, 89, 94-97, 272, 413, 484, 563-566; **16/1** 24; **16/2** 361
- cf. tb. Desejo flamejante

Concupiscibile (Platão) **14/2** 258

Conde de Saint Germain **5** 282, 296

Condensação **3** 50, 109, 124, 157, 218, 227, 267, 271, 284, 300; **9/2** 112[75], 171; **18/2** 1.553, 1.564, 1.593, 1.641

Condição **6** 550, 756, 897s.
- estética, genial (em Schiller) **6** 184, 186, 190, 802, 840
- intermédia (em Schiller) **6** 178

Condicionalismo **3** 480, 533

Condições
- psicológicas **8/2** 276, 622
- - do objeto **8/2** 357
- - estado de c. da Psicologia **8/2** 345-349
- - instinto do **8/2** 731
- - necessário para a interpretação dos sonhos **8/2** 543, 553
- - teoria do **8/2** 358, 362, 439[129]
- psíquicas **8/1** 26, 96

Condutor **4** 130

Conexão universal dos acontecimentos (sincronicidade) **14/2** 327

Confessar as faltas **16/2** 503

Confessionalismo **14/2** 109

Confiança **17** 296

Configuração / interpretação **8/2** 402, 411

Confirmação **9/1** 30

Confissão(ões) **4** 431s.; **9/1** 125; **10/1** 507, 513, 523, 529, 533, 550, 568; **12** 24s.; **16/1** 21, 24, 122s., 124,

132s.,140s., 159; **17** 154
- Credo **8/2** 426, 652
- dos pecados **11/1** 15, 33, 76, 86; **11/2** 285
- por oposição à religião **10/1** 507
- religiosa **14/2** 157[357], 178; **16/1** 21, 183; **16/2** 390, 392s., 396s.

Confissão / confessar / confessor **18/1** 323, 362, 370, 613s.

Confissão / confessional **11/6** 1.036, 1.045

Confissão / confessionalismo **18/2** 1.467s., 1.498a, 1.512, 1.578, 1.637s., 1.643, 1.674

Conflito(s) **3** 457, 467, 480, 487, 496, 516; **4** 295, 310, 343s., 346s., 353s., 373s., 377, 407s., 458, 527, 560, 562, 564, 583, 640, 737, 753, 772; **5** 93, 94, 434, 446; **6** 116s., 123s., 169, 173, 540, 639, 661, 676; **7/1** p. 121s., p. 128, p. 130s.; **7/2** p. 120; **8/1** 22, 61, 99; **8/2** 259s., 426, 515, 575; 10/1 546; **10/3** 288, 856, 864; **10/4** 706, 709, 805; **11/1** 140; **11/2** 258, 260, 272; **11/3** 443; **11/4** 659, 745; **12** 37, 193, 251, 259, 496; **13** 148, 155, 453; **14/2** 17, 20, 86, 174, 175, 176, 178, 178[403], 271, 335, 365; **14/3** 234, 609; **16/2** 470s., 522s.; **17** 11, 13s., 204, 217a, (249s.), 333, 342s.; **18/2** 1.157s., 1.388, 1.391, 1.396, 1.472, 1.628, 1.631, 1.641, 1.702, 1.804, 1.812
- aceitação do **11/5** 772, 780
- anímicos **16/2** 392
- com a norma coletiva **6** 856
- como avesso à vida **14/1** 301
- como condição da neurose **5** 253
- como sofrimento **6** 183
- consciente **14/2** 178, 339, 434
- conscientização dos **5** 95; **14/2** 178, 434
- cristão **16/2** 392s.

- de deveres **11/2** 292; **11/3** 394; **11/4** 738
- de sentimentos **4** 5, 40, 60s.; **15** 213
- do homem moderno **11/5** 956
- em Schiller **6** 116s., 123s., 169
- entre a personalidade consciente e a inconsciente **14/2** 365
- entre consciência e inconsciente **6** 974
- entre espírito e instinto **16/1** 185
- entre Estado e indivíduo **6** 135
- entre natureza e espírito **8/1** 50
- - cf. tb. Espírito, superação; Solução
- entre o corpo e o espírito **14/2** 335, 339
- entre o homem natural e o espiritual **14/2** 339
- entre o mundo e o espírito **14/1** 103
- entre religião e o impulso **14/2** 271
- erótico **5** 7, 9
- e sonho **8/2** 491, 510
- estancamento no **7/2** 206
- ficar mergulhado no **11/2** 292
- identidade humana dos conflitos elementares **5** 1
- inconsciente **14/2** 263, 434
- individual **5** 1
- infrutífero **14/2** 181
- insolúvel **7/1** 147
- interno **5** 254
- morais / religiosos **11/5** 825, 941; **16/1** 178, 223; **16/2** 464
- moral(is) **4** 583, 598s., 653; **6** 1.034; **11/3** 396; **7/2** 224, p. 123; **8/1** 107; **8/2** 204; **11/1** 51; **14/2** 445
- no casamento **4** 599
- patogênicos **7/1** 20, 27
- projetado **14/2** 174, 176
- psíquico **14/1** 64, 83, 96, 141, 301, 307, 308; **16/1** 247s.; **14/2** 339
- - transferência para outro meio **14/1** 103
- solução(ões) **4** 606; **7/2** 206, 217; **11/4** 728; **11/5** 780, 784; **14/2** 339, 434

Índices gerais

227

- subjetivo e geral **6** 118
- superação, solução **8/2** 491

Confrarias **16/2** 443

Confrontação **11/3** 400; **11/4** 587
- como objetos luminosos **11/4** 735
- do eu
- - com a sombra **14/2** 366, 367, 398
- - com seu antagonista **14/2** 170, 365
- com o inconsciente **14/2** 366
- com o "outro" em nós **14/2** 365

Confronto
- com um interlocutor **16/2** 420, 503
- pessoal e interior **16/2** 469

Confucionismo **10/3** 326
- cf. I Ching; Confúcio

Confusão
- alucinatória **1** 278
- da mente **8/2** 593, 595
- dos sonhos **8/2** 152
- emocional **1** 318, 338, 423
- - como ponto de partida da simulação **1** 320
- - por "pavor do exame" **1** 307
- mental **1** 309s., 324, 330s.

Congelamento do universo **3** 522

Conglomerate soul **14/3** 585

Congresso Alemão de Psicoterapia **15** 90

Congresso psicanalítico internacional **18/2**
- 1910, em Nürnberg **18/2** 1.284 nota
- 1911, em Weimar **18/2** 1.082 nota

Conhecimento **3** 18, 397; **4** 381, 774; **6** 180, 455, 565, 693, 1.035; **8/2** 357s., 362, 402s., 436, 440, 507s., 698, 812; **9/2** 75[24], 100, 333[11];**11/2** 170, 240, 271; **11/3** 417; 11/5 765; **14/3** 113, 129, 172, 281, 366, 383, p. 134-135; **15** 29, 30, 105, 121, 153, 213; **17** 94, 161s., 331a

- absoluto **8/3** 902, 913, 920, 938
- anterior a qualquer estado de consciência **8/3** 843[32], 856, 865
- árvore do **8/2** 754
- autoconhecimento de Deus **11/4** 618
- compulsão ao **11/4** 659
- condicionados à época histórica **14/1** 207
- condições psicológicas **8/3** 928, 948
- espírito do **14/3** 293, p. 82-83
- de Deus **11/2** 221; **11/4** 659, 661, 732, 735, 748; **14/3** 97
- de si-mesmo **14/3** 143[11]; **17** 88, 111, 327, 334
- do outro **17** 327
- e fé **11/2** 272[32], 285
- - cf. tb. Intellectus spiritualis
- e gnose **6** 10
- inato **8/3** 921
- inconsciente (Leibniz) **8/3** 865, 902, 921, 927
- intuitivo **6** 232, 865; **8/3** 865
- - intuitivo em sonâmbulos **1** 147
- metafísico **11/4** 637, 735
- o Espírito Santo **11/2** 236
- pela experiência dos sentidos **6** 589
- perfeito **11/5** 925
- possibilidade de **6** 449, 692
- psicológico **14/1** 229, 277
- psicologizado **6** 9
- prévio **8/3** 921, 964
- - cf. tb. Precognição
- religioso **11/5** 768
- subjetividade do **6** 692

Conhecimento / ciência **14/1** 48, 59, 133, 196, 276, 277, 291, 328, 337, 338; **14/2** 15, 64, 71, 151, 153, 154, 160, 176[403], 182, 197, 219, 235, 264, 320, 329, 338, 339, 340, 343, 346, 347, 356, 357, 397, 398, 406, 407, 408, 409, 417, 420, 426, 432, 436
- árvore do **14/2** 37, 37[94]
- capacidade de **14/2** 182, 338
- científico **14/2** 121, 339, 397
- crítica do **14/2** 330

- da natureza **14/1** 133, 145, 266, 337, 338
- da sombra **14/2** 393
- de Deus / *cognitio Dei* **14/2** 15, 17, 122, 318, 322, 322[19], 346
- de si próprio **14/1** 101, 276, 291, 304, 326; **14/2** 369, 393, 414, 431, 432, 433
- - cf. Autoconhecimento
- do tempo primordial **14/2** 5
- em Dorneus **14/1** 44; **14/2** 14, 15, 346
- filosófico **14/2** 16
- impulso místico de **14/2** 402
- meditativo **14/2** 345
- objetivo **14/2** 369
- pela fé ou pela psicologia **14/2** 406
- projeção do **14/2** 356
- racional **14/2** 432
- teoria do **14/2** 123, 431, 432, 433

Coniunctio **9/1** 138, 246, 295, 326, 612, 679; **11/1** 92; **11/4** 716, 738; **12** 113*, 436s., 226*, 227*, 526, 558, 268*; **13** 157, 176[114], 190, 193[184], 198, 223, 226, 455, F V; **14/1** 1-34, 12, 15, 16, 19, 30, 34, 56, 77, 78, 101, 103, 104, 149, 156, 166, 169, 172, 213, 269, 285, 287, 301; **14/2** 52, 62, 74, 141, 189, 190, 197, 320, 322, 323, 329, 335, 341, 343, 348, 361, 392, 393, 402, 403, 429; **14/3** 160-162, 181, 185, 189-192, 206, 218, 407-410, 419, 421, 485, 491s., 503-504, 510, 511, 515, 530-539, 549, 561, 570-575, 577, 613-614, 616, p. 92-93, 104-105, 104-105[8], 105-116, 130s., 132-133[14], 140-141, 142-143; **18/2** 1.701, 1.703s., 1.789
- alma (espírito) / corpo **12** 417, 59*, 450, 462, 500
- *animae cum corpore* **13** F VI
- arquétipo da **14/1** 85, 104
- as três etapas segundo Dorneus (referência) **14/2** 329, 334, 341, 342, 347, 375, 413
- 1ª etapa

- - conceito: união do espírito com a alma ou *unio mentalis* **14/2** 328, 329, 337, 353, 395, 412
- - referência **14/2** 328[50], 336, 366, 412
- 2ª etapa
- - conceito: união do espírito e da alma com o corpo / homem total **14/2** 328, 329, 330, 341, 347, 354, 366, 395, 396, 412, 414
- - referência **14/2** 328[50], 342, 347, 366, 402, 406, 412, 413, 428, 432
- 3ª etapa
- - conceito: união do homem total com o *unus mundus* dos primórdios **14/2** 328, 329, 341, 413, 414
- - e suas representações figurativas **14/2** 329
- - referência **14/2** 328[50], 375, 413, 414, 417, 425
- como a ideia central do processo alquímico (Silberer) **14/2** 320
- com o *unus mundus* **14/2** 328, 329, 341, 413, 429
- como protótipo da combinação química **14/2** 320
- como síntese psíquica **14/2** 190, 322, 329
- como união de filho/mãe ou irmão/irmã **14/2** 334
- componentes da **14/1** 1-34
- consumação do mysterium coniunctionis **14/2** 329, 421
- conteúdo mitológico da **14/1** 19
- - e harmonização dos elementos **14/1** 84
- da alma com o corpo **14/2** 11, 140, 141, 175, 201, 219, 224, 234, 254, 347[77], 356, 398
- da consciência com o inconsciente **14/2** 393
- da mulher com o dragão **14/1** 15, 30, 56, 163
- - no sepulcro **14/2** 322[25], 334
- de irmão e irmã

Índices gerais

- - cf. Incesto
- de rei e filho **12** 210[89]
- de semelhantes **12** 435
- do acima-abaixo / do superior-inferior **12** 74*, 78*
- do espírito com a alma **14/2** 328, 337, 353, 395, 412
- do espírito com a matéria **14/2** 430
- espírito com o corpo **14/2** 150, 158, 246, 300, 320, 329, 346, 347, 420
- do homem rubro e mulher branca **14/1** 169, 301
- do Sol e da Lua **13** 171[86], 198
- e o hierósgamos arquetípico **14/2** 329
- e o meio químico de união **14/2** 323
- essência paradoxal da ideia da **14/2** 355
- homem-mulher **12** 60*, 334
- *lapis* / filho **12** 140
- mãe / filho
- - cf. Incesto
- na matrix / vaso natural / útero **14/2** 322
- na retorta ou *in vitro* **14/2** 322, 336, 403
- *nous* e *physis* **12** 410, 436, 440
- *mysterium coniunctionis* **14/2** 141, 327, 329, 331, 332, 334, 335, 347, 395, 421
- - e a sincronicidade **14/2** 327
- - e o Tao **14/2** 327
- cf. tb. Conjunção; União
- *oppositorum*" **10/4** 766; **13** 187[157]
- - cf. tb. Opostos, união dos
- o sistema das Sephiroth como símbolo da **14/2** 318
- perigosa na etapa animal **14/1** 332[6]
- projeção no espírito **14/1** 107
- realização segundo Dorneus **14/2** 403
- relacionamento do adepto com o *unus mundus* **14/2** 225
- simbólica esotérica da **14/2** 138[411], 335, 348
- símbolos da 2ª etapa **14/2** 337

- *Solis et Lunae* **8/3** 869, 894; **14/1** 63, 84, 103, 149, 156, 166, 172, 213, 269; **14/2** 96, 181, 189, 197, 291[236], 296[266]
- - cf. tb. Conjunções; Sol e Lua
- soluções do problema da **14/1** 103
- *sponsi et sponsae* **13** 124
- - cf. tb. *hieros gamos*
- *sulphur* e *mercurius* **13** 176[114]
- *supercoelestis* **13** 190
- tetraptiva **13** 357
- triptativa **13** 357

Coniunctio oppositorum **9/2** 58, 72, 117, 124, 130, 142, 216, 237, 256, 264, 301, 304, 322, 401, 425s.; **16/2** 451, 458, 465, 467, 468, 533, 538
- como arquétipo **16/2** 355, 501
- como hierosgamos **16/2** 500
- como incesto **16/2** 415, 468
- como ligação química **16/2** 353
- como transferência **16/2** 533
- como meta **16/2** 462
- da alquimia **5** 330
- de *animus* e *anima* **16/2** 469
- *disiunctio* e **16/2** 397
- fontes cristãs e pagãs da **16/2** 355
- segredo da **16/2** 414
- projeção da **16/2** 499
- cf. tb. União dos opostos

Coniunctiones magnae
- cf. Conjunção

Conivência entre o material e o experimentador **8/3** 898

Cônjuge / consorte **17** 328, 331b
- escolha do **17** 328

Conjunção (astrologia) **9/2** 128, 130, 134, 136, 137[55], 150[2], 153s., 172, 298, 304; **13** 104[96], 110, 190-193, 278, 448-457; **14/2** 320, 321, 322, 334, 343, 349
- conteúdo e sentido da **14/2** 334, 395, 396, 397
- do espírito com a alma **14/2** 353
- etapas da **14/2** 328, 329, 334, 335,

336, 341, 413
- na cabeça **14/2** 296
- paradoxalidade de **14/2** 335
- representações da **14/2** 4
- cf. tb. *Coniunctio*; União

Conjunções planetárias **8/3** 869, 875s., 894, 899s., 977

Conjuração
- ritual de **10/3** 101

Connesor
- cf. Magnesor e Connesor

Consagração **4** 330; **14/2** 82
- do fogo **12** 449[12]
- cf. tb. Iniciação

Consanguinidade **14/1** 56

Consciência **2** 5, 21, 86, 88[21], 119s., 143, 167, 266, 329s., 383s., 419, 430, 451, 461, 605, 607s., 611, 619[48], 621, 628, 640, 659, 661, 664, 713, 719, 724, 744, 759, 793, 816, 822, 868, 920, 1.062, 1.083, 1.101, 1.192, 1.322, 1.352, 1.388; **3** 56, 419, 506, 561[3]; **4** 41, 256, 434, 553, 760s.; **5** 39, 226, 393, 396, 611, 624[14]; **6** 276, 296, 309, 433, 465, 512, 623, 715, 781; **8/2** 277, 294s., 382, 399, 610s., 613s.; **10/4** 646, 653, 818, 824; **11/1** 53, 140, 150; **11/2** 272, 277; **11/3** 446; **11/4** 579, 620, 658; **14/2** 17, 83, 86, 132, 135, 136, 139[304], 151, 163[390], 166, 167, 168, 169, 170, 171, 178, 180, 183, 185, 270, 271, 274, 275, 281, 292, 315, 325, 335, 356, 357, 365, 366, 374, 393, 401, 406, 407, 412, 413, 434, 442; **14/3** 79, 332, 543, 590, 609; **15** 166[8], 185; **16/2** 336, 390, 503; **17** 44, 83s., 94, 102s., 112, 169, 199a, 200, 207, 227, 250, 262, 270, 282, 302, 307s., 316, 318s., 331b; **18/1** 6s., 13s., 26, 31, 37s., 40, 65, 67, 75s., 84s., 91s., 111s., 150s., 165, 175, 194, 204, 226, 235, 239, 244,

248s., 263, 269, 290, 297, 315, 344, 359, 361, 371, 377s., 398s., 406, 420s., 429, 434, 439s., 446s., 458s., 468s., 500, 510s., 521s., 537, 540s., 553s., 560s., 580, 583, 591s., 602, 712, 725, 728, 733, 742s., 747s., 759, 767, 778s., 787, 799, 827, 830, 832, 837, 841s., 858s., 873s., 935, 970, 1.000; **18/2** 1.113, 1.116, 1.130, 1.134, 1.144s., 1.156s., 1.183s., 1.208, 1.224, 1.230s., 1.234s., 1.249, 1.254, 1.256, 1.261, 1.269, 1.276, 1.282, 1.288, 1.332, 1.357s., 1.374, 1.387, 1.388s., 1.398, 1.402, 1.407, 1.414s., 1.423, 1.431, 1.480, 1.484, 1.487s., 1.504s., 1.516, 1.528, 1.575, 1.578s., 1.581s., 1.585s., 1.589, 1.601, 1.616s., 1.622s., 1.630, 1.641, 1.652, 1.658s., 1.680s., 1.686, 1.699, 1.700s., 1.707, 1.721, 1.733, 1.746, 1.763, 1.796, 1.803, 1.809, 1.817, 1.830
- ação sobre a vida psíquica **1** 320[29]
- acordada e sugestão **1** 97
- a dominante da **14/2** 83, 121, 136, 163, 166, 169, 178, 180, 181, 188, 190, 203
- alargamento da **11/2** 238; **11/4** 620, 669, 671, 731, 755; **14/2** 85, 86, 121, 398, 428, 434
- alternante **1** 280
- atividade da, durante o transe **1** 58
- ampliada **8/1** 111; **8/2** 385, 387, 426, 428, 750
- analogia com as funções sensoriais **8/2** 367
- as quatro funções da **14/2** 122
- - orientadoras da **14/2** 222
- atitude da **5** 264, 450, 681, 683; **6** 142s., 308, 628s., 638, 656, 691s., 720, 799, 908, 958; **14/2** 107, 170, 427
- autoconsciência de sua verdade **14/2** 167
- autonomia da **11/3** 391; **18/1** 154
- capacidade da **8/2** 256, 945

Índices gerais

231

- cisão da **3** 55, 76; **4** 30
- coletiva **6** 306, 315; **8/2** 176, 405, 424s.; **18/1** 5, 226
- como claridade diurna da psique (no homem) **14/2** 166
- como complexo assimilador **8/2** 197
- como dado psicológico **6** 1.018
- como escrava do inconsciente **1** 168, 184
- como má juíza em causa própria **14/2** 170
- como pressuposto do relacionamento psíquico **17** 324s.
- com sede no cérebro **14/2** 293
- como um dos arquétipos do inconsciente **14/2** 166
- compensação da **11/4** 711, 715, 730
- confronto com
- - a sombra **14/2** 178
- - os afetos e instintos **14/2** 335
- consciente **10/1** 491, 509, 512, 519, 528, 540, 545, 552, 555, 557, 563, 572, 574, 581
- contemporânea **14/2** 406
- conteúdo(s) da **2** 82, 384, 461, 524, 602, 1.363; **3** 440; **4** 525s.; **6** 173, 304, 720s.; **10/1** 562; **18/1** 13, 20, 112, 421, 439, 445, 449s., 461s., 474, 477, 511, 593, 832, 956, 1.000; **18/2** 1.148, 1.230, 1.256, 1.357, 1.389, 1.606, 1.805s.
- - demoníaco da **6** 304
- - ectopsíquicos **18/1** 77
- - - cf. tb. Ectopsique
- - e sonho **17** 114
- continuidade da **1** 25, 79; **8/2** 265, 444, 581; **17** 103
- - no sonho **8/3** 847
- criadora **11/4** 758; **11/5** 838
- cristã **6** 447
- - e inconsciente pagã **11/4** 713
- da época **14/2** 357
- da Idade Média **14/2** 107, 296, 356, 357
- debilitação da **11/1** 41

- decomposição da **1** 184
- defesa da, contra o inconsciente **6** 739
- desdobramento da **5** 248, 351, 674
- deslizante **8/2** 409
- desempenho da **8/2** 342
- desenvolvimento da **14/2** 271, 428; **17** 211, 326
- - alargamento da **6** 80, 856, 1.035
- - evolução **8/2** 204, 412, 428, 437, 756-762
- de si mesmo / **7/2** 221, 235, p. 135s., p. 139s.; **8/2** 523; **17** 139, (246)
- desprendimento da **15** 186, 187, 188, 191
- diferenciação da **11/2** 245, 268; **11/3** 442, 443; **11/4** 642, 665, 758; **14/2** 271, 335
- diferenciada **6** 463, 567
- dirigida por Cristo **14/2** 364
- discriminativa **6** 170, 174, 176
- dissociabilidade **8/2** 202
- dissociação **1** 117, 339, 423; **3** 55, 76, 141[127], 298, 304, (425), 507, 514, 555; **8/2** 339; **14/2** 427, 429
- distúrbios da **1** 136, 298; **8/1** 62; **8/2** 385, 546
- - de lucidez da **3** 161, 163
- divisão da **1** 110s., 130s., 162s., 304; **2** 720
- do empatizante **6** 565
- do eu **2** 609, 661, 901; **5** 539, 548; **8/2** 204, 366, 387, 423, 430, 613, 615; **11/4** 713; **14/2** 157, 160, 166, 177, 181, 185, 203, 313, 356, 364; **14/3** 74, 79-80, 246-249, 465, 510; **18/2** 1.147, 1.410, 1.491, 1.585, 1.817
- - como sujeito da **6** 695, 796
- - e sombra **5** 678
- - ofuscada **14/3** 293
- dominada
- - pelo eu **14/2** 364
- - por conteúdos até então inconscientes **14/2** 437
- domínio pelo inconsciente **11/1** 22;

11/3 442
- dupla **1** 1, 116, 130, 136; **3** 105; **8/2** 351s.
- - no ator **1** 304
- dúvidas da **11/2** 259
- e a criação **14/2** 166
- e alma **4** 175, 317s., 362, 782
- e a unidade real **14/2** 170
- e autossugestão **1** 85
- eclipse da **15** 152; **17** 137, 200
- efeitos mágicos na **14/2** 412
- e inconsciência **17** 102s., 112, 227, 260s., 282, (302), 341
- - como a totalidade psíquica **14/2** 185, 315
- - como par de opostos **14/2** 166, 426
- e inconsciente **1** 171s.; **5** 75, 98, 263, 272, 299, 396, 450, 457, 463, 468, 508, 540, 548, 553, 569, 575, 577, 586, 614, 616, 631, 660, 670, 671, 681, 683; **6** 136s., 162, 171s., 267, 287, 297, 304, 308, 466, 478s., 503, 569, 627, 640s., 667, 670s., 695, 698, 902, 926; **8/2** 132, 249, 342, 365, 374, 381-387, 488, 491, 546, 594, 673, 676; **8/3** 850, 895; **10/1** 534, 546, 555; **11/1** 22s., 39, 64s., 83, 141, 154; **14/2** 17, 18, 20, 182, 188, 204, 325, 333, 338, 393, 412, 427, 437
- - atitude crítica da consciência **14/2** 365, 407
- - conflito e síntese **14/2** 170, 188, 190, 204
- - confrontação dos dois **14/2** 398, 407, 437
- - defesa da consciência **14/2** 367
- - dissociação entre **6** 189; **14/2** 434
- - influência da parte do inconsciente **14/2** 169, 204
- - mistura de **14/2** 20
- - modificações recíprocas **14/2** 434
- - o mito como mediador entre os dois **14/2** 406
- - oposição / conflito / contraste entre **6** 639, 725, 774, 800, 974, 988

- - orientação final da **6** 807
- - relação entre **6** 189, 465, 635, 638s., 829
- - - compensatória entre **5** 98; **14/2** 135, 170, 178, 204, 393, 427
- - unificação da **6** 177, 524
- e individuação **6** 856
- em termos morais 10/4 807
- envolvida pela aura psicoide **14/2** 441
- e personalidade automática **1** 125s.
- e psique **3** 7, 567; **6** 781
- - total **8/2** 227, 294s., 324, 350s., 361s., 380, 385, 397s., 631, 659, 666, 720
- e puberdade **1** 113
- escapada da totalidade divina **14/2** 292
- e símbolo **6** 189, 908, 911
- espiritual **14/2** 364
- estado(s) de **4** 157
- - momentâneo da **8/2** 477, 491, 498, 546; **8/3** 936[132]
- - problemático e não problemático **6** 954, 958
- - raros da **1** 1
- estorvamento da **11/4** 740[2]
- estreitada / aprofundada **6** 539s., 544, 948
- estreitamento da **3** 12, 160
- estrutura da **18/2** 1.585
- e sua união com a sombra **14/2** 178
- e sugestão **1** 96
- exagero da **6** 638
- - dos conteúdos conscientes **da 17** 327, 343
- expansão e diversificação da **14/2** 271
- extensão da **11/5** 769
- falta de **8/2** 685
- fechamento em torno do seu eu **11/5** 890
- feminina e a imagem da *anima* **14/2** 267
- fenômenos da

Índices gerais 233

- - e inconsciente **8/1** 29
- finalidade da **8/2** 695
- fortalecimento da **14/2** 367
- função da **18/2** 1.357
- - (s) de orientação da **8/2** 258s.
- - cf. tb. Funções
- gênese da **5** 500
- grau de clareza **8/2** 249, 385, 387, 580
- heterogeneidade da **6** 926
- *hybris* / soberba **8/2** 802; **11/1** 141; **11/3** 391
- ilhas de **8/2** 755; **17** 326
- individual **4** 486; **6** 585, 926; **17** 107a, (307); **8/2** 227s., 340, 342, 344s., 351, 590, 720, 723
- influência da **6** 503
- - através do inconsciente **11/4** 714, 740
- - da emoção sobre **1** 423
- inibições da/pela **1** 172; **6** 655; **8/1** 22, 62, 64; **8/2** 132, 136, 182s., 203, 347, 373
- integração na **14/2** 401, 410
- isolamento da **5** 95
- libertação pela abstração da **11/2** 245
- limiar da **2** 385; **3** 5, 439, 453, 510, 524, 569; **8/1** 29; **8/2** 132, 134, 270, 340, 362, 366s., 372, 440, 588, 677; **8/3** 902; **17** 199a; **18/1** 11, 26, 458, 465, 829; **18/2** 1.159
- limitação da **8/2** 812s.
- localização da **8/2** 669s.; **8/3** 945
- luminares secundários da **14/2** 169
- luz da **8/2** 415, 427, 610
- má **11/1** 86
- masculina
- - e feminina **14/2** 267, 283
- - e figura masculina **14/2** 267, 283
- - simbolizada pelo Sol **14/2** 84, 166
- moderna **5** 106; **8/2** 649, 696, 731; **14/2** 173, 357, 413
- modificação da **11/1** 3, 10; **11/4** 639
- moral **6** 524; **8/2** 458, 460, 518; **10/1**

563, 569, 573; **10/2** 94; **14/1** 154[313], 306; **14/2** 274, 339; **18/2** 1.120, 1.626, 1.671, 1.803
- moralidade / autoridade moral da **11/4** 716
- mudança da **17** 137, (260)
- múltipla **8/2** 388-396
- mundo da consciência e mundo dos fenômenos **8/2** 437s.
- níveis da **11/3** 410; **11/4** 746; **11/5** 890, 891
- no ataque histérico **1** 121
- normal **17** 102
- obscurecimento da **11/5** 960
- ocidental **8/2** 749
- o complexo da **14/2** 166
- o eu e a **14/2** 166, 185[409], 282
- orientação da **6** 127, 724, 736, 856, 964s.
- ou personalidade do eu **14/2** 366
- pai como **5** 497
- paralisia da, pelo inconsciente **6** 639
- pertinácia da **11/5** 871, 875
- perturbações causadas pelo inconsciente **14/2** 434
- ponto de vista da **14/2** 181
- posição da **14/2** 365
- primitiva **8/2** 387; **14/2** 322
- processo
- - da exteriorização **6** 449
- - de integração do inconsciente **14/2** 434
- progresso **8/2** 681
- psicologia da **8/1** 29; **8/2** 349-355, 439, 659
- que reconhece **5** 673
- racional **8/2** 739
- raízes da **11/5** 842
- rebaixamento da **6** 367, 433
- reconstrução da **14/3** 465
- redução da **1** 74, 279, 285, 298
- reflexa **11/5** 767, 773s., 786, 796ss., 814
- - como critério moral **11/4** 696
- - debilitação da **11/5** 783

- - dissolução da **11/5** 827ss.
- - superior **11/5** 775
- reforço da **14/3** 307, 335
- relatividade da **8/2** 385, 397
- renascimento da **5** 558
- renovação pelo mergulho no inconsciente **14/2** 184, 185, 187
- renovada
- - e o Filho **14/2** 185
- resistência da **6** 803
- secundária no inconsciente **8/2** 366, 380, 385; **8/3** 947
- semelhança dos arquétipos com a. **8/2** 388
- situação coletiva da **14/2** 410
- Sol como arquétipo da **14/2** 163, 166, 169
- substituição pelo instinto **5** 673
- superestima do conteúdo da **17** 343
- - e subestima **17** 157
- superior **8/2** 637-645, 696, 768
- supraconsciência e subconsciência **8/2** 352
- tendência para conscientização do inconsciente **14/2** 151
- *tertium non datur* **11/4** 738
- tomada de / tomar **6** 122s.; **8/1** 111; **8/2** 599; **13** 83, 111, 187[155], 293, 324, 391, 395, 454
- - das projeções **8/2** 516s.
- - do estado de ânimo **8/2** 167
- - dos conteúdos, inconscientes **8/2** 157s., 384, 413, 439[129]
- - dos reflexos **8/2** 607, 609
- - cf. tb. Tornar-se consciente
- total **8/2** 249, 385
- transformação da **11/1** 113; **14/2** 168, 425
- união ou síntese dos dois **14/2** 17, 182, 184, 189, 205, 266, 367, 393, 425, 434
- - e o rei **14/2** 185
- unilateralidade **3** 456, 465, 567, 579; **11/4** 730
- universal **15** 186, 201

- uso não científico do conceito **1** 166[2]
- vazia **11/5** 833ss., 890
- vazio da **3** 37; **8/2** 155

Consciência / consciente **7/1** 87, 110; **7/2** 401; **7/3** 311, 400; **9/1** 6s., 24, 28s., 40s., 42, 46s., 48s., 88s., 91, 101, 111, 118, 121, 129, 135s., 140, 174, 177s., 185s., 188s., 213, 222, 225, 235s., 241s., 243[44], 247s., 254, 256, 260s., 263s., 267, 270s., 275s., 282s., 285, 288, 314s., 319s., 346, 371, 392s., 419s., 426s., 430s., 460, 465s., 470, 473s., 483s., 487, 489-524, 526, 532, 538s., 541s., 549s., 555, 559s., 563s., 570, 579[128], 582, 586s., 593, 614, 617, 620s., 634, 644s., 674, 678, 682, 690, 693, 705s., 711, 717; **9/2** 1-9, 11, 12, 16, 19, 25, 33, 40s., 43-47, 53, 55, 60, 61, 67, 73, 74, 79, 112, 120, 126, 171, 186, 191, 210, 216, 230, 238, 249, 253, 257, 259, 291, 293, 298, 301, 305, 310, 316, 320, 333[111], 338, 346, 350, 355, 390[84], 402s., 409s., 422s.; **10/2** 375[3], 388, 408, 440, 446, 448, 450, 451, 458, 461, 463, 471, 473, 483; **10/3** 1, 3, 8, 14, 21, 23s., 31, 38, 50, 61s., 68, 81, 105, 111, 132, 140, 149s., 160s., 191s., 210, 244, 272, 275, 280, 284s., 307, 317, 320s., 332, 354, 367, 830s., 843, 854, 870, 874s., 891s., 899, 987, 1.005, 1.011; **11/2** 223, 233, 242, 274, 276; **11/3** 318, 440; **11/4** 746; **11/5** 785, 897ss., 906, 935ss., 969, 996; **12** 30, 38, 48s., 77, 166, 369, 516, 563; **13** 7, 12, 15s., 28s., 33s., 43s., 46-56, 59, 62, 64-71, 76s., 84, 88, 90, 97, 107s., 112, 114[140], 118s., 121s., 126, 141, 153, 187[155, 157], 207, 210, 215, 221, 229, 238, 244, 248, 277, 286s., 290s., 293ss., 301, 307, 314, 324, 332, 391, 395s., 413, 433s., 449s., 454, 458, 462s., 475s., F 3, 19; **16/1** 167
- autonomia **12** 174

Índices gerais 235

- capacidade de ascender à **7/1** 198; **7/2** 292
- centrada **9/1** 491, 506
- coletiva **7/2** 229; **9/1** 2[1], 443; **13** 463
- como função de relação com o mundo **7/2** 275
- como meta final **7/1** 87
- como totalidade do homem **11/3** 390, 419; **11/4** 755
- conflitos **11/3** 392; **16/1** 22
- confrontação **11/4** 756
- conteúdos da **9/1** 4, 7[9], 88, 90, 118, 130[20], 276, 292, 492, 506, 517, 524, 542; **9/2** I, 115, 185, 259, 264, 316[61]
- crítica **7/2** 213, 323, 389
- desnível entre **11/4** 665
- dimensão que ultrapassa o nível pessoal **16/1** 99
- dissociação entre **11/4** 688
- dissolução da **12** 116
- distúrbio / perturbação da **7/1** 4, p. 136
- do eu e persona **7/2** 247, p. 149s., 167s.
- dos primitivos **9/1** 226, 466
- e inconsciente **7/1** 12, 16s., 48, 63, 68, 87, 103, 118, 120, 136, 148, 150, 171, 184s., 196, p. 147; **7/2** 202s., 212, 217s., 235s., 247, 251, 288s., 305, 323, 339, 344, 365, 370, 387, p. 131s., 139s., 148, 150s., 161, 164s., 167; **9/1** 278, 294, 296s., 433; **9/2** 120, 280, 296, 298, 303s., 306, 308, 355, 410, 428; **10/3** 3, 8, 21, 23, 25, 33, 47, 103, 195, 855, 963, 1.008s.; **12** 3, 26, 38, 42, 48s., 58s., 68, 74s., 111, 118, 120s., 132, 166, 174s., 186, 195, 201, 219, 225, 247, 287s., 328, 410, 436s., 437s., 440, 452, 462[89], 406, 559, 563; **13** 13s., 30, 67, 76, 223, 480; **16/1** 12, 26, 51, 84, 125, 163, 218, 251
- - na criança **16/1** 205
- - pessoal **7/2** 243, 392
- - relação compensatória do **16/1** 252
- expansão da **16/1** 225

- funções da **9/1** 259, 430, 588; **10/3** 3, 50
- grupal **10/3** 280
- irrupção no campo da **7/2** 270
- moderna, origem da **12** 40s., 60s., 74
- moral **10/3** 20, 825-857
- perda das raízes **16/1** 216
- pessoal **13** 306
- pré **13** 210
- primitiva **13** 341
- processo **10/3** 3
- psicologia da
- - cf. Psicologia
- psique como **16/1** 201
- razão da **7/1** 110
- retração da **16/1** 225
- separação entre **11/2** 242, 280; **11/4** 665; **12** 74s., 174
- simetria de **12** 226, 289
- subjetivação da **6** 693, 696, 707, 710
- superação da pelo inconsciente **6** 287, 503, 524
- superficial / alargada (Gross) **6** 539, 948
- supervalorização do **16/1** 51, 108, 206
- supra **9/1** 433, 506
- tensão antitética entre **11/4** 717
- tomada de **9/1** 84, 91, 162, 179, 284, 402, 543[56]; **9/2** 41[5], 186, 286, 293, 410, 418; **12** 30, 38, 105[37], 556; -
- - cf. tb. Conscientização
- união (síntese) entre **11/2** 285
- unificação de **12** 81, 174, 184s.
- unilateralidade da **6** 774, 795; **7/1** 78, 118; **7/2** 359, p. 164; **16/1** 12
- universal **9/1** 520
- vazio da **6** 178, 186

Consciência psíquica **14/1** 6, 79, 83, 104, 113, 114, 118, 121, 125, 127, 137, 141, 144, 145, 147, 153, 170, 173, 175, 175[105], 186, 213, 215, 216, 219, 220, 246, 255, 256, 259, 265, 277, 301, 315, 324, 329, 335
- alargamento da **14/1** 127[8], 199, 203, 232[6], 276, 301, 335

- aspectos diferentes entre o homem e a mulher **14/1** 215, 216,
- as quatro funções fundamentais da **14/1** 255, 259, 269
- atuação sobre os produtos do inconsciente **14/1** 301
- como apenas uma parcela do homem **14/1** 147 217, 218, 219, 222, 223, 224, 225
- como associação de um objeto ou conteúdo ao "eu" **14/1** 125
- como correspondência psíquica do mundo **14/1** 255
- como "pequeno deus no mundo" **14/1** 114[36]
- conteúdos aprisionados na **14/1** 256
- da mulher caracterizada pelo Eros **14/1** 217-227
- de conteúdos inconscientes **14/1** 167, 175 188, 205
- do "eu" e do "não eu" **14/1** 125
- do homem caracterizada pelo Logos **14/1** 217-227
- dos valores morais **14/1** 83
- e o inconsciente **14/1** 114, 137, 141, 194, 205, 251 300, 308
- - atenção dirigida para o inconsciente **14/1** 175, 186
- - as duas etapas da confrontação **14/1** 288
- - atitude crítica para com o inconsciente **14/1** 141
- - confrontação entre os dois **14/1** 251, 259, 288, 300
- - discussão entre os dois **14/1** 251, 175, 186, 256, 259, 301
- - incursões espontâneas do inconsciente **14/1** 114 199, 265
- - influência do inconsciente sobre a consciência **14/1** 175, 188, 315
- - modificação dos dois **14/1** 175, 205, 268
- - - como parceiros opostos **14/1** 123, 251[6]
- - na simbólica do Sol e da Lua **14/1** 114

- - relação
- - - compensatória **14/1** 121, 178, 306, 308
- - - complementar **14/1** 121, 308
- - símbolos do resultado imediato da união **14/1** 167
- e sua sombra como distintas entre si **14/1** 170, 324
- etapas do alargamento **14/1** 200, 203
- força impulsionadora na **14/1** 146
- humana como "criadora" do mundo **14/1** 128
- identificação com sua própria imagem **14/1** 324
- identificada com o "eu" **14/1** 125, 127[63]
- limiar característico da época e da camada social **14/1** 251[61]
- masculina e feminina como Logos e Eros **14/1** 218-227
- modelo para o alargamento (Gn 3,4) **14/1** 199
- moderna, surgimento da **14/1** 113, 121, 124
- mudança de direção causada pelo inconsciente **14/1** 175
- múltiplos centros de **14/1** 264
- paradoxo como expressão de fatos transcendentais **14/1** 87
- ponto de vista da **14/1** 121
- proteção da **14/1** 215
- representações supraliminares na **14/1** 147
- simbolizada pelo olho **14/1** 264
- surgimento da **14/1** 125[35]
- transformação da **14/1** 177[333]
- treino da **14/1** 276
- vive a partir do inconsciente **14/1** 114

Conscienciosidade
- como o que há de melhor no homem **11/3** 383

Consciente **8/2** 412; **10/4** 593, 608, 618, 621, 623, 634, 642, 643, 648,

656, 657, 671, 678, 679, 680, 690, 693, 694, 695, 714, 715, 720, 722, 724, 727, 732, 733, 734, 738, 743, 754, 767, 770, 774, 775, 779, 784, 795, 798, 801, 807, 808, 814, 815, 818; **14/2** 157, 171, 205, 238, 263, 306, 313, 314, 335, 339, 340, 342, 364, 365, 369, 379, 411, 430, 432, 440; **15** 116, 193, 198, 206; **17** 17[5], 103, 165, 294, 318, 342
- apenas perceptível **15** 163
- atitude **14/2** 151
- calamidade **14/2** 427
- cisão do **15** 207
- conteúdos do **10/4** 634, 643, 818
- e inconsciente **10/4** 593, 781, 818
- fragmentado **15** 173
- influenciado pelo inconsciente **15** 114, 152, 153
- limiar do **15** 9, 122
- só o consciente é corrigível **14/2** 395
- tornar-se **8/2** 244, 429, 754

Consciente / consciência **16/2** 294, 304, 334, 342, 537
- atitude unilateral **16/2** 438
- desenvolvimento / ampliação **16/2** 393, 396
- diferenciação do **16/2** 387
- discriminatório **16/2** 532
- e inconsciente **16/2** 327, 366, 434, 452, 479, 532, 533
- - identidade de **16/2** 433, 522
- - relação compensatória entre **16/2** 330, 372, 539
- - união de **16/2** 469, 473
- e sonho
- - cf. Sonho
- extinção como morte **16/2** 469
- fortalecimento do **16/2** 479
- fragilidade **16/2** 374, 381, 477
- impulso **16/2** 471
- inundação pelo inconsciente **16/2** 474, 479, 501
- influência do inconsciente **16/2** 533
- livrar da contaminação pelo

inconsciente **16/2** 503
- masculino **16/2** 522
- ordenador **16/2** 386
- perda de
- - energia **16/2** 372
- - potência **16/2** 399
- relativizar o **16/2** 502
- sintonização em relação ao inconsciente **16/2** 501
- tragado pelo inconsc. **16/2** 477
- transformação do **16/2** 396
- valorização excessiva do **16/2** 502

Consciente / inconsciente **2** 82, 84s., 88[21], 136, 195, 287, 298, 323, 385, 417, 451, 471[81], 490, 502, 548[21], 846, 983, 1.062, 1.067, 1.082, 1.087, 1.106, 1.311; **18/1** 8-20, 27s., 37, 39, 46, 54, 75s., 90s., 94, 102s., 111, 122, 126s., 150, 154, 167, 189, 201, 247, 262, 315s., 322, 341s., 382, 397s., 412, 417s., 431s., 446, 458s., 464s., 474s., 509, 512s., 522, 541, 553, 560, 583s., 588, 605, 728, 733, 740, 746, 752, 756, 759, 763, 798, 935, 970; **18/2** 1.086, 1.111, 1.147, 1.160, 1.230, 1.260, 1.276, 1.290, 1.388, 1.391, 1.486s., 1.507, 1.554, 1.626, 1.638, 1.653, 1.803s.

Conscientia peccati **10/3** 827

Conscientização **5** 226, 415; **9/1** 46, 91, 122, 124, 276, 296, 549, 565, 608, 645, 667, 674, 685; **9/2** 42, 126, 259, 377[60]; 10/3 885; **10/4** 774, 775; **13** 30, 335, 436, 464, 481; **14/2** 84, 88, 151, 163, 169, 314, 356; **14/3** 391, 396, 363, 583; **17** 99, 107a, 109s., 154, 178, 260, 331a, (333); **18/2** 1.242, 1.412s., 1.494, 1.517, 1.540, 1.630, 1.664, 1.703, 1.805, 1.812, 1.831
- da anima **14/2** 281; **14/3** 399
- das causas da neurose
- - cf. Neurose
- espontânea

238 Obra Completa – Vol. 20

- - de conteúdos inconscientes **14/2** 107, 163, 169
- - de conteúdos reprimidos **14/2** 178[405]
- de Deus **14/3** 52, 558
- dos conteúdos inconscientes
- - como meta **16/2** 486
- sentido da **16/2** 315

Conscientização / assumir o estado presente **14/1** 178
- da psique toda **14/1** 267
- das quatro funções **14/1** 250
- de boas e más qualidades **14/1** 303
- de conteúdos inconscientes **14/1** 147, 175, 256, 290, 301, 312, 335
- do "eu" no modelo bíblico do *fiat lux* **14/1** 125
- figuras alquímicas da **14/1** 175
- máxima, símbolo da **14/1** 303
- provoca modificações psíquicas **14/1** 175[308], 252

Consecratio na missa **11/3** 300, 307, 322, 379

Conselho
- bom **16/1** 240; **16/2** 359, 462

Consenso geral **14/2** 437, 438

Consideração
- falta de **3** 158

Consideratio **13** 201[208]

Consilium coniugii **13** 109[105], 110, 112[123], 114[141], 117, 125, 137[209], 142[219], 163[50], 188, 267[104], 409[197], 423, 445

Consonância
- cf. Associação

Constância
- princípio da (Busse) **8/1** 34s.

Constatar **3** (D) 207, 237

Constelação(ões) **2** 1.067, 1.087, 1.142; **3** 40, 50, 180, 254, 294, 300; **4**

11, 44, 47, 67, 224, 317, 355, 507, 552, 715, 726; **5** 145, 423; **14/3** 291
- astronomia **14/2** 158[365]
- da Ursa **5** 155, 155[57]
- de estrelas fixas **8/2** 392
- do dragão **8/2** 394
- dos conteúdos psíquicos **8/1** 19s.; **8/2** 198, 692; **8/3** 850, 895
- emocional **2** 1.067
- familiar **2** 940, 999-1.014
- inconsciente **4** 334s., 338
- onividente **8/2** 394
- psicológica **2** 1.094, 1.100, 1.108s., 1.116, 1.129, 1.309
- cf. tb. Associação; Estrela

Constitucional **4** 60s.

Constituição **8/2**
- fisiológica **8/2** 221, 231, 727
- psíquica **8/2** 213
- psicopática **17** 245

Construtivo **6** 782s.

Consulta médica **15** 41

Contágio **17**
- pelo exemplo **17** 253
- psíquico inconsciente **17** 255

Contaminação **14/3** 176, 227, 491
- de conteúdos psíquicos **14/2** 61, 62, 120, 258, 262, 264, 269, 325

Contato
- capacidade de **18/2** 1.815
- pessoal **17** 181

Contemplação **9/1** 562, 630; **13** 46, 393, 415; **14/1** 276; **14/2** 365, 368, 408; **14/3** 157, 164, 169[13]
- cristã **11/5** 937ss., 949

Contemplatio **13** 201[208]

Conteúdo(s) **6** 774; **8/2** 352; **13** 63s., 88, 108
- afetivos **8/1** 18s.; **8/2** 178, 592; **13** 464
- arquetípicos **8/3** 825[9]; **13** 435

Índices gerais

- ativados **8/1** 65
- autonomia do(s) **7/2** 230, 402
- autônomos **8/2** 254, 366, 712
- - projeção dos **12** 410s., 411
- capazes de consciência **13** 11
- caráter coletivo dos **12** 431
- coletivos **13** 286; **14/3** 204
- com carga negativa **6** 557
- conscientes **8/1** 63s.; **8/2** 243, 251, 284, 354, 516, 720, 755
- - e inconscientes **7/2** 205, 292s., p. 132s., 161, 168s.; **8/1** 17
- conscientização dos **7/2** 224, 358s., 384, 387, 393, 396, 398, p. 137
- da consciência **13** 55, 58, 207, 396
- dissociados **13** 464
- distinção do **6** 186
- doloroso **4** 532, 535
- hílico **9/1** 484
- incompatível **4** 32, 35; **8/1** 63s.; **8/2** 366, 372, 388, 702
- inconsciente **6** 177, 180, 187, 189, 287, 308, 318, 478, 655, 667, 964; **7/1** 26, 94[13], 103, 138; **8/2** 131, 387; **13** 48s., 70, 108, 122, 241, 248, 259, 296, 305, 413, 428, 437, 477
- - assimilação dos **7/2** 253 p. 166s.
- - atuação do **6** 303
- - autonomia do **6** 374, 988
- - conhecimento do **6** 847
- - conscientização do **6** 475
- - do inconsciente **7/2** 240, 270, 275, 372, 385, p. 166s.
- - experiência do **6** 850
- identidade do **6** 565
- inibidos **6** 774
- integração dos **12** 48s.
- inundação pelo **6** 503, 845
- irracionais **8/2** 594
- irrupção do **6** 799
- não capazes de tornar-se conscientes **8/1** 19[17]
- novos **8/2** 254, 702
- numinosos **13** 437
- orientação final do **6** 807

- personificação do **6** 464
- pessoal **7/2** 205, 218, 241; **14/2** 71[182]
- projeção dos **6** 447, 456, 554; **7/2** 373
150, 153; **12** 436s., 555s.; **13** 195; **14/2** 70, 369
- psíquicos **6** 585, 590; **7/1** 77[7], 197; **7/2** 203s., 218, 230, 254; 13 47, 55, 121, 248, 325, 374, 378, 436, 463; **14/2** 123, 183, 374[215]; **17** 316
- - coletivos **6** 772
- - combinação dos **6** 768s.
- - fenomenologia dos **14/2** 183
- - repressão dos **6** 511, 520
- realidade do **6** 267
- regressivos **8/1** 66
- religioso **6** 322
- reprimidos **7/1** 28; **13** 51; **7/2** 203, 205, 218, p. 121
- sintomatológicos **8/2** 366
- subjetivos **6** 559, 722; **8/2** 690; **13** 253
- subliminares **8/1** 62s.; **8/2** 270, 301s., 321, 372s., 380s., 477, 507, 516, 531, 588s., 709; **8/3** 863
- torná-los conscientes **8/1** 35; **8/2** 372, 383, 413
- traços animais do **6** 270
- uniformidade do **6** 536
- valor energético dos **8/2** 270, 363
- vida do **6** 367

Conteúdo(s) arquetípico(s) **11/5**
- compensação mediante **11/5** 779, 899
- contaminação dos **11/5** 783
- dignidade do(s) **11/2** 280
- inconscientes **11/2** 280, 292; **11/5** 774, 842, 897ss.
- indeterminação dos **11/5** 783
- integração dos **11/2** 280
- que transcendem a consciência **11/2** 277; **11/5** 898s.
- reanimação e transmutação dos **11/5** 793

Conteúdos inconscientes arquetípicos **16/1** 25, 185
- assimilação dos **16/1** 26s., 188; **16/2** 338s., 351s.
- ativação dos **16/2** 372s.
- compensação pelos **16/2** 372, 536
- compulsão dos **16/2** 415, 466
- efeitos dos **16/1** 126s.
- elaboração dos **16/2** 385, 466
- fascínio dos **16/1** 18s.
- força dos **16/2** 374
- integração dos **16/2** 408, 446, 472
- erupção dos **16/1** 188
- negrume dos **16/2** 383s.
- poder de fascínio dos **16/2** 466, 533s.
- projeção dos **16/1** 223; **16/2** 357, 383, 538
- reprimidos, etc. **16/2** 501
- responsabilidade dos em relação ao comportamento ético **16/2** 488s.
- significado dos **16/2** 366, 384
- simbólicos **16/1** 9, 22; **16/2** 486
- transformação dos **16/2** 396, 462

Contexto **12** 38, 49, 403
- compor o 319
- levantamento, reconstituição do **8/2** 542s., 556

Contingência das equivalências arquetípicas **8/3** 954, 958

Continuidade **8/3** 944 (Dalcq)

Contínuo espaço-tempo **9/2** 45, 409[109]; **14/3** 79

Conto de fadas (lenda) **9/1** 79, 159, 232, 260, 263, 310, 384-455, 456, 476
- alemão **9/1** 404[20], 405[22], 410, 421s., 435
- balcânico **9/1** 404[19, 20], 405[22, 27], 406[28], 413, 416
- caucasiano **9/1** 409
- chinês **9/1** 404[20]
- espanhol **9/1** 404[19], 405[24]

- estoniano **9/1** 401, 404[20], 405[21], 410, 414
- indiano **9/1** 409[36,37]
- iraniano **9/1** 404[19], 405[23]
- nórdico **9/1** 404[19, 20], 405[26], 431[57]
- norte-americano **9/1** 409
- português **9/1** 404[19]
- russo **9/1** 404[19], 406, 418s., 435
- siberiano **9/1** 408[33], 413s.
- suíço **9/1** 407
- sul-americano **9/1** 409[36]

Contos **10/4** 629; **14/3** 108, 185[57], 192[66]
- da aranha **16/2** 519[46]
- de fada **3** 565; **9/2** 232, 259, 280, 372; **10/3** 43, 58s., 847; **13** 132, 239-251, 351, 436, 455, 460, 471; **16/2** 538; **18/1** 80, 230, 249, 473, 526, 987, 1.022; **18/2** 1.134, 1.164, 1.475, 1.488, 1.716-1.722; - do crânio **16/2** 519[46]
- do espírito na garrafa **13** 239, 243-246, 250, 287, 321, 414, 459[334]
- russo das bonecas **16/2** 427
- simbolismo nos **16/2** 433

Contos / lendas **10/2** 447

Contração muscular
- cf. Tensão muscular

Contraposição **10/2** 939

Contrastante
- complexos **3** 299, 308
- tonalidade afetiva **3** 425

Contraste(s) **15** 9, (17), 111, 213
- associação de **3** 22, 29, 138
- contratransferência **18/1** 322, 347
- estado de **3** 304, 347, (427)
- libertar-se do **15** 191

Contraveneno **14/2** 138, 148, 249, 271, 345[82], 361, 425
- cf. tb. *Alexipharmakon*

Índices gerais

Convenção(ões) **8/1** 104; **11/4** 696; **17** 296s., 305; **9/2** 73; **10/1** 566; **14/2** 38, 178; **18/1** 594, 1.001;
- ao contrário **7/1** 115
- de Paulo **8/2** 413, 582
- dos complexos **3** 76, 141[127]
- religiosas **7/2** 270

Convertido **3** 307, 456, 462, (484), 491; **8/2** 582

Convicção(ões) **8/2** 581; **16/1** 216, 250
- força de **14/2** 83
- política e mitologia **16/1** 20s.
- religiosa e cristã **14/2** 429

Convulsão(ões) **3** 183
- choro convulsivo **3** 146
- gritos convulsivos **3** 468
- histéricas **8/2** 295

Coordenação **2** 1.180s., 1.351
- e espírito **2** 3
- - cf. tb. Fator físico, Fenômenos psicofísicos
- motora
- - perturbações na **17** 213

Copa
- cratera **11/1** 150[90] (cap. III)
- da árvore **14/1** 71, 73
- em Kether **14/1** 153[210]

Copenhague **11/6** 1.050, 1.055, 1.064s.

Cópia(s) / retrato(s) / reflexo(s) copta **18/1** 269
- e imagens **8/3** 932

Cópula **5** 214, 527; **14/2** 197[426], 245, 320, 362
- permanente **14/2** 244
- relação sexual **18/1** 281, 433, 1.045, 1.059

Copulação **9/2** 322, 322[77]

Cor(es) **3** 562[4]; **9/1** 535[17], 551[65], 564, 574, 580, 588, 596, 607s., 635, 651[7],

660, 676, 685s., 692, 701; **9/2** 381; **10/4** 602, 618; **11/3** 361; **11/5** 917; **12** 286s., 333s., 353, 365; **13** 46, 54, 86[15], 101, 190, 267, 329, 380; **14/1** 24, 107, 131, 136[12], 136[23], 139, 151, 239, 253, 274, 297, 300, 327; **14/2** 10, 48[106], 49, 49[108], 49[109], 50, 50[116-117], 53, 54, 58, 59, 61[143], 73, 81, 141[314], 241, 242[121], 257[182], 262, 305, 308, 431; **14/3** 379[127], 463, 518, 583; **15** 212; **18/1** 313
- amarela **9/1** 557, 580s., 588, 609, 630, 648s., 697s.; **9/2** 195; **13** 33, 86, 123, 161[45], 171[79], 402, 409[199]; **14/2** 50, 50[118], 75[199], 345[81], 347, 358, 377, 382
- - como cor do intelecto **14/2** 50
- - das flores da Celidônia **14/2** 345[81], 358
- - de açafrão **14/2** 382, 393
- as cinco na China **14/2** 61[140]
- as quatro principais e os temperamentos **14/2** 50
- as sete usuais **14/2** 50, 217, 218, 242
- associações provocadas por **1** 22
- as três ou as sete **14/2** 218
- aversão à **8/2** 234
- azul **9/1** 321s., 368, 545, 555s., 560, 565s., 569, 580, 588s., 596, 604, 630, 648s., 682, 685, 697; **9/2** 214, 353; **10/4** 640, 671, 729, 807; **14/2** 53, 58, 348[170], 364[343], 378, 380, 381, 382, 411[219]
- branca **9/1** 71, 246[53], 250, 312, 321s., 327, 333, 352, 359, 398, 405, 408[33], 580, 591, 597s., 603, 630, 651[7], 668, 680[26], 691; **9/2** 57, 92, 98, 214s., 230, 247, 310, 344[149], 356, 362; **10/4** 640, 683, 693, 698, 729, 790; **13** 57, 86, 106, 123[156], 141, 168, 255, 263, 278[216], 398[142], 402, 406, 424, 433, 459; **14/2** 29[74], 48, 50[118], 56, 75[189], 77, 77[215], 77[216], 79, 101, 145[325], 164[392], 217[25], 218[71], 220[37],

257, 285, 292, 292[255], 294, 296, 299, 310[348], 314, 320[13], 377, 386[175], 403, 411, 411[202]; **18/1** 262; **18/2** 1.553, 1.701, 1.789
- - e preta **14/2** 101, 257
- - e vermelha **14/2** 48, 56, 320, 345, 349, 371[127], 377
- - cf. tb. Albedo
- celeste **14/1** 11, 169, 172
- cinábrio **9/1** 537
- cinco **14/1** 242
- - esquema chinês **14/1** 242
- cinza / cinzenta **9/1** 569, 603; **14/2** 290, 291
- como valores do sentimento **14/1** 327
- da *cauda pavonis* **14/2** 48, 51, 52, 53, 56, 57
- da íris dos olhos **14/2** 49
- de esmeralda **14/2** 141[314]
- de fogo **14/2** 274
- de jacinto **14/2** 141[314]
- de safira **14/2** 148, 307[330]
- de Tiro **14/1** 21 253
- do ar / do céu **8/2** 414[120]; **14/2** 308, 308[336], 343, 343[76], 251, 354, 362, 404, 417, 418
- do arco-íris **14/2** 49, 49[110], 51, 52, 53, 57, 381
- do céu **8/2** 414[120]
- do *lapis* **14/1** 239; **14/2** 49, 161
- do sulfur **14/2** 64, 65[162], 377
- dourada / de ouro **13** 274; **14/2** 50, 50[116], 60[139], 141[314], 241, 274, 291, 305, 345[83], 358, 381, 387
- e a alma **14/2** 50
- e as plantas **14/2** 50
- e astrologia **14/2** 50
- e formas de sabedoria **11/5** 850
- escarlate **14/2** 78, 78[221]
- e seus significados
- - na alquimia **14/2** 50, 77
- - psicológicos **14/2** 48, 50, 88
- espectrais **14/2** 48
- esverdeada **14/2** 255

- e três **12** 31s., 165[40], 287, 319s., 333
- jogo de cores **14/2** 88, 141[314]
- laranja **9/1** 597, 603, 684; **14/2** 132
- marron **9/1** 588, 597
- mística **8/2** 414
- negra / preta **9/2** 57, 92, 98, 129, 213s., 230, 329, 356, 362; **14/2** 50[118], 52, 88, 101, 132, 145[325], 150, 159, 164[392], 202[441], 217[25], 218[31], 220[37], 248, 257, 257[183], 258, 264, 267[200], 273, 274, 276, 290, 291[135], 291[243], 317, 345[81], 345[86], 351[100], 378, 381, 383, 384, 386, 386[175], 386[178], 387, 388, 388[188], 391
- - mais negra que o negro **14/2** 398
- - vermelha e branca **14/2** 386[176]
- policrômica **14/2** 161
- prateada / argêntea **14/2** 50[116], 141[314], 241, 371
- preta **9/1** 71s., 73s., 312, 363, 398, 407, 413, 538, 556s., 567s., 574s., 585, 588s., 597, 603s., 605, 611, 630, 683, 685, 691; **10/4** 666, 758; **13** 123[156], 141, 334, 337, 402, 409, 424, 433, 439, 457, 460; **18/2** 1.553
- púrpura / purpúrea **9/1** 691; **13** 33, 79, 184, 411; **14/2** 53, 54, 56[133], 74
- - e *o mysterium dominicae passionis* **14/2** 54
- quatérnio de **14/2** 50
- quatro **11/1** 90, 111, 113, 124s., nota 24 (Cap. III) 158; **11/2** 281; **12** 212s., 262s., 300, 322
- - como símbolo da totalidade **14/1** 71, 274, 139, 149, 294, 295; **14/2** 50, 217, 218
- rosa / rosada **13** 380, 383-391, 433; **14/2** 77, 77[212], 77[214], 78[219], 78[222], 150[347], 151
- rubra **14/2** 74, 75[197]
- significado **14/1** 297
- síntese das **14/2** 48, 50, 52, 57
- tiríaca / purpúrea **14/2** 74
- todas as **14/2** 48, 49, 49[108], 51, 52, 57, 57[134], 58, 381

Índices gerais   243

- tonalidade das **5** 237
- verde **9/1** 246[52], 406, 555, 564, 566s., 582s., 588, 630, 648s., 662, 684; **9/2** 57, 386; **10/4** 602[3], 605, 622, 748; **13** 106, 129, 132, 267, 273[171], 275, 319, 374, F 14; **14/2** 50, 52[124], 53, 55, 74[190], 88, 217[25], 218[31], 220, 220[37], 288, 289, 289[223], 290, 298, 306[324], 381, 391, 426
- - como esperança e futuro **14/2** 290
- - como perfeição na alquimia **14/2** 290
- - seu simbolismo **14/2** 51, 289
- - venusina **14/2** 53
- vermelha **9/1** 289[30], 312, 331, 342, 354, 537, 543s., 555s., 560, 565s., 580s., 596s., 613s., 629s., 648, 654, 680[26], 697; **9/2** 192[36], 247; **10/4** 758, 790, 792; **13** 86, 103, 124, 128, 188, 267, 273[171], 275, 311, 328, 359[59], 381, 392, 402, 406, 409, 418, 424, 459, F 5 e 6; **14/2** 6[19], 50, 50[118], 56, 74, 74[190], 77, 77[215], 78, 78[221], 88, 127[276], 217[25], 219[31], 220[37], 290, 290[232], 298, 306[324], 309, 309[341], 320[13], 345, 345[91], 349, 362, 364, 364[123], 377, 378, 386, 403, 411, 411[220], 426; **18/1** 252; **18/2** 1.789
- - como *opus ad rubeum* **14/2** 74
- - cf. tb. Rubedo
- violeta **9/1** 557

Cor / coração **8/3** 921

Coração **5** 435, 538[87]; **7/1** 160; **8/2** 484; **8/3**; **9/1** 42, 535, 697; **12** 149*, 431, 445, 462; **14/1** 25, 40, 42, 60, 61[37], 154, 161, 252; **14/2** 12, 16, 17, 36, 51[121], 164[392], 70, 197, 198, 214, 215, 225, 226, 233, 257, 275, 292[248], 439; **15** 75, 90, 93, 156; **16/2** 410; **18/1** 15, 245, 839
- alegórico **13** 28, 33, 57, 64, 174, 188, 201s., 268, 348
- anatômico **13** 57, 91s., 201s., 321
- como sede

- - da alma **16/2** 495
- - dos sentimentos **8/2** 669
- como substância do arcano **14/2** 158[360]
- de Mercurius **14/2** 348
- *diadema cordis* **16/2** 495s., 498
- distúrbios do **3** 87
- do Leo (astrologia) **14/2** 158[360]
- dores **8/2** 303s.
- e cabeça **8/2** 686
- falta de **3** 502
- *intelligence du coeur* **8/2** 543
- mal do **8/3** 844, 851

Coral **9/2** 200[23]
- cf. tb. Árvore

Corão **9/2** 168, 173[29]; **13** 418[241], 428[260]; **18/2** 1.527
- nascimento do mito de Chidr **5** 282
- Sura **9/1** 18, Introd. do cap. V, 219[12], 240-258

Corça **9/2** 168

Corcel
- cf. Cavalo

Corda tripla **12** 477, 215*; **14/3** 574-575, p. 144-145

Cordeiro **8/2** 229; **9/1** 14, 423s., 433, 433[65]; **9/2** 22, 68, 79, 14/[78], 162, 167, 339; **10/4** 679; **11/2** 276; **11/3** 328; **11/4** 707, 712, 715; **13** 225, F 22; **14/1** 77, 111, 299; **14/3** 407-408; **17** 207, p. 101-107; **18/1** 222
- como animal do sacrifício **14/2** 190
- de Deus **14/3** 407, 419
- núpcias do **11/4** 726, 744, 749
- sacrifical **11/3** 403
- transformação do **11/4** 743
- visão do c. em João **11/4** 718
- cf. tb. Animais; Cristo

Core **5** 500, 560, 572; **9/1** 156, 306-383
- cf. tb. Arquétipo, menina **9/1** 156, 306-383

Coré **9/2** 164; **11/1** 149

Coreia
- cf. Dança de São Guido; Dança de S. Guido

Coribante **9/1** 311

Coribas / coribantes **9/2** 310, 332

Coribos **9/2** 332

Coríntios, Carta aos
- cf. Bíblia

Cornucopia **9/1** 156

Coroa **3** 228; **5** 268, 268[17], 289, 671[77]; **8/2** 229, 359; **9/1** 37, 572s., 630; **9/2** 310; **12** 53, 315; **14/1** 6[32]; **14/2** 1, 64, 80, 131, 141[314], 163[392], 164, 184[408], 199, 199[430], 207, 309[340], 318, 377, 381, 382, 390; **14/3** 62[23], 220, 410[29], 420, 517-518, 518[64], 521, 532, 539-540, p. 64-65, 64-65[7], 134-135
- a sacra e a profana **14/2** 378
- boreal **14/2** 159[365]
- como *corona victoriae* **14/1** 6[32], 284, 284[534], 313[302]
- - *vincens* **14/1** 12
- como Kether **14/2** 258[189]
- como o feminino **14/2** 164
- como o redondo **14/2** 164
- como símbolo
- - da unidade **14/1** 6
- - da humanidade de Cristo **14/1** 6[32]
- - da totalidade **14/1** 6, 284
- da sapientia **14/1** 7
- da vitória **14/2** 296[265]
- de diamantes **14/2** 199[434]
- de estrelas **14/2** 199[434]
- de luz (de 7 ou 12 raios) **14/1** 6
- denteada **5** 133[19]
- de raios **5** 133[19], 268, 288, 397
- imperial / gema **14/1** 13
- radiada **5** 133[19], 268, 289, 398
- relacionada com o Sol **14/2** 1

Coroa / coroação **16/2** 495[5], 496

Coroa / coroado **13** 106, 346, 399[145], 416, F. 14, 32

Coroação(ões)
- como *coincidentia oppositorum* **14/2** 205
- como identificação com o Sol **5** 130, 133[19]
- do Sol **5** 158

Corona
- cf. Coroa

Coronatio Mariae
- cf. Maria

Corozaim **14/2** 78[223]

Corpo(s) / *corpus* **8/2** 390, 604; **8/3** 924; **9/1** 195s. 200s., 289, 290, 534s., 535[14], 561, 675; **9/2** 70, 71, 100, 118, 120, 243[19], 248s., 253, 281, 326, 334, 347, 349, 367, 389[82], 416; **10/4** 766; **12** 163s., 243; **13** 11, 68, 76[37], 76, 86, 89, 101, 122, 125, 132, 134s., 142, 157, 170, 178, 185, 190, 197[197], 201, 205, 242, 245, 261, 283[238], 316, 339, 358, 372, 374[84], 384[121], 439s., 445[305]; **14/2** 64, 64[15], 127[269], 159, 164, 198, 210[4], 290, 296[265], 351, 353, 354, 371, 391, 403; **14/3** 104, 104[149], 112, 168, 181, 206, 280, 287, 305, 414-415, 444-448, 466, 470, 499, 504-505, 512, 518, 532, 550, 561-566, p. 64-65, 84-85, 120-121; **15** 214; **18/1** 18, 40, 46, 69s., 84, 136, 148s., 235, 248, 265, 317, 522, 565, 592, 715, 753, 838; **18/2** 1.120, 1.567, 1.574, 1.737, 1.788s.
- aéreo **14/2** 354
- *aeriforme* **11/5** 921
- afetividade aprisionada no **14/2** 335
- alento **13** 76, 286
- alma e espírito **12** 474, 478
- apetites do **14/2** 335[60]
- celestes **9/1** 550; **10/4** 691, 695, 728, 764, 769
- como ferramenta ou instrumento da

Índices gerais

alma **14/2** 335, 338
- como guerra dos quatro elementos **14/2** 235[80]
- como quarto elemento **11/1** 107, 124
- como terra **14/2** 219, 382
- consciência do **6** 727
- corruptibilidade do **14/2** 5, 403, 429
- da ressurreição **14/2** 418
- de Buda
- - entre alma e **11/3** 361
- - glorificação do **11/3** 335
- - transformação do **11/3** 371
- de Cristo **14/3** 507, 515
- de morte **14/2** 429
- desalmado **14/2** 398, 428
- de sopro **8/2** 390
- diamantino **12** 170, 511; **13** 28, 68, 76
- dissolução no espírito **14/2** 323[34]
- divino e incorruptível **14/2** 96
- doente **14/2** 125
- dominação pelo espírito **14/2** 328, 328[50], 335, 403
- do mineral **14/3** 181, 186
- e alma / psique **8/3** 938; **10/4** 780, 788; **11/1** nota 35; **11/2** 185, 197, 198; **13** 57, 173, 262, 357[52], 380, 392, 475; **16/1** 1, 190
- - homem formado de **14/2** 11, 140, 141, 175, 201, 219, 224, 234, 254, 343[77], 356, 398
- - relacionamento causal entre **14/2** 422
- - união de **14/2** 141, 201, 347[77], 350, 356, 398
- e a *unio mentalis* **14/2** 328[50], 329, 341, 347, 350, 354, 366, 387, 398, 402, 412, 428
- e mente **18/1** 69, 135; **18/2** 1.115, 1.119, 1.261, 1.775-1.779, 1.806, 1.819
- em movimento **8/3** 968
- e psique **5** 38; **17** 165
- escuridão do **14/2** 398
- esfera turbulenta do **14/2** 335

- e espírito **6** 1.034
- - como opostos **14/2** 300, 320, 323, 335, 346, 416, 420, 430
- - homem formado de **14/2** 7, 201, 201[438], 217, 224, 300, 328, 329, 335, 338, 346, 351, 353, 390, 392, 428, 430
- - influência recíproca **14/2** 335, 346, 419
- - separação de **14/2** 329, 335, 379
- - transformações recíprocas **14/2** 346
- - união de **14/2** 150, 158, 246, 300, 320, 328, 329, 337, 341, 343, 346, 393, 420
- espiritual **13** 47
- espiritualização do **14/2** 347, 418, 419
- glorificado **14/2** 7, 95
- glorioso / incorruptível **18/2** 1.563s., 1.574
- homem formado de **14/2** 150, 158, 246, 300, 320, 329, 346, 377, 420
- humano **10/4** 650; **14/2** 7, 24[65], 25, 37, 46, 61[143], 69, 74, 80, 127[276], 139, 140, 147[327], 150, 158, 200, 201, 201[438], 212, 217[25], 219, 220, 224, 231, 232, 253, 260, 268[206], 292[248], 297, 328, 328[48], 329, 330, 335, 337, 338, 341, 343, 345[80], 346, 355, 357, 366, 367, 370, 379, 396, 398, 428, 429
- imortal **13** 29
- imperfeitos 133, 139, 240
- incorruptível **12** 43, 558; **14/2** 94, 100, 190
- inércia do **14/2** 338, 419
- inervações do **6** 751, 896
- influência do **14/2** 356
- místico **9/1** 661; **13** 142[219]
- morto **14/2** 11, 61[144], 78, 150, 398, 398[213]
- nobre **14/2** 158[359], 257[180]
- os cinco corpos harmônicos **8/3** 925
- pai como **12** 436

- ponto de vista da Física **9/2** 393, 405
- prisão do **14/2** 395, 398
- químico **14/2** 330; **18/2** 1.116, 1.785
- reanimação do **14/2** 398
- saídas do **17** 23, 70
- sentido do **6** 889
- sintomas como compensação **6** 633, 931s.
- sublimado **14/3** 318
- *subtile* **12** 393s., 394[104, 511]
- superação pela *unio mentalis* **14/2** 328, 328[50], 335, 403
- transfiguração do **12** 462, 475, 492, 224*, 500
- transformação do **11/1** nota 88 (cap. III)
- vivo **8/2** 364s.; **14/2** 328, 342
- cf. tb. Carne; Corpus; Espírito-corpo

Corpo animal **14/1** 285, 286
- como símbolo do inconsciente **14/1** 3
- corruptibilidade do **14/1** 111
- e intelecto **14/1** 34
- glorificação do **14/1** 286
- impuro **14/1** 310
- libertação do **14/1** 140
- material / hílico **14/1** 3, 3[13], 11, 21, 31, 32, 33, 34, 52, 64, 122, 133, 151, 172, 289, 293, 313
- negro / opaco **14/1** 32, 114
- pneumático, libertação do **14/1** 101
- transformação luminosa **14/1** 286

Corpo e alma **8/1** 31, 33; **16/2** 386s., 499
- alma e espírito **16/2** 403[6], 454s., 468, 486
- *corpus glorificationis*, *subtile* **16/2** 486
- forma espiritual do **16/2** 499
- sublimação do **16/2** 501

Corporal(is) **8/2**
- doenças **3** 180, 321
- estado e sonho **3** 163[146], 40, 565
- inervações de tonalidade afetiva **3** 83

- psique (Bleuler) **8/2** 368
- sensação **8/2** 614
- sintomas corporais na histeria **3** 141[127]

Corporalidade **14/2** 402
- materna **14/2** 329

Corpora quadrigemina **3** 193

Corpus **13**
- *astrale* **13** 160, 188, 205, 207[218]
- *Christi* **14/1** 140; **14/3** 552, 584
- *coeleste* / corpos celestes **13** 173, 194
- *glorificationis* **9/1** 202, 289, 637; **11/3** 312; **13** 166, 205; **14/1** 241, 313; **14/2** 418, 429; **14/3** 280, 305, 428, 466, 499s., 505-512, p. 76-77; **18/2** 1.702
- *hermeticum* **8/2** 275[9]; **9/1** 5, 105, 149; **13** 97, 104, 254, 273
- *immundum* **14/2** 64
- *imperfectum* **11/3** 310, 323
- *incorruptibile* **9/1** 637
- *lucidum* **13** 188
- *mysticum* **5** 672; **9/2** 60; **13** 137[213], 142, 168[67]; **14/2** 193, 200, 297, 298; **14/3** 393[69]
- *nostrum* **13** 262
- *rotundum* **14/2** 371[127], 387
- - como cabeça e cérebro **14/2** 292, 293, 388
- - como o homem **14/2** 387
- - como símbolo da totalidade **14/2** 163

Correção das ideias delirantes **3** 180, 299, 309

Correlação **15** 13
- cf. tb. Correspondência

Corrente
- de fótons **11/2** 279
- cf. tb. Água

Correspondência(s) **8/3** 829, 921, 938, 952, 956
- doutrina nos três ou quatro mundos

14/1 6^2, 229, 229, 255, 310, 329; **14/2** 83, 335
- em Kepler **8/3** 925
- entre fogo, Sol, Espírito Santo **14/1** 229^{373}
- e simpatia de todas as coisas **11/3** 443
- princípio de **8/3** 905
- teoria da c. na Idade Média **8/3** 914, 918, 985

Correspondentia **15** 13

Corrupção **14/1** 21, 44, 240, 248; **14/2** 344, 346
- para a morte **14/1** 115^{44}

Cortadeira, formiga (saúva) **8/2** 398

Córtex de árvore **14/2** 257

Cortical, corticais **8/2**
- alma **8/2** 368
- funções **8/2** 368

Cortina de ferro **10/1** 488, 517; **18/1** 561; **18/2** 1.439

Coruja **14/1** 308; **14/2** 385^{173}

Corvo **9/1** 422s., 427s., 433s., 442, 597; **9/2** 127, 329; **10/3** 846; **13** 123^{156}, 246, 276, 337^{16}; **14/1** 36, 77, 78, 142, 167; **14/2** 159^{383}, 291^{235}, 383, 384^{168}, 388^{188}, 391, 391^{201}; **18/2** 1.694
- cabeça de / *caput corvi* **14/1** 114, 140^{157}; **14/2** 51, 56, 58, 150, 159, 381, 383^{162}, 386, 386^{179}, 387, 388
- como alegoria
- - *allegoria Christi* **14/2** 385^{173}, 386
- - *allegoria diaboli* **14/2** 383, 384^{171}, 398, 398^{212}
- - cômica **14/2** 398
- como cabeça ou princípio da arte **14/2** 384, 384^{168}, 386^{176}
- como nigredo **14/2** 384, 386, 398
- como o homem pecador **14/2** 386
- como símbolo negro da almam **14/2** 388^{188}
- crucificação do **14/2** 385^{173}
- dois em luta **14/2** 388
- envelhecido **14/2** 385^{178}
- negro **14/2** 390, 398
- noturno **14/1** 142; **14/2** 385
- os sete corvos na lenda de Grimm **14/2** 238
- três ou quatro c. **14/2** 386^{176}
- cf. tb. Animais

Cósmico
- sistema **8/2** 677

Cosmo **14/2** 27, 166, 391, 411, 420; **14/3** 437, 452, 561, 582; **18/1** 120, 412, 532, 585, 753; **18/2** 1.552, 1.643, 1.720
- cristão edificado sobre símbolos **14/1** 338
- cf. tb. Universo

Cosmogonia **5** 671; **9/1** 120, 292, 529, 565; **9/2** 230, 323, 330; **18/1** 529; **18/2** 1.513
- cf. tb. Criação

Cosmos **8/2** 394, 695; **12** 338
- aspecto cósmico do inconsciente
- cf. Inconsciente

Cosmos / universo, cósmico **9/1** 21, 64, 289s., 390, 550, 553^{72}, 567, 603, 674; **9/2** 60, 100, 187, 256, 305, 310, 323, 338, 340, 376, 377 380, 400; **10/1** 528, 540; **10/4** 600, 610, 611, 648, 683, 691, 698, 706, 720, 752, 803, 813, 818; **13** 86, 168, 270^{136}, 286, 309, 323, 451, 459, fig. 18, 20
- correspondência **9/2** 336
- cf. tb. Árvore cósmica; Macrocosmos; Universo

Cosmovisão **6** 80, 571, 592, 605, 908, 975; **8/2** 483, 525, 572, 594, 650, 689-741; **8/3** 913; **10/3** 31, 47s., 190, 352, 355, 891, 897, 1.003; **11/6** 1.040s., 1.045; **14/2** 281, 283, 417, 327
- científica **14/2** 327

- cristã ou dogmática **14/2** 83, 171, 339
- fórmula intelectual como **6** 658
- materialista e a realidade da alma **14/2** 338
- medieval
- - cristã em transformação **14/2** 171, 283, 427
- - e moderna **14/2** 284
- prefácio **10/2** 458
- *Weltanschauung* **10/1** 498, 523, 527, 549-564, 573

Cossacos **3** 291

Costumes **17** 329

Coueísmo **10/3** 333

Cova **14/2** 69, 72[183]

Covardia **8/2** 506

Cozinha
- como símbolo do inconsciente **16/2** 378

Cozinhar, ferver **13** 86, 89, 91, 101

Craniana, lesão **8/3** 939

Crânio **12** 116; **14/2** 292[243], 388[189]
- atração mútua entre ele e o céu **14/2** 389
- caveira **12** 107
- como recipiente de transformação **9/2** 377
- como vaso **12** 75*, 376, 135*, 517[5]; **14/2** 388
- constituição raquítica do **1** 38
- deformação do **17** 134
- falante **14/2** 292[243]

Crater / taça **14/3** 561, p. 140-141

Cratera **13** 97
- cf. tb. Vaso

Crates
- cf. Livro de

Creatio
- *continua* **8/3** 957
- *ex nihilo* **13** 248, 283

Creatum increatum **16/2** 527

Credo **8/2** 652; **9/1** 21; **10/4** 623, 651, 720, 783; **14/3** 298-301, 616, p. 84-85, 100-101[65]
- cf. tb. Profissão de fé; Símbolo de fé; Symbolum

Crença **8/1** 126; **8/2** 427
- e ciência **4** 22, 282, 375, 434
- fé / como agente curativo **4** 439, 555, 577, 584, 588s., 592, 601, 615s., 632
- infantil na autoridade **4** 653
- popular egípcio-helenística **14/2** 5
- religiosa **4** 655, 669, 752
- cf. tb. Fé

Crepuscular, estado epileptoide **3** 571

Crescimento **13** 35, 304, 323, 350, 482, F 3

Creta **18/1** 416

Cria / proteção da **4** 279, 284

Criação **5** 60, 65, 66, 72, 74, 81, 198; **9/1** 550, 631s., 664, 679; **10/4** 630, 633; **12** 30, 170, 126*; **13** 168, 244, 263, 270[136], 275[191], 283, 290, 301, 451; **14/3** 52, 251, 305, 305[8], 320, 407, 455, 465, 468, 570, 582, p. 118-119
- artística **6** 555, 565
- dia da **13** 301
- - cf. tb. *Creatio ex nihilo*
- espiritual como processo natural **5** 94
- ideal em vez da c. real **5** 77
- pelo pensamento **5** 67, 72
- por Marduk **5** 378, 379
- psicológica **5** 652
- surgimento
- - pela introversão **5** 519, 592, 658

Índices gerais

- - pelo sacrifício da libido **5** 379, 646, (657)

Criação
- a primeira **14/2** 158[385]
- a segunda **14/2** 158[365]
- atos de **8/3** 902, 955, 957
- como *creatio ex nihilo* **14/2** 421
- como o ato criador **14/2** 419
- do mundo **14/2** 27, 72, 142, 145, 232, 237, 306, 306[924], 359, 392
- história da **14/2** 145[322]
- o primeiro dia da **14/1** 125; **14/2** 414, 415, 421
- o segundo dia da / ou da dúvida e da separação **14/1** 232, 246
- o superior e o inferior da **14/2** 273
- pequena e grande (gnosticismo) **14/1** 171

Criação / criador **9/2** 75, 94s., 99, 136, 156, 225s., 227[91], 230, 251, 300, 308, 310, 312[48], 319, 332, 336, 367, 371, 400, 403; **10/3** 5, 12, 65, 187, 345, 354s., 855, 870
- cf. tb. Demiurgo

Criações **17** 331a
- duas **14/3** 115[175]

Criador **4** (406), 760, 774; **10/2** 375[3]; **11/3** 409; **11/4** 575, 587; **17** 200, 206, 244, 284, 305, 312, 330; **18/1** 71, 78, 449, 493, 799
- e criatura **8/1** 102
- e sua criação **11/4** 619, 658, 659
- Deus como **8/1** 102; **8/2** 665; **8/3** 915, 920[86]
- do mundo **14/2** 15, 148, 210[4], 415, 416
- cf. tb. Deus

Criador(es), criadora(s)
- conteúdos inconscientes **8/2** 172s.
- força **8/1** 117
- neoformações **8/1** 19[17]
- pais **15** 3, 100

- poder **8/1** 107
- cf. tb. Criativo

Criador / criativo **13** 207[218], 238, 416

Criança (s) **2** 851, 940, 998, 1.007, 1.014; **5** 76; **9/2** 20, 26, 166, 168, 304, 313, 355; **10/1** 546; **10/3** 56s.; **10/4** 620, 621, 765; **11/2** 273; **11/4** 651; **11/5** 762; **12** 77s., 273, 302, 95*; **14/1** 298; **14/2** 43, 92, 96, 105, 120, 127, 148, 148[334]; **14/3** 159, 325-329, p. 86-87; **15** 99, 158; **17** 74s., 80s., 103s., 250s., 284s., 331a; **18/1** 9, 84, 209, 272, 280, 288, 296, 362s., 526s., 593, 840, 940
- alquímica **12** 246[127], 302
- assassinato de **10/3** 62
- bem-dotada, talentosa **17** 233s., 243s.
- como "filho" do Sol e da Lua **14/1** 22, 284
- débil mental **17** 228, (233), 257
- de peito **9/2** 20, 23
- desenvolvimento da consciência na **17** 103
- deuses das **5** 547
- diferenciação dos valores **8/1** 17
- disposição psíquica funcional da **8/2** 673
- divina **5** 508; **9/2** 59, 320, 339; **10/4** 822, 823, 824; **11/4** 711, 713, 755; **12** 215, 87*; **14/1** 100, 149
- dotadas de fantasia **5** 24
- e consciência do eu **8/2** 668
- e educador **17** 211
- educação sexual (esclarecimento) **17** 11[3], 75, 143
- e escola **17** 107a
- e família **17** 107s.
- e inconsciente coletivo **17** 211
- e mãe **15** (158)
- e pai **5** 76
- e pais **8/1** 36, 85; **8/2** 575, 720, 754, 756; **15** 3, 100; **17** 16, 90s., 99s., 107s., 143s., 152s., 158, 179, 217a, 222s., 228, 328

- - identificação com os pais **17** 83, 93, 106, 253, 271
- e professor **17** 107a
- esquisitas, cabeçudas **17** 107
- formação de mitos na **5** 29
- identidade da c. com a mãe **5** 351
- ilegítimas ou adotadas **17** 136
- inadaptada **17** 258a
- instintos da **5** 263
- maltratada e abandonada **17** 222
- menos dotada **17** 234
- mimada **17** 256
- na alquimia **11/4** 738
- neurótica **17** 139, (143), 179, 258a
- origem das **17** 6, 7, 11, 17, 26, 32, 66
- pensamento da **5** 25, 32, 36, 38
- perturbações psíquicas na **17** 106, 131
- predeterminação do sexo na **14/2** 345[83], 347, 362
- psicologia da **5** 25, 278, 370; **8/1** 97s.; **8/2** 755, 795
- - sexual da **17** 99
- psicótica **17** 6
- psiquicamente
- - anormal **17** 256
- - deficiente **17** 131
- problemática **17** 237
- prodígio **17** 221, 247
- "pupilla" como **5** 408
- quatro **11/1** 113
- recém-nascida **8/2** 589, 594; **11/3** 348
- retardada **17** 132, 328
- sacrifício da **5** 400
- século da **17** 284s.
- "se não vos tornardes como..." **11/4** 743; **11/5** 762s.
- tomada de consciência **8/2** 750, 754
- totalidade inconsciente da **8/2** 426
- visões de Maria por parte de **11/4** 748

Criança / fantasias de desejo da **16/2** 420[14]
- da alma**16/2** 465

- divina **16/2** 378s., 482, 533
- simbolismo do recém-nascido **16/2** 461

Criança / filho **4** 343s., 599; **6** 415, 465, 525, 760
- adaptação da **6** 625
- assassinato de **6** 511
- atitudes
- - infantis **6** 491
- - típicas da **6** 623s.
- e pais **4** 307, 309s., 401, 693; **6** 992
- extroversão e introversão na **6** 961s.
- mimada **4** 312, 390
- nascimento de (S.) **4** 96s., 530

Criança / infância **9/1** 93s., 135s., 151, 159s., 167, 170, 172s., 185, 188, 224, 265, 268s., 273s., 281s., 299, 309, 316, 323s., 355, 469, 501, 525, 587, 692, 714; **18/2** 1.148, 1.160, 1.172, 1.250, 1.254, 1.265, 1.362, 1.793s., 1.804, 1.823s.
- divina
- - cf. Arquétipo
- desenhos de **18/2** 1.225
- cf. tb. Sonho

Criancinha **14/2** 30, 31, 32, 277

Criatividade / criativo / criador **15** 114, 115, 118, 120, 135, 155, 158, 199
- homem **15** 133, 193
- incubação **15** 175
- matéria **15** 12
- processo **15** 109, 110, 112, 115, 157, (175-182)

Criativo, o **6** 455, 606; **8/1** 126; **8/2** 245, 339
- divisão do **6** 367
- duplicidade do **6** 183
- estado **6** 183, 466
- e sexualidade **8/2** 709
- individualidade **6** 808
- símbolo do **6** 367

Criativo / criador **9/1** 150s., 641, 676; **18/2** 1.098, 1.156, 1.249, 1.491,

Índices gerais

1.604, 1.723, 1.760-1.768, 1.787, 1.810

Criativo(s), criativa(s) **8/2**
- atividade **8/2** 702
- ato **8/2** 737
- conteúdos de natureza **8/2** 254
- dotes **8/2** 135

Criatura **14/2** 145, 149[341], 225, 233[78], 237, 389[195]
- as sete qualidades da **14/2** 150[345]

Crime(s)
- de morte **17** 137
- e insanidade moral **1** 224, 464s.
- lesa-majestade **15** 141
- motivo do **5** 8

Crime / criminoso **2** 640, 664, 755, 770, 775, 907, 956, 1.034, 1.313, 1.317, 1.327, 1.350; **18/1** 101, 103, 209, 800-821, 932; **18/2** 1.138, 1.315, 1.386
- cf. tb. Furto

Criminalidade / criminoso **10/3** 160, 897; **17** 90, 135s.

Criminalística **2** 767, 1.023, 1.317s.
- cf. tb. Crime; Juízo; Psicologia criminal

Criminologia **18/2** 1.806

Criminoso **10/2** 408, 417, 439; **17** 183
- consuetudinário **17** 135
- estatístico em nós **11/1** 129

Criminoso / delinquente
- autocontrole no embuste do **1** 303
- comportamento estuporoso do **1** 279
- descobrimento de complexos em **1** 481s.
- e histeria **1** 464
- e simulação **1** 353
- presença indesejada em manicômios **1** 477

Cripple Creek **6** 592

Criptomnésia(s) **1** 127, 138-149, 179s.; **4** 152, 691; **5** 474; **6** 847; **7/2** 219; **8/2** 311, 319, 503, 599; **8/3** 845; **9/1** 92; **13** 352[35]; **17** 200; **18/1** 26, 454, 457, 951
- e hipermnésia **1** 138[120], 146
- em moribundos **1** 143

Crisálida **13** 325, F 20, 21

Crise **15** 94, 95

Criseide e Piloctete **5** 450[56]

Crisma **14/3** 278

Cristal(is) **8/3** 925, 935; **11/1** 122; **11/3** 400; **11/4** 620, 681, 708, 727; **11/5** 928; **12** 211s., 315, 322, 400; **13** 132, 362; **14/2** 253, 308, 309, 309[341], 388[194]
- gelo como **14/2** 308[338]

Cristalino / reticulado **8/2** 589[6]

Cristandade **6** 310

Cristão **14/2** 4, 5, 29, 237, 257, 298, 312; **15** 11, 13, 17, 28, 45, 75, 87, 150, 154, 159, 182
- dogmas **8/2** 336, 643
- ideia central **8/2** 396
- ódio aos **8/2** 582

Cristianismo **4** (330), 342, (434), 477, (640), 662, (750); **5** 102, 104, 118[4], 130, 149, 341; **6** 24, 104, 111s., 160, 447, 480, 520, 807; **7/1** 35, 159, p. 144; **7/2** 384, 393; **8/2** 162, 572, 751; **11/1** 160; **11/3** 408, 439; **11/4** 736; **11/5** 779, 876, 882, 905; **12** 22, 559; **14/1** 83, 121, 126, 165, 251, 278, 281, 319, 324; **14/2** 38, 148, 178, 185, 190, 191, 232, 309, 312, 399, 444; **15** 176, 195; **16/1** 20, 223, 225; **16/2** 387 **17** 309;
- alemão **10/2** 397
- ascese do **11/1** 43
- autoimolação do herói no **5** 671, 674
- caracterizado pelo "Filho" **11/2** 271

- como a *unio mentalis in superatione corporis* **14/2** 401
- como doutrina filosófica **14/1** 319
- como *fides cristiana* **14/2** 427
- como oposição ao mal pelo amor e pela bondade **14/1** 200
- como religião do amor **14/1** 200, 251; **14/2** 441
- como suprema instância para a renovação do mundo **14/2** 185
- compensação mediante o **11/3** 444
- compreensão estética e histórica do **6** 213
- convicção cristã **14/2** 427
- cosmovisão cristã **6** 451
- de João **11/4** 717
- difusão universal do **11/3** 381; **11/4** 713
- drama cristão **14/1** 119, 120, 121
- e a alegoria da serpente **14/2** 148
- e alquimia **14/2** 5, 25, 77, 83, 139[304], 148, 151, 152, 171, 172, 257, 296, 299, 309, 315, 329, 334, 348, 364, 432
- - cf. tb. Alquimia
- e a religiosidade egípcia **14/2** 148
- e celebração dos mistérios **11/3** 300
- e ciência **14/1** 319
- efeitos do **11/4** 739
- e filosofia hermética **12** 478
- e gnosticismo **11/1** 160
- e imagem trinitária de Deus **11/2** 283
- e materialismo **16/2** 400
- e o demônio **14/1** 143
- e paganismo **11/1** 43s., 81; **11/4** 656; **12** 12s., 177s., 192
- fronteiras do cristianismo histórico **14/2** 333
- grande cisma do **14/1** 251
- histórico **11/4** 655, 687
- influências egípcias e babilônicas no **11/2** 178
- judeu-cristão **14/2** 237
- mundo cristão das ideias **14/2** 34, 145, 316

- nascimento do **5** 335
- origem parcial da dogmática cristã **14/2** 5
- paixão cristã **6** 519
- primitivo **6** 76, 103[4]; **11/2** 223; **11/3** 343, 433; **11/4** 738
- raízes do **11/3** 439
- reinterpretação de mitos pagãos **14/2** 139[304], 399
- renovação do **11/5** 860
- representações cristãs e orientais **6** 416, 424
- simbólica cristã **14/2** 402
- símbolos teriomórficos no **16/2** 533
- tendência ascética do **5** 339, 392[119]
- teriomorfismo no **5** 36, 89[301]
- tradição cristã **14/2** 74[188], 384
- vitalidade do **14/2** 139[304]

Cristianismo / cristão **9/1** 11, 17, 20s., 25s., 28, 60, 73, 76, 93s., 119, 189s., 195, 202, 210, 229s., 247[54], 267, 270, 276, 380, 389s., 394, 419, 427, 439, 442, 446, 450, 453s., 455, 551, 577, 597, 602s., 637, 662, 686, 691, 704, 716; **9/2** 41, 67, 69, 74, 77-80, 99, 112s., 125, 128, 130, 141, 145, 147, 148, 151, 154, 167, 169-178, 180, 186, 191, 194, 235, 260, 267-286, 299, 314, 318, 321, 402, 419, 427, 429; **10/1** 488, 507, 516, 521, 529, 542, 554, 567, 573, 586; **10/2** 374, 384, 390, 397, 398, 404, 433, 458, 932, 938; **10/3** 17, 20s., 31s., 76, 84, 101, 135, 154, 185, 188, 193, 199, 238, 250, 260, 326, 354, 846, 987, 1.006; **10/4** 589, 622, 623, 634, 640, 641, 645, 652, 738, 741, 751, 762, 767, 772, 779, 783, 806; **11/6** 1.026s., 1.034[8]; **13** 7, 25, 31, 50, 69, 71, 73, 79s., 91, 120, 147s., 155s., 164, 184, 187[160], 193s., 198, 225s., 230s., 238, 244s., 277, 280, 289, 292, 295, 334, 360, 366, 386s., 391, 393, 399, 404, 417; **18/1** 253a, 254s., 259, 264, 271, 279, 362, 438, 485, 527s., 548s., 564,

Índices gerais 253

572, 589, 600s., 616s., 638, 1.040; **18/2** 1.079, 1.285, 1.287, 1.322s., 1.328, 1.347, 1.364, 1.368, 1.380, 1.389, 1.466s., 1.475, 1.498a, 1.507, 1.513, 1.515s., 1.521, 1.528s., 1.539, 1.553, 1.569[5], 1.576s., 1.584[2], 1.584, 1.593, 1.607, 1.617s., 1.625, 1.633, 1.637, 1.643, 1.650s., 1.657s., 1.665s., 1.684, 1.687s., 1.692, 1.711, 1.743s., 1.827s.
- perseguição aos **9/1** 242
- petrino **9/2** 102
- primitivo / primevo **9/2** 42, 104, 127, 128, 147, 171, 176s., 291, 294, 377, 403; **18/2** 1.559s., 1.630, 1.665, 1.697

Cristificação **11/4** 758; **14/2** 195

Cristo, **5** F 19, 163, 165, 246, 274[21], 368, 392, 470, 594; **6** 11, 79, 312[26], 466, 805; **7/1** 17, 66; **7/2** 365, 397; **8/2** 336, 389, 394[103]; **9/1** 14s., 22, 93, 106s., 158, 195, 204, 209, 216, 218, 229, 237, 249, 288[29], 403[17], 433[65], 450, 463, 583, 643, 653, 661, 671, 677; **9/2** 60, 68-126, 130[36], 133, 137[55], 141, 143-147, 148[86], 166s., 171, 172, 174[33], 177, 194, 212, 216, 228s., 231, 239, 264, 272, 283s., 304, 312s., 314s., 331, 336, 346, 366, 373, 377[60], 390, 401s., 427; **10/1** 533, 536; **10/2** 374, 389, 397[13], 434; **10/3** 30, 102, 151, 265, 1.006; **10/4** 622, 629, 676, 733, 767, 779, 797, 806; **11/1** nota 2 (cap. I) 32, 123, 136, 150; **11/2** 276; **11/3** 378, 380, 384, 422, 429; **11/4** 713; **11/5** 890[30], 949; **12** 8, 12, 112[42], 42*, 252s., 314s., 451s., 197*, 478, 222*, 493, 497; **13** 31, 91, 92[39], 106, 111[121], 127, 137[212], 148[4], 148, 163, 168[57], 171[87], 281, 295, 299, 366, 372, 384[118], 390, 392, 416, 427, 433, 449; **14/1** 9, 25, 27, 28[181], 29, 32, 60, 103, 117, 121, 137, 140, 141, 142, 143[107], 145, 148, 200, 229, 232, 261,

279, 312; **14/2** 1, 3[10], 4[12], 25, 29, 30, 36, 54[130], 77, 82, 120, 127, 139, 150, 150[145], 151, 157[357], 171, 172, 173, 176, 177, 195, 233[78], 236, 274, 292[349], 293, 293[259], 299, 305, 309, 337, 364; **14/3** 52, 62, 71, 148-152, 160-162, 192, 196, 211-218, 244-248, 264, 278-281, 291, 302, 318, 325, 389, 398-399, 410, 401-415, 425-428, 425[99], 428, 448, 465-466, 470, 485, 489, 497, 505-510, 518, 527, 539, 563, 584-587, 588, 612-614, p. 114-115; **15** 105, 159; **17** 309s.; **18/1** 210, 231, 255, 271, 362, 520, 529, 550, 552, 638; **18/2** 1.079, 1.285, 1.329, 1.360, 1.461, 1.515s., 1.520s., 1.528[8], 1.529, 1.539, 1.555s., 1.558-1.574, 1.578, 1.587, 1.593s., 1.617s., 1.620, 1.628s., 1.638, 1.642, 1.645s., 1.661s., 1.678, 1.684s., 1.696, 1.827s.
- acentuação de sua presença espiritual **14/2** 153
- Adão Cadmon como **11/1** 93
- a imitação de **14/2** 157
- alegorias de **11/1** 60[7] (cap. II), 93[88] (cap. III); **11/5** 935; **13** 456, F V
- - eclesiásticas de **14/1** 2, 6[32], 10, 28, 29, 56, 117, 118, 141, 142, 143, 165, 169, 182[33], 199, 199[340], 231, 279
- ameaça à supremacia de **11/4** 752
- androginia de **9/1** 292[120]; **9/2** 319s.; **10/4** 772; **11/3** 337; **12** 22, 25, 547; **14/1** 229
- - segundo Boehme **14/2** 244, 245
- - segundo Koepgen **14/2** 189
- *anima Christi* **9/1** 576
- antecipação de **11/4** 684
- antepassados de **11/2** 209[7]
- aos doze anos **11/4** 644
- apocalíptico **14/2** 189, 274, 299
- árvore de **12** 222*, 491, 498; **14/2** 35[85], 36, 37[94]
- as *allegoriae Christi* **12** 20s.; **14/2** 36, 87, 120, 131, 139, 148, 149,

150^{347}, 193^{259}, 308, 337, 385, 385^{153}, 386
- assume o lugar do "eu" na vida mística **14/2** 364
- a unir em sua pessoa o masculino e o feminino (Koepgen) **14/2** 192
- ausência de **14/2** 185
- autorreflexão
- - deficiente de **11/4** 647
- autossacrifício de **5** 671
- batismo de **9/1** 93
- biografia de **18/2** 1.560-1.565, 1.619s.
- caráter arquetípico da vida de **11/1** 146
- carregando a cruz **5** 460, 526
- cartas abertas de **11/4** 700
- coeterno com o Pai **9/2** 79
- como *Adam secundus* **11/3** 414; **11/4** 713; **14/2** 149, 191, 217^{17}, 230, 243, 258, 266, 278, 293, 297, 305, 306^{324}, 311
- como Adão **9/2** 69, 313, 318, 367, 375; **13** F V
- como advogado **11/4** 684, 691
- como a luz do mundo **14/2** 364
- como asno **9/2** 318
- como *anthropos* **12** 64*, 412s., 457, 476; **13** 210; **14/1** 12, 279; **14/2** 57, 152
- como aquele que traz salvação **11/4** 748
- como *archanthropos* **9/2** 307
- como arquétipo **9/2** 70^5, 79, 122s., 125, 285, 287, 318; **11/2** 226; **13** 297
- como árvore **13** 243, 401, 407, 446, 458
- - da vida, **5** F 71, 671
- como a serpente do paraíso (gnosticismo) **14/1** 136
- como "A Vida" **11/1** 60
- como cabeça da Igreja **10/4** 751
- como carneiro **9/2** 147, 148
- como centro (meio), como mediador **11/2** 232; **11/3** 418

- como cervo **8/2** 559
- como chifre (Bruno Herbipolensis) **12** 524^{26}
- como cordeiro **5** 659^{49}, 668^{71}; **9/2** 79, 319
- como crucifixo **5** 445
- como Deus **11/4** 628, 663
- - dos mistérios **9/2** 162
- - homem **14/1** 22
- - na carne **9/2** 158^{25}, 320^{68}
- - uno **14/2** 82
- como divino mediador **10/4** 783
- como esmagador da serpente **14/2** 244
- como espada **11/3** 357; **11/4** 659, 728; **14/2** 428
- como espelho **11/3** 427
- como esposo **8/2** 336
- como fator ordenador **11/3** 444
- como filho
- - da mãe **10/4** 808
- - de Deus **11/4** 625, 658, 663; **13** 137^{209}, 149, 162, 165, 244, 271, 374^{90}; **14/1** 22, 119, 120, 121, 137; **14/2** 56^{133}, 127
- - do homem **11/3** 400, 414; **11/4** 690; **13** 77, 127, 137^{209}, 201^{208}, 271^{152}, 290; **14/2** 57, 156
- - do macrocosmo **12** 506
- - dos filósofos **12** 474, 234*
- como *filius microcosmi* **11/3** 357; **13** 384, 386
- - *philosophorum* **13** 162, 165
- como fogo **12** 157, 58*, 297, 451s.
- como fonte **10/4** 629; **12** 475^{141}
- como fundador de religião **18/2** 1.743
- como herói **11/2** 229; **11/4** 690
- - cultural **9/2** 69
- - divino **5** 641
- como homem **11/3** 418; **11/4** 645; **13** 165
- - Deus **6** 28 **11/2** 226; **13** 162s., 390
- - primordial **9/2** 124, 307, 312s., 318, 326, 375; **10/1** 551; **11/3** 414; **14/2** 274

Índices gerais

- como *homo philosophicus* **12** 476
- como *imago Dei* **14/2** 252
- como irmão **11/4** 658
- como isca no anzol **11/2** 250
- como *lapis* **10/4** 806; **13** 127, 134, 158, 162, 384[117], 386, 390[133], 416, 437
- - *philosophorum* **9/2** 222
- como leão (alegoria) **13** 275
- como *logos* **9/2** 230, 327; **11/2** 212, 229; **11/3** 400, 415; **11/4** 619, 628; **13** 110, 294, 366, 447, 456; **14/1** 165
- como magneto **9/2** 291
- como Mercurius **12** 519, 451s.
- como mestre de obras da criação **11/4** 628
- como montanha **13** 407
- como noivo **6** 442
- como *nous* **11/3** 422; **11/4** 628; **12** 414
- como *novus Sol* **9/2** 366
- como *nycticorax* **9/2** 127
- como oitavo profeta **14/2** 237, 238, 243
- como o segundo Adão **14/1** 140
- como o servo de Deus sofredor **14/1** 141
- como o Sol **14/1** 25, 118, 317
- - - *novus* **5** 158
- como Pai, Filho e Espírito Santo **11/2** 209
- como pastor **11/4** 712; **12** 18*
- como pedra angular **14/1** 10, 11, 11[88]; **14/2** 77, 127, 151
- como peixe **5** 290[50]; **9/2** 128, 145, 147, 148, 172, 174, 177, 184, 229, 237, 285, 291, 385; **10/3** 293; **10/4** 802
- como pelicano **8/2** 559; **13** 116
- como rei **14/1** 175[318]
- - do universo **14/2** 1
- como rebento **5** 368[85]
- como redentor **12** 26, 253, 414s., 417, 182*, 452, 469
- obra redentora de **11/2** 203, 229, 254; **11/4** 631, 658, 715; **11/5** 762

- como sacrificante e sacrificado **11/3** 307, 324, 337, 388, 418
- como sacrifício / autossacrifício **13** 244, 272, 331, 390, 433, 456s.
- como *sal sapientiae* **14/1** 317, 323
- como salvador (*Soter*) **5** 438; **11/3** 420; **11/4** 688
- - do microcosmo **14/2** 336
- como *salvator mundi* **9/2** 194; **13** 162s., 196, 290, 390
- como segundo
- - Adão **18/1** 638
- - e mais jovem Filho de Deus **11/2** 249
- como serpente **9/2** 291, 369, 385
- como servo de Deus sofredor **14/2** 150, 159
- como símbolo / *symbolum* **11/2** 229; **11/4** 648; 713
- - do si-mesmo **9/2** 68-126; **11/2** 232; **11/3** 414; **12** 20s., 314, 452
- como si-mesmo **5** 576, 612
- como sol **10/4** 808
- - *iustitiae* **14/1** 212
- como tetramorfo **9/2** 69
- como *theanthropos* (Deus-Homem) **14/2** 127
- como totalidade **11/2** 229; **11/3** 414, 446; **11/4** 667, 690
- como touro (Tertuliano) **12** 521
- como *transitus* **11/2** 272
- como unicórnio **12** 519s., 522, 523, 547
- como unidade divina e humana **11/3** 427
- como verdadeiro homem **14/2** 157
- como videira **11/3** 299
- como *vir a foemina circumdatus* **14/2** 199
- como vítima de expiação **11/4** 658, 689, 740
- como vivificador **14/2** 240[118]
- comparado ao cristal / gelo **14/2** 308
- complexo de **8/2** 582s.
- consubstancial ao Pai **9/2** 79

- coração de na mística tardia **14/1** 25[173]
- como Deus que morre e se transforma **11/1** 146
- corpo de **11/1** 149; **11/3** 304, 330, 334, 338; **13** 116, 127, 174s., 366
- - aparente de **11/3** 409
- *corpus Christi* **14/2** 297, 298, 305
- corvo noturno como *allegoria Christi* **14/2** 385
- crítica **14/2** 123, 338, 407
- crucifixão de **9/2** 79, 118, 125, 402
- cruz de / crucificado **12** 498 **13** 331, 363[71], 446s., 454
- da Hebdômada **9/2** 118
- de natureza igual a Deus **5** 612
- descida aos infernos **5** 513; **9/2** 72; **12** 61s., 651[3], 441, 451
- - e ressurreição **14/1** 201, 279; **14/2** 139, 139[304], 140
- desmitização de **11/4** 647
- desvanecimento da figura histórica **14/2** 153
- ditos de / palavras **11/4** 647
- divindade de **13** 127, 165; **14/1** 200; **17** 311
- do Apocalipse **11/4** 700, 712, 715
- dogmático **14/2** 153, 171, 172
- dos gnósticos **11/2** 255; **11/3** 445; **13** 454
- doutrina de **5** 644; **11/4** 685
- dupla
- - figura no maniqueísmo **14/1** 32, 121, 141
- - natureza de **6** 25, 28
- dúvidas com relação a Deus **11/4** 652
- e a cruz de cada um **14/2** 176
- e Adam Kadmon **14/2** 274, 314
- e a Igreja **8/3** 917; **9/2** 41, 72; **11/1** 122, 152; **11/4** 727; **14/2** 246, 249, 258, 297
- - na alma humana **14/2** 246
- e a imolação de si mesmo **14/2** 82, 139, 197

- e a libertação do homem primordial **14/1** 270
- e a redenção **14/1** 27, 117, 292
- e a serpente **5** 163[73], 575, 594; **11/3** 349; **11/4** 619
- e as Marias **5** 330[32]
- e a sombra **11/2** 245[4], 263; **11/4** 725
- e a *sponsa Christi* **14/1** 210
- e a Terra **11/4** 727
- e Atman-Purusha **14/1** 141
- e Elias **5** 287
- e João **11/3** 429; **11/4** 712
- e Mercúrio / Hermes **13** 267, 271, 280s., 289, 366
- e mitra **5** 165, 285[35]
- em visão **10/4** 766
- encarnação de **11/3** 329, 378; **11/4** 657, 741, 744; **13** 392[138]; **14/2** 150, 235, 238, 255
- enquanto
- - pão **9/1** 248
- - pássaro **9/1** 661
- - peixe **9/1** 38
- entregando a árvore da vida **5** 496
- entre os malfeitores **11/2** 272; **11/4** 739
- e o anticristo **5** 576; **11/4** 693, 733
- e o arquétipo do salvador **14/1** 141
- e o demônio **5** 523[53]; **14/2** 385
- - Satanael, como irmãos **14/1** 120, 121[57], 143, 229
- e o Espírito Santo **11/2** 212
- e o fato histórico **11/3** 446
- e o *filius philosophorum* **14/2** 77
- - *regius* **14/2** 171, 172
- e o homem
- - interior **14/2** 360, 364
- - relação entre **11/2** 233; **11/3** 413; **11/4** 713
- e o leão **14/2** 150[347]
- e o mal / o elemento obscuro **11/3** 423, 435; **11/4** 716, 742
- e o paradoxo lapidar de Hilarius **14/1** 29
- e os dois ladrões **5** 294

Índices gerais 257

- e o si-mesmo **13** 289, 297, 390[133]
- e o seu si-mesmo **14/2** 157
- e o Sol **5** 158, 163
- e Pedro **5** 286
- e satã / opostos ebionitas **14/2** 285
- e satanás / diabo **11/2** 249, 258, 263; **11/4** 650, 653, 725
- e sua volta apocalíptica / parusia **14/2** 432
- e Wotan **10/2** 373
- feito carne / encarnação de **13** 137[209, 212], 283, 384[117]
- ferido por amor à Igreja **14/1** 25
- filiação de **9/2** 79, 118s., 144, 229, 286, 291, 292
- forma histórica de **12** 41
- glorificado **11/3** 331
- gnóstico **12** 457s.
- gruta do nascimento de **5** 528
- historicidade de **13** 80; **14/1** 27, 141; **14/2** 171
- humanidade de **6** 25s.; **13** 137[212]
- - dogmática de **11/1** 105
- humanização de **11/2** 226, 239
- - da figura de **5** 336
- imagem de **5** 42[45], 536
- - recepção de Cristo no inconsciente **11/4** 715
- imitação de / *imitatio Christi* **6** 595; **11/3** 413; **11/4** 717; **11/5** 762, 773; **12** 7s., 37s., 41, 417, 452; **14/1** 27, 276
- - interpretada erroneamente **11/3** 446
- imolação de **14/2** 297
- impecabilidade de **11/2** 263, 283; **11/4** 657, 690
- *incarnatio Christi* **14/1** 28, 29, 200, 282
- infância de **9/2** 163
- interior / em mim / em nós **5** 612; **11/3** 446; **11/4** 713; **11/5** 890[30], 949 **14/3** 530
- interno **13** 41, 127
- irascibilidade de **11/4** 646, 725
- irmão de **9/2** 113, 233[105]

- *iudex* **13** 417
- Jó como prefiguração da paixão de **14/2** 159
- *kenosis* / esvaziamento de **14/1** 28, 28[187], 29, 30, 200[348]
- *lapis*
- - como figura mista **14/2** 172, 309[342]
- - paralelo **12** 40, 173, 99*, 101*, 447s., 451, 453s., 461, 463, 474, 475[41], 480s., 487, 504s., 515, 517, 556
- *mactatio Christi* **14/2** 297
- menino **9/1** 108, 229, 268, 287; **13** 132, 400
- místico **14/2** 305
- morte de **5** 398[130]; **9/1** 428[55]; **9/2** 66
- - e renascimento **5** 319, 494, 526, 638; **14/2** 158[365]
- - na cruz / matrimônio místico **14/1** 26
- - sacrifical de **11/3** 328, 339, 355, 378, 431; **11/4** 658, 692
- na arte religiosa com caracteres femininos **14/2** 191
- na cruz **11/4** 647, 661, 739
- na forma de servo **14/1** 29
- na missa **8/2** 313
- nascimento / natividade de **5** 492; **6** 443, 482; **9/1** 458; **9/2** 130, 133, 134, 146, 167, 171, 172, 177, 320; **11/4** 629, 637, 644, 657, 690, 712, 738; **14/2** 163[391]
- - a alma humana (Mestre Eckhart) **14/2** 108, 153
- na Rosa **12** 139
- no Getsêmani **13** 390
- o corpo
- - imaculado de **14/2** 29
- - morto de **14/2** 120, 139
- numinosidade de **11/4** 661
- o homem, filho do Homem **10/4** 733, 751
- onipresença de **6** 91
- oposição / unificação dos contrários em **11/3** 417

- o *opus* como paralelo para a paixão de **14/2** 151, 157
- paixão de **9/2** 118, 120, 180[57], 423; **10/1** 543; **13** 139[216]; **14/2** 54, 113, 151, 157, 159, 308
- palavras de **13** 292
- paralelo entre Cristo e o *lapis* / pedra **11/1** 92, 160; **11/4** 738; **14/2** 7, 17[56], 57, 77, 150, 172, 232, 274, 309, 402, 425
- partenogênese de **9/2** 79
- perfeição de **11/4** 627
- postulado de **10/4** 634, 641
- presença como elemento operativo **11/3** 323
- presente na hóstia consagrada **14/2** 305
- projeção e assimilação da figura de **11/2** 228, 232
- *puer regius* como *allegoria Christi* **14/2** 131
- se perde em Jerusalém **5** 531
- peregrinações de **11/4** 650
- rainha do Sul identificada com **14/2** 201
- regente das estrelas **13** 273[166]
- relatividade da figura de **11/3** 446
- representação de **9/2** 320
- - pelo arcanjo **11/3** 329
- ressurreição de **10/1** 521, 551; **11/1** 146, 149, 154; **11/3** 328, 335, 378; **11/4** 663; **12** 177*, 500, 234*; **14/2** 56[133], 139, 140, 147[327], 232
- ressuscitado **9/2** 186[18]
- revelação de **11/4** 667
- "Rio de nosso salvador" (Orígenes) **14/2** 25
- sacrifício da morte de **12** 451
- sangue de **9/2** 143, 331, 380; **11/1** 151; **11/3** 313, 317, 330, 334, 338, 353, 355; **11/5** 935; **14/1** 10, 11, 253; **14/2** 77, 82, 297
- segundo João **18/2** 1.566
- sepultamento do **12** 170*
- sepultura de **18/2** 1.560s.

- seu reino na Terra **14/1** 312
- símbolo **13** 80
- - (s) alquímicos para **14/2** 171, 398, 364
- *sine macula peccati* **14/1** 200
- sobre o burrinho **5** 421
- sofrimentos de
- - paixão **11/3** 378, 415, 436; **11/4** 628; **11/5** 893
- subida ao céu de **13** 137[212]
- substância de transformação como analogia de **12** 516
- tentação de **6** 75
- torrente do lado de **14/1** 143[187]
- transfiguração de **9/1** 204; **9/2** 187[24]
- transformação de **9/1** 204
- - da imagem de **14/2** 173
- transpassado ou ferido **14/1** 23, 25, 140; **14/2** 25
- triunfador **11/1** 113, 122, 126, 137
- ubiquidade do corpo de **6** 91
- unidade de **6** 25
- *vilitas* de **14/1** 336[678]
- vida de **11/4** 645, 713
- vinda de **14/1** 230, 275, 279
- vingador **11/4** 716
- visão de **8/2** 582; **11/3** 428, 438; **12** 209
- vivência de Cristo na matéria **14/2** 171
- cf. tb. Jesus, Encarnação

Cristo / alegoria de Cristo **16/2** 533
- amor de como flecha **16/2** 519[45]
- androginia de Cristo **16/2** 525
- como *anthropos* **16/2** 525
- *contemplatio Christi* **16/2** 407[17]
- e a Igreja **16/2** 355, 438
- gnóstico **16/2** 473
- na cruz **16/2** 401, 470
- natureza triádica de Cristo **16/2** 403[6]
- no poço de Jacó **16/2** 485
- oração a **16/2** 384[40]
- paralelo *lapis* / Cristo
- - cf. *Lapis*

Índices gerais   259

passio Christi **16/2** 392, 523
- ressuscitado **16/2** 523

Cristologia **9/2** 172

Cristóvão (santo) **8/2** 430; **9/1** 268

Critério(s) **6**
- das várias tipologias **6** 1.001, 1.015
- morais, estéticos **6** 1.018

Crítica **4** 80; **6** 802; **11/2** 242; **11/5**
766; **15** 50; **17** 162
- a Jung **4** 687s., 781
- à psicanálise **4** 194s., 198, 229s.,
260s., 269s., 281, 316s., 336, 412, 421
- - de Aschaffenburg **4** 1s.
- - de Mendel **4** 196
- - de Prince **4** 154s.
- auto **17** 331a
- falta de **6** 530, 534
- fortalecimento da **14/2** 185
- intelectual **6** 455
- objetiva **14/2** 442
- psicológica **14/2** 185
- racional das imagens **11/4** 516, 558
- textual **14/2** 123

Crítico **6** 652, 657
- literário **4** 329

Crocodilo **8/1** 118; **8/2** 516; **8/3** 931;
9/1 270, 311, 486[21], 604[165]; **9/2** 130[42],
385; **10/2** 939; **10/3** 106, 115, 117,
125, 128s., 134; **13** 104[94], 315, F 10;
14/1 169[278]
- cf. tb. Animais

Crono(s) **5** 198, 421[1], 425; **8/2** 394;
9/2 129[26], 215; **10/2** 394; **11/3** 35; **13**
101, 274; **14/3** 261, 261[74]
- cf. tb. Saturno

Cronoscópio **2** 593

Crookes, W. **1** 63

Cross cousin marriage **5** 217, 415[159],
652; **9/2** 42, 328[94], 381, 383; **10/4**
762; **14/2** 329[52]; **16/2** 433, 436, 442s.;

18/2 1.133
- cf. tb. Quatérnio de matrimônio

Crucial
- - questão (decisiva para o destino
individual) **8/2** 635, 642

Crucificação / crucifixão **5** 289, 400;
9/1 311, 427, 434, 442, 447, 705; **14/2**
274; **14/3** 495, 614; **18/2** 1.360, 1.551,
1.560, 1.620, 1.661
- como *coniugium* (Santo Agostinho)
14/2 220[40]
- símbolo da **5** 575
- cf. tb. Cristo

Crucificado **14/2** 274
- burlesco do Palatino **9/2** 129

Crucifixo **9/2** 130[42], 178
- caricatura do **5** 421, F 83, 622
- cf. tb. Crucifixão de Cristo

Crueldade **3** 508

Crux ansata
- cf. Cruz

Cruz **5** 398, 402, F 79, 407, 411, 460;
6 312[26], 902, 904; **8/2** 401; **9/1** 98,
158, 342, 354, 535[20], 536s., 564,
574s., 589, 646, 651[7], 656, 700, 705,
713; **10/4** 730, 737, 738, 761, 762;
11/1 81, 112; **11/3** 310, 318, 429, 445;
11/4 690; **11/5** 850, 948; **12** 41, 97s.,
62*, 189, 220, 287[133], 416[35], 192*,
457, 498, 521, 549; **13** 31, 334, 343,
363, 446, 454, F 26, 31; **14/1** 1, 10,
25, 26, 42, 77[208], 258[485], 292; **14/2** 36,
38, 75, 80, 150, 159, 176, 191[414], 220,
220[40], 274, 376; **14/3** 614; **15** 150;
16/2 406, 525[1]; **18/1** 81, 271, 364,
416, 572, 589, 616; **18/2** 1.328, 1.331,
1.631, 1.661
- aspecto maternal da **14/1** 26
- carregar a **5** 460[70], 526
- centro da **11/3** 432, 440
- como árvore **14/2** 221; **14/3** 66[36]
- - da vida **5** 349, 368, 401, 411

- como cruzamento, aquilo que cruza, que atravessa **16/2** 470, 523
- como dominação preliminar da transformação **11/3** 339
- como leito nupcial **14/2** 233[78]
- como mãe **5** 411, 415
- como quaternidade, **11/1** nota 7 (cap. II); **11/5** 850
- como símbolo **11/1** 107, 136, 157; **11/3** 433; **11/4** 595
- - da criação **14/1** 1
- - do cristianismo **14/2** 38
- - do sofrimento de Deus **11/3** 333; **11/4** 659
- - dos quatro elementos **14/1** 1; **14/2** 376[143]
- - cristão da totalidade **5** 460; **14/1** 119
- como sinônimo de Cristo **11/3** 432
- como união **5** 404, 411
- da sepultura de Adão **5** 368, F 72
- de Cristo no centro da superfície da Terra **14/2** 220
- de Palenque **5** 400
- de rosas **14/2** 80
- de Santo André (egípcia) **16/2** 435
- enkolpia **5** 353[45]
- entre os índios Muysca **5** 407
- fornalha da **14/2** 159
- luminosa / feita de luz **11/3** 429, 430
- mulher na **13** 457
- negra **14/1** 42; **14/2** 164[392], 257, 260, 274, 315
- pares ordenados em forma de **16/2** 421s., 425, 433
- pregar na **5** 402
- rosa-cruz **16/2** 416
- sinal da **14/2** 75
- sinônimos da **11/3** 429, 433, 440
- suástica **5** 163[71], 368; **16/1** 20
- cf. tb. Cristo

Cruz / crucifixão **9/2** 79, 118[87], 130[42], 147, 164, 177, 206, 285, 296, 304, 318, 366[25]
- cf. tb. Cristo

Cruzada infantil **18/2** 1.364

Cruzados **10/4** 797

Cruzamento **5** 407

Ctônia
- templo de **5** 572

Ctônico **9/1** 41, 119, 193, 413, 425, 433, 450, 556, 559, 566, 585, 588, 604, 651, 666s., 679, 705, 707; **9/2** 24, 41, 64, 116, 158[25], 351, 362[21], 371, 384s., 389, 402, 404; **10/2** 431, 914; **10/3** 53; **13** 57, 257, 270s., 278, 416, 425, 455, F I; **18/2** 1.536, 1.653, 1.684, 1.693, 1.697
- cf. tb. Hermes Ctônio; Terra

Cubismo **15** 174

Cubo **9/1** 581s., 651

Cubricus / Gabricus **14/1** 31; **14/2** 69, 212
- a existência e a vida vistas como culpa **14/1** 200
- documento de **14/1** 292
- o importante é reconhecer a própria culpa **14/1** 196

Cucorogna **9/1** 464

Cucullatus **9/1** 298

Cucurbita / retorta **14/2** 69, 70, 72, 93[237], 94

Culminação (fase do sonho) **8/2** 563

Culpa **10/1** 572; **10/2** 402, 409, 417, 440, 475a; **10/3** 860; **13** 244; **14/3** 289; **17** 90s., 137, 200; **18/1** 127s.; **18/2** 1.095, 1.099
- coletiva **10/2** 402, 430, 443, 475a; **18/2** 1.609
- consciência da **10/2** 482-483
- e reparação **18/2** 1.094
- - cf. tb. Arrependimento, Penitência
- experiência erótica como **8/2** 463s., 471, 474

Índices gerais

- impessoal dos pais **17** 90
- reconhecimento da **14/2** 175, 258, 274
- cf. tb. Pecado

Culpa-inocência / culpado-inocente **2** 760, 777-792, 956, 962, 964s., 1.328-1.334, 1.357, 1.360, 1.379s., 1.388

Culto(s) **4** 106; **5** 102; **9/2** 187; **13** 55, 158
- aos mortos / mortuário **5** 577; **11/5** 855
- ao Sol **5** 163, 165
- conteúdo sexual dos cultos antigos **5** 339
- cristão a Deus **14/2** 192
- de Adônis **14/3** 238
- instrumento de **13** 128

Culto / cultual **9/1** 25, 224, 227s., 248, 629, 714, 717
- herói do **9/1** 229s.

Cultura **4** 440, 664s.; **6** 102, 109, 123, 132, 143, 164, 196, 376, 921; **7/1** 17, 111; **8/2** 149, 150, 238, 672, 683, 750; **9/1** 288, 386, 391, 455, 617; **9/2** 150, 170, 282; **10/1** 558; **10/2** 375, 389, 404, 462, 476, 487, 923, 928; **10/3** 3, 16, 26, 31, 101, 150, 158, 191, 195, 214, 237, 267, 275, 295, 305, 353; **10/4** 685, 725; **14/2** 156, 270, 338, 398; **15** 74, 75, 77, 93, 150, 184; **16/1** 223, 225, 232; **16/2** 442s.; **17** 79, 103, 110, 159, 200, 204, 250, 335; **18/2** 1.150, 1.290, 1.344s.
- antiga **14/2** 420[226]
- árabe **14/2** 292
- cessação da **5** 345
- como máquina **8/1** 81
- como meta **16/2** 471
- conquista da **4** 555
- desenvolvimento da **6** 1.035
- e civilização **6** 107, 545
- e indivíduo **8/1** 113; **8/2** 427

- empreendimentos culturais **6** 664
- estado de **17** 104, 109
- evolução da **16/2** 438
- exigências da **4** 556
- força da (Pestalozzi) **16/1** 227[11], cap. VIII
- ideais da **4** 658
- individual e coletiva **6** 104s.
- mosteiro da **10/2** 943
- nação / povo **10/2** 371, 373, 472
- natural **8/1** 81
- negra **7/1** 156
- nível de **4** 444
- ocidental e oriental **6** 463
- romana e religião **9/1** 25, 98, 442
- sentido vivo da c. antiga **5** 1

Cultura / civilização **11/5** 977ss.
- cultura espiritual da Índia **11/5** 962
- psíquica, perda da **11/5** 962s.

Cultural(is)
- atitude **8/1** 111
- atividades **8/1** 91, 110
- instinto **8/2** 243
- produto **8/1** 44; **8/2** 238, 726, 769

Cupido **13** 110, 278, 299; **14/1** 136; **14/2** 74, 75, 84, 158; **16/2** 500
- a seta de **14/1** 23; **14/2** 158
- cf. tb. Eros

Cupim / cupinzeiro **8/1** 118

Cura **15** 1, 25, 68; **16/1** 11; **17** 267s., 319; **18/1** 271, 291, 389, 492, 578-607, 634, 799, 839s.; **18/2** 1.118, 1.120, 1.379, 1.387, 1.408s., 1.494, 1.512, 1.525, 1.554, 1.575, 1.578, 1.698
- *animarum* / pastoral **18/2** 1.380, 1.511
- arte antiga **15** 65
- de mordida de serpente **8/2** 307
- de uma neurose **8/2** 526, 590
- fonte de **17** 267
- pelo suor **14/1** 33; **14/2** 18

262   Obra Completa — Vol. 20

- tentativa natural de **8/2** 312
- *vitistae* **13** 156[29]

Cura / curativo **13** 129, 158, 171, 218, 390, 397
- arte da **13** 146, 152, 218
- - cf. tb. Médico; Saúde
- erva **13** 193
- força de / método **13** 158, 250
- - cf. tb. Terapia
- meio de **13** 133, 137, 160[38], 187, 190, 197[197], 202, 211[229], 321, 392
- - cf. tb. Alexipharmakon, Medicina, Panaceia; Remédio
- poder **8/2** 524

Curandeiro(s) **4** 578; **8/2** 336, 411, 573, 575; **10/3** 122, 128, 132, 137, 280, 977; **10/4** 700; **11/1** 30; **15** 14; **17** 300, 315

Curandeiro / feiticeiro / mago **11/3** 448; **18/1** 176, 436, 465, 536, 674, 779; **18/2** 1.114, 1.291, 1.295, 1.313, 1.438, 1.777

Curdos **5** 581[160]

Curetos **9/2** 322

Curinga **6** 322, 565

Curva galvânica **2** 1.017, 1.025s., 1.036s., 1.047-1.077, 1.090-1.178, 1.189-1.311
- média aritmética da **2** 1.090-1.178

Cuspir / cuspe **13** 86, 128

Cutâneas
- erupções **8/2** 639

Cyllenius **14/2** 75, 303
- como símbolo da concupiscência **14/1** 136

Cyrano de Bergerac (Rostand) **5** 48, 49, 70, 71, 72, 84, 167, 430, 432

Cythera **14/2** 75

D

Dacotas **8/1** 115s.

Dáctilos **5** 180, 183, 279, 299; **9/1** 298, 408; **9/2** 332
- como metro em poesia **5** 183[14], 321[25]
- e Cabiros
- - cf. Cabiros

Dadaísmo **10/3** 44

Dadóforos **5** 294, F 46, 299, 354

Dados
- peças de jogar **8/3** 866[49]
- - experimentação com **8/3** 837, 967

Dados / cubos **13** 341, 348
- jogo de
- - cf. Jogo

Dados de fato **11/5** 841, 857

Daedalus, S. (*Ulisses*) **15** 169, 181, 186, 188, 190, 196, 198

Daemogorgon, Daimorgon, Demorgon (chamados Marte) **13** 176[114]

Daena **14/3** 484, 504, 563

Dagon **9/2** 178[45], 186

Daimon **5** 98, 113, 170, 353; **10/3** 843, 853; **14/3** 108
- como divindade inferior, boa ou má **14/1** 6, 93, 177, 245, 338; **14/2** 29, 60, 139, 158, 255, 292
- vital quente **14/1** 110

Daimon / daimonion **6** 223; **11/5** 994; **14/3** 426[102]
- de Sócrates **17** 300

Daimon / demônio / demoníaco **13** 55s., 59, 139[217], 154, 162, 164, 198, 209, 218, 246s., 250s., 265, 278, 288, 291s., 339, 365, 372[81], 399, 430, 437, 482, F 30; **17** 207, 244, 298s.

Dalai-Lama **11/1** 149

Daltônico para vermelho-verde **14/2** 426

Daltonismo **1** 333, 395, 415

Damasco **9/1** 216
- caminho de **9/2** 276

Damdad-Nask **9/2** 389[82]

Damodara **9/1** 554[75]

Dan
- tribo de **14/2** 78[223]

Dânae **9/1** 560

Dança(s) **5** 481; **8/1** 84s., 87; **10/3** 95, 195, 964, 986; **10/4** 807; **13** 32, 143; **14/2** 80, 398; **16/2** 340; **18/1** 400, 525, 534, 548
- como fenômeno de recepção **11/3** 425
- de São Guido **2** 793, 794, 816, 845-850
- do búfalo **8/1** 86
- do dardo **8/3** 957[148]
- - arquétipo da **11/3** 424
- mística, de Cristo **11/3** 415

Dança / dançarino **9/1** 158, 311, 312[5], 325s., 352, 360, 404[20], 458, 552, 598, 713

Dançarinos catali **11/5** 908

Daniel **14/2** 292[240]

- cap. 4 do livro de **3** 450
- visão de **11/4** 668, 671
- cf. tb. Bíblia

Dardo da paixão **14/2** 47[104]

Darqueto **9/2** 127, 163, 173

Das Zeitalter des Sonnengottes (Frobenius) **4** 478

Davi **9/2** 132; **11/3** 368; **11/4** 569, 578, 599, 612; **14/2** 3[10], 134, 266; **14/3** 542, p. 78-79, 132-133
- escudo de **10/4** 771
- filho de **14/2** 266[195]

David, J.L. **1** 63

De alchimia **13** 175[112], 183[143], 258[54], 392[136]

Deambulação em torno **9/2** 343, 352

De anatome corporis humani (Paracelso) **15** 21

Déa ou deusa
- aplicado a Maria **14/2** 329[53]

De arbore contemplationis
- cf. Códices e manuscritos

De arte chimica (Art. aurif.) **13** 137[209], 269[131]

Dea artio **9/1** 341

Dea natura **13** 130

Debilidade mental; **1** 320; **2** 499, 510, 512s., 525, 530, 538s., 547, 549, 775, 885, 1.313
- cf. tb. Idiotia; Imbecilidade

Debilité mentale (Pelletier) **3** 21

Débil mental **17** 228, 257

Década
- cf. Dez

Decálogo **10/3** 830; **10/4** 677; **13** 230; **18/2** 1.629

Decapitação **13** 95
- como símbolo da separação da inteligência **14/2** 387

Decepção **14/1** 326, 328; **17** 72
- diferenciar os sentimentos **14/1** 328

De chemia
- cf. Zadith Senior

Decisão **6** 995, 1.019; **14/2** 398
- consciente e moral **17** 296, 299s., 319
- ética **5** 106
- inconsciente **8/2** 295
- livre **14/2** 398
- moral **14/2** 367, 398
- racional **14/2** 365
- vítima de decisão fortuita **14/2** 433

Declaração
- por antinomias **14/2** 372, 423

Declarado *sollemnis* **14/3** 2

Declive **6** 405, 421

Decomposição **14/2** 93, 94, 158

Dedal(ais) **5** 180, 183[13], 550[98]

Dedos **5** 183, 321[25]
- espaço de dez **8/2** 395

Dédoublement **14/3** 609

Déesse raison **9/2** 155; **13** 294; **18/1** 598

Defecação **4** 53s., 196; **13** 182[139], 269[133], 278

Defectus originalis **14/2** 24, 27, 29

Deficiência
- e histeria **1** 430, 444, 457s.
- ética
- - cf. Insanidade moral
- moral **1** 195, 198, 204, 220, 462, 465s.
- orgânica **17** 13[4]

Índices gerais

Definição
- tendência de **3** 208

Defloração **4** 135

Deformação de si próprio **14/2** 159

Deformidade **5** 183, 184

Degeneração **8/1** 50, 69; **8/2** 572, 687
- características da **1** 415
- congênita **1** 113, 425
- e hipalgesia **1** 337
- e histeria **1** 17, 338, 417
- e elaboração das emoções **1** 318s.
- e simulação **1** 302
- psíquica **2** 499s., 1.313
- sintomas da **1** 191
- *syndromes épisodiques* **1** 218

Degenerescência **15** 123

Deificação **5** 128, 130, 133
- da matéria **14/3** 330
- do homem **14/3** 200-206, 310, 325

De igne et sale
- cf. Vigenerus, B,

De incertitudine et vanitate scienntiarum (Agrippa von Netttesheim) **15** 10

Deisidaimonia **8/2** 427

Dejanira **9/1** 221, 571
- rapto de **5** 34

De lapide philosophico (Mus. herm.)
- cf. Lambsprinck

Delfim **5** 369[89]; **13** 334

Delfos **5** 369[89], 371[98], 577; **10/4** 672; **13** 263; **18/1** 258, 548

Deliquescência **14/2** 351

Delirantes
- construções e ideias **3** 17, 32, 71, 135[121], 147, 166, 175, 180, 190, 200, 204, 330, 335, 364, 412, 424, 452, 462, 474, 501, 508, 525, 549, 565, 578

- enfermidades **8/2** 576
- ideias **8/2** 554, 581

Delire chronique à évolution systématique (Magnan) **3** 166[149]

Delírio(s) **2** 1.068, 1.352; **3** 523, 525, 578; **9/1** 83, 263; **10/2** 393; **10/3** 847; **17** 25, 162
- alucinatório **3** 61
- com excitação motora **1** 283
- com megalomania **1** 214
- de ascensão social **3** 154
- de perseguição **1** 11; **3** 499, 506, 539
- de referência **3** 169
- do complexo **3** 163
- furioso / fúria **14/2** 158
- histérico **1** 7s., 117; **3** 164
- síndrome de um degenerado **1** 218
- cf. tb. Estados delirantes

Delirium tremem **1** 199

Delos como ilha do nascimento de Apolo **14/1** 255

Delusão(ões) **1** 17, 299; **2** 1.067, 1.178, 1.354; **18/1** 833, 922, 987, 1.008; **18/2** 1.260, 1.285, 1.362, 1.385, 1.478s., 1.584[2], 1.647, 1.699
- de grandeza **2** 1.072
- realizadoras de desejos **1** 283s.

Demagogo **17** 284

Demência **13** 139[217], 164[51], 430, 434; **15** 213; **18/1** 901; **18/2** 1.631
- e associações externas **1** 317
- e simulação **1** 419
- paranoide **7/2** 228, p. 152s.; **18/1** 901, 959
- possibilidade de **1** 337
- precoce **1** 301
- senil **1** 154

Dementia
- *paralytica* **1** 283
- *paranoides* **2** 1.065, 1.072, 1.076, 1.301

- *praecox* **2** 611, 620, 754, 839, 916, 916[21], 924, 1.009, 1.045, 1.062, 1.065-1.077, 1.157-1.179, 1.230, 1.247-1.311, 1.350, 1.353; **3** 8, 122, 138, 195, 242, 256, 291, 307, 317, 330, 343, 368, 418, 455, 462, 471, 482; **4** 106, 371s., 394, 456s., 521, 560; **5** 58[2] (d. p. ou então esquizofrenia); **6** 931s.; **8/1** 50; **8/2** 297, 317; **17** 44, 52, (90); **18/1** 794, 795, 832s., 874, 899s., 916s., 922, 937, 959, 982, 984, 1.008, 1.020; **18/2** 1.082
- - afetos na **3** 33, 103, 106
- - curso da associação na **3** 22
- - descrições da **3** 1, 30
- - distúrbios
- - - caracterológicos na **3** 153
- - - intelectuais na **3** 161-181
- - e histeria **3** 73, 141, 143-197, 210, 492, (507)
- - estereotipias na **3** 182-193
- - formas paranoides **3** 9, 73, 162, 198-314 (análise), 389, 461, 471, 503, 556
- - memória na **3** 31
- - no período de doenças corporais **3** 180
- *sejunctiva* (Gross) **3** 55
- senil **2** 1.230, 1.295s.
- - *senilis* **3** (327), 471, 472, 497
- cf. tb. Demência paranoide, Esquizofrenia

Demeter **5** 354[47], 355, 526[57], 526, 527; **9/1** 156, 167, 169, 306, 310, 312s., 316s., 339, 382s.; **9/2** 23; **16/2** 518; **18/1** 264
- e Core **5** (500)
- transformação num corcel **5** 421[1]

Demiurgo **5** 163[73], 404, 665[67]; **6** 136; **7/2** 212; **10/4** 633; **11/1** 133, 160; **11/2** 186, 190, 255; **11/3** 408; **13** 270[136, 146], 276, 278; **14/2** 141[318], 163, 187[410], 240[216], 240, 403; **15** 12, 192, 199; **18/2** 1.419

- adormecido **11/1** 92
- aprisionado na criação **14/2** 403
- como Ogdoas **14/2** 240[116]
- como o primeiro da criação **14/2** 403;
- criado por Achamot **14/2** 141[318], 187[410]
- gnóstico e Deus **14/2** 187[410]
- imagem nos corpos **14/2** 403
- na concepção dos peratas **14/1** 137, 340[684]
- *prima materia* como **11/1** 92
- superpotência do **11/4** 605

Demiurgo / demiúrgico **9/2** 75[24], 118, 120[93], 129, 230, 233, 296s., 299, 306, 307, 313, 325, 366
- cf. tb. Criação do mundo

Democracia **10/2** 455; **10/3** 177; **18/2** 1.317s., 1.323s., 1.335s., 1.419, 1.569

Democrático **10/1** 568, 578

Demócrito **14/2** 375

Demoníaco **9/1** 60, 62, 223, 270, 309, 350, 357, 413, 419, 425, 454, 458, 656s., 659, 705; **15** 71, 144, 210

Demônio(s) **2** 1.352; **3** (308), 351, 528; **4** 173, 727; **5** 221, 242, F 69; **6** 166s., 304, 374, 377, 433, 447, 559, 724; **8/1** 95, 115, 127, 129; **8/2** 205, 366, 558, 578, 627, 712; **8/3** 920[86]; **10/1** 512; **10/2** 434; **11/1** 8, 10, 141, 154; **11/3** 385, 429, 446; **11/4** 619; **14/2** 29, 54, 58, 78, 78[223], 147, 159, 159[283], 231, 246[140], 292[257], 309, 347, 384, 413, 440; **14/3** 231; **15** 10[5], 21, 127, 149; **17** 309, 312
- como a antiga serpente **14/2** 147
- como *binarius* **14/2** 219
- como *serpens quadricornutus* **14/2** 159
- como símbolo da libido **5** 251
- do campo **8/1** 86

Índices gerais

- do destino **4** 727, 743
- do meio-dia **14/3** 107, 278, p. 76-77
- e a morte no inferno **14/2** 147
- exorcismo dos **3** 321
- femininos **8/2** 332
- mau **5** 664
- pacto com o **14/2** 158, 350, 362
- possessão demoníaca **14/2** 158
- representação teriomórfica **14/2** 133, 147, 159, 384, 398
- satã e a pedra em Roma **14/2** 306[324]
- transformação do **5** 548
- vitória sobre **5** 548
- cf. tb. alma demoníaca

Demônio / *daemonium* **9/1** 387, 475

Demônio / *daimon* **9/2** 51, 79[29], 307[33], 311, 356, 385

Demônio / diabo **7/1** 110s., 149, 164; **7/2** 218; **14/1** 22, 31, 32, 82, 93, 107, 119, 135, 136[121], 137[3], 138, 142, 143, 162[239], 181, 232, 233, 246, 247, 249, 312
- aquático **14/1** 249
- como anjo de satanás (em São Paulo) **14/1** 200
- como *binarius* **14/1** 232
- como guarda de animais **14/1** 136[121]
- como príncipe deste mundo ou das trevas **14/1** 27, 32, 33,
- como *serpens quadricornutus* **14/1** 232
- como *sulphur* **14/1** 135, 142, 148, 181, 232
- como o adversário de Cristo **14/1** 143, 229, 232
- como o espírito da alquimia **14/1** 245
- destino final como dúvida de Orígenes **14/1** 233
- do deserto **14/1** 75, 77
- e o mundo na patrística **14/1** 249
- expulso da matéria sombria **14/1** 143
- ganhou forma no cristianismo **14/1** 6[21], 121[51], 142, 143, 229, 317

- no Antigo Testamento como um aspecto de Javé **14/1** 247
- ou Satanael como irmão mais novo de Cristo (ebionitas e euquetas) **14/1** 120[82], 121[81], 143, 229 340[884]
- representação teriomórfica do **14/1** 142, 229, 232, 324

Demônio *simiesco* **12** 67*
- *daemon triunus* como asno **12** 539
- como intelecto
- - cf. Intelecto
- como *nous*
- - cf. *Nous*
- Perséfone **12** 26

Demônio / demoníaco **10/4** 633, 738, 748; **18/1** 360, 520, 522, 548, 554, 580, 585, 759, 784, 818; **18/2** 1.077, 1.360s., 1.365, 1.374s., 1.377, 1.380, 1.473, 1.490, 1.504s., 1.533, 1.536s., 1.538, 1.547, 1.553, 1.560, 1.593, 1.600, 1.607, 1.610, 1.620, 1.625, 1.650, 1.658s., 1.660, 1.683s., 1.693s., 1.748

Demonologia **9/1** 656; **13** 62

Denarius
- cf. Número dez

Denderah **9/2** 129[27], 147

Dendritis
- cf. Ninfa

Dentes **3** 167, 205, 335; **8/2** (m.s.) 535

Depenar / depenação **11/3** 348[19], 361, 368

Dependência **6** 140, 681, 697; **17** 332
- das coisas **6** 465
- de ideias coletivas **6** 423
- do paciente do médico **6** 739
- em Rousseau **6** 129
- infantil **14/2** 405

- sensação de **14/2** 185
- vítima da **11/2** 273

Depoimento **2** 728, 762

Depositum fidei na Igreja **14/2** 399

Depreciação / repressão **6** 933

Depressão(ões) **1** 199, 411; **2** 856, 1.072, 1.082, 1.248, 1.251; **3** 148, 160[140], 291, 547; **4** 57, 703, 713; **5** 204, 250, 625; **7/1** 75; **7/2** 344, 355; **8/2** 166s., 169, 266, 593, 598, 773, 798; **9/1** 558; **10/2** 447; **10/3** 4; **14/3** 138, 349, 609; **16/2** 373[25], 463; **17** 139; **18/1** 61, 63, 251, 302; **18/2** 1.311s., 1.391, 1.812
- do adepto **14/2** 160
- e consciência **1** 320[29]
- epiléptica **1** 31[20]
- na distimia maníaca **1** 197s., 210, 219
- na inferioridade sanguínea **1** 188
- num regime de emagrecimento **1** 204
- cf. tb. Melancolia

Depressivos, afetos **3** 181

De promissionibus **5** 574

Depuratio
- cf. Purificação

Der Witz und seine Beziehung zum Unbewussten (Freud) **4** 94

Deriva
- estar à **16/2** 476

Derivação causal **15** 99, 175

Desejos **15** 52
- realização dos **15** 64, 68

Dervixes, mosteiro dos **9/1** 713

Des Indes à la planète Mars (Flournoy) **4** 152[2]

Desacordo consigo mesmo **7/1** 16, 27, 195, p. 152; **7/2** 206, 373, p. 145s.

Desaparecimento
- motivo do **14/1** 173[295]

Desassossego **8/2** 240
- cf. Agitação; Inquietação

Desatento **17** 235s.

Descendente (astrológico) **8/3** 869

Descida / *descensus* **5** 528, 576, 596; **11/1** 160, 161; **11/3** 331; **11/5** 831, 854, 856, 935; **12** 214; **14/2** 84, 136, 173, 188[41]; **16/2** 468; **18/1** 80, 270, 525; **18/2** 1.158, 1.539
- *ad inferos* **12** 42
- ao inconsciente
- - cf. Inconsciente
- aos infernos **11/3** 331, 336; **11/4** 739; **14/2** 84, 173
- - cf. Viagem marítima noturna
- ascensão e **12** 80
- do inconsciente **12** 436s.
- e subida (modelos cristão e gnóstico) **5** 553, (571); **14/1** 282, 283, 303; **14/2** 188[411]
- - cf. tb. Cristo
- perigo da **5** 553
- *Spiritus Sancti* **12** 412s.
- cf. tb. Ascensão; Subida

Desligamento
- cf. Solução da projeção, da transferência etc.

Descobertas **8/1** 90; **8/2** 700

Desconfiança **6** 537; **17** 18, 29, 52, 79, 181

Desconhecido **17** 157, 173
- medo do **17** 146

Descontinuidade na Física **8/3** 955, 957

Descontínuo, o **9/1** 490[1]

Desconversar / conversa marginal **3** 16, 175, (185[174]), (271), (554)

Descristianização do Ocidente **9/2** 68

Desejo(s) 3 86[101], 235, 516; 4 127, (318), 366, 381, 567, 700; 5 125, 165, 171, 185[23], 186; 8/1 26; 8/3 859, 956; 10/1 490, 538; 10/2 393; 10/3 3s., 19, 340, 343, 352s.; 10/4 658; 14/1 18, 32, 33, 96, 136, 154[213], 166, 170, 185, 186; 18/1 175, 201, 275s., 423, 474, 488, 509s., 848, 866s., 923, 951, 1.000, 1.010
- árvore dos 8/2 558
- delirante 3 (298), 347, 382, 411
- de poder 11/3 379
- de prazer 8/1 95
- em sonhos 8/2 461, 470, 487, 505s., 512, 541
- e experiência 6 133
- erótico 6 431, 435
- flamejante 9/1 680
- formador do sonho 7/1 21
- infantil(is) 4 489, 658; 6 85; 7/2 236
- não realizados 5 438
- o vazio da alma e o desejo de plenitude 14/1 184
- realização do(s) 4 69s., 140, 143, 151, 539s., 547, 677; 8/2 805 ; 18/2 1.149s., 1.156, 1.368, 1.386
- reprimidos, teoria dos 8/2 498
- satisfação do(s) 7/1 21, p. 149s.
- - infantis 4 (350s.), 394, 484
- - no delírio 3 61, 164, 194
- - no sonho 3 163[146], 255, 304
- sexuais 3 100, (289), (297); 4 591
- sonho como 8/2 527
- tendências de 4 452
- teoria da realização dos 8/2 491

Desencantar 3 562

Desenhar / pintar
- interpretação dos desenhos 18/2 1.246, 1.265, 1.792
- na areia 18/2 1.225
- na terapia 18/1 226, 399, 403s., 412, 837; 18/2 1.225, 1.252, 1.611s., 1.724, 1.742, 1.810

Desenho(s) 8/2 180; 13 31, 304-349a, 458

- de W. Blake 15 142
- em rochas 15 150
- necessidade de 15 86

Destruição (destruidor) 15 17, 18, 49, 69, 153, 159, 172, 182, 185, 213

Desenraizamento 8/2 815

Desenvolvimento 17 172, 236, 238, 286s., 343s.
- atraso no 17 266
- da consciência 17 103, 144
- da individualidade 8/1 110, 112; 8/2 523
- da personalidade 17 270s., 284s., (290s.), 293s., 316s.
- embrionário 17 105, 167, 250
- espiritual 17 105, 134, 146, 271, 326, 336
- individual 7/1 69
- - graus do 7/1 198
- - retardamento do 7/1 159, 167, 171
- no matrimônio 17 336, (343)
- parada no 14/2 408
- psíquico 6 141, 963s.
- - da criança 17 100, 103s., 175

Desenvolvimento / evolução 4 254, 441, 518, 520
- abalo do desenvolvimento afetivo 4 5
- da afetividade 4 296, 400
- da consciência 4 738
- da cultura
- - segredo do 5 17
- da personalidade 4 550, (554), 615, 623, 633, (679s.)
- do caráter 4 311
- espiritual 5 673
- fenômenos do desenvolvimento afetivo 4 (59), 262, 268
- história da 4 279, 486
- inibição do 3 529; 4 212

Deserto 8/2 335; 14/1 76, 77, 184, 251, 252[487]; 14/2 139[383], 161, 257, 274, 386; 17 208

Desespero 10/3 5

Desfiladeiro **14/2** 409

Desgosto / desprazer
- com carga desagradável **2** 639, 650, 657, 661, 733, 816, 890, 913, 920

Designação **17** 300s., 308s., 323

Desintegração
- psíquica **8/2** 202
- cf. tb. Dissociação

Deslocamento **3** 105, 141, 146, 157, 166, 168, 205, 213
- de cima para baixo (Freud) **3** 285, 294

Desmaio **1** 37, 328, 337, 385; **8/2** 563 (m.s.); **8/3** 940s.

Desmembramento **13** 86, 89, 91, 109

Desobediência **11/2** 254, 292

Desorientação **1** 385, 401; **7/2** 250, 254, p. 150s., 152; **12** 74; **16/1** 22, 87, 251; **16/2** 309, 399, 476, 478
- depois de episódio desagradável **1** 267s.
- estado de **11/5** 897
- e respostas sem sentido **1** 236s.
- no estupor histérico **1** 238s., 277
- no psiquicamente degenerado **1** 326s.

Despedaçamento **9/1** 208, 247, 256, 435; **9/2** 181; 11/3 341, 410; **12** 416^{36}, 469, 530; **14/1** 14, 15, 60, 136, 210^{354}, 232, 288; **14/2** 2^3, 14, 18, 18^{57}, 158, 159, 274, 290; **16/2** 398
- como dissociação psíquica **11/5** 848
- pela espada **11/3** 346, 357

Despersonalização do afeto **8/2** 510

Despojamento das vestes, motivo do **14/1** 42

Desproposital, falar **8/1** 22

Deste lado (do mundo) e do outro lado (além) **10/4** 623

Destilação **12** 165^{34}, 167s., 167^{43}; **14/1** 290, 297; **14/3** 391, 455, 460, p. 100-101
- circular / circulatória
- múltipla **16/2** 400, 403, 503

Destilação / *distillatio* **13** 173, 185-189, 416s., F I, VIII; **14/2** 11, 351, 354, 364

Destillatio circulatoria **9/2** 418, 420
- cf. tb. Circular

Destino(s) **2** 1.009s.; **4** 309, 386, 700s., 727, 739; **6** 683; **8/1** 98, 113; **9/1** 7, 49, 60s., 157, 170, 183, 208, 230, 247, 313, 316, 382, 404s., 446, 487, 498s., 680; **9/2** 38, 41, 51, 126, 134; **10/1** 514, 533, 551; **10/2** 393, 410, 437, 452, 921; **10/3** 88, 172, 201, 332, 864, 867, 871, 892; **10/4** 609, 714, 720, 769; **14/2** 175, 340, 408, 433, 442; **15** 72, 127, 129, 139, 140, 149, 157, 158, 193; **17** 284, 290s., 313, 330; **18/1** 231, 242, 291, 371; **18/2** 1.182, 1.276-1.283, 1.374, 1.490, 1.658, 1.661, 1.686, 1.747, 1.810
- aceitação do **16/2** 463
- - encontro com o inconsciente, como **16/2** 470
- atitude religiosa diante do **7/1** 164
- coação do **17** 327
- de uma criança **4** 562
- em Schopenhauer **8/3** 828
- espiritual **5** 99, 273
- irracionalidade do **7/1** 72s., 75
- tentar o **4** 78
- e vida **7/1** 72

Destino / fatalidade **13** 18, 25s., 60, 129, 217, 238, 332, 350^{33}, 437, 482

Índices gerais 271

Destino sideral / *heimarméne* **14/1** 6, 293, 302
- dada pelos sete anciãos antigos **14/1** 293

Desunião consigo mesmo **3** 427; 381, 396, 408, 518; **8/1** 61, 113; **8/2** 760; **17** (331b), 343

Determinação **6** 595s.; **17** 288; **18/1** 1.041
- força de determinação da consciência **8/2** 568
- pela pré-história **4** (308), 396, 402, (452), 715
- psicológica **4** (37s.), (141), (145), 231, 302, 456, 564
- sobredeterminação (Freud) **4** 44

Determinantes do comportamento humano **8/2** 235-262, 270

Determinismo **2** 868; **3** 90; **8/3** 934; **11/3** 391

Deucalião e Pirra **5** 279; **13** 132

Deus **4** 727, (738), 751, 780, 783; **5** 129, 134, 170, 260; **12** 16, 26, 137, 214s., 104*, 356, 386, 136*, 390, 399s.; **6** 60s., 167, 187, 377; **7/1** 108, 164, p. 147; **7/2** 214, 218, 325, 394[6], 400, 402; **14/1** 10, 18, 29, 40, 42, 46, 48, 56, 83, 87, 93, 119, 139, 159, 204, 260, 266, 276, 297, 335; **15** 51, 87; **17** 296s., 302, 311s; **16/2** 384[40], 454, 465
- *absconditus* **6** 143, 469; **9/2** 209
- - *terrenus* **9/2** 286
- alegoria de Deus **16/2** 409
- ambivalência de **5** (89), (176); **12** 547
- amor *et visio Dei* **6** 18
- androginia de **12** 547, 183*
- arcaico **6** 143
- aspecto judeu, astrológico de **5** 421[5]
- atributos de **6** 420
- base psicológica para o conceito de

14/1 266
- celta **6** 446[137]
- círculo como símbolo de **14/1** 40
- cf. tb. Círculo
- cognitio *Dei per fidem* **14/1** 288[849]
- como amor **5** 95, 97[46], 129, 137
- como arquétipo **12** 15
- como arquétipo
- - coletivo **5** 89[29], (128)
- como complexo autônomo / psíquico **6** 464
- como *coincidentia oppositorum* **16/2** 537
- como criador **5** 87
- - cf. tb. Deus Criador
- como *dynamis* / força **6** 457, 461s., 466, 475
- como espírito **5** 100
- como fecundo **5** 87
- como luz **5** 154[52], 574[21]
- como noiva **14/3** 557-558, 565
- como o *increatum* **14/1** 139
- como "o totalmente Outro" **11/3** 380
- - *Deus absconditus* **11/3** 358
- como personificação de conteúdos inconscientes **6** 456, 464
- como poder criador **6** 474
- como objeto **6** 475
- como representação coletiva **6** 167
- como sendo uma natureza de opostos **14/1** 121, 321[40]
- como valor mais alto **6** 298, 308, 464
- conceito de **6** 64; **7/1** 110; **7/2** 218, 400, p. 138s.
- - como *bonum superex cedens* **14/1** 121
- - do introvertido e extrovertido **6** 136
- - do primitivo **6** 461
- - entre os primitivos **7/1** 108, 154
- - relatividade
- - - em Angelo Silésio **6** 477
- - - em Eckhart **6** 455
- - subjetivação do **6** 63, 478
- concepção de **6** 455, 461, 466
- conhecimento de **16/2** 508

- crucificado **5** 398
- ctônico **12** 335; **15** 211
- da cozinha (Tsau-Kyun) **5** 663
- da criação **5** 65, 83, 89, 93, 128, 176; **15** 188[18], 192
- - como fenômeno da natureza **5** 94
- - como função da alma **6** 474
- - como ideia de **6** 53, 222, 593, 710, 772
- - abstrata **6** 475
- - objetivação da **6** 478
- da morte **11/5** 847ss.
- do fogo, de Bali **5** 208[3], F 32
- do som, da luz e do amor **5** 65, 83, 128
- do tempo (de Mitra)
- - cf. Aion
- e alma **6** 456, 462s., 466s., 469s.; **12** 11s., 14
- e demônio **6** 523; **7/1** p. 131s.
- e divindade (em Eckhart) **6** 474
- e homem **6** 455, 459s., 466; **12** 411s., 455; **14/1** 12, p. 131s.
- **e Jó 5** 84, 165, 174, 176, 396[129], 442
- e *lapis* **12** 431
- e matéria **16/2** 381, 533
- e mundo (em Eckhart) **6** 460
- e natureza **16/2** 480[7], 508
- encarnação de **14/1** 117, 121, 282, 289[588]
- e o diabo **5** 84, 576, 581
- e o "eu" no pensar ocidental e oriental **14/1** 127, 128, 200, 276
- e os *oculi Domini* **14/1** 263
- escondido / *Deus absconditus* **14/1** 233
- e símbolo **6** 136, 476
- e Sol **5** 176
- e unicórnio **12** 519s., 521s.
- egípcio do inferno **5** 566
- em Schiller **6** 136, 140
- encarnação de **12** 26, 214, 253
- estado de **15** 176
- experiência de **14/1** 189, 277, 341

- Filho de **14/1** 22, 136
- - sacrifício **6** 17
- filhos de **6** 524s.
- "habita em luz inacessível" **14/1** 44
- homem **5** 89, 97, 171, 466, 524; **7/2** 389
- identidade com **6** 475
- imagem de / *imago Dei*
- imagem de **6** 466; **7/2** 218s.; **14/1** 44, 44[8], 136, 262, 263
- - e semelhança de **12** 11[2]; **14/1** 136
- - em Ezequiel **14/1** 262, 263
- - em nós **14/1** 44
- - perda da **6** 315
- - simbolismo da **6** 187s., 456
- *incarnatio Dei* **16/2** 380s.
- intermediário **6** 323
- *leontocephalus* **5** 163[73], 425
- libertação de Deus da physis **12** 420
- mãe de **6** 425, 427; **14/1** 231
- militar romano **15** 90
- mortal e que ressuscita **6** 322
- morte de **15** 154
- na concepção de Angelus Silesius **14/1** 125[68]
- nascimento de **5** 351; **6** 511
- - renovado na alma do homem **14/1** 205
- natureza de luz **16/2** 404
- no delírio de uma paranoica **5** 155[52]
- no seio da Virgem **12** 522s.
- no sonho **2** 1.011
- o "comer a Deus" dos astecas **14/1** 22 277
- o numinoso dos **16/2** 438
- os olhos de **14/1** 60, 60[132]; **15** 186[15]
- os "sete" olhos de **14/1** 60, 60[13], 263[42], 264
- o tao como **6** 401
- onipresença de **6** 287
- o nome no judaísmo (JHWH) **14/1** 153[210]
- o "segundo deus" no homem **14/1** 40

Índices gerais

- Pai como símbolo **14/3** 312
- projeção
- - na matéria **12** 432
- - no objeto **6** 461, 464, 466
- prova ontológica de **6** 56
- pupilo de **14/1** 17
- que morre e ressuscita **5** 165, 175
- que se renova **5** 351
- Reino de **6** 416, 466; **14/1** 121, 318
- relacionamento com **6** 187, 478
- relatividade do conceito de **6** 455, 477; **14/1** 121
- renascimento de / renovação **6** 291, 297, 322s., 480
- representação
- - em forma de cruz **5** 403
- - Ezequiel **14/1** 265
- representado como
- - pessoa humana **14/1** 280, 280[525]
- - totalidade **14/1** 262
- *res* como **12** 372, 373
- restauração da unidade de Deus na cabala **14/1** 18, 25[109]
- revivescência da imagem **7/2** 248
- *sacrificium* do **12** 415s.
- *sapientia / scientia Dei* **16/2** 413, 480, 484
- semelhança com **7/2** 224, 227, 240, p. 137s., 143s., 148, p. 155s.,152s.; **14/1** 302, 303
- serviço a **6** 424
- *simia Dei* **12** 173, 181
- sofredor **7/1** p. 144
- *terrenus* **12** 446
- torna-se homem **6** 136, 467
- transformação de **5** 389, 524, 612; **12** 522
- trindade de pessoas **14/1** 153[212]
- união com / entre **5** 339; **11/1** 124, 136
- unidade de **12** 30; **16/2** 525[2]
- *unio mystica* com **14/1** 202
- visível **5** 259
- visto no espelho da *physis* / natureza **14/1** 120, 121, 139, 145

- viúva de (Igreja) **14/1** 17
- volipresença de **6** 91
- cf. tb. *Anthropos*

Deus (monoteísmo) **14/2** 7, 29, 30, 38, 52, 57, 59, 61[141], 87, 95, 103, 105, 106, 109, 111, 112, 127, 127[276], 129, 131[276], 140, 149[341], 153, 159, 159[383], 160, 171, 180, 190[412], 194, 194[423], 199[430], 204, 216[14], 217, 219, 220, 221, 235, 235[94], 236, 244, 245, 250, 252[180], 253, 254, 255, 256[172], 258[186], 258[189], 274, 290, 290[239], 291, 292[243], 293, 296[271], 298, 299, 306, 312, 315, 322[30], 328, 335, 343, 346, 366, 371, 386[177], 421, 441, 442
- a matéria como a "realidade" de Deus **14/2** 421, 428
- a mente divina **14/2** 389[195]
- a *unio mentalis* em Deus **14/2** 335
- auxílio divino **14/2** 337[65]
- a vida trinitária e o homem **14/2** 105
- *cognitio Dei per fidem* **14/2** 16
- como criador do mundo **14/2** 60[139], 345[84], 372
- como criança recém-nascida **14/2** 31, 32, 34
- como *increatum* **14/2** 336
- como o Bom Deus El **14/2** 301
- como *paranymphus* **14/2** 216
- como puro espírito **14/2** 428
- como o Santo **14/2** 296[272], 306[318]
- como *Sanctus Benedictus* **14/2** 235[89]
- como *senex et puer* **14/2** 171
- concepção mística de **14/2** 29
- conhecimento de **14/2** 15, 17, 122, 318, 322, 322[19], 346
- culto da Mãe de Deus **14/2** 173
- de Israel **14/2** 308
- diálogo como meditação **14/2** 366
- do amor no Novo Testamento **14/2** 30, 171, 436
- encarnação
- - na alquimia **14/2** 309
- - no cristianismo **14/2** 32, 444

- e nossa concepção acerca dele **14/2** 428, 436
- enunciados válidos sobre **14/2** 441
- e o animal **14/2** 269
- e o demiurgo gnóstico **14/2** 187[41]
- e o si-mesmo (distinção) **14/2** 223, 370, 433
- escondido na hóstia consagrada **14/2** 29
- espírito de (ruach Elohim) **14/2** 7, 51, 383, 421[227]
- esplendor indizível de **14/2** 199[430]
- existência de um Deus transcendente **14/2** 440
- expressão de **14/2** 429
- filiação divina no homem (Eckhart) **14/2** 108
- homem (Cristo) **14/2** 7, 150
- imagem e semelhança de criação **14/2** 85, 252, 252[190], 252[131], 346, 425
- intervenção divina **14/2** 271
- ira de **14/2** 150[345]
- Mãe de **14/2** 87, 120
- - cf. tb. Maria
- nascimento no homem (Eckhart) **14/2** 105, 105[248], 153
- nome no judaísmo (JHWH) **14/2** 267, 267[199]
- *nume divino* **14/2** 388[194]
- o abandono de **14/2** 149[341]
- o amor a **14/2** 312
- o amor a Sião **14/2** 258[187]
- o arco-íris como mensageiro de **14/2** 52, 57
- o arquétipo e a figura divina **14/2** 153, 406
- onipotência de **14/2** 127, 142, 161, 296[271], 391[201], 440
- o servo de **14/2** 159
- os opostos em Deus **14/2** 274
- Pai
- - como um ancião **14/2** 31, 34
- - e Filho
- - - da mesma essência **14/2** 185
- - - e Espírito Santo (Trindade cristã)

14/2 4, 329
- paradoxal do Antigo Testamento **14/2** 30, 171, 436
- parcela
- - aprisionada na matéria **14/2** 29, 421
- - como quintessência da physis **14/2** 29
- plano salvífico divino **14/2** 427
- presente até na matéria reles **14/2** 29, 52, 59
- provas metafísicas da existência de **14/2** 439
- que habita no dilúvio **14/2** 293
- realeza de **14/2** 1
- Reino de **14/2** 10, 40[96], 41, 54[130], 158[361]
- semelhança na criação **14/2** 85, 109, 244, 252
- transformação no conceito de **14/2** 30, 171
- único e verdadeiro **14/2** 442
- unidade por excelência **14/2** 328, 335, 427

Deus (politeísmo) **14/2** 1, 2[2], 11, 29, 44, 78[219], 148, 174[401], 180, 220, 229[60], 274, 320, 398, 420[226], 440, 441, 442
- a morrer cedo **14/2** 399
- aparecimento no mundo (Egito) **14/2** 4
- as encarnações de deus-pai (Egito) **14/2** 3[9]
- a trindade egípcia **14/2** 3[8], 4
- arquétipo
- - da renovação de (Egito) **14/2** 32
- - do filho de **14/2** 399
- como deus-filho (Egito) **14/2** 2[3]
- como substância da transformação **14/2** 29
- desvanecimento da ideia de deus na Grécia e em Roma **14/2** 398
- deus-filho com seu Ka **14/2** 3
- "deus maldito" como o criador do mundo **14/2** 239

Índices gerais

- e deusa **14/2** 320
- envelhecimento e renovação de (Egito) **14/2** 30, 33, 83, 180, 183
- geração na retorta **14/2** 104
- grego da saúde **14/2** 148
- homem como rei no Egito **14/2** 2, 3, 4
- identidade entre o pneuma divino e o rei (Egito) **14/2** 6
- lamentação pelo deus perdido (Pã) **14/2** 174, 190
- mãe de (no Egito) **14/2** 2^3, 3, 4
- morte de (Nietzsche) **14/2** 174^{401}
- não existente (Basilides) **14/2** 57
- no hierosgamos **14/2** 72, 349
- o deus
- - "morto" (Penotus) **14/2** 55, 399
- o velho rei como **14/2** 180
- - Sol **14/2** 2^5, 392
- - Touro **14/2** 2^5
- *terrestris* **12** 335, 471; **14/2** 337, 434
- tradição do homem-deus **14/2** 399
- trindade dupla **14/2** 4

Deus e anima **11/1** 132
- autossacrifício de **11/3** 378
- bissexualidade de 47, 152
- círculo como símbolo de **11/1** 92, 93, 136; **11/3** 418
- como fator psíquico **11/1** 137, 142
- como Pai, como Pai e Filho **11/3** 379
- como sacrificante, sacrificador **11/3** 399, 403
- criação / escolha de **11/1** 143
- culpa de **11/3** 408
- dissociação / divergência em **11/3** 380
- encarnação de **11/1** 138, 141; **11/3** 338, 379, 400, 413
- e o homem **11/3** 378, 380, 399, 405
- e o quatro **11/1** 98, 100^{46} (cap. III)
- e o três **11/1** 124
- esfera como alegoria de **11/1** 93, 137
- existência de **11/1** 102
- experiência de **11/1** 82
- Filho de **16/2** 496^9, 525

- graça de **11/1** 7; **11/3** 378
- ideia de **11/1** 97, 101
- imagem de **11/1** 156
- interior **11/1** 101, 105
- ira de Deus **16/2** 510s.
- morte de **11/1** 142, 144; **11/3** 341
- mungu como **11/1** 30
- na mandala **11/1** 136, 139, 141, 157
- na missa **11/3** 378
- nascimento de **11/1** 125
- obscuro / tenebroso **11/3** 350
- oferecimento em sacrifício **11/3** 375, 408
- palavra como flecha **16/2** 519^{45}
- *Pneuma* de **11/3** 359
- provas da existência de **11/1** 102
- que morre e ressuscita **11/1** 163; **11/3** 375, 385
- revelação de **11/1** 97
- sofrimentos de **11/3** 332
- submissão a **11/1** 82
- temor de/pelos **11/1** nota 12 (cap. II); **16/2** 393, 450
- *terrenus* **11/1** 150
- totalidade de **11/3** 380, 418
- transformação de **11/3** 338, 350, 358, 410, 411
- união com **11/1** 98
- vontade de
- - submissão à **11/1** 138

Deus / deuses / divindade / divino **8/1** 92, 95, 102s., 129; **8/2** 359, 361, 406; **8/3** 917s.; **9/1** 5, 7, 11s., 15s., 20s., 26, 35, 50, 59, 77, 105s., 124, 131, 133, 149, 189s., 195, 204, 242, 254s., 273^{20}, 281, 289, 289^{30}, 315, 356, 385, 390, 394, 412, 438, 442, 445s., 472, 534s., 551, 572s., 576s., 597^{153}, 619, 623s., 633, 661s., 691, 700s.; **9/2** 41, 49s., 57, 68^2, 70, 77, 80-83, 90, 99s., 104s., 107, 114, 116, 118, 122, 128, 170, 183-185, 190s., 209, 221s., 225, 231, 243^{19}, 251, 258^{54}, 263s., 286, 294, 297, 299, 301-305, 307s, 310, 321, 333, 345-347, 354^{14}, 366s., 379,

400, 416s., 423, 425; **10/1** 507, 513, 522, 529, 544, 554, 563, 585; **10/2** 372, 376, 383, 392, 397, 431, 434, 944; **10/3** 22s., 26, 31, 127, 142, 146, 179, 192, 232, 265, 275, 288, 305, 330, 367, 839, 844, 853, 862, 864s., 986s., 1.003, 1.012; **10/4** 589, 610, 622, 633, 634, 637, 638, 639, 640, 641, 642, 643, 644, 645, 652, 656, 690, 691, 714, 728, 733, 735, 738, 746, 751, 766, 767, 776, 783, 806, 808, 816, 823; **13** 12, 28, 40, 47, 49s., 66, 74s., 78, 82, 110, 117[151], 127, 130, 135, 137, 146, 148s., 155, 162, 176[114], 186, 193, 195, 198, 209[226], 245, 247, 250, 256, 267s., 270, 282s., 298, 301, 337, 372, 384[121], 402, 404, 425, 431, 433, 445, 448, 458, 477, 481; **15** 19, 149, 154, 163, 177, 186; **18/1** 16, 220, 231s., 253, 258, 359s., 370, 409, 417, 525s., 531s., 551, 554s., 565s., 598s., 611, 620, 626, 630, 634s., 657s., 688s., 743, 756, 841; **18/2** 1.102s., 1.187, 1.285, 1.328, 1.342, 1.360s., 1.366s., 1.419, 1.468s., 1.490, 1.498a, 1.504, 1.506s., 1.527s., 1.533s., 1.553, 1.556, 1.568s., 1.589-1.690, 1.745, 1.811
- *absconditus* **9/1** 20; **11/2** 259, 289; **13** 127, 138s., 289; **18/2** 1.531, 1.535, 1.537
- adoção filial **9/1** 131, 243[44]
- adoração / culto **8/2** 411
- afetos em relação a **11/4** 561, 735
- alimentos como **8/2** 333
- amor de **8/1** 36
- antinomia de **11/2** 259; **11/4** 560, 584, 623, 659, 664, 736, 739, 746
- anual **9/2** 147
- aparição junto a árvores **11/4** 612
- bacante (Nietzsche) **8/2** 358
- casamento divino **9/1** 295
- círculo como símbolo de **11/2** 229; **11/4** 727

- Chnum-Rê como **5** 357
- como *actus purus* **11/2** 289
- como amor **11/4** 619, 719, 729
- como círculo **13** 455[319]
- como *complexo oppositorum* **8/2** 406
- como criador **9/1** 472
- como fator psíquico **11/4** 750
- como o Uno e o Indivisíve1 **11/2** 232
- como Pai / como Pai e Filho **11/2** 177; **11/4** 683
- como quaternidade **9/1** 623
- como si-mesmo **9/1** 572
- como substância arcana **13** 264, 283
- como *Summum Bonum* **11/2** 252; **11/4** 651, 662, 689
- "como um nada" **11/5** 893
- com quatro rostos **13** 360
- conceito de **8/1** 103; **8/2** 528
- confronto no interior de / intradivino **11/4** 587
- conhecimento de **8/3** 825; **11/5** 762
- contradição em **13** 178
- criador **8/2** 665; **13** 163, 168, 244, 248, 271, 286, 288, 299[255], 300, 366, 377, 460; **18/2** 1.650
- - cf. tb. Demiurgo
- da cura **18/1** 258
- da fertilidade **18/2** 1.077
- da revelação **13** 219, 303
- desmistificar os **15** 182
- "Deus existe", "Deus não existe" **11/5** 833
- deus infernal, inframundano / deuses do inferno **9/2** 339, 351
- dissociação de / divergência **11/4** 694
- dos católicos **8/2** 338
- dos mistérios eleusinos **8/2** 333
- dos primitivos **3** 525; **8/1** 92; **8/2** 278, 712
- duplo aspecto de **11/4** 733
- e criação **8/3** 957[149]
- e homem **10/1** 507, 511, 520, 536, 562, 576; **10/3** 846; **10/4** 634, 767;

Índices gerais

11/2 239, 252[18], 289; **11/4** 566, 570,
575, 579, 604, 623, 645, 650, 661,
670, 684, 692, 732, 736, 739, 755; **13**
53, 103, 126, 149s., 155, 163, 193,
209[226], 263, 301[259-261], 302, 384[120],
396, 475; **18/1** 361; **18/2** 1.103,
1.187s., 1.495, 1.508s., 1.539,
1.549s., 1.555s., 1.570, 1.589, 1.593,
1.604, 1.610s., 1.622s., 1.630, 1.640,
1.650, 1.655s., 1.684
- - separação de **11/4** 757
- - união, reconciliação entre **11/4**
657, 689
- em Leibniz **8/2** 527
- e mundo **10/1** 510
- e natureza **9/1** 717; **13** 186
- encarnação de **11/2** 233, 248, 267,
290; **11/4** 625, 631, 639[3], 641, 650,
654, 657, 659, 667, 677, 686, 692,
694, 717, 739, 741, 743, 747, 755,
758
- e o Espírito Santo **11/2** 259, 263
- e o inconsciente **8/2** 678, 728; **11/4**
740, 755
- e o mal **11/2** 291
- e o quatro **11/2** 250
- e o três **11/2** 212
- e pessoa humana **9/1** 11, 30s., 76,
135, 190, 205, 717
- e satanás / diabo **11/2** 248, 251,
290; **11/4** 697; **11/5** 791
- Espírito de **9/1** 579[126], 588
- estado de inconsciência de **11/4** 659
- eternidade de **11/2** 228
- "Eu sou Deus" **11/5** 800
- existência de **11/4** 751
- experiência de **9/1** 11, 18; **10/1** 565
- figuras de deuses **8/1** 92
- filho de **9/1** 631; **9/2** 70, 77, 103,
105, 293, 321, 385; **13** 290, 366, 380;
18/2 1.681
- - cf. tb. Cristo; Satã
- herói divino **8/2** 326
- homem- **9/1** 435; **18/1** 548, 568,
598; **18/2** 1.550s., 1.566s.

- - cf. Cristo como homem-Deus
- - Deus, Deus humanado **9/2** 66,
148, 171, 185, 274, 277, 283s., 294,
320; **10/4** 622
- - - cf. tb. Arquétipo do
- humanação de **9/2** 148, 294
- idade de **11/4** 683
- ideia de **8/1** 129
- - como necessidade vital **8/1** 102
- identificação com os **3** 389; **9/1** 208,
229
- imagem de / *simulacrum Dei* /
representação de **8/2** 528, 735; **9/1**
442, 446, 572, 625, 716s.; **9/2** 60,
70-73, 99, 105, 111, 116, 170, 185s.,
191, 237, 300, 303, 308, 343, 426; **13**
188, 289, 455, 471; **18/2** 1.495,
1.507s., 1.511, 1.537, 1.589, 1.595,
1.606, 1.622, 1.679s., 1.686s.
- *in homine* **13** 127
- injustiça de **8/2** 458
- ira de **11/4** 734, 740, 743
- justiça de **11/4** 614, 681
- liberdade de **9/2** 80
- luminoso **11/2** 254, 267; **11/4** 698,
726
- mãe de
- - cf. Maria Virgem
- mensageiro de **10/4** 727; **13** 278,
295
- mundo como sofrimento de **11/2**
233, 250, 267
- nascimento de **11/4** 625, 733, 739,
749
- natureza bissexual / bissexualidade
11/2 259[25]; **11/4** 748
- na visão de **9/1** 133
- no inconsciente **11/4** 713
- nome **8/2** 735; **9/1** 579
- - (s) divinos **9/2** 110[71, 72]
- o amor a **11/4** 732, 743, 746
- o bom / misericordioso **11/4** 599,
600[13], 623, 658, 663, 711, 715
- obscuro / tenebroso **11/4** 654, 739,
747

- o grande deus (hino egípcio) **8/2** 303
- olho de **8/2** 394
- - cf. Olho
- onipotência de / onisciência **11/4** 567, 586, 631, 658, 670; **13** 355
- oposição a **13** 283
- oráculo de **18/1** 258
- o Sol como **8/2** 329, 411; **8/3** 845
- o uno e o três **11/2** 180, 212
- Pai **8/2** 336; **9/2** 100, 291, 298, 301, 397[98], 400; **10/3** 846; **13** 243, 263
- Palavra de **13** 148, 209[226], 242[7]
- par divino **9/1** 137s., 172
- patriota **8/1** 87
- *Pneuma* de **11/4** 729
- Primavera **18/1** 234
- procurador de **13** 142
- prova da existência de **11/5** 845
- quadrado como símbolo da **11/1** 136
- quaternidade de **11/4** 686
- que morre e ressuscita **11/4** 641
- que ressuscita **9/2** 143[67]
- realidade de **11/2** 289; **11/4** 558, 631
- redução à mera "psicologia" **11/2** 242[17]
- Reino de **9/2** 69[4], 177, 310, 346; **13** 137[211], 141, 321, 365; **18/1** 563
- relação com **8/1** 110
- renovação de **11/4** 624
- revelação de **11/2** 180, 204, 238, 242; **11/4** 631; **11/5** 977
- sabedoria como palavra de **11/4** 612
- semelhança com **8/2** 636; **9/2** 70s.
- semi **9/1** 281, 449s., 551
- Sol, **5** F 2, 410
- sopro de **13** 174
- suicídio de **5** 600[190]
- Tao **8/3** 907
- temor de **11/5** 772
- teriomorfismo dos **9/1** 419
- - cf. tb. Herói
- *terrenus / terrestris* **9/1** 289; **13** 203, 282, 289
- transformações dos **8/2** 655; **11/4** 625, 631, 686; **13** 448
- trino **11/2** 252

- unidade de **9/2** 99
- visão de **3** 562
- vontade de **9/2** 73, 100, 107
- voz / *vox* **3** 482, 574; **10/3** de 853s.

Deusa(s) **9/1** 61, 156, 189, 315, 332, 341, 356, 572; **9/2** 24, 57; **13** 331; **14/1** 5; **14/2** 82, 96, 163, 320; **16/2** 440, 504
- como deusa-lua **14/2** 8[28]
- como deusa-mãe **14/2** 2[3], 3, 4, 63, 384, 399
- - seu amor em Hierápolis **14/2** 361[118]
- das estações do ano **14/1** 33[215]
- do amor **11/4** 645; **14/2** 17[54], 78, 213
- mãe dos hititas **14/1** 179[329]
- negra **14/2** 274
- perfume da **14/2** 163
- razão **9/1** 173; **10/3** 174
- semideusas **10/3** 76

Deuses **4** 350, 438, 589, 776; **5** 113, 600[190]; **7/1** 110, 150, 159; **7/2** 392, 396s.; **9/2** 41, 79, 104, 192, 274, 310, 327, 340; **11/1** 8, 20, 164; **11/5** 791, 857, 908; **12** 246[127], 346; **14/1** 37, 84; **14/2** 232
- alheamento dos **14/2** 272
- anões
- - cf. Cabiros
- bramânicos **11/4** 666
- carneiros **5** 148
- como personificações **11/1** 141; **11/2** 242
- como projeções **11/1** 141
- crocodilos **5** 148
- ctônicos e a serpente **14/2** 148
- da Grécia **11/2** 171; **11/4** 607
- da salvação e da perdição **14/1** 250, 252, 267
- do budismo tibetano **11/5** 768
- do nascimento **14/1** 292
- dos metais **14/2** 141[319]
- dos mistérios **14/1** 35
- dos planetas **14/2** 228

Índices gerais

- do *Tschönyid-Bardo* **11/5** 850ss.
- do vento **5** 176², 422¹⁹
- em forma de serpentes (Índia) **14/1** 260
- estatuetas de deuses dentro das estátuas **14/2** 329
- favoráveis **14/2** 272
- fusão em um só deus **11/1** 141
- geração divina **14/2** 8
- greco-romanos **14/2** 185
- infernais **14/1** 310; **14/2** 148, 292
- mãe e filho (Maria e Cristo) como **11/4** 626
- maldade dos **14/2** 273
- pacíficos e iracundos **11/5** 791, 833
- pagãos **11/4** 576
- panteão de milhões de **14/2** 185
- - o pai dos deuses Kumarbi **14/2** 420²²⁶
- par / dupla de **9/2** 41, 64, 188
- planetários **12** 40
- prejudiciais **14/2** 272
- quatro **7/2** 366
- que morrem prematuramente e depois ressuscitam **11/2** 272; **11/3** 343; **11/4** 613, 646, 650, 718
- renovação e restabelecimento da vida dos **11/3** 339
- ruína na Antiguidade Clássica **11/4** 665
- seis **12** 23*
- semitas **14/1** 279³²³
- sete **12** 21*, 84, 198, 468s.
- Sol, deus solar **9/2** 129s., 366
- teriomórficos do Egito **11/4** 600
- touros **5** 155

Deuteronômio
- cf. Bíblia

Devaneio **3** 22, (525)

Devassidão **5** 104

Dever(es)
- colisão de deveres **16/2** 390, 464
- o não cumprimento do **16/2** 372

"Deveria" **11/4** 746

Devir e decadência das coisas **8/2** 673

Devoção
- como atenção **14/1** 186
- em Schiller **6** 184, 186s.

Devoração
- de cadáveres **5** 354
- cf. tb. Envolvimento

Devorado
- cf. Tragado

Devoramento
- do filho **8/1** 120
- do herói **8/1** 68

Devorar **17** 219³¹, 319

Dez **14/3** 238-239, 251-252, 424, 553, p. 72-73, 82-83

Dharma **9/2** 339¹³⁴; **11/5** 822; **18/1** 600

Dharma-Dhâtu **11/5** 852

Dharmakaya **13** 50

Dhulqarnein **5** 285, 288, 541

Dhvaja **11/5** 930

Dhyana **16/2** 477

Dhyâni de Buda **11/5** 857, 912

Dia **9/1** 563, 613; **10/4** 766
- - como símbolos psíquicos **14/1** 124
- em *filius unius diei* **14/2** 137, 137²⁹⁵, 139, 141, 375, 375¹³⁹, 375¹⁴¹
- em "um" dia **14/2** 137, 139, 140, 141, 375
- e noite **9/1** 563; **9/2** 57, 187, 400; **13** 38, 57, 283²³⁷, 300
- e equinócio **9/1** 7

Diabinhos (S.) **4** 185

Diabo **3** 397, 540; **5** 86, 89, 118, 170, 176, 181, 421, 428; **6** 75s., 79s., 309, 313, 796, 917; **7/1** 31, 75, 105, 145, 152; **7/2** 286, 394s.; **8/2** 332, 335,

426; **8/3** 952; **9/1** 189s., 195, 242^{42}, 254, 394, 412, 415, 418, 422, 427, 431, 433, 446, 456, 481, 534^{14}, 536, 559^{84}, 567, 578, 597^{154}, 597, 602, 671, 689; **9/2** 74, 77, 85, 95, 104, 112^{75}, 113, 127, 128, 133^{47}, 141, 156s, 171, 174, 178, 184, 191, 204^{38}, 226, 227, 227^{91}, 230, 293, 312^{48}, 325, 366s., 371, 385s., 390, 397, 400s., 427; **10/1** 573; **12** 24, 36^{14}, 57, 84, 119, 173s., 181; **11/1** 150, 167^{37} (cap. III); **11/2** 248; **11/3** 429, 439, 446; **11/4** 726; **11/5** 777, 791; **14/3** 172, 200, 208, 215, 278; **15** 13, 39, 159, 165
- autonomia do **11/1** 103
- cartesiano **8/2** 202
- como *antimimos* **12** 456, 460
- como *binarius* **11/1** nota 11 (cap. III); **11/2** 180
- como bruxa a cavalo **5** 421^{1}
- como contrapartida de Cristo **11/1** 103
- como criador do mundo **9/2** 227^{91}, 225, 226^{88}, 233, 312^{48}, 367, 403
- como divindade do raio **5** 421
- como espírito do ar **12** 36*
- como filho de Deus **11/2** 249
- como leão **5** 525; **12** 277
- como macaco / como sombra de Deus **11/2** 263
- como pai do anticristo **5** 565
- como "príncipe deste mundo" **11/2** 250, 252, 255, 290; **11/4** 698
- como o quarto **12** 192;
- - componente **11/2** 280, 290
- como *simia Dei* **12** 173, 181
- e a Trindade / quaternidade **11/1** 104; **11/2** 249, 263
- e belzebu **11/1** 167
- e drama divino da redenção **11/2** 252
- e Mercurius
- - cf. tb. Mercurius
- natureza sexual do **5** 421

- pacto com **6** 375, 917; **10/2** 374, 389, 423, 434
- visões diabólicas **11/5** 791
- cf. tb. Satanás

Diabo, demônio / demoníaco **10/3** 23, 26, 44, 59, 82, 113, 128, 139, 309s., 331, 368, 837, 843, 871, 878, 994; **13** 3, 48, 110, 119, 139^{217}, 148$^{5s.}$, 148, 163, 180, 209, 228^{254}, 246, 250, 257, 271, 276, 284, 289, 295, 300, 339, 416, 429^{269}, 437; **16/2** 388s., 394, 408, 491, 522, 533
- pressa do **16/2** 484^{10}
- tricefalidade **16/2** 403

Diabo / diabólico **10/4** 651, 700, 733, 738, 741, 769

Diabolus **13** 271
- cf. tb. Diabo

Diabrete **8/2** 710

Díade **9/1** 685; **11/2** 197; **12** 127; **18/2** 1.611
- cf. tb. Dualidade

Diadema **14/2** 6^{19}, 74, 118, 127, 127^{269}, 198, 351^{100}
- *cordis* **14/1** 235, 241, 282, 284^{31}, 313; **16/2**
- cf. tb. Coração; Coroa

Diafragma **18/1** 16

Diagnose oftalmológica **15** 20

Diagnose / diagnóstico **8/2** 351, 543

Diagnóstico **2** 390, 500, 664, 668, 730, 792, 990, 1.326; **3** 539; **4** 19, 626; **15** 32, 33, 36; **18/1** 795, 909, 1.021; **18/2** 1.357, 1.818
- dificuldade de
- - de fatos psicológicos **1** 478-484
- - em casos de epilepsia, sonambulismo e histeria **1** 29s.
- - na simulação **1** 301s., 306, 320
- - no estado crepuscular histérico **1**

Índices gerais

279, 349s.
- experimental típico **4** 19
- psicológico **2** 728-792, 1.317; **16/1** 195s.

Diagnostische Assoziationsstudien **4** 18[4] 75[2]

Diagrama dos ofitas **14/2** 238, 238[269], 238[108], 239, 240, 242, 252[189]

Dialética **10/3** 888

Dialético
- formulação **16/1** 1
- procedimento / processo / método **16/1** 1, 2, 7s., 21, 23, 25, 239s.

Dialeto **2** 11, 356, 375, 408[60], 427, 429, 575, 616, 624, 682, 1.381

Diálogo **8/2** 186, 199, 213

Diamante **12** 221s., 258[18], 327, 511; **18/1** 409
- corpo de **9/1** 637; **11/1** 161; **11/5** 928
- cf. tb. Adamas,

Diana **9/1** 341; **11/2** 194; **13** 398; **14/1** 136[122], 140, 140[57], 152[22], 180, 181, 182, 182[338], 186, 196, 197; **14/2** 13, 68, 70; **18/2** 1.697
- de Arícia **5** 250
- de Caria **5** 321
- de Éfeso, **5** fig. 51
- duplicidade de **14/1** 182

Dianoia (inteligência) no gnosticismo **14/1** 165, 165[251]

Dias místicos, três **5** 512, 517, 523, 526

Diásquise **3** 497

Diástole e sístole (Goethe) **7/1** 97; **8/1** 4[5], 70; **8/2** 765

Dicta Belini (Art. aurif.) **13** 161, 274
- *Bibl. chem. cur.* **13** 268, 283[237]
- *Theatr. chem.* **13** 244[12]

Dicta Belini **9/2** 193[1]

Dido **14/3** 109

Dies
- *innocentium* **9/1** 458
- *Solis* como dia do Sol ou domingo **14/2** 375

Dieta da gravidez **14/2** 48, 85

Dietrich von Bern **5** 585[168]

Diferenciação **15** 99

Digestão **15** 27

Dionisíaco **15** 178, 212

Dióscuros **15** 159[19]

Dissecação **14/1** 60, 254

Distúrbios mentais **15** 122, 152

Diferenciação **6** 109, 746, 764, 770; **7/1** 198; **7/2** 240, p. 142[6], 143s., 148, 165s.
- como cultura natural **8/1** 4[5], 81
- como pressuposto da individualidade **6** 542, 835s.
- da consciência **8/2** 344s.; **16/2** 387
- da escala de valores **8/1** 4[5], 17
- da personalidade **6** 84, 469
- de um instinto **8/2** 731
- dos afetos **6** 221
- e dissociação da psique **8/2** 254
- hereditária **8/1** 4[5], 97
- individual **8/2** 523; **16/1** 124
- racionalista, e símbolo **6** 524

Difteria **1** 193

Dikaiosyne **9/2** 132
- cf. tb. Justiça

Dilaceração **13** 86, 91, 111; **17** 334, 342

Dilema
- de cosmovisão **14/2** 342
- entre o três e o quatro **8/3** 952; **14/1** 272
- ético **11/5** 941
- moral **14/2** 342

Dilúvio **5** 167, 170, 174, 311, 423, 449, 571; **8/2** 428; **9/2** 149[89], 176; **11/4** 578, 653, 669; **12** 533, 540s., 562; **14/2** 13[37], 52, 159[383], 220, 235, 291, 293, 296[266]; **14/3** p. 66-67
- águas negras do **14/2** 274
- das águas **14/3** 172, 220, 229, 240, p. 72-73
- ogígico **5** 306, 312
- universal **14/1** 257, 258

Dimensão
- quarta **10/4** 736-747, 773, quadro 3; **18/1** 53, 115s.

Dinâmica **10/4** 663, 731, 745
- afetiva **14/2** 107

Dinâmica / dinâmicos **10/1** 547, 556, 560, 582

Dinâmica / dinamismo **8/2**
- dos afetos **8/2** 183
- sexual **8/1** 4[5], 56

Dinâmico(s) **4** 250, 253
- processos (progressão regressão) **8/1** 4[5], 72

Dinamismo **3** 424; **8/1** 4[5], 52-59, 77, 79, 89, 118, 130; **8/2** 130; **9/1** 187

Dinamismo / dinâmico **10/3** 7, 65, 68, 844

Ding (sinais I Ching) **9/1** 601

Ding an Sich (Kant) **4** 317

Dinheiro **18/2** 1.320, 1.327, 1.335

Diofisitas **9/2** 171

Diógenes **5** 405

Dionísias **5** 156[61]

Dionísio (escritor eclesiástico) **11/3** 384; **11/5** 905; **14/2** 229[59]
- de Siracusa **11/2** 184
- despedaçamento de **11/3** 400

Dioniso (deus) **4** 106; **5** 89[30], 184, 246[53], 299[72], 324[30], 354[47], 421, 526, 623, 662; **9/2** 134, 243[19], 332; **10/2** 373, 375[3], 375, 383, 391, 394; **10/4** 657; **11/1** 45; **11/2** 204[10], 206; **11/4** 639[3]; **12** 118, 180s., 416; **13** 91; **14/2** 2[5], 18, 34, 78, 158[365], 255; **14/3** 568; **18/1** 258
- como deus que morre prematuramente **11/4** 612
- como filho-amante **5** 330[32]
- Enkolpios 6 **10/4** 38[4]
- identificação de Nietzsche com **11/1** 142
- Lísio **5** 198
- mistério de **12** 169, 171, 47s., 191
- Zagreu **5** 527; **10/2** 434, 436; **11/3** 353, 387

Dioniso / dionisíaco **6** 206s., 209, 216s., 313 , 314; **9/1** 77, 128, 195, 210, 248, 324
- Zagreu **9/1** 210

Di-orfos **9/2** 186

Dioscuros **5** 183, 288, 294, 296, 596[186]; **9/1** 218, 235, 253, 256[62]; **9/2** 134

Diotima **6** 48; **9/2** 51

Direção(ões)
- as cinco dos chineses **14/2** 61[140]
- da vida **4** (634), 643
- espiritual, pastoral **11/5** 855; **11/6** 1.045

Directeur de conscience **11/2** 285

Direita / esquerda **6** 438; **9/2** 99s., 104, 107, 113, 148[86], 408, 409[112], 415; **12** 225s., 231; **18/1** 196, 411s.

Índices gerais

Direito **6** 772; **17** 165
- esquerdo **13** 455, 458[325], 462
- Romano **10/1** 517

Direitos humanos **13** 391
- solapamento dos **16/2** 502

Diretor espiritual (de consciência)
18/1 613, 674

Dirigido, caráter
- atitude **8/1** 4[5], 60; **8/2** 158
- dos conteúdos conscientes **8/1** 4[5],
63s; **8/2** 132, 136
- dos processos psíquicos **8/1** 4[5], 50;
8/2 294

Disciplinamento psicológico **11/5** 866

Discípulos
- de Cristo **8/2** 559[11]
- de Emaús **12** 155

Disco solar **5** 24, 140, 149
- alado, **5** F 12, 159[67], F 21, 178, (F
26), 634
- vivo **5** 146, 147, (150)

Discordância
- consigo mesmo **6** 118, 165, 912,
1.034; **8/1** 4[5], 61, 113; **8/2** 760
- - cf. tb. Desunião
- da vontade **6** 913

Discos **12** 133, 281
- voadores / OVNIs **18/2** 1.431-1.451,
1.448-1.450
- cf. tb. Ovnis

Discriminação / *discretio intellectualis*
6 957, 979; **11/2** 272; **11/3** 411; **12**
367; **14/3** 227, 379, 391, 530; **16/2**
498, 502, 532
- como função do animus **16/2** 505
- entre o eu e o inconsciente **16/2** 502

Discurso **5** 14
- confusão do **3** 10[19], 36, 50[71]

Dispersão **3** 3, 13
- cf. tb. Atenção

Disponíveis, causas disponíveis do
negativismo (Bleuler) **3** 425, (427)

Disposição **3** 492; **6** 548, 769; **13** 11
- arquétipos como **8/2** 353
- artística **3** 105
- cerebral **3** 501
- dos processos psíquicos futuros **8/2**
348
- esquizoide **3** 558, 563
- hereditariedade como **8/2** 229, 248
- individuais e formação dos
complexos **8/1** 4[5], 18
- latente **3** 515
- masoquista **3** 97
- psicológica **11/5** 895ss.
- típicas **8/2** 258
- violentação da **6** 625

Disposição / humor **1**
- anomalia da 204s., 220
- de caráter e atividade de pensar **1**
220
- e intelecto **1** 219
- emocional **2** 499
- inferioridade da **1** 5
- histérica **1** 156
- labilidade (inconstância) da **1** 190,
198s., 204, 209, 234
- - e insanidade moral **1** 222s.

Disputa
- de Jó com Javé **14/2** 433
- dogmática **6** 25s.
- pelagiana **6** 26

Dissimilação **6** 595, 767, 825, 863
- disfarce dos afetos nos sonhos **8/2**
485, 510

Dissociabilidade **8/2**
- da psique **8/2** 161, 365-370
- do estado de espírito primitivo **8/2**
217

Dissociação **4** 28, 162, 295, 678, 761;
17 204, 227, 333s.; **5** 300, 683; **6** 650,
703, 802; **7/1** 63, 156; **7/2** 323; **8/1** 4[5],

61, 113; **8/2** 378, 384; **10/1** 540, 544, 552, 573; **10/2** 476; **10/3** 287, 1.008; **10/4** 608, 622, 705, 708; **11/1** 157, 159; **11/2** 280; **11/3** 443; **11/4** 698; **13** 108, 332, 474, 480; **14/3** 176, 273, 293, 444; **16/2** 266, 329, 361, 394, 438, 472; **18/1** 224, 383, 434, 440s., 447, 474s., 559, 741
- compensação da **14/2** 427
- da consciênca **1** 117, 119; **16/2** 476
- da personalidade **5** 248; **8/2** 207, 387, 396
- da psique **8/2** 365
- do homem massificado **16/2** 443
- dotes dissociados **17** 331
- eliminação da **11/2** 285
- entre a atitude epimeteica e prometeica **6** 298
- esquizofrênica **3** 427, 507, 544; **8/2** 254, 383, 430
- - cf. tb. Esquizofrenia
- na histeria **1** 318
- neurótica **8/2** 430; **11/2** 274; **14/2** 339; **16/1** 26, 179, 248; **16/2** 274, 452, 490
- no sentido de Forel **1** 339
- transposição da **14/2** 234
- cf. tb. Cisão; Dissociação esquizofrênica; Divisão; Duplo; Fragmentário; Parcelar

Dissociação / desintegração **18/2** 1.145, 1.330, 1.389s., 1.418, 1.441, 1.504
- cf. tb. Divisão

Dissociação / separação **9/1** 83s., 244, 274, 279, 302, 468, 501, 507, 696

Dissolução **14/2** 14, 17, 41, 151, 169, 322, 371; **14/3** p. 92-94
- da consciência
- - cf. Consciência
- da personalidade
- - cf. Personalidade

Distância psiquicamente variável **8/3** 835

Distimia
- colérica **1** 217
- melancólica constitucional **1** 187, 191
- periódica **1** 219

Distinção, diferenciamento **17** 326
- falta de **17** 330

Distração **1** 190, 204; **2** 399, 402 436-498, 780, 798, 803, 806, 829, 882, 1.058, 1.062; **6** 530, 549; **17** 235s.
- como fomentadora dos automatismos **1** 339s.
- e reprodução criptomnésica **1** 143
- erro de leitura na **1** 73s., 154
- externa **2** 15, 114-381, 382, 437-449, 464-471, 495-498, 600
- interna **2** 14, 114-381, 382s., 419, 419[64], 439-448
- na letargia histérica **1** 125
- no estupor histérico **1** 246s.
- cf. tb. Atenção, distúrbio

Distractio **14/2** 335, 339[68]
- *mentis a corpore* **14/2** 335

Distúrbio(s) **8/2** 638; **18/1** 5, 100s., 107, 135s., 147s., 203, 302, 471, 734, 742, 798s., 876, 945, 954, 959, 964, 972s., 989
- da fala **7/1** 7, p. 137
- emocional **8/2** 168
- indigestão **8/2** 516
- nervosas **8/2** 575, 579
- neuróticas **8/2** 720
- provocados pelas reações **8/3** 821
- psicomotor **18/1** 908

Distúrbio / perturbação **2** 16, 114, 118, 419, 541, 563s., 600, 605, 637s., 649, 664s., 676, 685, 689, 704, 719, 747, 754, 767, 772, 775s., 780, 791,796s., 803, 808s., 816, 859, 883,

Índices gerais 285

926-935, 944, 984, 990, 993, 1.023, 1.060, 1.066, 1.081, 1.105, 1.134s., 1.178, 1.324, 1.332, 1.342s., 1.350s., 1.370s., 1.379s.; **18/2** 1.087s., 1.155, 1.231, 1.249, 1.305, 1.823
- acústico **2** 288
- da função de realidade **4** 272
- da sexualidade **4** 293
- digestivos **4** 569
- do analista **4** (536)
- do experimento **4** 335
- do pensamento **4** 2
- estomacais **4** 707
- físico **2** 1.108
- na adaptação psicológica **4** 470
- neuróticas **4** 348
- no relacionamento com as mulheres **4** 249
- orgânico **2** 1.067
- psicológico **2** 1.326
- psíquico **2** 731, 1.067s., 1.246, 1.284, 1.294, 1.353s.; **13** 209, 436, 464
- - (s) nos conteúdos do eu **5** 190
- cf. tb. Atenção; Complexo; *Dementia*; Distração
- somático **13** 464

Ditador / tirania **9/1** 228, 618

Ditadura **10/4** 718; **18/2** 1.336s., 1.387, 1.495

Ditadura / ditador **10/3** 177

Ditadura / ditatorial **10/1** 510, 541, 571, 580

Ditaduras / estados ditatoriais **9/2** 96

Ditirambos **15** 151

Divagações **17** 13, 18

Divina comédia **15** 148; **18/2** 1.279

Divindade(s) **5** 87; **12** 191, 413; **14/1** 4, 40
- ambivalência da **12** 547s.
- aspecto nefasto da **5** 89

- como hermafrodita **12** 436[41], 410[28], 183*
- Cristo como **12** 497
- da natureza, fim das **11/1** 145
- definição da **17** 297
- do pai **5** 76, 94
- mito macho/fêmea **5** 662
- na flor de lótus **12** 139, 246[127]
- na matéria **14/3** 288, 493, 508, 557
- no centro **12** 125, 169
- o materno e o paterno na **5** 89
- peixes **9/2** 127, 186
- representações teriomorfas da **5** 36, 89
- solar **12** 66, 99, 79*
- também formada de átomos (Epicuro) **14/1** 62

Divindade / deidade **14/2** 4, 29, 61[143], 87, 137[296], 140, 150, 181, 224, 292, 296[292], 335
- definições da **14/2** 181
- misteriosa **14/2** 81
- partícula da d. inerente à matéria **14/2** 359, 419, 421

Divinização **5** 128, 130, 133

Divino / divindade **13** 86, 193, 195, 372

Divino / humano **13** 270

Divinos
- atrativos **8/3** 920

Divisão **2** 132; **6** 118, 134, 166, 503, 666, 916, 1.033; **13** 51, 55, 293; **14/2** 159, 378
- da força criadora **6** 367s.
- da personalidade **2** 712, 719s., 1.352
- - inconsciente **1** 87, 97, 117, 126
- em quatro partes / quadripartite **9/1** 552, 564, 703; **9/2** 351, 379, 401; **10/4** 738, 803; **13** 89, 109, 111, 301[261], 334
- em três partes / tripartite **9/2** 118; **10/4** 766, 768

- histérica da consciência **1** 130
- - cf. tb. Atenção; Consciência; Separação
- interior **6** 109
- psicológica **18/1** 19, 382s., 442, 578-607, 951; **18/2** 1.145, 1.155
- tendência psíquica a **8/2** 253
- cf. tb. Desunião; Discordância; Dissociação

Divisão / dissociação **9/2** 73, 185, 185[11]

Divisibilidade
- da psique **8/2** 582
- por quatro **13** 168[66], 207, 215, 366

Divisio **13** 89[30]

Divisível / parcial
- psique **8/2** 204, 582

Divórcio **7/1** 115; **17** 343
- efeito sobre o paciente **1** 198

Djinns **8/2** 335

Docetismo **6** 11, 25s.; **11/3** 429

Doctor Marianus **18/2** 1.699

Documento da dívida **14/1** 292, 302

Doença **9/1** 214, 231, 238, 493, 517, 523s., 644; **13** 148, 154, 156, 171, 195, 218, 381, 392, 444, 473; **14/2** 104, 158, 161, 232, 347, 405; **15** 14, 17, 25, 26, 27, 32, 34, 52, 62, 68, 90, 94, 95, 107, 146; **17** 130, 134s., 137[5], 172, 203, 206, 218; **18/1** 5, 136, 231, 300, 389, 702, 815, 840; **18/2** 1.154, 1.386, 1.579, 1.610, 1.737, 1.775s., 1.830
- coletiva **14/1** 186
- - mental dos adeptos **14/1** 177[321]
- de montanha **6** 633
- do estômago **14/3** 600
- dos metais **15** 27
- mental / insanidade **10/1** 490; **10/2** 408, 436; **14/2** 158, 174, 345[81], 347,

410, 439; **17** 52, 150, 207, 253, 260; **18/1** 72, 108, 154, 177, 224, 440, 711, 746, 790-840, 893, 905, 909, 925, 956; **18/2** 1.151, 1.156, 1.161, 1.265, 1.270, 1.301, 1.362, 1.391, 1.478, 1.511
- nervosa **18/1** 797s., 906, 925, 1.041-1.054; **18/2** 1.723
- psíquica **18/2** 1.723, 1.737s., 1.777s.
- cf. tb. Análise; Doente mental; Neurose

Doença(s), (enfermidades) **8/2**
- dos primitivos **8/2** 335, 587, 598, 712; **8/3** 931
- psicógena **8/2** 546, 575, 702

Doença / doente(s) **10/1** 532, 555; **10/3** 2, 290, 331, 352, 355, 362s., 881; **10/4** 629; **11/6** 1.040, 1.043, 1.071
- mental **10/3** 11, 83, 137, 285; **11/6** 1.056; **13** 31, 42[24], 49, 155[27], 187, 298
- dos nervos **11/6** 1.056

Doente(s) **13** 132; **14/3** p. 60-61
- mental(is) **10/4** 609, 642, 669, 672, 814; **11/5** 774, 783, 814; **12** 58; **13** 31, 42[24], 49, 155[27], 187, 298; **14/2** 199, 210, 439

Doente / doença **2** 662, 670, 793s., 798, 801, 816, 820, 833, 835, 843c, 846, 856s., 861, 944, 994, 1.066s., 1.072, 1.350; **4** 415, 615
- corporal **4** 578, 749
- estomacal **2** 1.315
- mental **2** 563, 573, 624, 689s., 731, 793, 882, 896, 916, 924, 944, 1.008, 1.011, 1.067, 1.072, 1.165, 1.178, 1.180-1.311, 1.352; **4** 93, (289), 456; **5** 58[2], 69, 151, 154, (577); **15** 144, 152, 166[8], 173, 174
- - e memória **1** 184
- venérea **4** 666
- cf. tb. Complexo; Doente

Índices gerais

Doggeli
- cf. Pesadelo

Dogma **9/1** 15, 17s., 21, 47, 55s., 57, 119, 130[20]; **9/2** 72, 77, 85, 112[75], 141, 171, 191, 259, 267, 271, 277s., 284, 427; **10/3** 335s.; **11/1** 10, 75s.; **11/2** 222; **14/2** 71, 140, 151, 153, 157, 174, 316, 329, 331, 332, 398, 399, 400; **14/3** 55, 507; **15** 56, 69, 70; **16/2** 391, 442; **18/1** 617s., 624, 688
- amparo (proteção) dos **11/1** 33
- assimilação do dogma pela opus **14/2** 157
- ataque ao dogma **14/2** 83
- como arquétipo **11/2** 294
- como fatores externos **11/3** 413
- como símbolos / simbologia / simbólica dos **11/1** 168
- como verdade metafísica **11/2** 294
- compreensão
- - adequada do **11/2** 171
- - racional do **14/2** 432
- cristãos **8/2** 336
- da Assunção de Maria **9/1** 195s., 197, 716[3]; **11/4** 743, 748, 752; **14/2** 104, 329, 331, 334, 399
- da descida de Cristo aos infernos **14/2** 140[312]
- da encarnação de Deus **14/2** 444
- da Igreja **5** 113, 674; **11/5** 778, 933; **12** 14, 17, 19, 25, 40s., 93, 253
- - concretismo do **5** 336
- - paradoxos do **12** 19, 253
- - riqueza de sentido do **12** 17
- - símbolos do **12** 253
- da Imaculada Conceição **18/1** 617
- da infalibilidade **18/1** 660
- da Trindade **9/1** 17; **11/2** 196
- - história do **11/2** 224
- - psicologia do **11/2** 169
- definição solene do **14/2** 333
- desenvolvimento do **11/4** 655; **14/2** 432
- desvanecimento do dogma na alma **14/2** 153, 173

- diferenciação do **14/2** 153, 432
- e alma **11/2** 171
- e alquimia **14/2** 5, 25, 77, 83, 139[304], 148, 151, 152, 172, 255, 296, 299, 309, 315, 329, 334, 348, 432
- e amplificação da vivência da opus pelo **14/2**
- e o mito **14/2** 151
- e quaternidade **11/1** 126
- e símbolos naturais **11/1** 56-60
- e teoria científica **11/1** 81s.
- fascinação pelo **14/2** 83
- formulação intelectual **14/2** 432
- história dos **14/2** 400
- o não conhecer racionalmente **14/1** 120[33]
- resistência ao **14/2** 151
- significado **11/4** 754
- valor do **11/1** 81
- vitalidade do **14/2** 173, 432

Dogma / dogmático **13** 120, 245, 270, 290; **18/2** 1.466, 1.468, 1.511s., 1.593, 1.607, 1.634, 1.656, 1.678, 1.680, 1.700
- da Assunção de Nossa Senhora **13** 127; **18/2** 1.498a, 1.552s., 1.606, 1.652, 1.683
- da Corredenção **18/2** 1.607, 1.652
- da Imaculada Conceição **13** 127; **18/2** 1.607, 1.674
- do nascimento virginal **18/2** 1.620

Dogmática
- cristã **14/2** 5, 140
- religiosa **17** 210

Dogmatismo
- de Freud **17** 128
- e ceticismo **6** 601

Dogmatista **8/2** 785

Dois **14/3** 251-252
- unidade do **11/1** 122
- cf. tb. Número dois

Dois / dualidade **11/2** 180, 257

Doktor Marianus
- *Fausto* Don Juan **9/1** 162, 165
- cf. tb. Goethe

Domador **14/2** 65

Domar os impulsos, motivo de **12** 416[36]

Domesticação
- coação para a **5** 415

Dominante da consciência
- alusão à **14/2** 170, 174, 180, 181, 182, 183, 188, 201, 204
- aspecto negativo da **14/2** 138
- a substância do arcano como a **14/2** 132
- como concepção suprema **14/2** 169
- conceito **14/2** 83
- cristã, afunda no inconsciente **14/2** 132
- de raízes históricas **14/2**
- destruição da **14/2** 121, 174
- e a sombra **14/2** 178
- efetiva, necessidade da **14/2** 185
- em luta com o inconsciente **14/2** 170
- envelhecimento da **14/2** 121, 169, 170, 180, 185, 188, 201
- lei da **14/2** 181
- mística **14/2** 185
- mítica **14/2** 185
- relativização da **14/2** 121, 169
- renovação da **14/2** 163, 169, 180, 188, 190
- *rex* como **14/2** 83, 136, 163, 166, 169, 180, 184, 188, 203

Dominante psíquica
- filosofia de vida ou visão de mundo **16/1** 180s.

Dominantes **8/2** 403, 423, 718, 728
- representações superiores **11/4** 738

Domination, sentiment de (Janet) **3** 170

Dominicanos **9/2** 138; **14/3** 422, 524, 561, 590, 606

Domínio
- cristão-gnóstico **14/2** 71
- de si **14/2** 339
- psicológico-moral **14/2** 342
- psíquico **14/2** 152, 364

Domus **13**
- *sapientiae* **13** 212
- *thesaurorum* **13** 114

Don Juan **10/3** 248

Dor(es) **4** 364s., 464; **8/2** 316, 680, 711; **17** 139, 171, 177
- corporais na histeria **3** 166
- de cabeça **4** 461
- - após ataques sonambúlicos **1** 42, 49, 51, 59
- - habituais **1** 6, 8
- - no estupor histérico **1** 246, 266s.
- imaginária **8/2** 205
- influência da d. sobre os sonhos **8/2** 502
- no calcanhar **8/2** 303s.
- no coração **8/2** 303s.
- percepção da **8/2** 607

Dorje **9/1** 636; **11/1** 113; **12** 125, 43*, 139[12], 518, 548s.
- dualidade **11/1** 104

Dorminhocos
- os sete da lenda **14/2** 218[30]

Dornach **10/3** 176

Dote(s) **8/2** 168, 170s., 400

Double
- *conscience* (Janet) **8/2** 351, 365, 396
- *personnalité* **3** 579; **8/2** 383; **17** 227

Dourado **14/1** 270, 274

Do ut des **11/3** 390

Doutrina
- da consubstanciação **6** 91
- da predestinação **11/4** 645, 719, 740
- da redenção **11/4** 659

Índices gerais

- do partido **10/1** 568
- eclesiástica **14/1** 83, 319
- paulina acerca de Adão **14/2** 259
- perática **9/2** 290
- secreta **13** 170, 210, 236

Doutrina / doutrinarismo **9/2** 141, 270, 291

Doxa / opinião / glória **14/1** 165, 252

Doze **11/3** 415, 424; **12** 287[133],469; **14/3** 153, 157, 162-163, 251s., 419-420, 424, p. 64-65
- discípulos **11/3** 418, 424

Dracma **14/3** p. 74-75
- perdida **14/3** 251

Draconites **9/2** 214s.

Dragão(ões) **4** 494; **5** 232, 265, 314, 395, 578, 580, 654, 671; **6** 511, 902; **8/1** 68; **8/2** 326, 335, 394, 415, 556, 558, 718; **9/1** 37, 40, 157, 267, 270, 283, 315, 349, 351, 362, 417, 537, 553[72], 556, 642, 673, 686, 689, 705, 707; **10/2** 939; **11/3** 357, 403, 420; **11/4** 711; **11/5** 931; **12** 84, 38*, 46*, 47*, 73*, 173, 90*, 400, 404s., 437, 187*, 196*, 199*, 530, 547; **14/2** 6[19], 59, 61[143], 64, 68, 68[172], 74, 75, 78, 137, 145, 148[333], 149, 158, 158[359], 170[398], 211[8], 237, 238, 293, 298, 301[300], 322[25]; **14/3** 168, 173, 543, 375[123]; **18/1** 80, 191s., 234, 249, 258s., 263, 270, 533, 548; **18/2** 1.701, 1.788
- alado **12** 404s., 199*
- animal completamente autônomo **14/1** 139
- artificial **14/2** 148
- babilônico **14/2** 68, 78
- baleia **5** 365, 369, 374, 538, 576[136]; **9/2** 173; **14/2** 147[327]
- - mito do **8/1** 68
- cauda do **14/2** 158[359]
- combate de **15** 152

- como a primeira etapa do rei **14/2** 138
- como devorador das próprias asas **14/2** 61[143], 64[153], 158
- como *draco magnus* **14/2** 302
- como etapa prévia do leão **14/2** 158
- como *nigredo* **14/2** 390
- como *nostrum secretum sulphur* **14/1** 131
- como o diabo **14/2** 68[172]
- como opostos **14/1** 2, 136, 290, 301
- como paralelo ou rival de Cristo **14/1** 137
- como personificação da alma instintiva **14/2** 213
- como *prima materia* **12** 425, 530, 267*
- como símbolo da violência **14/1** 136
- como Uróboro **14/2** 148[336]
- como velho **14/2** 74, 213
- confrontação com o **14/2** 410
- coroado **14/2** 137
- de sete cabeças **14/2** 75, 147, 147[327], 147[328]
- despedaçamento do **14/2** 64, 158
- do Apocalipse **11/4** 710, 713; **14/2** 75
- dois **14/2** 68
- e as quatro cores (Hermes) **14/1** 295
- e mãe fecunda **5** 567[113]
- estirpe do **14/2** 148[333]
- exterminador de **17** 303
- ígneo **14/2** 298
- infernal **5** 567[113]
- luta com o **5** (537), 575
- luta entre o alado e o sem asas **14/1** 290
- mata e devora a si próprio **14/1** 139 232, 238
- matador do **14/1** 83, 84
- marinho **14/1** 295, 332
- mercurial como símbolo da concupiscência **14/1** 324
- morte do **14/1** 162[333], 163, 163[248], 164

- na concepção dos alquimistas **14/1** 139
- o domar do **12** 522
- o matador do **14/2** 147, 410
- que se abraça e se devora, **5** F 107, F 108
- Raab como **5** 380
- sacrifício do **5** 646; **11/3** 348
- sangue do **14/2** 74
- símbolo da má paixão **14/1** 182
- sinônimos alquímicos **14/1** 27
- substância transformadora **12** 173
- terrestre e sem asas **14/1** 23, 238
- transformação **14/2** 158
- venenoso **14/2** 6^{19}, 158
- vivificação do **14/1** 150, 163
- vomitador de fogo **14/1** 30
- cf. tb. Animais; Serpente; Uróboro

Dragão / draco **9/2** 23, 129, 158, 163, 181, 202, 214, 240, 307, 336, 369^{30}, 371s., 385, 393, 401; **13** 33, 86, 86^{15}, 104, 109, 109^{110}, 111, 118, 168^{67}, 246, 257, 267, 272, 276, 290, 314s., 381^{112}, 398, 406^{176}; **14/1** 15, 30, 63, 82, 84, 131, 136, 139, 141, 151, 162, 163, 164, 167, 182, 229, 232, 234, 238, 249, 258, 270, 287, 290, 301, 324
- alado **14/1** 136, 290
- a boca é feminina **14/1** 136
- a cabeça do d. (caput draconis) é imortal **14/1** 136, 137, 138
- a cauda e a cabeça do **14/1** 136, 137, 139, 238
- como desarmonia **14/1** 83
- como espírito ígneo volátil **14/1** 30
- como etapa prévia do "si-mesmo" **14/1** 290
- como *filius macrocosmi* **14/1** 137
- como filho dos sete planetas **14/1** 137
- como o demônio **14/1** 229, 249
- constelação **14/1** 171
- da Babilônia **14/1** 136
- do Apocalipse **14/1** 258

- dentes do **14/1** 82
- despedaçamento **14/1** 15, 150, 232, 238
- engravida a si próprio **14/1** 136, 139, 163
- irmã como harmonia **14/1** 83
- luta entre dragões **9/2** 181s.
- sem asas *Ouroborus* **14/1** 53, 83, 136, 290, 332

Drama
- alquímico e cristão **14/1** 118, 119, 120, 121
- de Schiller **15** 111
- salvífico divino **14/2** 310

Drei Abhandlungen zur Sexualtheorie (Freud) **4** 46, 48, 229, 251, 268, 278, 322, 372, 377

Droga **18/2** 1.765

Dromenon **9/1** 230

Druida(s) **5** 392, 393, 402; **13** 154

Drusiana **11/3** 419^{37}

Drusos **18/2** 1.521, 1.530

Dschou (duque) **15** 83

Dual kingship **16/2** 433

Dualidade **9/1** 555, 607; **12** 25s., 310, 156*, 413, 436^{41}; **9/2** 181, 182, 185, 234, 304, 402, 416; **13** 40, 226, 263, 284, 297, 358
- número dois **11/2** 256, 262

Dualismo **9/1** 20, 133, 189, 556; **9/2** 76, 85, 99, 103^{55}, 109, 112, 171, 437; **10/1** 573, 576; **10/3** 844; **11/4** 619; **13** 291; **14/1** 31, 83; **18/2** 1.553, 1.593, 1.625, 1.639, 1.650
- claro **11/3** 435
- Deus e matéria **14/2** 421
- - do Gênesis **14/2** 421
- dos paracelsistas **16/2** 454
- dos sistemas gnósticos **11/2** 249, 279

Índices gerais

- persa **11/2** 254, 279
- obscuro **11/3** 439

Double personnalité **13** 49

Dublin **15** 166, 186, 197

Duce **17** 284
- cf. tb. Mussolini

Duelo / complexo **2** 648s.

Duende **5** 183; **8/2** 203; **9/1** 408; **13** 124; **14/1** 84[224], 87, 298; **18/1** 586

Dupla / múltipla **8/2**
- consciência **8/2** 351
- face **1** 37
- natureza **3** 105
- personalidade **8/2** 253, 383

Duplicação **9/1** 674
- de casos **8/3** 824, 959
- cf. tb. Dualidade

Duplicação / duplicidade **9/2** 396

Duplicidade no modo de conceber **14/1** 141

Duplo politécnico **3** 204, 219

Durdales **13** 195

Durée créatrice (Bergson) **5** 425; **6** 604; **8/2** 278; **10/3** 312

Dúvida(s) **4** 145, 746; **6** 447, 658; **8/2** 526, 582, 750; **11/2** 201, 204, 259, 294; **11/4** 652, 660, 726, 735; **14/2** 15, 16, 17, 342, 346, 367, 406; **18/2** 1.310, 1.629, 1.677
- a respeito da obra da redenção **11/4** 654
- dia da (o segundo dia da criação) **14/1** 232
- fé na questão da verdade **14/2** 317, 406
- no pai-nosso **11/4** 652
- projeção da **11/2** 170
- voz da dúvida 308 ebionitas, conceito do demônio **14/1** 121

Dvandva **6** 324
- cf. tb. Pares de opostos **6** 324

Dyas / dois **10/4** 805

Dyce **1** 136

Dynamis **6** 468, 475
- do objeto **6** 564
- irracional, da alma **6** 17
- cf. tb. Libido

E

Ea **5** 291, 375; **9/2** 186; **11/2** 173

Eau de vie **14/2** 343

Ebenbaum
- cf. Árvore

Ebionita(s) **6** 25s.; **9/2** 78, 103, 134, 229, 307; **13** 271[155]
- cf. tb. Judeu-cristãos

Ecbátana, os sete muros de **14/2** 50[116], 241

Ecce Homo
- (Cristo) como representante do homem perfeito e total **14/1** 141
- em Nietzsche **15** 178

Ecclesia **10/3** 64; **10/4** 751; **14/3** 58, 61[30], 142, 146, 157, 157[8], 194, 257, 287, 293[69], 308, 521, 524, 531[87], 539, 561, 563, 570, 614; **18/2** 1.702
- *spiritualis* **9/1** 164; **14/3** 294[71], 308, 310, 477, 553, 585
- cf. tb. Igreja

Ecforia **8/2** 368

Echeneis remora **9/2** 217-224, 239
- cf. tb. Peixe

Eclesiástico **9/1** 50[26], 442[72]
- cf. tb. Bíblia

Eclipse **13** 104[96]; **14/1** 21, 23, 24, 26, 223
- da Lua **14/1** 63; **14/2** 63, 322[26]
- do Sol (solar) **11/1** 24; **12** 400

- - como morte em comum **14/2** 322
- mentiales (Janet) **3** 175[144]

Ecocinesia **3** 160

Ecolalia **3** 160; **18/1** 893

Ecopraxia **3** 27

Ecossintomas **3** 160

Écrivain como apelido de Vênus **14/2** 75

Ectoplasma **18/2** 1.498

Ectopsique **18/1** 20s., 89s.
- cf. tb. Conteúdos da consciência, funções

Edda **4** 494; **5** 170[84], 201, (399), 567, 569; **13** 458[327]; **14/2** 147

Edem / Lilith **12** 413; **13** 427; **14/1** 140

Edema psíquico **16/2** 472

Éden **9/1** 552, 560, 571, 579[126], 665; **9/2** 332, 373, 402[107]; **12** 529; **14/3** 261
- do paraíso **14/2** 292[243]
- jardim do **14/1** 269
- cf. tb. Paraíso

Edfu **14/2** 12

Édipo **5** 1, 45, 261, 272, 356; **6** 35, 106; **9/1** 259[3]; **10/2** 459; **10/4** 713, 714; **14/2** 383[158]
- Complexo de **10/4** 658; **14/1** 98
- e a Esfinge **5** 261, 264
- saga de **5** 1, 121

Índices gerais

Edmond, L. **1** 143

Edochinum (termo de Paracelso) **13** 168[65], 201s.

Edom **14/1** 42; **14/2** 56[133]

Edomita **14/2** 306[324]

Educação **3** 90; **4** 212, 308, 310, 442, 485s., 604, 631, 643, 680; **5** 62; **6** 570, 734, 758, 769s., 921; **10/1** 489, 498, 523, 549; **10/2** 928; **10/3** 203, 220, 890, 901, 1.008; **11/6** 1.045, 1.062, 1.070; **16/1** 122, 153, 158; **17** 16, 23a, 74, 83, 103, 107ss., 228s., 240s., 247, 253s., 284s., 292, 343
- auto **16/1** 170s.
- capacidade para ser educado **8/1** 112
- coletiva **8/1** 113
- - consciente **17** 254s.
- cristã **5** 95, 104; **6** 954; **12** 12, 24
- - anímica **12** 7
- de adulto **8/2** 786
- de si mesmo **17** 109s., 240
- e psicologia analítica **17** 98s.
- individual **17** 257, 266
- influência da **8/1** 104, 113; **8/2** 161, 632s., 702, 731, 766
- o sonho como auxílio da **17** 273
- para o indivíduo **8/2** 472
- para o ser social **16/1** 150, 152
- pelo exemplo **17** 253s.
- psicológica **17** 107a
- religiosa **8/2** 766
- tardia, entre os primitivos **8/2** 521
- sexual **18/1** 940

Educação / educador **18/2** 1.793s., 1.821, 1.823s.

Educador **17** 25, 100, 109, 130, 134, 142, 155, 202, 211, 228s., 236s, 239s., 247s., 258s., 281s., 284
- sacerdotal **17** 272
- cf. tb. Pedagogo

Eetsánatlehi **13** 130

Efeito **8/1** 57; **8/3** 840, 949
- curativo **17** 99
- de choque / explosão de granadas **16/1** 126
- do numinoso **11/1** 6
- elemento "ativo" e "agente" **11/3** 379
- psícocinético **14/2** 327

Efemérides (astrologia) **8/3** 869

Efésios
- Carta de Inácio de Antioquia aos **8/2** 388
- Carta de São Paulo aos
- - cf. Bíblia

Éfeso **9/1** 242[42;] **10/4** 725; **11/2** 194; **11/4** 700, 734[1]
- Concílio de e a Mãe de Deus **14/1** 231; **14/2** 399[215]

Eficácia / eficaz
- da interpretação dos sonhos **16/1** 86, 89, 91, 95s., 99, 101
- o "extraordinariamente eficaz" (Lehmann) **16/1** 4
- viva das representações pictóricas **16/1** 104s., 111

Eficaz, o **8/1** 126

Egípcio **14/1** 31, 42, 61, 250; **14/2** 214[12], 225, 259
- como ignorante **14/1** 250

Egito **8/2** 313, 735; **8/3** 845; **10/3** 84, 158, 188; **10/4** 589, 645; **11/3** 369, 372, 448; **11/4** 641; **14/1** 281; **14/2** 2, 2[5], 3, 4[15], 12, 30, 69[178], 225, 274, 323, 383; **14/3** 365, 490; **15** 165[6], 168; **16/1** 223; **16/2** 435, 438
- como fonte para a concepção do homem primordial **14/2** 259
- como o negro no olho de Chemia **14/1** 61[131]
- como origem da alquimia ocidental **14/1** 311
- concepções egípcias **6** 444
- confissão negativa da culpa no **6** 1.032

- encarnação de deus no **11/4** 624, 631
- o lento extinguir-se da cultura do **14/2** 398
- politeísmo no **5** 147
- protótipo da Trindade no **11/2** 177
- teologia real **11/2** 197; **11/4** 748
- saída do **14/1** 250

Egito / egípcio **9/1** 25, 37, 60, 93, 193, 229, 239, 242[42], 438, 559[84], 573, 605[169], 652[8], 702; **9/2** 106[59], 129[27], 131, 163, 186s., 189, 267, 309, 322, 328, 338, 366; **13** 31, 97s., 104, 107, 178, 261, 278, 360s., 367, 401, 404, 424s.; **18/1** 230, 242, 265, 401, 416; **18/2** 1.569[5], 1.617, 1.656
- cultura helenístico-egípcia **18/2** 1.515, 1.827
- fórmula egípcio-judaica **18/2** 1.657

Ego **2** 1.067
- cf. tb. Eu
- não ego
- - cf. tb. Eu
- os despojados do**7/2** 236

Egocentricidade **11/1** 156

Egocentrismo **6** 306, 664, 692, 696, 715; **8/2** 432
- atitude agocêntrica **2** 415, 427-433, 499s., 529s., 539, 544, 551
- como compensação **6** 636
- e inconsciente **6** 641

Egoidade **11/3** 390, 401

Egoísmo **4** 352, 390, 531, 677; **6** 399, 638, 692, 717; **14/2** 17, 18, 204; **15** 158, 169
- crasso **14/1** 338
- e caráter histérico **1** 451

Egoísmo / egocentrismo **17** 136s., 222, 226

Éguas
- da Lusitânia **5** 150[48]
- cf. Tb. Cavalo

Eide **3** 527; **8/3** 932

Eidola **8/3** 932

Eidolos / fantasma **14/2** 384

Eidos **9/2** 64
- cf. tb. Ideia

Ein Beitrag zur Psychologie des Gerüchtes (Jung) **4** 173[15], 174[18], 502, 505

Ein Traum der sich selbst deutet (Rank) **4** 328

Eisleben **10/2** 382

Eixo **13** 348
- cf. tb. Mundo, eixo do

Ekápada
- como verso de um só pé **14/2** 392[201]

Ekoi **8/1** 125

Ekpyrosis **14/3** 180[35]

El
- como Deus **14/2** 301[290]

El 'Elion **11/3** 328

Ela / a feiticeira (Haggard) **15** 142

Elaboração inconsciente do complexo **5** 117, 122

Elan vital **3** 418, 423; **4** 568; **8/1** 55; **8/2** 678

El-chai
- como nome divino para Jesod **14/2** 274[215]

Electra
- Complexo de **3** 564

Elefante **4** 42, 337; **9/1** 315; **9/2** 356; **10/3** 134
- rasto do **10/3** 1.002
- cf. tb. Animais

Elefantina **9/2** 186

Eleição divina **11/4** 577, 620, 646, 655, 678, 718

El-Elioun **18/2** 1.529

Elementares **8/2**
- demônios **8/2** 578
- ideias **8/2** 353

Elemento(s) **8/2** 388; **8/3** 920[86]; **9/1** 535[11], 554, 564, 575, 578s., 580[133], 588; **9/2** 100, 225, 250, 256, 258, 263, 264, 307, 307[33], 334, 345, 375-377, 380s., 388, 392, 393s., 420; **10/4** 629; **12** 1*, 31s., 165, 167[43], 173, 64*, 82*, 220, 93*, 310, 114*, 333, 117*, 433, 449, 456[40], 457, 469, 491; **13** 86[6], 86, 89, 109, 111, 122, 125s., 148, 160[38], 165, 168, 171s., 176, 186s., 188, 198, 206s., 215, 242, 256, 267, 274, 336, 343, 357[52], 359, 385, 402, 446; **16/2** 476, 478; **18/2** 1.133, 1.695, 1.701, 1.781, 1.784
- amizade e inimizade entre os **14/1** 84, 101
- as quatro propriedades dos **14/2** 274
- atuação dos pares do quatérnio **14/2** 320
- berço dos quatro elementos **14/1** 284
- combinação dos quatro **14/2** 320[11], 322, 371[130]
- como componentes do caos primitivo **14/2** 235[80]
- como *prima materia* **12** 425s.
- como prisão da psique divina **14/2** 6
- como totalidade do mundo físico **14/2** 322
- demônios dos **8/1** 115
- disposição circular dos **14/2** 112, 219, 220
- divisão em superiores e inferiores (Aristóteles) **14/1** 7, 7[35]
- em Empédocles **8/1** 55
- em luta no caos **14/2** 41, 100, 159, 170, 174, 217, 235[8], 274, 321, 375, 420, 445
- em Paracelso **13** 204

- harmonia dos elementos **14/1** 84
- inimigos **16/2** 523
- *inimicitia elementorum* **16/2** 383
- mistura dos **9/2** 100, 241[16], 400
- na alquimia e na Química moderna **14/1** 1
- no sentido antigo **14/2** 6, 14[60], 36, 41, 64, 217, 235[80], 235[81], 364, 386[181]
- ômega **9/2** 377; **10/4** 728
- o quinto elemento (quintessência) **14/1** 40[31], 235[408]
- os cinco
- - dos chineses **14/1** 242, 243; **14/2** 60[140]
- - dos maniqueus **14/2** 39, 39[95], 127
- projeção nos **12** 410
- quaternidade **14/1** 1, 2, 5, 7, 9, 10, 14, 19, 40, 42, 45, 52, 64, 66, 71, 101, 115, 139, 254, 255, 259, 263, 269, 269[301], 284, 288, 335
- - dos ocidentais **14/2** 18[60], 49[114], 111, 112, 159, 217, 219, 235, 274, 320, 321, 322, 376, 376[143]
- quatro **6** 1.031; **11/1** 92s., 120s.; **11/2** 182; **11/4** 674; **14/3** 5, 113-114, 305, 335, 374, 407, 447, 452-453, 488-489, 505, p. 94-95, p. 110-111, p. 116-117, p. 128-129; **15** 38; **16/2** 402, 403, 410, 459[5], 529
- químico **16/2** 353
- representação medieval por quatro círculos **14/2** 112
- rodas dos **14/1** 255
- separação dos **12** 334, 366[52], 475s., 530
- simbolizados pelos quatro continentes (Majer) **14/1** 269[501]
- solução e separação **14/1** 300
- transformação dos **8/1** 90; **8/3** 952
- união dos **14/2** 100, 274, 335, 335[80], 420
- - de dois em dois **16/2** 451, 462

Elementum capitis **10/4** 728

Elétrica **8/1** 83, 90, 93

Eletricidade **8/1** 82, 90; **8/2** 406

Elétrico, efeito
- cf. Estímulo, resistência

Eletromagnéticas
- tempestades **8/3** 872

Eletromagnetismo **4** 282

Eleusínias
- efeito psíquico das **14/1** 306

Eleusis
- mistérios de **9/1** 25, 205, 208; **9/2** 339, 339[135]; **10/4** 809
- cf. tb. Mistérios

Elevação
- na missa **11/3** 317, 326

Elevador **12** 201
- motivo de sonho **13** 399
- símbolo onírico **14/1** 290

Elfo(s) / élfico(s) **8/2** 202; **9/1** 268, 371

Elgon (monte) **7/2** 276, 293[5]; **9/1** 35, 288, 481; **10/3** 118, 126; **18/1** 551, 674, 759; **18/2** 1.288

Elgoni (tribo) **18/2** 1.288

Elgônis **8/1** 129[86]; **8/2** 329, 411, 575[2]

Elgonyi **10/3** 128, 144

Elias **6** 443; **9/1** 247, 253, 428[55]; **9/2** 167, 187[24]; **10/4** 622[12], 733; **13** 171[82], 171, 190[168], 206; **18/1** 527; **18/2** 1.518-1.531
- arrebatamento de **11/2** 151[18]; **11/4** 686
- ascensão de **5** 158[64], 287; **12** 469, 207*
- e Eliseu **18/2** 1.521

Elipse **3** 50[70], 271

Eliú **11/4** 566

Elixir **11/1** nota 35 (cap. I); **14/3** 47[15]
- da vida / *vitae* **9/2** 194; **10/4** 727, 741; **11/1** 161; **14/1** 1, 14, 44, 102, 285; **14/2** 104, 106, 127, 225, 235[82],

328, 412, 425, 429, 430; **14/3** p. 47[15]; **16/2** 531;
- balsamum como o **14/2** 328, 425
- cf. Vida, elixir da

Elogábalo (deus do Imperador Heliogábalo) **9/2** 145[75]

Eloim **9/1** 552, 560, 571; **11/4** 576

Elquesaíta **14/2** 319[358]

Emanação **9/2** 118, 378; **13** 215, 283; **18/2** 1.549
- doutrina no gnosticismo **14/2** 300

Emancipação do pensar **14/2** 387

Emanuel **6** 503

Emasculação
- cf. Castração

Emaús **9/2** 174

Embaixo
- tema do estar **12** 71, 148, 157, 305

Embalsamamento **11/5** 855; **13** 86; **14/3** 510

Embebimento / embebição **14/2** 61, 82

Emblema de Avicena **14/1** 2

Embotamento **3** 9[10], 383
- emocional **3** 33, (40), (103), 144, (152)
- precoce **3** 330

Embriaguez **2** 649, 680, 699, 1.006s., 1.032; **11/3** 384
- dionisíaca **6** 210s., 216s., 946

Embrião **13** 76; **14/2** 16; **14/3**, 276, 328-329, p. 84-85
- tecido embrional não diferenciado **14/2** 216

Embrionário
- estado **8/1** 69

Em cima / embaixo **13** 455, 462, F 6

Índices gerais

Emera **9/2** 145[75]

Emmerich, C. **1** 352

Emoção(ões) **3** (474), 527; **6** 542, 609, 712, 751, 788, 952; **8/1** 55; **8/2** 667; **9/1** 122, 125, 127, 134, 144, 179, 225, 496, 498, 559; **10/1** 562; **11/1** 132; **11/4** 647; **11/5** 957, 959; **15** 62, 64, 72; **16/2** 262, 270; **18/1** 15, 35, 42s., 46, 65, 90, 102, 319s., 342, 400, 420, 432, 441, 461, 466, 474, 502, 540s., 570s., 584, 588s., 596, 616, 655, 745, 844, 855s., 879, 888s., 938, 947, 970s., 985, 1.015, 1.043; **18/2** 1.147, 1.150, 1.155, 1.190, 1.242, 1.257, 1.271, 1.311s., 1.389s., 1.441, 1.552, 1.575, 1.581, 1.792, 1.809
- ação da **1** 354, 357
- - concepção de Janet **1** 340
- - em histéricos **1** 318s., 464, 475
- - prolongada **1** 349
- - sobre a memória **1** 319
- cf. tb. Sentimento
- ausência de **1** 387
- consequências da 307, 310
- de atividade **3** 170, 174
- e ab-reação **1** 297
- e a razão crítica **11/4** 556
- e insanidade moral **1** 195
- experiência das **11/4** 619
- fonte da sugestão **1** 423
- influência sobre a consciência **1** 423s.
- instabilidade da **1** 204
- medo da **6** 538
- papel etiológico da **1** 304, 338, 349
- patológica **17** 141s.
- repressão (Freud) **1** 349
- reprimida **16/1** 130; **17** 177
- subjetiva **11/4** 559
- cf. tb. Sentimento

Emoção / afeto **4** 67, 206, 224

Emoção / comoção **14/3** 89, 368, 543, 570, 590
- cf. tb. Afetos

Emoção / emocional / emocionalidade / emotividade / emotivo **2** 3, 11, 92, 103, 120, 125, 132, 136, 166s., 172, 194, 207, 234, 237, 266, 298, 314s., 400, 417, 419, 430, 453, 490, 516, 520, 529, 539, 564, 602, 611, 613, 635, 637 694, 747, 751, 761, 772, 798, 803, 813, 816, 846, 882, 891, 900, 909, 976, 984, 992, 1.006, 1.017, 1.022, 1.027, 1.040, 1.048, 1.050, 1.053, 1.055, 1.058s., 1.061s., 1.063s., 1.066s., 1.074, 1.079, 1.080, 1.083, 1.093, 1.094, 1.111, 1.118, 1.132, 1.147, 1.165, 1.179s., 1.180, 1.185, 1.187, 1.192, 1.197, 1.210, 1.302, 1.328, 1.343, 1.352, 1.356, 1.379, 1.380; **9/2** 10, 15, 31, 100, 203[37], 212, 287[1], 409[112]; **10/2** 393; **10/3** 78s., 826, 829, 836, 850, 864, 957; **10/4** 643; **13** 7, 60, 68, 146, 202, 316, 341, 450, 455; **14/2** 64, 65, 237[96], 335, 431
- explosões emotivas **14/2** 64, 64[152], 65
- turbulência emocional **14/2** 356
- valoração emocional **14/2** 431
- cf. tb. Afeto; Sentimento

Emocional **15** 98, 128, 182
- estado emocional perturbado **8/2** 166, 168
- estupidez **3** 53, 177, (482)
- paralisia **3** 147

Emocionalidade **7/1** 64[2]; **7/2** 323, 326; **8/3** 892
- da alma **8/3** 859
- do sujeito da experimentação **8/3** 846, 856, 902

Emotividade **4** 60

Empatia **4** 601s., 662; **6** 553s., 789, 863, 879, 940; **8/1** 5; **8/2** 543
- como extroversão **6** 554, 560, 941
- como função **6** 66, 565
- como introjeção **6** 882

- como processo de assimilação **6** 554, 595s.
- como projeção **6** 554, 558, 882
- do clássico e do romântico **6** 615
- do introvertido **6** 611, 616
- e abstração **6** 66, 553, 555, 558s., 565, 568, 940
- e objeto **6** 66, 565s., 581, 611, 789
- o empatizante e o mundo **6** 565

Empíreo **8/2** 659; **14/2** 118
- cf. tb. Céu

Empiria
- moderna **5** 17

Empiria / empírico **4** 42, 145, 194s., 210, 322, 375, 535, 562, 685, 777s.; **9/2** 2, 6, 11, 13, 59, 60, 63s., 73, 75, 76, 97s., 426s.
- cf. tb. Experiência

Empíricas
- ciências **8/2** 346; **8/3** 833

Empírico **6** 572, 580, 593s., 603; **9/1** 149
- tipos irracionais como **6** 687

Empírico / empirismo **13** 285, 350, 378s., 438, 482; **18/2** 1.116, 1.510s., 1.602, 1.642, 1.669, 1.686, 1.730s., 1.737
- cf. tb. Psicologia empírica

Empirismo **3** 420; **6** 581, 587, 589, 592, 596, 601; **8/3** 821; **9/1** 150, 155; **15** 17, 25, 59, 64, 206; **17** 127s.
- como origem dos conceitos psicológicos **14/2** 206
- da pesquisa **14/2** 108
- modo de considerar, empírico **17** 160, 162s.
- pluralista **6** 572
- sensualismo (em James) **6** 572

Empirista
- Jung como **8/2** 604

Empolgação **14/2** 106, 432, 440, 442
- *a priori* **14/2** 406
- pelo arquétipo **14/2** 400, 432, 442

Empusa **5** 577; **9/1** 157

Empyraeum **14/3** 407

Emundatio / purificação **14/2** 310, 315

Enantiodromia **5** 581; **6** 143, 309, 520, 790s., 761; **7/1** 111; **9/2** 78, 149, 150, 156, 160, 169, 231, 355, 410; **10/3** 164; **11/3** 375, 444; **11/4** 627, 694, 717; **11/5** 828, 1.010; **12** 111, 112, 118; **13** 294; **14/3** 173, 377, 553; **15** 94; **16/1** 212; **16/2** 493; **18/2** 1.598s.
- catastrofal **14/2** 135
- do *eon* dos peixes **11/4** 725, 733
- do Yang e do Yin **11/3** 378
- processo de inversão **9/1** 82, 397, 417, 433[60], 488, 624

Encantamento **3** 177; **14/2** 68, 158[385], 343[77], 398
- amoroso e o alecrim **14/2** 361
- de Vênus **10/4** 700
- os sete meios de **14/2** 236[94]

Encarnação **9/1** 253; **9/2** 77, 277, 294; **10/1** 529; **10/3** 141; **10/4** 695; **11/5** 837; **13** 46[27]; **14/3** 201, 291, 328, 385, 401, 428, 508, 515, 540, p.68-69, 86-87; **18/2** 1.325s., 1.335, 1.342, 1.507, 1.511, 1.549s., 1.551, 1.555, 1.570, 1.596, 1.619, 1.620s., 1.633, 1.645, 1.658, 1.660s., 1.681, 1.684, 1.743
- de Cristo **14/1** 282; **14/3** 316
- - cf. tb. Cristo feito carne; Humanização de Deus; Reencarnação
- apreciação da **11/4** 626

Endógama / tendência incestuosa
- cf. Tendência

Endogamia **9/2** 382
- complexo de **3** 564

Índices gerais

Endopsique **18/1** 20, 37, 43
- cf. tb. Conteúdos da consciência; Funções

Endossomático **9/2** 3

Endymion **14/1** 181

Enéade (grupo de nove) **5** 408

Eneias **14/3** 109

Energeia **8/2** 441

Energética(s) / energético(s) **6** 128; **10/2** 423
- fenômenos espirituais como **8/3** 836, 840
- ponto de vista e **8/1** 1-25, 28, 34, 41, 51, 56s., 73, 75, 130; **8/2** 407, 441
- - emprego do **8/1** 26-32
- - cf. tb. Ponto de vista finalista
- possibilidade **8/1** 6-13
- processo **6** 528, 549, 77s.; **8/1** 3, 50; **8/2** 798
- relação e. entre os processos psíquicos e fisiológicos **8/2** 441
- represamento da **6** 22, 913
- tensão **8/2** 152
- teoria **8/1** 37
- - primitiva **8/1** 6-13 121[3]

Energia **3** 418; **5** 189; **6** 6, 173, 528, 578, 748, 810; **7/1** 151, 159, p. 125, 145; **7/2** 252, 258; **9/1** 68, 174; **9/2** 394; **10/2** 423; **11/2** 279; **11/5** 898; **12** 57, 169; **14/3** 72-73, 96; **18/2** 1.110, 1.312, 1.640
- acontecimento energético **14/2** 365
- canalização da **6** 440
- cinética **8/1** 72, 80s.
- como Deus **8/2** 678
- como ideia **6** 42, 650
- conceito de **6** 37, 42, 45, 367, 406; **8/1** 1, 19, 26-47, 52, 73, 103; **8/2** 278, 441, 528
- - em Freud **8/1** 54
- - em Grot **8/1** 8, 19[18]

- - em Hartmann **8/1** 5[6]
- - em Ostwald **8/1** 5[6], 19[18]
- - em Wundt **8/1** 41
- - hipostasiado **8/1** 19[18]; **8/2** 152-155
- - primitivo **8/1** 127s., 130
- conservação da **7/1** 106, 108
- criadora divina **5** 522
- da fantasia **6** 803
- das tendências subjetivas **6** 637s.
- diminuição da **6/2** 372s.
- - cf. tb. Perda da alma
- de crescimento **5** 206
- de nutrição **5** 206
- destrutiva **7/1** 75, 192
- disponível **7/1** 75, 93s.; **8/2** 167
- dissipação da **6** 440
- do elemento central **8/1** 19
- dos complexos **3** 545
- dos elementos inconscientes **6** 171; **16/2** 372
- dos instintos **7/1** 195
- e força **8/1** 26s., 52
- e limiar da consciência **8/2** 270, 362s., 366
- especificações **8/1** 27, 72
- física **6** 811
- - material) **8/1** 56, 80
- - orgânica **8/1** 79
- fluxo da **7/1** 75s., 93
- forma **7/1** 71, 76, 94
- - espiritual **8/1** 52; **8/2** 377
- impulsiva nos criminosos **1** 362
- irradiadora **11/5** 930
- lei da conservação da **8/1** 9, 34; **8/3** 953
- liberação de **11/1** 82
- libido como pressuposição da energia psíquica **14/2** 366
- pela tensão dos contrários **7/1** 34, 115, 121
- potencial **8/1** 26, 72
- princípio(s)
- - básicos da **8/1** 34s., 41, 48
- - de constância da **8/1** 34

- - de equivalência **8/1** 34s., 41, 48
- proveniente da tensão dos contrários **11/2** 291; **11/3** 291
- psíquica **5** 17, 128, 193, 200, 296; **7/1** 71, 93; **7/2** 206; **8/1**, 59, 98, 127; **8/2** 415, 729; **11/5** 810; **14/2** 365, 366; **15** 123, 158
- - e física **6** 810
- - e imagem primitiva **6** 841
- - libertação e vinculação da **6** 789, 834
- - repressão da **16/2** 438
- *quantum* / quantidade de **8/3** 956
- represamento da **6** 22, 913
- sublimação da **7/1** 71, 74
- retrocesso da **6** 579
- transferência como explicação da Astrologia **8/3** 829
- transformação da **8/1** 4, 54s., 58, 77, 79, 88, 92s., 113; **15** 53
- universal **7/1** 108
- cf. tb. Libido

Energia / energético **4** 250, 267, 269s., 279, 281s., 290, 566s., 661, 779s.; **10/3** 6, 8, 21, 139, 175, 253
- conservação da **4** 246, 253s., 260, 281, 567, 689

Energismo psíquico **8/2** 406

Enfeitiçado
- cf. Bruxa

Enfeitiçamento **8/2** 571, 625

Enfermeira **8/2** (m.s.) 478

Enfermidade **8/2** 705
- mental **9/2** 67

Enganar-se **4** 380

Engano
- no falar, no ouvir, no ler **2** 118, 547, 611, 616, 621, 640, 772, 816, 829[16], 935, 996, 1.324, 1.350, 1.363

Engenho / capacidade **14/2** 158

Engonasi (constelação) **14/1** 171, 171[210]; **14/2** 158[365]

Engourdissement **3** 161; **6** 186

Engrama **6** 451, 833; **8/2** 368
- funcional **6** 270

Engramas (Semon) **7/1** 159

Eniantodromia **8/2** 425

Enigma(s) **5** 261, 264, 326, 421, 526; **14/2** 123, 127[276]
- bolognese **14/1** 76-100, 47, 65, 88
- - autenticidade **14/1** 47, 65, 88
- - como "paradigma" do único método da alquimia **14/1** 85
- - interpretações **14/1** 52, 92, 93
- - origem do **14/1** 46, 51, 65, 85, 86, 97
- - paradoxalidade do **14/1** 46, 47, 86
- de Parnakes **14/1** 37[228]
- de Platão **14/1** 37[228], 87
- diversos **14/1** 64

Enigma Ulisses **15** 203

Enkekalymenos **9/2** 37, 37[4]

Enkidu **5** 506, 552; **9/1** 253; **13** 425, 428; **18/1** 235s.

Enkolpia
- cf. Cruz

Enkolpios
- cf. Dioniso

Ennoia **9/2** 298, 307[33]; **13** 97; **14/1** 155, 155[2], 156; **14/2** 255[166]; **14/3** 107, 107[157], 111
- como introdutor do ano bissexto **14/2** 235[86]

Enoc / Henoch **14/2** 212[10], 235[86], 236[95]

Enochdiani (termo de Paracelso) **18/2** 1.528[8]

Índices gerais 301

Enoque **14/1** 6[21]
- emparelhado com Hermes **14/1** 6[21]

Enos **12** 458, 543; **13** 171[87]

Ens realissimum **11/4** 558

Ensinamentos secretos **9/1** 6, 10

En Soph / Aen Soph **14/2** 258, 264, 268, 268[206], 309[940]

Entelecheia / enteléquia **8/2** 388[60]; **9/1** 278; **13** 41
- como princípio do ser vivo **14/1** 112
- em Leibniz **8/3** 927

Entendimento **8/3** 913; **9/2** 374; **10/2** 387
- racional **16/1** 99

Enthymesis **13** 449

Entia (Paracelso) **15** 14

En to pan **11/3** 353, 440

Entranhas **15** 168, 188

Entropia **8/1** 3, 48s., 58; **8/2** 575

Entusiasmo **8/2** 595; **9/1** 228, 598
- pedagógico **17** 287

Enuma elish **9/2** 189

Enunciado
- ditos de Cristo **11/3** 377; **11/4** 735
- metafísicos **14/2** 332, 342, 436, 437, 440, 443
- psicológicos / psíquicos **11/3** 379
- religiosos **11/3** 447; **11/4** 735, 752; **14/2** 29, 436, 441, 442
- transcendentais feitos por antinomias **14/2** 372

Enurese noturna **4** 580, 592

Envelhecimento **8/2** 777, 785
- lei do **5** 617

Envenenamento **18/1** 794, 905
- cf. tb. Toxina

Envenenar **14/3** p. 66-67

Envolvente **17** 331s., 340s.

Envolvido **17** 331s., 339s.

Envolvimento
- etimologia **5** 366

Enxaqueca(s) **8/2** 709; **15** 103

Enxofre **9/2** 218; **12** 401, 425, 194*, 470, 484, 511[205], 539; **13** 97, 171[82], 171, 177, 268, 276, 356, 429[268]; **14/3** 292, 320, 366[109], 596
- cf. tb. Sulphur

Éon / período mundial **9/1** 131[22], 533[7], 551s., 564, 576[119]; **9/2** 75[24], 139, 140, 164, 204, 281, 310, 400; **10/3** 293; **10/4** 589, 696, 755; **13** 273
- Áries **9/2** 162
- do Aquário **9/2** 136, 142, 149
- do Carneiro **9/2** 147
- cristão **9/2** 114, 148, 160, 162, 358
- novo **9/2** 139, 147, 148, 149[88], 153, 156, 177, 232, 400
- cf. tb. Era, idade

Éons / emanações da divindade no gnosticismo **14/1** 155, 155[211]; **14/2** 253, 255

Epiclese **11/3** 321

Epidauro **9/2** 294; **18/1** 257

Epidemia / contágio **18/1** 93, 156, 318, 696; **18/2** 1.161, 1.358, 1.385, 1.389, 1.474, 1.495

Epifania **9/1** 289, 304; **10/4** 622, 691, 694, 751, 770, 771; **11/3** 321
- Festa da **9/2** 164

Epigrama de Agathias **14/1** 88

Epigramma Mercurio philosophico dicatum (*Mus. herm.*) **13** 278

Epilepsia **8/2** 582; **9/1** 151; **14/1** 24, 152[281]; **14/2** 60[139]; **14/3** 389; **18/1** 203, 815, 918, 967s., 997s.

Epilepsia / epiléptico **1** 2s., 5, 30s., 342; **2** 116, 450[68], 499-559, 1.232-1.246, 1.254, 1.301; **3** 151, 326, 582; **5** 206
- ataques de **1** 29
- cf. tb. Histeroepilepsia

Epiléptica
- demência **3** 471
- perturbação mental **3** 497

Epiléptico **17** 137, 292

Epileptoide
- estado crepuscular **3** 571

Epimeteu **6** 480s., 512, 524, 628, 630, 796; **13** 126, 460[338]
- como extrovertido **6** 262s., 276
- como introvertido **6** 305
- em Goethe **6** 300s.

Epinoia (invenção) na gnose de Simão **14/1** 155, 155[22], 156, 161, 165

Episcopus puerorum **9/1** 458, 460

Epistemologia
- crítica **8/2** 359, 625; **8/3** 920
- ética **8/2** 622

Epistola ad Hermannum (*Theatr. chem.*) **13** 273[170], 321[5s.]

Epístola aos Coríntios
- cf. Bíblia

Epístola aos Filipenses
- cf. Bíblia

Epístola aos Gálatas
- cf. Bíblia

Epístola aos Hebreus
- cf. Bíblia

Epístola aos Romanos
- cf. Bíblia

Epístola aos Tessalonicenses
- cf. Bíblia

Epístola de Barnabé
- cf. Bíblia, apócrifos

Epitáfio **14/1** 69, 94
- de Aélia **14/1** 46, 47, 48, 58, 65, 66, 69, 88, 92

Época
- alexandrina **14/2** 180
- alquímica **14/2** 335, 364[123], 394
- áurea **14/2** 232
- e o conceito específico da verdade **14/2** 397
- espírito da **8/2** 652s.; **8/3** 860; **15** 118, 119, 130
- helenística **14/2** 65, 83
- minoica **9/2** 274
- vitoriana **15** 45, 47, 56, 57

Epona **9/1** 450

Epopeia
- babilônica da criação do mundo **5** 375
- de Gilgamesh **5** 251[1], 299[72], 315[11], 396, 396[128], 398, 506, 513; **13** 425, 428

Equanimidade **14/2** 335

Equeneido **9/2** 133, 137, 139

Equidiano **13** 180[129]

Equidna **5** 265, 315, 577

Equilíbrio **6** 3, 435, 640
- morto **14/2** 367
- perda do **6** 39, 433, 631, 769, 967
- perturbado **16/2** 330s., 358, 363, 394
- psíquico **3** 454; **7/1** 170; **8/2** 547, 762
- - distúrbio do **7/1** 111; **16/1** 22, 252
- - transtorno / perturbação **7/2** 252s., p. 152

Equinócio da primavera **10/4** 589

Equivalência
- em vez do efeito causal **8/1** 59
- psicofísica **8/3** 932[126], 952s., 985
- princípio de **8/1** (Busse) 20s., 41, 48, 72
- relações de **4** (272), 282

Índices gerais

Era
- cristã **8/1** 92; **14/2** 153
- dos peixes **11/2** 257; **11/4** 725, 733

Era / época **18/2** 1.621, 1.661, 1.684, 1.749
- espírito da **18/2** 1.665s.

Erataoth (arconte em forma de cão) **14/2** 239

Erda (mãe primitiva) **5** 598

Erebos (rio na região dos mortos) **14/1** 74, 203

Ereção **6** 451
- capacidade de **4** 228

Erecteu / Erequiteu **5** 594; **14/2** 146[326]; **18/1** 260

Eremita **9/1** 405; **11/5** 786

Ericipaeus **8/3** 854

Érida **8/2** 627

Erínias **5** 577; **8/2** 206

Ermitão **10/4** 649

Ermo (deserto) **14/1** 184, 252

Eros **4** 661, 776; **5** 126, 272, 458; **6** 438; **7/1** 33, 42, 55, 79, p. 144; **9/2** 20, 22, 29, 35, 37, 41, 51, 338[134]; **10/2** 375; **13** 7, 60, 194, 278, 299, 344, 389; **14/3** 108, 368-371, 540, 545; **18/1** 830; **18/2** 1.698s., 1.711
- caráter paradoxal de **14/1** 94
- como mediador **5** 242
- como relação pessoal **11/4** 621
- como relacionamento na base do sentimento **14/1** 218, 220, 225, 327
- como representante do sentimento **14/2** 329
- cultura do **16/2** 361
- cupido **14/1** 93, 136, 218, 220; **14/2** 271, 329
- em Platão **8/1** 55
- fantasia erótica **16/2** 414

- infantil **8/2** 146
- natureza de **14/1** 93
- problema erótico em Fausto
- - cf. *Fausto*
- sal como 316, 327
- sexual **16/2** 361
- significado cosmogônico em Hesíodo **5** 198

Eros / erótico **9/1** 164, 167s., 170, 176s., 680; **10/3** 5, 62, 200, 255, 265, 275, 990
- auto- **9/1** 586
- religioso **9/1** 258

Érotes / sepulcrais **5** 294

Erótica / erotismo **4** 63, 439, 730; **5** 102, 105, 438[40]

Erótico / erótica **8/2**
- complexo **8/2** 209
- experiência **8/2** 460, 463

Erotismo **7/1** 14[8], 32; **7/2** 256
- alegoria erótica **6** 442s.
- das figuras do *Ros. Phil.* **16/2** 451, 460
- distúrbio de ordem erótica **7/1** 10s., 13s.
- e conflito erótico **7/1** p. 142s.
- espiritualização do **6** 446
- repressão do **6** 307, 431s., 539

Erotismo / erótico **1** 199, 206s.; **2** 245s., 270, 295s., 312, 374, 381, 610, 611-614, 616, 621, 629, 643, 658, 673, 676, 685s., 716, 722s., 816, 819, 833, 839, 843, 851, 1.008; **18/1** 324, 335, 1.008, 1.046; **18/2** 1.079
- anal **4** (53s.), 196
- auto- **18/1** 321, 338, 343, 1.013; **18/2** 1.699
- cf. tb. Complexo, sexualidade-

Erotomania **5** 69[13]

Errante **10/2** 373, 391[11], 393

304 Obra Completa – Vol. 20

Erro(s) **8/1** 102; **8/2** 165, 705s., 746; **11/5** 933; **18/2** 1.149, 1.256
- na leitura **18/2** 1.149
- no falar **18/2** 1.149
- querer "fazer" como **11/5** 840

Erro na leitura
- explicação do **1** 151s.
- expressões em dialeto no **1** 73, 152s.
- histérico **1** 38, 73s.

Erupções cutâneas **3** 468

Erva **14/3** 555
- daninha **14/2** 405
- das bruxas / celidônia **14/2** 360
- do campo **8/2** 484
- erva mágica / da vida / da imortalidade / milagrosa **5** 250, 293, F 45, 457, 642; **14/2** 353, 362, 364, 411

Erythia (ilha) **14/2** 318

Esaldaio / Esaldaius **9/2** 307, 325

Esaú **14/2** 56[133]

Escada / *scala* **4** (S) 539s.; **9/1** 342, 346; **9/2** 187; **12** 65, 66, 78s.; **14/3** 555
- como *transitus animae* **14/2** 242
- *scala lapidis* **12** 15*
- subida de **8/2** (m.s.) 535

Escalpação / esfolamento **11/3** 348, 348, 361, 369, 403

Escalpo **13** 86, 92s., 116[145]

Escandinávia **18/1** 195

Escapulir-se
- ato de **8/1** 68

Escarabeídeo **8/3** 843, 972

Escaravelho **8/3** 843-850, 855, 857, 974; **9/2** 143[67], 356; **14/2** 371[132]; **18/2** 1.203
- cf. tb. Animais

Escarlatina **1** 193

Escatologia **9/1** 257; **11/4** 645, 647; **13** 294; **15** 195

Esclarecimento
- do paciente sobre o método psicanalítico **4** 635
- efeitos do **16/1** 148
- elucidação **16/1** 122, 136s., 141, 144s., 158
- época do **17** 302
- sexual **4** 22s., 124s., 502s., 517s., 599; **17** 23, 29, (58s.), 63s., 73s., 143

Esclarecimento / espírito esclarecido **16/2** 442, 533
- da transferência
- cf. Transferência

Esclarecimento / Iluminismo **14/2** 173, 185
- Francês **14/1** 142

Escoamento do espírito **14/3** 94, 194

Escocês **9/1** 408

Escócia / escoceses **10/2** 913

Escola(s) **8/1** 112; **8/2** 630; **17** 103s., 107a, 221, 228, 230s., 328s., 246s., 249s.
- criança e **17** 107a.
- eleática **6** 43
- de Freud **4** 175, 187, 215, 230, (342), (553), (564), 781; **10/3** 2s., 177s., 186s., 350, 356, 830; **10/4** 658, 659; **11/6** 1.060
- - e Adler **4** 773
- - cf. tb. Freud; Psicanálise
- de Stern **4** 125
- de Jung **4** (758)
- importância da **17** 107a
- megárica **7/1** 80
- platônica **6** 541
- programa de ensino na **17** 258
- valentiniana **6** 233

Escolástica **3** 396, 406, 422; **6** 48s., 65, 69, 541; **8/2** 275; **9/2** 266; **11/2** 227, 286; **13** 393; **14/2** 831; **5** 10, 17; **16/2** 442, 498; **18/2** 1.116

Escolásticos **8/2** 393; **14/2** 415

Escória **14/2** 133, 429

Escorpião **9/2** 129; **13** 170; **14/1** 53, 167; **15** 1
- constelação **14/2** 53, 167, 158[365]
- sonho **18/1** 1.062; **18/2** 1.062
- venenoso **14/2** 158[365]

Escultura moderna **15** 174
- cf. tb. Animais

Escravidão **9/2** 130, 273, 368

Escravidão / escravos **5** 104[60], 595; **10/1** 500, 539; **10/3** 249s., 260; **10/4** 790, 818

Escravo(s)
- cultura de **6** 104s., 160, 281, 431, 434, 946
- vermelho **14/3** 539
- cf. *Servus*

Escrita
- automática **1** 49, 80, 96s.; **3** (157[137]), 313; **18/1** 725, 731
- *fejervárica* **5** 400
- lapsos de **8/1** 22; **8/2** 296
- manuscrito **3** 156
- no estupor histérico **1** 230, 237, 241
- para ler com espelho **1** 96

Escritos de Freud **4** 19, (38), (45s.), 94, (154), (156), 216, (296), (334s.), (375s.), (452)

Escroto **14/2** 33

Escudo **5** 604[192]

Esculápio **9/2** 294, 385[76]; **12** 77*, 246; **17** 300
- cf. Asclépio; Templos de **8/2** 549

Escura (noite)
- da alma **8/2** 431

Escuridão **1** 43, 99; **14/2** 188[411], 267[200], 347, 396
- escrita automática na **1** 45s., 96
- e sugestionabilidade **1** 98

Escuridão / trevas **14/1** 13, 31, 85, 125, 165, 203, 245, 252, 292, 297, 300, 337, 338

Escuridão / escuro / obscuro / obscuridade **8/2** 396, 752; **9/1** 36, 74, 82, 158, 178, 189, 241, 246, 253, 256, 284, 288, 290s., 356, 427, 444, 477, 535s., 549, 561, 570, 595, 663; **12** 189, 242, 401, 436; **13** 7, 34, 166, 197, 283[237], 289, 335, 337[16], 342, 403, 427, 433, 442, 454; **18/2** 1.158, 1.617s., 1.660, 1.701
- cf. tb. Trevas

Esenephys **14/1** 311, 311[60]

Esfera **9/1** 270, 278, 315, 404[20], 532, 538s., 543s., 553s., 558s., 572, 574, 578, 580, 592, 597, 646, 679, 682, 692, 703s.; **9/2** 351; **11/1** 90, 93, 109, 112, 138, 157; **14/3** 561; **16/2** 451[8], 535

Esfera / bola **12** 107s., 116, 127, 147s., 198, 266, 315[149], 400, 433s.; **14/1** 40, 48, 120[33], 159, 271, 282; **14/2** 26[72], 205[443], 240, 292[243], 386
- as sete dos arcontes **14/2** 240, 240[113]
- corporal **14/2** 374
- de ouro **14/2** 292[243], 387
- do imaginável **14/2** 426
- do divino **14/2** 180
- dos planetas **14/2** 240
- dos símbolos **14/2** 343
- psíquica **14/2** 357, 374
- ser primitivo esférico (Platão) **14/2** 253

Esfera / esférico **13** 160[38], 245, 273[166]
- cf. tb. Bola

Esfera / globo **8/2** 401
- e tempo **8/2** 257, 438, 440, 600[16], 813s.
- euclidiano **8/2** 440
- independência em relação ao tempo **8/2** 814
- multidimensional **8/2** 438
- relativização **8/2** 440[121], 814
- - psíquica **8/2** 440

Esfinge **5** 261, 264, 266, 371, 536; **10/4** 714
- como mãe **5** 261, 264, 265, 272
- masculina e feminina **5** 266

Esfolamento
- cerimônias mexicanas do **5** 594
- tema do **5** 538, 569, 594

Esfregar **5** 206, 208, 210, 217, 229, 248

Esgotamento **1** 29; **2** 116, 133; **6** 725
- após o êxtase **1** 42
- e fenômenos histéricos **1** 33, 248
- pela mudança de tipo **6** 626, 698
- temporário, e delírio histérico **1** 11
- cf. tb. Cansaço; Neurastenia

Eslavos **10/3** 354

Esmeralda **14/2** 52, 52[124], 141[317]; **14/3** 596
- cf. tb. Pedra preciosa

Esmirna **11/4** 705

Esopo
- fábula de **1** 333, 395

Esotérico **10/3** 886

Esp (Extra Sensory Perception) **8/2** 599; **8/3** 833[23], 838s., 855, 944s., 973s.; **10/4** 660[11]

Espaço(s) **8/3** 933[127]; **9/1** 640s.
- e causalidade **8/3** 937, 948, 951, 957

- e tempo **8/3** 813s.
- relativização **8/3** 837, 957
- - psíquica **8/3** 837, 840, 856, 902, 938, 968
- cf. tb. Tempo

Espaço / espacial **10/4** 600, 611, 614, 624, 635, 636, 648, 667, 685, 696, 698, 735, 785

Espaço / tempo / causalidade **9/2** 45, 395, 397, 405, 409, 409[109]; **11/3** 401[24], 440; **12** 135, 283, 312, 321, 327; **16/1** 254

Espada **3** (S) 291, 400; **4** 488s., 733; **5** 8, 156, 435[36]; **8/2** 149s.; **8/3** 917, 957[148]; **10/4** 638; **11/3** 345, 357, 359, 420; **11/4** 698; **12** 417, 436; **14/2** 74; **14/3** 529, p. 136-137
- de Mitra **5** 156[59]
- de Sigmund **5** 556, 565
- *ignea* **14/2** 390
- na boca **14/2** 148, 299
- Palavra de Deus como **11/3** 324
- cf. Duelo

Espada / *gladius* **13** 86s., 89, 106, 109s., 276, 447, 456

Espagírico (etimologia do termo) **14/2** 346[90]

Espagiro / alquimista **14/2** 358[107]

Espanha **10/2** 396, 908; **10/3** 975; **18/1** 25

Espanhóis **4** 553

Espasmo(s) / convulsão **17** 139
- ataques histéricos de **1** 121, 197, 298
- tônico e clônico **1** 352

Espécie **6** 151
- conceito de **6** 40, 50
- conservação da **17** 329
- instinto de conservação da **8/2** 238

Índices gerais   307

Espectro(s) **8/2** 384, 414; **11/5** 845, 908

Especulação **3** 423; **14/1** 47, 48, 308
- alquímica **14/1** 83, 288, 308, 318
- em torno dos números **11/2** 179

Espelho **9/1** 19, 43; **11/3** 415, 427; **12** 147s., 55*
- do universo (Leibniz) **8/3** 927

Esperança **14/2** 107, 197, 290, 291, 430, 434; **14/3** p. 88-89, 124-125

Esperma / Espermatozoide **9/1** 556s., 583, 611; **9/2** 332[108]; **14/2** 35; **17** 48
- cf. tb. Sêmen

Espernear **5** 206, 481

Espigas **9/2** 166, 339
- de cereais **5** 530[80]

Espinhal
- medula **8/2** 607

Espiral **9/1** 646; **13** 348; **18/1** 409, 521
- como caminho em direção à meta **12** 34s., 242, 246, 325

Espíritas **1** 54, 70
- fenômenos **8/2** 602
- sessões **1** 12s.

Espiritismo **3** 157[137], 174; **7/2** 293, 312; **8/2** 341, 599, 628; **9/1** 457, 469; **10/3** 21, 101, 137, 169, 172; **10/4** 597; **11/5** 845, 855; **18/2** 1.473
- cf. tb. Parapsicologia

Espiritismo / espírita **18/1** 153, 697-740, 746-756, 951

Espírito(s) **4** 776s., 780, 782s.; **5** 291[51], 338, 484, 615, 641; **6** 233, 578s.; **8/1** 95, 102, 123, 127, 129; **8/2** 253, 278, 405, 570, 574s., 585s., 591, 594, 596s., 626s., 712; **9/1** 11, 32, 34, 40, 50, 80, 95, 178, 195s., 384-455, 483, 534, 545, 555, 560s., 564[95], 567, 572, 575s., 585s., 588[144], 596[151],

604[164], 651; **10/1** 584; **10/2** 376, 434, 457, 907, 913, 935-945; **11/1** 8, 20, 154; **11/5** 782, 800, 845; **12** 115*, 129*, 165s., 178, 327, 134*, 381, 398, 444, 511, 547; **14/1** 1[11], 3, 10, 32, 34, 40, 45, 47, 64, 78, 97, 105, 109, 133, 145, 156, 158, 160, 165, 172, 180, 186, 191, 192, 232, 241, 245, 246, 247, 289, 300, 312, 322, 326; **14/2** 2[5], 25, 30, 53, 64, 64[156], 641[160], 75, 75[204], 120, 127. 139[304], 139, 150, 158, 159, 170, 178, 201[438], 210[4], 224, 232, 246[140], 254, 256[172], 274, 275, 296[266], 330, 335, 338, 343, 346, 351, 351[101], 354, 356, 358, 359, 369, 371, 376, 382, 383, 384, 390, 391, 393, 403, 419, 428, 429, 430, 442; **14/3** 94-95, 284, 290, 569, 571, p. 84-85, 116-117; **15** 39, 149; **17** 207, 315; **18/1** 16, 359, 522; **18/2** 1.706-1.773
- ação do **6** 799, 810
- a estrutura só é atingida pela iluminação **14/1** 335
- ambivalente **14/1** 165
- - na forma arquetípica **14/2** 385
- a mover- se nas águas **14/1** 181, 204
- aparição dos **8/2** 573, 579
- armadilha para **8/2** 575[2]
- autonomia **8/2** 379
- bom ou mau **4** 727, 742s.
- ciência dos **6** 662
- como anima rationalis **14/2** 338
- como aparições de luz **1** 101
- como arcano **12** 376, 444, 512s.
- como atributo da *Anima* **5** 678
- como Deus **14/2** 310
- como "espírito do ouro" **14/2** 5, 393
- como fantasma **14/2** 255, 371, 384; **18/1** 153, 554, 700, 725, 730, 741, 746s., 756, 758, 777s., 782-789; **18/2** 1.362, 1.364, 1.441
- como fogo **14/3** 351-355
- como "janela para a eternidade" **14/2** 335, 338, 388, 418

- - devorador (Nietzsche) **8/1** 108
- como hermafrodita **12** 447
- como o inconsciente projetado na natureza **14/1** 246
- como olho de Deus **14/1** 61
- como *pneuma* **14/1** 321[638]
- como portador da *coniunctio* **14/1** 103
- como realidade autônoma **5** 338
- como "respiradouro" da vida eterna **14/2** 335
- como símbolo do pai **5** 335
- como *tabula rasa* **6** 578
- como um conceito geral **14/1** 325
- como uróboro **12** 447s.
- como Yang **14/1** 245
- compensador **6** 312
- complexo dos **8/2** 587
- conceito **8/1** 102; **8/2** 601s., 626-629
- crença nos **6** 38; **8/2** 210, 341, 570-578, 586, 591
- criador **12** 398
- criativo **4** 748
- *crimina spiritus* **14/1** 40, 44[81], 54[108]
- ctônico (Mercurius) **14/2** 347, 358, 393, 398
- cultivo do **14/1** 319
- da alquimia **14/1** 245, 246
- da época **6** 32, 142, 188, 821; **8/2** 652; **8/3** 860; **11/4** 751; **14/2** 120, 121, 397, 398, 408
- - compensação **14/2** 408
- - transformações **14/2** 398, 399
- "inato" (Paracelso) **8/2** 390
- da discrição **14/2** 160
- da natureza como o diabo **14/1** 246
- da sabedoria **14/3** p. 56-57
- das águas supracelestes **14/2** 292[245]
- da verdade interior **14/1** 189
- de Deus **5** 358[57]; **8/2** 359, 388; **14/1** 10, 165; **14/2** 7, 51, 389, 421[227]; **18/2** 1.785s.
- - e do homem **14/1** 165
- de Hermes
- - ave como **14/1** 244

- de *Mercurius / serpens mercurialis* **14/1** 9, 32, 40, 312, 232, 245; **14/2** 158[359], 159, 300, 323, 325, 360
- dependente da atividade psíquica **14/2** 430
- de seus ancestrais **15** 128
- "desmontagem" do **14/2** 430
- diabo como
- - cf. Diabo
- diferenciação, desenvolvimento do **6** 435, 1.035
- dinâmica do **5** 396
- diretor **14/2** 432
- do ar **14/1** 200, 245
- do caos **14/1** 246, 247
- do conhecimento
- - cf. Conhecimento
- do corpo
- - como substância do arcano **14/1** 285
- do espírito **8/2** 647
- do lado "frio" da natureza **14/1** 245
- do mundo **14/1** 307
- do *nous* **14/1** 321[638]
- dos antepassados **14/2** 398
- dos antigos **6** 312
- dos mortos **5** 221; **8/2** 333, 335, 522, 570s., 598, 625; **14/2** 71, 146, 148; **18/1** 243, 258, 715, 751, 784
- dos planetas **14/2** 343[77]
- do tempo **10/2** 945; **16/2** 396, 466
- duelo crônico entre espírito e corpo **14/2** 335
- e afetividade **14/2** 335
- e alma **8/3** 927; **9/1** 32, 385, 391; **14/1** 3; **14/2** 201, 328, 329, 335, 337, 338, 390, 395, 412; **16/1** 22, 185; **18/2** 1.403-1.407
- - do mundo (Agrippa) **8/3** 921
- - formam a mente **14/2** 61[143]
- e a *physis* **14/2** 379, 428
- e corpo **5** 37; **9/1** 204, 555s., 572; **10/2** 917; **18/2** 1.116, 1.271, 1.574, 1.658s., 1.776s; **14/1** 34, 45, 54, 64, 286

Índices gerais

- - como opostos **14/1** 2, 3, 34, 40[31], 170, 175 [303]; **14/2** 30, 323, 335, 346, 416
- - com relações complementares **14/2** 379, 416
- - como Sol e Lua **14/1** 171
- - homem formado de **14/2** 7, 201, 201[438], 217, 224, 300, 328, 329, 335, 338, 346, 351, 353, 300, 392, 398, 428, 430
- - influência recíproca **14/2** 335, 346, 419
- - separação de **14/2** 329, 335, 338, 379
- - transformação recíproca **14/2** 346
- - união de **14/2** 150, 158, 246, 300, 320, 328, 329, 337, 341, 342, 343[77], 393, 420
- e doenças psíquicas **7/1** 2, 192
- egípcio-helenístico **14/2** 4
- e instinto **6** 164, 167, 834; **8/2** 379s., 406s.; **16/1** 185
- e matéria **6** 161; **8/2** 251, 420, 649s., 682, 747; **9/1** 195s., 385, 391s., 454, 555; **12** 394, 404, 405s., 436, 178*, 449s., 456, 512, 557; **18/2** 1.658
- - ponte entre os dois **14/2** 430
- e mundo **6** 1.034
- e natureza **6** 833; **8/1** 96; **8/2** 680s., 739; **9/1** 385, 389, 454, 580, 585; **10/1** 558; **14/2** 329
- enquanto fantasma **9/1** 47, 159, 387s., 480
- e psique **6** 578; **14/1** 321
- e sal **12** 360
- escuridão do **14/2** 198
- e sexualidade (Freud) **8/1** 97, 108
- e símbolo **6** 912
- espagírico / alquímico **14/2** 328[49]
- estado do
- - de diferenciação do **11/4** 742
- - primitivo **6** 736
- e terra **10/2** 913, 921, 939-941
- e vida **8/2** 601-648
- evocação forçada do **14/1** 172

- existência dos **1** 97s.
- expulsão do **14/1** 241
- feminino **14/3** 327-329
- - do inconsciente **14/2** 393
- fenômenos do **8/2** 574, 643
- filogenia do **4** 521
- *filius regius* como
- - cf. Filho do rei
- forma primitiva e arquetípica do **14/2** 385
- fundamento instintivo-arcaico do **5** 38
- grande espírito do mundo **14/1** 307
- hermético **14/2** 374
- hipótese do **8/2** 573, 599, 661
- história do **8/2** 554, 589; **14/2** 155[355], 333
- - da evolução do **5** 683
- hora dos espíritos meridianos **8/2** 665
- humano
- - produtos do **14/2** 139[304], 445
- imortal como alma racional **14/2** 338
- *improbus spiritus* / espírito mau **14/1** 67, 77, 185, 186, 232
- impuros **14/2** 255; **17** 83
- inato
- - primitivo e seminal **14/2** 258[185]
- liberdade do **6** 697; **11/4** 754; **14/3** 95, 95[114]
- línguas de fogo do Espírito Santo **14/1** 245
- "livre" **14/2** 312
- luz do **14/2** 398
- masculino **14/1** 325; **14/2** 393
- materialização pelo contato com a matéria **14/2** 419
- (s) maus **3** 321; **8/1** 95; **8/2** 576, 630, 710; **9/1** 689; **18/1** 467; **18/2** 1.362, 1.374
- - como serpentes **14/1** 75
- - cf. tb. Diabo
- medieval **14/2** 347, 372
- Mercúrio **14/3** 426; **18/2** 1.475
- moderno **5** 113

- "morto" **14/2** 353[101]
- movimentos do **14/3** 308, 606
- mudança nos **8/1** 117
- mundo dos **6** 466; **7/1** 108, 154[5]; **7/2** 293s., 312, 322; **18/2** 1.223
- mutável dos tempos **14/1** 319
- na alquimia **18/2** 1.789
- na matéria **14/3** 312
- na pedra **12** 406
- na prisão **14/2** 140
- nascimento a partir do **5** 333, 488
- natural **14/2** 85
- natureza paradoxal do **8/2** 427
- negro **14/3** 168
- - cf. tb. *Nous*
- no caso de S.W. **1** 40s., 45s., 53, 59s., 65, 77, 99s.
- no papel da Naas gnóstica **14/1** 40[31]
- "objetivo" **6** 928
- ocidental **14/2** 83
- - e oriental **14/2** 108
- odor agradável do **14/1** 321
- o Filho como **12** 436
- o si-mesmo como
- - cf. Si-mesmo
- pagão **14/2** 127
- pai como
- - cf. Pai
- personificação do **14/2** 320
- perturbação dos **6** 172, 463
- *phantasticus* (Sinésio) **6** 165s.
- planetários **11/3** 347, 363
- pneuma **18/2** 1.532, 1.536[7], 1.553
- pomba como símbolo do **14/1** 199, 231, 280[528]
- presença dos **6** 530, 538
- prestativo / spiritus familiaris / *pneuma paredron* **14/1** 6, 78, 109, 172
- pretos e brancos **1** 43, 47, 59, 70s.
- primitivo **6** 311, 475; **8/1** 127; **8/2** 217; **14/2** 71, 355
- - cf. tb. Mentalidade
- projeção do **14/2** 356
- proposições do **8/2** 544

- protetores **1** 54
- pureza interior do **14/2** 59
- purificação dos **14/3** p. 50-51
- reino dos **13** 200
- religião do **14/1** 22 , 280[528]
- religioso **14/2** 107, 108
- resgatar o **12** 562
- "ressurreição" do **5** 547[96]
- revestido de carne **14/2** 6
- Santo **5** 149[46]; **8/2** 394; **9/1** 93, 108, 131, 288[29], 535, 579, 602; **14/1** 12, 22, 61, 117, 118, 121, 133, 145, 245, 247, 280[525]; **14/3** 58, 72, 107, 158, 164, 276, 310-311, 318, 339, 373, 376, 381, 424, 428, 497, 535, 573-575, 586, 596-597, 616, p. 84-85, 92-93, 96-97[47]; **18/1** 221, 364; **18/2** 1.505, 1.532-1.557, 1.619, 1.662, 1.696, 1.786
- - autonomia do **18/2** 1.534
- - como pomba **5** 150; **8/2** 319, 336
- - como "primeira palavra" **5** 563
- - significado materno do **5** 198, 558, 561
- sideral **14/1** 209
- simbolismo do **18/2** 1.475s.
- - da água do **16/2** 485
- símbolos alquímicos do **14/1** 240, 318, 319, 322
- sopro frio dos **8/2** 329, 664
- *Spiritus*
- - *mundi* **12** 512
- - *vitae* **12** 172, 109*, 518
- "tensão" do (em Nietzsche) **5** 21
- terrestre **14/1** 245
- - como Hermes no sincretismo helenístico **14/1** 245
- - sob a forma de serpente / *agathodaimon* **14/1** 245
- torturador e provocador **14/1** 69
- tradicional **12** 83
- transformação em **14/1** 289
- unilateralidade do **6** 582
- universal **9/1** 492
- vegetativo **14/1** 32, 114, 292, 316;

Índices gerais 311

18/2 1.362
- vícios do **14/1** 170
- visões de **1** 37, 70
- vital / de vida **14/1** 11[82], 132, 186, 263, 266
- - com sede no homem **14/1** 108, 292
- - provindo do Sol **14/1** 108, 133
- vivo **14/1** 226, 265, 266
- volátil representado por uma ave **14/1** 240
- - cf. tb. Alma; Mente; *Pneuma*; Psique

Espírito / corpo **16/2** 499
- como unificador **16/2** 451
- e alma **16/2** 484[9]
- e corpo
- - cf. Corpo
- e instinto **16/2** 361
- e matéria **16/2** 440
- e natureza
- - cf. Natureza
- inferior **16/2** 416
- Mercurius, como
- - cf. Mercurius

Espírito das águas **11/1** 160
- como *subtle body* **11/1** 160
- e matéria **11/1** 124, 160
- na pedra **11/1** 160

Espírito / mente **15** 12, 17, 73, 75, 76, 99, 156, 173, 185, 186, 196; **17** (79), 146, 159s., 165s., 336
- como antagonista da **15** 72
- maligno **15** 62, 71

Espírito Santo **6** 25, 524; **7/1** 108; **11/1** 118, 151; **11/3** 317; **11/4** 655, 746; **11/5** 884[14]; **12** 26, 187, 319, 447, 191*, 470, 473, 232*, 267*; **14/2** 4[12], 25[69], 51, 55, 90, 104, 105, 106, 134, 150, 152, 180[407], 195, 196, 243, 314, 323, 361; **16/2** 384[40], 416, 419, 454[10], 456, 462, 484
- ação do **11/4** 657, 696, 741, 743, 749

- a pomba do **16/2** 410, 416, 455
- carisma do **14/2** 90, 104
- ciência do **16/2** 498
- como ancião alado **12** 446
- como espiração **14/2** 106, 328, 329, 332, 361
- como "Espírito de Verdade" **11/4** 655, 692, 695
- como fogo
- - cf. Fogo
- como ligamento do corpo e da alma **14/2** 361
- como mãe, **11/1** 126
- como Mercurius **12** 518s.
- como Paráclito **11/4** 612, 655, 692; **14/2** 195
- como Paredros **12** 420s.
- como Sophia **12** 192
- como sósia de Cristo **14/2** 4[12]
- como *spiratio* (espiração) do Pai e do Filho **14/2** 329, 361
- como Terceira Pessoa da Trindade **11/4** 656, 693
- como unicórnio **12** 519, 261*
- como vento **12** 473
- descida do **11/1** 161
- doutrina do **14/2** 105, 105[246]
- do vale **14/2** 301[300]
- *donum Spiritus Sancti* **16/2** 486
- - a arte como **16/2** 413
- encarnação do **11/4** 693, 758
- geração pelo **11/3** 420; **11/4** 690
- gerador da vida **14/2** 289
- inspiração da parte do **14/2** 332
- incubação do **11/1** 160
- nuvem como "consolo" do **14/2** 384[170]
- o verde como a cor do **14/2** 51, 55, 289
- os sete dons ou forças **14/2** 243
- pavão como símbolo do **14/2** 51
- pecado contra o **16/2** 392
- perfume do **14/2** 90, 361
- propriedade feminina do **11/1** 126; **11/4** 646

- religião do **14/2** 195, 312
- sob a forma de pomba **14/2** 4, 429
- união com a matéria **14/2** 392
- vermelho **14/2** 74[190], 320
- vivificante **14/2** 391[201]
- - da alma **14/2** 335, 338
- vital **14/2** 258[185]
- vivo ou de vida **14/2** 6, 148, 391[201]

Espírito Santo / autonomia do **11/2** 160
- ação do **11/2** 222, 276
- caráter paradoxal do **11/2** 236
- como conceito abstrato **11/2** 236
- como criação (Orígenes) **11/2** 214
- como equivalente de Cristo **11/2** 204, 212
- como inspirador do dogma **11/2** 222
- como mãe **11/2** 175, 236, 240
- como Paráclito **11/2** 205, 235, 236
- como produto de uma reflexão **11/2** 236, 241
- como reconciliação dos contrários **11/2** 260, 277
- como sósia de Jesus **11/2** 177
- como terceira pessoa da Trindade **11/2** 236
- como vida **11/2** 197, 224, 236, 241
- e *Logos* **11/2** 240
- geração pelo **11/2** 197
- personificação do **11/2** 276
- revelação do, através do homem **11/2** 267
- ser possuído pelo **11/2** 234

Espírito / espiritual **9/2** 29, 33, 67, 100, 116, 141, 142, 147[84], 205[40], 219, 270, 273, 283, 291, 310, 323, 339[134], 345, 347, 362, 368, 376[48], 389, 391, 393, 416, 417; **10/3** 13, 33, 66, 138, 146, 330, 1.009; **10/4** 629, 650, 651, 652, 654, 727, 766, 767; **13** 7, 45, 57, 64, 76[37], 86, 97s., 102, 119, 127, 133, 148, 163, 171[82], 172, 206s., 210, 214, 223, 238, 246, 247-249, 261, 265s., 280, 286, 307, 321, 379, 384[121], 395,

418, 429[268], 441s., 449s.
- alma-corpo **9/2** 118, 244, 367, 387
- como *animus* **13** 206
- como fantasma **10/3** 23, 58s., 106, 128, 137s.; **10/4** 699, 714, 727
- de Deus **9/2** 230; **13** 150s., 171[82], 263, 404
- Deus como **13** 137
- do mundo **9/2** 218s.; **13** 198, 261
- - cf. tb. *Spiritus mundi*
- dos antepassados **13** 51, 128
- dos mortos **13** 241[3]
- e alma **13** 146, 176[114], 259-266, 283[238], 366, F VII
- e corpo **10/3** 19, 195, 971; **10/4** 650, 651, 652; **13** 86, 103, 137[209], 176[114], 262s., 268, 283[238], 357[52], 392, 434
- e instinto **10/3** 200
- e matéria **9/2** 147[84]; **10/3** 195; **10/4** 766, 767; **13** 175, 261, 263
- e natureza **13** 228-230
- e psique **10/3** 187
- maligno, mau **9/2** 75, 283
- mau **13** 244, 247, 288
- na alquimia **9/2** 141, 243; **13** 137[213], 162, 439
- na pedra **13** 133
- *pneuma* **13** 86, 101, 116, 261, 265, 299[254], 316, 450
- Santo / *Spiritus Sanctus* **9/2** 131s., 137, 140s., 144, 171[24], 198, 200, 210, 246, 250, 265, 397[98]; **10/4** 679, 728, 733, 766, 767; **13** 102, 104[93], 119, 136, 142, 148, 166, 194, 197, 243s., 263, 277, 289, 407[186], 449
- - movimento do **9/2** 138, 141, 143, 144, 235

Espírito / intelecto / mente **11/3** 374
- como *anima rationalis* **11/5** 765
- como fantasma **10/2** 939
- como função psíquica **11/5** 759, 768
- como o Espírito **11/5** 800
- como "sabedoria natural" **11/5** 824
- consciente **11/5** 793
- diabo como **11/2** 276
- divisão do **11/5** 863s.

Índices gerais

- e corpo **11/5** 866s.
- e matéria **11/2** 185, 252; **11/5** 787
- e mente universal **11/5** 759, 768, 790
- estado de diferenciação do **11/5** 786
- força autolibertadora **11/5** 779, 792
- formador das ideias **11/5** 781
- liberdade do **11/2** 264
- "mentalidade" como **11/5** 768
- natureza / estrutura do **11/5** 760, 764, 804s.
- oriental e ocidental **11/5** 759, 768, 774s., 800, 936
- racionalista **11/5** 844
- realidade do **11/5** 792
- realização do **11/5** 817
- santo **10/2** 933
- significado metafísico do **11/5** 759, 767
- subjetividade do **11/5** 767
- transformação em **11/2** 245; **11/3** 345
- "sopra onde quer" **11/2** 289
uno **11/5** 784s.

Espiritual
- o espiritual **8/1** 108

Espiritualidade **14/2** 419, 428
- e sensualidade **6** 914
- - em Schiller **6** 139, 159
- sexualizada **17** 336

Espiritualismo **10/2** 937, 940; **10/4** 780; **14/2** 420
- e materialismo **6** 55, 267

Espiritualismo / espiritual **15** 14, 17

Espiritualização **11/2** 284, 286; **11/3** 317, 338, 352; **14/3** 383
- na missa **11/3** 307, 310, 317, 323
- duradoura e os santos **14/2** 335

Espoliação de si mesmo **14/1** 187

Esponja **14/1** 152, 154; **14/2** 117
- alma da **14/1** 152[208]

Esposa **14/2** 95, 267
- do sol **14/3** p. 64-65[7]

Esposa / irmã **14/1** 163; **14/2** 30, 41

Esposa / noiva **9/2** 41, 72, 319, 329

Esposo **14/2** 207, 257
- Cristo como **8/2** 336
- da alma **14/3** 292
- e esposa **8/2** 336

Esposo / esposa **14/1** 19, 24, 25, 28, 30, 52, 82, 85, 103, 117, 151, 180, 190
- - alegoria do **14/1** 104

Esposo / marido **9/2** 23

Esposo / noivo **9/2** 339

Esprit du vin **14/2** 343[76]

Esquartejamento
- tema do **5** 354, 556

Esquecer **10/3** 8

Esquecimento **8/1** 22; **8/2** 154, 610, 639; **17** 102, 199s., (207); **18/1** 450, 452, 954, 985, 1.000, 1.014s.; **18/2** 1.146, 1.159, 1.389
- - cf. tb. Letargia, Lethe

Esquecimento / esquecer **1** 139, 298; **2** 639, 646, 657s., 662; **3** 92, 98; **4** 15, 89, 210, 225, 325, 338
- histérico **1** 119

Esquerda **12** 200, 211, 220, 224, 169, 178
- movimento para a esquerda **12** 164, 166s., 181, 217, 274, 286s., 300, 314

Esquilo **13** 461[342]

Esquimó(s) **10/4** 822; **18/1** 674

Esquizofrenia **3** 317, 425, 497, 505, 543, 553-584; **4** 106, 271[15], 277, 457; **5** 37, 58[2], 144, 192, 200, 205, 206, 388, 624[14], 631, 683; **6** 848; **7/1** 110, 121; **7/2** 233, 254; **8/2** 183, 281, 297,

576, 589; **9/1** 105, 136, 279, 320, 494², 519, 652, 714; **9/2** 62; **11/1** 145; **11/3** 442; **11/5** 779; **13** 46, 48, 91³⁷, 141, 459; **14/1** 121, 140¹⁸³; **15** 65, 173, 174, 208; **16/1** 18, 194, 218, 248s.; **16/2** 363, 476; **17** 140s.; **18/1** 19, 72, 107, 150, 224s., 382s., 407, 414, 514, 522, 581, 826s., 832s., 1.055, 1.067; **18/2** 1.155s., 1.265, 1.329, 1.474, 1.480, 1.792
- cura **3** (318), 353, (549), 571
- e neurose **3** 506, 511, 517, 544, 558, 567; **5** 200
- e sonho **3** (22), (50), (263), 523, 544, 557
- estados esquizoides **10/3** 287; **11/6** 1.070
- etiologia **3** (73), (480), (493), 570, 577
- latente **3** 546, 558
- no paraíso **11/4** 619, 620
- psicogênese na **3** 504-541, 532, 552, 570, 577
- possibilidade de cura na **3** (330), 503, 559
- sintomas **3** (10), (30), (71), (154), (157), (166), (182), (242), (387), (481), 505, 525, 541, 544, 552, 562, 570
- - primários e secundários **3** 505, 512, 522, 533, 537, 541
- cf. tb. Doença mental, Psicose

Esquizofrênica **8/2**
- dissociação, fragmentação **8/2** 254, 383, 430
- linguagem e. de poder **8/2** 360

Esquizofrênico **6** 933; **14/3** 50
- desenhos do **6** 944
- sonho de um **5** 576

Esquizoide / disposição **3** 558, 563

Esse in actu **14/3** 69, 87, 88-89, 94

Esse in anima **6** 63s., 67, 73

Esse in intellectu **6** 63, 73

Esse in re **6** 63, 73

Essência **14/1** 40, 115, 311; **14/2** 3⁶, 105, 133, 135, 267⁰⁸, 293, 318, 328, 343, 347, 347⁹³
- celeste **14/2** 343⁶⁹
- da perfeição e da universalidade **14/2** 426

Essênios **5** 594; **18/1** 242

Essentia **13** 384¹²⁰
- *ignea* **13** 177
- quinta **13** 115
- - cf. tb. Quinta essentia
- triuna **13** 384

Estábulo **5** 579
- nascimento no **5** 291⁵², 579¹⁵⁶

Estação ferroviária (m.s.) **8/2** 535

Estacas
- deuses **5** 148

Estações do ano **11/1** 91, 109, 113, 120; **13** 207, 414; **14/1** 1, 7, 242; **18/2** 1.605
- cf. tb. Primavera

Estado **9/1** 393.453,479; **9/2** 282; **10/1** 488, 499, 539, 544, 554, 577, 587; **10/2** 397, 413, 451, 457, 463, 930; **10/3** 66, 892; **10/4** 653, 824; **11/6** 1.019s.; **16/1** 222s., 224s.; **16/2** 443s., 539; **17** 159; **18/2** 1.318s., 1.332, 1.337, 1.342, 1.368, 1.412, 1.568s., 1.689
- arcaico **9/2** 45, 47
- - crepuscular **1** 32, 117, 126, 272s., 296; **2** 657; **4** 30, 300, 361; **18/1** 987, 1.024
- - histérico, com divisão da consciência **1** 304, 337
- - - e simulação de doença mental **1** 419
- autoridade do **16/1** 226s.
- contemplativo **17** 207

Índices gerais

315

- de adulto **11/2** 273, 276
- de ausência **14/3** 607, 616
- de Bardo **11/4** 620, 629
- delirantes **16/2** 501[27]
- de desorientação **11/3** 443
- de sonolência / crepusculares **7/1** 5, p. 114s.
- e Igreja **16/1** 222
- e indivíduo **11/1** 141
- estético **6** 178, 192, 212
- infantil **12** 227, 233, 273
- político **6** 772
- reivindicação(ões)
- - do totalitarismo **16/1** 225
- - totalitárias do **16/2** 442
- totalitário **14/1** 187

Estado de agregação **14/2** 374
- cósmico primordial **14/2** 327
- de divisão e ruptura interiores **14/2** 367
- de penúria ou de calamidade **14/2** 271
- perfeito **14/2** 297
- superior **14/2** 94

Estados Unidos **9/2** 282

Estagnação psíquica **16/2** 462, 467, 469

Estalar **5** 143

Estalido (espírito) **8/2** 602

Estanho **13** 267, 357

Estante de ouro **11/5** 917, 930, 938

Estar sendo impelido **14/1** 146

Estatística **8/3** 864, 868, 948; **10/3** 890; **10/4** 655, 673, 682, 743, 744, 784; **18/2** 1.174, 1.179, 1.184s., 1.194, 1.197, 1.200, 1.203, 1.208

Estatístico **10/1** 494, 501, 506, 523, 537

Estatístico / estatística(s) **8/3**
- experimentação **8/3** 899

- método **8/3** 825, 901, 903, 907
- validade e. das leis da natureza **8/3** 828
- verdades **8/3** 818

Estátua **14/2** 184[408], 224, 225, 226, 227, 228, 229, 229[60], 231, 231[63], 232, 232[69], 233, 234
- água extraída do coração das estátuas **14/2** 225, 225[49]
- andrógina **14/2** 191[414]
- como imagem **14/2** 225
- como o nome do corpo humano criado pelo diabo **14/2** 231
- com os pés de barro **14/2** 292[240]
- coração da **14/2** 225, 225[49], 226, 233
- *Dei* **14/2** 233, 234
- de pedra **14/2** 225
- do homem primordial **14/2** 232
- na alquimia e na cabala **14/2** 224, 231, 232, 233, 234
- viva **14/2** 232, 232[67]

Estátua / coluna de Kadmos **14/1** 84; **14/3** 510
- da *Mater Alchimia* **14/1** 77[208]
- do *hermaphroditus* **14/1** 77[208]
- vivente na alquimia e na cabala **14/1** 77[208], 269, 281
- vivificação de uma **14/1** 77[208]

Estatueta de marfim (japonesa) **17** 275s.

Estela **14/2** 233[74]
- com inscrição secreta **14/1** 38, 169, 245, 311

Esterco **14/2** 29[76]

Estéreo
- mulher **14/3** 286-287
- - cf. *Sterquilinium estéril*

Estereotipia **2** 499, 621, 1.072; **15** 173

Estereótipos **3** 17, 30
- motores **3** (185), (189), 202, 288, (358)

- verbais **3** 11, 41, 182-193, 202-297, 578

Esterilidade **12** 436, 491, 496s.
- psíquica **14/1** 184; **14/2** 439

Estética **6** 520; **9/2** 54; **15** 60, 204
- atitudes típicas na **6** 553s.
- formulação **8/2** 173, 175s.

Estética / estético **10/3** 862

Esteticismo / intelectualismo **16/2** 489

Esteticismo / estético **17** 266, 268

Estetismo (concepção estética) **6** 183, 206, 215, 222, 312, 318, 539, 592[15]
- gozo estético (Worringer) **6** 942
- e problema religioso **6** 213
- importância estética de uma obra de arte **6** 308
- - de uma visão **6** 731

Estige **5** 319; **10/4** 699

Estigma(s) **5** 131, 438; **10/4** 799, 806; **14/2** 157, 195

Estigmatização **12** 7, 452

Estilo **14/3** 616

Estímulo(s) **2** 1.015, 1.018, 1.061s., 1.074, 1.103, 1.106, 1.108, 1.125, 1.146, 1.181, 1.188, 1.194, 1.196, 1.203-1.311; **9/2** 3; **18/1** 452s., 458, 502, 553, 841, 873
- acústico **2** 14, 21, 120, 868, 1.015, 1.058, 1.187
- cutâneos em região anestesiada **1** 28
- de luz **2** 868, 1.062
- do meio ambiente **2** 1.068
- - cf. tb. Adaptação
- do tato, efeito sugestionador dos **1** 82, 85, 100
- elétrico **2** 868, 1.038
- emocional **2** 1.051, 1.061, 1.064, 1.184s.; **6** 538
- e instinto **6** 859

- e reação desproporcionada **8/2** 264
- externos **6** 536, 541s., 551
- imagem-estímulo **2** 31-42, 45, 51, 55, 66, 103, 120, 128, 148, 270, 414, 444, 451, 462, 868
- - cf. tb. Imagem
- intelectual **2** 1.051, 1.058
- limiar do **2** 120, 133, 382
- - muscular **2** 132
- misto **2** 1.051s., 1.058, 1.060, 1.074s., 1.186, 1.207-1.229
- nervoso **2** 1.042, 1.046s.
- objetivo e sensação **6** 721s.
- ótico **2** 1.015
- palavras **3** 203
- - do complexo **3** 554
- - palavra-estímulo **8/2** 198
- - indiferentes **3** 93, 102, 108
- - neologismos como **3** 215
- - reação à palavra-estímulo em estado de estupidez emocional **3** 177
- para acordar e letargia histérica **1** 125
- perturbador **2** 16
- psíquico **2** 1.036, 1.042, 1043[3], 1.048-1.057, 1.071, 1.207, 1.233, 1.301s.
- psicológico **8/2** 235-240
- sensorial **8/2** 607s.
- sensório **2** 1.036, 1.038s., 1.043, 1.048, 1.051, 1.058, 1.179s., 1.185, 1.196, 1.207, 1.232s., 1.271-1.310
- - cf. tb. Impressões dos sentidos
- somáticos **4** 65; **8/2** 502, 529, 536
- transferência de **1** 28
- verbal **2** 1.051-1.057, 1.060, 1.196, 1.237-1.301

Estio **14/2** 77[215]

Estocolmo **8/3** 902, 905, 973

Estoicismo **7/1** 17, 108

Estoico(s) **5** 185, 186; **6** 398; **9/1** 573; **13** 113; **15** 12
- doutrina estoica **6** 435

Índices gerais

Estômago **15** 27, 39
- distúrbios no **3** 87, 180[168]

Estrada
- de ferro (m.s.) **8/2** 535, 561
- Torres **8/1** 120

Estrangeiro **8/2** 517; **9/2** 362, 381

Estratosfera **10/4** 589

Estrela(s) **8/1** 115; **8/2** 388, 390; **8/3**
919s.; **11/1** 109, 136, 157; **11/4** 674[11],
711; **13** 86, 114, 132, 176[114], 190[172],
198, 224[247], 285s., 300, 433, F 13;
14/1 166; **14/2** 58, 80, 127, 131, 132,
147[328], 152, 166, 240, 301, 301[295],
411, 416, 431; **14/3** 93, 142, 153, 158,
209, 220, 284-285, 291, 420, 571,
596, 605, p. 64-65, 70-71; **16/2** 384,
397[51]; **18/1** 412, 525; **18/2** 1.573,
1.784
- astro **12** 274s., 286, 198, 394, 468s.
- cadente **5** 275, 488
- como motivo de sonho **7/2** 231s.,
250, p. 150s.
- como símbolo do si-mesmo **14/2** 431
- como sinal **18/2** 1.328, 1.331
- da manhã **11/4** 690[2], 706; **14/2** 131,
133; **14/3** p. 130-131
- de Davi **18/2** 1.017
- de ouro **16/2** 380
- de quatro raios **11/1** 90
- espirituais **14/2** 137[296]
- inferiores e superiores **14/2** 343
- matutina **13** 273, 299
- - e vespertina **16/2** 451[8]
- na terra **14/3** 220
- quatro / cinco **16/2** 402
- queda das **3** 522
- sete **14/2** 131, 132, 137[296], 207, 299
- vespertina **13** 299
- cf. tb. Planeta

Estrela / astro **10/4** 635, 697, 714,
730, 740[8], 769, 809

Estrela / constelação **9/2** 128, 129,
130, 145[75], 149, 163, 173[25], 174, 188,
189, 201, 204, 310, 344[149], 420
- fixa 149[88]
- Grande Ursa **9/2** 188, 190
- intérprete das **9/2** 146
- da-manhã / lúcifer **9/2** 157[18]
- do-mar **9/2** 197[13]
- cf. tb. Planetas

Estrela / estelar **9/1** 7, 246[53], 270,
312[5], 343, 604[163], 609s., 624, 646, 655,
674, 680[26], 682s., 697, 703, 706, 713

Estrelado
- céu **8/2** 392s., 396

Estrumeira **14/2** 137

Estrutura
- social dos primitivos **9/2** 42

Estufa **14/2** 91,106

Estupidez **2** 103, 207, 298[53], 455,
504, 1.313[1]
- desconfiança de simulação **1** 309
- emocional **1** 349, 354; **3** 53, 177,
(482)
- simulação de **1** 320

Estupor **2** 116, 1.062, 1.072; **18/1** 447
- histérico **1** 226-299 (Raecke) 279

Estupro **1**
- e distimia maníaca **1** 197
- e fantasias patológicas **1** 117
- no estado crepuscular histérico **1**
304
- por imbecis **1** 309, 311

Etapa animal do homem **14/1** 173

Etapas da transformação
- cf. Transformação

Éter **8/1** 53; **8/2** 278; **9/2** 118; **13** 102,
198, 265
- como elemento da alma **7/1** 151
- como substância subtilíssima **14/2**
114, 296[266]

- eterno dos mortais **14/1** 205
- - como a quinta essência **14/1** 212[388], 263

Etéreos
- seres **8/2** 570, 664

Eterna
- presença **8/3** 957[149]

Eternidade **8/2** 394, 785, 815; **9/1** 655, 704; **13** 133, 176[114], 186, 193, 223, 286, 322, 357[52], 392, 416; **14/2** 105, 335[62], 418; **18/2** 1.572
- qualidade de e. da vida **8/2** 739
- símbolo da **14/1** 40

Eterno
- feminino **16/2** 361
- retorno como ciclo do tempo **14/2** 148[336]

Ethos **14/2** 191[417], 437
- cf. tb. Moral

Ética **5** 336; **7/2** 289; **8/1** 105, 107; **11/4** 567, 571, 738; **14/2** 408; **18/2** 1.390, 1.408-1.420, 1.584, 1.589, 1.680, 1.805
- cristã **11/4** 659, 661
- epistemológica **8/2** 622
- da Índia **11/5** 933
- função **16/1** 250
- cf. tb. Moral

Ético / ética **10/1** 507, 515, 517; **10/2** 423, 457, 460, 912, 929; **10/3** 108, 855, 864, 870, 896; **10/4** 676, 677
- comportamento **16/2** 489
- compromisso **16/2** 537
- função
- - cf. Função ética
- sentido da **11/2** 292
- - cf. tb. Moral

Etiologia **9/1** 159, 290; **15** (32), 36, (71), 155; **18/1** 905, 909, 918, 937, 994, 1.065 nota introdutória
- aparente **4** 365

- da histeria **4** 36s., 207s., 377
- da neurose **4** 227, 314, 404, (410), 572, 582
- da tuberculose **4** 209

Etiologia / etiológico **10/3** 343s.; **18/2** 1.148, 1.153, 1.383, 1.738

Etíope(s) **9/2** 329, 361s., 396s.; **12** 484s., 219*; **14/1** 31; **14/2** 383, 383[162], 386, 388; **14/3** 175-176, 204[89], 272, 276, 349-350, 608, p. 64-65
- cf. tb. Negro

Etnologia **9/1** 259, 260[4]; **13** 1; **15** 60

Etnólogo **14/2** 355[104]

Etruscos **9/1** 464

"Eu" **3** 83, 498, 506, 516; **6** 148, 173, 475, 666, 763, 796; **7/2** 365, 388, 391; **9/1** 41, 46, 58, 188, 201, 236, 248, 279, 304, 315, 420, 431, 485[20], 490s., 503s., 541s., 549, 561, 563, 621, 634s., 717; **9/2** 1-12, 13, 17, 39, 43[47], 65, 79, 172, 216, 250, 251s., 257, 259, 296, 350, 352, 387; **10/1** 491, 509, 562; **10/3** 23, 240, 282, 304, 318, 360, 829, 843, 856, 873, 895; **10/4** 649, 671, 672, 673, 693, 721, 804; **11/1** 67, 145; **11/5** 824ss.; **13** 48, 67, 76, 151, 210, 221, 223[246], 287, 298s., 307, 332, 372[81], 396; **14/2** 15[45], 163[390], 185[409], 203, 313, 366, 433; **14/3** 196, 227, 322, 588; **17** 83, 102s., 107, 167s., 189, 227, 284, 319, 326; **18/1** 10, 18, 37s., 117, 149, 154, 379, 408, 459, 747; **18/2** 1.152s., 1.159, 1.241, 1.473, 1.504s., 1.585, 1.624, 1.628, 1.720s., 1.792, 1.811, 1.817
- abstração do **6** 136
- afetado **6** 135
- afeto do **3** 86
- "além do eu" ("não eu") **14/1** 125, 202
- algo complexo e obscuro **14/1** 62, 125, 126, 127, 128, 141

Índices gerais

- aspecto positivo e negativo **14/2** 280
- assume o papel do rei na consciência **14/2** 185
- a totalidade dos conteúdos da consciência se referem ao eu **14/2** 325
- centro do **9/1** 503
- cisão consciente do **6** 375, 465
- como a parte essencial do "si-mesmo" **14/1** 129, 175, 276
- como centro de referência da consciência **14/2** 325
- como personalidade-mana **7/2** 380s.
- como ponto central de referência da consciência **14/1** 129
- como sujeito **6** 475, 715; **14/2** 167
- como um dos complexos da psique **14/2** 167, 182, 280
- como um "eu" pessoal **14/2** 185
- como "verdadeira matriz do medo" (Freud) **11/5** 849
- complexo do **1** 130, 133; **3** 82, 93, 102, 135, 151, 180, 218, 521 (579); **18/1** 90, 149s., 974; **18/2** 1.155
- - e imagem criptomnésica **1** 139
- confronto do e. com o inconsciente **8/2** 181, 706, 712s.
- consciência do **1** 126s.; **3** 55; **8/2** 204, 366, 387, 423, 430, 613, 615; **9/1** 69, 188, 222, 237, 247, 254, 319, 414, 420, 474, 492, 497, 500, 503, 517s.; **10/1** 491, 500, 541; **10/3** 280, 285, 304, 318; **17** 83, 93s., 102, 326s.; **18/1** 9
- consciente **6** 254; **7/2** 274s.; **9/2** 45, 53s, 251, 252, 257, 259, 347
- definição do **9/2** 9
- desligamento do **6** 157
- despojados do (*Ent-ichten*) **7/2** p. 140
- dissolução / extinção do **11/5** 574ss., 942, 952, 958s.
- distingue o sujeito e o objeto **14/1** 125
- divisão do **6** 954

- do extrovertido **6** 135
- do introvertido **6** 5, 135s.
- e a afirmação do "si-mesmo" **14/1** 200
- e a consciência do eu **14/1** 4, 62, 118, 125, 125[8], 127[68], 141 , 259; **14/2** 157[356], 166,167, 182, 185[409], 203, 131, 433
- e afeto **6** 956
- e a *hybris* (soberda) da consciência do "eu" **14/2** 433
- e "alguém outro" que sofre e padece em mim **14/2** 157,158
- e alma **6** 267, 761
- e arquétipo **5** 101
- - colisão instintiva com o eu consciente **5** 660
- e a sombra psíquica **14/1** 195, 307
- e a vontade **14/2** 178, 187
- e complexo **6** 374, 464, 776, 796
- e consciência **6** 781
- e Deus **6** 475; **14/1** 127, 128, 129, 200
- e discussão consigo **14/1** 186
- e inconsciente **8/2** 387
- e instinto **6** 84
- e liberdade **8/2** 216
- emancipação do **11/5** 849
- empírico completo **14/1** 276, 277
- e mundo **6** 475, 692
- e não eu **6** 170; **8/3** 913
- e objeto **6** 697, 703
- e o "fora do eu" ou o "não eu" **14/2** 70, 71, 185
- e o inconsciente **7/2** 308, 323, 341s., 374, 382, 391; **14/1** 125, 175, 268, 308; **14/2** 182, 280, 433
- e o "não eu" **11/5** 885ss., 890; **14/2** 71
- e o relacionamento psíquico com o sexo oposto **14/2** 280
- e o si-mesmo **6** 695s., 796; **7/2** 400, 405; **8/2** 430; **11/1** 67, 154; **11/5** 809, 885ss., 955ss., 959s.; **14/2** 15[46], 364, 370, 414, 431, 433

- e os produtos do "não eu" **14/2** 71[182]
- e o superego (Freud) **14/2** 338
- e *persona* **7/2** 305s., 312
- e psique total **8/2** 612, 614s., 637-642
- está sempre rodeado por um ser inconsciente **14/1** 175
- e um "não eu" superior **14/2** 185
- e você **10/3** 282
- feminino e o *animus* **14/2** 280
- firmeza do **6** 915
- geral e individual (Toju) **6** 420
- guiador **8/2** 181s., 692
- ideia do **6** 135s.
- identidade do, com o sujeito **6** 667, 714
- identificação do, com a *dynamis* do inconsciente **6** 475
- - com a atitude **6** 753
- - com a *persona* **6** 760
- - com uma função **6** 375, 758, 914
- importância do "eu" **14/2** 433
- impotência do **7/2** 221, p. 133s.
- inflação do eu **8/2** 176, 427
- instinto do **18/2** 1.150
- integridade do **7/2** p. 145
- instinto do **8/1** 54
- lado sombrio do **18/1** 40
- luta contra o inconsciente **8/2** 706
- masculino e a *anima* **14/2** 280
- mudança do **8/2** 430, 611
- não eu **4** (684), 760, 764; **7/2** p. 167s.; **9/1** 58, 248, 638; **17** 315; **18/2** 1.332, 1.720
- na visão oriental
- - *confunde-se* com Deus **14/1** 127, 128, 129, 276
- na visão ocidental
- - como *distinto* de Deus **14/1** 127, 128, 129, 276
- onírico / eu do sonho **8/2** 580
- participação na tese e antítese **6** 913
- personalidade do **9/1** 220, 468; **13** 307; **14/1** 4, 125[88], 141

- personificação relativamente constante do inconsciente **14/1** 125
- personificado pelo Sol **14/1** 126
- pode resistir ao si-mesmo **14/2** 433
- ponto de referência dos conteúdos inconscientes **8/2** 384, 387, 581, 611
- propriedade paradoxal do **14/2** 167
- psicologia do **6** 84
- referência ao **2** 46, 51, 97, 111, 456s., 462, 508s., 530s., 539, 649, 816, 846, 861, 1.352
- - cf. tb. Ego; Complexo; Reação egocêntrica
- relação eu-tu **9/1** 11
- relativação da consciência do "eu" **14/2** 433
- representa sempre uma oposição a Deus **14/1** 200
- reserva do **6** 692
- restaurar-se pelo mergulho no inconsciente durante o sono **14/2** 188
- ruptura do **6** 210, 912
- segundo **18/1** 798, 803
- sonâmbulo de S.W. **1** 44, 58s., 63s., 113s., 125, 133s.
- - cf. tb. Ivenes
- subconsciente **18/1** 798
- superioridade do **6** 85
- "unidade" do **6** 463
- verdadeiro e falso **6** 420

"Eu-Eu" **11/5** 955

Eu / consciência do eu **12** 36*, 104, 126, 129, 135, 163, 175, 242[120], 287, 411, 562; **16/1** 108s., 111, 204s., 218; **16/2** 476
- como centro da consciência **12** 44
- desligamento nas projeções **16/1** 218
- e a sombra **16/2** 452s.
- e a vontade **16/2** 393, 399
- e complexo **16/1** 196
- e não eu **12** 137, 148, 155, 242[120], 410, 563; **16/2** 395, 470
- e o inconsciente **16/1** 218; **16/2** 434,

Índices gerais

501, 502, 503s.
- e o si-mesmo **12** 155, 452; **16/1** 106, 219; **16/2** 400, 474
- e tu **16/2** 454
- e vontade **16/1** 109, 187
- fascínio pelos arquétipos **16/2** 502
- fortalecimento do **16/2** 392
- fragilidade do **16/2** 361
- identificação do... com o *animus* e a *anima* **16/2** 469, 534s.
- lesão do **16/2** 42
- no tempo e no espaço **16/2** 502
- "superior" **16/2** 537

Eu consciente **7/1** 51
- impulso do (Freud) **7/1** 43, 58
- não eu e **7/1** 113, 155
- poder do **7/1** 42s., 50, 55, 111

Eu / identidade com o sacrifício **11/3** 389
- como fenômeno **11/3** 428
- e o si-mesmo **11/3** 391, 398, 419, 438, 446
- - identidade paradoxal e diversidade entre o **11/3** 427
- e superego (Freud) **11/3** 390, 393

Eu e o Espírito Santo **11/2** 276
- individuação como paixão do **11/2** 233
- e o si-mesmo **11/2** 253; **11/4** 713

Euangelion
- cf. Mensagem

Eucaristia **5** 522, 526, 561, 581, 634[27]; **11/3** 310, 313[5], 314, 425; **14/2** 82, 305[316]; **14/3** 405, 485, 486, 611, p. 86-87, 102-103
- artofágica **11/2** 194
- celebração da **11/5** 912
- clássica **11/3** 418
- espécie de **8/2** 388[55]
- cf. tb. Missa

Eucaristia / ceia **13** 196, 207, 267, 337, 384[119]
- cf. tb. Comunhão[+]

Eucaristia / eucarístico
- comida / alimento eucarístico **9/2** 127, 174, 178, 178[45], 184, 185, 186, 222, 237, 294

Eufemismo **8/2** 206s.
- apotropaico **7/2** 400

Euforia **2** 1.282, 1.294, 1.302, 1.311; **3** 146; **7/2** 236, p. 139s.; **8/3** 939
- na distimia maníaca **1** 209

Euforion / Euphorion (em *Fausto*) **13** 216; **14/1** 193[313]; **14/2** 130; **18/2** 1.698

Eufrates **9/2** 163, 288s., 311s., 332, 353, 372, 374, 396s.; **14/3** p. 80-81[14]; **15** 37[47]

Eulenspiegel, T. **10/3** 298

Eunuco **15** 6

Eumênides **8/2** 206

Euquetas **9/2** 78, 229; **13** 271, 277
- e o conceito do demônio **14/1** 121[31]

Eurídice **10/2** 434

Europa **4** 691; **10/4** 617; **11/6** 1.025, 1.034; **14/2** 373; **17** 231
- rapto de **5** 34

Europa / europeu **9/1** 11, 24; **9/2** 67, 273s.; **10/1** 523, 571; **10/2** 404, 412, 430, 432, 459, 925, 927, 932, 937; **10/3** 236-275, 946, 961, 967s., 986, 988; **13** 1-9, 16, 25, 54, 66, 129; **15** 7, 75, 87, 89, 90; **18/2** 1.253s., 1.266, 1.287, 1.301, 1.305, 1.336, 1.347, 1.366, 1.375, 1.457, 1.472, 1.483, 1.494, 1.498a, 1.790
- mitológica **9/1** 324
- cf. tb. Oriente e Ocidente

Europäische Revue **15** 203

Europeu(s) **8/1** 94; **8/2** 573; **17** 336

Euthicia 505[33]

Eva **2** 127, 843; **6** 314; **9/1** 56, 554, 560; **9/2** 319, 321, 360s., 400; **11/1** 47; **11/2** 262; **12** 192[66], 135*, 426[2], 456, 248*; **13** 282[231]; **14/1** 33, 77[20], 101, 315, 340[664]; **14/2** 209, 210[4], 210[5], 218[11], 220, 253, 255, 257, 258, 312, 318; **14/3** 257, 261, 283, 527; **15** 211; **16/2** 361, 519
- e Adão **14/2** 2, 191, 209, 210[5], 211, 216, 218[34], 221, 235, 258, 274, 276, 283, 312, 318
- - a dualidade de **14/2** 218[34]
- - como a Terra **14/2** 210
- como o feminino contido no homem **14/1** 315[632]
- - como símbolo da carne **14/2** 246
- - criação de **14/2** 191, 245
- e a serpente **11/4** 620
- - e o quadrado **14/2** 253
- - os quatros filhos de **14/2** 220
- - pecado de **14/2** 258, 276
- sal como paralelo para **14/1** 229[3], 315

Evangelho(s) **9/2** 138, 139, 171, 226[88], 274, 276, 285, 336, 428; **14/2** 120, 299; **17** 309
- caráter não histórico dos **11/2** 228
- do amor **11/4** 733
- dos egípcios **14/2** 193
- pressupostos históricos e psicológicos do(s) **11/2** 206
- cf. tb. Bíblia

Evangelho de João
- cf. Bíblia

Evangelho de Lucas
- cf. Bíblia

Evangelho de Mateus
- cf. Bíblia

Evangeliário de Bruges **5** 315[12]

Evangelista(s) **9/1** 425[50], 603[161],611[180], 660, 715; **10/4** 738; **12** 139, 169, 62*, 99*, 314, 109*; **13** 31, 228[254]
- os quatro **9/2** 69, 180, 304; **11/1** nota 7 (cap. II), 97, 113, 123, 126; **11/2** 229, 281; **11/4** 667, 727; **11/5** 946; **14/1** 261, 278
- símbolos dos **8/2** 559; **14/2** 120[260]

Evangelium aeternum **9/2** 140, 144; **11/4** 733, 743

Evaporação **14/1** 254, 256, 257, 258; **14/2** 254, 256, 257, 258

Evocação **14/2** 398

Evolução **8/1** 35, 41, 47, 70; **15** 119; **18/1** 593
- da humanidade **8/1** 101, 103; **8/2** 135, 431
- e progressão **8/1** 70
- processo evolutivo da personalidade **8/2** 550
- traços, vestígios **8/2** 398, 475, 675
- cf. tb. Involução

Exagero(s) **2** 499; **3** 35, 547, 560; **8/1** 61; **8/2** 272, 279, 529

Exames
- perda de energia antes de **16/2** 383[25]

Excesso(s) **3** 105; **4** 346

Excitação(ões) **2** 132, 605, 816, 1.123, 1.138, 1.311, 1.333; **4** 31, 34, 200, 208; **17** 139
- conversão da soma de **4** 31, 34, 208
- cf. tb. Curva galvânica

Excomunhão **12** 93

Excremento(s) **5** 279
- urina
- - interesse por **17** 23a

Índices gerais

Exemplo **17** 299, (240)
- como método de ensino **17** 107a
- educação pelo **17** 254
- força coercitiva, inconsciente **17** 255

Exercícios espirituais
- de contemplação **14/2** 375
- espirituais inacianos **14/2** 157, 367

Exercida spiritualia **9/1** 232, 236s., 562

Exercitationes in Turbam **13** 86[6], 89[25], 109[110], 282[229], 283[233, 238], 429[263]

Exercitia spiritualia
- cf. Inácio de Loyola (Índice onomástico)

Exército **8/2** 690
- da Salvação **17** 154

Exibicionismo **2** 1.072

Exibicionista **4** 196, 387s.

Exidrargiriose **10/4** 629

Eximindus / *Eximidius* **12** 428[7]

Exinanitio **14/3** 194

Existência **13** 331; **18/2** 1.584, 1.589, 1.592s., 1.601
- certeza da própria **14/2** 442
- psíquica
- - consciência como **11/1** 21

Existencialismo **9/1** 125; **11/3** 442; **18/1** 822

Êxodo
- cf. Bíblia

Exogamia pura **14/2** 329[52]

Exogamia / endogamia **18/2** 1.162

Exorcismo **13** 198; **14/2** 75

Expectativa da salvação **5** 119

Experiência(s) **4** 11, 175, 227, 238, 248, 256, 266, 275, 310, 316, 376, 410, 446, 507, 632s., 644s., 654, 762, 770, 778; **6** 129, 133, 137s., 267, 936s.; **8/1** 95, 97, 100; **8/2** 136, 166, 209, 261, 352, 598, 625, 659, 671, 680, 682; **8/3** 816, 828; **9/2** 2, 12, 27s., 39, 41[5], 60, 62, 63, 98, 122, 124, 249[38], 250, 270, 284, 297, 427, 429; **11/1** 2, 110; **14/2** 15, 107, 131, 151, 153, 179, 262, 283, 316, 339, 346, 372, 393, 403, 406, 413, 420, 433, 434, 447; **17** 80s., 85, 160, 241, 286; **18/2** 1.581s., 1.584, 1.586, 1.589, 1.591, 1.611s., 1.637s., 1.640, 1.642s., 1.663s., 1.671, 1.686
- abstração da **6** 578
- analítica **8/2** 491, 497s.
- arquetípica(s) **7/1** 119; **7/2**
- com a mesa **1** 39, 44, 59, 81s., 94s., 126, 138
- da humanidade **17** 250
- das realidades psíquicas transubjetivas **11/5** 849
- de associação **5** 16[15], 219
- de Deus **17** 330
- de repetição **8/2** 199, 592
- de Rhine **8/2** 441
- de vida **8/1** 112; **8/2** 352, 633
- divina **11/1** 52
- do *déjà-vu* **8/3** 964
- do inconsciente coletivo **8/2** 673s.
- do intuitivo extrovertido **6** 687
- do mundo **8/2** 288
- do(s) tipo(s)
- - irracionais **6** 687
- - sensação extrovertido **6** 675
- e arquétipo **6** 729
- espíritas **1** 71
- êxtase **6** 433, 475
- imediata **11/1** 75, 85, 88, 148
- individual e imagem primitiva **6** 597
- instintiva
- - base da **11/5** 804
- interior **3** 176
- - psíquica **11/5** 907
- - religiosa **12** 13, 15s., 23, 37, 41, 219, 230

324   Obra Completa − Vol. 20

- interna **14/2** 15, 178, 410, 417, 433, 443; **17** 303
- matriz da **8/2** 738
- mística **11/5** 800
- natureza complexa da **11/5** 959
- numinosa **11/1** 75, 106; **14/2** 437
- - do processo de individuação **11/3** 448
- primordial **11/5** 903
- proteção contra a **11/1** 78
- psicológica **8/2** 530
- - efeitos subjetivos e objetivos **14/2** 312
- psíquica **17** 312
- - do *caelum* **14/2** 426
- - interior **11/1** 32
- religiosa **5** 95, 340; **11/1** 10, 75, 86, 102, 106, 167; **14/2** 172, 437; **14/3** 312
- - cf. tb. Religião
- situação de experiência / experimentação **8/2** 195, 197
- subjetiva **6** 720
- tomar a sério as **11/1** 167
- totalidade da(s) **7/2** 342, 364; **11/1** 68
- valor da **8/2** 195
- vital
- - da totalidade **11/5** 905s.
- - de Deus **11/4** 562
- vitalidade da experiência original **14/2** 432
- cf. tb. Empiria

Experiência / empiria **9/1** 11, 18, 92, 111, 114, 119, 142, 159, 167[8], 525-626, 709

Experimentador **14/2** 158, 162
- físico **8/2** 440
- psicológico **8/2** 439[129]

Experimental **4** 25, 203

Experimento(s) **17** 160
- de associação **11/1** 21, 37
- - e as funções autônomas **14/1** 175, 265
- Esp de Rhine **14/2** 71[181], 327

Experimento / experiência **4** 19, 211, 611
- de associações **4** 15s., 42, 47, 75, (157), 211, (306), 335s., 408, 532, (695)
- de Janet **4** 28
- teste experimental **2** 730s., 863s.
- - acústico-linguístico **2** 46, 91, 388, 408, 450[68], 575
- - aparelhagem para **2** 1.015s., 1.036-1.045, 1.181s.
- - com doentes **2** 502-559, 793-862, 924, 1.036-1.171, 1.180-1.311
- - com pessoas sadias, normais **2** 1-498, 510, 520, 529, 539, 541, 547, 548[21], 552s., 558, 566, 573, 924, 992, 1.036-1.178, 1.180-1.311
- - da ocorrência **2** 1.360-1.376
- - de associações de palavras **2** 1-498, 516-559, 560-638, 639-659, 664s., 667-699, 728-792, 793, 795-822, 831, 833, 844, 858s., 863-917, 918-938, 941-998, 999-1.006, 1.015-1.035, 1.036, 1.044, 1.051, 1.056, 1.067, 1.075, 1.079-1.178, 1.181, 1.330-1.347, 1.350s., 1.360-1.388
- - de conteúdos com carga emocional **2** 1.348
- - - cf. tb. Complexos
- - de depoimento **2** 728
- - de determinação do sintoma **2** 1.348
- - do mecanismo psicógeno **2** 1.348
- - falha no **2** 25, 94, 393-419, 434-473, 796-815, 944
- - - cf. tb. Reação
- - fatigabilidade da vontade no **2** 1.348
- - fidelidade de reprodução no **2** 1.348
- - galvano-psicofísico **2** 1.015-1.035, 1.036-1.178, 1.192-1.311
- - mímica
- - - cf. Reação

Índices gerais

- - medição no **2** 1.061
- - - cf. tb. Método da
- - motora, excitação **2** 26, 116s.,
132s., 136, 176, 388, 882, 1.062
- - parte
- - - física **2** 1.035
- - - fisiológica do **2** 1.035
- - psicológico **2** 944, 1.049, 1.062.
1.348
- - - cf. tb. psicologia das associações
- - rapidez de percepção no **2** 1.348
- - técnica do
- - - cf. tb. Método da associação
expressão
- cf, tb. Galvanômetro

Experimento(s) / experimentação **8/3**
848, 863, 903, 906, 937, 956, 965
- astrológica **8/3** 872-905
- científico(a) **8/3** 821, 856, 864s.
- com dados **8/3** 837, 967
- de Rhine **8/3** 833s., 837, 840, 847s.,
856, 898, 901, 930, 985
- estatística **8/3** 892, 899
- intuitivo(a) ou mântico(a) **8/3** 865
- psicocinética **8/3** 837, 863, 967, 971
- psicológica **8/3** 892s.
- sujeito da **8/3** 833, 846, 892, 902s.,
970
- valor da **8/3** 848

Experimento / experimental **18/1** 55,
447, 703, 715, 734s., 740, 747, 832,
883; **18/2** 1.145, 1.174s., 1.216,
1.391, 1.818
- de Rhine / Esp **18/2** 1.133, 1.159,
1.185, 1.189, 1.190, 1.198, 1.203

distúrbio no **18/1** 832
- psicogalvânico **18/1** 49, 978

Explicação / esclarecido **8/2** 710; **10/2**
407, 410
- construtiva **4** 759

Exposição **9/1** 282
- fase do sonho **8/2** 361

Expressão facial **1**
- extática **1** 50, 77
- idiota, perplexa **1** 44, 298, 326, 337,
368, 419
- visual ou auditiva do interior **14/2**
408

Êxtase **3** 513; **8/2** 597; **9/1** 106, 520;
9/2 276; **10/2** 375, 435; **11/2** 249[10];
11/3 384; **11/4** 696; **12** 209[75]; **13** 3,
47, 58, 462; **14/3** 73[57], 89-90, 143[10],
590, 604, 607, 614-616; **18/1** 700,
711s., 731
- extático **1** 96
- - acontecimentos durante o **1** 127s.
- - criptomnésia no **1** 183
- - de Nietzsche **1** 142
- - e atividade criadora **1** 58, 183
- - e glossolalia **1** 143s.
- - e rendimento intelectual **1** 148
- - nas experiências com a mesa **1** 44
- - no estado sonambúlico **1** 36s.
- religioso **5** 131

Êxtase / extático **18/2** 1.404, 1.764

Extensidade física e psicológica
- fato de **8/1** 37s.

Exterior e interior
- unicidade do **5** 500

Exteriorização **8/2** 600

Externalização **6** 553

Extractio animae **13** 95; **14/1** 175,
232; **14/2** 11, 356, 358, 359, 379, 387,
388, 403; **14/3** 200

Extraordinariamente ativo **16/2** 340

Extroversão **4** 763; **6** 591, 640, 797s.,
932s., 1.041; **7/1** 62; **7/2** 303; **9/1** 431;
10/3 296, 890; **10/4** 658; **11/5** 770,
779, 785ss., 797
- ativa e passiva **6** 797
- compensação da **6** 71, 636
- dos tipos irracionais **6** 1.023
- e introversão **5** 259

- e sentimento **6** 218, 229, 542
- e tipos funcionais **6** 9
- exagero da **6** 636, 638
- funções básicas na
- - cf. Função
- ideal cultural extrovertido **6** 107
- introjeção como **6** 863
- e introversão **6** 4s., 7, 73, 99, 222, 229, 308, 525, 560, 565, 586, 691s., 716, 919, 968, 977, 1.007, 1.027, 1.041, 1.052, 1.056; **8/1** 77; **8/2** 169, 250
- - como atitudes inconscientes **6** 623
- - como correspondentes ao clássico e romântico **6** 610s., 617s.
- - como "demônios" **6** 377
- - como mecanismos
- - - de adaptação e defesa **6** 567, 626
- - - típicos opostos **6** 4s., 198, 221s., 548, 640, 1.052
- - no mesmo indivíduo **6** 262, 640
- - monismo e pluralismo como **6** 599
- e objeto **6** 1.041
- nominalismo como correspondente da **6** 574
- regressiva **6** 932
- reprimida **6** 87
- tensão e relaxamento como característica da **6** 551s.

Extrovertido **6** 532, 586s., 627s., 797s., 959; **7/1** 80, 84s.; **7/2** 356, 373, p. 146⁷, 159; **15** 111, 117
- adaptação do **6** 254, 542
- afetos do **6** 230, 679
- atividade do **6** 228, 629
- caráter primitivo do inconsciente no **6** 637
- consciência do **6** 308, 627s.
- cosmovisão do **6** 1.041
- e introvertido **6** 135s., 141s., 146, 157, 204, 231, 234, 246, 254, 257, 306, 542s., 587, 621s., 691s.
- - como otimista e pessimista **6** 592
- - como professor **6** 615s.

- - e concepção do símbolo **6** 93
- - e fantasias inconscientes **6** 86s.
- - e realidade externa **6** 136, 543, 941
- - Prometeu e Epimeteu como **6** 86s.
- - reações do **6** 549, 611s., 615s., 618
- - valorização do **6** 253s.
- embriaguez do **6** 543
- em fase introvertida **6** 156, 228
- e o abstrato **6** 71
- esgotamento do **6** 618
- falsificado **6** 275
- Freud como **6** 85
- Goethe como **6** 98, 282, 307
- identificação do, com o objeto **6** 598
- inconsciência do **6** 1.042
- infantilismo do **6** 612, 637s.
- intencionalidade do **6** 231
- interesse do **6** 629
- introversão inferior do **7/1** 81, 84s.
- normalidade do **6** 631
- o ingênuo como **6** 199, 204
- Orígenes como **6** 191
- o romântico como **6** 610s., 620
- o *tough-minded* como **6** 574
- perigo do **6** 276, 633
- perturbações corporais do **6** 631s.
- relação do, com o objeto **6** 4s., 46, 73, 135s., 148, 158, 198, 221, 253, 539, 610, 622, 628s., 633, 675s., 962, 1.053
- tipo **3** 418
- vida
- - interior do **6** 232, 539
- - sentimental do **6** 539
- Wundt como **6** 586

Extrovertido / introvertido **18/1** 63, 414, 496s., 519; **18/2** 1.130, 1.157, 1.259

Exultet de Páscoa **14/3** 148-149

Exumação dos ossos de Paracelso **15** 6

Índices gerais

Ezequiel **9/1** 564, 576[120], 611[180]; **11/4** 681, 707; **13** 321, F 32; **14/2** 308
- como "filho do homem" **11/4** 667, 677, 686, 690, 692, 694, 698
- profeta **9/2** 158, 191

- revelação de **11/4** 686
- visão de **5** F 103; **11/1** 100; **11/2** 176; **11/3** 313; **11/4** 600
- - natureza arquetípica da **11/4** 665
- cf. tb. Bíblia

F

Fabulação **8/1** 71

Fábulas **8/2** 449; **11/4** 738; **17** 44

Fábulas / fabuloso **11/2** 281; **11/5** 944

Faca **9/2** 129[27]; **18/1** 198

Facho
- como atributo de Hécate, **5** F 104, 577

Faculdades
- dominadas pelos arquétipo **14/2** 442

Facultas formatrix (Kepler) **8/3** 925

Fada **9/1** 356; **10/4** 619; **12** 61
- contos de **8/2** 325, 476

Fadiga **3** 513
- facilidade de **3** 16

Faiblesse de la volonté (Janet) **3** 505

Faísca / centelha / *scintilla* **14/1** 44

Fala
- campo da **1** 86
- centro da **3** 323
- compulsiva **1** 184
- desconexa **1** 279
- de um maníaco **1** 216
- em línguas estranhas **1** 50, 56, 143s.
- e personalidades inconscientes **1** 127
- musculatura da **1** 126
- no estupor histérico **1** 230
- no sonho **3** 50, 256, 298

- sonambúlica **1** 40s., 48s., 62, 77,125s.

Falar
- maneira de **8/1** 86

Falcão **9/1** 473, 661; **13** 399[145], 418; **14/2** 148, 290[232]
- cf. tb. Animal

Falecidos que aparecem em sonhos **8/2** 375

Fales **4** 106; **5** 184

Falha
- cf. Experimento, reação, reprodução

Falicismo **9/2** 357, 367

Fálico
- símbolo **8/2** 336, 470

Falo / *phalus* **4** 106, 504; **5** 183, 271, F 59; **6** 35; **8/2** 317, 509; **10/4** 618[7], 637, 638, 751; **14/2** 274[215], 303; **18/1** 572s.; **18/2** 1.078, 1.083
- árvore como **5** 659
- bolos em forma de **5** 530, 571
- como fonte da libido **5** 146
- como libido **5** 146, 180, 298, 329, 349
- como lingam **5** 306, F 53, (F 60)
- etimologia de **5** 321
- no culto de Dioniso **5** 184
- sentido apotropaico do **5** 421
- solar **5** 151, 223
- *sacrificium phalli* **6** 20
- cf. tb. Partes genitais; Pênis

Índices gerais

Falo / fálico **9/1** 298, 435[67], 472, 533[5], 559, 572, 632; **9/2** 187, 313, 324, 331, 339[134], 357, 367; **13** 278, 343, F 30
- itifálico **9/2** 313, 331, 366
- cf. tb. Hermes

Faloforias **5** 349

Família(s) **4** 309, (314), 348, 428s., 438, 562, 695, 780s.; **9/1** 170, 279; **10/2** 932; **10/3** 66, 209, 273, 280, 352, 354, 891, 997; **11/6** 1.025, 1.029; **17** 13, 83, 107s., 147s., 158s., 172, 294, 331a, 343

Familiar **2** 999-1.014

Familiaris **9/2** 32, 371, 385; **12** 84, 88, 77*, a, b.;**13** 219, 250, 273, 295, 319, 437, 460, 462, F 14
- Espírito Santo como **12** 187
- *spiritus* **9/2** 415; **14/2** 366, 384, 398

"Familiarização" do parceiro **16/2** 420, 452

Familienforschung und Vererbungslehre **4** 695[4]

Fanáticos **3** 456, (513)

Fanatismo **4** 613, 746; **6** 658; **8/2** 407, 425, 526, 582, 773; **9/2** 272; **10/1** 511, 519

Fanatismo / fanático **15** 56, 70, 179

Fanes **5** 198, F 31

Fantasia(s) **2** 499, 718, 1.040, 1.050, 1.354; **3** 383, 411, 414, 428, 463, 565; **4** 58s., 70, 145, 147, 200, 216s., 221, 227s., 232, 234, 387, 389, 391s., 404s., 416s., 420, 533, 559s., 636, 761; **5** 34, 76, 683; **6** 73s., 81, 102, 257, 567, 585s., 740, 799s.; **7/1** 6, 11, 47, 109, 161; **7/2** 369, p. 132-147; **8/1** 35, 95; **8/2** 146s., 228s., 294, 388, 449, 554, 667; **9/1** 53s., 80, 83, 92s., 101s., 122s., 135s., 142s., 153, 260s., 270, 290s., 295, 303, 309, 311[4], 312[5], 314, 319, 386, 476, 509, 517s., 525, 530, 623, 645s., 715; **9/2** 26, 40, 122, 130[42]; **10/1** 545, 562; **10/3** 4, 11s., 26, 43, 47, 62, 160, 195, 217, 258, 320, 352, 355, 836, 847, 899; **10/4** 593, 610, 611, 614, 649, 740[8], 743, 753, 755, 770, 777, 781, 804, 809, pref. 1a ed. ingl.; **11/4** 556; **11/5** 805, 845, 929, 939, 942; **12** 38, 305, 394, 410; **13** 20, 31, 36, 63, 176, 193, 207, 215, 220, 240, 253, 286, 304, 323s., 336, 355, 368, 393, 458, 462s., 470; **14/1** 18, 47, 48, 85, 100, 152[211], 175, 185, 194, 268, 300, 329; **14/2** 151, 347, 393, 404, 407, 410; **14/3** 175, 175[31], 183; **15** 126; **16/1** 125, 206; **16/2** 501; **17** 13, 76s., 193, 237, 272, 281, 302; **18/1** 16, 65, 91, 152, 360, 393, 395, 397, 405, 422s., 452, 474s., 481, 500, 504, 512, 526, 568, 576, 591, 601, 633s., 737, 840, 853, 877, 951, 956, 1.041, 1.055s., 1.061; **18/2** 1.083, 1.148, 1.151, 1.158, 1.231, 1.249, 1.257, 1.260, 1.265s., 1.278, 1.290, 1.431, 1.433, 1.449, 1.475, 1.488, 1.492, 1.647, 1.662, 1.805s., 1.828
- alquímica **14/2** 392, 395
- anal **18/1** 1.057
- análise e síntese da(s) **7/1** 122
- arcaicas **7/2** 256
- a respeito dos pais substitutos **8/1** 36
- arquetípicas espontâneas **11/3** 374; **11/5** 845s.
- arquétipo como base da fantasia
- - cf. Arquétipo
- ativa **6** 808
- - compreensão, crítica da **6** 802
- - como expressão da unidade de uma individualidade **6** 802
- - e passiva **6** 800s.
- barroca **14/2** 212
- *catégories de la phantaisie* **8/2** 254
- categorias *a priori* das **16/1** 15

- coletiva **9/1** 476; **10/4** 756
- como atividade imaginativa **6** 799, 810
- como criação de mente **14/2** 317, 332, 333, 338, 347, 353, 354, 365
- como expressão
- - da energia psíquica **6** 810
- - de situações **5** 685
- como formulação de fatos inconscientes **14/2** 427
- como matriz de toda mitologia **5** 611
- como ponte entre os opostos **6** 73, 82
- como ponto de partida para a imaginação ativa **14/2** 365, 404, 406, 407
- como *prima materia* do *opus* **14/2** 406
- como produto
- - da *anima* **14/2** 83
- - intermédio entre o eu e o instinto **6** 85
- como realidade psíquica **14/2** 407
- como sintoma ou símbolo **6** 764, 782, 808
- compensação da consciência pela **5** 34, 468
- concepções alquímicas **14/2** 347
- concretização das **6** 75; **7/2** 352
- consciente(s) **4** 256, 313, 341; **5** 45
- conscientização da(s) **7/1** 75; **7/2** 357s.
- constância das imagens da **14/2** 393
- "cósmica" **7/2** 250, p. 135
- criações variadas da **14/1** 121, 327
- criadora **18/2** 1.253
- criativas **5** 337; **6** 81s., 87s., 163, 165s., 175, 178; **9/1** 153; **16/1** 62, 98
- criminosa **10/3** 160
- da morte **5** 165
- de desejos **14/2** 338; **18/1** 1.008; **18/2** 1.345, 1.384
- deformação fantasiosa **14/2** 121
- depreciação da **6** 83, 88
- de salvação **6** 845

- desejos da **17** 4, 12
- desenvolvimento da **6** 469
- desprezível **14/2** 406
- de uma menina de 15 anos **5** 75
- de ventre materno **5** 655
- de vingança **4** 190
- diurnas **5** 39
- do inconsciente coletivo **7/1** 103; **7/2** 205, 245s., 384s.
- dos primitivos e doentes mentais **8/2** 719
- dramática **14/2** 407
- e atitude consciente **6** 801
- efeitos da **7/2** 228, 353
- e imagem primitiva **6** 578
- e instinto **16/1** 98
- - lúdico **6** 175, 185
- elaboração da **6** 189, 782
- em estado de vigília **6** 756
- e motivos mitilógicos **14/2** 393
- enriquecimento da **6** 702
- envolvimento voluntário da **14/2** 409, 410
- e *persona* **7/2** 307
- e realidade **7/1** 161, p. 131; **7/2** 355, p. 146
- erótica **4** 163, 662; **5** 34; **6** 435, 451; **8/2** 149; **9/1** 54, 586; **18/2** 1.265
- e símbolo **6** 175, 189
- espontâneas **8/2** 155, 166, 400, 403; **14/2** 353, 393, 404; **16/1** 13
- espontaneidade da **7/1** 20, 121, p. 148; **7/2** 251, 344, p. 150s.
- estereotipada **17** 29
- e surgimento de alucinações **1** 100, 106
- falta de **14/1** 184
- "fantasiar fora do corpo" **14/1** 100
- figura da **14/2** 407
- fundamento inconsciente das **5** 39
- hipnagógica **8/2** 170
- - imagens da fantasia **8/2** 170, 400s., 436, 738
- histérica **4** 51
- homossexuais **17** 221s., 226s.

Índices gerais

331

- imagem da **14/2** 365, 393, 407, 408, 427
- incestuosas **14/2** 70; **16/1** 140
- inclinação para o desregramento **14/2** 407
- inconsciente **4** 256, 313s., 323, 340s., 412, 505; **6** 163, 173, 202, 398, 558, 702, 756, 764, 827, 851, 862; **8/1** 39; **8/2** 132, 362; **18/1** 334
- infantil **18/2** 1.278
- - arcaísmo da **6** 764
- incontroláveis **14/2** 410
- individual e coletiva **14/2** 393
- infantil(is) **4** 470, 502, 518, 561, (564), 569s., 601[5], 657, 662s.; **6** 88, 482; **7/1** 96, 171; **7/2** p.131, 133s.; **9/1** 94, 159; **10/1** 546; **10/3** 345, 352, 362; **14/2** 338, 397; **17** 32s., 270
- interpretação da **6** 804, 879
- isolada **9/1** 321-327, 525
- mecanismo das **5** 44
- megalomania **11/5** 791
- mera **7/2** 319
- míticas **8/1** 71
- mitológica **10/3** 12s.
- moderna **14/2** 394
- - de serpentes **5** 676
- mórbida / demência **4** 39, 271s., 289, 313s., 560, 598; **11/3** 344; **11/5** 765, 899; **17** 128
- mundo arcaico de **5** 199
- nada mais do que **6** 83
- na histeria e *dementia praecox* **6** 306, 931
- na vigília **14/2** 333
- obcecação pela **7/2** 206
- obscena **9/1** 586
- pagãs **14/3** 231, 244, 272
- patológica **15** 63, 144
- pensamentos fantasiosos
- - cf. Pensamento
- perturbadoras **6** 756
- perversa **4** 55, 58, 60, 387, (573)
- pervertida **10/1** 547
- procedimento nas **7/2** 342s., 350s.

- produzidas por fenômenos luminosos **8/2** 396
- projeção da **7/1** 94[13], 95, 142; **14/2** 338, 397
- psicoterapia das **11/5** 889
- psicótica **9/1** 260
- realidade da **16/1** 106
- redução das **6** 861
- regularidade da **6** 809
- representação de **14/2** 412
- sentido das **8/2** 449, 808
- - manifesto e latente das **6** 803s., 809
- sexual **4** (230s.), 243, 601[5]; **6** 518, 804; **7/1** 42, 128, 144; **10/3** 160, 219, 226; **10/4** 631; **11/5** 842; **17** 13[4], 158, 203; **18/1** 333
- - tomada de consciência das **16/2** 456
- significado hermenêutico das **7/2** p. 162
- *spiritus phantasticus* **6** 165
- surgimento da **6** 804
- tecnológica **10/4** 663, 667
- temas psicológicos na(s) **11/5** 781
- tendências compensadoras da **6** 803
- transferência da **6** 949
- tratamento da **6** 469
- valorização da **6** 84
- vivência das **7/2** 350

Fantasiar **5** 20; **6** 433, 810, 874
- do extrovertido **6** 230
- e as funções básicas **6** 811

Fantasma **6** 463, 799; **9/1** 267, 290; **10/4** 781; **13** 57, 434; **14/2** 4[12], 154, 353, 384, 446
- como "ideia-força" **6** 810
- noturno **14/1** 77
- cf. tb. Espírito

fantasma(s) / assombrações **8/1** 102; **8/2** 528, 602
- aparecimento de **8/2** 598
- medo de **8/2** 681

Fantásticas
- ligações das representações nos sonhos **8/2** 445

Fanuel **11/4** 680, 691

Faradização **1** 328, 388

Faraó(s) **5** 4, (131[16]), 391, 526[58]; **8/2** 307, 735; **9/1** 93, 229, 438; **11/2** 177; **11/4** 624; **13** 363, 401; **14/2** 2^2, 2^3, 3^{10}, 4, 8, 11;**14/3** 424; **15** 55; **18/1** 231, 361
- após a morte identificado com deus-pai **14/2** 8
- casamentos incestuosos **16/2** 419
- como filho do Deus Criador **14/2** 2^2
- nascimento, coroação, heb-sed e morte **14/2** 8

Farisaísmo **18/2** 1.599

Farmácia de poções mágicas **4** 585, 588

Farmacognosia **13** 157

Farmacologia 36

Farmacopeia **13** 157, 353[37]; **14/2** 225

Fascinação(ões) **3** 561, 569, 575, 578; **8/1** 22; **14/2** 120, 327, 432; **14/3** 97

Fascínio **7/1** 136, 141; **7/2** 344; **9/1** 501

Fascínio / fascinante **12** 436, 439

Fascinosum **13** 207

Fascismo **10/2** 396, 404; **18/1** 372s.; **18/2** 1.324s., 1.334s.

Fatalidade **8/3** 828, 920

Fatalismo **6** 572
- sideral / *heimarméne* **14/1** 6, 293, 302

Fátima **10/4** 597

Fato(s) / realidade / dado **6** 701, 704
- atitude para com **6** 592

- como fator determinante **6** 593
- crença no **6** 593
- e ideia **6** 576s., 579s., 591, 643s., 701
- externo **6** 595, 646
- importância do **6** 700
- interno e externo **6** 597
- interpretação do **6** 780
- objetivo **6** 648, 701
- orientação pelo **6** 652, 908
- perceptível por medida e número **6** 741s.
- psicológico **6** 56
- psíquico **6** 985, 1.018
- supervalorização do **6** 780, 908

Fator(es)
- A **2** 14
- criativo **6** 664
- de atitude **2** 169, 174
- dinâmico(s) **11/1** 8
- - inconscientes **11/1** 82; **11/5** 982
- - psíquicos **11/1** 137, 142
- "elementar" **6** 586
- externo e interno **6** 958s.
- físico **2** 383, 388, 1.046-1.057, 1.063, 1.093, 1.108
- galvânico **2** 1.180-1.311
- - cf. tb. Experimento
- ordenador **11/3** 432, 444, 447
- patogênico **2** 727, 1.351
- - cf. tb. Complexo patogênico
- psicofísico **2** 100, 383, 388, 1.015-1.035, 1.352
- - cf. tb. Experimento, galvanômetro, método
- psíquico **6** 954; **7/2** 292, 311, 375, p. 134s.
- somático-fisiológico
- - cf. Fisiologia, fenômeno
- subjetivo **6** 663, 691s., 700, 702, 704, 716s.; **11/5** 783, 821
- - como grandeza determinante **6** 709, 726

Índices gerais   333

- - da sensação, da intuição **6** 718s.,
726
- - e introversão **11/5** 783
- - e objetivo **6** 697, 716
- - e objeto **6** 693
- - e psique **11/5** 776ss.
- - força do **6** 696
- - opressão do 636, 717, 726
- - percepção do **6** 719
- - realidade do **6** 693, 720
- - relatividade do **6** 693
- - verdade do **6** 702

Fatos concretos **11/5**
- e o pensamento oriental **11/5** 788
- fé em **11/5** 801
- como compensação **11/5** 767
- psicológicos **11/2** 294; **11/5** 794
- psíquicos **11/5** 889, 957

Faustiana
- pergunta **8/2** 188

Fausto / Faust (Goethe) **3** 391; **4** 68s.,
173[16], 780; **5** 45[46], 84, 117, 120, 121,
180, 181s, 299, 321, 416, 417, 449[54],
481, 538[86], 577[140], 577[144], 615, 631,
640; **6** 188, 206, 320s., 418, 425, 427,
796, 909; **7/2** 257s., p. 153s.; **8/2** 414;
8/3 952; **9/1** 204, 255, 310, 513; **11/3**
363; **11/4** 742, 750; **11/5** 905; **12** 42s.,
61[3], 84, 87, 108, 119, 36*, 55*, 203s.,
211, 320s., 554, 558s.; **13** 154, 163,
220, 295; **14/1** 32[2], 52, 78, 112, 172,
193; **14/2** 130, 163, 312, 323, 329[53];
14/3 587; **15** 148, 153, 154, 159,
159[19]; **16/2** 398[54], 407, 491, 500; **17**
301, 312, 320; **18/2** 1.692-1.699
- 1ª parte **15** 138, 141, 148
- 2ª parte **15** 111, 117, 138, 141, 142,
148, 178, 185, 211, 212
- descida para as mães **14/2** 170
- *Doctor Marianus*, oração do **5** 331
- problema erótico em **5** 86, 89
- simbólica do Sol em **5** 158

- transformação do **14/2** 130, 158,
205[443]

Fé **5** 336, 343; **8/2** 804; **8/3** 984; **9/2**
66, 122, 124, 130[36], 151[2], 243[19],
268s., 274, 276, 404; **12** 35, 37, 41;
10/1 509, 516, 520, 524, 543, 554,
563; **10/2** 397, 937; **11/3** 379, 429;
14/1 27, 50, 142, 145, 336, 339; **14/2**
16, 38, 331, 406, 427; **14/3** 113, 215;
16/2 522
- a luz da **14/1** 336, 337
- cega **5** 339, 345
- - exigência e perigos da **14/1** 339
- como confiança no si-mesmo **14/2**
410
- como realidade psíquica **11/4** 553
- conhecimento
- - conflito entre **11/2** 210
- - da natureza e **16/2** 412
- cristã **14/2** 428
- *depositum fidei* **14/2** 399
- e ciência
- - conflito entre **14/1** 142, 145, 336
- - empírica **14/2** 317
- e conhecimento
- - conflito entre **11/5** 864ss.
- e dúvida **11/4** 735; **11/5** 791
- - na questão da verdade **14/2** 317,
406
- e inteligência **11/2** 280, 293
- e pensamento **11/2** 170
- e saber **10/1** 551, 558
- exigida à força **16/2** 359
- intuição da **14/2** 406
- "legítima" **5** 345
- na atuação de hormônios, choques
etc. **14/2** 342
- postulado da **5** 95
- pressupostos da **11/4** 659
- profissão de **8/1** 111; **9/2** 123, 127,
270, 277, 281; **10/1** 511
- representações da
- - como atos psíquicos **14/2** 121[262]
- - e seu significado transcendente
14/2 121[262]

- símbolo e **11/2** 280, 282
- sistema de
- - renascimento e transformação **14/2** 122
- supre a realidade empírica **14/2** 331
- cf. tb. Crença

Fé / carisma **11/2** 170, 285

Fé / crença / credo **6** 10, 593; **9/1** 50, 73, 128, 149, 384, 483, 619; **10/3** 26, 102, 160, 162, 171, 195, 843, 853, 874, 1.005; **13** 4, 47, 69, 137, 146, 195, 197, 207, 215, 289, 386, 393, 472; **17** 168, 181, 284, 292, 296; **18/1** 374, 485, 555, 565, 582s., 600s., 688s., 697s., 737, 1.034s.; **18/2** 1.094, 1.294, 1.362, 1.382, 1.470, 1.475, 1.498a, 1.505, 1.511s., 1.539, 1.563[2], 1.566, 1.574s., 1.576s., 1.584-1.690
- confissão de **10/3** 38, 114; **13** 234, 244; **18/1** 418; **18/2** 1.478, 1.637
- e ciência **6** 18, 1.035
- e conhecimento **13** 149, 238
- objeto de **9/1** 11

Febo **9/2** 367[28]

Febo-Apolo **14/2** 96[238], 127

Febre **3** 513; **6** 656; **8/2** 488, 639; **14/2** 72[183]
- erótica **14/2** 72[183]
- histérica **11/1** 15; **17** 139
- puerperal **18/1** 797

Fechamento
- tema do **12** 187s., 218s.

Fecundação **4** 279, 509, 511; **9/1** 107s., 297, 556, 558, 564, 583; **9/2** 420; **10/4** 638; **13** 268[129], 278, 401
- nas arretoforias **5** 530, 571
- por elefantes **5** 492, F 93
- por espírito **5** 401[138]
- por introversão **5** 588
- por vento **5** 150[48]

Fecundidade **4** 284, 494; **8/1** 126; **8/2** 333; **11/3** 372

Fecundos
- germes no símbolo **8/2** 644

Fedor **14/2** 68, 137

Fedra **5** 457[62]

Fedro
- cf. Platão

Feitiçaria **15** 40
- e doença **8/2** 335

Feiticeiro(s) **4** 602; **6** 38, 314, 565; **14/2** 72[183]; **15** 20, 21, 159; **17** 298; **8/1** 95
- como figura paterna negativa **5** 543
- mágico **5** 503, 541

Feiticeiro / feitiço / encanto **18/1** 230, 360, 413, 586, 703, 784
- apotropaico **18/1** 409
- cf. tb. Magia

Feiticeiro / xamã / curandeiro **7/2** 237, 378s., p. 141s.

Feitiço **6** 433
- amoroso **9/2** 213, 216; **14/1** 24

Feitiço, feiticeiro, mago **7/1** 108, 150, 153s.; **7/2** 258, 325, 377s., 382, 397; **10/3** 43, 59, 101, 106s., 122s., 128, 137, 140, 146, 280, 308, 311, 324, 988; **13** 66, 154, 156, 199, 243, 250, 295, 410, 438
- de amor **13** 359, 361
- de sangue **13** 110[113]
- fórmulas **13** 9, 155[26], 199

"Feixe de instintos" **5** 190

Fel **14/2** 79[224]
- do peixe **9/2** 213

Felicidade (glória) eterna **14/3** 530

Felix culpa **10/4** 677
- cf. tb. Pecado

Índices gerais 335

Felizardo **14/2** 375

Fêmea alada **14/2** 24

Femina
- *alba* **9/1** 516
- *candida* **10/4** 790

Feminino **10/2** 375[3], 434; **10/3** 997;
14/1 2, 210, 321; **14/2** 83, 164, 165,
328; **15** 76, 134, 154, 213; **18/1** 220,
237, 262, 629s.; **18/2** 1.652, 1.660,
1.702, 1.789
- atitude para com o **14/1** 215
- como o demônio (Dorneus) **14/1**
232; **14/2** 232
- como o feminino eterno **14/2** 165
- como o suporte da totalidade
desejada **14/2** 165
- com relação ao sal **14/1** 332[666]
- duplicidade arquetípica do **14/2** 267
- e masculino como opostos **14/1** 1, 6,
101, 193; **14/2** 51, 182[205], 201[438], 320,
324, 348
- em Hippolytus **14/1** 321
- monstro **15** 25
- natureza feminina do inconsciente
- - cf. Inconsciente
- número quatro como f. **14/2** 228
- o arquétipo no homem
- - cf. *Anima*
- o eterno-feminino **5** 508; **15** 154,
191, 199, 211
- pelve **15** 6
- psicologia **15** 159
- "um" de caráter feminino **14/2** 386
- cf. tb. Masculino

Feminino, feminilidade **9/1** 58, 86,
119, 131, 142, 158, 164s., 170, 176,
183s., 242[42], 246, 316, 357, 383, 485,
564[95], 571, 585s., 631, 666, 680, 705

Feminização do homem **5** 458

Femme inspiratrice **7/2** 336; **11/2** 240;
17 340

Fenda da terra
- cf. Caverna

Fenestra
- cf. Janela

Fenícia / fenícios **9/2** 127, 173, 185

Fenício **9/1** 324

Fênix / *Phoenix* **5** 163[71], 165, 235[40];
9/1 661, 685; **12** 4*, 306, 400, 457,
497[184], 498, 515, 548s., 270*; **13**
273[171]; **14/1** 60[120], 79, 242[438], 270,
275, 279, 280, 281, 311[606]; **14/2** 83,
168, 327[45], 335[104], 408, 412[222]; **14/3**
37[92], 53, 56, 56[133], 137, 137[291]139,
139[314], 140, 147, 148, 237, 302,
302[306], 385[173]
- a menção mais antiga **14/1** 311[306]
- a razão do nome **14/1** 274[511]
- coletivo **14/2** 83
- como alegoria
- - da peregrinação da alma **14/2** 139
- - da ressurreição
- - - de Cristo **14/1** 279; **14/2** 56[133],
139, 385[173]
- - - e do renascimento **14/2** 37[92], 55,
139, 140
- como etapa da transformação **14/2**
137
- como remédio universal **14/1** 279, 281
- - como símbolo
- - - da ressurreição e do
renascimento **14/1** 79, 275, 297, 299
- - - da restauração duradoura do
mundo **14/2** 139
- como sinônimo do *lapis* **14/2** 56
- de ordem religiosa **14/2** 178
- empírico **14/2** 317, 423, 424
- - com base transcendental **14/2** 423
- fenômeno psíquico **14/2** 172, 174,
183, 333, 431
- - - numinosidade do **14/2** 431
- físico **14/2** 327
- na forma de verme **14/2** 137, 137[392],
148

- o "Ortus" como **14/2** 141[314]
- penas da **14/2** 137[292], 302
- renasce da própria cinza **14/2** 137, 137[292]
- renascimento da **5** 538
- viagem da **14/1** 281

Fenômeno(s) **17**
- clínica **6** 987
- coletivos **9/2** 12, 30, 54s., 57, 79, 282, 387
- de perseverança **6** 528
- divinatórios **18/2** 1.368
- - cf. tb. Clarividência
- entópticos (enxergar faíscas) **1** 43, 100
- extraterrestres **18/2** 1.437s., 1.448
- físicos / corporais **18/2** 1.432, 1.441, 1.445, 1.448s.
- fisiológicos **11/5** 808
- gana **9/1** 213[7]
- modo de considerar o **17** 160s.
- natural **17** 168
- obsessivos **14/1** 219
- psicogalvânicos **6** 751
- psíquico(s) **17** 102s. (168)
- - espontâneos **11/4** 557, 665
- - irracionais **11/2** 223; **11/4** 736; **11/5** 769, 939, 968
- - subliminares **13** 180

Fenomenologia **9/1** 111s., 119, 126, 143, 272, 285-300, 308, 318, 384-455; **9/2** 278; **14/2** 183, 207, 431; **18/1** 694, 742, 837; **18/2** 1.154, 1.239, 1.251, 1.310, 1.489, 1.674, 1.727, 1.738
- física **8/2** 260
- psicológica **8/2** 235-251 (em geral), 252-262 (em especial)
- - ponto de vista **8/2** 343
- psíquica **6** 988
- religiosa **8/2** 254, 414

Fera
- coração de **8/2** 484

Feréquides **13** F 2

Feridas
- do amor **14/3** 614
- psíquicas **8/2** 594

Ferimento
- motivo do **14/1** 20, 23, 25, 27, 140

Fermentado **12** 366[47], 268*

Fermento **14/2** 82, 127[269]

Ferradura **5** 421

Ferramentas **5** 425

Ferrara **15** 24

Ferreiro **15** 25

Fiction stories **15** 137, 143

Filosofia / filosófico **15** 44, 45, 46, 48, 60, 61, 67, 70, 81, cap. VII - prefácio, 142, 156, 197
- de Paracelso **15** 9, 10, 11, 37-39
- naturalista **15** 10, 37

Ferro **9/1** 407, 413; **9/2** 239, 243, 288, 290, 292, 312; **14/2** 131, 228[56], 320; **15** 38
- como Marte **14/2** 320

Ferro / sideral **13** 119, 176[114], 188, 267, 357, 446

Ferrolho **14/2** 47; **14/3** p. 76-77, 264-265, 269[15]

Ferrugem **12** 207; **13** 173, 176[114]; **14/3** 389

Fertilidade **5** 138, 354, F 66, 407, 411, 441, 480; **6** 322, 445, 492, 624; **7/1** 108; **18/2** 1.077
- como símbolo da libido **5** 324
- *crux ansata* como **5** 411
- da terra ligada ao rei **14/2** 2, 11, 190
- depois do sacrifício do touro **5** 671
- deus da **8/2** 332
- do campo **5** 595
- e lua **14/2** 296[266]

Índices gerais

- espiritual **5** 78
- magia da **9/1** 297; **13** 92, 132[191]

Fescennia **9/1** 464[12]

Festa **9/2** 164
- de ano-novo **9/1** 459[6]
- do asno **6** 310
- egeia **18/2** 1.692, 1.698
- - conteúdo arquetípico **14/2** 323

Festejos hierogâmicos da primavera **5** 531

Festum asinorum **9/1** 461
- *fatuorum* **9/1** 460[7]
- *puerorum* **9/1** 460
- *stultorum* **9/1** 458

Fetiche **6** 457, 778; **8/1** 92, 115; **8/2** 335, 524
- "carga" do **6** 322, 565

Fetichismo **2** 718[20]
- "das palavras" (Mauthner) **5** 12[6]

Fetichista **4** 196

Feto **14/2** 94
- espagírico ou alquímico **14/2** 96
- cf. tb. Embrião

Fezes **5** 276, 279

Ficção
- cf. Linha de conduta fictícia

Fidelidade
- à sua própria lei **17** 295

Fides
- cf. Fé

Fidji **14/2** 2[1], 2[4]

Fígado **9/1** 654[11]; **13** 57

Figueira **4** 149; **5** 324[30]

Figura(s) **14/2** 220, 258, 377, 407
- de anões (Dioniso, Júpiter Anxuro, Tages) **5** 184
- de demônios **1** 215

- do homem **14/2** 235[44]
- ideal
- - igualdade sexual da **5** 432
- oníricas
- - cf. Sonhos
- simbólicas **14/3** 41

Filadélfia **11/4** 703

Filantropia
- cf. Amor

Filêmon e Baucis **10/2** 423, 434; **12** 561; **18/2** 1.699

Fileros **6** 307, 309

Fílgias **10/2** 393

Filha(s) **4** 384s., 698, 728; **9/2** 24, 28, 260, 262, 283; **14/2** 83, 164, 207, 208, 301; **17** 8s., 218; **18/1** 156s., 625, 535s.
- de Sião **14/3** 283, 286-287, 290, 294, 349, p. 80-81
- do rei **14/1** 2, 31, 82
- dos filósofos **14/2** 208
- irmã **14/1** 136[122]
- mística **14/1** 156
- pai **16/2** 357, 471, 521
- predileta do pai **4** 719, 724, 743

Filhinho de papai **16/1** 196; **16/2** 336

Filho(s) **3** 292; **4** 344s., 698, 728; **8/2** 336; **9/1** 602; **9/2** 239, 291, 293, 297, 304, 307, 310, 400; **10/3** 209, 215, 253; **11/2** 271; **11/3** 429; **13** 132, 203, 271; **14/2** 2[3], 2[5], 3[6], 46, 62, 76[210], 77, 91, 91[236], 98, 100, 123, 140, 141, 233, 240[112], 258, 264, 277, 296[266], 320[16], 337[65], 346, 391; **14/3** 197-201, 246, 306, p. 66-67, 74-75, 80-81; **17** 328; **18/1** 262, 552; **18/2** 1.261
- adotivo **14/2** 96, 97
- amante **16/2** 467, 468, 496
- arquétipo do **8/2** 336s.; **11/4** 713; **12** 26s.
- - como *complexio oppositorum* **11/4** 712

- - como símbolo de conjunção / unificação **11/4** 711, 738
- - da mulher do Sol **11/4** 738
- - sacrifício do **11/4** 662, 690, 729
- - Chiwantopel como filho-herói **5** 466
- - como correspondência da consciência e da inconsciência **5** 393
- - como Crono (em Plotino) **5** 198
- - como falo **5** 212
- - "de sua mãe" **5** 392
- - - como deus **5** 394
- - libido do **5** 329
- - tendência ao incesto do **5** 540
- como Filho de Deus **14/2** 108[250]
- como salvador **14/2** 30
- como símbolo **14/3** 312
- - da totalidade da consciência com o inconsciente **14/2** 185
- coroação do **16/2** 496
- da lua **16/2** 495
- da meretriz **14/2** 78
- da viúva **14/1** 14, 31
- de Deus **9/1** 243[44]; **9/2** 293, 301, 320s., 397[98]; **14/3** 575; **17** 298; **18/1** 269; **18/2** 1.536, 1.539, 1.549s., 1.593, 1.617, 1.683, 1.687, 1.827
- - de deus mitológico ou gnóstico **14/2** 2[2], 3[6], 4[12], 37, 97[239]
- - o quarto como **5** 245
- - cf. tb. Deus
- deuses-filhos
- - mortos prematuramente **11/2** 272
- do Homem **11/2** 210; **11/3** 400, 419; **11/4** 667, 672, 679, 690, 719; **11/5** 952; **14/2** 132, 152, 159, 253, 299, 299[280], 300, 301, 304, 310; **18/2** 1.549, 1.631, 1.832
- - cf. tb. Cristo
- do rei **12** 434s., 179*, 446, 454
- do sol e da lua **14/3** p. 104-105
- *filius regius* **12** 436, 440
- morte do **12** 436s., 439[49]
- - cf. Rei
- do Sol **9/1** 573[1, 2]
- e mãe **13** 147, 278, 278[208], 456s.

- - cf. tb. Cristo
- emancipação do **11/2** 272
- estado de conflito do **11/2** 272, 276
- *homousia* com o pai no mito do rei egípcio **14/2** 3, 7, 32
- ilegítimo **3** 167, 337
- incesto mãe-filho
- - cf. Mãe, incesto
- mãe e **16/2** 357, 401
- nascimento do **14/2** 101, 145[322]
- - do Filho de Deus na alma humana **14/2** (Eckhart) 108
- pródigo **9/1** 448
- relação com o **3** 469
- sacrifício **11/3** 328, 395, 406
- *status* / era do **9/2** 139, 141
- trino do grande mundo **14/2** 127
- único **17** 228
- unigênito do mundo maior **14/2** 77[214]
- vermelho **14/2** 101[243]

Filho(s) de Deus
- consciência dos **11/4** 671
- e os filhos dos homens **11/4** 667
- nascimento do **11/4** 644
- que morre prematuramente **11/4** 718

Filho de Deus e Adão **12** 456, 457
- antímimos **12** 456, 460
- capacidade de transformação do **12** 459s.
- como divindade no mandala **12** 139
- e arte sacerdotal **12** 456
- geração do **12** 141s.
- monogenes como **12** 139
- na representação imagística cristã **12** 26, 41, 319, 412

Filho / filha **14/1** 82, 102, 118, 165
- como figura de luz **14/1** 61
- como filho-herói **14/1** 211
- como filho-pai **14/1** 163
- como pai renascido **14/1** 163, 173
- de Deus altíssimo **14/1** 137
- do espírito contraposto ao filho da Terra e dos astros **14/1** 145
- do Homem (Cristo) **14/1** 22[118], 141, 245

Índices gerais

- do homem na alquimia **14/1** 37, 38, 145, 289
- verde **14/1** 132

Filhote **14/2** 385[173]
- de cão **16/2** 458

Filia mystica **9/1** 372

Filiação
- condição de Filho de Deus **11/2** 235, 265, 289
- divina **11/4** 735; **13** 78
- dupla **14/2** 152
- homousia com o deus não existente **14/2** 57
- terceira **14/1** 66[1], 121, 121; **16/2** 481
- tríplice **14/3** 305[8], 581
- - no gnosticismo **14/2** 57
- cf. tb. Cristo

Filiatio
- doutrina da **9/2** 144

Filioque **11/2** 218, 220, 289

Filipenses, Epístola aos
- cf. Bíblia

Filisteus, **9/2** 178[45]; **10/2** 398

Filius
- *canis* **14/1** 171, 172
- *hermaphroditus* **10/4** 629
- *hominis* **10/4** 733
- *macrocosmi* **9/2** 120, 194, 239; **12** 26, 335, 420; **13** 127, 203, 271[152], 280, 287, 384, 386; **14/2** 7, 27, 77, 77[14], 127, 360; **14/3** 288, 446; **16/1** 220; **18/2** 1.631, 1.684
- - Cristo como
- - - cf. tb. Cristo
- - como filho do Sol e da Lua **14/1** 15, 45, 137, 145, 158, 232
- - como ser alado **14/1** 121
- - e *microcosmi* **14/1** 145
- - - como paralelo ou rival de Cristo **14/1** 137
- - *lapis* como **12** 335, 506s.

- - *Solis et Lunae* **14/2** 291
- *microcosmi* **13** 127, 384, 386
- *philosophorum* **5** 245[51]; **9/1** 246; **9/2** 59[11], 120, 194, 239, 334, 380; **11/3** 400; **12** 29, 22*, 215, 338, 153*, 155*, 474, 530; **13** 157, 161s., 165, 168, 177, 187, 207[223], 371; **14/1** 6, 6[21], 121[51], 163, 171, 172, 284, 298; **14/3** 54, 161, 208-215, 247-249, 252, 280, 301, 366, 385, 425, 440, 466, 480, 489, 518; **16/2** 389, 398, 404, 458, 473, 525; **18/2** 1.631
- - ambiguidade do termo **14/1** 171
- - como *coincidentia oppositorum* **14/1** 171
- - como filho do Sol e da Lua **14/1** 163
- - como paralelo para o *anthropos gnostico* **14/1** 298
- - como resultado do *opus* **12** 478
- - como salvador **12** 26
- - Cristo como
- - cf. Cristo
- *regius* **9/1** 396; **13** 181-184, F III, VII; **14/1** 2, 121, 179; **14/2** 18[57], 36, 57, 104, 127, 138, 140, 153, 172, 173, 180, 187, 188; **16/2** 404, 407, 481, 496
- - apoteose do **14/2** 127, 189
- - como o hermaphroditus **14/2** 188
- *sapientiae* **9/1** 193, 268, 289; **9/2** 377; **11/1** 107; **11/4** 714[24], 738, 748; **13** 157, 162, 177, 184
- - *solis et lunae* **11/4** 748, 756

Filoctete
- ferido pela serpente **5** 450, 676

Filogenética **13** 291
- redução filogenética **10/3** 55

Filogenia do espírito **4** 521

Filopsique **8/2** 368

Filoquímicos **14/2** 306[321]

Filosofia **3** 467, 541, (582); **4** (70), 129, (554s.), 557, (613), 745, 774; **6** 468, 603, 645; **8/2** 251, 261, 340; **9/1** 11, 66s., 111, 120, 149s., 167, 189, 529, 594, 645; **9/2** 3, 9, 11, 33, 80, 112[75], 267, 274, 286, 293; **10/1** 520, 528, 550, 560; **10/2** 372, 375[3], 928; **10/3** 12, 173, 195, 291, 307, 333s., 350, 871, 900, 1.003; **10/4** 663. 727, 738, 784, 814; **11/3** 448; **11/6** 1.020, 1.040, 1.073; **12** 365; **14/2** 6, 417, 427; **17** 127s., 165, 296; **18/1** 1, 120, 370, 599, 610, 742, 753, 756, 1.035; **18/2** 1.109, 1.120, 1.132, 1.134, 1.143, 1.150, 1.161, 1.295, 1.342, 1.388, 1.408, 1.411, 1.478, 1.511s., 1.575, 1.578, 1.591, 1.613, 1.642, 1.728, 1.731, 1.737, 1.755, 1.769, 1.806, 1.828
- acadêmica **16/1** 190
- alemã **8/2** 359s.
- alquímica **7/2** 360; **9/1** 142, 326, 425, 537, 543[57], 603, 708; **9/2** 143, 195, 245[30], 246, 266, 373[42]
- aristotélica **14/1** 92
- - desprezo da **14/2** 83, 83[229]
- aspecto filosófico **14/1** 92
- cartesiana **8/3** 845
- chinesa **7/2** 290; **8/2** 436, 683; **9/1** 76, 119, 197, 643; **10/3** 295; **11/2** 291; **14/2** 108, 334
- - clássica **14/1** 83
- clássica **10/2** 939; **10/3** 1.006
- cristã **9/2** 171
- da Antiguidade Clássica **11/3** 400
- da natureza **14/1** 165
- da religião hindu **5** 612
- de Bergson **8/2** 269, 278
- de Hegel **8/2** 358
- de Nietzsche **4** 675
- de Paracelso **8/3** 922
- de Platão / - platônica **7/1** 80; **8/3** 932
- de Schopenhauer **8/3** 828
- do inconsciente **8/2** 368

- do *Samkhya* **11/5** 798
- e psicologia **8/2** 344, 357, 421, 436, 525, 569
- e psicoterapia **16/1** 250
- e religião **16/1** 176s.
- escolástica **7/1** 80; **14/2** 83
- especulação filosófica **14/2** 185, 330
- estoica **14/2** 335
- gnóstica **9/2** 368; **12** 41, 410; **14/2** 373
- grega **8/2** 655
- helenístico
- - judaica **14/2** 5
- - platônica **14/2** 83
- hermética **9/1** 79, 120[16], 295; **11/4** 756
- - especulações secretas da **14/1** 85, 308
- hindu / indiana **7/1** 118[15]; **8/2** 436; **9/1** 76, 158, 419, 517, 717; **10/3** 1.003s.; **11/3** 397
- - como mitologia sublimada **5** 659
- indiana **14/1** 153; **14/2** 108
- - como o atman universal e pessoal (panteísmo) **14/1** 128, 141, 154[213], 266
- - e o conceito do Atman (Deus) **14/1** 87, 266
- - e o nirvana **14/1** 290
- medieval **8/2** 275, 319; **12** 40
- meditativa **14/2** 328, 328[50], 337
- mística **12** 332
- - dos alquimistas **14/1** 266
- moderna
- - o problema dos tipos na **6** 571s., 935s.
- natural / da natureza **8/2** 327, 346, 678; **9/1** 94, 116, 149, 193, 292, 297, 529; **9/2** 267; **12** 46
- oriental **9/1** 602; **14/2** 370, 417
- pressuposições psicológico-pessoais da **6** 922

Filosofia / filosófico **13** 127, 131, 145, 149, 155, 158[37], 165, 207[219], 212, 223, 377, 438

Índices gerais

- alquimista **13** 254[26], 377; **18/2** 1.516, 1.684, 1.700
- chinesa **13** 1, 9, 59, 69, 74[36]; **18/1** 262; **18/2** 1.225, 1.287, 1.625
- cristã **18/1** 253a; **18/2** 1.579, 1.658
- da natureza **13** 104, 196, 252, 353; **18/2** 1.475, 1.480, 1.516, 1.578, 1.700, 1.739
- - cf. tb. *Spagyrus*
- de Paracelso **13** 160, 171[82]
- dos médicos **13** 353
- grega **18/1** 485; **18/2** 1.647
- hermética **13** 171[82], 303, 353, 378; **18/1** 532; **18/2** 1.162, 1.517, 1.554, 1.700, 1.831
- história da **18/2** 1.730
- indiana / hindu **13** 178; **18/1** 17
- medieval **18/1** 403; **18/2** 1.578
- oriental **13** 1, 9, 74; **18/2** 1.578s.
- pagã **13** 451
- psicológica **18/2** 1.739s.
- tântrica **18/1** 203; **18/2** 1.225, 1.287
- tibetana **18/1** 204

Filósofos **3** 223, 308, 406, (423), 440; **16/2** 484, 491, 497
- alquimistas **14/2** 14, 16, 25[69], 64[155], 75, 83[229], 127, 127[269], 131[286], 132[288], 150, 159, 171, 217, 232[67], 235, 237[99], 258[185], 296[270], 306[321], 320, 322, 328, 342, 343, 366, 396[176], 389, 398
- filha dos **16/2** 520
- humanistas **14/1** 97
- medievais **14/2** 393
- verdadeiros **14/2** 355, 393
- - da natureza **14/1** 15, 48, 55, 57, 101, 107, 111, 114[56], 132, 135, 284, 289, 335

Fim
- ciência como **8/2** 731, 737
- do mundo **5** 395[125], 423, 449, 591, 681[88]; **14/3** 444
- dos tempos **14/3** 154
- letal de doença **3** 322, 537

Finais
- causas **8/1** 4[4]

Final **8/3** 927
- causa **8/1** 4[4]
- concepção **4** 638
- neurose **4** 375
- sonho **4** 452s., 547s.
- teleológico **4** 362, 687s.

Finalidade **8/1** 4[4]; **8/2** 456
- e causalidade **8/1** 5[6], 41s., 58; **8/3** 825
- psíquica **3** 498; **8/2** 488, 491; **8/3** 843[32]

Finalista
- ponto de vista **8/1** 3s., 45; **8/2** 451, 456, 462, 470

Finlândia **9/1** 259; **18/2** 1.754

Firmamento **14/2** 58, 246, 292[243], 308, 383, 388, 389, 411
- as quatro bandas do **14/1** 269
- no homem **14/2** 389
- cf. tb. Céu

Física **4** 246, 253, 282, 371, 689; **8/1** 37[35]; **8/2** 194, 251, 356, 417, 424, 437, 746, 815; 8/3 949; **11/2** 279; **11/3** 376; **11/4** 749[2]; **13** 377; **14/3** 73, 79, 87; **16/1** 1
- atômica **8/2** 442, 600; **14/1** 85; **14/2** 325, 372, 423; **16/2** 468[10]
- - e clássica **14/2** 425
- enunciados antinômicos da **14/2** 372
- e psicologia **8/2** 194, 381, 385, 417, 421, 439s., 814
- imagens de Deus na **8/2** 528
- micro e macrofísica **14/2** 423
- moderna **13** 378; **14/2** 372
- nuclear **10/1** 574

Física(o) **9/1** 68, 116s., 195, 490[1]; **9/2** 267s., 392, 395, 405, 409[109], 413; **10/1** 498, 574; **10/3** 7, 113, 159, 182, 864, 871; **10/4** 592, 594, 597, 603, 608, 612, 625, 628, 780, 785, 787,

788; **17** 162s.; **18/1** 69, 142, 576, 697, 716, 724, 737s., 756, 799, 839; **18/2** 1.133, 1.140, 1.188, 1.432, 1.498, 1.538, 1.806
- explicação baseada na ordem **8/2** 656
- fenômenos concomitantes da psique **8/2** 348
- microfísica **9/2** 268, 412
- nuclear **10/3** 879; **10/4** 600, 603, 625, 742, 813

Físico
- e místico **12** 332, 502
- psíquico **13** 76[37], 121, 185, 284, 350, 372, 459, 481
- cf. tb. Psíquico

Fisiologia **4** 764; **8/2** 620, 675, 688; **9/1** 63, 113, 272, 291, 391, 491, 555, 586; **9/2** 253, 368; **13** 200, 434; **17** 128, 156
- cerebral e reprodução de impressões **1** 183
- fisiológico **2** 13, 115, 134, 868, 1.046, 1.058

Fisiologia / fisiológico / fisiológica **10/3** 3s., 243; **10/4** 667, 803[2]; **18/1** 15, 46, 57, 68s., 136, 148s., 299, 474s., 702, 723s., 744, 798, 838, 876, 915, 1.047; **18/2** 1.115, 1.166, 1.389, 1.497, 1.737, 1.777, 1.807
- bases dos instintos **8/2** 374
- da psicologia **8/2** 231, 232
- o fisiológico e o psíquico **8/2** 231, 323, 376
- pistas **8/1** 100
- processos **8/1** 11

Físon **9/2** 311, 353, 372, 374; **14/2** 49

Fitão **9/2** 202

Fixação **4** 560s.; **11/6** 1.072[1]; **16/1** 9, 139, 142, 148
- dos complexos **3** 184, 195, (210)

Fixatio **14/3** 283, 395, 397, 401, 438, 453, 477, 563

Flatus vocis **6** 52, 59, 69; **9/2** 60

Flauta **9/1** 404[20]; **14/2** 229

Flautista de Hamelin **18/2** 1.364

Flecha **5** 437, 438, 444, 461, 547[96]; **9/1** 667, 705; **10/4** 638; **13** 343; **14/3** p. 72-73; **16/2** 500, 519
- como símbolo da libido **5** 448
- morte por **5** 434, 450

Fleumático **6** 609, 951, 954, 999, 1.031

Flexibilitas certa **1** 40s.
- cf. tb. Catalepsia

Flirt **10/3** 227s.

Flogisto
- teoria do **9/2** 394s.

Flor(es) **9/1** 156, 270, 311, 315, 323s., 327, 557, 576s., 592, 612, 630, 646, 652, 655s., 661s., 704; **9/2** 356; **10/4** 748; **11/1** 90, 136, 138; **13** 31s., 86, 106, 173, 193, 343, 355[41], 380, 402, 404, 408[192], 409, 414, F 1, 5, 27, 31, 32; **14/2** 49, 90, 107, 127, 197, 358, 361, 431; **14/3** 525, 539[109], 567-570
- azul **12** 99, 101s., 213s., 217
- cinco **16/2** 411, 451
- como símbolo do si-mesmo **14/2** 431
- cósmica **12** 229
- de ouro **9/1** 652; **12** 99[30], 101, 139, 30*, 133*; **12** 139[11], 170, 229[16], 247[129]
- de quatro pétalas amarelas **14/2** 345[81]358
- de sete pétalas **12** 37*
- dividida em oito pétalas **12** 229, 237, 85*
- do campo **14/2** 197; **14/3** p. 134-135
- do fogo **14/2** 127
- do mar **11/1** 123
- do símbolo **16/2** 421

Índices gerais

- entrecruzamento dos ramos floridos **16/2** 470
- lugar de germinação **12** 170
- "mediante a flor" **16/2** 416, 469
- na alquimia **13** 160
- no ataque sonambúlico **1** 6, 47, 59
- verde **12** 198
- visão
- - de Goethe **1** 28
- - de H. Smith **1** 104s.
- safírica **14/2** 307[330]

Florescências **14/3** 240, 569

Floresta
- bosque **9/1** 156, 342
- rei da **9/1** 406, 418
- significado materno da **5** 420
- virgem **9/2** 208, 210[46], 236, 293

Flos saphyricus **13** 346

Flumina de ventre Christi **14/1** 143

Fobia(s) **3** 539; **4** 183; **5** 221; **6** 677, 685; **8/2** 297, 702, 798; **9/1** 159; **9/2** 100[50], 259; **13** 54, 298; **16/1** 13, 196; **16/2** 463; **17** 30, 139, 185; **18/1** 252
- de doença **8/2** 205
- de galinha **8/2** 266
- de superstição **4** 145
- supersticiosa **8/2** 598
- surgimento **14/1** 175

Fogo **8/2** 314, 681; **9/1** 32, 55, 68, 106, 179, 221, 237s., 252, 266, 288, 374, 407, 409, 534s., 559 , 567[99], 572s., 575[118], 579s., 601, 630, 677, 680, 697, 704s.
- alma como **8/2** 665
- como alegoria de Cristo **11/1** 58, 60
- como *aqua permanens* **11/1** nota 88 (cap. III)
- como libido **16/2** 455[25]
- como parte da Trindade **11/1** 63
- como vida **11/1** 60
- destruidor e criador do mundo **11/1** 84

- devorador (Nietzsche) **8/1** 108
- do amor (Buda) **6** 563s.
- dos filósofos **16/2** 455, 510
- e água
- e ar **16/2** 484[9]
- eterno **7/1** 108
- inextinguível **11/1** 58, 60, 75
- ira **16/2** 510
- purificação pelo **16/2** 484, 503
- que provoca convulsões **8/2** 290
- visão de Swedenborg **8/3** 902, 905, 974

Fogo / *ignis* **9/2** 130, 157, 158, 190, 195, 198-210, 212, 218, 225, 227, 247, 265, 345, 353, 376, 378-380, 392-397, 414, 420; **10/3** 44; **10/4** 619, 622, 643, 644, 725, 726, 727, 728, 733, 734, 739, 745, 746, 750, 752, 766, 769, 770, 771, quadro 2; **11/2** 276; **12** 31, 293s., 336s., 338, 130*, 366, 370, 377, 397, 400, 434, 446[67], 451, 456, 551; **13** 34, 46, 86, 89, 94, 97, 103[85s.], 104[96], 110, 113, 141, 163[50], 173, 176s., 184s., 198, 266s., 276[195], 341, 358[55], 359[59], 392, 398, 404[171], 408, 429[268], F 5; **14/1** 2, 4, 7, 36, 39, 40, 44, 79, 89, 112, 115, 121, 131, 142, 175, 185, 186, 212, 213, 241, 255, 270, 276, 287, 295, 297, 298, 310, 320, 323; **14/2** 10, 18[60], 29[74], 36, 46, 72[183], 74[197], 75[199], 127, 127[263], 150, 151, 159, 217, 226, 226[54], 232[69], 274, 29[228], 290[230], 292[272], 298, 298[273], 298[274], 299, 304, 305, 306[318], 320, 346, 351, 354, 371, 372, 374, 431; **14/3** 68, 71, 78[72], 180, 180[35], 185, 278, 327-328, 347, 351, p. 50-51, 94-95, 116-117, 120-121; **18/1** 203; **18/2** 1.158, 1.521, 1.525s., 1.534, 1.617, 1.694, 1.701, 1.781, 1.786
- central **14/2** 298
- como *aqua permanens* **12** 336
- como elemento puro **14/1** 313
- como espírito **12** 446, 449, 451, 473

- como *ignis gehennalis* / fogo do inferno **12** 433, 440, 451, 470; **14/1** 270; **14/2** 298, 309
- como *lapis*
- - cf. *Lapis*
- como leito nupcial **14/2** 72[183]
- como o quarto **12** 164[40], 294, 297, 449
- como *prima materia* **12** 425
- como símbolo
- Cristo como
- - cf. Cristo
- da "ira divina" **14/2** 150, 150[345], 298
- - de Cristo **14/1** 142
- - do si-mesmo **14/2** 431
- do altar **14/1** 74[203]
- do Espírito de Deus **14/2** 298
- do inferno **13** 256s.
- do purgatório **14/1** 270
- dos filósofos **10/4** 726
- espírito do **13** 200
- e terra **11/2** 182, 185
- fátuo **18/2** 1.437
- inferior **14/2** 299
- Mercurius como
- - cf. Mercurius
- na tríade de fogo-sol-sal **14/1** 229
- oculto no centro da luz **14/2** 150[345]
- ou ardor máximo **14/2** 158[360]
- "queimar-se em seu próprio fogo" **14/1** 16
- resistência ao **14/2** 372
- Sol como fogo celeste **14/2** 233
- tormento do **13** 173, 183, 441

Fogo / sonho **2** 793, 823, 829, 833, 839, 843, 851; **4** (S) 491, 537; **5** 128, 135, 135[23],138, F 32, 481
- cavalo como **5** 423
- chama do **5** 149
- como *Agni* **5** 239
- como analogia da paixão **5** 192
- como energia do arquétipo **5** 138
- como libido **5** 146, 324, 388
- como mensageiro dos deuses **5** 242
- como o divino **5** 297[62]

- como símbolo do pai **5** 335
- como sujeito e objeto do sacrifício **5** 240
- de emergência ("Nodfyr") **5** 212
- descoberta do fogo **5** 218, 227, 231
- Deus como **5** 524
- deus do **5** 65
- duplo aspecto do **5** 165
- e língua **5** 231, 237, 248
- e *soma* **5** 246
- irmão **5** 528
- natureza feminina do **5** 663
- primitivo **5** 102[52]
- sacrifício do **5** 663
- visão de **1** 130

Foice **11/4** 720
- e martelo **18/2** 1.328

Folclore **9/1** 268, 400, 456; **9/2** 362s.; **11/1** 88; **11/2** 281; **14/2** 61; **15** 25; **16/2** 432; **18/1** 80, 990; **18/2** 1.131, 1.160a, 1.228, 1.261, 1.297s., 1.691, 1.806

Fonction du réel (Janet) **5** 192; **15** 166[8]

Folclore **4** 745; **8/2** 436
- dinamarquês **8/2** 202

Folclóricos
- conhecimentos **8/2** 553

Folclorismo **16/1** 254

Fôlego / respiração **13** 41, 76[37]

Folhas / folhagem **8/2** 484

Folie à deux **4** 729

Fomalhaut / *Fom-al-haut* **9/2** 173[125], 174

Fome **3** 291; **4** 5, 241, 251, 278, 280, 290; **5** 97, 187, 190[3], 197, 199, 519; **8/2** 711
- impulso / instinto da **8/1** 56, 108[69]; **8/2** 236, 336

Índices gerais

Fome do infinito **14/1** 186

Fonction du réel (Janet) **3** 19, 186, 195, 298, 491; **4** 274

Fons / fonte
- *signatus* / fonte selada **11/1** 126
- - cf. tb. Chafariz; Fonte; Poço
- *sapientiae et scientiae* **14/2** 25

Fonte(s) **5** 110, 421, 553, 577, 624[15], 638; **7/1** 168s.; **8/1** 118; **8/2** 169, 558, 559[11]; **9/1** 156, 244, 312[5], 336[12], 396, 405, 534; **9/2** 178, 180, 236[107], 336[123], 373; **10/3** 44, 128; **10/4** 629, 741, 742; **11/4** 671; **11/5** 919ss.; **13** 86, 89[28], 112, 137[212], 217, 400, 406, 420[248]; **14/1** 69, 73, 83, 84, 86, 88, 121, 136, 140, 149, 150[101], 153[210], 180, 186, 193, 270, 335; **14/2** 25, 61[143], 74, 267[201], 302[302], 303[305], 371; **14/3** 413-414, 477; **18/1** 258s., 364, 585; **18/2** 1.586, 1.784
- animal **14/2** 61[143]
- batismal **8/2** 366
- como símbolo **6** 388s.
- - da mãe **5** 313, 319
- corrente da vida **5** 176, 285, 288, 291, F 57, 392
- da energia psíquica **8/2** 407, 414
- da força **14/1** 34
- da vida / viva **9/2** 173; **11/5** 935ss.; **12** 74, 153, 157s., 171, 264[37]; **13** 112, 137[209], 203, 350; **14/3** 409, 413, 414-415, 477, 555, p. 104-105
- - descoberta da **12** 74
- - significado materno da **12** 92[24]
- de água medicinal **9/2** 274
- de iluminação **15** 29, 65
- de justiça **11/4** 678
- de Mercurius
- - divina, tripla **16/2** 403[6]
- - cf. tb. Mercurius
- de Oropos **5** 571
- - serpente como **5** 452
- de ouro e prata **14/1** 285, 310
- do amor **14/1** 34
- irmã **5** 528

- *Kanathos* **5** 363
- mística **7/1** 168
- o si-mesmo como **11/5** 957

Força(s) **9/1** 640s., 660, 664; **13** 47, 102; **14/3** 110-111; **17** 305
- alma como força motora **8/2** 663
- aumento na alma **8/2** 590
- - consteladora **8/1** 19, 49
- de Deus **14/3** 414
- de gravidade
- - cf. Gravidade
- de penetração **14/3** 278-279, p. 76-77
- diferença força / energia **8/1** 52
- do amor **14/3** 58
- do fogo **14/3** p. 92-93, 94-95
- dos sentimentos **8/2** 683
- espalhada pelo Universo inteiro **14/1** 111
- gerativa **5** 135, 138
- imaginativa **11/5** 889
- instintiva
- - cf. Libido
- livre **11/5** 846
- mágica **7/1** 108, 151; **8/2** 278
- numeral **14/3** 605
- psíquica
- - e energia **8/1** 52
- sistema fantástico de **1** 65s.
- vital **14/1** 77
- cf. tb. Impulso

Fonte / poço / cisterna **12** 26*, 38*, 154s., 56*, 84*, 355; **13** 123, 137[209], 137, 310
- *acetum fontis* **12** 94
- *fons mercurialis* **12** 25*, 355
- *fons signatus* **12** 92[26]

Foo fighters **10/4** 599

Fora e dentro **7/1** 114; **7/2** 308s., 319, 327 336, 355, 397, 404

Força / *virtus* / *dynamis* **14/2** 39[95], 67, 127, 150, 334, 346
- assimiladora **14/2** 280

- da gravidade **14/2** 94, 419
- do espírito **14/2** 121
- germinativa **14/2** 289
- ígnea **14/2** 289
- medicinal **14/2** 225
- unidade das forças **14/2** 344
- unitiva **14/2** 361, 362
- vital **14/2** 121

Fórcides **14/2** 383[158]

Forel **3** (D) 207, 236, 275, 279

Forma(s) **4** 771; **9/1** 187, 635; **12** 366, 427; **14/1** 90, 98; **14/3** 69, 79[72], 92, 261[90]
- animal / teriomórfica **14/2** 65
- cilíndrica **10/4** 618, 751, 761, 789
- de animais
- - como atributos divinos **7/1** 97
- de charuto **10/4** 602, 618, 637, 662, 749, 750, 755, 772
- de Deus **14/1** 29
- de energia **5** 128
- de gota **10/4** 628, 631, 637, 641
- de sintomas
- - cérebro-espinhais **9/2** 291
- - sintomas simpáticos **9/2** 291
- e matéria representada por Aélia e Laélia **14/1** 91
- encantatória **10/2** 394
- fraqueza moral **14/1** 78, 83
- gramatical
- humana **14/1** 29
- lenticular **10/4** 602, 635, 637, 662, 761
- redonda, circular **10/4** 589, 618, 622, 634, 635, 641, 666, 667, 673, 699, 704, 712, 715, 726, 728, 729, 737, 740[8], 750, 751, 755, 761, 764, 772, 783, 789, 792, 803, 805, 814
- - cf. tb. Redondo
- viva (em Schiller) **6** 162, 174, 188, 417

Formação
- de analogias **5** 203
- de símbolo **5** 200, 339; **12** 564
- - paradoxal, antinômica **11/2** 277
- grau no paciente **3** 575

Formadores / formuladores **8/2**
- princípios **8/2** 173, 401

Formae rerum essentiales (Khunrath) **8/2** 388[60]

Formal
- fator na natureza **8/3** 934s.

Formiga **3** 193; **8/3** 897
- cortadeira **8/2** 398
- sonho **18/1** 525

Fórmula(s) mágica(s) **5** 367[73]; **11/5** 952s., 984

Fornalha ardente
- os três homens na **5** 243

Forno **9/1** 156; **12** 2*, 113*, 119*, 404, 184*, 449; **14/2** 299
- como símbolo da mãe **5** 245
- Malchuth como **14/2** 304

Forquíades **18/2** 1.697

Forquilha **18/1** 704, 727

Förster-Nietzsche, E. **1** 141, 182

Fortaleza **14/2** 17, 343[70], 388
- inexpugnável **14/2** 14

Fósseis **8/3** 925

Fotismos (Bleuler) **6** 171

Fóton **8/2** 438

Four-kin-system **14/2** 280

Fracasso **14/2** 432, 433

Fragmenta medica (Paracelso) **15** 39

Fragmentação **13** 97, 111, 116[145], 121, 401[149]; **14/2** 307; **15** 208
- esquizofrênica **8/2** 430

Índices gerais

Fragmentária
- personalidade **8/2** 204

França **10/4** 601, 775; **18/1** 790 nota;
18/2 1.335
- cisma moderno anticristão **14/2** 173

França / franceses **10/2** 479, 907;
10/3 976
- espírito / *esprit* **10/3** 972
- *la douce France* **10/3** 64
- *la gloire* **10/3** 972
- psicologia na **2**

Francesa, Revolução **8/2** 454

Francisca de Aquino **14/3** 610

Franciscanos **9/2** 138; **14/3** 309, 311,
590, 606

Fratres
- *Liberi Spiritus* **9/2** 139, 235
- *spirituales* **14/3** 309

Fratricídio **11/4** 618

Fraude
- caso de **1** 430-477
- consciente, intencional **1** 461, 474
- e autoengano **1** 453s.

Frederico II **14/3** 594

Freir
- sobre o javali **5** 421

Freixo
- função do renascimento do **5** 367,
370
- nórdico Yggdrasill **5** 349, 367, 370,
(373), 427
- cf. tb. Árvore

Freja **18/2** 1.077

Frenesi **3** 342, 571

Frenologia (Gall) **6** 980

Frequência **2** 481, 587s.
- lei da **2** 384, 475, 477, 587
- cf. tb. Habitualidade

Freud
- ações sintomáticas **1** 170
- análise de sonhos **1** 133, 192
- e Jung **4** 583, 768
- erros observados por **3** 109
- mecanismo de repressão das
emoções **1** 349
- pesquisas sobre histeria **1** 165, 318

Freud's Theory of Dreams (Jones) **4**
154

Freudiano(a) **15**
- escola **15** 155
- psicanálise
- cf. Método
- teoria **15** 62, 106, 179

Freuds tragischer Konflikt (Maylan) **4**
747

Frictes **12** 336[10]

Frigg **5** 422, 681[88]

Frigidez **10/3** 217, 246; **18/1** 1.049

Frígios **5** 183; **13** 116[145]

Fringe of consciousness **3** 569[6]

Frio **14/3** 200-202

Fritsch **1** 303

Fruto(a) **13** 315, 322, 333, 355[41], 374,
374[92], 375, 380, 398s., 407[186], 409,
414, 419, 427, 458[326], 459
- cf. tb. Árvore

Frutos **8/2** (m.s.) 484

Fuga **9/1** 418, 423
- à vida **12** 5
- de ideias **1** 187, 189s., 194, 199,
204, 209s., 215s., 218s.; **14/3** 50
- de si mesmo **16/2** 522
- do mundo **5** 107, 112, 119[5]
- para o Egito **9/1** 461

Führer
- cf. Hitler

Fulminatio **13** 190[168]

Fumaça **9/2** 158; **12** 394[104]; **14/2** 18[60], 323; **14/3** 320, 334

Função(ões) **4** 234, 237s., 250, 268, 554, 687s.; 763; **7/2** p. 131[7], p. 150; **8/1** 17; **8/2** 131, 249s., 375s.; **9/1** 150, 430, 433s., 437, 541, 565, 579[128], 582, 588; **9/2** 40, 52, 100[50], 398, 409; **10/2** 446; **10/3** 3, 855; **10/4** 626, 657, 677, 678, 738, 751, 774; **12** 88, 137s., 49*, 150, 192, 187s., 300; **15** 173; **16/1** 61, 77; **16/2** 491, 504; **17** 169s.; **18/1** 20, 27s., 35s., 53, 59, 74s., 88s., 109s., 211s., 221, 269, 378, 830; **18/2** 1.090, 1.133, 1.157, 1.224, 1.228, 1.271, 1.601, 1.664, 1.731, 1.820
- abstração como **6** 66, 565
- acento nominal da **6** 1.055s.
- alimentar **5** 206, 654
- *anima* como
- cf. *Anima*
- assimilação das funções inferiores **7/2** 359
- autonomia da **6** 117, 970; **7/1** 85
- básica **6** 7, 22, 586s., 651, 811, 919, 966, 970, 977
- - dissociação da **6** 109, 312
- - extrovertida **6** 642s.
- - introvertida **6** 700s.
- capacidade formativa da **6** 109
- caráter
- - arcaico da **6** 143, 569, 740, 764, 786, 812, 970
- - infantil da **6** 641, 1.024
- coletiva **6** 160, 772
- como forma de se manifestar da libido **6** 811
- compensadora **6** 233, 769, 891; **9/2** 40
- - dos sonhos **17** 185 (281)
- complementares **9/2** 40
- conscientes e inconscientes **8/2** 295, 382, 383, 412, 673
- consideração da **6** 570

- da consciência **16/1** 236; **16/2** 406, 488
- da ingestão alimentar **10/3** 3s.
- da realidade
- - supressão da **5** 58, 200
- da sexualidade **10/3** 5
- das religiões **8/1** 111
- de percepção **6** 672, 674, 679, 686, 737, 865
- de orientação **8/2** 258; **11/2** 245, 281
- desenvolvimento regressivo da **6** 812
- diferenciação da **6** 81, 102, 106, 109, 122, 128, 786, 812, 889s., 963, 1.025; **16/2** 393, 490
- diferenciada(s) **11/2** 184, 245
- - autonomia das **11/2** 244, 245, 292
- - e indiferenciadas **11/5** 780ss., 802s., 828
- - inferiores inconscientes **11/2** 244, 292
- - recalque (repressão) das **11/2** 244
- dirigida **6** 568s., 875
- disposição psíquica **8/2** 673
- distinção da **6** 771, 1.054
- do irracional **10/2** 467
- do símbolo **8/1** 92
- ectopsíquica **18/1** 21
- endopsíquica **18/1** 37s., 43, 77, 90
- entendimento com **6** 113
- especialização da **6** 81
- estética (em Schiller) **6** 178
- ética
- - provocação da **16/2** 315
- função
- - primária (em Gross) **6** 528s., 533, 536s., 541, 543, 548s.
- - - intensidade da **6** 549s.
- - secundária (Gross) **6** 528s., 533, 536, 539, 549, 552, 948
- - - duração da **6** 541, 543, 549
- e consciência **6** 570, 661, 665, 979, 1.054
- e inconsciência da **6** 655, 736
- fundamental da consciência **14/1** 255

Índices gerais

- genital **4** 243, 261, (687)
- inconsciente / oprimida / reprimida **6** 87, 108s., 111s., 160, 163, 496, 570, 677, 970s.
- inferior **9/1** 222, 304, 430s., 434, 439s.; **12** 145, 150; **14/3** 336, 343; **16/1** 59; **18/1** 28, 35s., 109, 185, 211, 367, 386; **18/2** 1.157, 1.653
- inferior / inconsciente **6** 105, 109, 113, 143, 306, 518, 640s., 655, 705, 733, 811s., 1.024s.
- instintivas **8/2** 377, 673
- intermediária **6** 162
- intuição **18/1** 25s., 33s., 89, 287, 420, 502; **18/2** 1.113, 1.157, 1.259
- investigação da libido **8/1** 91; **8/2** 708s.
- libertação da **6** 160
- matemática **8/2** 131
- não diferenciada
- - ambitendência e ambivalência da **6** 768
- negligência de uma **8/1** 75
- nutritiva **4** 237s., 262s., (269), (687)
- oposta **6** 165, 322
- - desenvolvimento da **6** 836
- pensar / pensamento **18/1** 16, 22, 28s., 53, 58, 74, 88s., 109s., 199, 291, 320, 383, 502, 596; **18/2** 1.114, 1.157, 1.259, 1.291, 1.584^2, 1.595
- possibilidade de desenvolvimento da **6** 813
- predominância de **8/2** 258, 588; **16/1** 59, 77
- primado da, consciente **6** 660s., 665
- principal e auxiliar **6** 735s.
- psíquica **6** 1.015, 1.019; **7/1** 150s.; **7/2** 219, p. 145; **13** 8, 62, 208, 215, 223^{246}, 361^{67}, 365
- - intuir **13** 207
- - pensar **13** 207
- - sentir **13** 207
- - ter sensação **13** 207
- quaternidade da **6** 1.028, 1.054; **14/2** 50, 222
- quatro **5** 611; **7/1** 64^2; **7/2** 367; **12** 31s., 192s., 201s., 204, 220s., 240, 295; **14/3** 336s., 345, 396, 453
- - diferenciada **5** 459
- - intelectual **5** 22
- - transcendente **5** 672
- racional **6** 170, 1.020
- - e irracional **6** 737s., 875, 886, 892, 1.054
- religiosa **6** 455, 593
- repressão da função religiosa **7/1** 150
- sensação **18/1** 21s., 24, 27s., 30, 59, 74, 89, 109s., 445, 503, 873; **18/2** 1.157, 1.259
- sentir / sentimento **18/1** 23s., 28, 45, 57s., 89, 185s., 502; **18/2** 1.157, 1.259
- separada **6** 99s.
- sexualização da **6** 786, 894
- sonho como **8/2** 702
- sujeito e objeto da **6** 692
- superior diferenciada **18/1** 28, 35, 109s., 211; **18/2** 1.157
- transcendente / transcendental **6** 174, 189, 469, 854, 917; **7/1** 121, 159, 184, 186s., 196; **7/2** 360, 362, 368; **8/2** 131-193; **14/1** 251, 255
- utilizadas pela consciência **11/2** 184, 244
- valiosa **6** 160, 163, 375, 621, 771, 1.015
- - ajustamento da **6** 163, 1.025
- - identificação com a **6** 106, 108, 128, 148, 153, 375s., 568s., 812, 826
- - e inferior **6** 96s., 105, 113, 117, 128, 153, 160, 163, 306, 496, 539, 640
- - normalidade da **6** 641
- - supervalorização da **6** 153s.
- - união da **6** 298, 312
- valores individuais e vitais da **6** 109
- cf. tb. Intuição; Pensamento; Sentimento

Funções / conscientização das quatro funções **14/1** 259

- autônomas percebidas apenas nos efeitos **14/1** 265
- auxiliares como parcialmente autônomas **14/1** 265
- do "si-mesmo" **14/1** 262
- inferiores
- - como autônomas e inconscientes **14/1** 265
- - ou subliminares **14/1** 265, 282
- quaternidade das funções elementares **14/1** 255, 259, 269, 275

Funda de Davi **14/3** 543

Fundadores de religião **5** 42

Fundamento **14/2** 301[283], 306[334], 412

Funeral egípcio **14/3** 419, 510, 583

Furacão
- a fogo **5** 210, F 35, 217, 356[51], 392, 538[87]
- do ouvido **5** 549[97]
- - como magia apotropaica **5** 545

Furar **5** 204, 549[87]
- o ato infantil de **5** 217, 227

Fúria
- cólera **8/2** 516
- divina **15** 122

Furor
- como loucofuror **14/2** 158
- guerreiro **6** 376, 433
- *teutonicus* **10/2** 388
- cf. tb. Cólera

Furto **17** 139; **18/2** 1.599

Furto / roubo **1** 414; **2** 770-778, 781s., 785, 792, 907, 957-981, 1.319s., 1.332s., 1.350, 1.356
- descoberta através do experimento de associações **1** 483
- de um epiléptico **1** 342
- e distimia maníaca **1** 187, 211, 213s.
- e mentira **1** 305
- pena de prisão por causa de **1** 324s., 360s.
- suspeita de **1** 227, 283

Fusão
- mistura por fusão **14/2** 120, 121, 121[162], 169, 170

Futucar **4**
- o nariz **4** 240
- o ouvido **4** 240

Futurismo **10/3** 44

G

Gabhatha **14/2** 221

Gabricus / *Tabricius, Thabritius* **11/1** 164; **14/3** 176[32]; **16/2** 455, 457, 467
- e Beya **5** 676; **12** 193[70], 355, 435, 435[37], 436s., 439s., 449s., 496; **14/1** 2, 14, 14[70], 18[119], 23, 31, 53, 60, 136, 173[298], 175, 310[298]; **14/2** 41, 69, 212; **16/2** 453; **2** 1.789
- - epitalâmio de **14/1** 14, 14[79]
- - variantes do nome de **14/1** 31
- - cf. tb. Beya e

Gabriel (arconte em forma de águia) **14/2** 105, 239, 248, 250

Gado **8/2** 571; **17** 13[4]

Gagueira / gago **3** 341, 344

Gaillac **10/4** 668

Gajomard / Gayomart **9/2** 389; **14/1** 33[218]; **14/2** 153, 218[31], 253, 259

Galactofagia **11/3** 314

Galateia **9/1** 680; **13** 220; **18/2** 1.698

Galáxias **10/4** 635, 798

Galho
- corte do **5** 487

Gália / gaulês **13** 270

Galinha(s) / *pullus* **13** 188; **14/1** 142
- pintainhos (Paracelso) **8/3** 922
- cf. tb. Galo

Gallup (teste de) Pref. à edição inglesa

Galo(s) **8/2** 390[76]; **8/3** 935; **9/1** 644; **14/1** 24; **14/2** 61[140]
- e galinha **13** 278, 441; **14/1** 142; **14/2** 68
- cf. tb. Animais

Galton, F. **1** 479

Galvanômetro **2** 1.015, 1.025, 1.036-1.178, 1.181

Game
- cf. Jogo

Gamonymus (termo de Paracelso) **13** 198; **14/2** 353

Gana
- mundo da **10/2** 937
- perda de **17** 204[26]

Ganesha **10/3** 989

Ganglionar(es)
- sistema **8/3** 945s.
- células **8/2** 607

Ganser
- estado crepuscular de **1** 302, 319s.; **3** (160), 163[144], 164[147], 271
- quadro clínico de, e de Raecke **1** 278s., 296
- síndrome de **1** 278s., 298, 319s., 349, 354

Ganso **9/1** 686; **14/2** 163, 184[166], 302
- árvore **15** 25

Gaokêrêna
- cf. Árvore

Garbha grha **9/2** 339[134]

Garganta
- bolo na **8/2** 303

Gargantua **5** 658[44], 662, 664

Gárgaro (monte) **9/2** 322[75]

Garodman **13** 269

Garrafa **14/2** 75, 75[206], 432
- cf. tb. Vaso

Gasparzinho **17** 38

Gástrica / gástricos **8/2**
- neurose **8/2** 710s., 721
- sintomas **8/2** 711

Gastroenterite **3** 180[168]

Gato(s) **3** 101, 289; (S.) **4** 181s.; **9/1** 311; **9/2** 57, 129; **13** fig. 32; **18/1** 325
- cego **14/1** 224
- cf. tb. Animais

Gáudio com alegria **14/2** 257[180]

Gayomard **11/2** 202; **12** 457; **13** 168, 268[129], 376, 458[327]; **16/2** 402, 458[4], 531[18]

Geburah **9/1** 588[143]
- fogo da **14/2** 299[280], 304[314]

Gedeão **14/2** 361[115]

Gedulah **9/1** 588[143]

Geena **9/2** 201, 201[30], 210; **14/2** 299[280]
- cf. tb. inferno, inframundo

Geia **5** 265, 577

Gelaria
- habitantes de **8/1** 129[86]

Geleira **12** 246

Gelo **11/5** 917, 929, 937

Gema (pedra preciosa) **14/1** 6, 42; **14/2** 127[272], 233[78], 431

Gêmeos **4** 146, 150; **9/2** 133[46], 168[11], 187, 213; **13** 130s., 267, 384[121]
- no ventre da mãe **5** 620
- o homem e seu protótipo celeste **14/2** 258[189]
- cf. tb. Zodíaco

Geminus
- cf. Gêmeos

Genealogia **15** 127, 152
- de Jesus **14/3** 424

Genealógica
- árvore **8/2** 559

Genealogische Studien über die Vererbung geistiger Eigenschaften (Ziermer) **4** 695

Generatio aequivoca **8/2** 529

Genes, os **9/1** 58, 512; **18/2** 1.158

Gênesis
- cf. Bíblia

Gênio **3** 135[121]; **14/1** 67, 69; **15** 17, 144, 157;
- e atividade criadora **1** 174, 184
- e degeneração **1** 175[4]
- como *malus genius* **14/1** 67
- possessão do espírito **1** 139
- psicologia do **1** 3, 176

Gênio / genial **17** 243s., 248, 307

Gênio / genialidade **10/3** 843, 1.004

Genitais **2** 687, 697, 716, 839; **13** 180; **18/1** 1.055
- órgãos **8/1** 83-86, 88; **9/2** 332[108]
- cf. tb. Órgãos genitais

Genitália **3** 63, (97), (285), (291), 294

Genitora de Deus
- exclusão da **11/2** 197

Genius loci **8/2** 441

Genro **10/3** 70

Índices gerais

Genza mandaica **14/2** 231[64], 255[179]

Geocentrismo **10/1** 527

Geomancia **8/3** 866, 976; **9/2** 415; **13** 154

Geometria **8/3** 923; **9/2** 351, 354, 358

Geração **5** 150; **14/2** 55, 105, 349; **14/3** 240
- ato gerador **9/2** 313, 321, 340
- espagírica **14/2** 346
- específica **14/2** 16
- espiritual **14/2** 96
- espontânea **14/2** 57
- - e autóctone **14/1** 214
- pelo ouvido **5** 490[24]
- poder generativo **14/2** 33
- procriação **13** 69, 132, 263, 272, 336, 392[138]
- - auto **13** 272, 283, 322, 392

Gerar / conceber / procriar **9/1** 156, 167, 273[20], 282, 289, 583, 640

Gerar / geração / gerador **10/4** 638, 824

Gerião **5** 265, 288; **12** 550
- reses de **5** 250

Germânia / germanos **10/2** 384, 394, 398

Germânico / alemão **9/1** 25, 254, 268, 386, 442; **10/3** 19, 94, 353, 963; **11/6** 1.014, 1.025, 1.034[8]; **15** 11, 45
- cf. tb. Alemanha

Gnóstico **15** 9, 11, 17, 91, 195, 211

Germanos **4** 354; **9/2** 272

Germe **14/3** 328, 583
- (s) polivalentes **17** 79

Germinal
- estado do ser sexual **8/1** 97

Germinante / germe de vida **13** 113, 186, 186[153], 188, 263

Geryones **9/2** 330
- dividido em três partes **14/2** 318, 318[355], 319

Gessler **3** (D) 272

Gesta Romanorum **18/2** 1.429[1]

Gestação **12** 496

Gestalt
- psicologia da **16/1** 245

Gestapo **10/2** 464

Gesto
- cf. Reação

Getsêmani **11/4** 659; **18/2** 1.620

Ghostly lover **5** 468, 615, 679

Gibão
- cf. Macaco

Gigante(s) **5** 184, 396, 503; **7/2** 214; **8/2** 394; **9/1** 273[20], 480; **10/4** 603; **11/4** 669; **13** 384, 384[121]; **14/2** 233[78]; **14/3** 231

Gigas
- cf. tb. Gigante

Gilgamesh **5** 293, F 45, 364, 457, 642; **9/1** 253; **11/1** 27; **11/2** 176; **13** 425; **18/1** 235s.; **18/2** 1.721
- e Chumbaba **5** 504
- e Enkidu **5** 288
- epopeia de **8/2** 209

Gilles de la Tourette, G. **1** 148[135]

Ginástica **3** 343; **11/5** 866, 912; **18/2** 1.778

Gíon **9/2** 311, 353, 372, 374

Girru /Gibil **11/2** 176

Glafira **18/1** 243

Glandular
- função **8/2** 794

Glândulas 8/2
- e instintos **8/2** 332
- produtoras de hormônios **8/2** 233, 374

Global
- apreensão da situação **8/3** 863, 914

Globo **12** 110s.; **18/1** 408, 412, 526
- imperial **9/2** 310
- - cf. tb. Insígnias; Planeta; Terra

Globus hystericus **8/2** 303, 309

Gloria mundi **13** 122^{155}, $255^{33,\,37}$, 257^{53}, 268^{112}, 273^{170}, 374^{87}, 404, 408^{195}, 410

Glorificação **14/3**

Glossolalia **1** 129, 143s.; **11/3** 433^{49}
- nos processos das bruxas **1** 143

Gnomo(s) **4** 185; **9/1** 396; **13** 343, F VI, 31

Gnose **4** 777; **6** 314, 377, 468; **11/1** 81, 127^{60} (cap. III), 168; **11/2** 202, 228, 272; **11/4** 732; **11/5** 861^2; **12** 28, 41s., 139s., 413, 414^{35}; **14/3** 61, 66, 66^{38}, 106-108, 111, 112, 172, 195, 330, 484^{69}, 535, 540, 581, 583
- cristianismo **11/1** 160
- - e gnosticismo **11/1** 127; **11/2** 272^{23}
- de Jó **11/4** 739
- e cristianismo **6** 10s., 15s., 20, 23, 445s., 455
- filosofia **6** 11; **11/3** 343
- ofítica **11/3** 359
- pensamento de totalidade da **11/1** nota 59 (cap. III)
- perda da **11/2** 285
- teologia **11/2** 228

Gnose / gnosticismo **14/1** 6, 8, 61, 66, 120, 120^{81}, 128, 137, 214, 251, 282, 321; **14/2** 6, 70, 90, 121^{262}, 149, 191, 255, 258, 292^{257}, 293, 309, 361^{155}, 389^{196}
- *anthropos-noous* na **14/2** 155

- e a doutrina do homem primordial hermafrodito **14/2** 191
- e o homem primordial Adamas **14/2** 255
- harranitas como os últimos epígonos da **14/1** 165
- influência na alquimia **14/2** 374
- interpretação gnóstica **14/1** 253
- islâmica **14/2** 389^{196}
- judaica **14/1** 43
- - e mística cristã **14/2** 258
- naassênica **14/1** 141
- nela os átomos de luz se reintegram na divindade **14/1** 62
- recolhimento das faíscas na **14/1** 61
- relacionamento amoroso entre Nous e Physis **14/2** 213
- sistema complexo não uniforme **14/2** 70

Gnose / gnóstico **7/1** 104, 118; **9/1** 20, 37, 55, 93, 131, 295, 324, 552, 560, 573^{112}; **10/4** 751, 772, 774; **18/1** 221, 638; 18/2 1.133, 1.419, 1.478s., 1.499s., 1.507s., 1.513, 1.515s., 1.549, 1.617, 1.629, 1.631s., 1.641, 1.642-1.647, 1.666, 1.827s.
- Barbeio **9/1** 564
- naassena **9/1** 665

Gnosis / gnósticos / gnosticismo **9/2** $78^{27,\,28}$, 80, 99, 100^{50}, 104s., 120^{93}, 133, 141, 148, 171, 178, 233, 239, 243^{24}, 267, 269, 281, 287-351, 358-370, 381-385, 397, 402, 409, 428; **13** 31, 85, 110, 134, 168^{66}, 168, 184, 231, 242^7, 252, 268, 273, 275s., 278, 329, 365, 408, 419s., 427, 449, 454, 459; **16/2** 378^{29}, 417, 458, 473
- alquimística **9/2** 392
- Barbelo / barbeliota **9/2** 304, 307^{33}; **13** 168^{66}, 419, 459
- Justino **13** 420, 459
- valentiniana **9/1** 120^{14}; **18/2** 1.515, 1.827
- cf. Valentianos; Valentino

Índices gerais

Gnóstica
- doutrina **8/2** 388

Gnosticismo **8/1** 102, 110; **9/1** 120, 142, 292, 295, 297, 685; **10/4** 676; **11/2** 216, 263, 281; **11/3** 399, 408, 423, 433, 442; **12** 410s., 453, 554
- cristianismo e **11/3** 444
- simbologia psicológica do **11/3** 444

Gnosticismo / gnose **10/3** 21, 75, 169

Gnóstico(s) **11/2** 255; **11/3** 422; **11/5** 841; **14/2** 25, 34, 71, 153, 225, 235[80], 240[119], 314[353], 359, 361
- experiência interior do **11/3** 439
- inflação do **11/3** 438

Goela **9/2** 158

Goethe, J.W. **1** 38
- e Bertina de Brentano **1** 123
- no transe de S.W. **1** 63
- visão das flores de **1** 28

Gog e Magog **9/1** 252, 255; **9/2** 133, 168

Going black **10/3** 97, 962, 967

Goldfather / goldmother
- cf. Batismo, padrinhos de

Golem **12** 53, 103; **17** 289

Golfinho **9/1** 298, 327

Golfo
- etimologia de **5** 416

Gólgota **14/2** 221, 319[358]

Golias **14/3** 543, p. 136-137

Goma / cola **12** 209, 244, 336, 484

Gordura
- cf. Pinguedo

Gorgo **14/2** 318[355]

Górgona **5** 265, F 39, 577; **9/1** 319

Gorro da felicidade (envoltório amniótico) **5** 291[51], 569

Gota
- cf. Forma de

Gótico (idade) **8/2** 649, 656; **15** 11

Graal **6** 421, 446, 455s.; **9/1** 40, 51, 248[55]; **10/2** 435; **10/4** 713; **12** 246[127], 88*, 263; **18/1** 261, 263; **18/2** 1.530, 1.684, 1.783
- lenda do **5** 450[56]; **14/2** 10[30], 22, 30
- rei do santo **5** 450[59]; **8/2** 559[11]; **14/1** 333

Grã-Bretanha **10/4** 601
- cf. tb. Inglaterra

Graça(s) **9/1** 53; **9/2** 72, 117[44], 198, 210, 298; **10/3** 855, 874; **12** 7, 14[6], 32, 36, 415, 420, 433, 462, 475, 557; **13** 80, 142, 234; **18/2** 1.505, 1.547, 1.564, 1.591
- como fogo **5** 149[46]
- em sentido teológico **14/2** 106, 133, 140, 199, 297

Gradus **14/3** 410, 419, 532

Grafologia **6** 980; **8/3** 867; **18/1** 159

Grafomania (Lombroso) **1** 219
- na distimia maníaca **1** 214, 216

Gralha com penas de pavão **14/2** 58
- cf. tb. Animais

Granada **9/1** 537

Grande
hystérie **1** 13
- Mãe
- cf. mãe
- mundo ou macrocosmo **14/2** 127
- Ursa
- cf. Consgelação; Estrela

Grandeza
- delírio de **3** 346
- ideias de **3** 207, 222, 291, 309

Grão **14/2** 343, 345; **14/3** 276, 548-549, 580-581, 584, p. 138-139

- de mostarda **13** 321; **14/3** 581
- de trigo / *frumentum* **13** 322, 372, 403, 405[174], 408; **14/3** 549-552, 584-585, p. 138-139

Grávida / gravidez **2** 605, 610, 612, 851, 905; **3** 110, 116, 131; **4** 75, 234, 530; **5** 368, 488; **6** 421, 487
- fantasia de **4** 510s.
- histérica **3** 165, 165[148]

Gravidade **10/4** 611, 624, 667, 788
- anti **10/4** 667, 788
- ausência de força **10/4** 600, 602, 611, 624, 668, 787, 788

Gravidez **6** 483; **8/1** 107; **9/1** 170, 416, 564; **14/2** 59, 86, 170, 237, 240[119], 337, 379, 386; **14/3** 238, 240; **17** 7, (44), 79, 134
- imaginação da criança **17** 40s.

- o engravidar a si mesmo **14/2** 83

Gravidez / fecundação **13** 132, 204, 263, 272, 392

Gravitação
- força de **10/2** 920

Grécia **15** 151 ; **18/1** 568
- cultura na **9/1** 26, 60, 93
- homossexualidade na **17** 272
- mistérios na **11/3** 448

Grécia / grego **10/3** 22, 85, 203
- pólis **10/3** 203

Greenwich (meridiano) **9/2** 206

Grego(s) **3** 525; **6** 104, 107, 121, 123s., 206, 212s.; **8/2** 663s.; **9/2** 134, 267, 330; **13** 178, 334; **14/2** 75, 207, 224, 292; **18/2** 1.132, 1.371, 1.790
- - papiros mágicos gregos
- cf. Papiro
- supervalorização do **6** 104

Gregos / Grécia **10/2** 394, 933; **11/2** 179; **11/4** 607; **11/5** 905[45]
- heróis **11/4** 648

- Igreja Ortodoxa **10/2** 372
- mitologia dos **11/4** 712
- modernos **10/2** 479, 908

Greif **13** 86[15]

Gretchen
- em *Fausto* **13** 220; **16/2** 361

Grex segregatus **10/2** 384

Grifo **12** 246*
- animal **14/2** 67[107]

Grinalda **13** 346
- dourada de Mitra **5** 155

Gritaria / grito **17** 49s.
- noturno **17** 18, 32, 50s.

Grosser Pariser Zauberpapyrus **13** 198
- cf. tb. Papiro

Grou **3** 253; **8/3** 850[36]

Grous de ibicos (Schiller) **3** 254, 375

Grupo **9/1** 225-228, 496, 505; **17** 302s., 307s.; **18/2** 1.312s., 1.321, 1.391, 1.398
- Imperator **13** 60
- cf. tb. Massa

Gruta / caverna **9/1** 156, 233, 240, 247s., 253[59], 481; **13** 92[39], 182[139], 275, 308, 458[325]

Guarini (termo de Paracelso) **13** 200

Guatemala **10/4** 613

Gudakesha **13** 339[20]

Guerra **8/1** 86, 99[65]; **8/2** 507, 516s., 684; **9/1** 454; **10/3** 19, 29s., 45, 67, 121, 155, 162, 240, 269, 273, 275, 315; **10/4** 597, 599, 611, 615, 617, 684, 687, 691, 699, 789; **12** 194, 250 ; **14/1** 141, 190; **14/2** 64, 159; **15** 184; **18/2** 1.305s., 1.322, 1.344
- mundial **7/1** 74, 153; **7/2** 326; **10/2**

371, 449, 455, 459, 466, 479, 487; **11/1** 83; **11/5** 950; **17** 302

Guerreiro **10/2** 393

Gui **13** 57

Guild of Pastoral Psychology **18/1** 608-696

Guilherme Tell (Schiller) **3** 273

Gulliver **4** (S) 185, 189s.

Gûngnir **8/3** 957[148]

Guru **9/1** 238, 398; **11/5** 841

H

Habacuc
- cf. Bíblia

Habilidade verbal e motora **8/2** 198

Habitualidade / costume **2** 16, 21, 382, 468

Habitudes directrices de la conscience **11/1** 89

Habitus **9/2** 50
- *spiritualis habitus* **9/2** 320

Hades / inferno **5** 572, 634; **10/2** 434; **10/4** 695; **11/1** nota 47 (cap. III); **11/4** 671; **11/5** 902; **12** 21*, 182, 406, 410[25], 426; **13** 103, 191, 380[104]; **14/1** 77[209], 186, 310, 310[800]; **14/2** 147, 347; **15** 154, 210, 214; **18/1** 243
- descida ao **9/1** 311
- porta do **5** 572, 577
- viagem ao
- - cf. Viagem marítima noturna

Hadir **9/2 173**

Hahn, R. **1** 151s.

Hal Saflieni **9/1** 312

Halirrhotios **5** 372, 392[119]

Halo **9/1** 557, 668; **14/2** 360

Hamadríade (ninfa do carvalho) **14/1** 67, 68, 69, 82[219]

Hamadrias **13** 247[19]
- cf. tb. Árvore-ninfa

Hamça
- cf. Cisne

Hamlet **12** 108

Hamurábi **11/2** 173

Han **8/1** 125

Hannele (Hauptmann) **3** 229, 279, 381, 382

Hanumant **5** 311

Haoma **7/1** 108

Hapi **9/2** 188; **13** 360

Harforetus **12** 449[2]

Harmonia **6** 541, 570, 712; **11/1** 110, 124, 138, 166; **13** 86
- consigo próprio **8/2** 760
- da sabedoria **11/3** 429, 434
- e desarmonia **14/1** 9, 82, 83, 84
- - entre o Sol e a Lua **14/1** 172
- - musical **14/1** 37
- em Leibniz **8/3** 927s., 938, 956, 985
- em Schopenhauer **8/2** 428
- *imperscrutabilis* **9/2** 143[66]; **13** 90[31]
- no matrimônio **17** 330, 337
- preestabelecida **8/3** 820, 948

Harpa **14/3** p. 80-81

Harpócrates **5** 356, 366[110]; **12** 52*, 449[2], 253*; **14/2** 34, 383; **16/2** 525[4]

Harran **11/3** 365
- escola de **13** 107[101s.], 184[144], 254, 264, 273

Harrânico **14/2** 65[196]

Índices gerais

359

Harranitas
- como epígonos da filosofia grega e da gnose **14/1** 165

Harranos (gnósticos) **14/1** 3[11]

Harus (anjo) **14/2** 389[196]

Harvard University **18/2** 1.300s.

Hassidismo / hassídico **18/2** 1.526

Haste de milefólio **11/5** 968, 973

Hator **14/2** 2[3], 4, 148
- com cabeça de vaca, **5** F 63, 358, 401[138], F 94
- templo de **9/2** 147

Hauffe (senhora)
- cf. Vidente de Prevorst

Heaven and Earth (Byron) **5** 166, 280

Hebdômade **14/2** 240, 240[117]

Hebefrenia **1** 279; **2** 924, 1.065, 1.072, 1.257s., 1.301; **3** 54, 159, 315, 471; **4** 294; **18/1** 922

Hebraico / hebreu **14/2** 5, 257

Hebreus **13** 271
- cf. tb. Judaísmo

Hebron **14/2** 221, 235

Heb-sed (festa no Egito) **14/2** 8, 8[28], 11

Hécate **5** 34[37], 355, 415[158], 421[1], 528, 577, F 104, F 105; **9/1** 186, 306, 312s.; **9/2** 41; **13** 270; **16/2** 518; **18/1** 267; **18/2** 1.697

Hedonismo **4** 675, 678; **6** 183

Hefesto **5** 183, 364[67], 515; **6** 287, 301; **18/2** 1.697

Hei (deusa da morte) **5** 428

Heimarmene **5** 102[52], 644; **6** 27[9], 398; **9/2** 148[86], 212[51]; **12** 40, 456[22], 457; **15** 12
- fatalismo sideral **14/1** 6, 283, 302

Heiterethei, Die (Ludwig) **3** 66

Hékate **14/1** 21[142], 24, 169[272], 210

Hélade
- cf. Grécia

Helena **6** 313, 427; **14/1** 155, 169[218]; **14/3** 107, 111; **15** 154, 211, 213; **16/2** 361; **18/2** 1.698s.
- de Simão Mago **9/1** 64, 372; **9/2** 307[33]; **10/3** 75; **14/1** 155, 156, 175; **18/2** 1.281
- de Troia **9/1** 60; **9/2** 41; **10/2** 434; **10/3** 75
- em *Fausto* **10/3** 75; **13** 215; **14/2** 130

Helenismo / helênico **9/2** 193; **13** 134, 138; **15** 91, 130

Helenístico **10/2** 394

Heliezati (termo de Paracelso) **18/2** 1.528[8]

Hélio **5** 155, 156[61s.], 158[64], 285, 288, 289, 423; **9/1** 84, 229; **9/2** 327; **11/5** 842; **14/2** 55, 65, 166, 318
- e Mitra
- - cf. Mitra

Heliópolis **9/2** 322

Hélios / Sol **14/1** 149[178], 182, 213; **18/2** 1.521
- cf. tb. Sol, mitologia

Hemisfério **14/2** 127

Hemoptise simulada **1** 305, 353

Hen **15** 12

Hen to pan **8/3** 828; **14/2** 82

Heresia **15** 22
- ariana **15** 21

Heng (sinais I Ching) **9/1** 640

Henoc **10/4** 733; **11/4** 669, 674, 725; **13** 168[65], 171[82], 171, 173, 186, 190[168], 203, 257[51]

- arrebatamento **11/2** 251[16]; **11/4** 682
- como "filho do homem" **11/4** 682, 690, 693
- diano (termo de Paracelso) **13** 168[65], 173[91], 177, 190, 201[208], 203, 207; **18/2** 1.526s.
- visão de **11/4** 698

Hera **5** 264, 363, 450[59], 538; **8/2** 394; **9/1** 93, 604; **13** 91; **14/2** 44, 318; **17** 321

Héracles **6** 482; **7/2** 224; **9/1** 93, 221, 283, 289, 433[64], 571, 604; **13** 131

Heráclica (pedra)
- cf. Magneto

Herança **8/2**
- da humanidade **8/2** 149
- espiritual **8/2** 720

Hércules / Hérakles **5** F 38, 183, 265, 299[72], 354, 364, 396, 600[190]; **9/2** 134; **12** 119, 416s., 171*, 457, 469, 215*; **14/1** 161, 187; **14/2** 44, 318; **16/2** 529; **17** 321
- carregando colunas **5** 460[70]
- como dáctilo **5** 183
- como Sol **5** 450[59]
- e Hera **5** 450[59], 494, 540, 581[161]
- e Mitra **5** 288[46]
- e Ônfale **5** 458[63]
- trabalhos de **5** 450[59]

Hereditariedade **3** 336, (446); **4** 296; **9/1** 136, 151, 262; **11/1** 165; **11/5** 798, 845; **16/1** 194; **17** 85, 141 (207), 228, 312; **18/1** 79; **18/2** 1.794
- da disposição letárgica **1** 121, 125
- e degeneração **1** 113
- e inferioridade psicopática **1** 5
- inconsciente **8/2** 657
- pesquisa sobre a h. **8/2** 671
- teoria moderna da **14/1** 302

Hereditário
- inato **4**
- - aptidão **4** 455

- - degeneração **4** 296
- - disposição **4** 36
- - sensibilidade **4** 399, 411, (572)
- orgânico **2** 513, 525, 539, 924
- soma de fatores **8/1** 97, 99s.

Herege **14/2** 429, 440; **14/3** 389

Herege / heresia / heresiologia **10/3** 845; **11/4** 694; **11/5** 771, 809; **13** 134, 231, 236, 277

Heresia(s) **6** 447, 455, 468; **9/1** 17, 131; **9/2** 137, 138, 140, 225, 229, 233, 281, 347; **10/1** 529; **11/1** 105, 160; **11/2** 222, 262; **11/3** 360; **14/2** 428; **14/3** 308, 530, 561, 601, 606; **16/2** 418; **18/1** 221; **18/2** 1.512, 1.539

Herma **14/2** 229, 229
- fálica **5** 184

Hermafrodita **5** 268[17], F 41; **9/1** 138s., 146, 159, 268, 292-297, 326, 682; **10/4** 727, 772; **13** 157, 171, 173, 176[114], 203, 268, 274, 283, 322, 420, F I, II, III e V; **16/2** 468, 494, 527, 529; **18/1** 260; **18/2** 1.696, 1.704, 1.789
- deformidade do **16/2** 533s.
- *lapis* como
- - cf. *Lapis*
- Mercurius, como
- - cf. Mercurius
- natureza nos símbolos alquímicos **16/2** 398
- primordial **11/4** 727
- símbolo, sexualismo **16/2** 534s.
- transformação em **11/1** 161

Hermafrodita / andrógino **12** 29, 101, 54*, 311, 116*, 123*, 404s., 410, 447, 460, 199*, 470, 517, 550s.
- Adam como **12** 192[66]
- *anthropos* como **12** 209
- coroado **12** 141, 116*
- divindade como
- - cf. Divindade
- *filius hermaphroditus* **12** 23*

Índices gerais

- *lapis* como
- - cf. *Lapis*
- Mercurius como
- - cf. Mercurius
- *rebis* 12 343
- unicórnio como 12 526
- uróboro como 12 460, 496

Hermafrodita /hermafrodito 9/2 59[11], 195, 237, 241, 245, 304, 319, 322, 330, 371, 387, 390

Hermafroditismo 5 325[31], (441); 14/2 320[6]
- aspectos hermafrodíticos da substância do arcano 14/2 137
- das substâncias 14/2 320
- de Vênus 14/2 75
- do *lapis* 14/2 189, 191
- do rei 14/2 75
- estátua do 14/2 191[414]
- *naturae* como substância do arcano 14/2 137, 141
- no sistema das Sephiroth 14/2 318

Hermafroditismo / hermafrodita 10/3 994

Hermafrodito 11/1 47[36] (cap. I), 152

Hermaphroditismus 14/1 157[218]

Hermaphroditus / hermafrodita (andrógino) 14/1 27[178], 42, 46, 52, 86, 157[219], 163, 175, 175 181, 188, 214, 219, 298
- aspectos hermafrodíticos na substância do arcano 14/1 188
- como criança 14/1 27, 149[188], 176, 177
- de duas cabeças 14/1 11
- epigrama do 14/1 86
- estátua do 14/1 77
- surgimento do h. na alquimia 14/1 175[804], 219

Hermas
- o pastor de 14/1 295-300; 18/1 255

Hermeneuta 13 278

Hermenêutica 7/1 131[6]; 7/2 145s.
- alquímica 14/2 19
- patrística 14/1 165; 14/2 123, 139, 139[304], 309

Hermes 5 183, 530[78]; 9/1 193, 238, 298, 413, 538, 545, 549[62], 553, 686s.; 9/2 41, 240, 325s., 338[132], 345, 366, 371, 386; 10/2 394; 10/4 630; 11/1 10; 11/4 656; 12 17*, 179*, 456; 13 86[4], 157, 239, 245, 250, 256, 261, 267, 269, 273[171], 278-281, 283, 303, 359, 408; 14/1 6, 6[l8], 6[21], 8, 12, 14, 23, 38, 61, 63, 114, 115, 152, 161, 169, 255, 297; 14/2 6[19], 51, 64[161], 127[276], 142, 148, 159, 219, 221, 225, 229, 230, 253, 292, 296[295], 348, 383, 384; 14/3 475; 16/2 384, 402[4], 458[3], 494[1], 533[21]; 18/2 1.528
- ave de 14/2 302, 384
- - como o espírito de Mercurius 14/1 40
- bastão de / caduceu 13 255
- Botriquites 13 359[59]
- caduceu de 14/1 299
- catatônio 9/1 556
- citação de 14/1 23, 114, 169[283], 229[277], 234[390], 310[694]
- como *anthropos* 12 215*
- como deus
- - da manifestação (da revelação) 12 84, 172
- - do vento 12 409[25], 473, 211*
- como dirigente / condutor 13 278
- como espírito úmido-ígneo-frio 14/1 38
- como mistagogo 14/1 72, 294
- como psicopompo 11/1 160; 12 23*, 84, 45*, 404
- copa (cratera) de 11/1 150[90] (cap. III); 11/3 313, 355
- Crióforos 9/2 162
- Ctônio 13 278, 299
- de Cilene 9/1 533[5], 538
- e a serpente (ou dragão) 14/2 148

- espírito (ave) de **14/1** 40, 241, 244
- estátua de **14/2** 225, 229, 230
- *hermaphroditus* **14/1** 12
- ideia do redondo do **12** 172
- itifálico **5** 183; **13** 273, 278; **14/1** 82; **14/2** 255, 348, 383
- *katachthonios* **10/4** 727
- *kriophoros* **14/1** 299
- *kyllenios* **14/2** 293, 348
- no círculo da Lua **14/1** 161
- no texto de Abu'l-Qasim **14/1** 12
- o *anthropos* no tratado de **14/1** 12
- o número quatro de **12** 172
- *princeps* **14/2** 61[141]
- psicopompo **9/1** 238, 689; **13** 106
- "pintinho" de **14/2** 302
- Quelênio **9/2** 313, 331, 367; **11/3** 356, 400, 420
- residente na Lua **14/1** 161
- sepulcro de **14/1** 63, 152, 297[573]
- serpente de **14/1** 255
- Silênio **13** 110, 278, 299
- sinal de / símbolo de Mercúrio **13** 245, 272
- *solus et ter unus* **4** 106
- subterrâneo **14/2** 145
- tetracéfalo **13** 272
- tradição de **14/2** 374
- tricéfalo **13** 270, 272
- Trismegistos / Trismegistus **9/1** 5[7], 79, 553, 572[104], 682; **9/2** 274; **11/1** 160; **13** 102, 137[209], 158[33], 161, 184, 188, 218, 270[136], 321, 360, 366, 381[111], 393, 398 420, 444; **14/1** 12[69], 13, 66, 239, 294, 297, 307; **14/2** 75, 225, 235, 374; **16/2** 484[8], **18/1** 674; **18/2** 1.527;
- vinha dos sábios **13** 414
- vindima de **13** 414[223]

Hermética
- filosofia natural **3** 582

Hermetismo **11/2** 261
- cf. tb. Filosofia

Hermetismo / ciência hermética / hermético **9/2** 259, 266

Hermon **14/2** 288[221]; **14/3** p. 136-138[38]

Herodes **14/3** 74-75

Herói(s) **4** 494; **5** 34, 259, 291[52], 299, 511, 627; **6** 482, 496, 902, 1.032; **7/1** 40, 72, 100, 153, 160; **7/2** 283, 306; **8/1** 68; **8/2** 278, 558, 718; **9/1** 7, 140, 208, 226, 229, 248, 281s., 289, 303s., 309, 350, 356, 446, 515, 605; **9/2** 67, 163, 338; **10/3** 99, 142, 976; **10/4** 809; **11/1** 146; **11/3** 348; **12** 437, 469; **13** 130, 319, 384, 384[121], fig. 14, 15; **14/2** 146, 147[327], 148, 184, 290, 305, 410; **15** 55, 152, 214; **17** 298, 303, 309s., 318s., 339
- ambiguidade do mito do **5** 611
- arquétipo do **12** 15
- ascensão do **5** 558
- assimilação do **5** 683
- autoimolação do **5** 639, 645
- Chiwantopel **5** 468
- criação do h. pela autoimolação **5** 671
- como figura do Animus **5** 468, 615
- como libido **5** 251, 283[31]
- como ofertante e oferenda **5** 593, 668, 671, 675
- como personalidade de Mana **5** 612
- como personificação da força criadora **5** 592
- como si-mesmo **5** 516, 612
- culto dos heróis **5** 259
- cultural **9/2** 69, 174, 360
- da cultura **13** 132
- da paz **14/2** 390
- destinos do h. arquetípico **5** 611
- divino **4** 738
- - nascimento do **8/2** 326-330
- - simbolizado no signo da primavera **5** 596
- e dragão **5** 575, 576, 580; **14/2** 410
- em sonhos **11/4** 738
- e serpente **5** 580, 593, 594, 671
- e Sol **5** 299
- hóstia como "alimento dos heróis" **14/2** 305

Índices gerais

- luta heroica **5** 459, 511, 512, 537
- mãe-anima do **5** 611
- mito do **6** 496; **8/2** 326-329, 415, 555, 558, 718; **18/1** 80, 191s., 229s., 235s., 249, 260, 353, 530, 548, 634; **18/2** 1.492, 1.566
- - solar **14/1** 269
- - viagem mística do (Majer) **14/1** 293, 294
- morte do **5** 170[84], 434, 463, 675
- mudado em serpente após a morte **14/2** 146[326], 147
- na árvore materna **5** 321
- nascimento do **5** 28[33], 170[84], 493, 494; **6** 760; **11/2** 233; **11/4** 644; **14/2** 296[266]; **17** 298, 318
- natureza paradoxal do **5** 580
- numinosidade do arquétipo do **5** 612
- o ato de ser devorado e de sair do ovo no **5** 310, 311, 538[87]
- o carregamento da cruz do **5** 460
- peregrinação do
- - cf. Peregrinatio
- rejuvenescimento do **5** 388
- renascimento do **5** 291[52], 522, 580
- solar **5** 158, 164, 311, 450[58]
- - luta do h.s. com o dragão-baleia **5** 374, 538
- - queda dos cabelos do **5** 366
- surgimento do **5** 252, 498
- traição ao **5** 42
- transformação do h. em serpente-alma **5** 676
- vida e mito do **5** 42

Heroico, o **8/1** 95

Heroísmo **9/1** 165

Heros **15** 105

Herrnhuter Brüdergemeinde **18/2** 1.536[5]

Heru-ur **9/2** 131, 187, 203[36]

Hesebon **14/3** p. 140-141

He-Sed
- festa de **9/2** 309

Hespéride
- cf. Árvore

Hesperos (estrela vespertina) **16/2** 451[8]

Hessed **9/2** 105

Hetairas **14/3** 594

Heterodoxia inconsciente **14/2** 296

Heterossexualidade **4** 246s.; **17** 279s.

Heuresis **14/3** 106[152]

Hevilat
- região de **14/2** 49

Héxada
- cf. Seis

Hexagonais
- figuras **8/3** 925

Hexágono **8/3** 869[53]

Hexagrama **8/3** 866, 976; **15** 83
- cf. tb. I Ching **9/1**

Hiawatha, Song of (Longfellow) **5** 474, 475, 476, 554, 614
- amigos de **5** 552
- como herói **5** 510, 511, 538
- infância de **5** 498, 514, 518
- introversão de **5** 517, 518, 528
- mães de **5** 487

Hibil Ziva **11/2** 173

Hidéquel (rio do paraíso) **9/2** 353, 372, 374

Hidra
- luta com a **5** 450[59]

Hidrante **5** 8

Hidrocefalia **3** 325

Hidrofobia **10/4** 751; **14/1** 27, 176; **14/3** 391

Hidromedusa **9/2** 208, 213

Hidropisia **14/2** 11, 13, 13[37]; **16/2** 472

Hierápolis **14/2** 361[116]

Hierógamo **5** 214, 220, 226, 363, 411, 529, 531, 567[111], 672, 676
- e mito do renascimento **5** 364,
- hino **5** 364

Hieróglifos **13** 273

Hierósgamos / *Hieros gamos* **8/2** 336; **8/3** 895; **9/1** 197, 295, 418, 557[82]; **9/2** 21, 72, 145[75], 322, 339[135]; **11/4** 624, 711, 727, 743, 748, 755; **12** 43, 435[38]; **13** 157, 198, 223-227, 315; **14/1** 18, 19, 104, 117, 166, 173, 201; **14/2** 9, 70, 72, 216, 329, 334, 349; **14/3** 238, 409, 411, 436, 440, 486-487, 510-511, 521, 539, 560, 583, 588, 613; **16/2** 355, 401, 421[19], 500, 533, 534s., 538; **18/1** 264, 364; **18/2** 1.683, 1.692, 1.698, 1.701
- arquetípico **14/2** 329, 334
- das substâncias **14/2** 70
- de mãe e filho **14/1** 173; **14/2** 72
- de Marte e Vênus **13** 176[114], 228
- de Sol e Mercurius **14/1** 117
- dos deuses **14/1** 104; **14/2** 72, 349
- do Sol e da Lua **14/1** 166; **14/2** 276
- egípcio **14/1** 25[171]
- incestuoso **16/2** 438, 467
- na água **14/2** 13
- na cabala **14/1** 19; **14/2** 233
- na Terra **14/1** 149
- natureza incestuosa do **14/1** 173; **14/2** 72, 329
- versão cristã do **14/2** 329
- cf. tb. Casamento; Matrimônio; Núpcias

Hierourgon **11/3** 346

Hierurgo
- cf. Sacerdote

Hikuli **8/1** 121

Hílico(s) **6** 10, 233, 1.034

Hilozoísmo **9/1** 385

Himalaia **10/3** 190, 1.002; **10/4** 603; **13** 412; **14/2** 288
- cf. tb. Budismo

Hindu(s)
- filosofia **8/2** 436
- prescrições rituais na preparação do fogo entre os **5** 248

Hinduísmo **7/1** 118; **9/1** 76, 551; **9/2** 272; **13** 292; **18/1** 139, 209, 416; **18/2** 1.507, 1.669
- cf. tb. Religião

Hinduísmo / hindu **10/3** 992, 997

Hine-nui-te-po **17** 219[31]

Hino
- a Demeter **5** 533
- a Maria, de Melk **5** 577[143]; **12** 481s.
- ambrosiano **5** 158
- ao Criador **5** 56s., 117, 122
- de Híbis **5** 357
- egípcio **5** 351, 451; **8/2** 307
- órfico **5** 528, 530

Hinologia protestante **11/4** 752

Hipalgesia **1** 333, 395
- e degeneração **1** 338
- - cf. tb. Sensibilidade à dor

Hiperbóreos **10/3** 172

Hipermnésia **2** 712; **7/1** 6, p. 136
- e criptomnésia **1** 138[120], 146

Hipersensibilidade **7/1** 85

Hiphil-Hophal **6** 513, 520

Hipnagógica
- atividade mental **3** 434
- imagem da fantasia **8/2** 170

Hipnerotomaquia **15** 142
- de Polifilo **15** 154

Hipnose **6** 367, 847; **8/2** 440; **9/1** 402;
16/1 30, 139, 230; **16/2** 262, 775
- aprofundamento pela autossugestão
1 96
- auto-hipnose **1** 126
- - e simulação **1** 353, 422
- e letargia histérica **1** 125
- escola francesa de **6** 689
- extensão da 125s., 129
- no estupor histérico **1** 256s.
- para isolar o campo da fala **1** 87
- parcial **1** 82, 86, 94, 96s., 100, 122, 306
- perturbada pelo sonambulismo
histérico **1** 129s.

Hipnose / hipnotismo / hipnótico **2**
658, 666, 704, 770, 868[6], 901, 914;
3 (12), 137, 149[132], 160, 163, 181,
506; **4** 157, 206, (211), (414s.),
526s., 577s., 580s., 584, 590s.,
604, 622, 637, 643; **7/1** 20; **7/2** p.
140s.; **10/3** 21, 333; **10/4** 812, 821;
11/6 1.056, 1.071; **18/1** 331, 447s.,
492, 702, 725s., 797, 893s., 900,
947, 997, 1.014; **18/2** 1.147, 1.223,
1.377, 1.579
- entre animais **4** 591
- escola francesa de **4** 748

Hipnotismo **2** 451[76]; **3** 6, 59; **8/2** 295;
11/5 928; **15** 62, (165); **16/1** 4, 10,
199; **17** 99, 128, 181

Hipocondria **6** 535; **9/2** 259
- fenômenos de **6** 732

Hipocondríaco **8/2** 785

Hipólito
- mito de **5** 457

Hipomaníaco **14/3** 50
- comportamento, crônico **1** 187
- estado, crônico **1** 190
- sintoma **1** 195, 224

Hipóstase **14/3** 52, 107[155], 308, 340
- metafísica **14/2** 29

Hipostasiação
- da imago de Deus **8/2** 528
- de uma qualidade **11/2** 237
- do espaço e do tempo **8/3** 840

Hipótese **4** 27, 69[4], 337, 369, 371,
480, 562s., 611, 679, 778, 782; **14/2**
207, 423, 424, 426, 442
- nas ciências **8/2** 735
- do espírito **8/2** 661
- imagem do mundo como **8/2** 698
- sexual) **17** 156

Hiranyagarbha / germe de ouro **9/1**
248, 664, 674s., 690s.; **9/2** 387; **12**
20; **13** 287; **14/3** 419
- na filosofia indiana **14/1** 7, 28
- cf. tb. Ouro, germe de

Hissopo **14/2** 225[51], 274

Histeria **1** 1s., 29s., 82, 170, 175, 301;
3 7, 10, 16, 27, 35, 58, 72, 77, 93, 103,
106, 137, 143-197, 210, 263, 304, 333,
389, 418, 451, 469, 483, 492, 505, 539,
554, 558, 567; **4** 1s., 27s., 51s., 205s.,
215, 231, 275, 386, 389, 559, 569; **6**
634, 664, 669, 715, 725, 847, 931s.,
994; **7/1** 1, 4, 8, p. 132s.; **8/2** 287, 702,
710; **9/1** 213, 402; **9/2** 282, 316[61]; **10/3**
4, 26, 370; **10/4** 631; **13** 48; **15** 59, (62),
64, 103; **16/1** 131, 196, 231; **16/2** 343,
358[16]; **17** (128), 148, 176, 199a, 201
- após trauma sexual **1** 204
- ataques histéricos **17** 139
- da aposentadoria **4** 11
- e associações ilimitadas **1** 340
- e automatização de elementos
psíquicos **1** 158s., 305
- e degeneração **1** 417
- e efeito das emoções **1** 318s., 462s.,
475
- e epilepsia **1** 4s., 12
- e insanidade moral **1** 430, 452,

456s., 464
- e mudança periódica de personalidade **1** 112
- e simulação **1** 353
- e tentativa de suicídio **1** 417
- etiologia da **4** 36s., 207, 209, 377
- influência da escuridão sobre **1** 97
- por acidente **4** 206
- psicopatologia da **1** 226
- sintomas da **7/1** 4, p. 135, 136s.
- teoria da **1** 302; **4** 1, 23, 27

Histeria / histérico(s) **2** 157, 193, 198, 207, 289, 298, 417, 430, 451, 531, 539, 541, 577, 603, 605, 611, 619[48], 620, 637, 640, 655, 657, 659, 660s., 703, 727, 744, 751, 754, 766, 780, 793, 794, 798, 808, 813, 816, 827, 833, 839, 845-862, 901, 908s., 915s., 924, 943-946, 953, 992, 1.008, 1.011, 1.067s., 1.073, 1.082, 1.232, 1.234, 1.352; **4** 37, 51, (72); **5** 19[21], 58[2], 388, 435, 654; **10/2** 417, 423, 432, 439; **18/1** 50, 113s., 136, 223, 353, 421, 447s., 522, 700, 713, 725s., 738, 794, 799, 871-883, 884s., 906, 919, 922s., 943s., 952, 955s., 973s., 994, 1.023s., 1.045; **18/2** 1.082, 1.119, 1.145s., 1.384, 1.724
- afecção **1** 289
- ataque **1** 114, 131[113], 199; **4** 374
- conversão (Breuer e Freud) **1** 298
- convulsões **1** 121, 197
- de ansiedade **18/1** 923
- de crianças **18/1** 884, 922
- descrição **10/2** 423
- disposição e simulação **1** 302, 305
- - e erro de leitura **1** 156
- dissociação da personalidade **4** 162
- divisão da consciência **1** 130s., 304
- esquecimento **1** 119
- estado crepuscular **1** 279
- estigma **1** 36, 333
- estupor **1** 226-300
- identificação (Freud) **1** 117
- sintoma(s) **1** 230, 276s., 439s., 449;

2 845-857, 913, 950, 952, 1.067, 1.352, 1.354; **4** 2, 37, 159, 205s.
- traços do caráter **1** 73s., 441, 449s., 464s.

Histérico(s) / histérica **8/2**
- distúrbios h. como fonte da crença nos espíritos **8/2** 575
- mãe **8/2** 306
- mudez **8/2** 295
- uma paciente **8/2** 566

Histeroepilepsia **1**
- ataques causados por fogo **1** 130
- convulsões **8/2** 295
- visões na **1** 12

Hístero-hipnose **1** 128; **3** 160

Histólise do *puer senex* **14/2** 96

História(s) **5** 581; **14/2** 1, 182, 223; **17** (265s.), 250
- comparada das religiões **11/5** 845
- contador de **18/1** 568
- contemporânea **18/2** 1.360-1.383
- da Bela Adormecida **5** 362
- da espécie **17** 250
- da Gata Borralheira **5** 547[93]
- da humanidade **13** 353
- da salvação **11/2; 11/4** 654
- das religiões **5** 30, 171[87]; **12** 38
- de Bata **5** 362[60]
- de fadas **4** 476s., 49s.; **6** 578, 902
- de Joãozinho e Maria **5** 369
- de Rumpelstilzchen **5** 274
- do Chapeuzinho Vermelho **5** 681[88]
- do espírito humano **5** 2
- dos dogmas **11/2** 222
- e psicologia **5** 3, 4, 78[19]
- universal **17** 321
- mecanismo do sonho das **5** 29
- cf. tb. Historicismo

História / histórico **9/2** 150, 162-180; **10/3** 12, 47, 268, 315; **10/4** 617, 623, 647; **18/1** 92, 370s., 379, 928; **18/2** 1.165, 1.228, 1.297, 1.323, 1.342,

Índices gerais

1.479s., 1.518, 1.531, 1.559, 1.617, 1.648s., 1.658, 1.737

Historicismo **10/3** 86, 103, 150
- racionalista **11/4** 749, 754
- cf. tb. História

Historiografia inteligente **14/2** 393

Hod / beleza **14/2** 300, 300[286], 300[287], 303[308]

Hohma **11/4** 610

Holanda / Países Baixos **10/2** 479, 908, 913; **10/3** 975; **11/6** 1.035, 1.048, 1.055, 1.060, 1.064 / **15** 90; **18/2** 1.287

Hölderlin **5** 236, 623-628, 632-642

Holle (deusa do nascimento) **5** 421

Homem **9/2** 71, 84, 100, 134, 142, 185, 257, 264s., 286, 289, 291, 295, 296, 299, 311s., 318s., 327, 330, 339s., 347, 360s., 365, 386s., 390, 402; **10/1** 510, 511, 525, 529, 549; **10/2** 423, 905, 932; **10/3** 216, 217s.; **14/1** 17, 29, 32, 37, 44, 46, 52, 53, 64, 82, 83, 87, 90, 93, 108, 108[15], 111, 147, 187, 189, 269, 313, 324; **14/3** 278, 353, 503, 588, p. 83-84; **16/2** 508; **17** 331a, 338s.
- abismo da natureza humana **14/1** 121, 124, 125, 196
- adulto **17** 273
- a feminilidade no **14/1** 215
- a humanidade traz a mácula da separação de Deus **14/1** 200
- circundado pela mulher **14/1** 40[50]
- cisão interna masculina **14/1** 326
- civilizado diante de dilemas **14/1** 335
- coletivizado **17** 284
- coletivo **10/2** 462
- - a malignidade do **14/1** 226
- - cf. tb. Ser humano
- como caçador sacrificante e faca imoladora **5** 89, 446
- como coluna de luz **14/1** 77[209]

- como indivíduo **5** 259
- como pai **17** 330
- como "pequeno deus do mundo" **14/1** 307
- como o "sol invisível" (Dorneus) **14/1** 44
- como uma mônada **14/1** 39
- como unidade social **10/1** 501
- completo **14/3** 274
- consciência de personalidade do **5** 388
- consistência interior do **14/1** 9[43]
- conveniente **6** 665
- corporal / físico **9/2** 71, 361, 365
- criação do **9/2** 307
- cultura do **6** 447
- de chumbo **11/3** 347, 350, 411
- de metal **13** 86, 119, 124, 246
- direito do **10/1** 517
- deus **11/1** 81, 141; **11/2** 203, 228; **11/4** 690; **14/3** 198
- aparecimento do **11/2** 222
- criação do **11/4** 625
- filho do homem X **9/2** 291[11], 305, 318, 340
- luz **12** 256, 456, 458
- nascimento do **5** 555
- prefiguração do **11/4** 628
- cf. tb. Deus
- e animal **3** 403; **5** 398
- e criador **5** 95
- e Deus **9/2** 73, 140, 259, 327, 336, 403
- efeito do bálsamo solar sobre ele **14/1** 108
- e mito **5** 29, 30
- e mulher **6** 658, 665, 843, 962; **9/1** 120, 175, 182s., 192s., 223, 294, 297, 309, 355, 396, 439s., 511s., 525, 559, 572, 612, 677[22]; **10/2** 932; **10/3** 71, 209, 219, 236, 240, 248, 256, 258s., 273s., 1.000; **16/2** 353; **17** (152s.), 218, 222, 330, 331c, 338s.
- - identidade de **16/2** 469
- e natureza **5** 500, 674; **10/1** 562

- e o animal **9/2** 71, 370
- e Sol **5** 251
- e sombra **5** 678
- extrovertido **6** 248s.
- - cf. tb. Extrovertido
- feminização do **16/2** 504
- fera **10/2** 386, 389, 393, 434
- filosófico dos filósofos **14/1** 4
- *heimarmene* na Antiguidade Tardia **14/1** 302
- iluminado **14/1** 11
- iniciação ou consagração do **10/3** 71
- insuficiência moral do **14/1** 313
- o interior **14/3** 477-478, 485
- - ameaçado pelas coisas exteriores **14/1** 189
- interioridade **10/1** 537, 561, 586
- introvertido **6** 255s.
- - cf. tb. Introvertido
- - intuitivo **6** 681
- luz **16/2** 327
- mau no sonho **7/1** 45
- medieval **14/1** 126, 142, 315
- mineral **14/3** 305
- - atribuía alma a tudo **14/1** 142
- moderno **10/1** 540, 550, 557, 561, 573, 582; **10/2** 933
- - e a perda trágica do mundo dos símbolos **14/1** 338
- - simbólica iconográfica do **14/1** 280[524]
- mortal e imortal **5** 296
- multiplicidade e unidade do **14/1** 6
- na Antiguidade **5** 1
- - interesse do **5** 17[17]
- - na figura arquetípica **5** 101
- - origem do **5** 487
- normal **7/1** 80
- *novus homo* **14/1** 10, 11
- o feminino no **7/1** 141
- o filho do homem como Mercurius **14/1** 289
- o "homem horrendo" como o homem comum **14/1** 324
- "o homem uno" / *vir unus* **14/1** 34

- *omne malum ab homine* **14/1** 20, 83
- o "ser" com aparência de (Ezequiel) **14/1** 260, 265
- pecaminosidade da existência **14/1** 201
- perfeito **14/1** 37, 77[209]
- posição do sol no **16/2** 410
- preto **4** (S) 733, 737
- - no sonho **2** 793, 833, 856
- primitivo **5** 367; **11/2** 173; **11/3** 339, 442; **11/5** 761, 817[29]
- - pensamento do **11/2** 240; **11/4** 750
- - religião do h. p. e cristianismo **11/3** 375
- - sonho e realidade entre os **11/5** 782, 800
- primordial **11/3** 356, 380, 400, 420; **11/4** 577, 618, 628, 639
- - Adam Kadmon na cabala **14/1** 43
- - cósmico **11/4** 711
- - criação do **11/3** 437
- - e imagem de Deus **11/4** 617, 619
- - feminino **11/4** 626, 712
- - hermafrodito / andrógino **14/1** 8, 12, 42, 269
- - macrocósmico **14/1** 12, 154[212], 279, 316
- - redondo
- - - como uma totalidade redonda **14/1** 5, 147, 279
- próprio do **9/1** 61, 197, 357, 382s., 438, 485, 525
- - cf. tb. Masculino / feminino
- qualquer **14/1** 186
- relação
- - com a *anima* **16/2** 423, 522
- - do *animus* feminino com **16/2** 423
- representado com rabo de peixe **14/1** 382[232]
- rubro e a mulher branca **14/1** 149[184], 169, 301
- sacralização do **17** 271
- sacrifício do **5** 673
- salvador de Deus **14/3** 576
- selvagem **4** (S) 181s.; **12** 35*, 250*

Índices gerais   369

- semi-homem **14/1** 270, 272
- super-homem (Nietzsche) **14/1** 324
- tem o arcano solar no coração **14/1** 110
- totalidade do **14/1** 59, 147, 203, 233
- traços femininos do **6** 759
- transformação do **5** 389
- unidade de alma, espírito e corpo **14/1** 45, 64, 285
- uno como formado de intelecto e de corpo **14/1** 34
- velho **9/1** 74, 234, 309, 396, 401a, 409s., 425, 435, 485, 682
- - cf. tb. Arquétipo do velho
- verdadeiro, o *chên yen* da filosofia chinesa **14/1** 147
- vermelho **14/3** p. 134-135
- vestimenta do **10/3** 995
- visto apenas como animal gregário **14/1** 187
Homem / *homo* **14/2** 1, 15[45], 16, 36, 37, 50, 54, 54[130],59, 65, 65[167],70, 72, 105, 106, 108[248], 109, 127, 136, 145, 149, 150, 152, 153, 158[372], 159,159[380], 174, 175, 177, 181, 182, 184, 185, 220, 232, 235[84], 259[180], 266, 267, 270, 272, 280, 307, 310, 313, 343, 345[84], 346, 351[101], 353, 374, 377, 388, 389, 398, 401, 411, 420, 434, 437, 440, 445
- antropocentrismo **14/2** 444
- a totalidade do **14/2** 158, 280, 342, 406, 414, 420, 434
- - paradoxal do **14/2** 341, 420g
- a unidade do **14/2** 414
- - fundamental da natureza humana **14/2** 422
- caracterizado pelo "eu" **14/2** 186
- carnal **14/2** 256
- centro misterioso no **14/2** 411
- como homem animal **14/2** 270
- como homem-deus **14/2** 2
- como imagem
- - do grande mundo **14/2** 219
- - paradoxal da totalidade **14/2** 342

- como medida de todas as coisas **14/2** 344
- como o velho homem carregado de pecados **14/2** 260, 261
- como pedra viva **14/2** 425
- como pequeno céu **14/2** 416
- como portador do drama de Cristo **14/2** 221
- consciência do **7/2** 330, 336
- consciente total **14/2** 364
- dissociação existente no **14/2** 427, 428, 429, 430
- e a posse da natureza **14/2** 430
- empírico **14/2** 260, 313, 315, 388, 420
- e mulher **7/2** 296s., 309, 314
- e o *unus mundus* **14/2** 414
- espiritual e físico **14/2** 428
- estrutura do indivíduo **14/2** 280
- filiação divina **14/2** 108
- filosófico **14/2** 137, 141, 217[17]
- físico **14/2** 420, 428, 429, 430
- forte **7/2** 307s.
- fraqueza do **7/2** 307s., 317s.
- "grávido de Deus" (A. Silesius) **14/2** 105
- hílico-psíquico e o pneumático **14/2** 258
- imagem de Deus impressa no **14/2** 343
- interior **14/2** 252[150], 265, 293
- - e a totalidade salvadora **14/2** 266
- - e Cristo **14/2** 360
- - e espiritual dos gnósticos **14/2** 151, 152, 155, 212, 256, 294
- justo **14/2** 59
- luminoso **14/2** 256
- medieval **14/2** 180, 417, 420, 430
- meramente natural **14/2** 335
- moderno **14/2** 29, 270, 274, 317, 406, 411, 412, 420, 428
- - como *mundus minor* ou microcosmo **14/2** 217, 219, 296[266], 416, 429
- - e o desconhecimento de vivências

14/2 435
- natureza animal do **14/2** 245
- negro e pecador **14/2** 260, 264, 388
- no budismo **14/2** 185
- no cristianismo **14/2** 185
- novo **14/2** 159[380]
- o céu e a terra do **14/2** 219
- ocidental **14/2** 368, 417
- o drama de Cristo no **14/2** 316
- o feminino no **7/2** 298, 336
- o fenômeno homem **14/2** 182
- o imortal no **14/2** 353[102]
- o inconsciente do **7/2** 300
- *omne malum ab homine* **14/2** 440
- oriental **14/2** 418
- o verdadeiro **14/2** 155, 156, 157
- pecador **14/2** 269
- - e ressuscitado **14/2** 59
- perfeito ou total **14/2** 232, 319, 370[127], 388, 425
- possibilidade da identificação entre o físico e o psíquico **14/2** 420
- primitivo **14/2** 265, 269, 270
- psíquico **14/2** 420
- - e sua transformação em homem espiritual **14/2** 283
- realização do h. total **14/2** 341, 425
- revelação do Filho do Homem **14/2** 156
- sentimento do **7/2** 307, 316
- superior e espiritual **14/2** 213
- terreno e o celeste **14/2** 258
- transcendental em parte **14/2** 420
- unidade do homem psíquico com o cosmo **14/2** 416
- "uno" como a união da mente (espírito e alma) com o corpo **14/2** 61[143]

Homem / como ponte **11/2** 263, 267
- autodivinização do **11/2** 267
- capacidade de querer o contrário **11/2** 290, 292
- e o Espírito Santo **11/2** 234, 276, 291
- e "sua sombra" **11/2** 277
- filiação divina / condição de Filho de

Deus **11/2** 235, 293
- liberdade / livre-arbítrio do **11/2** 261
- moderno e a "vivência mística" **11/2** 274
- natural e civilizado **11/2** 264
- sofredor e o Paráclito **11/2** 260
- totalidade do **11/2** 233, 242, 280
- transformação do **11/2** 233

Homem interior **9/2** 70, 118, 140, 312, 318, 320, 326, 336, 360
- primordial **9/2** 69, 249s., 307, 313, 318, 331, 335, 338, 340[139], 377, 388s.
- super-homem **9/2** 22, 24
- - mulher **9/2** 19, 27, 32, 41[5], 42, 320, 328s., 360, 363, 381, 422

Homem / masculino **13** 14, 57, 97, 108, 130[182], 276, 342, 451
- feminino **13** 370
- - cf. tb. Hermafrodita
- e mulher, masculino-feminino **13** 58s., 105, 127, 131, 174, 268, 339, 433, 446, 458[325], 458, 462

Homem / ser humano **8/1** 121; **8/3** 922; **8/3** 927; **10/4** 636, 663, 670, 677, 678, 679, 680, 681, 715, 719, 722, 797; **12** 16*, 84, 152, 169, 74*, 287[133], 365, 413; **13** 41, 83s., 86, 126, 128, 148, 164[51], 168, 171[87], 224[247], 281, 294, 301, 314, 326, 333, 384[121], 390, 411; **15** 127, 156, 157, 158, 210, 213
- animal **8/1** 63
- arcaico **8/2** 190; **12** 169
- as naturezas do **13** 200-205, 244, 263
- astral **13** 168, 203, 207[218]
- autorrealização do **12** 105s., 163
- celeste **13** 168
- civilizado **8/1** 95
- colérico **13** 176[114]
- como *anthropos* **12** 457, 476
- como microcosmos **13** 122, 188, 201, 203, 244, 437
- criação do **13** 97[56], 113, 209[226], 325, 417

Índices gerais

- criador **13** 302
- - cf. tb. *Artifex*
- culpa do **12** 152
- culto **13** 327
- da idade madura **8/1** 112
- das sombras **15** 182
- de carne **13** 126
- de luz **13** 138²¹⁴, 168
- demoníaco **13** 365
- de pedra **15** 168
- e a natureza **15** 2, 17
- e árvore **13** 420, 458-462
- e animal **10/4** 738, 741, 776
- e cosmos / macrocosmos **13** 125
- e Cristo **12** 7s.
- e *lapis* **13** 394, 425, 437
- em Freud **15** 47, 48
- em Paracelso **15** 13, 22
- e mulher da Etiópia **12** 400
- e natureza **13** 163, 195
- e *prima materia* **12** 425s.
- e produção de trabalho **8/1** 75
- espiritual e carnal **15** 185
- eterno **13** 223-227, 403¹⁶⁴
- grande
- - cf. *Homo maximus*, interior
- hílico **13** 280
- imagem e semelhança de Deus **8/3** 922; **13** 160³⁸
- interior / elevado **13** 116¹⁴⁵ˢ·, 118, 126, 134, 141, 173, 185, 187, 190, 194, 199, 203, 207, 221, 408
- interno **10/4** 751; **12** 7s., 12
- ligação entre três mundos **8/3** 918, 922
- moderno **10/4** 619, 624, 653, 731, 734, 784, 824
- mortal / natural **13** 203, 207
- na alquimia **8/2** 390
- natural **8/1** 95; **13** 229, 244, 323
- natureza dupla do **12** 148
- no processo alquímico **13** 176¹¹⁴, 177, 190, 203, 215, 220, 286, 392
- ocidental e oriental **12** 8s., 32
- o verdadeiro / completo **10/4** 622¹¹

- perfeito **13** 39, 419, 432
- pneumático / espiritual **13** 69, 126, 168⁵⁷, 187, 194, 280, 408
- primeiro **13** 460
- - cf. tb. Adão, Ask, Mahryay
- primitivo, primordial **10/4** 622, 767; **13** 116¹⁴⁶, 130, 165-168, 173, 201²⁰⁸, 203, 207, 212, 227, 268¹²⁷, 327, 449s., 458, F V
- salvação do **12** 26, 73*, 413s.
- salvador / redentor **12** 413s., 436⁴⁰, 451
- super-homem **12** 406, 559; **13** 163
- superior **13** 81, 173, 268
- - cf. tb. *Homo altus*
- tornar-se **13** 80
- - cf. tb. Cristo
- transformação do **12** 366, 378s.

Homem / varão **8/2** 336s., 409, 773s., 782s.
- homenzinho castanho **8/3** (m.s.) 935
- horóscopo matrimonial do **8/3** 884

Homem / *vir* **14/2** 137, 149³⁴¹, 156, 192, 231, 245, 246¹⁴⁰, 249, 253, 279, 283, 292²⁴³, 313, 314, 318, 320, 337⁶⁴, 364
- apocalíptico **14/2** 274, 299, 310
- "circundado pela mulher" **14/2** 75, 199
- como figura de barro **14/2** 252¹⁵⁰, 293
- como "filho do homem" **14/2** 152, 159, 299
- como *homo maximus* **14/2** 237, 266, 273
- criado pelos anjos como um verme **14/2** 148³³⁶
- e mulher **14/2** 75, 199, 215, 253, 320, 323³⁴
- - como opostos supremos **14/2** 279, 320, 321
- primitivo, renascimento do **14/2** 312
- primordial **14/2** 39, 39⁷⁵, 127, 164, 217²⁵, 232, 250, 251, 256, 258, 262,

266, 269, 274, 293, 312, 313, 318[34]
- - aprisionamento na *physis* **16/2**
456s., 481
- - arquetípico **14/2** 313
- - "circundado pela mulher" **14/2** 39,
127
- - como Adām Kadmōn 14/2 258[139],
264, 265, 269, 414
- - como coluna **14/2** 232
- - como Cristo **14/2** 274
- - como substância da transformação
14/2 213
- - *lapis* como
- - - cf. Lapis
- - luminoso **14/2** 274, 278
- - natureza
- - - hermafrodita do **16/2** 416, 471,
481, 525, 531
- - - redonda do **16/2** 531
- - origem dessas concepções **14/2**
259
- - o segundo homem **14/2** 218[34]
- - perfeito **14/2** 283
- - reaparecimento do **16/2** 458
- - redondo **14/2** 388
- - transformação do **14/2** 313
- vermelho e mulher branca **14/2**
320[13], 362
- como *vir unus* (Dorneus) **14/2** 61[149],
155

Homem e Deus
- como expressão do si-mesmo **11/1**
157
- *homo Adamicus* **11/1** 47
- interior **11/1** 47
- moderno, e a Igreja **11/1** 84
- - e o símbolo do quatro **11/1** 100
- *orno albus* **11/1** 153
- pneumático **11/1** 153
- superior, identificação com o **11/1**
134
- totalidade do **11/1** 139s.
- transformação do **11/1** 166

Homem e mulher **9/1** 120, 138, 426,
576[119], 653; **11/1** nota 35 (cap. I), 92;
14/3 221; **18/1** 187; **11/4** 627; **18/2**
1.262, 1.276-1.283, 1.797
- como imagem do Criador **11/4** 575,
638
- culpa / pecado **11/4** 693
- e o lado tenebroso, o mal **11/4** 692,
739
- e sofia / sabedoria **11/4** 622
- estado de perfeição **11/4** 621
- exaltação do **11/4** 650, 663, 668,
692
- filiação divina **11/4** 693
- hílicos (feitos de matéria) **11/4** 571
- liberdade / livre-arbítrio do **11/4** 620,
658
- modernos **11/4** 736
- - e processo de individuação **11/4**
755
- - sonhos do **11/4** 738
- no processo de transformação **11/4**
413
- redenção **11/4** 626, 631
- sacrifício do **11/4** 689, 698
- religiosos **11/4** 753
- superiores **11/4** 742
- totalidade do **11/4** 713, 756
- totalização (processo de totalização)
do **11/4** 745

Homem e o absoluto **11/5**
- animal **11/5** 841
- como microcosmo **11/5** 759
- homem natural e homem civilizado
11/5 869ss.
- interior **11/5** 962s.
- no Oriente e no Ocidente
- - atitude psicológica do **11/5** 770ss.
- - e Deus **11/5** 768, 956
- - interior e exterior **11/5** 785
- original **11/5** 887[19], 895
- pneumático **11/5** 959
- redenção, necessidade de redenção
por **11/5** 770, 779

Índices gerais

373

- totalização, processo de totalização **11/5** 890

Homem e o mal **11/3** 446
- culpa / pecado do **11/3** 408, 410
- como instrumento **11/3** 379
- como microcosmo **11/3** 390, 440
- como sacrificante e como sacrificado **11/3** 397
- exaltação / elevação **11/3** 438, 448
- hílico **11/3** 419
- *homo maximus* **11/3** 419
- identificação com o homem superior **11/3** 446
- identidade do homem e da natureza **11/3** 375
- individual e o si-mesmo **11/3** 400
- liberdade / livre-arbítrio **11/3** 391, 444
- natural e civilizado **11/3** 375
- no processo de transformação **11/3** 413
- redenção / necessidade de **11/3** 407, 445
- sacrifício do **11/3** 338, 366, 379, 387, 397, 406
- pneumático **11/3** 359, 448
- psicologia do civilizado **11/3** 442
- renovação pelo batismo **11/3** 313
- tomada de posse do **11/3** 379
- totalidade do **11/3** 390
- totalização (processo de) do **11/3** 445
- transformação do **11/3** 359, 411

Homenzinho
- de capuz
- - cf. *Cucullatus*
- de cera **13** 156

Homero e a Moly como planta mágica **14/2** 348

Homicídio **1**
- vontade de cometer **1** 112

Homo **9/2** 390
- *altus* **13** 203
- *coelestis* **9/2** 71
- *maior* **13** 185, 220, 226
- *maximus* **9/1** 5[7], 555; **9/2** 310; **10/3** 175; **10/4** 727, 733; **13** 168[65], 206-209, 220, 372, 381[112]; **15** 13, 31
- *philosophicus* **9/1** 238[36]; **13** 282
- *quadratus* **9/1** 549; **9/2** 418
- *sapiens* **9/2** 390; **10/1** 548; **10/3** 134, 210, 888; **10/4** 822; **18/1** 494
- cf. tb. Homem

Homoforus **12** 469[110]

Homousia **9/1** 11; **11/2** 195, 226, 289; **11/2** 177, 194, 209, 216, 222, 287
- e homousia **6** 25s.

Homousia ou igualdade de essência **14/2** 2[6], 3, 4, 7, 8, 32, 61, 62, 82
- de imagens arquetípicas **14/2** 62
- do pai e do filho no mito egípcio do rei **14/2** 3, 4[12], 32, 82
- das substâncias **14/2** 62

Homoousion **9/2** 290

Homoousios
- a polêmica do **5** 612

Homossexual / homossexualidade **3** 502; **9/2** 23

Homossexualidade **2** 843; **6** 843; **9/1** 146, 162, 356
- feminina **10/3** 203, 208, 220, 246s.
- masculina **10/3** 203, 217, 220; **17** 272s., 277s., 328; **18/1** 907
- na alquimia **16/2** 357 419[15]

Homossexualismo **4** 243, 246s., 249, 548, 710, 715; **7/1** 21, 134, 167, 173s.
- superação do **7/1** 180

Homúnculo / *homunculus* **9/1** 270, 279, 408, 529, 541, 680, 686, 692, 707; **9/2** 338[132], 367, 387; **11/3** 345[10], 350, 411, 420; **11/4** 738; **12** 243, 302,

121*, 153*; **13** 86, 93, 111, 118, 134, 158, 175, 195, 246; **14/2** 17, 72, 91, 106, 130, 155, 217, 403, 425; **16/2** 398, 402; **18/2** 1.698
- das veias **11/1** nota 5 (cap. III)
- em Fausto **14/1** 193[343]
- hermafrodito **14/2** 360; **17** 289
- transformação do h. em *pneuma* **11/3** 419

Hopi
- cf. Índios

Hora de ouro **14/3** p. 48-49

Horda primitiva **5** 216

Horfoltus **12** 449[2]

Horizontal e vertical **12** 287, 320

Horizonte
- da eternidade **14/3** 504
- divisão em quatro partes do **12** 137

Hormanuthi **13** 99

Hormônio(s) **6** 1.031; **8/2** 233, 374, 376, 653; **14/2** 342; **18/2** 1.120

Horóscopo **4** 607; **6** 999; **8/3** 868s., 872, 875s., 890; **9/1** 7, 525, 606; **10/3** 173; **10/4** 700; **12** 314, 100*; **13** 154, 167[56]; **14/1** 292, 302; **18/2** 1.177-1.192, 1.198, 1.203
- matrimonial **8/3** 875, 977s.
- cf. tb. Astrologia

Horóscopo / horoscopia **9/2** 130[41], 148[86], 212, 230, 352, 415; **11/1** 114

Hor-pi-chrud **5** 569, 577
- etimologia de **5** 570, 579
- cf. tb. Horus Hort

Horror novi **17** 146

Horrores
- cf. Trevas

Hortus conclusus
- e Maria **14/2** 77

Horus **5** 356, 357, 360, 374, 396, 471, 555; **6** 970; **9/1** 195, 564, 576, 611[180], 652[8]; **9/2** 129[27], 130, 163, 187, 188, 378; **11/1** 113; **11/2** 177; **11/4** 711; **12** 314; **13** 31, 99, 360; **14/2** 2[3], 4, 10[30], 34, 253; **18/1** 416, 548; **18/2** 1.617
- como deus solar **5** 131[16]
- de Edfu **5** 147
- do Oriente **5** 147
- e Ísis **5** 471[7]
- e os quatro filhos **11/4** 600
- filhos de **9/1** 425[50], 660, 715; **9/2** 187s., 378, 383; **13** 31, 360
- identificado com Gabricus **14/1** 14[73]
- lenda de **14/1** 60[117], 61
- olho de **10/4** 645, 738; **14/1** 60[117], 61[137]

Hospital **8/2** 479

Hóstia **8/2** 333; **11/3** 326; **13** 403; **14/3** 552; **14/2** 29, 305, 386[173]; **18/1** 616

Hotel (S) **4** 537s.; **8/2** 533, 561

Hotentotes **18/1** 363

Hsüan-Tse **11/5** 900[42]

Hudibras (Kant) **8/1** 63[46]

Hufeland **3** 270, 377

Hui Ming Ch'ing **11/5** 816

Huichols **8/1** 121

Hui-nêng **11/5** 895[31]

Huitzlopochtli **5** 672[78], 672[80]
- Eucaristia de **5** 522

Hulda (poço de) **13** 417

Humanidade **13** 137[209], 331, 349; **15** 12, 16; **17** 319; **18/1** 79, 438, 525, 547, 561, 763, 797, 827; **18/2** 1.094, 1.103s., 1.150, 1.271, 1.278, 1.305, 1.344, 1.368, 1.374, 1.383s., 1.468, 1.515, 1.753, 1.810, 1.827
- civilizada **4** 655

Índices gerais

Humanista(s) **13** 458; **14/2** 257

Humano
- relatividade do **7/1** 115, 118

Humbaba **18/1** 236, 246

Humidum **13**
- *album* 255
- *radicale* **13** 89, 101, 103[86], 114, 173, 188, 255, 259; **14/1** 6, 27, 40, 45, 108, 131, 235, 331; **18/2** 1.788s.
- - como prima materia **14/1** 130

Humildade **14/3** 102-103; **17** 195, 246

Humor **3** 117, 521; **7/2** 240, 262; **8/1** 105; **8/2** 639, 667; **15** 157, 168
- contrastante **3** 105, 146, 304
- cristalino **14/3** 79[72]
- disposição **6** 235, 248, 451, 666, 756, 759, 1.031, 1.033; **10/3** 4, 231
- eufórico **1** 219
- irritadiço **1** 222
- - e deprimido **1** 228
- mudança de **1** 219, 230

Humores **3** 457; **6** 1.031;
- os quatro **14/2** 218

Hun **9/1** 564[95]; **13** 57

Húngaro **18/2** 1.107, 1.456

Hungria **10/1** 518[2]; **10/2** 908

Hurritas
- textos **14/2** 420[226]

Hvarenô ("Graça do Céu") **5** 149[46]

Hyakujo **11/5** 877

Hybris (soberba) humana **11/1** 144; **11/5** 800s.

Hyde Park Corner **9/2** 275

Hydor theion (água divina ou sulfurosa) **14/2** 11[33], 61[143], 348, 374
- cf. tb. Água

Hydrargyros anatolike **14/3** 144

Hydrargyrum **13** 255, 287, 371, 408
- cf. tb. Mercúrio

Hydrolythus **12** 487

Hygra ousia **9/2** 311

Hyle (matéria primordial) **9/2** 132, 243[19], 310, 400
- Hyle **11/1** 160

Hyliaster (termo de Paracelso) **18/2** 1.115s.

Hyliaster **15** 12

Hypris / Vênus
- como o cobre **14/1** 107

I

Iaco **5** 526, 527, 528
- como *puer aeternus* **5** 526
- Zagreu como **5** 527

Iacos **8/2** 333

Iacutas, os **13** 460

Iantra **11/1** 113, 136

Iasião **5** 528[65]

Íbico **8/3** 850[36]

Íbis **13** 359; **14/1** 244
- cf. tb. Animais

Ichthys / Ikhthys **5** 662[59]; **9/2** 127, 145[75], 163, 173, 177, 178, 180, 184-186, 237[210], 285; **10/4** 808; **18/1** 255

Ícone **9/1** 645; **18/1** 413

Iconografia
- da Idade Média **11/2** 251
- medieval **9/2** 320; **11/2** 229
- tântrica **14/2** 244

Id **9/1** 2[1]; **18/1** 121, 281; **18/2** 1.152

Idade **13** 350; **17** 211
- de bronze, quarta **9/2** 169
- de ouro **8/2** 412
- do mundo **14/3** 308
- humana **8/2** 248, 705, 801

Idade Média **3** 321, 576; **4** 195, 434, 655, 666; **6** 8, 48, 55, 166, 313, 447, 453, 555, 603, 1.036; **7/1** 31, 118; **8/2** 380; **8/3** 934; **9/1** 464, 474[16], 661; **9/2** 72, 78, 122, 128, 130, 130[41], 133[47], 136, 181, 187, 198, 200, 213, 214, 232, 235, 242, 292, 320, 334, 367, 369, 409; **10/1** 540, 550; **10/2** 944[6]; **10/3** 79, 163, 210, 238, 275, 309, 326, 974; **11/1** 124s., 159s.; **11/2** 191, 197, 294; **11/4** 755; **11/5** 948; **13** 7, 25, 31, 141, 196, 356, 391, 399, 412; **14/1** 45, 47, 48, 165, 229, 239, 240, 278, 302, 320; **14/2** 29, 30[30], 64, 83, 107, 171, 173, 275, 282, 293, 296, 355, 360; **15** 1, 25, 45, 62, 154, 176, 179, 180, 181, 182; **17** 127, 158; **16/2** 401, 460; **18/1** 250, 254, 264, 365, 370, 401, 429, 533, 544, 638; **18/2** 1.116, 1.131, 1.162, 1.363, 1.397, 1.474s., 1.516, 1.528, 1.578s., 1.634, 1.749, 1.818s., 1.832
- consciência da **14/2** 107, 296, 355
- desconhecimento
- - da natureza **14/2** 83, 402
- - da química **14/2** 320, 330, 347, 349
- - do conceito moderno de "psíquico" **14/2** 296, 330
- e a mística alquímica **14/2** 173
- e a romântica medieval **14/2** 284
- falta da psicologia na **16/2** 533
- linguagem da **14/2** 422
- mistério da Trindade na **11/1** 124
- psicologia da **6** 67, 442
- quaternidade na **11/2** 281
- tardia **14/2** 402
- - e a transformação na cosmovisão **14/2** 171

Idaeus (termo de Paracelso) **13** 168

Índices gerais

Idechtrum (termo de Paracelso) **13**

Ideia(s) **2** 499s., 529, 547, 560, 602s.,
605, 611s., 616, 621, 631, 637, 639s ,
657,661s., 666, 675, 701, 718s., 761,
868, 893, 1.327, 1.350; **4** 204, 768s.;
5 74; **9/1** 68, 125s., 149, 154, 509; **9/2**
28^{39}, 64; **10/2** 913; **10/3** 38, 973,
1.004; **10/4** 621; **11/5** 806; **12** 346,
366^{46}, 366^{52}, 377; **13** 49, 321, 338,
378, 476; **14/2** 136, 153, 155, 157,
201, 204, 232, 237, 244, 246, 253,
280, 296, 347, 364, 417; **14/3** 52, 77,
192, 582; **15** 22, 31, 37, 44, 90, 126,
1657, 194; **18/1** 449, 461, 480, 511,
537, 542s., 553, 742, 756, 864, 870;
18/2 1.160a, 1.306, 1.390, 1.402,
1.574, 1.584^2, 1.585, 1.615, 1.676,
1.739, 1.743, 1.765
- abstrata **6** 38, 577
- ascensão para a **5** 104^{56}
- associações de **7/1** 129, 139, 171
- atitude para com **6** 71, 98s., 107,
135, 222, 821
- ativação das **6** 587, 597
- autóctones **3** 56
- autonomia da **5** 113
- cisão de **3** 547, 557, 559
- cobertura **2** 846
- como abstração da experiência **6** 69,
578, 644, 815s.
- como fator(es)
- - dinâmicos **11/1** 8
- - principal de orientação **6** 597
- como *idées forces* **14/2** 393, 406
- como realidades psíquicas **16/1** 147
- como sombras de representação
(Kant) **3** 440
- compulsiva / obsessiva **6** 534, 685
- conceito de **6** 815s.
- curso de, com carga emocional **1**
169, 423
- de Deus **6** 593
- definição (Bain) **1** 86^{37}
- delirantes **15** 152
- de morte **1** 40, 125

- de salvação na alquimia **12** 325s.,
332s.
- de um mediador **5** 104
- de perseguição **18/1** 326, 477
- de Platão **8/2** 388; **8/3** 932
- e afeto
- - cf. Incongruência
- e arquétipo **6** 701
- e coisa **6** 68, 73
- eficácia das **6** 53s.
- e imagem primitiva **6** 578, 581, 700,
815s., 836, 841, 866
- em Cohen **6** 820
- em Hegel **6** 818
- em Kant **6** 585, 816
- em Lasswitz **6** 819
- em Schopenhauer **6** 817, 836, 840
- e sentimento / constância através
dos séculos **14/2** 393
- especulativa **14/2** 330
- espontânea e livre **14/2** 354
- estranhas **3** 5, 10, 56
- eternas **6** 581s., 592
- e vida **6** 815
- força **6** 810
- formação
- - espontânea **11/1** 4
- - na Alquimia **8/3** 906
- fuga de **2** 28, 116, 387, 450^{68}, 539^{16};
3 21; **6** 549; **8/1** 22; **18/1** 829
- fundamental do *mysterium
coniunctionis* **14/2** 331
- gerais
- - coletivas **6** 44, 650, 772
- - de caráter religioso **6** 423
- - sobrevindas **6** 44, 644s., 650
- herdadas **3** 550, 565;
- herdadas **8/1** 90; **8/2** 229, 270, 320,
352s., 718
- - probabilidade de **8/1** 99; **8/2** 320s.
- identificação com formas do
inconsciente **14/1** 178
- ilusórias **8/2** 747
- inatas **8/2** 353, 435, 589; **8/3** 921
- indistinção de **3** 237, 300
- influência por **6** 581, 587, 705, 707

- mágica **14/2** 270
- matéria e **6** 587
- mestras **8/2** 632s., 690
- nascimento das **6** 222, 475
- nova **8/2** 700, 709; **15** 63, 70
- numinosidade da **14/2** 403
- objetivas **6** 643, 649s.
- obsessiva **7/2** 307; **11/1** 22; **15** 68; **18/1** 842s.
- origem **8/2** 669
- originárias **11/1** 89
- parada **1** 6
- percepção de **6** 222
- pessoas com **1** 175
- platônica **12** 368; **15** 13
- primado da **6** 98, 146
- primitiva **15** 12
- primordiais (Bastian) **16/1** 206
- psicológica **6** 581, 822
- que ocorre de repente **12** 219
- que persistem obstinadamente **3** 17
- realidade das **6** 53s., 57, 436, 448, 541
- realização das **6** 601
- reino platônico das **14/1** 98
- religiosas **8/1** 92
- repentina **1** 139, 168s.
- segundo Platão **6** 43, 46, 51, 816
- sequências de **3** 58, 70, (76)
- súbita(s) **11/1** 69; **11/2** 240, 244, 272; **17** 102, 167[15], 197
- - e espontânea **14/1** 184, 327, 329, 335
- - e feliz **14/2** 187
- - patológicas **3** 7, 56, 150, 163[144], 166, 180, (181), 218, 300
- subjetiva **6** 700
- supervalorizada **6** 534, 591
- surgimento das **14/2** 333
- transcendência da **6** 822
- transcendentes **16/2** 532
- unidade de (em Schiller) **6** 152
- verdade psicológica das **11/1** 4

Ideal(is) **4** 179; **7/1** 18, 87, 115; **15** 45, 57, 69, 128, 178, 182, 210; **17** 284s.,

288s., 297s.; **18/2** 1.303, 1.390, 1.569, 1.676, 1.743
- ameaçados / abalados **7/2** 254, 310, 323
- assumido **6** 539, 541
- beleza como (em Schiller) **6** 184
- crítica do(s) **7/1** 65
- cultural **6** 107
- da personalidade **17** 311
- destruição dos **7/2** p. 168s.
- efeito do **5** 223
- personalidade inconsciente como **1** 116, 132s.

Idealismo **6** 540, 588; **8/2** 624; **10/1** 578; **10/3** 972s.; **10/4** 653
- e materialismo **6** 590s.; **7/1** 80
- e realismo **6** 55
- medieval **17** 127

Idealista **6**
- e realista (em Schiller) **6** 203s.
- extrovertido **6** 655

Identidade **6** 199; **13** 122, 287[245], 326, 342, 394; **17** 83, 107s., 253, 271, 330s.
- arcaica, mística **6** 69, 881
- com a massa **17** 299
- com o objeto **8/2** 516, 521-523, 528
- da psique com o contínuo físico **8/2** 440
- dissolução da **6** 69, 881
- do eu
- - e *anima*, *animus* **16/2** 534s.
- - e do si-mesmo **6** 696; **14/3** 293
- dos opostos **17** 209
- familiar **6** 823s.
- irracional / inconsciente **11/3** 389; **11/5** 785, 817[29]
- mística (Lévy-Bruhl) **8/2** 507, 516, 519
- parcial **6** 871, 881
- primitiva e inconsciente **17** 217a, 253, 326
- prova de **8/2** 599

Identificação(ões) **6** 753, 825s.; **9/1** 84, 224s., 254, 621; **9/2** 44; **12** 43,

171s., 431, 560; **13** 307, 331, 342, 452; **14/3** 119
- com a Bela Adormecida **4** 495
- com a mãe **4** 700, 729
- com a profissão **8/2** 258
- como causa da inflação **16/2** 472
- com o Crucificado **8/2** 162
- com o eu **6** 136
- com o pai **6** 825
- com os arquétipos **8/2** 254
- com o Si-mesmo **8/2** 430
- com os opostos **6** 165
- com os pais **4** 308; **6** 826
- da onividência com o tempo **8/2** 394
- e imitação **6** 825
- entre analista e paciente **4** 406, 449
- histérica (Freud) **1** 117
- inconsciente **7/1** 136, 172
- - com as substâncias químicas **14/1** 330
- mitológicas **5** 288[41]
- tendência dos histéricos à **1** 340
- cf. tb. Assimilação

Ideologias **11/5** 778

Ideológico **10/1** 568

Ideologismo **6** 581, 588, 592s., 597, 603
- introvertido **6** 591
- *versus* empirismo **6** 584s.

Ideos, ides **15** 13

Ides (termo de Paracelso) **9/2** 334; **13** 168

Idílico **9/1** 672
- cf. tb. Peixe

Idiossincrasia(s) **5** 221; **7/1** 43; **9/1** 220; **9/2** 259; **11/4** 629; **17** 160

Idiota(s) **17** 292; **18/1** 72
- moral **17** 135s.

Idiotia / idiota **2** 408[59], 506, 509, 523, 684, 985, 989

- cf. tb. Debilidade mental; Imbecilidade

Idolatria **9/2** 130[39], 165

Ídolo(s) **18/1** 413
- solar, **5** F 13, 149

Idris **18/2** 1.528
- cf. tb. Hermes Trismegisto

I Ging / I Ching **5** 250, 423[22]; **8/2** 405; **8/3** 863, 865s., 867, 895, 976; **9/1** 82, 120[15], 403[17], 597, 639; **9/2** 181[4], 410; **10/2** 939; **13** 6, 9, 13; **15** 77-81, 83-85, 88; **18/1** 144[32], 291[61]
- simbologia do **11/5** 964, 975s.
- técnica do **11/5** 966ss.

Ignis **13** 187[157], 310, 444
- *centralis / gehennalis* **14/1** 110; **14/2** 298
- *elementalis* **9/2** 393
- - no homem como causa da corrupção **14/1** 115
- *mercurialis*
- - cf. Mercurius, fogo
- cf. tb. Fogo

Ignorância de si mesmo **11/4** 746

Ignorantes **14/3** 133, p. 56-57, 62-63

Igreja / *Ecclesia* **4** 433s., 658; **6** 478; **7/1** 111, 171s., 176; **7/2** 325, p. 144s.; **8/2** 336, 426; **8/3** 917, (m.s.) 963; **10/1** 512, 521, 536, 543, 554, 563, 571; **10/2** 404, 934; **10/4** 651, 654, 751; **11/1** 34, 82s.; **11/3** 444; **11/5** 770; **12** 32, 40s., 93, 96, 177s., 178s., 417, 453; **14/1** 9, 11, 19, 20, 25, 78, 83, 97, 103, 150, 162[33], 229, 297, 306, 312, 319, 335, 339; **14/2** 30, 104, 105, 120, 122, 127, 189, 196, 200, 426; **15** 10, 11, 17, 150, 154; **16/1** 218, 221s.; **16/2** 392; **17** 158, 256
- alegórica e simbólica eclesiástica **14/2** 30, 36, 79, 189, 200, 309, 328
- androginia da (Koepgen) **14/2** 192

380   Obra Completa – Vol. 20

- aspecto maternal **16/1** 218
- autoridade da **16/1** 221s., 227
- e a assimilação de Aristóteles **14/2** 121[262]
- e a quaternidade **11/1** 105
- e o Espírito Santo **11/2** 289
- canonização pela I. **14/2** 235
- canto de **10/3** 30s.
- cerimônias eclesiásticas **14/2** 122
- cisma na **11/4** 659
- como casa de Deus **9/1** 368s., 405, 691
- como *corpus mysticum* **11/3** 337; **14/2** 190, 193, 200, 297
- como *ecclesia spiritualis* **14/1** 9, 12, 22, 27
- como esposa **11/1** 122; **16/2** 496[9], 526
- como intermediária / mediadora **14/1** 168, 168[271]
- - de salvação **6** 478
- como mãe **14/2** 95
- como proteção **16/2** 502
- como sepultura de heróis **5** 536
- como símbolo da mãe **5** 313, 318[16], 335, 351, 411[156], 536, 672; **7/2** 369
- como substituta **7/1** 172
- como vaso da *anima Christi* **14/2** 200
- conivência da Igreja medieval e moderna no Dogma da Assunção **14/2** 333
- cristã primitiva **6** 439
- direção das consciências **11/2** 273[35]
- dogmas da **14/2** 399; **16/2** 391
- doutrina eclesiástica **14/2** 83, 134
- e a filosofia pagã **14/2** 121[262]
- e a revelação em sonhos **11/1** 32
- e fatos históricos **11/3** 438, 444
- e gnosticismo **14/2** 121[262]
- ensinamento da **16/2** 388
- e o mal **11/2** 248
- função
- - mediadora da **11/5** 862
- - protetora da **14/1** 97

- ideia de **6** 27, 436
- identidade da Igreja com Cristo **14/2** 193
- linguagem eclesiástica **14/2** 68, 189, 308, 361
- Luna como alegoria da **14/1** 19, 20, 22, 25, 28, 103, 118, 149[177], 168[27], 210, 212; **14/2** 96, 189, 190
- moribunda **14/1** 19
- núpcias da *sponsa Ecclesia* (*Luna-Ecclesia*) **14/2** 104, 189
- racionalismos dos recursos oferecidos pela **11/4** 754
- símbolo da **6** 439s., 448s., 451
- símbolo da mãe **17** 270
- tarefa da **14/1** 319
- tradição eclesiástica **14/2** 78

Igreja / edifício **9/2** 144[73], 352; **18/1** 251, 253a, 254s., 615, 658
- cripta da **18/1** 254s.
- torre de **8/2** (m.s.) 509

Igreja / instituição **9/1** 11, 19, 21s., 29, 48, 61, 131, 156, 230, 295, 450, 456, 458s., 653, 661, 677; **9/2** 41, 74, 140, 142, 143, 150s., 159, 274, 276[6], 281, 319, 321, 336, 403, 428; **10/3** 64, 71, 79, 155, 200, 248, 319, 868; **11/6** 1.019, 1.045, 1.070; **13** 25, 120, 127, 148, 151, 195, 198, 210, 231-236, 277[199], 321, 365, 393, 427; **18/1** 22, 255s., 354, 362s., 374s., 437, 565, 601s., 613s., 618s., 631s., 639s., 659s.; **18/2** 1.328, 1.364, 1.372, 1.383, 1.480, 1.515, 1.532s., 1.536, 1.539s., 1.574, 1.592, 1.594, 1.607, 1.630, 1.633, 1.637s., 1.657, 1.665, 1.673s., 1.685, 1.689, 1.711, 1.829
- anglicana **18/1** 640s., 670; **18/2** 1.674
- católica **5** 101, 248, 259, F 61; **9/1** 21, 230, 292; **9/2** 142, 320; 10/2 396; **10/4** 654; **11/1** 7, 10, 34, 40, 161; **11/2** 285; **11/5** 855; **11/6** 1.045, 1.070
- - e influências egípcias **11/2** 178

Índices gerais

- oriental **16/2** 525
- ortodoxa russa **18/1** 645s.
- Padres da **9/2** 75, 114, 171, 281, 373; **18/1** 527, 655; **18/2** 1.507, 1.640
- protestante **10/2** 397[13]
- - cf. Protestantismo
- reformada **18/1** 644; **18/2** 1.536
- - cf. tb. Protestantismo

Ilíada (Homero) **5** 363, 421, 571[123]; **14/1** 37[22]

Iliastes como Mercurius **14/2** 145[324]

Iliastro / iliaster (termo de Paracelso) **13** 160, 161[40], 168, 170-171, 173s., 176, 185, 190, 201s.
- variações de nome do **13** 171[82]

Ilitlia **5** 355, 438[39], 577

Illecebrae symbolicae **8/3** 920

Illices divinae **8/3** 920

Illuminatio / iluminação **9/1** 583, 674, 679, 697; **9/2** 230; **11/4** 758; **11/5** 900, 927; **12** 11, 68, 120, 188, 356, 136*, 409, 451, 456; **13** 112, 148, 263, 277, 361[67], 413, 417; **14/1** 79, 113, 124, 127[60], 133, 136, 193, 213, 214, 301, 335; **14/2** 83, 265, 274, 276, 310, 315, 346, 432; **14/3** 75, 142[1], 142[5], 157, 367, 510, 519, p. 92-93; **16/2** 484, 493; **18/2** 1.702
- alargamento da consciência **14/1** 127[66]
- como irrupção do inconsciente **16/2** 383
- divina **14/2** 346
- luz como
- - cf. Luz
- pelo Espírito Santo **16/2** 413
- três etapas segundo São Boaventura **14/2** 375

Iloch (termo de Paracelso) **13** 190

Iluminismo **5** 23, 30, 674; **6** 115, 311s., 582, 999, 1.036; **7/1** 110, 150;

8/1 90; **8/2** 516, 528, 570s., 598, 805, 807s., 815; **9/1** 173, 267; **9/2** 67, 78, 235, 368; **10/3** 22, 370, 1.003; **11/1** 34; **11/2** 222, 227; **11/3** 347; **11/4** 735; **18/2** 1.368, 1.374
- cf. tb. Ilustração

Iluminismo / iluminista **10/1** 514

Ilusão(ões) **7/1** 26, 75, 189; **7/2** 373, 400; **11/1** 140, 167; **11/5** 767, 831, 905, 932, 1.002; **12** 57, 354s.; **13** 47, 251; **14/2** 170, 396, 398, 440; **15** 69, 71, 113, 118, 146, 191; **18/1** 587, 591, 601
- abandono da(s) **7/2** 381s.
- cármica(s) **11/5** 831, 845, 846; **16/1** 239, 242; **17** 194, 202, 337s.
- infantil **7/1** 88, 90, 113
- renúncia à **7/1** 27, p. 151
- cf. tb. Megalomania

Imaculada Conceição
- cf. Conceição; Dogma da

Imagem(ns) **6** 482, 578, 827s., 879; **7/1** 120, 151s.; **7/2** 210, 218, 231, 236, 289, 293, 349, 405, p. 139s., 166s.; **11/5** 897; **13** 75, 476; **14/2** 79, 91, 123, 124, 127, 150, 152, 173, 229[60], 231[63], 231[64]240, 416; **15** 110, 121, 124, 151, 152, 210; **18/1** 464, 474s., 523, 589, 858; **18/2** 1.254, 1.362, 1.487, 1.504, 1.536s., 1.567, 1.589, 1.606, 1.612
- abstrata **6** 566s.
- a fantasia como **6** 810
- alquímica **14/2** 170
- arcaicas **3** 524; **6** 449, 701, 830
- autonomia das **7/1** 110; **14/2** 316, 441
- caráter numinoso da **14/2** 178, 441
- coletiva **8/2** 721s.
- - e pessoal **6** 830s., 815
- como conteúdo consciente **8/2** 608
- como problema estético **6** 728
- compensadora **6** 423; **14/2** 83
- conscientização da **6** 469

- consolidação das **11/5** 930
- criptomnésica
- - entrada na consciência
- - - intrapsiquicamente **1** 139
- - - por intermédio do automatismo motor **1** 146s.
- - - por intermédio dos sentidos (como alucinação) **1** 145
- da *anima* **14/2** 267
- da depressão **8/2** 167, 169
- da fantasia **14/2** 393, 407, 427
- da memória **8/1** 44
- da mulher e do homem **17** 338
- das funções sensoriais **8/2** 611
- de Jeová **4** 781
- de peixes **8/3** 826s.
- desenvolvimento da **6** 469, 726
- desenhos de pacientes **13** 75, 476
- desintegração da **15** 213
- do homem adâmico superior **14/2** 235[82]
- do inconsciente **8/1** 71; **8/3** 856, 858, 921
- - coletivo **7/1** 108, 123, 145, 184; **7/2** 219, 232, 235, 248, 269, 283, 372
- - mitológico **7/1** 118
- - pessoal **7/1** 118
- do mundo **10/1** 498, 527, 551; **10/3** 23, 113, 142; **14/1** 142
- - origem da **5** 646
- do pai **5** 62[5], 63[6], 83, 89, 92, 93
- - reanimação da **5** 93, 134, 313[10]
- dos fenômenos **8/2** 437
- dos outros **8/2** 508
- dos sonhos
- - sentido das **5** 4, 5, 6
- e animais
- - mágicos **5** 505
- - prestimosos **5** 263[11]
- espontaneidade das **11/5** 784
- esvaziamento e criação de **11/5** 893
- eternas **14/2** 174
- exorcismo pela **3** 562
- expressão original da **14/2** 120
- extinção da **11/5** 891

- fluxo das imagens **14/2** 407
- formação das **14/2** 412
- hereditariedade das **7/1** 101
- hipóteses da migração das **11/5** 845
- ideias / representações **7/1** 119
- inconscientes / do inconsciente **6** 449, 722, 727s.
- interior **6** 222s., 726
- - cultivo da **6** 222s.
- - projeção da **6** 827
- - como expressão da situação psíquica geral **6** 761
- interpretação das **14/2** 393
- intersecção na mitologia **14/2** 61
- linguagem da **6** 470
- livre ascensão da **6** 774
- memória **3** 79
- mitológica **6** 270, 720, 866, 917s.; **11/5** 944
- mundo das **8/2** 746
- *noumenon* da **6** 729
- onírica **14/2** 427; **17** 162, 189, 197, 207, 223, 263s., 269
- - contexto **17** 114s.
- originais **5** 138
- paralelismo das **11/5** 845
- percepção da **6** 727, 866; **8/2** 745; **14/2** 408
- perda eterna das **14/2** 173, 174
- psíquicas **11/5** 766, 769
- plásticas e concretas **14/2** 393
- poder psíquico da **14/2** 173
- primordiais (J. Burckhardt) **8/2** 229, 794
- projeção das **7/1** 110; **14/2** 412
- psíquicas **8/2** 681
- - cf. tb. Arquétipo
- reanimação da **5** 200, 299, 505
- redentora **6** 566, 836
- reprimidas **7/1** 103
- sagradas **11/1** 90
- - como expressão do inconsciente **11/1** 82
- semelhança de **3** 111, 122, 250, 300
- sequência nos sonhos **16/1** 13s., 22

Índices gerais

- simbólica **6** 700; **8/2** 388, 738
- subjetiva **6** 726
- surgidas do inconsciente **14/2** 61
- surgimento da **6** 466, 829
- trinitária **14/2** 386[175]
- uso da **6** 451, 468
- valor
- - psicológico da **6** 827
- - subjetivo principal da **6** 469
- virtual **7/2** 300
- vivificação da **6** 451, 579, 712

Imagens antropomórficas **11/4** 556, 574
- como processos psíquicos **11/4** 558
- espontaneidade das **11/4** 557
- metafísicas **11/4** 556
- proibição de reproduzir **11/4** 584
- religiosas **11/4** 555
- sagradas **11/4** 559
- transformação das **11/4** 555

Imagens arquetípicas **7/1** 179; **14/3** 346; **16/1** 15; **17** 272s., 340
- atitude para com **16/2** 466
- de pacientes
- - cf. Pacientes
- e conteúdo anímico **16/2** 401
- primordiais
- - capacidade de transformação das **16/2** 396
- - - cf. tb. Arquétipo
- sequência no inconsciente **16/2** 401
- - do *Rosarium Philosophorum* **16/2** 402, 414, 421, 424, 538

Imagem de Deus **5** 95, 397; **8/2** 389, 794; **11/4** 625, 656, 660; **14/2** 232, 233, 234, 252, 292[243], 364, 365, 370, 375, 375[141], 393, 403; **14/3** 71, 82, 113, 196, 209, 223, 235, 401, 407, 410, 436, 521, 555, 588
- antitrinitária **11/2** 226
- arquétipo da **12** 11s., 15
- como arquétipo **5** 89, 95, 129, 264, 497
- como fenômeno subjetivo **5** 128

- como ser pessoal **5** 98
- confrontação com a **11/4** 740
- da meta **12** 328
- da fantasia **12** 38
- diferenciação da **11/4** 674
- em Platão **11/2** 187
- e símbolo do si-mesmo **11/2** 231, 237, 283. 289; **11/4** 757
- e totalidade arquetípica **11/4** 757
- modificações pelas quais passou a **11/4** 555
- no Antigo Testamento **11/2** 226
- numinosidade / caráter numinoso da **11/4** 558
- projeção da **12** 12s.
- transformação da **5** 396[129]

Imagem primitiva **13** 13s., 396, 455; **15** 12, (16), 31, (71), 124, 125, 127, 159; **18/2** 1.272, 1.688
- abrange formações singulares **14/1** 93
- coletiva **6** 423
- da mulher **6** 447
- da pessoa humana **6** 417
- força compulsiva da **6** 433
- hereditária **6** 597
- simbólica **14/1** 268
- sombria **6** 581

Imagem primordial **6** 178, 314, 406, 421, 578, 710, 760, 815, 821, 830, 834; **7/2** 219, 260[7], 264, 267, 336, 389; **11/3** 441
- como arquétipo **6** 696, 832
- como intermediária **6** 836
- como símbolo **6** 816, 836
- concretismo da **6** 835
- e fenômeno da natureza **6** 833
- eficácia psicológica da **6** 836
- e instinto **6** 841
- intemporalidade da **6** 821
- realidade da **6** 720
- renovação de Deus como **6** 322
- sentido da **6** 817
- vivificação da **6** 367, 446, 451, 456, 712
- cf. tb. Arquétipo

Imaginação / *imaginatio* **6** 88, 169, 632, 810, 846; **9/1** 89, 580; **11/5** 771, 930; **12** 218, 355, 390, 393s., 399s.; **13** 12, 173, 193, 195, 201, 204, 207, 214, 216, 220, 224[247], 355; **14/1** 276; **14/2** 423; **14/3** 88[90], 92-93, 169-170; **17** 313s.; **18/1** 81
- ativa **8/2** 403s., 414, 599; **9/1** 101, 120, 263[6], 270, 319, 334, 398, 528, 581, 621s., 627, 698; **10/4** 736, 804; **9/2** 39, 351, 382; **11/5** 793, 875, 929; **12** 123, 357s., 448;**13** 86[10], 201[208], 374; **14/2** 107, 365, 393, 404, 407, 409; **14/3** 104; **16/2** 400; **18/1** 4, 97, 390s., 403; **18/2** 1.787
- como *astrum* **12** 394
- como *corpus subtile* **12** 394, 399s.
- como tratamento **14/1** 124, 141, 327, 337
- atividade da **6** 799, 810
- coletiva **17** 207
- de Deus **14/3** 106[152]
- e intelecto (em Schiller) **6** 161s.
- e o desconhecido **14/2** 183, 332, 360
- e experimento de Rhine **8/3** 840
- infantil
- capacidade imaginativa **17** 225
- produto **14/2** 287, 332
- verdadeira **12** 360
- cf. tb. Fantasia

Imaginar
- limites da capacidade de **8/2** 814

Imago **4** 305, 729; **6** 381, 303, 879; **7/2** 223, 294, p. 136s.; **8/2** 507, 521[17]; **9/1** 122, 135, 173; **9/2** 20, 24; **13** 58
- como Lâmia **5** 457
- como o inconsciente **5** 457, 469
- da mãe **8/1** 43s.
- - cf. Imago materna
- *Dei* **8/2** 389; **9/1** 5, 442, 572, 626; **9/2** 60, 70, 74, 264, 270, 321, 411; **13** 301[261], 416
- - cf. tb. Imagem de Deus

- do feminino **15** 154
- do objeto **8/2** 521s., 528
- do pai **7/2** 211s., 218
- dos pais / parental **4** 306, 427, (569), 728; **16/1** 9, 142, 212s., 216s., 222
- e *anima* **5** 605-607
- e complexo **5** 62[5]
- e imagem de Deus **5** 89, 94
- materna **5** 406, 508, 556, 569
- - separação da libido da **5** 329
- projeção na água **5** 320
- reanimação da **5** 134, (313), (450[59])
- religião e **16/1** 215s.
- subjetividade da **8/2** 516

Imanência **14/2** 372

Imanente **10/1** 513

Imbecilidade **2** 499s., 523-539, 539[16], 547, 558, 924, 985, 1.313; **14/2** 158; **17** 132s.; **18/1** 72, 965s.
- casos de **1** 309s.
- e emoções **1** 317s.
- mudança psíquica na **1** 357
- cf. tb. Debilidade mental; Idiota

Imbecilismo **3** 177, 208, 325

Imbibitio / embebição **14/2** 61, 64, 74, 81, 83, 150

Imersão **14/2** 13, 38

Imhullu **9/2** 185
- cf. tb. Vento do Norte

Imitação **6** 649, 825; **8/3** 325; **18/2** 1.099s.
- capacidade de **4** 308
- de Cristo
- - cf. *Imitatio Christi*
- de práticas orientais **11/5** 876, 933
- tendência à **7/2** 242, p. 147

Imitatio Christi **13** 80; **18/1** 271

Immolatio de si mesmo **14/2** 82, 139

Imoralidade **6** 856; **10/1** 502, 521; **10/3** 88, 142, 160; **10/4** 629, 796, 809;

11/4 612, 626; **11/5** 912ss.; **12** 11, 246s., 251, 418, 456[36], 511, 537[57]; **14/1** 305; **14/2** 60, 96, 177, 237, 429; **14/3** 248-249, 280, 379, 404-405, 411, 478-479, 487, 503-504, 511-512, 435, 561, 582; **16/1** 186; **18/1** 239, 565s., 686, 741s., 761
- erva mágica da **18/1** 239

Imortalidade **4** 70, 321; **6** 340, 597[17]; **7/1** 108; **7/2** 303; **8/1** 116; **8/2** 577, 669, 790; **9/1** 93, 204s., 208, 217s., 229, 234s., 238s., 246s., 316, 435; **9/2** 118[87], 178, 237[110], 372[42]
- como experiência do **16/2**
- conquista da **5** 394, 450[59], 514, 639
- - ânsia de **5** 312, 417, 617
- - de Hércules **5** 581[161]
- - Gilgamesh à procura da **5** 293, 512[43]
- ideia da **6** 222, 710

Imortalidade / imortal **13** 68, 130, 133, 171[82], 203, 207, 214, 232, 263, 374[92], 403, 449
- bebida da **13** 412

Impassioned type (Jordan) **6** 538
- *the less impassioned* **6** 228
- - como extrovertido **6** 231
- *the more impassioned* **6** 228, 232
- - como introvertido **6** 228

Imperador **14/2** 125, 127, 210[7]
- Barba-Roxa **3** 201
- e imperatriz como personificação dos opostos **14/1** 2; **14/2** 2

Imperativo categórico (Kant) **15** 3

Imperialismo **10/4** 610

Império **14/3** 553, p. 62-63, 62-63[6]
- Romano **9/2** 127, 274; **17** 309

Imperturbabilidade **14/3** 78-79, 394

Impotência **2** 955; **4** 150s., 710; **7/2** 308; **9/1** 162; **9/2** 339[135]; **10/3** 248; **18/1** 507
- cf. Potência

Imprensa
- psicologia da **8/2** 507, 516

Impressão **6** 171, 668
- dos sentidos **2** 66, 127, 136, 471s., 563, 1.039
- - cf. tb. Estímulo
- e memória **1** 183
- erótica **5** 62, 87, 90, 93, 128
- - subestima da **5** 62, 83
- estética **5** 113
- - consciente e sonhos **5** 62[1]
- objetivo da **6** 783

Impulso(s) **8/1** 51; **8/2** 240, 376, 756; **9/2** 50s., 73, 147[79], 203[37], 216[61], 270, 385; **10/1** 534, 540, 556; **10/2** 393, 434; **10/3** 4; **14/1** 101, 145, 146, 187; **14/2** 270, 271[210], 335, 338, 369; **17** 107, 335
- arcaicos **8/2** 281
- de poder **14/1** 96, 187
- diferenciação do **14/2** 170, 270
- e compreensão psíquica **14/2** 270
- e religião **14/2** 271
- e rito **14/2** 170, 271
- fisiológicos, satisfação dos **14/2** 338
- instinto sexual **17** 99
- para a ação **8/2** 690
- para a união dos sexos **14/1** 101
- repressão dos instintos **17** 17[5]
- sexual **3** 291
- união entre imagens e **14/2** 271

Impulso(s) / instinto(s) **7/1** p. 147s., 153; **7/2** 214, 236, 241, 289, p. 138s.; **13** 12, 108, 176[114], 355, 391, 456; **16/2** 348s., 361, 407, 460, 470
- aceitação do **7/1** 35, 43
- animal **7/1** 17, 28, 40, 134; **16/2** 452
- como fatores naturais **11/1** 143
- de fome, de poder e de sexo **14/1** 187
- de morte, de destruição **7/1** 33
- infantil **7/1** 21
- repressão do **7/1** 27s., 42
- sublimação do **7/1** 71

Imputrescibilidade / incorruptibilidade **14/3** 519, 535

Imum Coeli **8/3** 875[58]

Incarnatio Dei **9/2** 185
- cf. tb. Encarnação

Incêndio
- do mundo e dilúvio **5** 423
- do Reichstag **10/2** 409
- provocar **5** 249, 271[20]

Incensação **11/3** 318

Incenso
- sacrifício de **11/3** 302

Incerteza angustiante **14/2** 410

Incesto **3** 421; **4** 349, 351s., 447, 512, 550s., 772, 780; **5** 1, 76, 226, 253, 299, 313, 332, 349, 351[43], 390, 391, 395, 507, 519, 553, 555, 556, 565, 652, 653; **6** 35, 187, 638; **8/1** 43s.; **9/1** 122s., 130, 135, 140[29], 168, 417, 449, 516; **9/2** 322, 361, 363; **10/3** 61, 204, 340; **10/4** 659; **13** 278, 360, 396; **14/1** 14, 103, 104, 173, 182; **14/2** 41, 61, 170, 188[411], 277, 329; **14/3** 46[14], 539-540; **16/2** 362, 410, 469, 521, 529; **17** 144s., 218s.; **18/1** 122, 192s., 371, 1.061; **18/2** 1.261, 1.692, 1.703
- arquétipo do **16/2** 369, 533
- barreira do **4** 352, (565); **5** 652
- com a mãe **9/2** 44[3]
- como ato sacral **14/2** 70
- como figura simbólica do renascimento **14/1** 173
- como instinto autêntico **16/2** 369
- como símbolo da união com o próprio ser **16/2** 419
- como tabu **14/2** 70
- como união de opostos **14/2** 329
- complexo de **3** 564; **4** 351, 377, (469s.)
- *coniunctio* como
- - cf. *Coniunctio*
- cosmogônico **14/2** 392

- de Édipo **5** 264, 265, 266
- de irmão e irmã **12** 193[70], 118*, 435[38], 436s., 496s., 225*; **14/2** 62, 392
- de mãe e filho **12** 172, 435[38], 491s., 496s., 524; **14/2** 62
- de pai e filha **14/2** 62
- desejo de **4** 565
- encoberto **14/2** 70, 170
- entre deuses **5** 390
- evitar o **16/2** 436
- fantasia **4** 391, 470, 540, 550; **5** 1, 67[10], 655
- fascínio do **16/2** 419s., 452
- medo do **5** 395, 396, 450, 654; **7/1** 22, 173; **16/2** 415
- morte como castigo pelo **16/2** 468
- motivo do **14/1** 179
- no conto de fadas, no mito **16/2** 427
- problema como união de opostos **14/1** 104, 105, 106
- proibição do **5** 216, 332, 351, 388, 392, 396, 415[159], 519, 652, 653, 654; **10/3** 61
- régio **14/1** 101, 104; **14/2** 70; **16/2** 438, 473
- regressão ao **14/1** 83
- resistência contra **16/2** 445
- sentido oculto do **16/2** 419
- simbólica do **14/2** 170, 229[52]
- simbolismo do **16/2** 471
- tabu do **7/2** 239; **16/2** 443
- tendência ao **5** 335, 351, 450; **16/2** 438
- - sacrifício da **5** 398
- Teoria do Incesto (Freud) **16/2** 368

Incesto / incestuoso **16/1** 64, 75
- conteúdos **16/1** 144
- desejos / fantasias **16/1** 55s., 140
- nos mitos gregos **16/1** 146

Incineração **14/2** 351

Incineratio **14/2** 403, 404; **16/2** 398

Incomensurabilidade **14/2** 135, 357; **15** 52, 104, 125, 144

Índice gerais 387

Incongruência **8/2** 542
- entre ideia e afeto **3** 33, 70, 103, 144, (337), 547

Inconsciência **4** 729, 737; **5** 262; **7/1** 23, 87, 140, 172; **8/2** 204, 249, 265, 344, 415, 571; **9/1** 163, 167s., 176s., 288, 444, 472s., 477, 485, 487, 500, 582, 644; **10/1** 493, 544; **10/2** 404, 452, 471, 483; **10/3** 70, 149, 166, 240, 281, 875, 889, 988; **10/4** 610, 675, 676; **11/4** 600, 745; **11/5** 792, 963; **13** 66, 118, 131, 155, 163, 210, 271, 332, 361^{67}, 393, 452, 456; **14/1** 79, 155^{214}, 257; **14/2** 64^{152}, 83, 123, 174, 293^{261}, 398, 405; **14/3** 172-173, 480; **16/1** 223; **17** 103s., (146), 209s., 217as., 294s., 303, 325s.; **18/1** 204, 263, 270, 322, 345, 438, 458, 461; **18/2** 1.172, 1.278, 1.374, 1.398, 1.453, 1.515, 1.616, 1.638, 1.827
- animal **14/2** 356
- artificial **14/2** 235
- censura da **14/2** 123
- como nigredo **14/2** 356
- como raiz de todos os males **11/4** 696;
- compensação da **11/2** 285
- da criança **17** 83
- da implicação psicológica do *opus* **14/2** 337
- divina do universo **14/2** 327
- estado de **8/3** 939s.; **9/2** 6, 19, 57, 73, 79, 97, 104, 119, 158^{25}, 291, 299, 301, 390^{84}
- libertação da **11/4** 659; **11/5** 841
- primordial **14/2** 325, 356
- transformação em iluminação **14/1** 79

Inconsciente **2** 136, 208-257, 323, 385, 450s., 504, 605, 611, 619^{48}, 621, 626, 637, 658, 662s., 755, 782, 803, 816, 983, 1.007s., 1.013, 1.062, 1086s., 1.106, 1.192, 1.323; **3** 56, 157, 218, 414, 439, 550; **4** 157s.,

178s., 210, 248, 255, 314-339, 477, 495, 523, 553, 627, 737, 760s.; **5** 58, 75, 77 95, 182, 258, 299, 395, 421, 438, 569, 609; **6** 171, 178, 245, 286, 308, 714, 836, 847s.; **7/1** 20, 37, 41, 51, 90, 109, 129, p. 133s.; **7/2** 212, 214, 220, p. 152s.; **8/1** 62; **8/2** 229, 249, 338-341, 356-364, 568, 702, 729; **9/1** 1, 8s., 21, 40s., 57s., 70, 80s., 92, 100s., 118, 121s., 134s., 136^{26}, 141, 151s., 159, 162, 167s., 173s., 182, 185s., 190s., 197, 216, 222s., 226s., 236, 241s., 245, 248s., 259s., 261s., 265s., 268s., 275, 278s., 290, 293s., 309, 311s., 319, 350s., 371s., 388, 397, 406s., 419, 425s., 430s., 436s., 442s., 451s., 469, 472s., 480, 486, 489-524, 526s., 535s., 550s., 555, 559, 563s., 571, 579^{128}, 582s., 593, 598, 614, 620s., 634, 645, 651, 660, 671s., 678, 689, 693, 698, 706, 711, 717; **9/2** 43-47, 53, 57, 62, 66, 73, 76, 77, 114, 118, 120, 124, 151^2, 168, 170, 171, 185, 191, 208, 219, 220, 223, 230s., 236s., 242, 249, 253, 264, 266, 275, 278, 280, 291, 295, 297s., 303-305, 351^{60}, 318, 320, 326^{86}, 338, 355, 357, 370, 377^{60}, 381, 409, 418, 421s., 426, 428; **10/1** 490, 500, 527, 541, 544, 555, 557, 561, 573, 583; **10/2** 375, 393, 391, 431, 440, 446, 457, 460, 463, 468; **10/3** 1-48, 52s., 62s., 69s., 79s., 92, 103, 128, 133, 136, 140, 150, 159s., 165, 172, 187, 195, 244s., 249, 256, 273, 286, 312, 318, 322, 337, 347, 351s., 829s., 847s., 856, 867, 880, 885, 1.008, 1.011; **10/4** 593, 609, 618, 624, 626, 632, 634, 645, 646, 653, 656, 661, 665, 673, 676, 677, 690, 693, 695, 698, 711, 714, 715, 721, 725, 727, 731, 732, 733, 746, 753, 754, 755, 763, 766, 777, 779, 784, 808, 809, 814, 815, 817, 818, 819; **11/1** 105, 141; **11/2** 184, 240; **11/3** 375,

391, 441; **11/4** 677, 712; **11/5** 780ss.,
819, 897; **11/6** 1.072[20]; **12** 40s., 43,
51, 53s., 166s., 186, 203s., 217, 249,
259, 277, 309, 346, 361, 370s., 496,
516, 559; **13** 11, 34, 44, 46, 48, 57s.,
62, 65, 70, 76, 82, 89s., 111, 117,
122, 131, 134, 141, 153, 155, 175,
180, 183, 187[157], 200, 210-220,
223[246], 225, 229, 231, 241, 244, 248,
253, 259, 271, 285, 294, 301, 304,
314, 324, 332, 348, 352, 364, 373,
391, 393s., 428, 433, 438, 448, 460,
462, 463-482, F VI, 8, 9; **14/1** 47, 48,
83, 85, 95, 96, 114, 121, 124, 125,
137, 141, 141[139], 142, 144, 146, 147,
170, 175, 175[305], 183, 186, 188, 213,
214, 215, 216, 217, 219, 228, 246,
247, 251, 255, 256, 258, 267, 270,
276, 280, 291, 300, 301, 308, 315,
326, 329, 335, 340; **14/2** 1, 61, 61[145],
62, 70, 88, 107, 123, 132, 135, 139[304],
151, 163, 165, 166, 170, 173, 174,
175[402], 176, 177, 178, 181, 182, 185,
187[409], 188, 190, 196, 199, 203, 205,
207, 231[63], 238, 258, 263, 266, 267,
270, 281, 293, 296, 311, 315, 325,
333, 335, 338, 340, 356, 360, 365,
366, 367, 369, 373, 374, 393, 398,
404, 405, 406, 407, 409, 412, 420,
425, 427, 428, 433, 434, 437, 441,
443, 447; **14/3** 50-51, 75-76, 79-80,
91, 104, 108, 145, 170, 178, 204,
249s., 270, 353, 359, 377, 461, 497,
509, 521, 550, 560, 609, 613; **15** 65,
68, 104, 115, 116, 153, 157, 210, 211,
213; **16/1** 254; **16/2** 344, 433s., 474;
17 44, 63, 102, 113, 128s., 179s.,
185, 190s., 199s., 206s., 218s.,
(260s.), 262s., 282, 302, 313, 331b;
18/1 8-21, 43, 115, 122-126, 162,
212, 273, 281, 366, 399, 426, 429,
434s., 461s., 468s., 474s., 541s.,
571s., 580s., 591, 598s., 633s., 674,
735, 742, 746s., 761s., 781, 798,
864s., 881, 906, 930, 935, 985s.,

1.054, 1.070; **18/2** 1.086, 1.102s.,
1.110-1.222, 1.223s., 1.230s.,
1.241s., 1.250, 1.261, 1.267s., 1.290,
1.308, 1.322, 1.333s., 1.345, 1.357s.,
1.374s., 1.386, 1.388s., 1.397, 1.404,
1.411, 1.413s., 1.430s., 1.480s.,
1.485s., 1.504, 1.509s., 1.515,
1.529s., 1.536, 1.554s., 1.572, 1.579,
1.581s., 1.585s., 1.591, 1.601,
1.628s., 1.642, 1.652s., 1.664, 1.686,
1.700s., 1.721, 1.742, 1.760-1.768,
1.769, 1.784, 1.790, 1.796, 1.803s.,
1.812, 1.817s., 1.828s.
- a *anima* como o inconsciente
feminino-maternal do homem **14/1**
118, 121[34], 167, 175, 211, 213, 228,
315
- a África como **14/1** 269, 270
- amor **17** 148
- análise do **16/2** 381
- a atenção
- - aquece ou "choca" o **14/1** 175
- - voltada para **14/1** 175, 186, 306
- acesso ao **6** 314, 319, 939
- a esquerda como **12** 166, 211, 225, 259
- água como **14/2** 17, 18, 374; **16/2**
408, 472[15]
- ajuda do **7/1** 165, 196
- ambivalência do **14/1** 114, 178, 247;
16/2 389s., 497
- amplexo do / o estar aprisionado no
16/2 501
- análise do **6** 879, 970; **7/1** 193; **7/2**
240s., 243, 248, p. 132s., 139s.,
145s., 148s.; **11/2** 238; **11/5** 842, 854;
14/2 367; **16/1** 245
- *anima* como personificação do **5** 678
- animação do **5** 300, 681
- antinomia, caráter antitético do **11/2**
277; **11/4** 741
- aproximação do **16/1** 137
- arcaico **6** 433, 760
- ariano **10/3** 354
- arquétipo(s) do **12** 38, 42; **14/2** 166,
181, 223, 325

Índices gerais

- e consciente
- - cf. tb. Consciente
- ascensão do **14/2** 188
- aspecto(s)
- - cósmicos do **12** 228, 230, 246s.
- - criativo do **8/2** 703
- assentimento do **14/2** 182
- assimilação do **5** 683; **7/2** 218, 221, 237, 361, 365, p.134s., 140s.
- atemporalidade do **16/2** 468[10], 529, 531
- atitude do **6** 635, 697s., 768s.
- - compensadora **6** 139, 635s., 677, 725, 732, 769, 774, 852, 914, 967, 1.008
- - infantilidade da **6** 638, 687, 699
- atitude para com o **6** 756s.; **7/1** 195; **7/2** 346
- ativação do **7/1** 91, 93, 150, 192; **7/2** 253; **12** 57, 108, 118, 201
- atividade(s) do **4** 317, 323, 325, 335s., 412; **8/2** 269, 298s., 365s., 381s.
- - animação do **6** 76, 312, 367, 446s., 456s., 503, 813, 914
- - intelectual do **1** 148
- autonomia / conteúdos autônomos do **6** 973; **8/2** 365, 547; **11/1** 21, 81, 141; **14/1** 335; **18/1** 541s., 832; **18/2** 1.224, 1.509
- autorrevelação inesperada do **14/2** 182
- ave como personificação de conteúdos **14/1** 3, 175[308]
- característica do **16/1** 17
- caráter
- - compensatório do **14/1** 121, 144, 177, 178, 186, 215, 280, 306; **14/2** 83, 135, 151, 157, 178, 365, 366, 393, 410, 427; **16/1** 85, 219
- - complementar do **14/1** 121, 144
- - do sexo oposto do **16/2** 422, 469
- - lunar e maternal-feminino do **14/2** 17, 163, 393
- - perigoso do **16/2** 329, 374, 501

- - sexual do (Freud) **14/1** 95
- carga do **14/1** 47, 48
- centrismo do **14/2** 325
- centro do **9/1** 492, 503, 507
- certa
- - luminosidade entre os complexos do **14/2** 167
- - numinoso do **12** 247, 448
- - unidade entre os conteúdos **14/2** 325
- certo aclaramento do **14/1** 205
- cisão operada no **11/2** 242; **11/3** 443; **11/5** 800
- clarificação do **14/3** 366
- colaboração do **6** 189
- coletivo **3** 549, 565; **5** 224, 258[8], 393, 447, 519, 576, 641; **6** 321, 433, 696, 720; **7/1** p. 13, 103, 108, 110, 113, 118, 151, 161; **7/2** 220, 231, 240, 264, p. 166s., 168s., 172; **9/1** 1-86, 87-110, 262, 281, 408, 439, 442, 518, 520, 543, 552, 582, 645, 711; **9/2** 13, 23, 40, 72, 251, 271, 278, 350, 370; **10/2** 447, 461, 468[12], 474; **10/3** 13s., 43, 136, 285, 307, 845; **10/4** 646, 667, 714, 755, 767, 783, 785, 814; **11/3** 419; **11/4** 748, 754; **11/5** 775, 845, 857, 875, 944; **12** 31, 38s., 68[14], 74, 81, 104, 265, 329; **13** 11, 44, 46, 218, 253, 271, 277, 284, 287, 337[16], 448, 481; **14/1** 85, 90, 98, 121, 124, 125[88], 141, 251, 266[499]; **14/2** 1, 25, 29, 30, 33, 70, 86, 163[389], 325, 399; **14/3** 53, 55, 79, 93, 176, 185, 338, 349, 368, 588; **15** 124, 125, 152, 153, 174; **16/1** 15, 64, 111, 227, 254; **17** 207s., 211, 341; **18/1** 80, 82, 84s., 86s., 117, 151, 187, 204, 218, 226, 271; **18/2** 1.118, 1.131, 1.156s., 1.164, 1.223-1.283, 1.287s., 1.322, 1.329s., 1.526, 1.536, 1.556, 1.591, 1.636, 1.642, 1.648s., 1.691, 1.698, 1.748
- - aspecto negativo do **7/1** 161
- - caráter
- - - contraditório do **14/1** 85

- - - religioso do **6** 423
- - como fonte de experiências numinosas **11/2** 222
- - como microcosmo **11/3** 373
- - como origem dos mitos e símbolos **6** 182
- - conhecimento do **6** 319
- - conteúdos do **9/2** 40, 43, 253, 259; **18/2** 1.156, 1.286s., 1.480, 1.501, 1.509, 1.691
- - dá sentido às coisas **14/1** 98
- - definição do **13** 11; **18/2** 1.224
- - do grego **6** 212
- - e consciência **7/2** 251, 254, p. 151s.
- - e poeta **6** 317
- - fundamento enigmático de tudo o que é psíquico **14/1** 90
- - imagens primitivas do **6** 265, 423, 456, 668, 726, 830
- - massa confusa e paradoxal do **14/1** 85
- - nas doutrinas mitológicas e nos mistérios **14/1** 251
- - pessoal **11/2** 222; **11/3** 419; **11/4** 717
- - simbolismo do **6** 699
- - unidade do **16/1** 254
- como anterior à consciência **14/2** 325
- como consciência múltipla **8/2** 388-504
- como fator / grandeza determinante **6** 465s.; **16/1** 62
- como fonte da libido **7/2** 258
- como função compensadora **13** 229
- como geração espontânea e autóctone **14/1** 214
- como grandeza determinante **11/4** 648
- como ilimitado **12** 247s.
- como matriz da mente humana **16/2** 384
- como natureza ctônica **16/2** 480
- como objeto interno **6** 756
- como origem

- - da vida psíquica **14/1** 84
- - como origem do medo **5** 89
- como princípio criador **14/3** 410
- como reino do sobre-humano e do infra-humano **14/1** 83
- como sede das quatro funções **14/1** 270
- como solo materno dos símbolos **12** 516s.
- como sombra **6** 254
- como *summum bonum* **7/2** 394
- compensação pelo **5** 9, 575, 587, 611[195], 614, 616, 685; **7/2** 274s., 288, p. 150s., 163s.; **11/1** 35; **11/4** 668, 699, 724; **11/5** 779s., 784s., 797, 802; **12** 26s., 48s., 51, 61, 64; **14/2** 408
- complexos do **14/1** 62; **14/2** 151
- - com certa consciência **14/1** 263
- composição e estrutura do **14/1** 170, 251
- compreensão do **11/5** 792; **16/1** 254; **16/2** 479
- conceito de **6** 847s., 1.052; **8/2** 270, 339, 369[33], 382, 588, 640; **16/1** 204, 232
- conflitância i. **14/2** 263
- - conteúdos despontam na consciência **14/2** 235
- confrontação / confronto **7/1** 121s.; **7/2** 342, 360, 387; **8/2** 181, 706, 712; **11/2** 285; **12** 3s., 119, 193s., 390; **14/2** 407; **16/2** 390, 399, 448
- conhecimento de conteúdos **14/2** 64
- conscientização ou "aclaramento" do i. **14/2** 88, 107, 163, 167, 365
- contaminação com o **12** 31, 144, 192, 204, 295
- conscientização ou "aclaramento" do **14/1** 205, 252
- constelação **4** 334s., 338; **11/5** 780
- contaminação dos conteúdos **14/2** 20, 61, 325
- conteúdo(s) **4** (317), (325), 736; **9/1** 1s., 7[9], 64[39], 84, 88, 121, 131s., 241,

Índices gerais

248, 263, 277, 287, 320, 406, 433[62], 493, 498, 501, 504, 530, 543, 565, 608, 617, 622, 663, 674, 711, 714; **9/2** 4, 13, 19, 25, 40, 44, 115, 119, 216, 219, 237, 259, 283, 291, 297, 338, 350; **10/2** 451, 473; **10/3** 26s., 33s., 843; **10/4** 608, 609, 621, 634, 714, 754, 770, 774, 779, 789, 818, 819 **14/2** 70, 107, 157, 270, 325, 393; **18/2** 1.148s., 1.159, 1.242, 1.245, 1.254, 1.388, 1.402, 1.413, 1.418, 1.481, 1.486, 1.504s., 1.585, 1.700s., 1.805s., 1.828s.; **17** 260s., 326; **18/1** 4, 39, 112s., 154, 226, 449, 512, 591, 754
- - arquetípicos do **5** 260; **11/2** 280; **11/5** 780, 790, 798, 810
- - - assimilação dos **5** 468
- - - autonomia dos **5** 259
- - - criança como **5** 497
- - - peixe como **5** 290[50]
- - hodiernos, mas de aspecto arcaico **14/2** 270
- - irracionais **14/1** 251, 300; **14/2** 335
- - pessoais **18/2** 1.159
- criador de símbolos **11/1** 106, 150, 157, 167; **11/2** 276
- da criança **4** 343s.
- dar as costas ao / distanciar-se do **16/1** 149, 152
- definição de **10/3** 1
- dependência em relação ao **11/3** 442
- depreciação do **12** 60, 207, 211, 291
- descida ao **12** 436s.; **15** 210; **16/2** 455s., 459s., 493
- descoberta do **16/2** 490
- desejos do **7/1** 21, 27; **7/2** 257
- desenvolvimento **14/1** 121
- despotenciar o **12** 163
- destrutivo **6** 639, 739
- dinâmica do **7/1** 137, 140, 195; **18/2** 1.110-1.222, 1.389
- dionisíaco (em Nietzsche) **6** 225
- dissociação **14/2** 427
- distinção entre o pessoal e o coletivo

14/1 124, 251
- do homem é diferente do da mulher **14/1** 154, 215-225
- dominantes do **11/5** 845, 848ss.
- domínio através do **5** 679, 683; **7/1** 145, 163
- do primitivo **6** 465
- dos pais **17** 85
- *dynamis* / força dinâmica do **6** 475, 478, 511
- e a integração de componentes **14/1** 335, 340
- e a massa **11/1** 23
- e as vidas já sem sentido **14/2** 340
- e consciência **14/2** 135, 151, 157, 166, 170, 178, 325, 365, 393, 410, 427
- - oposição entre os dois **14/2** 325, 333, 393, 434
- e consciente **17** 260
- - cf. tb. Consciente
- e conteúdos constelados **14/1** 175
- efeito(s) do **7/2** 268; **11/3** 440; **11/4** 756
- - mobilizador do **16/1** 218
- eficácia **8/1** 35; **8/2** 156, 158, 184, 439, 491, 708
- e formação dos símbolos **8/1** 92
- elevação do potencial **14/2** 174
- e mundo **10/3** 23
- energia do **5** 130
- enunciados do **14/2** 406, 410
- e o Espírito Uno **11/5** 819ss.
- e o "eu" **14/1** 268, 308; **14/2** 280, 433
- esgotamento do **8/2** 439[129]
- espírito do **14/3** 325
- espontaneidade / caráter espontâneo do **11/1** 35; **11/4** 746, 756; **11/5** 780; **12** 327
- estado **14/2** 65, 70, 203, 322
- está grávido da consciência **14/1** 213
- estratificação histórica do **5** 62
- estrutura do **7/2** p. 131s.; **8/2** 210, 218; **10/3** 53s.; **11/2** 280; **16/2** 339; **18/1** 4, 84

- - arquetípica do **5** 450; **14/2** 182, 223
- e subconsciente **12** 397
- exigência do **5** 451, 458, 459
- experiência do **6** 847s.; **11/1** 85, 87; **11/3** 440; **11/5** 791, 814; **14/3** 2
- explicado como privação da luz **14/1** 141
- exploração do **14/2** 157
- - de conteúdos **14/2** 434
- extinção do **14/1** 140[155]
- fantasia como produto do **6** 74
- fator parcial **14/2** 293
- fatos escapam à correção **14/2** 235, 427
- feminino **11/1** 48
- fenomenologia do **14/2** 182; **16/2** 497, 531
- fenômenos motores do **1** 82, 98
- filosofia do **16/1** 204
- finalidade **8/2** 488, 491
- firmamento interior como símbolo do **14/1** 166[258]
- fisiológico **9/1** 506
- forças
- - animais do **5** 503
- - construtivas e destrutivas do **14/1** 252
- fortalecimento do **5** 248; **6** 722
- função(ões) do **7/2** 266s.; **9/2** 40; **10/3** 23s., 34, 832; **18/1** 444-460, 476, 512; **18/2** 1.157
- - formadora de símbolos do **10/3** 27; **10/4** 784
- - prospectiva do **6** 782s.
- - religiosa do **11/1** 3, 39s., 82
- - redutora do **8/2** 496
- hermafroditismo do **14/1** 214
- hiperestesia do **1** 148
- hipótese **8/2** 348s., 355s., 359, 370; **16/2** 294s., 356
- *idées forces* do **14/2** 393
- ideias e impulsos do **14/2** 393
- identidade(s) **14/1** 330[654]; **14/2** 356; **15** 37; **17** 217a, 271, 302; **18/1** 440[2]

- identificação com o **11/3** 446
- - perigosa com as figuras do **14/1** 178
- imagens do **14/2** 365
- impessoal **9/2** 261
- importância
- - na psicopatologia **3** 438-465, 527
- - para a Esp **8/3** 840
- - inconscientes da psique **14/1** 47, 175[305], 251[404], 301, 312, 330
- inacessível ao estudo direto **14/1** 85, 114
- incesto **17** 218
- indiferente **16/2** 329
- - e inofensivo (em geral) **14/1** 178
- individual **4** 680
- individualização do **1** 93
- influência(s) **8/2** 164, 340, 713, 724
- - intelectual do **6** 311
- - pelo **6** 708
- influxos
- - na consciência **14/1** 315
- - sobre o consciente **7/1** 150; **7/2.** 251
- impulso para tornar-se consciente **14/2** 163, 294
- inquietação do **11/4** 665, 668, 696
- instintivo **9/1** 506
- integração do **5** 459, 672; **12** 83, 171, 496; **16/2** 479, 502s.
- - na consciência **14/2** 434
- intemporalidade do **11/3** 401[24]; **11/5** 782s., 792
- intencionalidade do **11/1** 63
- interesse
- - do médico pelo **16/2** 365
- - dos alquimistas no **16/2** 498
- introversão para o **6** 176, 187
- intuição de conteúdos i. **14/2** 412
- invasão do **5** 577
- - é perigo para a consciência **5** 616, 631
- investigação do **11/5** 773, 945, 974; **16/2** 356
- irracionalidade do **16/2** 463

Índices gerais 393

- irrupção(ões) do **3** (10), (61), (176), (181), (255), 453, 510, 516, 529, 555, 561, 575; **8/2** 360, 413, 430, 581, 590; **16/2** 381, 384, 529
- - espontâneas na consciência **14/1** 114[40], 140[153], 178, 179, 201, 265
- levar em conta o **16/2** 522s.
- liberação de conteúdos do **14/1** 175, 186
- ligação com o **16/1** 138, 142
- linguagem do **10/3** 23
- linha do pensamento **15** 165[6]
- luminosidades múltiplas **14/1** 45[88], 263; **14/2** 167, 360
- luta contra o **5** 450[59], 523
- mãe como **12** 92; **14/2** 165
- manifestação do **11/4** 713; **11/5** 781ss.
- mar como **14/2** 25
- - cf. tb. Mar
- masculino
- - da mulher ou *animus* **14/1** 154
- - e feminino **16/2** 518s.
- medo / temor do **7/2** 316; **11/1** 23, 28; **11/5** 773
- Mercurius como o **14/1** 114; **14/2** 199, 325, 360, 404
- mergulho do "eu" no **14/2** 188
- modificação(ões)
- - do ponto de vista do **14/1** 251
- - seculares desconhecidas **14/2** 182
- motivos
- - ou tipos do **14/2** 325
- - reprimidos **14/2** 365
- mudança no **6** 431
- natureza
- - autônoma do **12** 51, 65, 118, 186, 249
- - devoradora do **5** 569
- - feminina do **12** 61, 144, 192, 320
- nem bom nem mau, mas mãe de todas as possibilidades **14/1** 246, 247
- objetivação do **1** 97
- objetivo / finalidade **7/2** 216, 218, 346, 386
- o feminino lunar como o **14/2** 17

- oferece os arquétipos de modo apriorístico **14/1** 98
- o irromper do **12** 57, 253
- ordenação do **12** 189
- orientação para uma meta do **12** 328
- pagão **6** 314
- paradoxalidade do **14/2** 360; **16/2** 529
- paradoxos / natureza paradoxal do **12** 517
- participação mística com **6** 564
- patológica na consciência **14/2** 367, 410, 437
- penetra na consciência pelos símbolos **14/2** 333
- pensar **4** 452
- periculosidade das potências do **14/2** 407
- perigos **11/1** 31, 149; **12** 189; **14/1** 178
- personalidade **17** 227
- personificação(ões) do **6** 286, 425, 463s., 466; **11/1** 4, 70s., 107; **11/3** 440; **14/1** 124, 212; **14/2** 173; **16/1** 17
- - como *anima* (ou *animus*) **14/1** 124, 211, 315
- - de conteúdos do **14/1** 175
- - demoníaca **6** 270, 447
- - pessoal **5** 267[14]; **6** 699, 851; **7/1** 103, 118; **7/2** 218, p. 138s.; **9/1** 3s., 44, 88s., 634; **9/2** 182; **10/3** 10s.; **12** 38, 81, 242[120]; **13** 478; **15** 125; **17** 207, 209; **18/1** 78, 81, 91, 151, 190, 226; **18/2** 1.156, 1.160s., 1.224
- - da histeria (teoria freudiana do incesto) **5** 654
- - e coletivo **7/1** 123; **7/2** 202s., 243, 247, 384, 387, p. 131s., 145s.
- - e individual **12** 81
- - personificado pela sombra **14/1** 124, 125[65], 251
- poder do **7/2** 342, 370, 392, 394s.
- possessão pelo **16/1** 196; **16/2** 384, 397

- potencial do **14/2** 174
- potencialidade do **11/5** 805
- prisioneiro do / nas garras do **16/1** 182
- processo(s) no **9/1** 260; **10/3** 2, 14, 23; **18/2** 1.156, 1.228, 1.274, 1.282s., 1.581
- - compensador do **9/2** 320
- - vital com leis próprias **14/1** 121
- produção de representações arcaicas **16/1** 246
- produtos do **5** 611; **6** 879
- - e mitologia **5** 40
- - interpretação em nível do objeto e do sujeito **5** 175[97]
- - objetivos do **14/2** 369, 433
- produz reações penosas e perigosas **14/1** 178
- progresso de transformação do **11/5** 854
- projeção(ões) do **6** 197, 303, 456, 483, 511; **7/2** 314; **10/3** 39; **12** 448, 495, 555; **14/1** 83, 114, 125, 143, 145, 246, 335; **14/2** 70, 177; **14/3** 1, 2; **16/2** 384, 397, 469, 530
- psicoide **8/2** 385; **14/2** 443
- psicologia do **11/3** 443; **11/5** 794, 941ss.; **12** 19, 31, 43, 392, 555, 564; **16/2** 533
- psique **17** (128), 169, (248)
- que fazer com o inconsciente? **14/1** 267
- questão do i. sob o ponto de vista histórico **8/2** 343-355
- realidade do **6** 267
- receptividade do **1** 138, 147
- reconhecimento do **11/2** 273, 292
- rejeição do **8/2** 348s., 381
- - no cristianismo **6** 75, 80, 511
- relação com **6** 75s., 265, 464, 845
- relatividade espaçotemporal do **12** 175
- renovação do **14/2** 170, 213
- revelado pela concupiscência e pelo impulso de poder **14/1** 96

- revolta dos arquétipos oprimidos pela consciência **14/2** 170
- saudade do **5** 299
- segundo Freud **16/1** 50s., 61
- separação do **6** 687; **8/2** 139
- sentido do **14/3** 312
- ser um com **6** 783
- séries de imagens como expressão do **16/2** 401
- sexualismo do **16/2** 533
- significado materno do **5** 320, 473, 503, 655
- simbolismo do **16/2** 478, 496
- - teriomórfico **16/2** 491s.
- simbolizações para o **14/2** 398
- simbolizado pelo mar **14/1** 3[13], 6, 8, 251, 256
- símbolos
- - do estado **14/2** 213, 233
- - teriomórficos do i. na mitologia **14/1** 269, 272
- situação do **4** 364
- sonho como expressão do
- - cf. Sonho
- sucumbir ao **12** 438[43], 438
- sugestionabilidade do **1** 93
- supervalorização do **6** 172, 450
- supraliminal **6** 172
- suprapessoal **10/3** 13; **16/2** 444, 500s.
- tendência(s) **14/2** 333
- - destrutiva **14/1** 144, 178, 252
- teoria do **12** 48
- - compensadora do **10/2** 448; **10/3** 20, 23s., 33, 300, 322; **10/4** 651, 732
- - cf. tb. Compensação
- - sexual do **10/3** 8
- transcendência do **12** 135
- transformação do **6** 729
- uniformidade do **5** 258
- uso não científico do conceito de **1** 166[2]
- valorização excessiva do **16/1** 51
- vontade de dirigir **8/2** 181

Índices gerais   395

Inconscient supérieur (em Maeterlinck) **5** 78

Incorpóreo **13** 265

Incorruptibile **16/1** 220

Incorruptibilitas / incorruptibilidade **14/1** 27[178], 53, 58, 84; **14/2** 61[144], 320, 403

Incorruptível
- a síntese do **14/2** 321
- a quintessência i. **14/2** 320, 321
- cf. tb. Corpo incorruptível

Increatum **12** 430s.; **14/1** 31, 139, 163
- a divindade como o **14/2** 336
- de Paracelsus e dos alquimistas **14/2** 237[100], 244[126]
- doutrina do **14/1** 31; **16/2** 402[5], 529
- o dragão como **14/1** 163
- Uróboro como o **14/2** 145

Incubação / choco **3** 147, 480, 502; **9/1** 240; **13** 139; **14/2** 386
- psíquica **14/1** 175
- - sonhos de **8/2** 549

Íncubo(s) **7/2** 370; **15** 13, 71; **18/2** 1.363
- cf. tb. Súcubos

Independência
- da ideia **5** 113
- luta pela **5** 462, 470
- propensão mística à **8/1** 110
- risco de perdê-la **5** 461, 462

Indestrutibilidade
- cf. Imputrescibilidade

Indeterminismo **8/3** 828
- e determinismo **6** 595s.

Index **14/2** 192

Índia **11/2** 281; **11/4** 610, 666; **11/5** 890, 933, 950ss.; **14/2** 18, 367, 392; **18/1** 91, 141, 361; **18/2** 1.131s., 1.286, 1.472, 1.476, 1.483, 1.689, 1.790, 1.817, 1.832

- arquitetura na **11/5** 908
- influência sobre o cristianismo **11/4** 713
- quatro castas na **11/2** 246
- religião hindu **6** 184, 314[27], 323, 399, 457, 465

Índia / hindu / indiano **9/1** 11, 76, 158, 193, 218, 259, 270, 289, 398, 573[112], 576, 629, 643, 652, 656s., 664, 710; **9/2** 126, 127, 148, 173, 177, 237, 271s., 300, 302, 323, 348, 350, 387; **10/3** 169, 873, 981-1.001, 1.002-1.013; **10/4** 615, 631; **13** 129, 168, 218, 254, 278, 287, 334, 342, 362[69], 408[194], 413s., 458, 461[344], F VII; **14/2** 75, 244, 259, 274; **15** 90, 91, 151, 189

Indicador ("indicium") **16/1** 75ss.

Indiferença moral **11/5** 825

Indigestão **8/2** 516

Índio(s) **4** 553; **8/1** 122; **8/2** 333; **10/3** 94s., 948s., 967s., 978; **18/1** 94
- a humanização entre os **5** 201[28]
- - como sombras **5** 267
- bororo **13** 253
- de Thompson **13** 93[43]
- hopi **13** 270
- iroqueses **13** 132
- natchez **13** 132
- navajo **10/3** 960; **13** 130; **18/2** 1.225
- norte-americanos **13** 218
- pueblo **10/3** 125, 132, 138, 184, 978; **13** 31, 331; **18/1** 16, 271, 567, 629, 639, 688s.
- shuswap **13** 93[43]
- sioux **10/3** 16; **13** 132
- sul-americanos **18/1** 465
- tao **10/3** 978
- taospueblo **13** 132
- wichita **13** 132

Índio / indiano **9/1** 25, 311[4], 456[1], 470, 474

- navajo **9/1** 240, 651[7], 700s.
- pueblo de Taos **9/1** 48, 84
- winnebago **9/1** 467

Individuação **5** 624[14]; **6** 826, 853s.;
7/2 266s., 310, 367, 405, p. 132; **9/1**
73, 83, 86, 194, 235, 254s., 270,
278s., 289, 355, 418, 453, 486,
489-524, 525-626, 660, 676, 679,
682, 689, 705, 708; **10/1** 529; **10/4**
621, 692, 714, 718, 722, 809; **11/2**
233, 252; **11/3** 400; **11/5** 849; **12** 163,
253, 291, 324, 330, 564 **14/2** 282,
283, 335, 336, 342, 407, 447; **14/3** 1,
60, 160, 281, 377, 448, 588; **16/1** 11,
18, 25; **16/2** 352; **18/1** 271, 377, 595,
830
- como meta **16/2** 419, 441, 454[19],
469
- como objetivo **6** 855
- como processo de diferenciação **6**
853, 858
- consciente **14/2** 407
- cruz da individuação **14/2** 342
- decurso e simbólica **14/1** 291
- fenomenologia da **16/1** 12
- impulso para a **16/2** 447
- integração aproximada e possível
14/2 283
- Lua como modelo da **14/1** 211
- princípio luciferiano de **14/1** 40[37]
- *principium individuationis* (em
Nietzsche) **6** 210
- processo de **7/1** 185s.; **7/2** p. 166s.;
8/1 75, 96, 111; **8/2** 400, 430, 550; **9/2**
72, 73, 117, 125, 238, 257, 260, 264,
297, 312 149, 418, 421; **13** 44, 140,
171, 176, 215-222, 241, 244, 247,
277, 284, 287, 307, 310, 344, 393,
433, 437s., 459, 462, F 24; **14/1** 44,
291, 306; **14/2** 6[21], 208, 282, 316,
334, 447; **16/1** 219, 227; **18/2**
1.084-1.106, 1.162, 1.171, 1.412,
1.419, 1.505, 1.526, 1.554, 1.582,
1.588, 1.623s., 1.641s., 1.664, 1.668,
1.704

- - etapas do **16/1** 218, 223; **16/2** 474,
539
- - meta do **16/2** 442
- - perigos do **16/2** 448
- simbólica do processo de **14/1** 211,
291

Individual **7/2** p. 171
- como histórico **11/1** 146
- e genérico **16/1** 1, 3s.
- e o coletivo **7/1** 150; **7/2** 240, p.
160s., 165s.

Individualidade **4** 22, 531; **5** 258; **6**
453, 539; **7/2** 240, 265, 266s., 393, p.
147, 165, 167s., 171; **8/1** 110; **8/2**
344; **11/3** 390; **11/4** 745; **17** 93, 107,
181, 222, 237, 307; **16/2** 538
- aniquilamento da **7/2** p. 144s.
- aperfeiçoamento da **6** 113
- como portadora do *mysterium* **14/2**
196
- criadora **6** 808
- dissolução da **6** 210s.
- diversidade de **6** 539
- e coletividade **6** 9, 104s., 108, 118,
122, 189, 246, 447, 455, 772, 782,
857
- e massa **14/1** 9[45], 121, 187, 189,
335, 340; **14/2** 174
- e *persona* **7/2** 245, p. 149s., 159
- e sociedade **6** 246, 323, 853s.
- identidade da **6** 858
- inconsciência da **6** 858
- libertação da **7/2** 254s., p. 152s.
- o *lapis* como meta **14/2** 190
- opressão da **6** 122, 780
- pouca valorização da **6** 107s.
- reconhecimento da **6** 161
- síntese da **6** 540
- tomada de consciência da **16/1** 2,
227
- unidade da **6** 802

Individualismo **6** 161, 478; **16/1** 42; **17**
293
- doentio **6** 1.051

Índices gerais

- e coletivismo **16/1** 227
- extremo **6** 856
- do método construtivo **6** 785

Individualista **4** 442

Individualização, **8/1** 111

Indivíduo **4** 212s., 217, 224s., 254, 280, 283, 286, 290, 307, 310, 345, 348, 398, 402, 433, 458, 515, 517, 520, 532, 553, 575, 653, 655, 679s., 743s.; **6** 858; **8/2** 428, 472, 494, 523; **9/1** 2[1], 204, 220, 225s., 490, 498, 504s., 522, 620, 711, 714s.; **10/1** 488-504, 515, 523, 525-546, 555, 558, 563, 583; **10/2** 422, 449-451, 457, 460, 467, 474, 485, 912; **10/3** 48, 78, 142, 206, 283, 290, 323, 326, 895, 1.008; **10/4** 621, 652, 653, 661, 664, 719, 720, 721, 734, 824; **11/1** 140; **11/5** 792; **11/6** 1.025, 1.031; **14/2** 83, 156, 167[395], 173, 176, 190, 333, 337, 343, 398, 421; **15** 57, 108, 131
- como o portador da vida **14/1** 187, 189, 335, 339
- complementação do **14/2** 283
- degeneração do **6** 568
- destino individual **6** 1.009
- diferenciação do **6** 100, 142, 174, 858
- disposição individual **6** 992s.
- dissolução, extinção do **6** 106, 165, 167
- diversidade individual **14/1** 90, 291
- e coletividade / massa **10/1** 504, 535, 553, 564; **10/2** 449, 462; **10/3** 888, 891; **10/4** 660; **12** 557, 559
- e coletivo **11/1** 88, 134
- e massa **9/1** 225s.
- e sociedade **16/1** 223s., 247s.
- estrutura do **14/2** 280
- fortalecimento interior do **16/2** 443
- particularidade como bênção ou maldição dos deuses **14/1** 292
- psicológico **14/2** 280
- totalidade do **11/2** 232

Indivíduo / individual **9/2** 6, 10, 12s., 17, 44, 115s., 120, 278, 284, 289, 304, 305, 312; **13** 226, 294, 353, 365, 395; **17** 80, 130, 154, 156, 173, 203, 207s., 249, 297, 328s.; **18/1** 494, 495s., 515, 519, 531, 548, 561, 574, 589, 599, 622, 639, 735, 927; **18/2** 1.099s., 1.106, 1.139, 1.156, 1.160s., 1.172, 1.257, 1.259, 1.277, 1.312s., 1.330, 1.374, 1.380, 1.390s., 1.412, 1.488, 1.509, 1.567, 1.574, 1.628, 1.641, 1.676, 1.686, 1.793, 1.827
- coletivo **18/2** 1.095, 1.156, 1.261, 1.330, 1.413, 1.441, 1.492, 1.687, 1.817
- desenvolvimento do **17** 105, 255, 307, 313s., 343s.

Individuum **14/3** 291, 296, 310, 470, 509

Indiviso **17** 333s.

Índole **17**
- individual **17** 255s.
- psicológica **17** 258

Indonésia 441

Indra **5** 306, 408, 450; **6** 351; **18/2** 1.077
- como psychopompos **5** 659

Indução, ativação de conteúdos inconscientes pela **16/2** 401
- ação indutiva dos conteúdos inconscientes
- psíquica **16/2** 399

Indústria **18/2** 1.405

Indutora
- palavra **8/2** 198

Inefável **11/4** 756

Inércia **6** 238, 311; **8/3** 825; **16/2** 407
- material inata ao corpo **14/2** 338, 419

398 Obra Completa – Vol. 20

Inerência
- e predicação **6** 37, 45s.
- princípio da (Antístenes) **6** 41s., 45s.

Inervação(ões)
- anormais **4** 31
- fenômenos de **6** 726
- perturbações de **6** 726s.

Infalibilidade
- do papa e da Igreja **14/2** 333

Infância **2** 849, 868, 939, 998; **3** 525; **4** 37, 205, 213s., 224s., 559s., 693; **6** 311, 465; **7/1** 10, 117; **8/1** 98, 107; **8/2** 575, 799; **9/2** 21, 297; **14/3** p. 104-105; **15** 101; **17** 200s., 207, 250, 286
- como arquétipo **7/1** 154s.
- e pais **7/1** 50s
- estima da **5** 276.
- experiências da **17** (284), (312)
- fantasias da **6** 482
- - infantis **7/1** 88
- fontes de energia da **6** 525
- libido na **5** 206
- "país das crianças" **12** 77s., 81
- primeira **7/1** 117
- recordações da **5** 134, 448, 631
- regressão à **5** 332, 351; **12** 79, 152, 156, 171; **16/1** 55s.
- sacrifício da **5** 553
- psicologia da **5** 226
- separação da **5** 352
- tempo pré-infantil **7/1** 120
- volta à **17** 330

Infância / crianças **7/2** 202, 211, 270, 294

Infância / infantil **10/3** 198, 345, 962

Infans **9/2** 59[11], 194
- *mercurialis* **18/2** 1.360
- *noster* **9/1** 268; **14/2** 277

Infante **14/2** 148[334]

Infanticídio **14/3** 235, 242, p. 74-75; **15** 139

Infantil(is) **10/1** 538; **13** 473
- dependência **8/2** 715
- desejo sexual (Freud) **8/2** 497
- estado **8/1** 69
- fantasia **8/2** 146
- psique **8/1** 97s.
- redução a desejos **8/2** 515
- resistências i. contra a vida **8/2** 797
- vontade de poder **8/2** 497 (Adler), 527

Infantil / infantilidade **10/4** 728; **18/1** 273, 477, 513, 563, 572, 591s., 840, 951, 998, 1.024s., 1.059, 1.061; **18/2** 1.138, 1.156, 1.172, 1.253, 1.278, 1.480, 1.692, 1.723, 1.823s.
- regressão **18/1** 365, 1.046, 1.056, 1.060; **18/2** 1.312, 1.322
- sexualidade **18/1** 956, 1.005, 1.056; **18/2** 1.150, 1.794

Infantil / infantilismo **4** 249[10], 276[18] 294s., 298s., 312, 314, 348, 350, 377, 382, (402s.), 547, 653, 677s.; **12** 74, 81, 92, 152, 171, 173, 227, 233, 273, 302s.

Infantilidade **10/2** 452
- fantasias infantis **16/2** 276
- projeção da **16/2** 420
- superação da **16/2** 420

Infantilidade / infantil **2** 794, 1.008s.; **10/3** 343s., 354s., 867, 891
- emocional **2** 1.373
- psíquica **2** 1.351

Infantilidade / infantilismo **16/1** 101, 167, 169s.
- condição de **16/1** 179
- reprimida **16/1** 139

Infantilismo **5** 37, 345, 431, 456, 461, 507; **6** 245, 569, 685, 949; **7/1** 88, 134, 171, 182; **7/2** 236, 248, 254, 257, 261, 263, 284; **9/1** 303; **14/2** 338, 397; **15** 123, 176

Índices gerais 399

- dependência infantil **14/2** 405
- do inconsciente **6** 687, 699
- do precoce **6** 612
- psicologia infantil **6** 866

Infantilismo / infantil **17** 200, 207, 226, 270, 284

Infantis, pensamentos e impulsos **3** 389
- autocomiseração **3** 403
- desejo(s) **3** 411
- - de poder **3** 397
- desenvolvimento sexual **3** 397
- fantasias **3** 407, 463

Infecção **8/2**
- caráter infeccioso das psicoses **16/2** 358[17]
- inconsciente **16/2** 365
- medo de **8/2** 204
- proteção contra **8/2** 488

Inferioridade **3** 141, 153; **6** 956, 990; **15** 158; **16/1** 67, 170, 234; **16/2** 28; **17** 226, 243s.
- complexo de **8/2** 197; **16/1** 216
- dos conteúdos **8/1** 63
- e falsa superioridade **17** 226
- esconder a **16/1** 132, 134
- espiritual **11/5** 778
- - recalque da **11/1** 131
- histérica **1** 338, 417
- infantil **16/1** 179
- moral **1** 204; **17** (135), 154, (226), 244
- orgânica **17** 215
- psicopática **1** 1s., 191, 195, 357
- - e outros quadros clínicos **1** 29, 33
- sanguínea **1** 187s.
- secreta **14/1** 147
- sentimentos de **6** 138, 306, 538, 717, 1.046; **7/2** 218, 306, p. 134s., 139s., 141s.; **8/2** 176, 762; **9/1** 138, 169; **10/2** 416, 423, 426, 430, 449, 479
- - compensação dos **6** 773

- - do neurótico **6** 773
- - psicopáticos **6** 527
- sintomas de **8/2** 815
- tipos inferiores (em Gross) **6** 539, 948

Inferno **4** 713, 716s.; **5** 571, 634; **9/1** 252, 258, 457, 535s., 578, 597[153], 630, 636; **10/4** 733; **11/1** 83; **11/3** 402; **11/4** 650, 659; **11/5** 847, 960; **12** 440, 451; **13** 127, 256, 269, 444; **14/1** 249, 270, 272, 276, 331; **14/2** 131, 147, 147[330], 296[273], 363, 386[177]; **14/3** 172, 181, 267-268, 284-285, 378, p. 64-65, 74-75; **15** 151, 164; **18/1** 454s., 525, 531, 534; **18/2** 1.564
- castigos do **8/2** 736
- Cheol **11/4** 679
- descida ao **14/2** 158, 173
- - de Cristo aos infernos **14/2** 140
- fedor do **14/2** 133, 361
- fogo infernal **14/2** 137
- habitado pela morte e pelo diabo **14/2** 147
- portas do **5** 572, 577; **14/2** 147[329]

Inferno / inframundo, infernal **9/2** 129, 176, 393[88]
- descida aos **9/2** 72
- do fogo do **9/2** 112[75], 171, 191, 192, 199, 202, 204s., 209, 403

Infinitude
- ideias de (Bruno) **8/2** 696

Inflação **7/1** 110; **7/2** 227, 235, 243, 250, 260, 265, 380; **9/1** 254, 304, 393, 621; **9/2** 44s., 114, 140; **10/3** 1.003; **10/4** 671, 673, 721; **11/1** 142, 144, 156; **11/2** 267; **11/3** 446; **11/4** 669, 758; **11/5** 840; **12** 320[153], 411[29], 559, 563; **14/3** 111, 134-138, 150, 173, 176[34], 200, 204, 436, 521; **16/2** 472s., 500, 522
- do eu **8/2** 176, 426s., 430
- psíquica **5** 612; **14/2** 187
- sentimento de **16/1** 64, 231
- sonho como fonte de **8/2** 672

Inflammatio rotae **9/2** 312

Inflatio / inflação **13** 263, 332, 434[279]

Influência
- mágica **4** 582
- zona de **9/2** 418

Influxo divino **14/2** 338

Informação, informações **8/3** 946

Ingenuidade **17** 202
- infantil **5** 681

Ingênuo **15** 111
- e sentimental **6** 198s., 206, 945

Inglaterra **10/2** 908, 913; **15** 90; **18/1** 369, 679, 784; **18/2** 1.287, 1.327, 1.338, 1.350, 1.464

Inglaterra / inglês **10/3** 974, 998; **10/4** 821, 822

Inibição(ões) **3** 12, 84, 90, 93, 108, 119, 174, 180[167], 182, 215; **6** 535, 756, 774, 786, 894; **13** 436; **15** 122
- bloqueio **2** 120, 128, 195, 247, 417, 450s., 605, 611, 616, 624, 629, 635, 640, 656, 659, 661s., 713, 777, 800, 803, 815, 822, 827s., 833, 920, 1.063, 1.086, 1.111, 1.187
- nervosa **6** 633
- pela consciência **6** 655, 803
- superação da **6** 803

Iniciação(ões) **4** 330, 777, 782s.; **7/1** 172; **7/2** 384, 393; **8/2** 521, 558, 688; **9/1** 25, 106, 131, 382, 631; **10/3** 71, 977; **11/1** 100; **11/2** 245; **11/3** 348; **11/5** 828, 841s., 854; **12** 66, 83, 171, 177[53]; **13** 91[37], 121; **15** 213; **16/1** 133s.; **17** 158, 271, 276; **18/1** 264, 361s., 548; **18/2** 1.162, 1.722
- como processo de cura **11/3** 410
- graus de **14/1** 163
- masculinas **11/2** 197
- rituais **16/1** 223
- - na puberdade **16/1** 214
- xamânica **11/3** 410

Iniciado **5** 131, 135; **13** 86[15], 95, 106
- venerado como Hélio **5** 130

Inimigo **13** 425; **14/3** p. 68-69

Inimizade **10/3** 290
- rompida **14/1** 101

Inimputabilidade **8/2** 200

Injustiça **18/2** 1.535, 1.551

Inn (rio) **9/2** 353

Inocência **2** 924
- em doentes mentais **5** 69

Inocêncio IV **14/3** 594

Inquisição **6** 447; **18/1** 1.040

Insanidade **1**
- cíclica **1** 112
- moral **1** 190, 195, 223s.
- - e inteligência **1** 220s.
- - e mania (Wernicke) **1** 222

Inscrição **14/1** 46, 51, 59, 60, 69, 82, 85, 86, 87, 90, 92, 94, 97, 100
- *Aberkios* **9/1** 551[67]

Inseminação artificial **10/4** 823

Insensibilidade **15** 184

Inseto(s) **8/2** 673s.; **10/4** 667, 762, 785; **13** F 25; **18/1** 540

Insight **16/1** 152
- do paciente
- cf. Paciente

Insígnias reais **9/2** 310

Insipientes
- cf. Ignorantes

Insônia **2** 666, 692, 704; **3** 87, 137; **8/2** 394, 566

Inspiração(ões) **3** 10, 56, 176, 180; **5** 67[10]; **6** 456; **7/1** 106; **7/2** 270, 295; **8/2** 574, 668; **11/2** 240. 272; **14/3** 123, 378-381; **15** 113; **17** 193; **18/1** 72, 674

Índices gerais

- como alargamento repentino da consciência **14/1** 127[66], 335
- particular ou *lumen naturae* **14/1** 145

Inspiração / sopro **14/2** 106, 290[233], 437, 440, 441

Inspiratio **13** 263

Instabilidade **1**
- do caráter de S.W. **1** 73
- psicopática e distímia maníaca **1** 188, 192, 195
- social na distímia maníaca **1** 189, 206, 224
- - de um psiquicamente degenerado **1** 362s.

Instância
- espiritual acima do "eu" **14/2** 185
- extraconsciente **11/2** 222, 240

Instinctus divinus (Kepler) **8/3** 923

Instintiva(s) **8/2**
- energia (força), transformação da **8/1** 83, 89
- imagem (figura) **8/2** 398s., 404, 414

Instintividade **5** 106, 337, 396, 505; **14/2** 335
- animal **5** 261
- domínio sobre a **5** 396, 398
- emocionalidade **8/1** 99, 108
- sacrifício da **5** 299, 399, 665
- símbolos teriomorfos da **5** 261, 505

Instinto(s) **3** 527, 549, 565; **4** 5, 497, 235, 241, 275, 285s., 371, 486, 554, 599, 607, 654, 743, 756s., 776s., 778s., 780; **5** 30, 185, 190, 197, 199, 337, 587, 631; **6** 84s., 170s., 218s., 222, 399, 474, 524, 540, 568, 637, 696, 770, 844, 859, 928, 1.036; **8/1** 26, 54, 95, 99-113; **8/2** 236-243, 374, 377, 379, 384, 398s., 415, 528, 708; **11/3** 390[14], 419; **11/4** 745; **11/5** 798; **11/6** 1.046; **12** 157, 163, 169, 174, 189, 203; **13** 4, 7, 13, 19, 67s., 229,

396, 475; **14/3** 77[71], 79-80, 101[125], 355, 470; **15** 91, 128, 135, 160; **16/1** 12, 20, 61, 81, 185, 206, 208, 218, 234, 241; **16/2** 469, 471s.; **17** 156s., 328s.; **18/1** 15, 78, 212, 250, 275, 474s., 512s., 539s., 545, 560, 583, 803, 816; **18/2** 1.150s., 1.156, 1.231, 1.254, 1.257, 1.260, 1.271s., 1.284, 1.312s., 1.330s., 1.353s., 1.389, 1.404, 1.488s., 1.494, 1.539, 1.800, 1.807
- afastamento / desvio do **8/1** 97; **8/2** 374, 720, 750, 808, 815
- alienação do **12** 174
- arcaico **6** 230, 525
- atividade como caráter simbólico da **16/2** 361s.
- atrofia dos **6** 376; **8/2** 161; **13** 13, 15
- ausência de **7/1** 195; **11/4** 658
- automatismo dos **8/2** 244, 384
- autonomia do **18/2** 1.257
- base do **17** 223[33]
- caráter compulsivo **8/2** 233, 376, 384, 412
- certeza do **5** 673
- como realidade objetiva **5** 37
- conflito dos **6** 112s., 169, 173s., 210s.
- consciência e **5** 615
- contrários, de oposição **6** 159s., 168s., 176
- criativo **5** 30; **8/2** 245
- da alma **11/5** 912
- da fome **4** 278
- da natureza, **18/2**
- da propagação **4** 279s., (288)
- da reflexão **8/2** 243, 244
- debilidade **3** 208; **7/2** 206
- de conservação **5** 7, 195
- - da espécie **4** 200, 234s., 280; **8/2** 238
- de desenvolvimento **5** 653
- de destruição **7/1** 33, 77[7]
- definição **8/2** 264 (Rivers), 265 (Reid), 273

402   Obra Completa − Vol. 20

- deixar-se levar pelo **5** 89
- de morte **5** 504[38]
- de poder **5** 102; **8/2** 430; **14/1** 154[213], 308; **17** 156
- de prazer **18/2** 1.150, 1.398
- de propagação **5** 195, 219
- determinantes do comportamento humano **8/2** 232s., 270
- de valor **4** 756
- diferenciação do **6** 451
- dinâmica psíquica dos **5** 197
- distorção neurótica dos **5** 199
- distúrbios dos **3** 109, 160-181; **16/1** 208
- divisão do **5** 226
- do civilizado **6** 212
- do eu **5** 190
- do homem **8/2** 271s., 398
- domínio sobre os **5** 104
- do poder **16/1** 151, 234
- do primitivo **6** 212
- do sono **3** 137[123], 403
- e alma **8/2** 232s., 398
- e a personificação da alma instintiva **14/2** 213
- e arquétipo **8/2** 222, 270s., 339, 404s., 425[124]
- e compulsividade **8/2** 234, 235, 653
- e consciência **8/2** 272s., 750
- e espírito **8/2** 379
- e impulsos como fatos psíquicos **14/2** 270
- - e sua formulação fisiológica ou biológica **14/2** 270
- e inconsciente **8/2** 263-282
- e intuição **8/2** 269s.
- e lei **6** 478
- emancipação em relação ao **11/2** 245
- em Nietzsche **6** 210s.
- e reflexo **8/2** 267, 271
- e tradição **16/1** 216
- e vontade **6** 859s.; **8/2** 272, 399
- falta de **3** 482; **12** 74
- feminino **4** 579
- ferir o **5** 261

- fonte **8/2** 268, 339
- força instintiva e seus atributos naturais **5** 89
- formal (em Schiller) **6** 150, 159
- fundamental, básico (em Schiller) **6** 145s., 164, 168s.
- gregário **5** 14
- impulso(s) **11/5** 843, 892, 939, 943
- incerteza do **6** 1.040
- influência do **6** 231
- inibição do **5** 226
- insubstituível **3** (D) 203, 220
- intelecto **3** 33, (79), (417), 502
- - e vontade **1** 220
- intelectual, alienação **3** 73
- inteligência **3** 329, 341, 574
- intercâmbio do **6** 160s.
- interesse (Claparède) **3** 418
- intuição e **6** 865
- libertação do **6** 86, 212
- libido de parentesco como
- - cf. Libido
- ligação com a fantasia **16/1** 98
- limitação da **3** 158
- lúdico (em Schiller) **6** 163s., 175, 185
- mundo dos instintos e religião **16/1** 183
- natural **6** 834; **15** 99
- na vida **3** 400
- nutritivo **4** 568
- objeto dos **8/1** 83
- o momento psíquico do **14/2** 270
- opressão dos instintos na concepção cristã **6** 523
- perda do **12** 74
- poder dos **8/1** 95; **8/2** 657
- procriativo **4** 498
- psicologia dos **4** 764; **6** 84; **8/1** 104, 108; **8/2** 671
- qualidades compensadoras do **6** 230
- razão como **6** 584
- redução dos **6** 469; **16/1** 40s.
- - pelo medo **5** 217, 221, 227

Índices gerais

- refreamento dos **8/1** 101
- regressão do **5** 226
- religioso **17** 157
- repressão dos **5** 223, 262, 673; **8/1** 36; **8/2** 704; **16/1** 178
- sensual e racional **6** 155
- sentido **8/2** 398
- sexual **4** 49, 241, 251, 287, 756; **15** 46; **17** 99, 156
- sintomático **3** 102
- sublimação do **16/1** 178
- teoria dos **8/2** 491, 527
- tipos de **8/2** 398
- traços de **3** (D) 207, 234
- vital **4** 237, 280
- - contínuo **5** 195

Instinto / instintivo **9/1** 91s., 97, 101, 112, 129, 136, 140s., 151s., 154s., 158, 161s., 167s., 170s., 176, 182, 186, 195, 213, 227, 244, 254, 275s., 282s., 293, 433[62], 444, 473, 497s., 501s., 528, 540, 620, 660, 667, 672, 714; **9/2** 3, 12, 13, 31, 43, 48s., 224, 278, 291, 316[61], 351, 369, 381, 390[84], 402, 423; **10/1** 530, 540, 544, 556, 582; **10/2** 413, 455, 918; **10/3** 3s., 23, 26, 31, 33, 48, 53, 200, 312, 331, 353, 830, 847, 855, 897, 977, 1.008, 1.012; **10/4** 622, 637, 646, 650, 651, 652, 654, 656, 657, 659, 660, 661, 663, 664, 679, 680, 714, 715, 719, 755
- e ideia **10/3** 38
- fisiologia do **9/1** 112
- psique **9/1** 2[1]

Instructio de arbore solari **9/2** 47[73], 239; **13** 405[174]

Instrumento(s) **8/2** 731; **18/1** 198

Insulina
- choque de **14/2** 342

Integração **9/1** 83, 485[20], 563, 624; **9/2** 42, 44, 58, 73, 237, 289, 312, 410; **10/2** 451; **10/4** 817; **13** 433, 458, 463-482;

14/3 111, 127, 176[34]; **16/1** 19; **16/2** 448; **18/2** 1.332, 1.388, 1.412s., 1.417, 1.423, 1.664, 1.703s., 1.817
- conceitos inconscientes **8/2** 193, 423, 426, 430
- da personalidade **8/2** 410; **14/2** 85, 369
- - cf. tb. Personalidade
- da sombra
- - cf. Sombra
- das quatro naturezas ou funções **14/1** 259
- de conteúdos inconscientes **14/1** 312; **14/2** 84, 177, 369, 410
- - projetados **16/1** 218; **16/2** 408, 446
- de todas as qualidades **14/2** 51, 52
- do si-mesmo (self) **14/3** 396
- tentativas de integração patológica **8/2** 430

Integralidade / inteireza **9/2** 123s., 312

Inteireza primordial **14/2** 358

Inteiro
- homem psíquico **16/1** 199

Intelecto **6** 149, 185, 230, 311, 585, 603, 652, 861, 929, 977; **7/1** 159; **7/2** 247; **8/2** 600; **8/3** 863, 954; **9/1** 31, 116[7], 167, 386, 391, 545, 572; **10/4** 642, 657, 774; **11/1** 141; **11/2** 222, 235[10], 245; **11/3** 440; **11/4** 659; **11/5** 837, 905; **12** 58, 79, 84, 87, 137, 150, 366, 776, 462, 564s.; **14/1** 19, 34, 142, 154[218], 159, 160, 163, 165, 226, 326, 337; **14/2** 50, 219, 267[102], 296, 329, 365; **15** 10, 16, 71, 76, 99, 121, 178, 193; **16/2** 480, 485, 532
- abuso do **11/1** 27
- anatomia do **11/3** 444
- caráter demoníaco do **12** 88
- como diabo **12** 36*
- como função
- - psíquica **11/5** 766
- - racional **6** 875

- como meio auxiliar **6** 81, 133
- compreensão **13** 86, 161[40], 436-438, 472, 477s., 482
- - intelectual da simbologia do inconsciente **16/1** 111
- degradação do **12** 92, 119s.
- desenvolvimento do **7/2** 206
- diferenciação do **12** 112
- do temperamento **6** 230
- e corpo formam o homem "uno" **14/1** 34
- e eros **14/2** 329
- e intuição **6** 605, 875
- em Plotino **5** 198
- e o simbolismo do inconsciente **16/2** 478, 489
- e religião **6** 455s., 658
- e sentimento **6** 542, 739; **11/4** 558; **16/1** 59; **16/2** 488
- e símbolo **6** 446s.
- espírito **12** 178s.
- extrovertido e introvertido **6** 645
- formado do espírito e da alma **14/1** 34
- formulação intelectual do arquétipo **14/2** 400, 401
- maligno **14/1** 37
- menosprezador **6** 83
- moderno **12** 168
- *nihil est in intellectu...* **11/5** 785, 908
- o amarelo como cor do **14/2** 50
- o falhar do **14/2** 365
- prático / especulativo **6** 738
- prestativo / auxiliar **12** 119s., 169
- racional **11/5** 895, 904
- *sacrificium intellectus* **6** 11, 17s., 20; **11/4** 659, 661
- superação do **11/5** 892
- supervalorização do **6** 116, 589s.

Intelecto / intelectual / intelectualismo **9/2** 39, 46, 48, 52s., 58, 60s., 71, 145, 235, 266, 273, 336, 414; **10/3** 825, 990, 1.010; **18/1** 584, 596, 618, 634s., 665, 730, 744, 784, 858, 877; **18/2**

1.120, 1.292, 1.390s., 1.413, 1.442, 1.725, 1.828

Intelectual **6** 585, 968s.; **10/1** 550, 569; **13** 7, 51, 343, 413, 438, 453, 472; **14/1** 40
- conhecimento e projeção **6** 464[146]
- crítica **6** 455
- dogmatismo **6** 657
- fórmula do tipo pensamento extrovertido **6** 652s., 655s.

Intelectualismo **6** 572; **9/1** 125, 659
- e sensualismo **6** 589s.
- pernicioso **14/2** 400
- racionalista **6** 970

Inteligência **2** 1.079, 1.101; **4** 776; **6** 585; **8/2** 344, 390, 783; **9/2** 310, 416; **11/2** 267, 285; **11/4** 659; **11/5** 933s.; **13** 8, 434, 475; **14/1** 93, 97, 107, 142, 154, 154[213], 156, 195, 245, 281, 313, 318, 335, 337; **14/2** 15, 25, 50, 70, 123, 158[367], 170, 178, 178[406], 182, 210[4], 219, 232[66], 235, 250, 309[340], 347, 353, 386, 388, 399, 409, 442, 443; **17** 131, 136, 183, 198, 211, 213s., 231s., 244, 271, 339; **18/1** 500, 617, 745; **18/2** 1.187, 1.305, 1.316, 1.368, 1.392, 1.398
- avaliação da **18/1** 898, 913
- da esponja **14/1** 152 154
- de S.W. **1** 73
- - de suas personalidades inconscientes **1** 127
- de um simulador **1** 398s.
- e capacidade de compreensão **1** 285
- e histeria **1** 280
- e humor **1** 219
- e insanidade moral **1** 220s.
- em "imbecis mais tarimbados" **1** 219
- e moral **14/2** 409, 433
- e vontade **1** 220s.
- em Wundt **6** 585
- evadida da divindade **14/2** 292
- fraqueza da **6** 531

Índices gerais   405

- inferioridade da **1** 5
- ingênua **14/2** 409, 419
- limitações da **1** 280s.; **14/2** 433, 436
- moderna **14/2** 29, 347
- na distimia maníaca **1** 187, 219s.
- observadora moderna **14/1** 142
- sabedoria e amor **11/2** 221

Inteligência / entendimento / compreensão **12** 350, 366, 372, 396, 410, 442, 564
- como pressuposto do *opus* **12** 366, 423
- cf. tb. Intelecto

Intellectus, exaltatio intellectus **12** 366
- sacrificium intellectus **12** 58

Intellectus spiritualis **9/2** 137; **14/3** 102[131], 103[134], 121[3], 134[138], 276, 432, p. 116-117
- cf. tb. Conhecimento

Intelligence du coeur **8/2** 543

Intenção **6** 640, 664; **8/1** 47; **8/2** 200, 254
- consciente **8/2** 383, 673
- e os influxos inconscientes **8/2** 258
- racionalidade da **6** 670

Intencionalidade
- do extrovertido **6** 231, 244
- racional **6** 491

Intensidade(s) **8/2**
- avaliação das int. psíquicas **8/2** 441
- da progressão e regressão **8/1** 72
- de um complexo **8/1** 19[17]
- de valores **4** 779
- diferenças, equilíbrio das **8/1** 48, 91
- física e psicológica **8/1** 37s., 51, 58
- princípio de Carnot **8/1** 48

Interesse **17** 237, 332; **4** 273s.
- como energia **6** 748
- deslocamento **8/1** 39
- do espírito primitivo **8/1** 110

- do extrovertido **6** 629
- do paciente **8/1** 22
- do sujeito da experimentação (Esp) **8/3** 838, 846, 898, 902s.
- e objeto **1** 139
- erótico **4** 276[4]
- falta de **1** 279

Interior(es) **8/2**
- atitude **8/2** 629
- experiência **3** 176; **8/2** 209, 593; **8/3** 816
- e exterior **6** 140, 553, 628, 733s.
- - identidade do **6** 179, 465s., 595s., 609s.
- imagem **8/2** 170
- necessidade **8/2** 265-268
- palavras **8/2** 170

Interiorização **5** 107, (113); **8/1** 113

Intermediário / mediador
- "disposição intermédia" (em Schiller) **6** 177
- "estado intermediário" (em Schiller) **6** 177, 180, 185, 190s.

Internationale Zeitschrift für ärztliche Psychoanalyse **4** 624

Interpretação(ões) **4** 14s., 20, 36s., 43, 371, 479, 526, 649, 770; **11/5** 957, 959, 982, 999ss.; **14/2** 158[365], 432; **15** 84, 100, 121, 134, 137, 138, 161; **17** 162, 173, 189s., 194s.
- analítico-redutiva **16/1** 9,12
- de Freud **15** 51, 104, 105, 106
- de obras literárias **6** 880
- do objeto ou do sujeito **5** 175[97]; **8/2** 509-528
- do(s) sonho(s) **5** 6, 9; **12** 403s.; **15** 65; **16/1** 86, 95; **16/2** 295, 339s., 486; **17** (187), 189s., 208, 223[33], 263
- - como hipótese **16/2** 322
- - clínica **16/2** 330
- - segundo Freud **16/1** 144; **16/2** 319
- métodos de interpretação **6**

- - construtivo e redutivo **6** 783, 887
- - intuitivo **6** 784
- - redutivo **6** 804, 807, 887
- minimizadora **16/2** 465
- psicológica **13** 88-90; **14/2** 433
- semiótica / simbólica **13** 87, 88-90; **16/2** 362
- sexual **16/2** 277; **17** 196
- sintético-anagógica **16/1** 9

Interpretação / hermenêutica **14/1** 51, 52, 65, 66, 69, 72, 84, 87, 88, 89, 96, 145, 165, 199, 206, 253
- em sentido físico ou pneumático **14/1** 101
- naturalística e pessoal **14/1** 98
- psicológica **14/1** 165, 183, 255, 300, 329, 330
- simbólica de conteúdos numinosos **14/1** 169[280]

Interpretantes progressivos e regressivos (Wundt) **8/1** 5[6],

Interpretativo
- método (Freud) **16/1** 143s.

Interrogatório cruzado **8/2** 199

Intervenção cirúrgica **14/2** 178
- divina **14/2** 271

Intestinal
- problema de ordem nervosa **4** 386

Intestinos **13** 128

Intimidade **5** 102

Intoxicação **6** 859
- cf. tb. Toxina

Intranquilidade
- interna **1** 193, 198, 222, 330, 367, 414
- motora **1** 203, 209

Introitus apertus
- cf. Filaleta, I.

Introjeção **5** 195[10]; **6** 553, 789, 823, 862s., 881; **7/1** 110; **18/2** 1.638
- ativa e passiva **6** 863
- como processo de assimilação **6** 863
- de um conflito **6** 134

Introspecção **6** 219; **11/3** 440; **11/5** 784, 823; **13** 208, 453; **14/2** 151, 322[22], 338, 369; **18/1** 555; **18/2** 1.810
- ingênua **16/2** 466

Introversão **3** 418, 429[6], 437; **5** 19[21], 40, 59, 65, 134, 253, 255, 259, 449, 450, 519, 576; **6** 173, 176s., 219, 369[75], 539, 748, 864, 932s., 1.046; **7/1** 62, 80, 82, 86; **7/2** 303; **8/2** 169, 250; **10/3** 890; **10/4** 658, 753, 754; **13** 415; **14/1** 256; **14/2** 338; **17** 13, 18s.; **18/1** 80, 1.008s., 1.056s.
- abstração como **6** 560
- artística **6** 39
- ativa e passiva **6** 864
- como compensação **6** 634
- compulsão para **6** 564
- dos tipos irracionais **6** 1.023
- e cultura **6** 107
- e relação com o mundo das ideias **6** 221s.
- e tipo funcional **6** 98
- e extroversão **4** 276s., 303s., 405, 420, 763; **11/5** 770, 778, 787, 803, 873; **16/1** 59, 77, 241s.
- estado de **5** 58, 448
- no inconsciente **6** 176
- projeção como **6** 882
- realismo como correspondente da **6** 574
- regressiva **6** 932
- reprimida **6** 87

Introversão / introvertido **9/1** 223, 431, 613, 668

Introvertido **6** 538, 564, 585, 611, 612, 691s., 864, 948, 959; **7/1** 80; **7/2** 356, 373, p. 159; **14/3** 598, 605-606; **15** 111, 117 - e abstração **6** 135s., 140,

230, 308, 557, 560, 622
- adaptação do **6** 246, 254, 694
- Adler como **6** 86
- afetos do **6** 238, 537, 542, 699, 706
- atitude do **6** 142s., 318
- - autoerótica, egoísta **6** 692
- - para com a fantasia **6** 861
- - para com a ideia **6** 98, 107, 221, 541, 598
- - para com a vida **6** 543
- ausência de diferenciação dos sentimentos do **6** 612
- autocrítica do **6** 1.051
- capacidade sintética do **6** 539
- como professor **6** 615s., 706
- complexo de poder do **6** 696
- conceito de **6** 141s.
- consciência do **6** 308, 691, 693
- desconfiança do **6** 1.046
- diferenças entre **6** 1.012s.
- e mundo **6** 539s., 1.047s.
- e objeto **6** 4s., 158, 198, 540, 598, 611, 622, 705, 1.046
- e sujeito **6** 691s., 692, 1.053s.
- extroversão inferior do **6** 157, 308; **7/1** 81, 84s.
- figuras geométricas do **6** 944
- função social do **6** 246
- ideia do eu como dominante consciente do **6** 135
- infantilismo do **6** 612
- inibição do **6** 1.046
- isolamento do **6** 1.048
- julgamento subjetivo do **6** 696
- Kant como **6** 592
- medo do
- - diante dos objetos **6** 598
- - do estímulo do **6** 560
- necessidade de interiorização do **6** 541
- Nietzsche como **6** 225
- o clássico como **6** 610, 616, 620, 939
- o sentimental como (em Schiller) **6** 202
- paixão do **6** 235, 245, 253, 542
- passividade do **6** 228, 1.046

- percepção do **6** 696, 719s., 722
- Platão como **6** 46
- psicologia de poder do **6** 598
- reação lenta do **6** 616
- Schiller como **6** 98, 136s., 158
- sensação-sentimento do **6** 163
- sentimentos de inferioridade do **6** 138, 1.046
- Spitteler como **6** 282
- subvalorização do **6** 617
- *tender-minded* como **6** 574
- tensão psíquica do **6** 552
- verdade subjetiva do **6** 707
- vida instintiva do **6** 230

Intuição(ões) **3** 452, 539; **6** 174, 221, 232, 290, 684, 702, 738, 800, 865s., 879, 912, 964, 977, 1.029, 1.054; **7/1** 64[2], 107, 149; **7/2** 270, p. 165s.; **8/1** 98; **8/2** 257, 269s., 292, 395, 543, 594; **8/3** 363s., 866; **9/1** 245, 398, 504, 541, 693, 697; **9/2** 237; **10/2** 393, 903-904, 916, 924; **10/3** 23; **10/4** 626, 774; **11/1** 69; **11/2** 245; **11/5** 804, 818, 869, 881, 1.015; **12** 148s., 153, 176, 305; **13** 7, 309, 458; **14/2** 107, 333[54], 442; **15** 9, 31, 41; **16/2** 486s., 492; **18/1** 461, 490, 512, 576s., 780; **18/2** 1.198, 1.282, 1.818
- abstrata e concreta **6** 865
- - e fantástica **6** 747
- adaptação pela **6** 223, 679
- arcaica **6** 725
- artística **6** 738
- coletiva **6** 772
- como função
- - irracional **6** 866s., 886
- - psicológica básica **6** 7, 811, 865
- como percepção **6** 1.020
- e intelecto **6** 605, 875
- e instinto **6** 233
- em Bergson **6** 604
- em Goethe **6** 98, 314
- em Hegel **6** 605
- em Schiller **6** 99, 116, 163, 178, 184, 202

- em Schopenhauer **6** 605
- em Spitteler **6** 270
- e objeto **6** 202
- e razão **6** 233
- e sensação **6** 679s., 865, 1.024, 1.054s.
- espiritual **14/3** 337
- extrovertida 679, 726s.
- filosófica **6** 738
- formas de **8/1** 52; **8/2** 270, 814
- inconsciente **6** 708
- - como compensação **6** 725
- introvertida **6** 726s.
- - primado da **6** 730
- limitação da **6** 671
- na mulher **6** 659, 682
- primado da **6** 680, 1.055
- primitiva **6** 673, 708, 866
- racionalidade da **6** 1.022s.
- repressão da **6** 674, 677, 725
- sentimento **6** 605, 900
- subjetiva e objetiva **6** 865

Intuitivo **6** 233, 866, 919, 966, 1.027; **14/3** 597
- extrovertido **6** 681s., 687, 728
- - adaptação do **6** 223
- imagens interiores do **6** 726s.
- introvertido **6** 727s.
- - adaptação do **6** 731
- - como artista **6** 730
- - o inconsciente do **6** 732
- - moral do **6** 731
- - visão do **6** 731
- irracional **6** 919
- e objeto **6** 728, 1.022s.
- e a realidade **6** 725s.
- método (Bergson) **3** 423
- Nietzsche como **6** 225
- o inconsciente do **6** 684, 1.023

Inundação(ões) **3** (S) 561; **6** 511, 524

Invasão (termo psicológico) **18/1** 43, 64s., 71, 90; **18/2** 1.158

Inveja **9/1** 644
- de alimento **4** 347

Inventor
- débil mental **1** 219
- patológico **3** 460

Inverno **14/3** p. 60-61; **18/1** 266

Investigação **8/2** 195

Invídia **14/3** 126, p. 54-55

Invocação **13** 273

Involução **8/1** 69s.
- cf. tb. Degeneração

Io **9/1** 195

Iod **8/3** 921

Ioga **6** 180, 186, 376 ; **8/2** 688; **9/1** 232, 403[18], 562, 638; **9/2** 272; **10/3** 189, 988; **11/1** 7, 101, 136; **11/4** 666; **11/5** 778s., 785, 826ss., 859ss., 868, 890, 911, 930ss.; **12** 122, 126, 166, 184, 218, 441; **13** 3, 56, 63, 76[37], 201[208]; **14/1** 276; **15** 28, 77, 88, 89, 90; **16/1** 134, 219; **16/2** 380, 477; **18/1** 17, 150
- Bhakti **10/3** 875
- budista **13** 51
- chinesa **9/1** 81; **13** 16, 46, 69; **18/2** 1.117, 1.225
- como processo de introversão **11/5** 873
- e o Ocidente **11/5** 859ss., 933s.
- Hatha-ioga **11/5** 775s., 907, 912
- indiana **18/2** 1.117, 1.817
- iogue **15** 189
- Irlanda **15** 180, 181, 186, 200
- Kundalini-ioga **10/3** 169; **11/5** 847; **13** 35; **18/1** 263; **18/2** 1.225
- perigos da **11/5** 847
- Tantra-ioga / tântrica **9/1** 312[5]; **11/5** 868, 875; **13** 334; **18/1** 17, 263

Índices gerais

logue **9/1** 234, 520, 633s.; **10/3** 986; **11/1** 113; **11/5** 826, 872, 931, 933, 937s., 951; **18/2** 1.417

Íon **13** 86, 106, 109, 111

Ionização **10/4** 812

Ira **9/2** 130; **14/1** 166
- de Deus
- cf. Deus

Ira / irado **9/1** 14, 15[16], 42, 535, 578, 597[153], 602

Ira / raiva **18/2** 1.539, 1.551, 1.593, 1.643, 1.654
- acessos de **3** 97, 474

Irã **13** 168, 458[327]
- cf. tb. Pérsia

Íris **9/1** 580[131]
- a mensageira de Juno **14/2** 58
- do olho **14/2** 49, 51, 57

Irmã (S) **4** 539s.; **9/2** 24, 359, 361, 363, 381, 383; **12** 92s., 151s.; **13** 273[171]; **14/2** 30, 147[330], 216, 233[76], 383; **14/3** 99, 539, 555, 563, p. 140-141
- como *anima* **12** 92
- e irmã **2** 1.002s., 1.006
- - cf. tb. Irmã
- e irmão
- - cf. Irmão
- gêmea **17** 225, 227

Irmã / esposa / mãe / noiva **5** 458; **14/1** 23, 25, 149; **14/2** 276

Irmã / irmão
- projeção sobre a **16/2** 438, 470
- *soror mystica* **16/2** 421s., 432, 433s., 437, 505s., 538[1]
- - cf. tb. Irmão

Irmão(s) **4** (S) 475; **14/2** 233[76], 383; **18/2** 1.261
- arquétipo dos dois **11/2** 254[21]
- crescido **17** 29, 54

- dois inimigos **11/4** 619, 629
- do livre espírito **14/3** 310; **18/2** 1.530
- e irmã **2** 842-843c, 1.008; **9/2** 59, 322, 328s., 363, 381, 396
- e irmão(s) **2** 1.002; **5** 294, 296
- - desiguais **5** 356, 596[186]
- - herói e dragão como **5** 575
- inimigo **6** 902
- menor **17** 6s., 66, 213
- par de **9/2** 103, 130, 133[47], 134, 186, 354, 381, 383, 401; **13** 132, 203, 297[252], 360[64]
- - cf. tb. Hórus, filhos de

Irmão(s) / irmã(s) **12** 193[70], 118*, 404s., 436s., 438s., 225*, 495; **14/1** 25, 82, 83, 118, 131; **18/2** 1.692, 1.701
- incesto **14/1** 182; **14/2** 334, 392
- inimigos **11/1** 134

Irmão / irmão / irmã **9/1** 404, 405, 412, 417, 435, 442s., 445, 447, 516; **16/2** 357, 401, 410, 433, 436
- no conto de fadas **16/2** 426
- sol e luna como **16/2** 451
- união de **16/2** 419, 443

Irmão / esposo **14/2** 276

Iroqueses **8/1** 116
- cf. tb. Índios

Irracional **7/1** 72; **17** 312
- como função psíquica **7/1** 111; **7/2** p. 161
- fatores da personalidade **16/1** 172
- idade **10/4** 753
- reconhecimento do **11/3** 444
- significado do **16/1** 96

Irracionalidade **10/1** 521; **10/2** 375[3]; **10/3** 853, 900, 1.008
- e racionalismo **10/3** 855
- no encadeamento dos fenômenos psíquicos **8/2** 152, 530
- da realidade **8/2** 137

- do espírito da época **8/2** 652
- e consciência **14/2** 401

Irracionalização
- na fixação das metas **16/1** 42

Irresponsabilidade **1**
- conceito jurídico de **1** 470
- de um distímico maníaco **1** 212s.
- problema da **1** 430s., 459

Irreversibilidade **4** 689

Irritabilidade **2** 499
- patológica **1** 191s., 215, 219, 223; **3** 428, 480

Irritação **3** 80; **15** 167

Irritar **8/1** 86

Irrupção **6** 473
- de conteúdos inconscientes **11/5** 898s.
- do eu no si-mesmo **11/5** 887ss.
- do inconsciente **14/3** 53, 82, 115, 169, 293, 335, 349, 616

Isaac **11/3** 406; **11/4** 661[4]; **14/2** 221, 237[95], 306[318], 319[358]; **18/2** 1.522, 1.551

Isabel (santa) **14/2** 79
- Evangelho de Lucas **4** 148

Isaías
- cf. Bíblia

Ischys **14/1** 140[151]

Ishtar / Istar **5** 396; **9/2** 174; **11/2** 175; **11/4** 612; **13** 278, 425; **14/1** 24[165] 73[188], 156, 179[323]; **14/2** 2^3, 17[54], 276, 288, 312; **18/1** 237s.
- como a esposa do Cântico dos Cânticos **14/2** 74[188]
- como a hieródula do céu **14/2** 74[189]
- como virgem-mãe **14/2** 74[188]
- como a Negra **14/2** 74[188]
- e Gilgamesh **5** 396, 398, 450

Ísis **5** 265[13], 274, 349, 354, 356, 374, 396, 400, 408, 415, 458, 471[7], 504; **6** 445; **8/2** 307; **9/2** 163; **11/1** nota 90 (cap. III); **11/2** 178; **11/3** 348; **13** 99, 107, 360, 399[145]; **14/1** 14, 14[78], 14[80], 16, 60; **14/2** 2^5, 3, 3^7, 55, 274, 276, 383, 384, 391; **14/3** 134[2], 158; **18/2** 1.287, 1.660
- apelidada de negra (chemeia) **14/1** 14
- como a Terra **14/1** 14
- como mestra da alquimia **14/1** 14
- como serpente com cabeça humana **14/1** 13[80]
- e Hórus (Berthelot) **13** 97, 107, 265
- e Osíris **6** 445; **14/2** 2^5, 383, 384, 391
- mistérios de **5** 130, 644[36]; **9/1** 84, 107, 175, 195, 619; **14/2** 184[408]
- sacerdotes de **5** 133[19]
- serpente de **8/2** 313
- *una quae es omnia* **4** 106

Ísis-Nephthys **14/1** 311, 311

Islã **9/1** 219, 240, 258; **9/2** 99[48], 130, 151[2], 156, 272; **12** 22

Islamismo **10/1** 507; **10/2** 938; **10/3** 990; **14/2** 253, 253[155], 276; **18/1** 639; **18/2** 1.389, 1.507, 1.525, 1.529, 1.637

Islão **8/2** 683; **11/2** 223; **11/5** 860

"Ismos" **8/2** 366, 405, 425s.; **11/1** 144s.; **16/1** 3

Isolamento **3** (455), 559; **5** 683; **6** 882; **7/2** 320; **12** 57, 61, 63, 118; **17** 294s.
- afetivo **4** 56
- por segredo **5** 300

Isolamento / solidão **13** 220, 325

Isopsephia / computação de nomes **14/1** 323[888]; **14/2** 301, 301[208]

Israel **6** 728; **9/2** 106, 128, 167, 178, 189; **11/4** 618, 620, 637; **11/5** 962; **13**

Índices gerais

292; **14/3** p. 82-83, 138-139; **18/2** 1.525
- como noiva **6** 442
- comunidade de **14/1** 25[160], 71[178], 281
- e o mito de Marduk **11/2** 173

Israel / israelita **14/2** 217[22], 266, 266[193]
- como o povo de Israel **14/2** 233[76], 256, 266, 267[201], 274, 386
- como o "robustus Jisrael" (Knorr) **14/2** 300[286]

Istar,
- cf. Ishtar

Itália **10/2** 397, 420, 476, 908; **10/3** 975; **10/4** 601; **18/1** 369, 372; **18/2** 1.311, 1.324s., 1.334s.

Itifálico **9/1** 193, 464, 556, 561; **13** 278
- cf. Falo; Hermes itifálico

Iúca **10/1** 547
- borboleta da **8/2** 268, 277

Ius primae noctis **18/1** 365

Iustitia **9/1** 679

Ivenes **1** 113-134
- cf. tb. Sonambúlico

Ixfon **9/1** 705; **14/1** 140[181]; **18/1** 82, 203

Íxion **5** 154, 460[71], F 90

Izanagi **5** 528[63]

J

Jacinto **9/2** 215
- cor de (azul) **14/2** 53, 141[314]

Jacó **9/2** 336; **10/3** 869; **14/2** 56[139],
221, 233[74], 236[95], 319[358]; **18/2** 1.588
- bênção de **5** 621
- e Esaú **11/4** 630
- - luta de **11/2** 233[8]
- luta de **5** 396
- sonho de **12** 14*

Jacobson, S. **1** 186

Jade **9/1** 601, 691

Jadschudsch e Madschudsch
- cf. Gog e Magog

Jafé **5** 170[88], 174

Jagaddeva, Traumschlüssel des / Chave
dos Sonhos de Jagaddeva **5** 542

*Jahrbuch für psychoanalytische und
psxchopathologische Forschungen*
18/1 274[59], 282, 925 nota, 934, 1.031;
18/2 1.284 nota

Jainismo **14/1** 61

Jaldabaoth (o arconte supremo e filho
do caos) **9/2** 128, 235; **11/2** 255; **11/3**
350; **12** 539; **13** 270[146], 275; **14/2** 141,
240, 240[112]; **14/3** 289

James Joyce's "Ulisses": a Study
(Gilbert) **15** 203

Janela **14/3** 532, 555, p. 136-137
- para a eternidade (Dorneus) **14/2**
335, 333, 388, 418

Jano **5** 487[20], 577[140]

Japão **11/5** 912; **16/2** 532; **18/2** 1.483

Japonês-pecador **3** 180, 269

Jardim **9/1** 156; **11/1** 91, 109; **12**
154s.; **13** 389[124], 398[142], 407, 441;
14/3 410, 569; **18/1** 986
- cercado de muros **8/2** 358
- como *vas* / vaso **12** 338
- *hortus conclusus* / jardim fechado
11/1 126
- cf. tb. Paraíso; Temenos

Jardineiro **17** 50, 55, 60, 63

Jared **11/4** 684[27]

Jargão americano **11/3** 339

Jarro de Ouro (Hoffmann) **15** 142

Jasão **12** 187*

Jaspe **14/2** 52
- cidade de **13** 33, 79
- e cornalina **11/4** 708

Java **18/1** 334, 409

Javali **13** 217

Javé **4** 741; **6** 442, 480, 523; **9/1** 18,
189, 394, 458, 602[159]; **9/2** 77, 80, 99,
99[48], 110, 118, 128s., 167, 169, 178,
183[8], 184, 188, 283[10], 300, 307, 362,
427 ; **10/4** 733, 741; **11/2** 193, 254[21],
259, 276; **11/3** 328, 394, 408; **11/4**
624, 637, 669, 732; **12** 517
- afetos / emoções de **11/4** 620, 659

Índices gerais   413

- aliança com Israel **11/4** 569, 577, 599, 619, 620, 638
- antinomia / paradoxismo **11/4** 561, 567, 604, 618, 623, 686, 739
- autorreflexão de **11/4** 574, 580, 617, 640
- caprichos / ira de **11/4** 560, 568, 583, 650, 664, 734, 741
- ciúme de **11/4** 561, 580, 623
- como Deus bom / Deus de bondade **11/4** 650, 683
- como fenômenos **11/4** 600, 606
- como fogo **5** 245
- como personalidade distinta **11/4** 569, 577
- desígnio de **11/4** 586, 598
- diferenciação de consciência de **11/4** 641, 685
- dúvida de **11/4** 579, 623
- - projeção da **11/4** 591, 597
- e Israel **11/4** 617, 619, 739
- e Jó **5** 296[129]; **11/4** 565, 578, 623, 639, 647, 664, 740
- - cf. tb. Jó
- encarnação de **11/4** 640, 648, 673, 683, 740
- e o homem **11/4** 568, 575, 602, 623, 667, 685
- e satanás **5** 576; **11/4** 581, 587, 601, 616, 622, 634, 650, 659, 694
- e *sofia* **11/4** 615, 619, 623, 638, 672, 728, 743, 748
- identificação com Saturno **5** 622
- inconsciência de **11/4** 582, 596
- injustiça de **11/4** 584, 665, 686
- justiça de **11/4** 566, 581, 598, 605, 616, 641, 650, 678
- significado saturnino de **12** 539
- simbologia / simbolismo animal de **11/4** 600
- transformação de **11/3** 410; **11/4** 614, 618, 637
- onipotência, onisciência de **11/4** 568, 576, 584, 597, 602, 617, 619, 626, 636, 661, 671

- origem do nome **14/1** 153[210], 247
- ruptura do pacto por parte de **11/4** 573, 578, 595
- zelo de **5** 396

Javé / Jeová **10/3** 844

Javé / JHWH (nome de Deus em hebraico) **14/2** 171, 266[191], 267, 433; **18/2** 1.507, 1.528[8], 1.529, 1.535s., 1.549s., 1.553s., 1.593, 1.611, 1.617s., 1.633, 1.645, 1.654, 1.680
- *tetragrammaton* e axioma de Maria **14/2** 267, 267[203]
- olho de **18/2** 1.528[8]

Javístico **9/2** 105, 171, 427

Jazz **10/3** 964; **11/1** 43, 50

Jehová (Celso) **14/2** 239, 240

Jejuar **18/2** 1.497s.

Jejum **5** 519; **8/1** 122

Jekill e Hyde **14/1** 223

Jeová **10/2** 398; **13** 270, 384

Jeremias
- cf. Bíblia

Jericó / Lua **14/1** 20[136]

Jerosólimo / Hierosolymus **9/2** 129[34]

Jerusalém, **5** F 50; **10/2** 414; **10/4** 597; **11/4** 611, 710, 723; **14/1** 24, 31, 40, 60; **14/2** 238; **14/3** p. 56-57, 64-65[6], 80-81, 134-135, 140-141, 144-145; **18/1** 240s.; **18/2** 1.527
- celeste **5** 302, 312, 318; **9/1** 56, 156, 256, 691; **13** 245; **14/3** p. 126-127, 162-163, 164[30], 407, 409, 477
- celestial **14/1** 40 60[133], 111
- esposa celeste **11/4** 712, 719, 726

Jesahach / *jesihach* / *jesinach* (termo de Paracelso) **13** 205

Jesod / fundamento **9/1** 557[80]; **14/1** 18, 18[113]; **14/2** 74, 300, 300[288], 300[289], 301, 302, 302[303], 303, 304

- apelidos diversos de **14/2** 274[215], 300, 303
- como a água do ouro **14/2** 301
- como a força geradora do universo **14/2** 274
- como a nona sephira **14/2** 274[215]
- como falo ou pênis **14/2** 274, 274[215], 302[304], 303
- como fonte em jato **14/2** 303
- como *Jezoth le Juste* **14/2** 274, 300, 303
- como membro da aliança ou da circuncisão **14/2** 274[215]
- como prata viva **14/2** 274[214]
- como tronco de árvore ou arbusto **14/2** 301, 302[303]
- como vertedor de água **14/2** 303
- como o Filho do Homem **14/1** 18, 18[113]
- como os genitais do homem primordial **14/1** 18

Jessé **14/3** p. 138-139

Jester
- caráter de **9/2** 338[131]

Jesuítas **9/2** 104; **10/4** 610; **18/1** 613s., 680

Jesus **3** 22, 482; **6** 917; **11/1** 40; **11/2** 177, 228, 231, 254; **11/3** 313, 429; **12** 42, 416s.; **14/1** 141, 153[211], 200; **14/2** 4[12], 157, 159[383], 171, 190[412], 200, 200[437], 214[12], 232, 318, 437; **15** 191; **17** 309s.
- alma de **14/2** 192
- como a árvore do paraíso **14/2** 37, 37[95]
- como *Adam secundus* **5** 396
- como personalidade histórica **14/2** 171
- como primeiro homem autônomo (Koepgen) **11/2** 271[31]
- como profeta **11/4** 689
- - judeu **14/2** 133
- como reformador judeu **14/2** 185
- como unidade andrógina de homem e virgem **14/2** 191[417]

- e João Batista **5** 287
- e Nicodemos **5** 334, 335, 337
- genealogia de **14/2** 3[10]
- historicidade de **11/2** 228; **14/1** 141
- histórico **5** 42[45], 259, 341
- milagre do vinho de **12** 550
- na opinião de seus parentes **14/2** 437
- personalidade de **17** 311
- Rabi Jesus **11/2** 264
- sofrimentos de **11/3** 305
- vida como fundamento da missa **11/3** 406
- virginal **14/2** 191[417]

Jesus ben Pandira **5** 594

Jesus ben Stada **5** 594

Jetro
- cf. Jótor

Jezabel **11/4** 703, 730

Jezer horra / ímpeto do mal **14/1** 186, 186[333]

Jó **4** 741; **9/1** 563; **9/2** 11, 169, 170; 13 290; **18/2** 1.511, 1.534, 1.622s., 1.630, 1.637, 1.680; **11/4** 573, 647, 657, 685, 742; **14/2** 159, 433; 14/3 349
- conhecimento de Deus **11/4** 567, 584, 618, 623
- culpa de **11/4** 586
- datação de **11/4** 665
- desafio de **11/4** 593
- e o diabo **11/2** 248; **11/4** 616
- exaltação de **11/4** 642, 682
- resposta a **11/4** 603, 647, 694
- superioridade de **11/4** 640, 665
- cf. tb. Bíblia

Joana d'Arc
- visão de **1** 101, 136

João (apóstolo) **11/4** 744[5]
- das cartas **11/4** 698, 717, 729, 735
- do Apocalipse **11/4** 698, 708, 713,

Índices gerais

717, 729, 738
- visão de **11/4** 707, 713, 732, 741, 744
- cf. Bíblia

João Batista **5** 288[43], 292; **14/2** 345[80]
- como Elias **5** 287[37]
- em Patmos **5** 637

- João da Cruz (santo) **14/2** 230[62]

João Evangelista **11/2** 194[1]; **11/3** 418, 419 31, 428, 432; **14/2** 137[296]
- simbolizado pela águia **14/2** 120[260]
- visão de **11/3** 429, 438

Joãozinho **17** 9[2], 38s., 48s.

Joaquimismo **14/3** 308-309, 606

Jocasta **5** 1, 264

Joeira de trigo **5** 528, 536

Joel
- como virgem masculina na gnose **14/1** 33

Jogo **4** 145; **13** 341
- criança no **1** 117
- da pela / de bola **12** 182
- de cores **14/3** 16, 368-369

Joia(s) **11/5** 917ss.
- em Spitteler **6** 290s., 302, 308s., 479, 482, 512s.
- tesouro **9/1** 240, 256
- cf. tb. Pedra

Jona / pomba **14/2** 290

Jonas **4** 477; **5** 509, 576[136], 631; **7/1** 160; **16/2** 510; **18/2** 1.362, 1.523
- na baleia **12** 170*, 172*, 174*, 176*, 177*
- profeta **9/2** 173, 180; **13** 180

Jônio **13** 86[4]

Jordão **9/1** 93; **9/2** 330; **12** 550, 551; **13** 98[63]; **14/2** 13[40]; **14/3** 388-389, p. 100-101

Jornadas de Alexandre **12** 457[79]

José **5** 4
- na cisterna **12** 170*

José (santo) **9/2** 131

Joshua ben Nûn (figura legendária) **9/2** 173; **13** 428; **18/2** 1.527

Josué **5** 330[32]; **14/2** 257

Josué ben Nun
- cf. tb. *Corão*

Jota (grego) / jod (hebraico) **9/2** 340, 340[139]; **14/1** 37, 37[28]; **14/2** 267, 306[324]

Jótor / Jetro **9/2** 328s., 359-365, 383

Journal of Abnormal Psychology (Prince) **4** 155

Jovem(ns) **7/1** 88, 113; **13** 267, 269, 278[208], 392[138], 398, 403, F 32; **14/1** 7, 33[218], 46, 77, 89, 298
- alado **14/1** 160, 181, 189, 190, 191, 193, 195, 196, 200
- e casamento **17** 327
- os três, na fornalha ardente **11/1** nota 12 (cap. III)
- rapaz **9/1** 146, 270, 326, 396, 547, 591

Judá
- leão de **9/2** 167

Judaica
- tradição **15** 176

Judaísmo **10/1** 507
- fontes judaicas da tradição **14/2** 235, 237
- pré-cristão **14/1** 200

Judaísmo, judaico, judeu **9/2** 105, 128-130, 168, 170s., 174, 178, 181, 184, 186, 232, 267, 275, 425; **10/3** 18, 27s., 93, 353, 968, 979; **11/6** 1.014, 1.024s., 1.035[12], 1.060; **13** 292, 399, 460, 472; **18/1** 370, 527, 565, 610, 612, 635

- cristão **13** 107
- cf. tb. Hebreus

Judas **5** 41; **11/4** 650
- como sacrificante do Cordeiro de Deus **5** 41[44]
- traição de **5** 44

Judeia
- fonte na **14/1** 335, 336

Judeu(s) / *Iudaeus* **7/1** 177; **8/2** 338; **9/2** 129[34]; **10/1** 507; **10/2** 374, 478, 915
- como símbolo **6** 520s.
- escolha divina dos **11/4** 576
- incidência de complexos no **16/1** 218
- no deserto **14/2** 384[170]
- perseguição de **10/2** 371

Judeu-helenismo **14/1** 321

Judeu / judaico **10/4** 610, 772; **14/2** 257, 361

Judeu(s) / judaísmo **9/1** 189, 252s., 324, 463; **18/2** 1.322, 1.385, 1.480, 1.505s., 1.515s., 1.526, 1.528[8], 1.530, 1.541, 1.584[2], 1.584, 1.637, 1.666, 1.687, 1.744, 1.827, 1.830
- ortodoxos **18/2** 1.480, 1.507
- perseguição dos **9/1** 98; **18/2** 1.375

Judeu-cristã
- ética **10/1** 517

Judeu-cristão(s) / judaico-cristão(s) **9/2** 78[27], 103s., 113, 134, 167, 401

Judia **4** 164

Juiz **14/3** 209-210, 227
- Deus como **8/1** 102; **14/3** 288

Juízo **17** 159, 227
- corte judicial **2** 759s., 1.318
- - cf. tb., Processo judicial; Psicologia criminal
- Final **9/1** 217; **9/2** 127[2]; **18/2** 1.574
- julgamento **3** 79, 90; **14/2** 296[271], 344, 409, 412, 417, 442

- último / grande / último dia **13** 133, 137[209], 355, 392, 392[138]

Julgamento(s) **8/2** 136, 477, 581; **8/3**
- analítico **2** 46
- de um morto **11/5** 846
- - no Egito **11/3** 348[19]
- sintético **2** 46
- subliminar **8/2** 362; **8/3** 945
- cf. tb. Valor

Julgamento / juízo **6** 1.055
- e percepção **6** 651, 687, 731
- extrovertido **6** 643
- objetividade do **6** 954
- paradoxal **6** 954
- racional **6** 169, 678
- repressão do **6** 731
- sentimental e intelectual **6** 896
- sintético **6** 660

Julgar
- anestesia da capacidade de **3** 578

Juliano apóstata **14/2** 166

Julius / hospital **3** 321

Jûnân ben Merqûlius (filho de Mercúrio) **13** 86[4]

Jung **8/2** (m.s.) 478s.
- avô de **1** 45, 63, 97
- emprego do conceito "emoção" **1** 168[3]
- lista dos casos
1) Senhorita E., 40 anos de idade, tem alucinações de esqueletos e crianças mortas – Sonambulismo espontâneo baseado na inferioridade histérica e psicopática **1** 6s.
2) Senhorita S.W., de 15 anos e meio de idade, com ataques sonambúlicos – Médium espírita, com carga hereditária negativa **1** 36-150
3) Paciente histérica – Complexo de memória com carga emocional **1** 170
4) Comerciante, 27 anos de idade, forma branda de distimia maníaca **1** 193-195

Índices gerais

5) Senhora B., 44 anos de idade, com distimia maníaca, sucumbe ao alcoolismo devido à anomalia de gênio **1** 197-204
6) Senhorita C., enfermeira, 26 anos de idade, distimia maníaca com instabilidade social **1** 206-210
7) D., 55 anos de idade, pintor, indiciado por furto, devido a graves sintomas de mania, considerado irresponsável **1** 212-219
8) Godwina F., 48 anos de idade, prisão preventiva com estupor histérico **1** 227-299
9) Desconfiança de simulação por parte de um imbecil acusado de estupro **1** 309-310
10) Desconfiança de simulação por parte de débil mental, 17 anos de idade, acusado de estupro **1** 311, 312
11) J., 35 anos de idade, tecelão degenerado, simulou perturbação mental **1** 322-338, 357-427
12) Rapaz de 18 anos de idade, cujo furto foi descoberto através da associação de palavras **1** 483
- nas fantasias de S.W. **1** 60, 63s.
- S.W. e **1** 41

Juno **14/1** 2, 67, 68, 69, 86, 149[172]; **14/2** 58; **14/3** 109; **5** 321
- Ludovisi **6** 186, 188

Júpiter (deus)
- trono de **14/2** 163[392]

Júpiter (planeta) **9/2** 128, 130, 137[55], 151, 154, 156, 172; **11/1** 160; **13** 190[168], 355; **14/1** 1, 68, 211; **14/2** 137[296]; **18/1** 797
- luas de **8/2** 346; **8/3** 861
- cf. tb. Planetas

Juramento de guardar segredo dos alquimistas **16/2** 414[7], 414[8]

Jurisprudência médica **4** 227

Jurista **2** 1.316
- cf. tb. Ocorrência

Jusas / Nebit-Hotpet **5** 408

Justiça **6** 652s.; **9/2** 105-109, 128, 132, 169[20], 409[112]; **18/1** 563; **18/2** 1.466, 1.623
- poço da **11/4** 678
- toga da **14/3** 520, p. 130-131

Justo, o **9/2** 106, 109

Juventude **8/1** 112s.; **8/2** 555, 559, 796, 801; **9/1** 242; **10/3** 897; **13** 193
- criminalidade da **10/3** 897
- movimento da **10/2** 373

K

Ka **9/1** 702; **13** 132
- como as almas dos antepassados do faraó **14/2** 3, 3^9, 8
- dos mortos **12** 66
- egípcio **14/3** 424
- os 14 Ka do deus criador **14/2** 3, 3^9
- ou ou Ka-Mutef como o genitor divino no Egito **14/2** 2, 2^3, 3, 4, 4^{12}, 7

Kabbala denudata **9/1** 557^{80}, $576^{119, 120}$

Kabras (selva) **10/3** 126

Kadir
- cf. Chidr

Kadmos
- casamento de **14/1** 84
- como Hermes Kadmilos **14/1** 82^{218}
- mito de **14/1** 82, 82^{218}, 83, 84^{224}; **14/2** 148^{337}
- petrificação de **14/1** 84

Kaineus **5** 378^{107}, 439, 460, 480, 638

Kainis **5** 439

Kairós **10/1** 585; **10/2** 398

Kali **9/1** 158, 186, 189; **16/2** 518

Kali Durga **10/3** 880, 989

Kalid / Calid **13** 103^{85}, 380^{106}, 381, $381^{111s.}$

kalit **8/1** 125

Kallirhoë **14/2** 318^{355}

Kâma **5** 198, $590^{173s.}$

Kamma **11/5** 877

Kamutef **9/1** 438; **9/2** 322

Kanathos
- fonte de **5** 363

Karkinos **9/1** 604

Karma **9/1** 200

Karpistes **8/2** 388^{54}

kasinge **8/1** 125

Kassapa-Samyutta
- cf. Cânon pali

Kasyapa **11/5** 877

katábasis / descida **14/2** 158; **15** 213; **18/1** 80, 264

Kathakali **10/3** 986

Katha-Upanishad **5** 179; **9/1** 663
- cf. Upanixades Kheperâ

Katholikon / universal **14/2** 7

Katoche **14/3** 284

Kaulakau **9/2** 330

Kâya
- *Dharma-kâya* **11/5** 771, 790, 838, 846, 853
- *Nirmana-kâya* **11/5** 790s.
- *Sambhoga-kâya* **11/5** 790s.
- *Tri-kâya* **11/5** 790, 817

Kedar **14/1** 42; **14/2** 164^{392}, 257

Kena-Upanishad
- cf. *Upanishades*

Kenosis / esvaziamento de Cristo **14/1** 28, 28^{187}, 29, 30, 200^{348}; **14/3** 194

Índices gerais

Kenset
- cf. Egito

Keplerbund **18/1** 1.034s.

Kerner, J. **1** 73, 148

Kesava / Quesava **9/2** 176

Kether / coroa **14/1** 6[32], 18, 153[210]; **14/2** 258[189], 309[340], 318; **14/3** 532
- como cabeça do homem primordial **14/1** 18

Kether e Malcuth **16/2** 497[15], 498[18]

Kevan / Quevan **9/2** 128, 128[15]
- cf. tb. Saturno

Kheperâ **8/3** 845

Kibla **9/2** 190

Kilkhor **9/1** 576, 576[120]
- cf. tb. Mundo; Roda do klippoth

Kirath arbah / cidade dos quatro **14/2** 221

Kiswahili **8/2** 441[135]

Kitoshi
- região de **10/3** 126

Klagenfurt
- monumento de **5** 289

Kleças **11/5** 912, 939ss.

Kneph e Athor
- como *crux ansata* **5** 401[138]

Koan **11/5** 881, 894s.; **18/1** 538

Koans **8/2** 431

Kobold **9/1** 469

Kobsakow
- síndrome de **3** 10

Kohol (corante oriental para cabelos) **14/2** 132

Komarios
- tratado de **13** 103, 125, 130[182], 191, 193, 380[104]

Komma joanneum **14/3** 305, 325

Konarak
- pagode de **10/3** 1.013

Koronis / a gralha **14/1** 140[137]

Korybas **13** 278; **14/2** 174[401], 255, 293
- paralelos para **14/2** 293[259]

Kozankoku **11/5** 877

Kraepelin, E. **1** 333, 404s.

Krater **9/2** 19
- como vaso **12** 409

Krates **14/2** 75
- cf. tb. Livro de

Krishna **5** 241, 253[4], 662; **13** 340
- e Aijuna **12** 153s.

Kronos (deus) **14/2** 240, 240[117], 363, 420[226]
- acorrentado no Tártaro **14/2** 363
- mar como lágrima de **14/1** 334
- na concepção gnóstica **14/1** 333[668]

Ku Klux Klan **10/3** 977

Kun **9/1** 641; **9/2** 181[4]

Kundalini **9/1; 16/2** 380
- ioga **9/1** 142, 632, 641, 679; **12** 184, 199
- serpente **9/1** 648, 667, 674
- cf. tb. Yoga

Kundry **6** 421; **7/2** 374; **15** 211

Kurma **9/2** 272

Kusaie **8/1** 125

Kwatsu **11/5** 881

kyllenios **18/2** 1.696
- cf. tb. Hermes

Kynosura / rabo de cão
- como a segunda criação **14/1** 171
- como constelação **14/1** 171, 171[287]

Kypris **9/1** 537, 575
- vermelha **14/1** 107[11]

Kyrios Jesus **9/2** 68[2], 283

L

Labirinto **13** 433; **14/2** 160

Laboratório(s) **14/2** 51[121], 107, 352, 362, 365, 406, 411
- alquimistas **4** 748

Labor sophiae **13** 210

Lã branca **14/2** 29[74], 78[221], 299

Labuni **8/1** 129[86]

Labyrinthus Medicorum (Paracelso) **15** 29, 34

Lacerta viridis (lagarto verde) **14/2** 55

Lacônia **13** 129

Laconicum (banho de suor) **14/2** 18

Lactante **4** 338s.
- masturbação do **4** 370

Lac virginis **9/2** 173
- cf. tb. Leite virginal

Ladainha Lauretana **9/1** 652; **13** 389[125]

Ladanum **13** 193[190], 234

Lado aberto (de Cristo) **14/2** 77[214]

Ladrão(ões) **14/1** 180, 181, 183, 184, 186, 187, 189, 195, 196, 198, 199; **14/3** 181, 292, 320
- como tema de sonho **16/2** 376
- de si mesmo **14/1** 187
- tema do **5** 8, 34

Lagar **14/3** 236-237, p. 72-73

Lagarta **4** 237, 263, 269

Lagartixa
- cf. Animais

Lagarto
- cf. Animais

Lago(s) **8/1** 118; **9/1** 34, 40, 415s., 599, 654; **9/2** 236
- aquerôntico **5** 572
- redondo como alegoria de Deus **16/2** 409

Lágrimas **8/2** 303
- de Deus **14/3** 137[7]

Lama / lamaísmo **11/5** 831, 849ss.

Lama / lodo **14/2** 131[286], 133, 134

Lamaico (sacerdote) **8/2** 436

Lamaísmo **18/2** 1.225, 1.332
- tântrico **11/5** 843
- cf. tb. Budismo tibetano

Lambarene **10/4** 783

Lambsprinck
- símbolos de **9/2** 147[84], 224, 324
- cf. tb. *Musaeum hermeticum*

Lamentação
- dos mortos **5** 535[83]
- em inglês *arcaico* **5** 412
- de Adonis **16/2** 469
- de Linos **16/2** 469
- de Tammuz **16/2** 469

Lamento da morte **16/2** 467, 469

Índices gerais

Lâmia(s) **5** 369, F 73, 396, 450[59], 457, 577; **9/1** 53; **12** 61

Lâminas finas **14/2** 48

Lança **3** (S) 291, 294; **5** 8, 439; **10/4** 638; **18/1** 198, 261
- como símbolo da libido **5** 638

Languedoc **3** 303

Laodiceia **11/4** 706

Lapis / pedra **9/2** 123, 143, 193, 194, 216, 239, 245, 256, 262, 284, 340[139], 374-377, 387s., 390s., 401, 405, 410, 418; **13** 89, 101, 112s., 115, 126s., 133, 137[213], 177, 207[223], 209, 214[233], 261, 272, 282[231], 283, 287s., 296, 301[258], 336, 357[52], 359, 371, 380s., 408, 414, 421-428, 429, 436, 439; **14/1** 1[12], 2[9], 7, 12, 13, 14, 31, 32, 34, 35, 36, 37, 38, 52, 52[98], 60, 83, 84, 85, 117, 127, 130, 137, 138, 175, 179, 182, 193, 206, 207, 213, 229, 232, 234, 238, 240, 257, 277, 280[324], 315, 323; **14/3** 54, 60, 115[176], 131, 146, 152, 161-162, 366[109], 395-397, 407-408, 413-415, 420, 425, 425[99], 428, 435, 436, 446, 461, 510, 518, 519, 545, 549[129], 569, 575, p. 110-111; **18/2** 1.631, 1.781, 1.788
- *aethereus* **13** 137
- *albus* **14/1** 314; **18/2** 1.702
- *animalis* **9/2** 243
- alegoria do **14/1** 59
- como ancião **14/1** 7
- como *cervus fugitivus* **14/1** 182
- como filho
- - do homem **14/1** 289
- - dos filósofos **14/1** 6[28]
- como *filius unius diei* **13** 301[258]; **14/1** 166[261]
- como *homo totus* **14/1** 83
- como mediador **14/1** 141
- como meta do *opus* **14/1** 6[26]
- como órfão **14/1** 13, 31, 34
- como origem dos sete metais **14/1** 14

- como pomba **14/1** 180
- como quaternio elementar **14/1** 232
- como substância do arcano **14/1** 35, 37
- como templo marmóreo **14/1** 2[9]
- como tintura ou medicina **14/1** 289
- como união dos opostos **14/1** 137
- conceito alquímico **14/1** 35[2], 59
- conteúdo projetivo do **14/1** 257, 288
- cores do **14/1** 239
- dragão como etapa ctônica do **14/1** 232
- ente mítico de proporções cósmicas **14/1** 59
- etapas da transformação do **14/1** 35, 36, 315
- *exilis* **9/2** 57; **14/1** 147
- expressão mais vigorosa do objetivo abstrato **14/1** 280[524]
- *fortissimi spiritus* **14/1** 239, 240[113]
- *incorruptibilitas* **14/1** 84
- *lazuli* **11/5** 917, 929, 937s.
- *lydius* **13** 94
- Malchut como *lapis* na cabala **14/1** 61[138]
- Mercurius como **14/1** 229
- mistério do **14/1** 206
- natureza luminosa do **14/1** 174
- *noster* **18/2** 1.739
- *occultus* **14/1** 240
- paradoxalidade do **14/1** 35
- paralelismo entre o *lapis* e Cristo **14/1** 60, 140, 141, 145, 181[333], 229, 289
- pedra branca **14/3** 21
- produção do **14/1** 83, 308
- rejeitada **14/3** p. 46-47
- ressurreição do *1apis* e a de Cristo **14/1** 181[333]
- sinônimos do **14/1** 2[9], 52[98], 138, 182
- *sapphireus vel sapphiricus* **14/2** 308
- *stanneus* (Flammel) **8/2** 394
- surgimento do **14/1** 62, 181[333]
- terra como **14/1** 258
- unidade / unicidade do **14/1** 83, 175, 288

Lapis philosophorum / pedra filosofal **5** 646[37]; **8/3** 921; **9/1** 117, 541, 601[157], 617, 651; **9/2** 72, 122, 143, 195, 216, 218, 220, 241, 244, 286, 296, 326, 418, 426; **10/4** 738, 806; **11/2** 278[39]; **11/3** 353; **12** 13*, 84, 94, 94[28], 99s., 51*, 140s., 165, 220s., 305, 99*, 335, 343, 377, 387, 402, 404s., 431s., 462s., 497[185], 507, 514, 555s., 564; **13** 94, 123, 133, 158, 162, 203, 242, 287, 289, 349, 385, 423; **14/2** 6[19], 7, 14, 17, 25, 30, 36, 48, 57, 74, 75, 77, 78, 94, 104, 141, 142, 150, 155, 157, 161, 190, 210[4], 217, 230, 232, 233, 235[82], 274, 292, 293[263], 305, 322, 330, 331, 339, 342, 346[91], 357, 370, 372, 373, 376, 404[218], 413; **16/2** 383, 398, 404, 414[8], 454, 529s.; **18/2** 1.704
- Adão como **14/2** 210, 234, 253
- *aereus et volatilis* **14/2** 384
- *aetereus* **12** 343[3]
- alquimista como servo do **14/2** 186
- androginia do **14/2** 189, 191
- antecipação da **16/2** 492
- as cores do **14/2** 48, 49, 57, 161
- caráter paradoxal do **14/2** 336
- como algo mais que uma combinação química **14/2** 337
- como *al shaitan* **16/2** 403[7]
- como alimento imortal **14/2** 190
- como a meta do *opus* **14/2** 190, 224, 315, 371, 434
- como analogia de Deus / Cristo **12** 159; **14/2** 397
- como *anthropos* **12** 335, 64*
- como *aqua permanens* **12** 94s., 159[32], 336[6], 433s.
- como a união
- - do masculino e feminino **14/2** 233
- - dos quatro elementos **14/2** 274
- como centro **12** 125, 155, 224
- como corpo vivo **14/2** 141
- como cristal **12** 224
- como Cristo ressuscitado **14/2** 232
- como derivado físico-metafísico do

homem **14/2** 315
- como deus terrestre **12** 335, 471; **14/2** 306, 336, 434
- como diamante **12** 263
- como *elixir vitae* / panaceia **12** 245[126]; **14/2** 104, 412, 434
- como espírito **12** 243, 404s.
- como filho do Sol e da Lua **14/2** 189
- como *filius macrocosmi* **12** 335
- como *foemina* / mulher **14/2** 69
- como fogo **12** 167[29], 167[31]
- como força do destino **14/2** 306
- como fundamento da criação do mundo **14/2** 306
- como grão de trigo **16/2** 467[1]
- como hermafrodita **12** 142, 305, 335; **16/2** 468
- como homem **12** 378
- - primordial **16/2** 527
- como ideal para o indivíduo **14/2** 190
- como início e meta **12** 428[4], 431
- como matéria-prima **12** 336, 400
- como mistério precioso de cada um **14/2** 190
- como oposição ao mistério cristão **14/2** 309
- como o próprio Deus **14/2** 306
- como o *unum* ou o *unus mundus* **14/2** 217, 326, 371
- como pedra
- - angular **12** 104, 247, 172*, 451, 485, 509
- - pedra mágica **14/2** 69, 70
- como posse mística da alquimia **14/2** 309
- como *prima materia* **14/2** 371
- como rei **12** 142; **14/2** 6, 6[19], 127[270], 127[272], 127[276], 186
- como salvador **14/2** 104, 434
- - cf. tb. Salvador
- como ser vivo **14/2** 6, 190
- como símbolo **14/2** 309, 315
- - do si-mesmo **14/2** 17, 189, 315, 374, 431

Índices gerais

- como substância do arcano **14/2** 6[19], 14, 307, 339, 412, 434
- como tintura ou medicina **14/2** 350
- criação a partir do caos **12** 433s.
- de aspecto físico e transcendental **14/2** 445
- designação / definição da **13** 203
- efeito(s)
- - interior no homem **14/2** 412
- - externos **14/2** 412
- encontrado em qualquer homem **14/2** 292[249]
- e o *anthropos* **14/2** 57
- e o corpo humano **14/2** 357
- esfericidade do **14/2** 57
- espírito, alma e corpo do **14/2** 94, 190, 428
- esquartejado **14/2** 274
- e Vênus **14/2** 75
- *exilis* **12** 103, 246s., 246[127]; **14/2** 22, 406
- geração da **16/2** 458, 498
- incorruptibilidade do **14/2** 425
- matéria-prima do **14/2** 74
- Mercurius como **14/2** 230, 370, 376
- - cf. tb . Mercurius
- mestre do **14/2** 180
- mistério revelado a Adão **14/2** 248
- mônada como **12** 427[4]
- não é ofuscamento da figura de Cristo **14/2** 216
- numinosidade do **14/2** 106, 412
- o redondo do **12** 167, 220, 433
- ouro e **16/2** 484
- paradoxalidade do **14/2** 315
- paralelo com Cristo **14/2** 7, 17[56], 57, 77, 104, 150, 172, 232, 309, 337, 402; **16/2** 533s.
- - cf. tb. Cristo
- produção do **12** 142, 157, 167, 218, 220[107], 220, 256; **14/2** 10, 413
- propriedades paradoxais do **12** 420
- quaternidade do **11/2** 262; **12** 209, 220, 448s., 457
- restauração do **14/2** 189

- *sanctuarium* do **12** 51*
- ser semelhante ao homem **14/2** 428
- significado
- - na alquimia **14/2** 6[19], 306, 339, 412, 431, 434
- - na cabala **14/2** 306
- tripla natureza da **16/2** 454[10], 468
- trindade da **12** 220[109], 508
- triunidade do **14/2** 7
- unidade do **14/2** 17, 57, 148[334], 189, 217, 427
- variados sinônimos do **14/2** 6, 127, 275, 434
- *vilis* **12** 160, 433, 514
- *volatilis* / volatilidade do **12** 306, 390; **16/2** 486[17]

Lapônia **18/2** 1.754

Lapsos **16/1** 126
- de língua **18/1** 985
- na escrita **3** 102, 109
- na fala **3** 92, 102, 109
- na leitura **3** 92

Lapsus
- *calami* **14/2** 262
- *linguae* **6** 640

Laranja(s) **3** 121; **17** 43
- cf. tb. Cores

Lareira **10/3** 67

Lares **8/2** 209

Latão **8/2** 394

Latente
- tempo do afeto adequado **3** 147

Latim **14/2** 207, 233, 392

Latino **14/2** 112, 214, 268

Lato / matéria negra **16/2** 484, 484[6]

Laton
- como corpo impuro **14/1** 310
- como sal cristalino **14/1** 310[501]
- como substância do arcano **14/1** 310[501]

- como terra
- - nigra **14/1** 310[391]
- - vermelha **14/2** 290[231]

Latona **9/2** 163
- de Delos **5** 321

Láudano
- pílulas de **15** 7

Laudanum (termo de Paracelso) **13**
193; **14/2** 225[31]

Laudo, parecer **2**
- grafológico **2** 1.358
- psiquiátrico **2** 1.313, 1.358, 1.379s.

Lava-pés **11/3** 299

Lavar **14/3** 276-277, 291, 294, 320,
322, 526, p. 86-87, 94-95, 100-101

Lavar/ lavagem **11/3** 423

Lavoura **5** 226

Lavrador
- cf. Camponês

Leão **5** 8, 89[30]; **8/2** 449; **9/1** 246, 267,
315, 405, 423s., 435, 535[24], 588[143],
624, 660; **10/3** 134, 846; **13** 97[56], 182,
228, 246, 267, 273[171], 275, 327, 361,
365, 383, 390[132], 398, 401, 426, F 22,
25; **14/1** 3, 21, 24, 77, 131[86], 136, 142,
163, 164, 168, 170, 182, 260, 269, 324;
14/2 46, 61[141], 64, 65[165], 67, 68, 68[172],
69[180], 70, 71[182], 76[211], 78, 84, 116[256],
133, 141, 158[359], 171[398], 175, 176,
176[403], 237[98], 239, 240[111], 288[221], 290,
305, 305[315]; **14/3** 582-583; **17** 162, 304;
18/1 266, 416, 520; **18/2** 1.078, 1.827
- adormecido **14/2** 68[173]
- animal
- - afetivo **14/2** 176[403]
- - régio **14/2** 63, 65
- aspecto erótico do **14/2** 68, 75, 84
- caçada do **14/2** 46, 69, 70, 72[183]
- como a concupiscência **14/2** 175,
391[201]

- como alegoria do anticristo **14/2** 68,
148
- como *allegoria Christi* **14/2** 87, 120,
148, 150[347]
- como *allegoria diaboli* **14/1** 324; **14/2**
68, 68[172], 133
- como a emocionalidade passional
14/2 64
- como estátua de Hermes **14/2** 64[161]
- como etapa de transformação de
Helios **14/2** 64
- como *leo antiquus* **14/2** 65
- como o mal **14/2** 68
- como o Sol **14/2** 65
- como signo **18/1** 266; **18/2** 1.077
- como símbolo
- - da libido **5** 147
- - da violência **14/1** 136
- - de um evangelista **8/2** 559
- - do paganismo **14/1** 324
- como sinônimo de Mercurius **14/2**
64, 141, 323
- como *sponsus* **14/2** 72[183]
- como substância do arcano **14/1**
142; **14/2** 64, 64[161]
- coroação do **14/2** 158[201]
- de Mitra **5** 421
- demônio como **5** 525
- de Nemeia **5** 265, 451[59]
- do zodíaco **14/2** 158[360]
- dragão como etapa prévia do **14/2**
158
- e leoa **14/1** 3
- - como etapa prévia da coniunctio
14/2 68
- e serpente **5** 425, 671
- esterco como solvente fortíssimo
14/2 62[146]
- e Vênus **14/2** 133
- face de **9/2** 127, 128, 167, 185, 187,
234
- figura zodiacal do calor do verão **5**
176, 425[25], 600[190]
- ígneo **14/2** 64
- Messias como **5** 525

Índices gerais 425

- morte do leão por Sansão **5** 526
- mutilação do **14/2** 141, 158, 176[403]
- o "leão moral" (Nietzsche) **8/2** 164
- par de
- - como enxofre branco e vermelho **14/2** 65[162]
- - em luta **14/2** 64, 65, 68, 74, 158, 170[398], 176
- que devora o Sol, **5** F 70
- sem asas e leoa alada **14/2** 64
- simbolismo do **14/2** 72
- transformação em rei **14/2** 205
- verde **14/2** 47, 47[103], 61, 61[141], 61[143], 63, 64, 64[153], 64[155], 64[161], 65, 68, 73, 75, 77, 87, 87[232], 116, 117, 120, 137, 138, 158[361], 320, 323
- - sangue do **14/2** 46, 60, 61[141], 64, 73, 77, 116, 176
- vermelho **14/2** 65, 137, 138
- - e o enxofre vermelho **14/2** 65[162]
- voador **14/2** 64[150]

Lebre **8/2** 229

Leda **9/1** 560; **9/2** 134

legalidade e caos **6** 566
- do objetivamente acontecido **6** 686

Legenda como sagrada legenda **14/2** 120, 157

Lei(s) **4** 442, 486, 565; **6** 175, 374, 398, 560; **9/1** 243; **10/3** 3, 31, 45, 65, 71, 113, 118, 121, 248, 265; **11/4** 696; **13** 81, 286, 292; **14/3** p. 68-69; **15** 5, 108, 149, 152, 158; **17** 298; **18/1** 823; **18/2** 1.593, 1.637, 1.680
- da libido **2** 716
- - reforçada pelo objeto **2** 950
- - cf. tb. sexualidade
- da natureza **6** 809
- da própria alma **6** 434
- da série (Kammerer) **8/3** 824
- de fora **6** 400
- geral **6** 630
- legislação **9/2** 100, 126[6], 153, 171, 340[138], 360

- liberdade em face da **11/2** 272
- necessidade de **6** 135s., 139, 478
- própria **17** 295s., 304s., 310, 313
- sujeição à **11/2** 292

Leite **9/2** 344; **10/4** 769; **13** 381; **14/2** 87, 87[232], 94, 116, 360, 371; **14/3** 276, 280, 326, 425, p. 66-67, 138-139, 142-143
- branquíssimo **14/1** 140
- virginal / da virgem **14/2** 371; **14/3** 261[88], 425, p. 106-107
- vomitar **3** 149[132]

Leitmotiv **3** 80[96]; **15** 1.669

Leito **14/2** 99, 100, 101, 197; **14/3** 185, 529, p. 66-67, 130-131, 136-137
- de carvões **14/2** 69
- de doente **14/2** 188
- nupcial **14/2** 69, 72[183], 75
- - no campo **5** 214[22]

Leitura
- do pensamento **4** 647; **18/2** 1.368
- erros, lapsos de **8/3** 853s.

Lembrança(s) **8/2**
- e conhecimento **8/2** 290
- infantil **13** 463
- lacunas da / experimento de repetição **8/2** 199, 593
- repressão da **3** 61
- traços, vestígios de **8/2** 668

Lembrança / recordação **10/3** 4, 8, 10, 15

Leme
- roda do **14/2** 127

Lemingues **14/1** 190

Lêmures **14/1** 310

Lenclos, N. **5** 1, 1[2]

Lenda(s) **3** 89, 463; **14/3** 609
- cristãs **14/1** 75
- da Fênix **14/1** 69[126], 79, 242[438], 270, 275, 279, 280, 281, 311[606]

426 Obra Completa — Vol. 20

- da pedra dos sábios **14/2** 66
- da princesa na árvore **14/2** 398[212]
- de Átis **5** 528, 659
- de Bata **14/2** 12
- de P'an Ku **14/2** 237
- do espírito na garrafa **14/2** 75[206]
- do Gral **14/1** 182[336], 333
- do Ortus **14/1** 270
- dos judeus **14/1** 182[33], 332[600]
- dos sete corvos **14/2** 238
- fisiológicas **14/2** 332
- gênese da **8/2** 325
- georgiana **14/1** 266
- islâmica **14/2** 276
- judaicas **14/2** 216[14]
- midráxica de Armillus **14/2** 306[324]
- muçulmanas **14/2** 216[14]
- persa **14/2** 306[324]
- sagas, contos de fadas **16/1** 254

Lenda / legenda **18/1** 80, 231, 249, 258, 986

Lenker (menino no Fausto) **14/1** 193[313]; **14/2** 130

Leonardo da Vinci **16/1** 246

Léonie (caso de Janet) **1** 110, 116
- e Lucie **1** 110

Leopardo **9/1** 352; **10/3** 129s., 139

Lepra **14/3** 389

Leprositas metallorum **14/2** 289

Lerna (hidra), serpente de **9/1** 604

Lesão craniana **8/3** 939

Leste **12** 262s., 452
- e Oeste **16/2** 434

Letargia **1** 1, 121; **3** 161
- e hipnose **1** 125
- histérica **1** 125

Lethargia / esquecimento **9/2** 326[86]

Lethe / esquecimento **9/2** 326

Leto **5** 316[13], 396, 577; **11/4** 711, 713; **13** 418; **14/1** 73[188], 258, 259

Letras **14/3** 420

Leucádia **13** 129

Leviatã **5** 173, 232, 383; **6** 496, 511; **9/1** 553[72], 559[84], 673; **9/2** 133, 174, 178, 180, 181-185, 188, 228[93], 285; **11/4** 681; **12** 28*, 547; **13** 334, 448; **14/1** 249, 270, 332, 332[606]; **14/2** 238, 238[106], 238[107], 238[108], 240, 274[215], 302; **14/3** 272[22]
- como diabo **14/1** 249

Levitação **10/4** 667; **14/3** 607, p. 96-97; **18/2** 1.441
- parapsicológica **16/2** 477
- sensação de **8/3** 939, 945

Levítico
- cf. Bíblia

Li / sinais I Ching **9/1** 640

Lia **14/2** 221

Líbano **14/2** 288[221]; **14/3** 389

Liber (divindade itálica) **14/2** 2[5]

Liber
- *de arte chimica*
- - cf. *De arte chimica*
- *de Caducis* (Paracelso) **15** 42
- *definitionum Rosini* **13** 287
- deus da geração **5** 187[30]
- *mulus* **9/1** 53[30]
- *quartorum* **13** 113, 114[136], 117, 173[108], 264, 273, 275[184], 276, 430; **15** 37, 39, 47, 57
- *sapientiae* **8/2** 388

Liberalismo **9/1** 125

Liberdade **6** 161, 168, 306, 312, 400, 449, 519, 596s.; **8/2** 216, 230, 247; **9/1** 243[44], 566[97]; **9/2** 9, 49, 55, 170; **10/1** 522; **10/2** 257; **10/3** 257, 870; **10/4** 718, 818; **13** 153; **14/2** 347, 387,

Índices gerais 427

388, 39C; **15** 109, 112, 127, 155; **17** 168, 298; **18/1** 754; **18/2** 1.338, 1.630
- ausência de **8/2** 200, 216, 293
- como ideia **6** 222, 710
- de escolha **16/2** 365
- de opção **16/1** 223, 227
- de vontade **18/2** 1.600
- do espírito **11/2** 264
- em face da lei **11/2** 273
- em Kant **6** 597[17]
- em Schiller **6** 115, 125
- eterno direito de **14/1** 194
- moral
- - educação para a **16/1** 223
- política **6** 123
- privação da **9/2** 282

Libertação **7/1** 88s.; **7/2** 217; **9/1** 528s., 533, 538s., 548s.; **13** 332, 342, 390
- da alma **14/2** 387, 388
- das cadeias **14/2** 337
- interior **14/3** 560, 568
- sentimento de **8/2** 329

Libertinismo **10/4** 676

Líbia **9/2** 213

Libido **3** 415, 418, 423, 433; **4** 179, 295, 303s., 349s., 420, 422s., 440, 444, 469s., 502, 504s., 515s., 518, 560s., 567s., 661s., 666; **5** 190, 193, 253, 255, 329, 627, 638; **6** 27[9], 210, 298, 365, 394, 436, 464, 552, 811, 869; **7/1** 33, 77, 150; **7/2** 260[7], p. 156*, 163s.; **8/1** 54 (Freud) 77, 91; **8/2** 507, 517; **9/1** 245; **9/2** 303[37], 403; **10/3** 7; **12** 287; **14/2** 84; **14/3** 173; **16/2** 483[4]; **17** 13[4], 20, 219; **18/1** 273, 956, 1.005, 1.049, 1.056s.; **18/2** 1.078, 1.083, 1.090, 1.099, 1.105, 1.151
- afundada no inconsciente **6** 433, 469
- - como perigo **6** 503
- anal **18/1** 273

- atenção como **6** 803
- atividade da **5** 434
- canalização **8/1** 79-87
- caráter oposto da **5** (182), 428, 680
- como *appetitus* **5** 194
- como cupiditas **5** 195
- como energia psíquica **5** 129, 193; **6** 398, 869
- como força transcendente da consciência **5** 170
- como instinto de propagação **5** 194, 219
- como interesse **5** 191
- conceito de **4** 49, 251-293; **5** 185, 190; **8/1** 32s., 52, 56; **8/2** 441
- - primitivo **8/1** 114, 130; **8/2** 130, 411, 441[135]
- concentração da **6** 366, 503
- de parentesco, como instinto **16/2** 431, 445, 469
- deslocamento da **5** 83, 91, (125), 337, 344, 390, 398
- direção centrífuga da **6** 931s., 947
- - centrípeta **6** 931, 947
- - teoria da **6** 942
- divisão, cisão da **6** 323, 367, 377
- domesticada **6** 386[517], 421
- endógama **14/2** 329[53]
- - e exógama **16/2** 431
- energia criadora **7/2** 349
- e objeto **7/1** 93s., 105, 110
- estancamento da **4** 662; **5** 250, 254
- excesso **8/1** 91, 104, 109
- explosão da **6** 842
- extinção da **6** 448s.
- extração da **6** 80, 622
- extroversão da **6** 373, 797, 946
- falta de **4** 255
- genital **18/1** 273
- indomada **6** 377, 421
- introversão / refreamento da **5** 90, 134, 193, 260, 299, 448, 450, 517, 518; **6** 173s., 176, 179s., 187s., 290, 308, 312, 373, 433, 464[146], 465s., 469, 748; **8/2** 169

- libertação da **5** 335, 644; **6** 386, 421, 446, 480; **7/1** 105; **7/2** 345
- localização da **6** 938
- manifestações inconscientes da **5** 261
- movimentação da **6** 621, 919, 935, 940
- - na histeria e *dementia praecox* **6** 931
- mutação inconsciente da **5** (106), 342
- não diferenciada **7/1** 133
- ocupação da **4** 106, 661
- o mito da **5** 441
- oral **18/1** 273
- o "tender para" como **5** 197
- perda **8/2** 598; **16/1** 87
- possibilidade de personificação **5** 182, 297, 388
- pressão da **5** 102, 644
- primordial **4** 285s.
- privação da **7/2** 258, 344, 357, p. 153s.
- progressiva **5** 313
- regressão da **5** 193, 206, 217, 226, 248, 253, 313, 390, 398, (448s.), 449, 450[59], 465, 481, 511, 530, (617), 631, 654, 655, 659; **6** 497, 913; **8/1** 43; **8/2** 507; **16/1** 9; **16/2** 368; **18/1** 1.057
- retenção da **6** 446
- represamento da **6** 133, 366s., 390, 456, 465, 497, 523, 535; **8/1** 61, 65, 109; **8/2** 517
- reprimida **6** 431, 520
- sacrifício da **5** 379, 659, 672
- separada da mãe **5** 329, 473, 658
- sexual **4** 268, 345, 349, 591; **16/2** 455
- símbolos da **5** 329, 330, 638; **6** 348, 367, 398
- - extáticos da **5** 143, (145)
- - fálicos da **5** 297, 329
- - - cf. tb. Falo
- - teriomorfos da **5** 145, 261, 505
- sublimação da **7/1** 93
- Tapas como **5** (588)

- Têjas como **5** 238
- teoria da **4** 200; **5** 185[22]
- transferência da **4** 56, 60s., 163, 273, 427s., 439, 443, 591s., 601, 615, 632, 636, 640, 645, 653, 656s.
- transformação da **5** 204 , 216; **6** 398; **8/1** 35s., 38, 92s., 113
- transição para o preparo do fogo **5** 227
- transmissão da **6** 436, 449, 451
- três maneiras de simbolizá-la **5** 146

Libitina (deusa dos cadáveres) **5** 187[30]

Libra (zodíaco) **14/1** 6
- Cf. tb. Balança

Lícia **9/2** 186

Líder **4** 433s.

Liderança **18/2** 1.317

Liffey **15** 186

Ligação **17** 260, 271
- com o objeto **8/2** 507, 510, 516, 521; **11/5** 853, 871, 942
- com os mortos **8/2** 598
- inconsciente **8/2** 519, 724

Liga de ferro e cobre **14/2** 320

Ligamentum animae et corporis **8/3** 921

Lilit **5** 369, 396; **13** 247[19], 288, 399, 460

Lilith / Edem **9/1** 157; **11/4** 619, 625; **14/1** 140
- como a soberana dos espíritos **14/2** 255
- como um aspecto de Adão **14/2** 255

Limbo **14/3** 510

Limbus major (Paracelso) **15** 13

Limiar
- da consciência **14/3** 122
- psicofísico (Fechner) **8/2** 352[11]

Índices gerais

Limitação **14/3** p. 50-51
- coletiva **6** 308, 310

Lingam **9/1** 193, 632; **9/2** 339[134]
- cf. tb. Falo

Língua **5** 12, 229, 237, 248; **9/1** 467[14]
- da natureza **5** 499
- desenvolvimento da **8/2** 292
- e discurso **5** 14
- lapsa **8/2** 296
- metáforas eróticas da **5** 7, 65, (185), (192)
- resíduos onomatopoéticos da **5** 12

Linguagem(ns) **6** 40, 369[76], 1.019; **10/3** 965; **15** 11; **17** 94; **18/1** 416, 586, 632, 990
- celestes **3** 157
- como defesa / proteção **6** 773, 949
- comunicável **8/2** 595
- conceitual **14/2** 71[182]
- da Bíblia **8/2** 474
- da sexualidade **14/2** 274[215]
- de poder **8/2** 360
- dos místicos **14/1** 192, 289
- dos sonhos **8/2** 475, 506, 509
- duplo sentido da **4** 46
- eclesiástica **14/2** 25
- fala **2** 10s., 20s., 42, 46s., 66s., 91s., 105-113, 114-381, 382s., 408, 450[68], 465s., 475s., 490, 499, 539, 547, 575, 587s., 682s., 703, 776, 935, 1.062, 1.324s., 1.363; **18/2** 1.079, 1.260
- figura de **8/2** 311, 627
- formação da **8/2** 740
- lapsos de **8/2** 138, 204, 296, 546
"linha de conduta fictícia" (em Adler) **6** 567, 949
- manifestações patológicas na **3** (185[174]), 303, (323), (356), (546), 556
- neutra (Pauli) **8/3** 950
- neologismos de Paracelso **13** 155, 160, 171[82], 205, 231, 242
- pneumática / espiritual **14/2** 6
- primitiva **8/2** 309, 474

- secreta **13** 194
- - cf. tb. Alquimia
- simbólica **11/5** 788
- - da alquimia **14/3** 49, 112, 123
- - da Bíblia **14/3** 121
- - dos sonhos **8/2** 474, 477
- - transformação da **11/3** 339
- subjetiva do intuitivo **6** 731

Linos **5** 316[13], 559

Líquido **10/4** 628, 629, 630, 641; **14/2** 343, 350, 351, 374, 418, 420
- azul **14/3** 505

Lírio **6** 442s.; **9/1** 352, 405; **14/2** 66[169], 345[84]; **14/3** 523, 567, 570, p. 134-135, 142-143
- branco feminino **14/2** 349
- como contraveneno **14/2** 345[84]
- dos vales **14/2** 197
- entre os espinhos **14/2** 137
- suco como mercurial **14/2** 345[84]
- vermelho **14/2** 345, 349, 362, 364
- - como a quintessência do enxofre **14/2** 345[84], 362
- - masculino **14/2** 349, 362

Lise (fase do sonho) **8/2** 564

Lisoka **8/1** 117

Literatura **4** 475
- campo da **15** 133
- historiada **9/1** 115
- medieval **14/2** 59
- perspectiva da **15** 136
- romântica **18/1** 700
- a bela e as contaminações **14/2** 120
- patrística **14/2** 384[171]

Liturgia **9/1** 93; **14/2** 329, 384[170]

Livre-arbítrio **9/2** 9, 84

Livre d'heures du Duc de Berry **13** 406[176]

Livro
- de casca de árvore **14/2** 377
- de Crates (Berthelot) **13** 88[21], 126, 265, 273[170s.], 358[55]
- de Daniel
- - cf. Bíblia
- de El-Habîb (Berthelot) **13** 89[25], 109[110], 117
- de Henoc
- - cf. Bíblia, apócrifos
- de Jó **4** 741
- de Tobias **4** 742
- dos mortos **14/2** 147[327]
- - egípcio **5** 367, 389, 425; **13** 360
- - tibetano
- dos ritos (China) **5** 663
- o rasgar dos Livros como exigência dos alquimistas **16/2** 484, 486, 490

Lixívia / *lixivium* **14/1** 314; **14/2** 351; **14/3** 182

Ló **14/1** 60, 88[232]
- mulher de **14/1** 60

Lobisomem **7/1** 150; **9/1** 405; **10/3** 130, 137, 280; **18/1** 586

Lobo **3** 456 (S); **4** 475s.; **9/1** 421s., 424s., 430; **9/2** 234; **13** 176[114], 176, 359; **14/1** 3, 77, 142, 167, 171, 269; **14/2** 170[398], 175
- cf. tb. Animais

Lobo Fenris **5** 681[88]

Locapala **9/1** 564[93]

Locus
- cf. tb. Espaço

Logia (ditos) de Jesus **14/3** 71[52]

Lógica **6** 56, 63, 71, 667, 716, 772; **8/1** 102; **8/2** 189; **14/1** 324; **14/2** 61
- conceitual **14/2** 185
- e intelecto **14/1** 337
- fronteiras da **16/2** 524
- *tertium non datur* **14/2** 339, 365

Logicismo **11/2** 227

Logion Iesou (dito de Jesus) **14/1** 193, 239; **14/2** 149[341], 193[419], 296[272]

Logomaquia **14/2** 262

Logos / Verbum **5** 76, 102, 272, 458, 558; **6** 53, 377; **9/1** 178; **10/1** 554; **10/2** 375[3]; **10/3** 255s., 275; **11/2** 193, 216[17], 254; **11/3** 357, 359, 421, 442; **11/4** 610, 619, 655; **12** 356[26], 412, 436, 440, 511; **13** 59, 110, 116[145], 271, 278, 391; **14/3** 52, 192, 251, 330, 359, 470, 484[69], 515, 530; **16/2** 378[30], 458; **18/2** 1.570, 1.631, 1.653
- calado e introvertido **14/1** 244
- como criador do mundo na alquimia **14/1** 121
- como Cristo **14/1** 121, 121[82], 171, 218, 220, 244
- como espírito de distinguir, julgar e reconhecer **14/1** 218, 220
- como intermediário **6** 89
- da visão de Poimandres **14/2** 18[60]
- do Evangelho de João **14/2** 34, 57, 141, 143, 171, 255[166], 388[157]
- e canis, paralelo gnóstico **14/1** 169[281], 171
- encarnação do **5** 113; **11/3** 306, 336
- e Eros (par de conceitos junguianos) **14/1** 218-227
- espada como **5** 557
- espírito do fogo como **5** 663
- identificação como **5** 104
- macrocosmos **14/2** 309[840]
- rio **14/2** 25
- *spermatikos* (dos estoicos) **5** 67[10]; **13** 59·
- Thot como **5** 401[138]
- transformação em mãe **5** 558

Logos / logismos **9/2** 29, 33, 41, 72, 75[24], 100[50], 230, 292-294, 314, 319[65], 330, 367, 373, 396s.
- *spermatikos* **9/2** 323

Índices gerais

Logro / embuste **1** 117, 252, 304, 320, 419, 439, 453
- cf. tb. Mentira patológica

Loki **5** 421

Lombroso, C. **1** 175, 219

Longino **13** F V
- golpe de lança de **5** 671[78]

Lontra, história infantil **18/2** 1.716-1.722

Lorelei **3** (D) 224, 225, 226, 373, 500

Lorind **15** 25

Losango **5** 297

Lotus **5** 405; **9/1** 156, 234, 315, 573, 576, 596[152], 630, 652, 661; **13** 336, 345, 360, 389; **18/2** 1.331
- flor de**11/5** 920, 923s., 942, 948; **12** 139, 192, 75*, 246[127]
- e *Brahma* **5** 449, F 87

Louco **8/1** 94; **8/2** 478; **17** 292

Loucura **5** 450[59]; **8/2** 330; **14/1** 20, 24, 44, 47, 94; **14/2** 120[260], 158; **14/3** 231, 609; **17** 181; **18/1** 72, 85, 795
- delírio, alucinações **16/2** 408[19], 501, 538
- louco, maluco **3** 336, 339, 474, 498, 508
- maluquice **13** 325

Lourdes **4** 578, 588; **7/1** 168; **17** 266s.

Loureiro **9/1** 581s.

Love and Life (Watt) **4** 183

Lua / *luna* **3** 571; **5** 24, 148, 198, 298, 487, F 91, F 92; **6** 470, 833; **8/1** 115; **8/2** 330, 388, 394; **8/3** 869[53], 875, 882s., 889s.; **9/1** 156, 240, 266, 311s., 343, 532, 541, 545, 557, 604s., 625, 685, 704; **9/2** 130[36], 163, 169, 218, 240, 241[7], 243, 245[30], 292[13], 330, 381, 393, 396; **10/3** 144; **10/4**

611, 612, 614, 697, 699, 766, 807, 808; **11/2** 173, 176; **11/4** 711; **12** 106*, 470[122], 486s., 524[28]; **13** 64, 95[49], 101[74], 104[96], 113, 114, 157, 174, 186[153], 193[184], 198, 273[170], 278, 300, 334, 357, 409; **14/1** 1, 2, 6, 14, 15, 19, 20, 21, 24, 27, 28, 30, 32, 33, 36, 63, 64, 77[109], 82, 84, 89, 118, 123, 130, 133, 139, 149, 149[184], 150-170, 152[205], 154[213], 162[239], 175, 176, 177, 180, 181, 188, 193, 196, 206-227, 238, 240, 269, 283[533]; **14/2** 3[10], 17, 64, 74, 93, 94, 96, 97, 99, 100, 102, 103, 104, 114, 163, 164, 217, 228, 237, 242[121], 291, 292, 383[164]; **14/3** 142, 157[8], 157-158, 194, 210, 218, 243, 269, 466, 537, 553; **16/2** 353[1], 397[51], 496; **18/1** 264, 412, 525; **18/2** 1.697, 1.701s., 1.784, 1.789
- albedo como **14/2** 94, 292, 299
- animais lunares **14/1** 210
- aspecto
- - feminino-maternal da noite **14/1** 42, 136[122], 149, 163, 166, 175[309], 211, 325; **4/2** 17, 94, 97[96], 163
- - perigoso da **14/1** 19, 20, 22, 24, 140[157], 166, 167[269], 168, 196, 209
- cheia **9/1** 611; **9/2** 230, 241[9]; **13** 273[170]; **14/2** 163, 296[266]; **18/2** 1.701
- chifre da **12** 529, 551s.
- ciclo lunar **14/3** 153, p. 58-59
- círculo da **14/1** 152, 161, 162, 205, 245; **14/2** 49
- como a coisa redonda **14/2** 163
- como a consciência da mulher **14/1** 154, 217, 221, 222, 223, 224
- como alegoria da Igreja **14/2** 96, 189, 190
- como amada e noiva **14/2** 296[266]
- como análoga à Terra **14/1** 149
- como a esposa por excelência **14/1** 149
- como a Sophia gnóstica **14/2** 163
- como autora dos corpos mortais **14/1** 150[191], 168

- como alegoria da Igreja **14/1** 19, 20, 22, 25, 28, 103, 118, 149[117], 168[277], 210, 212
- como "cadela" **14/1** 24, 169, 170, 210
- como deusa **5** 488
- como espelho venenoso da natureza (Paracelsus) **14/1** 209
- como estátua **14/2** 233[72]
- como funil da Terra **14/1** 149
- como irmã de Mercurius **14/1** 84
- como *luna odorifera* **14/2** 323[82]
- como mãe
- - dos corpos humanos **14/2** 296[266]
- - e filha na alquimia **14/1** 118
- - e mulher do Sol **14/1** 149, 211, 213
- - como mãe-lua **14/2** 74, 163
- como modelo da individuação **14/1** 211
- como ninfa da fonte **14/1** 181, 193
- como o inconsciente do homem **14/1** 154, 215-227
- como olho
- - de Osíris **5** 408[150]
- - do mundo **14/1** 24, 209
- como parceira do Sol **14/1** 149; **14/2** 197
- como prata **14/1** 149, 211; **14/2** 228
- como prefiguração do "si-mesmo" **14/1** 211
- como *prima materia* **12** 425, 487
- como receptáculo das almas **14/1** 150[193], 162[240]
- como responsável pela saúde e doença (Galenus) **14/1** 151
- como resumo das naturezas metálicas **14/1** 212
- como saliva e areia vermelha do mar **14/2** 320[13]
- como símbolo
- - da *anima* do homem **14/2** 163, 164, 165
- - da consciência feminina **14/1** 154, 210, 216-228, 325
- - do inconsciente do homem **14/1**

153, 154, 167, 213, 214, 325
- como sombra do Sol **14/1** 21, 168; **14/2** 371
- como *spiritus* **14/2** 94
- como substância do arcano **14/1** 149, 158
- como substituta da Beata Virgo **14/2** 96
- como Terra
- - celeste **14/1** 19
- - etérea **14/2** 296[266]
- como vaso
- - do Sol **14/1** 149, 149[181]
- - feminino **16/2** 533
- como ventre e útero da natureza **14/1** 149
- "corno da Lua" (Hipólito) **14/2** 319, 319[359]
- corpo celeste da **14/2** 319
- corruptibilidade da **14/1** 21
- curso da **8/3** 842
- dardos da **14/2** 215
- denominações alquímicas **14/1** 149, 150
- despeja no Sol o conteúdo de sua alma (maniqueísmo) **14/1** 30
- deusa **9/1** 344s.; **13** 398
- *dies lunae* **14/1** 149, 232
- dispenseira da umidade **14/1** 150
- divindade feminina e amante **14/1** 149
- doenças da **14/1** 177[324]
- do mar (*luna maris*) **14/1** 152[303]
- domínio da **14/1** 209, 210
- e a alma humana **14/1** 89, 150, 150[193], 154, 245
- e a Mãe de Deus **14/2** 296
- e a mente **14/1** 154, 159, 161, 163, 245
- e estado solar no *opus* **12** 334
- efeitos no mar **14/1** 238
- e Mercurius **14/1** 19, 150, 162, 163
- e o inconsciente **14/2** 17, 163, 164, 165
- e Saturno **14/1** 210[354], 211

- e Sol **14/2** 94, 96, 96[238], 97, 131, 163, 170, 237, 257, 277, 291[236], 296[266], 310, 361[115], 371, 389[196]
- e Vênus no zodíaco **14/1** 6, 165
- faz parte do mundo inferior (tártaro) **14/1** 210
- fases da **7/1** 109; **8/2** 411; **9/1** 7
- filho da
- - cf. Filho
- guardiã do sêmen **5** 408, 487
- importância da **14/1** 149-168
- influxo da **14/1** 149[178]
- ladrar para a (Andreyev) **3** 518
- luz úmida da **14/2** 312, 361[115]
- meia- **9/2** 151[2]
- metade demoníaca da **14/1** 22
- metáforas alquímicas da feminilidade do homem **14/1** 116
- mitologia da **14/1** 210
- mutabilidade da **14/1** 19, 20, 21, 29, 30
- na astrologia **18/2** 1.174-1.199
- natureza dupla da **14/1** 24, 208, 209, 210, 213, 215, 245
- nova **9/1** 604; **14/3** 493
- - conjunção da **14/2** 97[239]
- novilúnio **14/1** 20, 21, 23, 24, 27[179], 63, 140 149, 167, 182, 204, 287, 333
- - como favorável ao casamento **14/1** 149
- - e efeitos maléficos **14/1** 21, 177, 196, 208, 209, 222
- periculosidade da **14/2** 97, 215
- planta lunar **13** 406; **14/1** 152, 153, 229[377]
- plenilúnio **14/1** 21, 24, 60[117], 149, 177, 179, 208, 287, 314; **14/2** 292
- posição intermediária **14/1** 19, 22, 149, 149[178], 168, 168[277]
- promove o crescimento das plantas **14/1** 152
- propriedades alquímicas da **14/1** 149
- psicologia da **14/1** 210[355], 214[371]
- relação com
- - a fertilidade **14/2** 296[266], 312

- - o Sol **14/1** 30, 149, 149[177]
- significado masculino da **5** 487
- sinônimos da **14/1** 77[203]

Lua / luar **15** 189, 193, 210

Luar
- noite de (Welti) **3** 130

Lucas **4** 146s., 149, 150; **14/1** 9, 232
- cf tb. Bíblia

Lúcifer / Phosphorus **5** 169, 171; **8/3** 921; **9/1** 79, 179, 420, 534, 507[99], 578, 682; **10/3** 846; **10/4** 733; **11/2** 248, 263, 290; **11/4** 620, 640, 733; **13** 271, 276, 300s.; **14/1** 135, 138, 200; **14/2** 150[345], 292[257], 298, 310, 386[177]; **15** 210; **16/2** 389[46], 510; **17** 319; **18/1** 520; **18/2** 1.654
- como espírito imitador **14/2** 310
- como imundície e terra maldita **14/1** 138
- reconciliação de L. com o Espírito **14/2** 310

Lúcifer / luciferino / luciferiano **9/2** 68, 74, 111, 127, 192, 418
- cf. tb. Estrela

Lúcio **14/2** 66

Lude (médium) (caso de Janet) **1** 294

Lúdico, lúdica(s)
- comportamento, ações **8/1** 89, 95
- instinto **8/2** 240

Lugar
- fora de si próprio **14/2** 70
- lugar de tabu **18/2** 1.521
- indicação nos sonhos **8/2** 562
- mudança de **8/2** (m.s.) 809

Luís IX **14/3** 601

Lumen
- de *lumine* **16/2** 414, 416
- *naturae* **8/2** 389-392; **14/1** 40, 42, 44, 45, 113, 133, 145, 303, 335, 336; **14/2** 83; **14/3** 67, 75, 77, 101-102,

103^{137}, 115, 152, 158, 270; **15** 29, 34; **16/1** 189, 222
- *indeficiens* **16/2** 526
- scientiae **14/3** 415

Luminárias **14/2** 246, 375^{140}

Luminosidade(s) **8/2** 387s., 395; **14/3** 79-80, 115^{175}, 145, 268, 465
- dos complexos do inconsciente **14/2** 167, 360

Luminositas **8/2** 387s.

Luminosos
- globos **8/2** 396

Luminoso-obscuro / claro-escuro **9/2** 117, 423
- cf. tb. Luz; Trevas

Luna
- cf. Lua

Luna / lunar **9/1** 6, 295, 342s., 356, 557^8, 604

Lunae et solis coniunctio **8/3** 864, 894

Lunares
- conjunções **8/3** 900s., 982

Lunária **14/3** 518, 525

Lunática / berissa **14/1** 152, 152^{202}, 229^{377}, 235^{390}
- como planta lunar **13** 409; **14/2** 61^{143}

Lutherus medicorum **15** 43

Luto **8/2** 456

Lutum sapientiae **14/3** 185

Lux
- *moderna* **14/1** 121
- *spontanea* **14/2** 142

Luxúria **9/1** 644; **14/3** 413; **15** 186

Luz **4** 185s. (S), 282, 371; **5** 65; **8/2** 389-391; **9/1** 77, 133, 149, 246, 250, 257, 433, 531s., 538, 543, 549, 563,

573s., 580, 583, 588s., 607, 663, 674^{19}, 697, 704; **9/2** 76, 115, 118, 164, 292, 307^{33}, 344, 385, 419; **10/4** 622, 641, 667, 733, 737, 763, 792, 794, 796, 807, 811, 812; **11/2** 173; **11/3** 400; **11/5** 852; **12** 117, 120, 138, 139, 140^{18}, 181, 258, 270, 436, 456s; **13** 20, 28^7, 28, 31^{14}, 35s., 40, 46s., 50, 64, 86, 98^{63}, 102, 106, 112, 126, 141, 161s., 168, 188, 198, 203, 256, 263, 282, 289, 301, 318, 331, 334, 341, 401, 449, 462, F 3, 7, 8, 25, 27, 32; **14/1** 5, 6, 33, 40, 41, 44, 101, 115, 116, 121, 133, 159, 165, 182, 204, 212, 213, 214, 216, 252, 286, 292, 301, 321; **14/2** 18^{60}, 108^{250}, 141, 146, 148, 151, 161, 184, 224, 255, 267^{201}, 275, 329, 345^{86}, 347, 360, 375, 375^{141}, 390, 407, 426, 431; **14/3** 63-68, 73, 89, 103^{137}, 115^{175}, 168, 270, 366, 372, 394, 407-408, 413, 415, 419, 465, 518^{52}, 518^{64}, p. 48-49, 74-75, 84-85, 94-95; **18/1** 69, 266, 550
- anúncio da **5** 496
- aquele que traz a **18/2** 1.515, 1.827
- atributos da na liturgia de Mitra **5** 128, 136
- caráter
- - de luz (luminoso) do centro
- - paradoxal da **8/2** 381, 438
- cavalos como **5** 423
- circulação da **12** 229, 259
- como fonte de luz psíquica **14/1** 125
- como iluminação **11/5** 828; **16/2** 484, 493
- como libido **5** (138), 145, 322, 388
- como ondas e corpúsculos **14/2** 372
- como símbolo do si-mesmo **14/2** 431
- contraste obscuridade-clareza da consciência **8/2** 610; **8/3** 841
- criação da **5** 61^3, 65; **14/2** 141, 142, 148^{334}, 375
- da ciência **14/3** p. 54-55
- da natureza **8/2** 390

Índices gerais   435

- Deus da **5** 65, 83
- divina **16/2** 479
- - refletida na natureza **14/1** 336
- do mundo **14/2** 141[317]
- dúbia / sulfúrea **14/1** 116
- e a obscuridade (trevas) e a sombra **11/4** 681, 698, 716, 731, 756; **11/5** 828, 896, 938, 953
- em Plotino **5** 198
- e escuridão / trevas **13** 38, 161, 291, 299, 308, 335, 454
- espiritual / renascimento da **14/1** 101
- e sombra / obscuridade / trevas **9/2** 76, 78, 91s., 98, 187, 199
- e trevas **14/1** 114, 213, 337; **14/2** 18[60], 141, 148[334], 161, 170
- fenômenos de **18/2** 1.441
- homem-luz
- - cf. Homem primordial
- interior **12** 381, 431
- *lumen luminum / lux lucis / lux moderna / lumen naturae* **11/2** 263; **11/5** 828; **12** 356s., 381, 431; **16/2** 458
- moderna **14/2** 393
- natureza
- - física da **16/2** 532

- - luminosa dos deuses
- - - cf. Deuses
- o que traz a **13** 273, 300
- original **5** 102[52], 364
- partículas de **8/2** 381, 388, 437; **14/1** 61
- percepção da **8/2** 623, 681, 745
- primordial **8/3** 854
- princípio **18/2** 1.743
- redondeza da luz / glóbulos de luz **14/1** 40
- raio de **14/2** 237
- revelada **14/1** 337
- sementes de **8/2** 388
- simbólica **5** 157, 180[6]
- símbolo(s) da **5** 128, F 10; **13** 187[155]
- - formação dos **5** 200
- teriomorfa do deus da **5** 173
- virgem da **8/2** 388[55]
- visão da **5** 173
- - de uma paranoica **5** 154[52]

Luzes
- - candelabro das duas **14/1** 286
- inversão na cabala **14/1** 286[543]

Lygos **5** 363

M

Maçã **8/2** (m.s.) 458, 460, 471, 474, 476; **14/2** 419; **14/3** 527[83]
- como símbolo do reinado **14/2** 1
- roubo da / cena do paraíso **8/2** 460s., 751

Maçã / macieira **9/1** 410, 417

Macaco(s) **8/1** 118; **8/2** 266, 411, 654; **9/1** 270, 312; **10/4** 679; **13** 359s.
- capacidade de aprendizagem do **8/2** 374[37]
- com cabeça de cão **14/1** 270, 272
- como personalidade instintiva **11/1** 56
- desenvolvido **10/1** 556
- fixação na figura do **8/1** 43
- imagem da **8/1** 43
- magia **8/1** 86, 89s.
- reconstituição do **11/1** 54, 56
- cf. tb. Animais

Macarrão **3** (D) 202, 365, 500

Maceração **14/2** 54, 350[99]

Macho e fêmea **14/1** 78, 173; **14/2** 24, 24[64], 268[205], 296[272]
- sem asas e fêmea alada **14/2** 24
- cf. tb. Homem e mulher

Maçon **10/4** 610

Maçonaria / maçônica **10/2** 389, 478

Macpela
- dupla gruta de **14/2** 221, 221[45]

Macrocosmo **9/1** 557; **10/1** 540; **10/4** 635; **11/1** 92; **11/3** 440; **12** 472; **13** 125, 162, 188, 203, 263, 268, 283, 321, 372; **14/1** 32, 40, 45; **14/2** 7, 15[47], 77, 77[214], 127, 256, 258[189], 360, 425
- como filho do ovo do mundo **14/2** 127
- como rei coroado **14/2** 127
- e microcosmo **14/2** 7, 336
- *filius macrocosmi* **14/2** 7, 360, 364
- - cf. tb. *Filius*
- mistério do **14/2** 307[330]
- salvador do **14/2** 425
- cf. tb. Cosmos

Macrocosmos / microcosmos **9/2** 240, 334s.

Macroprosopos **14/2** 309, 309[340], 309[341]

Mácula **14/3** p. 66-67, 136-137
- *peccati* (mancha do pecado) **14/1** 83, 165

Madeira(s) **5** 214[21]; **9/1** 600; **9/2** 393; **13** 359, 375, 419
- como símbolo da mãe **5** 211[15], 368
- para produzir fogo **5** 211, 215, 392

Madona
- com seu manto protetor **14/2** 95
- cf. tb. Maria

Madrasta **18/2** 1.492

Madura
- templo de **9/1** 629

Mãe **3** (S) 307; **4** 164s. (S), 312, 343s., 377, 477s. (S), 539, 693, 728, 780; **5** 226, 299, 348, 351, 396, 508, 682; **6** 85; **7/1** 14, 133, 180; **8/2** 149, 561 (m.s.), 720-723; **9/1** 93, 95, 122,

Índices gerais

133s., 138, 148s., 167, 176, 183s., 187, 190s., 266, 286, 306s., 315s., 322s., 339, 356, 426, 486[21], 503, 516, 527, 560, 570, 589, 664; **9/2** 20s., 24, 28, 37, 42, 240, 307, 328s., 340, 359s., 363; **10/2** 925; **10/3** 58, 62, 64, 75s., 223, 997; **11/2** 240; **12** 6*, 92s., 151s., 491, 498; **14/1** 37, 52; **14/2** 26[72], 40[96], 41[97], 46, 60, 62, 70, 72[183], 74, 75, 83, 92, 94, 95, 97, 97[239], 98, 99, 100, 120, 147[327], 147[330], 163, 164, 197, 208, 237, 243, 249, 253, 257, 258, 258[185], 309[340]; **14/3** 107-108, 158, 223, 257, 284[52], 453, 464[42], 486[72], 539-540; **15** 133, 134, 152, 154; **17** 6s., 23s., 42s., 58s., 95s., 133s., 146s., 153[6], 158, 216s., 221s., 270s., 279s., 289s.; **18/1** 156, 186, 192, 199s., 235, 583, 795s.; **18/2** 1.653, 1.769, 1.793
- abutre como
- - cf. Animais
- adotiva **5** 494, 566; **9/1** 156
- a dupla mãe **5** 464s.
- a Grande Mãe **5** 279, 392[119], 503
- água como mãe **14/1** 15
- alquímica e a *sophia* gnóstica **14/2** 163
- como aspecto feminino
- - do filho-pai **14/2** 62
- - feminino-maternal
- - - do inconsciente **14/2** 17, 163
- - - - do vaso **14/2** 199
- analogias com **5** 332
- arquétipo da **4** 694[3]; **5** 351, 374; **8/2** 336, 528
- aspecto erótico da **5** 662
- busca da **3** 502
- cisão da **5** 378[107]
- como *anima* **5** 484, 497, 500, 508, 514, 605, 608
- - *mundi* **5** 550
- como arquétipo **16/2** 344
- como aspecto maternal da árvore **14/2** 37
- como assassina **5** 369, (451)
- como essência da união e

separação **5** 577
- como filha / noiva / esposa **9/2** 321
- como nutriz **5** 226, 230[74]; **14/2** 24
- como o inconsciente **5** 393, 450, 473, 508, 524, 660; **14/2** 165
- como "mãe-pai" no conceito gnóstico **14/2** 141[318]
- como mãe-rainha **14/2** 4, 58, 82, 84
- como virgem-mãe **14/2** 164
- como *mater vitae* dos maniqueus **14/2** 39
- como *prima materia* **14/2** 81
- como origem da vida e portadora da morte **14/1** 14, 16[104]
- como o submundo **5** 315
- como símbolo **16/2** 343s.
- como virgo (virgem) **14/1** 52
- compensação da relação com a **5** 351
- complexo de **4** 150[1], 409; **8/2** 707, 711, 721, 728; **9/1** 95s., 138, 141, 161-186, 192, 311[4]; **15** 100
- - materno **7/1** 173
- cruz como **14/1** 26
- ctônica **9/1** 312[5], 332
- culto da grande **11/4** 718[3]
- da morte **5** 415, 577
- de Deus **9/2** 75[24], 166, 177; **10/4** 766, 808; **18/1** 220, 394; **18/2** 1.550s., 1.600, 1.652, 1.683
- - cristã **3** 279, 382; **14/2** 72, 87, 245, 399
- - na religião egípcia **14/2** 2[3], 4, 58, 73
- - - Trindade na religião egípcia **14/2** 4
- - cf. tb. Maria
- de Goethe **15** 134, 213
- de Paracelso **15** 4
- desligamento da **8/2** 723s.
- deusa **9/1** 148, 297[41], 341, 396; **9/2** 164
- divindades maternas **6** 187
- doença e languidez da **14/2** 174
- domínio da **5** 375, 378, 397, 398, 450[59], 511
- do mundo **8/3** 908

- do Rei Marchos **14/2** 46, 70
- do Sulphur (Vênus) **14/1** 136
- do universo, **5** F 7
- dragão **6** 498
- dragão como **4** 738; **5** 577; **18/1** 234
- duas **9/1** 93s.
- - do herói **5** 496
- dupla natureza da **5** (396), (541)
- e a formação da anima do filho **14/1** 226
- e amante **11/4** 612
- e criança **9/1** 673
- e filha **4** 698s.; **7/1** 21s., 128s., p. 149s.; **7/2** 248, 280, 284; **8/2** 228; **9/1** 156, 162s., 167-171, 192^{25}, 270, 315s., 383, 525s., 584s.; **10/3** 70s., 880, 1.000; **18/2** 1.261
- e filho **5** 329, 330^{32}, 415, 450, 456, 473, 553, 569, 659; **6** 625; **7/1** 170s.;**8/2** 720, 723; **9/1** 61, 74, 162-166, 193, 270, 315, 374, 416, 605; **9/2** 21s., 173, 177, 307, 310, 323; **10/3** 67, 70, 90, 997; **10/4** 772, 808; **14/2** 72, 98, 277, 320, 334, 383; **15** 50; **16/2** 401, 419, 437^{32}, 521, 529; **17** 328; **18/1** 796; **18/2** 1.150, 1.683, 1.701
- - casamento entre **11/4** 744
- - identidade entre **11/4** 628
- e filho / filha **2** 1.001-1.014
- e imago materna **7/2** 316, 379
- e mar **5** 372
- entrar na **5** 408, F 81, 549^{97}
- e o redondo **14/2** 163, 164, 165
- e pai **7/1** 22s., 46s., 58, 90, 97, 113; **7/2** 248, 315
- fixação na **18/1** 633s.
- geradora e devoradora, **5** F 115, 658
- grande **8/2** 326, 336, 851; **8/3** 851; **9/1** 148, 189, 191s., 311^4, 430; **9/2** 145^{75}, 329; **15** 193; **18/1** 550, 584, 590; **18/2** 1.083
- gravidez da **14/2** 176
- Germânia **10/3** 64
- histérica **8/2** 306
- identidade como **5** 351, 431
- imagem da **4** 305, (429), (439)

- imago da **9/2** 20, 24, 26
- incesto de mãe e filho **12** 435^{38}, 491s., 524
- libertação da **5** 540; **7/2** 314, 393
- luta pela libertação da **5** 421
- *magna mater* **6** 445
- *mater matuta* **18/1** 193
- mitologia **9/2** 340^{137}
- motivo
- - da dupla **18/2** 1.492
- - das duas **7/1** 100
- - mitológico das duas **15** 55
- mulher como **17** 330
- na Cantilena Riplaei **14/2** 47, 60, 61, 62, 63, 64, 92, 170, 176
- natureza **9/1** 286, 595^{149}; **10/3** 65
- neurótica **17** 139
- no deserto **11/4** 712, 741
- nostalgia da **7/2** 260, p. 156
- o caos como mãe **14/2** 74
- o jogá-la para cima **5** 487, 496
- pessoal **9/1** 159s., 188, 356, 617; **9/2** 37
- primordial **9/2** 174
- projeção da **16/2** 357
- projeção na **16/2** 399, 438, 471
- rejeição da **11/2** 197
- relação com a **7/1** 75, 171
- renovação pela **14/2** 58
- resistências à **7/1** 21
- retomo ao seio da **8/2** 712
- saudade da **5** 312, 330^{32}, 352, 456, 465, 522, 567, 611, 626
- - filho como personificação da **5** 659
- separação da **5** 494^{27}, 624^{14}
- simbolizada pelo carvalho oco **14/1** 84
- símbolos da **5** 302, 367-368
- solar como **11/4** 711
- solteira **4** 477s., 494, 496, 498, 738
- terra **5** 611; **9/1** 156, 193, 311s., 332, 346, 527, 592, 617, 661; **10/2** 914; **10/3** 64s., 103; **15** 3
- terrível **5** 254, F 54, 354, F 74, 396, 609, 611, 657, 662, 671; **9/1** 158
- - a água da morte como mãe devoradora **5** 548

Índices gerais 439

- - Babilônia **5** 314, 318, F 56
- - como *mater saeva cupidinum* **5** 473, 504, 611, 660
- - dragão-baleia **5** 369, 374
- - e dragão **5** 567[113]
- - Esfinge como **5** 261, 265, 272
- - sacrifício à **5** 671
- transferência de **6** 843
- universal **14/1** 240
- ventre materno **14/2** 76[210], 78[223]
- virgem **16/2** 517, 529
- viúva e filhos **14/1** 14

Mãe / materno **13** 131, 267, 283, 326, 350, 460
- como pessoa **13** 147
- complexo de **13** 131
- *Ecclesia* / Igreja **13** 147, 153
- e criança **13** 326
- execução da **13** 132, 139[216]
- imagem da **13** 147
- mitológica **13** 132, 278
- natureza da **13** 148, 153, 184
- pai **12** 436[41]
- - no gnosticismo **14/1** 210[354], 229[377], 214

Magia **5** 577; **7/2** 287, 293; **8/2** 313, 516, 712; **8/3** 859; **10/1** 512; **11/1**, 7; **11/3** 323, 345, 365, 368, 379, 407
- apotropaica **5** 539, 545; **14/1** 24; **14/3** 89, 92, 134[2], 596, 605; **15** 40, 149; **16/2** 340, 347, 431; **17** 204, 207
- aspecto mágico do rito **11/3** 379
- da fertilidade **5** 404
- da imortalidade **5** 541
- dos nomes, da palavra **8/2** 209, 224, 356
- efeitos mágicos **11/3** 448
- em Avicena e Alberto Magno **8/3** 859
- práticas mágicas **14/1** 14, 16, 109
- primitiva e moderna **5** 221

Magia / mágico / mago **9/1** 47, 53s., 59, 68, 203, 231, 233, 260, 271, 297, 352, 402, 405, 410, 420s., 426s., 435, 436s., 439s., 442, 445s., 465, 482,

525s., 531s., 536, 553, 564, 579, 630, 642, 645, 663, 682, 687s., 690; **9/2** 146, 181, 204, 216, 362, 381; **10/2** 376, 393, 939; **10/3** 14, 26, 59, 106, 139s., 190, 192, 843; **10/4** 628, 700, 701, 809, 821; **13** 36, 44, 120, 129, 151-156, 161[40], 164, 238, 250, 273, 295, 324, 361, 365, 372[81], 437; **14/2** 148[338], 169, 243, 270, 292, 350, 364, 372, 414, 425; **17** 208, 302; **18/1** 270, 409, 413, 552, 586, 617, 797[3]; **18/2** 1.362, 1.569, 1.699
- apotropaica **9/1** 605
- artes **14/2** 338
- círculo **9/1** 156
- corpos **14/2** 372
- correspondência **14/2** 17
- defensiva **9/2** 174
- efeito **6** 38, 386, 456, 778; **14/2** 348
- finalidades **14/2** 350
- força **6** 416, 433, 465, 492, 565; **14/2** 330, 425
- intervenção **14/2** 180
- meio(s) **9/1** 404, 480; **14/2** 320, 350, 358, 362, 374, 412
- negra **9/1** 564; **18/1** 360
- palavra mágica **13** 155s.
- plantas **14/2** 358
- prática **14/2** 350
- procedimento
- - do primitivo **6** 560
- processo **14/2** 414
- propriedades mágicas das substâncias químicas **14/2** 350, 412
- ritos mágicos dos sabeus **14/2** 387[186], 388
- sentenças mágicas do I Ching **14/2** 61
- significação, dos sinais geométricos **6** 560, 944
- símbolo **6** 386, 446
- simpática **18/1** 264
- truque de mágica **14/2** 292[243]
- vara **9/1** 535[20]

Mágico(s) / mágica(s) **8/1** 95; **8/2** 336, 521; **8/3** 931
- ação a distância **8/1** 90
- ato / procedimento / operação **8/1** 85; **8/3** 930, 948, 956
- danças **8/1** 86
- ferramentas **8/3** 956[148]
- força **8/2** 336
- *magna mater* **8/2** 336
- papiro de Paris **8/2** 318
- relação **8/2** 507, 725
- ritos **8/2** 340, 712
- cf. tb. Feiticeiros

Magistério / *magisterium* **3** 218, 221, 222, 371; **14/2** 10, 370, 371, 377, 393

Magna Mater / Grande Mãe **18/2** 1.287

Magnale
- cf. Primavera

Magnésia **9/2** 141s., 241, 244s.; **12** 165[37]; **13** 255[30], 273[170], 278; **14/2** 74[196]
- como substância do arcano **14/1** 395[620]

Magnesor e *connesor*
- forças místicas de S.W. **1** 66s.

Magnetismo **2** 1.042; **4** 748; **8/3** 850, (Goethe) **8/3** 860, 977; **10/4** 611; **16/1** 4
- animal **18/1** 700, 702, 797

Magneto **14/1** 42, 56; **14/3** 104
- como o si-mesmo **14/2** 360
- humano (Paracelsus) **14/1** 209

Magneto / magnetismo **9/2** 20, 206, 209s., 218, 219, 223, 232-249, 264, 287-296, 312

Magnetopatia **15** 20

Mago(s) **9/1** 71s., 352, 360, 398; **11/1** 20; **11/3** 370; **11/5** 984; **13** 287[243]; **14/2** 127, 384; **14/3**, p. 74-75

- branco e o negro **14/1** 76, 77
- sonho com **14/2** 379[149]
- cf. tb. Magia

Magnus homo **9/1** 5

Mahabharata **15** 194

Mahadeva **5** 306

Maha-Paranibbana-Sutta **10/3** 991

Mahatma(s) **10/3** 190

Mahayana
- cf. Budismo

Maheswar **5** 545

Mahryay e Mahryanay **13** 458[327]

Maia / Maya **5** 362, 373, 490[24]; **8/2** 682; **9/2** 20; **10/3** 873s.; **11/5** 778, 953; **13** 418; **14/1** 73[188], 128, 229[378]; **18/2** 1.116, 1.513
- cruzes em lucatã **11/4** 639[3]

Maidanek **10/2** 403

Maior homo
- cf. *Homo maior*

Maitrâyana-brâhmana-upanishad
- cf. Upanixades

Majestade **14/2** 1

Makara **13** 334

Makaria physis **9/2** 313

Mal **5** 170, 342, 351, 662; **6** 236, 420, 503, 524; **7/1** 79; **7/2** 286; **9/1** 155, 178, 181, 189s., 197, 397, 399, 404, 415s., 420, 425, 428[55], 433s., 455, 477, 567, 576[120], 603[161], 689; **9/2** 19, 74s., 80-87, 99-104, 113s., 115[76], 128-130, 142, 157, 171, 192[36], 210, 255, 361, 366, 370, 403, 423; **10/1** 513, 559, 572, 576; **10/2** 408, 423, 437, 443, 451; **10/3** 139; **11/2** 176, 248; **11/3** 380; **12** 19, 22, 24, 26, 36s., 126s., 192, 413, 469; **13** 183, 201[208],

Índices gerais

234, 244, 257, 271, 276, 363[71], 390;
14/1 31, 83, 182, 195, 196, 292, 338;
14/3 215, 348; **17** 290, 319s.; **18/1**
531, 548, 818; **18/2** 1.414, 1.553s.,
1.592s., 1.599s., 1.607s., 1.618,
1.633s., 1.639s., 1.654, 1.721, 1.743
- acumulação do **11/4** 653
- a inevitabilidade não diminui a culpa
14/1 195
- assombrada
- - casa **8/2** 571
- choque com o **11/4** 693
- como o não ser **14/1** 83
- como parte inevitável da vida **14/1**
195
- como *privatio boni* **11/2** 247
- de montanha **16/2** 297s.
- e a quaternidade **11/1** 107; **11/2**
247, 252
- e a Trindade **11/1** 103
- espírito do **5** 551
- físico e moral **11/2** 248
- fortalecimento na massa humana
14/1 339
- identidade com o **11/4** 739
- inclusão do **11/4** 696
- integração do **11/2** 232
- - simbólica do **14/2** 310
- invasão do **6** 316
- leão como o **14/2** 68
- libertação do **11/2** 202; **11/4** 651,
659
- moral do **11/4** 742
- não ser **6** 43
- no Sohar **11/4** 595[8]
- o bode como **6** 438
- *omne malum ab homine* **14/1** 20, 83
- origem do **11/2** 201, 256
- pacto com o **6** 315
- poder do **11/2** 252
- projeção do **11/4** 693
- realidade do **11/2** 248, 253
- rejeição do **6** 312
- relatividade do **11/2** 291; **12** 22, 24s.
- supressão do **14/2** 158

- unicórnio como **12** 520, 525
- - cf. tb. Bem e mal; Sombra
- vitória sobre **11/4** 693
- cf. tb. Bem e mal

Malaia **8/1** 120; **14/1** 21, 21[141]

Malchut / reino, domínio **14/2** 233,
234, 274, 304, 306, 306[324], 309[341],
318, 333[76]
- como a Lua **14/1** 14[69], 18, 18[110],
25[109]
- como arquétipo místico da
comunidade de Israel **14/1** 19[126]
- como a Terra **14/2** 304
- como escabelo dos pés de Jesod
14/2 304
- como fornalha **14/2** 304
- como mãe de tudo **14/2** 233[76]
- como noiva **14/2** 233[76]
- como pedra **14/1** 60[136]
- como personalidade *mana* **14/2** 185
- como Reino de Deus **14/1** 19[128]
- como viúva **14/1** 18
- e Tiphereth como irmã e irmão **14/2**
233, 233[76], 258, 272[211], 274[215], 300,
300[282], 300[285], 300[288]
- sinônimo de **14/1** 1, 18[112], 19, 19[126];
14/2 258, 304, 308, 318

Malcut **9/1** 576[119]; **9/2** 425; **13** 411

Maldição **17** 294
- dos atridas **14/1** 226

Maleficus / malfeitor **9/2** 128; **13** 209,
276; **14/2** 68, 138
- cf. tb. Mal

Mal-entendidos **6** 705, 713, 717; **8/1**
22; **17** 181
- surgimento de **6** 673

Mal-estar **4** (461s.), (473), (513)

Malgaxes **8/1** 125

Maligno / o mal **16/2** 418
- o mal do bem **16/2** 420
- o problema do **16/2** 533

Malkuth **14/3** 410, 447

Malogro **17** 181

Malthusianismo **4** 286

Malum
- cf. Mal

Mama / mamãe **4** 346; **5** 26[28], 373, 418, 547

Mamar **4**
- ato de **4** 238s., 290, (568)

Mamba **10/3** 126

Mana **7/1** 108[9]; **7/2** 388; **8/1** 52[42], 123, 127s.; **8/2** 279[12], 335s., 341, 411, 441; **9/1** 26, 68; **9/2** 394[95]; **10/1** 583; **10/3** 128, 137, 140, 142, 146, 845; **11/2** 198; **11/3** 385; **12** 121, 537; **13** 128, 341; **14/3** 519; **16/1** 4; **16/2** 349; **18/1** 551, 554
- personalidade de **5** 612; **14/2** 185

Maná **13** 403; **14/2** 292[255], 358[105]; **14/3** 278, 428, p. 110-111, 138-139

Man and Superman (*Shaw*) **4** 658

Manas
- conceito indiano para a alma **14/1** 154[213], 245, 330[634]
- e vâc **6** 371s.
- - como monstros de brama **6** 374, 377

Manchas roxas no rosto **3** 571

Manda d'Haje
- como o salvador no mito caldaico **14/2** 231

Mandâ d'Hayyeê / *Mandâ d'Hajjê* **11/2** 173; **11/5** 841

Mandaica
- doutrina **14/1** 77[209]; **14/2** 231, 256, 361[116], 384[170]

Mandala(s) **5** 460[70], F 111, F 112, F 113, F 114, 619[7]; **6** 902; **8/2** 396, 417,

436; **8/3** 870; **9/1** 12, 16, 20, 73, 156, 234, 270, 536, 542, 549[61], 554s., 559, 564[92], 565s., 580, 582s., 594[148], 597s., 604s., 619s., 627-712, 713-718; **9/2** 59s., 69, 208s., 237, 318, 343, 355[15], 378, 379, 399, 410, 426; **10/2** 450; **10/4** 619, 621, 635, 692, 731, 741, 761, 775, 777, 803, 805; **11/1** 124s., 137s., 152, 157-160, 167; **11/2** 229; **11/3** 419, 429, 433; **11/5** 945; **12** 32, 46[2], 53, 122s., 135[12], 235, 247s., 292, 246*, 264*; **13** 31s., 45, 127, 301[261], 304, 331, 334, 346, 389, F 31; **14/1** 12, 256, 288, 323; **14/2** 188, 220, 238, 241[120], 325, 326, 364, 364[123], 374, 411; **16/2** 380, 535; **18/1** 139[29], 271, 409, 413; **18/2** 1.158, 1.162, 1.225, 1.265s., 1.332, 1.495, 1.567, 1.605, 1.609, 1.617, 1.624, 1.704
- abstração do **11/1** 128
- alquímica **12** 165s.
- bidimensional **12** 321
- budista **11/1** 113; **11/5** 949
- centro da **11/1** 136; **11/5** 852; **12** 125, 129s., 169, 246[127], 249
- como arquétipo **12** 330
- como centro de unidade dos arquétipos **14/2** 325, 326
- como reflexo do esforço de concentração **14/2** 325
- como símbolo
- - da unidade **14/1** 256, 288; **14/2** 326, 374, 411
- - de conjunção (unificação) **11/1** 136
- - do mundo e do homem **14/2** 220
- - do si-mesmo **5** 302[2]; **14/2** 431
- cristãos **11/5** 949
- de cinco raios **12** 327
- de natureza numinosa **14/2** 431
- dividida em quatro **11/3** 433; **16/2** 442
- dos elementos **14/2** 112, 220
- e a concentração da consciência **14/2** 325
- e a cruz das cores **11/5** 850

Índices gerais

- e o *lapis* **14/2** 326
- fundamentalmente como círculo **14/2** 431
- individual **12** 126; **14/2** 411[219]
- lamaíticos **11/5** 851
- moderna **11/1** 139, 156; **14/1** 290[338]; **14/2** 411
- nos sonhos, etc. **16/2** 474
- perturbada **12** 287[133], 320
- quadridimensional **12** 61*, 62*, 201, 311
- quaternidade da **14/1** 12, 323
- representações de **11/1** 100
- - e psicologia da **14/1** 256[182], 29[359]
- retangular **12** 62*
- simbólica da **14/2** 431
- simbolismo do **11/1** 160; **12** 314; **16/2** 400
- simbologia do **11/4** 673
- símbolos da **3** 582
- - secundários **14/2** 431
- surgimento espontâneo **14/2** 325, 364
- tibetano **11/1** nota 26 (cap. III)
- transcendência da **12** 134
- tridimensional **12** 308, 320

Mandamentos
- dez **17** 156

Mandeísmo **13** 278; **14/2** 361[115]

Mandeus **9/2** 190; **11/2** 173; **14/2** 256; **14/3** 107, 419, 519

Mandrágora **13** 382, 410[204], 410; **14/1** 153, 153[200]
- homúnculo da **8/3** 821

Manducação do deus **11/3** 340

Maneirismos **3** 154

Manes / Cubricus (fundador do maniqueísmo) **11/2** 173; **14/1** 14[69], 310[31]

Manhã **14/3**, p. 60-61
- nome da *lapis* **13** 203

Mani **5** 149[46], 183, 516, 594; **17** 219[31]
- do maniqueísmo **14/2** 232

Mani / maniqueísmo **13** 92, 134, 448

Mania **1** 154; **18/1** 830, 964
- crônica (Mendel) **1** 188s., (Siefert) **1** 188, 191 (Wernicke) **1** 189
- de fazer segredo dos alquimistas **12** 343s., 402s., 423
- de perseguição **12** 57
- e insanidade moral (Wernicke) **1** 221
- maníaco **2** 28, 116, 132s., 387s., 450[68], 491, 524, 731, 882, 1.073
- periódica **1** 214
- *sans delire* (Pinel) **1** 188

Maníaco
- constatação e diagnóstico **1** 210
- - *catamnese* **1** 218s.
- - definição **1** 224
- - estabelecimento do quadro clínico **1** 187-191
- depressivo **18/1** 61, 251, 829, 889, 916
- distimia **1** 187-224
- excitação **1** 208
- sintoma **1** 190, 195, 199, 211, 222

Manicômio **8/2** 705; **18/2** 1.268, 1.417, 1.506
- instituição para doentes mentais e não para criminosos **1** 477
- medo do **1** 356

Manifestação ou revelação divina **14/2** 104

Manipura **9/1** 467[14]
- chakra **18/1** 139, 203
- - cf. tb. Chacra

Maniqueísmo **5** 163[73], 183, 594; **9/1** 189; **11/3** 380, 400; **14/1** 31-34, 63, 66[167], 83; **14/2** 37, 39, 39[95], 127, 232; **14/3** 332; **18/2** 1.639
- combate das trevas no **14/2** 39, 127
- doutrina do **14/1** 32
- dualismo do **14/1** 31, 83

- e migração das almas **14/1** 31[103]
- e o recolhimento das faíscas dispersas **14/1** 63
- e os navios de luz **14/1** 28[187]
- ideia do aborto no **14/1** 66
- os cinco elementos **14/2** 39, 39[95], 127

Maniqueísmo / maniqueu **9/2** 85, 89, 99, 103, 104, 112[75], 156, 427; **12** 458, 462[97], 469, 470[173]

Maniqueísta
- doutrina **8/2** 388

Maniqueus **14/1** 16, 28[187], 31[211], 33; **14/2** 37, 39, 232; **14/3** 503, 505, 518, 584, 601
- a *mater vitae* dos **14/2** 39
- concepções escatológicas **14/2** 232

Manitu **8/1** 116s.

Manobra, mecanismo, arranjo **7/1** 43, 53, 5, 75; **7/2** 321

Manthami / Mathnâmi **5** 210, 248

Mântica e magia **13** 154

Mântico(s) **10/2** 375[3], 394
- experimento **8/3** 901, 906, 930, 976; **8/2** 685
- método **8/3** 895, 902, 976
- procedimentos **8/3** 869

Manto
- cravejado de pedras preciosas **14/2** 1
- fulgurante de estrelas **14/2** 118
- preto **14/2** 381
- protetor de Maria **14/2** 45, 95
- purpúreo **14/2** 74
- real **9/2** 310
- vermelho **14/2** 127
- cf. tb. Insígnia

Mantra **10/3** 988; **12** 533; **13** 334

Manu **5** 211[15], 290[50]; **9/2** 127, 176

Manuscrito alquimista
- cf. Códices

Mão(s) **4** 55, 291; **5** 206, 266, 271
- direita e esquerda **16/2** 410s., 519
- do Sol **5** 149, F 16
- frias e pálidas **3** 571
- cf. tb. Quirologia

Maomé **11/1** 10; **11/4** 647; **12** 390[98]; **14/1** 11[53]

Maometano **11/5** 818

Maori(s)**8/1** 125; **15** 59

Máquina
- a vapor **8/1** 79
- como transformadora de energia **8/1** 80-83, 88
- homem como **8/1** 75

Mar **5** 369, 370, 371, 374[102], 421; **8/2** 326, 335, 394, 396, 415; **9/1** 156, 243s., 298, 331, 525s., 532, 538, 559[84], 653, 671, 684, 698; **12** 400, 425, 434s., 437s., 441[54], 186*, 475; **13** 33, 64, 122, 130, 173, 181, 241, 301, 306, 313, 334, 382, 406s., F VI, 1, 8; **14/1** 9, 45, 74, 107, 152[208], 228, 234, 238, 239, 240, 253, 254, 256, 309-313; **14/2** 60, 131, 131[285], 164, 202, 292, 324, 348, 383, 384, 384[170]; **14/3** 168, 172, 231, 240, 261, 272, 332-333; **18/2** 1.692, 1.697
- afogar no, como tema na alquimia **16/2** 453, 457
- amargor do **14/1** 228, 239, 248
- areia vermelha do mar e a Lua **14/2** 320[13]
- as profundezas do mar como sede do inferno (S. Hilário) **14/1** 249
- atravessar o mar **14/1** 251, 267, 281
- avalanche do **14/3** p. 72-73
- como água batismal **14/1** 250-258
- como *aqua permanens* **14/1** 152[205], 238; **16/2** 496
- como derivado de "amarus"

Índices gerais

(amargo) segundo Isidoro de Sevilha **14/1** 239
- como domínio
- - de Typhon **14/1** 240
- - dos demônios **14/1** 249
- como inconsciente **11/1** 160; **11/5** 937; **16/1** 15s.
- como esposa do Sol **14/2** 391
- como lágrima de Saturno (pitagoreus) **14/1** 333
- como *matrix* / mãe universal **14/1** 240
- como o mundo (Santo Agostinho) **14/1** 249
- como resto do abismo primordial **14/1** 249
- como símbolo
- - da mãe **5** 307, 311, 319, 361, 373, (416), 426, 500, 501, 681[88]
- - do inconsciente **12** 57, 155s., 203, 265, 305; **14/1** 3[13], 6, 8, 251, 256; **16/2** 408s., 459
- como sepultura **16/2** 467
- como sinônimo de matéria-prima **14/1** 7[37], 240
- como solvente **14/1** 152[203]
- deusa do **18/2** 1.692
- do meio-dia **14/2** 323
- dos indianos **14/1** 7; **14/2** 323
- do sono e dos sonhos **14/2** 166
- e o inconsciente coletivo **14/2** 25
- escória do (Mercurius) **14/2** 384
- esponja / *spongia marina* **13** 380
- etimologia de **5** 371
- festa noturna sobre o **8/2** 396
- Hécate como **5** 577
- *mare tenebrosum* **16/2** 402s., 459
- misterioso e filosófico **14/2** 320
- Morto **14/1** 254
- na concepção dos peratas **14/1** 251
- nascimento do seio do **8/2** 325, 329
- orvalho do **14/2** 361
- prisão marítima **14/1** 270
- profundo **14/2** 132[288], 257
- regeneração no **14/1** 309-313

- secamento do **14/1** 60, 257
- sinônimos de **14/2** 164, 323, 348
- tifônico (de Typhon) **14/1** 107, 332; **14/2** 18[57]
- travessia noturna do **8/1** 68s.
- Vermelho / Eritreu **14/1** 228, 250-258, 267, 269, 270, 271, 274, 275, 281; **14/3** 289, 474, 490, p. 124-125
- travessia do **14/2** 63
- cf. tb. Oceano celeste

Mar / marinho **10/4** 629, 730
- animal **10/4** 748

Mar / oceano **9/2** 168, 178, 181, 185, 195[6], 196, 199, 206, 214, 218s., 228, 234, 240, 285, 333, 336, 338, 378
- gavião do mar **9/2** 292[12], 296
- Vermelho **9/2** 128

Mara **17** 319; **18/2** 1.747
- acontecimento de **17** 319

Maravilha do mar **3** 202, 367

Marcassita **13** 375

Marceneiro **17** 65s.

Marchos (rei) **14/2** 70, 72[183]
- e a cacada do leão **14/2** 46, 69
- e o diálogo com a mãe **14/2** 46

Marcionitas **9/2** 89

Marcos
- evangelista **14/1** 313, 319, 321; **14/2** 181
- - cf. tb. Bíblia
- gnóstico **14/3** 251
- miliarios, os três **14/2** 68

Marcosianos **14/3** 420, 521[69], 535, 583

Marduk **5** 377, 378, F 117; **9/2** 185, 189; **11/2** 173, 176; **12** 26; **18/1** 234

Mare nostrum **9/2** 219, 234; **10/4** 629; **13** 183, 284[240]; **14/1** 3; **18/2** 1.698

Marez **14/2** 164[392], 257

Marfim ustulado **14/2** 386[179]

Margarida (*Fausto*) **4** 68s.; **14/2** 130; **15** 139, 154

Maria **5** F 4, 76, 150, 619[7]; **6** 314, 439; **11/1** nota 53 (cap. II), 122s.; **11/2** 177, 251; **11/4** 712[17]; **12** 26*, 105*, 320, 107*, 462, 470, 481s., 486, 500, 505s., 245*; **14/1** 117, 212; **15** 211; **16/2** 361, 504, 523[47]
- a alma de
- - trespassada pelo amor de Cristo **16/2** 519[45]
- alegorias **13** 313; **14/2** 77, 388[194]
- anunciação a **8/2** 319
- *Assumptio Mariae* / Assunção de **9/1** 204, 716[3]; **9/2** 142; **11/4** 625; **12** 500, 232*; **14/1** 194[345], 201[350], 231, 231[381]; **14/2** 104, 329, 331, 333, 399; **14/3** 2
- atributos de **6** 428s., 440s., 443, 451
- axioma de **8/3** 952; **9/1** 425, 430, 437, 537[37], 552, 611[180], 644, 695; **9/2** 237, 311[42], 395; **10/4** 768; **13** 187[160], 204, 272, 357, F I; **14/1** 66, 262, 271, 272; **14/2** 238, 267, 320; **16/2** 404, 407, 451, 462, 525, 533
- *balneum Mariae* **16/2** 507
- candura ilesa de **14/2** 308
- coexistência celestial do corpo terrestre e da alma **14/1** 201[330]
- colóquio entre Maria e a cruz **14/1** 26
- como *columba mystica* **14/1** 71[110]
- como *dea* (no Fausto) **14/2** 329[53]
- como *fons signatus* **12** 92
- como fonte **16/2** 496s.
- como geradora / genitora de Deus **6** 28; **11/2** 175[16], 194, 240; **11/4** 626, 744[5]
- como Madona do manto protetor **14/2** 45, 95
- como mãe **16/2** 496[9]
- - de Deus **11/1** 126; **14/1** 231; **14/2** 72, 87, 245, 399

- como Maria-Sophia **14/2** 329[53]
- como *maris stella* **13** 313, 456[322]
- como mediadora **14/1** 168, 212, 231
- como *mediatrix* **11/4** 626, 748, 754
- como personificação da humanidade **14/2** 87
- como *Pietà* **14/2** 120
- como rosa mística **12** 257
- como sol **6** 443
- como terra **12** 192, 415
- como vaso **6** 443s.; **12** 246[127], 87*, 107*
- - terreno da divindade **14/1** 201[330]
- *conceptio immaculata* de **11/4** 690, 712; **14/1** 231; **14/2** 333, 399[215]
- coroação de **14/1** 231; **14/2** 120, 124, 329
- *coronatio Mariae* **16/2** 507
- culto a **8/2** 336
- deusa negra **14/2** 274
- e a cruz **5** 412
- e a lua **11/2** 176; **16/2** 496
- egipcíaca **9/1** 190
- e satanás **11/4** 626
- e *sofia* **11/4** 625, 628, 645, 744
- e Trindade **11/4** 748
- figura gnóstica **9/2** 314, 320, 378
- fuga de **5** 555[100]
- gravidez de **6** 483
- incorruptibilidade do corpo **14/1** 201[350]
- judia **10/4** 738; **13** 113, 374
- Mãe de Deus **9/1** 93s., 140[29], 158, 189, 195, 238[36], 312[5], 340s., 362s., 435, 533[7], 577, 582, 653, 661; **12** 25, 491
- Madalena **12** 209[77]; **18/2** 1.560
- *mater gloriosa* **6** 314
- movimento marial **18/2** 1.607
- *obumbratio Mariae* **5** F 17; **11/3** 317; **11/4** 744[6]
- profetisa **14/1** 26; **18/2** 1.140, 1.695
- Stuart **3** (D) 201
- Teresa **3** (D) 287, 310
- transfiguração do corpo **12** 224*

Índices gerais

- veneração de **6** 446s.
- virgem **6** 433; **9/2** 41[5], 118, 131, 178, 397; **13** 137[209], 174, 180, 193, 263, 271[152], 279, 313, 418, 456; **14/2** 4[12], 87, 105, 120, 245, 318, 329, 399; **14/3** 53-54, 146, 158, 187, 194, 243-244, 257, 261, 267, 283, 287, 340-341, 410, 413, 486, 493, 507, 515, 524-532, 539, 561, p. 84-85[4]; **18/1** 254; **18/2** 1.528[8], 1.550, 1.552, 1.602, 1.607, 1.645, 1.683[38]
- virgindade de **11/4** 625

Mariam / Míriam **9/2** 328s., 358-365, 385

Mariamne **12** 209[77]

Marianus, Dr. **6** 427
- cf. tb. *Fausto*

Marido **4** 147s., 164s. (S), 177s. (S), 537 (S); **14/3** 291
- assassinato do **4** 347

Marinho
- monstro **8/3** 826, 961

Mariposa da iúca **18/2** 1.260

Marisco
- cf. Concha

Mark (rei depravado) **14/2** 66

Mármore **14/1** 2[9], 77, 77[209], 139; **14/2** 231[64], 351, 351[101]

Marotta **14/3** 605

Marrom **11/1** 122
- cf. tb. Cores

Mársias **5** 349, 595; **11/3** 348; **13** 92

Marte **8/2** 736, 791; **8/3** 869, 892; **9/2** 130, 151; **11/4** 690[2]; **12** 484; **14/1** 6, 86, 132[30], 136[122], 211, 281; **14/2** 53, 320; **18/2** 1.176, 1.194, 1.437
- astrológico **13** 176[114], 193, 355, 409
- como maléfico **14/1** 6

- como senhor de Áries **14/1** 6, 44 211, 281
- e Vênus **12** 484[166]; **16/2** 507s., 518
- medicina **13** 176[114]
- mitológico **13** 125, 176[114]
- nas fantasias de S.W. **1** 59, 105, 144
- *regimen martis* **14/2** 53
- cf. tb. Planeta

Martelo **8/3** 957[48]

Mártires **14/3** 286

Martírio **14/3** 289
- morte pelo **8/2** 645

Marxismo **10/4** 824

Marxismo / marxista **9/2** 282; **10/1** 520, 549, 568, 577

Masailandia **8/1** 125

Máscara **6** 754; **7/2** 237, 246s., 269, 390, p. 149s.; **11/5** 908; **14/2** 365

Masculinidade **8/2** 248, 782

Masculinidade / virilidade **9/2** 22, 320

Masculinização da mulher **5** 458

Masculino / feminino **9/1** 58, 120, 133, 141s., 158, 162s., 169, 185s., 195, 223, 246, 295s., 310s., 355s., 381, 433, 440, 444, 512, 556, 636, 642, 661, 679, 682, 700; **9/2** 27, 41[5], 43, 100, 117, 181, 237, 241, 322, 355, 384, 393, 400, 425s.; **10/2** 932; **10/3** 79, 87, 220, 243, 259; **10/4** 637, 662, 714, 767, 772, 790; **12** 25, 26, 31, 43, 336, 436[41]; **16/2** 434s., 451; **18/1** 221, 261s., 265s., 412, 583; **18/2** 1.153, 1.158, 1.232, 1.334, 1.552, 1.606, 1.617, 1.652s., 1.683, 1.701, 1.721, 1.781

Masculino / masculina
- cerimônias de iniciação **8/2** 725
- orgulho **8/2** 303

Masculino / *masculinus* **12** 439[49]; **14/2** 382; **18/2** 1.789
- e feminino
- - como opostos **14/1** 1, 6, 8, 22, 32, 92, 101, 103, 193; **14/2** 51, 74, 182[205], 201[438], 203, 244, 296[272], 320, 324, 348
- - número três como **14/2** 228
- - síntese ou união **14/2** 17, 193, 203, 296[272], 318, 322, 323, 348
- - união de **14/1** 42, 101; **16/2** 416, 421

Masdeísmo **18/2** 1.528

Masoquismo **3** 97

Masoquista **4** 714

Massa **9/1** 225s., 293, 393, 478, 618; **10/1** 489, 499, 510, 518, 536, 541, 558, 563, 567, 575; **10/2** 395, 419, 445, 457, 461, 463, 474, 939; **10/3** 150, 326, 939, 1.000; **17** 159, (284), 299, 305; **18/2** 1.133, 1.139, 1.301, 1.315, 1.345, 1.358, 1.368, 1.377s., 1.383, 1.393, 1.711
- a menor partícula de **8/2** 417
- anônima **16/1** 227
- como forma de energia **8/1** 37[35]; **8/2** 442
- como sede do poder **14/2** 135
- confusa **9/2** 240, 371, 375; **11/1** 160; **12** 185, 75*, 242s., 334, 370, 426[2], 433, 442, 256*; **13** 433; **14/2** 41, 216, 356, 375; **16/2** 387, 457, 462, 479; **18/2** 1.701
- desordenada **5** 302
- e individualidade **14/2** 174
- e o indivíduo **16/1** 225
- homem da **8/2** 410, 425; **9/2** 67, 170, 255, 282, 390[84]
- *informis* **12** 244, 366[47]
- psicologia de **3** 513; **16/1** 223; **16/2** 443
- psicose das **17** 159
- sugestão das **8/2** 630

- cf. tb. Coletivo; Grupo; Massificação; Psicose

Massagem **18/2** 1.778

Massificação **10/1** 505-516, 575; **10/3** 901; **10/4** 718; **14/1** 9[45]
- da psique **8/2** 427
- cf. tb. Massa

Mastodonte **18/1** 135[26], 138, 194

Masturbação **2** 716; **3** 97, (141), 149[132]; **4** 55, 225, 240, 370, 483, 487, (599); **10/3** 204, 208, 216, 220, 226; **17** 221
- cf. tb. Onanismo

Mata
- demônio da **13** 246
- floresta **13** 239-242, 247, F 27
- virgem **14/2** 65, 65[167]

Matança **13** 89, 109[110], 116[145], 427
- dos meninos de Belém **17** 321
- cf. tb. Mortificação

Matar **4** 344; **17** 7, 42, 136s., 213s.

Mâtariçvan (portador de fogo hindu) **5** 208, 311, 580

Matemática **8/2** 696; **8/3** 870, 917, 932; **10/4** 777; **17** 257
- dote para **17** 239

Mater
- *alchemia* **14/3** 5, 52[1]
- *Dei* **9/1** 242[42]
- - cf. tb. Maria
- *ecclesia* **8/2** 336
- *gloriosa* (*Fausto*) **13** 228[255]; **15** 154
- *vitae* **14/2** 39

- Natura
- cf. Mãe natureza

Matéria / *hyle* **6** 650; **8/2** 368, 433, 605, 623; **8/3** 949; **9/1** 118, 156, 195s., 564[94], 576[120], 579s., 680; **9/2** 120, 147[84], 218, 220, 308, 310, 318,

Índices gerais

373, 374, 376, 377, 388[81], 400, 406, 413, 418; **12** 377s., 401, 406, 410, 419s., 432; **13** 88, 117, 173, 175, 202, 210, 286, 382, 395; **14/1** 9[44], 31, 32, 33, 35, 64, 91, 142, 232; **14/2** 64[161], 106, 107, 134, 150, 235[81], 302, 335, 364, 372, 385[178], 403, 411, 419, 421, 431; **14/3** 73, 87[90], 92, 97, 106, 106[152], 107[155], 108, 112-114, 173, 178, 289, 442[6], 446, 550, 558-560; **18/1** 583, 750, 761; **18/2** 1.213, 1.538, 1.784
- a alma da **14/2** 360, 364
- animação química das imagens dogmáticas **14/2** 173
- arcana
- cf. Substância arcana
- aspecto divino da na alquimia **14/2** 421
- atuação mágica da **14/2** 337
- celeste **14/2** 343
- coeterna e coexistente com Deus **14/2** 421
- como a realidade de Deus **14/2** 421
- como certeza da ideia de Deus **11/2** 252
- como Deus **6** 592
- como o *increatum* (Paracelsus) **14/2** 421
- como o passivo feminino **16/2** 407
- como portadora das projeções inconscientes **14/1** 330
- concepção moderna da **14/2** 372
- cósmica **15** 12
- criadora **15** 12
- descida do nous na
- - cf. *Nous*
- descontinuidade **14/2** 373
- desdeizada **14/2** 421
- distinção entre matéria e psique **14/2** 359, 420
- do arcano **14/2** 413[223]
- dos alquimistas **16/2** 440
- e energia em lugar de Deus **14/2** 29
- e espírito **6** 161; **8/2** 653-682, 743

- - cf. Espírito
- e forma (em Schiller) **6** 159, 164
- e psique **8/2** 418, 441, 529; **8/3** 938; **14/1** 22, 91, 141
- espiritualização ao contato do espírito **14/2** 419
- estrutura oculta da **14/1** 145
- fascinosa e mágica **14/2** 173
- glorificação no opus **14/1** 232
- identificação com a substância química **14/1** 330
- libertação da **12** 420
- luminosa celestial **14/1** 32
- mais nobre / ouro régio **14/2** 6
- matéria **10/4** 766; **11/1** 160
- materialização do espírito ao contato da **14/2** 419
- médica **13** 158
- natureza misteriosa da **14/1** 142
- no maniqueísmo **14/1** 32
- numinosidade da **14/1** 145
- o desconhecido na **12** 413; **14/2** 423
- o mito da **16/2** 353
- parcela da divindade inerente à matéria **14/2** 359, 419, 421
- pneuma na **12** 409
- potencial do primeiro dia da criação **14/2** 421
- prima **14/3** 210, 223, 493, 543; **15** 39
- - cf. tb. *Prima materia*
- primitiva **13** 163
- primordial como totalidade indivisível **14/2** 372
- profundezas da **14/1** 9[44]
- psique e
- - cf. Psique
- projeção na **14/3** 1; **16/2** 383, 499
- - cf. tb. Projeção
- química animada **14/1** 142
- região intermediária entre matéria e espírito **12** 394, 400
- cf. tb. Substância
- segredo da **12** 345, 375, 406, 430, 493, 564
- - químico da **16/2** 498

450

- sublimação da **14/1** 312; **14/2** 419
- substância **16/2** 355
- transformação da **11/1** 161
- ubiquidade da **12** 421
- união com a forma **14/2** 320
- vilis **14/2** 217
- *veritas* na **11/3** 421
- vivência de Cristo na matéria **14/2** 172

Matéria / material **5** 227; **11/3** 377, 421; **11/5** 762s.
- dos alquimistas **11/2** 263; **11/4** 739

Material
- da memória **4** 317
- de caso **13** 305
- - cf. tb. Médico; Paciente

Materialidade **13** 125s., 138, 139[216], 160, 165, 173, 176[114], 183, 229, 268, 282, 286, 356, 380, 390

Materialismo **3** 7, 324, 453, 467, 496; **4** (665), 675; **6** 267, 572, 588, 592, 649, 662, 1.031, 1.035; **7/1** 80; **8/1** 10, 105; **8/2** 483, 529s., 571, 649, 705, 707, 713; **9/1** 1, 111s., 117, 120[11], 125, 196, 393; **10/1** 510, 520, 522; **12** 287[133], 432; **14/1** 187; **16/1** 79; **16/2** 400, 440s.; **18/1** 750, 799, 826, 1.074; **18/2** 1.115, 1.120, 1.150, 1.239, 1.345s., 1.383[8], 1.528[8], 1.574, 1.658s., 1.689, 1.727, 1.738
- atitude materialista **16/1** 79
- científico **11/5** 763ss.

Materialismo / materialista **9/2** 78, 170, 235s., 274, 282, 368, 410; **10/4** 653, 655, 780

Materialização **1** 51, 64; **10/4** 788; **18/2** 1.441, 1.562
- meios de **1** 70

Matéria-prima **9/1** 535[24], 541, 705; **9/2** 194, 205, 219, 240, 245, 247, 249, 256[47], 259, 292, 375s., 418; **12** 26, 84, 207, 90*, 306, 334, 336s., 356,

138*, 402, 425s., 440[50], 175*, 468, 472, 516[1]
- Adão como **12** 131*
- caos como
- - cf. Caos
- capacidade de mutação da **12** 517s.
- como água **12** 367, 425, 433, 487
- como a *mater* **12** 431
- como increatum **12** 430s., 530
- como mãe dos elementos **12** 430s., 163*
- como matéria desconhecida **12** 425
- como Saturno **12** 161*, 539
- como serpente **12** 530
- como *unum* **12** 427
- designações da **12** 425s.
- dragão como **12** 26, 138*, 425s., 267*
- espírito da **12** 129*, 425, 444, 447
- Eva como **12** 135*
- homem como
- - cf. Homem
- *lapis* como **12** 103, 336, 400, 433
- lua como **12** 425, 486s.
- Mercurius como
- - cf. Mercurius
- microcosmo **12** 425
- Monas como **12** 426s., 472
- *monstrum* como **12** 536
- natureza bissexual da **12** 530
- nigredo como **12** 263, 334, 433
- opostos na **12** 425s., 435[38], 436[41]
- rei como **12** 149*, 168*, 491s.
- sangue como
- - cf. Sangue
- terra como **12** 163*, 444, 529
- ubiquidade da **12** 421, 432
- cf. tb. *Prima materia*

Maternidade **17** 292
- espiritual **16/2** 361

Materno
- ventre (Kepler) **8/3** 925

Mateus **14/1** 232, 319
- cf. tb. Bíblia

Índices gerais

Mato / floresta **10/3** 44, 128

Matredi, M. (ourives) **14/2** 301

Matriarcado **9/1** 176, 383, 425; **10/4** 790; **13** 130s.

Matriarcal **18/2** 1.235

Matrimoniais **8/3**
- horóscopos **8/3** 875, 977s.
- uniões **8/3** 869, 979s.

Matrimônio(s) **9/2** 72, 381; **14/2** 10, 374; **14/3** 573; **17** 226, 278s., 324s., 331bs., 343; **18/2** 1.701
- alquímico **12** 209
- classes de **9/2** 41, 381[71]
- bodas **13** 157, 176[114]
- como origem do *filius philosophorum* **14/2** 363
- como vaso **14/2** 322
- convencional **17** 329
- desenvolvimento no e pelo m. **17** 336s., 343
- erros **17** 334, 343
- espiritual **16/2** 442
- forma primitiva do **16/2** 431s.
- infeliz **17** 109
- místico / Cristo e Igreja **14/1** 26
- o número seis como **16/2** 451[8]
- preconceitos e projeções no **16/2** 420
- quatérnios de **9/2** 42, 117, 328, 360, 363, 381, 383, 396
- químico **14/3** 292
- ruína dos **16/2** 442
- - cf. tb. Bodas; Casamento; Hierosgamos

Matrix / matriz / útero **9/1** 585; **14/1** 73, 140[117], 175, 175[303], 240; **14/2** 322[23]

Matrona **14/2** 220[40], 233

Matsia **9/2** 272

Maturação **14/2** 137[292]

Maturidade **4** 265
- e imaturidade **17** 238, 244, 250s., 288, 331a

Matuta (deusa dos mortos) **5** 536, F 100

Maudgatyâyana **11/5** 913

Mauí **9/1** 283

Mau(s)
- hábitos **4** 240
- olhado **9/1** 699

Mautmes (rainha) **5** 401[138]

Maya **6** 291, 946; **9/1** 632; **12** 108*; **13** 56, 126; **14/3** 223

Meca **18/2** 1.527

Mecânica **4** 282

Mecanicista-causal
- ponto de vista **8/1** 35, 58, 73

Mecânico **15** 13

Medicamentos **15** 27
- cf. tb. Remédios

Medicina
- e Psicologia **15** 56
- moderna **15** 17, 40
- popular **15** 14
- teórica **15** 19, 20

Mecânico
- ponto de vista **8/1** 2, 41
- - cf. tb. Causal

Mecanismo(s) **2** 550, (611)
- de atração **5** 219
- pré-formado e histeria (Karplus) **1** 131[113]
- psicológico **17** 128
- - dos sonhos sonambúlicos **1** 76
- - no erro histérico de leitura **1** 73s.
- - no estupor histérico **1** 297
- cf. tb. Processo mecânico-linguístico

Medardo (irmão) **7/1** 116; **14/1** 223

Medeia (deusa protetora) **5** 577
- o milagre de **5** 556
- parricídio de **14/1** 16, 17[106]

Mediação **11/1** 43, 63, 150

Mediador / *mediator* **6** 323; **9/2** 141,
345, 377; **11/1**, 150; **11/4** 756; **13** 131,
283; **14/2** 125, 226[54], 258, 292, 300;
16/2 481
- em Platão **5** 242
- ideia de **5** 104
- intermediário **9/2** 145; **11/4** 692, 748
- cf. tb. Salvador
- Marduk como **11/2** 173
- origem do **16/2** 381

Mediadora **14/1** 9[42]

Medicamento / remédio **13** 113[124],
129, 145, 155, 158s., 170, 180[129],
187, 190, 193, 203, 218, 321, 353[37],
390, 403
- químico **13** 158, 237
- cf. tb. Medicina; Panaceia

Medição
- do tempo de reação **2** 662
- - cf. tb. Psicoterapia
- e paciente **2** 640, 703, 769, 816,
819, 833, 835, 837s., 857, 944, 950,
993, 1.351
- - cf. tb. Psicanálise
- na Física **8/2** 441; **8/3** 840

Medicina **3** 320, 418, 467, 480, 496,
576; **8/2** 684, 688; **8/3** 904; **10/1** 498;
10/4 673; **11/3** 370; **11/5** 873; **12** 410,
420, 448, 511, 526[30], 557, 563s.; **13**
113, 193[191], 390; **14/3** 104[148], 131,
146, 276, p. 56-57
- acadêmica **8/2** 526
- *alexipharmacon* **12** 522[21], 529, 538,
549
- antiga **14/2** 345[84], 361
- *catholica* **13** 133, 283, 353[37]; **11/3**
358; **16/2** 375, 408
- como ciência **14/1** 44; **14/2** 51[121],
127, 361, 408, 430
- como Mercurius
- cf. Mercurius
- de Galeno **14/1** 151

- do Antigo Egito **11/2** 287
- e fator psíquico **16/1** 20
- egípcia e alexandrina **14/2** 10, 20
- e psicoterapia **16/1** 211, 212
- herdada por Adão **14/2** 235
- história da **4** 585
- moderna **4** 415, 749; **16/1** 22, 190
- oriental **11/5** 778
- *pharmacon athanasias* **12** 418
- - cf. tb. *Elixir vitae*
- primitiva **16/1** 4
- psicossomática **16/1** 232
- remédio **14/1** 193, 279, 298, 336
- somática **16/1** 232
- substância arcana **12** 377, 404

Medicina / médica **18/1** 439, 447, 557,
795, 833, 839s., 1.073; **18/2** 1.116,
1.243, 1.511, 1.579, 1.760, 1.776,
1.806
- antiga **18/1** 230
- medieval **18/2** 1.737
- moderna **18/1** 840; **18/2** 1.737

Medicina / medicinal **10/3** 3, 354, 369;
11/6 1.040, 1.062, 1.066, 1.070, 1.073

Médico(s) **8/1** 63[47], 99; **8/2** 543; **13**
10, 14, 146s., 149s., 154s., 158,
194s., 236s., 293, 412[214], 470; **14/1**
11, 104, 121, 140, 175, 298, 331, 337;
14/2 10, 18, 18[57], 158[365], 179, 364,
365, 405, 407; **15** 1, 90; **17** 128, 130,
142s., 158s., 170, 173s., 181, 190,
201, 211, 228s., 260s., 282
- análise do
- - cf. Análise
- Asklepios (Esculápio) **14/2** 148,
148[338], 158[365]
- atitude
- - correta em relação ao paciente
16/1 7s., 33, 172s., 182s.
- - para com o **16/2** 307
- autoridade do **16/1** 2, 23, 238s.; **16/2**
359
- como demônio, bruxo, curandeiro
7/1 98s., 143, 145; **7/2** 206

Índices gerais

- como empírico **14/2** 179
- como pesquisador da natureza **14/1** 121, 320, 337
- Cristo como **15** 159
- da Idade Média **14/1** 320
- dependência do **16/1** 138s.; **16/2** 292
- Deus dos **9/1** 553
- discussão dos médicos (allegoria Merlini) **14/2** 10
- e diretor espiritual **11/4** 738
- egípcios e alexandrinos **14/2** 10, 18, 19, 20
- e paciente **7/1** 1, 5, 58, 93s., 143s., 170s., 189s.; **7/2** 146s., 206; **8/2** 140s., 145-148, 184, 286, 421, 472, 498, 515s., 519, 684s., 715; **8/3** 845[34]; **9/1** 398; **11/4** 738; **11/5** 904; **13** 10, 14s., 33, 54s., 65s., 69s., 155s., 164, 304s., 323s., 396s., 463s., 479; **14/2** 405, 406, 408; **16/1** 1, 42s., 95, 97s., 163s.; **16/2** 270, 313, 383, 449
- - atitude do... em relação ao inconsc. **16/2** 463, 465
- - compreensão do **16/2** 314
- - igualdade de condições de **16/2** 289
- - ligação de **16/2** 358, 364, 376, 384, 463
- - cf. tb. Psicoterapia
- "ferido" **16/1** 239
- formação do **16/1** 44, 233
- Freud como **15** 68, 70
- igualdade entre médico e paciente **16/1** 10s., 76, 239
- neurose do **16/1** 23, 179
- Nietzsche como **15** 159
- o *filius philosophorum* como auxiliar do **14/1** 298
- orientação do **16/2** 478
- os alquimistas como **14/1** 151, 299
- Paracelso como **8/3** 922; **15** 4, 7, 41
- persona do **16/2** 365
- personalidade do **16/1** 8, 10s., 23, 163, 172, 198

- posicionamento adequado para com o paciente **16/2** 273, 365, 476
- projeção no **16/1** 144; **16/2** 284, 420, 462
- sacerdote egípcio **8/2** 313
- transferência para o **16/1** 139s., 218
- transformação do **16/1** 163s., 170, 172s.

Médico / analista **4** 22s., 156, 201, 446, 536, 578, 602s., 632, 639; **18/1** 5, 26, 257, 306, 370, 380, 396, 460, 545, 565, 610, 671, 724, 823, 840; **18/2** 1.165, 1.171, 1.228, 1.295, 1.330, 1.408s., 1.424, 1.465, 1.478, 1.498a, 1.511s., 1.575s., 1.594, 1.637, 1.739, 1.760, 1.762, 1.775, 1.777, 1.793, 1.811, 1.818s.
- e paciente **3** 35, 152, 389, 467, 480, 488, 575; **4** 17, 39, 162s., 255, 300 404, 412, 421s., 451, 458s., 528s., 584s., 614s., 774, 782; **18/1** 113s., 120, 136, 160s., 169s., 177s., 190, 207s., 233, 273s., 282s., 315s., 337s., 345s., 373s., 385, 399s., 413, 423s., 467s., 483, 491s., 497, 505, 515s., 540, 558s., 621, 632s., 636s., 671, 744, 822s., 833s., 1.001s., 1.071s.; **18/2** 1.100, 1.151, 1.172, 1.252, 1.266s., 1.330s., 1.395, 1.467, 1.512, 1.579, 1.581, 1.588, 1.591, 1.644s., 1.664, 1.686, 1.703, 1.761, 1.793, 1.809, 1.817
- personalidade do **5** 62
- prático **18/2** 1.776s.

Medida(s) **14/3** 306-307, p. 84-85
- de sementes **14/3** 293
- sistema para valores psicológicos **8/1** 14s.

Meditação **5** 519; **6** 179s.; **9/1** 85, 130[20], 233, 398, 562, 710, 714; **10/4** 650; **11/3** 344, 421, 448; **11/5** 807[20], 827; **12** 187, 362, 388s., 420, 441; **14/2; 14/3** 103; **16/1** 134; **16/2** 414; **18/2** 1.417, 1.476

454 Obra Completa – Vol. 20

- como fim em si-mesmo **11/5** 961
- efeitos da **14/1** 175
- e imaginação **12** 390s.
- na alquimia **11/5** 793
- na gnose de Simão **14/1** 155, 158, 307
- na ioga, no zen **11/5** 854, 894ss., 908ss.
- sobre os sonhos **16/1** 86

Meditação / *meditatio* **13** 47, 172, 201[208], 286, 443, 477

Meditatio **14/2** 338, 346, 352, 366, 366[125], 367, 368, 369, 375, 414
- como confrontação com o inconsciente **14/2** 366
- como diálogo interior **14/2** 366
- e contemplação no Ocidente **14/2** 368
- em círculos filosófico-religiosos **14/2** 367
- exigências morais para a **14/2** 338, 346
- finalidade da **14/2** 367
- "suja" **14/2** 134

Meditar **5** 19[21]

Médium(ns) **1** 39s., 42, 63, 67, 70, 82s.; **8/2** 599s.; **11/5** 845, 857; **18/1** 153, 699, 715, 722s., 730s., 747, 749, 951; **18/2** 1.326, 1.441, 1.498
- de Crookes **1** 63
- espírita **3** 157[137], 174, 555; **10/3** 83, 137s., 172; **10/4** 788
- fenômenos mediúnicos **13** 49, 60[33]

Medo **1** 263s., 277, 283; **2** 642s., 666, 675, 760, 833s., 891, 1.040, 1.380; **4** 166s., 184s., 365, 380, 472s., 474, 482s., 577, 591, 734, 782; **5** 222, 456, 551, 586; **9/1** 288, 710; **10/1** 530; **10/4** 615, 632, 643, 665, 691, 696, 699, 701, 724, 727, 731, 784; **13** 323, 431, 464, 474; **16/2** 375, 381; **18/1** 239, 477, 556, 591; **18/2** 1.253, 1.311s., 1.431

- da doença mental **16/2** 374
- da morte **5** 171[93], F 24, 415
- de envenenamento **1** 229, 283, 393
- de prosseguir na análise **14/2** 409
- diante do destino **5** 165
- do inconsciente **11/2** 274
- dos espíritos **12** 437
- dos fantasmas **11/2** 200
- e acesso de raiva **1** 229s.
- e simulação **1** 309
- neurótico **5** 396, 456
- precordial **1** 176
- que cerceia os instintos **5** 216, 221

Medo / temor / pavor / angústia **6** 556s., 565, 699, 705, 961; **7/1** 6, 45, 69, 116, 128, 157; **7/2** 225, 308, 352, 369, p. 168s.; **8/1** 87, 94; **8/2** 211s., 244, 266, 593; **9/2** 62, 100[50], 293; **10/3** 4, 58, 826, 850s.; **11/1** 84s.; **11/5** 846; **12** 117, 240, 325, 437, 439
- compensação do **11/4** 591
- da mulher **7/1** 173
- da vida **8/2** 796
- de cobras **8/2** 266
- de infecções **8/2** 204
- dementes **11/1** 85
- de morrer **7/1** 10
- do futuro **8/2** 796
- do inconsciente **8/2** 230, 351, 414, 530; **11/1** 56
- do mundo **8/2** 796
- do "outro lado" **7/2** 323s.
- dos espíritos **8/2** 681
- do sexo feminino **6** 708
- do vizinho **11/1** 85
- dos sonhos **8/2** 566
- por parte dos neuróticos **8/2** 639

Medula espinhal **3** 27, 323, 468; **8/2** 607

Medular
- alma **8/2** 368

Medusa **5** 501; **9/2** 193-213, 239[1]
- cf. tb. Hidromedusa

Índices gerais

455

Mefisto **4** 173[14]

Mefisto / Mefistófeles **12** 87s., 119, 211; **13** 110, 120, 171[82], 250; **14/1** 172

Mefistófeles **6** 313, 375, 661, 796; **7/2** 224, 258, p.154s.; **9/2** 371; **10/2** 423, 439; **10/3** 304, 368; **10/4** 715; **11/3** 363; **11/4** 720; **15** 101, 159, (175); **17** 312; **18/2** 1.694

Megafone **2** 563

Megalítico
- cf. Pedra, idade da

Megalomania **1** 190, 212, 215s., 219, 230, 284; **7/2** 260, p. 156; **8/2** 317; **13** 14; **18/1** 332, 509; **18/2** 1.591
- cf. tb. Paranoia; Supervalorização pessoal

Megalomania / loucura / delírio **9/1** 103, 136, 237, 254, 309, 517

Megárico / escola megárica **6** 35, 43, 541

Meia
- noite **9/1** 548
- - mar da **8/2** 326
- - cf. tb. Sol
- vida **8/3** 949

Meio **6** 265, 270, 308, 435; **12** 41; **14/3** 215
- como conciliação dos opostos **6** 323
- dia **14/3** 107, 167, 278, 609

Meio ambiente **2** 1.007, 1.067; **4** 209s., 212s., 307, 310s., 343, 348, 428s., 438; **10/1** 533, 540; **10/4** 667, 754; **18/1** 20, 37, 77, 401, 429, 509, 756; **18/2** 1.085, 1.095, 1.157, 1.232, 1.353, 1.430, 1.494, 1.793
- influência do **6** 85, 548, 551, 753, 769, 949, 1.041

Meio / centro **18/2** 1.371, 1.628, 1.638

Meio / ponto central **13** 31-45, 47 (F 4), 186, 280, 333, 338, 349

Mel **13** 190[171]; **14/2** 290[305], 345, 345[80], 347, 358, 364, 411; **14/3** 276, p. 76-77, 122-123, 138-139
- como *aqua permanens* **14/2** 345[80]
- como o "doce ou a doçura da terra" **14/2** 345[80], 347, 358
- como oposto ao azedo **14/2** 345[80]
- como resina da terra **14/2** 345[80]
- elixir de mel **14/2** 345[80]
- e sua mudança em veneno (Paracelsus) **14/2** 345[80], 347, 348, 364
- favos de mel **14/2** 305[316]
- silvestre **14/2** 358[105]
- sinônimos de **14/2** 345[80], 347

Melampo **5** 183; **14/2** 383[158]

Melampus e a serpente **14/1** 82[213]

Melancolia **2** 1.181; **3** 181, 329; **11/2** 242[16]; **11/4** 723; **14/1** 300; **14/2** 161, 161[387], 289, 347, 367, 383; **16/1** 197; **16/2** 479; **17** 152; **18/1** 63, 795, 918
- depressão **13** 133, 190, 209, 445, 452
- nigredo como **14/2** 50[118], 107, 158, 161[387], 274, 367, 383, 390, 398
- remédio alquímico para a **14/1** 152[291]

Melancólico **6** 951, 954, 999, 1.031

Melanésia **8/1** 123; **8/2** 411, 441; **11/3** 372; **13** 129

Melchior (cardeal de Brixen) **13** 123[156]

Melissa **13** 190, 193

Melkarth
- sacrifício no fogo **5** 369[89]

Melodia obsessiva **8/2** 266, 639

Melódicos
- automatismos **3** 109

Melões **8/2** 388

Melotesia / melotésias / *melothesiae*
9/1 605; **11/1** (cap. II), 113[7]; **13** 122

Melquisedec **9/2** 228[94]; **11/3** 306, 327; **13** 171[87]; **14/2** 2[3], 221
- altar de M. **14/2** 221

Melusina **9/1** 53, 452[78], 560[89]; **9/2** 372; **12** 10*, 11*, 12*, 132*, 413[33], 537[57], 257*; **13** 173, 175, 177, 179-180, 195, 200, 214, 215-222; 223[246], 225, 247[19], 288, 399, 416, 418, 427, F V, VI; **14/1** 23, 73, 140; **14/2** 36, 350[98]; **15** 25; **18/2** 1.363

Membrum virile
- cf. tb. Órgãos genitais

Memória **3** 12[18], 31, 329, 545; **8/1** 44; **8/2** 362, 368, 673; **8/3** 939; **9/1** 386, 504; **17** 103; **18/1** 18, 39, 42, 77, 90, 100, 148, 449, 593, 747, 766, 778, 860; **18/2** 1.150, 1.256, 1.487, 1.773
- ação das emoções sobre a **1** 319
- complexo de **1** 170
- com referência a fatos do passado **1** 333
- continuidade da **1** 259; **8/2** 755
- - no estupor histérico **1** 285s.
- deficiente **1** 397s., 419
- desaparecimento (ausência) da **1** 20s., 27, 42s., 230, 246
- de um sonâmbulo **1** 73
- diminuição da **1** 23
- direta e indireta **1** 166s.
- - e criptomnésia **1** 179
- distúrbios **3** 16
- - orgânicos da **2** 641, 1.352
- divisão da **1** 110, 294
- dos histéricos **1** 119[90]
- e complexos **8/1** 20; **8/2** 253
- e criptomnésia **1** 146s., 183s.
- encobridora **2** 611, 658
- e perdão no caso de S.W. **1** 53
- e personalidade fragmentária **8/2** 202

- falhas de **8/2** 154
- falseamentos autossugeridos **1** 117
- falsificações da **3** 10
- imagem(s) da **1** 166s.; **8/1** 44; **8/3** 939; **8/2** 808
- na simulação **1** 329s., 390s.
- no estado sonambúlico **1** 58
- no inconsciente **8/2** 270, 295, 388, 493, 588
- nos ataques sonambúlicos **1** 40s.
- perda da **17** 199a
- perturbada **1** 8, 338s.
- - no estupor histérico **1** 240s., 293s.
- recordação / lembrança **2** 46, 127, 190s., 247, 270, 273, 312, 344, 366, 373, 378, 386, 414, 427, 530, 605, 611s., 616, 618, 639-659, 664, 673s., 690, 715s., 732, 744, 747, 752, 780, 816, 827s., 831, 848, 889s., 919, 974, 991, 1.040, 1.064, 1.252s., 1.352, 1.371s.
- vestígio de **1** 183s.
- subliminar **8/2** 362
- traços / vestígios nos sonhos **8/2** 493, 549
- cf. tb. Lembrança

Men **5** 298, F 48, 396, 421

Mênada **9/1** 311

Ménades **4** 106; **10/2** 386

Mendicantes
- cf. Ordens mendicantes

Menina divina (*anima*) **14/1** 100

Menino cabeçudo **14/1** 100

Mensageira do Graal **16/2** 504

Mensagem cristã **11/2** 222, 228, 231, 234

Menina **4** 345, 347, 384s., 599
- divina **14/2** 163
- jovem **9/1** 306, 311, 326, 350s., 405
- cf. tb. Arquétipo; Core

Menino(s) **9/1** 270, 357, 396; **12** 196s., 95*; **14/2** 148[334], 300[288]
- arrebatamento do **11/4** 713, 745
- como advogado no céu **11/4** 745
- como mediador **11/4** 717
- divino **11/4** 712, 741
- guia **18/2** 1.696, 1.699
- *puer aeternus* **11/4** 742
- recém-nascido **11/4** 716
- régio **14/2** 127, 131, 132

Menopausa **4** 705; **7/1** 114

Mens **13** 137[213]
- cf. Espírito; Inteligência

Mensagem
- boa-nova / *kerygma* **18/2** 1.468, 1.472, 1.515s., 1.655, 1.827s.
- irracional de Cristo e razão humana **11/3** 444

Menstruação **1** 6, 8, 203, 209; **4** 228; **9/1** 170, 311
- período da **8/3** 842

Menstruo / *mestruum* **14/1** 111, 209
- da meretriz **14/2** 74, 115
- *Vegetativum Universale* **14/1** 323

Menta / hortelã **5** 208[10]

Mental(is)
- atividade **8/3** 952[140]
- distúrbios **3** 318, 346, 443, 476
- doenças **3** 318, 321, 333, 385, 427, 529; **8/2** 297, 529, 576, 589
- - e psique **3** 496
- - fim letal **3** 322, 537
- - psicogênese **3** 466-495
- - sintomas **3** 333, 339, 362
- - - cf. tb. Esquizofrenia
- doentes / enfermos **8/2** 611
- - experimento das associações com **8/2** 593
- - que produzem imagens mitológicas **8/2** 228, 278, 317, 589, 719
- - vozes ouvidas por **8/2** 170, 253, 581

- *Healing* **4** 526, 578, 588
- perturbações **8/1** 50; **8/2** 281, 507, 584, 589

Mentalidade
- da época (Zeitgeist) **16/1** 22
- ocidental e oriental **11/5** 768, 773, 790, 800
- primitiva **8/1** 97, 110; **8/2** 309, 712, 725, 735

Mente **8/1** 87; **8/2** 381, 388, 472; **9/2** 29, 71; **14/2** 61[143], 335[60], 375[141]; **18/2** 1.116, 1.299, 1.306, 1.330, 1.346, 1.453, 1.478, 1.490, 1.522, 1.553, 1.574, 1.586, 1.589s., 1.595, 1.604, 1.657, 1.662, 1.706-1.773, 1.787s., 1.800
- doenças da **14/2** 158
- humana **14/1** 77, 114
- individual **3** 551
- cf. tb. Espírito; Intelecto; Inteligência; Razão

Mente / desenvolvimento mental **7/2** p. 141s.
- doenças da **7/2** 228, 270, 386, p. 152s.
- funções da **7/2** 235, p. 138s.
- individual e coletiva **7/2** p. 138s.
- primitiva **7/2** 290, 325

Mentira **4** 300[17], 336; **10/1** 554; **10/3** 863; **17** 16, 18, 139, 229, 240
- consciente **1** 134
- dos ladrões **1** 303, 305;
- patológica **1** 302, 441

Mephisto / Mefistófeles **9/1** 242[42], 254, 310, 513

Merculinus **12** 439[49]

Mercurialis / planta **14/2** 345, 345[83], 347, 348, 362, 364, 392[206]
- como emenagogo **14/2** 345[83]
- e o sexo da criança a nascer **14/2** 345[83]

Mercurius / Mercúrio **5** 465[3]; **8/2**
388[58], 393; **9/1** 238, 442, 537, 545,
546, 549, 553s., 561s., 569, 574,
581[135], 588, 609, 682; **9/2** 215, 237,
240, 243; **10/2** 394; **12** 31[10], 22*, 24*,
80*, 215, 86*, 305, 338, 127*, 400,
413[33], 426[2], 164*, 165*, 436, 192*,
459s., 210*, 515, 529, 547, 561; **10/4**
727; **11/2** 276; **11/1** nota 35 (cap. I),
151[91] (cap. III), 160[88],163; **13** 113,
161, 274, 282[231]; **11/3** 400, 420; **13**
86[4], 88[23], 101, 103[86], 110, 120, 127,
157, 168[67], 171[82], 180, 218, 239[1],
244[12], 246, 247[19], 250, 261, 265, 287,
296, 315, 344, 355[41], 357, 360, 371,
381, 408s., 457, 459, 481; **11/4** 672;
12 84, 91, 94, 336, 365, 401, 404,
406, 409, 445, 473; **13** 97[56], 119,
142[219], 157, 176[114], 254[26], 255, 259,
265, 273s., 343, 355, 371, 398[142],
429[268]; **14/1** 1, 9, 10, 11, 12, 19, 22,
23, 31, 33, 36, 38, 40, 44, 45, 64, 73,
83, 84, 107, 110, 114, 118, 131, 132,
132[96], 135, 140[158], 142, 150, 161,
162, 188, 211, 229[374], 232, 237, 275,
279, 281, 288, 289, 290, 292, 294,
297, 299, 305, 306, 307, 308, 316,
326; **14/2** 7, 10, 13[39], 25, 44[99], 46,
47[104], 48[106], 61[143], 62, 63, 65, 74, 76,
84, 112, 116, 138, 141, 143, 144, 158,
159, 193, 199, 215, 229, 230, 253,
274, 300, 301, 302, 303, 320, 320[16],
322, 345[81], 345[83], 348, 359, 361, 366,
371[129], 375, 383, 384, 398; **14/3** 167[8],
173, 261[88], 269, 306[12], 413, 426, 447,
475, 534, 549, 573-574, 587, 596; **15**
159; **16/2** 384, 386, 503, 510; **18/1**
533; **18/2** 1.528s., 1.693s., 1.701,
1.781, 1.784
- adâmico dos sábios **14/2** 210[4]
- Adão como **14/2** 210, 230, 253
- *agathodaimon* como **14/1** 6[27]
- alado **12** 305
- ambivalência / paradoxalidade do
14/1 19, 33, 77[209], 83, 107, 114, 232;

14/2 199, 300, 319, 320[8], 359, 374,
383; **16/2** 384, 389, 408, 478, 494,
527
- androginia / hermafroditismo **14/1**
12, 22, 229; **14/2** 112, 274, 320[16],
371[132], 383
- *anima*
- - *Mercurii* **12** 157*
- - *mundi* como **12** 208*
- *aqua mercurialis*
- - cf. água
- *argentum vivum* **12** 84, 90, 94, 172,
409
- aspecto psicológico do **14/2** 373
- - como auxiliar pouco confiável **14/2**
366
- - fálico **14/2** 274
- - feminino de **14/2** 199
- - psicológico de **14/2** 374
- - sulfúreo do **14/1** 31; **14/2** 74, 143
- astrologia **9/2** 130, 151, 154
- astrológico **12** 88, 459
- ataca os metais **14/1** 131
- brancura e vermelhidão de **14/1** 12,
130
- brilhante **16/2** 458[4]
- caduceu de **14/1** 299, 299[518]; **14/2**
68
- capacidade de transformação do **12**
459, 529, 257*
- caro como **14/1** 11
- como água **13** 255, 370; **14/1** 138;
16/2 408, 453, 478
- - espiritual **14/2** 323, 374
- - eterna **14/2** 61[143]
- como aliança da paz **14/2** 300
- como alma / *anima* **13** 259-266; **14/1**
312
- - a ligar o corpo e o espírito **14/2**
300, 323
- - do mundo / *anima mundi* **12** 172,
265, 506, 528; **14/1** 312; **14/2** 112,
359, 376, 403, 404
- - do ouro e da prata **14/2** 371
- como a meta do *opus* **14/2** 371

Índices gerais

- como *anthropos* **12** 16*; **14/1** 12, 232, 280; **16/2** 402
- como "a pessoa alta" **13** 268
- como *aqua*
- - *nostra divina* **12** 531
- - *permanens* **12** 90, 338, 528; **14/2** 61[143], 320[16], 329, 361
- como árbitro (Majer) **14/1** 308
- como *arbor philosophica* **12** 231*
- como argentum vivum **14/1** 27[170], 131, 136, 138, 312; **14/2** 320[8], 359, 371, 372
- como arquétipo inconsciente **13** 299
- como artifex **14/2** 61[143]
- como árvore **14/2** 300
- como a Virgem Maria **14/1** 117
- como *cervus fugitivus* **12** 84, 187s., 518
- como *Christus patibilis* **14/1** 32
- como conhecedor da transformação e da imortalidade **14/1** 305
- como corpo mágico **14/2** 372
- como demônio **14/1** 22, 229
- como deus
- - da manifestação / da revelação **12** 84, 172, 404, 446
- - homem e Filho de Deus **14/1** 22
- - *terrenus* / *terrestris* **14/2** 359; **16/2** 480
- como dirigente / mistagogo **13** 241[5], 273, 278
- como dragão / draco mercurialis / cobra **13** 416
- como elemento **10/4** 629, 630
- como elixir
- - da brancura e da vermelhidão **14/2** 61[143]
- - da vida **14/3** 10
- como Eros **14/1** 316
- como erva da ablução **14/2** 61[143]
- como espírito / *spiritus* **11/1** 160; **11/3** 356; **16/2** 416, 484
- - aprisionador da alma da *physis* **14/2** 359
- - ctônico **14/2** 347; **16/2** 453, 480

- - de luz **14/2** 145
- - e matéria **14/2** 373
- - Santo **14/1** 12, 22
- - vegetativo **14/1** 292
- - vivente **14/2** 143, 145, 371, 372
- - vivo **14/2** 145
- como estrela **14/2** 301
- como figura de luz **13** 299
- como filho
- - e da Lua **14/2** 189, 375
- - extremamente velho da mãe **14/2** 374
- - filho do Sol **14/1** 118
- como *filius macrocosmi* **11/3** 357
- como fogo **13** 256-258, 408
- como grande mestre **14/1** 305
- como hermafrodita **13** 268
- como Hermes Trismegistus **14/1** 13[66], 294
- como *filius*
- - *regius* **14/2** 138
- - *unius diei* **14/2** 375
- como fogo **12** 338, 127*, 400, 473
- como fundamento da arte da transformação **14/2** 301
- como hermafrodita **12** 125*, 404, 410, 447, 460, 470, 517; **16/2** 454
- como Hermes Quilênio **11/3** 420
- como homo **13** 268
- como illiastes **14/2** 145[324]
- como *lapis* **13** 269[133], 270, 289, 299, 343, 439; **14/2** 230, 371, 372, 376
- - *philosophorum* **12** 84, 404, 505s.
- como leão alado e leão sem asas **14/2** 64[150]
- como leite da virgem **14/2** 61[143]
- como *logos* **13** 271
- como Lua / Luna **12** 194*; **14/1** 19
- como lucifer ou phosphorus **14/1** 135
- como *lux* / luz moderna **14/2** 375
- como matéria
- - primordial **14/2** 372
- - seminal do masculino e do feminino **14/2** 324

460

- como *matrimonium* **14/1** 12
- como mediador **11/3** 356, 420
- - e pacificador **14/1** 10, 40
- como meio de união **14/2** 323, 324
- como mercúrio **13** 255, 259, 355, 371
- - *non vulgi* **14/2** 371, 404
- como *microcosmus* **14/2** 10
- como mulher de Sulphur **14/1** 135[83]
- como natureza venenosa **14/2** 68
- como *nume* da árvore **14/1** 73
- como ocidental e oriental **14/2** 63[147]
- como o diabo **14/2** 347, 383
- como o inconsciente **14/1** 114
- - coletivo **14/2** 199, 325, 360, 404
- como o *nous cósmico* dos antigos filósofos **14/1** 114
- como o unicórnio **14/2** 371[132]
- como o *unus mundus* **14/2** 325
- como *ouroboros* **16/2** 409
- como pai e mãe de si mesmo **16/2** 402
- como paredros **12** 84
- como planeta **14/1** 1, 211, 294; **14/2** 44[99], 375
- como pomba **16/2** 453
- como *prima materia* **12** 84, 138*, 404, 425s., 433, 517; **14/2** 371, 372; **14/1** 11, 12, 130
- como projeção do inconsciente **14/1** 114
- como psicopompo **12** 84, 404, 409
- como puer **14/1** 292
- como quaternidade **14/2** 376
- como rainha **14/2** 199
- como *res subtilis* **14/2** 158
- como roda **12** 215
- como *sagitarius* **14/2** 84[231]
- como *salvator* **12** 460, 529
- como *sapientia Dei* **14/1** 9[44]
- como saturno **13** 274s.
- como ser espiritual e material **14/2** 359
- como *serpens tricephalus* **14/1** 119[31]
- como *serpens mercurialis* / espírito

de Mercúrio **14/1** 32, 40, 77, 84, 114, 120[51], 245, 262, 266, 335[654], 340
- como serpente **11/1** 160; **11/3** 356; **14/2** 146[326]
- como símbolo
- - de uma ideia transcendente **14/2** 372
- - do si-mesmo **14/2** 373
- - unificador dos opostos **12** 146*, 148*, 404, 473
- como Sol e como Lua **14/1** 114
- como *spiritualis sanguis* **14/1** 11
- como *spiritus* / *nous* **14/1** 10, 38, 40, 114; **14/2** 158[359], 159, 300, 323, 359
- - *familiaris* **14/2** 366
- - *naturae* **14/1** 138
- - *veritatis* **14/1** 9[44]
- como substância arcana / do arcano **14/1** 9, 37, 237, 305; **14/2** 328; **16/2** 454
- como sulfur **13** 276
- como terra **13** 357
- como um todo abrangente **14/1** 12, 22, 161, 162
- como unidade e trindade **13** 270-272
- como uróboro **12** 20*
- como Virgem **12** 38*, 470, 231*, 505, 519
- conceito alquímico do **14/2** 359
- *coniunctio* do **12** 484[167]
- coroação de **14/2** 348
- crucificada **12** 217*, 238*
- Cyllenius **14/2** 75, 303
- descida de **14/2** 143
- do hermetismo e da alquimia **10/4** 629, 727, 767, 772
- dos alquimistas como personificação do inconsciente coletivo **14/2** 325
- dos sábios **9/2** 218, 240, 259
- dragão mercurial **12** 26, 20*, 38*, 54*, 209, 138*, 404s., 425, 530
- duplex / natureza dupla de **9/1** 689; **9/2** 281, 296s.; **13** 104[96], 267-269, 295, 315s., 343, 384, 384[121], 408, 422, 427, 481; **14/1** 19, 33, 77, 114,

Índices gerais 461

118, 131, 135, 229, 232; **14/2** 64, 75, 145, 210^2, 300, 320, 359, 377, 383, 411
- e a arte da transformação **14/2** 274^{214}
- e a doutrina dos arcontes **13** 273-277
- e a *serpens mercurialis* **14/2** 137, 257, 292, 298, 309
- e astrologia **13** 273-277
- e Cristo **12** 519; **14/1** 22, 142, 279
- e Hermes **13** 278-281, 299, 408
- em posição intermediária **14/2** 213, 321, 323, 348, 374, 376
- e Jesod **14/2** 300
- e o diabo **12** 84, 173
- e o dragão alado **14/1** 136
- e sal **14/1** 237, 237^{414}; **14/2** 320
- e seu relacionamento com os metais **14/2** 371, 372, 377
- espada de **14/1** 53
- espírito de **12** 84, 90, 134*, 138*, 404, 406, 179*, 447, 518, 537^{57}; **14/1** 32, 40, 66, 84, 114, 120^{51}, 232, 245, 262, 266, 335^{654}, 340; **13** 239-303, 321
- estátua de **14/1** 269, 281; **14/2** 229, 230
- e tetrassomia **14/1** 132^{86}
- extração a partir
- - da alma **14/2** 347, 358
- - da *prima materia* **14/1** 232
- e Vênus **13** 273
- *familiaris* **12** 84, 88
- Fênix como **12** 548
- filosófico **14/2** 371, 210^1, 210^4
- fonte de / fonte mercurial **16/2** 402s., 409, 411, 416, 451, 453, 455^{26}, 467
- - afogamento do sol na 453
- - como túmulo **16/2** 496
- *hermaphroditus* **14/2** 75, 230, 274, 320^{16}, 383
- *homo philosophicus* como **12** 214*
- ígneo **16/2** 455
- iluminador **14/1** 305

- inflamado **14/2** 68
- invocado nos papiros mágicos **14/1** 245
- *iugax* **16/2** 396, 478
- lança de **14/1** 140
- leão como **12** 84, 498, 518s., 545s.; **14/2** 75
- - verde **14/2** 61^{143}
- menstrual
- - como *aqua* **14/2** 320^{16}, 324
- - união do *mercurius* masculino e do *mercurius* feminino **14/2** 324
- "mil" nomes do **16/2** 453
- na alquimia e no hermetismo **9/1** 246^{52}, 268, 289^{30}, 391^4, 396, 456, 534, 535^{24}, 537, 541, 545, 549^{61}; **9/2** 194, 200, 206, 209, 234, 237, 241, 245$^{27, 30}$, 250, 258s., 265, 292, 315^{60}, 338, 367, 371, 374, 379, 393, 401
- natureza
- - dupla **12** 84, 409, 460, 517, 518, 547
- - espiritual de **14/2** 32
- - venenosa de **14/1** 107, 229
- *non vulgi* **9/2** 240, 371
- no sentido metafísico **13** 264-266
- *noster* **13** 262, 268
- no vaso (no vas hermeticum) **12** 120*, 121*
- o espírito de **14/2** 158^{359}
- paradoxalidade de **14/1** 19, 37, 44, 110, 135; **14/2** 199, 360, 374
- pelo *opus* transforma-se no *lapis* **14/2** 230
- penetrante **12** 150*, 459
- personificado (Majer) **14/1** 280
- *philosophicus* / filosófico **12** 529; **13** 255s., 259, 267; **14/2** 384
- *philosophorum* **9/1** 554
- planeta **13** 273, 275
- poço de **14/1** 9, 23
- preparo pela sublimação **14/2** 345
- provém do Sol e da Lua **14/1** 131, 234
- psicopompo **13** 270

- quadratus **13** 359
- - cf. tb. Quadratura
- relação de Mercurius com o mar **14/1** 38, 45
- *senex* **12** 115*, 134*
- serpente **12** 31, 215, 86*, 355, 130*, 530, 37[57]
- simbolizado pelo leão **14/2** 69
- símbolo de Mercurius como planeta **14/1** 1
- sinônimos de **14/2** 274, 323, 348; **16/2** 403, 454, 483, 494
- sistema indiano de **13** 254
- sob a forma
- - feminina (Luna) **14/1** 114
- - masculina (Sol) **14/1** 84, 114
- *spiritualis* **14/1** 189
- *telum passionis* do **16/2** 500[24], 519[45]
- triplex **16/2** 403s., 411, 416, 453
- volátil **14/2** 299, 302
- substância
- - constituída de quatro partes do **12** 173
- - transformadora **12** 173s., 187, 459, 469, 517, 529
- transformação do **16/2** 398, 408
- - e símbolos do **14/2** 64, 230, 411
- tricéfalo / triuno / ternário **12** 31, 16*, 539; **13** 270, 289
- unicórnio como
- - cf. Unicórnio
- unidade de **14/1** 22, 37; **14/2** 345[81], 347; **16/2** 402s.
- *versipellis* **14/1** 60[111], 282
- *vulgaris / crudus* **13** 268, 408

Meretriz / *meretrix* **14/2** 74, 75, 76, 78; **14/3** 97[123], 107, 109, p. 66-67
- a grande Babilônia como **14/2** 78
- cavalgadura da **14/2** 75
- como *prima materia* **11/3** 312
- e *sponsa*
- - antiquíssima contradição entre **14/2** 74[186]
- *magna* (do Apocalipse) **14/2** 73, 74

- prostituta **14/1** 15, 31, 46, 53, 95, 156

Meridiano
- cf. Sol

Merkabah **9/1** 588; **13** 362

Merlin **9/1** 415, 440; **14/1** 77, 86; **18/2** 1.684

Meroe
- labirinto de **14/2** 55

Merseburger Zauberspruch **10/4** 700

Meru **9/1** 691

Mês(es)
- de Adar **9/2** 181
- grande mês
- - cf. *Éon*
- platônico(s) **9/1** 551; **9/2** 142, 149[88]
- universal **9/2** 231

Mesa(s) **8/2** (m.s.) 478, 539
- como tema de sonho **16/2** 377
- e quatro cadeiras **11/1** 91, 109
- girantes (espiritismo) **8/2** 602
- redonda **11/1** 109; **12** 238s., 238[120], 260; **14/1** 5

Mescalina **3** 548, 569

Mesech **14/1** 42; **14/2** 257

Meshia e Meshiane **5** 367

Mesmerismo **4** (582), 748; **17** 128

Mesopotâmia **9/2** 128, 336; **13** 278; **18/1** 245

Mesquita **10/2** 372

Messias **6** 323; **9/1** 576[120]; **10/3** 90; **10/4** 622; **14/2** 104, 220[46], 258[186], 266, 274[215]; **17** 309
- arrebatamento do **11/4** 743
- Ben Josef como Jesod **14/2** 274[215]
- como filho de Deus **6** 525
- escatológico **11/4** 473

Índices gerais

- profecias messiânicas **6** 483s.
- vindouro **14/1** 18

Messias / messiânico **9/2** 128, 133, 162-169, 178, 180, 181, 185, 224, 232, 335; **18/2** 1.525, 1.662, 1.744
- ben Davi **9/2** 168
- ben José **9/2** 168

Messina
- terremoto de **18/1** 197

Mestha **9/2** 188
- cf. tb. Amset

Mestre
- visão do **8/2** 632

Mestre Eckhart
- anedota da "moça" **14/1** 99

Meta
- como ideia **16/2** 400
- da alquimia e da piscologia **16/2** 407, 471, 503, 533
- da vida **11/4** 746
- espiritual **17** 159, 289s., 323
- símbolos da **16/2** 398, 533

Metabolismo **3** 75, 137[123], 142, 196, 496, 570
- cf. tb. Toxina

Metade homem metade animal **13** 218

Metafísica **6** 662; **8/2** 528, 569, 651, 663; **9/1** 59, 119, 149, 187, 259, 297, 492; **10/2** 387; **10/4** 617, 623, 624, 634, 635, 644, 656[10], 694, 716, 720, 738, 774, 779, 780; **11/2** 294; **11/4** 593, 608, 748; **13** 73s., 82, 356, 368, 395; **14/1** 141; **14/2** 182, 223, 296, 296[269], 317, 332, 436; **16/2** 485; **18/1** 742, 826; **18/2** 1.229, 1.475, 1.503s., 1.515, 1.578, 1.586, 1.589s., 1.599s., 1.623, 1.640, 1.649, 1.656, 1.669, 1.674, 1.679, 1.686, 1.743, 1.827
- conceitos metafísicos **14/2** 332, 336
- convicções **16/1** 254

- crítica à **14/2** 436
- disfarçada **14/2** 317
- diversidade de enunciados metafísicos **14/2** 436, 437
- do Oriente **11/5** 759, 872
- enunciados metafísicos **11/1** 166; **11/5** 764ss., 833ss., 899; **14/2** 332, 342, 436, 437, 439, 440, 443
- - conceito **11/5** 762, 788
- - conhecimento dos **11/4** 638
- - divisão dos **11/4** 619, 675
- - realidade dos **11/4** 749[2]; **11/5** 760, 833ss.
- e fatos psicológicos **14/2** 317, 332, 436
- e psicologia **11/2** 289; **14/2** 223, 296, 315, 317, 332, 436
- especulação **14/2** 332
- explicação **14/2** 436, 440
- inconsciente **16/1** 90, 94
- juízos **14/2** 443
- pretensões de provas **14/2** 439
- projeção na natureza **16/2** 440
- valor **14/2** 440
- verdade **14/2** 439

Metafísica / metafísico **6** 215; **9/2** 41[5], 50, 65, 67, 76, 85, 98, 112, 122, 124, 246, 304, 308, 366, 369, 390, 423; **10/1** 507, 515, 533, 566, 573; **10/3** 1, 23, 84, 161, 210, 844, 847, 899

Metáfora eclesiástica **14/2** 25

Metal(is) **8/3** 925; **12** 410, 426[2], 490; **9/1** 268, 288, 407, 535[24], 537[40], 555, 581[135]; **9/2** 245[30], 367, 375s, 387, 389; **14/2** 120, 133, 137[296], 235, 242[121], 309, 371, 372, 403; **14/3** 169-220, 284, 291, 320, 596, p. 86-87
- árvore genealógica dos **14/1** 14
- como *prima materia* **12** 425
- deuses dos **14/2** 141[319]
- doença dos **12** 207
- espírito dos metais **14/1** 211
- espirituais são seis **14/1** 211
- imperfeito **14/2** 76[210]

- mercúrio como o pai dos **14/2** 372
- na alquimia **14/1** 6, 14, 39, 80[208],
133[188]; **14/2** 74, 158, 169, 372, 403
- os sete metais **14/1** 14; **14/2** 228;
16/2 402
- ouro como rei dos m. **14/2** 6, 7, 131,
377, 393
- rei dos **14/2** 133

Metal / metálico **10/4** 602, 627, 629,
666, 673, 703, 767, 796

Metal / minério **13** 86, 89, 95, 101,
119s., 124, 133, 173[91], 176[114], 183[140],
196, 246, 250, 267, 268[120, 129], 274[179],
282, 355, 372, 375, 379, 392, 408s.,
414, 444, 458[327]

Metánoia **9/2** 299

Metassomatose **13** 101

Metempsicose / transmigração das
almas **7/1** 108; **9/1** 200

Meteorismo **2** 851

Meteorito **12** 227s.

Meteoro **13** 323; **18/1** 740, 797

Meteorologia **9/1** 7

Meteoros / meteoritos **10/4** 603, 608,
618, 625, 785

Méter **9/2** 307[33]

Metis **8/3** 854

Método(s) **13** 4, 19, 86; **14/3** 545; **17**
98, 296s.
- alquímico **13** 29
- analítico **4** 23, 193, 675; **17** 282
- - cf. tb. Análise
- anamnésico **17** 177
- anticoncepcionais
- cf. Prevenção
- casuístico **8/3** 825
- catártico **4** 39, 41, 208, 577, 582,
584, 588, 604, 622

- - cf. tb. Psicocatártico
- causal **4** 673, 675, 677, 679
- chinês de adivinhação **11/5** 974
- clínico **4** 180
- construtivo **3** 391, 404, 413, 422; **6**
782; **8/2** 148; **17** 195s.
- da Psicanálise de Freud 44, 56, 70,
103, 104, 105, 125, 156
- da Psicologia Analítica **17** 171, (262)
- das associações **4** 157
- das ideias que ocorrem com
pacientes **5** 69
- de associação **7/1** p. 148
- de consulta médica **15** 41
- de educação **17** 108s., 253s.
- de expressão **15** 207
- de Freud **17** 129, 282
- de Forel **1** 295
- de Paracelso **15** 41
- de persuasão (Dubois) **4** 414, (527)
- didático **17** 107a
- educativo **4** 41, (200)
- em que se acredita **16/1** 4
- fenômenos de deterioração do **11/5**
930
- hipnótico **11/5** 928
- histórico **4** 426, 452
- introspectivo **11/5** 946
- mântico **8/3** 863, 895, 902, 984
- multiplicidade dos **16/1** 1, 11, 116s.,
230
- novos **16/1** 12
- numérico **8/3** 870
- para a apresentação de um estado
interior como exterior **8/3** 863
- para ler Joyce **15** 165
- percepção consciente da realidade
11/5 780
- psicanalítico (Freud) **2** 662, 703s.,
761s., 846, 919s., 1.067, 1.082,
1.096, 1.348, 1.351; **4** 9-26, 41s., 79,
93s., 157, 193, 195, 230, (254), 321,
326s., (414s.), 455, (459), 524s., 602,
604s., 613, 622s., 633s., (672)

Índices gerais

- psicofísico **2** 1.152
- psicológico **2** 792, 1.024, 1.348; **11/5** 781
- psicoterapêuticos
- - cf. Psicoterapia
- quatro métodos para explorar o desconhecido de um paciente **17** 174s.
- redutivo **8/2** 146, 154; **17** 194
- - e sintético **6** 469, 782
- supervalorização do **6** 734
- técnica
- - da associação livre **2** 640
- - da medição **2** 1.078, 1.194s.
- - da medicina **2** 1.317
- - do diagnóstico da ocorrência **2** 1.316-1.347, 1.357-1.388
- - do *I Ching* **11/5** 966ss.
- - do processo de reprodução **2** 641, 745, 919, 923, 928s., 991, 1.020, 1.086, 1.322, 1.352
- terapêutico **17** 203

Método psicológico **18/1** 7, 122, 144, 172, 174s., 274, 492, 575, 742, 841, 947, 1.050, 1.071; **18/2** 1.111, 1.130, 1.147, 1.165, 1.231s., 1.298, 1.388, 1.458s., 1.504, 1.518, 1.578, 1.775s., 1.794, 1.803, 1.820
- amplificador **18/1** 173, 179s; **18/2** 1.208
- astrológico **18/2** 1.176
- auxiliar **18/2** 1.778
- catártico **18/1** 893, 935, 947, 956
- da imaginação ativa **18/1** 391s., 406; **18/2** 1.480
- de Jung **18/1** 4, 275, 319s., 349, 367, 375s., 414, 434, 496s., 521; **18/2** 1.238, 1.388, 1.391s., 1.518-1.531, 1.581
- divinatório **18/2** 1.198
- estatístico **18/2** 1.198, 1.217
- experimental **18/2** 1.216
- fenomenológico **18/2** 1.478
- interpretação dos sonhos **18/2**

- psicanalítico **18/1** 955, 1.034, 1.041
- - cf. tb. Freud; Psicanálise

Metrônomo
- cf. Distração externa

Metrópole **12** 139

Mexicana, tribo **8/1** 121

México **13** 107[100], F 8
- Velho **13** 132

M'ganga **10/3** 122
- cf. tb. Feiticeiro

Mia keraia **8/2** 395

Michelângelo **1** 178

Microbiologia **11/6** 1.040

Microcosmo(s) **9/1** 315, 550, 609; **10/1** 542, 553; **10/4** 619, 635; **11/1** 155-158, 160; **11/3** 34; **12** 26, 425, 475[147]; **13** 109, 123, 162, 171, 188, 263, 267, 372, 372[81], 381, 390; **14/2** 7, 15[45], 72, 210[1], 210[4], 266[166], 296[166], 326, 389, 389[196], 391, 411, 416, 420, 425, 429; **14/3** 414; **15** 13, 22, 25, 27, 192
- a psique como **16/1** 206
- *caelum* como (Dorneus) **14/2** 425
- como o homem interior **14/2** 429
- como representação do mandala **14/2** 411
- como sinônimo do *lapis* **14/2** 326
- e macrocosmo **8/3** 916, 918-922; **11/3** 390
- homem como **8/3** 927
- *lapis* como **14/3** 425, 437
- no ser humano **16/2** 530, 537, 537[31]
- o homem como **14/1** 8, 32; **14/2** 217
- ovo de prata como **14/2** 391
- Tiferet como (Reuchlin) **14/1** 18 219, 296, 411, 416

Microfísica **8/2** 439[129]; **8/3** 818, 862
- da matéria **17** 164
- e a psicologia do profundo **14/2** 423

Microsopus **14/2** 235[85]

Midium **8/3** 838

Midraxe **14/2** 253; **18/2** 1.551
- Bereshit Rabba **9/2** 108[66, 67], 167
- sobre o Cântico dos Cânticos **9/2** 107[65]
- sobre o Êxodo **9/2** 106
- sobre o Gênesis **9/2** 108
- *Tanhuma* **9/2** 107[63], 178, 181[5]

Mignon
- cf. Goethe

Migração **6** 851
- e tradição **11/1** 5, 88; **11/2** 194

Miguel **11/4** 681
- arcanjo **9/2** 129
- arconte em forma de leão **14/2** 239, 240

Mil
- de mil olhos, mil pés, mil cabeças **8/2** 394s.

Milagre **6** 32, 491; **8/3** 848, 904, 985; **9/1** 289; **10/3** 101, 990; **10/4** 728; **11/5** 925; **14/2** 10, 38, 68, 94, 95, 104, 120[260], 158, 287, 292; **18/1** 715, 786s.
- cura por **18/1** 797
- da multiplicação de alimentos **9/2** 66, 147, 148, 228
- de Pentecostes **8/2** 319, 596, 596[12]; **10/2** 394; **14/3** 381
- do vinho **5** 622
- forças miraculosas **14/2** 413
- maravilha **13** 121, 431
- narrativas, relatos de **9/2** 66, 69[2], 246[31], 274, 320; **18/1** 783s., 787s.
- planta **13** 407
- transformação como **11/3** 307, 338, 379

Milagroso **4** (578)

Milefólio **8/3** 865[44], 866, 976

Milênio(s) (*aion*) **7/1** 109, 110, 151

Milho **9/1** 248, 288; **13** 331, F 25

Mille nomina **14/3** 118, 153

Miller, Miss Frank (pseudônimo da paciente Théodore Flournoy) Pref. 2ª ed., **5** 47, 56-68, 73, 78-84, 90-93, 115, 116, 123-128, 165-169, 251, 252, 255, 266, 272-276, 280, 300-303, 416, 420, 427, 432-434, 461-463, 466-469, 474, 555, 613-616, 645, 675, 679, 682, 683 685

Mime **5** 566[110]; **10/2** 399, 400

Mimesis **8/2** 275

Mimético / estereótipo **3** 185

Mimir **5** 372[98], 566[110]; **9/1** 413; **11/1** nota 29 (cap. I)

Mind Association **8/2** 660

Mineral(is) **8/3** 925; **9/1** 238[36], 555; **9/2** 420; **14/3** 167, 231, 264-265, 305, 413, p. 84-85[6]; **18/2** 1.631
- força mineral **14/2** 292[249]

Mineral / minérios / mineralia **13** 102, 125[163], 137[209], 171[79], 242, 381, 383; **14/2** 6, 149, 151, 159, 177[404], 202[441], 235, 320[8], 372
- suposta origem dos **14/1** 149
- ustulado **14/2** 386[179]

Minerva **6** 283, 299; **18/1** 250

Minôkhired **5** 367[77], 664; **9/2** 389[82]

Miölnir **8/3** 957

Miqueias **9/2** 103

Mirra **14/3** 535, p. 136-137
- escolhida **14/2** 197

Mirto **13** 374, 414

Miséria com vinagre **14/2** 257, 260, 274

Índices gerais

Misoginia **9/1** 141; **14/1** 216; **14/2** 216

Missa **9/1** 205, 209, 458, 535[24]; **10/4** 674; **11/1** 33; **11/2** 285; **11/3** 338, 448; **12** 489; **13** 158, 195; **14/1** 142; **16/2** 454; **18/1** 615s., 625, 632
- cálice da **14/2** 22
- como produto do espírito **11/3** 405
- como representação da vida e dos sofrimentos de Cristo **11/3** 336
- como símbolo antropomórfico **11/3** 307
- condições psíquicas da **11/3** 405, 448
- de defunto **11/5** 855
- dinamismo psicológico da **11/3** 296
- duplo aspecto da **11/3** 380
- e as visões de Zósimo **11/3** 403
- e fenomenologia da **11/3** 375
- e o processo de individuação **11/3** 414
- estrutura da **11/3** 30
- mistério da transubstanciação na **11/3** 399; **14/2** 30, 95
- negra **9/1** 324
- *opus* como
- - cf. *Opus*
- psicologia da **11/3** 376
- sacrifício da **11/1** 146; **12** 417, 450, 480
- sentido da **11/3** 403
- simbolismo da **11/3** 307, 339

Missal Romano **9/1** 93; **13** 89[28], 104[93], 389[125]
- textos do **8/2** 314

Missão cultural **15** 55

Mistérios antigos **15** 150

Mitologia / mitológico **15** 125, 127, Cap. VII - prefácio, 143, 150, 151, 152, 167

Missão (ões)
- influência das **16/1** 214
- ramacrishna **11/5** 961

Missão / missionário **9/2** 145

Missionário(s) **10/1** 518; **10/3** 174, 185

Mistagogo **9/1** 238, 689; **13** 106, 278, F VII
- Mercurius como **14/1** 294

Mistério(s) / *mysterium* **5** 581, 644[36], F 116; **6** 470, 1.042; **8/2** 333, 788; **9/1** 210, 297, 316; **9/2** 72[19], 274; **10/3** 195, 886, 992; **10/4** 674; **11/3** 375; **11/5** 905; **12** 66, 104, 105, 169, 177, 416, 430[10]; **13** 86, 99, 106, 131, 137[209], 138, 139, 162, 180, 194-196, 228[255], 234, 246, 265, 272, 278, 356, 370, 381, 459; **14/1** 28, 60, 202, 207, 234, 235, 275, 282, 297, 306, 323; **14/2** 68[175], 77[215], 82[226], 96, 127[296], 137, 173, 177, 206, 224, 232, 232[67], 301, 301[295], 302[303], 316, 327, 331, 335, 371, 372; **14/3** 77, 407-408, 519, 583; **16/1** 124; **16/2** 414, 525[4]; **17** 52, 63, 137, 152, 173, 208, 263, 345; **18/1** 254s., 264, 267s., 439, 583, 617s., 787; **18/2** 1.081, 1.162, 1.748
- alquímico **14/2** 346, 395
- antigo(s) **9/1** 21, 93, 140[29], 205s., 230, 249, 573, 580, 619; **10/3** 13, 192, 979; **10/4** 809
- - com caráter nupcial e sepulcral **14/2** 323
- batismal **14/2** 292
- *celandum* **14/1** 235, 323
- como necessidade psíquica **14/1** 306
- como símbolo de um conteúdo psíquico inefável **14/1** 306
- confraria do **14/1** 306
- *coniunctionis* **14/1** 193
- cristão **9/2** 125, 294, 316, 333[111]; **11/5** 933; **14/2** 309
- - do *anthropos* **14/1** 12
- culto de **14/3** 419, 518
- da alma viva **14/1** 191

- da cabeça **11/3** 371
- da encarnação de Cristo **14/1** 282
- da fé **14/2** 83, 85, 177
- - copiados na natureza **14/2** 83
- da letra Jod (no hebraico) **14/2** 306[324]
- da missa **11/3** 307, 338, 379, 448
- da natureza **13** 195; **14/2** 343, 346
- da substância química **14/2** 173
- da transformação **14/1** 165
- de Átis **5** 535
- de Demeter **18/1** 264
- de Deus Pai e de Cristo Jesus **14/2** 200[432]
- de Eleusis **5** 526, 529, 584; **18/1** 264, 548s., 615
- de fé **18/2** 1.360
- de Ísis **18/1** 264
- de Mitra **14/2** 242; **14/3** 419
- de Sabázio **5** 530, 586
- destruição do **11/3** 448
- de transformação **11/3** 339; **18/2** 1.693, 1.699
- Deus como / dos **9/2** 162; **11/3** 375
- dionisíacos **13** 91
- do renascimento **14/1** 281
- dos antigos sábios **14/1** 234
- dos ofitas **5** 584
- dos rosa-cruzes **14/1** 306
- drama de **9/1** 208s.
- eclesial-dogmático **14/1** 117
- efeitos psíquicos dos **14/1** 306
- egípcios **11/5** 841
- eleusinos **9/2** 339; **11/5** 828[33]; **14/1** 157
- e orgia **5** 584
- extinção e renovação dos **11/2** 206
- gregos **6** 122[16], 211, 443, 1.033
- hermético **14/2** 329
- importância do **14/2** 190, 248
- inefável **11/5** 881; **14/1** 202
- iniciação aos **9/2** 339, 414
- *iniquitatis* **9/1** 295; **12** 216, 470[121]
- missa como **11/3** 448

- *magnum* **12** 13, 430[9, 10]
- *nominis domini* **14/1** 323
- o importante é o ato de ocultar **14/1** 306
- o iniciado nos mistérios **14/2** 41
- o portador do **14/2** 196
- o si-mesmo como **11/3** 446
- pagãos **5** 130
- relato / narrativa de **9/1** 242, 247s., 254s.
- religiosos **17** 271
- - e rito **14/1** 202
- rituais de **18/1** 267
- romanos **11/3** 448
- superior (do Sohar) **14/2** 236
- - e inferiores **16/2** 533
- transformação como **11/3** 379
- - em sacramento **14/1** 306

Mística **3** 141; **5** 138; **8/2** 431; **9/1** 94, 98, 106s., 211, 240, 246, 258, 268, 292, 295, 372s., 419, 506, 564[94], 573, 652, 662; **11/5** 783; **13** 42, 104, 116, 122, 138[215], 140, 145, 158, 171[82], 184, 257, 273, 278, 284, 389s., 462, 467, 477; **14/2** 178, 215, 274, 417, 422; **14/3** 50, 613; **16/2** 532; **18/1** 116, 204, 215s., 616, 635s., 700, 715, 736, 841
- as três etapas da ascensão mística (Dioniso) **14/2** 310
- criativa **14/2** 196
- cristã
- - da alquimia **14/2** 173
- - da Idade Média **16/2** 448, 533[27]
- - e a *unio mystica* **14/2** 274, 422
- - e as vivências místicas dos santos **14/2** 327
- - e filosofia oriental **11/5** 959ss.
- - e o racionalismo **14/2** 173
- do Cântico dos Cânticos **14/2** 258
- do Oriente **11/5** 963
- do rei **14/2** 6
- dos filósofos da natureza **16/2** 442
- e alquimia **16/2** 479

Índices gerais

- em Mestre Eckhart **11/5** 887
- experiência **11/2** 274; **11/3** 440; **11/5** 893
- medieval **6** 442, 455, 457, 475
- ocidental e práticas orientais **11/5** 958
- pitagórica dos números **4** 691

Mística / místico **9/2** 72, 267, 292, 313, 317, 337; **10/2** 375[3], 397; **10/3** 83s., 199, 243; **18/2** 1.079, 1.331, 1.700, 1.758
- judaica **9/2** 169
- - cf. tb. Cabala

Misticismo **7/2** 324; **8/2** 712; **11/5** 282; **13** 482
- e puberdade **1** 113
- pitagórico **6** 51

Misticismo / místico **10/4** 801

Místico(s) **8/1**, 95, 119s.; **11/5** 877, 947; **14/2** 108, 195; **17** 83
- criativos como cruz para a Igreja **14/2** 196
- cristão **6** 456
- e a identidade com Cristo **14/2**
- êxtase do **6** 475
- movimentos m. **14/2** 437
- ocidentais **11/5** 890;
- sonhador **6** 730

Místico / mística(s) **8/2**
- concepções **8/1** 71
- cor **8/2** 414
- do dragão-baleia (Frobenius) **8/1** 68
- instruções **8/2** 725
- natureza do **8/1** 71
- *pouvoir mystique* (Lévy-Bruhl) **8/1** 121[78]
- propensão do protestante à independência **8/1** 110

Mistura **11/2** 188, 191, 280
- do divisível e do indivisível na missa **11/3** 312, 334

- por fusão (nos sonhos) **14/2** 121, 121[262], 130, 169, 170

Mito(s) **3** 463, 549, 571; **4** 477s., 494, 496, 498, 738; **5** 28, 39, 312; **6** 182, 398, 581, 902; **7/1** 102, 152, 160; **7/2** 243[1], 261, p. 138s.,157; **14/2** 61[145], 130, 139[304], 151, 283, 383, 406, 410; **16/1** 85, 254; **17** 44, 209, 219[31]; **16/2** 518, 538; **18/1** 80, 191s., 229s., 260, 262, 364, 431, 512, 529, 547, 567; **18/2** 1.140, 1.150, 1.164, 1.260, 1.488, 1.519, 1.559, 1.665s., 1.680, 1.807
- alquímico **14/2** 157, 170
- antigos **6** 312
- caldaico **14/2** 231
- como formações semelhantes aos sonhos **5** 29
- como sonho coletivo do povo (em Rank) **5** 28
- continuidade através do tempo **14/2** 139[304]
- contradições dos **5** 329
- cosmogônico, como projeção **6** 180
- da criação **18/1** 234
- da cultura **17** 200
- da donzela transformada em cisne **5** 392[118], 494[27]
- da fênix e sua aceitação no cristianismo **14/2** 56[133], 138, 139
- da primavera **4** 494
- da renovação
- - de Deus **14/2** 184
- - de si mesmo **14/2** 139
- das estações **4** 496
- - do ano, da vegetação etc. **6** 322
- de Dioniso e lenda cristã **5** 622
- de Gabricus e Beya **14/1** 173[205]
- de Kadmos e Harmonia **14/1** 83, 84
- de Obatalá e Odudua **6** 417
- de Selene (Diana) e Actaeon **14/1** 182
- do amor da mãe e do filho **14/1** 103
- do devoramento do Sol **5** 481
- do dragão-baleia **14/2** 147[327]

470 Obra Completa – Vol. 20

- do herói **12** 416, 437s., 440; **14/2** 184; **16/2** 455

- - a sobreviver como serpente **14/2** 146
- - solar **14/1** 270
- do homem primordial devorado pela *physis* **14/2** 403
- do rei **14/2** 131, 170, 184
- do Sol **5** 299, 312, 332, 353, 362
- dos deuses gregos **16/1** 146
- e arquétipo **14/2** 139[304], 399
- e a superação do dragão **14/2** 410
- e ficção **11/4** 648
- empolgação pelo **14/2** 406
- e natureza **6** 833
- explicação científica dos **6** 470
- expressão do **14/2** 139[304]
- formação de **5** 29; **11/2** 257
- gênese / surgimento do **8/2** 228, 325
- gregos **6** 124
- interpretação dos **5** 611; **14/2** 139
- - filosófica do **14/1** 165
- - psicológica do **14/1** 165
- lunar **8/2** 330
- mitologema **14/1** 85
- motivos mitológicos **6** 270, 833
- natureza do **8/2** 325, 406
- o rei como portador do **14/2** 1
- o sonho e o **14/2** 61[145]
- pagãos **11/4** 643, 713
- pesquisas sobre **8/2** 254
- polinésio de Rata **5** 538[87]
- primitivo **6** 322
- realização do **11/4** 619
- religioso **5** 343
- representações míticas **16/1** 19, 21
- sentido vivo do **5** 466
- significação psicoterapêutica dos **11/2** 286, 290, 292
- sistema conceitual no **8/2** 353
- surgimento dos **6** 182
- temas típicos dos **5** 42, 45, (646)
- terminologia mitológica **6** 470
- vida concreta do **6** 423

- vitalidade do **14/2** 139[304]
- zulu **5** 298[66]

Mito / mítico **9/1** 6, 93, 95s., 103, 137, 245, 259s., 271, 275, 278, 289, 302s., 310, 316, 318s., 334, 383, 393, 400, 417, 432[59], 436, 457, 467s., 474s., 484s., 565, 690; **9/2** 22s., 66s., 69, 130, 230, 232, 274, 278, 280s., 296, 362; **10/1** 542, 551, 585; **10/2** 386, 391, 400; **10/3** 11s., 43, 142, 836, 847s., 854; **10/4** 625, 714, 715, 732, 783, 784; **13** 11, 178, 247, 319, 329, 351, 395, 454, 471, 478
- da criação **13** 451
- dos heróis **13** 319, F 14
- estudo do **9/1** 7
- moderno **10/3** 13, 836

Mitologema(s) **8/2** 192, 392, 555; **9/2** 57, 214, 321s.; **11/2** 287; **11/4** 754; **13** 90[33], 199, 352, 382, 395, 478; **14/2** 33, 81, 83, 151, 185, 203, 206, 390; **16/1** 207s., 254; **17** 210; **18/2** 1.158, 1.362, 1.512, 1.536
- caráter arquetípico do **11/2** 178, 195[4]
- como expressão de acontecimentos anímicos **16/1** 251
- de Abraham Le Juif **14/2** 391
- do casamento **14/2** 205
- do médico ferido **16/1** 239
- do ressurgir **14/2** 31, 32, 33
- filosófico **8/3** 828
- interpretação **8/2** 436
- renascimento autóctone do **14/2** 33
- ubiquidade dos / propagação dos **16/1** 206

Mitologia **2** 1.354; **3** 520, 576; **4** 63, 106, 316, 330, 341, 457, 477s., 520s., 557, 745, 761; **5** 2, 24, 30, 170, 312; **7/1** 149, 160s.; **8/1** 92; **8/2** 278, 330, 683, 718, 738; **11/1** 88; **11/5** 899, 944; **12** 38s.; **14/2** 332, 337; **16/1** 17s., 20, 44, 96; **18/1** 5, 79s., 122, 126, 193s., 204, 226, 234, 256, 285, 456, 473,

Índices gerais

522, 549s., 589, 594, 742, 783s., 830, 834, 841, 986, 1.061; **18/2** 1.077s., 1.083, 1.109, 1.132, 1.156, 1.160a, 1.224, 1.228, 1.260, 1.286, 1.297, 1.313, 1.330, 1.335, 1.362s., 1.488, 1.492, 1.519s., 1.566, 1.653, 1.682, 1.687, 1.691, 1.700, 1.743, 1.806
- aspecto mitológico **14/1** 90; **14/2** 411
- cerebral **6** 547, 581
- como expressão do inconsciente **14/2** 399
- como fonte do mito e da alquimia **14/1** 140[187]
- concepções mitológicas **14/2** 398
- e alquimia **14/2** 61, 151, 151[348], 152, 337, 391, 392
- figurantes mitológicos **14/2** 283
- filosofia hindu sublimada como **5** 659
- fisiológica **14/1** 122
- formações mitológicas **14/2** 22
- germânica **14/2** 147
- grega **5** 24, 319; **6** 832; **14/2** 383[158], 392, 420[226]
- indiana / da Índia **11/5** 950
- linguagem mitológica e linguagem dos sonhos **11/3** 441
- produtos do inconsciente como matriz da **5** 611
- surgimento da **6** 581
- temas (motivos) mitológicos **11/5** 781, 814
- védica **14/2** 392
- verdade mitológica **14/2** 406

Mitologia / mitologema **9/1** 2, 85, 89, 92s., 103s., 110, 114s., 136s., 147[34], 159, 166, 187s., 191, 259s., 263s., 268, 273[20], 287s., 297, 303, 318, 328, 334, 356, 456s., 465, 474, 484, 488, 515, 692

Mitologia / mitológico **9/2** 19, 25, 57, 64, 67, 122, 146, 148, 174, 185, 267, 271, 278, 281, 286[12]; **10/1** 521, 527; **10/3** 11, 14, 23, 43, 128, 190, 307, 322; **10/4** 621, 624, 633, 646, 695, 699, 700[22], 776, 782; **13** 61, 195, 252,

331, 385, 393, 481; **17** 209s., 319
- germânica **13** 417

Mitológicas
- imagens **3** (133), 414, 563

Mitológico **10/2** 447

Mitológico(s) / mitológica(s) **8/2**
- imagens **8/2** 325
- motivos ou temas **8/2** 228, 325, 401, 476
- - e sonhos **8/2** 302, 474, 476, 589
- pressupostos **8/2** 192
- símbolos **8/1** 92

Mitos **14/3** 93, 108[64]
- da criação **14/3** 115
- indígenas **7/1** 160

Mitra **5** 104[57], 146, 151[49], 156[39], F 20, 165[78], 165[79], 175[4], 183, 288, 299, 299[70], 299[72], 349, 368, 596[186]; **6** 368, 379s.; **7/1** 17, p. 144; **11/1** 10; **12** 180, 416, 442[57]; **13** 128, 404; **14/3** 407, 518; **15** 90; **18/1** 255, 259, 266, 616; **18/2** 1.079, 1.287, 1.528s., 1.573
- a gruta de **5** 577
- ascensão de **5** 158[64], 289
- carregando o touro **5** 460, F 89
- ciclo de **14/1** 163
- como filho-amante **5** 330[32]
- com flecha **5** 439[46]
- culto de **8/2** 318; **8/3** 919
- e a coroa de raios **5** 397
- e Hélio **5** 155, 289, F 43
- liturgia de **5** 138, 143, 150, 155, 155[56], 297[62], 486[19]; **9/2** 190
- mistério de **5** 89[30], 425, 526, 662
- nascido de uma pedra **14/1** 60[134]
- nascimento de **5** 319, 368, 396; **16/2** 455[25]
- nome de Mitra e Sol **5** 664
- relevo de **5** 354, F 66, 368, 396, F 77; **13** 404
- religião mitraica **9/1** 105, 128, 235, 240, 661
- orientação mítrica **14/2** 6
- os mistérios de **14/2** 6, 242

472 Obra Completa – Vol. 20

- sacrifício de **5** 294[56], 354, F 77, 668, 671
- - punhal no **5** 671[78]
- sobre o touro **5** 421, 671
- *Tauroktonos* **18/1** 259
- touro de **8/2** 333
- tríplice **5** 294

Mitra episcopal **14/2** 377, 381

Mitra / mitraísmo / mitraico **9/2** 147, 186, 190; **11/3** 342; **11/4** 753; **11/5** 828[33]

Mitraísmo **5** 102, 104, 107, 118, 310, 674[81]; **10/3** 31; **14/2** 6

Mneme (Semon) **6** 696

Mnêmicos / sedimentos **8/1** 99

Moby Dick (Melville) **15** 137

Moda **6** 664

Modalidades psicológicas **8/2** 249s.

Modelagem **8/2** 180

Modelo **8/2**
- da psique **8/2** 381
- na Física **8/2** 417
- sabeico e alexandrino **14/2** 411

Modo(s)
- de considerar
- - empírico **17** 160, 162s.
- - fenomenológico **17** 160s.
- de despojar o si-mesmo **7/2** 267

Moeda(s) **8/3** 865, 976; **15** 83
- de ouro **12** 102s., 127

Moieties (metades) sociológicas **16/2** 433s.

Moisés **5** 34, 282, 289, 293, 531; **6** 399, 442s.; **7/1** 108; **9/1** 219, 243-258, 533, 579; **9/2** 128, 168, 187, 291[11], 328s., 358-365, 383, 402; **10/4** 641; **12** 213*, 475[140], 217*, 545; **13** 148[6], 167, 381[111], 393, 428; **14/1** 245; **14/2**

25, 159[383], 236[95], 237[97]; **14/3** 71; **15** 67, 165[6], 168, 182; **18/2** 1.524
- de "chifres" **14/2** 237[97]
- e Chidher **12** 155, 157
- o homem (Freud) **15** 67
- quatérnio de **9/2** 358-365, 381, 383, 396, 402; **14/1** 74[206], 233
- serpente de **11/3** 349
- cf. tb. Bíblia

Molécula psicológica **3** 78, 135

Moly **13** 409[200]; **14/2** 61[143], 345[83], 348; **14/3** 524
- e mandrágora **14/1** 152[201]

Monacato **10/3** 76

Mônada(s) **8/2** 388, 395; **9/2** 178, 239, 251[42], 296, 340, 344, 397[98], 416, 418; **10/4** 635; **11/1** (cap. II), 97[7]; **12** 138s., 138[10], 139[12], 165, 472; **13** 109, 270[136]; **14/1** 37, 288; **14/3** 308[8]; **18/2** 1.611

- como a meta da opus **14/1** 288
- em Leibniz **8/3** 927s.
- o homem como uma **14/1** 37
- o ponto como m. **14/1** 37

Monakris **13** 270

Monalisa **17** 339

Monaquismo / monge **5** 120; **9/2** 137, 139, 141, 144, 175

Monas **12** 436[41]
- dos alquimistas e gnósticos **14/2** 25
- matéria-prima como **12** 427[4]
- mônada / indivisível **16/2** 525[2], 526[5]

Mondamin (deus do milho) **5** 522, 524, F 96, 528, 528[63]; **9/1** 248; **10/4** 779

Monge **8/3** 925; **9/1** 132, 532, 599; **13** 343; **15** 142, 154

Mongólia / mongol **10/3** 984, 990, 1.002

Índices gerais

Monismo **6** 780; **9/2** 64; **18/1** 1.035
- e pluralismo **6** 599
- e racionalismo **6** 572
- identificação entre deus e matéria
14/2 421

Monocalus **14/2** 371

Monoceronte **11/2** 259; **11/3** 408

Monocerus
- cf. Unicórnio

Monocolus (Alberto) **14/2** 377, 378,
379, 382, 392

Monofisitas **9/2** 171

Monogamia **18/1** 912

Monogenes **9/1** 533[7]; **10/4** 751; **12**
138, 139s., 155, 458, 530; **18/1** 269
- como símbolo da quaternidade **11/1**
60, 97
- *filius unicus* **13** 137, 212[230], 212,
271[152], 283

Monoimos **16/2** 525[5]

*Monokaulos, monocolus,
monocauleus, monocerus* **14/2** 371[132]

Monólito **13** 112

Monomanias alimentares **15** 20

Monopólio **3** (D) 200, 264, 265, 364,
380

Monoteísmo **10/3** 844; **11/2** 249, 279;
11/3 409; **11/4** 608, 619; **13** 51; **15**
176

Monotonia / monótono **15** 165, 173,
(194)

Monte das Bruxas **15** 151

Moral **15** 45, 48, 49, 61, 144, 158,
160, 182, 214

Monoteísmo **5** 149; **9/1** 189; **18/2**
1.486-1.495

Monoteísmo / monoteísta **9/2** 64, 104,
272, 427

Monotonia **3** 184

Mons / lutadores de **10/4** 597

Monstro / *monstrum* **8/1** 68s.; **8/2** 718;
8/3 826, 960; **9/1** 311, 673; **9/2** 67,
167, 176, 181s., 184; **10/4** 611, 635;
12 404, 517, 536s., 256*; **13** 104[95],
130, 173, 268, 365; **14/1** 294, 295;
14/2 147[327], 360; **18/1** 80, 180, 190s.,
196-198, 229, 236, 260, 525s., 548,
569; **18/2** 1.523
- asno como **12** 536
- como *alexipharmacon* **12** 538
- hermafrodita / *hermaphroditum* **12**
526
- luta com o **5** 538, 539, 574[131]
- marinho **4** 477; **8/3** 826, 961
- unicórnio como
- - cf. Unicórnio)
- vitória sobre o **5** 484; **7/1** 35; **7/2**
261, p. 157
- cf. tb. Dragão

Montanha(s) **8/2** (m.s.) 162, 535; **9/1**
40, 334, 340s., 346, 403, 408, 599,
679s.; **10/3** 128; **12** 217, 400; **13** 241[5],
274, 312, 325, 329, 381[112], 383, 392,
399, 407, 412, 424, F VII, 24; **14/3**
284, 460, 540, 555, 118-119; **17**
118s., p. 86-87, 122-123, ; **18/1** 585;
18/2 1.524s., 1.698
- canto / ritual da **9/1** 700
- doença da **18/1** 161, 184, 186, 208
- do mundo **9/1** 691
- em chamas **12** 293s., 94*
- Ki **9/1** 600
- *Sermão da* **9/1** 15[16]

Montanhista **4** 378s.

Montanhosa
- região (m.s.) **8/3** 935

Montanistas **8/2** 645

Monte **9/2** 181, 185, 317, 320, 326, 356; **11/3** 360, 430; **14/2** 257, 287, 300, 325[40], 334, 386[176]
- Atos **18/2** 1.536
- Cassino **9/2** 139; **14/3** 594
- Elgon **11/1** 30
- Meru **11/5** 846, 921[4]
- montanha do templo **11/5** 935

Monumento de Osterburken
- representando Mitra **5** 288

Mora **16/2** 466

Moral **4** 21s., 175, 180, 182, 200, 229, 349, 351, 380s., 441s., 469, 484s., 535, 560, 575s., 583, 587, 598s., 607, 619, 631, 640, 653, 666s., 680, 759, 777; **5** 104[59], 396; **6** 399, 400, 518, 524, 928; **7/1** 27s., p. 144, 147, 152; **7/2** p. 163s.; **9/1** 41, 53, 56, 59s., 76, 84, 135, 177, 189, 243, 394, 399, 410, 657, 704; **9/2** 14, 16, 34-36, 39, 46-49, 54, 68, 126, 248, 255, 257, 315[60], 370, 403, 422s.; **10/1** 499, 507, 511, 534, 555, 570, 577, 586; **10/2** 408, 423, 450, 457, 460, 472, 937; **10/3** 3, 5, 20, 32, 48, 108, 162, 210s., 217, 219, 235, 239, 248, 263, 826, 850, 855s., 868s., 958, 1.010, 1.013; **10/4** 653, 674, 677, 824; **11/1** 130; **11/2** 285; **11/3** 394; **11/4** 754; **11/6** 1.041; **13** 228[254], 230, 247, 294, 323, 332, 372, 433, 459; **17** (154s.), (159), 182, 240, 296s., 328, 343; **18/1** 504, 911s., 921, 928s.; **18/2** 1.120, 1.148, 1.172, 1.277, 1.349, 1.368, 1.390, 1.398, 1.408s., 1.414s., 1.452, 1.556, 1.575, 1.584, 1.593, 1.599s., 1.625s., 1.643, 1.651, 1.657, 1.667, 1.680, 1.756, 1.807, 1.811, 1.830
- atitude dos alquimistas **14/2** 337
- caráter
- - das imagens inconscientes **14/2** 393
- - duvidoso **3** 471, 478
- coletiva **18/2** 1.414

- concepção moral do sofrimento **11/3** 410
- coragem **14/2** 433
- cristã **11/4** 659
- decisão(ões) **11/2** 271, 272; **11/4** 738; **14/2** 338, 409
- distinções: virtudes morais e espirituais **11/2** 289
- do cristianismo **7/1** 35
- exclusão por cientificismo ou cinismo **14/2** 339
- imaturidade **6** 612
- julgamento **11/2** 247; **11/4** 568
- ponto de vista **14/2** 48, 75, 109
- renovada **11/2** 291
- revolta contra **6** 317
- rotina **6** 479
- sentido no processo alquímico **14/2** 364
- sexual **7/1** 31, p. 147
- válida em geral / coletiva **6** 317, 629, 772
- violação / infração da **11/3** 290[14]

Moral / morais
- contradições da natureza humana **16/2** 410
- leis **8/1** 105
- problemas **16/2** 463
- trabalho **16/2** 281

Moral / moralidade **8/1** 105; **8/2** 461, 465, 472, 528, 532, 568, 685, 697

Moralidade **6** 236, 250, 399, 520, 568, 856; **7/2** 240, p. 144s.

Morcego **9/2** 327; **13** F II; **14/1** 87, 224

Morder
- motivo do **12** 183, 272, 118*

Morfogênese biológica **8/3** 949

Morgana **13** 225

Moria
- árvore sagrada de Atená **5** 392[119]

Índices gerais

- Estado de **3** 159
- rochedo de **14/2** 306[318]

Morphómata **9/2** 136
- cf. tb. Signos; Imagens zodiacais; Zódia

Mortal
- e imortal **5** 294, 296; **9/2** 70, 134, 237[110], 349, 373[42], 384

Mortal / transitoriedade **13** 322, 455
- cf. tb. Imortalidade

Mortalidade **9/1** 204s., 213, 235, 238
- taxa de **8/3** 872, 977

Morte **4** 728; **5** 319, 354, 363, 369, 415, F 85, 536, 538, 553, 617; **7/1** 79, 136; **7/2** 293; **8/2** 705, 786, 796-812; **9/1** 72, 157, 162, 178, 204s., 208, 231, 234, 253s., 276, 298, 355, 519, 576, 605, 616; **9/2** 130, 174, 178, 184, 187, 211, 423; **10/2** 375[3], 378, 942; **10/3** 12, 106, 142s., 849; **10/4** 694, 695, 696, 698, 699, 702, 703, 824; **11/5** 831, 841, 846; **12** 165, 171, 436s., 453, 475; **13** 69, 76[37], 105, 135, 137[211], 139, 184, 198, 201, 203, 214, 220, 267, 350, 376, 403, 416, 434; **14/1** 4, 11, 15, 20, 21, 26, 27, 28[187], 66, 79, 86, 101, 110, 140[155], 143, 159, 163, 164, 292, 310; **14/2** 2[3], 25[85], 94, 127, 140, 147[327], 150, 158, 188[411], 199, 232, 232[66], 232[67], 305[416], 306, 320, 339, 340, 345[80], 353, 363, 371, 384[170], 388, 388[194], 390; **14/3** 172, 181, 228, 240, 247, 257-261, 443-444, 489, 509, 510, 557, 566, 571, 575, 588, 609, 614-615, 616, p. 72-73, 120-121, 126-127, 132-133, 138-139; **15** 210; **16/2** 467s., 471, 479; **18/1** 204, 239, 529, 536s., 547s., 565, 572, 754; **18/2** 1.465, 1.553, 1.566, 1.571, 1.661, 1.699[4], 1.706s.
- aparente **1** 37, 125
- cerebral **1** 184

- como conteúdo (objeto) de sonhos telepáticos **8/2** 504; **8/3** 852, 857
- como estado intermediário **16/2** 467
- como extinção da consciência **16/2** 469
- como finalidade **8/2** 796, 803, 870s.
- como perigo no Ocidente **5** 541
- como retorno à *prima materia* **14/1** 115
- como sacrifício **5** 339, 638
- *coniunctio* como **14/2** 322
- continuação da vida depois da **8/2** 625, 790
- das crianças de Belém **11/4** 649, 706
- demônio da **9/1** 644, 689
- depois da **13** 56, 76[37], 424
- deus da **9/1** 644; **18/1** 193
- dissolução
- - como **14/2** 41, 94
- - do eu no inconsciente **16/2** 501
- do rei (na mística egípcia) **14/2** 8
- entre os primitivos **8/3** 931
- entusiasmo para com a **14/1** 190
- e renascimento **5** 354, 363, (531), 538, 577; **14/1** 14, 34, 79, 163, 267; **14/2** 61[144]
- e perdição aparentes **14/2** 170
- escuridão da **16/2** 468, 493
- espera da **3** 271
- espíritos e feitiçaria como causa da **8/2** 335
- espiritual **12** 105,106; **14/1** 184, 251; **14/2** 159, 340
- eterna **14/1** 140[155]; **14/2** 391[201]
- figurada **14/2** 41, 339
- identidade de casamento e morte **14/2** 323
- identificação com os que morrem e ressuscitam **5** 536
- instinto de **18/2** 1.150
- medo da **8/2** 778, 796
- *mortificatio* **12** 334, 135*, 439, 173*, 498[187]

- na *Allegoria Merlini* **14/2** 10, 11, 335
- nascimento da **8/2** 80
- pelo martírio **8/2** 645
- perigo de **4** 221, 300
- precognição / premonição / previsão da **8/3** 830, 850, 946
- simbólica da **5** 433, 578; **14/2** 335
- símbolo da **16/2** 472
- sonhar com a **16/2** 349
- - do pai **16/2** 376
- sonho(s)
- - antes da **3** 525
- - relativos à **17** 223
- suicídio **8/3** 868
- superação da **12** 416, 436, 438, 440, 455, 475
- tormentos da **16/2** 478
- tríplice predição da **14/1** 85
- vencedor da **14/2** 147
- voluntária **14/2** 335, 339[69]

Morte / morrer **2** 656, 752, 816, 833; **17** 5s., 6, 17, 118s., 223

Mortificação **13** 86[5], 89[25], 106, 109[110]

Mortificatio **14/1** 28[181]; **14/2** 11, 61[144], 159, 188[411], 378, 384, 398; **16/2** 467
- como homicídio do rei **14/2** 11
- cf. tb. Morte

Morto(s) **9/2** 187, 326, 326[86]; **10/2** 393; **10/4** 699; **13** 50, 89, 191, 348, 360;
- almas dos **10/4** 698, 702; **13** 417
- culto / ritual **8/2** 575; **13** 360
- espíritos de **9/1** 363
- ligação com os **8/2** 598
- manifestação / reaparecimento em sonhos **8/2** 574
- relação com um morto **8/1** 122
- ressurreição dos **13** 103, 132, 355, 380[104], 392
- ressuscitar um **9/1** 413
- sacrifício pelos **9/1** 188

Mostarda
- grão ou semente de **9/2** 69, 310, 346; **14/2** 57, 158, 158[367]

Mosteiro(s) **18/1** 649
- planta básica do **16/2** 435
- tibetanos **15** 150
- cf. tb. Monaquismo

Motilidade **2** 26, 116[34], 136, 176

Motivação **17** 17[5], 214
- consciente **6** 958, 997
- das ações instintivas **8/2** 272, 277
- inconsciente **17** 327s., 330s.
- involuntária **14/1** 146
- racional **6** 670

Motivo
- condensação em símbolos **8/2** 173
- da aflição **14/2** 160[385]
- da cabeça de ouro **14/2** 292
- da *denudatio* **14/1** 42[82]
- da guerra **14/2** 159
- da inclusão no mundo inferior **14/1** 310
- da luta **14/2** 335
- da morte violenta **14/2** 11, 340
- da multiplicação **14/2** 36
- da mutilação **14/1** 164; **14/2** 54, 158, 176[403], 384
- da ocultação **14/1** 73[188]; **14/2** 45
- da perda da capacidade generativa **14/2** 33
- da ressurreição **14/2** 140, 384
- da tortura **14/2** 113[254]
- da viagem marítima **14/2** 323
- do afogamento **14/2** 13
- do despedaçamento **14/1** 14, 15, 60, 173[285], 210[334], 232; **14/2** 2[5], 14, 158, 159, 274
- do envelhecimento **14/2** 33
- do ferimento **14/1** 140[181]
- do manto protetor de Nossa Senhora **14/2** 45
- do mistério **14/1** 306
- do pai desconhecido ou ausente

Índices gerais

14/1 31; **14/2** 31
- do rei
- - a suar no banho **14/1** 256[483]; **14/2** 11, 18
- - que envelhece **14/1** 76, 77; **14/2** 29, 30, 60, 151, 169,187, 188
- do renascimento a partir da árvore **14/2** 37[92]
- dos cabelos crespos **14/2** 290[236]
- estudo comparativo **16/1** 254
- motivo do lobisomem **14/1** 330[884]
- ponto de partida de distúrbios psíquicos **1** 305s., 339
- repetição nos sonhos **16/1** 13s.
- taoista-alquímico **14/2** 237[101]

Motor
- automatismo **1** 82s.; **3** 196
- - distúrbio **3** 1
- - estereótipo **3** (185), (189), 202, 288, (358)
- componente da ideia **1** 126
- fenômeno **1** 96, 126
- - do inconsciente **1** 82

Motorista
- embriagado **8/2** (m.s.) 563

Motus circularis **9/2** 420

Mouro **12** 484[171]; **14/2** 386, 387, 388
- cf. tb. Etíope

Movimento(s) **18/1**
- circular / pelicano filosófico **9/2** 342; **11/1** 109; **11/3** 318; **12** 46[2], 127s., 135, 227, 246, 406, 469; **14/1** 8, 10
- circulatório / *circulatio* **14/1** 5, 8, 10
- continuado **14/2** 343, 364
- da mesa **18/1** 699, 702s., 715, 726s.
- de fé alemã **10/2** 397
- molecular **9/2** 394
- perpétuo **18/1** 403
- psicográfico do copo **1** 49
- rítmicos **5** 204, 219

M'tu-ya-kitâbu **9/1** 250

Muda da pele como transformação **11/3** 345

Mudança **13** 86[5], 86, 88[23], 89[24], 101, 103, 111, 118, 121, 131, 139, 171[82], 180, 183, 185, 193, 194-196, 199, 215, 220, 251, 275, 277, 280, 283s., 289, 294, 328, 354, 359, 401, 416, 429, 435, 447, 457, F 23; **14/2** 69[180], 73[184], 75, 96, 97, 140, 192, 201[439], 246, 279, 283, 292[243], 301, 304[314], 313, 318, 320; **17** 276, 331a, 335s.
- a figura da mulher onerada na alquimia **14/2** 97
- alada **14/2** 24
- amor à **8/2** 240
- como *femina candida* **14/2** 362
- como nuvem **14/2** 384[170]
- como pedra **14/2** 69, 69[180]
- coroada de estrelas **14/2** 290[236]
- da consciência **14/1** 177[328]
- de lugar no sonho **7/1** 132
- de profissão **7/1** 115
- descendência da **14/2** 244
- de sentido **14/1** 275
- - e no inconsciente **14/1** 175, 268
- e o mundo corpóreo **14/2** 329
- natureza abissal do feminino **14/2** 313
- sepultada
- - com o dragão **14/2** 322[25]
- - com o marido morto **14/2** 322[25]
- - cf. tb. Transformação

Mudar / transformar-se **9/1** 211, 444, 457, 472, 586, 601[157]

Mudrâ **13** 334

Mukti **11/5** 958

Mulâdhãra **9/1** 679

Mulato **3** 456

Mulher **3** 140, 154, 165, 202, 213, 291; **8/1** 122; **8/2** 198, 330, 336s., 773, 780; **9/1** 156, 184s., 309, 312, 316, 323, 326, 340s., 516; **9/2** 20;

14/1 15, 20, 46, 52, 53, 63, 64, 78, 82, 83, 93, 101, 154; **14/3**, 257-258, 262, 353, 501, p. 92-93; **17** 222, 276s., 330, 338s.; **18/2** 1.683s.
- afetividade da **6** 235, 241, 245
- apocalíptica **14/3** 157, 160, 173, 409
- aspiração à plenitude de vida **11/4** 620, 627
- atua constelando o inconsciente do homem **14/1** 215
- branca / femina alba ou candida **14/1** 2, 71, 149, 149[184], 169, 169[28], 238, 239
- com a criança **15** 210
- como cavalo **14/1** 77
- consciência da **7/2** 330, 338; **14/1** 216-222
- coroada de estrelas **14/1** 258
- criação da **9/2** 319
- desvalorização da **6** 447
- deus dos
- - cf. Yama
- e *animus* **7/2** 328
- emancipação da **11/4** 753
- e o dragão **14/1** 15, 30, 63, 163, 258, 287
- exaltação do princípio feminino **11/4** 627
- extrovertida **6** 240s., 253
- fêmea / feminino **9/2** 319s., 322; **13** 7, 57s., 126, 268, 313, 326, 337, 344, 351, 389, 418-420, 433, 449, 458, F 8
- horóscopos matrimoniais de mulher **8/3** 884
- imagem da **11/1** 128
- - como quarto elemento **11/1** 107
- - desconhecida
- - - no sonho **11/1**, 40, 45s., 71; **16/1** 16s.; **16/2** 365
- imaginária **14/1** 67
- importância da m. na alquimia **14/1** 175, 215
- inferioridade da **11/4** 620
- introvertida **6** 235s., 245
- intuitiva **6** 681

- julgamento da **6** 241, 247
- - como tipo sentimento **6** 665s., 668
- mundo da **9/1** 559
- *novilunio* regular da mulher **14/1** 222, 326
- obscuridade lunar da **14/1** 326
- o masculino na **7/1** 141
- pensamento da **6** 659, 665
- poder da **7/2** 296, 309
- posição da lua na **16/2** 410
- possuída pelo *animus* **16/2** 504
- proximidade da natureza **14/1** 325
- psicologia feminina **14/1** 215, 216, 217; **15** 203
- razão da **6** 235
- - como tipo sentimento **6** 712s.
- redescoberta da **6** 452
- relação
- - com o *animus* **16/2** 423, 521
- - da *anima* masculina com a **16/2** 423
- representada como serpente **14/2** 146[326]
- sem filhos **17** 44
- serviço à **6** 424, 430, 446
- solar / revestida de sol **11/4** 711, 719, 738, 743
- sol niger como o inconsciente da **14/1** 223, 224, 225, 226
- supervalorização da m. pelo homem **14/1** 215
- terra **8/1** 88
- traços masculinos da **6** 759
- velha **6** 440, 448; **9/1** 312[5], 417
- cf. tb. Feminino; Homem / mulher

Mulher / senhora **4** 90, 360s., 599; **10/3** 236-275
- casada **4** 668
- desinteresse por **4** 247s.
- e homem **10/3** 71, 75, 81s.
- - cf. *Animus*; Homem e mulher
- mais velha **4** 704
- roupas da **10/3** 993
- velha / idosa **10/3** 44

Mulheres numerosas **12** 58s., 61, 65s., 116
- ninfas **12** 114, 118, 329
- sereias **12** 203s.
- succubi **12** 59
- virgens
- - cf. Virgens

Multidão **8/2** (m.s.) 535
- como símbolo do movimento do inconsciente **5** 302

Múltipla personalidade **8/2** 253, 383

Multiplicatio / multiplicação **10/4** 633; **14/2** 36, 129, 129[280], 148, 148[334], 190, 320, 425; **14/3** 530-531, 552-553

Multiplicidade **13** 226; **14/2** 343, 446; **18/2** 1.611
- de olhos **13** 114, 116[145], 242[7], 267

Múltiplos olhos **7/1** 119

Mulungu **7/1** 108; **8/1** 117; **8/2** 411; **18/1** 551

Múmia **9/2** 334s.; **14/2** 225, 225[51], 226[54]
- corpo embalsamado **13** 170
- remédio **13** 170, 190

Münchhausen, Barão de **17** 161

Mundificatio
- - cf. *Purificação*

Mundo **8/2** 437s., 659, 729; **8/3** 920[86], 922; **9/1** 112s., 177, 289s., 472, 550, 559, 644, 678; **10/1** 507, 520, 543; **10/3** 23, 71, 840; **10/4** 814; **13** 75, 109, 150, 199, 215, 220; **14/1** 20, 40, 42, 44, 45, 48, 63, 133, 161, 255, 261, 272, 282, 297, 300, 304, 315, 338; **14/2** 7, 54, 57, 70, 71, 104[245], 112, 123, 127, 135, 153, 159, 174, 194[421], 217, 220, 231, 232, 233[78], 235, 235[90], 240, 267[201], 296[266], 301[193], 305[316], 306, 306[318], 322, 325, 327, 353, 361[115], 364, 369, 371, 404, 428, 442; **15** 186, 188, 196

- abismal **7/1** 48
- abismo tenebroso do **14/1** 233
- alma do / *anima mundi* **8/2** 393; **8/3** 917, 921; **9/2** 120, 212, 219, 245[30], 246, 308, 376, 380, 389, 400
- ambiente / mundo exterior **9/2** 2, 6, 9, 17, 18, 20, 40, 44; **13** 223[246], 391; **14/2** 163[390], 413
- - adaptação ao **8/2** 324s., 339, 494
- animação do **6** 559
- anterior e futuro **17** 250
- antigo / Antiguidade **10/3** 1, 23, 192s., 320, 326s., 353
- a ordem superior do **14/2** 338
- aquém **18/1** 120, 269, 753; **18/2** 1.347, 1.366[2], 1.439, 1.442, 1.470, 1.555, 1.592s., 1.640s., 1.661, 1.684, 1.746
- a realidade transcendental do **14/2** 436
- arquetípico interior **14/2** 442
- atitude para com **6** 298, 309, 469, 559s., 565, 929
- babilônico **14/2** 147[327]
- bases transcendentais do **14/2** 442
- centro do **14/2** 220, 306[318]
- colisão com o **14/2** 413
- como algo suprapessoal ou impessoal **16/1** 212
- como dado real **11/5** 841
- como imagem e símbolo de Deus **14/2** 83[230]
- como o aspecto físico de Deus **14/2** 428
- concepção do mundo / visão do mundo / mundividência **4** 682, 774; **9/2** 267, 303, 409; **10/4** 610, 617, 623; **15** 12, 16, 55, 79; **17** 127, 211
- confrontação com o **11/4** 754
- culto romano do **14/1** 319
- criação / origem do **6** 475; **9/1** 550; **14/2** 5, 306[318], 372; **18/1** 262, 525, 529, 536; **18/2** 1.079, 1.187, 1.616, 1.631, 1.654, 1.787
- - do nada **11/4** 629

480 Obra Completa – Vol. 20

- - e renovação **14/2** 104[245]
- - cf. tb. Criação
- criador do
- - cf. Deus como
- da luz e das trevas **14/1** 18, 19
- de heróis e de deuses **14/1** 291
- des-animação do **11/1**, 140, 141
- desorientação a respeito das concepções do **11/3** 443
- desprezo do **14/3** 300, p. 82-83.
- dificuldade do **6** 270
- divisão em duas partes **11/4** 660
- do além e do aquém **14/1** 121
- domínio do **11/3** 332
- do pai **12** 26s.
- dos elementos **14/1** 19
- dos sentidos **13** 451
- e alma **14/1** 255
- egípcio **14/1** 302
- eixo do **13** 306, 312, 381[112], F 2
- emanativo no gnosticismo **14/2** 309[340]
- empírico, a multiplicidade no **14/2** 422
- essência / fundamento do **9/2** 304, 306, 313
- experiência do **6** 578; **8/2** 283
- fator constitutivo do **8/3** 954
- fim do **4** 272; **9/2** 177; **13** 392; **18/1** 527, 536; **18/2** 1.556
- interior / espiritual **7/1** 118
- - microcosmo como **16/2** 397
- - interior e exterior / interno e externo **5** 113; **6** 73
- - cf. tb. Escatologia
- físico dos corpos **14/2** 329, 376, 422, 428, 442
- - e a percepção que se tem dele **14/2** 436
- harmonia do (Nietzsche) 946
- história do **6** 805
- identificação com o **6** 140, 180, 267s., 273
- imagem / ideia do **8/2** 361, 370, 423, 438, 440, 696-699, 729, 743, 745; **8/3**

825, 829, 952, 971; **10/4** 778
- inferior (tártaro) / *infernas sedes* **14/1** 117, 210, 248; **14/2** 147, 296[265], 411; **15** 210
- infernal **14/2** 148
- integração máxima do **14/1** 233
- inteligível **14/1** 19
- lei do **6** 652
- matéria do **9/2** 376; **13** 127
- materialidade e caráter onírico do **11/5** 905[45]
- materno **12** 27
- mitológico **6** 724
- multiplicidade do **9/1** 632
- "nada mais do que" **6** 83, 313, 661, 668
- na idade da balança (libra) **5** 662
- negação do **6** 16, 318
- objetivo **6** 724
- o *Logos* como o criador do **14/2** 57
- oposição do **6** 270
- origem / surgimento do **9/2** 307[33]
- o umbigo do **14/2** 306[318]
- ovo do **9/1** 554
- percepção do **11/3** 400, 442
- *physical and perceptual world* **14/2** 436
- potencial do primeiro dia da criação **14/2** 388, 414, 417, 421, 422, 424, 429
- - como o fundo transcendental psicofísico do universo **14/2** 424
- - como o *mundus archetypus* dos escolásticos **14/2** 415
- - o céu químico como equivalente do **14/2** 429
- - e o mundo real **14/2** 324
- pré-científico **17** 250s.
- projeção no **7/1** 90
- psíquico **14/2** 322, 422
- - empírico, mistério do **14/2** 426
- razão do **6** 885
- realidade do **11/2** 264, 290
- - física / transcendente do **11/5** 841
- reconhecimento do **16/1** 201

Índices gerais   481

- redenção do **11/2** 290; **11/4** 708
- reformadores do **8/2** 518
- relação com **6** 265, 287, 308, 622
- representativo cristão **14/2** 82, 133
- roda do **9/1** 644, 689; **9/2** 212
- segunda criação pelo homem **14/1** 128
- sublunar **14/1** 165, 168; **14/2** 114, 164, 170
- superior **14/2** 170, 197, 288, 388
- supervalorização do **6** 465s.
- telúrico da Grécia **15** 151
- Tiamat **13** 283, 286
- todo
- - cf. Universo
- três ou quatro da Idade Média **14/1** 229, 229[373]
- união mística com o mundo potencial **14/2** 422
- unidade do **11/3** 440; **14/2** 422
- uno **14/2** 324, 414
- visão / concepção / imagem do **9/1** 112, 174; **13** 297, 472; **18/1** 23, 253a, 756, 786; **18/2** 1.233, 1.364, 1.442, 1.578, 1.591, 1.806
- - espiritual do / cosmovisão **14/2** 281
- cf. tb. Cosmos, Mundo ambiente, Mundo exterior

Mundus
- *archetypus* **13** 210; **14/2** 415; **14/3** 52
- *intelligibilis* **13** 264; **14/2** 415, 416
- *rationalis* **13** 283
- *potentialis* **14/3** 115[175], 465
- *unus* **14/2** 325, 327, 375, 414, 421, 429; **14/3** 563

Mungu **8/2** 411, 441[135]; **10/3** 146; **11/1** 30; **18/1** 551s.

Muro(s) (m.s.) **8/2** 563

Musaeum hermeticum **9/1** 705[40]; **9/2** 143[67], 147[84], 200[23], 201[29]; **13** 109[107, 110], 122[155], 139[217], 255[29, 33, 35, 40], 256[42s., 46-49], 257[52], 261[61, 63], 262[69], 263[72, 76], 264[82], 267[94-109], 268[111],

269[130s.], 270[147], 273[170s.], 276[195], 278[205, 210], 374[85, 87], 384[117, 120s.], 398, 403[164], 404[171], 407[187], 408[189, 195], 410[205], 415[229], F. VII.

Musaios **13** 381[111]

Muscular
- atrofia **3** 503

Musgo / *muscus* **13** 193, 234

Música **4** 279; **5** 194, 219; **8/3** 924; **9/1** 311[3], 598; 548; **10/2** 430, 435; **10/3** 965s.; **14/1** 37, 84[222]; **17** 275, 280; **18/1**
- dote para **17** 239
- no sonho **7/1** 175, 181
- wagneriana / de Wagner **3** 80[96]; **15** 169

Mut (figura mítica do Antigo Egito) **9/2** 322

Mutação(ões) **10/4** 823; **7/1** 176
- religiosas **7/1** 115

Mutilação **5** 356[51], 367[73]; **14/1** 164

Mutismo **1** 342; **2** 1.072; **3** 571

Mutus liber **13** 241[5]

Myriopos **8/2** 394

Myste **14/2** 240, 240[111]

Mysteries of Saint John and the Holy Virgin **5** 479

Mysterium **14/2** 194[421], 196, 316
- *coniunctionis* **9/2** 118; **14/2** 327, 329, 331, 421
- - consumação do (Dorneus) **14/2** 422
- *fidei* **14/2** 122, 177
- *ineffabile da unio mystica* **14/2** 426
- *iniquitatis* **9/2** 78, 141
- *magnum* (Paracelso) **15** 13
- o *opus* como **14/2** 194[421], 201
- *reginae* **14/2** 201
- *typicum* **14/2** 7
- *tremendum* **18/1** 615

N

Naamã **14/3** 389, p. 98-99
- como alegoria do batismo **14/2** 13, 13[40]

Naas **9/1** 560s., 571; **9/2** 311, 365, 367
- como a serpente do gnosticismo **14/1** 40; **14/2** 292[257]
- cf. tb. Serpente

Naassênica
- doutrina **14/1** 77[209]

Naassenos **9/2** 42[7], 117, 128, 143, 144, 288s., 307, 310s., 313, 324, 326; **12** 527; **13** 182, 278[218], 420[248], 427; **14/2** 49, 174[401], 231, 235[84], 253, 292[243], 293, 318, 383; **14/3** 274; **18/2** 1.515, 1.827
- hino dos **14/1** 182[231]

Nabu **13** 278

Nabucodonosor **5** 4, 243; **11/2** 173; **12** 449
- visão onírica de **14/2** 292[240]

Nação(ões) **9/1** 279; **10/1** 523; **10/3** 45, 71; **11/6** 1.025, 1.031
- judaica **17** 309
- cf. tb. Povos

Nação / nacionalismo **18/2** 1.305-1.342, 1.385, 1.398

Nacional-socialismo **9/1** 453; **10/2** 385, 397[13], 399, 416, 474; **11/2** 275; **11/5** 770, 778; **11/6** 1.019, 1.034; **18/2** 1.324, 1.336, 1.366, 1.610

Nacionalismo / nacionalista **10/1** 517, 523

Nada **8/3** 900; **9/1** 660; **9/2** 340
- mais do que **11/3** 379; **11/5** 800, 857; **18/1** 435, 633; **18/2** 1.150

Nadir
- cf. Zênite

Nag Hamadi
- descoberta do papiro de **18/2** 1.514 nota

Nakassa
- cf. Árvore

Namoro **8/2** (m.s.) 459

Namrus **14/3** 107

Nancy
- escola de **3** 496

Não eu **15** 188
- da alma **7/1** 119
- o inconsciente como **16/2** 476, 501s.
- cf. tb. Eu

Não ser **5** 553, 590[174]; **18/2** 1.639

Napoleão **6** 115; **7/2** 388

Nápoles **3** 201, 365, 500
- Atlas Farnesino **9/2** 147
- Campanha de **15** 7

Narcisismo **6** 844; **10/3** 204, 340; **16/2** 522

Narcisista **15** 102

Índices gerais

Narcolepsia **1** 1, 121
- cf. tb. Letargia

Narcose **2** 134; **3** 478; **8/3** 940; **18/2** 1.138

Narcótico(s) **14/2** 342; **15** 123[6]

Nariz **9/2** 158

Nascer do sol **14/3** 144, 145, 146[23, 24], p. 62-63,

Nascido duas vezes **18/1** 361

Nascimento(s) **4** 99s. (S) 234, 477s., 728; **8/1** 107; **8/2** 328, 765; **8/3** 918[82]; **9/1** 93, 140, 156, 167, 178, 234, 248, 256, 267, 281s., 285s., 290, 311[4], 472, 519, 534, 564, 572, 578, 579[126], 580, 588[144], 606, 661, 698; **13** 69, 105, 130, 201, 204, 268, 272, 322, 336, 345, 350[33], 393, 418; **9/2** 130, 153, 211, 212, 245, 321, 340[137], 360[25]; **10/3** 136, 969; **12** 453; **14/1** 42, 66, 108, 270, 293; **14/2** 46, 86, 89, 127, 276, 277; **14/3** 366; **15** 84; **17** 7s., 23a, 32, 40, 70s., 134, (289); **16/2** 499[22]
- anunciação pela transformação **14/2** 88
- a partir do espírito **4** 783
- costumes observados por ocasião do **11/2** 287
- curso circular dos **9/2** 211
- da árvore **5** 368, 662; **13** 404
- da criança divina (no Egito) **11/2** 177
- da morte **8/2 8/2** 800, 804
- datas de **8/3** 869, (Kepler) **8/3** 924
- de Deus no homem (Eckhart) **14/2** 105[248]
- demoníaco **11/5** 905
- do filho **14/2** 98, 104
- dogma do nascimento virginal de Cristo **5** 339; **14/3** 332[73], p. 114-115
- do herói **11/2** 229, 233; **11/4** 644
- do ouvido **5** 311
- duplo **5** 494; **9/1** 140; **14/2** 196[266]

- e morte **11/5** 831, 842, 926, 958
- espagírico (Dorneus) **14/1** 287, 388
- eterno **14/2** 105[248]
- invertido **14/1** 173
- lugar do **14/2** 7[22], 39
- na cabeça **5** 547
- na rocha **5** 368, 396
- natimorto **4** 511
- no inconsciente **16/2** 461
- novo **9/2** 167, 173, 177, 333; **14/2** 164; **14/3** 235-236, 243; **16/2** 524
- pela cabeça **4** 139, 511
- prematuro **4** 141s.; **9/1** 170
- primeiro **14/2** 257, 276
- segundo / da *anima* **16/2** 529
- transformação do **16/2** 473
- virginal **9/2** 274; **11/2** 293; **11/4** 735
- - cf. tb. Natividade de Cristo

Natal **18/1** 540, 550
- árvore de **8/2** 411

Natchez
- cf. Índios

Nativo **18/1** 334
- cf. tb. Primitivo

Natrão (natro, sal) **14/3** 373, p. 94-95

Natura abscondita / natureza oculta **11/1** (cap. III), 154[47]; **13** 126

Natural(is)
- ciências **8/1** 90; **8/2** 327, 650; **8/3** 829, 864, 931, 950
- e cosmovisão **8/2** 707; **8/3** 907, 918
- - procedimentos **8/2** 194, 222
- explicação **8/2** 327; **8/3** 905
- filosofia hermética **3** 582
- forças **8/1** 90; **8/2** 393
- leis **8/3** 818, 821, 828, 905, 949
- processo (Schopenhauer) **8/3** 828
- transformação da energia **8/1** 79, 81, 83, 90

Naturalismo **6** 399s.; **9/2** 323; **15** 130; **18/1** 81

Natureza(s) / *physis* **3** 584; **4** 690; **5** 109, 113, 169[84], 518, 625; **6** 153, 155, 198s., 200, 204, 790, 945; **7/1** 162; **8/2** 339, 412[119]; **9/1** 7s., 36, 50, 167, 172, 174, 210, 234, 286, 371, 393, 529, 535, 578s., 704, 714s.; **10/1** 510, 527; **10/2** 431; **10/3** 5, 26, 34, 44, 53, 65, 76, 118, 128, 134s., 187, 210, 317, 361, 832, 882; **10/4** 615, 667, 673, 743; **11/1** 130; **12** 40, 214, 234, 367s.; **13** 86, 101, 119, 125, 148, 171, 176[114], 196, 199, 238, 244s., 261, 267, 278s., 289, 314, 355, 358, 370, 375, 378s., 380, 390, 408s., 426, 429[263], 481; **14/1** 21, 39, 56, 61, 101, 114, 115, 127, 139, 145, 159, 255; **14/2** 2[5], 6[21], 18[60], 36, 49, 51[121], 58, 61, 74, 76, 76[310], 83, 106, 122, 127, 135, 136, 160, 174, 210[4], 264, 267, 273, 296[271], 298, 312, 320, 328, 335, 339, 346, 347, 358, 359, 365, 371, 372, 374, 375, 376, 379, 384, 387, 398, 402, 405, 416; **14/3** 157-158, 158[12], 316; **15** 2, 13, 17, 38, 120, 140; **16/2** 345, 414s., 469s., 508s.; **17** 289s., 320, 335, 343s.; **18/1** 222, 260, 291, 439, 585s., 598, 605, 742; **18/2** 1.186s., 1.198, 1.208, 1.291, 1.360, 1.366s., 1.374, 1.380, 1.488, 1.531, 1.575, 1.586, 1.615, 1.641, 1.654, 1.781
- abissal do homem e da mulher **14/2** 313
- alma da **18/2** 1.368
- alta fidelidade à **15** 169
- ambivalência da **14/1** 44, 101
- "a natureza vence a natureza" **14/2** 158
- animal **14/2** 66, 69, 245
- - do homem **7/1** 17, 32, 41, p. 146
- - negação da **7/1** 35s.
- aspecto sombrio e ctônico da **14/2** 85
- atos criadores **8/2** 339
- cadeias da **14/2** 387
- centro da **14/1** 40

- ciência da **9/1** 1, 111, 113, 195s., 259; **16/2** 533s., 537
- como contrafatura ou semelhança com Cristo **14/2** 127
- como *mater natura* **14/1** 121
- como qualidade / propriedade **13** 86[6], 101, 109, 125, 392, 441
- como transformação **13** 198
- compostas **12** 366
- conexão com a **12** 547
- conhecimento da **14/2** 121, 402, 430
- - moderno da **16/2** 412
- criação da **14/1** 159
- culto / louvor da **16/2** 412, 479
- dependência da (Rousseau) **6** 129
- de quatro chifres **12** 333[4]
- desarmonia na **14/2** 339
- desespiritualização da **11/3** 375
- deusa **18/1** 473
- - cf. tb. *Dea Natura*
- domínio da, entre os indianos **11/5** 867
- dos conteúdos projetados **14/2** 320
- dupla unificada **16/2** 386, 398, 400
- e alma **14/2** 387
- e arte **13** 195[196]
- e a "terceira coisa" **14/2** 339
- e civilização **6** 129s.
- e cultura **6** 132; **7/1** 16s., 32s., 41, 114; **8/2** 750, 787
- e espírito **11/2** 261; **11/5** 941; **16/1** 120, 227; **16/2** 414; **17** 335
- elementos alquímicos **14/1** 259
- e metafísica **16/2** 440
- em Schopenhauer **8/3** 828
- em sentido amplo **14/1** 101
- e psique **13** 196
- e quaternidade **11/1** 105; **11/2** 261
- escuridão da **14/1** 101, 121
- espíritos da **10/2** 431
- espiritual, tende para a distinção **14/1** 101
- essência da **13** 327
- estudiosos da natureza **16/2** 440
- explicação da **3** 466

Índices gerais

- filosofia medieval da **11/1** 152s.
- filósofos da **14/1** 165
- física, tende para a união **14/1** 101
- - física da luz **14/2** 372
- - na formulação de Demókritos **14/1** 21[148], 83
- fora da / sobrenatural **13** 201
- força da **9/1** 268
- *horror vacui* da **16/1** 130, 218
- inconsciente **11/5** 895
- infantil **15** 69, 158
- instintividade irrefreada da **14/1** 198
- instinto da **18/2** 1.150, 1.494
- lei(s) da **10/2** 471; **10/3** 23, 471, 871; **14/2** 422; **18/2** 1.198
- levar em conta a na psicoterapia **16/1** 42, 81s., 184
- linguagem da **5** 500
- livro ou espelho da **14/2** 7, 127, 160
- *lumen naturae*
- - cf. Luz
- luminosidade da **14/2** 83
- luz da / lumen naturae **8/2** 398s.; **13** 145-168, 197, 200, 208, 229, 234, 256, 267, 286, 300, 303; **15** (29), 41
- mãe **5** 500, 503, 623; **13** 284
- - cf. tb. *Dea Natura-*
- misteriosa das substâncias **14/2** 320
- não psíquica **8/2** 437
- *natura abscondita* **12** 447
- neutra transcendental **14/2** 423
- ninfas como numes da **14/1** 68
- novo mito criado pelos alquimistas **14/1** 165
- oculta **14/3** 103, 103[140], 112[169]
- o lado frio da **14/1** 245, 255, 340
- o mal na **11/5** 942
- *opus*, em analogia com a
- - cf. *Opus*
- os europeus **11/5** 867s.
- ou substância **14/2** 329[53]
- platônica **13** 382
- poderes da **13** 154
- povos da
- - cf. Primitivos

- rebelião contra a **7/1** 95
- reconciliação
- -com o homem e Deus **11/3** 387
- - com o espírito **11/4** 712
- roda como (em Böhme) **12** 214
- selvagem **14/2** 65[167]
- sentimento na Antiguidade **12** 40
- significado místico da **14/2** 122
- superação da **14/2** 6[21], 375
- *uterus naturae* **14/1** 149
- união das **14/2** 320
- terrena **14/1** 313
- transformação da **11/3** 375
- *venerabilis natura* **16/2** 412, 416s., 469, 524
- violência contra a **7/1** 28
- volta, retorno à (Rousseau) **8/2** 739, 750

Natureza / natural **9/2** 35s., 49, 116, 150, 220, 244, 244[25], 267, 274, 288, 374, 393[85], 407, 414
- espaçotemporal **9/2** 45

Navajo **9/1** 25, 481
- cf. Índios

Nave
- espacial **10/4** 699, 703, 796
- solar **5** 288, 367[78]

Navio **8/3** 925; **10/4** 702; **17** 216
- como símbolo da mãe **5** 368
- lunar no maniqueísmo **14/1** 33

Navio / barco **12** 132, 133, 305s.

Nazismo **10/1** 559; **10/4** 818
- cf. tb. Hitler, nacional-socialismo

Nazista **18/1** 689

Neandertal **18/1** 486

Nebo **14/2** 44, 44[99]

Necessidade(s) **17** 293, 299, 304, 312
- afetivas
- - esquivar-se das **11/1** 72
- como reguladora **7/1** 28

- de autoafirmação **16/1** 67, 76, 150s., 231, 234
- de ser importante **14/1** 96
- interior (Kant) **8/2** 265
- metafísica **4** 554
- vital **14/2** 442

Necromancia **9/2** 415; **13** 154

Néctar **5** 198
- divino **14/2** 150
- e Ambrósia **10/4** 801

Nefrite **2** 1.315; **11/5** 993

Néftis **5** 350, 400

Negativa
- sugestibilidade **3** 27

Negativismo **1** 279, 291, 297, 346; **3** 16, 27, 103, 179, 193, 425, 427
- esquizofrênico (crítica a Bleuler) **3** 425-437
- psicologia do **17** 24
- cf. tb. Resistência

Negra(s)
- deusas **14/2** 274
- Koronis como a **14/1** 140[151]

Negro **3** 456; **6** 1.033; **8/1** 94; **8/2** 669; **9/2** 329; **10/2** 939; **10/3** 26, 95s., 108, 126, 249, 950, 961s., 1.008; **18/1** 15, 79s., 82s., 94, 262; **18/2** 1.284s.
- da cruz **14/1** 42
- da sulamita **14/1** 24, 30
- no olho de Chemeia **14/1** 61[137]
- psicologia do **6** 38
- sonho de **5** 154; **6** 832
- - como sombra **5** 267[14]
- quadrado **8/3** (m.s.) 935
- cf. tb. Brancos; Nigredo; Papua; Pessoas de cor

Negrume / negrura / nigredo **14/1** 14, 15, 21, 29, 36, 42, 79, 110, 114[40], 152, 169, 238, 239, 244, 252, 297, 300, 313, 332; **14/2** 257, 258, 312, 384[168]
- da culpa **14/2** 258, 274

- do rei **14/2** 288, 382
- da sulamita **14/2** 258, 264, 267[200], 276, 278, 285, 286, 288, 305, 312
- pecaminoso **14/1** 165

Neikos
- cf. Ódio

Nekhen **13** 360[64]

Nekya **5** 671; **9/2** 327; **14/1** 74[203]; **15** 210, 212, 213; **18/1** 80, 239
- cf. tb. Hades, descida ao

Nekys **9/2** 334

Neófito(s) / iniciado(s) **9/1** 205, 208s., 229, 247, 382
- invisibilização dos **11/3** 371

Neofobia **9/1** 276

Neolítica
- forma **15** 212

Neologismo(s) **2** 1.072, 1.167; **3** 17, 39, 49, 49, 155, 180, (185[174]), 190, 207, 208, 215, 254, 261, (303), 310, 554, 578; **15** 173; **18/1** 959
- cf. tb. Linguagem

Neoplatônicos / escola neoplatônica **9/2** 193

Neoplatonismo **6** 604; **9/1** 557[79]; **13** 168, 168[67], 264; **15** 10

Nephesh / alma **14/2** 258, 258[185], 258[189]

Nereidas **14/2** 323

Nervos **2** 868
- condução pelos **2** 560
- sistema simpático dos **2** 1.046, 1.185

Nervosismo **3** 471; **7/1** 1, 11, p. 132

Nervoso **4** 268, 356, 360s., 572, 703, 707
- choque **6** 848
- colapso **6** 979

Índices gerais

- perturbações nervosas **6** 633, 662
- sistema **3** 513
- - centralizado, e psique **8/2** 227, 234, 368, 607s.
- - cerebroespinal **8/3** 945
- - e imagens da consciência **8/2** 745
- - e processo instintivo **8/2** 266
- - simpático **8/2** 613, 642, 729

Nervous shock (choque nervoso) **7/1** 8, p. 137

Nesso **9/1** 221

Netuno **8/2** 735; **13** 398[142]
- cf. tb. Planetas; Saturno

Neue Zürcher Zeitung **4** 197

Neurastenia **1** 1, 197; **2** 924, 1.009; **3** 433, 471; **4** 474; **6** 715; **10/3** 248
- crises de **1** 29, 31

Neurologia **4** 63, (94); **10/3** 333; **18/1** 871, 922; **18/2** 1.155

Neurologista(s) **3** 468, 470; **17** 128; **15** 61; **18/1** 356, 797, 799, 906, 921

Neuropatia **1** 29

Neurose(s) **1** 3, 281; **3** 427, 436, 442, 470, 497, 505, 515, 558; **4** 46, 275, 338, 352s., 374, 376, 408s., 507, 541, 559s., 573s., 623, 759; **5** 19[21], 25[27], 37, 78, 95[38], 193, 199, 200, 273, 456, 461, 507, 655, 683; **6** 527, 570, 634, 654, 669, 703, 715, 769, 775, 812, 934, 974; **8/2** 518, 547, 714-721, 763; **11/1** 12, 26, 37s., 77-79, 159, 167; **7/1** 18, 22, 29s., 40, 44, 49s., 88, 92, 115, 192, p. 133, 143; **7/2** 206, 290, 306, 344, 397; **9/1** 11, 83s., 96, 112s., 136, 139, 142, 159s., 190, 244, 259, 266s., 270, 299, 302, 319, 493s., 521, 666, 698; **11/3** 443; **11/5** 784, 794; **12** 4, 40; **14/1** 302; **14/2** 159, 170, 365; **15** 100, 106, 152, 155, 156; **17** 20, 176s., 181s., 200s., 237, 313s., 343; **16/1** 75, 134, 152, 196, 199, 212, 240; **16/2**

356, 382, 387, 463
- análise redutiva da **16/1** 24s.
- aspectos contraditórios da **7/1** 57
- casos de **8/2** 480, 542, 685
- causa(s) **6** 639, 1.039; **7/1** 10, 14, 49; **8/1** 61; **8/2** 255, 688, 808; **11/1**, 14s., 79, 129s.; **16/1** 26, 234; **17** 85, 99, 228, 259; **16/2** 256s., 293, 307
- climatérica **4** 703
- compulsiva **4** 32, 275
- concepção histórica da **4** (328s.), 409
- como falha no desenvolvimento **16/1** 34, 43
- complexo e **16/1** 179
- compulsiva **6** 540, 678, 685, 725; **8/2** 297, 702; **16/2** 358[16], 372
- conscientização da **16/1** 29, 40, 53
- cura **8/2** 526, 690; **11/1**, 167; **14/2** 405; **16/1** 53, 134, 199, 248
- da criança **17** 84, 133, 139, 143, 179, 211[29], 212, 216, 228, 258a
- de angústia **16/2** 358[16]
- de medo **16/1** 196
- de segunda mão **14/2** 406
- de transferência **16/1** 41; **16/2** 358s., 446, 471
- disposição à **4** (33s.), 67, 209s., 212s., 217, 219s., 223, 294, 297, 400, 437, (564)
- do homem coletivo **16/1** 5
- do individualista **16/1** 5
- doutrina das (Freud) **3** 434
- e distúrbios dos instintos **16/1** 208
- função religiosa e **16/1** 99
- e esquizofrenia **3** 506, 511, 517, 531, 544
- e infância **4** 354s., 376s., 397s., 693
- energia das **7/1** 71
- e psicose **11/5** 906; **16/1** 37
- escolha da **6** 994
- etiologia da **4** 314, 353, 565, (668), (751); **15** 71; **16/1** 53, 245; **16/2** 294, 305s.
- - e estrutura **17** 20, 25, 97, 129s.,

154, 173s., 200s.
- explosão / irrupção **8/2** 207
- gástrica **8/2** 710, 721
- *happy neurosis island* **16/2** 374
- infantil **4** 259, 294-313, 458-522, 731s.; **16/2** 420[16]
- início das **16/2** 257
- manifestação da **4** 563
- nas mulheres **8/1** 773
- natureza da **16/1** 37, 66, 81, 190, 195s.; **16/2** 274s.
- obsessiva **7/2** 285; **17** 182
- orientada para um fim **7/1** 54
- pessoal **16/1** 248s.
- por causa da falsificação do tipo **6** 625
- por conflito **16/1** 247s.; **16/2** 392
- psicógena **4** 28, 32, 396; **14/1** 121; **16/1** 126, 232
- psicologia da **6** 773, 894; **7/1** 2, 199; **8/2** 383, 667; **8/3** 840; **15** 56, 59, 63, 64, 66; **16/2** 471
- psicoterapia da **7/1** 2
- psíquica **16/1** 193s., 198s.
- sentido da **16/1** 11; **16/2** 307
- sexualização nas **6** 786, 894
- sintomas **14/2** 107, 170, 356, 405; **16/1** 28s., 32, 126, 199
- surgimento da **4** (5), (205), 209, 217, (307), (310), (377s.), 395
- tendências contraditórias na **7/1** 16
- teorias da **4** 200, 216, 290, 294, 558s.; **5** 190, 199, 655
- tratamento **8/1** 35; **8/2** 184, 548, 599, 702; **16/2** 294s.
- traumáticas **1** 320
- valor e sentido da **7/1** 67s.

Neurose / neurótico **2** 665, 727, 816, 949, 994, 1.008s., 1.010, 1.013, 1.350s., 1.354, 1.356; **9/2** 39, 40, 259, 280, 282, 297; **10/1** 545, 552; **10/2** 417, 427, 443, 448; **10/3** 72, 90, 172, 245, 285, 309, 311, 331, 337, 342, 344, 349, 352, 354s., 880; **10/4** 646, 653, 659, 680, 727; **11/6** 1.040, 1.063,

1.069, 1.071; **13** 12, 14, 16, 51, 66, 75, 90, 298, 323, 396, 436, 453, 463, 473; **18/1** 5, 43, 91, 161, 209, 232s., 276, 281, 296, 345, 367, 373, 378, 381s., 414, 421s., 431, 438, 442, 446s., 466, 474, 516, 555, 561, 575, 591, 595, 609, 615, 627s., 633s., 649, 664s., 742, 798, 832s., 837, 839s., 903, 922, 923s., 947, 951, 972, 974, 990, 1.024, 1.030, 1.055, 1.067, 1.074; **18/2** 1.083, 1.087, 1.111, 1.119, 1.130, 1.147-1.156, 1.162, 1.172, 1.231s., 1.249, 1.254, 1.259, 1.295, 1.330, 1.374, 1.388s., 1.396s., 1.408s., 1.474, 1.480s., 1.504, 1.554, 1.576, 1.664, 1.723s., 1.737, 1.775s., 1.793, 1.805
- compulsiva / obsessiva **9/2** 17; **13** 48, 54; **18/1** 282, 467, 522, 556, 632, 635, 972
- de ansiedade **18/1** 466, 632, 635s., 893, 922, 923
- etiologia da **18/2** 1.223
- infantil **18/2** 1.160, 1.804
- traumática 996

Neurótico(s) **4** 312, 372, 428, 442, 526, 551, 555s., 560, 572, 604, 632s., 653, 664, 693, 727; **6** 567, 862, 897, 911; **17** 13[4], 97, 151, 191, 202, 207, 313s.; **15** 56, 61, 63, 64, 65, 68, 70, 71, 100, 104, 144, 148, 162, 208, 208[3]
- experimento das associações com **8/2** 593
- indivíduo **8/1** 94; **8/2** 134, 244, 639, 667; **8/3** 840[29]
- irrealidade **8/1** 63
- projeções do **8/2** 527, 517s.
- sonhos **8/2** 480s., 542, 564

Neurótico(s) / neurótica(s)
- dissociação **8/2** 207, 430
- resistências **8/2** 797
- sintomas **8/2** 684s.

Neutralidade **10/2** 914, 924

Índices gerais

Neve **13** 255[30], 263; **14/1** 149; **14/2** 29[74], 78[221], 299, 310[348]; **14/3** 202, 208, p. 68-69, 142-143

Névoa **9/2** 158
- cf. tb. Fumaça

Nevoeiro **14/3** 142, 181, 555

New Paths in Psychology (Jung) **4** 684

Nezach (força vital) **14/2** 300, 300[286], 303[308]

Ngai **8/1** 125

Nganga **8/2** 575

N'goma **10/3** 964

Nicodemos **4** 782; **5** 334, 510; **13** 136
- colóquio de **14/1** 173[293]

Nicolaítas **11/4** 702, 731

Nietzsche, F. **1** 140s., 181s.

Nigéria **13** 247

Nigredo **5** 83[22]; **9/1** 246, 452; **9/2** 230s., 304, 329; **10/4** 811, 814; **12** 34*, 263, 333, 115*, 334, 353, 383, 389, 137*, 404, 433, 484[171], 219*, 223*, 496; **14/3** 2, 140, 143, 168-173, 180-181, 183, 196, 228, 238, 240-241, 366-368, 468, 492-493, 530, 543, p. 60-61, 92-93, 130-131; **16/2** 376, 381, 383s., 398, 468[10], 479, 484, 510; **18/2** 1.701
- *caput*
- - *corvi* **12** 404 171
- - *mortuum* **12** 484[171]
- e albedo **16/2** 484

Nigredo / negrura / negrume / negror **11/1** 98; **11/3** 423; **11/4** 742; **14/1** 21, 24, 27[179], 43[69], 43[137], 152, 169, 177, 238, 247, 248, 252, 258, 297, 300, 338; **14/2** 52, 102, 107, 131, 132, 136, 158, 158[359], 159, 161[387], 257, 273, 276, 288, 313, 367, 371, 378, 379,

382, 383, 383[162], 384[180], 386, 386[180], 389, 391, 391[201], 396
- ablução da **14/2** 274
- caos como **14/1** 247
- como corvo **14/2** 384, 386, 398
- como escuridão do inconsciente **14/2** 312
- como estado psíquico **14/2** 390
- como melancolia **14/2** 50[118], 107, 158, 161[387], 274, 367, 383, 390, 398
- como noite escura da alma **14/2** 379
- como primeira etapa da *opus* **14/1** 247, 338; **14/2** 367, 386
- como *putrefactio*, decomposição e morte **14/2** 131, 158, 371, 378
- como terra **14/2** 386
- da substância do arcano **14/1** 42; **14/2** 396
- dragão como **14/2** 390
- mudança em albedo **14/1** 79, 247, 258
- sinônimos da **14/2** 367, 378
- *sol niger* como **14/1** 110, 114[40]; **14/2** 386

Nigredo / melanose **13** 89, 201[208], 337[16], 433, 444

Nigromancia
- livros sobre **8/3** 859

Nigromântico **9/2** 378

Niilismo **10/4** 661; **15** 172

Nikotheos **12** 456[30]; **13** 101

Nilo **9/1** 604[165]; **9/2** 186; **10/3** 65; **10/4** 629; **13** 97, 132, 265, 299[254]; **14/1** 14; **14/2** 2[5], 12, 309, 323, 374
- o delta do **14/1** 281, 291, 292
- cf. tb. Egito

Nimrod **11/2** 176[22]

Ninfa(s) **7/1** 129; **8/2** 335; **12** 227; **9/1** 53, 311; **13** 178, 195, 278; **14/1** 67, 77, 186, 193; **14/2** 68; **16/2** 538[1]; **18/2** 1.692

- árvore **13** 324, 335, 460
- das florestas **18/2** 1.363

Ninho **14/2** 385[172]

Nínive **14/2** 46

Níobe transformata **14/1** 88

Nipur (torre) **9/2** 190

Nirgal / Nergal (deus babilônico) **14/1** 24[193]

Nirvana / livre de oposições **6** 325s., 421; **9/1** 76; **9/2** 298; **11/5** 800, 879; **13** 15; **14/2** 370; **18/2** 1.417, 1.507, 1.628
- como conceito estranho ao pensamento ocidental **14/1** 64
- como libertação psíquica dos opostos **14/1** 290
- na psicologia indiana **14/1** 64, 290

Nit / Nêith **5** 358, F 67

Nitrum alexandrino **14/2** 10

Nível
- do objeto **7/1** 143; **7/2** 223, p. 136s.
- do sujeito **5** 320[23]; **7/1** 139, 141, 157
- - interpretação ao **11/3** 383[6]
- cf. tb. Análise, Interpretação em

Njomm **8/1** 125

Noé **5** 171[88], 311, F 55; **9/1** 428[55]; **11/4** 577, 672; **13** 414; **14/2** 13[37], 159[383], 220, 235, 236[95], 274, 291, 296[266]
- arca de **14/1** 258
- dilúvio de **16/2** 473[17]
- pomba de **14/1** 199[343]; **14/2** 291
- - cf. tb. Pomba

Noite **8/2** 326s.; **9/2** 293; **13** 13, 38, 300; **14/2** 384[168], 391[201]; **14/3** 148-149, 164[30], 468, 566-567, p. 60-61; **15** 210
- aspecto maternal da **14/2** 163
- criadora do hino órfico **14/2** 391

- das bruxas (*Fausto*) **15** 190
- de Walpurgis **12** 61[3], 119
- - cf. tb. Dia e noite

Noite / noturno **9/1** 425, 563, 572[106], 574; **10/4** 683, 684, 736, 764, 814

Noiva **4** (S) 101s.; **8/2** (m.s.) 542; **9/1** 328; **14/2** 207, 233[76], 233[78], 258, 274, 288[221], 291, 371; **14/3** 154, 220, 491, 510, 512, 516, 518, 530, 532, 539, 555, 556-560, 566, 569, 583, 614, p. 64-65, 134-135
- celeste **14/2** 278
- como "clavícula" na *Aurora Consurgens* **14/1** 234[395]
- como mediadora **14/1** 9[42]
- como noiva-mãe **14/1** 118, 119
- complexo da **2** 227s., 363, 643s., 648
- de Cristo **11/4** 752
- e noivo (esposa e esposo) **11/3** 361; **11/4** 748, 752; **13** 129, 268, 273[171], 411, 455; **16/2** 398, 410, 442, 508
- Igreja como **6** 442
- - cf. Igreja
- Israel como **6** 442
- tálamo nupcial **11/4** 743[4], 754

Noiva / filha **9/2** 321

Noivo **14/2** 233, 233[77], 233[78], 258, 291, 371; **14/3** 154, 160, 196, 238, 491s., 497, 510, 513-516, p. 64-65, 72-73, 132-133
- Cristo como **6** 442
- e noiva **14/1** 181, 193, 195, 295
- Javé como **6** 442

Noivado **4** 358, 384, 390
- cf. tb. Relação amorosa

Nomadismo (espírito andarilho)
- caso Mary Reynolds **1** 107s.
- e eclipse histérico da memória **1** 19s.
- na degeneração psíquica **1** 323s., 362s.

Índices gerais

- na distimia maníaca **1** 206, 212s., 215s., 219

Nome **5** 203, 454, 599; **8/2** 208, 356, 663s., 735; **8/3** 827[11], 939; **9/1** 217, 224, 231; **10/3** 280s.; **10/4** 809
- dos dias da semana **13** 301
- essencial de Deus em hebraico **14/2** 267, 267[199]
- força mágica do **5** 201, 274
- próprio **2** 200
- secreto **13** 436; **14/3** p. 110-111, 136-137

Nominalismo **6** 43, 69s., 574; **9/1** 149; **13** 378
- e realismo **6** 33s., 41, 45, 65s., 72s., 541, 574, 603; **7/1** 80

Nomotético
- processo **8/1** 101

Noopsique **3** 33

Norma(s) **5** 371; **6** 853s.; **9/1** 157

Normal / sadio **15** 63, 64, 100, 103, 122, 131, 148; **17** 130, 145s., 199a, 284; **18/1** 91, 177, 232, 448, 832, 963, 1.004; **18/2** 1.113, 1.155, 1.158, 1.268, 1.386, 1.388s., 1.391, 1.417, 1.442, 1.531, 1.737, 1.830
- e neurótico **5** 342

Normandos **10/3** 1.001

Norte **12** 456[40]; **14/3** 144, 202
- Polo **9/2** 156-158, 185, 189-192, 209, 239, 264, 338; **14/2** 348
- - e Sul **14/2** 220
- cf. tb. Pontos cardeais

Norugueses **10/2** 479, 913

Nossa Senhora
- o manto protetor de **14/2** 45

Nostoch (termo de Paracelso) **13** 190, 193

Notre-Dame **9/1** 458; **10/3** 176; **14/1** 335

Noturna
- serpente **8/2** 326
- travessia n. do mar **8/1** 68s.

Nous / espírito **5** 67, 76; **9/1** 193, 393, 545, 555, 560[86], 561[90]; **9/2** 41, 259, 291, 293, 299[19], 315[60], 333[111], 366s.; **10/2** 394; **11/1** 150s., 160[90] (cap. III); **11/2** 216[17], 221, 276; **11/3** 355, 400, 421, 429; **11/4** 619; **12** 409s., 410[27], 433, 435[35], 456[26, 27, 29]; **13** 96, 138, 344, 427, 456; **14/1** 114, 156, 161, 255, 260, 331; **14/2** 374; **14/3** 72, 72[53], 73-74, 79, 107[155], 221[117], 251, 407, 561; **16/2** 403[6], 533[21]; **18/2** 1.701
- caráter numinoso **14/1** 79
- como *anthropos* **14/2** 155
- como demônio **12** 411s.
- como hermafrodita **12** 436[41], 447
- como Mercurius **12** 447s.
- como serpente **11/3** 359, 380; **11/4** 619
- como tintura **12** 409
- Cristo como **12** 412
- ctônico **14/1** 75
- da divindade feminina (arquétipo) **14/1** 231
- em forma de serpente **14/1** 40, 245, 260
- e *physis* **12** 410, 436, 438, 440s., 447, 513
- e *pneuma* **5** 67[10]; **14/1** 156
- libertação do **12** 452
- *nume* **14/1** 71, 75, 186
- transferência do nume religioso para a natureza **14/1** 145
- cf. tb. Pneuma; Razão

Nouvelles observations sur un cas de somnambulisme (Flournoy) **4** 152[2]

Nova Guiné **16/2** 433

Nova York **9/1** 612s.

Nove **14/3** 250

Novelo **9/1** 404[20]

Noventa e nove **14/3** 250

Novilúnio **14/2** 97

Novo México **18/1** 271; **18/2** 1.288

Novo Testamento **10/1** 510, 520; **14/2** 52, 399, 400, 425
- cf. tb. Bíblia

Novo / inovações / renovação **17** 251

Novum
- *lumen* **13** 255[33]
- na união dos opostos **14/2** 420

Nozes **12** 288, 300
- quatro **11/1** 90, 109

Nu, Nut **6** 445

Nudez / nu **9/1** 324, 396[8], 435; **13** 81

Nume **11/4** 611
- da matéria **16/2** 440
- das plantas cultivadas **11/3** 385
- divino **11/3** 387; **11/5** 982; **14/2** 388[194]
- do caminho do destino **11/4** 747
- do fator psicológico **16/2** 442, 449
- vivência numinosa **14/2**
Numen **8/1** 127; **8/2** 441; **14/3** 540, 555; **15** 160
- e *lumen* (Paracelso) **8/3** 921

Numen / numinoso **9/2** 26, 45, 120, 124, 140s., 209, 243, 280, 287[1], 295, 303, 305, 362, 381, 410, 425; **13** 268[129], 287, 334, 342, 393, 396, 416, 418-420, 431s., 435s., 458

Número(s) **4** (S) 130, 134; **8/2** 131, 356; **8/3** 870, 933[127], 955; **12** 287[13]; **9/2** 415; **14/3** 286, 306-307, p. 76-77, 80-81, 84-85; **18/1** 461; **18/2** 1.174s., 1.185, 1.203
- autonomia dos **18/2** 1.183
- de 1 a 11 (Agrippa) **8/3** 921
- idêntico **8/3** 824, 959

- incerteza entre 3 e 4 **14/2** 218, 218[31], 267
- masculino e feminino **16/2** 404, 410
- mística dos **4** 691; **9/1** 552
- pares
- - aspecto dos **11/2** 262
- - e ímpares **12** 25s.
- relativo, como medida da força consteladora **8/3** 865
- sagrado **8/3** 870
- série natural dos **8/2** 356; **8/3** 870
- simbolismo dos **4** 129, 139; **9/1** 642, 679s.; **10/4** 687, 689, 692, 743, 776, 777, 779, 780; **13** 187[160], 267
- sonho com **4** 129, 691
- 1 **9/1** 546, 612, 660s.; **9/2** 396; **10/4** 692; **13** 187, 243, 272, F I, 13; **14/1** 6, 10, 11, 175, 271, 277, 278; **14/2** 219, 219[32], 267, 267[201], 324, 325; **18/2** 1.695
- - processo de criação do **16/2** 404
- - como *res simplex* **16/2** 525
- - cf. tb. Unidade; Uno
- 2 **9/1** 546, 552s., 604, 612, 679, 685; **9/2** 228-234; **10/4** 771; **13** 41, 110, 187, 267-269, 314s., 358, 384[120], 416, 455; **14/1** 1, 2, 3, 4, 10, 15, 96, 117, 130, 135, 140, 175, 179, 232, 271; **14/2** 1, 2, 3, 4, 10, 15, 96, 117, 130, 135, 140, 175, 179, 232; **16/2** 398, 403, 451; **18/2** 1.701
- - como número feminino **16/2** 404s.
- - diabólico **16/2** 403, 525[1]
- - e 4 **16/2** 430, 435
- - cf. tb. Dualidade; Dualismo; Gêmeos
- 3 **9/1** 76, 242[42], 422s., 433s., 444s., 537[37], 552, 579, 581s., 597s., 603s., 611, 630, 632, 644, 648[5], 660, 679, 715s.; **9/2** 180, 288, 311, 320, 351, 396, 414; **10/4** 738, 751, 755, 761, 765, 775; **12** 31, 16*, 211, 287[133], 318, 384*, 477s., 536; **13** 86, 98[63], 101, 127, 176[114], 187, 204, 228, 243, 272, 330, 357, 363[71], 384[120], 417, F I, 32; **14/1** 66, 66[163], 271; **14/2** 218[31], 219, 219[32], 244, 267, 290[233], 306[324];

Índices gerais 493

18/1 364; **18/2** 1.603s., 1.609, 1.617, 1.653, 1.784
- - cf. tb. Tríade; Trindade
- - e 4 **12** 1*, 25, 31s., 123, 54*, 59*, 167[43], 75*, 199s., 201, 209, 210, 287[133], 295, 311, 320, 327, 333, 449s.
- - 3 + 1 **9/2** 188, 304, 311, 330, 355, 376[48], 395-398
- - cf. tb. Tríade; Trindade
- 4 **9/1** 73, 242[42], 424s., 429s., 433s., 436s., 444, 535, 535[23], 537[37], 538, 552, 564s., 571, 574s., 578s., 588, 603[161], 604, 606[176], 611, 623, 630, 637, 644s., 679s., 691s., 713s.; **9/2** 69, 118, 143, 167, 187s., 206, 237, 245, 288, 304s., 307, 307[33], 309, 311, 321, 325, 336, 351s., 373, 377s., 388s., 393-397, 400s., 409s., 414s., 418, 420; **10/4** 692, 738, 740, 741, 742, 743, 745, 750, 751, 752, 755, 761, 762, 774, 775, 805; **12** 31, 137, 139, 150, 152s., 162s., 61*, 62*, 172s., 189, 210, 220, 286, 295, 300, 311s., 327, 114*, 457; **13** 31, 45, 86[6], 86, 101, 111, 125, 127, 130, 168, 171[79], 173, 186s., 206, 212, 215, 272, 311, 322, 330, 336, 348, 355[41], 357, 384[120], 400, 420[248], 455, F 13, 24, 25, 27, 32; **14/1** 5, 6, 10, 12, 42, 66, 71, 74[206], 101, 231, 232, 254, 255, 256, 260, 261, 262, 263, 265, 269, 271, 272, 276, 286, 288; **14/2** 44, 111, 112, 159, 217, 220, 221, 221[45], 235, 237[98], 267, 267[203], 274, 279, 292[243], 320, 322, 358, 388[194]; **18/1** 81, 269, 409, 416, 525, 532, 616
- - 4 / 3 + 1 **18/2** 1.603s., 1.617, 1.653s., 1.683, 1.695s., 1.701, 1.781s.
- - cf. tb. Quadrado; Quaternidade
- 5 **9/1** 242[42], 646, 680, 697, 716; **9/2** 164, 307, 351[10], 353, 389; **10/4** 775, 776; **12** 287[133, 327]; **13** 46, 130, 311, 329, 384[120], 388; **14/1** 82, 242, 276; **14/2** 395; **18/2** 1.602
- - cf. tb. Quincunce
- 6 **9/1** 242[42], 644, 679; **9/2** 361,

379[68], 381; **10/4** 771; **13** 117, 336, 416, F 27; **14/2** 220[40]
- - cf. tb. Senário
- 7 **9/1** 14, 76, 240s., 246[53], 403, 535[24], 576, 579[126], 675; **9/2** 104, 129, 137, 164, 181, 307[33], 313, 344[142], 378, 378[62]; **10/4** 674, 766; **13** 86, 101, 163, 186, 255, 273[166], 374, 380, 398, 407, 414, 458[327]; **14/1** 6, 9, 10, 14, 60, 77[209], 281, 291; **14/2** 14, 74[190], 75, 131, 132, 136[54], 137[296], 147[327], 147[328], 217, 218[31], 228, 235, 238, 239, 240[113], 241, 243, 293[363], 299, 306[318], 306[324]; **18/1** 702; **18/2** 1.695
- 8 **9/1** 242[42], 607, 646, 657, 680, 705; **9/2** 148[86], 153[6], 156[12], 307[33], 351, 381; **10/4** 683, 692, 693, 740; **13** 359, 402, 416, 460; **14/1** 63; **14/2** 217[31], 237, 240, 242, 243, 301; **18/1** 81, 412; **18/2** 1.695
- - cf. tb. Ogdóade
- 9 **9/1** 242[42], 442[72]; **9/2** 186; **12** 84; **13** 187, 218; **14/2** 75; **18/1** 241
- 10 **9/2** 416; **10/4** 692; **12** 313, 117*; **13** 365; **14/1** 74[205], 163, 288; **14/2** 238, 238[106], 258[189]; **16/2** 525, 526; **18/2** 1.695
- 11 **10/4** 692
- 12 **9/1** 423s., 426, 433s., 545s., 552, 571, 588, 644s.; **9/2** 163, 176, 181, 212, 351, 381; **14/1** 6, 33, 153[211]; **10/4** 699; **14/2** 228[58], 240[119]
- 14 **14/2** 3, 3[9], 3[10]
- 15 **13** 86
- 16 **9/1** 682; **9/2** 414s.; **13** 362; **14/2** 274, 301
- 24 **10/4** 766, 821; **14/2** 52
- 25 **13** 46
- 30 **10/4** 766; **14/2** 248
- 40 **13** 278; **14/1** 74, 74[208]; **14/2** 159, 159[383], 386
- 64 **14/2** 301, 301[300]
- 80 **9/2** 167
- 90 **9/2** 231
- 100 **9/2** 416
- 150 **14/2** 89
- 360 **14/2** 253

- 365 **9/1** 580[131]
- 400 **9/2** 167
- 530 **9/2** 133, 168, 232
- 560 **9/2** 168
- 795 **9/2** 136
- 1.000 **9/2** 416, 420
- 5.000 **9/2** 133, 137
- 7.000 **9/2** 133, 136

Números
- cf. Bíblia

Numinosidade **3** 528, 549, 566; **5** 128
- acento numinoso **6** 1.053s.
- - localização do **6** 1.056
- complexos inconscientes **8/2** 383
- de uma série de acasos **8/3** 825[9]
- do arquétipo **8/2** 405, 411, 591; **8/3** 841, 902
- do número **8/3** 870
- experiência íntima **11/1** 9; **11/2** 222, 274; **11/4** 583, 735

Numinosidade / numinoso **14/2** 71[182], 178, 223, 320, 374, 431, 441; **18/1** 547s., 579s., 594s., 787, 823; **18/2** 1.160a, 1.183, 1.229, 1.258, 1.261, 1.267, 1.272s., 1.471, 1.492, 1.505, 1.529, 1.539, 1.567, 1.589, 1.642
- de experiências arquetípicas **14/2** 71[182]
- do arquétipo **14/2** 401, 442
- original da vivência **14/2** 431

Numinoso **8/2** 216; **9/1** 59, 82, 159, 242, 285, 469, 480, 546, 557, 645; **10/1** 541, 567; **10/3** 845, 852s., 864, 871, 874, 886; **10/4** 646, 647, 649, 650, 660, 713, 714, 720, 728, 731, 733, 743, 784; **11/1** 6, 30
- da experiência divina **11/1** 52
- efeito do **11/1** 7

Nun **9/1** 243s.; **9/2** 173, 186
- matéria primordial masculina e feminina **5** 359, 389

Nupcial
- leito no campo **8/1** 85

Núpcias **9/2** 22, 117, 245; **14/2** 188, 189, 190, 193
- apocalípticas do Cordeiro **14/1** 193
- de morte **14/3** 238, 614, 616
- do Cordeiro **5** 316, 317, 330; **9/2** 22, 68, 425
- do rei
- - figura eterna das **14/1** 193, 194
- místicas entre Cristo e a Igreja **14/1** 103
- químicas **9/2** 72, 329, 425; **11/3** 348
- cf, tb. Bodas; Casamento, Matrimônio

Núpcias / nupcial **10/4** 698, 751, 762, 790, 801

Nuremberg **10/4** 760 quadro 6

Nut (deusa do céu) **5** 359; **14/2** 2[3]

Nutrição / *Nutritio* **14/3** 276, 323

Nuvem **9/1** 682; **9/2** 225, 240; **10/4** 811, 812, 813, 814, 816, 817, 818, 819; **13** 57, 64, 392; **14/2** 58, 131, 237, 296[265], 384, 384[170]; **14/3** 167-168, 167[8], 173, 181, 220, 240, 510, 555, p. 64-65, 94-95
- coluna de nuvens e Cristo **14/2** 384[170]
- como a consolação do Espírito Santo **14/2** 384[170]
- na ascensão de Cristo **14/2** 384[170]
- sua água como mercurius **14/2** 384[170]
- tétrica **14/1** 180, 282

Nyagrodha / *ficus indica*
- cf. Árvore

Nyktikorax **10/3** 846

Nymphidida (termo de Paracelso) **13** 200, 214

O

Oannes **9/2** 127, 174, 186, 313; **10/3** 293
- dos assírios igualado a Adão **14/2** 235[84]
- *Ea* **5** 291, F 44

Obatala e Odudua **6** 417

Obediente **14/3** p. 116-117

Objetivação de imagens impessoais **18/1** 377s., 399s., 406, 412s.

objetividade **6** 954; **13** 378s.
- absoluta **11/5** 785s.
- dos acontecimentos **8/3** 855

Objetivo(s) **4** 658, 677, 687; **6** 806
- de cura **4** 416
- do *opus magnum* (da Alquimia) **11/1** 161
- e subjetivo **2** 13, 97s., 115, 144, 175, 177s., 412, 462; **16/1** 241
- prefixados do organismo **8/2** 798
- cf. tb. Finalidade

Objeto(s) **13** 122, 378
- abstração do **6** 66, 139, 557, 566, 749
- animação do **6** 554, 563
- - dinâmica da **6** 564
- assimilação do **6** 557, 595, 637, 664
- ativação do **6** 595
- atitude para com **6** 7, 22, 71s., 98, 201, 475, 557, 610, 622, 679; **15** 39
- carga de libido do **6** 564
- como grandeza determinante **6** 465, 628, 650, 663, 858, 959

- da psicologia **15** 134
- dependência do **6** 139, 199, 461, 598
- depreciação / despotenciação do **6** 449, 558, 565, 677, 705, 721
- - relativa **6** 449
- e intuição **6** 679s.
- empatia com **6** 66, 553s., 565, 577, 579, 590, 595s., 611
- e sentimento extrovertido **6** 663s.
- explicação racional do **6** 867
- força determinante do **7/1** 58
- identidade com o **6** 157, 565, 858
- identidade do com afeto **6** 450
- identificação com o **6** 134, 157, 176, 564s., 567, 595, 702, 825s., 902
- imago do **8/2** 521, 529
- inferiorização do **6** 712
- influência do **6** 557, 581, 664, 696, 699, 708, 714, 719s., 722, 761
- - mágica **6** 871
- interior e exterior **6** 176, 267, 726s., 836
- introjeção do **6** 789
- libertação do **6** 173, 176, 434, 511
- ligação com o **8/2** 507, 510, 516, 519
- mágico **8/1** 89; **8/2** 521
- medo do **6** 557, 699
- negatividade do **7/1** 81
- nível do **8/2** 509-529
- obsessão (Janet) **15** 62
- orientação pelo **6** 45, 589, 601, 622, 628, 637, 642, 645s., 660, 663, 673s., 679s., 691s., 717, 721, 940

- precioso difícil de ser alcançado **11/2** 230
- primado do **6** 98
- projeção no **6** 197, 456, 461, 464s.
- realidade do **6** 693, 720, 722s.
- relação com **6** 4s., 46, 66, 107, 134s., 141, 158, 179, 198s., 253, 449, 669, 706s., 712, 756, 783, 797, 879, 931, 962
- - estética **6** 557
- - negativa **6** 705, 721, 1.004
- sensação e **6** 674s., 718s.
- sensual **6** 176, 590
- sentido mágico do **6** 565, 699, 711, 871
- soltura do **6** 176
- supervalorização do **6** 5, 465s., 680, 717, 858; **7/2** 303
- transferência para o **6** 610
- valorização do **6** 666, 673, 932
- vinculação com o **6** 85, 179, 186, 202s., 461, 598, 678, 698, 732, 761
- - compulsiva **6** 140, 199, 685
- - erótica / sensual **6** 435, 674
- - libertação da **6** 435

Objeto / sujeito **18/1** 6, 40, 277, 313s., 322s., 367s., 377; **18/2** 1.088, 1.094, 1.156, 1.229, 1.312, 1.397, 1.511, 1.720

Obra
- alquímica **9/2** 205, 230, 254, 371, 372
- concepção tradicional da **11/4** 661
- da criação **11/2** 290; **11/4** 620, 631, 648
- divina da redenção **11/2** 290
- em Platão **11/2** 187
- *ex nihilo* **11/4** 431, 641
- imperfeição da **11/2** 201
- pressupostos da **11/2** 252
- redentora de Cristo **11/4** 695
- cf. tb. *Opus*

Obrigação(ões) **4** 298, 419s., 599, 607, 619, 658s., 664s.

- vitais **4** 410, 419s., 423s., 439s., 444, 450, 547, 658s., 664

Obscenidade **3** 508; **9/2** 315, 339[134]

Obsceno **2** 715s., 719; **10/3** 356, 363s.

Obscura(s)
- **forma existência da psique (alma) 8/2** 358
- representações (Wundt) **8/2** 210, 351

Obscurantismo **13** 431

Obscurantistas **13** 246

Obscuridade / obscurecimento / escuridão / trevas **9/2** 64, 83, 91s., 118, 231, 308, 344[142], 361, 365, 367, 370, 385, 419, 422; **14/2** 158, 170, 309, 395, 398

Obscuro **11/4** 718
- claro e **11/4** 671

Obsédé / obsessivo (Janet) **3** 147, 184

Observação(ões) **4** 210, 215, 229s., 771; **17** 163, 237
- faculdade de **3** 31

Observador **8/2** 440
- e objeto observado **8/2** 438; **8/3** 950
- e experimento **17** 160
- psique como **8/2** 417, 421, 437

Obsessão **3** 109, 141, 147[130]; **4** 55, 418, 474, 727, 729; **5** 221, 248; **8/2** 702; **9/2** 259; **11/1** 20s., 27, 35, 141, 142; **11/2** 242; **13** 298; **14/2** 158, 204, 442
- compulsão **2** 642, 665s., 672, 687, 692, 701, 708s., 715, 720s. (v. possessão)
- - de limpeza e ordem **2** 713, 839s.
- - de pensamento autocentrado **2** 713

Índices gerais

- - de tocar em objetos **2** 793
- hipocondríaca **14/1** 175

Obsessivo(s), obsessiva(s) **8/2**
- ideias **3** (61), 148, 166, 192, 218; **8/2** 200, 639
- fenômenos **3** 17, 20, 27, 56, (462)
- melodias **8/2** 268, 639
- neuroses **3** 77, 148, 451, 503, 539, 558
- pensamento(s) **3** 176, 435; **8/2** 266

Obsidiano / *opsianus* **9/2** 213, 215[62]

Obstinação **16/2** 372

Occiput **12** 376, 517[5]

Oceano(s) **5** 158[64]; **9/2** 327, 340; **13** 101; **14/3**
- celeste **14/3** 261
- cf. tb. Mar

Ocidente **9/2** 273s.; **14/2** 2, 61[140], 63[147], 108, 367; **18/1** 239, 561, 581; **18/2** 1.689, 1.725
- luta no **5** 511, 523, (541)
- cf. tb. Europa; Pontos cardeais

Ocidente / Oriente **18/1** 144, 561s.

Ocorrência
- diagnóstico psicológico da **2** 1.316-1.347, 1.357-1.388
- jurídica **2** 728-792, 956

Octógono **9/1** 713; **11/2** 276

Octópode **9/1** 346

Oculi piscium
- como símbolo da atenção permanente **14/2** 406
- cf. tb. Olhos de peixes; Peixe

Ocultação
- motivo da **14/1** 73[188]; **14/2** 45

Ocultismo **1** 137; **4** 749; **10/1** 530; **10/3** 1; **10/4** 623; **11/1** 105; **11/5** 843; **14/3** 596, 605; **16/1** 93; **18/1** 697-789; **18/2** 1.739
- cf. tb. Parapsicologia

Ocultismo / oculta **10/2** 375

Oculto
- torná-lo visível **14/3** p. 96-97

Odin **5** 421[8], 445, 529[63], 672[78]; **8/3** 957[148]; **10/2** 391[11], 397[14]; **11/1** nota 29 (cap. I); **13** 457, 461[342];
- como sacrificante e sacrificado **5** 447
- no freixo **5** 349, 373, 399, 594, 672[80]

Ódio **5** 197; **6** 337, 519; **9/2** 35
- como transferência negativa **16/2** 447
- e amor e **8/2** 517, 584; **8/3** 859
- - dos elementos **16/2** 375

Odisseia **5** 634[26]
- cf. tb. Homero

Odisseu **15** 186, 188, 192

Odor(es) **14/3** 142, p. 94-95
- do corpo incorrupto dos santos **14/2** 78
- dos sepulcros **16/2** 403
- maus **14/3** p. 60-61

Ofídico **9/1** 74

Ofis / *ophis* **9/2** 311

Ofitas **5** 563, 584, 593; **9/2** 294; **13** 456; **14/2** 238, 258[189]; **14/3** 107
- diagrama dos **14/2** 238, 238[107], 238[108], 239, 240, 242

Ofiúco **9/2** 173; **13** 430

Og **12** 540s.

Ogdôada / Ogdôade **9/2** 118, 171, 297, 307, 358; **10/4** 692; **13** 187, 402, 416; **16/2** 451; **4/1** 8; **14/2** 238, 240, 240[217]

Ogdoas **14/2** 240[116]

Ogiges
- mito de **5** 306, 312, 319

Oitava musical e a série de oito **14/2** 238, 239, 240, 243, 246

Oitavo, o **12** 84, 205

Oji
- cf. Árvore

Okeanos (pai primordial)
- como origem dos deuses e dos homens **14/1** 18[117], 37, 37[2a], 45; **16/2** 525[5]

Oki **8/1** 116

Oleg (herói solar) **5** 450[58]

Óleo / *oleum* **3** 268; **9/1** 591; **13** 375, 422; **14/1** 17, 17[203], 138, 235; **14/2** 129[28], 350[99]; **16/2** 454; **14/3** 278, 541, 541[113], 543, p. 78-79
- *lini* **14/2** 10
- mágico de Mishe-Nahma **5** 541
- tirado do coração da estátua **14/1** 77[200]; **14/2** 226, 226[54]
- vivo **14/2** 371

Óleo / oliveira **9/2** 143[69], 312

Olfato **1** 125
- sentido do **9/2** 288, 311

Olho(s) **5** 177, F 26; **9/1** 245, 405, 413, 532, 538s., 559, 591s., 614, 622, 646, 682, 689s., 698s.; **9/2** 167, 288, 290, 311; **11/5** 957; **10/4** 627, 639, 643, 670, 729, 737, 740, 743, 765, 768, 769, 807, 822, 823; **11/1** 128; **11/4** 707; **13** 28, 31, 37, 86, 93, 114, 141, 267, 377, 471; **14/1** 2, 23, 24, 25, 35, 39, 42, 44, 60, 61, 85, 112, 165, 263, 264; **14/2** 49, 58, 69[179], 78, 81, 119, 158, 197, 256[172], 290[233], 293[263], 299, 305, 310[349], 319, 347, 358, 389[196]; **14/3** 531-534, 543, p. 136-137; **17** 55s., 62
- como centelhas da alma **14/1** 61
- como Lua **5** 408[150]
- como o céu na alquimia **14/1** 61
- como "olho de gato" **14/1** 125
- como *oculi piscium* / olhos de peixe **14/1** 60, 60[117], 336[678], 337
- como sede da alma **14/1** 61
- como seio materno **5** 408
- como símbolo da consciência **14/1** 62, 264
- de Deus / divino **8/2** 394; **9/1** 246[53], 594; **10/4** 639, 645, 672, 729, 766, 807, 808
- de peixe **8/2** 394; **14/2** 406; **14/3** 80
- de um só olho **14/2** 383[158]
- e suas cores **14/2** 49
- facetados dos insetos **14/1** 264
- interior **8/3** 913
- invertido (Boehme) **11/1** nota 26 (cap. III);
- íris do **14/2** 49, 49[111]
- multiplicidade de **8/2** 395; **14/1** 60, 61, 263
- os sete **8/2** 394; **14/2** 293[263], 306[318], 306[324]
- Sol e Lua como olhos do céu **14/2** 310
- vendados **13** 241
- vesgos e vermelhos **14/2** 306[324]
- cf. tb. Polioftalmia

Olho / vista **6** 833, 885, 907
- consciência como **6** 774

Olimpo **13** 54
- paracélsico **14/2** 411

Oliva **13** 359; **14/2** 303[308]

Oliveira(s)
- Atená **5** 372
- folha de **14/2** 290, 291
- monte das **14/2** 150

Oloron
- chuva de fios de **10/4** 668

Om **5** 65[7]
- *mani padme hum* **6** 295

Ômega
- elemento **9/2** 377; **13** 95, 101

Omen / omina **8/3** 829, 851; **9/2** 331

On the Nightmare (Jones) **4** 169

Índices gerais

Onanismo **2** 678, 689, 697, 713, 716, 816; **3** (97), 141, (149[132]); **4** 54, 58, 240, 291, 370; **5** 205, 206, 217, 249 - cf. tb. Masturbação

Ondas
- formação de ondas concêntricas **14/1** 290[559]

Ondina(s) **9/1** 53; **15** 13; **18/2** 1.362

Oráculo **15** 65

Oriente / oriental **15** 74, 78, 87, 88, 90, 189

Ônfale **5** 450[59], 458[63]; **9/1** 571; **13** 131

Onírico(s), onírica(s)
- estado, da psique coletiva **8/2** 674
- - do primitivo **8/2** 682
- estágio o. da consciência **8/2** 249, 580
- fantasia **8/2** 494
- pensamento (Nietzsche) **8/2** 474
- personagens **8/2** 506
- séries **8/2** 526, 552

Oniromancia **11/1** 105

Onividência **8/2**
- do Dragão **8/2** 394
- identificação da o. com o tempo **8/2** 394

Onoel como arconte em forma de burro **14/2** 239

Operações **3** 566
- alquímicas **14/3** p. 46-47, 128-129
- mentais inconscientes **11/4** 638

Operador **14/3** p. 60-61

Operari sequitur esse (Schopenhauer) **1** 220

Ophir / ophirizum (ouro puro) **14/2** 307, 307[330]

Ophiuchos / daimon **14/2** 158, 158[365]

Opinião(ões) **6** 420, 434; **11/1** 48, 83; **11/3** 390, 393; **16/1** 254; **16/2** 466, 504, 521
- coletivas **14/3** 60, 148
- depreciativa de si mesmo **7/1** 110; **7/2** p. 150s.
- do *Animus* **7/2** 331s.
- pública **11/1** 12

Ópio **10/3** 185; **13** 193[191]

Oportunidade **4** 602, 607, 613s., 619
- do sonho **8/2** 488

Oportunismo **4** 589, 599

Oposição(ões) **5** 253; **11/5** 791; **14/2** 133, 134, 253, 254, 264, 271, 274, 325[40], 366, 446
- a amar **5** 253
- confrontação entre **11/5** 780
- de pontos de vista **14/1** 101, 141
- dos movimentos **9/2** 147
- livre de **11/5** 798
- luta da **5** 510
- metafísica **14/1** 83
- pares de **3** 427, 457
- planetárias **8/3** 872, 875, 977

Oposição(ões) / opostos / antíteses **6** 113, 790;
- anulação dos **6** 169, 178
- biológica **6** 624
- *complexio oppositorum* **6** 902; **11/2** 277; **11/4** 712
- concepção bramanista dos **6** 324s.
- conflito dos **6** 400, 606
- cruz e **11/3** 432, 436
- da atitude **6** 587
- da natureza humana **6** 190
- da psique **16/1**
- desmoronamento dos **6** 479
- dilaceramento dos pares opostos **11/4** 729
- dissolução **6** 165
- em James **6** 584-602
- em Nietzsche **6** 209s.
- entre desejo e experiência **6** 133

- esgotamento dos **6** 133
- exacerbação dos **11/2** 272
- externos **6** 337
- funções como **6** 891
- igualdade de direitos dos **6** 913
- inconsciente **6** 803
- libertação dos **6** 179, 186, 325, 337
- livre dos **11/3** 435, 438
- luta dos **6** 133
- na Igreja cristã primitiva **6** 25s.
- na natureza humana **11/3** 446
- nivelamento dos **6** 164
- pares de **6** 324s., 367, 1.033s.; **11/2** 247
- progressivo e regressivo como opostos **17** 281s.
- psíquica **6** 9, 72s., 106, 337, 603
- reconciliação dos **11/2** 260; **11/4** 728
- separação dos **6** 170
- tensão entre os **6** 377, 419s., 913; **8/1** 49, 99, 103, 111; **11/2** 180, 291; **11/4** 738, 743, 746, 754, 755
- tomada de consciência dos **11/4** 659
- união / unificação dos **6** 82, 113, 161, 170, 323, 337, 370, 420s., 480, 488s., 524; **11/2** 181, 190; **11/3** 437

Oposto(s) **4** 758s., 779; **5** 576, 581; **12** 24s., 30, 287, 496; **14/1** 1-5, 8, 15, 31, 35, 40, 83, 114, 192, 214, 246, 252, 255, 290, 297, 301; **14/2** 51, 61[143], 135, 136, 145, 148, 148[336], 157, 170[398], 177, 203, 204, 245, 268[205], 274, 299, 337, 365, 370, 377, 384, 431, 447; **14/3** 144[12], 161, 169, 214, 221, 249, 261, 353, 361, 370, 377, 387, 399, 436, p. 92-93, 98-99, 114-115, 140-141; **18/1** 520, 564, 829
- abraço dos **14/2** 193
- aclaração com o surgir da consciência **14/1** 246
- alquímicos **16/2** 425[20]
- aproximação pela luta entre si **14/2** 170
- assimilação dos **14/2** 177, 446

- caráter que transcende a consciência **14/1** 4
- coincidência dos **14/1** 64, 121, 171, 193, 252, 267
- - no estado inconsciente **14/1** 10[48], 83, 178, 246, 252, 267, 301, 308
- - *oppositorum* **14/2** 135, 205
- como condição da vida psíquica **14/1** 84, 200
- como dois aspectos da mesma coisa **14/2** 135, 269
- compensação dos **14/2** 365
- - *in superatione corporis* **14/2** 335
- conflito / drama dos **14/1** 84, 195; **14/2** 158, 170, 271; **16/2** 494
- conscientização dos **14/1** 178, 338, 252
- constelação pela análise **14/2** 365
- contaminação dos **14/2** 264
- equilíbrio entre os **8/1** 61s., 103s.; **8/2** 181s., 189, 190
- - par de **8/2** 401 414
- - imperador e papa **8/2** 426
- - inconsciente coletivo e consciência coletiva **8/2** 423
- - materialismo e misticismo **8/2** 713
- - tensão entre os **8/2** 138
- extremos **14/2** 149[341], 376
- identidade dos **12** 398; **16/2** 455
- inconciliáveis **12** 186, 192
- integração / harmonização dos **14/1** 64, 83
- libertação dos **14/1** 29, 178
- - natureza psíquica do problema do bem e do mal **14/1** 83
- masculino e feminino como **14/2** 51, 182[205], 201[438], 296[272], 324, 348
- na divindade **12** 460
- na *prima materia* **12** 425, 435[38]
- o estar contido nos **14/1** 290
- para além dos **14/3** 489
- pares de **8/1** 96; **9/2** 79, 83s., 91, 98s., 112, 116s., 120, 126, 133s., 141, 147, 169[20], 178, 181[4], 183s.,

Índices gerais

188, 200, 225, 237, 280, 281, 304, 320, 383, 385, 390, 400, 410, 416, 418, 423; **14/1** 1-4, 31, 106, 123, 273, 301; **14/2** 148[336],158[359], 197[426], 320, 379, 380; **18/2** 1.158s., 1.171, 1.388, 1.417, 1.549, 1.551, 1.553, 1.556, 1.597, 1.606s., 1.617, 1.625, 1.631, 1.640, 1.650, 1.662, 1.668, 1.781, 1.784, 1.789, 1.812
- perigo da coincidência na etapa animal (inconsciente) **14/1** 332[666]
- personificação dos **14/1** 2, 83, 101-227, 301
- podem-se tornar relativos os **14/1** 64
- problema moral dos **14/1** 83
- quatérnio de **9/2** 116; **14/1** 1, 5-12
- reconciliação dos **14/2** 445
- representação teriomórfica **14/1** 2; **14/2** 170[398]; **16/2** 459, 494
- reunião total dos **14/1** 64
- supressão pela união deles **14/1** 252
- tensão e energia entre os **14/2** 271, 365
- união dos **14/1** 101
- vivência dos **12** 23s.
- união / unificação dos **8/3** 894; **9/1** 18, 20, 73, 141s., 174, 178, 189, 194, 196, 257, 277s., 285, 287, 292s., 294s., 389, 417, 426s., 446, 456, 483, 524, 560s., 567s., 597s., 607s., 632, 634s., 652, 663, 684, 691, 704s., 714, 718; **10/3** 844, 856, 873s.; **10/4** 622, 674, 698, 706, 708, 727, 734, 762, 771, 772, 773, 774, 776, 779, 784, 789, 790, 805, 806 ; **14/2** 102, 179, 182, 190, 207[206], 233, 269, 320, 335, 365, 420; **14/3** 348, 409, 436-448, 509, 555, 570, 576, 614; **18/1** 261s., 266; **18/2** 1.597, 1.625, 1.628, 1.661, 1.781, 1.789
- - como processo transcendente da consciência **14/2** 207
- - em Abraham Le Juif **14/2** 378, 393
- - cf. tb. *Complexio oppositorum*

Opostos / antinomia **13** 7, 15, 30, 39, 76[37], 98, 256s., 266, 269, 284, 289, 344, 408, 422, 455, 481, F 11
- coincidência dos / *coincidentia oppositorum* **13** 256
- separação dos **13** 291, F 10
- tensão dos **13** 147, 154, 290s., 481
- união dos **13** 31, 131, 198, 279, 307, 310, 315, 343s., 385, 435, 446, 455, 462, 481, F 10, 12, 32

Opostos contraditórios / oposições **7/2** 311, p. 141s., 165s.
- dilaceramento nos pares opostos **7/1** 113
- função
- - desenvolvimento dos **7/1** 91
- - reguladora dos **7/1** 110s.
- incompatibilidade dos **7/1** 118
- jogo / tensão dos **7/2** 311
- o problema dos **7/1** 88, 113
- par(es) **7/1** 78, 115, 182
- - antagônicos **7/2** 237
- que compensam **7/1** 78
- reconciliação dos **11/1** 133, 150
- sofrimento dos **7/1** 113, 118
- solução do problema dos **7/1** 166, 184; **7/2** 287
- união / unificação dos **7/1** 80, 121; **7/2** 327, 368, 382, p. 137s.; **11/1** 152

Opressão **10/3** 3, 25, 343

Opus **9/2** 230, 249, 260, 371, 375, 415, 418, 419; **16/2** 411s., 471, 506, 519, 522s., 531, 538; **14/3** 138-148, 163-164, 200, 229, 249, 276, 314, 425, 426-431, 468, 494, 504, 518, 524, 553-555, 582, p. 60-61, 72-73, 112-113, 140-141
- *alchymicum*
- - cf. Alquimia
- *circulare* **9/2** 407
- *circulatorium* **9/2** 418
- como criação do mundo **14/3** 437-438

- como empreendimento moral **16/2** 451
- como processo de individuação **16/2** 531
- como rosa, rota **16/2** 469
- *contra naturam* **11/5** 787; **16/2** 469
- *divinum* **10/4** 633; **13** 158, 196
- em analogia
- - com a gravidez **16/2** 461
- - com a natureza **16/2** 460s., 467s.
- extensão do **14/3** p. 48-49
- *opus magnum* **16/2** 449
- relação com a missa, com a paixão **16/2** 454, 523
- *scientiae* **18/2** 1.360, 1.692, 1.704
- significado do **16/2** 400, 411
- cf. tb. Alquimia; Obra

Opus / obra alquímica / *Opus alchymicum* **12** 4, 43, 4*, 15*, 165, 187, 219, 222s., 92*, 93*, 302, 95*, 114*, 336, 340s., 342s., 357s., 132*, 133*, 366s., 392s., 140*, 399s., 142, 401s., 421s., 160*, 451, 209*, 472, 215*, 478, 251*, 557s., 564; **14/1** 11, 13, 33, 35^2, 52, 56, 58, 60^{122}, 74^{208}, 109, 114, 139, 140, 157, 163, 175, 212, 213, 238, 246, 255, 258, 259, 267, 282, 288, 298, 308, 323, 337; **14/2** 14, 15^{45}, 48, 50, 52, 54, 57, 76, 96, 107, 113, 142, 155, 157, 158, 159, 160, 162, 163^{392}, 173, 186, 201, 210, 230, 232, 234, 322, 329^{53}, 337, 371, 389, 398, 406, 411, 418, 445
- *ad album* e *ad rubeum* **14/1** 175, 175^{319}, 213
- *ad Lunam* **14/1** 175, 175^{319}, 213, 212^{284}
- *ad rubeum* **14/2** 74
- - e *ad album* **14/2** 411
- a interpretação psicológica do **14/2** 354, 355, 393
- aprendizado da **14/1** 64, 323
- a primeira parte do (segundo Dorneus) **14/2** 17, 48
- artífices da **14/1** 78, 175, 246, 284, 288
- as etapas do **14/2** 48^{105}
- as metas do **14/2** 57, 108, 232, 235^{80}, 320, 418
- as quatro etapas do **14/2** 217
- como a grande obra do alquimista **14/2** 75^{199}, 367
- como algo paralelo aos ritos cristãos **14/1** 232, 246
- como *arbor philosophica* **12** 188*, 221*, 231*
- como caminhada **12** 457
- como *mysterium* **14/2** 194^{421}, 201
- como repetição da criação **14/2** 143, 148^{334}, 232
- como paralelo dos mistérios da salvação **12** 461s., 463, 557
- como processo psíquico **12** 342s., 357, 372, 375
- comparável à paixão de Cristo **14/2** 151, 157
- conclusão da obra **14/2** 57, 68, 94, 158, 158^{368}, 322^{22}
- consciência do envolvimento do alquimista no **14/2** 162
- coroação ou término da **14/1** 60^{122}, 78, 101, 122, 259, 269
- cura pelo opus **14/2** 158, 159
- efeitos psíquicos do **14/2** 106, 157
- e missa **12** 420, 450s., 474, 489, 490
- em paralelo com a missa **14/2** 61^{142}, 173
- etapas da **14/1** 175, 255
- e transformação do homem **12** 366
- *imaginatio* como **12** 218s.
- meta ou quintessência da **14/1** 175, 243, 247
- número quatro do **12** 114*, 367
- os sete graus do **14/2** 14
- pressuposto espiritual do **12** 357s., 365s., 375s., 381s., 554
- realização do **14/2** 201^{440}, 413
- representações da meta do **12** 40
- roda como símbolo do **12** 80*, 214s.,

Índices gerais 503

404, 469s., 472
- *transitus* / travessia como **14/1** 282
- vivência característica do **14/2** 157
- uróboro como símbolo do **12** 404s.
- cf. tb. Alquimia; Processo de transformação

O que está em cima, o que está embaixo **11/3** 436; **11/4** 676

Oração **5** (95), 257, 261, 450; **6** 387, 427, 432; **8/1** 122; **8/3** 956; **9/1** 44; **9/2** 110, 190, 192, 288, 311, 369; **13** 360; **14/2** 398; **18/1** 548, 555; **18/2** 1.525, 1.536s., 1.547, 1.569
- atendimento da **11/4** 746
- brama como **6** 354, 365
- efeitos da **11/4** 740[2]

Oração / prece **10/3** 840

Oráculo **8/2** 491; **8/3** 865, 920, 976; **9/1** 343; **14/2** 225, 292; **18/1** 258, 548; **18/2** 1.521
- cabeça para **14/2** 292, 350[99]
- de Delfos **10/4** 672
- das moedas **11/5** 965ss., 973

Orbe terrestre **11/1** 123

Órbita de Urano **8/3** 932

Orcos **14/2** 298[273]

Ordem **8/3** 870; **9/1** 66, 642, 645, 683, 710; **18/2** 1.336s., 1.593, 1.704
- Beneditina
- - cf. Bento (santo)
- dos acontecimentos **8/3** 906, 934, 938, 949, 955
- Jesuíta **13** 28
- primitiva **16/2** 445, 539
- social exógama **16/2** 438, 443
- superior no mundo **14/2** 338

Ordens
- monásticas **14/3** 157, 214, 422
- religiosas
- - mendicantes **9/2** 137, 138; **14/3** 309-310, 311, 314, 422, 606

Orestes **13** 129

Órfão **9/1** 401, 414; **14/1** 6-30, 31, 34
- como pedra preciosa **14/1** 13
- e viúva **14/1** 6-30

Orfeu / Orpheus **5** 183, 528[63]; **9/1** 79, 573[109]; **9/2** 162; **10/4** 809; **11/3** 373; **12** 416s., 211*; **13** 381[111]; **14/1** 6[27], 19[125]; **18/1** 259
- *agathodaimon* como **14/1** 6[27]

Órfica **14/1** 155[214]

Órfico **9/1** 529, 554, 646

Orfismo **8/3** 854

Orfos **9/2** 186

Orgânico(s), orgânica(s) **8/2**
- complexidades **8/2** 375
- processos **8/2** 613

Organismo(s)
- corpo vivo **8/2** 475, 488, 604s., 798
- inferiores **8/3** 937

Organismo / orgânico **18/1** 382, 512, 522, 798, 826, 908

Organização(ões) **8/1** 111; **8/2** 135
- das ideias e representações **8/2** 440

Órgãos genitais **9/1** 138, 557s.; **17** 60s.
- femininos 83

Orgia(s) **9/1** 311
- dionisíacas **6** 210
- - ondas de **7/1** 17, 40, p. 144

Orgiasmo **13** 91

Orgiástico **10/2** 375[3]

Orgulho
- como pseudorreação **11/2** 275
- compensação no sonho **8/2** 567

Orientação
- através da função principal **6** 621, 1.029

- colapso da **7/2** 254
- como princípio de uma atitude **6** 870
- em Rousseau **6** 121s.
- em Schiller **6** 121s.
- na esquizofrenia **3** 163, 545, 557
- pelo exterior **6** 923
- pelos juízos da razão **6** 721
- retrospectiva **6** 122
- totalidade da **11/5** 899
- unilateralidade da **6** 769

Oriental
- imagem oriental do mundo **8/2** 743

Oriente **6** 323; **14/2** 63[147], 76[211], 370, 417; **14/3** p. 62-63
- atração pelo (em Nietzsche) **6** 206
- cultura oriental e ocidental **6** 463s., 475
- e Ocidente **6** 563; **8/2** 682; **8/3** 906; **9/1** 11, 25, 189, 193s., 232, 677; **9/2** 231, 311, 340; **10/1** 517-524; **10/3** 237; **11/5** 768, 773s., 778s., 786s., 790, 800ss., 824, 860, 877, 905, 908ss., 954, 962s; **14/2** 156, 220, 426
- ideias do **6** 178, 181s.
- Leste **9/1** 11, 24, 76, 130[20], 403, 597, 602, 638, 647, 656s.
- próximo **14/2** 373
- viagem ao **8/1** 68
- cf. tb. Pontos cardeais

Oriente / Ocidente, oriental / ocidental **9/2** 20, 124, 149, 150, 158[29], 176, 231; **13** 1-9, 16, 31, 50, 55, 63, 69, 72, 80, 83, 203, 345, 413, 433; **16/1** 174, 219; **18/2** 1.253s., 1.266, 1.287, 1.483s., 1.512, 1.575-1.580

Origem **9/1** 287; **13** 101, 132

Original
- pecado **8/2** 426, 460, 463s., 751

Originalidade
- da ideia repentina **1** 139
- fonte da **1** 168
- mania de **3** 154

Órion **9/2** 212; **14/3** 582

Ormazd e Ahriman no dualismo persa **14/1** 33[218]

Ormuzd **11/2** 259

Ornitorrinco **8/2** 192; **14/2** 317

Orthos **18/1** 753, 755

Ortodoxia **9/2** 428

Ortus / nascimento dos astros) **14/2** 127[269]
- como Fênix **14/1** 270, 274, 275, 278, 294; **14/2** 141[314]
- como quaternidade viva **14/1** 275

Orvalho **11/1** nota 88 (cap. III); **13** 98[63], 110, 114, 137, 190[171], 401[151]; **14/1** 14, 15, 21[150], 27, 33, 40, 150, 151, 310[596]; **14/2** 49, 484; **16/2** 483s., 497
- como alegoria de Cristo **11/1** nota 88 (cap. III)
- como *aqua permanens* **14/2** 345[82]
- como o Cristo **14/2** 361[115]
- contém o néctar melífluo do céu **14/2** 361[115]
- cristalino **14/2** 309, 349[341]
- da graça **14/2** 348
- da vida **14/1** 150
- de Gedeão **14/2** 361[115]
- de maio **14/2** 358[105]
- luminoso (no gnosticismo) **14/2** 361[115]
- marinho e rosmaninho (ros marinus) **14/2** 348, 361
- que anuncia o retorno à vida **16/2** 493
- *ros Gedeonis* **16/2** 483, 487

Oryx, lenda de **14/1** 270[303]

Oscilação de expectativa **2** 1.016

Índices gerais

Oseias **9/1** 295; **11/1** 32; **11/3** 394; **14/2** 312; **18/2** 1.541, 1.629, 1.637
- cf. tb. Bíblia

Osirificação **11/3** 448

Osíris **5** 321, 349, 350, 351, 361, 374, 408, 454, 566; **6** 445; **8/2** 333; **9/1** 208, 229, 247, 413, 435[67]; **9/2** 187, 309, 310, 313; **10/4** 645; **11/3** 348[12], 348[19], 362, 366, 372; **12** 102*, 416s., 457, 469, 484[171]; **13** 97, 360; **14/1** 14, 14[78], 25[171], 33[218], 60, 61, 61[137], 63[133]; **14/2** 2[5], 7, 8[28], 174[401], 276, 293[259], 383, 383[164], 384; **14/3** 144[16], 238, 510, 583; **18/1** 548; **18/2** 1.566, 1.569[5]
- cabeça como *caput mortuum* **14/2** 384
- colocado em paralelo com Cristo **14/2** 383
- como Ápis **5** 351
- como a semente do trigo **14/2** 383[156]
- como celeste corno da Lua **14/2** 319[359]
- como chifre celeste da lua (Hipólito) **12** 529
- como crucificado **5** 400
- como deus que morre e ressuscita **5** 165
- como fílho-amante **5** 330[32]
- como *prima materia* **14/2** 383
- como negro ou etíope **14/2** 383
- como o demônio **14/2** 383
- como o tímido O. **14/2** 7
- como personificação do Sol **5** 357
- despedaçamento de **14/1** 60[117]; **14/2** 2[5], 3[10], 18, 18[57], 174[201], 391
- - como homem-deus **14/2** 259, 383
- - e recomposição de **14/1** 14
- e Ísis **14/2** 2[5], 383, 384, 391
- e Osíris-Seth como irmãos **14/2** 385
- falo de **5** 356
- *hermaphroditus* **14/2** 383
- Horus **18/2** 1.656
- identificado com Hermes **14/2** 383

- Ísis **5** 349, 619
- lamentação por **5** 619
- morte e ressurreição de **14/2** 383, 384
- na eriça **5** 321, 353, F 64, 662
- ressurreição de **14/2** 2[5], 55, 276, 383
- símbolos de **14/2** 383, 386

Ossos **8/1** 123; **13** 86, 122

Osteopatia **15** 20

Otelo **10/3** 332

Ótica
- - fixação **3** 3, 16, 177

Otília
- afinidades eletivas **1** 100[50]

Otimismo **6** 572; **17** (340)
- do extrovertido **7/1** 81
- e pessimismo **6** 206, 592; **7/2** 222, 225, p. 122; **18/2** 1.348s.
- patológico **1** 209, 214, 216, 219

Ótimo vital **6** 399

Oulomelie (Hipócrates) **8/3** 920

Ou... ou **16/2** 338

Oupnek'hat **10/3** 175

Outro lado (Kubin) **15** 142, 194

Ouriço **3** (D) 283

Ourives
- a arte de **14/2** 257, 301

Ouro **5** 155[57]; **8/2** 394, 396; **9/1** 267, 270s., 325s., 537, 543s., 547, 554, 556s., 575, 580, 583s., 590, 617, 674, 684s., 691s.; **9/2** 164, 204, 218, 236, 239[2], 245[30], 247, 326, 418; **11/1** 92[30] (cap. II), 111-113, 160; **11/2** 276; **11/5** 917ss., 930; **12** 84, 99, 102s., 116, 433, 445s., 469, 470, 518; **13** 33s., 86s., 95, 103, 107, 119, 133, 137[209], 157, 171, 171[79], 186, 190[168], 193,

246, 250, 267, 268[129], 273, 278, 282, 309, 355, 372, 374, 390, 398[142], 404, 409, 415, 447, F 4; **14/1** 6, 12, 40, 60[116], 62, 102, 107, 107[7], 110, 122, 130, 149, 175, 185, 193, 239, 242, 295, 297; **14/2** 7, 11, 47[104], 49, 50, 75, 76, 104, 106, 127, 127[272], 131, 159, 197, 207, 226[54], 235, 242, 253, 291[235], 291[236], 292, 294, 320, 330, 345[81], 346, 353, 358, 371, 377, 382, 386, 383[194], 391, 432; **14/3** 218, 272, 413, 447, 510, 524, 530, 539[109], 549, 604, p. 48-49, 70-71[23], 120-121; **18/1** 250, 260, 375; **18/2** 1.696, 1.701
- água **13** 126[172]
- amalgamação do **14/1** 60[116]
- anel de **8/2** 229
- avidez do **14/2** 398
- cabeça dourada / de ouro **14/2** 291, 291[235], 292, 292[243], 305, 387
- como *aurum*
- - *non vulgi* **14/2** 6, 36, 290; **16/2** 398, 418
- - *nostrum* **12** 40, 99, 100[31], 207; **14/2** 290, 308, 320
- - *philosophicum* **14/1** 6, 122, 139, 193, 308
- - *potabile* **14/2** 358, 432; **16/2** 408
- - *vitreum* **12** 99
- - *volatile* **12** 470
- - *vulgi* **14/1** 39, 107; **14/2** 159, 280, 320, 392
- como cor do Pai na Trindade **11/1** 118s.
- como deus terreno **12** 445
- como *lapis* **12** 343, 462
- como meta física do *opus* **14/1** 101, 122; **14/2** 106, 320
- como o Sol **14/2** 128, 242, 275
- como quaternidade **14/1** 40; **14/2** 127
- como rei dos metais **14/2** 6, 7, 377, 393
- como *rotundum* **12** 109[41], 136, 470
- como sangue vermelho da prata

14/1 11[52]
- como símbolo da química **14/2** 6
- como substância homogênea **14/1** 40
- criança dourada **16/2** 379
- dezesseis sinais do ouro (Sol) **14/2** 301
- dissolução pelo mercúrio **14/2** 75
- dos sábios **14/2** 296[265]
- e excremento **5** 276[23]
- e fogo **5** 156
- e o espírito **14/2** 5, 393
- época de **13** 205; **18/1** 563
- e prata **12** 366[47], 400s.; **14/1** 175, 285, 310; **14/2** 6[18], 36[91], 76[210], 197, 227, 371, 379, 389[194]; **16/2** 404, 484;
- era de **9/1** 480
- escaravelho de **8/3** 843, 845, 572
- fazer / *ars aurifera* **13** 76[37], 99, 121, 158, 196, 212, 252, 285, 355, 372, 385, 414
- filosófico **5** 235[401]; **12** 41, 88s., 165, 220, 224, 335, 343s., 564; **13** 282; **14/2** 6, 296[365], 347, 358
- flor de **13** 33, 76, 79, 346, F I
- "germe" **9/1** 664, 674, 690; **9/2** 400; **13** 287
- idade de **8/2** 412
- obtenção espiritual do **14/2** 6
- *obrizum aurum* / ouro puro **14/2** 307[330]
- ourives **13** 252
- produção do **14/2** 76, 346
- - pelo Sol **14/1** 40, 107, 110[19], 111, 149
- régio como matéria mais nobre **14/2** 6
- semelhante ao cristal **14/2** 308[332]
- substância divina do **16/2** 480[7]
- *sulphur auratum antimonii* **14/2** 132, 133, 377
- surgimento na cabeça **14/2** 292[249]
- taça de **8/2** 555
- tintura do **14/2** 331, 412
- transformação em **11/1** 161

Índices gerais

- vaso de **13** 245
- vivo e o *lapis* **14/2** 6, 36

Ouroboros / uróboro **11/3** 353, 359, 420; **12** 302; **14/1** 6^{27}, 53, 83, 120^{83}, 135 136, 167^{267}, 290, 332; **14/3** 261^{74}, 261^{88}, 381, 457, 468, 539^{109}; **16/2** 454, 527
- *agathodaimon* como **14/1** 6^{27}
- *aqua divina* como **14/1** 131
- como símbolo da autodestruição **14/1** 53, 167^{287}
- como substância do arcano **14/1** 21^{147}

Ousadia e coragem **11/5** 905

Outono **5** 408, 665^{68}
- frutos como sementes do renascimento **5** 553

Outra voz **8/2** 170, 186s.

Outro **11/1** 140, 143
- aceitá-lo outro dentro de si próprio **14/2** 176, 185
- como o quarto elemento **11/2** 188
- em mim **11/1** 140, 143
- em nós **7/1** 43
- no *Timeu* **11/2** 179, 186

Ouvido **2** 560, 868, 1.038; **14/3** p. 132-133
- concepção pelo **14/3** 515
- interior **8/3** 913
- cf. tb. Audição, sentido da

Ovários **8/1** 129^{86}

Ovelha(s) **3** 40; **14/2** 156; **14/3** p. 74-75

- desgarrada **14/2** 109
- negra **14/1** 74^{203}
- perdida **14/3** 251
- cf. tb. Animal

Ovnis **10/4** 589-824
- Discos voadores

Ovo **9/1** 270, 290, 526, 529, 532, 554, 564^{94}, 677, 685, 690; **9/2** 345, 377^{55}, 380; **11/1** 92, 110; **11/3** 361; **12** 22*, 303s., 98*, 325, 338, 441^{55}; **13** 89, 89^{25}, 109, 115, 188, 267, 381, F 32; **14/1** 40, 40^{32}, 48, 110^{22}; **14/2** 59^{136}, 148, 148^{338}, 237^{96}, 296^{365}, 391; **14/3** 261, 305^{11}, 407, 464^{42}
- alquímico **16/2** 467^2
- como substância do arcano **14/1** 175^{312}
- de pavão **14/2** 57, 57^{134}, 60^{139}
- de prata **14/2** 391
- do mundo, **5** F 75, 550, 589, F 109, 592, 658; **13** 109; **14/1** 40; **14/2** 127, 137, 138
- dourado **9/1** 664
- filosófico **11/3** 357; **14/2** 391
- Paracelso **8/3** 922

Óvulos
- produção de **4** 279s.

Ovum philosophicum **9/1** 529

Oxford Movement **11/2** 275; **16/1** 21; **18/2** 1.536^6, 1.676

Oxirrinco **9/2** 186, 224
- o peixe Oxirrinco **9/2** 186s.
- papiro de **9/2** 69^4, 224

P

Pã **5** 298; **9/2** 310; **11/1** 145; **13** 278
- morte de **14/2** 174, 174[401]

Paciência **14/3** 12, p. 114-115
- como exigência da obra **16/2** 385, 463, 484[10], 490, 503, 522
- do médico **16/2** 476

Paciente **4** 526s., 577, 584, 586s., 591, 777; **13** 478; **14/2** 178, 179, 281, 329, 356, 365, 408, 409, 412, 447; **15** 61, 63, 207, 208, 212; **16/2** 280s.; **17** 173s., 181, 190, 201s.
- atitude do **16/1** 53, 55s.
- capacidade de sofrimento do **16/2** 385
- consenso com o, assentimento do **16/2** 314s.
- desenhos de **13** 304-349a, 367, F 1-32; **16/2** 401
- deve ter também autonomia **14/2** 408
- e médico
- - cf. Médico
- e sua independência conquistada **14/2** 407
- *horror vacui* do **16/1** 218
- idade do **16/1** 75, 83; **16/2** 462
- *insight* do **16/2** 359
- passividade, atividade do **16/1** 106
- quadro de **16/1** 101s.
- - patológico do **4** 41, (639)
- cf. tb. Análise; Médico; Psicoterapia

Pacientes enfermos **8/1** 93, 99; **8/2** 141, 498, 575, 678
- educação dos **8/2** 472
- cf. tb. Médico

Pacífico **13** 132

Paderborn (catedral de) **9/1** 694

Padma / *lotus* **18/2** 1.331

Padmanaba **13** 278

Padmanabhapura (templo) **13** 278

Padre / sacerdote **18/1** 362, 370, 610s., 627, 671, 677
- para cuidar de almas **16/2** 465

Padre católico e pastor protestante **11/1** 78

Padres da Igreja **14/2** 329

Padrinho(s) **5** 538
- deuses como **14/2** 96
- madrinha **18/1** 361

Paganismo / pagão **6** 311, 314, 445; **9/1** 205, 324, 443s.; **9/2** 151[2], 152, 162, 164s., 166, 172, 178, 267, 272s., 329, 337, 361s.; **10/3** 22, 31, 238; **11/3** 343, 347; **11/4** 576, 642, 713; **13** 148s., 156s., 194, 198, 238, 246, 250, 278, 295, 301; **14/3** 176; **15** 10, 17, 21, 154; **18/1** 222, 534; **18/2** 1.515s., 1.521, 1.531, 1.574, 1.827s.
- solidariedade natural do **5** 113

Pagode **10/3** 1.003
- negro de Puri **14/1** 260

Pagoyum (termo de Paracelso) **13** 148, 150, 157, 195

Pagurus Bernhardus **9/1** 604

Índices gerais

509

Pai(s) **2** 717, 1.006s., 1.010, 1.014; **4** 164s. (S), 343s., 377, 388s., 478, 480s., 516, 537, (S), 658; **5** 76, 135, 223, 335, 504, 507, 511, 515; **8/2** 459s., 509, 539, 561; **9/1** 69, 74, 122, 126, 131s., 168, 186s., 188, 266, 396, 560, 579, 584, 602; **9/2** 28, 29, 37, 291, 297, 307, 328, 340, 359s., 383; **10/2** 396, 925; **10/3** 65, 90; **11/3** 429; **12** 58, 151s., 158s.; **13** 203, 267; **14/1** 37, 155; **14/2** 1^2, 2^3, 3^6, 62, 74, 102, 147^{327}, 212, 232^{66}, 240^{112}, 249, 253, 257, 258^{185}, 277, 278, 296^{266}, 309^{340}; **14/3** p. 68-69; **17** 7s., 29s., 36, 45s., 59s., 72, 95s., 146, 158s., 200, 216s, 328, 330; **18/1** 157s., 315, 359, 365s., 525s., 535, 550, 552, 584; **18/2** 1.313, 1.330
- adotivos **5** 34, 494, 565
- amante **7/2** 206, 211s.
- animal **4** 737
- arquétipo do **8/2** 336s.
- atributos teriomorfos dos **5** 522
- como causa do medo **5** 396
- como corpo **12** 436
- como "criador" e *auctor rerum* **11/2** 199, 272, 279; **11/3** 400
- como energia **11/2** 279
- como espírito **5** 396
- como lei **5** 396
- como o *animus* personificado para a filha **14/1** 226
- como o uno **11/2** 199, 203
- como perigo **5** 511
- - para a mulher **5** 266
- como representante do espírito tradicional **12** 59, 83s., 92, 159
- como touro **5** 263
- como velho pai gerador **14/2** 298
- complexo de **4** 349s., 377, 562; **9/1** 162^6, 168^{12}, 396, 525; **10/3** 165
- - parental **7/2** 293
- cósmico **5** 358^{57}
- culpa de **12** 152
- desligamento dos **5** 553, 644; **8/2** 723

- Deus como Pai Celeste **13** 137^{209}; **14/2** 2^2, 39, 39^{95}, 61^{143}, 150, 195, 200, 310^{350}; **18/2** 1.534s., 1.539, 1.549s., 1.556, 1.593,1.619
- do herói **5** 515
- do universo no gnosticismo **14/1** 8
- e a formação do *animus* da filha **14/1** 226
- e diabo **11/2** 254
- e espírito **11/2** 259
- - Santo **11/2** 194, 234, 239, 289
- e filha **7/1** 45s.; **7/2** 247; **9/1** 20; **9/2** 28, 32, 322
- e filho **4** 698, 731s.; **5** 184; **9/1** 360; **9/2** 37, 301, 321; **10/3** 70; **11/2** 177, 204, 241, 272; **11/3** 379, 398; **11/4** 682; **12** 26; **13** 168, 217, 392^{138}; **14/2** 4, 83, 277; **14/3** 196, 201; **18/1** 796; **18/2** 1.152, 1.261, 1.593. 1.656
- - homousia no mito egípcio do rei **14/2** 3, 4, 32
- e mãe **9/2** 304, 313, 387; **11/2** 235; **11/3** 359; **12** 78s.; **13** 269^{130}; **14/3** 195
- - identificação com **6** 823
- - transferência para **6** 843
- - vinculação com **6** 85
- - mundo de **16/1** 212
- - - desaparecimento do **16/1** 215s.
- em solo babilônico **11/2** 173
- figura do
- - negativa do **5** 543, 548
- - projetada no professor **17** 107a
- fixação no **18/1** 633
- identificação com o **11/2** 271, 276
- igualdade de substância / consubstancialidade do **11/2** 177
- imagem(ns) do **4** 305, 516, 728, 741; **7/2** 293s.
- importância no destino do indivíduo **4** 693s.
- invisíveis **8/1** 101
- libertação do **7/2** 393
- "mãe-pai" como conceito gnóstico **14/2** 141^{318}
- malvado **8/1** 99

- médico como **7/1** 98
- motivo do pai desconhecido ou ausente **14/1** 31
- natureza dupla do **5** 396
- no Egito **11/2** 177, 222
- no esquema da quaternidade **14/1** 118, 119, 120
- o mal oculto neles aparece nos filhos **14/1** 167
- originário **9/1** 126
- pessoal **9/2** 37, 354, 359
- primordial **14/1** 18^{117}; **14/2** 33
- - na visão de doente mental **14/1** 40^{50}, 72^{179}
- regressão ao **4** 147s.
- relação com o **5** 63
- repulsa contra o **4** 54, 298, 303, (483s.)
- significado do **11/2** 271, 276; **11/3** 407
- sogro **5** 515
- sol **15** 3
- sonho de **17** 106
- superação dos **5** 522
- transformação em filho **14/2** 37
- cf. tb. Deus Pai

Pai / imagem paterna **16/1** 139; **16/2** 399
- desconhecido **16/2** 378^{29}
- filha **16/2** 521
- filho **16/2** 335
- morte no sonho **16/2** 376
- transferência do **16/2** 359^{18}

Pai-nosso **9/1** 394; **11/3** 330, 416; **11/4** 652, 655, 660;
- cf. tb. Oração

Pais (casal) **6** 188, 496; **7/1** 50, 98; **9/1** 93s., 121, 126, 130, 135, 151, 172, 427, 500; **10/3** 68, 198, 218, 348; **17** 6s., 11s., 18, 25, 31s., 80, 87s., 97, 106s., 133s., 143s., 158s., 177s., 214s., 222s., 247, 284s., 328s.; **18/1** 360s., 504, 514, 528, 565, 840, 884, 1.045, 1.059

- adotivos **9/1** 94; **17** (136)
- atitude dos **16/2** 420^{16}
- dependência dos **7/1** 98
- desligamento dos **8/2** 725
- desobediência dos primeiros **8/2** 339, 458, 471
- e filhos
- - cf. Criança
- estado consciente do **17** 84
- exemplo de vida dos **17** 84
- identidade inconsciente com os **7/1** 172
- identificação com os **6** 826
- imagem dos **6** 187; **7/1** 88s.; **17** 158
- - repressão da **6** 187
- inconsciente dos **17** 83, 85, 154
- influência dos **6** 625, 993; **17** 80, 85, 90, 228
- libertação dos **7/1** 88s.
- primeiros **8/2** 339, 458, 471
- problemas dos, e filhos **17** 107s.
- psicologia dos **17** 80, 99
- sobre o casamento dos filhos **17** 327s., 331b
- vida não vivida pelos **17** 154, (217)

"País das ovelhas" **12** 71s.

Paisagem alucinatória **8/3** 940

Paixão(ões) **4** 200; **5** 165, 169, 170, 174; **6** 228, 564, 584; **7/1** 11, 16, 111, 114; **7/2** 214; **8/2** 415; **8/3** 859; **9/1** 56, 72, 158, 195, 561, 564^{95}; **9/2** 203^{37}; **10/2** 375; **10/3** 195, 216; **10/4** 745; **13** 372; **14/1** 34, 83, 101, 182, 186; **14/2** 18, 84, 150, 157, 308^{338}, 364; **14/3** p. 112-113; **15** 46, 47, 139, 140, 149, 154, 158; **17** 331a, 343
- cristã **6** 519
- - representações medievais da **6** 213
- e morte do Senhor **14/2** 54, 54^{128}, 113, 151, 157, 308
- inconsciência da **6** 654
- posição contrária à **6** 433
- representação teriomórfica da **14/1** 166, 170, 182

Índices gerais

- reprimida
- - compensação da **11/4** 716
- simbolizada pelo leão **14/2** 64
- *telum passionis* **14/2** 47, 54, 75, 84, 215
- cf. tb. Afeto

Palácio **14/3** 415[47]

Paládio **8/1** 92

Pala nigérrima **14/2** 391

Palas **4** 511, 760
- Atená **10/4** 731

Palatino **9/1** 463; **9/2** 129

Palaver **3** 566

Palavra(s) **5** 496; **12** 158*, 512
- como Cristo **14/2** 200
- complementação da **2** 77, 113, 115-381, 393-422, 434-474
- compreensão errada da **2** 943, 946, 1.363, 1.374
- criadora do Gênesis **5** 65
- crítica **2** 1.085, 1.322-1.347, 1.360s., 1.379s.
- da ocorrência **2** 1.372, 1.375s.
- de poder **11/3** 442
- emocional **2** 1.360s., 1.372, 1.376s.
- e *sermo* (em Abelardo) **6** 69s.
- estímulo **2** 8s., 11, 20, 31-374, 382-498, 502-559, 560-638, 639s., 643-659, 664s., 667-699, 730-792, 795-822, 829[16], 868, 871s., 885-890, 919, 941-997, 1.004s., 1.020-1.032, 1.043, 1.050s., 1.056, 1.079-1.178, 1.196, 1.320-1.345, 1.350s., 1.360-1.387; **8/2** 198; **18/1** 98s., 115, 129s., 174, 954, 966s.
- força mágica da **6** 59
- forma gramatical da **2** 8, 34, 55s., 124, 475-487, 508s., 585s., 594-598, 637, 776[38], 885, 942
- identidade com o dado objetivo **6** 69
- indutora **8/2** 592
- primitivas **5** 14

- repetição da **2** 95, 111, 113, 115-381, 393-400, 420[66], 454s., 463-474, 539, 541s., 555s., 605, 621, 643, 676, 935, 943, 946, 954, 996, 1.093s., 1.323s., 1.344s., 1.350, 1.363, 1.374, 1.381
- salada de **3** 17, 157, 190, 215
- - em contínua mutação **3** 186[174]
- significado da(s) **8/2** 223, 539; **8/3** 913
- - salvífico da (Lutero) **6** 92
- substancialidade da **5** 22
- supervalorização da **6** 743
- três **14/3** 553, 587

Paleolítico
- cf. Idade da

Palestina **9/2** 105, 128, 213; **11/2** 178

Palhaço **15** 214

Pali (cânon) **10/3** 1.002

Palidez **1** 38, 40, 46, 50, 52, 125

Pallas Athene **15** 110
- cf. tb. Atená

Palma **14/1** 73[188]
- cf. tb. Árvore

Palmeira **14/2** 17[54], 184[408], 291[235]

Palolo (verme) **8/3** 842

Palpitações **4** 703

Pamiles **5** 349

Pan **9/1** 35, 210; **14/1** 270, 272

Panaceia **9/1** 537; **9/2** 281; **10/4** 629, 727; **11/1** 161; **12** 335, 420, 460, 538; **13** 133, 137; **14/1** 102, 281, 298, 336; **14/2** 14, 106, 328, 342, 343, 344, 357, 403, 412, 425
- como medicina católica **14/2** 425
- cf. tb. Remédio

Pancatantra **9/1** 605

Pandora **6** 286s., 298s., 303s., 308, 313, 479, 512, 525; **13** 126

Pânico **3** 519; **5** 58, 200, 683; **6** 170; **11/1** 24, 56; **13** 325; **17** 305; **18/1** 591; **18/2** 1.312s., 1.323, 1.386, 1.434
- acesso de **14/2** 410

Panis
- *supersubstantialis* **10/4** 651
- *vitae* **13** 403

P'an Ku (anão lendário chinês) **14/2** 237, 237[96]

Pan-psiquismo **15** 17

Panoptes **8/2** 394

Pansexualismo **8/1** 35

Panspermia / seminalização universal da gnose **9/2** 312; **11/1** nota 26 (cap. II); **14/2** 309

Panta rei / tudo corre **14/2** 168

Panteísmo **6** 556; **9/1** 288
- condenado pela Igreja **14/2** 428

Pantera **13** 365; **14/2** 288[221]

Pantokrator **18/2** 1.568

Pão **11/3** 371, 381, 390, 429; **12** 417s.; **14/2** 294, 299, 300; **14/3** 584, p. 58-59, 138-139; **18/1** 616; **18/2** 1.697
- assinalado com cruzes **11/3** 310, 342
- e vinho
- - como acidentes **6** 52
- - como símbolo **6** 91s.
- - em Abraão **11/3** 328
- como produtos civilizados **11/3** 383
- na missa **11/3** 307, 312, 334, 379, 384
- diversas camadas de sentido no **11/3** 385
- da vida **14/3** 552

Papa(s) **4** (S) 82s.; **5** (259), 289, 662[59]; **8/2** 336, 426; **8/3** 925; **9/1** 458, 474[16]; **9/2** 344; **14/2** 174[401]; **16/1** 215, 218; **18/1** 619
- declaração papal **14/2** 333

Papa / papal / apostólico **18/2** 1.389, 1.507, 1.607, 1.652, 1.711, 1.799

Papagaio **17** 79

Papel dos boatos **5** 436

Paphnutia **16/2** 505

Papiro(s) **14/2** 160
- de Leiden **5** 65
- mágicos **14/1** 38, 169, 245, 311
- - de Paris **8/2** 318
- textos em **13** 162, 184, 199, 219, 273[170s.], 401, 441

Papua / negros **10/3** 128

Papyri Graecae magicae **9/2** 193

Papyrus Ebers **15** 41

Par **9/1** 121, 131, 137s., 218, 253s., 447s., 533[7], 551, 608; **13** 110, 435, 446
- dos primeiros homens **13** 458[327]
- - cf. tb. Homem primitivo
- cf. tb. Amizade; Arquétipo do; Dioscuros; Opostos

Par / dupla **9/2** 59, 134, 245, 360
- cf. tb. Irmão-irmã

Par amoroso **14/2** 72[183]
- como irmão / irmã **14/2** 292, 383; **14/3** p. 50[14]
- - na alquimia **5** 676
- como mãe / filho **14/2** 383
- de irmãos no inferno **14/2** 147
- divino unido pelo hierosgamo **14/2** 349
- - como lírio branco e vermelho **14/2** 349
- gerador como Sol e Lua **14/2** 296[266]
- régio **14/2** 1, 64
- - a morte do **14/2** 339[68]
- teriomórfico **14/2** 68

Parábola **14/2** 18, 19, 21, 22, 120[260],131[282], 309; **14/3** 251, p. 54-55, 62-63

Índices gerais 513

- de Bernardo Trevisano **8/3** 952
- como símbolo onírico **8/2** 471
- parábolas e comparações da Bíblia **8/2** 474

Paracelsista **14/2** 347

Paracelso
- médicos seguidores de **3** 576

Paráclito / advogado, defensor **9/1** 247; **9/2** 144; **11/1** 126; **11/2** 260, 267; **11/4** 655, 741; **13** 277; **14/2** 105; **18/2** 1.549, 1.552
- como Espírito da Verdade **11/4** 690, 698
- doutrina a respeito do **11/2** 172
- Espírito Santo **14/1** 22, 27, 72[173]
- cf. tb. Espírito Santo

Pâ-ra-da **9/2** 237; **13** 254[26]

Paradeigmata **8/2** 275

Paradoxal
- aspecto do arquétipo **8/2** 415, 427

Paradoxalidade
- com símbolos teriomórficos **14/2** 85
- da alquimia **14/1** 35-100, 35, 36, 37, 87, 107, 251, 267; **14/2** 85, 299, 315, 374
- de Mercurius **14/1** 19, 37, 110, 135
- do enigma bolognese **14/1** 46-100, 46, 85
- do inconsciente **14/2** 360
- do *lapis* **14/1** 35; **14/2** 315
- dos processos psicoides **14/1** 272
- do Sulphur **14/1** 130, 131, 132, 134, 135, 139

Paradoxo(s) **6** 5, 71, 230, 421; **12** 18s., 22, 24, 186, 190; **14/1** 29, 35-100, 37, 46, 49, 87, 107, 250, 267; **14/2** 182, 226, 269, 315, 420; **14/3** 61, 349, 373; **15** 151
- como enunciações paradoxais **14/2** 374
- cristãos **16/2** 529
- da alma **8/1** 103; **8/2** 397, 671, 680

- da vida
- - cf. Vida
- de Mercurius
- - cf. Mercurius
- do *complexio oppositorum* **16/2** 532
- do espírito **8/2** 427
- do koan **8/2** 431
- do si-mesmo
- - cf. Si-mesmo
- físicos / materiais **8/2** 381, 438; **8/3** 828, 914
- indiano **14/1** 87
- julgamento paradoxal **6** 954
- na alquimia **16/2** 529

Parafasia **3** 135, 180, 185[174]

Paragranum, Das Buch (Paracelso) **15** 14, 24, 26

Paraíso **4** 394; **5** 155, 368, 500[32]; **8/2** 458, 460s., 476; **9/1** 56, 59, 73s., 128, 156, 258, 398, 428, 471, 535[24], 552, 554, 560, 603[161], 665, 673; **9/2** 288, 296, 311, 336, 372, 373, 386, 402, 410; **10/1** 513; **10/3** 288; **11/1** 92, 116; **11/4** 619, 659, 726, 739; **11/5** 931; **12** 315, 328[159], 348, 433, 456; **13** 110, 168[57], 173, 180, 186, 193, 200, 212, 278, 282, 288, 334, 392, 400, 403[164], 406[176], 410, 416, F 22, 24; **14/1** 73, 76, 77, 101, 115, 136, 150, 252 , 269, 281, 332 , 332[666]; **14/2** 25[69], 103, 104, 140[311], 141, 215, 235, 235[82], 244, 248, 250, 292[243], 296[271], 298, 388[194]; **14/3** 505, p. 66-67, 505; **18/1** 563; **18/2** 1.555, 1.593, 1.631
- abertura do **14/2** 104
- alimentação para o **14/1** 332
- *ascensus* e *descensus* **14/1** 281, 288
- castelo como **14/2** 389[124]
- chave do **17** 208
- como estado de inocência **14/1** 101, 102, 103
- como o fundo da alma (Santo Ambrósio) **14/2** 25

- e círculo de fogo **11/3** 359, 361
- expulsão do **14/2** 274
- jardim da maçã e do amor **14/1** 77
- na visão de Arisleu **14/1** 270, 272
- perdido **5** 60, 68, 69, 72, 79, 84; **14/2** 274; **17** 200
- quatérnio / rios do **9/2** 311, 353, 358, 372, 375, 382, 396, 402, 404; **12** 62*, 109*, 197*; **14/2** 49, 292[243]
- retorno ao **14/1** 103, 115
- terra do **14/2** 296[271], 298
- cf. tb. Árvore do paraíso, Serpente do paraíso

Paralelismo
- preestabelecido (Leibniz) **8/3** 927
- psicofísico **8/2** 326, 572; **8/3** 938, 948; **11/5** 881, 973s.; **18/1** 70, 136

Paralelos
- fatos, acontecimentos psíquicos exteriores como **8/3** 850, 905
- processos psíquicos nas famílias **8/2** 503
- simbólicos **8/3** 845

Paralisação
- psíquica **5** 250

Paralisia(s) **1** 154, 193, 197; **2** 1.230, 1.282-1.302, 1.311; **3** 193, 207, 258, 503; **4** 186; **5** (458), 459; **6** 71; **7/1** 4s.; **17** 139; **18/1** 421, 884
- da vontade **4** 206
- de acomodação e do palato **1** 193
- emocional **1** 123[96], 307, 310
- parcial, dos sentidos **1** 114, 125
- progressiva **3** 305, 322, 327, (471), (479), 497

Paramnésia **4** 499; **8/3** 853; **17** 199a

Paranoia **1** 219; **2** 529, 924, 1.008, 1.072, 1.263; **3** 61, (147), 169, 318, 499, 506, 525; **4** 256, 272; **5** 190, 191; **6** 534, 824, 862, 948; **9/1** 107, 138, 220, 304; **9/2** 62; **10/2** 906; **10/4** 672, 727; **14/2** 33; **18/1** 794, 889, 892, 899,

918, 938, 1.008; **18/2** 1.138, 1.329, 1.480, 1.584[2]
- de inventor **1** 218
- cf. tb. Megalomania

Paranoico
- sistema de um **5** 200

Paranoides
- distúrbios **8/2** 507

Paranymphus
- como condutor da noiva **14/1** 19

Parapsicologia **8/2** 600, 814; **8/3** 934; **9/1** 457, 532; **10/3** 169, 851; **10/4** 634, 636, 656, 667, 780, 788; **11/2** 242; **11/3** 443; **13** 58, 76[37]; **14/2** 327; **14/3** 90; **16/1** 254; **18/1** 757, 761, 763, 769, 781, 783, 788; **18/2** 1.213s., 1.434, 1.441s., 1.498, 1.567[3]
- cf. tb. Espiritismo

Parapsicologia / parapsicológico **10/1** 527

Parapsíquicos
- fenômenos **8/2** 396, 405, 441, 600

Parasitas **8/2** 323

Parastesia **3** 308

Parcas **9/1** 157

Parcelas anímicas luminosas **14/3** 278

Parciais
- psiques **8/2** 204

Parcialidade **17** 156s., 189, 250
- da consciência **17** 185, 282

Parcival **14/2** 30, 407

Pardal **8/2** 435

Paredros **13** 162[46], 219, 273, F VI; **14/2** 384
- Espírito Santo como **12** 420s.
- Mercurius como pares de opostos **12** 336, 398, 436
- psíquicos **12** 496

Índices gerais

515

Parental
- complexo **8/1** 36; **8/2** 146, 720

Parente **4** 695s.

Paresia **7/1** 4

Pares opostos **5** 253, 576

Parestesia **18/1** 922

Parganya **13** 341

Paris **15** 87

Páris e Helena **5** 182, 245; **6** 188; **15** 213

Parricídio **11/2** 271

Parse **9/1** 551

Parsifal **6** 111, 320, 421; **7/1** 43; **8/2** 162; **15** 142, 151; **17** 207; **18/2** 1.684

Parteira **15** 14, 20

Partenogênese **9/2** 66, 79; **10/4** 823

Partes / órgãos genitais **4** 36, (106s.), 150, 244s., (507)
- irritação das **4** 36

Parthenos **9/2** 164

Participação **9/1** 188

Participation mystique **5** 203; **6** 9, 122, 140, 199, 435, 475, 565, 764, 779, 823, 871; **7/2** 231, 329; **8/1** 127; **8/2** 329, 507; **9/1** 41, 226; **10/2** 402; **10/3** 69, 130s., 150, 852; **10/4** 824; **11/3** 337[33], 389, 390, 413, 419; **11/5** 817; **13** 65, 70, 78, 122, 253, 337; **14/3** 599; **15** 17, 128, 162; **16/2** 376[27], 462, 504; **17** 83, 217a, 253; **18/1** 87, 440, 465, 586
- como identificação inconsciente **14/1** 330, 330[654]; **14/2** 355

Particularidades individuais
- como maldição ou bênção **14/1** 292

Partículas vivas **15** 14

Parties
- *intérieures des fonctions* (Janet) **15** 123
- *supérieures et inférieures d'une fonction* (Janet) **4** 569; **8/1** 39; **8/2** 374-377

Parto
- com fórceps **8/3** 940

Parusia **9/2** 68[2], 403
- do Senhor e sua não realização **14/2** 432

Parvati **5** 306; **14/2** 274, 276, 288

Parvuli **14/3** 422-423
- cf. tb. Ordens mendicantes

Páscoa **9/1** 22, 312[5]; **10/1** 521; **10/3** 145, 868; **12** 454; **14/2** 140, 141, 386; **14/3** 246; **18/1** 364, 540, 615

Passagem **6** 433, 525, 703
- estreita (em Spitteler) **6** 308

Pássaro(s) **3** 148, 188, 250, 318, 338, 343, 374, 415-417, 462, 472, F 13, 22, 25, 28, 30, 32; **4** 591, 739; **8/1** 68, 84, 118; **8/2** 229, 336, 393, 484; **9/1** 53[30], 100, 283, 321, 358s., 405, 433, 435, 572, 580[131], 586s., 597, 603s., 660, 679, 680; **9/2** 127, 129, 185, 224, 234, 356; **10/3** 44, 128; **11/5** 919, 923; **14/1** 79, 164; **14/3** 457-458, p. 122-123; **18/1** 525, 986
- bando de **8/3** 844s., 850s., 855, 857
- de Hermes **14/3** p. 120-121[6]
- joão-de-barro **18/2** 1.260, 1.271
- negros **14/1** 79
- noturnos **9/2** 129[25]
- pássaro-alma **5** 370[86], 441; **8/2** 586; **8/3** 845; **9/2** 187
- Roca **15** 152
- cf. tb. Animal(is)

Passe(s)
- de trem **4** (S) 130
- mesméricos **1** 125

Passio Perpetuae **9/2** 329

Pastor(es) **8/2** 632; **9/1** 35, 416, 449; **9/2** 139, 145[75], 162s., 310; **12** 17*, 253
- bônus **14/1** 299
- Cristo como **12** 18*
- de Hermas **14/1** 296, 299; **15** 142, 148, 153
- cf. tb. Bíblia, apócrifos

Pastoral
- cura de almas **18/1** 565, 995

Patagônia **13** 92

Pater mirabilis **13** 203

Páteras / taças do sacrifício **5** 657, 658

Pathan / hindus **10/3** 989

Patogênico **4** 226s., 759; **18/2** 1.504

Patografia **18/1** 795s.

Patologia / patológico **2** l, 6, 23, 100[24], 119, 193, 208, 319, 410, 455, 491, 522, 553, 573, 620, 692, 792, 813, 944, 1.062, 1.078, 1.177s.; **6** 529, 988; **9/1** 61, 83, 115, 124, 146, 295, 320, 465, 494, 621; **9/2** 10, 259; **10/2** 430; **10/4** 714, 727; **13** 141, 325; **18/1** 43, 65, 71s., 104, 150s., 442, 459, 466, 557, 621, 632, 795, 883, 889, 893, 904, 949, 989, 1.021, 1.043; **18/2** 1.145, 1.150, 1.165, 1.232, 1.268, 1.298, 1.368, 1.389, 1.391, 1.494, 1.531, 1.723, 1.737, 1.776s., 1.793
- da consciência **9/2** 12

Patológico **15** 100, 122, 134, 144
- cf. tb. Paciente

Pátria **6** 772

Patriarca **9/1** 403[17]; **14/2** 127

Patriarcado **11/2** 223; **11/4** 629

Patriarcal **14/3** 55
- ordem **16/1** 215, 217, 221

Patrística **13** 458; **14/1** 296; **14/3** 52
- igualdades patrísticas **14/1** 249
- interpretação da **14/1** 253
- parábola do orvalho lunar **14/1** 150
- simbólica da **14/1** 17, 19, 142, 150, 175[322], 253
- cf. tb. Padres da Igreja

Patrística / patrístico **9/2** 127, 285, 336[126]

Patronos **11/4** 744[5]

Pattern of behaviour / esquema de comportamento **3** 565; **4** 729; **5** 224, 467, 474; **8/2** 352, 383, 397s.; **8/3** 841, 921[95]; **9/1** 6; **11/2** 222; **16/1** 254[6]
- e arquétipo **8/2** 397-420, 404, 528
- *instinctual pattern* **8/3** 856

Paulicianos / hereges **13** 277
- seita dos **9/2** 229

Paulo **6** 795, 802, 805, 905; **7/1** 43, 104, 110s.; **7/2** 243[1], 365, 397; **11/1** 40; **11/2** 170, 212, 228, 289; **11/3** 304; **11/4** 645, 656, 696, 698; **11/5** 949; **14/1** 66[167], 142, 169[281], 200, 226, 321
- cartas de
- - cf. Bíblia
- conversão de **11/1** 9
- tensão de consciência de **11/4** 758

Pauperes **14/3** 588, 606
- *de Lugduno* **9/2** 139, 226, 235

Pauvres de Lyon **14/3** 309-311

Pavão **8/2** 390[76]; **14/2** 48, 51, 53, 54, 55, 56, 59, 59[136], 82, 84, 88, 141[314], 177; **14/3** 581; **18/2** 1.827
- analogia com Nossa Senhora **14/2** 59
- carne como dieta da rainha **14/2** 47, 47[104], 48, 60, 61, 82, 83, 176
- carne que não apodrece **14/2** 60, 60[139]
- cauda do / *cauda pavonis* **8/2** 394; **14/2** 48, 51, 52, 53, 56, 57, 88, 94
- como *avis sacerrima* **14/2** 60[139]

Índices gerais

- como beleza interior **14/2** 59
- como homem justo **14/2** 59
- como símbolo
- - da transformação **14/2** 59
- - do Espírito Santo **14/2** 51
- como sinônimo do *lapis* **14/2** 56
- e a poção de amor **14/2** 60[139]
- emblema do renascimento **14/2** 60
- excremento cura a epilepsia **14/2** 60[139]
- fêmea do **14/2** 96
- olho de **9/1** 352, 580, 596, 685
- original **8/2** 426, 460, 463, 751
- ovo de **14/2** 57, 57[134], 60[139]
- penas salpicadas de olhos **14/2** 58
- sangue do e o diabo **14/2** 60[139]
- sua importância na alquimia **14/2** 59
- - cf. tb. Animal (is)

Pavor **3** 86

Pax
- *Britannica* **18/2** 1.439
- *Romana* **10/2** 922

Paz **9/1** 549[61]; **10/4** 666, 674; **18/2** 1.388-1.402, 1.453

Pé(s) **5** 163, 183, 356, 480, 486[19]; **7/1** 128, 165; **14/2** 299, 378, 406
- alados **14/2** 343
- de Kaineus **5** 638
- de um só pé **14/2** 377, 380, 381, 392
- direito do rei **14/2** 382[151]
- - como masculino e promissor de felicidade **14/2** 382[151]
- do Filho do Homem apocalíptico **14/2** 299, 304
- fender a terra com o **5** 439, 481
- ferimento no **5** 450[56]
- significado fálico do **14/2** 382[151], 392[206]
- verdes **14/2** 306[324]

Pecado(s) **2** 780; **3** 321, 335, 486; **5** 95, 97, 105, 330; **6** 27; **8/1** 102; **9/2** 70, 158[25], 171[24], 174[33], 193, 423; **10/3** 827, 843, 868; **10/4** 676; **11/1** 82; **11/2** 232; **11/4** 692, 698; **12** 9, 24s., 36, 37s., 192, 475; **14/2** 13[40], 17, 59, 134, 137, 232[66], 248, 258, 260, 264, 276, 402; **14/3** 479, 543, 571, p. 64-65, 126-127; **16/1** 124, 129; **17** 88, 182; **18/1** 364, 638; **18/2** 1.415, 1.552, 1.594s., 1.620, 1.639, 1.654, 1.681s., 1.816
- ausência **18/2** de 1.633
- capacidade para o **5** 673
- confissão dos **5** 95; **6** 432, 437; **9/2** 299; **10/3** 158; **18/2** 1.171, 1.816
- conscientização do **11/1** 86
- de Adão **14/1** 20; **14/2** 232[66], 251, 264, 276, 346
- - cf. tb. Adão
- e cor vermelha **14/2** 78
- estado doloroso de suspensão do **14/2** 274
- feiura do **14/2** 312
- libertação do **11/4** 658; **14/1** 27, 277, 313
- não querido por Deus **11/2** 248
- névoa do **14/2** 147[328]
- original / *peccatum originale* **4** 730; **5** 671; **6** 27; **7/1** 35; **7/2** 243[1], 285; **8/2** 426; **9/1** 420, 576[120]; **9/2** 70, 72, 73; **10/1** 571; **10/3** 57s.; **11/2** 248, 252, 263; **11/3** 379; **11/4** 626, 675, 692, 741, 746, 758; **12** 24, 36, 430; **13** 244, 381, 390, 400; **14/1** 20, 27, 83, 101, 103, 115[44], 200, 313, 332[667]; **14/2** 17, 24, 30, 264, 429; **14/3** 387; **18/2** 1.361, 1.529, 1.550, 1.620, 1.645
- - psicológico através de gerações **14/1** 226
- pecaminosidade **6** 312, 455
- perdão dos **11/5** 926; **13** 355
- projeção do **12** 8s
- psicológico **14/1** 225
- cf. tb. Culpa

Pecador(es) **9/2** 109; **11/3** 423
- arrependimento dos **11/3** 448

- confissão dos **11/3** 390
- inconsciente **11/1** 130

Pectório
- inscrição de **9/2** 145[75], 175, 178[54]

Pedagogia **2** 1.013; **4** 310, (619); **11/6** 1.045, 1.062; **17** 284; **18/2** 1.806, 1.822
- experimental **7/1** p. 132
- cf. tb. Educação

Pedagogo **17** 130, 173, 211, 284
- cf. tb. Educador

Pederneira
- cf. Pedra

Pedra(s) **4** (S) 170; **8/1** 123; **8/2** 314; **8/3** 935; **9/1** 248[55], 267, 555, 648; **9/2** 5, 122, 143, 144, 186, 187, 192[36], 213s., 218, 224, 244, 247, 249, 256, 257, 258[54], 263s., 264[59], 326, 352, 367, 375s., 387; **10/3** 44, 137; **11/1** 104, 136; **11/2** 276; **11/3** 366; **11/4** 738; **13** 86s., 89s., 112, 113[124], 115, 122, 125, 133, 137[209], 141, 154[24], 163[50], 176[114], 182[139], 222, 261, 265, 282, 283[237s.], 286, 289, 299[254], 322, 358, 375, 380s., 385s., 392, 394, 416, 437, 441, 445; **14/1** 11, 59, 60[132], 60[133], 60[134], 72, 74, 147[168], 254, 257, 260; **14/2** 25[68], 53, 69, 69[179], 69[180], 74, 127[269], 194[423], 197, 210[4], 212, 225[49], 233, 233[74], 235, 235[82], 290, 293[263], 305, 306[318], 315, 371, 372, 403, 420[226], 432; **14/3** 60-61, 144[12], 185, 220, 276, 325, 413-414, 425, 449[129], p.56-57, 115[65], 136-137; **18/2** 1.698, 1.782
- adâmica **14/2** 210[4]
- aérea e volátil **14/2** 384
- angular rejeitada **14/1** 10, 60[133]; **14/2** 127, 293, 306, 306[313], 306[324], 309, 346, 406
- a simbólica da **14/2** 420[226]
- atirada na rua **14/2** 406
- branca **14/2** 292[255], 296[266]; **14/3** p. 120-121

- cabalística **14/1** 60[138]
- camea **14/2** 301
- candente **14/2** 290[233]
- cerebral **14/2** 292
- citérea **14/2** 75
- cnidária **9/2** 213, 215s.
- como alma **14/3** p. 122-123
- como criança **14/3** 335
- como encarnação de Deus **14/2** 310
- como espírito / *pneuma* **14/2** 425, 428
- - e alma **14/2** 309
- como *lux lucis* etc. **11/5** 828[34]
- como matéria feminina **14/2** 309
- como o Senhor e Salvador na linguagem sacra **14/2** 309[342]
- como *prima materia* **11/1** 160
- como raison d'être da alquimia **14/2** 428
- com sete olhos **14/2** 293[263], 306[318], 306[324]
- cultura da **10/3** 16
- da alquimia / lapis **9/1** 238, 238[36], 246, 248, 289, 293[33], 541, 555; **10/4** 629
- de Betel **14/2** 233[74], 234
- de Crono **14/2** 420[226]
- de fogo **13** 132
- desprendida da montanha **14/2** 309
- de toque **13** 94
- de tropeço **14/3** p. 122-123
- do juramento **13** 129
- dos filósofos
- - cf. Lapis *philosophorum*
- dos sábios **14/2** 148[393], 151; **18/2** 1.789
- - cf. *Lapis philosophorum*
- duríssima **14/2** 351[101]
- e microcosmo **11/1** 155[87] (cap. III)
- em Roma **14/2** 306[324]
- filosofal **11/1** 92, 153, 158; **11/5** 806
- - cf. tb. *Lapis philosophorum*
- fundamental **14/2** 293[264], 306[318], 306[324]
- - do templo **14/1** 60, 60[133]

Índices gerais

- hematita **9/1** 575
- hermafrodita **11/1** nota 54 (cap. II)
- Idade da **8/2** 570; **9/1** 224, 226; **15** 150
- - megalítica **13** 132
- - paleolítica **13** 132
- mágica que engole o leão **14/2** 69, 70
- mistério da **11/1** 93
- morta **14/2** 164[393]
- muitos nomes da **14/3** p. 62-63[3]
- naja **13** 461
- não pedra **14/2** 292, 309, 420; **16/2** 492
- nascimento da **13** 128, 132; **16/2** 376[28]
- neolítico **9/1** 21
- pederneira **14/3** 70, p. 45-46
- pomes **14/1** 87, 152[206]
- preciosa(s) **9/1** 270, 537s., 580; **9/2** 214; **13** 129, 132, 234[258], 321, 375; **14/1** 13, 137; **14/2** 14, 115, 127[272], 141[314], 233[78], 248, 275, 276, 301[239], 336, 346, 353; **14/3** 225[123], 409, 425, 428, p. 48-49, 106-107, 110-111, 132-133; **16/2** 380, 484
- - como símbolo do si-mesmo **14/2** 431
- que encerra um espírito **11/1** 160; **11/3** 355
- que tinge **14/1** 175
- redonda **13** 129
- semelhante ao homem **14/2** 428
- sepulcral **14/3** 510
- simbolismo da **13** 126-133
- sobre os olhos **14/3** 165[30], p. 56-57
- terrestre e espiritual **14/3** 306
- transformação em **14/1** 85
- tripla **14/3** 305
- Ullikummi **14/2** 420[226]
- una **14/2** 17; **14/3** 305
- vil **14/2** 406
- viva do Novo Testamento **14/2** 425, 425[229]
- cf. tb. *Lapis*

Pedro **5** 285, 288, 573; **11/3** 422, 436; **11/4** 696; **14/1** 11; **14/3** 415, 577
- visão de **6** 805

Pega **8/3** 850[36]

Pégaso **11/4** 725[11]

Pege **9/2** 178
- cf. tb. Fonte

Peirithoos **16/1** 138

Peitos **14/3** 565, p. 140-141

Peixe(s) **8/2** 718; **8/3** 826s., 925, 960, 977; **9/1** 38, 52, 157, 243s., 245s., 247s., 254, 311, 624, 671s.; **9/2** 127-149, 162-192; **10/3** 293; **10/4** 713, 807, 808; **13** 101, 175, 218, 241, 334s., 399[145], F 32; **14/1** 3, 142, 169[281], 175[303], 232, 337; **18/1** 222, 255, 362s., 412, 525, 987, 1.058s.; **18/2** 1.520, 1.697, 1.721, 1.827
- na alquimia **9/2** 193-238
- astrologia **9/2** 128, 130, 133, 147s., 156, 163, 172-174, 178, 181, 184s., 224, 230-234
- *canis indicus* como **14/1** 169[281]
- como alimento / comida / refeição
- - cf. comida
- como símbolo de Cristo **14/1** 142
- culto ao **9/2** 186
- de ouro **9/2** 176, 236
- dois peixes **9/2** 228-232
- - opostos astrológicos **14/1** 3
- era de **9/1** 551s.; **9/2** 114, 128, 140, 141, 147, 148, 162, 172, 177, 231; **18/2** 1.621
- mês mundial de **9/1** 7; **10/3** 293; **10/4** 589
- mitologia **9/2** 127, 133[45], 134, 163, 173, 175, 178, 180s., 185s., 189, 244, 272
- olhos de **9/1** 246; **10/4** 766, 807, 808
- rabo de **14/1** 232, 232[382]; **14/2** 360
- redondo **9/2** 196, 213
- representações dos **9/2** 147, 174, 178, 187

- sagrado **9/2** 186
- símbolo / simbologia do **8/3** 827; **9/2** 122, 128, 145, 147, 147[79], 148, 156, 161, 174, 178, 187, 198, 213-224, 225-238, 239-266, 284, 291, 293s., 356, 385, 429
- vendedora de **8/2** (m.s.) 566
- zoologia **9/2** 133, 195s., 217
- cf. tb. Animais; Cristo

Pelagus mundi **9/2** 219

Pelasgos **14/1** 82

Pele **4** 244; **13** 93
- resistência da **18/1** 49
- vermelha
- - cf. Índios

Pelego **14/2** 270[207]

Peleiades **14/1** 179[329]

Pelew **8/1** 125

Pelicano / *pelicanus* **8/2** 599; **13** 185; **14/1** 8, 10, 10[49]; **14/2** 74
- filosófico **13** 115, F I, VIII; **14/1** 8
- recipiente / vaso **9/2** 377
- cf. tb. Animais

Pena(s) **8/1** 121; **14/1** 242, 281; **14/2** 58, 302, 302[303], 302[306]
- como símbolo do poder **5** 133[19]
- veste de **8/3** 845

Penates **8/2** 209; **11/3** 368

Pender da árvore da cruz **5** 349

Pêndulo **18/1** 704, 727

Pendura
- cf. tb. Árvore

Penélope **9/1** 663; **14/1** 169[278]; **15** 202

Pênis **2** 839; **4** 106, 150; **9/1** 105, 472; **10/4** 637[3]; **14/2** 3, 274, 274[215]; **18/1** 572, 1.058; **18/2** 1.078, 1.081
- símbolo do **3** (285), 291
- cf. tb. Falo; Partes genitais

Penitência **11/1** 82; **18/2** 1.627, 1.811
- fazer penitência **9/2** 299

Pensadores **15** 11
- cf. tb. Filosofia

Pensamento(s) **6** 39,152s., 222s., 578, 599, 822, 912, 1.018s., 1.029; **7/1** 63, 107, 199; **7/2** 241, p. 145s., 151[2], 159, 165s.; **8/1** 64s., 67; **8/2** 242, 256, 362, 368, 422, 525s., 744, 794; **9/2** 61, 266, 348; **12** 204, 375; **14/1** 120[53], 154[213]; **14/3** 74, 101; **15** 110, 173, 197; **16/1** 223; **17** 185, 199
- abstrato, abstração **6** 38, 148, 191, 257, 530s., 576s., 644, 710, 745s., 898
- - e concreto **6**576s., 579s.
- arcaico **6** 158, 667, 786
- associativo **6** 874
- ativo **6** 159
- - ideológico **6** 584
- - e passivo **6** 586s., 873
- bidimensional **11/2** 184
- causal **6** 595
- caráter
- - coletivo do **6** 167, 772
- - de inerência do **6** 660
- - representativo do **6** 531
- circular **11/1** nota 59 (cap III); **14/3** 101-102
- coletivo **7/2** 240, p. 142[6], 142s., 147
- como função
- - adaptativa **6** 1.019
- - espiritual **11/1** 81
- - - da Índia **11/5** 908
- - - e ocidental **11/5** 759, 770, 788
- - parcialmente irracional **6** 867, 1.022
- - psicológica básica **6** 5, 7, 10, 811, 873s., 964, 1.054
- - racional **6** 584, 867, 886, 898, 1.054
- - superior **11/2** 184, 244
- compensador **6** 667, 681
- concretismo do **6** 158, 575, 579s.,

Índices gerais 521

643s., 777s.
- concreto, e empírico **6** 584, 587s., 644
- condições do **8/1** 5
- confusão pela ação dos complexos **8/2** 593
- criador **6** 810
- da mulher **6** 668
- - extrovertida **6** 242s.
- - introvertida **6** 239, 245
- desenvolvimento do **6** 109
- destrutivo **6** 662
- de tonalidade afetiva **7/2** p. 153s.
- de totalidade **11/1** nota 59 (cap. III)
- diferenciação do **6** 779, 786
- dirigido **6** 31, 861, 867, 873
- do *mana* **8/1** 129
- do "nada mais do que" **6** 313, 661, 667
- dos gnósticos **11/3** 422
- e as imagens primordiais **11/3** 441
- em forma de círculo ou de espiral **14/1** 120[33]
- epimeteico **6** 660, 665
- e reconhecimento / conhecimento **8/2** 288, 290
- e sensação **6** 159s., 164s., 175, 191, 867
- e sentimento **6** 47, 82, 98s., 570, 657, 665s.; **8/2** 259, 292, 388
- extrovertido / do extrovertido **6** 31, 45s., 222, 229, 245s., 306, 542, 574, 577, 642s., 647s., 660, 663, 700s., 702, 1.019
- - desvalorização do **6** 648
- - repressão do **6** 665
- filosófico **6** 603, 644
- globabilidade **8/3** 914
- identificação com o **6** 153
- inconsciente **4** 452; **6** 246s., 667, 673, 715, 723; **7/1** 93; **7/2** 323; **8/2** 295, 382, 673
- indiferenciado **6** 786
- infantilidade do **6** 612, 667, 685
- influenciação pelo objeto **6** 581

- introvertido / do introvertido **6** 17, 31s., 45s., 98s., 139, 148s., 152, 160, 173, 222s., 575, 587, 646, 700s., 702, 711, 1.019
- - e extrovertido
- - influência mútua do **6** 649
- - oposição do **6** 587
- intuitivo **6** 867, 873
- mágico **11/4** 750
- materialista **6** 662
- mitológico **6** 708
- negativo **6** 45, 661s., 667s.
- no homem e na mulher **6** 659
- nos sonhos **8/2** 477
- obsessivos **8/2** 266
- onírico **4** 553; **8/2** 474
- opressão do **6** 665
- origem **8/2** 580, 658, 669
- pensamento **4** 41s., 46, 317, 361, 554, 687s.
- perturbações do **4** 2
- positivo **6** 660, 708
- prático **6** 644
- preconsciente **14/3** 76, 341
- preguiça de pensar **8/1** 110
- primado do **6** 229, 651, 660s., 674, 705
- primitivismo do **6** 677
- primitivo **11/2** 240; **11/4** 750; **14/3** 341
- - mitológico **8/2** 589; **8/3** 929s.
- progressivo **6** 660
- projeção do **6** 661
- quaternário **11/2** 246
- racionabilidade do **6** 31, 584
- redutivo **6** 586, 661
- reflexão **8/2** 241
- regressivo **6** 660
- repressão do **6** 661, 667, 679, 685, 731
- segundo James **6** 575s.
- sexualização do (Freud) **6** 786
- simbólico **9/2** 235
- sintético **6** 587, 660
- subjetivo **6** 710

- subliminares **8/2** 493
- teosófico **6** 662
- tipo de **14/3** 604, 605
- transcerebral **8/3** 945
- transmissão de **8/2** 319
- trinitário **11/2** 242, 246, 258, 261, 264
- visceral **15** 166, 172
- cf. tb. Ideia

Pensamento / pensar **3** 78, 91, 102, 518; **16/2** 486, 489
- arcaico **5** 32, 37
- associativo (em James) **5** 18, 20[22]
- atividade de **1** 220
- ato de pensar inconsciente **16/2** 437[33]
- científico **5** 336
- consciente **1** 119[91]
- criador **5** 72, 73, 79, 449
- dirigido **5** 12, 17, 21, 34, 37
- distúrbio do **1** 189
- divino **5** 67
- dois modos **5** 637
- dos primitivos **5** 26
- e linguagem **5** 11, 15, 16, 19
- em Külpe **5** 18[19]
- e perfuração para a produção do fogo **5** 209
- escolástico **16/2** 498
- e sonhos (pensamentos sonhados) **5** 20, 25
- fantasioso **5** 20, 37
- histérico **1** 117
- história da evolução do **5** 113, 203
- independente **5** 113
- infantil **5** 26
- influência de **3** 56, 175
- intuitivo **1** 168
- leitura do **1** 82s., 94, 138
- - telepática do **4** 647
- medieval
- - dos alquimistas **16/2** 454, 498
- mitológico **3** 133
- - da Antiguidade **5** 26
- na esquizofrenia **3** 428, 546

- não dirigido **5** 18, 37
- pressão de **3** 434
- privação de **3** 109, 161, 175, 179, 186, 215, 256, 288, 300
- sequência de **3** 505, 510
- série de, com carga emocional **1** 168s.
- simbólico **5** 340
- subjetivo **5** 37
- transferência de **1** 44, 147s.

Pensar **2** 1.354; **9/1** 150, 260, 386, 402, 419, 425, 500; **17** 17[5], 44, 78, 166, 239, 257
- alquímico **14/1** 114, 121, 233
- desenvolvimento do **17** 78s.
- em alegoria **17** 44
- função do **17** 79
- gnóstico em forma circular **14/1** 120, 120[33]
- modo inconsciente de **14/1** 329
- sentimento **9/1** 541[49], 565, 588
- cf. tb. Funções; Ideia

Pensativa
- atitude **8/1** 61, 67

Penta / pentagrama **9/1** 646, 680, 697

Pêntade **10/4** 775

Pentádicas
- figuras **8/2** 401[112]

Pentecostes
- milagre / prodígio / relato de **8/2** 319, 596, 596[12]; **9/1** 95, 388, 409; **9/2** 198; **11/2** 276; **11/3** 317

Pentephre **12** 456[36]

Penteu **5** 662

Pepino **4** 42, 337

Pequeno Polegar **11/2** 281; **12** 84
- cf. tb. Anão

Pequim **9/1** 691

Índices gerais

Peratas / gnósticos **14/1** 251, 251[462], 282, 340[384]; **14/3** 257, 261
- doutrina acerca do Mar Vermelho **14/1** 251, 251[462], 252, 340[884]
- e o destino cósmico do homem **14/1** 251

Peráticos **18/2** 1.515, 1.827

Percepção(ões) **2** 14, 26; **6** 641, 687, 693, 718, 889s.; **8/2** 256, 437, 445, 504, 507, 521, 572, 582, 619, 745; **8/3** 921; **9/1** 7, 136, 393; **14/2** 71[182], 158, 442; **15** 163, 166, 172, 173, 206; **18/1** 14, 18, 22, 26, 30, 54, 453, 458, 461, 722, 746s., 873; **18/2** 1.086, 1.185, 1.223, 1.487, 1.579, 1.585
- absolutas e casuais **6** 867
- a distância **8/2** 504
- através da mão anestesiada **1** 138
- cinestésica **8/3** 945
- como problema moral **6** 731
- de acontecimentos futuros **8/3** 836, 852
- do fator subjetivo (v.) **6**
- do introvertido (v.) **6**
- do mundo e da vida **6** 578, 728
- dos objetos **6** 726
- dos sentidos **6** 576, 719, 780, 834, 849, 879; **8/2** 680; **12** 367, 377; **18/1** 16, 59, 77, 419, 447, 475, 503, 720, 780; **18/2** 1.230, 1.487, 1.584[2]
- elaboração / constituição das **6** 531, 729
- em Leibniz **8/3** 927
- estética **6** 890
- extrassensorial / PES **18/2** 1.190, 1.198
- formas de **8/2** 353
- funções da **8/2** 256s.
- imagem perceptiva **6** 692, 889
- inconscientes **1** 148; **6** 223, 520, 674, 679, 865; **8/2** 269s., 362s., 388
- na linha motora-verbal **1** 73
- órgão de **6** 466
- processo de **3** 79; **6** 554; **8/3** 945

- sentido das **6** 834
- subliminares **8/2** 254, 295, 321, 382, 493, 531, 600, 672, 709; **8/3** 856, 945, 954; **10/3** 9
- cf. tb. Sentido(s)

Perception
- - *incomplète* **3** 171
- - *insensibles* (Leibniz) **3** 440

Perceptivas
- variantes **3** 569

Perda
- da alma **11/4** 488; **11/6** 488; **12** 152
- - cf. tb. Alma
- da realidade **5** 192, 200
- das raízes **16/1** 216

Perder e achar, tema do **5** 528

Perdição **14/2** 108

Perdidos
- objetos **8/3** 831

Peregrinação / *peregrinatio* **5** F 11, 144[34], 299; **9/1** 571[1]; **9/2** 206; **11/1** nota 51 (cap. II); **11/4** 676; **13** 278; **14/1** 269-308, 277, 291, 292, 302; **16/2** 407
- mistica **14/2** 348
- - finalidade da **14/1** 269, 277

Peregrino **5** 299, 598, 599; **10/4** 764, quadro 7; **14/1** 87

Peregrinus macrocosmus / microcosmus **9/2** 334; **13** 190

Perfeccionismo **11/4** 621, 626

Perfectio / telesmos / perfeição **9/2** 123s., 333[111], 347; **11/1** 144; **11/4** 620; **12** 208; **14/2** 235, 287, 310, 315, 318; **14/3** 97-98
- definitiva inatingível **14/2** 283
- e pleno desabrochamento / plenitude total **11/5** 857
- estado de **14/2** 41, 59

- ideal da **14/2** 283
- cf. tb. Totalidade; Teleios

Perfeito **14/2** 388, 389

Perfume **14/2** 49, 69, 163, 197, 323, 361[115]; **14/3** p. 66-67, 136-137
- de flores primaveris como símbolo da vida que surge **14/2** 90

Pergaminho **14/2** 160

Pérgamo **11/4** 702

Pergunta(s) **17** 11[3], 16[5], 17s., 40, 44, 223s.
- sugestivas **1** 93, 292

Pericárdio
- água do **14/1** 40

Perigo(s) **7/1** 164; **7/2** p. 142s.; **17** 118, 181, 219[32], 305
- de afogamento **14/1** 140[138]
- representado pelo arquétipo **7/1** 162

Perils of the soul **9/1** 47, 254, 266, 501
- cf. tb. Perigos da alma

Períneo
- ruptura do **8/3** 940

Período
- áureo **14/1** 101, 103
- gótico **4** 750

Peripécia
- fase do sonho **8/2** 563

Perna(s) **4** 475, 479, 499

Pérola(s) **5** 510; **8/2** 229, 390; **9/1** 37, 270, 352, 363, 671; **9/2** 69, 194[5], 346; **12** 61*; **13** 171, 321; **14/3** 22[62], 80, 220, 224, 226-227, 291, p. 106-107
- aos porcos **14/3** p. 58-59
- citérea **14/2** 75
- dos desejos **11/5** 919, 931
- preciosa **14/2** 190
- que corre (mercúrio) **14/1** 311

Peronelle **16/2** 505

Perpétua (santa) **11/4** 713

Perpetuum mobile / móvel eterno **11/1** 125; **12** 135, 246, 329

Perronela **18/2** 1.703

Persa **6** 211; **14/2** 237, 242, 253, 259
- língua **14/2** 392

Perscrutação **14/2** 338

Pérsea
- cf. Árvore

Persécuteur persécuté **3** 499

Perséfone **5** 526, 577; **9/1** 169, 194, 313, 619; **9/2** 23, 41, 339; **16/2** 518
- rapto de **5** 34

Perseguição **5** 8, 555[100], 559, 577; **10/2** 371
- de cristãos **10/2** 371
- ideias de **2** 1.072
- por parte de determinadas pessoas **8/2** 575, 584

Perseu **9/1** 319

Perseveração(ões) **1** 311s.; **3** 12, 22, 30, 39, 53, 87, 92, 109, 182, 207, 256, 544, 554, 578; **18/1** 944, 968, 1.016

Pérsia / persa / pérsico **9/2** 180; **13** 278, 291, 424, 461; **18/2** 1.611

Persona **6** 265s., 420, 754, 877; **7/2** 237, 243s., 248, 269, p. 148s., 160, 163s., 165s., 169s.; **9/1** 43, 221, 274; **10/3** 261; **13** 223[246]; **14/2** 163[390]; **14/3** 519; **18/2** 1.102, 1.334
- atitude exterior como **6** 758s., 760
- desenvolvimento da **6** 844
- determinação superior à pessoa **14/2** 205
- dissolução **7/2** 260, p. 150s., p. 156
- do médico
- - cf. Médico
- e meio ambiente **6** 760

Índices gerais

- falta de relacionamento da **6** 757
- função de adaptação da **7/2** p. 167s.
- identificação com **6** 761s.; **7/2** 227, 230, 306s., 312, p. 142s.
- - da anima com a **14/2** 204
- cf. tb. Máscara
- mudança da **6** 758
- perda da **7/2** 337
- projeção da **6** 843
- restabelecimento / reconstrução da **7/2** 254, 257, 259, p. 152s.

Personagem histórica **14/2** 437
- régia **14/2** 387

Personalidade(s) **2** 719, 887, 897, 901, 908, 1.007, 1.023, 1.081, 1.352; **3** 78, 83, 182; **4** 41, 266, 384, 435, 441s., 447, 450, 550, 552, 658, 663s., 727, 747; **5** 342; **6** 148, 752; **9/1** 44, 150, 190, 200s., 212s., 220s., 235s., 241, 244, 250, 270, 277s., 293, 304, 314s., 351s., 394, 403s., 417, 439s., 468s., 484s., 490s., 503, 507s., 545s., 554, 561, 563, 575, 600, 609, 619s., 634, 651, 659, 662, 679s., 696; **9/2** 7-10, 13-16, 41[5], 74, 170, 297, 304, 318, 340, 354, 422, 424; **13** 15, 19, 24, 31, 36, 47, 55, 58, 120, 221, 241, 287, 331, 350, 407, 462, 472; **14/1** 24, 62, 125[85], 175, 255, 256, 288, 292, 304, 338; **14/2** 1, 88, 261, 364, 366, 369, 398, 429, 439; **17** 284s., 291s., 296s., 303s.; **18/1** 38, 78, 150, 224, 271, 367, 382, 410, 429, 438, 492, 497, 591, 595, 741, 746, 749, 795, 865, 951, 970s., 984, 1.001; **18/2** 1.097, 1.114, 1.155s., 1.158, 1.171s., 1.232, 1.269, 1.277, 1.319, 1.330, 1.332, 1.351, 1.377, 1.396, 1.412, 1.473, 1.504, 1.516, 1.648, 1.698, 1.704, 1.721, 1.727, 1.793-1.824, 1.830
- ajustamento da **6** 665
- amadurecimento da **16/1** 221, 227s.
- ampliação da **7/2** 218, 235, 255, p.

139s., 141s., 143s., 144s., 148s.; **16/2** 472
- antiga **4** 350
- atrofia e esvaziamento da **3** 102, 142
- cisão da **3** 73, (195), 499, 503, (579); **7/1** 22; **9/1** 468, 507s.; **11/2** 245; **11/3** 443; **16/2** 399, 452; **17** 199a
- como felicidade suprema **8/1** 112; **8/2** 731
- componentes da **14/3** 293-294
- composição da **16/2** 400s., 444
- consciente **6** 640; **14/2** 166, 366
- - e inconsciente **11/1** 65s., 79; **14/2** 281
- criadora **17** 244
- desdobramento da **3** 105, 492, 506, (521), (544), (555), (559)
- desenvolvimento da **7/1** 171; **7/2** 237, 364; **11/3** 390; **17** 279, 284, (290s.); **11/5** 891
- - cf. tb. Desenvolvimento
- desintegração da **15** 169, 174, 176
- despersonalização da **15** 187
- diferenciada **6** 1.040; **17** 248
- dissociação da **4** 162, 295; **6** 570, 666s., 752s., 825, 848; **9/2** 280, 282; **14/2** 335, 367; **16/1** 248; **16/2** 329, 438; **17** (204), 227, 331c
- dissociada em espiritual e física **14/2** 429
- dissolução da **6** 666s.; **7/2** 233, 237, p. 140s., 143s.; **11/1**156; **12** 439; **14/1** 288
- - consciente e inconscientemente **11/5** 899
- do eu **9/2** 14, 40, 43, 47, 185, 354, 356
- - consciente **14/1** 62, 141, 147
- dupla **9/2** 185
- ego **18/2** 1.332
- em parte formada pelo inconsciente **14/1** 147
- espiritual **14/2** 429, 437; **17** 331c, 336

- eu **18/1** 459
- fatores irracionais da **16/1** 172
- fictícia **14/2** 407
- física **14/2** 429
- histórica **17** 298
- imagem fictícia da própria **14/2** 339
- inconscientes **1** 127s.; **17** 227; **18/1** 798
- - contraste de **1** 132s.
- - por divisão 97, 117
- - síntese das **1** 87-97
- individualmente diferenciada **17** 328
- inferior **9/2** 370
- inibição da **6** 535
- instintiva **17** 328
- integração da **8/2** 410; **14/2** 50, 83, 177; **16/1** 27; **16/2** 420, 441
- interior e exterior **6** 758
- lado sombrio da **14/2** 338
- mágica **18/1** 358
- *mana* **7/2** 374s.
- - arquétipo da **7/2** 389, 393, 395
- - concretização da **7/2** 394
- - dissolução da **7/2** 398
- massificação da **16/2** 502
- maturação da **16/2** 315
- modificação da **8/2** 204, 253, 430, 547; **16/2** 373
- moral **17** (240), 244
- mudança da **7/1** 172; **7/2** 270, 360, 364, 369
- múltipla **8/2** 253
- multiplicação da **4** 106
- natureza
- - complexa da **14/2** 365
- - dupla do **12** 149
- nova (enquanto si-mesmo) **16/2** 474
- o "eu" / si-mesmo como centro da **14/2** 364
- parcial **18/2** 1.156, 1.158
- parte inferior da **8/2** 409
- patrimônio da personalidade de cada um **14/1** 304
- personalidade-mana **8/2** 336
- pesquisa da **17** 128

- ponto central da **7/2** 365, 382
- processo evolutivo da **8/2** 550
- reconstrução da **16/1** 245; **16/2** 332, 352
- reestruturação da **15** 19, 93
- religiosa **14/2** 437
- renovação da **8/2** 184; **12** 188
- secundárias **14/2** 167
- "sejuntiva" (segundo Gross) **6** 533, 540
- simplificação da **6** 525
- síntese da **14/2** 365, 367
- sonambúlicas
- - desenvolvimento das **1** 54s.
- - dois tipos opostos de **1** 126
- - - origem dos **1** 132s.
- - em geral **1** 58s.
- - inteligência das **1** 127
- - nomes das
- - - avô da médium **1** 39, 43, 45s., 54, 126s., 132
- - - Berthe de Valours **1** 54, 63
- - - Conventi **1** 60
- - - Elisabeth von Thierfelsenburg **1** 54, 63
- - - parentes falecidos **1** 40, 47, 56
- - - P.R., falecido **1** 55
- - - Ulrich von Gerbenstein **1** 51, 54s., 63, 71, 132s.
- subjetiva do "eu" **14/2** 166
- superordenada **9/1** 306, 309s., 313s., 341s., 356
- totalidade da **6** 1.036; **11/2** 281; **14/1** 255, 256
- transformação da **11/1**, 159; **11/5** 802; **16/1** 11, 44
- - pela conscientização **14/2** 281
- unidade da **3** 507, 541; **14/1** 288
- valor energético e moral da **14/2** 281

Personalística
- interpretação do inconsciente (Freud) **8/2** 373

Personality **6** 612
- *shut-in-personality* (Hoch) **6** 934

Índices gerais

Personificação **4** 106, 728; **9/2** 26, 33; **12** 56, 65, 88, 112, 192, 220; 13 49, 55, 58, 61, 107, 121-125, 135, 147, 157, 162, 175, 176[114], 216, 273, 339, 445, 457s.; **18/1** 150, 803
- do inconsciente **8/2** 673; **8/3** 935[128]
- dos complexos inconscientes **6** 440
- dos conteúdos inconscientes **6** 643
- demoníaca do inconsciente **6** 592s.
- em Schopenhauer **6** 206
- na arte e na religião **8/2** 254

Personnalité **8/2** 383

Persuasão / *persuasion* **10/3** 333; **16/1** 1, 230

Perturbação(ões) **8/2** 194, 488
- da ação **8/2** 154
- da consciência **8/1** 62; **8/2** 385, 546
- digestiva **17** 139s.
- do desenvolvimento **17** 316
- do inconsciente **8/2** 702
- em crianças **17** 106s., 130s., 139, 215
- espiritual **17** 157
- estímulos intrapsíquicos **8/2** 485
- magnéticas da Terra **8/3** 872, 977
- mental **5** 83[22]
- nervosa e psíquica **17** 80, 99, 128
- neuróticas **8/2** 702; **17** 217a
- psicógenas **9/1** 290
- psíquica **14/1** 177
- reações contra as perturbações psíquicas **8/2** 488
- sintomas de **8/2** 198

Peru **13** 132

Peruca **11/3** 348[19], 369

Perversão(ões) **4** 49s., (243s.), 258s., (292s.), (368), (387), 560, (573); **9/1** 146, 689; **17** 139
- polimorfo-perversa **4** 228, 243s., 258s., 292s., 369

Perversão / perverso **18/2** 1.794

Perversidade **10/3** 187, 203, 208, 356, 362
- intelectual **9/2** 159

Perverso(a) **2** 718; **15** 144, 151, 175

Pesadelo **8/2** 535; **8/3** 852; **10/4** 701[24], 819; **13** 180; **18/1** 166, 334
- cf. tb. Sonho

Pesca milagrosa **9/2** 145

Pescador(es) / pescar **9/2** 145-148, 174s., 236

Pescoço
- dor no **8/3** 850

Peso **14/3** 306, p. 84-85
- do si-mesmo **14/2** 176
- sensação de **8/3** 939

Pesquisa(s) **14/1** 56; **14/2** 123, 194, 402, 422
- com famílias **18/1** 155s.

Pesquisadores da Bíblia **11/2** 275

Pessimismo **8/2** 489; **17** (340)
- em Schopenhauer **8/3** 829

Pessimista **15** 180

Pessoa **14/2** 346, 365, 380, 407, 439; **17** 159s., 162, 198, 207, 249, 305s.
- abstração da (v.) **6**
- adulta **17** 284
- arcaica **6** 127
- bipartição da **6** 418, 1.034
- caráter da **2** 412s., 990, 1.052s., 1.056s., 1.082, 1.125-1.134, 1.199
- como microcosmo **6** 417
- como símbolo irracional **6** 417
- como unidade das ideias (em Schiller) **6** 151
- conhecimento da, no problema dos tipos **6** 226s.
- criadora **17** 312
- criança como **2** 46
- - indiciada **2** 1.380-1.388

- criativa **6** 185
- culta-inculta **2** 7s., 20s., 82,
114-381, 391-498, 520s., 551s., 558,
560s., 577-602, 622s., 633s.,
642-646, 647-656, 684, 767, 772,
775s., 797, 811[9], 884, 890, 899,
983s., 994s., 1.065, 1.080,
1.091-1.179, 1.188
- deformada pela cultura **17** 315
- desejo de salvação da **6** 566
- desenvolvimento da **6** 9s., 1.024
- diferença psicológica da **6** 922s., 926
- duas classes de (em Blake) **6** 526
- e animal **6** 271, 400, 421, 524, 584
- e as funções **6** 105
- e barbarismo **6** 169
- educação da **6** 123, 128, 183, 185,
570
- - estética **6** 96s., 164
- e espírito da época **6** 75
- e estado (em Schiller) **6** 135
- e instinto **6** 568
- - lúdico (em Schiller) **6** 163s., 185
- e mundo **6** 73, 267, 556, 593, 692
- e natureza **6** 121, 438, 1.035
- entendimento da **6** 254, 923
- *epimeteica* **6** 315
- e sombra **6** 254
- espiritualização da **6** 160
experimental **2** 7-27, 61, 82, 86, 95,
97-113, 114-381, 382-498, 502-559,
563-638, 639-659, 664, 730s., 732s.,
761s., 765s., 868, 878-882, 919, 924,
935, 944, 946, 947-955, 970, 983s.,
995s., 999, 1.015, 1.020s., 1.043,
1.048-1.179, 1.186-1.311,
1.322-1.347, 1.350s.
- fleumático **6** 609
- formação da (em Schiller) **6** 155
- hílico **6** 10, 233
- homem **4** 554s., 728s.
- - como ser social **4** 419, 441, 641,
654s.
- - espiritual **4** 780

- homem como **2** 7, 133[36], 138[38, 39],
165-266, 275, 314s., 358-381,
393-490, 518-559, 567, 577s.,
593-598, 611-620, 626, 633s.,
642-646, 648-656, 732-750, 770-792,
906s., 986, 1.000s., 1.028s., 1.053,
1.060, 1.062, 1.072, 1.075s.,
1.090-1.138, 1.158-1.166, 1.199
- homogeneidade **6** 926s.
- humana **6** 185, 189, 463, 593, 637
- identidade da **6** 564
- indeterminabilidade da (em Schiller)
6 175, 186, 190
- individual e coletivo **6** 754
- inquietação da **6** 556, 560
- inspirada **14/2** 437, 440
- jovem **17** 327
- legislação da **6** 398s.
- liberdade da **6** 168, 178
- - moral **6** 27, 113
- mais feio (em Nietzsche) **6** 192, 318,
796, 917
- meditativa **6** 222
- medo da **6** 535
- mudanças da **6** 132
- mulher como **2** 115-164, 171, 212,
267-357, 370, 380, 393-490, 516,
530, 569, 577s., 593-598, 605-610,
612, 624, 633s., 655, 666-702, 751s.,
777, 793-862, 863s., 988, 996,
1.000s., 1.062, 1.072, 1.074, 1.076,
1.139-1.145, 1.167-1.179, 1.190
- mutilação da **6** 149
- não psicológica **6** 954
- no estado dionisíaco (em Nietzsche)
6 210
- normal / sadia **2** 1-498, 619[48], 620,
659; **6** 54, 959; **17** 343
- objetivo da **6** 113
- oposição da **6** 190, 417, 435
- primitiva **6** 954
- realista **6** 1.055
- redução da, ao padrão filogenético **6**
926

Índices gerais

- regressiva **6** 312
- ruptura cristã da **6** 312
- "semelhança com Deus" da (em Schiller) **6** 135, 141s., 167
- sucumbência da **6** 142
- super-homem **17** 289
- tipificação da **6** 1.034
- totalidade da **6** 190, 312, 320, 433
- unidade da **6** 124, 128, 135, 151, 155, 314, 1.032s., 1.036s.
- zero (em Schiller) **6** 178[68], 192

Pessoa / ser humano / homem **10/3** 289, 832, 1.011; **18/1** 34, 269, 440, 494, 582s., 611, 753, 763, 839; **18/2** 1.103s. 1.260, 1.266, 1.271, 1.278, 1.295, 1.305s., 1.315, 1.357s., 1.363, 1.365s., 1.372s., 1.381s., 1.398, 1.403s., 1.415s., 1.452s., 1.516, 1.524, 1.553s., 1.578, 1.584, 1.586, 1.589, 1.591s., 1.603, 1.610s., 1.631, 1.640s., 1.643s., 1.656, 1.669, 1.680s., 1.693, 1.729, 1.743, 1.800, 1.803, 1.809, 1.817, 1.831
- arcaico **10/3** 104-147; **18/1** 35s., 67
- ariano **10/3** 190
- civilizado **18/2** 1.299, 1.493
- coletivo **10/3** 326
- como microcosmos **18/2** 1.573
- criação do **18/1** 235, 536; **18/2** 1.526, 1.681
- da Idade Média **10/3** 163
- de cor / branco **10/3** 97s., 962s., 977, 1.007s., 1.013
- direitos do **18/1** 563
- e animal **10/3** 16, 204, 210, 268; **18/2** 1.628
- e natureza **10/3** 134
- moderno **10/3** 151-196, 901, 933; **18/2** 1.405, 1.664
- perfeito **18/1** 638; **18/2** 1.566
- primitivo, cf. **10/3**
- super **18/2** 1.333, 1.375

Pessoal
- inconsciente **8/2** 270, 311, 321, 397, 555, 588

Peste / epidemia **15** 14

Petição de princípio **14/2** 439

Petitio principii **5** 336

Petit mal **17** 137

Petroleum sapientum **9/2** 43

Pforta **10/2** 382

Phanes **8/3** 854

Phantasia **12** 219

Phantasms of the living **8/3** 830

Pharmakon / veneno e remédio **14/1** 143
- *athanasias* / panaceia **8/2** 794; **9/2** 178; **13** 137, 193; **18/1** 239
- cf. tb. Medicina **14/3** 261, 426, 510

Philia **9/2** 35

Philokrynesis **9/2** 133, 409[108]

Philosophia / filosofia **11/1**, 160; **11/5** 770, 899
- *chemical* **13** 264[81]
- chinesa **11/5** 791
- crítica **11/5** 759, 762ss.
- *des Unbewussten* (Hartmann) **4** 318
- do *Bardo Thödol* **11/5** 833
- indiana / hindu **11/5** 890, 933
- oriental e ocidental **11/5** 759, 784, 833, 959ss.
- *sagax* **8/2** 388

Phlegias **14/1** 140[157]

Phlegma / fleuma / flegma **14/2** 351, 351[100], 354, 355, 363, 403

Phlogiston **9/1** 68

Phoibe / *Phoebus*) **14/1** 86, 140[187]

Phosphorus
- estrela matutina **16/2** 451[8]
- Lúcifer **14/1** 40[3], 135

Physis **9/1** 295s., 392; **9/2** 308, 313, 368, 390, 410; **11/4** 758; **13** 138; **14/2**

6, 29, 359, 379, 428, 430; **14/3** 446, 450; **18/2** 1.701
- e espírito
- - como oposição **14/2** 6, 29, 359
- - relação complementar com **14/2** 379
- *nous* e **11/1** 160; **11/3** 312, 358
- queda na **5** 113
- desvalorização da **5** 104
- cf. tb. Natureza

Phyton **14/2** 158[359], 298

Pia
- *avis* / cegonha **13** 417
- batismal **7/1** 171; **12** 409
- *sententia* **14/2** 133

Pica-pau
- cf. Animais

Picus **4** 481; **5** 547

Piedade **14/2** 15, 16, 322, 322[20], 346

Pietismo **10/1** 508

Pilar
- coluna **13** 360, 362, 366, 408[194]
- do mundo **13** 459

Piloto **10/4** 648

Pinguedo **14/3** 269, 278

Pinheiro **3** 118, 218
- abate do **5** 659, 662
- transformação em **5** 659, 662
 - cf. tb. Árvore

Pintar a situação psíquica **3** 562

Pintinho **14/1** 40

Pintor **3** 520; **9/1** 349s.

Pintura **8/2** 180; **10/4** 724-756; **15** 174, (205), (207)
- patológica **1** 176, 215

Pirâmide(s) **9/1** 526, 543, 679; **10/3** 158
- textos das **9/2** 187

Pirkê de Rabbi Eliézer **5** 509; **13** 420; **18/2** 1.522

Pirra **5** 279

Piscina
- batismal **9/2** 145
- dos iniciados **18/1** 256, 259, 364

Piscis austrinus (constelação) **9/2** 173[25], 174

Pistas preexistentes / herdadas **8/1** 101

Pístis **10/1** 521; **11/1** 9, 74, 167; **14/1** 142; **14/2** 410; **17** 296, 300
- *Sophia* **9/2** 128[21], 131, 148[86], 168[11], 187[24], 212[51], 307[33]

Pitágoras **11/4** 647; **12** 449s., 450[8], 211*; **16/2** 387

Pitagórico(s) **6** 51, 1.033; **11/2** 263; **16/2** 525[1]
- interpretação dos números segundo os **11/2** 181

Pitagorismo **9/1** 503

Pitão **5** 396, 577; **9/2** 163

Pitecantropo **18/1** 486

Piton **13** 263; **17** 321; **18/1** 258

Pixe **14/2** 386[179]

Placenta **5** 356

Plágio **1** 139s., 179s., 186[12]

Planeta(s) **8/2** 392, 394; **8/3** 867; **9/1** 242[43], 246[53], 545, 579[126], 588[144]; **9/2** 136[54], 212, 230, 380; **10/4** 603, 610, 611, 667, 698, 728, 796; **12** 40, 66, 154*, 155*; **13** 160, 176[114], 186, 273, 355, 357, 398, 407s., 416, 433; **14/1** 6, 24, 151, 166, 211, 281, 300; **14/2** 119, 166, 168, 169, 253, 389; **14/3** 80, 107, 164, 204, 220, 284-285, 291, 424, 460-461, 468, 530, p. 64-65, 124-125

Índices gerais

- alegoria dos **14/2** 166
- banho dos **14/2** 169
- casa dos **14/1** 12, 292, 300
- ciranda dos **14/2** 166
- círculo dos **14/1** 302
- deuses ou *daimons* dos **9/1** 682[28];
14/1 302; **14/2** 228
- e a astrologia **14/2** 50
- e caráter individual **14/2** 50
- esferas dos **14/1** 12, 282, 293
- espírito dos **13** F VI; **14/2** 169, 253,
343[77], 389[196]
- formam coroa em torno do Sol **14/1** 6
- habitantes de outros **10/4** 600, 611,
614, 813, 823
- influência dos **14/2** 169, 389, 411
- Júpiter **9/1** 545; **9/2** 128, 130; **10/4**
683, 689, 695, 811
- Kepler **8/3** 926
- Marte **9/2** 130; **10/4** 599, 611, 614,
667[12]
- Mercúrio **9/1** 557; **9/2** 130, 215
- Netuno **10/4** 748
- nomes dos **8/2** 735
- os quatro **14/1** 6
- portões dos (Orígenes) **14/1** 293
- Saturno **9/1** 545; **9/2** 128, 130, 138,
154, 156, 213, 215, 217; **10/4** 811
- seis **12** 20*, 79*, 410, 154*, 192*
- - ou sete **14/1** 137, 211, 281, 282,
291, 292
- servos como planetas e como os
metais correspondentes **14/1** 159[221]
- sete **12** 66, 29*, 214, 410, 199*; **14/2**
74[190], 137[296], 240
- símbolos astronômicos dos **14/1** 1
- Terra v. Terra
- Urano **10/4** 748
- Vênus **9/2** 174; **10/4** 611
- viagem pelas casas dos **14/1** 288,
291, 293, 302

Planetário
- sonho do **11/1** 163

Plano do objeto **6** 878

Planta(s) **8/1** 70, 121; **10/3** 288; **13**
33, 66, 86, 102, 195, 241, 283[237], 301,
304, 335, 382, 392, 407[186], 409[200],
458, 482; **14/1** 32; **14/2** 57, 235, 248,
317, 348; **14/3** 66[36], 569; **15** 107; **18/2**
1.631
- funcionamento das **11/4** 620
- mágica (cheyri) **14/2** 358, 360
- - de Homero **14/2** 348
- medicinal **14/2** 360
- relvas **13** 458[327]

Planta / vegetal **9/1** 329, 556, 573,
589, 600, 661, 665; **9/2** 356, 374, 384,
402

Plasma **9/2** 313

Platão / platônicos **14/2** 83[229], 258[185]

Platônicos **8/2** 393[89]; **8/3** 920

Platonis líber quartorum **5** 144[34]

Pleiades **9/2** 212; **14/2** 243; **14/3** 291

Pleonasmo, v. reação **2**

Pleroma **9/1** 47, 533[7]; **9/2** 75[24], 120[99];
11/4 733, 748, 754; **12** 138, 139; **15**
149; **18/2** 1.513
- acontecimento pleromático **11/4** 630,
632, 677
- como o reino da luz do gnosticismo
14/2 238
- preexistência pleromática **11/4** 727

Pleroma / pleromático **13** 116[146], 316,
334, 449

Plexo solar **13** 54, 337

Plutão **5** 573; **9/1** 169; **10/2** 394; **14/1**
140[13;]; **15** 152

Pluto **18/2** 1.695

Pneuma **5** 72, 76, 149[46], 334, 358[57],
484, 659; **7/2** 218; **8/2** 319, 602, 664;
10/2 394, 913; **10/3** 65, 146; **10/4** 629,
630, 767; **11/1** 160; **11/2** 221, 240,
276; **11/3** 302, 313, 319, 338, 356,

359, 387, 429; **12** 370[57], 134*, 410, 410[27], 413s., 459s.; **14/1** 15[102], 101, 156, 172, 246, 321; **14/2** 11, 112, 391; **14/3** 58, 106[117], 107, 167-168, 221[117], 330, 383, 510, 511, 535
- autonomia do **12** 410
- capacidade de transformação do **12** 459
- caráter hermafrodita do **12** 436[41]
- como água **11/4** 754
- como fogo **11/4** 754; **12** 370, 451
- como Mercurius **12** 409
- como o Espírito Santo **14/1** 321[638]
- como remédio **12** 410
- como substância transformadora **11/3** 359
- divino aprisionado na criação **14/2** 112
- doador da vida **14/2** 7
- feminino **14/3** 107-108
- libertação do pneuma de suas cadeias na carne **14/2** 6
- misturado com a carne **14/2** 5, 7
- natureza feminina do **11/4** 608, 619, 645
- transformação em **11/3** 352, 375, 405
- cf. tb. Espírito

Pneuma / pneumático **9/1** 35, 95, 107, 197, 484, 556s., 560s., 565s., 571, 579, 597, 613, 624; **9/2** 41, 75, 132, 137[55], 138, 157[20], 185, 192, 307[33], 321, 329[92], 371, 376, 386, 400, 403

Pneumático **6** 10, 233, 1.034; **13** 116[145]; **14/3** 274

Pneumatikón / psychikón / arkikón / hylikón **9/2** 118, 310, 312, 331, 333[110], 403, 414

Pneumatikos **9/1** 243, 244

Pneumógrafo / curva pneumográfica **2** 1.036-1.178, 1.180-1.311
- cf. tb . Respiração

Pó **14/2** 217, 220, 257, 390

Pobreza **9/1** 28, 30

Poço **3** (S) 285; **9/1** 37, 45, 156, 210, 246[52], 252, 410; **9/2** 293; **14/1** 72, 73, 193
- como *fons salvatoris* **14/1** 335
- da Sabedoria **14/1** 193
- de Mercurius **14/1** 9, 23
- de Mimir **5** 371[98], 566[110]

Poço / fosso **18/1** 251s., 254s., 262

Poder(es) **4** 477s.; **5** 101, 197, 462, 523[53], 657; **6** 84, 365, 540, 597, 769; **8/1** 95, 126; **8/2** 126, 405, 726; **11/1** 8, 85, 142, 143; **11/4** 566; **11/5** 784; **13** 133, 323, 365; **17** 157, 308s.; **18/1** 275, 278s., 493, 508, 551, 561, 1.068; **18/2** 1.153s., 1.265, 1.386, 1.398, 1.401, 1.576, 1.584, 1.696, 1.747, 1.807
- atitude para com **6** 423
- certeza do **6** 949
- complexo de **6** 374, 776; **8/2** 209; **10/1** 500, 538, 556, 580; **10/2** 420, 433, 438, 451, 454; **10/3** 19, 23, 38, 46, 200, 342
- criador
- - da alma **14/3** 91
- - de Deus **14/3** 86, 87[90], 104[152], 107[155]
- curativos **8/2** 524
- da terra **15** 2
- das chaves **14/3** p. 104-105
- demônio do **17** 309
- desejo de **3** 397, 411; **4** (679), 776
- divino do homem **11/4** 746
- do intelecto **15** 71
- e amor **6** 453; **16/2** 397
- e as forcas celestes **14/2** 150, 343
- fantasias de **6** 699
- fome de **6** 64
- impulso do **7/1** 43, 50, 54; impulso do **14/1** 96; **14/2** 135
- - "infantil" do **7/1** 67

Índices gerais

- individual **5** 134
- instinto de **6** 770; **8/2** 708; **10/4** 637, 649, 653, 654, 655, 658, 659, 660, 678; **17** 156
- - arcaico **6** 143
- linguagem esquizofrênica de **8/2** 360
- - poder infantil (Adler) **8/2** 497, 529
- - redução ao **6** 696
- intenções de **6** 84
- mágico **8/1** 92, 114, 119s.
- o totalmente outro como **11/5** 772
- princípio do **4** (663), 675s.; **6** 160; **17** (215)
- psicologia do **7/1** 54; **7/2** 224, p. 137s.
- sacrifício do **5** 638
- sempre fora da sede da sabedoria **14/2** 135
- superior sentido como divino **14/2** 440
- tendência de **15** 57
- vontade de **7/1** 39, 42, 50, 78; **7/2** 222, 235, 237, 256, p. 136s., 139s., 142s.; **8/1** 78
- - cf. Vontade

Poder / potência **9/2** 29, 156, 159, 228, 310

Poderosas palavras **3** 155, 202, 208

Poesia **6** 318, 478, 578, 880; **13** 351; **15** 111, 138, 140; **17** 13, 206, 210; **18/2** 1.245, 1.723
- condicionamento ao tempo **6** 198
- e inconsciente coletivo **6** 318, 478
- e pensador **6** 319
- ingênuo e sentimental (em Schiller) **6** 198s.
- Schiller como **6** 116, 123s., 132, 261

Poeta(s) **9/1** 216; **9/2** 55; **15** 11, 100, 101, 103, 109, 111, 112, 113, 114, 138, 139, 144, 146, 147, 148, 155, 159, 161
- vivência pessoal e íntima do **15** 101, 107, 108, (34), 144, 146, 147, 153, 155, 156, 157, 161, 174
- gregos **14/2** 74[219]

Poetas / poesia **10/2** 393

Poimen / poimandres **5** 65; **8/2** 632; **9/1** 79; 79[46], 133[25]; **9/2** 162, 166, 310; **10/2** 394; **11/1** nota 35 (cap. I); **11/3** 313, 344; **13** 96; **15** 142
- visão de **14/2** 18[59]
- cf. tb. Pastor; Reitzenstein

Poine **5** 316[13], 396

Polegar **5** 311

Polêmica **17** 162
- dos averroístas **14/3** 605

Polia **15** 154

Polichinelo **5** 156[61], 208[10]

Policial (S) **4** 488s.

Polidemonismo **9/2** 271s.

Polifemo **14/3** 543

Polifilo **15** 154
- nekya do **12** 61, 156

Poligamia **10/3** 185

Polimorfo / perverso **4** 228, 243, 245, 258s., 292s., 369

Polinésia / polinésios **7/1** 108; **10/3** 185, 1.008; **11/3** 372; **18/1** 551

Polineurite **2** 1.315

Polioftalmia **9/1** 14, 532, 614, 690; **14/1** 60, 263

Poliphili / Hypnerotomachia **13** 176[114], 187[157], 193s., 215, 228, 401

Pólipo
- cf. Animal(is)

Pólis **10/3** 203

Politeísmo **7/1** 17; **8/1** 92; **9/1** 121; **9/2** 271s., 427; **10/3** 1.008; **10/4** 783; **13** 70, 292

534 — Obra Completa — Vol. 20

- no Egito **5** 147
- helênico **5** 149
- romano 149

Política **9/1** 567; **9/2** 140, 260; **10/2**
371, 385, 451, 468, 914, 938, 944;
10/4 610, 660, 718, 724, 784, 813
- do sentimento **6** 1.019

Político **17** 296

Político / política **10/1** 499, 515, 520,
523, 524, 543, 554, 558, 559, 568,
576, 587; **10/3** 22, 162, 290, 891; **11/6**
1.014, 1.016s., 1.022s., 1.034, 1.036,
1.060, 1.064; **18/2** 1.161, 1.301s.,
1.307, 1.333, 1.341, 1.371, 1.384,
1.388, 1.431, 1.474, 1.745s., 1.800

Polo **9/2** 205s., 209, 212, 338; **12** 271
- como símbolo do si-mesmo **12**
265s., 33*, 156*
- Norte **14/1** 259[486]
- - do céu **14/2** 348

Polônia **10/1** 518[2]; **10/2** 479

Poltergeist **9/1** 457, 469

Pólux **9/2** 134

Pomambra (termo de Paracelso) **13**
193

Pomba **8/2** 319, 336; **9/1** 93, 108; **9/2**
178[45], 307; **10/4** 679; **11/3** 431[47]; **13**
119, 123[156], 459; **14/1** 72[179], 78, 176,
178, 179[323], 180, 198, 333;**14/2** 68,
70, 197, 291, 315, 388[188]; **14/3** 84[82],
173[23], 182, 187, 187[59], 215 , p. 66-67,
70-71, 132-133; **18/1** 222; **18/2** 1.328
- asas de **14/1** 190, 191, 198, 200
- branca **11/1** 150, 160; **14/1** 71, 77,
323; **14/2** 25[66], 198, 314
- como centro da natureza **14/1** 37
- como o Espírito Santo **14/1** 72[179],
199, 231, 280[525]
- como representação do Espírito
Santo **14/2** 4, 329
- como símbolo

- - do maternal **14/1** 71[179]
- - luminoso da alma **14/2** 388[188]
- de Diana **14/1** 71[179], 179, 181, 198;
14/2 68, 68[173], 70
- de Noé **14/1** 199[348]; **14/2** 291
- do Espírito Santo **11/1** 126; **11/2**
276; **11/4** 646
- luta entre a pomba e o corvo **14/2**
388[188]
- olhos de **14/3** 537
- santa **11/2** 236[11]
- simbolismo da **14/1** 199
- cf. tb. Animal(is)

Pompeu **18/2** 1.287

Ponape **8/1** 125

Pôncio Pilatos **11/2** 211, 217

Ponderatio **13** 201[208]

Ponte **11/2** 272; **12** 59, 75, 148, 305s.
- do arco-íris **12** 17, 305
- para o passado **14/2** 139[304]

Pontifex maximus **8/2** 336

Ponto / *punctum* **9/1** 664; **9/2** 239,
296, 310, 340, 345, 347, 352; **11/1**
155; **13** 187s.
- cardeais **9/1** 571, 630, 675, 701; **9/2**
118, 133[47], 167, 187, 206, 212, 309;
13 31, 207, 358s., 362, F 25; **14/1** 1,
11, 122[60], 260[487], 269
- - quatro **11/2** 246; **11/4** 678
- cego **17** 189
- como *prima materia* dos metais **14/1**
39
- como *punctum internum* (Knorr) **14/2**
267[201]
- como símbolo do centro da natureza
14/1 39
- de ligação / intermediário **11/2** 182,
185, 232
- de vista
- - da consciência **14/3** 294
- - psicológico **14/1** 329
- do "i" / *iota* grego / *iod* hebraico **14/1**
35-40

Índices gerais 535

- equinocial **9/2** 130, 148
- perfeição **11/1** 92
- quaternio dos elementos **14/1** 40
- vernal **9/1** 7; **9/2** 136, 148-150, 156[11]

Ponto(s) de vista **8/1** 5; **8/2** 498
- apotropeico **8/2** 206
- das ciências naturais **8/2** 622
- entranhado **8/1** 50
- epifenomenológico **8/2** 657
- fenomenológico na Psicologia **8/2** 343
- naturalista **8/2** 678
- psicológico **8/2** 621s.

Popocatepetl **5** 274, 279, 682

Porco(s) **4** 553; **9/1** 325, 413, 422, 433, 445s., 624, 644; **13** F 22; **14/1** 313
- cf. tb. Animal(is)

Pornografia **10/3** 213; **13** 278

Porta(s) **11/3** 415, 427, 429; **14/3** 401, p. 76-77

Portrait of the Artist as a Young Man (Joyce) **15** 197

Porto Rico **10/4** 605

Poseidon **5** 316[13], 421[1], 439, 457[62]; **9/1** 328; **9/2** 338; **14/1** 255

Posicionamento espiritual superior **14/2** 335

Positivismo **9/1** 267; **14/2** 338; **18/2** 1.305, 1.591

Possessão **2** 1.352s.; **6** 166, 377, 433; **7/1** 111; **7/2** 370, 374, 382, 387; **8/2** 204, 254, 576, 587, 627, 710; **9/1** 220, 387, 475, 501, 621; **10/1** 490; **10/2** 431, 435; **10/3** 141, 287, 309; **11/4** 735, 742; **13** 48, 53, 251, 462; **14/1** 146; **14/2** 442; **15** 62, (65), 71; **18/1** 467, 884; **18/2** 1.155, 1.362, 1.368, 1.474, 1.610
- do *animus* **5** 272; **8/3** 845

- do demônio **11/5** 777
- pela *anima* ou pelo *animus* **14/1** 219
- pelo inconsciente **16/1** 196
- - cf. tb. Inconsciente
- possuidor **10/2** 386, 394, 397

Possibilidade(s)
- de ocorrências **8/3** 822
- funcionais **6** 503
- - ativadas **6** 579
- - hereditárias **6** 578

Possuído / possessão **10/4** 721

Posteriora Dei **14/3** 348

Postulado **14/2** 420, 422
- cf. tb. Cristo

Potassa **14/1** 314

Potência(s) **2** 642
- más **14/1** 293
- cf. tb. Impotência

Potencial / potencialidade
- diferença ou gradiente de **8/1** 3, 41, 80, 94
- dos conteúdos inconscientes **9/2** 119

Povo(s) **10/2** 388, 395, 423, 433, 467, 471, 484, 908; **10/3** 158, 191, 290, 328; **17** 303s., 309
- alma do **10/2** 907
- história dos **8/1** 101
- judeu **17** 319
- mudanças na vida de um p. **8/2** 594
- naturais (primitivos), os **9/2** 42

Practica Mariae (*Art. aurif.*) (v. tb. Maria, a judia) **13** 113, 407

Praesagia **8/3** 829

Pragmatismo **3** 419; **6** 603s.; **10/2** 941

Prajapati **5** 588; **6** 351, 360, 369, 371, 377, 382; **13** 168

Prajnâ
- como sabedoria suprema **11/5** 879

Prakti **9/1** 158
- dança da **11/5** 778
- e *Purusha* **11/5** 798

Pramantha (madeira da qual se obtém fogo por fricção) **5** 208, 248
- como falo **5** 210, 212

Pramati (= precaução) **5** 209

Prâna / pranayama **11/5** 867

Prancheta **8/2** 171

Prata **3** 249, 382, 500; **9/1** 405, 545s., 557, 609, 685; **9/2** 237, 245[30]; **12** 366[47], 400; **13** 86, 99, 119, 137[209], 157, 190[168], 255[27], 273, 355, 381[108], 390, 446; **14/2** 127[272], 131, 296[265], 383[194]; **14/3** 144, 424, 530, 549; **18/2** 1.701
- água de **9/2** 292[13]
- e ouro **14/2** 6[18], 76[210], 197, 227, 371, 379[149], 389[184]
- *Luna* como **14/1** 149, 211; **14/2** 76, 228
- viva (mercúrio) **14/2** 301[295]
- cf. tb. *Aqua argenti*; Argentum

Praxis **14/2** 232[67], 406, 408

Prazer **4** 423, 487, 634, 640, 650, 772; **6** 949; **9/2** 91; **13** 57; **15** 127; **17** 203
- busca de **4** 239s., (291)
- da comida **4** 346
- de matar **14/2** 174
- desejos de **8/1** 95
- e desprazer **2** 816; **6** 769, 890, 937
- infantil **16/1** 66
- - de defecar **15** 51
- instrumento de **9/1** 560
- objetos de **17** 158
- princípio do **10/3** 340; **15** 57; **17** 203
- sensação de **4** 347, 485

Prece **10/4** 650, 666, 671, 673, 679

Precessão
- do ponto equinocial **9/2** 136, 148, 150, 156
- dos equinócios **8/3** 977

Preciosidade **6** 466

- difícil de ser alcançada **5** 248, 393, 450, 482, 510, 523, 569, 659

Precipitado **14/2** 363

Precognição **8/2** 402, 411; **8/3** 962, 964; **10/4** 636

Preconceito(s) **6** 571, 606, 656, 1.008; **8/1** 50; **8/2** 137, 191, 626, 654; **8/3** 823; **11/1** 73, 100, 143, 167; **16/1** 23, 218; **17** 111, 160, 181s., 190, 302, 329; **16/2** 420
- caráter, do inconsciente **6** 637
- concepção divina do **6** 461, 466, 475, 778
- consciência do 929 **6**
- contra a psicologia **6** 983
- contra tipos introvertidos irracionais **6** 733
- da atitude extrovertida **6** 692, 696, 717
- do tipo pensamento introvertido **6** 706
- e inconsciente **6** 465
- e o objeto **6** 564, 871
- estado de espírito **6** 736, 823
- força mágica do **6** 560, 565
- herdados **16/1** 22, 50
- individual **6** 1.003
- infantis **6** 668
- instintos do **6** 212, 233, 376, 465
- intelectual e moral **16/1** 12
- mentalidade coletiva do **6** 122
- onipresença do **6** 910
- primitivo(s) **6** 38, 399, 433, 449, 457s., 463, 475, 764, 772, 780, 827, 866, 891
- psicologia do **6** 593
- representações coletivas do **6** 772
- sinais geométricos do **6** 560, 944
- subjetivo / pessoal **16/1** 235, 237

Pré-consciente **5** 39[41]; **18/1** 111

Índices gerais

Predisposição / disposição **7/1** 8s., 71, 136, p. 137s.; **7/2** 219

Predizer **18/1** 841

Preexistente(s)
- pistas **8/1** 100
- psique **8/3** 938

Prefiguração(ões) **8/3** 829
- do Antigo Testamento **11/3** 313[5]
- doutrina da **12** 253

Pré-formação **4** 729

Preguiça **14/3 p.** 68-69; **16/2** 407; **17** 90
- mental **5** 345

Pré-história / pré-histórico **10/3** 16, 54, 842; **10/4** 619, 678; **14/2** 1
- cf. tb. Arcaico

Pré-julgamento **14/2** 317, 417

Premissas subjetivas **16/1** 241, 243

Premonição nos sonhos **8/2** 504

Preparação do fogo **5** 227, 248, 311, 539
- e furacão **5** 208, 227, 271, 481
- numinosidade da **5** 250

Pré-puberdade **9/1** 135

Presépio **14/2** 127

Pré-socráticos **15** 12

Preso / detento
- caso de estupor histérico em **1** 226-300
- complexo de Ganser em **1** 354
- comportamento característico do **1** 277s.
- psicose histérica em **1** 302

Pressa **14/3** 14

Presságio **13** 175

Pressentimento(s) **1** 37; **4** 453, (490); **15** 124, 144, 148, (50), 210; **17** 94
- de ataques sonambúlicos **1** 40
- de descobrimentos futuros **14/1** 48
- no estado semissonambúlico **1** 40

Pressuposições teológicas **14/2** 1

Pressuposto(s)
- básicos verdadeiros / convicções fundamentais **16/1** 245, 249, 251, 253
- de Freud **15** 61, (69, 70)
- do autor **15** 137
- inconsciente **14/2** 151, 152
- pessoais **16/1** 236
- psicológicos **16/1** 1, 236
- psíquicos **14/2** 155[355], 447
- subjetivos e ideológicos **16/1** 240

Prestígio **7/2** 238s., 391, p. 142s., 149s.; **10/3** 331, 342, 352
- psicologia do (Adler) **8/1** 95

Presunção **17** 302s.
- dos Césares **17** 309

Pretensão(ões)
- egoísticas **11/3** 390, 394
- reconhecimento e validade **14/2** 439, 441

Preto / negro / *nigrum* **14/1** 31, 36, 42, 51, 56 , 74[206] , 75, 76, 79, 114, 145, 169, 219, 238, 253, 254, 256, 257, 260, 260[487], 262, 270, 274, 275, 297, 300
- e branco **14/1** 31, 36, 42, 77, 78, 78[212], 79, 238, 241, 242, 270, 312, 324
- cf. tb. Cor(es)

Prevenção da gravidez / métodos preventivos **10/3** 210, 253

Prévio
- conhecimento **8/3** 921, 964

Prevorst
- vidente de **10/3** 257

Priapo **5** 184, 198, 212[18], 577; **9/1** 560; **9/2** 366; **18/2** 1.078
- de Verona **5** 530[71], 680, F 122

Prima causa **9/2** 418

Prima materia / matéria primordial **11/1** 93, 160; **11/3** 353; **13** 86[5], 89, 97, 115, 122, 125[164], 139[217], 157, 171[82], 173, 175, 183, 209, 253, 268, 274, 282, 401[151], 408, 421, 433, 445, F VII; **14/1** 11, 14, 16, 35, 38, 45, 52[98], 60[117], 66, 84, 91, 117, 121[51], 159, 177, 232, 239, 240, 285, 323; **14/2** 40[96], 41, 62, 77, 78, 81, 177, 201[441], 217, 245, 257[86], 292[243], 346, 347, 414[224], 429; **16/2** 383, 411[1], 412, 533s.; **18/2** 1.602, 1.701s., 1.781s.
- Adão como **14/2** 217, 234, 235
- aspectos femininos e maternais da **14/1** 14, 15, 31, 58; **14/2** 258
- como algo
- - dificilmente encontrável **14/2** 216
- - insignificante **14/2** 406
- como caos **14/1** 6, 240; **14/2** 217, 235[80]
- como chumbo **14/2** 302
- como coisa simples **14/2** 292[243]
- como estado inicial da *opus* **14/1** 240; **14/2** 406
- como inconsciente **16/2** 519
- como *increatum* **16/2** 454
- como mãe do *lapis* **14/1** 14
- como massa confusa **14/2** 217
- como múmia **14/2** 225
- como prisão da alma **14/1** 163
- como Saturno **14/2** 302, 363
- como substância do arcano **14/1** 35, 58, 117
- *cranium* como lugar de origem da **14/2** 292[243]
- criação da **14/1** 159
- do si-mesmo **14/1** 275
- elaboração da **16/2** 385
- em paralelo com a Grande Babilônia **14/2** 78

- enxofre como **14/1** 130
- e o diabo **14/2** 383
- e o processo de transformação **14/1** 66
- extração a partir da alma **14/2** 61[144], 78
- foi a primeira substância do arcano **14/1** 58
- harmonia como **14/1** 84
- homem como **14/2** 177, 346
- identificação com o vaso **14/2** 62
- mar como **14/1** 7[37], 240
- mistério da **14/2** 177
- *mortificatio* da **14/2** 61[144]
- na alquimia **5** 276, 547[95]
- o ponto como *prima materia* dos metais **14/1** 39
- personificação feminina da **14/2** 258
- retorno à **14/1** 115
- serpente de Hermes como **14/1** 66, 255
- sinônimos da **14/1** 14
- cf. tb. Matéria-prima

Primavera **13** 190-193, 199, 215, 226, 299, 306, 310, 414[225]; **14/2** 348, 358; **14/3** 468
- cerimônia da **8/1** 83
- *olímpica* (Spitteler) **15** 142, 147

Primeiros pais **8/2** 339, 458, 471
- cf. tb. Adão; Eva

Primitiva(s) **8/2** 217
- horda **9/1** 126
- linguagem **8/2** 309, 474, 627
- mentalidade **3** 513, 529, 541
- psique **8/2** 253, 507; **17** 253

Primitive energetics (Lovejoy) **8/1** 126

Primitividade profunda **14/2** 1

Primitivo(s) **3** 424, 453, 525, 549, 566, 576; **4** 352, 403, 470, 554s., 564s.; **7/2** 237, 293s., 314, 325, 374, 384, 388, p. 141s, 144s.; **9/1** 5s., 47, 53s., 69, 84, 89, 115, 187, 213, 244, 260s.,

Índices gerais

264s., 276, 284, 288, 290, 300, 350, 393, 414, 420, 466s., 482, 546; **10/1** 572, 583; **10/2** 431, 459, 939; **10/3** 14s., 19s., 26, 45, 55, 59, 71, 84, 97, 103, 104-147, 150, 214, 243, 280, 287, 320, 324, 843, 851, 958, 966, 969, 979, 1.007s.; **10/4** 625, 762, 772, 783; **11/1** 140; **13** 5, 12, 48, 66, 76[37], 76, 247, 350[33], 475; **14/3** 71, 79, 91-92; **15** 12, 13, 17, 37, 59, 66, 99, 128; **16/1** 183; **16/2** 327, 433; **17** 11[3], 29[7], 79, 83, 104, 144s., 156, 204, 207s., 271, (297), 315, 336; **18/1** 15, 26, 35, 42, 176, 231, 250, 261, 281, 359s., 434s., 457, 465s., 529, 536s., 551, 555, 568, 582, 591, 649s., 674s., 754, 756, 759, 779; **18/2** 1.114, 1.133, 1.159, 1.272, 1.287s., 1.297, 1.314, 1.322, 1.404, 1.438, 1.512, 1.574
- aniquilamento do **7/1** 156
- escolha do parceiro entre os **17** 330
- espaço e tempo dos **8/3** 840
- formas
- - de religião dos **16/1** 20
- do aldeamento dos **16/2** 435
- homem **8/2** 204, 209, 340, 506
- incapacidade de concentração dos **16/2** 477
- o medo do **7/2** 324
- perda da alma dos **16/2** 372
- psicologia dos **14/2** 167[395], 269, 355[104]; **16/1** 247
- quaternio de matrimônio dos **16/2** 431s.
- religião do **9/1** 260; **10/3** 977; **10/4** 772
- símbolos / simbolismo dos **3** 524; **16/2** 437
- tabus dos **11/1** 30
- cf. tb. Índios; Negro

Primitivo / indivíduo **8/1** 52[42], 114s.
- crença do primitivo nos espíritos **8/2** 572
- e a alma **8/1** 47; **8/2** 426, 586, 591, 665s.
- e o mito **8/1** 71; **8/2** 278, 327

- formação dos símbolos para a transformação da libido **8/1** 86, 88s., 92
- instintos / impulsos **8/1** 109; **8/2** 272
- projeções **8/2** 517
- relação com o objeto **8/2** 507, 516, 521
- sexualidade do **8/2** 237, 330, 465
- sonho do **8/2** 554
- temor do **8/2** 209
- cf. tb. Deuses; Espíritos; Homem civilizado

Primogênito(s) **14/2** 252
- morte dos **11/4** 661

Primordial(is)
- concepções **7/2** 218
- homem **8/2** 395
- imagens **8/2** 270[8], 278s., 403, 589, 794; **9/1** 68, 117, 136[26], 141, 149s., 174, 193, 260, 396, 427
- pensamentos **9/1** 89

Primórdios bíblicos **14/2** 429

Primum mobile **9/2** 201

Primus homo **14/2** 27

Príncipe
- andaluz **13** 424s., 436, 439
- deste mundo / das trevas (diabo) **9/2** 336; **14/1** 27, 32, 33, 340[384]
- o Sol como **14/1** 140

Princípio
- ativo **14/2** 75[204]
- constitutivos **4** 688
- cosmogônico **15** 12
- de complementaridade **8/2** 545[4]
- do prazer **16/1** 24, 150s., 234
- elemento feminino **9/2** 99s., 320s., 383, 393
- explicativos **4** 258, (318)
- formador **8/2** 401s.
- guia / norteador **8/1** 98; **8/2** 635s., 642
- hipostasiação científica **8/1** 5

- imanentes **14/1** 48
- ordenador **9/2** 60, 209, 304, 310, 318, 381s., 398, 405, 410
- regulativos / reguladores **4** 688, 690; **15** 126
- pré-animista **8/1** 126
- transcendental **14/2** 370
- vital **14/2** 365

Principium
- *individuationis* **6** 84, 210, 946; **9/2** 118
- *mundi* **13** 103
- cf. tb. Individuação

Prisão **8/2** 705; **12** 277, 437; **14/1** 42, 64, 101, 117, 136; **14/3** 262-264, 272-273, 280-281, 283, p. 78-79, 82-83, 96-97
- babilônica **14/1** 43[38]
- das potências deste mundo **14/1** 279
- motivo da **14/2** 112
- noturna no mar **5** 374, 512
- preventiva
- - caso de estupor histérico na **1** 226-299
- - e emoção do paciente **1** 245
- - estados característicos das pessoas em **1** 257s.
- - influência da **1** 283s.
- - medo da **1** 356

Privatio
- *boni* **10/3** 879; **10/4** 640, 677; **11/2** 185; **11/4** 600[13], 685; **14/3** 97, 97[122]; **18/2** 1.537, 1.553, 1.593[9], 1.595, 1.600, 1.606, 1.618, 1.639
- - doutrina da **9/2** 74s., 79[29], 80, 86, 89[39], 94, 98, 104, 113s., 115[76], 142, 171, 422, 428; **14/1** 83
- - *lucis* **9/2** 422

Probabilidade(s) **8/2** 441, 493; **8/3** 954, 956; **18/2** 1.179s., 1.184s., 1.189, 1.195, 1.198s., 1.208, 1.222
- cálculo de **8/2** 437; **8/3** 830, 965, 979
- campo de **8/2** 438
- de acasos **8/3** 821, 895, 901, 959
- expectativa de p. na telepatia **8/2** 504
- lógica da **8/2** 385

Probabilismo **12** 36
- moral **12** 24[8]

Probidade civil **14/2** 398

Problema(s)
- da época **6** 478s.
- da idade **7/1** 88, 114
- do bem e do mal **14/1** 83
- do tempo **7/1** 18
- dos opostos **14/3** 609
- geniais **4** 2
- humanos comuns / conceituação **14/2** 405, 406
- solução durante o sonho **8/2** 299, 491

Problema / problemático **17** 81s., 321
- dos pais e filhos **17** 89s., 106, 154

Problemática
- da personalidade **14/2** 398
- dos opostos **12** 43, 397
- moderna **14/2** 394

Proceedings of the Society for Psychical Research **4** 687

Process of quickened maturation (Hall) **8/2** 552

Processo(s) **6** 860; **14/2** 53, 207, 226, 356, 365, 372, 375, 407, 408, 430
- afetivo **6** 528; **14/2** 322
- alquímico **14/1** 175; **14/2** 107, 151, 342, 347, 348, 349, 352, 353, 357, 403, 447
- - em quatro etapas **14/2** 217
- - o *lapis* como resultado do **14/2** 225
- arquetípicos **14/1** 121
- celulares e fenômenos psíquicos **3** 7, 56, (471), (493)

- centralizadores do inconsciente **12** 44, 325, 564
- circular **14/2** 177
- criativo **14/1** 175
- da natureza **14/3** 347
- da transformação **12** 80, 232, 366, 366[55], 417, 470s., 470[121]
- de assimilação **14/1** 268, 320; **14/2** 121
- de cristalização **14/3** 397, 436
- de cura **12** 35
- de individuação; **5** 459, 672; **11/2** 281, 292; **11/3** 390; **11/4** 739, 743, 755; **11/5** 906; **12** 1s., 40, 44, 116, 150, 555s., 564; **14/1** 291; **14/2** 6[19], 311, 316, 334, 365, 447; **14/3** 249, 251, 444
- - como analogia da opus **12** 40, 448, 470[121]
- - como espiral **12** 34, 242, 245s., 325
- - orientação para um fim do **12** 328
- - símbolos oníricos do **12** 44s.
- de integração **14/1** 256
- de regeneração **14/2** 91
- de ritmização emocional **5** 219
- de salvação **14/2** 232
- destrutivo **14/2** 121
- de tornar-se si-mesmo **11/2** 233; **11/3** 403; **11/5** 902, 960
- de totalização no Oriente **11/5** 905ss.
- de transformação **11/2** 289; **11/3** 352, 371; **14/1** 66, 266, 310; **14/2** 267, 315
- - da natureza **11/3** 375
- - religioso **11/2** 244; **11/5** 890ss., 902
- - secreto **14/2** 364
- - sentido psicológico do processo **14/2** 100
- - simbólico **14/2** 447
- - sintético **14/2** 70
- - terapêutico **14/1** 338
- - vital **9/2** 3

- físico **14/2** 6
- inconsciente(s) **14/2** 213, 238, 369
- - transcendentais **11/3** 448
- instintivos
- - analogias dos **5** 337
- - aumento dos **5** 200
- intracerebral **2** 561
- judicial **2** 728, 747, 759
- linguístico-motor **2** 46, 70, 75, 89, 105s., 128, 388, 451, 560, 797
- mecânico-linguístico **2** 70, 86, 143, 165, 176, 385, 465, 547
- orientação finalista dos **6** 926, 928s.
- psicoenergético **6** 748
- psicoide **14/1** 272
- psíquico(s) / psicológico(s) **6** 528, 587; **11/3** 433, 446, 448; **14/1** 121; **14/2** 38, 223, 334, 347, 357, 364, 365, 404, 407, 417
- - explicação contraditória dos **6** 924, 927s.
- - inconscientes **11/4** 559
- - na etapa animal **14/1** 173
- químico **14/1** 85, 310; **14/2** 6, 50, 222, 334, 337, 347, 354, 357, 365; **14/3** 320
- - como imagem da paixão e do triunfo de Cristo **14/2** 151
- simbologia / simbolismo do **11/3** 447
- vasomotores **1** 303
- vital **4** 237, 282

Procriação **4** 477s., 783; **8/1** 107

Proctofantasmista **3** 391

Prodromus Rhodostauroticus **13** 411[208]

Produção de erros **4** 338s.

Produtividade **17** 206

Produtos arcaicos do pensamento **11/5** 779, 783

Profecia **8/2** 479, 493; **14/3** 73, 77, 87, 91, 92[106]
- como projeção **6** 483

542 Obra Completa – Vol. 20

- de duplo sentido **6** 483
- judaica **6** 1.033

Profecia / predição **13** 148

Professor **4** 96 (S), 97s.; **17** 107a,
232, 238s., 247s., 258a
- autodidatismo do **17** 110s.
- como educador **17** 107a
- e psicologia analítica **17** 109
- e vida psíquica da criança **17** 100
- inclinação pelo **4** 56, 116s., 461s.,
501s.

Profeta(s) **6** 483s., 728, 902; **7/2**
263s.; **8/2** 359, 393; **9/1** 124, 216,
253, 360, 403[17]; **11/3** 448; **11/4** 667;
14/2 120, 437; **15** 149, 181, 184; **14/3**
p. 54-55
- bíblico **14/1** 120[53]
- do Antigo Testamento **11/5** 962;
14/2 312; **17** 301, 316
- Espírito Santo e **11/5** 997
- falsos **11/4** 699, 723
- modernos
- - papel compensador dos **11/5** 962s.
- oito encarnações de p. **14/2** 237
- poeta como **6** 317

Profeta / profecia **13** 86[3], 380, 392s.;
18/1 246, 258, 701, 705s., 725; **18/2**
1.368, 1.523, 1.529

Profetisa **9/2** 329, 361, 378

Profetizar **1** 37

Profissão **8/2** 258; **17** 170s.
- escolha da **2** 1.009

Profundeza escura **14/2** 131[285], 134,
369

Proglótide **15** 169

Prognóstico **15** 32, 33, 36

Prognose / prognóstico **8/2** 493, 531

Progressão **8/1** 60s., 68-70, 72s., 76
- como característica do pensamento
verdadeiro (em Freud) **5** 25

Progresso **8/1** 111; **8/2** 523, 682
- espiritual **15** 17

Proibição **11/2** 291

Projeção(ões) **2** 997; **4** 293, 318, 371,
477, 507, (535), 657, 663; **5** 92, 93,
170, 261, 436, 507; **6** 9, 199, 265,
267, 323, 367, 449, 456, 464, 520,
554, 557, 564, 587, 677, 685, 689,
789, 881s.; **7/1** 164; **7/2** 297, 375,
395; **8/2** 253, 507s., 514, 521; **8/3**
866; **9/1** 7, 53s., 61, 120s., 142, 145,
159s., 168s., 182, 186s., 249, 284,
287s., 294s., 311[3], 315, 350, 355s.,
382, 477, 513, 541, 550, 682; **9/2**
16s., 19, 20, 24, 26, 28, 34s., 37, 39,
42-44, 57, 60, 65, 100s., 120, 148,
209, 219, 242, 247, 249, 264, 320,
381; **10/1** 572, 577, 580; **10/2** 418,
437, 463, 470; **10/3** 26, 39s., 69, 76,
129, 137s., 240; **10/4** 607, 608, 609,
610, 614, 616, 622, 624, 634, 635,
643, 649, 693, 696, 706, 714, 764,
783, 789, 814; **11/1** 85, 92; **11/2** 230,
268; **11/3** 390; **11/5** 761, 765ss., 975;
11/6 1.065; **12** 15s., 36, 243, 306,
376, 389, 396, 410, 411s., 555s.; **13**
36, 49, 58, 66, 76, 88, 117, 121s.,
140, 143, 173, 195, 209, 216, 248,
253, 259, 277, 285, 291, 374, 379,
389, 391, 395, 439, 444, 451, 459,
462; **14/1** 10[48], 47, 83, 91, 97, 98,
103, 121, 122, 123, 125, 127, 130,
140, 142, 145, 216, 225, 257, 288,
330; **14/2** 29, 70, 107, 151, 169, 171,
173, 174, 177, 185, 283, 338, 339,
342, 356, 369, 379, 394, 396, 412,
430, 446; **14/3** 1, 50, 106, 108, 111,
113, 152, 160; **16/2** 359, 397, 452,
533; **18/1** 120, 281, 312s., 323s., 339,
354, 365, 377, 402, 464, 506, 587,
756; **18/2** 1.162, 1.313, 1.330s.,

1.419, 1.511, 1.536, 1.570, 1.635,
1.638, 1.648, 1.658, 1.669, 1.691,
1.696, 1.700, 1.703, 1.748, 1.804
- antropomórfica **11/1** 141; **11/3** 375
- arquetípicas **8/3** 920
- ativa e passiva **6** 882
- como conscientização indireta **14/2**
151
- como processo introvertido **6** 882
- conceito como aparência de um
objeto oculto **14/1** 125, 127, 130
- conscientização e recolhimento **14/2**
185, 336, 394, 398
- contraprojeção **8/2** 519
- cósmica **8/2** 392
- crítica da **6** 881
- da alma no mundo material **14/1** 91,
123, 142, 145
- da *anima* ou do *animus* **14/1** 225
- da *coniunctio* **14/1** 103; **16/2** 499
- da feminilidade inconsciente **14/1**
216; **14/2** 313
- da imagem
- - de Cristo **12** 7s., 12, 410, 413
- - de Deus
- - - cf. Deus
- - do Salvador **12** 557
- - interior **6** 827
- da *imago* dos pais **16/1** 142, 212s.,
217s., 222; **16/2** 357, 364
- - impedir a **16/1** 239
- da unidade da personalidade **14/1**
288
- das transformações da cosmovisão
medieval **14/2** 171
- de Adão interior **14/2** 266
- de conteúdos inconscientes **11/1** 95;
11/3 375, 389; **11/5** 782; **12** 342s.,
350, 411, 448, 496; **14/1** 330; **14/2** 70,
107, 320, 357, 358, 369
- de ilusões **11/1** 140
- desligamento da **16/2** 407s., 442,
504
- deslocamento da **16/2** 442, 462
- de um complexo autônomo **16/2** 438

- deuses como **7/1** 150; **11/1** 141
- dissolução da **12** 559, 562
- do *anthropos* **12** 410s.
- do inconsciente **14/1** 125, 145
- - cf. tb. Inconsciente
- do médico **8/2** 498
- do neurótico **8/2** 507, 517
- do processo de integração **14/2** 266
- dos alquimistas
- - cf. Alquimistas
- dos complexos autônomos **8/2** 584,
711
- do si-mesmo inconsciente **14/1** 140
- dos pares de opostos **12** 398
- dos pontos de vista **8/1** 5, 41
- efeitos terapêuticos da **14/2** 107
- e introjeção **6** 823, 862s., 881s.; **7/1**
110
- entraves da parte da consciência
14/2 151
- e transferência **18/1** 314s., 351s.,
359, 634
- exemplos **8/2** 269, 507, 514
- figuras projetadas **14/2** 365
- forma projetiva **14/2** 172
- gênese da **14/2** 151, 152, 153
- imaginação e **12** 396
- inconsciência das **14/2** 107, 151,
175, 337
- inconsciente **6** 554, 558, 564; **7/1**
142, 153
- infantil(is) **6/1** 212, 218
- - supressão das **16/2** 420, 447
- ingênuas **16/2** 466
- integração das **16/2** 357, 472
- metafísica(s) **11/2** 272; **14/1** 83
- mito como **8/1** 71; **8/2** 325
- no mandala **12** 249[30]
- não surgem arbitrariamente **14/2** 151
- na matéria **12** 43, 187, 332s., 345s.,
350, 376, 394, 410, 413, 425, 433,
473s., 557; **16/2** 383, 486, 499
- na religião **8/2** 338, 728
- nas substâncias químicas **14/2** 151,
357, 394, 431

- na vida diária **11/1** 140
- no *Enigma Bolognese* **14/1** 47
- no médico
- - cf. Médico
- nos corpos **14/2** 342
- nos homens **12** 413
- nos pais **16/2** 368, 420
- pagã e cristã **12** 413, 416
- para fora **3** 174, 180, 406, 460
- parcial do mal **14/1** 83
- portador da projeção **16/2** 499
- redução das **16/2** 279, 286s.
- religiosa **12** 11s.
- resistência à compreensão da **14/2** 339
- retirada das **8/2** 515, 517; **11/1** 140, 143, 156; **11/3** 375
- solução da **6** 464[146]
- subjetiva (em James) **6** 592
- supressão das **16/1** 225
- total do bem **14/1** 83
- transferência como
- - cf. Transferência

Prometeico **10/3** 152

Prometeu **5** 208, 671[78]; **6** 206, 309; **7/2** 224; **9/1** 427; **13** 126, 331, 460[338]; **15** 154
- como extrovertido (em Goethe) **6** 286s., 305
- como introvertido (em Spitteler) **6** 263, 272
- e Epimeteu **12** 456s., 459
- - em Goethe e Schiller **6** 281s., 300s., 307s., 312s.
- - em Spitteler **6** 261s., 273s., 315s., 322, 479, 524
- e *pramantha* **5** 208
- semelhança com Deus **6** 283, 287s., 299s.

Promiscuidade **10/3** 958

Pronoia **13** 270

Pronuba yuccasella / borboleta ou mariposa da iúca **8/2** 268, 277

Propagação **4** 279s., 284, 288, 664
- da espécie / reprodução **13** 69, 128

Propaganda **10/4** 610
- ateia **18/1** 1.035

Propiciação **9/1** 47

Proporção geométrica **11/2** 181

Proportio sesquitertia **9/1** 644, 648[5], 695; **9/2** 395; **18/2** 1.133, 1.140

Propriedades
- as quatro fundamentais dos elementos **14/1** 1, 1[1a], 66; **14/2** 217

Proprietária do mundo **3** 202, 207, 227, 382, 500

Prosérpina **5** 148, 644[36]; **15** 152

Prósopa **9/2** 397[98]

Prostituição **4** 666; **10/3** 75, 185, 202, 208, 218, 248s., 321, 834; **14/2** 73[184]; **18/1** 912

Prostituta(s) **8/2** (m.s.) 566; **9/1** 356; **14/2** 68[175], 73[184]; **15** 210

Protágoras **6** 283

Protanthropos **11/3** 400

Protestante **11/1** 86
- incidência de complexos no **16/1** 218
- otimismo dos **11/5** 791
- relação da transferência do **16/1** 218

Protestantismo **4** 750; **5** 259, 683; **6** 91; **7/1** 118; **8/1** 110; **8/2** 338; **9/1** 18s., 29s., 77, 190, 230; **10/1** 508, 516; **11/1** 10, 33, 43, 75, 84s.; **11/5** 855, 893; **14/2** 108, 173; **17** 311; **18/1** 370, 565, 609s., 622s., 641s., 656, 671, 700; **18/2** 1.380, 1.472, 1.507, 1.510, 1.550, 1.552, 1.581, 1.595, 1.608, 1.633, 1.645, 1.652s., 1.665, 1.674s., 1.689, 1.743, 1.811
- como religião do masculino **11/4** 754
- denominações, cismas do **11/1** 83;

Índices gerais 545

11/5 860ss.
- e catolicismo **11/1** 33s., 86; **11/2** 285; **11/4** 655, 754; **16/2** 392
- e o dogma da Assunção **11/4** 748, 754
- personificação das figuras divinas no **14/1** 280
- ponto de vista do *sola fide* no **11/2** 294[3]
- zwingliano **18/1** 625

Protestantismo / protestante **9/2** 75, 235, 276; **13** 71, 81; **15** 10, 45, 52, 183

Proteu **9/2** 338, 339; **14/2** 325

Proteus **14/1** 45
- *anguinus* **8/2** 323
- como falso deus do mar **14/1** 45, 69

Próton(s) **14/2** 373
- solares **8/3** 872s., 977

Protoplasto / *protoplastus* **9/2** 334; **13** 168, 203

Protótoma **9/2** 334; **13** 168

Prounikos / sofia **9/2** 307[33]

Prova
- de virgindade **5** 572, 676
- do fogo **6** 369, 386

Provença **18/1** 259

Provérbios **2** 72, 111
- cf. tb. Bíblia

Providência **8/3** 828; **9/2** 51

Prudentia **14/3** p. 54-55

Prunicus / Prunikos **14/3** 107
- - como virgem **14/2** 240, 240[119]
- - comparada à mulher de fluxo sanguíneo **14/2** 240[119]

Pseudologia phantastica **1** 118, 419; **10/2** 419, 420; **18/2** 1.368, 1.384

Psicanálise **2** 640, 642, 645s., 656s., 660-727, 761, 765, 816, 846, 859, 876[7], 1.008s., 1.014, 1.068, 1.094, 1.100, 1.333; **3** 140, 179, 193, 263, 397, 425, 432, 436; **4** 126, 150, 152, 155s., 179s., 192s., 194s., 197, 200s., 222, 229, 254, 287, 312s., 321, 326s., 407, 413s., 426s., 450s., 455, 522, 524, 536, 539, 557, 562, 575, 582s., 592, 594, 619-641, 643s., 745s., 755s.; **7/1** 2, 17, 26, p. 148, 152s.; **8/1** 51, 63, 93; **9/1** 138, 159; **9/2** 316[61]; **10/1** 530; **10/3** 2, 160, 169, 189, 212, 350, 355, 361, 368, 888; **10/4** 631, 637, 658, 659; **14/2** 174[215]; **15** 44, 52, 56; **16/1** 1, 36, 39, 41, 53, 134, 199, 212, 230; **17** 17[5], 99, 130, 142, 180
- conceito da **16/1** 115, 118, 120
- definição de **4** 621s.
- dos artistas **15** 115
- e a obra de arte **15** 101, 106, (12)
- em Freud **11/5** 842ss.
- essência da **4** 458s.
- etapa inicial da **16/1** 134
- fundamentos **16/1** 123
- cf. tb. Freud; Escola Freudiana; Análise

Psicanálise / psicanalista **18/1** 282, 320, 331s., 794, 841-1.076; **18/2** 1.146, 1.480

Psicanalista **17** 260

Psicastenia **3** 170, 418, 471; **6** 698, 703; **10/3** 4

Psicastênico **16/1** 131, 249

Psicocatarse **4** 577, (596), 633
- cf. tb. Método

Psicocinesia **8/3** 837; **10/4** 780

Psicodiagnóstico **18/2** 1.458s.

Psicofísica **5** 258
- de Fechner **8/2** 352; **17** 162
- relação **8/1** 10; **8/3** 938

Psicofísico(s) **9/2** 212, 249; **10/4** 658
- processos **3** (7), (12), 56

Psicofisiologia **2** 1.180; **17** 162; **18/1** 891, 915

Psicofisiológicas
- - disposições **8/3** 873
- - - inconscientes **8/3** 840, 902

Psicogalvânico
- - fenômeno **8/1** 23; **8/2** 198

Psicogênese **4** 5; **11/6** 1.072[20]; **18/1** 790-840, 992, 1.024
- da histeria **4** 207, 231
- das neuroses **4** 28, 32, 396
- nas doenças mentais **3** 466-495, 497, 501, 504-541

Psicogênese / psicógeno **18/2** 1.228, 1.249, 1.474, 1.577, 1.776, 1.805

Psicogênico / distúrbio / perturbação **13** 48, 195

Psicógeno(s) / psicógena(s)
- acidentes **8/2** 546
- cegueira **8/2** 582
- mecanismo **2** 661s., 665, 727, 1.348, 1.351
- neurose **8/2** 526

Psicografador / copo emborcado **1** 45

Psicografia **3** 157[137], (313)

Psico-higiene **18/2** 1.437

Psicoide **8/2** 368; **14/3** 79
- aura p. **14/2** 441
- fenômeno **13** 350
- grandeza psicoide do inconsciente **14/2** 441
- imagens discutíveis do domínio **14/2** 442
- inconsciente **8/2** 386[49], 417, 419
- processos / sistemas **8/2** 367s., 380, 386

Psicologema **9/1** 465; **9/2** 315, 320; **10/4** 716; **14/2** 66, 213, 317
- estrutura lógica do **14/2** 317

Psicologia(s) **3** 105, 419, 542, 549, 584; **4** 670s., 756s., 762s., 770s.; **6** 687, 954; **7/1** 74, 192; **7/2** 369, p. 143s., 157; **8/1** 91; **8/2** 429, 525; **11/1** 3; **11/2** 289; **11/3** 376; **11/4** 645; **11/5** 794, 945; **12** 15s.; **14/1** 104, 123, 142, 147, 272, 304; **14/2** 97, 107, 123, 174, 180, 182, 205, 280, 313, 330, 332, 333, 335, 343, 356, 406, 432, 444; **15** 60, 98, 99, 113, cap. VII; **17** 4, 79, 80, 98s., 127s., 130, 142s., 156s., 160s., 165s., 170s.
- acadêmica **8/2** 365, 528; **17** 128
- ambivalência da **17** 166
- analítica **4** 154, 156, 523, 670s.; **6** 4, 39, 286, 422, 456, 463, 525, 554, 949; **7/2** p. 152s.; **8/1** 51, 54; **8/2** 132, 279, 385, 701, 730, 738; **11/5** 779, 793, 808; **14/2** 170, 270; **17** 98s., 108s., 126, 130, 142, 170s., 175
- - da obra de arte poética **15** 97, 115, 120, 121, 132
- - e cosmovisão **8/2** 689-741
- animal **14/2** 269
- antiga **8/2** 356, 677
- arcaica **7/2** p. 153s.
- biológica **14/1** 90
- camaleônica **6** 595
- causalística **15** 108
- científica **8/2** 429, 449, 660; **14/2** 280, 285, 293, 332, 450
- como ciência **6** 81s., 84, 470, 585, 741, 806, 983
- - experimental **12** 15s., 502s.
- como história **6** 805
- comparada **8/2** 476
- - das religiões **14/2** 121[262]
- comparativa **3** 527
- complexa **8/2** 215, 421; **12** 403, 411; **14/2** 347, 423
- conceitos da **6** 741
- concepção
- - materialista da **6** 662

Índices gerais

- - psicológica das transformações **14/1** 300
- consciente **6** 670
- cristã **14/1** 132; **14/2** 159, 261, 335
- - religiosa **8/1** 36
- crítica **6** 1.030, 1.057
- da ameba **8/2** 322
- da consciência **7/2** 329, 406
- - e macrofísica **14/2** 424
- da criança **17** 80, 211, 284, 286
- da força **4** 779
- da mulher **15** (59), cap. VIII
- da obra de arte **15** 147, 152, 155, 156
- da religião **5** 2; **15** 60
- da sexualidade **4** 38
- das faculdades **6** 1.018
- das neuroses **15** 56, 59, 63, 64, 66
- das profundezas **15** 149
- das psicoses **11/5** 845
- de Adler **17** 156
- de Freud **17** 99
- de Janet **15** 166[8]
- de massas **6** 318
- desconhecimento na Idade Média **14/2** 296, 330
- do argumento matemático **8/3** 870
- do complexo **4** 203
- do corpo / filopsique (Bleuler) **8/2** 368
- do divino **14/2** 269
- dogmática **17** 128
- do homem
- - e da mulher **14/1** 210-225
- - primitivo **14/2** 1, 269, 270
- do inconsciente **8/2** 355, 436; **12** 19s., 31, 43, 392, 555, 564; **14/1** 183; **14/2** 355[104], 367, 373, 446
- - e alquimia **14/2** 447
- do "nada mais do que" **6** 54
- do oprimido **6** 717
- do poder **7/1** 54
- do poeta **15** 145, 147, 159
- do polivalente **1** 3
- do profundo e a metafísica **14/2** 423
- dos instintos / impulsos **4** 764; **8/2** 671

- dos pais **17** 99, 106
- dos povos **4** 457
- dos sonhos **4** (2), 38, 332; **11/5** 845; **17** 191
- dos tipos **7/2** p. 146[7]
- e arte **15** 97, 204
- e a relação com as cores **14/2** 50
- e ciência do espírito **17** 165
- e ciências naturais **8/2** 346, 357, 417, 623; **14/2** 183, 280, 285, 430; **17** 161s.
- e doutrina cristã **14/2** 121[262], 123
- e educação **17** 98s.
- e fisiologia **6** 550, 662, 1.036
- e medicina **3** 468
- e metafísica **11/2** 273[34]; **11/5** 579s.; **14/2** 223, 296, 315, 317, 332, 436
- e mito **14/2** 406
- empírica **4** 5; **8/1** 33; **8/2** 261, 343, 345, 351; **8/3** 905; **11/1** 5; **11/3** 400[21]; **11/4** 647; **14/1** 266; **14/2** 123, 189, 206, 280, 317; **17** 127
- e religião **6** 470; **11/1** 1s., 137, 146s., 162s.; **12** 9, 13s., 35; **14/2** 121[262], 123
- erótica do Cântico dos Cânticos **6** 451
- e seu conceito de valor **14/2** 280
- e símbolos religiosos **14/2** 121[262], 123
- esquema psíquico **14/2** 278, 279, 280, 282, 283, 286
- e teologia **11/2** 280, 285; **12** 21; **14/1** 266; **14/2** 121[262], 183, 316, 433
- existencial **11/5** 948
- experiência psicológica **14/2** 412, 413
- experimental **3** 2; **6** 1.036; **7/1** 2, p. 131s.; **8/2** 345, 701; **14/1** 48; **17** 128, 170
- feminina **7/2** 296
- - e masculina **7/2** 328s.
- fenômeno da **11/2** 275
- fenomenologia da **11/3** 375
- filosófica **17** 128
- fisiológica **8/1** 51; **17** 128, 156; **8/2** 231, 232, 701

- formação de uma teoria (Jung) **8/1** 40
- francesa **3** 6, 14, 59
- freudiana **15** 144
- fundamentos da **5** 1
- - como ciência **5** 343
- - e história **5** 1, 78[19]
- - moderna **5** 113, 336, 611
- história da **8/2** 343
- humoral **6** 1.034, 1.036
- idade da **6** 1.013, 1.021
- individual **3** 72, 406; **4** 755; **6** 54, 770, 805, 923; **16/1** 39, 41, 115
- infantil **6** 866; **17** 13, 79, 80, 99, 105, 143
- interpretação psicológica **14/2** 433, 434
- linguagem psicológica **14/2** 370, 396, 398
- médica **3** 527, 541; **7/1** 122, 199; **8/2** 346, 441, 526, 530, 640; **11/5** 941, 974s.; **14/1** 183, 207; **14/2** 107, 178; **17** 102, 128, 129
- medieval **11/2** 284
- moderna **8/2** 214, 674, 688; **8/3** 920, 935; **14/2** 342, 354, 367, 398, 399
- na Antiguidade **6** 8s.
- na Idade Média **6** 67, 454
- normal **6** 527s., 754
- - e inferioridade patológica **1** 5
- objetiva e subjetiva **6** 8s., 257
- objetividade da **12** 17, 20
- oriental e ocidental **11/5** 759, 956s.
- - paralelismos entre **11/5** 824s.
- personalista **3** 527, 544, 551; **14/1** 90
- ponto de vista psicológico **14/2** 48, 64, 83, 88, 107, 185, 223, 258, 312, 353, 358, 360, 425, 427, 431, 447
- posição singular **8/2** 261, 421, 530
- prática **6** 868, 879; **17** 127
- prefácio **15** 133, 134, 135
- primitiva **3** 529, 576; **6** 9, 595, 702, 866; **12** 38s., 394
- profunda **4** 523
- pseudopsicologia **6** 47
- psicologemas **14/1** 22, 211, 213

- psicologismo **14/2** 332
- religiosa **11/4** 751
- resistência à **14/1** 147; **14/2** 174
- sem alma **8/2** 649, 658, 660s.
- sexual **7/1** 3, 39, 49, 199, p. 133
- tarefa atual da **14/1** 121, 122
- teorema direto e inverso **14/1** 219
- teoria da **8/1** 104s.; **8/2** 212, 470, 509, 702
- cf. tb. Consciência; Criança; Massa; Religião; Sonho

Psicologia acadêmica **16/1** 190, 231
- analítica **16/1** 115s., 121s., 132s., 159, 168
- - desenvolvimento / evolução da **16/1** 172, 174
- como ciência **16/1** 1
- complexa **16/1** 115
- e ciências humanas **16/1** 120
- empírica **16/1** 175
- geral **16/1** 232
- gregária / das massas **16/1** 4, 223
- médica **16/1** 49, 52s., 120, 232, 236, 244, 254
- moderna **16/1** 46s., 213
- por idade **16/1** 75
- prática **16/1** 45, 232, 237
- primitiva **16/1** 96, 247

Psicologia e alquimia **14/1** 329; **14/2** 265, 340, 341, 342, 347, 354, 367, 396, 404, 405, 431, 432, 434, 437; **16/2** 352[2], 492, 497, 503, 533
- como ciência **16/2** 537
- conhecimentos da **16/2** 518
- da *coniunctio* **16/2** 458
- das massas **16/2** 443
- e física **16/2** 468[10]
- e metafísica **16/2** 378[31], 389[44]
- feminina **16/2** 505, 518s., 520
- médica **16/2** 356
- na Idade Média **16/2** 533
- *numen* do fator psicológico **16/2** 442, 449
- usa linguagem diferente **14/1** 303

Índices gerais

549

Psicologia / psicológico **2** 2, 14, 20,
46, 115, 132, 135, 137, 145, 168, 171,
383, 387, 414[61], 416, 421, 439, 444,
474, 478, 487, 489, 559, 615, 622,
657, 659, 661s., 715, 727, 730s., 737,
759, 761, 766, 785, 792, 798, 813,
851, 863-917, 920, 923, 940, 944,
950, 993, 1.012, 1.015, 1.066s.,
1.074, 1.102, 1.178, 1.316, 1.351s.,
1.356, 1.379, 1.388; **9/1** 1s., 16, 21,
40, 50, 61s., 91, 99, 111s., 120, 126,
131, 140[29], 141s., 148-198, 206s.,
212, 225s., 253s., 259-305, 306-383,
384s., 430s., 436, 452s., 456-488,
525, 527s., 536, 542, 581s., 595, 599,
608, 625, 638, 661, 677, 689, 708,
713; **9/2** 1, 3-16, 21, 37, 41, 44, 47s.,
50, 59-61, 70, 72, 77s., 85, 97s., 112,
114, 120-123, 126, 139-141, 147,
162, 167, 171, 185, 208, 216, 230,
237, 251, 260, 264, 266-286, 297,
303s., 306, 308s., 312, 320s., 341,
347-367, 379-389, 398, 405, 408-413,
426, 429; **10/1** 495, 499, 509, 512,
527, 544, 549-564, 567, 573, 577;
10/2 374, 385, 402, 405, 437, 445,
457, 466, 907, 912, 925; **10/3** 1s., 3s.,
7, 23s., 38s., 54, 62, 70, 84, 103, 105,
125, 157, 167, 175, 187b, 210, 217,
225, 242, 249s., 258, 276-332, 333s.,
340s., 347, 370, 825-857, 887-902,
946-980, 1.003, 1.008, 1.013; **10/4**
599, 608, 617, 619, 622, 623, 631,
632, 634, 643, 644, 647, 652, 655,
658, 659, 676, 691, 693, 695, 710,
727, 731, 743, 744, 751, 753, 754,
755, 774, 779, 780, 781, 783, 802,
803, 804, 807, 809, 814, 818; **11/6**
1.015, 1.025s., 1.034[8], 1.040s., 1.046,
1.053, 1.056s., 1.062, 1.065s.,
1.070s.; **13** 5, 12, 30, 59, 68, 73, 76[37],
82, 85, 111, 117, 134, 140s., 153,
171[82], 185, 187[155], 195, 197, 201[208],
203, 207, 220, 229, 242s., 247, 253,
256, 263, 268, 283[237], 285, 287, 289,
294, 303, 306, 341, 353[36], 357, 365,
372[81], 379, 390, 395, 428, 451, 457,
459, 462, 467, 482; **18/1** 5s., 24, 27,
80, 116s., 136, 139s., 148s., 161s.,
187, 192, 198, 217, 225, 229, 233s.,
269, 275s., 290, 297s., 306, 314, 327,
332, 356, 383, 392, 418, 434, 460,
479, 495s., 506, 556, 571s., 578s.,
590, 595, 601, 605, 610s., 617, 638,
648, 697, 700, 715, 722s., 732s., 741,
746-756, 757, 759, 782-789, 795s.,
797, 826s., 833s., 839, 844, 871-883,
888s., 900s., 913s., 923, 927, 932,
934s., 959s., 973, 982, 1.008,
1.021s., 1.063; **18/2** 1.084, 1.102,
1.111, 1.115, 1.118s., 1.120, 1.133,
1.149, 1.163s., 1.165, 1.191, 1.198,
1.213, 1.221, 1.223, 1.233, 1.238,
1.245, 1.248, 1.250, 1.259, 1.265,
1.271, 1.277, 1.281, 1.284, 1.287,
1.292s., 1.297, 1.300, 1.305-1.342,
1.357s., 1.368, 1.374s., 1.389,
1.394s., 1.403s., 1.411, 1.428, 1.432,
1.442, 1.445, 1.455, 1.466-1.690,
1.691, 1.700-1.704, 1.714, 1.719,
1.723, 1.732s., 1.742, 1.774, 1.777,
1.790, 1.793, 1.796s., 1.805, 1.809,
1.811, 1.817, 1.824s., 1.827s.
- acadêmica **18/1** 571; **18/2** 1.111,
1.144, 1.295, 1.357
- americana **9/1** 159[5]; **10/3** 946-980
- analítica **2** 1.355[6]; **10/3** 21, 69, 257,
858-886; **13** 480; **18/1** 1.415; **18/2**
1.084-1.109, 1.125, 1.232,
1.238-1.244, 1.259, 1.296, 1.299,
1.388, 1.425, 1.714, 1.823
- antiga **13** 122
- aplicada **18/1** 790s.
- arcaica **18/1** 230; **18/2** 1.313
- científica **9/1** 120; **13** 63; **18/2** 1.122
- clínica **13** 353; **18/1** 456, 540; **18/2**
1.111, 1.142s., 1.127, 1.295, 1.389,
1.425, 1.448, 1.464, 1.688, 1.737
- coletiva / de massa **18/1** 369, 371
- como ciência **18/2** 1.475, 1.737s.,

1.796
- comparada **18/2** 1.266
- complexa **9/1** 84, 485; **13** 134, 435; **18/2** 1.129-1.137, 1.141, 1.236, 1.298, 1.425, 1.475, 1.729, 1.737, 1.741, 1.808, 1.811, 1.823
- conteúdos da **10/3** 899
- criminal **2** 640, 659, 755, 1.316-1.347; **10/2** 466
- cristã **9/2** 76-79, 98, 99[48], 115s., 125s.
- da alquimia **9/2** 239; **13** 125; **18/2** 1.235, 1.531
- da consciência **2** 619[48]; **13** 90; **18/2** 1.796
- da criança / infantil **9/1** 259[3]; **10/3** 61
- da família **9/1** 126
- da mulher / feminina **18/2** 1.795-1.802
- da religião **18/2** 1.140, 1.229
- da sociedade **18/2** 1.259
- das associações **2** 692, 754
- das neuroses **9/1** 113
- das raças **11/6** 1.034, 1.053
- de Adler **18/1** 275s.; **18/2** 1.227, 1.723
- de Freud **18/1** 274s., 795, 925, 929, 938, 940, 950, 982, 988, 999; **18/2** 1.148s., 1.830
- - cf. tb. Psicanálise
- de grupos / grupal **9/1** 225-228; **10/3** 887s., 898s.
- de Jung **18/2** 1.121s., 1.133s., 1.141, 1.165s., 1.226, 1.256s., 1.264, 1.286s., 1.298, 1.357, 1.511, 1.517, 1.536s., 1.732, 1.737, 1.740, 1.774, 1.790, 1.808
- de massa / coletiva **9/1** 227; **10/1** 536; **10/2** 457, 460, 468, 474; **18/2** 1.315, 1.351, 1.386, 1.676
- do inconsciente **9/1** 63, 296, 306, 356, 419, 708; **9/2** 1, 269, 350, 413; **10/2** 458; **10/3** 886; **10/4** 634, 658, 742, 756, 771; **13** 120, 237, 341, 397, 482; **18/1** 756, 789; **18/2** 1.133, 1.164,

1.214, 1.236, 1.418, 1.480, 1.494, 1.691, 1.703, 1.797
- - cf. tb. Analítica; Complexa
- do negro **18/2** 1.285
- do sonho
- - cf. Interpretação do sonho
- dos complexos **10/3** 257, 887, 902
- dos povos **18/2** 1.131, 1.140, 1.161, 1.302
- e ciência / científica **10/1** 531, 562; **11/6** 1.025, 1.034
- em geral **18/1** 790
- empírica **9/1** 150, 468; **9/2** 75; **10/3** 890, 900; **13** 237, 368; **18/1** 742; **18/2** 1.296, 1.312, 1.408, 1.504, 1.555, 1.733
- escolas de **18/1** 355, 798; **18/2** 1.154s., 1.774, 1.825
- experimental **2** 863, 982, 1.015, 1.038, 1.079; **10/3** 1; **18/1** 739, 790; **18/2** 1.137, 1.298, 1.738
- feminina **18/2** 1.134, 1.230
- filosófica **2** 864
- fisiológica **18/2** 1.298
- freudiana
- - cf. Escola freudiana
- inconsciente **18/1** 371
- individual / pessoal **2** 137, 603, 955, 1.116; **10/4** 658; **18/1** 371, 412s., 487, 622, 634; **18/2** 1.153, 1.246, 1.314
- infantil **18/2** 1.081, 1.134, 1.154, 1.313, 1.793s., 1.804
- médica **2** 728; **9/1** 1, 64, 91, 113, 167[8], 259, 290, 432[59], 476, 491; **9/2** 315; **10/1** 532, 556; **11/6** 1.040, 1.042, 1.056, 1.064, 1.070; **18/1** 5, 571, 578
- medieval **18/2** 1.134
- moderna **13** 10-26, 122, 144, 213, 253, 396, 482; **18/1** 14, 230, 639, 742, 751s., 781; **18/2** 1.131, 1.394, 1.409, 1.489, 1.495, 1.631, 1.682, 1.728, 1.740s., 1.750, 1.831
- normal **18/2** 1.131, 1.139, 1.737s.
- oriental **13** 413
- patológica **9/1** 259; **10/3** 2, 257; **18/1**

Índices gerais

791, 832; **18/2** 1.737
- - cf. tb. Psicopatologia
- pessoal **13** 478; **18/2** 1.259
- prática **2** 999, 1.317; **13** 253; **18/1**
831; **18/2** 1.248, 1.633
- primitiva **9/1** 213; **10/3** 16, 59, 69,
106, 128, 132; **13** 122, 341; **18/1** 17,
87, 322, 365, 434s., 833; **18/2** 1.109,
1.160a, 1.228, 1.286s., 1.289s.,
1.297s.
- profunda **2** 1.355[6]; **10/4** 619; **18/1**
789; **18/2** 1.142-1.162, 1.408-1.420,
1.727, 1.803-1.817
- sem alma **13** 286
- sexual **18/1** 932
- social **18/1** 927
- cf. tb. Psicanálise

Psicológica(s)
- causa **3** 534
- determinantes **8/2** 232-262
- formulação do pensamento sacrifical
5 669
- lei fundamental **3** 7
- linha de desenvolvimento **3** (399),
(404), 422
- pesquisa **8/2** 222
- sequência causal **3** 426
- teoria **8/2** 214

Psicológico(s)
- extremo **5** 581
- método **8/2** 421, 498, 600[12]
- ponto de vista **3** 318, 332
- tipos **3** 418
- valor **3** 418

Psicologismo **11/4** 750; **11/5** 771; **13**
73; **18/2** 1.294, 1.589, 1.719

Psicólogo **2** 903, 1.316; **6** 1.057 ; **9/2**
85, 282, 315, 425; **13** 47, 58, 68, 79,
90, 253, 467; **14/1** 50, 59, 117; **17**
157, 190s., 209
- moderno **14/2** 153, 320, 393, 420,
446
- cf. tb. Médico; Paciente; Psiquiatria

Psiconeurose(s) **2** 944; **3** 437; **18/1**
903, 1.042; **11/6** 1.056

Psicopatia **2** 924
- e puberdade **1** 113
- secundária
- - cf. Mania crônica **1**
- cf. tb. Inferioridade psicopática

Psicopatia / psicopata **10/2** 465, 477
- *sexualis* **15** 101

Psicopatologia **3** 8, 69, 279, 470, 496,
542 549; **4** (154), 745; **5** 58; **6** 896;
8/1 17[15]; **8/2** 195, 202, 254, 266, 281,
347, 365s., 387, 430s., 529, 673; **9/1**
136[26], 164, 189, 212, 244, 259, 270,
290, 468; **9/2** 57, 291, 316[16]; **10/2**
445, 466, 476; **10/3** 2, 21, 50; **10/4**
617; **11/6** 1.040; **14/2** 167, 397, 435;
15 60 (144, 146); **16/2** 419; **17** 128s.;
18/1 5, 448, 832, 889, 985; **18/2**
1.119, 1.122, 1.130s., 1.300, 1.368,
1.385s., 1.478s., 1.760, 1.825
- da criança **17** 142
- do dia a dia (Freud) **8/2** 296
- do quotidiano (Freud) **15** 66
- o inconsciente na **3** 438-465
- problema dos tipos na **6** 527s.

Psicopatológico **2** 24, 298, 761, 792,
863-917, 1.111
- - experimental **2** 864

Psicopompo / *Psychopompos* (aquele
que mostra o caminho) **8/2** 494; **9/1**
60, 77; **12** 8*, 9*, 19*, 84, 45*, 409;
9/2 33, 56, 225, 325, 338; **11/4** 612;
13 106, 171[82], 278[216], 303; **14/1** 83,
275
- Indra como **5** 659
- Virgílio como **5** (119[7])
- cf. tb. Hermes

Psicose(s) **3** 354, 421, 480; **4** 59, 507;
5 25[27], 95[38], 204, 274, 458, 474, 504,
624[14], 681, 683; **6** 722, 994; **7/1** 2,
192; **7/2** 254, 270, 370; **8/2** 162, 203,
547, 597, 702; **9/1** 113, 142, 259s.,

266, 494, 519, 621; **9/2** 62, 140; **10/4** 814; **11/1** 83s.; **11/4** 731, 740; **11/6** 1.063, 1.070; **12** 116, 188, 324, 437[43], 439; **14/2** 120, 159, 367, 405, 409, 410; **14/3** 50; **15** 106; **17** 25, 129, 140, 209, 237; **16/1** 18, 137, 212, 218; **16/2** 356, 374, 387, 474
- antecipada e real **14/2** 409, 410
- aparecimento da **3** (61), 323
- como irrupção do inconsciente **16/2** 383
- conteúdo da **3** 317-424
- de massas **9/2** 390[84]; **10/2** 448, 466, 472, 476; **17** 159
- depressiva **5** 504
- de prisão **1** 299
- do totalitarismo **16/2** 442
- histérica degenerativa **3** 141
- induzida **3** 574
- inicial **3** 562
- latente **3** 518, 539, (546), 558, 569, 570, 577; **5** 58[2]; **14/1** 178; **16/2** 381, 476
- maníaco-depressiva **3** (21), 329, 471
- manifestações **11/5** 1.004
- o inconsciente na **3** 443
- perigo de contaminação da **16/2** 358[17]
- predisposição para **14/2** 409
- provocada(s) intencionalmente **11/5** 846s.
- síndrome da **1** 283

Psicose / psicótico **2** 1, 133, 955, 1.067, 1.350, 1.353, 1.356; **13** 48, 428; **18/1** 67, 382, 431, 448, 476, 594, 794, 826s., 832s., 889s., 901s., 909, 919, 936, 982s., 1.013, 1.067; **18/2** 1.130, 1.138, 1.155, 1.159, 1.231, 1.249, 1.261, 1.268, 1.285, 1.330, 1.388, 1.478s., 1.748
- de massa / coletiva **13** 52; **18/2** 1.389, 1.474
- intervalo **14/2** 367
- polineurítica **18/1** 895

Psicossexualidade **3** 436; **5** 193

Psicossíntese (Bezzola) **18/1** 935

Psicossomática **9/2** 44; **10/3** 354[2]; **13** 475

Psicossomático(s) **18/1** 834, 839s., 900
- fenômenos **8/2** 440

Psicotécnica **9/1** 111

Psicoterapeuta **11/2** 285; **11/4** 629; **11/5** 903ss.; **14/1** 183, 268, 330[654]; **15** 54, 168; **16/2** 449, 464, 539; **17** 202
- confiança em seu método **16/1** 4
- convicção do **16/1** 167, 179s., 184
- cf. tb. Médico

Psicoterapeuta / psicoterapia **18/1** 160, 230, 273, 277, 292, 319, 356, 370, 379, 415, 483, 492, 513s., 556, 613, 677, 748, 755, 822, 835s., 840, 843, 894, 1.041, 1.054, 1.071; **18/2** 1.127, 1.130s., 1.138, 1.160, 1.169s., 1.227s., 1.238s., 1.248, 1.254, 1.259, 1.388, 1.423, 1.464, 1.504, 1.509, 1.517, 1.554, 1.578, 1.626, 1.686, 1.703, 1.711, 1.715, 1.727, 1.760, 1.774-1.792, 1.817, 1.823

Psicoterapia **2** 640, 648-656, 665s., 813, 826s., 835, 909, 1.008, 1.068, 1.351; **3** 540, 542, (573); **4** 585; **7/1** 2; **9/1** 84, 91, 119, 134, 137, 284, 290, 318, 404, 474, 480, 524, 621, 623; **9/2** 14, 236, 281, 424; **10/1** 497; **10/3** 19, 23, 175, 257, 333-370, 831, 852, 864s., 880, 889, 900; **10/4** 661; **11/1** 108; **11/5** 899, 903s., 974; **11/6** 1.015, 1.017, 1.021s., 1.042s., 1.055-1.059, 1.060s., 1.064-1.068, 1.069-1.073; **12** 32, 40, 42; **13** 10, 66, 71, 90, 108, 237, 253, 293, 305, 325, 353, 436, 465, 478s.; **14/1** 104, 121, 121[58], 175, 268, 335, 337, 338; **14/2** 71[182], 107, 170, 178, 281, 333, 339, 356, 364, 405, 435; **15** (41), (68); **16/1** 1s., 5s.; **16/2** 356, 449, 471, 479, 489, 492; **17**

Índices gerais

158, 202, 240, 316
- análise em grupos **14/1** 121[88]
- analítica **10/3** 888
- como ciência **11/6** 1.014, 1.017,
1.040; **16/1** 212
- como processo dialético **16/1** 1, 2
- conceito da **16/1** 212
- das psicoses **3** 482, 503, 549
- deve ser individual **14/1** 121
- diagnóstico na **16/1** 195s.
- e conscientização da personalidade
14/2 281
- e cura das almas **16/1** 250
- e Estado totalitário **16/1** 225
- efeitos produzidos **14/1** 175
- elucidação de conteúdos
inconscientes **14/1** 175
- e psicanálise **16/1** 115
- e visão de mundo **16/1** 175s., 240s.,
245, 249
- exigência da **14/2** 339
- fracassos da **16/1** 73
- integração dos conteúdos
conscientizados **14/1** 175
- médica **11/6** 1.064
- medicina e **16/1** 192s.
- meta da **14/2** 178, 356
- métodos da **16/1** 198, 230
- moderna **14/2** 235, 364, 408; **16/1**
24, 29, 35, 39, 46s., 114s.
- na atualidade **16/1** 212s., 226, 227s.
- objetivos / metas / fins da **16/1** 66s.,
75s., 223, 225
- - irracionalização dos **16/1** 42
- pequena **14/2** 178
- perigos da **16/1** 18
- prática **14/2** 433
- princípio básico da **10/3** 358
- problemática religiosa na **14/2** 178,
179
- rotina na **16/2** 367, 381, 400
- questões básicas da **16/1** 230s.
- redescobriu a importância do
mistério **14/1** 306
- tarefa da **16/1** 53, 212, 229
- técnica da **14/1** 337; **14/2** 280, 281,
282, 336, 393, 394, 405

- teorias da **16/1** 198
- trabalho analítico como *opus ad
álbum* e *ad rubeum* **14/1** 175
- cf. tb. Análise

Psicótico **8/2** 135; **9/1** 82s.; **10/3** 880

Psique **2** 609[40], 759, 897, 916, 944,
983, 1.005, 1.007, 1.009, 1.014,
1.062, 1.067, 1.352, 1.360; **3** 8, 33,
320, 324, 385, 397, 405, 409, 527,
567, 576; **5** 197, 474; **6** 781, 883; **7/1**
110, 184; **7/2** 209, 217, 365, 370; **8/1**
29; **8/2** 210, 252, 261, 283-342,
343-440, 423, 437-442; **9/1** 3, 33, 41,
54, 88s., 100, 151s., 160, 187, 190,
195, 206, 259s., 262s., 271, 285,
289s., 294, 296, 314, 316, 355, 384,
388, 396, 432, 451, 465, 483s., 490,
493s., 502, 506, 518, 520, 555, 717;
10/1 498, 526, 529, 534, 540, 544, 547,
559, 561, 566, 575; **10/2** 387, 431, 933;
10/4 635, 636, 644, 646, 656, 658, 659,
667, 671, 779, 813; **11/1** 14, 21, 87;
11/3 448; **11/5** 759; **12** 93, 247s., 326,
327s., 516; **13** 11, 51, 59, 62, 121, 196,
248s., 262, 361[67], 378, 448, 453, 476;
14/1 101, 142, 165, 266, 306; **14/2** 1,
11, 70, 74, 123, 158, 158[185], 347, 413;
14/3 281, 558, 614; **17** 160s., 162s.,
253; **18/1** 6s., 116, 136, 162, 181,
217, 250, 277, 323, 359, 366, 368s.,
383, 401, 411, 419, 438s., 444, 459,
474, 494, 495s., 500, 505, 512s., 523,
540, 553, 559, 583, 592s., 605s., 684,
747s., 763, 826s., 834s., 889, 915,
959, 970, 1.041s.
- aceitação das limitações individuais
14/1 304
- acontecimentos psíquicos **11/1** 5;
11/3 431
- Adão como a psique por excelência
14/2 222
- a descida e os arquétipos
responsáveis **14/1** 307
- a estrutura profunda da **14/1** 272

- ambiguidade da **16/1** 81
- análise do estado psíquico **14/2** 18
- animal **5** 258
- anomalias psíquicas **14/2** 356, 435
- a quaternidade do si-mesmo **14/2** 358
- arcaica **16/2** 452s., 497; **17** 209
- aspecto
- - duplo da **14/1** 165
- - energético **8/1** 8-11, 49; **8/2** 159, 441[134]
- as quatro funções fundamentais e as cores **14/2** 50
- assimilação e integração psíquica **14/1** 255
- atenção orientada pelo inconsciente **14/1** 175
- atitude
- - empírica para com a **6** 984s.
- - psíquica **14/1** 89, 117, 186
- atividade da **6** 73, 171
- a totalidade da **14/2** 170, 207, 413
- autonomia da **7/1** 158; **12** 186
- auto-observação **8/2** 165
- camadas profundas da **14/2** 398
- cisão da **16/2** 434, 522
- - esquizofrênica da (Bleuler) **3** 425
- coletiva **5** 655; **6** 478; **7/1** 113, 150, 156, 158s.; **7/2** 231, 234s., 245, p. 139s., 141s., 145s., 167s., 169s.; **10/4** 589; **12** 68, 104; **13** 478
- - assimilação da **7/2** p. 158
- - e individual **7/2** 250s., p. 143s., 158s.
- - identificação com **7/2** 240, 260s., p. 143s., 152s., 156s.
- - vitória sobre a **7/2** 261, p. 157
- combate das potências psíquicas **14/2** 170
- como conceito **11/3** 376
- como fator biológico **16/1** 201s.
- como fenômeno bioquímico **8/2** 650, 660
- como função glandular **8/2** 652, 657s.
- como fundamento dos mitos **5** 611

- como irredutível ao cérebro ou à metafísica **14/2** 232
- como nada para os racionalistas **6** 511
- como perturbadora do cosmos **8/2** 422, 593
- como terra nova **16/1** 231
- como unidade estrutural **14/2** 416
- complexos psíquicos **14/1** 62
- conceito da **16/1** 201s., 204s.
- conflito equivalente à descida **14/1** 307
- consciente **6** 964
- - inconsciente **7/2** 274, 345; **11/2** 230
- conscientização da **14/1** 267, 268
- constelação da **14/2** 167
- conteúdos **14/2** 274[215], 317, 358, 365, 379, 393; **18/1** 4, 19, 99, 226, 369, 439, 444, 459, 466, 512, 540s., 595s., 833
- - supraliminares e subliminares **14/1** 147
- contraste luz-trevas **8/1** 29
- crescimento da **13** 482
- criadora **7/1** p. 130
- crises psíquicas **14/1** 288
- da criança **9/1** 159, 501s.
- das massas **5** 104
- diferença de atitudes entre o homem e a mulher **14/1** 326
- dinamismo consciente e inconsciente **14/1** 146
- dissimilação da **6** 596
- dissociação da **6** 525, 802
- distinção insuficiente entre psique e matéria **14/2** 359, 420, 421
- divina **14/2** 269
- - aprisionada nos elementos **14/2** 6
- do homem **14/1** 165
- dos dementes precoces **3** 298
- dos pais e dos filhos **17** 93, 99s., 106
- e a identificação dos opostos **14/2** 269

Índices gerais

- e a realidade pessoal **14/2** 296, 317, 407
- e cérebro
- - conexões entre **11/1** 14
- e fator subjetivo **11/5** 776ss.
- e Freud **16/2** 381[34]
- e inconsciente **6** 270, 926; **8/2** 227, 491, 673, 813s.; **16/2** 387, 397, 405, 453
- e instinto **7/1** 32
- e matéria **12** 332, 342, 345, 410; **14/2** 241, 359, 420, 423
- e mito **6** 833
- empobrecimento da **6** 81
- energia da **14/2** 271
- e o inconsciente psicoide **14/2** 443
- equilíbrio psíquico **14/1** 186, 194, 310
- e sexualidade **8/1** 35
- esfera da **14/1** 272
- estado
- - da alma **14/1** 47, 61
- - psíquico **14/2** 185, 364, 366, 434
- - - excepcional **14/2** 167, 435
- estrutura da **6** 696; **11/5** 845; **14/2** 268, 281, 283; **18/1** 75, 84
- etimologia **8/2** 663
- existência / realidade **8/2** 441, 671; **16/2** 438
- extração da **14/2** 11
- fator psíquico **14/2** 177, 317, 407
- feminina **13** 344
- factiva **14/2** 222[46]
- fenômenos
- - de possessão **14/1** 219
- - psíquicos prenhes do que seguirá **14/1** 48
- força da **6** 869
- função(ões) **6** 593; **10/1** 561
- fundamentos desconhecidos da **14/2** 332
- hereditária da **16/2** 344s.
- história da evolução da **5** 38
- inconsciente **11/1** 64, 140; **14/2** 367, 369, 373

- individual **7/2** 235
- - e coletiva **14/1** 306
- - e sua figura religiosa **5** 95
- intelecto **11/1** 142
- fundo da **8/1** 63
- hermafrodita **16/2** 454s.
- inconsciente **11/3** 375, 433, 442; **11/5** 780; **12** 175s.; **16/1** 61, 125, 204, 231s.
- individual **6** 858; **7/1** 150, 156; **10/2** 444; **17** 107, 173
- e sobrevivência da **11/5** 845
- limitação da **11/5** 765
- localização no cérebro **4** 318
- masculina **13** 344
- matéria e **14/1** 142
- mistério da **14/1** 97, 175[517]
- natureza da **16/2** 351
- normal **3** 5, (33), 82, 103, 171, 177, 182, 204, 210, 269, 275, (385), 427, 443, 518, 524, 545, 563[5]
- o *a priori* psíquico **14/2** 1
- observadora **8/2** 417, 421, 437
- ocidental
- - saber / conhecimento intuitivo da **11/5** 784
- o espaço da **14/2** 70
- o estar sendo impelido provém da sombra e do *anthropos* **14/1** 148
- o fora do eu psíquico **14/2** 70, 71
- o inconsciente causa certa falta de liberdade **14/1** 147
- o não eu psíquico **14/2** 71
- operações neuróticas **14/1** 104
- oposição entre atitude e natureza **14/1** 178
- parcial / fragmentária **8/2** 204, 582
- personificada **14/3** 108-109
- perturbação psíquica **14/1** 177, 219, 300
- pesquisa da **17** 259s.
- posição psíquica ameaçada **14/2** 398
- pré-consciente **9/1** 151
- predomínio da sombra e do sexo oposto **14/1** 219

- preexistente **8/3** 938
- princípio vital psíquico **14/2** 225
- problemática dos opostos da **16/1** 177; **16/2** 400
- processo(s)
- - de transformação da **11/2** 289
- - psíquicos **14/2** 123, 317, 364
- psiquiatria **8/1** 51
- realidade da **11/4** 750; **11/5** 769; **14/1** 267
- relacionamento
- - com o ambiente **14/1** 255
- - entre o psíquico e o físico **14/2** 420, 421
- secundária **3** 137
- segunda psique **14/2** 29
- síntese psíquica e a coniunctio **14/2** 322
- subestima / depreciação da **11/3** 442; **11/4** 749[2]
- subliminar **18/1** 449
- substância psíquica **14/1** 300
- superação de impedimento psíquico **14/1** 302
- tensão psíquica **6** 550; **14/1** 147
- totalidade da **11/1** 68s.; **14/1** 175, 255, 256; **16/1** 252; **16/2** 293, 493
- tratamento da **14/2** 178, 393
- unidade funcional da **3** 79
- unificadora dos opostos **16/2** 454s.
- uniformidade da **11/5** 845

Psique / alma **10/3** 2, 6s., 14, 16, 23, 38, 49-103, 105, 133, 140s., 146, 148-196, 217, 240, 243, 250, 255, 258, 275, 277, 286s., 301, 311, 319, 330, 352, 354, 357, 367s., 830, 832s., 836, 841, 843s., 854, 868, 877, 900s., 962, 969; **11/6** 1.014, 1.022, 1.028, 1.031, 1.040, 1.046, 1.054, 1.056, 1.064, 1.073
- coletiva **10/3** 283
- como pássaro **10/3** 128, 137
- como ser criador **10/3** 49
- da criança **10/3** 61
- definição **10/3** 49, 366

- do primitivo **10/3** 106, 128, 836
- e corpo **10/3** 23, 98, 195
- e natureza **10/3** 187
- fascínio da **10/3** 191, 195
- fenômenos da **10/3** 2, 162, 292
- funções da **10/3** 50
- na concepção da Igreja **10/3** 79
- patológica **10/3** 2

Psique / psíquico **9/2** 3, 11, 12, 53, 59, 212, 219, 252s., 268s., 271, 291, 296, 316[61], 357, 384, 402, 405, 414; **18/2** 1.103s., 1.111, 1.115s., 1.118, 1.133, 1.144s., 1.148, 1.154, 1.161s., 1.163, 1.165, 1.208, 1.222, 1.228s., 1.248s., 1.260, 1.266, 1.276s., 1.286, 1.293, 1.357s., 1.362, 1.366s., 1.374, 1.397s., 1.408, 1.414, 1.417, 1.471, 1.484, 1.487, 1.494s. 1.504s., 1.511s., 1.516, 1.526, 1.536, 1.552s., 1.574, 1.578, 1.585s., 1.590, 1.637, 1.642, 1.649, 1.686, 1.688, 1.701, 1.703, 1.719, 1.729, 1.735, 1.737s., 1.752, 1.761, 1.775, 1.790, 1.796s., 1.805s., 1.812, 1.814, 1.819, 1.823, 1.828
- coletiva **18/2** 1.102, 1.526, 1.531, 1.649
- conteúdos da **9/2** 12, 53; **18/2** 1.113, 1.153, 1.158, 1.286, 1.295, 1.364, 1.507, 1.701s.
- - autonomia dos **18/2** 1.507
- estrutura da **18/2** 1.282, 1.528, 1.683, 1.777
- realidade da **18/2** 1.505
- tratamento da **18/2** 1.775-1.779
- cf. tb. Alma

Psiquiatra **11/5** 1.015; **17** 128, 133, 142, 160
- da escola **17** 249
- escolha da profissão de **16/2** 365
- preconceito contra **6** 983

Psiquiatra / psiquiatria **2** 499, 657, 730, 754, 910[20], 1.313, 1.316; **10/3** 2, 276, 333; **10/4** 642; **11/6** 1.049, 1.056, 1.061; **13** 10, 48, 155; **15** 65, 184;

Índices gerais

18/1 525, 565, 711, 795, 826, 831, 833s., 871, 884-921, 922, 938, 948, 981; **18/2** 1.130s., 1.138, 1.321, 1.377s., 1.478s., 1.500, 1.505, 1.516, 1.584[2], 1.737, 1.829
- prefácio **15** (168), 172, 204

Psiquiatria **4** 63, (94); **7/1** 3, 192, 199; **7/2** 270; **8/2** 347, 359, 591; **9/1** 318, 493, 500, 621; **9/2** 84
- antiga **3** 141, 321, 334, 346, 453, 467, 501
- e fichário **14/2** 435
- escola de Zurique **3** (332), 414, 527
- experimental **3** 397
- francesa **3** (17), 55, 59, (170), 322, 418, (496)
- moderna **3** 318, 332, 398, 405, 472, 552, 584

Psíquica(s) / psíquico(s) **2** 3s., 13s., 20s., 26, 28, 42, 115, 270, 348, 388, 430, 451[76], 499, 615, 619[48] 662s., 694, 718, 727, 730[2], 731, 736, 759, 772, 833, 846, 868, 878, 883, 920, 925, 944, 1.036, 1.041, 1.058-1.065, 1.067, 1.071, 1.083, 1.313; **6** 10, 233, 1.034; **8/2** 343-440, 498; **9/1** 3s., 6, 49s., 53s., 57s., 86, 90, 111s., 143, 150s., 190, 194, 206s., 236, 248, 254, 260, 267, 282s., 285, 300, 308s., 316, 385, 388s., 402, 432, 444, 451, 465s., 483, 490s., 499, 518, 523, 540, 572, 581, 617s., 630, 638, 645, 657s., 714; **9/2** 1, 3, 4, 11, 12, 44s., 50, 52s., 57, 60, 64s., 73, 76s., 85, 97, 115[76], 121, 123, 150, 240, 242, 247, 249[19], 253, 257, 264, 268, 270, 281, 284, 287[1], 291, 296, 305, 308, 313, 315, 337, 369, 390[84], 393, 398, 414, 422; **10/1** 512, 520, 557, 559, 561, 582; **10/2** 387, 431, 468; **10/3** 1s., 8, 14, 51, 57, 83, 128, 135, 141, 172, 195, 212, 218, 226, 243, 250, 278, 310, 826, 828, 839s., 852, 855, 873, 900s.; **10/4** 589, 607, 608, 609, 623[14], 625, 634, 635,

637, 644, 648, 654, 659, 667, 669, 671, 701, 731, 732, 743, 755, 776, 780, 782, 783, 784, 785, 787, 805, 814, 817, 818, 819; **11/6** 1.025, 1.043, 1.057; **13** 7, 12, 20, 47, 57, 61, 68, 76[37], 88, 107, 111, 117, 121, 127, 137[213], 139[217], 154, 173, 180, 195, 200, 202, 208, 216, 229, 253, 260, 266, 277, 285, 291, 299, 323, 334, 355, 368, 378, 431, 434, 443, 462s., 472, 478, 481; **17** 112s., 128, 160s., 302s.; **18/1** 11, 16s., 46, 70, 91, 126, 154, 194, 248, 253a, 269, 356, 369, 379, 389, 411, 419, 440, 461, 474, 480, 521, 562, 571, 575, 595s., 742, 746, 761s., 780, 783s., 798, 826s., 832, 839s., 845, 857, 868, 885, 905s., 922, 935, 962, 971s., 984, 1.000, 1.041, 1.063; **18/2** 1.110s., 1.118, 1.122, 1.130, 1.133, 1.139, 1.144, 1.153, 1.158s., 1.182, 1.190, 1.208, 1.224, 1.231, 1.243, 1.249, 1.265, 1.273, 1.282, 1.358, 1.362, 1.366, 1.374, 1.377s., 1.384s., 1.406, 1.415, 1.418, 1.431, 1.441s., 1.473, 1.475, 1.480, 1.483, 1.493s., 1.504s., 1.536, 1.538, 1.555, 1.572, 1.575, 1.584, 1.587s., 1.601, 1.614, 1.649, 1.740, 1.819, 1.828s.
- acontecimentos **17** 302
- ambivalência **5** 77[17]
- atividade **4** 65; **6** 171
- automatização dos elementos **1** 158
- - combinação dos **1** 167, 172s., 178
- capaz de ser dirigido a um fim **5** 90
- causalidade **17** 85s., 163
- - entre pais e filhos **17** 85
- choque como causa de ataques histéricos **1** 15
- complexos / desagregação dos **1** 93
- conflitos **10/4** 805
- constituição **8/2** 213
- conteúdo(s) **4** 623, 625, 652; **9/1** 54, 120, 484, 490; **9/2** 1, 3, 40, 53, 61s., 247, 410; **10/3** 1, 4; **10/4** 776, 779, 785

- cosmogonia do **5** 652
- definição de **9/2** 3, 12, 39
- doença **2** 499s., 555s., 643, 662, 666, 793
- elementos **3** 5, 78, 440
- - desempenho **3** 12, 20
- - energia **3** 103
- e mito **6** 322
- emocional **5** 141
- e o físico **8/2** 326, 661; **8/3** 895; **12** 342, 394s., 410
- epidemias **5** 248; **9/1** 227, 267, 496; **17** 302
- espontaneidade **6** 233
- estado primitivo **5** 651
- - Purusha como **5** 650
- excitação **1** 123
- fato **4** 385
- fenômenos psíquicos e mitologia **5** 611
- físico **9/1** 116, 188, 214, 295, 392, 491; **10/1** 505; **10/3** 2s., 135, 226; **10/4** 592, 593, 594, 625, 651, 776, 777, 780, 783, 788
- força propulsora **4** 779
- funções **9/1** 386, 391, 502, 630; **10/1** 556; **10/3** 2, 140
- identidade **17** 253
- inflação **5** 612
- lado da sombra **1** 74
- natureza final **6** 806
- objetivo e subjetivo **12** 48, 51
- processos **8/2** 197, 222, 441; **9/1** 490, 492, 496; **10/3** 2, 7; **10/4** 589, 617, 678, 795; **17** 127
- - com referência a ataques histéricos **1** 131[113]
- - no erro histérico de leitura 154, 157
- realidade **5** 221; **8/2** 365, 441, 680, 744
- totalidade **5** 569
- variabilidade **5** 95
- cf. tb. Endopsique; Ectopsique

Psiquificação
- das modalidades **8/2** 248

- dos instintos **8/2** 234, 239, 241
- dos processos reflexivos **8/2** 241

Psiquismo **3** 425

Psoríase **11/1** 15

Psychagogos **9/2** 325

Psychikoi **9/2** 310

Psychon aitios **9/2** 325

Ptah **8/2** 735

Ptahil
- como o criador do mundo no mito caldaico **14/2** 231

Ptah-Tenen **6** 445

Ptarmica sibirica **11/5** 968[3]

Ptolomeu **11/4** 609
- sistema de **14/2** 240

Puberdade **1** 73; **2** 512, 848, 1.007; **3** 525; **4** 36, 50, 55, 58s., 232, 235, 249, 258s., 290, 345, 663; **5** 73, 206; **8/2** 521, 555, 756; **10/3** 216s.; **13** 464; **17** 13, 103, 107, 221, 266, 271; **18/1** 297, 363, 534, 956, 1.045; **18/2** 1.254
- e atividade da fantasia **1** 120
- e mudança de caráter **1** 111s.
- e psicopatia **1** 113
- e sintomas de sonambulismo **1** 136
- fantasia da **5** 34, 75
- pós **4** 348, 350, 358; **17** 103
- pré **2** 661; **4** 36, 264
- ritos de p. **8/2** 725
- sexualidade na **17** 279

Pueblos **5** 480; **8/1** 86; **10/2** 431
- cf. tb. Índios

Puer **9/2** 94
- - *aeternus* **5** 184, 393; **6** 525; **9/1** 193; **10/2** 375; **11/4** 742; **18/2** 1.699
- - Laço como **5** 526
- *senex* (menino-velho) **14/1** 292, 294[360]
- cf. tb. Jovem

Índices gerais 559

Pulcinella **9/1** 464, 474

Pulmonar
- infecção **3** 342

Pulso
- curva do **8/1** 23

Pulsões glandulares **8/2** 332

Pulverização **14/2** 18

Punhal **3** (S) 291; **5** 8, 671[78]
- como atributo de Hécate **5** 577

Punição divina **16/2** 412

Pupilas
- reação nas **3** 571

Puramente pensado **11/2** 197

Purâna(s) **13**
- *upa* **13** 254[26]
- *maheshvara* **13** 254[26]

Pureza **14/3** 226, p. 126-127

Purgatório **9/2** 190, 200, 231; **14/1** 247, 270; **14/3** 609; **15** 151; **18/2** 1.564
- alma no **14/2** 354

Purificação **9/1** 47; **14/3** 181, 300, 376-377, 392, 570, p. 78-79, 96-97, 108-109; **16/2** 483s., 486s., 503, 522
- do *laton* **14/1** 310

Purificação / limpeza / *depuratio* **13** 172s., 176[114], 177, 185, 187, 190, 357[48]

Puritanismo **3** 104; **10/3** 103

Puro / impuro **9/2** 118, 187

Púrpura / *tyriaca tinctura* **14/1** 21[149]; **14/3** 518, 530, p. 68-69

Purûravas **5** 219, 215

Purusha **5** 229, 649; **8/2** 395; **9/1** 158, 248, 572, 717; **9/2** 257, 303, 867; **10/3** 873; **11/2** 202; **11/3** 397[18], 419; **11/4** 666, 713; **12** 16, 20; **13** 168, 210, 268; **18/2** 1.526, 1.611, 1.672, 1.832
- Atman **14/2** 153, 259, 370
- - doutrina do **9/2** 257

Putrefação / *putrefactio* **12** 48*, 334, 223*; **13** 109[110], 170[77], 374; **14/1** 52[69], 110, 116[43], 134, 140[137], 168, 175, 310; **14/2** 16, 150, 159, 371, 378, 384, 391, 398; **14/3** p. 56-57, 116-117; **16/2** 376[26], 467s., 475, 479
- como nigredo **14/2** 371, 378, 384

Puxar **5** 206, 217

Q

Qebhsennuf **9/2** 188; **13** 360

Quadrado(s) **8/2** 401; **8/3** (m.s.) 935; **9/1** 315, 426, 541, 549, 646, 655, 713; **11/2** 276; **11/4** 727; **12** 45[2]; **14/1** 161; **14/2** 99, 100, 101, 253, 370[127]; **16/2** 402s.; **18/1** 409; **18/2** 1.331
- da planta do aldeamento primitivo **16/2** 435

Quadrado / quadrângulo / quadratura do círculo (geometria) **9/2** 148[86], 189, 418; **10/4** 765, 766, 767, 768

Quadrado / quadrático (astrologia) **9/2** 151[2], 351, 355, 377, 415, 418; **13** 272, 322, 360, 432

Quadrangular **14/2** 49

Quadratura **11/4** 738; **13** 360s., 402s., 446
- do círculo / *Quadratura circuli* **3** 582; **13** 115, 127, 212, 330; **14/2** 100, 431; **18/2** 1.158, 1.331

Quadratus **13** 359

Quadricéfalo **12** 139[15], 53*, 65*
- cf. tb. Tetramorfo

Quadricornutus serpens **8/3** 952

Quadriga
- de Aminadab **14/1** 261, 278
- mística **5** 42

Quadrilátero **9/1** 233, 541, 549, 646s., 661, 700; **14/2** 49, 99, 320, 321
- cf. tb. Quadrado

Quadripartição / divisão em quatro partes / tetrameria **12** 137, 167[43], 173, 189, 210[86], 283
- do processo **12** 333s.

Quadro(s)
- caráter simbólico dos **16/1** 111
- clínico de Raecke **1** 282
- desenho **15** 207, 208, 210, 211

Quadrupeda **8/2** 559

Qualidade(s) **9/1** 535, 535[23], 564, 579[126], 582; **13** 122, 359
- determinação psíquica **8/2** 441
- de um indivíduo, pessoa **8/1** 123
- do elemento nuclear **8/1** 19
- do tempo **8/3** 977
- - do arquétipo **14/3** 93
- e intensidade de valor **8/1** 15, 58
- psíquicas **8/2** 417
- Teoria Energética **8/1** 51, 73

Quantidade(s) **8/2**
- comparação do momento preciso do nascimento (Kepler) **8/3** 924
- conceito que expressa q. **8/1** 27
- determinação física **8/2** 340
- do movimento (impulso) (Descartes) **8/1** 13[14]
- e qualidade **8/1** 73
- psíquica **8/2** 417

Quantitativo(a)
- avaliação **8/1** 13s., 18-25; **8/2** 441; **8/3** 823, 825
- conceito **8/1** 51

Índices gerais

- determinação psicológica **8/1** 6-25; **8/2** 441

Quantum **8/1** 53, 73
- de energia **14/2** 373

Quarenta **14/3** 272

Quarta dimensão **8/3** 952

Quarteirão / *Quartier*
- divisão em **9/2** 42, 381[71]
- formação de quarteirões **9/2** 42

Quartis
- aspectos (astrologia) **8/3** 872, 977

Quarto **12** 295, 320, 449; **14/3** 361-362, 440s.
- *anthropos* como **12** 210
- como Filho de Deus **5** 245
- diabo como **12** 192s.
- fogo como **12** 165[40], 297, 449
- função inferior como
- - cf. Função inferior

Quase consciente **14/3** 73

Quaternário / *Quaternarius* **13** 187[156], 207; **14/2** 220

Quaternidade **5** 550, 611; **6** 902; **8/2** 401, 559; **8/3** 870, 952; **9/1** 270, 278, 315, 343, 425, 425[49], 535, 535[23], 537, 564[93], 564, 576[119], 579, 582, 588, 623, 660, 679, 714, 716; **10/4** 692, 738, 740, 750, 755, 761, 762, 763, 767; **11/2** 190, 263, 290; **11/4** 672, 677, 689; **13** 127, 206-209, 212, 234, 272, 330, 343, 357, 363, 402, 446, F 24; **12** 31s.; **14/1** 5-12, 119, 139, 203, 205, 231, 232, 233, 234, 242, 255, 262, 263, 265, 275, 278; **14/3** 335-336, 347-348, 420, 453, 490; **16/2** 378s. 535, 539; **18/1** 532; **18/2** 1.133, 1.140, 1.158, 1.536, 1.552, 1.592, 1.599s., 1.628
- alegórica **11/5** 946
- alquímica **12** 235*; **14/1** 118, 120
- como arquétipo universal **11/2** 246

- como símbolo
- - da totalidade **14/1** 255, 262, 317
- - do si-mesmo **11/2** 281; **11/3** 430
- como totalidade **14/1** 255, 259, 262
- cristã
- - esquema da **14/1** 119, 120, 231, 232, 233
- das estações do ano **14/1** 242
- das funções fundamentais da consciência **14/1** 255, 259, 267
- dos continentes **14/1** 269
- dos elementos **6** 1.031
- do self / si-mesmo **14/1** 256, 266; **14/3** 394-395
- dos metais **14/1** 132
- dos pitagóricos **11/2** 261
- dos pontos cardeais **14/1** 242, 269
- dos temperamentos **6** 9, 1.031
- em Ezequiel **11/4** 665
- em Pitágoras **11/2** 246
- e tríade / trindade **12** 185*, 333
- e trindade **14/1** 66, 119, 120, 229, 230, 231, 232
- - ou o quarto dos três **14/1** 269-280
- e unidade **14/1** 288
- ideia de uma **11/2** 243
- matrimonial **14/3** 250[56]
- ouro como **14/1** 40
- psicologia da **11/2** 268
- superior e inferior **11/4** 674
- cf. tb. Quadro

Quaternidade / quadruplicidade **9/2** 42, 59, 76, 188, 203, 206, 206[37], 297, 304, 307[33], 318, 321, 330, 358s., 375, 381, 383, 392, 396s., 402, 405s., 409, 410, 416

Quatérnio / grupo de quatro **8/3** 866; **9/1** 426, 430, 433s., 449, 535[23], 536, 588, 612, 713; **9/2** 42, 115, 245, 304, 358s., 364, 370, 372, 374s., 381, 383-386, 395-398, 402-406, 418; **14/1** 1, 5, 6, 7, 255
- alquímico **16/2** 433, 437
- como arquétipo **16/2** 406

- de matrimônios **9/1** 612; **16/2** 430s.;
13 358; 362[68]; **16/2** 535; **18/2** 1.701
- - arquétipo do **16/2** 425, 432, 437
- - cf. tb. Matrimônio, forma primitiva do
- dos elementos **14/1** 5, 232, 324
- dos opostos **13** 358; **14/1** 1, 5, 7, 11,
229, 230, 231, 267
- duplo ou ogdóade **14/1** 7, 8, 324
- espaço-tempo **9/2** 395, 396, 398
- gnóstico de Moisés **14/1** 233
- nupcial **10/4** 762

Quatérnio / quaternidade **14/2** 50,
100, 159, 220, 222, 267[203], 274, 278,
280, 321, 376
- arquetípica **14/2** 267, 278, 280
- como a serpente de quatro chifres
14/2 159
- como juízo de totalidade **14/2** 280
- cósmica / o centro da **14/2** 476
- das cores principais **14/2** 50, 217
- das direções **14/2** 274, 322
- das etapas rio opus **14/2** 217
- das funções fundamentais da
consciência **14/2** 222
- das pétalas **14/2** 358
- de animais **14/2** 237, 274, 376
- de casamentos **14/2** 221, 267, 279
- dos elementos **14/2** 6, 18[60], 49[114],
100, 159, 274, 320, 321, 377
- dos humores **14/2** 218
- do si-mesmo **14/2** 358
- dos rios do paraíso **14/2** 49, 292[243]
- e trindade **14/2** 296
- pontos cardeais **14/2** 220

Quatorze **14/3** 424, 425, p. 106-107,
118-119

Quatro **7/1** 186; **7/2** 366; **8/2** 559; **8/3**
952; **14/3** 251, 424
- chaves **14/3** 394s.
- funções **14/3** 113, 393s.
- e o número oito, ogdóada **11/3** 424
- - cavaleiros **11/4** 734
- pontos cardeais **11/4** 678
- torrentes **11/4** 726

Quatro / quarto elemento / quarto
termo **11/2** 229, 264, 280, 290
- cachorros **11/2** 176
- em Platão **11/2** 192, 251
- no *Fausto* **11/2** 243, 246, 263
- olhos / ventos **11/5** 946
- pontos cardeais, regiões celestes
11/2 246
- problema do **11/2** 243, 261, 268
- cf. tb. Quaternidade

Quatro / quaternidade **16/2** 411, 459[5]
- dupla **16/2** 451
- escala erótica das **16/2** 361
- no conto de fadas **16/2** 430s.
- psicológica **16/2** 433

Quebra
- dos vasos / das cascas **11/4** 595[8],
703; **11/5** 892

Queda
- de água une o "em cima" e o
"embaixo" **14/2** 339, 365
- do cabelo (tema da) **12** 440
- dos anjos **11/4** 669; **14/3** 251
- no pecado **5** 84
- - original **11/4** 579, 619
- - tema da **5** 69
- cf. tb. Pecado Original

Quefir **8/2** (m.s.) 479

Queima
- aquecimento de si próprio **14/1** 256
- calcinação / combustão **14/1** 135, 241
- de bruxas
- - cf. Bruxas

Queimar **14/3** 180[35]
- os pés **8/1** 94

Queixa, estereótipos de **3** 183

Queixo **5** 208[10]

Quênia **8/1** 129[86]; **9/1** 35, 250; **18/2**
1.753

Quênose / *kenosis*
- processo de **13** 357

Índices gerais

Querer **4** 283; **8/1** 26
- visão do **5** 253
- cf. tb. Vontade

Querigma / querigmático **9/2** 275
- cf. tb. Mensagem; Querigma

Queroneia **8/2** 394

Querubim(ns) **9/1** 660; **9/2** 188, 279; **13** 117, 361s., F 32

Quest **13** 143
- busca **9/1** 244, 410, 418

Quetzalcoatl **13** 132

Quicunce **11/2** 189

Quietismo **10/3** 190, 196

Quiliasmo **9/1** 276; **14/2** 71, 232

Quiliástico **10/1** 488, 535; **10/2** 945

Quimera **5** 265; **13** 176[114]

Química **8/2** 746; **12** 516; **14/1** 142; **14/2** 158[359], 225[49], 257[180], 330, 352; **16/2** 353, 451, 471; **18/1** 839; **18/2** 1.691
- cerebral **14/2** 430
- combinação **14/1** 142; **14/2** 320, 337, 347
- como fruto da alquimia **14/2** 107
- desenvolvimento da **12** 432
- do carbono e a vida **8/1** 10
- dos protídios **14/2** 123
- e alquimia
- - cf. Alquimia
- operação **14/2** 48[105], 404, 411
- projeção nas substâncias **14/2** 151, 357, 394, 431
- relação com o fato psíquico **14/2** 322, 329, 334
- representação das substâncias celestes **14/2** 404
- símbolos químicos **14/2** 5

Química(o) **9/1** 117s., 238; **9/2** 72, 242, 246s., 256, 268, 275; **13** 88, 121, 144, 154, 158, 196, 237, 242, 252s., 273, 285, 353[37], 355s., 381, 393, 443, 482
- núpcias
- - cf. Núpcias
- cf. tb. Alquimia

Químico (termo de Paracelso) **18/2** 1.116

Quimismo celular **3** 137[123]

Quimógrafo
- cf. Experimento

Quina **14/2** 92

Quincunce **8/2** 559; **10/4** 737, 748, 749, 752, 755, 774

Quincunx **9/1** 609

Quinioc / quincunx **18/2** 1.602

Quinta essentia / quintessência **10/4** 628, 633, 738, 741; **11/4** 666; **13** 148, 166, 171, 187, 203, 207[223], 209, 215, 226; **16/2** 402, 404, 410

Quinta coluna **10/1** 518

Quintessência **12** 165, 310, 371, 394, 442; **14/1** 1[1a], 40[32], 44, 61, 111, 149, 212[333], 235, 243, 263; **14/2** 49[105], 51, 51[121], 100, 111, 112, 113, 320, 321, 342, 343, 343[76], 347, 348, 351, 353, 354, 355, 358, 362, 376, 393, 404, 411, 420; **14/3** 487-488; **18/2** 1.787
- a virgem como a **14/2** 112
- como a Beata Virgo **14/2** 114
- como Luna **14/2** 114
- da cor do ar ou azul **14/2** 343, 364, 404, 419
- produção da **14/2** 320, 321, 343, 344, 345, 347, 355, 363, 429

Quirologia / quiromancia **6** 980; **8/2** 479; **18/2** 1.818s.

Quissuahíli **9/1** 250

Quito **9/1** 227[22]

R

Ra **9/1** 661; **9/2** 129[35], 187; **13** 360, 360[64]; **18/1** 230s.

Ra / Rê **5** 133, 147, 274, 292[53], 351, 356, 357, 362, 368, 408[152], 451; **14/1** 14; **14/2** 3[9], 383[164]
- e o barco da serpente **14/2** 147[327]

Raab **5** 379, 380, 381, 382, 383; **9/2** 185

Rabi
- fontes rabínicas **14/2** 235

Rabino **18/1** 610, 635; **18/2** 1.687
- Chijja **18/2** 1.525
- Elimelec **18/2** 1.526[4]
- Meir **18/2** 1.525

Rabo do pavão
- cf. *Cauda pavonis*

Raça **10/2** 389, 944; **10/3** 18, 55, 73, 93, 354, 962, 966, 1.010; **17** 328, 343; **18/2**
- branca **18/2** 1.284s., 1.288, 1.291, 1.438
- negra **18/2**
- - cf. tb. Negro

Rachaidibi fragmentam
- cf. *Artis auriferae*

Racional **6** 222, 232, 868, 884s.

Racional / irracional **18/1** 45, 502, 617; **18/2** 1.591

Racional / racionalismo **9/2** 52, 140, 141, 179, 235, 281

Racionalismo **6** 75, 116, 169, 435, 483, 524, 589, 658; **8/1** 46s.; **8/2** 705, 712; **8/3** 845, 972; **9/1** 657, 659, 697; **10/4** 623, 631, 648, 653; **11/1** 56, 81; **11/2** 274; **11/4** 754; **11/5** 880, 904s., 996; **14/2** 173, 270, 412, 433; **15** 45, 62; **18/1** 600, 603, 625, 759, 787; **18/2** 1.249, 1.265, 1.268s., 1.305, 1.512, 1.588, 1.689, 1.719, 1.727, 1.738, 1.740, 1.818
- conhecimento racional **14/2** 338, 412, 433
- das coisas **8/3** 912
- e empirismo (em James) **6** 584s., 589
- e irracionalismo **11/2** 245; **11/3** 444
- intelectualismo (em James) **6** 572
- e símbolo **11/2** 280, 293; **11/4** 754
- e suas irracionalidades **14/2** 335
- moderno **5** 113, 221
- monista **6** 572
- preconceito racionalístico **14/2** 179

Racionalismo / racionalista **10/1** 501, 514, 549, 559; **10/2** 375[3]; **10/3** 355, 1.011

Racionalista **6** 215, 223, 572
- e empírico **6** 572s., 937

Racionalização **16/1**
- da consciência **8/2** 739

Radar **10/4** 591, 604, 618, 630, 782, 786

Radioatividade **8/2** 356; **8/3** 949, 953, 956; **18/2** 1.271, 1.806

Radiometeorologia **8/3** 872

Rafael **11/4** 679
- arcanjo **5** 169; **9/2** 174
- como arconte em forma de serpente **14/2** 239

Raguel **4** 742s.

Rainha **9/1** 315, 516, 612; **9/2** 328; **14/1** 73; **14/2** 2[3], 44, 61, 73, 74, 75, 83, 85, 86, 87, 88, 95, 188, 197, 198, 199, 329[53], 381, 393; **14/3** 58, 153, 157, 512-513, 521, 555, p.62-63, 62-63[5], 64-65, 134-135 ; **16/2** 496
- adúltera **14/2** 78[222]
- Alexandra **3** 201, 207
- apoteose da **14/2** 120, 189, 199, 205
- como banho **14/2** 202
- como coroa do rei **14/2** 199
- como Luna **14/2** 197
- como símbolo da alma **14/2** 201
- como vaso maternal do Sol **14/2** 199
- de Sabá **12** 443, 518[6]; **14/1** 323; **14/2** 198, 200, 207, 208; **14/3** 58, 84[82], 107, 143, 153-157, 555
- - identificada com Cristo **14/2** 200, 201
- dissolução no banho **14/2** 202
- dos órfãos **3** 201, 365, 380
- do Sul (Austri) **14/2** 200, 201
- e alimento animal **14/2** 47, 60, 61, 82, 85
- gravidez da alma **14/2** 83, 86
- identificação com a Mãe de Deus **14/2** 87
- identificada com o rei **14/2** 201
- jogo de cores **14/2** 88, 188
- longa doença da gravidez **14/2** 86, 87, 113, 188
- mistérios da **14/2** 201, 201[440], 207
- serpente como etapa prévia da **14/2** 205

Rainha mãe **14/2** 58, 59, 61, 113
- como Mãe de Deus **14/2** 58
- - no Egito **14/2** 2[3]
- rejuvenescida **14/2** 113

Raio / relâmpago **4** 507; **5** 156[57], 421; **8/1** 115; **9/1** 531s., 533-545, 558, 564, 575, 582; **10/3** 65, 174, 848; **14/3** 347; **18/1** 409, 585
- como cavalo **5** 421

Raison
- *d'étre des corps* **14/2** 403
- *du coeur* **3** 527

Raiva **3** 103; **8/2** 627
- cf. tb. Ira

Raiz(es) **13** 242s., 247, 287, 314s., 333, 343, 355[41], 374, 409, 412[216], 414[220], 416, 423, 462, F 2, 9, 12, 16, 18, 19, 26; **14/3** p. 64-65
- de Davi **14/3** 527
- tronco com **8/2** (m.s.) 484

Raposa **9/2** 129; **13** 241[5]
- cf. tb. Animal(is)

Rapport / relacionamento **16/1** 239; **16/2** 276s., 381; **17** 181; **18/1** 331, 337, 516, 1.015
- como transferência
- - cf. tb. Transferência

Rapto / *raptus* **2** 1.072
- das Sabinas etc. **5** 34
- produção do fogo como **5** 248, 250
- tema do **5** 8, 34, 250

Raros
- acontecimentos **8/3** 821

Rãs **3** 40, 206

Rasiel
- como antigo livro da cabala **14/2** 236[34]
- preposto dos mistérios superiores **14/2** 236

Rasis / *Rhasis* **12** 423[58]

Ras Shamra **9/2** 181
- textos de **9/1** 673

Rastau / o vermezinho de **14/2** 147[327]

Rastejar **5** 550[97]

Ratio **8/2** 739'; **14/3** 609

Ratio / racionalismo **7/1** 24, 72, 150; **7/2** p. 159, 162s.

Ratio / razão **6** 161, 221, 584; **12** 356[23], 366s.

Rationes **14/3** 75[62], 82
- *aeternae* **14/3** 52, 52[6]

Ratna-Sambhava **11/5** 852

Rato(s) **3** 501; **4** 235; **9/2** 129; **15** 25
- sonho **18/1** 1.055
- cf. tb. Animal(is)

Raven, The / O corvo **5** 81

Razão **6** 30, 93, 115s., 133, 215, 435, 483, 587, 658, 724, 835, 867, 1.033; **8/1** 47; **8/2** 137, 258, 344, 359, 390, 436, 642s., 653, 659, 683, 747; **8/3** 918; **9/1** 22, 150, 158, 173s., 247, 386, 390s., 454, 539; **9/2** 71, 100, 313, 390[84], 409[112], 414; **10/1** 489-490, 521, 530, 548, 575; **10/2** 391; **10/3** 855; **10/4** 642; **11/1** 23, 83, 133, 160; **14/1** 101, 111, 122, 200[348], 335, 336, 337; **14/2** 329, 335, 356, 365, 398, 426, 437, 442; **15** 182; **16/1** 178
- abuso da **11/1** 27
- atividade da **6** 117
- categorias de **8/1** 52[42]; **8/2** 276, 626, 815
- como atitude **6** 584, 884s.
- como disposição da vontade **6** 584
- conceitos de **6** 57, 585s.
- concepção histórico-filosófica da **6** 584s.
- critérios da **14/2** 426
- deusa **6** 115, 118
- e convenção como atitude **14/2** 365
- e eros **14/2** 329
- em Schiller **6** 161, 164, 176, 185[72]
- e o inconsciente reação moral **14/2** 339, 407

- e os dados irracionais do inconsciente **14/2** 335
- ética da **6** 734
- identificação com a **7/1** 110s
- influenciada pela *anima* **16/2** 504, 521
- o falhar da **14/2** 426, 442
- pretensão de estar sempre com a **8/2** 513
- repressão da **6** 673
- subjetiva **14/2** 412
- cf. tb. Intelecto; Inteligência; *Ratio*

Razão raciocinante **11/2** 227, 272, 293; **11/3** 444; **11/4** 556, 688, 754; **11/5** 845
- divina **11/4** 658
- e realidade **11/2** 188
- possessão pela **11/4** 736

Razão / racionalismo / juízo **13** 12, 31, 54, 59, 126, 229, 263, 286, 294, 298, 395, 438, 452, 454, 472s.; **18/1** 654, 745, 759, 787; **18/2** 1.306, 1.313, 1.316, 1.358, 1.368, 1.389, 1.407, 1.442, 1.629

Rea **9/2** 310

Reação **2** 9, 12, 15, 20s., 499-559, 560-638, 640s., 643-659, 664, 667-702, 716s., 730-792, 795-822, 826, 829[16], 831, 868, 871, 885s., 893, 895s., 908, 919, 935, 943-998, 1.006, 1.020-1.032, 1.073, 1.081-1.179, 1.192, 1.215-1.311, 1.322, 1.340s., 1.350s., 1.353[4], 1.374
- anormal **2** 600, 621, 1.068
- coexistência na **2** 46, 1.000
- como definição **2** 1.000, 1.165
- complementação da, interjeições na **2** 948s., 951s., 1.000, 1.324, 1.363
- complexo **2** 646, 816
- - cf. tb. Associação
- composição de palavras na **2** 1.000
- contraste **2** 44, 1.000, 1.026
- coordenação na

Índices gerais

- - cf. Associação
- crítica, pós-crítica **2** 920s., 925, 969s., 971s., 977s., 1.322-1.329, 1.343, 1.367-1.388
- deficiente **2** 1.067
- de julgamento **2** 46
- de som **2** 76-96, 111, 113, 114-381, 385-406, 419, 419[64], 434-498, 599s., 605, 611, 616, 621, 637, 689, 692, 731, 796-815, 874, 877, 880s., 882, 1.363
- egocêntrica **2** 51, 111, 113, 115-381, 393-404, 417, 430-439, 456-474, 490
- emocional **2** 1.054, 1.067, 1.074, 1.328
- expressão mímica na **2** 772, 1.323
- - cf. tb. Gestos
- falha na / ausência de **2** 342, 547, 751[14], 804, 1.074, 1.324, 1.352, 1.363, 1.381
- fatores linguísticos na
- - cf. Linguagem
- frente ao afeto **3** 182
- - do complexo **3** 93, (107), 175, 179, 578
- - verbal perturbada **3** 208
- gaguejar na **2** 1.363
- gestos na **2** 541, 1.323, 1.364, 1.374
- - cf. tb. Expressão mínima
- identidade na **2** 1.000
- indireta
- - cf. Associação
- mecânica **2** 388, 1.363
- normal 943
- patológica **2** 421, 1.311
- perseveração na **2** 93, 100-103, 111, 114-381, 393-422, 434-439, 458-474, 509, 541, 552, 554[23], 558, 585, 605, 611, 616, 620s., 624, 638, 643-649, 657, 671, 684s., 695, 750, 757, 771s., 780, 785, 816, 923, 926, 935, 1.026s., 1.083, 1.096, 1.324, 1.343, 1.352, 1.363, 1.366s.
- pleonasmo na **2** 536

- predicado **2** 1.000
- - cf. tb. Tipo reativo, associação
- repetição na **2** 621
- - cf. tb. Palavra-estímulo
- sem sentido **2** 80, 92, 111, 114-381, 393-405, 434-439, 452, 454s., 463-474, 504, 1.324, 1.363
- - no teste de associações **1** 311[18]
- sub e supraordenação na **2** 44, 1.000
- tautológica **2** 525
- tempo de **3** 3, 11, 92, 175, 204, 208
- tipo de **4** 309, 695s.
- valor limiar da **2** 450
- verbal **2** 1.060s., 1.062

Reação(ões)
- às perturbações psíquicas **8/2** 198, 488
- contra a racionalização da consciência **8/2** 739
- contra o materialismo **8/2** 571
- de defesa **8/2** 488
- desproporcionadas **8/2** 264, 272
- diversidade de **6** 4, 993, 1.004
- do complexo **8/2** 198, 226
- emocional **6** 1.031; **8/2** 456, 634, 642
- força contagiante das **17** 83
- hábito de **6** 1.008s.
- - irracional **6** 1.023
- qualidade das **8/2** 196, 198
- rapidez de **6** 530, 607, 609, 616, 618
- sistemas de **8/2** 339
- tempo de **8/2** 198, 592; **18/1** 98s., 107, 113s., 134, 148, 483, 944, 954, 969s.; **18/2** 1.130, 1.155, 1.157
- total **8/2** 188
- velocidade das **8/2** 196

Realeza **14/2** 1, 164, 167, 182, 207
- do Oriente Próximo **14/2** 1
- parafernália da **14/2** 1
- teologia no Antigo Egito **14/2** 2

Realidade(s) **6** 53, 55, 169, 308, 693; **7/2** 354; **8/1** 5; **8/2** 421, 507, 623, 707,

742-748; **8/3** 912; **11/4** 555; **11/5** 766, 772, 908ss.; **12** 148, 283s., 308, 321, 396, 399; **13** 75;14/2 157, 283, 333, 365, 367, 372, 396, 399, 407, 443; **17** 160
- aceitação da **7/1** 93
- adaptação à **7/2** p. 164[6]
- alheamento da **5** 58
- - espiritual **5** 336
- - interior, como origem do medo **5** 221
- - - e exterior **5** 221
- aparência e (em Schiller) **6** 197
- como realização **12** 239, 279, 291, 300, 308, 330, 400
- confronto com a **14/2** 411; **16/2** 452
- consciente e inconsciente **7/1** 120
- corpórea e o puramente imaginada **11/2** 182, 188, 280
- da alma **14/2** 296, 338, 407
- da psique **8/2** 600, 680
- de Deus **8/2** 678
- desmascaramento da **14/2** 396
- do mundo **14/2** 324, 396
- do psíquico **14/3** 440
- e ilusão **14/2** 396, 398
- e irrealidade **7/2** 351s.
- e multiplicidade **14/2** 324
- "é verdadeiro aquilo que atua" **11/4** 757
- função de **4** 272, 275, 278, 284s., (507)
- interna e externa **6** 268, 828
- isolamento da vida em relação à **11/5** 786
- dos pensamentos / das ideias **11/5** 768s., 849s.
- metafísicas **11/3** 431
- para o europeu e o indiano **11/5** 792, 909s., 936
- perda da **4** 271s., (289)
- princípio da **4** 772; **18/2** 1.150
- psíquica **7/1** 151, 158; **11/2** 233; **11/3** 376; **11/5** 769s., 800, 888, 929; **15** 148

- redução a **7/1** 65
- supervalorização da **6** 469, 722
- transcendental **14/2** 436
- transcendente e a imagem metafísica do mundo **14/2** 436
- viva **6** 73, 927

Realismo **6** 53, 55, 675; **8/2** 624; **9/2** 235, 268, 274; **13** 378; **15** 130
- como introversão **6** 574

Realização
- do si-mesmo **10/1** 529; **14/3** 396, 402
- dos desejos **17** 44[8], 185, 189, 223[33]
- fase do sonho **8/2** 562

Realizar-se do si mesmo **7/2** 267, 291, 310

Reanimação / revivificação
- do corpo **14/2** 398
- pelo fogo / recepção **14/3** 62

Reativos
- sonhos **8/2** 499

Rebanho **10/3** 67
- de animais (Orígenes) **14/2** 48
- de ovelhas como símbolo da multidão dos fiéis **14/1** 339

Rebeca **14/2** 221

Rebelião **10/1** 500

Rebis **9/1** 292; **9/2** 245, 426; **14/1** 40, 52[98], 331; **14/2** 51; **16/2** 398, 454[12], 468, 537; **18/2** 1.704, 1.789
- alada **16/2** 533
- apoteose da **16/2** 533
- como *cibus sempiternus* etc. **16/2** 526
- como símbolo da unidade **16/2** 522
- elemento feminino na **16/2** 520
- hermafrodita **11/1** 107[91] (cap. III)

Recaída psicótica **3** 561, 571

Recalque / repressão **9/2** 73, 357; **11/1** 22, 136; **11/2** 244, 286; **11/5** 796,

Índices gerais

898, 975; **14/2** 339, 365; **16/1** 48, 75, 124s., 176, 178, 205, 231, 245
- das fantasias incestuosas **16/1** 140
- e neurose (Freud) **11/1** 129
- e supressão **11/1** 129
- sexual **17** 79, 145, 156s.
- teoria do **16/1** 34, 232

Récamier (Madame de) **1** 63

Recém-nascido **9/1** 136, 151, 172, 239, 692; **13** 241[3], 400

Recepção
- fenômenos de **11/2** 154, 265; **11/3** 325, 431, 439; **11/4** 715

Recinto sagrado **18/1** 270, 409
- cf. tb. Temenos

Recipiente **11/1** 166; **12** 23*, 187, 338s.
- caverna como **12** 258
- como *aqua permanens* **12** 338
- como fogo **12** 338
- cosmos como **12** 338
- forma esférica / redonda **12** 116, 167s., 167[43], 338
- forno como **12** 338s.
- hermético **12** 338s, 348, 350, 408s., 153*, 226*, 230*, 236*
- *hortus* como **12** 338[19]
- Maria como
- - cf. Maria
- *occiput* como **12** 75*, 376[68], 516[5]
- ovo como **12** 22*, 306, 338
- *unum vas* **12** 243, 338, 404[12]
- *uterus* como **12** 246s., 246[127]
- *vas bene clausum* **12** 187s., 219s.

Recipiente / vaso / receptáculo **9/1** 156, 301, 651s., 682; **9/2** 220, 256, 353, 377-380; **11/2** 230; **11/3** 353; **11/4** 625
- quebra **11/4** 595[8]
- redondo **11/1** 152; **11/3** 363

Recolhimento do que está disperso **11/3** 399

Recordação(ões) **17** 184, 199s., 207
- perda das **17** 199a
- reminiscências **4** 266, 326, 403, 452, 475
- nos sonhos **8/2** 549

Recrutamento **2** 1.312-1.315

Recusa de alimentação **7/2** 270

Rede
- cristalina **5** 450
- mágica de Hefesto **5** 364[67]

Redenção / libertação **3** 407; **5** 95, 96, 104; **10/1** 507, 513, 543; **11/1** 82; **11/2** 241; **11/4** 659; **11/5** 831; **14/2** 41, 113, 151
- como substituição e saída **11/5** 841
- Deus suprime a cisão original do homem **14/1** 201, 232, 279
- meta / finalidade espiritual da **8/1** 103
- na visão carpocraciana **14/1** 277

Redentor **11/1** 160; **14/2** 308[328]
- arquétipo do **11/2** 202
- figura do **8/2** 229
- cf. tb. Salvador
- Marduk como **11/2** 173

Redondeza / forma redonda **14/1** 40, 120[53], 162; **14/2** 27, 292[243], 388
- do vaso **14/1** 255[476]

Redondo **11/1** 92, 95, 109, 122, 158; **11/2** 246; **11/3** 363; **11/5** 928; **14/1** 5, 40, 161, 162; **14/3** 561; **18/2** 1.431, 1.573
- alma como **12** 109, 116
- cabeça como **12** 109[41]
- como adjetivo **14/2** 100, 101, 163, 164, 188, 292, 388, 292[343]
- como cabeça e cérebro **14/2** 292, 293, 294, 388
- como o ser redondo / *lapis* **14/2** 57
- como símbolo da totalidade **14/2** 27, 164, 165
- como si-mesmo **12** 150, 281

- como símbolo da totalidade **12** 150, 242[120]
- como substantivo **14/2** 127, 128, 137, 273, 292, 293, 294, 389
- ou *corpus rotundum* como o homem **14/2** 388
- ouro como
- - cf. tb. Ouro
- *lapis* como
- - cf. *Lapis*
- *philosophus rotundus* **14/1** 57
- produção do **12** 116
- símbolo do **16/2** 454, 475, 531
- tema do **12** 53, 34*, 150, 166[41], 172, 220, 281, 164*, 165*, 166*, 209*
- vaso como
- - cf. Vaso

Redondo / forma redonda / esférico / *rotundum* **9/1** 246, 248, 278, 342, 532, 541s., 549, 573, 576[120], 660, 679, 700s.; **9/2** 196s., 212, 213s., 219, 223, 308, 376s., 380, 388s., 406; **13** 39s., 87, 95, 97s., 109, 112, 114, 117, 157, 245, 406[176], 432

Redução(ões) **3** 390, 404, 413, 423; **4** 537, 550, 554, 556, 623, 678s., 759, (761); **7/1** 67, 69, 113, 122, 129; **8/1** 35, 38, 40, 46, 94, 98, 109, 112; **8/2** 425s., 515; **13** 396, 480; **14/3** 293; **15** 57, 147
- à metade menos valiosa da personalidade (Freud) **14/1** 338
- a motivos pessoais **11/1** 26
- de Freud **15** 103
- ontogenética **11/6** 1.072[20]
- racionalistas **11/5** 905

Redução / redutivo
- aos instintos **16/1** 40
- como método **16/1** 9, 12, 146

Redutivo **6** 887, 937
- concepção **6** 928

Redutor
- sonho **8/2** 496

Reencarnação **9/1** 201, 224, 518; **17** (7), 11, 318
- crença **17** 94
- doutrina **17** 6
- sistema fantástico **1** 59, 63s., 120
- cf. tb. Renascimento

Refeição **9/2** 181, 186; **14/3** 405, 485-486, 530, p. 102-103, 128-129
- pascal (judaica) **9/2** 181
- peixe
- - como alimento / comida) **9/2** 181, 186
- totêmica **11/3** 339

Referência
- delírios de **3** 169

Reflexão(ões) **6** 227s.; **8/2** 341; **11/2** 260, 272; **11/4** 560, 640
- *awareness* e **11/4** 637
- como processo de reconciliação **11/2** 236
- em torno de si mesmo **11/4** 573, 579, 617
- falta de **11/4** 647, 659, 709
- graças aos sonhos **8/2** 549
- instinto da **8/2** 241s.
- subliminar **8/2** 362

Reflexão / meditação **14/1** 154[213], 155, 158, 307

Reflexivo
- processo **8/2** 241

Reflexo(s) **8/2** 198, 267, 368, 607; **9/2** 3, 369; **13** 229; **15** 135
- gálvano-psicofísico **2** 1.036, 1.087
- e instinto **8/2** 267s., 271
- máquina de **3** 193
- psiquificado **8/2** 214

Reflexo / refletir **12** 186, 223s., 249, 328, 411, 472

Reforma **4** 748, 750; **6** 91, 447, 478; **8/2** 649; **9/1** 22, 189; **9/2** 143, 159, 277; **10/2** 434; **10/3** 326; **11/1** 150;

Índices gerais

11/2 289; 11/4 740, 752; 12 9; 18/2 1.811
- marcionita 11/3 408

Reformador 6 652; 15 183

Reformatio 9/2 362

Refrigerium 10/4 745

Regeneração na água do mar 14/1 309-319

Região
- anal 5 276
- dos mortos egípcia e cristã 14/2 147
- pré-consciente" (em Fichte) 5 39[41]

Regimen 14/3 545

Regina Coeli 9/1 194
- cf. tb. Rainha

Regressão 5 40, 220, 227, 253, 264, 345, 351, 398, 506, (553); 6 122, 187, 457, 475, 569, 637; 7/1 117, 120; 9/1 227; 10/3 340, 868; 10/4 679; 11/1 159; 12 12, 79, 246; 13 323, 365, 473, F 19; 16/1 18s.; 16/2 368, 405, 440s., 498; 17 204; 18/2 1.322
- à Antiguidade 12 99, 12s., 178s.
- à infância
- - cf. Infância
- como característica do pensamento no sonho (em Freud) 5 25
- como processo energético 8/1 70-76
- concretização regressiva 16/2 446
- da libido 8/1 43, 60-76; 8/2 507
- da mente 15 17
- em nível pré-sexual 5 206, 226
- e progressão 6 497
- histórica 12 112s., 116
- para o inconsciente 5 558
- religiosa 5 138
- sentido simbólico da 5 644
- tendência regressiva 16/1 56s., 64

Regressão / regressivo 4 277, 365s., 376s., 383, 390, 393, 401s., 440, 448, 470, 505, 516s., 565, (569s.), 694, 738

Regressivo
- libido 17 219
- o Eu 17 227
- tendência da criança 17 144

Reguladora
- função nos processos orgânicos internos 8/2 613

Regularidade
- de acordo com leis 2 2, 641, 662, 764, 868, 1.024, 1.081

Regulus (do signo Leo) 14/2 158[360]
- como o rei dos metais 14/2 133

Rei(s) 6 276, 902; 8/3 925; 9/1 27s., 132, 267, 270, 315, 398, 405s., 412, 417s., 422, 446, 452, 485, 516, 576, 600, 612; 10/2 386; 10/3 44, 127, 142; 10/4 728; 11/4 566, 569; 11/5 919; 13 107[100], 110, 203, 276, 282, 350[33], 365, 416, 446; 14/1 4, 31, 60[117], 63, 72, 76, 77, 102, 256[183]; 14/2 1, 2^3, 2^4, 4^{12}, 6, 6^{19}, 7, 7^{22}, 8, 9, 10, 11, 13, 17[55], 18, 20, 21, 25, 27, 36, 38, 41, 44, 46, 61, 63, 64, 65, 69, 70, 74, 75, 76, 83, 85, 95, 96, 98, 119, 125, 126, 127[279], 131[285], 132, 133, 136, 137, 137[296], 139[318], 158[359], 164, 180, 182, 185, 198, 202, 210[7], 377, 378, 381, 382, 391, 393; 14/3 192, 206, 276[29], 292, 328, 368, 457, 485, 491, 505, 513, 518, 518-519, 539, p. 70-71, 128-129[36]; 17 208; 18/2 1.721
- afogamento do 14/2 18[59], 18[60], 131[285]
- alma animal do 14/2 138
- a mais antiga menção do 14/2 6
- apoteose do 14/2 163, 163[163], 205
- arquétipo do 14/2 1, 8, 190
- Artus 16/2 472[13]
- banho do 14/2 13, 37, 63, 75, 131[282], 169, 202, 211, 301
- Calid 16/2 529

- casal régio **14/2** 391
- cisão ao meio (Abraham Le Juif) **14/2** 396
- como a consciência
- - ou sua dominante **14/2** 163, 166, 170, 185
- - renovada **14/2** 185, 188
- como a dominante da consciência **14/2** 203, 439
- como *anthropos* **14/2** 149, 150, 151
- como deus encarnado **14/2** 6,8
- como figura alquímica **14/2** 283
- como filho de Deus **14/2** 2, 185
- como fonte mágica do bem-estar do povo **14/2** 1, 190
- como homem-deus **14/2** 2
- como *lapis* **14/2** 6, 6[19]
- como o *antiquus dierum* **14/2** 36
- como o Sol **14/2** 6, 83, 166, 377, 382
- como ouro vivo personificado **14/2** 6, 7
- como personificação de opostos **14/1** 2, 18, 182, 331
- como secreto fogo infernal **14/2** 131
- como símbolo
- - do espírito **14/2** 201
- - do Sol e da consciência **14/1** 175[305]
- como substância do arcano **14/2** 132, 137, 377
- como suporte ou portador do mito **14/2** 1
- como velho rei **14/2** 65, 66, 94, 180
- conceito alquímico do **14/2** 6
- coroação do **14/2** 8
- coroado **14/2** 6[19], 127, 127[269], 127[276]
- cura do **14/2** 21, 22
- da glória **14/2** 149, 149[341]
- da Terra **14/2** 73[184], 131
- desaparece no seio da mãe **14/2** 188
- despedaçamento do **14/1** 60[117]; **14/2** 10, 14, 18
- deus rei **13** 132

- - na concepção egípcia da trindade **14/2** 3[8], 7
- dissolução do **14/2** 18[57], 94, 114, 188, 202, 334, 378
- divindade no Egito **14/2** 1, 2, 2[1], 3, 6, 8, 180, 190
- doente **14/2** 10, 22, 29, 30, 131, 187, 188
- dois **14/3** 452
- do mundo **14/2** 257
- do universo 164[392]
- dos metais **14/2** 133
- dos mouros **14/2** 76
- e caçada do leão **14/2** 46, 69
- em Tule **4** 68
- envelhecimento do **14/2** 29, 30, 60, 151, 169, 187, 188
- e rainha **11/1** 125; **14/2** 1, 2, 3, 4, 42, 201, 202, 205, 235, 258[187], 388, 388[188]; **14/3** 158, p. 114-115; **16/2** 410s., 414, 416, 433, 437, 440, 457, 470, 497
- - caráter arquetípico de **16/2** 421
- - como alegoria de corpos químicos **16/2** 440
- - com cauda de dragão **14/2** 158[259]
- - como *coincidentia oppositorum* **14/2** 209
- - como conteúdos do inconsciente **16/2** 421
- - como espírito e corpo **16/2** 454
- - correspondência psíquica **14/2** 201, 393
- - e a pomba do Espírito Santo **14/2** 4
- - imersão no banho **16/2** 454
- - morte do par régio **14/2** 339[68]
- - união de **16/2** 474
- esterilidade do **14/2** 131
- e sua ação na fertilidade **14/2** 2, 11, 190
- etapas ctônicas do **14/2** 65
- festa do heb-sed no Egito **14/2** 8
- grito por socorro **14/2** 18[60], 131, 131[286], 134
- como novo nascimento, como o

Índices gerais

Si-mesmo **16/2** 472[15]
- hidropisia do **16/2** 472s.
- *imbibitio* do **14/2** 10, 18, 61, 64
- imolação do para o bem do povo **14/2** 11, 190
- lado sombrio do **14/2** 131, 132, 133, 136
- marinho (*visio Arislei*) **14/2** 18[59], 131, 292
- - gestação no cérebro **14/1** 102
- - mito do **14/1** 60[117], 101, 102
- mística no Egito **14/2** 6, 7, 8
- moribundo **14/2** 47, 157, 188
- morte do **14/1** 6
- - em favor do povo **14/2** 2, 2[7], 3, 10, 11, 131, 175
- - e ressurreição do **14/2** 2[7], 157, 164
- - violenta do **14/2** 11, 157
- Nabucodonosor **8/2** 484, 559
- nascimento do **14/2** 8
- - ou renascimento do **14/1** 73
- negrura do **14/1** 31; **14/2** 382, 388
- no Egito **16/1** 223
- no mar **11/1** 160
- o leão como etapa prévia do **14/2** 133, 205
- parábola do **14/2** 10, 127, 130
- poder mágico do **16/2** 438
- problemática religiosa do rejuvenescimento **14/2** 178, 179, 180
- projeção do **14/2** 185
- que afunda na alma **14/2** 18[59], 18[60],131, 132, 151, 181[85]
- que envelhece **14/1** 76
- reinado pela graça de Deus **14/2** 1
- rejuvenescimento / renascimento do **14/2** 7, 11, 18, 20, 21, 36, 60, 83, 85, 86, 88, 89, 90, 100, 104, 112, 127, 136, 151, 163, 169, 171, 177, 180, 183, 184, 187
- ressurreição do **14/2** 10, 20, 164
- *rex marinus* **16/2** 455
- salvação do **14/2** 171[285]
- sassânidas **5** 131[16]
- - cf. Bíblia

- sepulcro do **14/1** 63
- sepultado no mar **14/2** 13[36], 18[59]
- simbólica do **14/2** 5
- Sol (Rex Sol) **14/2** 67, 127, 163, 164, 166, 168, 169, 170
- teologia no Egito **14/2** 1, 2, 32, 82, 259
- totalidade do **14/2** 27, 170
- transformação na alquimia **14/2** 9, 20, 41, 65, 131
- transpassado por Mercurius **14/2** 25
- triunfante **14/2** 128

Rei / régio **9/2** 72, 128[15], 151, 159, 192, 228, 274, 309s., 328s., 331, 360

Rei / soberano **12** 141s., 154*, 155*, 166*, 168*, 441[55], 491s., 228*
- *aenigma regis* **12** 142, 54*
- como filho de Deus **12** 497
- como *filius philosophorum* **12** 155*
- como hermafrodita **12** 54*
- como *prima materia* **12** 149*, 168*
- como salvador
- - cf. Salvador
- doente / enfermo **12** 149*, 491s., 496s., 498
- e filho do rei **12** 434s., 446
- e rainha **12** 334, 400, 193*
- *lapis* como **12** 141, 142
- renascimento do **12** 175*, 496
- ressurreição do **12** 9*
- *rex marinus* **12** 132*, 166, 434s.
- sol **12** 79*, 210

Reia **5** 183, 303, 349, 577

Reinado de dois reis **16/2** 433

Reino **14/3** 178, p. 64-65, 128-129
- de Deus **9/1** 156, 679; **14/2** 41, 353; **17** 309
- dos Céus **14/3** 238-239, p. 56-57[6]; **15** 105
- infantil **14/2** 174
- platônico das ideias e o inconsciente coletivo **14/1** 98, 117
- sem espaço **15** 142

Rejeição / repúdio **12** 103, 111

Rejuvenescimento **5** 538, 549, 565, 569; **14/1** 16; **14/2** 18, 20, 21, 34, 60; **14/3** 477
- de deus **14/2** 34, 180, 184
- do pai transformado no filho **14/2** 34
- do si-mesmo **14/3** 396
- cf. tb. Renovação

Relação(ões) **7/1** 136; **8/1** 127; **14/3** 571; **16/2** 448, 538; **18/2** 1.792
- afetiva **4** 272
- anormal / através da transferência **8/2** 519
- amorosa / caso de amor / noivado **2** 642, 648, 649, 716, 733, 780, 1.008, 1.011, 1.028; **9/2** 363
- com nossos iguais / semelhantes **8/2** 517
- com o mundo externo **5** 190, 300
- com o objeto **8/2** 507
- com o progenitor de sexo oposto **16/2** 357
- com o tu **16/2** 454
- compensação da(s) **7/2** 275, 285
- de importância vital como causa de um conflito **8/2** 515
- entre mãe e filho **8/2** 723
- extraconjugal **4** 131s.
- fantástica / nos neuróticos **8/2** 507
- homem-mulher (exogamia) **14/1** 83
- imaginárias / através de projeções **8/2** 507
- importância humana da **16/2** 444, 503
- irmão-irmã (incesto) **14/1** 83
- libertação da relação do objeto **7/1** 141
- mágica **8/2** 725
- natureza simbólica da **16/2** 469
- pela mão esquerda **16/2** 451

Relação(ões) / relacionamento **6** 374, 612, 624, 664; **10/3** 273, 352
- ausência de **6** 757, 843
- delírio paranoico de **6** 824

- infantilismo da **6** 612
- para dentro **6** 612
- perturbações da **6** 538
- psíquica **6** 689s.

Relacionamento **17** 260, 271
- heterossexual **17** 279s.
- homossexual **17** 277s.
- o matrimônio como **17** 324s., 331, 337, 342

Relâmpago / raio **13** 190, 270, 417; **16/2** 376[28]

Relatividade **6** 929; **10/3** 182, 187; **14/3** 452
- de consciente e inconsciente **14/3** 79
- de tempo e espaço **14/3** 404

Relativismo **18/2** 1.584[2]

Relativização de pontos de vista da consciência **14/2** 179

Relativo (Abelardo) **8/1** 45

Relevo de Átis em Koblenz **5** 662

Religere / religio / religião **5** 669; **7/1** 164; **11/1** 6, 73; **11/5** 982; **14/3** 196; **16/2** 395
- *medici* **10/4** 727; **13** 161; **15** 41

Religião(ões) **3** 541; **4** 341, 350, 434, 443, 751, 777; **5** 134, 221, 332, 411[155], 415, 553; **6** 75, 213, 311, 424, 456s., 539, 556s., 658, 975, 1.035; **7/2** 302, 326; **8/1** 91, 111; **8/2** 251, 340, 390, 427, 683, 710; **11/1** 52, 160; **11/3** 447; **12** 7s., 293s.; **14/1** 9, 142, 186, 202, 335, 338; **14/2** 6, 139[304], 250, 273, 306[321], 334, 436; **15** 12, 45, 46, 47, 49, 61, 65, 67, 69, 98, 99, 156, 194; **16/2** 443; **17** 157
- caráter religioso das ideias coletivas **6** 423
- chinesa **6** 323
- ciência das **4** 457, 557, (745), (761); **8/2** 421, 553

Índices gerais

- ciência e **6** 596; **15** (67), cap. VII
- cisma religioso da cristandade **14/1** 251
- como compensação para o impulso **14/2** 271
- como conceito **11/1** 6, 9
- como confissão (de fé) **11/1** 73s.
- como psicoterapia **16/1** 20, 249; **16/2** 390
- como sistema de cura / curativo **11/5** 864ss.; **14/1** 338
- como substitutivo **11/1** 58, 71
- conceito geral de **6** 772
- - em Blake **6** 526
- - em James **6** 593
- confessionalismo **14/1** 202
- confissão religiosa **14/1** 251
- conteúdo(s) **8/2** 251, 406
- - psíquicos da **14/2** 123
- cristã **7/1** 118; **17** 309
- - como sistema de salvação **14/2** 427
- da infância / volta à **11/1** 51
- declarações religiosas **14/1** 266
- de confissão definida **14/2** 436, 437
- de mistérios **7/2** 384, 393
- dinamísticas **7/1** 108
- do conhecimento **11/5** 768
- do Estado **8/1** 92
- do Mazdaznan **8/1** 92
- do México antigo **11/3** 348
- do primitivo **6** 184, 457, 465, 475
- e atitude materialista **16/1** 79
- e confessionalismo **14/2** 107
- e confissões religiosas **14/2** 441; **16/2** 390
- e conversão **14/2** 178
- e convicções religiosas **14/2** 437
- história comparada das **16/1** 44, 96, 111
- e *imago* dos pais **16/1** 215, 216
- e instinto, compensação ou conflito **14/2** 271
- e intelecto **6** 455s.
- e mito **14/2** 139[304], 406

- empírica e ideológica **6** 593
- em Nietzsche **6** 213
- em Schiller **6** 184
- em Spitteler **6** 320
- e neurose **16/1** 245, 249
- entre os gregos **6** 213
- enunciados religiosos **14/2** 29, 437, 441
- espírito da época como **8/2** 652
- e sujeito **6** 593
- experiências religiosas **6** 654
- estados de êxtase religioso **16/2** 501
- finalidade **8/2** 340, 712, 786, 792, 804
- fórmula intelectual como **6** 658
- fragilidade das **16/2** 443
- função religiosa **16/1** 99
- fundadores de **6** 75, 917; **14/2** 437
- grandes religiões mundiais **8/2** 278, 804; **14/2** 444
- hindu **6** 323
- história das
- - cf. História
- indiana / hindu **11/5** 941
- mistério inerente à **14/1** 202
- obscuridade das imagens religiosas **14/2** 123
- oficial do Estado **8/1** 92
- opinião iluminista a respeito da **8/2** 805
- oriental(is) **6** 563; **7/1** 118; **8/2** 338, 528
- paradoxalidade da **12** 18s.
- prática da **8/1** 110
- primitiva(s) **7/1** 108, 156;
- primitiva **8/1** 95, 109; **8/2** 516
- projeção religiosa
- - cf. Projeção
- psicologia da **8/2** 405; **15** 60
- - comparada das religiões **14/2** 121[262]
- relação compensadora entre vida e **6** 211
- representações míticas das **16/1** 21, 251, 254

- solução religiosa dos problemas **6** 320
- união mística ou vivência fundamental **14/1** 202
- valor da **5** 105
- vitalidade da **14/2** 139[304]

Religião pagã **11/4** 642
- como mito **11/4** 649
- como terapêutica revelada **11/2** 293
- primitiva **11/2** 245
- problema médico e enunciados religiosos **11/4** 738
- psicologia da **11/4** 754

Religião / religioso **10/1** 505-524, 529, 542, 551, 559, 563; **10/2** 372, 397[14], 455, 469, 937, 942; **10/3** 7, 13, 26, 31s., 59, 91, 95, 101s., 128, 138, 144, 160, 168, 193, 199, 210, 275, 291, 312, 330, 350, 841, 846, 870, 891, 900, 990, 999, 1.003; **10/4** 610, 629, 640, 642, 652, 653, 659, 679, 779, 784, 806; **11/6** 1.020, 1.042, 1.057; **13** 49s., 68s., 77s., 143, 146, 155, 198, 207, 277, 303, 356, 386, 393, 396, 478
- antiga **18/1** 259s., 264
- arcaica **9/2** 323
- ciência da **18/1** 379, 834; **18/2** 1.160a, 1.164, 1.228, 1.297, 1.575, 1.686, 1.727
- costumes **10/3** 145
- cristã
- - cf. cristianismo
- de mistérios **10/3** 22, 977
- do movimento monista **10/3** 22
- do mundo **9/1** 10
- exótica **18/1** 532
- festas religiosas **18/1** 409
- filosófica **9/2** 126
- fundador de **9/1** 124
- hindu **18/1** 572
- história da **9/1** 89, 115, 125, 148, 259, 318; **13** 1, 252; **18/1** 379, 834; **18/2** 1.160a, 1.164, 1.228, 1.297, 1.575, 1.686, 1.727

- mágica **9/1** 680[25]
- mistério **10/2** 375[3]
- oriental **13** 1s., 70, 79; **18/1** 485, 638
- persa **18/1** 259
- primitiva **13** 1
- psicologia da **13** 458[328]

Religiosidade **2** 499, 558, 616, 629, 771[27], 816, 1.011; **14/2** 195
- egípcia **14/2** 148
- indiana e chinesa **14/2** 108
- de um doente maníaco **1** 216
- de S.W. no semissonambulismo **1** 44
- e irreligiosidade **6** 593
- "mágica" **6** 677

Religioso(s), religiosa(s) **3** 90, 105, 176, 525; **4** 70, 554s., (693), 704, 760, 781; **17** 296s.
- compensação nos sonhos **8/2** 483
- condições **8/2** 594
- convicção / crença **3** 158, 462, (513); **8/2** 426, 686, 728
- educação **8/2** 766
- experiência e dogmática **17** 210
- fenômeno **17** 157
- necessidade **3** 423
- perseguição **17** 156
- problema / questão **8/1** 95
- simbolismo **17** 159, (243)
- visões **8/1** 102

Relógio **11/1** 90, 109, 111s., 114; **12** 130s., 146, 246
- do mundo **11/1** 90, 111, 125, 128, 138, 158, 164; **12** 307s., 312, 323
- - como símbolo de conjunção (unificação) **11/1** 136
- imagem dos relógios sincronizados (Leibniz) **8/3** 927

Remédio / medicina **9/2** 178, 180, 204, 214, 248[33, 34], 262, 377[55]; **14/1** 27, 53, 64, 152[201], 193 , 279, 289, 323; **14/2** 10, 28[73], 59, 59[136], 61[141], 104, 107, 123, 126, 127, 138, 153,

159, 179, 180, 302[306], 337, 337[67], 344, 345[81], 350, 353, 354, 360, 361, 364, 371, 403, 429, 430; **14/3** p. 56-57; **15** 14, 90, 159
- alecrim como **14/2** 345[82], 348, 361
- bálsamo como **14/2** 115, 197, 328, 330, 343, 358, 361[115], 365, 372, 425, 429
- berissa como **14/2** 61[143]
- Celidônia como **14/2** 345, 345[81], 347, 358, 360, 364
- cheyri como **14/2** 358
- como *medicina catholica* ou panaceia **14/1** 193, 279, 298, 336
- contraveneno **14/2** 138, 148, 249, 345[82], 361, 425
- da imortalidade **14/2** 429
- da vida **14/2** 384[170]
- esoagírico ou alquímico **14/2** 158, 328, 328[49], 337, 353
- - como algo físico **14/2** 337
- Cristo como *medicina* e *medicus* **14/1** 143
- fortíssimo **14/2** 350
- incorruptível **14/2** 346
- lírio como **14/2** 345, 345[84], 349, 362, 364
- moly como **14/2** 61[143], 345[83], 348
- mandrágora **14/1** 152[201]
- preparo do **14/2** 354, 371
- psíquico de Dorneus **14/2** 337, 347
- sal como **14/1** 223
- *summa medicina et catholica* **14/1** 64
- unidade / unicidade do **14/1** 175 [218]
- universal **14/2** 403, 425
- cf. tb. Medicamentos

Remédio / *alexipharmakon* / *medicina catholica* / panaceia **18/2** 1.579, 1.631, 1.776

Reminiscência(s) **4** 29s., 37, 304, 330, 357, 365, 374, 376
- afloração das **7/1** p. 140
- fase de **2** 1.282, 1.294, 1.301
- infantis **7/1** 21, 45, 75

- pessoais **7/1** 6, 122, 130, 150
- - cf. tb. Memória remissão

Remorsos **3** 490

Renascença **6** 122, 311; **9/2** 78, 149, 156; **12** 112; **14/1** 98; **14/2** 120, 312; **14/3** 109; **15** 43; **18/2** 1.279[2], 1.665, 1.711, 1.750, 1.756

Renascimento / novo nascimento **4** 546; **5** 113, 290, 332, 349, 354, 369, 484, 494, 626, 635; **6** 291, 308, 314, 525; **7/1** 17, p. 144; **7/2** 314, 393; **9/1** 95s., 140, 150, 199-258, 571, 624[187], 682[28], 686; **10/1** 536; **10/2** 941; **11/1** 84, 163; **11/2** 197, 245; **11/3** 346[11] 348, 371; **11/5** 828ss., 842, 856, 860, 913, 925; **13** 89[28], 92, 97, 104[93], 135, 137[211], 198, 267, 350, 376, 403, 418, 446; **14/2** 7[23], 31, 37[92], 60, 61[147], 74, 98, 131, 237; **14/3** 149, 157[8], 246, 276, 510, 518; **16/2** 467s., 471; **18/1** 256, 361s., 745; **18/2** 1.245, 1.453, 1.681, 1.698, 1.816
- anseio por **5** 312, 417, 617
- da água e do Espírito **5** 510
- do maligno **5** 351
- do vento e da água **5** 485
- espiritual **11/1** 56, 161
- - pela introversão **5** 589
- físico **11/5** 843
- mistério do **11/3** 369
- mitos do **5** 332, 362, 364, 374[102]
- peixe e **5** 291
- ritos de **8/2** 766
- sementes de **5** 553
- símbolos do **5** 300, 495; **8/2** 809; **8/3** 845; **14/2** 60, 139

Renascimento, reencarnação **10/3** 13, 20, 87, 181

Renascimento / regeneração **14/1** 79, 173, 251, 281, 292, 310, 312
- arquétipo do **14/1** 173
- Fênix como símbolo do **14/1** 275

Rendimento
- aumento do **1** 138
- - aparente **1** 146
- - real **1** 148

Reno **9/2** 353; **10/3** 65

Renovação **5** 609; **9/2** 73; **14/2** 56, 58, 65, 66, 83, 120, 139, 168, 169, 177, 178, 235; **14/3** 192, 261, 389, p. 116-117
- da vida **5** 671; **12** 447s.
- espiritual **6** 478
- pelo inconsciente **14/2** 213
- por meio da mãe **14/2** 59
- religiosa pela tradição **14/2** 185
- ritos de renovação **11/2** 206, 244; **11/3** 345, 360

Renovação / regeneração / rejuvenescimento **12** 27*, 171, 184, 188, 152*, 454, 558
- cf. tb. Transformação

Renovado **9/1** 203

Repetição(ões) **15** 169, 173
- experiência de **8/2** 199, 592
- nas experiências de associação **3** 11, 37, 53, 204
- no experimento **2** 104, 111, 113, 115-381

Representação(ões) **4** (304); **6** 533; **8/2** 608
- arquetípicas **6** 902; **11/3** 410
- - experiência religiosa das **11/3** 339
- compulsivas **6** 725; **10/3** 4, 843
- concepções de Deus **11/2** 242[17]; **11/3** 402; **11/4** 685
- concretas **6** 470, 576, 579
- de caráter arquetípico **16/1** 15
- desenvolvimento das **6** 539, 884s.
- e arquétipo **8/2** 342, 420, 440
- egípcias **6** 445
- herdadas / inatas **7/2** 219
- hereditariedade das **11/1** 165
- inconsciente(s) **4** 325, 329; **8/2** 352, 363, 397[109]

- inatas **11/5** 897s.
- - hereditariedade das **11/4** 559
- - supremas **11/4** 739
- inicial **4** 43
- ligação no sonho **8/2** 445
- ligadas à tradição **16/1** 176
- livre surgimento das (Herbart) **6** 171
- messiânicas **11/4** 686
- míticas **16/1** 21
- nivelação das (Wernicke) **6** 530
- obscuras (Wundt) **8/2** 210, 351
- o mundo como (Schopenhauer) **6** 318
- orientais **6** 457, 475
- sexual **4** 21s.
- sensação **6** 158
- surgimento das **6** 528
- teatral **1**
- - identificação do eu com o papel **1** 116, 119, 304
- - e autossugestão **1** 419
- - dos histéricos **1** 465
- - excelente na simulação **1** 337, 419
- - no sonambulismo **1** 40, 77
- transcendentais **6** 556
- valor afetivo das **6** 530, 537s., 549

Representação dogmática **14/2** 135
- figurada **14/2** 51
- religiosa **14/2** 95, 120, 157
- sagrada e a contaminação **14/2** 120
- superior **14/2** 83
- teriomórfica do diabo **14/2** 133, 147, 159, 384, 398
- - do rei **14/2** 67, 68
- - dos opostos **14/2** 68

Representantes orgânicos (Wernicke) **15** 166[9]

Représentations
- *collectives* **5** 223, 654, 683; **7/2** 231; **8/2** 254; **9/1** 5s., 47, 85, 89, 93, 98, 125; **9/2** 54; **10/3** 106, 123, 144; **11/2** 171, 285; **13** 478; **14/2** 398; **16/1** 15, 247, 248; **18/1** 457, 481, 522, 536, 547, 551, 579; **18/2** 1.643
- *mystiques* **18/1** 530

Índices gerais

Repressão(ões) **4** 32, 51, 73, 161, 168, 210s., 275, 286, 351, 369, 440, 515, 674; **5** 9, 90-95, 262, 263, 436; **6** 85s., 165, 183, 187, 431, 433, 447, 539, 551, 848, 859, 933; **7/1** 21, 77, 146, p. 149s.; **7/2** 202s., 237, 240, 247, 297, 319, p. 141s., 144s., 148s., 150s., 154s., 166s.; **9/1** 2, 88, 122, 130, 135s., 262, 431, 474, 492, 501s., 540, 561, 587; **10/1** 540, 545; **10/3** 3s., 20, 25, 31s., 62, 79, 165, 195, 217, 331, 340s., 828; **10/4** 610, 631, 646, 649, 655, 658, 680; **12** 74; **16/2** 331, 381, 392, 501; **17** 13[4], 79, 146, 154, 156s., 173, 177, 185, 194, 199as., 204s., (207), 218s.
- anulação / abolição da **7/2** 202, 236, 250, p. 131s., 139s.
- como causa da estagnação psíquica **16/2** 452s.
- como sintoma de uma atitude neurótica **5** 262
- das tendências subjetivas **6** 637s.
- do inconsciente **16/2** 329
- do sentimento **6** 542
- e recalque **7/1** 115
- extinção da **6** 164
- moral **6** 431
- origem da vontade de **5** 221

Repressão / recalque **8/1** 17, 35, 61, 104; **8/2** 212, 270, 321, 477, 492
- da personalidade do eu **8/2** 254
- da sexualidade **8/1** 113; **8/2** 486, 707
- dos conteúdos
- - do inconsciente coletivo **8/2** 425
- - incompatíveis **8/2** 366, 372, 510, 588
- dos instintos **8/1** 36
- e individuação **8/1** 74
- teoria da (Freud) **8/2** 212[17], 701

Repressão / reprimir / reprimido / repressivo **2** 118, 136, 168, 171, 174, 229, 287, 298, 329s., 385, 417s., 450,

490, 605, 610, 611, 613, 616, 619[48], 639s., 657s., 661s., 697, 718s., 724, 800, 816, 827, 833, 849s., 852, 854, 900, 920, 1.007, 1.111; **3** 119, 130, 179, 304; **13** 17, 48, 51, 62, 69, 108, 332, 378, 464, 474; **15** 45, 47, 52, 64, 100, 104, 106, 125, 126; **18/1** 39, 78, 280, 423, 451, 468, 513, 580, 591, 595, 863s., 943, 952, 956, 969s., 985, 1.000, 1.014, 1.054, 1.067; **18/2** 1.146, 1.148s., 1.154s., 1.159, 1.261, 1.284, 1.389, 1.410, 1.414, 1.418, 1.428, 1.594, 1.696, 1.804, 1.812, 1.830
- de lembranças dolorosas **3** 61, 67, 76, 93, 108, 148
- reprodução no experimento **18/1** 954, 975
- teoria da (Freud) **15** 64, 66

Reprodução **2** 641, 643-659, 664, 667-699, 716, 719, 728, 745s., 748s., 771-792, 795-822, 846, 919s., 929-938, 943-998, 1.020, 1.086s., 1.091-1.178, 1.344, 1.374s.; **4** 42s., 326, (577)
- associativa de conteúdos perdidos **8/2** 372
- capacidade de **4** 369
- criptomnésica **1** 143, 181s.
- das imagens primordiais **8/2** 589
- de elementos arcaicos **8/2** 497
- de experiências carregadas de afeto **8/2** 499
- distúrbio da **2** 918-938, 974, 980, 1.341s.
- dos sonhos **8/2** 445, 532
- evitar a **11/4** 728
- incorreta / deficiente / errônea **2** 809, 918-938, 974, 976s., 992, 996, 1.021, 1.086, 1.094, 1.100, 1.341s., 1.344, 1.352, 1.363s.
- modificada **2** 1.094, 1.100, 1.113, 1.126-1.135, 1.140, 1.154, 1.159, 1.163, 1.168, 1.172, 1.174s.
- por hipnose **3** 163

- - distúrbios **3** 30, 93, 163
- - do complexo **3** 146, 180[167], 256, 263
- - impossibilidade de (Masselon) **3** 16
- tempo da **2** 919, 1.112

Reprodução arbitrária **15** 122
- consciente **15** 198

Reproduzível **4** 313

Réptil macho **14/2** 231[64]

República de Weimar **10/2** 373

Repulsa **4** 55

Repuxar os lábios **5** 217

Res **6** 56, 63
- simplex (a coisa simples) **14/2** 389, 413, 414
- - como Deus **14/1** 139
- - como *prima materia* **14/2** 292[243]
- - dualidade da **16/2** 398

Resíduo(s) **14/2** 298[273], 351[101]
- arcaicos (terminologia freudiana) **18/1** 468, 521s.; **18/2** 1.261, 1.272, 1.289

Resignação **7/2** 257, 259; **8/2** 506; **14/2** 365

Resistência(s) **3** 16, 27, 93, 104; **4** 43, 51, 56, 60, 69 79s., 131, 156, 179, 349, 357, 387, 392, 399, 402s., 410, 438, 467, 515s., 572, 594, 623s., 640s.; **6** 712; **8/2** 519, 765, 797; **8/3** 972; **15** 147, 149; **16/1** 237; **17** 12, 15, 18, 29, 158[10], 181, 183s., 189, 221, 255s., 260, 281
- contra a psicologia **16/2** 273, 313, 374
- contra as mulheres **4** 247
- contra Freud **4** 63, 156, 195, 215
- contra o médico **7/1** 94, 145, 172, 182
- contra o(s) pai(s) **4** 305; **18/2** 1.150
- contra o trabalho **18/2** 1.405
- contra Ulisses **15** 179

- da consciência **18/1** 434
- da pele **2** 1.041, 1.046, 1.182
- do analista **4** 421
- do corpo **2** 1.043, 1.046, 1.181s., F 1 e 4, 1.229, 1.311, 1.326
- do médico **16/2** 364
- muscular negativista **3** 193
- na análise **18/1** 332, 505, 514; **18/2** 1.094, 1.285
- o levar a sério das **16/1** 76; **16/2** 381s.
- superação da(s) **7/1** 11, 24; **7/2** 224; **16/1** 169; **16/2** 407
- supercompensação da **6** 666

Resistência / aversão psíquica **14/2** 70, 174, 339

Respeitabilidade **11/1** 12

Respiração **1** 46, 125; **8/2** 664s.; **18/2** 1.778
- curva da **2** 1.037, 1.047s., 1.058-1.078, 1.106, 1.122s., 1.138, 1.180-1.311; **8/1** 23
- pelos pulmões **13** 291

Respiração / sopro **18/1** 129s., 148s., 265, 359, 552

Responsabilidade **4** 527; **8/2** 410, 783; **17** 225
- dos pais **17** 91
- nos sonhos **8/2** 564
- problema na distimia maníaca **1** 211
- - na insanidade moral **1** 430s., 470s.
- - na simulação **1** 356, 426
- cf. tb. Irresponsabilidade

Respostas **1**
- confusas **1** 324
- sem sentido / aproximadas **1** 277, 326, 346, 368s.

Resseção do estômago **14/2** 178

Ressentimento(s) **11/1** 143; **11/4** 710, 718; **13** 472, 478; **14/2** 338, 365; **15** 4, 169, 173, 177

Índices gerais

Ressurreição / *resurrectio*) **4** 151; **9/1** 202, 208, 210, 238[36], 604, 624, 686; **9/2** 66, 177, 180, 336; **11/3** 352, 399; **11/4** 686, 735; **12** 441, 177*, 455, 462, 475, 270*; **13** 86, 89, 97, 103, 137[209], 393; **14/1** 80, 159; **14/2** 36, 55, 56, 95, 139, 140, 150, 199, 232[66], 296[271], 308[338], 384; **14/3** 136, 143[7], 148, 279-280, 330, 466, 489, 504-510, 512-515, 570, 575, 583, p. 60[4], 72-73, 76-77, 124-125, 132-133, 138-139; **18/1** 529, 536; **18/2** 1.523, 1.539, 1.558-1.574, 1.658
- corpo de ressurreição / corpo ressuscitado **11/1** 161; **11/3** 312; **13** 127, 205
- corporal **9/1** 637
- dos mortos **14/1** 78; **18/2** 1.525, 1.574
- motivo da **14/2** 140, 384
- cf. tb. Cristo

Restabelecimento / reconstituição do estado original **9/2** 77, 118, 124, 133[47], 140, 225, 276, 281, 317, 321
- deus de **9/2** 371, 386

Restauração **14/2** 152

Retângulo **12** 286s., 320; **13** 272; **14/2** 99, 100

Retenção **4**
- fenômenos de **4** 31

Retina **8/2** 437
- estímulos de luz na **1** 100s.

Retiros espirituais **11/5** 778, 793, 854, 893ss.
- *Exercitia Spiritualia* (Inácio de Loyola) **11/5** 937ss., 958

Retórica no sonambulismo **1** 40

Retorno aos pais **14/2** 406

Retorta / cucurbita **14/1** 287; **14/2** 7[22], 69, 70, 94, 104, 106, 157, 354, 357, 364, 398

Retrato (cópia) dos instintos **8/3** 954

Retrospectiva
- tendência (Freud) **16/1** 54

Retrospectivos
- sonhos **8/2** 496

Reunião **14/3** 273, 278, 291, 293

Revelação(ões) **6** 75, 436; **8/2** 426[125], 644s., 738, 805; **9/1** 10s., 164, 217, 261, 534[14]; **10/1** 529, 568; **10/4** 650, 651, 652; **12** 356, 423, 462; **11/2** 237; **11/3** 365; **11/4** 637, 687, 696; **11/5** 900; **13** 145-168, 197, 256, 278, 283, 459; **14/2** 127, 403; **17** 207; **18/2** 1.507, 1.511, 1.584[2], 1.613, 1.647, 1.654, 1.660, 1.665
- assimilação da **14/2** 153
- como irrupções do inconsciente **11/1** 152; **11/4** 663, 699, 713
- Deus da **9/1** 193, 560
- - individual e protestantismo **11/1**, 33
- divina **14/1** 145, 252, 336, 337, 338
- do espírito **14/2** 154
- entre os primitivos **6** 38
- fé nas próprias **6** 455
- individual e protestantismo **11/4** 749
- natural **14/2** 122
- renascimento do sistema de fé revelado **14/2** 122
- pagãs **11/4** 643
- cf. tb. Bíblia; Iluminação

Revenants **7/2** 293s.
- cf. tb. Espírito(s)

Reverberatio **13** 201[208]

Reverdescer **14/3** 570

Revolução **6** 180; **17** 302s.
- Francesa **6** 115, 118, 312, 922; **7/1** 150; **9/2** 78, 156; **10/3** 21s., 174; **14/2** 173, 174; **15** 45
- - e a *déesse raison* **14/1** 335

Revólver **3** (S) 291

582 Obra Completa – Vol. 20

Rex **14/2** 240, 240[117]
- *Gloriae* / Rei da Glória **11/5** 946; **14/3** 160, 204, 485, 491, 505

Reynolds, M. (caso de Mitchell) **1** 107s., 136

Rezas curativas **15** 20; **18/2** 1.409

Rgveda **8/2** 395

Rhathymia **9/2** 85

Rhea **14/1** 27[138]

Ri e ki **6** 420

Riacho **9/1** 327, 337
- cf. tb. Rio

Richelieu **14/2** 257[179]

Rigi / cume **3** 246

Rigveda **4** 511; **5** 211, 322, 486[19], 515, 556, 588, 646, 656; **9/1** 671

Rih **8/2** 664

Riklin, F.
- pesquisas com Jung **1** 313, 478

Rima / mesma terminação **2** 42, 80, 110s., 115-381, 393-419, 434-439, 463, 605, 611

Rinoceronte **14/1** 142; **14/2** 65[167]; **15** 150; **18/1** 81
- cf. tb. Animais

Rio(s) **8/1** 118; **9/1** 327; **9/2** 236, 288, 311, 332, 336[125], 353, 358, 396; **14/3** 274; **18/1** 585
- do paraíso **11/5** 946
- - os quatro **14/2** 292[243]
- transposição do **6** 995s.
- cf. tb Riacho; Torrente

Ripley
- *Scroll* **9/1** 452[78], 682[28]
- *Scrowle* **13** 247[19], 261, 374[90], 399, 399[146], 418, F VI

Riqma **14/2** 164[392], 257, 257[182]

Riqueza **13** 133, 246

Rir **2** 816s., 824, 996, 1.363

Rir / risada **10/3** 950-964

Risco / traço **14/1** 37

Riso
- convulsivo **4** 55
- histérico **7/1** 45, 51

Rita **6** 181, 398, 420s.
- cocheiro de **6** 379, 394
- como correspondente do tao **6** 401s.

Rites d'entrée (Lévy-Bruhl) **8/1** 86
- - *et de sortie* **9/1** 260, 277

Rítmica(s)
- atividades **8/1** 89
- batidas de tambores **8/1** 86
- esfregar **8/1** 92

Ritmo **5** 183[14], 206, 208, 217
- da dança **5** 481
- do devir e do declínio das coisas **8/2** 673
- e sexualidade **5** 219, 297[64], 370
- fator de ritmização **5** 219

Rito(s) **5** 219, 248, 581; **7/1** 156; **7/2** 314s.; **8/1** 91s., 98; **8/2** 411, 586, 712, 725, 766; **10/1** 513, 550; **10/3** 71, 977; **11/1** 7, 76, 86; **11/5** 778; **13** 81, 89, 107[100]; **14/2** 173, 209[270], 271, 272, 297, 298, 402
- a *opus* como um paralelo aos ritos eclesiásticos **14/2** 61[142], 173
- bizantinos **11/3** 331
- - como fatores extrínsecos **11/3** 413
- - e magia **11/3** 323
- - entre os primitivos **11/3** 410
- - evolução dos **11/3** 339, 410
- - mozarábico **11/3** 317, 321, 332
- - *rites d'entrée* **11/3** 385[8]
- - romano **11/3** 312
- católico **16/1** 215

Índices gerais

- - costumes, cerimônias dos casamentos, nascimentos e mortes **16/1** 214s.
- como *rite d'entrée et de sortie* **14/2** 398, 413
- da *benedictio fontis* **11/4** 678
- da preparação do fogo **5** 250
- de adoção **14/2** 43
- de criação e renovação **11/1** 164
- de entrada como antecipação da realização **14/2** 413
- de renovação **12** 171, 174
- de transformação **12** 70*
- dos mortos dos reis citas **5** 595
- eclesiásticos **14/1** 103, 142, 201, 245, 306; **14/2** 297
- e magia **11/1** 32
- e mistério **14/1** 202, 306
- e símbolo de transformação na missa **11/3** 309, 376, 390
- e sua perda de sentido **14/2** 398
- harrânico **14/2** 292
- mágico(s) **11/3** 370; **11/5** 855
- - sabeu **14/2** 387[186]
- matrimonial e alecrim **14/2** 361
- mitização dos **14/2** 270[209]
- oriental **5** 250
- ortodoxo grego **14/2** 297
- perda do **11/1** 82
- primitivos **16/2** 501[27]
- religioso(s) **3** 91, 525; **14/2** 445
- romano **14/1** 310, 312
- significado terapêutico do **11/2** 287
- - romano **11/2** 242[16]
- simbólico **14/2** 365

Rito / ritual **4** 330, 777; **9/1** 21, 47, 93, 106s., 205, 208s., 224, 227, 230s., 275, 295, 311, 324, 463, 482, 573, 629s., 635, 700; **9/2** 72, 277, 293s., 352, 403; **10/4** 656; **18/1** 264, 361s., 551, 615s., 622s., 640

Ritual(ais)
- objetos **8/1** 115
- refeição **8/2** 738

Roca de fiar **9/1** 410

Rocha **8/3** (m.s.) 935; **9/1** 36, 156, 525s., 529s., 533, 538, 549; **9/2** 143, 144, 236, 326; **13** 122, 331
- cf. tb. Pedra

Rochedo / rocha **14/2** 293; **14/3** 413-414, 415-416, 438, 475, p. 100-101, 118-119
- percutido por Moisés **14/2** 25

Rochedos que se dobram **5** 367[73]

Rochoso
- cone **8/3** (m.s.) 935

Roda **5** 297; **8/2** 394; **9/1** 16, 573s., 576[120], 579[126], 580, 644, 654, 689, 704; **9/2** 210-212, 352, 368; **12** 65*, 80*, 109*, 469s., 471; **13** 31, 38, 362; **14/1** 33, 254, 255, 256, 259, 260, 263, 263[491], 278; **14/3** 452; **18/1** 81s., 203, 416
- como símbolo **16/2** 454, 506[37]
- criadora das almas **14/1** 5[24]
- de fogo **18/1** 203
- de oito raios **11/1** 90
- do mundo **9/2** 121
- - tibetano **12** 40*, 123s.
- dos nascimentos **9/2** 211s.
- *rotae elementorum* **14/1** 255
- *rota*
- *nativitatis* **9/2** 211, 212, 352
  philosophica **12** 469

- solar, **5** F 8, 163[71], 368; **11/1** nota 44 (cap. II); **15** 150

Ródano **9/2** 353

Rodésia / rodesianos **13** 45; **15** 150; **18/1** 81

Roer unhas **4** 240

Rohita como o deus Sol indiano **14/2** 392
- e Rohini **14/2** 392

Roho **8/2** 601

Rolar **8/1** 86

Roma **5** 104[60]; **10/4** 783; **11/1** 81s., 84; **11/3** 444, 448; **14/2** 306[324]; **16/2** 340; **18/1** 257s.
- Igreja de São Clemente em **18/1** 259

Roma / época romana **10/2** 384, 394; **13** 141

Roma / romano **4** 346, (354), 373; **15** 90, 91, 176
- cultura e religião **10/3** 22, 125, 159, 188, 193, 250, 260, 291, 979
- império **10/3** 293

Romance **15** 136, 138, 140
- policial **15** 137

Romano(s) **3** 525; **17** 309
- Carta aos
- - cf. Bíblia

Romano de Roma **14/3** 609

Romântico **6** 615, 939
- esgotamento do **6** 618

Romântico / romantismo **18/2** 1.732, 1.734, 1.739s.
- a flor azul do **18/2** 1.739

Romantismo **15** 130

Romênia **10/2** 908

Rômulo e Remo **4** 481; **5** 34, F 3, 547

Rorschach
- teste de **10/4** 748, 753, 770
- - das figuras de **16/1** 202, 245

Ros / orvalho como sinônimo de *aqua permanens* **14/2** 345[82]
- *Gideonis* **10/4** 629
- *marinus* (orvalho marinho), rosmaninho ou alecrim **14/2** 345[82], 348

Rosa **5** 619; **6** 442; **9/1** 156, 315, 646, 652, 654; **11/1** nota 7 (cap. II); **12** 99, 139[11], 235, 193*; **13** 228[255], 383-391;

14/2 67[169], 74, 74[189], 77, 79, 79[224], 80, 81; **14/3** 524, 569, 570; **16/2** 416, 454
- branca **14/2** 78[218]
- como alegoria de Nossa Senhora **14/2** 79
- de sete pétalas **12** 29*
- e cruz **6** 312[26], 314
- mística / *mystica* **5** 619[7]; **9/1** 652; **11/1** 126; **12** 257
- nobre **14/2** 78[218]
- simbolismo da **14/2** 79, 80
- sinônimos da **14/2** 267[201]
- vermelha e branca **12** 13*, 30*; **14/2** 77, 77[215]

Rosa-cruz / *Rosencreuzer* **9/1** 652; **10/4** 764; **12** 88[22], 99, 422[50], 515
- Majer como cofundador **14/1** 306
- ordem da **16/2** 500
- - cruz de rosas / *rosicrux* **16/2** 416
- os rosa-cruzes **13** 391

Rosarium **9/1** 564[92]; **14/2** 77, 77[215]
- *philosophorum*
- - *Artis auriferae* **13** 89[27], 90[31], 97[56], 103[85], 113, 161[42, 44], 162[47], 173[107], 180[129], 183[142], 190[175], 255[34], 261, 264[80], 267[105], 268[126], 270[135], 271[152], 272, 273[167, 170s.], 278[221], 282[230, 237], 387, 429[263], 436[282], 445, F I, II
- - *De alchimia* **13** 183[143]; **18/2** 1.780-1.789

Roseira **14/2** 17[54]

Rosinus **9/2** 241, 243
- *ad Sarratantam* **9/2** 257s.; **13** 125[163], 269[133], 273[171], 429[268]

Rosto(s) (S) **4** 732, 737; **13** 37, 360

Rotação **8/2** 401; **9/1** 574, 588, 646, 674, 684, 692; **9/2** 345, 352, 388[81], 406, 410; **11/1** 109s., 114; **13** 349, F VIII

Índices gerais

Rotação / *circulatio* **14/1** 5, 8, 10, 255; **14/2** 258, 304, 343, 343[75], 351, 364[123], 404, 411

Rotatio **12** 165, 214, 267, 281s., 290
- cf. tb. *Decumambulatio*

Rotundidade **13** 95, 188

Rotundum **8/3** 919; **9/1** 532, 538, 549, 573, 660; **10/4** 621, 622, 765, 766; **11/1** 92, 152, 160
- cf. tb. Forma redonda, Redondo

Roubo **8/1** 105

Roupa
- insuficiente **8/2** (m.s.) 535

Rua **3** (S) 123, 129; **8/2** (m.s.) 451s., 562

Ruah **8/2** 601; **10/3** 146
- como alento e espírito **7/2** 218
- *Elohim* / o Espírito de Deus **8/2** 388; **11/2** 240; **11/4** 610, 619; **18/2** 1.361, 1.549; **14/2** 7, 51
- faiscazinha do **14/1** 45

Rubedo **9/1** 537; **12** 269s., 334s.; **14/1** 7, 301; **14/3**, 140, 143-144, 148, 200-203, 280, 368, 465-466, 491, 518, 518[58, 59], 524, 530, 569, p. 60-61, 92-93, 124-125, 132-133, 142-143; **18/2** 1.701
- cf. tb. Vermelhidão

Rubefactio **11/1** 98

Rubeus / vermelho **14/1** 16[104], 107, 115, 136[121], 169
- cf. tb. Vermelho

Rubi **9/1** 537, 654; **9/2** 293[13]; **14/2** 7, 163[392]; **14/3** 368-369, p. 93-94

Rubicão **12** 158

Rudra / deus do vento **5** 176[2], 176, 178, 322

Ruh **8/2** 601, 664

Ruhâ d'Qudsâ **14/3** 107

Ruídos na cabeça **1** 268

Rumpelstilz **8/2** 735

Runas **8/2** 149

Rupestres **8/1** 89
- cf. tb. Desenhos

Rússia / russo / soviético **9/1** 680[26]; **10/1** 514[1], 517; **10/2** 372, 397, 404, 476, 907, 927; **10/3** 237[1], 239; **10/4** 599, 608, 611, 615, 790, 822; **11/6** 1.019; **18/1** 581, 646; **18/2** 1.311, 1.324s., 1.336, 1.505, 1.602

Ryochi **6** 420

S

Saalburg **18/1** 259

Saara **10/4** 603

Sabá
- rainha de **14/3**

Sábado Santo / Sábado de Aleluia **9/1** 93; **13** 89[28], 104

Sabaoth / Sabaot **9/2** 110, 129, 283[10]

- a força de **14/2** 5

Sabbath / Sabat **9/2** 128; **14/2** 302

Sabbatum satrum **8/2** 314, 336

Sabedoria / *sapientia* **9/1** 93, 158, 188, 243, 247, 289[30], 336[12], 337, 575, 592; **9/2** 345; **11/1** 126, 161; **11/2** 240; **11/3** 358; **11/4** 610, 728, 742, 743; **12** 201*, 478s., 232*, 500, 257*; **13** 162, 168, 277, 419, 456; **14/1** 6, 12, 15, 20, 22, 40, 90, 121, 136, 155, 159[228], 163, 199, 215, 307, 319, 323, 334; **14/2** 5, 10[43], 17[90], 19, 25, 104, 105[245],107, 127, 135, 136, 196, 200, 207, 208, 217, 235, 236, 240, 244, 267[210], 309, 309[340], 309[241], 322[22], 337, 337[67], 388[194]; **14/3** 532; **18/1** 258; **18/2** 1.505, 1.552
- a chave da **14/2** 236
- autonomia da **11/4** 623
- como *Chokhmah* (hebraico) **14/2** 202[201]
- como lua **12** 486s.
- como mestra de obras de todas as coisas **11/4** 612, 625

- comparação com árvores **11/4** 612
- de Deus / *sapientia Dei* **9/2** 194, 246s.; **11/2** 221, 263; **11/4** 609; **12** 473; **14/2** 139[308], 196; **14/3** 2, 61, 65-66, 65[35], 69, 70, 75-76, 82-83, 97, 102, 104, 105, 106[155], 107-108, 122, 141-144, 143[11], 151-154, 163, 173, 178, 189-200, 206, 212-214, 222, 228-229, 258-259, 283, 293, 302, 306, 316, 316[44], 320, 335, 339-340, 342, 348, 394, 398-399, 413, 424, 436, 442-443, 484, 484[68], 485, 494-495, 510, 512, 521, 540, 560-561, 571, p. 46s., 62-63, 84-85, 100-101, 147-148
- divina e revelação **14/1** 321
- do Oriente **11/5** 962; **13** 31, 102, 113, 168, 187, 207, 211, 222, 377, 406, 414[226], 419, 449, 456, 459
- do tempo primordial **14/2** 5
- doutrina da **12** 465s.
- espagírica **14/2** 337
- espírito da **14/2** 51[121]
- Helena como **14/1** 155
- humana **14/1** 321
- - e a Igreja **14/1** 321
- na harmonia **11/3** 429, 434
- odor da **14/2** 361[121]
- ou *sophia* **14/1** 40[46], 72[181], 121, 145, 165, 215, 216, 321, 329
- personificada (Dorneus) **14/2** 17
- prática **14/1** 328
- *prima materia* como
- - cf. *Prima materia*
- *sal sapientiae* **14/2** 363

Índices gerais

- Saturno **12** 134*, 152*, 440[50], 200*
- cf. tb. Árvore da sabedoria

Saber
- absoluto **14/3** 73-74, 115[175], 193
- ciência **9/2** 268
- conhecimento **11/5** 845, 921
- e execução prática **14/2** 433
- e opinião **14/1** 165, 266
- e sabedoria **5** 23
- função **9/1** 425

Sabeus, **9/2** 128, 129[21], 190, 307[33], 377; **13** 86[4], 272; **14/2** 350, 388, 389[196]; **15** 37[47]

Sábia **3** 571

Sábio(s) **13** 46, 176[114], 222, 267, 347, 355; **14/2** 105[248], 127, 207, 238, 255, 328, 328[50], 343, 346, 353, 438; **14/3** p. 54-55, 58-59, 62-63
- a *anima* e o velho s. **5** 515
- arquétipo do **5** 515, 611, 678
- como arquétipo do "espírito" **5** 515, 678
- o velho **7/1** 154, 185; **7/2** 218, 389, 397; **8/2** 538; **11/1** 63; **12** 121, 159, 278, 349[7], 349s.

Sábio / sabedoria **9/2** 362, 369s., 378, 385
- cf. tb. Arquétipo do velho sábio

Sacerdócio
- eterno **11/3** 306, 329
- virginal **14/2** 191[417]

Sacerdote **4** 433s.; **9/1** 398, 458, 460[7]; **9/2** 127, 145[75], 186, 228, 283, 309, 339[135], 354, 360s.; **10/3** 160, 243; **13** 89, 91, 106, 111, 132, 340[21], 416; **14/2** 377; **17** (272), 275s.
- como terapeuta da alma **16/1** 239, 250
- de Isis **13** 228[255]
- e comunidade **11/3** 365, 378, 403, 413

- sacrificante / sacrificador **11/3** 346, 448
Sacerdotium **14/3** 553

Sachseln **18/2** 1.538
- igreja de **3** 562; **9/1** 12, 16

Sacramentarium Leonianum **11/3** 335

Sacramento **11/3** 448; **13** 158[31], 193s., 207, 231-236; **14/1** 306; **14/2** 106; **14/3** 125, p. 54-55; **18/1** 254

Sacrifício(s) **4** 342, 348, 350; **5** 240, 241, 294[56], 399, 461, 577, 613, 614, 646, 657, 669; **6** 22, 369, 375, 465, 469; **7/2** 208; **8/2** 726, 728; **9/1** 188, 209, 240, 311s., 324s., 355, 380, 547; **10/3** 13s., 846; **11/1** 7, 82; **11/3** 307, 337, 339, 361, 387, 411, 448; **12** 415s., 485; **13** 91-120, 121, 331, 340[22], 412[216], 434; **14/1** 75, 82, 84, 313; **14/2** 3[5], 11, 12, 190, 398; **15** 93, 95, 157, 198
- animais do **9/1** 624
- arquétipo do **11/3** 403
- asteca **11/3** 406
- auto **6** 314; **13** 137
- - cf. tb. Cristo
- cordeiro do **9/1** 433[65]
- cósmico **5** 646
- da autonomia **11/2** 273
- da cruz **5** 577
- da missa **11/3** 302, 376; **11/5** 862; **14/3** 325
- da morte **12** 61[3]
- da virgem ao dragão **5** 671
- de animais **13** 66, 91, 360
- de cobras **13** 456
- de Cristo **14/2** 82, 139, 297
- de Orígenes **6** 20s., 23
- destruição do **11/3** 390
- de Tertuliano **6** 17, 23
- de valores da cultura antiga **6** 24
- do corcel
- - cf. Cavalo
- do cordeiro **5** 294, 460

- do primogênito **5** 671
- do rei **11/3** 339, 357, 406, 409; **14/2** 11, 190
- do touro **5** 176[1], 294, 354, (396), F 77, 665; **10/3** 31, 118
- em dinheiro **5** 571, 577
- e refeição totêmica **14/2** 190
- ferida do **6** 421
- fogo do **9/1** 612
- humanos **5** 398, 400, 503, 577, 671; **11/4** 697; **18/1** 81
- - dos sabeus **14/2** 350, 388
- mágicos **11/3** 251[19], 362
- mitraico e cristão **5** 673, 674
- no fogo **5** 369[89]
- pagãos **14/1** 313
- para a fertilidade da terra **14/2** 11, 190
- prefigurativos no Antigo Testamento **11/3** 328, 339
- psicológico **11/3** 381
- refeição sacrifical **11/3** 302
- sacerdote do **13** 86[3]
- transformação do **11/3** 319, 342
- vítima **18/1** 81, 258, 548, 627, 631, 640, 1.062; **18/2** 1.285, 1.568, 1.593, 1.620, 1.643, 1.680
- - vítima imolada **9/2** 131, 147, 147[78], 148, 186, 236[107], 309, 370[34]
- voluntário **5** 553, 675

Sacrifício(s) de animais **5** 673; **18/1** 81
- como imolação da libido instintiva **5** 659
- mitológicos **5** 559
- relação com a divindade **5** 559

Sacrifício e sacrificador **11/3** 353, 397
- Ouroboros como **11/3** 359

Sacrificium intellectus **11/4** 659, 661; **11/5** 763; **12** 59;

Sacrilégio **14/2** 272

Sacro Império Romano **18/2** 1.328
- germânico **17** 284

Sadio
- cf. Normal

Sadismo **17** 145

Safira **11/4** 599; **13** 234, 322, F 16, 17
- flor safírica **14/2** 307
- pedra safírica **14/2** 306, 307, 308, 308[236]

Saga do anticristo **5** 565
- da Nova Zelândia **5** 538[89]
- da Polinésia **5** 392[118]
- de Édipo **5** 1, 121
- de Rama **5** 306
- de Shaktideva **5** 318[15]
- de Ynglinga **5** 306
- ioruba **5** 392[118]
- tibetana de Bogdã Gesser Khan **5** 547[96]

Sagittarius
- Mercurius como **14/2** 75

Sagrada Escritura **14/2** 6, 120, 127, 333, 341

Sagrado **15** 151
- comércio **4** 777
- núpcias **8/2** 336
- objetos **8/1** 92, 119

Sahafa
- sepulcro de **14/1** 74

Saia **14/2** 43

Saída universal (Frobenius) **6** 496

Sair fora de si (o) **14/2** 70

Sakkara **10/3** 158

Sakkut **9/2** 128[15]

Sakyamuni
- cf. tb. Buda

Sal **4** 783; **9/1** 537, 575; **9/2** 205, 215, 241s., 247, 248; **12** 359s., 401, 539; **13** 170, 171[82], 176[114], 183[140], 274, 281, 357, 374, 381, 406; **14/1** 44, 45,

64, 139, 140, 152, 228, 229, 229[377], 238, 239, 240, 314, 315, 316, 317, 318, 320, 321, 322, 323, 327, 329, 330, 331, 332, 333, 338-340; **14/2** 7, 17[53], 19, 164, 222, 320, 351, 377; **14/3** 328, 373, 545; **18/2** 1.781
- *albus* **14/1** 314
- amargor do **14/1** 234, 239, 249, 324, 327, 333
- amoníaco **14/1** 44[79]
- *armoniacum* **14/2** 10, 19
- aspecto feminino do **14/1** 229 234, 315, 324; **14/2** 164, 377
- como água que a secura do fogo coagulou **14/1** 238
- como alma **14/1** 315
- como analogia para Cristo **14/1** 317, 323
- como centro físico da Terra **14/1** 236
- como cinza **14/1** 235, 313; **14/2** 164
- como clavícula **14/1** 234[395]
- como compreensão, entendimento, sabedoria **14/1** 318, 319
- como dragão **14/1** 235, 332
- como ente central **14/1** 236
- como Eros **14/1** 316, 327
- como espuma de Typhon **14/1** 240, 334
- como *filius* do *spiritus vegetativus* **14/1** 316
- como fogo
- - e água **14/1** 313, 320
- - e secura **14/1** 313
- como *lapis* **14/1** 235, 240
- como mar tifônico **14/1** 240, 332; **14/2** 363
- como paciente **14/2** 321
- como princípio cósmico **14/1** 234
- como *sal sapientiae* **14/1** 40, 234, 312, 317, 318, 321, 323
- como *scintilla animae mundi* **14/1** 315, 322
- como símbolo da sabedoria **14/1** 318, 319, 323

- como substância do arcano **14/1** 228-238, 312, 316, 323, 331
- cristal do sal como símbolo onírico **14/1** 323, 323[642]
- da aliança no Antigo Testamento **14/1** 318
- das quatro cores (Dorneus) **14/1** 139
- da Terra / os apóstolos **14/1** 318
- dos metais **12** 443; **14/1** 235, 323
- duplicidade de natureza **14/1** 331
- e a *opus* **14/1** 323
- e enxofre **14/1** 140, 313, 316, 333
- e Eva **14/1** 229[377], 315
- gosto do sal **14/1** 240
- interpretação e significado do **14/1** 245, 253, 314-340
- lunar-feminino e solar-masculino **14/1** 229[377]
- *magnesiae* **14/1** 315
- na alegoria eclesiástica **14/1** 318, 320, 323
- na alquimia **14/1** 322
- na Bíblia **14/1** 318
- na cabala **14/1** 323, 332
- natural de todas as coisas **14/2** 351
- natureza do **14/1** 245, 313, 320
- *nitri* / salitre **14/2** 19
- no quatérnio alquímico **14/1** 229, 234
- no sentido de gracejo ou espírito **14/1** 318, 323
- origem do **14/1** 239, 312, 317
- paradoxalidade do **14/1** 331
- propriedades conservadoras do **14/1** 317, 331; **14/2** 19
- relação com a brancura **14/1** 238, 313
- resumo da doutrina alquímica sobre o **14/1** 322
- *sapientiae* **9/2** 205, 247; **14/2** 363; **16/2** 525[4]
- *sapientum* **14/1** 232
- *Saturni* / de chumbo **14/1** 333; **14/2** 25[66], 75[204], 363
- símbolos designativos do **14/1** 317

590

- sinônimos do **14/1** 314, 332
- *spirituale* **14/1** 234, 330
- *veneris* **14/2** 75[204], 363

Sala **9/2** 352s.
- de paredes nuas **8/2** (m.s.) 479

Salamandra **9/1** 311, 705; **10/4** 745; **13** 154; 173, 177, 200, 258; **14/1** 167[305]; **14/2** 298
- gigante **17** 162
- cf. tb. Animais

Saldini (termo de Paracelso) **13** 200

Salgamento **14/2** 10, 19

Salitre **9/1** 534s., 536, 575

Saliva **8/2** 370, 411
- significado mágico da **5** 458

Salmo
- cf. Bíblia

Salmon (monte) **14/3** 208, p. 70-71,

Salomão **13** 167; **14/2** 274[215]; **14/3** 54[8], 84[82], 182, 530 , p. 136-137[30, 39]; **16/2** 484, 496[9], 507
- e a rainha de Sabá **14/2** 198, 200, 207
- e Saturno **14/2** 227[29]

Salpêtrière **3** 322; **10/3** 2; **15** 62
- escola de **18/2** 1.223

Salsicha **3** 283

Saltério
- *de Utrecht* **5** 425
- cf. tb. Bíblia

Salvação **6** 212, 323, 325s., 348, 496; **9/1** 156, 190, 266, 278, 287, 433[65], 448, 454; **14/2** 24, 127, 174, 185, 221, 232, 346, 429; **14/3** 281, 493, p. 74-75; **17** 309, (317)
- da matéria **14/2** 310
- de Deus **14/3** 223, 288
- de Lúcifer **14/2** 310
- doutrina cristã de **6** 111

- - de Schopenhauer **6** 206
- drama salvífico divino **14/2** 310
- necessidade de, anseio por **6** 22, 211, 314, 566

Salvação / redenção / resgatar **9/2** 72, 110, 125, 172, 209; **10/4** 629, 800; **12** 26, 73*, 200, 414s., 420, 452, 460, 463, 493s.; **13** 127, 137[209], 142, 168, 180s., 183, 196, 227, 228[255], 252, 381, 390, 413
- da *anima mundi* **12** 414, 478, 557
- das substâncias **12** 420s.
- do divino **12** 452
- do espírito **12** 562
- do homem **12** 414s.
- história da **9/2** 278; **13** 290, 392

Salvador **13** 162, 171[87], 280, 284, 366, 384[121], 404; **14/2** 104, 220, 243, 306[324], 308, 384[170], 434; **14/3** 191, 249, 280, 281, p . 78-79; **18/1** 80, 210, 270, 353s., 359, 369, 374, 530, 634
- como símbolo **6** 314, 512, 519s.
- Cristo: o Filho de Deus **14/1** 9, 25[172], 27, 33, 117, 119, 121, 141, 143, 278, 299, 323
- figura arquetípica do **14/1** 141
- gnóstico **14/1** 12, 121, 302
- herói **5** 536
- Hiawatha como **5** 477
- na alquimia / alma da natureza **14/1** 32, 40[27], 121, 141, 143, 289
- nascimento do **6** 483s., 511
- provindo da Terra **14/2** 364
- rejeição do **6** 520
- representações do motivo do **16/1** 254
- salvador **6** 251, 291, 312, 323, 519, 902
- cf. tb. Cristo

Salvador / salvação **18/2** 1.079, 1.419, 1.515, 1.528, 1.553, 1.578, 1.631, 1.641s., 1.664, 1.684, 1.687, 1.699, 1.744s., 1.827

Índices gerais   591

Salvador / curador / redentor **9/1** 38, 74, 124, 267, 278, 374, 427, 456s., 472, 487, 561[90]; **9/2** 70[9, 75, 79], 133, 147, 148, 168[11], 177, 230, 274, 283, 287, 288, 307[33], 366, 403; **10/3** 185, 1.003; **10/4** 629, 674, 679, 751, 766; **12** 26, 41, 169, 62*, 107*, 335, 455, 469, 512
- arquétipo da origem humilde do **12** 33
- Cristo como
- - cf. Cristo
- homem como **12** 414
- *lapis* como **12** 335
- mediador como **12** 167[43]
- Mercurius como
- - cf. Mercurius
- o alquimista como
- - cf. Alquimista
- projeção do **12** 557
- rei como **12** 91, 501

Salvator **13** 203, 283, 303
- *mundi* **9/2** 194

Salzburgo **15** 6

Samadhi **6** 328; **9/1** 520; **11/5** 906, 917s., 925ss., 958; **14/2** 426; **18/2** 1.417

Samene **9/2** 104

Samiasa **5** 169, 170

Samkhya, / filosofia **9/1** 158

Samotrácia **9/1** 25; **9/2** 331s.

Samsâra **11/5** 770, 785, 800, 905

Samyutta-nikaya **9/1** 200[1], 517, 564[14]
- cf. tb. Cânon-páli

Sanatsugâttya **9/1** 664

Sanchi
- stupa de **10/3** 991

Sangue **9/1** 238[36], 311s., 329, 331, 537, 555, 569, 575; **9/2** 147[78], 380, 389; **10/4** 629; **12** 365, 396s., 417, 445[62]; **13** 86, 93, 103[86], 110[113], 111[122], 122, 180, 328, 359[59], 376, 379s, 383-391, 403[160], 433, F 23; **14/2** 50[118], 56[133], 62[146], 63, 73[184], 74, 78, 82, 87, 116, 127, 147[327], 154, 158[359], 158[361], 176, 176[403], 200, 201, 233[78], 258[185], 290, 292[243], 297, 349, 350[90]; **14/3** 144, 325, 325[55], 330, 415, p. 72-73, 86-87, 88-89, 102-103; **15** 3, 25, 169, 213
- beber **5** 569, 671
- chuva de **10/4** 608; **14/1** 11, 15, 26, 111, 118, 140, 150, 152, 152[206], 153, 165, 175, 295, 323, 331
- como alma **14/2** 78, 258[135], 350, 364
- como a sede da alma **14/1** 111[23]
- como etapa prévia do *lapis* **14/2** 345[83]
- como leite branquíssimo **14/1** 140
- como meio de união entre a alma e o corpo **14/2** 350
- como *prima materia* **12** 425
- como sinônimo da *aqua permanens* **14/2** 61, 78, 345[85], 350
- como *spiritus* **14/2** 61[141]
- como tintura vermelha **14/2** 345[83]
- de bode(s) **14/3** 101[128], 413, 415, p. 102-103
- - pretos **14/1** 74
- de Cristo **14/2** 30, 82, 297
- - e vinho **11/4** 720
- do homem ruivo **14/2** 345[85]
- do leão verde **14/2** 47, 47[104], 61, 63, 73, 77, 82, 116, 176
- ebriedade de **14/2** 174
- e solo **10/2** 389
- fervente **14/2** 351[100]
- fogo e **11/3** 359
- - alma **11/3** 330, 335
- humano **14/2** 345, 349, 350, 351, 364, 411
- *in sanguine Christi* **14/1** 11
- mudança em **11/3** 352

- - do sangue em sêmen e leite **11/3** 359
- negro **14/1** 74[203]
- no pacto com Deus ou o demônio **14/2** 350, 362
- no sonho e na representação **2** 793, 823s., 829, 833, 839, 843a, 851
- ou *dam* (hebraico), quando coagulado **14/2** 251[149]
- pacto de **9/1** 481; **10/4** 700
- para a produção da totalidade **14/2** 411
- perda de **8/3** 940
- proibição como alimento **14/2** 257[135]
- quente **13** 291
- rosado do leão verde **14/2** 76, 77, 77[212], 77[214], 83
- simbólica do **14/2** 63, 78, 350
- - eclesiástica e alquímica **14/2** 61
- *spiritualis* **14/2** 404
- cf. tb. Sangue de Cristo

Sanguíneo **6** 951, 954, 999, 1.031
- circulação **3** 570
- suprimento do cérebro **3** 323

Sankaracharya **9/1** 398[12]

Sansão **5** 176[1], 415[25], 458, 460[70], 526, 600[190]; **12** 177*; **14/2** 290, 305
- enigma de **14/2** 305

Sânscrito **10/3** 1.006; **11/5** 912

Santa
- Catarina de Alexandria **14/1** 221
- Catarina de Sena **3** 279
- Sofia **11/1** 40

Sant'Ana e a Virgem (Leonardo da Vinci) **15** 55

Santelmo
- fogos de **18/2** 1.437

Santidade **8/2** 707; **11/2** 225; **14/3** p. 106-107, 134-135; **18/1** 270, 700; **18/2** 1.544s., 1.635

Santidade / santo **10/3** 834

Santificação do fogo **8/2** 174

Santíssima Trindade
- imagem da **3** 562

Santo(s) **7/1** 108, 150; **8/2** 390, 484; **10/2** 408; **11/4** 742; **11/5** 791, 977; **13** 50, 133, 225, 365
- da Índia **11/5** 950ss.
- Graal **8/2** 553[11]
- lendas dos **3** 92
- Padre(s) **10/2** 384; **14/1** 19, 282, 319
- Sepulcro **5** 536, F 99

Santo / sagrado **8/1** 115

Santo / santidade **9/1** 17, 356, 458, 576; **10/4** 650, 680

Santuário **9/2** 164, 309; **18/1** 236, 254, 259; **18/2** 1.521
- cf. tb. Templo

São Cristóvão **8/2** 430

Saoshyant **6** 519; **18/2** 1.528

Sapato **14/3** p. 134-135

Sapientia
- cf. Sabedoria

Sapo **14/1** 2, 30, 167; **14/3** 596
- *sapientiae* **14/1** 234

Sapo / rã
- cf. Animais

Saponária **14/2** 61[143]

Sara **4** 742; **5** 579[156]; **14/2** 221
- ardente **7/1** 108
- cf. tb. Bíblia

Sarcófago **9/1** 157, 398, 686; **14/2** 39, 225; **17** 208
- romano **14/2** 323

Sarcomas **3** 468

Sardes **11/4** 706

Índices gerais 593

Sardônica **14/2** 52

Sarepta
- viúva de **14/2** 129[280]

Sargão **7/2** 284

Sarkikos **9/1** 243[44], 244

Sarpânitu **11/2** 176

Sarx **13** 126

Sassânidas / corte **9/2** 178, 180[60]

Satã / satanás **5** 84, 85, 89[26], 576, 664; **9/1** 394, 455, 534[14]; **9/2** 68[2], 78, 79[29], 103, 113, 133[47], 167, 168, 225, 230, 300, 385, 403; **10/3** 846; **11/3** 429; **11/4** 629, 659; **13** 107[104], 148[6], 176[114], 283, 290, 377, 416; **14/2** 299; **18/2** 1.475, 1.534, 1.537, 1.549, 1.553s., 1.592s., 1.600s., 1.617, 1.621, 1.653, 1.694
- aposta com Deus **11/4** 587
- caráter tricefálico de **11/2** 252
- ciúme de **11/4** 654
- como acusador **11/4** 683
- como filho de Deus **11/4** 641, 653
- como olho de Deus **11/4** 579[3]
- como pensamento de dúvida **11/4** 578, 587
- como *pneuma antimion* **11/4** 653
- como trapaceador **11/4** 619, 620
- e Jó **5** 69, 84, 88, 89
- e os anjos **11/4** 680
- queda de **11/4** 650, 676, 691, 713
- sinagoga de **11/4** 705
- cf. tb. Demônio; Diabo; Lúcifer

Satanael **9/2** 77, 229; **11/2** 249; **13** 271
- como irmão de Jesus **14/2** 255

Satapatha-Brâhmana **9/2** 176[39, 41]
- cf. tb. *Brâhmana(s)*

Sat-chit-ananda **15** 189

Sátiro(s) **4** 106; **6** 210, 213; **14/1** 270, 272

Satisfação substitutiva **15** 156

Satori **11/5** 877ss., 887s., 893s., 895, 906
- experiência do **9/2** 260

Saturnais **5** 156[61], 503[37]

Saturnália **9/1** 458

Saturnia **14/1** 77[20a]
- planta **9/2** 215; **13** 274

Saturno **5** 421[5]; **9/1** 535[24]; **11/3** 350, 400, 403; **11/4** 690[2]; **13** 88[23], 101[74], 110, 161, 163[50], 164[51], 166, 175, 176[114], 190, 209, 269, 270[146], 274, 301, 355, 383, 401[151], 409, 445; **14/1** 1, 6, 40, 63, 132[96], 136, 140, 210[354], 211, 281, 292, 293, 297, 300, 302, 303, 305, 305[584], 311[607], 333; **14/2** 137, 137[296], 138, 227, 240, 240[117], 242, 302, 312, 363; **14/3** 84, p. 50-51; **16/2** 408
- astrologia / astrológico **9/2** 128-130, 134, 137[55], 154, 156, 172, 215; **14/2** 137[296], 169, 240[111]
- como chumbo **14/2** 137[296], 242, 312, 363
- como estrela de Israel **5** 622
- como *filius unius diei* **14/2** 137, 141
- como *maleficus* **14/1** 132[90], 210[334], 292, 297, 333; **14/2** 137[296], 138, 141, 347, 363
- como *paredros* **14/2** 169
- como *prima materia* **14/2** 302, 363
- como pureza angelical no céu da alma **14/2** 137[296]
- como *Saturnus calcinatus* **14/2** 345[86], 347
- dia de **13** 275[191], 301
- e chumbo **14/1** 293
- mitologia **9/2** 128s., 307, 325
- cf. tb. Planeta(s)

Saudade **5** 123, 124, 167, 312, 553; **10/3** 5; **17** 13

- do Sol **5** (167), 176
- sacrifício da **5** 644

Saúde **6** 656; **13** 133; **14/3** p. 48-49, 106-107, 114-115; **15** 173

Saudosismo **8/2** 725

Saul **11/3** 368

Saulasau **9/2** 330

Saulo **7/1** 43; **16/2** 383
- visão de **6** 802, 805, 807

Scaiolae (termo de Paracelso) **13** 174, 193[189], 206s., 212s., 220s.

Scaiolae **12** 150, 422[50]

Scala
- *philosophorum* **13** 357[52], 358[54]
- *unitatis* (Egídio de Vade) **8/3** 921

Schechina / habitação de Deus **9/1** 576[119]; **14/1** 18

Schêli **13** 29

Schen **13** 57s.

Schiller
- o sino de **3** (D) 274, 275, 312, 376

Scientia **13** 162
- *hominis* **13** 301
- cf. tb. Ciência

Scintilla / centelha / faísca **11/1** 152; **14/1** 40, 41-45, 60, 60[133], 315; **14/2** 7, 360, 406
- *animae mundi* **14/1** 45, 315, 321; **14/2** 8, 75[204], 363
- como centro terrestre **14/1** 42
- como elixir (Khunrath) **14/1** 45
- do fogo divino como princípio vital do homem **14/1** 112
- do inconsciente **14/1** 45[88], 263; **14/2** 360
- *oculi piscium* como **14/1** 44, 60, 61, 336, 336[678]; **14/2** 406

Scinitilla / *scintillae* **8/2** 388, 394[93], 430

Scintillae
- as faíscas
- - recompõem o ouro ou o Sol **14/1** 62
- - reintegram-se na divindade (gnosticismo) **14/1** 62

Scites **12** 336[10]

Scivias
- cf. Hildegard von Bingen

Scoyaris / Scoiyarus **12** 422[50]

Scriptum Alberti **14/1** 136, 152, 162; **14/2** 136, 152, 162

Scroll / rolo (Riplaeus) **14/2** 36

Sebastião (santo)
- martírio de **5** 445

Sebau **9/2** 129[35]

Secagem **14/1** 257

Seco / úmido **9/1** 197

Sectarismo **10/1** 508

Sefira / número primitivo **11/4** 595[8]; **14/1** 6[32], 18, 18[114]

Sefírot
- árvore de **9/2** 105, 335

Séfora **9/2** 328, 359s., 365, 383, 396s.; **12** 95[28] 103, 118, 345, 484, 515s., 517
- da matéria
- cf. Matéria
- do *opus* **12** 360s., 132*, 401s.
- isolamento através do **12** 36, 61, 62s., 118
- na arte **12** 396, 400, 517

Segredo(s) **5** 300; **14/1** 159, 306, 312, 323; **14/3** p. 56-57, 122,123, 144-145; **16/2** 481
- como algo atuante **16/2** 497

Índices gerais 595

- da Arte **16/2** 353, 410, 413, 418, 498, 500
- da matéria **16/2** 407, 497
- da natureza **16/2** 491
- da psique **16/2** 391, 497
- da religião **7/1** 172
- dos alquimistas **16/2** 414, 450, 497[16], 498, 505, 533
- efeito do **16/1** 124s., 128s.
- rituais **7/2** p. 141s.

Segredo / mistério **9/1** 198, 205, 208, 230, 316, 398; **9/2** 53, 72[19], 218, 226[89], 240, 241[10], 247, 249, 313, 316; **11/4** 708; **11/5** 881, 937s.; **13** 28, 86[3], 90, 99[67], 100, 107, 113, 125, 127, 131, 136, 138, 166, 175, 186s., 214, 236, 241, 247, 278, 287, 321, 355, 381[111], 394, 414, 416, 431; **14/1** 306
- "criativo" **11/5** 906

Segunda-feira **11/4** 619

Segurança interior **14/2** 410, 413

Seio **14/2** 40[96], 87, 116, 230[62]
- câncer no **3** 89
- da Igreja **17** 270
- materno **4** 237, 346, 411, 572; **17** 330

Seis **12** 210, 287[133]; **14/3** 251, 530; **16/2** 402, 451[8]
- e sete **12** 20*, 84, 210, 126*, 154*, 155*
- héxada **16/2** 451, 468[7]

Seita(s) **6** 468, 478, 928; **8/1** 92; **8/2** 645; **9/1** 631; **9/2** 153[6], 165, 210[33], 226; **14/2** 405; **18/1** 354, 624, 697s., 818; **18/2** 1.536, 1.689
- de Poimandres **11/3** 355
- dos sufis **11/5** 861

Sejunção **6** 533
- da consciência (Wernicke) **3** 55, 505
- personalidade sejuntiva **6** 540

Selbstbesinnung / equilíbrio **7/2** 252

Seleção natural **4** 234

Selene **16/2** 353[1], 361[21]
- Helena **9/2** 41
- Lua **14/1** 24, 149[173], 155, 155[214], 169, 169[278], 181, 212

Seletiva
- atividade **8/2** 386

Selo
- do céu **14/3** p, 58-59
- luminoso **14/3** 518

Sentiment d'incomplétude **9/2** 17

Sem **12** 458; **14/2** 221

Semana
- dias da **14/2** 243

Semeador
- parábola do **9/2** 69[4]

Semear **14/3** 10 548, 582, p. 120-121, 138-139

Sêmele **9/1** 195

Semelhança **3** 22, 41, 82[97], 135[120]
- com Deus **11/4** 584; **14/2** 109
- dos conteúdos simbolizados **11/1** 126

Semente **15** 15

Sêmen **5** 184, 200, 306[3]; **11/3** 429; **14/2** 16, 76[210], 231[64], 257, 274[215], 300[289], 304[314]
- fluxo noturno do **14/2** 255[164]
- da mulher **14/2** 245
- de touro **5** 664
- do mundo **14/2** 225[52]
- da serpente **14/2** 245
- e leite, transformação em **11/3** 359
- produção de **4** 279s.

Sêmen / esperma **9/2** 313s., 322s., 326, 344, 420

Semenda, o pássaro **9/1** 685

Semente (sêmen) **14/1** 41, 42, 77, 78, 133, 149

Semente(s) **8/3** 918[82]; **10/4** 766, 769[5]; **13** 101, 171[82, 87], 186, 263, 268, 271, 322, 355, 357, 380, 401, 403; **14/2** 16, 57, 255, 296[270], 343, 345; **14/3** 293, 569, 582-584, p. 144-145
- Cristo como a descendência da mulher **14/2** 244
- "interior" da Sulamita **14/2** 257, 276
- de mostarda **14/2** 57
- do Sol e da Lua **14/2** 296[266], 296[270]
- luminosa **14/3** 583
- totalidade das **14/3** 581

Semiasa **11/4** 669

Semideus **8/2** 558

Semiótica **14/2** 337
- interpretação **8/1** 88; **8/2** 148, 366
- regras da **8/2** 498

Semíramis **5** 34

Semissonolência **8/2** 152

Semita **9/2** 186; **10/2** 398

Sena / *Senae* (ilha) **13** 218

Senado **3** 525, 566

Senário / *senarius* **9/2** 361, 365; **12** 210[89]

Senda **11/5** 918
- do nirvana **11/5** 829
- luminosa da sabedoria **11/5** 851
- mediadora **11/5** 797
- óctupla **11/5** 827
- cf. tb. Caminho

Senex **9/1** 576[119]; **13** 278, 301
- Draco **13** 269[130]; **14/2** 158[259], 211, 213
- - como personificação da alma intuitiva **14/2** 213
- e *puer* **14/2** 32, 96, 130
- histólise do **14/2** 96

- sinistro **14/1** 292
- cf. tb. Ancião

Senil
- demência **3** (327), 471, 472
- distúrbio **3** 497

Senilidade **14/2** 338

Senir **14/2** 288[221]

Sen-nezem **11/3** 348[13], 348[19]

Sensação(ões) **3** 18, 78, (519), 562[4]; **6** 7, 10, 38, 152, 590, 702, 737, 810, 912, 1.029, 1.054; **8/2** 252, 352, 669s.; **9/1** 541, 565; **9/2** 3; **11/2** 245; **16/2** 486
- abstrata, abstrativa **6** 747, 890
- arcaica **6** 732
- coletiva **6** 167, 772
- como fato psíquico **8/2** 349
- como função
- - básica **6** 811, 888
- - do real **6** 1.054
- - irracional **6** 674, 865, 867, 885, 892
- como percepção através da consciência **6** 1.020
- concreta / sensual **6** 780, 890
- distúrbios de **3** 330
- e intelecto **3** 502
- e intuição **6** 726, 866, 891, 1.054; **8/2** 259, 292; **8/3** 863; **9/1** 541[49], 565, 588
- em Schiller **6** 146s., 175, 203
- e objeto **6** 46, 94, 202, 674s., 718, 721, 727, 747s., 779, 867, 889, 965, 1.020
- e pensamento **6** 159, 160s., 164s., 175s., 191, 867
- e sentimento **6** 146s., 867, 889, 896
- estética **6** 222, 890
- exagero da **6** 894
- funções de **8/2** 367, 611
- inconsciente **6** 708; **8/2** 352[11], 354, 363
- inibição da 894
- limitação da **6** 671
- na atitude

Índices gerais

- - extrovertida **6** 674, 680, 720, 727
- - introvertida **6** 719s.
- opressão, repressão da **6** 674, 679
- primado da **6** 674
- primitiva **6** 673, 708, 732
- racionalidade da **6** 1.022
- realidade de **6** 724
- sentimento **6** 147s., 152, 157, 160, 218, 897
- subjetiva e objetiva **6** 674, 718s.
- temporal nas doenças mentais **3** 356
- voluptuosa **4** 591

Sens du réel **8/3** 863

Sensibilidade **3** 214; **4** 390s., 395s., 572; **6** 538, 542, 656; **8/2** 249
- à dor **1** 235
- - diminuída **1** 327, 384, 415
- distúrbio da **1** 235, 243, 255, 277, 281, 298
- e sugestão **1** 96
- hipersensibilidade histérica **3** 35
- táctil **1** 39, 46

Sensível e suprassensível (Teofrasto) **8/3** 917

Senso comum **14/1** 252

Senso / sentido **15** 89, 90, 107, 108, 121, 141, 143, 152, 166[8], 169, 174, 175, 193, 197, 207, 208, 209

Sensorial(is)
- função **8/2** 326
- percepções **8/2** 197, 288, 321, 507, 709; **8/3** 945

Sensual
- prazer **8/2** 238

Sensualidade **5** 24, 332[35]; **6** 17, 139, 151, 154, 164, 169, 185[72], 440, 518; **14/2** 219
- como atitude psicológica **6** 590
- como caminho para a divindade (em Schiller) **6** 139
- libertação da **6** 20

- do primitivo **6** 233
- e espírito **17** 336
- e razão **6** 178
- do tipo sensação **6** 233

Sensualismo **8/2** 197[2]

Sensus naturae **8/2** 393; **14/3** 101

Sentença **8/2** 631

Sentido(s) **3** 393; **4** (64), 688, 759; **9/2** 73, 311, 414, 416, 417; **12** 366; **13** 28, 363[71], 396, 464, 476; **14/2** 388, 388[194], 422, 432; **14/3** 73, 91, 366, 570, 573
- apreensão do **14/3** 294-295, 312
- compreensão do **14/3** 383
- das fantasias **4** 416s.
- da vida **4** 78, 681
- de inferioridade **11/5** 771
- do arquétipo **14/1** 306
- dos contos de fada **4** 493
- experiência dos / percepção sensorial **9/2** 2, 61, 243, 288, 311, 405, 416s.
- impressão dos, e atenção **1** 73
- interior **14/2** 365, 393, 394
- interpretação **11/3** 431
- musical **7/1** 181
- órgãos dos **13** 188, 267, 388; **18/1** 14, 26, 419, 500, 702, 760
- - e sugestionabilidade **1** 97
- os quatro sentidos **14/2** 292[243]
- paralisia parcial dos **1** 114, 125
- percepção pelos **13** 207
- prazer dos **14/2** 364
- transferência do **7/1** 89, 91

Sentido / senso / sensorial / significado **9/1** 64s., 77, 116[7], 400; **10/3** 9, 15, 23, 52; **10/4** 651; **11/2** 271
- ausência de **8/2** 739
- compreensão do **8/2** 148, 177
- da mediação **11/5** 936
- da vida **8/2** 683, 737, 796, 804
- do instinto / impulso **8/2** 398
- do mundo **8/2** 737; **8/3** 918

- dos produtos inconscientes **8/2** 174
- dos sofrimentos **8/2** 407
- equivalência de **8/3** 865, 905
- o homem e o **8/3** 905s.
- plenitude de s. da experiência (vivência) arquetípica **8/2** 405
- Tao (Wilhelm) **8/3** 907-915
- cf. tb. Arquétipo do

Sentimental (Schiller) **15** 111

Sentimentalidade (e brutalidade) **5** 668

Sentimentalismo **15** 183, 184, 185

Sentiment d'automatisme (Janet) **3** 170
- de domination (Janet) **3** 170
- d'incomplétude (Janet) **3** 170, 207

Sentimento(s) **2** 100, 273, 380, 499, 539, 611, 661, 950, 988, 990, 1.006, 1.016, 1.058, 1.111, 1.197, 1.332, 1.352; **3** 78, 86; **6** 7, 10, 45, 47, 82, 152, 165, 222s., 702, 756, 759, 810, 822, 859, 895, 912, 929, 964, 1.055s.; **7/1** 63; **7/2** 241, p. 151^2, 159, 165s.; **8/1** 50, 64, 106; **8/2** 188, 256, 291s., 295, 374^{38}, 382s., 384^{41}, 441, 600, 673, 705; **9/2** 39, 52s., 58, 61; **10/1** 562, 569; **10/4** 626, 646, 657, 806, 824; **11/1** 163; **11/4** 708; **11/5** 782s.; **12** 150; **13** 1, 77s.; **14/1** 302, 324, 326, 327, 328;**14/2** 280, 329; **14/3** 368, 570, 609; **16/2** 486, 521, 531; **17** 44, 177, 183, 185, 198s., 240s.; **18/1** 16, 23s., 28, 31, 35, 46, 49, 57s., 89, 99, 148, 320, 333, 340, 400, 440, 461, 469, 501s., 589, 596, 745, 796, 823, 839, 855, 956, 963, 970; **18/2** 1.312, 1.391, 1.711
- abstrato / abstrativo **6** 148, 747, 898
- ativo, como função dirigida **6** 900
- cinestético **2** 132
- coletivo **6** 140, 772; **7/2** 239, p. 142, 142^6, 147

- como causador de associações **1** 184
- como conceito **6** 742
- como função
- - inferior **6** 655s.; **11/2** 184, 245
- - judicativa **6** 737, 896
- - parcialmente irracional **6** 867, 900, 1.022s.
- - psicológica básica **6** 896, 899s.
- - racional **6** 867, 886, 899, 1.020, 1.022
- como ideia **6** 836
- concretismo do **6** 777s., 897s.
- cristão **14/1** 171
- de culpa **1** 399; **2** 611, 780, 1.327; **14/3** 176
- - como motivo de simulação **1** 418, 423
- - cf. tb. Complexo de
- de incompletude **14/2** 170
- de inferioridade **7/1** 72, 85
- de justiça **2** 1.380
- de prazer em pacientes maníacos **1** 219
- desenvolvimento do **6** 109
- de vergonha **1** 292
- - falta de **1** 194, 198
- diferenciação do **14/1** 328
- diferenciado **6** 147, 542, 663, 779
- dissociação do **6** 664
- do tipo pensamento introvertido **6** 542
- e afeto, afetividade (Bleuler) **6** 751, 896
- egocêntrico **6** 710
- e intelecto formam a sabedoria **14/1** 326, 328
- embotamento dos **6** 155
- em Jordan **6** 228
- energia dos **6** 812
- envolvimento emocional **14/1** 216
- e sensação **6** 146s., 867, 897
- estético ou religioso **14/2** 120
- extrovertido **6** 98, 218, 246, 306,

663s.
- - esterilidade do **6** 664
- - primado do **6** 665
- inconsciente **6** 708, 723
- infantilismo do **6** 685
- instintivo **6** 867
- intelecto e vontade **1** 220s.
- introvertido **6** 147s., 709s.
- - como fator criativo **6** 664
- localização **8/2** 669
- na letargia histérica **1** 125
- no inconsciente **1** 148
- opostos entre si **14/2** 48
- opressão / repressão dos **6** 542, 570, 654s., 658, 679, 685
- primado do **6** 674
- primitivismo do **6** 677, 708, 711, 778
- projeção do **6** 592
- racionalidade do **6** 584
- religioso **6** 593, 747
- sexual **1** 120
- sexualização do (Freud) **6** 786
- subjetivo **6** 711, 896
- subliminar **8/2** 362, 493
- valorização do e pelo **6** 147, 896, 900
- cf. tb. Afeto; Emoção

Sentimento / sensibilidade **4** 361, 366, 489s., 654; **15** 10, 49, 90, 99, 141, 148, 173, 183, 192, 208, 209, 213
- atrofia do **15** 173, 183
- coletivo **4** 486
- conflitos de **4** 5, (348)
- de prazer **4** 347, 485
- e intelecto **4** 312, 361, (615)
- falta total de **15** 208

Sentimentos / emoções / afetos **7/2** 206, 296; **8/1** 110; **8/2** 642, 683; **9/1** 587, 616, 697; **10/3** 26, 44, 79, 91, 210, 231, 246, 258, 841s., 847, 851, 990
- projeção dos **7/2** 334

Sentir **4** 41; **13** 207

Separação **14/3** 209-210, 390, p. 100-101

Separação / *separatio* **12** 530; **14/2** 159, 335, 337, 346, 356, 378, 384, 398, 408
- como afastamento da realidade sensível **14/2** 338
- como o desprender do corpo **14/2** 335, 338, 379
- do corpo **12** 165s., 366[51]
- dos elementos **12** 334, 340, 366[50], 475[138]

Separatio **13** 89, 109[110]; **14/3** p. 94-95, 96-97
- *elementorum* **16/2** 398
- *penetratio* **11/3** 420

Sephira **14/2** 258, 258[189], 274, 300, 302[303], 306, 318, 319
- sistema de **14/2** 318

Septem tractatus aurei **5** 465[3]

Sepulcro / túmulo **14/1** 15, 30, 43[69], 46, 55, 59, 60, 63, 64, 70, 74, 76, 78, 88, 248, 255, 286, 310, 310[600]; **14/2** 18, 39, 94, 140, 147, 150, 220, 221, 322[25], 334, 371, 383[157], 398; **14/3** 181, 240[28], 497, 509, 510, 518, p. 132-133
- cheiro do **14/1** 6[11a], 248, 310; **14/2** 80, 323[32], 361
- como casa do tesouro **14/1** 92
- como caverna do tesouro **14/2** 220
- *coniunctio* no **14/1** 30, 287; **14/2** 322
- de vidro / retorta **14/1** 63; **14/2** 6[19], 7, 18, 94, 322
- espírito do **14/1** 78
- *nume* como arquétipo **14/1** 75

Sepultura **18/1** 537
- objetos colocados junto ao morto na **8/2** 735

Sequência
- causal, consciente e inconsciente **5** 45
- de Pentecostes **14/3** 355, 363

Ser **9/1** 386, 641, 644; **9/2** 100, 265, 301, 411, 414; **10/1** 528; **10/4** 733, 776, 780; **13** 166, 176, 243, 334, 370, 449; **14/2** 136, 145, 150, 182, 230, 254, 268[204], 268[206], 283, 325, 335, 336, 360, 365, 384; **18/2** 1.639
- alado **14/3** 333
- bicefálico **16/2** 467
- capaz de unir todos os opostos **14/2** 336
- divino **14/1** 119
- empírico **14/2** 411
- físico **14/2** 327
- incognoscível como um todo **14/2** 423
- metafísico **14/1** 111
- não ser **11/5** 762, 769, 931ss., 953
- orgânico **14/2** 403
- paradoxal **16/1** 62
- pensado **11/3** 415, 421
- potencial **14/2** 414[224]
- primitivo
- - nas cavernas da Terra **14/2** 213
- - redondo (Platão) **14/2** 253
- psicofísico **16/1** 206
- psíquico real **14/2** 407
- transcendental **14/2** 420
- unidade
- - do ser e da alma (Plotino) **14/2** 416
- - ou unicidade do **14/2** 416
- uniforme **14/2** 423
- vivo / vivente **14/1** 54, 61
- - como dotado de corpo, alma e espírito **14/2** 6, 94
- - da terra e do mar **14/1** 111
- - manifestação pelo espírito **14/2** 335
- - ou vivente **14/2** 136, 186, 210[4], 309, 320, 388, 403

Ser humano / pessoa **9/1** 56, 152, 189, 204, 217, 281, 294, 300, 393, 480, 541, 550, 602, 680, 697; **14/2** 350; **16/1** 4s., 11, 18
- como analogia de Deus **16/2** 537
- como indivíduo único **16/2** 502

- como microcosmo **16/1** 203; **16/2** 397
- completo / verdadeiro **9/1** 529, 549; **16/2** 416
- contradições morais no **16/2** 410
- destino do **16/1** 223, 225, 227
- desunião entre ele e o mundo **16/2** 534
- direitos do
- - cf. Direitos humanos
- e animal **9/1** 626
- figura do **9/1** 588[143], 714s.
- - cf. tb. Antropomorfismo
- inofensivo **16/2** 452
- interior **16/2** 482
- lúdico **16/1** 98
- massificação do homem massificado **16/2** 502, 539
- moderno **16/2** 417, 491
- natural e sobrenatural **16/2** 473
- redenção / o tornar-se uma totalidade do **16/2** 406
- sem relação com outro ser humano **16/2** 454
- sentido da humanidade do **16/2** 539
- super-homens **16/1** 223
- ser normal, ajustado **16/1** 161
- superior **7/1** 37
- totalidade / plenitude do **7/1** 188; **16/1** 199, 203, 218; **16/2** 386, 407, 416, 456, 471, 532
- unidade do
- - cf. Unidade
- verdadeiro / a verdade do **16/2** 420
- cf. tb. Homem

Serafim(ns) **9/1** 564, 715; **10/4** 738; **18/1** 532
- quatro **11/4** 668, 676

Sereia(s) **8/3** 821; **9/1** 53s., 311, 406, 677; **12** 61, 203s.; **13** 180[118], 218

Seres
- alados (Ezequiel) **14/1** 260, 278
- vivos (Ezequiel) **14/2** 308

Índices gerais

- ascendente de animais **5** 194
- de acasos **8/3** 825, 843, 962; **16/2** 322, 461
- de sonhos **12** 49
- dos sete e o oitavo **14/2** 238, 243
- lei da (Kammerer) **8/3** 824s.
- progressivas **14/3** 347

Seringapatam **13** 461[344]

Sermonismo **6** 89, 603

Serpens
- *mercurialis* **9/1** 553s., 556, 560[86], 686; **9/2** 246, 386; **13** 89, 109, 176[114], 180, 218, 246, 319, 416
- *mercurii* **9/2** 371s.; **18/2** 1.362, 1.631, 1.788
- *quadricornutus* (Dorn) **8/3** 952
- - como alma dos mortos **8/3** 931
- - de quatro chifres **8/3** 952

Serpentarius / ophiuchos **14/2** 158[365]

Serpente(s) **3** 201, 284, 294; **5** 293, 425, 458, 530, 572, 584, 585, 645, F 122; **6** 490; **8/1** 118; **8/2** 305, 307-311, (m.s.) 535; **9/2** 127, 129, 130[42], 173, 178, 181s., 185[11], 290-297, 311, 356, 365-367, 369-372, 385-393, 402-404, 410, 418; **11/1** nota 35 (cap. I), 109, 136-138[91] (cap. III); **11/3** 348, 358; **12** 123, 54*, 183s., 70*, 138s., 203, 215, 325, 355, 404, 183*, 190*, 203*, 204*, 205*; **14/2** 36, 64, 97, 138, 147, 147[327], 148, 148[333], 158[266], 239, 244, 246[140], 257, 274, 293[259], 301[300], 357, 360, 371, 374
- *agathodaemon* **12** 469s.
- alada **14/2** 4
- almas e numes na forma de **14/1** 73[102]
- ameaça nela **14/2** 274
- Apep **14/2** 147
- Apófis **5** 425
- aquáticas **8/2** 335
- barco da **14/2** 147[327]
- beijo de **5** 581[161], 584, 677

- cascavel **8/2** 609
- como atributo da mãe **5** 541
- como demônio **5** 573
- como guarda do tesouro **5** 395, 540, 577
- como instinto **5** 615
- como instrumento do sacrifício **5** (450[56]), 676
- como libido **5** 146, 149, 155, 473, 506, 530
- como nume da mãe **5** 452
- com olhos de **11/5** 957
- como poder regenerativo **5** 677
- como primeira etapa da vida do rei **14/2** 138
- como símbolo
- - da morte **5** 578, (679)
- - da renovação **5** 410
- - de Cristo e do demônio **5** 580
- - do inconsciente **5** 580, 586
- - do medo **5** 395, 681
- - do Zodíaco no dorso **8/2** 394
- - sexual **8/2** 332
- como substância de transformação **12** 173s.
- Criseide como **5** 450
- cura de mordida de **8/2** 307
- dacural **12** 84, 246, 529
- da noite **5** 362
- - luta com a **5** 375
- de bronze **14/2** 257, 274[218]
- de Hermes (caduceu) **14/2** 68, 145
- de Isis **5** 351, 356, 374, F. 98; **8/2** 313
- Demeter como serpente que se enrosca **5** 530
- de Mercúrio, **5** F 15, 676; **11/1**, 160; **11/3** 356
- de quatro chifres ou cornos **14/2** 159
- descrevendo um círculo **12** 61s., 105, 127s., 329
- de sete cabeças **14/2** 147
- diabo como a antiga serpente **14/2** 147

- do paraíso **14/2** 36, 97
- dos naassenos **12** 527
- dos ofitas como Agatodemo **5** 593, F 110
- duas serpentes **14/2** 68
- dupla (Dorneus) **11/1**, 104[11] (cap. II)
- e águia como símbolo do ciclo do tempo **14/2** 148[336]
- e ave como par de opostos **14/2** 148[336]
- e Hércules **5** 288[46]
- em Gilgamesh **5** 293, 457, 513, 642
- e Mitra **5** 288[46]
- em sonhos e fantasias **5** 8, 676, 681
- encantador de **14/2** 158[365]
- espírito dos mortos em forma de **14/2** 146
- e touro **5** 671, 680
- e transformação **5** 676
- Eva e a **5** F 18
- hino egípcio **8/2** 307
- Kundalini **12** 246
- levantada **5** 163[73], F 23
- Melampo e a **5** 183[11]
- Midgard **5** 681[88]
- mordida de **8/2** (m.s.) 307; **11/3** 441
- na árvore **14/2** 36, 148[337]
- Naas do gnosticismo **14/2** 292[257]
- no paraíso **5** 69, 155, F 18, 668[71]; **11/2** 291; **11/3** 438
- noturna **8/2** 326, 328
- o esmagador como Cristo **14/2** 244
- picada de **5** 450, 572, 584
- - tema da **5** 452
- *quadricornutus* **11/2** 262; **12** 333[4]
- quatro **11/1**, 109
- que devora a própria cauda (Uroboros) **8/2** 416
- relacionada com o cérebro **14/2** 292[257]
- representação do zodíaco como **5** 163[73], F 22
- sagrada **5** 577, F 106; **14/2** 148
- sentido fálico da **5** 584, 585, 676

- *Spiritus Mercurii* **12** 537[57]
- transformação em **5** 569, 676
- - rainha **14/2** 205
- tântrica de Kundalini **5** 676
- vasilha / cratera enleada por **5** 671[74]
- veneno de **5** 458, F 88, 459[66], 681
- verde **5** 613, 615, 677, 678, 681; **12** 217
- visão de Inácio de Loyola **8/2** 395

Serpente / cobra / dragão **9/1** 59, 74, 103, 157, 270, 283, 288, 311, 315, 330s., 358, 362s. 533s., 545, 547, 552s., 556s., 564, 567, 574, 576, 585, 597, 604s., 611s., 623, 632, 644s., 660, 664s., 685, 705; **10/4** 619, 679, 727; **13** 102, 104[96], 110, 114, 118, 121, 137, 175, 180, 182[139], 218s., 270, 314, 331, 349[31], 359, 381[112], 399[145], 400[148], 415-417, 457, 461, F I, 12, 22, 25, 32; **14/1** 315, 21[142], 23, 27, 31, 40, 53, 66, 73, 74, 77, 78, 82, 101, 136, 142, 167, 182, 229, 232, 245, 254, 255, 256, 258, 260, 339, 340
- *agathodaimon* **13** 137, 456
- como Naas do gnosticismo **14/1** 40
- como *nume* das árvores **14/1** 82[219]
- como o domônio **14/1** 249
- como *prima materia* **14/1** 66, 255
- como serpens
- - *hermetis* **14/1** 253, 255
- - *mercurialis* / espírito de Mercúrio **14/1** 32, 40, 66, 84, 114, 120[51], 232, 245, 262, 266, 335[654], 340
- crucificada **13** 457
- ctônica **13** 456
- de bronze no deserto (Bíblia) **14/1** 245
- délfica **13** 263
- de Moisés **13** 137
- do Asklepieion **14/1** 299
- do *nous* / dos ofitas **13** 456; **14/1** 260
- do paraíso **13** 247, 288, 399, 416, 427, 460; **14/1** 136, 137
- - e Cristo **14/1** 137

Índices gerais

- em Aristóteles Alchymista **14/1** 255, 260
- *naas* **13** 420, 427, 456
- naja **13** 461
- picada da **14/1** 14, 23, 27
- prudência e astúcia da **14/1** 339, 339[682]
- que pega a própria cauda **14/1** 40
- símbolo da **13** 263
- Soter **13** 137
- transformação em **14/1** 84
- universal como fala sábia de Eva **14/1** 340[684]
- veneno da **14/1** 53
- venenosa **13** 170
- visão da **13** 267[102]

Serpentina **8/3** (m.s.) 935; **14/2** 351[101]

Ser-um-só
- o ouro como o germe do **14/1** 6

Servator **9/2** 286; **13** 203, 283, 303, 390
- *mundi* **10/4** 629

Servator / salvador **14/2** 348

Serviçal, figurado **9/1** 289

Servidor **14/3** 203

Servo
- de Deus sofredor **14/1** 141

Servus **13** 218; **14/1** 29, 159, 163
- *fugitivus* **12** 84, 187; **13** 259; **14/1** 182[328]; **16/2** 478; **18/2** 1.694
- *rubeus* / escravo vermelho **9/1** 289; **10/4** 790; **11/1** 164; **14/1** 2, 10[104], 71, 149[184], 169, 169[288], 301; **14/2** 362, 364

Sessenta **14/3** 530, p. 136-137

Set **5** 368; **11/4** 577

Seta **11/5** 917ss.

Seta / flecha / *sagitta* **14/1** 25[172], 30, 140[157], 182; **14/2** 214, 215, 229
- de Cupido **14/2** 75
- ferimento por **14/1** 20, 23
- *telum passionis* **14/2** 47, 54, 75, 84, 215

Sete **7/2** 366; **8/2** 484; **11/4** 698, 707, 722; **12** 84, 97s., 198, 467s., 205*, 251*; **14/3** 164, 294, 219, 224, 284[52], 291-292, 296, 347-348, 382-383, 401, 424, p. 64-65, 70-71, 80-87; **16/2** 402
- adormecidos **5** 282
- coroa de sete luzes **14/1** 6
- dons do Espírito Santo **14/3** 276, p. 78-79, 96-97, 100-101
- e oito **12** 84
- estátuas **14/1** 77[203]
- olhos do Senhor **14/1** 60, 263
- o sétimo **12** 82s., 84, 200, 208, 211
- *ostia Nili* / braços do Nilo **14/1** 281, 291
- planetas **14/1** 285, 291

Setenta **14/3** 296, p. 124-125
- preceitos **14/3** p. 82-83

Seti / Seth **9/1** 413; **9/2** 129, 130, 187s., 203[36]; **10/4** 645; **13** 171[87], 362, 400
- herdou de Adão a medicina **14/2** 235, 236

Setianos / sethianos **9/2** 291, 344; **14/1** 41, 321

Sexo / sexual(is) **8/2** 248; **9/1** 142, 472, 512; **10/3** 202, 208, 217, 226, 254, 994; **10/4** 637; **13** 39; **14/2** 74, 137, 192, 320[8]
- atividade
- - infantil **4** (37), 58s., 214, 225, 396, (403), 560
- - precoce **17** 136, 141
- atos **4** 551
- cegueira **4** 165, 175
- comportamento **4** (179), 440

- curiosidade **4** 518
- desejo **4** 484
- determinação antes da concepção **14/2** 345[83], 347, 362
- doenças sexuais **10/3** 212
- esclarecimento **4** 22s., 124, 502s., 517, 559
- estágio pré **4** 263s., 291s., 370
- evolução **4** 355, (368)
- excitabilidade / excitação **4** 51s., (58); **17** 221s.
- fantasias **4** 427, 440, 512, 550, 573
- insatisfação **4** 215
- maturidade sexual **10/3** 216s.
- moralidade **4** 200, 666
- necessidade **4** 259
- oposto **9/1** 223; **9/2** 42
- órgãos sexuais **18/2** 1.083
- período de latência (Freud) **4** 370s.
- perversões **17** 139
- problema de **8/2** 762
- relacionamento entre os sexos **18/2** 1.799
- repressão (Freud) **4** 51, 60
- símbolo **4** 107, 346
- terminologia (Freud) **4** 237, 258, 262, (368s.), (524)

Sextis (astrologia) **8/3** 872, 977

Sexual(ais)
- analogia **8/1** 86
- ato **8/1** 85
- complexo **3** 92, 102, 140, (206), (207), (213), 277-296
- componentes (Freud) **8/1** 40
- conceito de **8/1** 106
- desenvolvimento **3** 397
- dinâmica **8/1** 56
- excitação **3** 97, (291)
- experimentos **16/1** 66
- fantasia **3** 105; **8/2** 149, 486
- ideia delirante **3** 181[169]
- infantil (Freud) **8/1** 97
- instinto / impulso **8/2** 239, 762; **16/1** 234, 241

- investigação / pesquisa sobre (Freud) **8/1** 35
- linguagem dos sonhos **8/2** 506, 509
- problema, questão **8/1** 105
- repressão **8/1** 113
- ser **8/1** 97
- sexualidade **8/1** 35, 38[37], 51, 54, 97, 105-108, 113
- símbolo / simbolismo **3** 286, 294; **8/2** 332s.
- tema na literatura **16/1** 66
- teoria **8/1** 40, 104s.
- traumas **16/1** 34
- vergonha **3** 67
- violência **3** 99, 149[132]

Sexual / sexualidade **2** 196, 297, 381, 611s., 629s., 661, 666, 678s., 682s., 692s., 696s., 706-722, 816, 833-844, 848-853, 899-906, 996s.; **9/1** 61, 91, 124, 142, 162, 170, 266, 311, 444, 528, 559s., 689; **10/1** 530, 555; **10/3** 5s., 19, 23, 32, 38, 160, 189, 203s., 212s., 234, 236, 240s., 246, 251s., 312, 331, 340, 356, 362s., 368, 958, 994; **10/4** 618[7], 631, 637, 638, 652, 653, 654, 655, 659, 660, 662, 663, 686, 751, 772; **11/6** 1.034; **16/2** 277s., 360s.; **18/1** 197, 279s., 324, 333s., 483, 493, 572, 795, 904, 912, 921s., 923, 926-931, 932, 935, 940, 947, 951s., 1.005, 1.022, 1.039, 1.043s., 1.067; **18/2** 1.078s., 1.083, 1.148s., 1.156, 1.265, 1.284, 1.684, 1.799, 1.807
- abstinência **10/3** 225
- fantasias sexuais **16/2** 456
- infantil **16/2** 533
- teoria da **18/2** 1.156, 1.223, 1.298
- - cf. tb. Complexo, Erotismo

Sexualidade **3** 105, 140, 153, 202, 413; **4** 232s., 283, 440, 687, 772, 780; **5** 62, 77, 193, 206, 216, (220), 332[35], 351[43]; **6** 20, 64, 86, 423, 446, 539, 770; **7/1** 17, 31, 57, p. 152; **7/2** 308;

Índices gerais

8/2 230, 238s., 332, 509, 709; **9/2** 147[79], 307[33], 313, 314, 339[134], 357; **13** 48, 323, 343; **14/2** 192, 193, 274, 362, 364; **16/1** 12, 48; **17** 11[3], 79, 156s., 330
- alegorização sexualista **5** 652
- atitude para com **6** 423
- ato sexual **14/1** 18; **14/2** 197[426], 320[16], 362
- como espírito **16/1** 111
- como instinto / impulso **5** 7, 199, 261
- conteúdos sexuais como metáforas **5** 185, 192
- desvio para **5** 220
- distúrbios sexuais **5** 200, 249
- e libido **5** 182, 187, 190, 197, 299, 324
- emergente **1** 120
- e música **5** 194
- e produção do fogo **5** 212
- e ritmo **5** 218, 297[64]
- excitação sexual de um catatônico **5** 204
- força atrativa da **14/2** 348
- infantil **4** 50, (196), 230, (264), 268, 290, 294, 368, 370, 668, 780; **5** 507; **7/1** 67; **7/2** p. 153s.; **15** 47, 51, (56), 63, 69, 104; **16/1** 34; **17** 23, 200
- inibição da **5** 226
- leis da sexualidade entre os primitivos **8/2** 465
- libertação da **6** 421
- na esquizofrenia **3** 428
- neurótica **4** (372s.), 377
- oposta como predominante na psique **14/1** 219
- papel nos cultos **5** 102, 339
- prematura **4** 228, 230
- psicanálise e **16/1** 39
- realização como substitutivo da **5** 219
- repressão da **5** 261, 262; **8/2** 486, 707
- reprimida / recalcada **6** 85, 375, 422, 451, 804; **11/1** 77, 142

- sacrifício da **5** 299
- sem barreiras morais **1** 451
- simbolismo sexual (Knorr) **14/2** 300[289]
- substituto da **4** 736
- teoria da **4** 200, 216, 230s., (241), 583, 649, 687, 746; **8/2** 498, 701; **16/1** 39, 66, 115
- transformação da obsessão sexual **5** 562
- valor psíquico da **5** 219

Sexualismo **4** 540; **8/1** 35, 51; **14/2** 274
- dos conteúdos inconscientes **16/2** 533s.

Sexualização do pensamento **3** 435

Shakti **5** 405; **9/1** 312[5], 631s., 641, 653, 677; **13** 126, 278; **14/2** 199, 244, 338; **14/3** 223; **15** 195; **18/1** 263

Shalom / paz **14/2** 258[187]

Shamash **11/2** 173

Shatapatha-Brâhmana **13** 218, 340, 412[216]

Shatchakra Nirupana **9/1** 312[5]

She (Haggard) **17** 339[1], 341

Shechinah / habitação de Deus **14/2** 300, 318

Shem **12** 458

Shemesh / Sol **14/2** 291[238]

Shiras **10/3** 990

Shitil **14/3** 332

Shiva **9/1** 631s., 653, 661, 677; **10/3** 989; **12** 125, 139[8], 169, 75*, 246; **13** 254[26], 278; **14/2** 199, 244; **15** 195; **18/1** 263, 413
- bindu **9/1** 631, 664, 668
- e Parvati **5** 306, F 52; **11/1** 113, 152;

11/4 610; **14/1** 229[378]; **14/2** 288; **16/2** 380, 410, 504

Shofar **10/3** 27

Shong (sinais I Ching) **9/1** 600

Shri-Chakra-Sambluira Tantra **9/1** 283

Shri-Yantra **12** 39*

Shu **9/2** 322; **13** 360, 362

Sião **14/2** 258[187], 293, 293[263]; **14/3** 282, 286-287, 540, p. 80-81, 82-83[23], 134-135

Sibéria **10/4** 822

Sibila de Eritreia **9/2** 127[2]; **13** 278; **14/1** 270, 275, 275[312], 279, 294, 297, 307
- como anima **14/1** 307

Sibyllina Oracula **9/2** 127[2]

Siegfried **5** 423, 555, 567, 598, 604, 605s.; **10/2** 397[14]
- e Hagen **5** 42
- nascimento de **5** 555, 566

Siene **9/2** 186

Sífilis **15** 7, 13, 210

Significado **15** 121, 144
- de salvação **14/3** 129
- etiológico do afeto **4** 28s.
- fálico **4** 539
- nas fantasias **4** 422s., 561
- nas vivências infantis **4** 377
- no relacionamento com os pais **4** 312
- no trauma **4** 217, 297s., 303

Significado / sentido
- apriorístico **8/3** 905, 932, 952, 985
- do processo de regressão **8/1** 44
- dos fenômenos psíquicos **8/1** 44
- subsistente por si mesmo **8/3** 934, 938

Significativo(s), significativa(s) / significação **8/2** 474, 499, 505
- comportamento nos organismos inferiores **8/3** 937
- conexão cruzada **8/3** 827, 905
- em Freud **8/2** 366, 461, 509
- imagens **8/2** 388
- interpretação **8/2** 148
- relação recíproca **8/3** 917
- representações nos sonhos **8/2** 471

Signos
- do zodíaco **8/3** 859; **14/2** 119, 158[365], 389[196]; **14/3** 162-163, 162[24], 251, 251[52]; **18/1** 266
- misteriosos **10/2** 393

Sikhs **10/3** 989

Silênio
- cf. Hermes

Sileno(s) **4** 106; **11/1** nota 29 (cap. I); **14/2** 229, 381

Sílex **14/1** 60[133]

Silvestre (papa
- legenda de **14/2** 148, 292

Simão o Mago **14/3** 107, 111
- e Helena **14/1** 31, 155, 165, 175
- gnose de **14/1** 155, 156, 160

Simbiose **7/1** 80, 82
- de animal e planta **11/3** 447; **14/2** 270

Simbólica **5** 335; **14/2** 180, 189, 331, 418, 425
- alquímica **14/1** 121, 126; **14/2** 22, 189, 315, 329, 447
- analogia na **5** 2
- cristã **14/2** 190
- da água batismal **5** 320
- do mandala **14/2** 431
- da morte e do sepulcro **14/2** 335
- das plantas na alquimia **14/2** 350
- do fogo no batismo **14/1** 310[336]
- do dragão

Índices gerais 607

- - de três línguas e da tríade ctônica **14/1** 297[572]
- - e a virgem **14/1** 297[572]
- do ventre materno **5** 306, 312, 528
- eclesiástica **14/1** 20, 28[187], 118, 149[177], 168, 210, 212; **14/2** 61, 189, 190, 329, 334, 348
- esotérica **14/2** 335
- história **14/1** 28
- iconográfica do homem moderno **14/1** 280[324]
- iscas **8/3** 920
- linguagem (em Schiller) **6** 127, 133
- mitológica **5** 559[48]
- psicológico-alquímica **14/2** 188, 189, 190

Simbólica / simbolismo / simbologia **7/1** 132, 156; **7/2** 384; **9/2** 54, 78, 148, 162, 238, 257, 267-286, 351-420
- alquimista **7/2** 360

Simbólico **6**
- conteúdo **6** 169
- e semiótico **6** 87[38], 904
- produto **6** 783

Simbolismo **10/2** 432; **13** 35, 83, 90, 110, 126-138, 200, 231, 241, 289, 321, 364, 393, 458, 463; **14/2** 77, 309, 373
- arcaico **7/2** 241, p. 147
- arquetípico **8/3** 845
- da alquimia **8/1** 90; **8/2** 388-394, 559[10]
- do mandala **12** 22, 45, 122s., 124, 216, 314, 331
- da mistura por fusão **14/2** 120
- da ovelha **12** 71[15], 71s.
- da transformação alquímica **12** 420
- do peixe **12** 171, 177, 416[36]
- do tempo (sistema de símbolos) **8/2** 394
- dos números **11/1** 91; **12** 313s.
- dos sonhos **8/2** 470, 491
- hermético **13** 289
- medieval **11/1** 159

- - de processos inconscientes **11/5** 779
- moderno e Antiguidade Clássica **11/1** 165
- no sonho **1** 97, 172
- religioso **11/1** 3, 106
- sexual **7/2** p. 153s.; **14/2** 300[289]

Simbolismo alquímico **12** 40s., 503, 516, 565
- analogia com os símbolos cristãos e gnósticos **12** 40, 454s., 517s., 550s.
- e processo de individuação **12** 40, 555

Simbolismo / símbolo / simbólico / simbolização / simbologia **2** 661s., 727, 839, 846, 891; **9/1** 5s., 33, 38s., 48s., 72, 80s., 85s., 95s., 103, 110, 148, 166, 193s., 218, 227, 235, 240-258, 273[20], 278, 283, 287, 289s., 293, 298, 303, 315, 425, 433, 444, 523, 529s., 537s., 549[61], 553s., 561s., 572, 574s., 594, 604s., 617s., 627-712, 717; **9/2** 20[2], 59, 60, 67-126, 142, 147[79], 149, 162, 200, 208, 245s., 249, 259, 264, 270, 272, 277, 287-346, 351s., 421s., 426-428; **10/1** 521, 529, 533, 541, 551, 585; **10/3** 14, 23, 25s., 43, 99, 323, 347, 846, 991; **10/4** 619, 621, 622, 624, 625, 634, 637, 638, 646, 652, 653, 662, 663, 664, 679, 690, 692, 693, 698, 699, 700, 701, 706, 711, 728, 730, 731, 734, 738, 764, 767, 771, 775, 779, 790, 805, 806, 807, 809, 814, 815, 820, 824; **13** 11, 26, 31, 44, 73, 81, 93, 110, 127s., 134, 140, 173, 228[254], 229, 278s., 286, 289, 355, 357[48], 381, 390, 394, 396, 407, 438, 455, 462, 473, 481; **14/2** 371[130]; **15** 17, 71, 98, 105, 116, 118, 119, 124, 148, 150, 159, 185, 186, 198, 207, 209, 210; **16/1** 48; **17** 159; **18/1** 81s., 138s., 203, 231, 234, 256, 263s., 299s., 309, 364, 377, 400s., 410, 412, 416-607,

608-696, 786, 829s., 837, 844, 985, 987, 990s., 1.022, 1.061, 1.067; **18/2** 1.077-1.083, 1.133, 1.138, 1.140, 1.158, 1.164, 1.225, 1.229, 1.235, 1.242, 1.250, 1.258, 1.280s., 1.285, 1.310, 1.329s., 1.431, 1.480, 1.495, 1.515, 1.539, 1.552s., 1.567, 1.581, 1.606s., 1.624, 1.627, 1.631, 1.637, 1.655, 1.663s., 1.689, 1.691, 1.700s., 1.708, 1.750, 1.789, 1.828s.
- cristã(ao) **11/2** 174, 257; **15** 87
- definição / explicação / interpretação **9/2** 117, 147[79], 271, 278; **13** 199; **18/1** 416s., 482s.
- de Freud **15** 105
- do cordeiro **15** 175
- dos animais **2** 839
- dos sonhos **17** 115, 197[20], 276
- estudo comparado do **13** 352, 473
- história do / historiado **9/1** 143, 198, 273[20], 432[59], 717; **13** 470
- neurótico **10/3** 360
- oriental **15** 90
- santificado **17** 310
- sentido do **13** 396s.

Símbolo(s) **4** 63, 71, 159, 183, 334, 342, 348s., 434, 457, 490, 647s., 673s., 761; **5** 114, 342, 343, 344, 673; **6** 162, 318, 348, 450, 466, 543, 702, 853, 903s.; **7/1** 122, 156, 171, 176, 186; **7/2** 323, 326, 355, p. 142s.; **8/1** 91s., 109; **8/2** 228, 366; **10/2** 449, 469, 925, 945; **11/1** 125; **11/2** 280; **11/5** 930s., 935ss.; **12** 20, 40, 166s., 249, 325, 338, 400, 452; **14/1** 339; **14/2** 6[19], 8[28], 65, 82, 85, 97, 131, 150, 158[361], 174, 175, 177, 178, 196, 274[215], 309, 315, 332, 333, 333[54], 335, 337, 342, 343, 354, 360, 361, 364, 371, 372, 386, 393, 394, 395, 404, 427, 445; **14/3** 62-63, 91, 93, 104, 121-122, 312, 436; **16/2** 535
- abstrato **11/1** 158
- aceitação do **6** 187
- acúmulos alquímicos **14/2** 447

- alquímico **14/2** 332, 376[143]
- - para Cristo **14/1** 118, 137, 140, 142, 148, 317, 323
- o mandala como símbolo da unidade **14/1** 288
- ambiguidade de muitos **14/2** 79
- amplificador **11/3** 425
- anticristão **6** 314, 518
- antidivindade do **6** 514
- arcaico **6** 451
- arquetípicos **11/4** 754
- ausência do **16/2** 460
- bissexuais **4** 481
- buraco cavado na terra pelos watschandis **8/1** 83, 88
- caráter
- - numinoso do **12** 557
- - paradoxal dos **11/2** 282
- catatônico **3** 26, 30, 180, 390
- central **14/3** 293
- coletivo **3** 527
- como a melhor formulação para o desconhecido **14/2** 427
- como ideias determinantes **6** 466
- como meio para chegar à transformação **11/5** 810
- como solução de conflitos **6** 503
- compensação do **6** 162s.
- - mediante **11/4** 749
- compensatórios **16/1** 252
- compreensão psicológica dos **14/2** 332, 333, 342
- conceito de **6** 903s.
- concretização do **6** 30s., 187, 423
- conhecimento dos **16/1** 22, 44; **16/2** 343
- criação do **6** 162, 169s., 470, 478, 912
- cristão(s) **6** 447; **8/2** 644; **11/2** 170
- da alquimia **12** 112*, 490
- da cruz **4** 477
- da divindade (tríade e círculo) **14/1** 262
- da renovação da vida **6** 308, 386, 470

Índices gerais 609

- da totalidade **14/1** 262, 269
- da unidade **12** 32
- de conjunção / unificação **11/1** 136[91]
(cap. III); **11/3** 396[17]; **11/4** 712, 726,
738, 757
- de Cristo **14/3** 570
- de natureza cósmica **14/1** 4
- de união **6** 169, 188, 195, 314, 317,
417, 480s., 503
- - como lei dinâmica **6** 378s.
- - concepção bramanista do **6** 349s.
- - na filosofia chinesa **6** 401s.
- do centro **12** 35, 44, 325
- do *lapis* **14/1** 280[324]
- do mundo físico circunstante e
cósmico **11/3** 390
- do peixe **8/3** 816, 826
- do si-mesmo **8/3** 870; **14/1** 5, 141,
256, 259[486], 262, 264, 265, 269, 276,
291, 323
- do Sol **5** 200
- e alegoria **3** 136
- efeitos dos **11/2** 216
- eficácia do **6** 195, 520, 524, 910,
922
- efeito divino do **6** 492
- e função inferior **6** 518
- empíricos **11/2** 282
- em Schiller **6** 161, 178
- entendimento dos s. pela
consciência **16/1** 252
- e o cosmo cristão **14/1** 338
- e o inconsciente **11/1** 167; **11/3**
337[33]; **11/4** 745
- e ponto de vista finalista **8/1** 45
- e razão **6** 524
- e sinais / alegorias **5** 114, 180; **6**
87[38], 91, 187, 887, 903; **8/1** 88; **8/2**
148, 644; **11/3** 307, 385
- estereotipados **8/2** 173
- étnicos **4** 457
- explicação esotérica do **6** 905
- fálico **5** 329; **6** 451; **8/2** 336, 470,
509; **16/2** 340
- fixos **16/2** 340s.

- femininos **8/2** 470
- formação **8/1** 47, 92, 88-113; **8/2**
288s., 643s., 805; **11/3** 431
- função **8/1** 92, 113
- geométricos **11/2** 284
- - na alquimia **11/2** 276
- história do **10/4** 646, 738, 771, 774;
11/1 108-113
- inconsciente **6** 173, 188s.
- individuais e mitologemas **16/1** 254
- interpretação
- - da escolha do **7/1** 130, 139; **7/2** p.
161s.
- - histórica dos **16/1** 246
- *lapis* como **14/2** 315, 431, 445
- linguagem simbólica da Bíblia **11/5**
781
- mágico **6** 386, 446
- mandala **3** 582
- multiplicidade de sentido dos **11/3**
385, 388
- naturais **11/1** 56-60, 149; **11/5** 824
- natureza racional e irracional do **6**
417, 483, 491, 912
- no sonho **3** 51, 400, 525
- numéricos **11/2** 282
- numinosidade do **6** 902; **11/3** 337[33]
- oníricos **12** 44s.
- - e alquimia **12** 39
- o si-mesmo como **12** 44
- o tao como **6** 410
- paradoxalidade do **14/2** 85, 315;
16/2 497
- pensamento nos **8/2** 794
- poético **3** 391
- radial **16/2** 456
- raízes históricas dos **11/1** 160
- realidade do **6** 308, 446
- reconstituição espontânea dos **11/3**
360
- rejeição do **6** 483s., 518, 524s.
- relatividade do **6** 456s.
- religioso(s) **6** 75, 189, 465, 469; **8/2**
426, 468; **12** 124, 166
- ritualísticos **16/2** 437

- salvífico / redentor **6** 491s., 502s., 524
- sentido dos **6** 187s., 321s., 905, 908s.; **16/1** 101; **16/2** 489
- sexual(is) **3** 285, 294; **4** 63; **5** 180, 338; **8/2** 330, 332; **16/2** 533
- significado do **6** 188, 314; **8/2** 471
- social e individual **6** 911
- solução do **6** 446
- superstição como **5** 201
- suporte de **8/2** 507
- surgimento do **6** 182, 188, 483, 497
- teriomorfos / teriomórficos **5** 261; **14/1** 3, 78, 173, 198, 262; **14/2** 85; **16/2** 459s., 492s., 533
- - do Espírito **11/2** 177, 232, 263, 272, 276
- unificador **16/2** 451, 462, 533
- - de opostos **12** 146*, 404, 460, 553
- universalmente humanos **8/2** 476
- validade social do **6** 808
- valor do **6** 189, 197
- verdade psicológica do **5** 344
- vivo **6** 308, 905s., 912, 917

Si-mesmo **5** 497, 550, 611; **6** 173, 420, 695, 810; **7/2** 303, 329, 400, 405; **8/2** 388, 396, 430, 599, 785; **8/3** 870; **9/1** 46, 73, 246s., 253s., 278s., 289s., 294, 303s., 396, 403[17], 417, 541s., 548s., 554s., 572, 582, 590, 606, 619, 634, 653, 661, 666, 675s., 680s.; **9/2** 1, 9, 42-126, 170s., 194, 203[37], 208, 216, 219, 223-225, 251s., 257-264, 283, 286-421, 423, 426-428; **10/3** 318, 873; **10/4** 621, 633, 634, 640, 644, 660, 671, 693, 694, 695, 721, 738, 751, 779, 798, 805; **11/1** 140, 154; **11/2** 276; **11/3** 391, 398, 414, 427, 430, 434; **11/4** 745, 755; **12** 32, 105[37], 108, 150, 153, 75*, 247s., 255s., 296, 305, 310s., 436[39], 452s.; **13** 67, 115, 131, 134, 173, 177, 189, 210, 226, 241, 247, 268, 284, 287, 287[245], 289, 296, 301, 301[261], 304, 331, 339[20], 342, 362[68], 364, 372,

372[81], 394, 407, 428, 433, 458, 462; **14/1** 37[23], 59, 90, 120[52], 125[65], 137, 141, 196, 207, 210, 256, 262, 265, 269, 276[314], 290, 322, 323; **14/2** 15[45], 17, 25, 164, 188, 189, 213, 335, 360, 364, 369, 370, 373, 397, 411, 414, 418, 420, 431, 432, 433; **14/3** 55, 82, 113, 145, 152, 160-162, 227, 246, 283, 291-292, 325, 366, 383-384, 396-397, 404, 409, 419, 426[102], 436, 438, 453, 466, 480, 515, 521, 545, 552, 558, 585; **15** 110, 188, 192, 198; **16/2** 442, 454[19]; **18/1** 43, 120, 269s., 600, 832; **18/2** 1.097, 1.158, 1.419, 1.495, 1.511, 1.526, 1.567s., 1.573, 1.624s., 1.638, 1.652s., 1.669, 1.748, 1.792, 1.817
- a conquista do **14/2** 315, 410
- Adam Kadmon como **14/2** 267
- a divindade do **14/1** 171
- a fenomenologia do **14/2** 431
- arquétipo do **5** 576; **11/2** 231; **11/4** 757; **12** 25, 30s.; **14/2** 431, 432
- atitude voltada para o **12** 247
- *atman* como **12** 9
- caráter
- - finalístico do **11/4** 745; **11/5** 960
- - não diretamente acessível à observação **11/2** 230
- - paradoxal **11/3** 427; **11/5** 956s.
- centro do / como **6** 291; **12** 265, 327
- como *autotes* da humanidade toda **14/1** 90, 90[225]
- como centro
- - da personalidade **14/2** 431
- - do inconsciente coletivo **14/2** 25
- como *coincidentia oppositorum* **5** 576; **14/1** 125[65], 171
- como *complexio* / *unio oppositorum* **11/2** 283; **11/3** 396
- como conceito empírico **6** 902
- como distinto do eu **14/2** 15[46], 157[356], 187, 370, 431, 433
- como espírito **12** 327
- como Filho / como Pai **11/3** 400

Índices gerais

- como *filius regius* **14/2** 213
- como *imago Dei* **5** 612
- como formação concêntrica **14/2** 431
- como o eu e a sombra **14/1** 125[65], 262
- como razão e origem da personalidade individual **14/2** 414
- como realidade psíquica **11/2** 233
- como sacrificante **11/3** 397
- como símbolo
- - natural **16/2** 474
- - unificador **16/2** 474, 537
- como símbolo da totalidade **5** 576
- como síntese do eu e do inconsciente **16/2** 444, 474s.
- como soma de todos os arquétipos **5** 516
- como totalidade **11/2** 232; **11/4** 714; **11/5** 808, 959
- - das quatro funções **14/1** 265
- - psíquica **6** 902; **14/1** 4, 59[114], 125[65], 129, 141, 175, 255
- - supraempírica do homem **14/2** 164, 189, 213, 364, 373, 420, 430
- como unificação dos opostos **12** 22, 25, 30
- - do psíquico **12** 44, 137, 247, 310s., 330, 436
- compensação mediante **11/3** 444
- composição do **14/1** 125[65], 141, 262
- conceito / noção do **11/3** 399; **14/2** 374
- concentração em torno do **11/1** 156
- conflitos com o **7/2** 218
- conhecimento do **14/2** 369, 393, 414, 431, 432, 433
- consciência do **7/2** 274; **9/2** 48s.
- conteúdos do **7/2** 405
- criação do **11/3** 400
- Cristo como
- - cf. Cristo
- cruz como **5** 460
- de João do Apocalipse **11/4** 713
- de Prometeu **6** 287

- desvalorização do **12** 9
- distinção do **6** 173
- e consciência **11/3** 400, 425; **11/4** 715
- e Cristo **14/1** 323[652]; **14/2** 157
- e Deus **14/1** 125[85], 266
- - confusão na vivência **14/2** 223, 433
- e função transcendente **11/5** 810
- empírico **14/1** 125[65], 265, 276
- - colocar-se dentro do **14/1** 276
- e mundo **6** 179, 697
- encarnação do **14/2** 213
- e o eu **14/1** 129, 175, 276
- espírito e **11/5** 808ss.
- estrutura do **9/2** 347-420
- etapa ctônica prévia do **14/1** 290
- eu e **5** 596[186]
- experiência / vivência do **11/3** 396; experiência do **16/1** 219s.; **16/2** 445
- fenomenologia do **14/1** 141, 322
- filho do Homem como antecipação do **12** 314
- força numinosa do **14/2** 433
- homem
- - encarnação do **11/3** 399
- homousia do **5** 612
- ideia do **14/2** 412, 413
- identificação com o **11/3** 439, 446
- imagem do **14/2** 358, 431
- inconsciente **7/2** 247, p. 134s., 149s.; **14/1** 140, 141
- - como projeção na substância do arcano **14/1** 140
- individual **7/2** 248, 266s.
- integração do **11/3** 394, 401; **16/2** 474
- *lapis* como **14/1** 323[648]; **14/2** 17, 189, 315, 375, 431; **16/2** 531
- libertação do **11/5** 879
- mais abrangente que o "eu" **14/2** 433
- manifestações espontâneas do **16/2** 531
- na conceituação de Jung **14/1** 125[65], 129, 141, 175 ; **14/2** 17, 164, 189, 267, 315, 431

- na concepção indiana **14/1** 264
- na doutrina brâmane **6** 342
- na matéria **14/2** 411
- não toma o lugar de Deus **14/1** 266
- natureza
- - eterna do **11/3** 401
- - paradoxal do **16/2** 474, 529
- níveis das quatro funções **14/1** 262
- numinosidade do **14/2** 431
- o eu e o
- - cf. Eu
- o homem primordial como **16/2** 531
- oriental **11/5** 808
- paradoxalidade do **12** 24s.; **14/1** 4, 141; **14/2** 315
- possibilidade de ser percebido **14/2** 213
- prefiguração pela Lua **14/1** 211
- *prima materia* do **14/1** 275
- problemática do si-mesmo e o eu 433
- profundeza escura do **14/2** 410
- quaternidade do **14/1** 266
- - **14/2** 188, 358
- queima de **9/1** 685
- realização do **14/2** 433
- redondo como
- - cf. Redondo
- relação com o **16/2** 445
- religião como expressão da interpretação do **12** 296
- renascimento do **14/2** 213
- retirada na projeção do **11/3** 396
- revelação do **11/5** 932
- serviço ao / no budismo **6** 424
- simbolizado
- - pelo relacionamento de *noous* e *physis* **14/2** 213
- - por Adão e Vênus **14/2** 213
- símbolo da redondeza do **14/2** 188
- símbolo(s) **5** 302², 569; **11/2** 276, 281, 289; **11/5** 808ss., 958; **12** 20s., 121, 265, 323s.; **13** 304, 331; **14/1** 4, 141, 255, 259⁴⁸⁶, 264, 265, 276, 323; **14/2** 17, 188, 189, 315, 374, 376, 431;

16/2 378s., 531
- - ocorridos nos sonhos **14/1** 141, 276⁵¹⁴
- *sofia* como **16/2** 518
- surgimento do **12** 158s.
- tornar-se **13** 243
- transcendência da consciência do **12** 247, 305, 452
- ultrapassa
- - a personalidade do eu **14/2** 433
- - o alcance do conhecimento **14/1** 59, 175
- unidade do **16/2** 532
- universalidade do **11/5** 888
- visualização do **14/2** 418
- vivência do **14/2** 433, 434
- - como derrota do eu **14/2** 439
- Zen e **11/5** 884

Simetria **13** 304, 307; **14/3** 278, 355-357, 429, p. 114-115

Simetria / assimetria **10/4** 742

Similia similibus curantur **14/2** 348

Simpatia de todas as coisas **8/3** 850

Simpático
- distúrbio no sistema **3** 570
- formas de sintomas **9/2** 291
- inervação do **7/2** 206
- sistema **8/3** 945, 947

Simpático / parassimpático **10/4** 671

Simples **12** 165, 366; **14/2** 158³⁶⁷, 413, 414
- alma como o **12** 371, 377
- como a ideia e o inteligível **14/2** 158³⁶⁷
- doutrina do **14/1** 139, 159, 160

Simplex / res simplex (a coisa simples) **14/2** 158³⁶⁷, 389, 413, 425
- a doutrina do **14/2** 158³⁶⁷
- como *prima materia* **14/2** 292²⁴³, 292²⁴⁸

Índices gerais

Simplicidade e complicação
- no matrimônio **17** 333s.

Simplicitas **14/2** 292

Simplificação / simplificadas **3** 22, 30
- superficialidade **3** 39, 108, 134, 544

Simulação **2** 658; **18/1** 885
- casos-limite de **1** 341s.
- conceito de **1** 351s.
- da degeneração psíquica **1** 218
- da distimia maníaca **1** 209s., 223s.
- da inferioridade psicopática **1** 5s.
- diagnóstico **1** 340s., 356
- do estupor histérico **1** 230s., 257s.
- efeitos da **1** 338s.
- e histeria **1** 337, 353, 417, 423
- exames corporais na **1** 327
- inconsciente **1** 419s.
- problema da responsabilidade na **1** 356, 425s.
- prodrômica **1** 24, 32, 76
- psicógena **1** 302
- psicopática **1** 204

Simulacra **8/3** 921

Simulacrum Dei
- cf. Imagem de Deus

Simultaneidade **8/3** 840s., 850, 855, 865, 906, 919
- em Schopenhauer **8/3** 828

Simultaneitas-similitudo **2** 871

Sin / Lua **11/2** 173

Sinai (monte) **15** 182

Sinal(is) **5** 180; **6** 87[38], 91, 187, 887; **15** 105, 196
- da cruz **14/2** 75
- de fogo (Nietzsche) **5** 145, 149
- e símbolo **6** 903s.; **8/1** 88; **8/2** 148, 644
- geométrico **6** 560, 944

Sinal / signo **18/1** 416, 482

Síncopes **8/3** 939

Sincrasias pessoais **14/2** 356

Sincretismo **5** 148, 148[45], 163; **6** 314, 1.034; **9/2** 78[27], 105, 310; **18/2** 1.287, 1.480
- e a Igreja **14/1** 320
- helenista / helenístico **11/5** 861; **13** 134, 138, 278[218]; **14/2** 153, 166
- pagão **14/2** 257

Sincronicidade **8/2** 394; **8/3** 828, 841, 849, 852, 855, 906, 931s., 932, 934, 937, 945, 948, 950, 952, 955, 959, 983, 985, 987; **9/1** 197, 608; **9/2** 140, 148, 233, 257, 287, 409, 413; **11/2** 257; **14/2** 70, 327, 412[222]; **14/3** 73[60], 91, 92; **16/2** 468[10]; **18/1** 70, 143, 761s.; **18/2** 1.169, 1.175, 1.181, 1.190, 1.193-1.212, 1.485, 1.573
- astrológica **8/3** 924, 926
- como regra absoluta **8/3** 928
- coincidência plena de sentido de acontecimentos distantes e sem nexo causal **14/2** 327
- definição **8/2** 405[116]; **8/3** 855
- e a lei da causalidade **14/2** 327
- fenômenos de **8/2** 418, 440; **8/3** 816, 841, 855, 858, 895, 898, 901, 906, 921
- numinosidade da **8/3** 870
- princípio da **15** 81, 85
- prova astrológica da **8/3** 871

Sincronicidade / sincronístico **10/4** 593, 682, 780, 789

Sincronístico(s) **8/3** 849, 927
- fenômenos **8/2** 405[116], 440; **8/3** 841, 855s., 859, 860, 863, 873, 898, 928, 938, 940, 945, 948s., 955, 975s.
- princípio **8/3** 866[46], 906, 928

Síncronos / acontecimentos **8/3** 852, 855, 975

Sinestesia **2** 139, 141

Sing **13** 37, 59s.
- *hui* **13** 28[8]
- *ming* **13** 34, 37, 60

Sinibaldo **14/3** 594

Sinistrogiro / dextrogiro **9/1** 564s., 569s., 574, 609, 671s., 673s., 674[19], 680[25], 693, 700

Sinnhuber / fixado ao sentido das coisas (Vischer) **3** 419

Sino (Schiller) **3** 274, 275

Sinólogo / sinologia **11/5** 967, 984

Sinônimos mitológicos **5** 135

Sinótico **13** 292, 366
- cf. tb. Bíblia, evangelhos

Síntese **6** 531, 539, 930; **14/1** 5, 14, 267, 275, 301, 338; **14/3** 104
- da quaternidade **14/1** 267
- dos quatro / dos sete **14/1** 6
- e análise **14/1** 288, 300, 338
- pelo movimento circular **14/1** 5

Síntese das quatro ou sete cores **14/2** 50
- como união **14/2** 365, 378, 477
- entre consciência e inconsciente **8/2** 403, 413
- psíquica **14/2** 322, 365
- superior **14/2** 109

Sintética
- do processo psíquico **8/2** 148

Sintoma(s) **2** 661, 697, 727, 759, 772, 800, 845-862, 915s., 994, 1.008, 1.066s., 1.178, 1.313, 1.353[4]; **6** 911; **13** 54, 436; **15** 105, 125, 134, 146, 174; **16/1** 28, 138; **18/2** 1.309
- análise dos **16/1** 199; **17** 176
- a psicanálise de Freud como **4** 747
- ciências como sintoma da psique **8/2** 344, 752
- corporais **4** 30, 51; **13** 453

- da neurose **15** 64, 152, 208[3]
- de atividade inconsciente **8/1** 35; **8/2** 295s.
- de doenças físicas e psíquicas **18/2** 1.147, 1.155, 1.309s., 1.723, 1.794, 1.805
- de muitas doenças mentais **8/2** 590
- de náusea **4** 513
- de represamento da libido **8/1** 61
- desligamento da libido em relação aos s. **8/2** 390
- dispépticos **4** 569
- doentios **4** (31), 59, (294), (576)
- gástricos **8/2** 711
- histéricos **4** 2, 37, 159, 205s.; **8/1** 106; **15** 62
- intelectual e corporal da histeria **6** 931
- nervosos **10/3** 3s., 23, 26, 38, 48, 286s.
- neuróticos **4** 254, 302, 415s., 507, 514, 569, 599; **8/1** 63[47]; **8/2** 546, 639, 684, 702, 808; **13** 436; **16/1** 126
- patológico **17** 199a
- psicógeno(s) **6** 988; **8/1** 37s.; **8/2** 546; **10/3** 3s., 366
- psíquicos **13** 453
- repressão dos **16/1** 29, 32
- sonho como sintoma da repressão **8/2** 703
- tratamento dos (Freud) **6** 911

Sintomáticos
- atos **8/1** 22, 61s.; **8/2** 154

Sintomatologia **2** 499, 509s., 910; **18/1** 884, 893s., 936s.; **18/2** 1.310, 1.321, 1.480
- religiosa **11/5** 957

Sirena (termo de Paracelso) **13** 180, 218

Síria **9/2** 163, 187, 213

Sírio **14/2** 217, 220, 253
- aparecimento de **5** 354

Índices gerais

Sirius ou Ísis **14/2** 8[28]

Siso
- idade do **8/2** 776

Sistema(s) **3** 406, 416, 420, 462; **8/1** 49s., 111; **8/2** 340, 637s., 677s., 717
- azilútico **14/2** 309[340]
- de fé
- - força assimiladora do **14/2** 121[262]
- ganglionar **8/3** 945s.
- nervoso **18/1** 231
- - cerebrospinal **10/4** 671
- - simpático **18/1** 46, 194, 203, 302, 318, 356, 372, 412; **18/2** 1.116
- parciais **13** 47, 55, 61
- paranoide **4** 277
- totalitário **18/2** 1.466, 1.495

Sistemática
- ação (Freud) **3** 92, 102, 104, (110), 135, 184, 449

Sisto de Sena **14/3** 614

Sístole / diástole **6** 4s., 216, 371, 399, 470; **8/2** 170

Sîtâ **5** 306

Situação(ões)
- da consciência do sonhador **17** 187, 195, 223
- do dia a dia humano **14/1** 300
- imprevistas **16/1** 128

Sizígia(s) **9/1** 115, 120, 130s., 134, 138, 142, 194, 326, 372; **9/2** 20-41, 59, 63s., 99, 298, 361, 400, 422; **13** 278
- clássica do Sol e da Lua **14/2** 197

Skeleton in the cupboard **16/2** 387

Skythianos **14/1** 31, 31[182]

Sleipnir **10/2** 384

Smith, H. / caso de Flournoy **1** 98s., 101s., 115, 119, 127[109], 136, 143s.

Soberania feminina **14/3** 234, 238, 264

Soberba **14/2** 177, 346

Sobredeterminação (Freud) **3** 133

Sobriedade **14/2** 283

Social **9/2** 259; **10/1** 492, 499, 505, 509, 511, 536, 544, 553, 558, 568, 580, 585; **10/2** 419, 448, 453, 468, 928, 932, 938, 943; **10/4** 610, 653, 660, 685, 719, 721, 784; **17** 289, 296, 302s.; **18/2** 1.133, 1.161, 1.351, 1.385s., 1.388, 1.745, 1.797
- democracia **10/3** 155
- fenômenos sociais **9/1** 98, 114, 617
- político **10/2** 387, 441, 455

Socialismo **9/1** 125; **10/2** 928; **11/4** 689; **18/2** 1.320, 1.335, 1.337

Sociedade(s) **3** 416; **8/2** 410; **10/1** 488-504, 535, 553, 577; **10/2** 457, 460, 922; **10/4** 652, 660, 701, 824; **13** 13; **16/1** 224, 247s.; **17** 136, 294; **18/2** 1.096s., 1.261, 1.351
- Britânica de Antropologia **18/1** 141
- de Psiquiatria **18/2** 1.463s.
- humana **14/2** 83, 333
- Internacional de Psicoterapia **18/2** 1.463s.
- o introvertido e a **16/1** 242
- secretas chinesas **15** 88

Sociedade / social / ordem social **9/1** 170, 174, 228, 383, 479; **10/3** 17, 21, 26, 48, 64s., 71, 190, 203, 209, 212s., 226, 243, 250, 261, 279, 290; **11/2** 222
- primitiva como arquétipo **16/2** 443

Society for Psychical Research **8/3** 929; **18/1** 758

Sócrates **3** 203, 216, 220, 295, 370, 382; **14/2** 229
- pseudo- **12** 336[10]

Sodoma e Gomorra **11/4** 654

Sofia / sophia **6** 314, 445; **8/2** 336; **9/1** 33, 93, 131, 156, 193, 336; **9/2** 118[87], 307; **11/2** 175[15], 193; **11/4** 610, 613, 619, 636, 712, 728, 744; **12** 529; **13** 234, 377, 406, 449s.; **14/1** 14, 215; **14/3** 107-108, 158, 223, 341, 510, 539[110], 560; **15** 154, 211; **16/2** 361s., 506[37], 518s.
- *acamot / achamoth* **9/2** 307[33]; **13** 449s.
- amor a **5** 615
- *anamnese* veterotestamentária da **11/4** 744, 749
- bondade para com os homens **11/4** 623
- como grande mãe **11/4** 721
- como mãe da criança divina **11/4** 714
- como mestra de obras da criação **11/4** 617, 625, 629, 642
- como noiva de Cristo **12** 487
- decaída **14/3** 107-108, 173, 178, 251, 284, 291, 505
- e Bythos **5** 678
- Espírito Santo como **11/4** 646; **12** 192
- nascimento da **11/4** 739
- *prounikos* **9/2** 99,
- cf. tb. Sabedoria

Sofia / Sapientia / sabedoria **14/2** 17[54], 17[55], 133, 174[401], 133, 174[401], 238, 240, 240[118], 314, 359, 388[194]
- como a videira **14/2** 17[54]
- do Antigo Testamento **14/2** 386, 399

Sofisma **14/2** 83[229]

Sofistas **13** 380, 444

Sofrimento **3** 103; **4** 556; **6** 421, 654; **8/2** 707, 710; **11/5** 770; **12** 24s., 253, 389; **17** 154, 185, 219
- como punição **11/3** 410
- compensação do **11/4** 583
- da alma **11/5** 794
- do processo de conscientização **11/3** 411
- e impossibilidade **11/3** 415, 428
- humano e divino **11/2** 233
- moral **11/5** 794, 888
- neurose como substitutivo **11/1** 129
- por causa da antinomia **11/2** 291; **11/4** 659
- sentido do **16/1** 185s.
- simbolismo de **5** 447

Sofrimento / tortura / tormento / dor **13** 86, 89, 93, 106, 139, 439-447, 448-457

Sogra **9/1** 156, 169[14], 169; **10/3** 70

Sohar **9/1** 576[10]; **9/2** 168[11-13], 180, 335; **13** 168
- na alquimia **14/1** 19; **14/2** 274[215]

Sol **4** 477, 491 (S), 494; **5** 24, 128, 138, 146, 163, 295, 297, 306, 356, 553, 555, 633; **6** 378, 396, 833; **7/1** 108; **7/2** 250, 298; **8/1** 115; **8/2** 388, 394, 411; **8/3** 921; **9/1** 7 , 48, 105, 240, 246[52], 253, 266s., 346s., 409, 543, 554, 557s., 593, 604s., 609, 619, 624, 646, 654, 663s., 675s., 683, 690, 697; **9/2** 130, 158[25], 163, 169, 200, 236, 240, 241[7], 243, 245[30], 292[13], 307, 393, 409, 428; **10/3** 135s., 144, 162, 879, 960; **10/4** 683, 684, 689, 690, 698, 699, 730, 758, 759, 760, 762, 763, 766, 797, 807, 808, 811, 817, 823, 824; **11/1** 90, 113, 136-138, 160; **12** 110, 112, 270s., 355, 133*, 169*, 445, 181*, 194*, 469s., 206*, 484[165]; **13** 38, 87, 88[23], 95, 101[74], 104[96], 107, 118, 157, 186[153], 187s., 190, F IV, 193[184], 201, 267, 273, 278, 301[262], 309, 317, 328, 341, 357, 361[67], 405, 433, F 4, 12, 13, 17, 13, 24; **14/1** 1, 2, 11, 12, 15, 19, 21, 23, 27, 30, 32, 36, 40, 42, 60, 64, 77[209], 107, 107[7], 108, 110, 110[29], 111, 113, 114, 117, 118, 123, 127, 130, 133,

Índices gerais

138, 139, 140, 140[187], 149, 152[208], 157, 158, 159, 162, 163, 164, 165, 166, 167, 170, 175, 175[20a], 177, 182, 188, 193, 212, 213, 216, 217, 220, 223, 269, 283[533], 292, 297, 301, 302, 310, 324, 325; **14/2** 1, 2[5], 5, 13[38], 23[63], 49, 49[110], 52[124], 58, 59, 64, 74, 74[195], 74[197], 75, 83, 93, 94, 96, 103, 104, 127, 131, 133, 145, 147, 148, 150, 163, 164[392], 166, 167, 168, 169, 184[408], 197, 198, 199, 207, 217, 228, 233, 237, 242, 242[121], 251, 253, 257, 291, 292[243], 298[273], 299, 304, 386, 391, 431; **14/3** 115[175], 141, 157, 210, 216, 243-244, 269, 278, 518, 539, 553, 555, p. 60-61, 88-89, 124-125, 130-131; **15** 1, 3; **16/2** 397[51] 403, 406; **17** 318; **18/1** 16, 81, 264, 266, 417, 525, 551, 567, 688; **18/2** 1.077, 1.523, 1.528, 1.573, 1.701, 1.784, 1.789
- adoração do **12** 110s., 116
- alado no Egito **11/2** 177
- alquímico
- - como fator psicológico considerável **14/1** 113
- - como força misteriosa **14/1** 107, 107[79], 110, 110[24], 113, 114, 117
- ambivalência do **14/1** 107, 110
- arcano solar no coração **14/1** 110
- arquétipo do **7/1** 109
- árvores solar e lunar **14/1** 71, 152, 287
- asas do Sol da Justiça **14/2** 23[69], 24
- a sombra está no seu raio **14/1** 114
- astrologia **9/2** 173, 411
- astrológico **13** 176[114]; **18/2** 1.176-1.192, 1.193-1.201
- atributos do **5** 155
- a *umbra solis* (Majer) **14/1** 21, 31, 107[7], 114, 147, 167, 338
- autoimolação do **5** 638
- a vomitar fogo **14/2** 103
- banha-se no mar **14/1** 152[208]
- barca do **9/1** 238s.
- cão como **14/1** 169, 170
- carro do **9/1** 235; **14/1** 278[522]
celeste e terrestre **14/2** 5, 198

- como alegoria de Cristo **11/5** 935
- como a metade masculina e ativa de Mercurius **14/1** 114
- como consciência do homem **14/2** 83, 163, 164, 165, 166, 184
- como criador e formador de todas as coisas **14/1** 110
- como Cristo **14/1** 25, 117, 212
- como deus **8/2** 329s., 411; **8/3** 845
- - natural **14/2** 167
- - no mundo físico **14/1** 114[38]
- - Rohita **14/2** 392
- como estátua de Deus **14/2** 233[71]
- como fogo celeste **14/2** 233[71]
- como fonte de vida, **5** F 14, 176, 538; **12** 112
- como imagem de Deus **5** 158, 176; **12** 445; **14/2** 233, 233[71], 233[72]
- como libido **5** 176, 296, 298, 324, 388
- como mundo espiritual do pai **14/2** 170
- como o *Logos* divino **5** 158
- como o olho
- - de Deus **8/2** 394; **14/1** 60
- - do mundo **14/1** 114[37], 154[213]; **14/2** 5, 127, 233, 233[71]
- como o primeiro depois de Deus **14/1** 110
- como o produtor
- - da Terra **14/1** 40
- - do ouro **14/1** 40, 107, 108, 149
- como o sétimo dos metais espirituais **14/1** 212
- como pai do mundo **5** 135
- como par de irmãos **5** 296
- como *Rex Sol* **14/1** 163, 175[303]; **14/2** 5, 67, 127, 163, 164, 166, 168, 169, 170, 184, 190
- como símbolo
- - da consciência do homem **14/1** 20[132], 62, 118, 124, 147, 167, 216
- - de Deus **14/1** 126
- - do casamento **14/1** 175[311]
- - do criativo **6** 367, 369, 398
- - do si-mesmo **14/2** 431
- - onírico **14/1** 124

618   Obra Completa − Vol. 20

- como *Sol centralis* **14/1** 107
- como *Sol coelestis* ou físico **14/1** 107, 110, 117
- como *Sol iustitiae* (Cristo) **14/1** 118[49]
- como *sponsus* **14/1** 30; **14/2** 94, 233
- como substância
- - ativa / Mercurius **14/1** 107, 108, 110, 114
- - da transformação **14/1** 107[7], 158
- como tríade **14/2** 64, 386[176]
- como unípede (*Rigveda*) **5** 486[19]
- conceito alquímico do **14/1** 107, 108, 110, 111
- *coniunctio* do Sol e da Lua **12** 558; **14/1** 2[8], 21, 26, 27, 84, 103, 141, 149, 156, 166, 172, 175[307], 182, 269
- coroa de raios do **5** 268
- curso do **8/2** 326, 778, 795
- da justiça **14/2** 24, 299[280]; **14/3** p. 74-75
- da meia-noite **13** 86[15]
- deus solar / solar **5** 65; **9/1** 106, 235; **13** 107[100]; **18/1** 231, 266
- devoramento do **8/1** 120
- disco solar alado **14/2** 24
- dissolução do **14/1** 77[208], 153[293], 167
- do nascimento **11/5** 973
- eclipse solar **14/1** 27, 27[178]; **14/2** 228
- e enxofre **14/1** 107, 107[9], 116, 122, 130, 133, 134; **14/2** 75
- e Logos **14/1** 220
- e Lua / *Luna* **5** 576; **8/2** 330; **8/3** 869[53], 875, 881, 890, 978; **11/3** 361; **11/4** 713, 717, 745, 756; **12** 13*, 23*, 27*, 32*, 38*, 57*, 305, 113*, 140*, 141*, 475[139], 484[167, 170],491s., 223*; **13** 110, 130, 273, 355, 357, 398, 403, 459, F 32; **14/1** 1, 21, 107, 108[16], 114, 114[35], 123, 130, 158, 166, 167, 170, 217, 301; **14/2** 96, 96[238], 97, 131, 170, 237, 257, 276, 291[236], 296[261], 310, 361[115], 371, 389[196]; **14/3** 407-409, 419, 438, 465-466, 486, p. 70-71, 104-105, 136-137; **16/2** 355, 403, 404, 538[1]
- - como arquétipos **14/1** 220
- - como atributos do rei e da rainha

16/2 421, 451
- - como consciência e inconsciente **14/1** 114, 123, 167, 170, 175, 216, 217, 219, 220, 222, 223
- - como homem vermelho e mulher branca **14/1** 301
- - como opostos **14/1** 1, 22, 114, 149, 324
- - como pai e mãe **14/1** 21, 42, 157
- - como projeções **14/1** 123, 124, 125
- - como seres espirituais / *spiritus* **16/2** 459s.
- - como símbolos de Deus e do homem **14/2** 233[72]
- - como sombra do Sol **14/2** 371
- - *coniunctio* **14/2** 97, 181, 197, 291, 291[136], 296[266], 297; **16/2** 401, 410, 454s., 458
- - conjunção e oposição **14/1** 19, 43, 140[137], 149
- - diferença na luz e no símbolo **14/1** 217
- - dos filósofos **14/2** 296[270]
- - efeitos sobre os homens **14/1** 20
- - figurados como espírito e corpo **14/1** 170
- - filho deles **14/2** 181, 189, 277, 291, 296[266], 360, 361[115], 364
- - hierósgamos de **14/2** 276, 277
- - morte de **14/1** 21
- - o filho dos dois **14/1** 21, 284
- - parábola ou alegoria de **14/1** 19, 22
- - representação teriomórfica **14/1** 167, 169, 170
- - semelhança com Yang e Yin **14/1** 159[229]
- - simbólica de **14/1** 20, 21, 114
- e mar **14/1** 107
- e Mitra **5** 397
- e Mercurius **14/1** 114, 117, 118, 131, 229[373]
- envelhecimento no outono **5** 452
- e simbolização do **14/1** 126 127, 147
- etapas da transformação **14/1** 163
- *et eius umbra* **12** 220[107], 81*
- filho-dragão do **14/1** 169[276]

Índices gerais   619

- herói solar **9/1** 605
- identificação com o **5** 133[19], 268, 283[31]
- *introitus solis* **5** 496
- *invictus* **5** 133[19]; **10/4** 808
- - Mitra como **5** 155
- - Pedro como **5** 289
- invisível ou filosófico **14/1** 44, 115, 122; **14/3** 366
- - no centro da Terra **14/1** 114[140]
- - no homem (Dorneus) **14/1** 44
- *iustitiae* **9/2** 78
- leão como **14/1** 167, 170
- luta com o dragão **5** 425
- meditação sobre o **11/5** 914ss.
- mistério do Sol **14/1** 177
- mitológico / Hélios **13** 95
- mitos do **6** 833
- mulher do **8/2** 330
- *mysticus* **5** 496
- na alquimia é pai e filho de si próprio **14/1** 118
- na mitologia **14/1** 216
- nascer do **5** 539; **8/1** 68; **8/2** 329, 411; **8/3** 845; **9/2** 230; **14/1** 28[187]; **18/1** 551; **18/2** 1.701
- nascimento dentro do botão de flor **5** 619
- na Terra **14/1** 110
- natureza indefinível **14/1** 107, 110
- *niger* / negro **9/2** 307; **12** 34*, 140; **13** 337; **14/1** 21[140], 110, 114, 114[40], 167, 170, 324, 325, 326; **14/2** 382, 386; **16/2** 420, 468
- - como o inconsciente da mulher / feminino **14/1** 154, 215-227
- *novus* **13** 290
- ocaso solar **14/1** 23, 23[186], 28[187]
- o ouro como **14/1** 107, 117, 130; **14/2** 228, 242, 275
- pai **18/1** 567, 629, 639, 688
- pênis do **8/2** 317
- posição ao meio-dia **14/1** 303
- princípio ativo do **14/2** 377, 382
- *punctum Solis* **14/1** 40
- que caminha **5** 141[29], F 11, 171[90]
- que dá vida **14/3** 330

- que queima **5** 176
- raios solares **14/2** 296[273]
- *redivivus* **14/1** 163
- relaciona o eu com Deus **14/1** 127
- renascimento do **5** 311
- renovação do **14/2** 58
- representa a consciência do homem **14/1** 6, 154, 215-227
- representação teriomórfica do **14/1** 2, 3, 4, 78, 152, 169, 170, 171, 172, 174, 260, 272; **14/2** 65
- retumbante **5** 366[72]
- *rex* **13** 398
- roda do **10/4** 619; **13** 45
- semente do **14/1** 149
- sentido feminino do **5** 487
- sinônimos alquímicos **14/1** 193
- sopro gerador do **5** 486[19]
- sua alegoria relaciona o eu com Deus **14/1** 127
- sua parte ativa é favorável **14/1** 107, 108
- subterrâneo **5** 566[110]
- *terrenus* **14/1** 117
- *umbra solis* **11/2** 245[4]; **16/2** 321[19]
- união
- - com a Terra **14/2** 391
- - com o mar **14/2** 391
- viagem marítima noturna do **5** 308s.
- virgem como **6** 443
- vivificante **11/1**, 100; **11/5** 935
- zênite do / do meio-dia **11/2** 173; **11/3** 352; **11/4** 711; **13** 86[15], 95, 99, 107

Sol / solar **9/1** 7, 235, 295, 356, 557[82]

Sola fide **18/2** 1.674

Solar(es)
- fragmentação **3** 522
- irradiação dos prótons **8/3** 872s., 977
- períodos das manchas **8/3** 872

Soldados **8/3** 925

Solidão **5** 519; **6** 275, 535, 707; **12** 36s., 526s., 526[30]; **14/1** 152, 155,

253^{468}; **14/2** 59^{136}, 288; **17** 315; **18/1** 632, 673
- dos alquimistas
- - cf. tb. Alquimistas
- e isolamento **6** 882; **11/5** 905
- em Nietzsche **5** 143, 145, 472
- interior **16/2** 363

Solidificação / *solidificatio* **12** 68, 73, 83, 98, 101, 112; **13** 106; **14/1** 134; **14/2** 102, 134, 184^{408}, 265, 274, 275; **14/3** 518-519

Solilóquio **9/1** 236s.

Solipsismo **15** 168

Solis et Lunae coniunctio **8/3** 869, 894

Solitário / *solitaire* **14/1** 13

Solstício **9/1** 608s.; **12** 301
- de inverno **5** 353
- de verão **9/1** 605

Solução
- conservadora **16/2** 463
- da rainha no banho **14/2** 201
- da transferência
- - cf. Transferência
- de Gabricus **14/2** 212
- de um problema
- - cf. Solutio **16/2** 454
- do rei **14/2** 94, 170, 188, 201, 330, 378
- e conhecimento **14/2** 15, 16
- fase do sonho **8/2** 564
- figurada **14/2** 15, 185, 346, 365, 430
- moral-espiritual (Dorneus) **14/2** 17
- química **14/2** 14, 16, 17, 18, 41, 62, 94, 96, 97, 100, 159, 307, 378, 384, 391, 406

Solução / *solutio*
- em sentido psicológico **14/1** 300
- etapa da **14/1** 74^{204}, 175, 300, 310

Solutio **10/4** 628; **12** 94, 334, 366^{50}; **14/2** 94; **16/2** 398, 454, 459

Solve et coagula **14/3** 396, 419

Solvente **14/2** 62^{146}, 94

Som **5** 65, 538
- Agni como **5** 246
- criação do **5** 65
- Soma **5** 450^{58}, 659
- tonalidade das cores do **5** 237

Soma / somático **9/2** 3, 6, 100^{50}, 400; **13** 126, 137, 328, 481
- cf. tb. Corpo

Somadeva Bhatta **5** 318^{15}

Somália / somali **9/1** 250s.; **18/2** 1.288

Sombra(s) (S) **4** 166; **5** 267^{14}, 393, 611, 678, 681; **6** 254s., 648, 796; **7/1** 27, 35, 42, 47, 103, 154, 185; **7/2** 225, 388, 400, p. 145s.; **8/1** 129^{86}; **8/2** 409, 426, 665; **9/1** 44, 49, 61s., 80, 86, 169, 222, 244, 309, 396, 439s., 469s., 474, 477s., 485s., 513, 552, 560, 567, 579, 597, 600, 634, 705; **9/2** 13-19, 35, 42, 44, 53-57, 62-64, 75s., 79, 116, 167, 171, 183, 185, 238, 240, 261s., 264s., 292^{13}, 370, 384, 390^{84}, 402, 410, 422s.; **10/1** 544, 558, 569, 576, 582; **10/2** 418, 424, 440-457; **10/3** 261, 353, 362, 858, 867, 872, 885; **10/4** 640, 653, 693, 714^{28}, 775; **11/1** 132, 134; **11/2** 247, 286, 290; **11/4** 702, 718, 730; **11/5** 941; **12** 36, 37s., 42, 121, 192^{66}, 220^{107}, 242^{120}, 297, 425; **14/3** 2, 160, 173, 176, 176^{34}, 215, 244, 272, 292, 320, 349, 436, 609, p. 64-65; **15** 159, 172, 188; **16/2** 399, 470
- assimilação da **16/2** 452
- coletiva **9/1** 469, 484
- como o mal do bem **16/2** 420
- como pertencente ao eu **16/2** 469
- conscientização da **16/2** 452
- da morte **14/3** p. 64-65
- de Deus **14/3** 348

Índices gerais 621

- do metal **14/3** 181
- e a *anima* **14/2** 312
- - Klingsor como sombra do rei do Gral **14/1** 333
- - predominância da **14/1** 219
- - projeção da **14/1** 196; **14/2** 177
- - reconhecimento da **14/1** 326, 335
- - somente é atingida pela iluminação **14/1** 335
- física
- - como algo de positivo na alquimia **14/1** 115, 195
- - como *matrix* (substância incorruptível e eterna) **14/1** 143
- identificação com as **7/1** 35, 41
- integração da **16/2** 462
- lado sombrio **16/1** 145s., 152, 234, 254
- - conscientização da **16/1** 134
- - descoberta da por Freud **16/1** 144s., 173
- personalidade consciente e **11/2** 245; **11/5** 975
- projeção da **11/1** 140; **11/4** 598
- psicológica **13** 293, 296, 335, 337, 342, 350, 425, 435, 481; **14/1** 37, 73, 74, 124, 141, 142, 170, 196, 219, 324, 326, 335, 338; **14/2** 177, 270, 312, 338, 365, 366, 398
- - assimilação e integração da **14/2** 177
- - como a personalidade inferior ou negativa **14/1** 125[65]
- - como a ponte que leva à *anima* e ao inconsciente **14/1** 125[68]
- - como compensação **14/1** 143
- - como inconsciente coletivo e pessoal **14/1** 125[88], 143, 335
- - como o homem primitivo em cada um **14/1** 335
- - como oposição à personalidade consciente **14/2** 366
- - como personalidade inferior **14/2** 312
- - como personificação do

inconsciente pessoal **14/1** 124, 147, 125[65]
- - confrontação com a **14/2** 178, 338, 365, 367
- - confronto com o eu **14/1** 307, 335
- - conhecimento da **14/2** 365, 366, 398
- - conscientização da **14/1** 335
- - do si-mesmo **14/1** 124, 124[82]
- quatérnio de **9/2** 364, 385, 402s., 410
- repressão das **7/1** 78
- - cf. tb. Arquétipo da
- terminologia junguiana **18/1** 38, 40, 41s., 367, 509, 561s., 638; **18/1**; **18/2** 1.127, 1.159s., 1.410, 1.414, 1.516, 1.592, 1.594, 1.600, 1.607, 1.617, 1.633, 1.639, 1.661, 1.683s., 1.696, 1.699, 1.721, 1.830
- tomada de consciência da **11/2** 292

Sombra / *umbra* **11/3** 313

Sommer-Leupoldt,
- sintoma de **3** 54

Somnia a Deo missa
- cf. sonho

Sonambulismo **1** 1, 26s.; **2** 157, 451, 851[19]; **3** 59, 157, 163[144], 164[147], 171, 176, (298), 555; **4** 581; **5** 253; **6** 433, 752; **7/1** 199; **8/2** 295, 809; **13** 31[16], 37, 48; **16/1** 231; **18/1** 224, 700s., 705, 741, 757, 884, 946, 951; **18/2** 1.114, 1.155
- ataques de **1** 39s., 50s., 122s.
- ausências no **1** 42s.
- caso de S.W. **1** 36-150
- classificação do **1** 5
- desenvolvimento para o **1** 43
- desfecho do **1** 71, 134
- espontâneo, na inferioridade histérica **1** 5s.
- - (caso de Höfelt) **1** 110
- hipnótico **1** 122, 256s.
- histérico 129, 272

- importância teleológica do, na puberdade **1** 136
- passagem para **1** 97
- cf. tb. Semissonambulismo
- provocado **1** 40, 59
- total **1** 136

Sonâmbulo **15** 184
- pensamento do **1** 98
- sugestionabilidade do **1** 148

Sonhador **14/2** 166, 262; **17** 263s.

Sonho(s) **1** 97, 117, 172, 253; **3** 7, 87, 92, 111, 122, 140, 157, 163[146], 174, 180, 218, 263, 267, 285, 298, 308, 400, 505, 544, 557, 579; **4** 324s., 334, 412, 505, 521, 533s., 628, 637, 645s., 745, 761; **5** 4, 25, 39, 62, 95; **6** 39, 74, 86, 525, 662, 695, 740, 774, 785, 848, 931; **7/1** 98, 103, 119, 134; **7/2** 272, p. 147, 165s.; **8/2** 304s., 388, 391 (Paracelso), 398, 400, 466-529, 489s., 530s., 530-569, 579s., 667; **9/1** 6, 34s., 44, 68s., 80s., 100s., 110, 136, 136[26], 211, 222, 235, 259s., 262s., 268s., 274s., 299, 309, 311[2], 318s., 356, 396-399, 407s., 436, 454, 485, 492, 499, 506s., 538, 546, 550, 576, 582s., 604[168], 608, 627, 713s.; **9/2** 26, 39, 47, 55, 57, 59, 94, 130[42], 185, 203[37], 212[52], 232, 291, 297, 305, 315, 327, 343, 351, 356, 390[84], 398, 424; **10/2** 446, 462; **10/3** 15, 23, 29, 58, 99, 113, 128, 301, 304, 313, 316s., 328s., 369, 829, 833, 835s., 847, 851, 884, 899; **10/4** 618, 619, 620, 621, 626-723, 730, 770, 804; **11/1** 81, 138; **11/2** 238[13], 269; **11/3** 375; **11/4** 738; **11/6** 1.072[20]; **12** 11, 34, 46s., 111, 294, 356, 410, 423, 424, 448s.; **13** 88, 90, 106, 119, 121, 127, 135, 139, 143, 148, 215, 273, 298, 351, 368, 395, 434, 463, 478s.; **14/1** 75, 79, 100, 121, 121[54], 136[121], 140, 175, 183, 255, 268, 276[314], 288,

290, 291, 300, 301, 327, 329, 337; **14/2** 61[145], 70, 83, 120, 123, 166, 167, 168, 169, 170, 174, 262, 269, 311, 325, 333, 365, 367, 393, 404, 406; **14/3** 51, 182, 218, 461, 598, 603, 609; **15** 65, 105, 106, 143, 152, 160, 185, 192, 194; **16/1** 86s., 144, 252s.; **16/2** 504, 538; **17** 33, 44, 112s., 129s., 162, 167, 181, 184s., 208, 223; **18/1** 16, 79, 81s., 136s., 150, 160s., 176, 178s., 333, 342, 351, 389s., 399s., 403s., 416-443, 444, 475, 511s., 524s., 543s., 568s., 572s., 586, 593, 601, 634, 673s., 748, 754, 832, 841-870, 893, 987, 1.025, 1.041, 1.054; **18/2** 1.077, 1.110, 1.120, 1.138, 1.149s., 1.154s., 1.260s., 1.265s., 1.275, 1.283, 1.285, 1.290s., 1.331, 1.362, 1.391, 1.438, 1.475, 1.480, 1.487s., 1.581, 1.605, 1.647, 1.662, 1.692, 1.704, 1.708, 1.737-1.741, 1.748, 1.766, 1.768s., 1.804, 1.809s., 1.816
- acordado **5** 39; **9/1** 263; **18/1** 868, 1.041
- alusão objetiva do **14/2** 367
- amplificações do **11/3** 344
- análise / interpretação **2** 816, 826-857, 1.082; **3** 124, 275, 291, 557, 560; **7/1** 20s., 128s., 137, 162, 189, 192, 199, p. 148s.; **7/2** 212, 218, p. 135s.; **8/2** 482, 498, 501, 529, 548s.; **14/1** 121, 183, 300; **14/2** 70, 365, 406, 409; **17** 114s., 179, 192s., 211, 262, 282
- - em nível
- - - do objeto **7/1** 130, 139, 141, 158
- - - do sujeito **7/1** 130, 139, 157
- - sintética **7/1** 132s.
- - cf. tb. Análise
- antecipatórios **8/2** 503s.; **8/3** 963, 973
- apresentam descrição crítica do complexo do "eu" **14/2** 166, 167

Índices gerais

- arquetípicos **8/1** 55s.; **8/3** 847; **11/1** 146; **11/2** 222, 280; **18/1** 203, 229, 233
- base do **4** 332
- bíblico **18/1** 245s.
- caráter
- - compensatório dos **16/1** 12, 85; **16/2** 330s.
- - complementar do **14/1** 121
- causas do **6** 756; **8/2** 294, 453, 462, 499s., 529, 538
- censura no **4** 73, 80s., 112, (187); **15** 68, 106
- classificação dos **8/2** 474, 499; **11/1** 32
- coletivo **18/2** 1.322
- colorido do **14/1** 327
- com dois magos, um preto e outro branco **14/2** 379[149]
- com fenômenos luminosos **8/2** 396
- com números **4** 129, 691
- com medo **5** 370
- como advertência **7/1** 21, 162
- como antecipações **16/1** 89s.; **16/2** 307s., 317
- - das alterações da consciência **5** 19, 79[19]
- como compensação **12** 26, 48
- como expressão
- - de situações **5** 685
- - do inconsciente **6** 782, 785
- como fachada (Freud) **7/1** 21, 162 p. 149
- como fonte de conhecimento **8/2** 672
- como expressão do inconsciente **16/2** 294, 317, 383, 501
- como fantasia passiva **6** 803
- como instrumento terapêutico **17** 262, 273
- como manifestações do inconsciente **11/4** 665; **11/5** 782s.
- como meio auxiliar na terapia **16/1** 26

- com o fogo (incêndio) no porão **16/2** 376
- como produto
- - da anima **14/2** 83
- - natural **11/1** 41, 136, 152
- como recurso auxiliar na terapia **16/2** 304s., 332
- como satisfação de desejos reprimidos **16/2** 317
- cf. tb. Casuística
- como tipo de associação **3** 22
- como via régia para o inconsciente **7/1** 25, p. 151
- compensadora do **18/1** 247, 471, 478, 521, 586
- compensadores **11/4** 732; **11/5** 899
- compensatórios **3** 561, 578; **17** 185, 189, 269
- composição **8/2** 269, 561s.; **18/1** 861
- condensação do **3** 50; **4** 91
- constelado **2** 844
- constituídos de material coletivo **11/1** 88
- contaminação dos **14/2** 24, 120, 269, 325
- conteúdo(s) **8/2** 180, 436, 443, 486, 504, 532, 574; **18/1** 841s., 860s.
- - arcaicos dos **16/1** 246
- - latente do **4** 66, (74), (167), (171), (173), (329), 550
- - manifesto do **4** 66, 74, 167, 171, 452, 645
- da "Casa da Concentração" **11/1** 58s., 63, 128, 136
- da catedral **7/1** 167s., 175s.
- da criança **8/1** 98; **17** 94, 106s., 211
- da escada do céu (Jacó) **14/2** 233[74]
- da estatueta de marfim **7/1** 175s.
- da igreja **11/1** 49-52, 55-58, 63, 70s., 124
- da serpente branca etc. **14/1** 78[212]
- da torre **7/1** 189; **7/2** 281
- de advertência **11/1** 28

- de angústia **3** 291
- de caça **14/1** 136[121]
- de crianças **18/1** 83, 203s., 526, 534s., 846s., 870; **18/2** 1.804
- de desejo **18/1** 847s., 869
- de incesto **14/1** 173
- de uma consciência mais abrangente **8/3** 831
- discurso no **3** 50, 256, 296
- de causa somática **17** 189
- de desejo **18/2** 1.285
- de Eckermann **15** 159[19]
- de incubação **8/2** 549
- de falecidos, mortos **8/2** 574
- de medo **4** 184, (387s.), (461), 482, 703, 716; **7/1** p. 151; **7/2** 285s.; **8/2** 535
- denominador do **16/2** 486
- de olhos abertos **14/2** 365
- de realização de desejos sexuais **1** 120
- de Wilhelm **15** 94
- dia anterior ao **13** 471
- do caranguejo **7/1** 123s., 158, 162
- do demônio **7/2** 285
- do gibão **11/1** 54
- do mago branco e do mago negro **7/2** 287
- do pai de extraordinária estatura **7/2** 211, 248
- do planetário **11/1** 163s.
- dos magos branco e negro **14/1** 76, 77
- dos negros **6** 832
- dos primitivos **8/1** 92, 94; **8/2** 554, 574; **11/1** 30s.; **18/1** 176
- dos profetas **6** 75s.
- e alquimia **13** 385, 396
- e consciência **1** 97; **7/1** 182, 187; **7/2** 209s., 273, 323
- e fábulas **11/4** 557
- e fatos orgânicos **18/1** 194s., 301s.
- efeitos **4** 126; **8/2** 444, 560
- e histeria **1** 117, 117[86]

- e inconsciente **8/1** 35
- elaboração dos **16/2** 466
- em Freud **6** 782, 878
- e mito **5** 29, 475, 611; **14/2** 61[145], 393
- e mitologia **13** 385, 395, 478
- em Nietzsche **6** 210, 219s.
- emoções infantis no **16/1** 35
- em vista de problemas dos pais **17** 106
- endógenos e exógenos **3** 163[146]
- enviados
- - pelo Diabo **11/1** 32
- - por Deus **11/1** 32; **13** 139; **18/1** 437, 601, 674
- e o consciente **16/2** 294, 304
- e o *opus filosofico* **11/1** 95
- e o passado **16/1** 87
- e o presente **16/1** 88
- e realidade **5** 261
- eróticos
- - em mulheres **5** 8
- essência do **6** 809
- estrutura do **4** 552; **14/2** 362
- exemplos **8/3** 826, 843, 852, 854, 925, 960, 972; **17** 32s., 51, 63, 71, 216-222
- falar durante o **1** 126
- fontes das ideias delirantes **3** 181, 206, 255, 518
- função **17** 267s.; **18/1** 433, 544
- - compensatória do **7/1** 170, 182, 190; **7/2** 288, p. 164[5]
- - teleológica do **4** (452), 490
- fundamento inconsc. dos **5** 38
- gênese dos **1** 120; **7/2** 210
- e imaginação ativa **14/2** 365, 367
- e inconsciente **8/2** 152, 302, 372, 505s., 532, 544, 580
- interpretação de **10/4** 618, 620, 621, 628, 629, 664-675, 684-699, 705-709, 713-717; **11/5** 1.004; **14/1** 183; **14/2** 427
- - ou análise do **4** 76, 125, 157s.

Índices gerais 625

(Prince), (326s.), 533, 537s.
- em estado de vigília **17** 193
- em Schopenhauer **8/3** 828, 857, 947
- e realidade **7/1** 169, 182, 190; **7/2** 248
- eu do **8/2** 580
- exemplos **8/2** 149, 163s., 299, 305, 415s., 457s., 470s., 474, 478s., 484, 496, 511, 559, 561-564
- fases do **8/2** 561-564
- fenomenologia dos **11/1** 41
- figuras que surgem nos **11/1** 48
- função compensadora do **17** 185s., 189, 269
- gênese / surgimento **8/2** 270, 443, 544, 580
- grandes **3** 525, 549; **7/2** 276; **9/2** 208, 237; **17** 106, 208s.; **18/2** 1.159, 1.291
- histórico **18/1** 241s., 250
- ideia do **4** 73, 75, 167, 171
- imagens dos **5** 388
- - oníricas **8/2** 148, 152, 508; **14/2** 427
- importância
- - para a crença nos espíritos **8/2** 574, 579
- - para a diagnose e a prognose **8/2** 531s.
- impressionantes **8/2** 209, 536, 554s., 574
- iniciais **12** 52s., 127; **16/1** 87, 89; **16/2** 296, 306s., 313; **18/1** 347
- intenção **8/2** 294, 568
- interpretação(ões) do(s) **2** 692, 765s.; **6** 756, 878, 880; **8/2** 141, 149, 309s., 461, 462, 531, 533, 537, 539, 543, 553; **8/3** 935[128]; **9/2** 237s., 315; **9/1** 34s., 51, 71s., 335s., 370s., 572s., 582s., 625, 655; **10/2** 378; **10/3** 31s., 316s., 861; **11/1** 32, 41; **11/3** 411; **13** 93, 143, 241, 466s., 479; **18/1** 4, 7, 83, 91, 97, 135[26], 154, 160s., 163-201, 204, 241s., 243s., 252s.,

261s., 266s., 297, 305s., 325s., 336s., 416-607, 841s., 958s., 986s., 1.002s., 1.055, 1.070; **18/2** 1.110, 1.147, 1.149, 1.240, 1.391, 1.487, 1.581, 1.809
- - amplificação na **13** 467, 480
- - dentro da série **11/1** 53
- - método das associações livres **8/2** 453, 541
- - no nível do objeto e do sujeito **11/3** 383[6]
- - redutiva do **17** 194, 208
- - segundo Freud **11/1** 40
- - subjetiva **13** 88
- - cf. tb. Psicanálise
- isolado **2** 823-844, 1.011; **9/2** 130[42], 207s., 236; **9/1** 34, 39, 71s., 250, 340-354, 359s., 398, 546, 570, 581, 591, 623, 647, 654; **10/2** 377, 382; **10/3** 30s., 126, 826; **13** 466, 474; **10/4** 619, 627, 666, 671, 683, 697, 704, 712; **18/1** 81, 135[26], 162, 249, 251, 336. 469s., 484, 507s., 519s., 635
- latente **18/1** 844s., 870
- - manifesto **18/1** 844s., 870
- *le dieu des sauvages* (P. Lejeune) **8/1** 92
- linguagem **8/2** 474, 506, 509; **11/3** 441; **18/1** 461-494, 521, 586, 637, 671
- - do sonho **14/1** 75
- livro de **8/2** 537, 543
- lugar no **13** 241
- mandala no **16/2** 400, 474
- marcante **4** 475
- material do **4** 69, 326, 539
- - arcaico nos **11/5** 814
- método da **18/1** 171s., 179s., 228s., 240s., 244s., 444, 841s., 958
- mitológicos **16/1** 22; **18/2** 1, 15; **18/1** 233s. 249s.
- moderno **13** 456
- motivos **13** 400; **16/1** 13s.
- - arquetípicos no **7/1** 109

- - oníricos comuns **8/2** 228
- - - - típicos **8/2** 474, 476, 535
- motivos situacionais do **18/2** 1.158
- negativos e positivos **11/1** 53
- no nível do sujeito e do objeto **8/2** 509-528
- no *opus* **12** 356
- no processo de individuação **14/2** 311
- nos doentes mentais **7/2** 386
- numinoso **14/1** 77
- obscenidade nos **9/2** 315
- observação dos **11/1** 28, 32; **16/1** 43
- o cósmico no **7/2** 250s., p. 150
- operação mental **11/4** 638
- o símbolo do si-mesmo nos **14/2** 223
- o si-mesmo no **6** 902
- papel da serpente nos **5** 681
- patológico **1** 1, 34, 58, 76, 117, 320
- pelo próprio sonho **18/1** 172, 569
- pensamento dos **3** 133, 218, 267
- personagens dos **8/2** 200, 506, 509s., 561, 574
- pesadelos / sonhos de angústia **12** 38, 284; **16/2** 344; **17** 35, 95, 189
- pesquisas **18/2** 1.112, 1.138
- - de Freud **1** 133, 172
- - sobre **8/2** 539, 673
- pessoais
- - e coletivos **3** 524, 549
- - e ultrapessoais **7/2** 205, 275s.
- pintar quadros com os conteúdos de **16/1** 101s.
- preconceito contra **11/1** 28, 35
- prefácio **3** 23, 77, 92, 111, 122, 163[146], 239, 279, 287, 333, 400, 434
- prenunciadores **11/1** 32; **11/5** 814
- proféticos **4** 453; **8/2** 447, 493, 537
- - prognóstico **18/1** 26, 246, 471s., 543s.
- prospectivos **8/2** 492s.
- psicologia do **8/2** 203, 387, 448s., 473, 531, 551; **11/1** 41; **11/6** 1.050; **14/2** 269

- quaternidade no **14/1** 255
- realização do desejo no **4** 70, 78, 160, 165, 167, 169, 173, 191
- reativos **8/2** 499
- recognitivos **16/1** 89
- redução a realidades banais **11/2** 280
- redutivos **8/2** 496
- região (país) dos **8/2** 599
- relativos à morte **17** 223
- religiosos **8/2** 686; **11/1** 17s., 39s., 42s.,
- repetições **8/3** 935
- repetido **18/1** 478s., 509, 521
- reprodutibilidade **8/2** 445, 499, 532
- retrospectivos **8/2** 496
- segundo Nietzsche **5** 27, 585[167]
- sentido do **4** 159, 173, 176, 183, 334, 492, 548s.; **7/1** 21, 24, 161, 174, p. 151; **16/2** 317s., 336s.
- - coletivo do **10/2** 449; **10/3** 322
- - manifesto e latente do **6** 803
- séries de **16/1** 13s.; **18/1** 162s., 181, 202, 346s., 404, 472s., 478, 525-545, 974; **18/2** 1.265², 1.581
- sexuais e histeria **1** 204
- significado(s)
- - compensatório do **14/1** 121
- - sentido dos **8/3** 935
- - valor dos **11/1** 87
- simbólica dos **5** 4, 11
- - sexual do **5** 7, 9
- simbolismo **2** 824, 833, 843a; **4** (46), (334), 457, 539s., (553); **9/2** 20, 57, 219, 383; **13** 90, 479; **18/1** 198s., 229, 423, 458, 521-559, 568, 591, 841, 987, 1.055s.; **18/2** 1.228, 1.581s., 1.691, 1.700
- - cf. tb. Interpretação do
- símbolos / motivos **7/1** 122, 174, 189; **7/2** 250
- - da totalidade e de Deus **11/1** 101s.; **11/2** 285; **11/4** 758
- - da tríade e quaternidade nos **11/2**

280, 285
- - da unidade no **14/1** 288
- - da unificação dos opostos no **11/4** 738, 745
- - do si-mesmo nos **11/5** 808ss.; **14/1** 141, 276
- - oníricos **14/2** 223, 333, 427
- significado **8/2** 404, 446s., 450, 472, 506, 535s.
- - compensatório dos **5** 9, 469, 611[195]
- - profético dos **5** 78[19]
- símbolo / simbologia do **10/4** 671, 679, 696, 780
- simulação dos afetos nos **8/2** 486, 510
- solução de problemas durante os **8/2** 299, 491
- sonhar acordado **7/1** 6
- subida e descida no **14/1** 299
- sublimação **8/1** 40, 109
- telepático **8/2** 503; **18/2** 1.487
- temas / motivos
- - mitológicos no **11/5** 787; **16/2** 378
- - numéricos nos **11/2** 281
- tendências compulsivas do **6** 803, 969
- teoria dos (Freud) **4** (47), (66), 178, 192s., 540; **8/2** 702; **15** 57, (65) terapia baseada em **16/1** 44
- típicos **8/2** 535
- transformação
- - de animais durante o **11/1** 54
- - de aves negras em brancas no **14/1** 79
- tríades **11/2** 173, 193, 239
- - cf. tb. Tríades de deuses; Trindade
- veículo no **12** 151s.
- verdadeiro **18/2** 1.291
- violentos **3** 352

Sonho / sonhar **2** 157, 309, 611, 640, 716, 793, 823-844, 891; **5** 19

Sonhos de pacientes
- de C.G. Jung **5** 9, 261, 325, 365, 421, 576, 584, 676

- de Nietzsche **5** 47[1]
- de S. Silvestre **5** 573
- exemplos de
- - Analista bate na cabeça da paciente com uma pedra **4** 170, 190
- - Condutor do trem reclama do número do passe **4** 130
- - Homem da floresta obriga a sonhadora a pisar sobre os gatos – Acorda afônica **4** 181, 189
- - Homem de preto despenca do rochedo e carrega consigo uma senhora vestida de preto que procura segurá-lo **4** 77
- - Homem, sentado ao lado do papa, vê na sala ao lado várias damas em trajes a rigor – Acorda com vontade de urinar **4** 82
- - Incêndio num hotel – Marido e pai ajudam a paciente a se salvar **4** 537
- - Manifestações de transferência no sonho **4** 645
- - Menina sonha com exibicionista que vira na véspera **4** 387
- - Menina sonha que é mordida na perna por um lobo **4** 475
- - Menina sonha ser alta como a torre da Igreja **4** 488
- - Mulher desacompanhada é mandada embora de todos os lugares – Ao avistar o marido, sente-se mal **4** 177
- - Mulher sobe com esforço uma colina – Uma sombra vermelha e outra preta a assustam – Grita ao analista por socorro **4** 166
- - No incêndio da casa, a mãe atira uma boneca no avental da menina **4** 491
- - Numa clareira da floresta começa uma tempestade e aparece uma cegonha **4** 506
- - O paciente recebe do analista uma conta **4** 137
- - Sonhadora vê seu analista sendo

torturado numa caverna – Deseja ajudá-lo **4** 185
- - Sonho com números – Jogo alto **4** 134
- - Uma turma de colégio num balneário – Professor – Viagem de núpcias – Nascimento de criança **4** 96
- - Velha judia, tomando uísque, transforma-se na mãe – O pai entra com dois bastões de madeira, usando o roupão do marido **4** 164

Sono **2** 165; **3** 137, 163[146], 513, 523, 544, 557, 579; **4** 577; **5** 364[67], 501, 567; **8/2** 153, 296, 466, 485-487; **9/1** 242; **9/2** 53, 66, 290, 326; **10/4** 821; **18/1** 475, 510, 702, 868s., 900, 1.014s.
- das bruxas **1** 123
- de incubação **12** 171
- distúrbios do **3** 181, 524
- estado de **1** 74, 121
- - e de vigília **8/2** 580s.
- extático **1** 53, 59, 123
- hipnótico **1** 8, (Janet) 294
- imperativo orgânico do **3** 137[123]
- necessidade reduzida de **1** 187, 193
- no estupor histérico **1** 272
- o que dorme / sonhador **13** 86, 139, 148[6], 241, 309, 325
- parcial e sugestão **1** 28
- perturbações, distúrbios **8/2** 485s., 516, 639
- sugestão do **3** 137, 160
- visões durante o **1** 43, 106

Sonolência **2** 18, 133s., 165-169, 259, 264
- dos histéricos **1** 97
- cf. tb. Cansaço

Sonoras
- associações **3** 11, 23, (39), 109, 135, 157, (222), (252), 267, 291, 294, (300), 544

Sopro **10/3** 146
- do Espírito **14/3** p. 86-87, 92-93, 96-97
- elemento do **7/1** 151
- respiração **8/2** 411; **11/2** 197, 235; **11/5** 866s., 912
- vermelho **14/3** 518
- cf. tb. Pneuma

Soror mystica ⁀/**1** 53[30]; **14/1** 175
- cf. tb. Irmã

Sósia
- espiritual **11/2** 177, 197
- motivo do **16/1** 16

Sótão **10/4** 672

Soter **9/1** 74; **9/2** 127, 133[46], 173, 176s., 312; **11/4** 689; **13** 334
- cf. tb. Salvador

Spagirica foetura **13** 187

Spagyrus **13** 148, 171[79], 187

Species
- cf. Rationes

Speculatio **13** 207, 215

Speculativa philosophia **13** 110

Speculum veritatis (Codex Vatic.) **13** 110

Sperma mundi **9/1** 580[131]; **13** 173
- cf. tb. Semente

Spinoza, B.
- visão hipnopômpica de **1** 100[50]

Spinther / centelha da alma **9/2** 344s.; **12** 138, 139, 410[26], 472
- cf. tb. Centelha

Spiraculum
- *aeternitatis* **14/3** 532
- *vitae aeternae* **14/2** 335, 388

Spiritual agencie **11/5** 979, 982

Índices gerais

Spiritus **13** 101, 103, 185, 260s., 264; **14/2** 398
- *aquae* **13** 173
- *corporalis* **14/2** 247, 358
- *extractio* **14/2** 360
- *familiaris* **9/2** 415; **11/3** 344, 363; **14/1** 172, 298; **14/2** 180[407], 366, 384, 398
- *malignus* **9/2** 158
- *Mercurii* **9/1** 554; **13** 164[51], 168[67], 171, 187[157], 188, 250, 287; **14/2** 360
- *mercurialis* **15** 25
- *mundi* **8/3** 921; **13** 261
- - cf. tb. Espírito do mundo
- *Phytonis* **13** 263
- *Sanctus* **8/2** 574, 601, 661
- - cf. tb. Espírito Santo
- *sanguis* / sangue de espírito / **11/1** nota 88 (cap. III)
- *seminalis* **13** 263
- *vegetativus* **9/1** 386; **13** 243, 250, 263, 287, 360, 408, 416, 459; **14/2** 274, 301
- *veritatis* **14/2** 398
- *vitae* **13** 160, 168[67]
- cf. tb. Espírito

Splendido liquori **13** 109

Splendor solis (*Aureum vellus*) **13** 95, 268

Sponsa **14/1** 24, 25, 149; **14/2** 76, 95, 113, 267[201]; **18/2** 1.701
- como *anima* **16/2** 438
- como casta
- - noiva e meretriz **14/2** 81
- cf. tb. Noiva
- - *sponsa* **14/2** 74

Sponsus **14/2** 69, 276
- *alatus*
- - como personificação do *sulphur verum* **14/1** 189
- - e *sponsa* **14/1** 19, 24, 52, 149[171]; **14/2** 72, 216, 291, 371
- - - como Cristo e a Igreja **14/1** 22, 103, 229

Sponsus / *sponsa* **9/1** 450; **11/4** 613; **12** 15, 103*; **16/2** 355, 438
- cf. tb. Noivo

Stella
- *marina* **9/2** 197s., 212, 239[1]
- *matutina* **9/2** 127; **13** 299; **18/1** 520
- cf. tb. Estrela

Sterculus / *Sterculius* **5** 547[95]

Sterquilinium **14/3** p. 48-49, 56-57

Stoa **14/3** 330

Stoffhuber / fixado à matéria (Vischer) **3** 419

Stoicheia **14/3** 421

Stromboli **18/1** 455

Strudel **9/1** 482; **10/4** 700
- cf. tb. Mago

Studien über Hysterie (Breuerfreud) **4** 30, 94, 205, 210, 582

Stupas **9/1** 564
- de Barhut (Sanchi) **11/1** nota 26 (cap. III)

Suástica **9/1** 98, 564, 569, 574, 646, 674, 680, 700; **11/5** 948; **18/2** 1.328, 1.332

Subconsciência **5** 670

Subconsciente **2** 323, 330, 450s.; **4** 576, 619; **8/2** 352 (Fechner) 369, 383; **9/1** 40, 433; **18/1** 798, 818, 893

Subcorticais
- processos **8/2** 368

Subida **18/2** 1.158, 1.539
- e descida **13** 399; **14/2** 145
- - como separação nos quatro componentes da totalidade **14/1** 288, 300
- - - as etapas da **14/1** 288[543]
- - - como processo simultâneo **14/1** 288
- - - cuja meta é reunir as forças

630   Obra Completa – Vol. 20

inferiores com as superiores **14/1** 282, 283[523], 289, 298
- - - na interpretação psicológica **14/1** 288, 290, 291
- - - no modelo
- - - - alquímico **14/1** 281-290, 291, 292, 302, 310
- - - - gnóstico-cristão **14/1** 282, 283
- - - rito na alquimia **14/1** 289[553], 297

Subjetividade **18/1** 495

Subjetivismo **11/5** 766s., 776s., 871

Subjetivo(a)
- conexão subjetiva e objetiva dos acontecimentos da vida de um indivíduo (Schopenhauer) **8/3** 828

Sublimação / *sublimatio* 3 105[105], 279; **4** 50, 186; **6** 732; **7/1** 71, 74, 93, p. 153s.; **8/2** 704; **10/3** 340, 365; **11/3** 354; **11/5** 776; **12** 66, 165, 366[52], 416[36], 457, 200*, 469, 473; **14/2** 345, 351, 354, 355, 363, 403, 404, 419; **14/3** 58, 167, 381-382, 455, 505, 569, p. 86-87, 122-123; **15** 53; **16/2** 328; **17** 18
- alquímica **16/2** 403, 486[17], 499, 501
- ou volatilização **14/1** 130, 256, 312

Sublimação / sublimar **16/1** 178, 245

Subliminar(es) **4** 452s., 457, 553; **12** 390; **18/1** 452s., 458s., 461s., 476, 511, 747, 780; **18/2** 1.114, 1.159, 1.389
- atividades psíquicas **8/2** 254, 321, 362, 366, 493, 588, 600
- compreensão intuitiva do subliminar **8/2** 257
- conteúdos **8/2** 270; **8/3** 863
- *subliminal consciousness* (Myers) **8/2** 356[21], 382[45]
- cf. tb. Limiar da consciência

Submissão (tema da) **12** 33, 416[36]

Submundo / mundo inferior **13** 104, 246, 290, 311, 360; **18/1** 412, 455, 581; **18/2** 1.252, 1.697
- deuses do **13** 270
- cf. tb. Hades; Inferno

Substância(s) **8/1** 2s., 41, 46; **8/2** 558; **14/2** 41, 61, 62, 64, 75, 84, 96, 127[279], 133, 169, 177, 268[206], 275, 292, 347, 364, 365, 371, 372, 389; **16/2** 355
- composta de forma e matéria **14/2** 320
- de natureza celeste no indivíduo **14/2** 337, 343
- desconhecimento na alquimia **14/2** 320
- etérea **14/2** 328[48]
- homousia das substâncias **14/2** 62
- incorruptível **14/2** 429
- mágica **14/2** 342, 367, 397
- misteriosa dos alquimistas **14/2** 320, 403, 434
- natureza hermafrodita da **14/2** 320
- numinosidade da **14/2** 320
- preciosa **14/2** 229, 275
- química **14/2** 38, 157, 347, 354, 357, 358, 365, 374, 393, 394, 411, 446
- simples **14/2** 235[81]
- superior **14/2** 389
- transcendental **14/2** 372
- úmida da alma **14/2** 62

Substância arcana / do arcano **9/1** 387, 452, 535[24], 575; **9/2** 193s., 204, 215, 224, 234, 238-242, 244-247, 250, 264s., 281, 292[13], 306, 345, 374, 376s., 414, 418; **12** 244, 372s., 472, 503; **14/1** 21[147], 21[148], 35, 37, 42, 53, 58, 127, 139, 140, 141, 146, 149, 158, 188, 285, 287, 323, 331, 35-40, 228-238; **14/2** 25, 38, 61, 64, 74, 132, 157, 158[366], 209, 210, 213, 217, 292, 305, 322, 371, 377, 396, 412, 428; **14/3** 104, 257, 545; **16/2** 399, 478; **18/2** 1.360
- Adão como **14/2** 209, 217, 217[24], 234

Índices gerais

- água como substância por excelência **14/2** 210
- alimentação da **14/2** 48
- *aqua permanens* como **14/2** 374
- *arcanum arcanorum* **16/2** 353
- - *res* **16/2** 529, 531
- arsênio como **14/1** 179
- *azoth* como **16/2** 484[5]
- caráter simbólico da **14/2** 342
- carne (caro) como **14/1** 175[315]
- carro da serpente como **14/1** 263
- cisão da **14/1** 188
- chumbo como **14/1** 323; **14/2** 158[366], 383
- como antimônio dos filósofos **14/2** 132
- como concepção arquetípica **14/2** 399
- como homem interior **14/2** 213
- como Mercurius
- - cf. Mercurius
- conceito **14/2** 209, 210
- coração do leão como **14/2** 158[360]
- corpo, alma e espírito da **16/2** 454
- *corpus rotundum* como **14/2** 292
- corrompida **14/2** 30
- descrição ou conceito de **14/1** 315
- enxofre como **14/1** 139, 140, 146
- escorpião como **14/1** 53
- interpretação da **14/2** 373
- Mercurius como **14/2** 328
- meretriz como **14/2** 74, 276
- morta **14/2** 61
- na forma caótica **14/2** 74
- natureza psíquica da **14/2** 427
- nigredo da **14/2** 394
- nomes da **16/2** 454
- numinosidade da **14/2** 431
- *lapis* como **14/1** 35, 37; **14/2** 6[19], 14, 307, 339, 412, 434
- leão como **14/1** 142; **14/2** 64, 64[161]
- Lua cheia como **14/1** 149
- Mercurius como **14/1** 9, 37, 237, 305
- nigredo / negrura da **14/1** 42
- padece a crucifixão **14/2** 157

- paradoxalidade da **14/1** 35, 36, 52
- personificação da **14/1** 142
- produção teórica da **14/2** 371
- rei como **14/2** 6[19], 132, 377
- sal como **14/1** 228-238
- sinônimos da **14/2** 64, 213
- qualidades paradoxais da **16/2** 414[8]
- terra como **14/1** 236; **14/2** 64, 298
- transformações da **14/1** 284, 285; **14/2** 38, 431
- unidade da **14/1** 175[313]
- - e unicidade da **14/2** 427
- Vênus como **14/2** 74

Substância de transformação **12** 173s., 187, 209, 472, 478, 517; **14/2** 29, 48, 210, 390; **14/3** 167-168
- dupla natureza da **12** 173s.
- espírito como **12** 376
- *flos* como **12** 99[30]
- identidade da psique e **12** 376, 380
- identificada com a divindade **14/2** 29
- magnésia como **12** 165[37]
- matéria-prima como **12** 516
- Mercurius como
- - cf. Mercurius
- movimentos da **12** 214[92]

Substância química **14/1** 141, 142
- cão como sinônimo da **14/1** 169[281]
- características da **14/1** 139
- de transformação **14/1** 16, 16[104], 60[126], 107, 117, 139, 140, 164, 179, 277
- identificação inconsciente com as **14/1** 330
- o Sol como **14/1** 110, 117

Substancialidade do mal **9/2** 104

Substantia caelestis
- como *veritas* **14/2** 353, 357, 365, 370, 372, 375, 393, 403, 404
- correspondência corpórea da **14/2** 403
- inata no homem como imagem de Deus **14/2** 403

Substituição **16/1** 48; **18/1** 1.067

Substituto
- formação de **8/1** 35s.

Substrato **8/3** 945
- orgânico da psique **8/1** 29; **8/2** 227, 231, 368, 375, 380, 529, 657s.
- cf. tb. Cérebro

Subterrâneo **9/1** 156, 195, 246[53], 311, 360, 367, 382, 413, 433, 537, 556; **9/2** 164; **10/4** 727; **13** 154, 278
- cf. tb. Ctônico

Subtle body / corpo sutil **5** 513; **9/1** 202, 392a, 535[24]; **11/1** 13, 36,160; **11/3** 319; **11/5** 848; **13** 69, 137[213], 262; **14/3** 280, 447, p. 64-65, 78-79

Succubi
- cf. Mulheres

Succus lunariae **16/2** 408

Sucessão de acontecimentos **8/3** 906

Suco da vida **14/1** 150, 175, 175[311]

Súcubo(s) **7/2** 370; **9/1** 54; **15** 13, 14; **18/2** 1.363
- cf. tb. Íncubos

Sudra **14/1** 87

Suécia **10/4** 599, 601; **11/6** 1.035, 1.049, 1.055, 1.064; **18/1** 644

Sufismo **9/1** 250

Sugestão **2** 903, 1.068; **3** 20, 137, 160; **5** 54, 58, 224; **6** 824; **7/1** 4, p. 147; **7/2** 242, 326, 342, 344, p. 147, 162s.; **8/2** 148, 150, 426, 496, 630, 643; **10/3** 333; **15** 62; **16/1** 11, 230s., 240; **16/2** 270, 290, 315, 359; **17** 176, 181; **18/1** 318, 331, 702, 713, 725s., 797s., 873s., 893, 903, 947; **18/2** 1.345, 1.379s., 1.386, 1.393, 1.401, 1.495, 1.579, 1.638
- auto **3** 27, 137[123]; **8/1** 87; **18/1** 75
- - para produção de automatismos **1** 82
- - - aumento de **1** 86
- - - e consciência **1** 86
- - - e esquecimento **1** 298
- - - e hipnose **1** 129
- - - e mentira patológica **1** 117, 438s.
- - - e simulação **1** 304s., 419
- contrassugestão **1** 96
- do sono **3** 160
- e afecção **1** 289s.
- efeito da **16/1** 28
- em relação a questões científicas **1** 65
- e simulação **1** 419s.
- para a capacidade de memorizar **1** 9
- para produção de fenômenos automáticos **1** 82, 96, 126
- para sintetizar a personalidade inconsciente **1** 87, 93
- por comparação a personagens de romance **1** 63
- terapia pela **16/1** 1s., 9, 29s., 198, 238
- verbal **1** 82, 86[35], 87, 122, 130, 256s.

Sugestão / sugestivo **4** 28, 40, 181, 206, 211, 216, 316, 412, 421, 444, 451, 479, 497, 577, 583, 615, 636, 645s.
- em estado de vigília **4** 577
- terapia por **4** 526s., 578, 581s., 591, 602s., 648

Sugestibilidade **3** 27, 160
- negativa **3** 27

Sugestionabilidade **5** 47; **18/1** 873, 875s., 886, 888, 893; **18/2** 1.393
- após ingestão de álcool **1** 26
- auto **1** 27s., 100
- dos sonâmbulos **1** 148
- do subconsciente **1** 94
- e escuridão **1** 97s.
- e talento de ator **1** 304
- no estupor histérico **1** 237, 277, 285, 291
- patológica **18/2** 1.495

Índices gerais 633

Sugestivos
- efeitos do nome **8/3** 827[11]

Suggestibilité **3** 17

Suggestion à échéance **4** 224; **16/2** 461

Suíça **3** 291; **9/2** 353; **17** 234; **18/1** 369, 609, 784, 790s.; **18/2** 1.327, 1.338, 1.343, 1.350s., 1.368s., 1.405

Suíça / suíços **10/2** 403, 427, 455, 475a, 903-924, 930; **10/3** 214, 975; **11/6** 1.026, 1.035, 1.048, 1.052, 1.054s., 1.060, 1.064, 1.072; **15** 2, 3, 7
- Associação Suíça
- - de Psicologia Prática **11/6** 1.048
- - de Psiquiatria **11/6** 1.070
- Comitê Suíço de Psicoterapia **11/6** 1.070s.

Suicida / suicídio / impulso / tendência **16/1** 128

Suicídio **2** 643, 656, 744, 751s., 1.008, 1.022, 1.082, 1.383; **3** 536; **4** 707; **5** 165, 447; **6** 759; **7/1** 192; **7/2** 344, 354; **8/2** 547, 678; **17** 181, 260; **18/1** 251s., 1.010; **18/2** 1.748
- e histeria **1** 417
- intenção de **3** 198, (207), 305
- intencional **1** 209, 218, 328s., 391
- tentativa de **1** 32, 335, 362, 386, 402s.; **14/2** 158
- cf. tb. Assassinato

Suínos
- rebanho de **3** 308

Sujeira **14/3** 320, p. 78-79

Sujeito **17**
- atividade psíquica do **17** 166
- atuação mágica do **6** 565, 871
- como objeto interno **6** 756
- confiança em relação ao objeto **6** 557

- dependência ao objeto **6** 461, 962
- depreciação do **6** 465
- dissimilação do **6** 595, 767
- do conhecimento **8/2** 357, 426
- egocentrismo do **6** 715
- e objeto **5** 500; **6** 165, 170, 465, 590, 691s., 715, 718s., 728, 1.053; **7/1** 59s., 81; **7/2** 223, 348, 405, p. 136s., 167s.; **8/2** 516, 522; **15** 37, (166), 198
- - adaptação **6** 767, 863
- - assimilação **6** 554, 595s., 636, 646, 664, 666, 766, 787
- - determinação dos tipos **6** 2s., 107
- - distinção entre **6** 170, 691, 863
- - e *persona* **6** 267
- - fantasia como ponte entre **6** 73
- - identidade de **6** 199, 449, 823s., 871, 928; **15** 37
- - na atitude introvertida **6** 864
- - relação do **6** 86, 179, 624, 646, 797
- - separação do **6** 475, 823, 882
- - supressão da oposição entre **6** 345
- inconsciente **8/2** 352, 365, 369, 383s.
- isolamento do **6** 85
- liberdade do **6** 450, 597
- nível do **8/2** 509, 510, 514, 516
- opressão do subjetivo **6** 665
- orientação pelo **6** 646s., 959
- plano do **6** 105, 878s.
- projeção do, sobre o objeto **6** 842s.
- repressão do **6** 673, 692
- sobreposição do **6** 558, 714
- transcendental **17** 169[16]
- valorização pelo **6** 5, 450, 962

Sujeito cognoscente **11/5** 891
- dependência em relação ao **11/4** 573
- e objeto **11/4** 557; **11/5** 849
- que age **11/5** 1.004ss.

Sujeito / objeto; subjetivo / objetivo **13** 66, 249, 253, 378, 473

Sul **9/2** 156; **14/3** 58, p. 46-47
- cf. tb. Auster; Pontos cardeais

Sulamita **9/2** 329; **14/1** 42, 43, 179; **14/2** 257, 258[187], 264, 265, 274, 276, 277, 288[221], 291, 312, 314[253]; **16/2** 361
- aprisionada pelas montanhas **14/2** 287, 288
- como a Terra **14/2** 258, 264, 274, 276, 312
- como geratriz maternal **14/2** 276
- como hieródula de Ishtar **14/2** 276, 312
- como mãe negra **14/2** 264, 278
- e Adão **14/2** 257, 262, 264, 276, 313
- iluminada **14/2** 278, 286
- negrura da **14/2** 258, 264, 285, 286, 291, 305, 310, 312, 314
- significados da **14/2** 312
- transformação da **14/2** 274, 278, 285, 291, 311

Sulcus primigenius **13** 36

Sulphur / enxofre **14/1** 27, 31, 45, 54, 107, 110, 115, 116, 122, 130-148, 180, 181, 182, 185, 186, 187, 188, 196, 229, 229[374], 232, 312, 313, 316, 331, 333
- as cores do **14/1** 20[104], 31, 107, 115, 130, 133, 136[123]
- ataca os metais **14/1** 131
- ativo / vermelho **14/1** 107, 138, 232
- branco como a substância ativa da Lua **14/1** 130, 149
- cáustico e comburente **14/1** 134, 181, 188, 229, 317
- celeste **14/1** 133
- combustível **14/1** 177[325]
- como a alma de tudo na natureza **14/1** 132
- como *aqua divina* **14/1** 131
- como arco-íris **14/1** 138, 139[151]
- como atributo habitual do demônio e do inferno **14/1** 142
- como cinza tirada da cinza **14/1** 139

- como cupido **14/1** 136
- como dragão **14/1** 131, 136
- como espírito vermelho **14/1** 136[123]
- como masculino por excelência **14/1** 136
- como matéria do *lapis* **14/1** 13, 130, 138
- como medicina e medicus **14/1** 132, 143
- como o artífice de mil coisas **14/1** 136
- como o coração de todas as coisas **14/1** 136, 138
- como o demônio **14/1** 107, 135, 135[114], 142, 143
- como o mal **14/1** 31, 138
- como paralelo para Cristo **14/1** 140, 142, 148
- como *prima materia* **14/1** 130
- como princípio oculto e espiritual **14/1** 131, 132, 133
- como *spiritus*
- - *metallorun* **14/1** 138
- - *vitae* **14/1** 133, 186
- como substância
- - de transformação **14/1** 139
- - do arcano **14/1** 140, 146
- corporal e terreno **14/1** 131
- cru ou vulgar **14/1** 130, 135, 139, 181, 189
- de quatro cores (Dorneus) **14/1** 139, 140
- duplex **14/1** 130, 131, 135
- e Cristo **14/1** 141
- efeitos do **14/1** 124
- e Mercurius **14/1** 131, 135
- e o dragão alado **14/1** 131
- equivale ao Mercurius **14/1** 131, 135, 136
- e sal **14/1** 140, 313, 317, 331, 333
- incombustível **14/1** 130[79], 139, 287
- natural **14/1** 115
- natureza
- - ctônica do **14/1** 131
- - ígnea do **14/1** 107[9], 130, 131, 229[374]

Índices gerais

- - paradoxal do **14/1** 130, 135, 139, 148
- - quádrupla (Paracelsus) **14/1** 139, 140
- *nigrum* como substância masculina de Mercurius **14/1** 31
- parábola do **14/1** 107[12], 136, 140, 143, 182
- personificado **14/1** 136
- prisão do **14/1** 136
- propriedades alquímicas do **14/1** 134
- proveniente da gordurosidade e da imundície da terra **14/1** 131, 138
- terrestre **14/1** 286, 287
- vermelho como substância ativa do Sol (e do ouro) **14/1** 107, 109, 110, 130, 146, 188, 286[333]

Sulphur / sulfur / **9/1** 537; **9/2** 265, 277[55], 393s.; **14/2** 7, 67, 68, 75, 133, 320, 377, 378, 379, 382, 393
- anima de **14/2** 158[359]
- *auratum* / sulfeto de antimônio **14/2** 132, 132[288], 377
- cheiro de O_2S e H_2S **14/2** 133
- como agente **14/2** 321
- como enxofre da arte **14/2** 371
- como Mercurius **14/2** 377, 382
- como ouro **14/2** 377
- como substância
- - ativa solar **14/2** 67, 133, 377
- - do arcano **14/2** 371
- expulsão do **14/2** 151
- natureza
- - dupla do **14/2** 64, 320, 377, 391
- - ígnea do **14/2** 67, 391
- parábola do **14/2** 13
- tríade de *sulphur*, mercurius e sal **14/2** 7, 64
- vermelho
- - do ouro **14/2** 382, 391
- - e branco **14/2** 64, 65[162], 377
- - - - relacionado com Sol e Lua **14/2** 377

Summum
- *bonum* **7/2** 394; **11/4** 686; **18/2** 1.533, 1.551, 1.584, 1.600, 1.625, 1.630, 1.637, 1.639, 1.658s., 1.667
- doutrina do **9/2** 79[29], 80, 94
- *malum* **18/2** 1.630

Sun (sinais I Ching) **9/1** 599

Suor
- banho para suar **14/1** 33
- de angústia dos anjos **14/1** 32
- dos arcontes **14/1** 32
- glândulas sudoríparas **2** 1.040, 1.043, 1.045, 1.185
- na mitologia **14/1** 33[218]

Superar-se **4** 444

Superbia / soberba **14/1** 170, 185; **16/1** 24

Superego **4** 760, 781; **10/3** 842; **10/4** 659; **11/3** 390, 393; **14/2** 338; **15** 48; **16/1** 245s.; **18/2** 1.152

Superficialidade **3** 37, 108, 134, 544; **6** 609
- da associação **6** 530, 549
- na distimia maníaca **1** 194
- cf. tb. Reação superficial

Superfluitates **14/3** 300, 326

Super-homem **5** 259; **7/1** 36, 110, 132; **7/2** 224, 380, 388; **8/2** 359, (Nietzsche), 430; **9/1** 190; **9/2** 140, 183[8]; **10/2** 424, 432, 434; **14/1** 324
- cf. tb. Homem

Superior / inferior **11/3** 363; **11/4** 619

Superiora et inferiora **14/2** 170, 235[84], 306, 343, 348

Superioridade **17** 226, 246

Superstição **3** 174; **4** 330, 474, 533; **5** 201, 221; **6** 38, 44, 59, 662, 677, 756; **7/1** 24; **7/2** 324, 353, p. 161[2], 162s.;

8/1 95; **8/2** 426, 492, 571, 573, 625, 671, 683; **8/3** 848, 956; **9/1** 149; **9/2** 154; **10/1** 543; **10/3** 26, 113, 124, 138, 173, 187, 1.012; **10/4** 671; **11/1** 56; **11/5** 817[29]; **12** 38; **13** 2, 76[37], 156, 195; **14/2** 398; **15** 19; **18/1** 524, 555, 586s., 759, 782; **18/2** 1.285, 1.365, 1.818
- da validade objetiva da cosmovisão **8/2** 737
- fobia da **8/2** 598
- pessoal **1** 189s., 199s., 214, 216s.

Supraconsciência **8/2** 352, 369; **13** 229

Suprarrealidade **8/2** 743

Supressão **17** (177), 199a, 218, 255, 336

Supuração **8/2** 488

Surdez **8/2**
- e cegueira **8/2** 614
- histérica **8/2** 295

Surdo-mudo **5** 14

Suriel / arconte em forma de touro **14/2** 239

Surrealismo **15** 171

Surya **13** 340
- como o Sol **14/2** 392[205]

Suspensão **16/2** 470; **18/2** 1.158

Susto / assustar-se **4** 10, 166, 218, 300, 303, 355, 364, 387, 533

Sutras **9/1**
- *Amitayur-Dhyana* **9/1** 574[117], 607[178]
- *loga* **9/1** 520
- *Vedanta* **9/1** 675

Svadhisthana **9/1** 467[14]

Svâhâ **13** 340

Svetâsvatara-Upanishad **5** 176, 182, 596

Swazi
- Nação dos **11/3** 370

Sweat lodge da Índia **14/2** 18

Symbolizatio **14/1** 169

Symbolum / symbola **9/2** 127, 270, 277, 281; **11/2** 207
- *apostolicum* **11/2** 211
- *athanasianum* **11/2** 217
- de Gregório Taumaturgo **11/2** 213
- *nicaenum* **11/2** 215; **11/3** 324
- - *constantinopolitanum* **11/2** 217
- *tridentinum* **11/2** 220
- cf. tb. Credo, Profissão de fé

Sympathia **8/3** 938, 956, 985

Symptosis **8/2** 421

Syndromes épisodiques des dégénerés (Magnan) **1** 218

Synopados **8/2** 665

Syzygia / coniunctio / união
- componentes da **14/1** 156

T

Tabernáculo **14/3** 555, 575

Tabor **14/3** 577
- monte **18/2** 1.524

Tabricius / *Thabritius*
- cf. Gabricus

Tabu(s) **9/1** 59; **10/3** 5, 210, 958, 975; **10/4** 652; **11/1** 30; **13** 81, 128; **14/2** 270; **17** 23; **18/1** 222, 281, 586, 823
- alimentares **5** 351
- área-tabu da alma **8/2** 215
- infrações do **7/2** 239s., 243[1], p. 143s., p. 168s.
- motivo de inúmeros **8/2** 415
- sentimental **14/2** 442
- *totem* e **18/1** 1.074
- violação do **5** 487

Tábuas de pedra **14/2** 235
- provindas do paraíso **14/2** 235, 235[89]

Tabula smaragdina / tabela de esmeralda **5** 77[17]; **9/1** 193, 451[51]; **10/2** 912; **13** 137[209, 212], 175, 273[167], 280, 392[136]; **14/1** 154[212]; **15** 31[27]
- cf. tb. *Ars chemica*

Taça **13** 86, 91, 95s.; **14/2** 72[183], 73[184]
- da prostituição **14/2** 73[184], 84
- de ouro (m.s.) **8/2** 555; **14/2** 84
- cf. tb. Crater; Vaso

Taganrog
- cf. Automatismo

Tages **5** 184, 291[52], 527

Tahmuraht **5** 421[2]

Tai I Gin Hua Dsung Dschï
- cf. *O segredo da flor de ouro*

Taj Mahal **10/3** 990

Tálamo **14/2** 6[19], 7, 46, 47[103], 69, 91, 94, 233[77]
- nupcial **14/1** 19

Talento **17** 236, 244, 245s., 248, 343
- "do coração" **17** 240s.
- específico, restrito **17** 257

Talismã **13** 154

Talmud Bab. **9/2** 106[60, 62], 109[68], 110[69, 70, 73], 133s., 139, 168, 178, 180s., 232

Talmude **18/1** 172, 569

Taloforia (o carregar o ramo de oliveira) **5** 526[57]

Tamanduá **10/3** 118
- cf. tb. Animal(is)

Tambor **11/5** 914
- batidas rítmicas **8/1** 86

Tammuz (deus pranteado) **5** 165, 316[13], 392; **11/4** 612, 715; **14/2** 190

Tanit **9/2** 186

Tanatológico
- processo **8/2** 809

Tannhäuser **2** 127

638 Obra Completa – Vol. 20

Tanninim **9/2** 133s.

Tantra **9/1** 81, 392a, 467[14], 631, 643, 652, 661; **9/2** 339[134]; **16/2** 410; **18/1** 203; **18/2** 1.332, 1.590
- shri-chakra-sambhara **9/1** 142[31]
- cf. tb. Filosofia, Yoga

Tântrico
- texto **3** 561

Tantrismo **13** 278; **14/1** 231[378];
- tibetano **13** 334
- cf. tb. Ioga

Tao **6** 181, 401, 419s., 902; **8/3** 907-913, 931; **9/2** 104, 124, 281, 304; **10/3** 873; **10/4** 779; **12** 16, 548[74]; **13** 20[3], 27-30, 37, 59, 80, 433; **14/1** 159[223], 193; **14/3** 73[60]; **15** 89, 90; **16/2** 497, 532; **17** 323; **18/1** 142s., 262
- identidade entre o Tao pessoal e o Tao universal **14/2** 417
- universal **14/2** 272, 301[300], 327, 370, 417, 426

Tao / taoismo **7/1** 118; **7/2** 327, 365; **11/2** 231; **11/5** 877; **18/2** 1.132, 1.507, 1.513, 1.611, 1.617, 1.625, 1.628, 1.672

Tao / taoista **9/1** 11, 40, 76, 564[95], 597, 691

Taoismo **14/2** 237, 237[99], 238, 272

Taospueblo
- cf. Índios

Tao Te King **8/3** 908; **11/5** 791, 954

Tapas
- autoincubação **5** 588, 589; **6** 179s., 355, 369, 381; **12** 441; **13** 39
- estado de **14/1** 256, 256[481]

Taquipneia **1** 40

Taré (pai de Abraão) **5** 515

Tarefa hercúlea **14/1** 34

Targum **14/2** 220
- *sobre o Cântico dos Cânticos* **9/2** 168[11]

Tarô **9/1** 81

Tarpeia / rocha **14/2** 148; **18/1** 258

Tártaro(s) **5** 265; **9/1** 535[24], 537, 575; **14/2** 345, 347, 351, 363, 364, 411; **14/3** 606; **15** 14
- como sal tartari **14/2** 363
- marmóreo **14/2** 351[101]
- mortal **14/2** 345[80]
- no mel **14/2** 345[80]

Tartaruga **9/1** 604[165], 624; **9/2** 272, 356; **13** 132, F 25; **14/2** 237; **15** 25
- cf. tb. Animais

Tartarus
- como mundo inferior e reino dos mortos **14/2** 363

Tathagata (Buda) **9/1** 587, 596[152]; **10/3** 991; **13** 458[329]

Tato
- - sentido do **8/2** 614

Tat twam asi **6** 179

Tau **13** 271; **14/3** 144, 206, 510, 555

Taumaturgo **15** 7

Tauroforia de Mitra **5** 460

Taurus
- cf. Zodíaco

Tavistock Institute of Human Relationship **18/2** 1.388 nota

Tebas **5** 264, 306

Tebhunah **9/1** 576[119]

Tebuna / inteligência **9/2** 185

Tecedeira **9/2** 20

Tecer **18/1** 400

Tecido **14/3** 181

Técnica **9/1** 195; **10/1** 543, 587; **10/2** 397; **10/4** 624, 667; **13** 163; **18/2** 1.404, 1.406s., 1.439
- moderna **5** 17, 21; **11/3** 443; **11/5** 777
- - e ciência **11/1** 83; **11/5** 863ss.
- tifônica **14/2** 19
- cf. tb. Método da associação

Técnica / tecnologia **10/3** 159s.

Tédio **8/2** 693; **17** 232

Tefnut **9/2** 322

Tehom **9/2** 376; **12** 26[9]; **13** 283

Teresias (da *Odisseia*) **14/1** 74[203]

Teísmo **8/2** 712; **9/1** 128

Têjas
- cf. Libido

Telar, divindade **8/1** 92

Teleios / *teleiosis* **9/2** 123, 171, 237, 311-313, 330, 333, 336, 338, 340, 347
- cf. tb. Totalidade

Teleologia
- caráter dirigido dos processos biológicos **8/3** 921; **15** 175, 183

Teleológicas
- alucinações **3** 304

Teleológico **4** 406, 415, 452, 490, 688
- caráter **8/2**
- - da vida **8/2** 790s., 798
- - do processo
- - - energético **8/1** 3
- - - psíquico **8/2** 136, 400, 411, 456
- - ponto de vista **8/1** 51; **8/2** 456, 798
- cf. tb. Finalidade

Telepatia **6** 662; **8/2** 440, 503, 600, 813; **8/3** 830, 921[95], 929, 964, 973; **9/1** 249; **10/4** 636; **11/3** 401[24]; **13** 174[110], 175; **14/2** 327; **14/3** 615; **18/1** 26; **18/2** 1.219, 1.767

Telésforo / *Telesphorus* (o cabiro de Esculápio) **12** 77* a e b; **17** 300; **14/1** 298[378]

Telhado de vidro **14/2** 69

Telum passionis **14/1** 23, 140[158]; **14/2** 47, 47[104], 54, 75, 84, 215

Telurismo **10/2** 937

Tema
- das duas mães **16/1** 246
- de bater e fincar os pés **5** 281, 538
- do envolvimento **5** 362, 367[73], 426, 501, 503[36], 538[87], 553, F 118
- do unicórnio **12** 518, 523, 528, 530

Têmeno(s) **5** 570, 577; **11/1** 157; **12** 64, 31*, 105, 132, 139, 156, 170s., 171, 177s., 257
- jardim como **12** 26*, 153, 235
- natureza feminina do **12** 171, 257
- *stupa* **12** 166, 169

Têmis **5** 119[6]

Temor **8/2** 207, 211, 750; **14/1** 196, 250; **17** 146, 319
- da vida **8/2** 777
- de Deus (*timor Dei*) **11/2** 291; **11/4** 576, 620, 663, 718, 729; **14/3** 202; **17** 302
- - dos alquimistas
- - - cf. tb. Deus
- do primitivo **8/2** 209
- cf. tb. Medo
- supersticioso **15** 148

Temperamento(s) **6** 9, 1.031; **9/2** 381; **13** 355; **18/1** 504
- e as respectivas cores **14/2** 50[128]
- humoral **6** 999, 1.031
- sanguíneo
- - e insanidade moral **1** 220
- - na inferioridade psicopática **1** 187s.
- segundo
- - Galeno **6** 951

- - James **6** 571s., 603s., 647
- - Ostwald **6** 609s.
- traços menos desejáveis do **14/2** 338

Temperança **14/3** 278, 355-358, 429, p. 114-115

Temperatura **17**
- anormal **17** 139, 216, 217

Tempestade **4** 507; **5** 421; **10/2** 393; **10/3** 67s.

Templo / *templum* **9/1** 323, 342; **9/2** 186, 190, 339[134]; **12** 166; **13** 32, 86s., 112, 114, 118, 241[5]; **14/3** 415; **18/1** 250, 257, 409
- de Salomão **9/2** 167
- dos sábios **12** 93*
- prostituição no **18/1** 365

Tempo **5** 425; **8/1** 52; **8/2** 394; **8/3** 955, 957[149]; **9/2** 396; **10/1**; **10/3** 986; **11/1** 125, 146; **12** 283s., 318; **13** 205; **14/3** p. 124-125; **15** 81, 82; **18/1** 24, 53, 116, 266; **18/2** 1.188, 1.572, 1.665
- como conceito relativo **11/4** 631
- como deus **5** 425[27]
- como fator de cura **16/1** 36, 43
- como quarta dimensão **8/3** 952
- como símbolo **11/1** 112, 118-122
- - da libido **5** 425
- - de latência **2** 1.015, 1.056s., 1.075s., 1.208s., 1.234s., 1.263s., 1.284s.
- e espaço **10/1** 527; **10/4** 667, 780; **13** 205; **17** 163; **18/1** 684, 705, 747, 753s., 761; **18/2** 1.133, 1.138s., 1.188, 1.213, 1.222, 1.567, 1.572
- espaços de **8/3** 855
- espírito do **10/1** 545, 584
- manifestação do nosso **15** 174
- medição do **2** 12, 1.018, 1.037-1.179, 1.181, 1.322
- -para determinar a intensidade dos valores psíquicos **8/1** 22
- mítico **14/2** 185

- mogul **13** 278
- multidimensionalidade (Dirac) **8/3** 952[138]
- primitivo **13** 130[181], F 27
- psicológico **2** 12
- relativização do **8/2** 814; **8/3** 837s., 968

Tempo de reação **2** 12, 147, 198, 208, 216, 266, 293s., 312, 316-381, 417, 418, 419, 517, 524, 541s., 543s., 546s., 555s., 558, 560-638, 643-659, 667-699, 748-752, 772-792, 795-822, 888-892, 908, 919, 922-936, 943-998, 1.010s., 1.079-1.178, 1.200, 1.322s., 1.337s., 1.350, 1.363-1.376, 1.381
- definição do **2** 560s.
- média do **2** 1.367
- - aritmética **2** 570s., 783s., 920-937, 1.092s., 1.103, 1.126
- - provável **2** 551s., 570s., 669, 772, 779s., 804, 806, 808s., 815, 923-937, 966s., 1.092-1.178, 1.324[6], 1.337
- medição do **2** 551, 563-576, 637, 743s., 757, 1.018, 1.092s., 1.363

Tempo / época **9/1** 209
- e espaço **9/1** 249, 316
- espírito da **9/1** 386

Tempo / espaço / causalidade **9/2** 251[42]

Tendas,
- três **14/3** 572s., 577, p. 144-145

Tendência(s) **15** 108
- compensatória **8/1** 17[15]
- conscientização das tendências não reconhecidas **5** 45
- endogâmica e exogâmica **5** 217, 226, 415[159], 644
- incestuosa endógama **16/2** 431, 438
- intervenção compensatória da **16/2** 444
- meta da **16/2** 442
- natureza espiritual da **16/2** 439
- para o incesto
- - cf. Incesto

Índices gerais

- que se entrecruzam **16/2** 523
- repressão da **16/2** 438

Tender-minded (em James) **6**
- como introvertido **6** 572s., 583, 935s.

Tendinite **1** 8, 29

Tensão(ões) **8/1** 51; **8/2** 152s., 189
- energética **17** 199, 200, 207
- muscular **2** 383, 388, 1.041, 1.197
- psíquica **3** 1, 480, 520; **6** 550s., 774; **14/2** 365, 366

Tentação **4** 72, 165; **17** 309

Tentyra **14/2** 148

Teocracia **11/1** 83

Teofania **13** 98[63]; **14/2** 314

Teologia **4** 613, 780; **9/2** 271, 276, 281; **10/3** 853, 900; **10/4** 676; **11/6** 1.045; **13** 127, 171[82], 298, 356; **14/1** 29, 75; **14/2** 123, 183, 334; **18/2** 1.160a, 1.507, 1.578, 1.583, 1.591, 1.600, 1.606, 1.616s., 1.623, 1.625, 1.634, 1.639, 1.642s., 1.652, 1.664, 1.669, 1.674, 1.686, 1.688, 1.811
- católica **18/2** 1.652
- cristã **18/2** 1.593
- crítica teológica **14/2** 121[262]
- disfarçada **14/2** 317
- egípcia **14/2** 1, 2, 32, 82, 259
- e psicologia **8/2** 344, 421, 525; **14/2** 121[262], 183, 316, 433
- - como domínios distintos **14/1** 266
- formulação teológica **14/2** 29
- monstruosidade teológica **14/2** 123
- rabínica **18/2** 1.593
- real egípcia **11/2** 222

Teologia / teólogo **17** 127, 165, 208s.

Teólogo(s) **3** 176; **14/1** 266; **14/2** 123, 306[321], 360, 411, 436; **15**, cap. VII, prefácio

Teoqualo ("comer a Deus") dos aztecas **9/2** 222; **11/3** 339; **13** 107[100]; **14/1** 22

Teoria(s) **4** 25, 229, 241, 322, 582s., 611, 745s.; **17** 25, 75, 162, 172, 181s., 202s.; **13** 482
- da cegonha **17** 6, 11s., 11[3], 17s., 26s., 61
- da *mactação* (imolação) **11/3** 324
- da neurose (Freud e Adler) **7/1** 57; **7/2** 256
- da propagação, da criança **5** 276
- da relatividade **18/1** 140
- das neuroses **17** 203s.
- do conhecimento **11/5** 761s.; **14/3** 73, 77, 102; **18/1** 120
- - axioma **14/2** 424
- - do inconsciente (Freud) **8/2** 210
- do reflexo (Menzel) **18/2** 1.435
- dos anjos (como origem das crianças) **17** 6, 27s., 42
- dos componentes **4** 258
- do trauma **7/1** 15; **7/2** 293
- flogística **5** 199
- oposição das duas **7/1** 64, 78
- sexual **5** 194; **13** 467; **17** 180
- - neurótica **5** 654
- - cf. tb. Freud
- sobre a natureza da psique **8/2** 343-440

Teosebeia **9/1** 372; **13** 137[211]

Teosofia **4** 749; **6** 267, 662; **7/1** 118; **8/1** 92, 110; **8/2** 737; **9/1** 28, 471, 572; **9/2** 389[82]; **10/3** 21, 169, 176s., 187, 189, 192, 275; **13** 3, 334, 342s.; **14/2** 298[269]; **18/1** 756; **18/2** 1.287, 1.512, 1.579, 1.828
- exercícios teosóficos **14/2** 367
- cf. Antroposofia

Terafim **11/3** 368

Terapêutico **4**
- efeito **4** 437s., 463
- resultado **4** 23, (577s.), 588

Terapia **4** 598; **8/2** 140; **9/1** 146, 167, 303, 558, 617, 621s., 645, 700, 718; **9/2** 281s., 297; **14/2** 364, 367; **17** 176s., 195s.; **18/1** 886, 909, 922, 1.001, 1.051
- analítica
- - efeitos da **14/1** 175[308]
- da neurose **11/4** 738
- de grupo
- - de massas **16/1** 30s., 35s.
- de Paracelso **15** 27, 33, 36, 41
- importância terapêutica **14/2** 434
- intenção terapêutica **14/2** 339, 356
- ocupacional **18/1** 1.008
- psíquica **14/2** 170
- sistema de **9/1** 602
- cf. tb. Psicoterapia

Terapia / terapêutico **18/2** 1.080, 1.159, 1.172, 1.226s., 1.228, 1.737
- por sugestão **18/2** 1.382

"Terceira coisa" (ou termo) na união dos opostos **14/2** 323[27], 324[89], 365, 420, 423

Terceiro, o **6** 164
- o mais elevado, como objetivo **6** 82

Terciários **14/3** 309, 606

Terebinthos **14/1** 31

Tereniabin (termo de Paracelso) **13** 190, 193

Teresa d'Ávila (santa) **14/2** 79, 230[62]

Teriomorfismo **9/1** 315, 376, 382, 419-434, 463, 689; **9/2** 129, 187, 224, 286, 291, 356, 365; **10/4** 679; **18/2** 1.528[8];
- cf. tb. Animal

Teriomorfo **13** 228[254]

Térmica
- morte **8/1** 48

Terminologia **15**
- de Paracelso **15** 18, 36

- freudiana **15** 44
- mitológica na alquimia **14/2** 337
- na Psicologia **15** 122, 127, 152

Termo
- meio-termo incomensurável **14/2** 365

Ternário (*Temarius*) **12** 165, 165[40]; **13** 187[156], 270, 278
- como número de Adão **14/2** 219
- cf. tb. Três

Terra **4** 494; **7/2** p. 140s.; **10/2** 913-914; **10/3** 49-103; **11/4** 727; **12** 112, 81*, 367s., 400, 433, 475, 216*, 551; **14/1** 1, 2, 7, 15, 32, 37[21], 40, 42, 44, 46, 54, 60, 60[122], 67, 74, 76, 79, 82, 110[24], 121, 139, 167, 168, 180, 200, 201, 203, 229 245, 249, 254, 255, 276, 281, 283[353], 284, 285, 286, 289, 291, 298; **15** 2, 3, 38, 39
- aceleração do movimento da **8/3** 842
- a escuridão demoníaca da **14/1** 268
- a "gordurosidade" da **14/1** 131
- alegoria / céu e **18/2** 1.523, 1.566
- "aquática" **8/2** 388
- área de **8/1** 118
- árida **14/1** 180, 185, 186
- aspecto materno da **16/2** 480
- as trevas da **14/1** 121
- *auri* / de ouro **14/3** 548-549, p. 138-139
- campo, chão **9/1** 176, 597, 603; **18/1** 264
- - de lavrar **9/2** 22, 231, 330, 386
- cerimônia de fecundação da **8/1** 85
- céu e **18/1** 262
- como arquétipo **9/1** 543
- como centro ou o centro da **14/1** 42, 242, 287, 315
- como elemento **9/1** 579, 606[176], 609, 641; **9/2** 218, 225, 236, 345[152], 393, 395, 414, 420
- - cf. tb. Elementos
- como esposa / noiva **14/1** 149

Índices gerais 643

- como *logos* **14/3** p. 124-125
- como lugar de origem de Cristo **11/4** 727
- como mãe **5** 200, 226, F 36, 368
- como matéria **9/2** 218
- como mulher **5** 300, 638
- como mundo **10/3** 53
- como *prima materia* **12** 425s., 163*, 444s.
- como solo / chão **10/3** 18s., 68, 103, 968; **11/6** 1.034
- como quarto elemento / quarta parte integrante **11/1** 107, 124
- *ctônica* **9/1** 193; **9/2** 262[21], 272s., 389; **10/2** 918; **10/3** 55, 988; **18/2** 1.552
- *damnata* **18/2** 1.702
- das pérolas **14/3** p. 138-139
- da promissão **14/3** 447, 547-548, p. 120-121, 114-115
- deusa **9/1** 195
- divisão da **5** 439, 480
- duplicidade da **14/1** 229[374]
- e água **16/2** 483
- e céu / terreno-celeste **9/1** 128, 195, 198, 549, 554, 586, 637, 641; **10/2** 939; **10/3** 49; **11/6** 1.019
- elemento **18/2** 1.133, 1.781
- e Lua **14/1** 149
- enquanto
- - matéria **9/1** 555, 602
- - mundo **9/1** 197
- - planeta **9/1** 610, 703
- e o homem primordial **8/2** 395
- espiritualizada **11/1** 127
- fecundidade da **8/2** 333
- filosófica **14/1** 2
- *foliata* / de prata **14/3** 10, 548-549
- forma
- - esférica da **5** 200
- - quadrada da **11/1** 136; **11/4** 727
- glorificada **14/3** 9
- importância na Astrologia de Kepler **8/3** 923-926
- incógnita **14/1** 268

- - enquanto solo **10/2** 375[3], 908, 926
- mãe **6** 457; **18/1** 584; **18/2** 1.158
- - a virgem como **6** 443
- maldita **14/3** 287, 510
- matéria **18/2** 1.784
- mitológica **18/1** 221, 234, 264; **18/2** 1.362
- mulher-terra **8/1** 88
- mundo **9/2** 118[87], 376
- negra **12** 426, 433; **14/1** 177; **14/3** p. 64-65
- o "negrume" da **14/1** 121, 177, 258, 310[301]
- ponto de vista cósmico / cosmogônico **9/2** 262-264, 292[13], 387s.
- preta **16/2** 414[5], 484
- redonda **7/1** 3
- sedenta **14/3** 206, 287
- serpente como símbolo da **5** 155
- significado feminino-maternal da **12** 26, 192, 322, 444, 456, 216*, 524; **14/1** 142
- três espécies de **14/3** p. 138-139
- *virgo* / virgem **11/1** nota 48 (cap. II); **14/1** 23, 181, 237
- vulcânica **9/2** 293

Terra / barro **14/2** 6, 36, 64, 127[272], 219, 258, 274, 290[228], 290[229], 296[265], 320, 321, 371, 374, 384[170], 386[182], 386[185]
- abençoada **14/2** 95
- amaldiçoada **14/2** 386[182]
- branca **14/2** 275, 276, 292, 296[265]
- como *adamah* (hebraico) **14/2** 251, 298
- como substância do arcano **14/2** 64, 298
- como *terra alba foliata* **14/2** 292, 293, 296[265]
- *damnata* **14/2** 386, 429
- e Adão **14/2** 217
- e fogo **14/2** 298, 304
- estéril **14/2** 131
- fétida **14/2** 76[210]

- lunar **14/2** 295
- negra, branca e vermelha **14/2** 217
- negrura da **14/2** 202[441], 351[101], 381, 382[151], 386, 386[180]
- torrão de **14/2** 360
- vermelha **14/2** 305
- virgem **14/2** 53[126], 296[266]

Terra / globo terrestre **13** 176[114], 186, 257, 273, 307, 343, 363[71], 375, F 2, 26, 30; **14/2** 6, 15[45], 39[95], 49[195], 68[175], 116[256], 118, 127, 131, 133, 150, 159[381], 161, 166, 198, 200, 213, 217, 221, 228, 237, 238, 240, 246, 253, 254, 257[181], 274, 276, 298[273], 300, 304, 360, 382[196], 404, 419, 425[227]
- centro da **14/2** 298[273], 346, 346[91]
- - no conceito antigo **14/2** 220
- como a humanidade **14/2** 296[271]
- como escabelo do Filho do Homem **14/2** 304
- como mãe **14/2** 264, 296[266]
- como nutriz e lugar maternal **14/2** 320
- como substância do arcano **14/1** 238, 243
- como *terra alba* ou lunar **14/1** 149, 258, 313, 314
- dos espíritos e do além **14/2** 72
- e Lua **14/2** 296, 296[266]
- entranhas da **14/2** 24
- filhos da **14/2** 364
- imóvel como centro do universo **14/2** 240
- invisível **14/2** 415
- mãe **13** 268[129]
- mitológica / deusa-terra **13** 130, F 8
- natureza aquosa da terra **14/2** 383
- os quatro cantos ou partes da **14/2** 217, 221
- profundezas da **14/2** 150
- seio escuro da **14/2** 364
- tenebrosa e abissal **14/2** 85
- torrão / campo **13** 312, 322s., 357s., 410s., 458[327]

Terra / terreno **13** 197s., 281, 323s., 331, F V, 8
- chão **13** 242, 245, 268[129], 269, 313, 323, 334s.
- como elemento **13** 198, 242, 267s., 283[237]
- cósmica **13** 122, 245, 301
- crosta da / superfície da **13** F 7
- ctônica **13** 7, 261
- enquanto
- - matéria **13** 255[30], 267, 358, 380, 385, 417
- - mundo **13** 132, 257, 400
- espírito da **13** 154, 176[114], 392

Terra / terrestre
- como mundo **10/4** 622
- como planeta **10/4** 600, 611, 615, 683, 690, 695, 792, 793, 797, 811, 812, 813, 815, 823
- ctônica **10/4** 727, 767
- e céu **10/4** 670, 673, 733
- satélite da **10/4** 615

Terremoto(s) **3** 522, 561 (S); **14/1** 180[333], 200[343], 203; **17** 19s., 29s.
- como figura de abalo psíquico **14/1** 201
- e amnésia **1** 319
- na morte e na ressurreição de Cristo **14/2** 140
- paralisia de movimentos e sentimentos devido a **1** 307

Terrena **8/2** 559

Terreno **10/1** 513

Terrestre
- perturbações do magnetismo **8/3** 872

Terribles simplificateurs **14/2** 282

Terror **8/2** 609; **8/3** 940; **9/2** 282

Tertium
- *comparationis* **5** 329, 421; **14/1** 141
- *non datur* **7/1** 116

Índices gerais

Tese e antítese **6** 913s.

Teseu **5** 449[55], 469, 654, 672[77]; **16/1** 138

Tesouro **5** 569; **9/2** 69s., 204[39], 249-251, 346s., 371; **13** 247, 314, 320s., 349, 414, F 14, 15; **14/1** 11, 235; **14/2** 14, 17, 25, 77,[215] 127, 190, 199, 236, 337[65], 346, 347, 353, 354, 388[194], 410; **14/3** 62[31], p. 54-55, 66-67; **18/1** 263, 270, 376
- a vida como um **5** 580
- casa do **14/1** 3, 91, 175[314]
- caverna do **14/2** 220
- de Deus **14/1** 139
- difícil de alcançar **12** 155, 160, 205, 222, 262s., 438, 442s., 448; **16/1** 187
- dos filósofos **14/2** 308
- dos sábios **14/2** 199, 200, 201
- guarda do **13** 414
- nas profundezas **14/3** 334
- no campo **6** 466; **14/3** 129, p. 56-57, 56-57[6]
- oculto **7/1** 105; **7/2** 231; **8/2** 390, 558; **9/1** 160, 248, 267, 668; **10/3** 43

Tessalonicenses
- cf. Bíblia

Teste **10/4** 754; **18/1** 4, 97, 102s., 147s., 173, 734, 832, 965
- de inteligência **4** 622, 633
- cf. tb. Experimento; Teste de Rorschach

Testículo **14/2** 33, 300[288], 303[308], 371[132]

Testis **5** 583[164]; **9/2** 340[137]

Tetas
- quatro **14/2** 44

Tétrada **8/3** 870, 951; **9/2** 298
- cf. tb. Quaternidade; Quatérnio

Tétrade / quaternidade **14/2** 267; **18/2** 1.140, 1.611

Tetrádico **9/1** 644, 646, 689, 705; **14/2** 218
- princípio **8/3** 866
- cf. tb. Quaternidade; Quatérnio

Tetragrama **8/3** 921

Tetragrammaton **9/1** 579
- como o nome de Deus em hebraico JHWH **14/2** 267, 267[203]

Tetrakys / quaternidade **9/1** 641; **10/4** 805; **13** 31, 367
- pitagórica **6** 902; **11/1** 61, 90, 92, 95

Tetralogia **9/2** 414
- de Platão **14/1** 109

Tetrameria **9/1** 552, 564, 581; **9/2** 101, 410; **14/1** 1[2], 255; **14/2** 267

Tetramorfo (monstro de quatro patas) **8/2** 559; **11/1** nota 7 (cap. II), 98, 126; **11/4** 689; **12** 65*; **13** 366; **14/1** 278;
- como montaria da Igreja **12** 139[15], 53*
- de Ezequiel **14/2** 237[98]
- cf. tb. Cristo

Tetrapeza **10/4** 751

Tetrápolis **14/2** 221[45]

Tetras **13** 366
- cf. tb. Quaternidade

Tetrassomia **13** 355[41], 357, 358-368
- antiga dos quatro metais **14/1** 132[30]
- de ídolos diabólicos **14/1** 132[33]

Teutônico **10/2** 448

Texto
- das pirâmides **5** 391; **13** 360
- de *Edfu* **13** 97

Tezcatlipocâ **13** 107[100]

Thalamos **14/3** 410

Thauthabaoth
- como arconte em forma de urso **14/2** 239

Theatrum chemicum **9/1** 5^7, 53^{30}, 246^{53}, 335^{11}, 549^{61}, 554, 575^{118}; **9/2** 194^4, 200^{23}, 202^{33}, 203^{35}, 204^{38}, 213^{53}, 215^{63-65}, 217^{73}, 220^{75-77}, 227^{92}, $241^{8, 14}$, $243^{18, 19, 23}$, 244^{25}, 245^{30}, 246^{31}, 250^{38-39}, 262^{57}, 263^{58}, 292^{13}, 307^{33}, 334^{113}, $345^{155-157}$, 373^{42}, 375^{46}, $377^{53, 55, 57, 58, 59}$, 378^{64}, 414^{118}, 420^{128}; **13** $95^{50s.}$, 106^{99}, $110^{113, 118}$, $113^{129-131, 133s.}$, $115^{142s.}$, 117^{151}, 125^{164}, 139^{217}, 158^{31}, 160^{38}, $173^{98, 104, 108}$, 182^{139}, $186^{151s.}$, $187^{154, 158s.}$, 193^{184}, 195^{195}, 243^9, 244^{12}, 251^{24}, 255^{28}, 256^{41}, $261^{58, 66}$, $263^{70s., 74, 79}$, $264^{80s., 84s.}$, $267^{92-95, 107}$, $268^{115, 120, 126}$, 269^{133}, $271^{148, 150, 152}$, $273^{162, 164, 166, 168, 170, 172}$, 274^{177}, 275^{184}, $276^{193, 195}$, $278^{202, 207, 211}$, 279^{222}, 280^{224}, $282^{227s., 231}$, $283^{232s.}$, $321^{5s.}$, 355^{40}, 359^{59}, $374^{84, 90}$, 375^{96}, 377^{102}, 380^{107}, 381^{113}, $401^{150s.}$, $403^{164, 167s.}$, $405^{174s.}$, 408^{193}, $409^{196-198, 201}$, 410^{204}, $411^{208s.}$, $414^{225s.}$, 415^{228}, $416^{231s., 235}$, 419^{246}, 421^{250}, 426^{255}, 427^{259}, $429^{264s., 267-269}$, 430^{272}, 435^{281}, 441^{297}, 443^{299}, $444^{301s.}$, $445^{307s.}$, $446^{310, 312}$, 447^{314}; **18/2** 1.528
- *Britannicum* **13** 245^{15}, 274^{180}

The Medical Press **4** 687

Thelgomenon (Sinésio) **8/3** 920^{87}

Theocosmus **14/2** 127

Theologia Deutsch **9/2** 144

Theologoumenon **14/2** 29

Theoria **9/2** 219, 240, 246, 249, 264, 278, 281; **11/1** 160; **12** 403; **14/3** 104

Theorica (Paracelso) **15** 41
Theosebeia **12** 408; **14/1** 175^{317}; **16/2** 505; **18/2** 1.281

Theos pyrinos **9/2** 307, 397

Theotokos
- como Mãe de Deus **14/2** 399^{215}

Thesaurus (Paracelso) **8/2** 390; **9/2** 249s.

Thetys
- como mãe primordial **14/1** 18^{117}, 37^{22}, 45

Thiâmat **12** 26, 29

Thompson
- cf. Índios

Thor **5** 481, 585^{168}
- martelo de **5** 638

Thot **5** 401^{138}; **9/1** 79; **12** 173s., 68*, 456^{32}; **11/1** nota 36 (cap. II); **13** 126, 278; **14/2** 75
- Hermes **12** 173, 457s., 409

Thoyt **12** 456s

Thysia **11/3** 302, 319, 324, 347, 403

Tiago **11/3** 419^{37}
- cf. tb. Bíblia

Tiâmat **5** 375, 380, 646, F 117; **9/2** 185; **11/2** 173; **14/2** 147^{327}; **18/1** 234

Tibet / budismo tibetano **9/1** 564, 597^{153}, 629s., 644, 680^{25}, 689, 713; **10/3** 190, 1.002

Tibetanisches Totenbuch
- cf. *Bardo Tödol*

Ticino (rio) **9/2** 353

Tieste **6** 35

Tifão **5** 351, 354, 356, 374, 577; **9/1** 559^{84}; **9/2** 129, 156, 186s., 189; **13** 97, 99, 270
- egípcio **5** 390^{115}

Tiferet / beleza **9/2** 425; **10/4** 779; **13** 411; **14/1** 18, 18^{108}; **18/2** 1.672
- e Malchut **14/1** 18, 321

Tifo **18/2** 1.231, 1.383

Tifônico
- figura tifônica **14/2** 306^{324}

Índices gerais 647

Tigre **9/1** 358; **13** 460
- cf. tb. Animais
- rio **9/2** 311

Tília
- cf. Árvore

Till Eulenspiegel **7/1** 47

Timaios **16/2** 532[18]

Timeu **3** 582[10]; **5** 227[36], 404, 404[144],
405[145], 406; **5** 227[36], 404, 404[144],
405[145], 406; **8/2** 570; **14/1** 271
- cf. tb. Platão

Timopsique (Stransky) **3** 33

Tinctura **14/1** 52, 84, 212, 213, 253,
286, 291, 315; **14/2** 24[65], 25, 36, 36[91],
48, 64, 77, 127, 151, 226[54], 235[81],
276, 345[85], 350; **14/3** 86, 569; **18/2**
1.787s.
- como água batismal **14/1** 395[823]
- rubra **14/1** 107

Tintura **9/2** 213, 380; **12** 341, 407,
409, 448, 454, 462, 476; **16/2** 404,
507s., 526
- *alba* **12** 335; **16/2** 495
- azul **14/2** 363
- como *sanguis spiritualis* **16/2** 398s.
- do ouro **14/2** 306, 331
- rósea **14/2** 150[347]
- rubea **12** 165, 333[3], 335
- vermelha **13** 122, 133, 196, 203,
250, 255, 282, 358, 370[77], 384, 390;
14/2 127[276]

Tipheret / beleza **14/2** 233, 234,
299[280], 300[288], 300[289], 302, 304, 309;
14/3 410
- e Malchuth **14/2** 233, 233[76], 258,
272[211], 274[215], 300, 300[282], 300[285],
300[288]

Tipo(s) **1** 6; **4** 762, 772, 778; **6** 198,
919s., 928, 1.031; **8/3** 954; **14/3** 599
- classificação dos **6** 951s., 955, 960
- como unilateralidade de

desenvolvimento **6** 963
- compensação do **6** 3, 71
- conflito entre **6** 123
- de atitudes **8/1** 77s.
- - segundo as funções **16/1** 236, 245
- de percepção **6** 686s.
- descrição geral dos **6** 621s.
- diferenças entre **6** 770, 977, 1.019
- diferenciação do **6** 961
- emocional (James) **6** 232, 234, 260,
532
- entendimento entre **6** 86, 923
- estético e racional **6** 223
- extrovertido
- - cf. Extrovertido e Extroversão
- falsificação do **6** 625
- funcionais **6** 98, 621, 968, 977, 1.027
- - distinção dos **6** 229
- - psicologia dos 1.056
- - quatro **6** 1.027
- intelectual **2** 984, 1.350
- introvertido
- - cf. tb. Introvertido, Introversão
- irracional **6** 686s., 721, 733, 919
- - julgamento racional do **6** 734
- - percepção do **6** 687s.
- Kretschmer **8/2** 222
- - construção de tipos ideais **8/2** 221
- masculino **6** 948
- mongoloide no sonho **7/1** 154
- mudança de **6** 21, 157
- opostos **6** 25s., 204, 322, 622s., 926
- - segundo
- - - James **6** 584s., 589s., 592s.
- - - Ostwald **6** 607s.
- problema dos **6** 922s.
- psicológico **6** 1, 69, 203s., 226, 527,
812, 919, 924, 931s., 951s.; **16/1** 59
- qualidades pensativas do (James) **6**
603
- quatro **6** 919
- racional **6** 223, 670s., 689, 716s.,
919
- - julgamento do **6** 670s., 674, 716

- - realidade do **6** 232
- reativo **2** 1, 37, 148, 153,156s., 411, 482s., 519s., 810s., 815, 876, 886, 924, 979, 986s., 989s., 1.000s.
- - anormal **2** 169, 172, 430, 455
- - constelação **2** 414, 424, 427s., 490
- - - de complexos **2** 414, 417, 429-431, 490, 520s., 984, 990, 995
- - definição **2** 984-990
- - na fadiga **2** 388
- - objetivo **2** 162, 301s., 334, 370, 415, 423-426, 490, 611, 984, 1.003
- - predicado / predicado-avaliativo **2** 153-158, 164, 178, 260, 269, 307, 344, 356, 367, 372, 376, 414, 432s., 444, 453, 462s., 469-474, 475-490, 497s., 521, 529, 797, 886, 987s., 989s., 995, 1.003s., 1.006s.
- - -subjetivo **2** 150, 156, 158
- - superficial **2** 119, 132s., 138, 143, 165, 168s., 171s., 389, 395-402, 435, 437, 477, 489, 491, 797s., 810[8]
- sensação **6** 10, 224, 233, 893, 919, 966
- - como artista **6** 721, 723, 890
- - como esteta / usufruidor **6** 675
- - extrovertido **6** 675s., 721, 732
- - introvertido **6** 721s.
- - - o inconsciente do **6** 725
- - como irracional **6** 721, 724, 919
- - moralidade etc. do **6** 676, 678
- - neurose do **6** 678
- - razoabilidade **6** 675
- - realidade do **6** 676
- - unilateralidade do **6** 678
- segundo Jordan **6** 227s.
- sentimento **6** 223, 901, 919s., 968, 1.020, 1.027
- - comportamento do, para com as ideias **6** 98
- - extrovertido **6** 7, 229, 287, 542, 663, 665s., 920
- - - julgamento do **6** 640
- - - pensamento do **6** 148, 542, 640,

667
- - introvertido **6** 147, 229, 709s., 712s., 920
- - - esgotamento do **6** 715
- - como racional **6** 223, 919, 1.020
- social **6** 771
- surgimento do **6** 6
- terceiro / intermediário (Jordan) **6** 227, 233
- yankee **10/3** 94

Tipo / tipologia **18/1** 290, 495-520; **18/2** 1.131, 1.261, 1.727
- de associação **18/1** 957
- de atitude
- - cf. Extrovertido / introvertido
- segundo
- - a reação **18/1** 155, 963s., 973
- - as funções **18/1** 28, 29-36, 46, 109s., 320s.; **18/2** 1.130, 1.157s., 1.260, 1.601

Tipologia **6**
- astrológica **6** 999
- fisiológica **6** 980, 999
- psicológica **6** 979s., 987, 1.026, 1.031s., 1.038, 1.057; **13** 111
- - critério da **6** 1.001
- social **6** 1.017

Tipológicos
- métodos **8/2** 221, 226

Tique(s) **2** 794; **3** 187
- histérico **1** 340
- simbólicos **16/1** 13

Tirania **10/1** 489, 518, 539; **10/3** 990; **10/4** 818
- cf. tb. Ditadura

Tirésias **18/1** 80

Tiro **14/3** 107, 111

Tishtriya
- como cavalo branco **5** 439[46]

Titã / titânico **9/2** 187; **13** 91

Títiros **4** 106

Tóbi **8/1** 125

Tobias **4** 742; **9/2** 174
- cf. tb. Bíblia

Todo
- cf. Universo

Tohu vabohu / informe e vazia **14/2** 7

Tolerância **7/1** p. 154; **7/2** 224, p. 137s.; **18/2** 1.415, 1.815

Tomada de consciência **2** 86, 607; **11/2** 238; **11/3** 392, 400, 427; **11/4** 575, 675; **16/2** 420
- como meta **16/2** 471
- da individualidade
- - cf. Individualidade
- da sombra
- - cf. Sombra
- de fantasias sexuais **16/2** 456
- do inconsciente coletivo **16/2** 476
- sofrimento da **11/3** 411

Tomás de Aquino (santo) **14/3** 593s.

Tomé, Atos de
- cf. Bíblia, Apócrifos

Tonalidade afetiva **3** 80, 90, 140, 170, 174, 183, 204, 218
- do complexo **5** 128

Tondi **6** 461; **8/1** 125
- cf. tb. Libido

Tonsura **5** 133[19]; **11/3** 348

Toque mágico **8/1** 86

Tor **8/3** 957[148]

Tormento / suplício **13** 94, 444

Torpor **1** 254

Torre **6**
- como Igreja **6** 439, 448s., 451
- construção da **9/2** 144[73]
- de Babel **6** 439

- de igreja (S) **4** 488s.
- no sonho **7/1** 189; **7/2** 281; **18/1** 336

Torrente(s)
- do ventre de Cristo **14/2** 25, 25[66]
- rio **13** 122, 186, 212, 329, 348, 392, 400, 420[248], F 24

Tortura **12** 438[46]; **13** 106

Tosse **4** 464

Total (psique) **8/1** 51

Totalidade / integridade / plenitude **5** 508, 614; **6** 82, 110, 902, 1.028; **7/1** 40, 188; **9/1** 248, 278s., 281s., 285, 293, 299s., 314, 326, 356, 425s., 430, 433s., 453, 490s., 522s., 540s., 550, 555, 567, 572, 603, 633s., 645s., 679s., 697, 702, 705s., 710, 715; **9/2** 40s., 45, 59s., 64, 70, 72-75, 115[76], 117, 123, 126, 172, 203[37], 208s., 221, 224, 245, 260s., 265, 281, 288, 296s., 304, 309, 312, 350, 355, 358, 379s., 388, 409, 410, 427; **10/1** 584; **10/2** 394; **10/3** 832, 845, 856, 875, 1.011; **10/4** 619, 621, 622, 634, 635, 639, 640, 644, 652, 653, 655, 656, 657, 659, 661, 671, 679, 692, 693, 695, 698, 722, 725, 727, 734, 738, 741, 751, 767, 771, 775, 779, 784, 803, 806, 814; **11/2** 264, 276, 281, **11/3** 419, 425; **11/4** 665; **11/5** 905; **12** 6s., 20, 24, 31, 36, 36[14], 44, 137, 75* 208, 242[120], 295, 97*, 321, 436[39]; **13** 112, 127, 134, 173, 207s., 223, 272, 287, 296, 330, 342, 360, 363, 369-373, 383, 390, 402, 408, 423, 433, 454; **14/1** 4, 8, 12, 21, 28[187], 140[34], 141, 146, 147, 175, 234, 255, 259, 265, 269, 276, 280, 281, 284, 288; **14/2** 27, 85, 165, 170, 296, 315, 321, 336, 410, 411, 445; **14/3** 160, 196, 202-204, 293, 335, 396, 401, 453; **16/2** 404, 462, 470, 475; **18/2** 1.133, 1.156, 1.412, 1.418s., 1.468, 1.485, 1.495, 1.539, 1.546, 1.552, 1.567, 1.572,

1.582, 1.599s., 1.605s., 1.610, 1.617, 1.624, 1.627, 1.664, 1.672, 1.704, 1.732, 1.737, 1.769, 1.792, 1.809, 1.812, 1.817, 1.819; **16/1** 134, 218, 252; **18/1** 269s.
- antecipações da **16/2** 536
- arquétipo da **5** 497
- centro da **5** 569; **11/3** 435
- como meta **12** 32, 210, 239, 297, 328s.; **14/1** 269, 284
- como o *ser completo* **16/2** 452
- como síntese do masculino com o feminino **14/2** 321
- concretização da **11/4** 745
- consciente
- - e inconsciente **8/2** 190, 213, 426, 430; inconsciente **14/1** 255
- - realização da **14/2** 342
- criação do símbolo da **14/2** 407
- criativa **15** 176
- da natureza **8/3** 863s.
- da psique **8/2** 143, 366, 385, 397, 582, 675
- - cf. Psique
- da vida **16/2** 454[19]
- - cf. tb. Vida
- divina **14/2** 292
- do homem ou do "si-mesmo" **14/1** 141, 147
- do ser humano
- - cf. Ser humano
- dos valores intelectuais e éticos transmitidos **14/2** 339
- e concretização (realização) da **11/2** 233
- e o quaternio "superior" **14/1** 233
- e perfeição **14/2** 283
- e quaternidade **11/2** 246; **11/3** 430; **11/4** 727
- experiência do símbolo da t. **14/2** 407
- evolução para a **11/3** 427
- humana e dissociação **14/2** 434
- imagens de **8/3** 370; **14/2** 411
- impulso em direção à **16/2** 471

- irracional **11/1** 81
- máxima **14/2** 301[300]
- múltipla **14/3** 424
- no ato criativo **8/2** 737
- o redondo como **12** 150, 199, 242[120]
- o si-mesmo como
- - cf. tb. Si-mesmo
- o Sol como **12** 112
- os quatro componentes da **14/1** 288
- paradoxal do homem **14/2** 342
- preconsciente **14/3** 293
- psíquica **6** 1.036
- psíquico-empírica **14/2** 413
- quaternidade como **14/1** 255, 259; **14/2** 280, 296
- quatro partes da **12** 173
- realização da **8/2** 430, 557; **16/2** 492
- reconstituição da **11/3** 448
- reivindicação da **14/2** 109
- representação(ões)
- - moderna da **14/1** 280[324]
- como fenômenos espontâneos **11/4** 665
- roda como **12** 216
- símbolo(s) da **7/1** 186; **11/2** 285; **12** 111*; **14/1** 119, 140, 255, 279, 284, 317; **14/2** 48, 165, 321, 407; **16/2** 454, 535
- sinal objetivo-abstrato da **14/1** 280[324]
- supraempírica do homem **14/2** 158, 164, 213, 280, 324, 341, 373, 414, 420, 434
- tendência do ser vivo para a **8/2** 557
- transcendência da **12** 247s.
- transcendente **16/2** 456
- - ao plano da consciência **11/4** 742
- vivência da **14/2** 432, 434; **16/2** 492
- cf. tb. Arquétipo da; Cosmo; Si-mesmo; Universo

Totalidade / total **17** 284, 286s., 291, 296s., 302s., 313, 323

Totalitarismo **10/2** 451, 457, 463
- psicose do **16/2** 442

Totalização / individuação **14/2** 282

Índices gerais 651

Totem **8/1** 92; **9/1** 229; **14/2** 271
- *e Tabu* (Freud) **15** 59, 66
- cf. tb. Ancestral

Totêmico / ancestral **13** 128

Totemismo **9/2** 174

Toth-Mercurius **14/2** 75

Tough-minded **6**
- como extrovertido (em James) **6**
572s., 577, 583, 591s., 935s., 942
- religião empírica do **6** 593

Toupeira
- como o homem amaldiçoado por
Deus **14/1** 177

Touro **3** 289; **4** 497; **5** 163[71], 354, 396,
487, 505; **8/2** 333; **9/1** 323, 588[143]; **9/2**
159, 185, 191, 311, 356; **10/2** 914;
10/3 31s., 67; **11/1** 97; **13** 341, 361,
401; **14/1** 82, 166, 260; **14/2** 74[197],
237[93], 239; **18/1** 237, 259; **18/2** 1.079
- como Dioniso **5** 659
- - culto do **5** 184
- como *domicilium veneris* **5** 662
- como instintividade **5** 396, 398
- como mitra **5** 659
- como signo
- - da primavera **5** 596
- - do zodíaco **5** 295
- como símbolo da libido **5** 147, (155),
261, (324)
- como Zagreu **5** 659, 665
- de Ápis **5** 148[40], 579[156]
- de Mitra
- - como doador de vida **5** 421
- deus Taurus **9/1** 551
- domesticação do **5** 662
- sacrifício do
- - cf. Sacrifício
- sentido feminino do **5** 662
- solar **5** 283[31]
- - cf. tb. Animais; Vaca; Zodíaco

Toxcatl (festa) **13** 107[100]

Toxina **13** 48
- significação na doença mental **3** 75,
137[123], 141, 158, 196, 328, 471, 493,
496, (518), (544), 548, 552, 570, 581
- cf. tb. Cérebro, Achados orgânicos

Trabalho **14/3** p. 44-45
- intelectual **5** 78
- produção de **8/1** 26, 75, 80s., 89

Trácia / Trácios **9/2** 127, 332
- cf. tb. Samotrácia

Traços mnêmicos **4** 36s.

Tradição(ões) **6** 310, 446, 555, 643,
663, 851; **8/1** 104, 111; **8/2** 149, 427;
9/1 259, 262, 277'; **9/2** 66, 184, 282,
390[84]; **10/4** 651; **11/1** 160; **11/3** 360,
374; **11/4** 558; **14/1** 137; **14/2** 5, 22,
57, 141[318], 185, 190, 223; **16/1** 241;
17 311; **18/2** 1.345, 1.371, 1.652,
1.664, 1.686
- antiga **14/2** 216, 229, 235, 259,
391[201]
- árabe **14/2** 235, 248
- autoridade da **5** 345
- cabalística **14/2** 223
- cristã **11/3** 444; **11/4** 713, 738; **14/2**
185, 333
- - e experiência individual **11/1** 88
- - e gnose **11/3** 431
- dogmática **14/2** 189, 333
- eclesiástica **14/2** 230
- espiritual como base de reforma
14/2 186
- greco-romana **14/2** 392
- judaica **14/2** 235, 236, 253
- judeu-cristã **14/2** 237
- maometana **14/2** 217
- perigo da dissolução da **16/1** 216
- rabínica **14/2** 255
- secreta **14/2** 296[272]

Tradição / tradicional **13** 149, 352,
393, 427, 478
- rabínica **13** 107[104], 458

Tradução latina de tratados árabes **14/3** 6

Tragado / devorado (tema do ser) **12** 277, 170*, 172, 174*, 440[50], 176*, 447

Tragédia **6** 209, 213; **15** 138, 140

Traição (tema da) **5** 42

Training autógeno **11/5** 874

Transcendência **9/1** 68, 120, 208-211; **9/2** 306; **12** 135, 247, 305; **14/2** 372, 403; **18/1** 417
- declarações transcendentais **14/2** 437
- existência de uma realidade transcendental **14/2** 442
- fatos transcendentais **14/2** 372
- ideias transcendentais **14/2** 372
- incorruptibilidade das substâncias **14/2**
- religiosa **5** 119, 122

Transcendência / transcendental **10/3** 854s.; **10/4** 644, 779

Transcendental / transcendentais / transcendente **10/1** 565
- causa **8/3** 856
- função **8/2** 134, 145, 151s.
- imagens **8/3** 932
- significado **8/3** 905, 938
- teoria dos complexos **8/2** 131-193
- vontade (Schopenhauer) **8/3** 828

Transcendente(s) **10/1** 509, 513; **11/2** 210; **14/2** 371
- modelos intelectuais para a "coisa em si" **14/2** 442
- ponto de vista transcendente da verdade **14/2** 317
- princípio transcendente **14/2** 370

Transe **8/2** 440; **13** 462; **14/3** 90, 402; **18/1** 726, 731
- de três dias **1** 37
- estado de **9/1** 103; **11/1** 29, 81

- falar no **1** 71
- nas sessões **1** 45s.

Transespacial
- natureza, caráter **8/2** 813

Transespacialidade **8/2** 813; **8/3** 911

Transferência **5** 19[21], 95, 683; **6** 610, 739, 863, 932, 949; **7/1** 91s., 105, 110, 127, 144, 146, 163; **7/2** 206, 212s., 248, 256, 342; **8/1** 35; **8/2** 146, 514, 519; **8/3** 930, 964; **9/1** 122s., 523; **9/2** 363; **10/3** 339; **10/4** 762; **11/2** 230; **12** 5s.; **16/1** 75, 139s., 212; **16/2** 275s., 284s., 313, 421s., 441, 446; **17** 158, 260; **18/1** 303, 305s., 308s., 324s., 336s., 356s., 367, 372s., 384s., 956, 1.001, 1.005s., 1.056; **18/2** 1.094, 1.097, 1.132, 1.151, 1.162, 1.170s., 1.242, 1.278, 1.330, 1.703
- análise da **16/2** 420, 446
- aspecto arquetípico da **16/2** 381[34], 382
- apreciação (interpretação) da **16/2** 464, 466
- caráter de transformação da **16/2** 375
- começo da **16/2** 381
- como explicação da Esp **8/3** 840, 964
- como fenômeno natural **16/2** 420
- como forma de relação **16/2** 538
- como processo instintivo **16/2** 362
- como projeção **16/2** 420, 445s.
- como síndrome do processo de individuação **16/2** 539
- conceito de **7/1** 58
- confronto com a **16/2** 420s.
- *coniunctio* como **16/2** 533
- contratransferência **16/1** 163; **16/2** 358[16]
- da imago dos pais
- - cf. Projeção da imago dos pais
- de pai **18/1** 634
- do nume religioso para a *physis* **14/1** 145

Índices gerais

- empatia como **6** 554, 557s., 566, 611
- esclarecimento da **16/1** 141s.
- espontaneidade da **16/2** 359[18]
- estacionar na relação de **16/1** 218
- etiologia da **18/1** 328
- exigência da **16/2** 359
- fator curativo da **7/2** 206
- forma sexual da **16/2** 276s., 360, 456
- liberação da **7/2** 208, 214s., 251
- negativa **6** 557; **16/2** 447
- - como defesa **6** 567
- para a mãe, o pai **6** 843
- *participation mystique* como **6** 871
- positiva **16/2** 423, 447
- psíquica **14/2** 405, 406
- *rapport* como **16/1** 10; **16/2** 287, 366
- representação da **16/2** 538s.
- sentido da **7/2** 214
- significado da **16/2** 358s., 420, 448, 538
- solução
- - desligamento da **16/2** 381[36], 420, 462s.
- - liberação da **7/1** 96, 113
- tratamento da **16/2** 420, 449; **18/1** 357s.

Transfiguração **14/3** p. 78-79, 96-97, 126-127, 144-145[71]
- do feminino **14/3** 550

Transformação **5** 398, 553, 617; **9/1** 80s., 85, 199s., 205s., 212-239, 240-258, 400, 417s., 528, 530, 534, 537s., 552, 561, 592, 621, 686, 705; **10/1** 537; **10/3** 1.004s.; **10/4** 630, 674, 684, 720; **11/1** 161; **11/2** 272; **11/3** 348, 354, 379; **11/4** 692; **11/5** 893, 902ss., 963, 995; **12** 173, 186, 188, 242, 271, 295, 121*, 406, 417s., 441, 445, 450s., 193*, 214*, 486s., 559, 560; **13** 14, 86, 89, 91, 101, 117, 127, 132, 139, 196, 214, 218, 277, 328,

354, 469; **14/2** 38, 41, 88, 92, 274, 275, 276, 278, 280, 282, 287, 289, 346, 371, 372, 384, 387, 396, 404, 407; **15** 25; **18/2** 1.246, 1.278, 1.686, 1.701, 1.722
- as quatro etapas de **14/2** 388[194]; **16/2** 404
- como essência do drama do sacrifício **5** 669
- como etapa da psicologia analítica **16/1** 122, 160, 170
- como milagre **11/3** 307, 379
- concepção psicológica da **14/2** 6, 88, 281, 282
- cultural **8/2** 683
- da consciência **14/2** 167, 168, 172, 381, 282, 415
- da criança em pais **16/1** 212s.
- da humanidade **6** 132
- da imagem de Deus **14/2** 29
- da oferenda para o sacrifício **11/3** 319
- da substância do arcano **14/2** 38, 157, 200, 431
- decisiva **14/2** 94
- de Deus
- - cf. Deus
- do espírito **14/2** 399
- do homem **5** 351, 389; **8/2** 766
- - primordial **14/2** 313
- dois esquemas: o alquímico e o psicológico **14/2** 274, 278, 279, 286
- do médico e do paciente
- - cf. Médico
- do Mercurius

- - cf. Mercurius
- do metal **14/3** 605
- do pão e do vinho no corpo e no sangue de Cristo **11/3** 322, 328
- do rei
- - na mística egípcia **14/2** 9, 10
- dos elementos químicos **16/2** 353, 358
- do valor supremo **11/1** 149

- em Angelus Silesius **14/2** 106
- em *Fausto* 427
- em Rosencreutz **16/2** 407
- espiritual(is) **6** 478; **11/3** 348, 359, 405; **12** 517[5]
- - moral **14/2** 6, 88, 281, 282
- etapas da **12** 80, 99, 114*, 133*, 142*, 221*, 251*
- graus ou etapas da **14/1** 163, 340
- individual **11/3** 448; **14/2** 83
- miraculosa **14/2** 108
- mística **16/2** 403
- na alquimia **14/1** 13, 79, 80, 141, 159, 163, 247, 255, 267, 279, 282, 285, 305, 315, 340; **14/2** 53[127], 55, 88, 141, 169, 174, 204, 205, 280, 286, 310, 313, 371, 372, 384
- - como um paralelo à paixão de Cristo **14/2** 151, 157, 173
- - grega **14/1** 9[30]; **14/2** 224
- no *Fausto* **14/2** 130, 158, 205[443]
- no inconsciente **5** 669
- nos contos de fada **16/2** 427
- processo de **6** 398; **8/2** 745; **14/2** 38, 95, 170, 281, 282
- - da alma **8/2** 688
- - na Alquimia **8/2** 558
- psíquica **14/1** 121, 182[327], 252, 267; **14/2** 6, 83, 166, 167, 178, 281, 282, 289, 313, 404, 407; **15** 28
- química **14/2** 29, 151; **18/2** 1.360, 1.693, 1.701
- símbolos
- - na alquimia **5** F 15

- - nos sonhos do homem moderno **14/1** 76, 77, 79
- substância de **8/2** 388

Transformação / mudança **9/2** 10, 77s., 241, 249, 256, 260, 264, 274, 371s., 377[57], 380, 408-415, 421; **17** 276

Transgressividade dos arquétipos **8/3** 954

Transitivismo **2** 816; **3** 279

Transitus / passagem **14/1** 251, 252, 267, 282
- *animae* / a passagem da alma **14/2** 242

Transmarginal field (James) **8/2** 382[45]

Transmigração celeste **5** 141[29]

Transmutação **9/1** 202; **13** 158, 372, 417

Transpirar na casa de vidro
- cf. Casa de vidro

Transubstanciação na missa **6** 29s., 91; **11/3** 322, 448; **11/4** 735; **12** 417; **14/1** 22, 175[313]; **14/2** 95; **18/2** 1.360

Trapaceiro **18/2** 1.531

Trapeza **16/2** 378[30]

Trarames (termo de Paracelso) **13** 174, 195

Tratado(s)
- do Peregrino **9/1** 16

Tratamento **17** 258
- analítico / psíquico **8/2** 140, 156, 481, 529, 678, 684; **17** 203, 268s., 281
- de crianças neuróticas **17** 179
- de uma família neurótica **17** 152s.
- por meio da análise dos sonhos **17** 192, 274s.
- psíquico
- - da epilepsia **17** 139
- - das perturbações do espírito **17** 128
- cf. tb. Psicoterapia; Terapia

Trauma **2** 661s., 839, 843; **7/1** 8, 15s., p. 136s.; **9/1** 97, 159, 657; **10/3** 362; **16/2** 257s., 307s.; **17** 176, 200
- análise do **4** 64, 154, 156s., 165, 452, 495, 533s.

Índices gerais

- como origem dos complexos **8/2** 204, 253, 594
- do nascimento **11/5** 842
- e sonhos reativos **8/2** 499
- físico **4** 11
- teoria do **4** 207, 210, 213, 314, 355, 393, 400, 582; **8/1** 46; **17** 176

trauma(s) **4** 4, 10s., 30, 205s., 216s., 365, 373, 596, 622, 636
- sexual **4** 36s., 215s., 226, 377, 559

Trauma / traumático **18/1** 148, 478, 840, 935, 972, 1.003, 1.042s., 1.074; **18/2** 1.148

Traumatizante **15** 62, 63

Travancore **13** 278

Travestis **15** 134

Treinamento autógeno **16/1** 230

Trem **4** (S) 130; **12** 54; **17** 51

Tremendum **13** 247

Tremores
- efeito sugestionador dos **1** 85s.
- intencionados **1** 82
- nas tentativas de escrever **1** 237, 241
- naturais **1** 82[33]
- no estupor histérico **1** 2
- para adivinhar o pensamento **1** 147

Três **8/2** 401; **8/3** 866, 952; **14/3** 251, 293, 363s., p. 82-83, 144-145
- e quatro **11/1** nota 12 (cap. II), 125, 128
- mundos (Boehme) **8/3** 922[103]
- número **11/1** 91, 118, 119

Três / tríade / número três **11/2** 179
- como arquétipo **11/2** 286
- como esquema ordenado artificial **11/2** 246
- como puramente imaginado **11/2** 184, 188, 197, 280, 286

- e o quatro **11/2** 185
- e o Uno (*Timeu*) **11/2** 186
- nos sonhos **11/2** 280
- - como compensação **11/2** 284
- sentido do **11/2** 280

Três / tripla estrutura **16/2** 416, 454
- como número masculino **16/2** 404s., 411
- de corpo, alma e espírito
- duplo **16/2** 451
- e cinco **16/2** 451
- - cf. Corpo
- e quatro **16/2** 451, 533

Três / quatro **14/3** 293, 338, 375, 420

Trevas **13** 86, 106, 141, 161, 183, 187, 190[168], 449s.; **14/1** 32, 43, 60[122], 133, 176, 177[328], 180, 204, 214, 291, 336, 337, 337[681], 338; **14/2** 18[60], 39[95], 108[250], 119, 131, 133, 141, 141[316], 142, 151, 158, 161, 163, 224, 274, 321, 375, 384[170]; **14/3** 146[20], 147[24], 168, 169[13], 171, 495, 510, 530, 555, p. 124-125, 130-131, 142-143[66]
- combate às trevas no maniqueísmo **14/2** 39, 127
- da morte **14/2** 147[328]
- do espírito **14/3** 363, p. 92-93
- espirituais **14/1** 165, 182, 248, 313, 336, 337, 338
- luz das **13** 197-199
- místicas (Rahner) da "Igreja moribunda" **14/1** 20[138]
- poder das **13** 448
- precedem à luz na criação **14/2** 141
- príncipe das **14/2** 147[328]
- sobre a "face do abismo" **14/1** 180, 204
- cf. tb. Escuridão; Obscuridade

Trevas / escuridão **9/1** 247, 427, 433, 535s., 538, 572, 574, 578, 595, 654

Tríade(s) **8/3** 870, 890, 952; **9/1** 11, 425s., 429s., 431s., 434, 436, 438s.,

446, 560, 597[154], 644, 646, 679, 693; **9/2** 42, 100, 156, 158[25], 288, 328, 330, 351, 358, 380, 382; **10/4** 775; **13** 127, 176[114], 228[254], 270-272, 283, 357, F II; **14/2** 64, 187[176], 218, 219, 267, 300, 309[340], 318; **14/3** 302-304
- babilônicas **11/2** 172
- como arquétipo **11/2** 173
- de deuses
- - babilônicos **5** 294
- - no Egito **11/2** 177, 194
- espiritual **5** 369[86]; **14/3** 361
- e unidade **14/2** 390
- formada por Mercurius, Sol e Sulphur **14/2** 64
- relacionamento com a prata **14/2** 228

Tríade / simbolismo triádico **18/2** 1.140, 1.203s., 1.362, 1.552, 1.604, 1.609, 1.611, 1.653

Tríade / trindade **14/1** 119, 141, 229, 232
- aparente ou quaternidade disfarçada **14/1** 229, 229[374], 231
- esquema formado de *sulphuri*, Mercurius e sal **14/1** 229, 230, 237
- formada de fogo, sol e sal **14/1** 229

Triádico(as)
- formações **8/2** 401
- princípio **8/3** 866

Triangular **14/2** 4

Triângulo **6** 59; **9/1** 426, 439; **9/2** 148[86]; **11/1** 92; **13** 228, 272
- equilátero e a Trindade **11/2** 180

Tribal, chefe **8/2** 735

Tribo(s)
- e iniciação masculina **15** 150
- relação com a **8/2** 725

Tribulação
- fornalha da **14/2** 159[380]

Tribunal do júri
- processo de Näf **2** 1.357-1.388

Tricéfalo **10/4** 741; **13** 176[114], 270, 283
- cf. tb. *Mercurius*

Trickster **9/1** 456-488, 682, 689
- figura do **13** 251, 284

Tricotomia **9/2** 118, 414
- cf. tb. Três; Trindade; Tripla estrutura

Tridente **13** 447s.

Trigo **8/1** 121; **8/2** 333; **9/1** 288, 321, 328; **10/3** 67; **14/3** 582, 583, p. 72-73, 76-77; **18/1** 241
- grão de **12** 433

Trígono (astrologia)
- aéreo **8/3** 868[51], 869[53]
- aspecto **8/3** 977

Trigramas **8/3** 866

Trimeria **14/2** 267

Trindade **4** 106; **5** 198; **6** 52; **8/2** 336, 643; **8/3** 854, 917, 952; **9/1** 11s., 16s., 22, 30, 131, 425, 428[54], 439, 579; **9/2** 66, 104, 141, 144, 200, 274, 307, 313, 319[65], 323, 351, 380, 397[98], 399, 409; **10/4** 738, 741, 765; **11/1** 81, 91, 103, 108, 127; **11/2** 171, 177; 180, 196, 226; **11/4** 748; **11/5** 882; **12** 25, 99, 220, 287[133], 319s., 104*, 320, 180*, 212*, 474*, 508, 512; **13** 127, 137[209], 271, 283, 289, 357[51s.], 477; **14/3** 55, 302s., 306s., 335, 337[80], 438, 549-552, 555, 575, 585, p. 84-85; **18/1** 220s., 532s.; **18/2** 1.133, 1.475, 1.507, 1.536, 1.538, 1.549, 1.551s., 1.584, 1.602s., 1.606, 1.617, 1.653, 1.657, 1.680, 1.683
- alquímica **14/1** 229
- - clássica (*sulphur*, sal e

mercurius) **14/2** 32
- - e quaternidade **14/1** 119, 229, 233
- alquimista **12** 179*, 446
- amuleto da t. no Egito tardio **14/2** 4, 5[13]
- arquétipo da **11/2** 209, 224, 238, 280
- como motivo de sonho **16/1** 16
- como parte da soteriologia **11/2** 280
- como processo de tomada de consciência **11/2** 288, 290
- como símbolo **11/1** 107, 118; **11/2** 242, 287
- cores de **11/1** 118s.
- ctônica **12** 539
- - e celeste **16/2** 403, 533
- de Deus **14/1** 119, 153, 229, 232, 297; **14/2** 4[12], 235, 296, 309, 329, 361, 400
- - no Egito (deus, rei e ka) **14/2** 3[8], 4, 7
- do filho do grande mundo **14/2** 127
- dos filósofos da natureza **11/1** 107
- do *Timeu* **11/2** 182, 280
- dupla (divina e humana) no Egito **14/2** 4
- efeitos da ação do **11/2** 281
- e homoousia **11/2** 287
- e o elemento feminino **11/1** 122s.
- e quaternidade **11/1** 104, 107, 122; **14/2** 228, 238, 267
- - cf. tb. Quaternidade
- e realidade empírica **11/2** 280
- evolução da ideia da **11/2** 219, 222; 268
- interpenetração na **11/1** 126
- interpretação psicológica da **11/2** 196
- inferior **14/2** 309; **14/3** 549
- latente **11/2** 212
- material **18/2** 1.784
- metafísica da **11/2** 171
- no homem **14/3** 325
- numinosidade da **11/2** 224
- prefigurações da **11/2** 172, 193, 207
- primeira tríade do sistema azilútico

14/2 309[340]
- processo vital trinitário e o homem **14/2** 105
- revelação da **11/2** 290
- Santíssima **10/4** 643, 751
- segredo da **16/2** 533
- simbólica / simbologia / simbolismo **11/2** 280
- *umbra Trinitatis* **11/2** 252
- visão da **11/5** 947
- visão de Nicolau de Flüe **8/2** 413
- cf. tb. Três; Tripla estrutura; Triunidade

Trindade / trinitário **13** 50, 127, 176[114], 187[160], 228[254], 234, 270s., 289, 355s.

Trinitário **14/3** 486

Trinta **14/3** 294, 547[121]

Tripé **5** 182, 299; **12** 404; **18/2** 1.698

Tripitaka **18/2** 1.647

Triplicação (de casos) **8/3** 824

Tripudia **9/1** 458

Triságio **11/2** 209

Tríscele (três pernas) **9/1** 429s., 433s., 438, 441, 444

Tristão (Wagner) **6** 453; **15** 142

Tristeza **9/2** 100[50]
- anormal **3** 329

Triunidade
- alquímica **14/1** 202
- da matéria **14/2** 309
- de Deus **16/2** 409[20]
- cf. tb. Trindade

Triunus
- cf. Essentia

Trivandrum **11/5** 953

Troca **12** 52s., 92
- cerimônias mexicanas de escalpe-lamento **5** 594
- de pele **5** 538, 569, 594

Trocadilho **3** 120, 252, 259

Trochos **9/2** 211s.
- cf. tb. Roda; Rota

Trofônio **14/2** 146[326]

Troia **14/2** 381

Tronco **14/1** 260, 266, 276

Trono **9/1** 132, 246; **13** 362[69], 362s.; **14/2** 1, 6[19], 7, 29[74], 52, 52[124], 131, 137[296], 291[236], 308; **14/3** 177, 185, p. 54-55, 66-67, 82-83
- de ouro **7/2** 218

Trono / entronização **9/2** 69, 104, 110, 157[22], 167[8], 169, 188, 225, 309

Troposfera **10/4** 589

Trotz und Gehorsam (Adler) **4** 659

Troubles cénesthésiques (Solier) **3** 522, 548

Trovão **8/1** 115; **13** 86; **18/1** 585
- deus do **9/1** 598; **10/3** 44, 65

Tsaddik (justo) **14/2** 274, 303

Tu **18/2** 1.505
- como condição prévia a uma transferência **16/2** 534
- projeção no **16/2** 454, 471
- realidade individual do **16/2** 470, 534

Tuamutef **9/2** 188; **13** 360

Tuat /azul **9/2** 187; **15** 210

Tuberculose **3** 402, 480; **4** 209; **15** 210; **18/2** 1.231

Tubo
- como lugar de origem do vento **5**

150[47], 154
- do disco solar **5** 149, 150

Tubular
- campo de visão na cegueira periférica **8/2** 295

Tum **5** 408, 410, 425
- cf. tb. Chnum

Tumor imaginário **17** 313s.

Túmulo / sepultura **9/1** 157, 239s., 352, 412; **13** 228; **16/2** 467s., 479; **14/2** 225

Tundra (m.s,) **8/3** 935

Tuneu
- cf. tb. Platão (Índice onomástico)

Tunísia **9/1** 699

Turba philosophorum **9/2** 193, 220, 229[78], 241, 394
- cf. tb. *Artis auriferae*; Manget; *Theatrum chemicum*; *Turba philosophorum*; Ruska, J. (Índice onomástico)

Turbilhão **14/3** 452

Turco **14/2** 45

Turim **14/2** 191[417]

Turquesa **13** 130
- cf. tb. Pedra preciosa

Turquia **3** 247, 500; **10/2** 908

Turukalukundram
- pagode de **9/2** 339[134]

Tutmés **14/2** 2[3]

Tvashtar **5** 515

Typhon / Tífon **14/2** 3[10], 363
- como a má sombra de Osíris **14/1** 61[137]
- egípcio, como o princípio do mal

14/1 16^{104}, 20^{137}, 60^{117}, 107, 210^{354}, 240
- o mar como o domínio de **14/1** 240
- reina no mar proibido **14/1** 107

Typi **14/3** 52, 120

Tyriaca tinctura / púrpura **14/1** 21^{149}

U

Über die Bedeutung des Vaters für das Schicksal des Einzelnen (Jung) **4** 307

Über die Psychologie der Dementia praecox (Jung) **4** 94, 106, 274[17]

Über Konflikte der kindlichen Seele (Jung) **4** 127[3]

Uddushunamir **11/2** 176

Ufo **10/4** 589
- cf. tb. Ovni

Ugarit
- cf. Ras Shamra

Uitzilopochtli **11/3** 340; **13** 107[100]

Ulisses, **5** F 29, 634[26], 671; **14/1** 74[101]; **15** 143[6], Cap. VIII, 163, 164, 164[4], 167, 171-174, 177, 179-186, 193, 196-198, 201, 202; **18/1** 80

Ullikummi (pedra) **14/2** 420[226]

Ultravioleta **8/2** 414

Um **14/2** 158, 171, 177, 182, 217, 268, 268[206], 320, 324, 328[50], 335, 346, 370, 407, 414, 427; **14/3** 193, 293, 552, 583
- como a coisa simples (*unum*) **14/1** 139, 157, 308
- como Deus **14/1** 57[218], 189[341], 252; **14/2** 52, 335, 414
- como *filius unius diei* **14/2** 137, 137[295], 139, 141, 375, 375[139], 375[141]
- como o homem novo **14/1** 6[26], 11, 252, 308
- e o todo **14/1** 35
- formado dos três (espírito, alma e corpo) **14/2** 390
- interior como a *unio mentalis* **14/2** 335
- naquele "um dia" **14/2** 137, 139, 140, 141, 375
- número **14/2** 219, 268, 324
- transformação no **14/2** 49
- cf. tb. Número um; Uno

Um-depois-do-outro aparente **14/1** 200

Uma só coisa **14/2** 224

Umbigo **5** 449, F 86, 450[59]; **8/2** 559; **14/3** 561; **18/1** 139
- do mundo **14/2** 306[318]

Umbra (sombra) **9/1** 469[15], 602[159]; **14/1** 31, 114
- cf. tb. Sombra

Umidade **14/3** 261, 261[88], 276, 278, p. 76-77, 100-101
- radical **14/2** 225[52]

Una res (uma coisa ou coisa única) **14/1** 53, 157, 175

Unarius **14/2** 159, 219; **16/2**
- Deus como **14/1** 40, 139
- cf. tb. Número 1

Unas **9/2** 187
- cf. tb. Textos das pirâmides

Índice gerais

Unção **14/3** 278

Unesco **18/2** 1.388-1.402

Unguento dos filósofos **14/2** 226[54]

Unguentum
- cf. Bálsamo

Unha **14/2** 10

União **11/5** 799; **14/2** 74, 86, 122, 150, 177, 188[411], 224, 258, 273, 300, 320, 321, 322, 323, 330, 331, 332, 335, 336, 371, 375, 378, 382, 383, 392, 393; **14/3** 251, 291, 306[11], 318, 509-510, 555, 568, 585; **18/2** 1.604, 1.784
- alquímica dos opostos **14/2** 320, 321, 322
- com a unidade primordial **14/2** 328[50]
- como ideia central do processo alquímico **14/2** 320
- como morte em comum **14/2** 322
- com o mundo dos corpos **14/2** 402
- como operação filosófica **14/2** 320
- da consciência com a sombra **14/2** 178
- das coisas superiores com as inferiores **14/2** 348
- de fatores inconscientes **14/1** 78
- de forma e matéria **14/2** 320, 320[8]
- do *caelum* com o *unus mundus* **14/2** 422
- do consciente com o inconsciente **14/2** 266, 365, 393
- do corpo com a alma **14/2** 141
- do espírito
- - com a alma **14/2** 328, 346
- - com o corpo **14/2** 329, 343[77]
- - masculino com a psique feminina **14/1** 321
- do homem total com o *unus mundus* (Dorneus) **14/2** 414
- dos elementos **14/2** 100, 375
- dos opostos (*Coniunctio oppositorum*) **5** 577, 671; **12** 22, 43, 186, 72*, 219, 311, 334, 112*, 167*,

450s., 226*, 557; **14/1** 11, 14, 16, 34, 64, 77, 84, 101, 103, 105, 179, 182, 193, 194, 196, 201, 202, 251, 269, 285, 286; **14/2** 207, 320, 323, 329, 335, 343, 365, 370; **16/2** 375, 451[8], 474, 493
- - *coincidentia oppositorum* **14/2** 205
- - como de espírito e matéria **14/2** 420
- - como meta **16/2** 381
- - - do feminino **14/1** 101, 221
- - como problema psíquico **14/1** 105, 106
- - como processo transcendente da consciência **14/2** 207
- - como ser híbrido **16/2** 533
- - como total união **14/1** 64
- - *complexio oppositorum* **16/2** 532, 537
- - do leão e da serpente **5** 671
- - efeitos da **14/1** 285
- - mistério da **14/1** 193
- - o si-mesmo como **5** 576; **16/2** 410, 502, 537
- - paradigma alquímico **14/1** 193
- - projeção da **14/1** 103
- - psicológica **14/2** 207
- - simbólica da **14/2** 318, 336
- - símbolos da **14/1** 103
- - do touro e da serpente **5** 671
- - cf. tb. *Coniunctio oppositorum*
- dos sexos **14/1** 101, 102
- espagírica do homem com a mulher **14/2** 16, 17
- meio de união **14/2** 323, 324
- meramente espiritual (*unio mentalis*) **14/2** 328
- mercúrio como meio de **14/2** 323
- mistério da **14/2** 332, 334
- natural entre a alma e o corpo **14/2** 335
- ou combinação das "naturezas" **14/2** 320
- símbolos da **14/2** 334, 366
- simplicidade da **14/2** 158[367]

662 Obra Completa – Vol. 20

- sobrenatural entre o espírito e a alma **14/2** 335
- total dos opostos **14/2** 336
- transcendente **11/5** 798ss.
- três princípios atuantes (fogo, ar e água) **14/2** 320

Unicórnio **8/3** 821; **9/2** 234; **12** 491[179], 518s., 240*, 243*, 244*, 246*, 249*, 250*, 254*, 264*, 265*; **13** 134; **14/1** 3, 13[184], 142; **14/2** 31, 217, 237, 275, 371[132]
- androginia do **12** 547
- chifre do
- - cf. Chifre
- como alegoria de Cristo
- - cf. Cristo
- como *Coniunctio oppositorum* **12** 526
- como mal **12** 520s., 525
- como monstro **12** 526[30], 535s., 547
- como símbolo de Mercurius **12** 518s., 529, 530, 547
- e leão **12** 518, 545, 258*
- e virgem **12** 498, 518, 241*, 242*, 245*, 523, 534, 247*
- na alquimia **12** 518
- na China **12** 548
- na Pérsia **12** 535
- nas alegorias da Igreja **12** 520
- na tradição judaica **12** 540
- no gnosticismo **12** 527
- nos Vedas **12** 532s.
- símbolo do Logos que dá testemunho **5** 492
- tema do
- - cf. tb. Tema do unicórnio

Únicos (raros)
- acontecimentos **8/3** 821

Unidade **6** 46; **12** 165, 377; **14/1** 6[26], 297; **14/2** 15[45], 178, 203, 217, 219[34], 228, 324, 325, 326, 327; **16/2** 400, 404, 454; **17** 330
- antecipada **14/2** 428
- apriorística de todos os

acontecimentos **14/2** 327
- como meta da *opus* **14/1** 6, 288; **14/2** 178, 407
- como remédio **14/2** 427
- da personalidade **14/2** 347
- da *virtus caelestis* **14/2** 343
- de alma e corpo **6** 1.031, 1.037
- de Deus
- - cf. Deus
- desenvolvimento da **6** 540
- de toda a natureza **8/3** 865
- do homem psíquico com o cosmo **14/2** 416
- do *lapis* **14/2** 17, 57, 148[334], 189, 217, 427
- do mundo / *unus mundus* **14/2** 325, 326, 327, 328, 341, 371, 414, 415, 416; **16/2** 397
- dos elementos **14/2** 114, 182, 235[80], 274; **16/2** 403
- do ser **6** 465; **8/3** 950; **14/2** 327
- - humano **16/2** 397, 407, 452
- do si-mesmo
- - cf. Si-mesmo
- e multiplicidade **6** 45, 66, 838; **11/5** 798, 943; **14/1** 6, 263
- - simultâneas **8/3** 828, 870
- e pluralidade **5** 149
- estado latente de **14/2** 170
- formada de espírito-alma-corpo **14/2** 68, 69, 233, 234, 240, 243, 313
- germe da **12** 30
- ideia da **16/2** 475
- interior **14/2** 17, 417
- múltipla **14/3** 437, 585
- multiplicidade **14/2** 148
- não dualidade **11/5** 881
- o número dez como
- - cf. Número dez
- origem dos números a partir da **11/2** 179
- original do mundo **14/2** 324
- primordial **14/2** 328[50]
- procura de **17** 333
- segundo Rousseau **6** 121

Índices gerais   663

- segundo Schiller **6** 149
- *sentimento* de **11/3** 443
- símbolo da **6** 902; **12** 32; **14/1** 288; **16/2** 400, 522
- total **6** 43, 45
- transformação em dualidade **11/2** 242
- tríplice (Pico) **8/3** 917s.
- vivência da **16/2** 532
- cf. tb. Monas; *Unio mystica*

Unidade / união / o uno **13** 33s., 185-189, 209[226], 215, 226, 270-272, 279, 283, 356s., 367s., 402, 449

Unidade / unilateralidade **11/4** 742
- compensação da **11/4** 698, 730

Unificação
- dos contrários **8/1** 61; **8/2** 401, 407, 624
- dos opostos **11/5** 803, 828
- *coincidentia oppositorum* **11/5** 881

Uniformidade
- das pessoas **17** 255

Unigenitus **10/4** 751

Unilateralidade **4** 241; **6** 22, 117, 376, 434, 524; **7/1** 40, 75, 111, 115, 118, 187; **7/2** p. 163s.; **8/2** 138, 255, 524; **11/1** 80; **11/2** 286; **11/5** 786; **14/2** 134, 136, 176, 418; **15** 130, 131, 153, 180; **16/2** 257, 452
- compensação da **8/2** 190
- - pelo inconsciente **14/2** 135
- da adaptação **8/1** 67, 75
- da(s) atitude(s) **8/1** 61; **8/2** 488, 546
- - consciente **6** 769, 774, 795, 852, 967, 974
- da consciência **8/1** 17[15]; **8/2** 178, 409, 425
- das concepções (Freud) **8/1** 35, 105
- de Abelardo **6** 606
- de Freud **15** 56, 70, 179
- do desenvolvimento da evolução **8/2** 255, 258

- do homem ocidental **8/2** 743
- dos pontos de vista **6** 86; **8/2** 246, 498
- do tipo **6** 86, 603, 648, 678, 716, 812
- hereditária **6** 1.040
- intelectual **6** 535, 603
- em Schiller **6** 99, 106

Unilateralidade / unilateral **16/1** 59s., 80, 87s., 198
- em Freud **16/1** 150

Unio
- *corporalis* **14/3** 505
- *mentalis* **14/2** 329, 330, 331, 347, 379; **14/3** 415
- - alusão **14/2** 328, 328[50], 329, 330, 331, 335, 336, 339, 340, 341, 347, 350, 354, 355, 366, 370, 387, 398, 402, 406, 407, 410, 412, 428, 429
- - - como alargamento da consciência **14/2** 398
- - - como antecipação espiritual **14/2** 331
- - - como atitude do homem moderno **14/2** 406, 410, 430
- - à três etapas do processo **14/2** 329, 331
- - como atitude espiritual e moral **14/2** 347
- - como a união do espírito e da alma com o eros (sentimento) **14/2** 329
- - como autoconhecimento **14/2** 369
- - como meta **14/2** 338
- - como o "um" interior ou a individuação **14/2** 335
- - como primeira etapa da *coniunctio* **14/2** 329
- - cristã **14/2** 402
- - e motivo da morte **14/2** 340
- - esmaecimento da **14/2** 430
- - e sua união com o corpo **14/2** 328, 328[50], 329, 330, 336, 339, 341, 347, 350, 354, 366, 387, 398, 402, 412, 428
- - *in superatione corporis* **14/2** 328, 336, 387, 402, 428

- - problema da **14/2** 412
- - produção da (Dorneus) **14/2** 379, 387, 407
- - representação simbólica da **14/2** 329, 330
- *mystica* **5** 438; **14/3** 409, 521, 532, 558, 588; **16/2** 354, 462, 532
- - com o mundo potencial **14/2** 422
- - como *mysterium ineffabile* **14/2** 425
- - conceito de **14/1** 202
- - incesto como símbolo da **16/2** 419
- - *naturalis* e *supernaturalis* **14/2** 335
- *oppositorum*
- cf. União dos opostos

Unípede **14/2** 377, 382, 383, 383[158], 392

Unitio
- mistério da **14/2** 300

Universais **6** 33, 68, 541
- disputados **9/1** 149
- luta em torno dos universais **14/2** 296[268]
- problema dos **6** 574
- - na escolástica **6** 48s., 65s., 68
- querela dos **13** 378

Universalia (universo) **11/5** 770

Universo **8/2** 395; **10/3** 113, 1.011; **10/4** 672, 745, 764; **13** 86, 114, 122, 163, 242[7], 245, 372, 372[81]; **14/1** 37, 40, 71, 110, 117, 119, 126, 141; **17** 165; **18/1** 117
- centro do **14/1** 40
- como homem primordial ressuscitado **14/2** 104
- drama divino do **14/1** 119, 121
- eixo do **14/1** 77[209]
- esquema
- - antigo **14/2** 240, 246, 268, 274
- - moderno **14/2** 27, 220, 268[206]
- totalidade do **14/2** 372
- cf. tb. Cosmos

Univocidade **14/2** 135

Uno **5** 198; **8/2** 389s.; **9/1** 430, 434, 536, 564, 576, 602, 607, 660s., 666, 679, 715; **9/2** 59s., 64, 76, 99, 104, 251, 263s., 301, 351, 353, 358, 375, 380, 387s., 397, 410, 416s.; **12** 358, 390, 404s., 427s., 476, 529; **14/2** 100, 148, 175[402], 235[80]; **16/2** 454, 527[8]
- a alma como o
- - cf. Alma
- como *anthropos* **12** 209
- como Deus **14/2** 148
- como *prima materia* **12** 427s.
- desenvolvimento do, a partir do uno **12** 26, 165, 209, 210
- em Plotino **5** 198
- o todo uno **14/2** 82
- repartição em quatro do **12** 167[43], 427

Uno / um **11/2** 199, 204, 290; **11/3** 419, 427
- e o Outro (*Timeu*) **11/2** 179

Uno / unidade **10/4** 622, 727, 751, 772, 779, 784

Unum / una res **14/2** 158, 171, 346, 370, 389, 413, 414, 415
- como Deus **14/2** 158[372]
- como *unum incorruptibile* **14/2** 320
- *lapis* como **14/2** 217, 326
- nirvana como **14/2** 370

Unus
- como Cristo **14/2** 171

Unus mundus **14/3** 294, 437
- o mandala como correspondente empírico para **14/2** 326
- a sincronicidade como correspondente parapsicológico para **14/2** 327
- como especulação metafísica (Plotino) **14/2** 324, 325, 327, 328, 329, 341, 375, 413, 414, 415, 416, 421, 422, 424
- como o inconsciente **14/2** 325
- como unidade latente do mundo

14/2 329
- ideia do **10/4** 780
- *lapis* como correspondente alquímico para o **14/2** 326
- o mundo potencial antes da criação (Dorneus) **14/2** 325, 329, 414
- potencial e extratemporal **14/2** 375

Upanixades **5** 182, 183, 227[34], 657; **6** 182, 400, 455, 592; **9/1** 554; **10/2** 398; **10/3** 175; **11/1** 140; **11/5** 769, 859, 952; **13** 287; **15** 87, 88
- Brihadâranyaka **9/2** 349
- Çvetâçvatara **9/1** 218[11]
- Khândogya **13** 267[109], 412[216]
- Katha **9/1** 289[31]
- Kena **9/2** 348
- Maitrâyana-Brâhmana **9/1** 677, 690; **13** 287[242]
- Svetasvatara **9/2** 223[81]
- cf. tb. Aitareya-Upanishad, Brhadâranyaka-Upanishad, Katha-Upanishad, Svetâsvatara-Upanishad

Uraei
- os sete **14/2** 147[327]

Urânia **9/1** 193; **9/2** 145[75]

Urânio **11/4** 750

Urano **5** 198
- e Geia **14/2** 391
- órbita de **8/3** 932
- cf. Planetas

Uremia **3** 141

Uréus (serpentes) **5** 146

Ureu **13** 399[145]
- cf. tb. Serpente

Urina **13** 381
- de menino **14/2** 83[228], 390
- e excrementos
- - interesse por **17** 23

Urina puerorum, canis **16/2** 408

Urina(r) **4** 82, 92s., 511; **17** 63

Uróboro **8/2** 394, 416; **9/1** 537, 646, 690; **9/2** 389, 391, 407, 410, 418; **12** 7*, 13*, 20*, 165, 108*, 147*, 447, 460, 496s., 253*; **13** 104, 109[110], 111, 120, 137, 168[67], 279, 322, F 17; **14/2** 48, 61[143], 63[147], 64, 82, 83, 87, 145, 148[336], 177, 302, 375; **18/2** 1.235
- a "aseidade" do **14/2** 61[143]
- como meta do processo **14/2** 375
- como o devorador da cauda **14/2** 48, 177, 375
- como o *increatum* **14/2** 145
- - da assimilação da sombra **14/2** 177
- - da autorrenovação e da imortalidade **14/2** 61[143], 177
- - da união dos opostos **14/2** 375
- como símbolo
- - da assimilação da sombra **14/2** 177
- - da autorrenovação e da imortalidade **14/2** 61[143], 177
- - da união dos opostos **14/2** 375
- - pagão muito antigo **14/2** 82
- como o "um" resultante da união dos opostos **14/2** 177
- e a divindade **14/2** 61[143]
- o ciclo do **14/2** 148[336]
- proveniente da teologia egípcia **14/2** 82
- rainha e leão **14/2** 87
- representado por dois leões em luta **14/2** 64

Urrar
- significado de **5** 144

Ursa
- Maior **14/1** 171, 259[486]
- Menor **14/1** 171, 171[282]

Ursana **9/1** 342

Urso **9/1** 311, 315, 341, 351, 423; **9/2** 356; **10/3** 132; **13** 365; **14/1** 3[17], 77, 167
- o grande **9/1** 340
- cf. tb. Animais

Ursulinas de Loudun **18/2** 1.474

Urvaçi **5** 210, 215

Urvarâ **5** 306

Urvashi e Pururavas
- saga de **13** 218

Usos cultuais primitivos **11/3** 375

Uster **3** (D) 280

Ustulação dos minérios **14/2** 150[346], 151, 320

Útero / *Uterus* **9/1** 170; **10/4** 631, 637; **11/5** 842; **13** 97, 162; **14/2** 7, 29, 32, 39, 92, 322, 322[28]; **15** 105; **16/2** 402, 454, 457

- como vaso **6** 443s., 445, 451
- doença do **14/2** 76[210]
- prisão como **12** 437
- vaso denominado **14/1** 73, 73[188], 149, 290
- ventre **12** 171, 192, 245[126], 338, 439[49]
- virginal **14/2** 7

Utopia / utópico **9/2** 170, 282; **10/1** 517, 535; **13** 293, 395

Uva **13** 359, 403, 419; **14/2** 345; **14/3** 527
- bagos de **14/2** 300[287]
- semente de **14/2** 343[73]
- cf. tb. Vinha

V

Vaca **3** 44; **9/1** 156, 231, 346, 401, 410, 414; **10/3** 67; **14/1** 77, 82, 83
- celeste **5** 351, 360, F 68, 408[152], 423[22], 454
- Ísis como **5** 408
- Nut como **5** 359
- cf. tb. Animal; Touro

Vácuo **14/2** 415

Vagina **18/1** 1.058

Vaidehi **11/5** 924s.

Vairotschana **11/5** 852

Vajra-Sattva **11/5** 812

Valdenses **9/2** 139, 235; **14/3** 25

Valentinianos **13** 366; **14/2** 141[318], 240[118], 270[207]; **14/3** 107
- cf. tb. Valentino

Valor(es) **2** 5, 46, 51s., 64, 99, 111, 125, 146s., 150, 153, 158, 234, 349, 397, 405, 433, 439, 462, 521, 529, 573, 880, 885; **7/2** p. 159; **8/1** 11, 50, 62; **8/2** 270; **9/2** 53s., 60s.; **14/2** 183, 184, 280, 358, 364; **15** 49, 69, 136, 141, 158, 169, 177, 179; **18/1** 23, 25, 29, 186
- afetivo **9/2** 53s., 58, 61
- atrofia de **15** 173
- ausência de valores sociais **8/2** 135
- conceito
- - espiritual na transformação **14/2** 280
- - na psicologia **14/2** 280
- conservação do(s) **7/1** 116
- cultural **15** 46, 58
- de sentimento **14/2** 48
- determinações para o inconsciente **8/1** 17
- dos complexos **8/2** 200
- e desvalor **6** 520; **7/1** 70, 80, 84; **7/2** 229s.
- emocional / afetivo **4** 205, (406)
- energético **14/2** 281
- espirituais **17** 81
- exagerado
- - atribuído ao objeto **8/2** 520s.
- função do **8/2** 256
- inversão dos **6** 172, 511; **7/1** 115
- irracionais da criança **17** 81
- juízo de **6** 518, 550
- moral(is) **6** 518; **14/1** 83; **14/2** 281, 317, 339; **17** 80
- ordem de **14/2** 280
- perda no homem **14/2** 175
- predicados de **8/2** 198
- quantidade de **8/1** 19
- rejeição dos **6** 164, 453, 511
- religioso **14/2** 317
- - da alquimia **14/3** 134
- - da pedra **14/3** 131
- sentimentais **6** 1.022
- - de ideias / de objetos **6** 93, 710, 1.055
- sistema de **8/1** 14s.
- subjetivos e objetivos **5** 126
- supremo
- - transformação do **11/1** 149
- tensão como **6** 550

- válidos em geral / "objetivos" **6** 585, 663s., 884s.
- vital da solução encontrada **14/2** 179

Valoração **14/2** 281, 431
- como função do sentimento **14/2** 280

Valorização **8/2**
- supervalorização e subvalorização (subestima) dos produtos inconscientes **8/2** 176

Vamana **9/2** 272

Vampiro **18/1** 586

Vapor(es) **13** 255s., 261; **14/3** 142, 330, 380-381, 381[132], 549; **16/2** 404, 459
- gorduroso **14/3** 549
- *terrae* **13** 173

Vara / bastão / cajado **14/3** 475
- de Moisés **14/3** 413, 415, 475
- mágica **9/2** 325

Varinha
- de condão (mágica) **8/3** 956
- - como símbolo da libido **5** 638
- mágica **18/1** 197

Varíola **18/2** 1.383

Varuna **6** 368, 379; **13** 341

Vas **13** 109, 113
- *cerebri* **13** 113
- *devotionis* **11/1** 126
- *hermeticum* **9/1** 686; **11/1** 156; **16/2** 533
- - como lugar da transformação **16/2** 402
- - como sepultura **16/2** 467, 498
- - como útero **16/2** 402, 454
- - cf. tb. Recipiente; Vaso hermético
- *hermetis* **13** 97, 113, 117, 245; **18/2** 1.697
- *naturale* **13** 113

- *pellicanicum* **13** 115
- cf. tb. Vaso

Vaso **5** 298, F 62; **6** 443s., 446; **11/5** 981[8]; **14/1** 8, 10[149], 14, 14[83], 15, 17, 27, 31, 63, 73, 73[188], 138, 175, 175[303], 193, 255, 255[476], 259, 290, 311; **14/2** 12, 13[39], 59, 62, 81, 92, 100, 102, 129[280], 150, 200, 267[206], 292[243], 322, 351, 389, 398; **14/3** 185, 561, p. 114-115[59]; **18/1** 265, 407; **18/2** 1.158
- alquímico **5** 245
- aspecto feminino-maternal do **14/1** 290
- babilônico **14/2** 47, 47[104], 73, 84
- como cálice da missa **14/2** 22
- como cucurbita ou retorta **14/2** 69, 93[237], 94
- como sepulcro **14/2** 7, 18, 94, 322
- como símbolo da mãe **5** 450[59]
- de transformação **14/1** 138
- do arcano **14/1** 290
- do sacrifício **11/5** 977, 982
- esférico **14/1** 255, 259, 290
- hermético **14/1** 12, 193; **14/2** 27, 91, 398
- - de transformação **9/2** 377
- identificado com o conteúdo **14/2** 100, 102
- maternal **14/2** 199
- materno
- - significado do **16/2** 344, 533
- místico da transformação **14/2** 22, 30, 388
- natural / útero **14/2** 322, 322[23]
- os opostos como **14/1** 290
- redondo **14/2** 27, 388[189], 388[192], 389, 392[343]
- sanguíneo / sistema capilar **2** 1.040, 1.043, 1.183
- simbolismo do **6** 446, 451
- Sol e Lua como **14/1** 175
- sua simbólica na alquimia **14/1** 277, 290; **14/2** 27, 100
- unidade (unicidade) do **14/1** 175[316]
- cf. Recipiente

Índices gerais

Vaso / jarro **13** 96s., 109, 113s., 122, 243-246, 287, 374[85], 381, 416[234], F V, VII, VIII, 32
- cf. tb. Taça

Vaticínio(s) **9/2** 127[2], 167s., 223, 232; **18/2** 1.360

Vau **5** 503
- como lugar crítico **14/1** 294
- luta no **5** 503[35], 524
- no sonho **7/1** 160

Vazio **11/5** 833ss.
- da alma e a plenitude **14/1** 184
- ou libertação (estar desimpedido) **11/5** 893

Veado **9/2** 234
- cf. tb. Animal

Veda(s) **5** 227[34], 243, 248[255], 319, 449; **9/2** 176, 318; **13** 340[22], 412
- *Atharva* **13** 341, 412[216]
- *Yajur* **13** 340

- *Rigveda* **9/2** 300[25]
- cf. tb. *Rigveda*

Vedânta-Sûtras **13** 287[242]
- cf. tb. *Sutra(s)*

Vegetabilia **13** 380s., 390s.

Vegetação / vegetal / vegetativo **9/1** 7, 315; **9/2** 356, 386, 393; **13** 268[120]; **14/2** 320[8]

Veículo **14/1** 278

Vela(s) **8/2** 336; **14/3** 276
- acesas **11/1** 58
- - entregues no batismo **14/1** 310

Velha / vetula **14/1** 14, 15, 31, 46, 52, 52[99], 53, 89, 135

Velhice **8/2** 786, 795

Velho **13** 86, 401[151]
- caduco e fraco **14/2** 390
- sábio **9/1** 77, 86, 398, 485, 515, 682

- - como personificação da mente **14/1** 121, 124, 307
- - cf, tb, Arquétipo do velho
- cf. tb. Ancião

Velo de ouro **12** 206, 457

Velocidade **8/2** 441

Velocino **14/1** 282

Vendedora de legumes **15** 152

Vendidâd **5** 158[63], 306[3]

Veneno **8/2** 559[11]; **9/1** 414; **12** 333[3], 404, 407, 425, 459, 459[85], 549; **14/2** 47, 59, 68, 147, 148[333], 158[365], 257, 276, 364, 371, 390; **14/3** 261; **15** 1, 159
- como substância do arcano **14/2** 64
- e envenenar **14/1** 15, 27, 30, 31, 43, 46, 53, 107, 136, 142, 143, 152, 186, 188, 190, 209, 253
- cf. tb. Toxina

Veneno / envenenamento **13** 267, 276, 358[55], 392, 429

Veni creator spiritus **14/3** 363, p. 96-97

Veni sancte spiritus **14/3** 355

Vento(s) (*ventus*) (S) **4** 185; **5** 149[47], 376, 484[18], 659; **6** 358, 367, 369, 398; **7/2** 211, 218s.; **8/1** 115; **8/2** 317s., 664; **8/3** 830; **9/1** 35, 95s., 105s., 387s., 526, 555, 578, 601; **9/2** 167, 185, 192, 236; **10/2** 376, 389; **10/3** 65, 146; **11/2** 197; **11/5** 946; **12** 243, 400, 409[25], 410[27], 472s.; **13** 116[145], 198, 261, 341, 414[226], 421[250]; **14/1** 14[102], 156, 282, 321; **14/3** 332, p. 62-63; **15** 169; **16/2** 454; **18/1** 359; **18/2** 1.605
- aquilo **12** 480[157]
- cavalos como **5** 422
- Chnum como **5** 358[57]
- como nous **5** 67[10], 76
- deus do vento **13** 261, 270

- - cf. tb. Hermes
- e água **5** 485
- fecundação pelo **5** 150[48], 376, 488; **14/2** 391
- fertilidade do **15** 25
- Norte **9/2** 185, 192, 192[36]
- Oeste **5** 484, 488, 511
- Sul **14/3** p. 46-47, 62-63
- - cf. tb. Auster
- surgimento do **5** 152, 224

Ventre **14/3** 561, p. 140-141
- como sede dos sentimentos **8/2** 669
- materno **14/2** 41, 96; **14/3** 334

Vênus **5** 113, 148, 662; **8/3** 86; **9/1** 60, 194, 313, 537, 575; **9/2** 174, 240; **11/1** 163; **11/2** 176; **12** 425, 484[166]; **13** 234, 265; **14/1** 1, 2, 6, 107, 132[96], 135, 136[122], 140, 166, 188, 211, 217; **14/2** 74, 74[190], 74[195], 75, 76, 76[210], 76[211], 77, 78, 79[224], 88, 158, 210[8], 212, 228; **14/3** 108-109
- apelidos de **14/2** 74[186], 75[204]
- astrológica **13** 193[184], 193, 214, 224, 234
- barbata **16/2** 525
- bosque de **14/1** 136, 140
- branca e vermelha **14/2** 320
- caráter de **14/2** 76[211]
- combatente **14/2** 74
- como alma vegetativa no sulphur **14/2** 75
- como *anima*
- - ou aspecto feminino do rei **14/2** 75
- - ou *regina* **14/2** 74
- como enxofre de vitríolo **14/2** 75[204]
- como fonte
- - mãe e noiva do rei **14/2** 74, 212
- como leão vermelho e verde **14/2** 75[204]
- como mãe do *lapis* **14/2** 74[188]
- como mercúrio estragado **14/2** 76[210]
- como meretriz **14/2** 74, 76
- como sal

- - de Saturno **14/2** 75[204]
- - *veneris* **14/2** 75[204]
- como substância do arcano **14/2** 74
- de Brassempouy **9/1** 312
- de Chipre **13** 228[253]
- descida até **14/2** 158
- de Willendorf **9/1** 312
- dia de / *dies Veneris* **13** 301
- e Adônis **5** 671
- e o *leo viridis* **14/2** 75
- ligada a Marte **14/2** 74[197]
- *magistra* **13** 234
- mistérios de (Polifilo) **14/1** 291
- mitológica **13** 125, 176[114], 193[190], 225s., 228[255], 234, 273[171], 278
- na astrologia **18/2** 1.176, 1.194, 1.437
- na mitologia **18/2** 1.077, 1.692
- no banho **14/2** 74, 75, 211, 212
- planeta **13** 273, 355, 409
- *regimen veneris* **14/2** 53, 54, 55
- relacionamento com as cores **14/2** 53, 74, 78, 320
- segunda casa de **14/2** 74, 74[188]
- sua androginia como muito antiga **14/2** 74, 75[201]
- cf. tb. Afrodite; Planetas

Verão **18/1** 266

Verba divinitatis **13** 416

Verbal
- significado **8/2** 539

Verbo
- como Cristo **14/2** 7, 244

Verbomotora
- combinação **3** 22, 37, 108, 250, 544, (578)

Verborragia **3** 12, 182, 186

Verdade(s) **4** 22, 197, 199, 205, 602, 608s., 644, 679, 687, 750s.; **6** 115, 275, 309, 606; **7/1** 41, 188; **8/2** 345, 423, 425, 734s., 815; **8/3** 818; **11/1**

Índices gerais

nota 47 (cap. III), 166; **11/3** 429, 441; **12** 35s., 41; **14/3** 101-102, 107, 112-113, 113[173]; **15** 13, 16, 20, 45, 49, 56, 70, 90, 91, 92, 105, 121, 159, 161, 164; **17** 15, 21, 29, 156, 173, 309; **18/1** 692, 742s.; **18/2** 1.277, 1.292s., 1.367, 1.381s., 1.467s., 1.584s., 1.591, 1.643s., 1.652, 1.663, 1.671s., 1.710, 1.746, 1.805
- como força (em Schiller) **6** 115
- contraditórias **7/1** 56
- dogmática(s) **11/5** 931
- do Oriente **11/5** 798
- do *sic et non* (Abelardo) **14/1** 308
- e erro **7/1** 200
- eficácia **6** da 603, 657
- empírica **5** 335
- eterna **6** 83; **7/2** p. 158; **16/2** 396s., 417, 470, 502
- motivo da **6** 652s.
- na matéria **14/3** 105, 315
- nua **16/2** 450s.
- o arquétipo como **16/2** 497
- paradoxalidade da **12** 19
- procura da **4** 589, 608
- psicológica
- - e metafísica **5** 344
- - própria **17** 343
- racional e irracional **6** 133
- religiosa **17** 159
- simbólica **5** 335, 340; **6** 701
- subjetiva e objetiva **7/1** 106
- substância arcana como **12** 191, 377
- supervalorização da **6** 117
- transformação da **5** 553

- *veritas* na matéria **11/3** 421

Verdade / veritas **14/2** 14, 15, 19, 25, 83[229], 158[367], 160, 174, 183, 201[440], 206, 237, 330, 343[71], 345, 346, 393, 398, 406, 420
- como a imagem de Deus impressa no homem **14/2** 343, 375
- como panaceia **14/2** 343

- cristã **14/2** 428, 430
- definitiva **14/2** 442
- do Senhor **14/2** 375[141]
- e erro **14/2** 160, 440, 442
- espiritual **14/2** 429
- eterna **14/2** 135
- humana **14/2** 436
- inspirada **14/2** 437, 439
- libertação da vontade aprisionada nas coisas sensíveis **14/2** 15
- meia verdade **14/2** 440
- metafísica **14/2** 436
- mitológica **14/2** 406
- oculta no corpo **14/2** 14, 343, 372
- o exclusivismo da **14/2** 441
- pesquisa da **14/2** 15, 16
- ponto de vista transcendente da **14/2** 223, 317
- revelada por Deus **14/2** 83, 121, 122, 436

"Verdadeiro é aquilo que atua" **7/2** 353

Verde **5** 615, 678; **8/2** 484; **9/1** 315; **12** 207, 333; **11/1** 128, 151, 160; **14/1** 31, 133, 133[102], 136[123], 162
- como cor do Espírito Santo **11/1** 118s.
- filho **14/1** 132, 136[123]
- prado verde-esmeralda **8/3** 940
- serpentina (m.s.) **8/3** 935
- simboliza a propriedade geradora **14/1** 133
- cf. tb. Cor

Verdor **11/2** 281
 - como força germinativa **14/2** 289, 289[223]

Verena (santa) **18/2** 1.077

Vergonha **3** 64, 67, 100; **4** 51, 58, 61; **14/2** 250

Veritas (verdade) **9/2** 246, 248s., 264s., 281, 303; **14/2** 15[43], 19, 330, 335, 355, 357, 365, 403
- como força oculta no interior do

homem (Dorneus) **14/1** 111
- como *imago Dei* **14/2** 343, 365, 403
- como *sapientia* **14/2** 15, 15[43], 17, 19, 25, 355, 375, 425
- idêntica em Deus, no homem e na matéria **14/2** 335
- na matéria **14/2** 330, 335, 365
- oculta no homem ou na matéria **14/2** 330, 355, 357, 372, 430
- o espírito masculino como **14/2** 393
- realização da *veritas* cristã **14/2** 428, 430
- secreta **14/2** 353, 355
- substancial **14/2** 355

Verme **8/2** 322; **14/1** 14, 142, 249; **14/2** 137, 137[292], 139, 141, 145, 146, 147, 147[330], 148, 149, 149[341],158; **18/1** 525
- como *allegoria Christi* **14/2** 149
- como forma arcaica de vida **14/2** 148[336]
- e ave como par de opostos clássico **14/2** 148[336]
- identidade com a serpente **14/2** 147
- lombriga **15** 165, 166, 169
- negro **14/2** 158[359]
- Phyton **14/2** 158[359], 298
- por excelência no inferno **14/2** 147
- venenoso **5** 567
- venerável (no hino egípcio) **5** 451
- vermelho **5** 365

Vermelha (cor) **8/2** 384, 414

Vermelhidão / rubedo / rubor **14/1** 16, 36, 107, 301; **14/2** 74, 77, 102
- rubedo como o segundo estádio da perfeição **14/2** 94
- rubedo e albedo **14/2** 48, 50[118], 61[143], 77, 94, 411

Vermelho / *rubeus* **11/1** 118, 128; **11/2** 281; **11/5** 852; **14/1** 16[104], 26, 36, 107, 122[60], 136[121], 136[122], 169, 240, 260[487], 274, 295, 297; **14/3** 474,

518-519
- e branco **14/1** 2, 12, 36, 71, 71[178], 71[179], 122[60], 133, 152, 169, 175, 244, 331
- na cabala **14/1** 2[5]
- cf. tb. Cores; Rubro

Verossimilhanças (congruência) **8/3** 957

Versos psicográficos **1** 54

Vertical e horizontal **12** 287s., 320s.

Verus Hermes **13** 110[112], 263[75], 269[130], 276

Vesícula germinal **13**, 33

Veste
- celestial **14/3** 181-182, 181[40, 43], 183, 512, 518-519, 518[64], 519, p. 64-65, 132-133, 142-143
- de nuvem **14/3** 334

Vestido preto **4** (S) 77

Vestimenta **3** (D) 219, 221, 222, 371; **14/2** 29[74], 56[133], 79, 96, 127, 197, 198, 207, 232, 357, 377, 382, 391, 395
- como veste da vergonha **14/2** 193, 296[272]
- como vestes reais **14/2** 127[276]

Véu **5** 536

Via láctea **12** 246

Via veritatis **13** 256[42]

Viagem (m.s.) **8/2** 809
- ao hades **14/3** 510
- ao inferno **5** 354, 374, 449, 571, 654
- dos argonautas **12** 457
- do Sol, **5** F 11
- heroica **14/1** 294
- marítima **7/1** 160; **9/2** 173; **14/2** 323
- - noturna **5** 308, 312, 319, 349, 353, 362, 484, 541, 553, 557; **12** 61, 436, 170*, 171*, 439s., 441, 451; **14/1** 256;

Índices gerais

16/2 455
- - tema da **5** 51, 57, 81[21], 289, 508
- - cf. tb. Nekyia, Descida ao Hades
- mística **9/2** 206; **13** 278, 399, 462;
14/1 269, 294, 303
- no êxtase **1** 42, 50s., 59s.
- no sonambulismo (Naef) **1** 17
- pelas casas dos planetas em visão
psicológica **14/1** 291-308

Viajar
- impulso de **8/2** 240

Via-sacra **5** 577

Víbora **14/1** 77

Vício **13** 55

Viçvakarman **6** 371
- o criador do universo **5** 647

Vida **4** 5, 157, 183, 413; **5** 408, 410; **6**
81, 578, 660, 941; **8/1** 10, 63; **8/2** 197,
375, 527; **8/3** 937; **9/2** 130, 187, 279,
311, 313, 323, 330; **10/1** 499; **10/2** 375[3],
384, 395; **10/3** 23, 32; **10/4** 818; **11/3**
429; **11/5** 842; **12** 93, 110s., 243, 293s.,
437, 444s.; **13** 7, 28, 33s., 68, 76, 76[37],
103, 171[82], 214, 316, 333, 350, 363[71],
421[250], 429; **14/1** 4, 11, 44, 297; **14/2** 1,
2, 4, 39[95], 55, 58, 74, 78, 90, 105, 150,
159, 185, 199, 212, 232, 232[67], 272,
291, 302[302], 306, 307, 308, 308[338], 312,
319, 323[34], 325[42], 398, 410; **14/3** 257,
261; **15** 92, 120, 127, 130, 131, 135,
164, 185, 193, 196; **16/1** 185s.; **16/2**
454; **17** 159, 165, 172s., 284, 286s., 321,
330, 343; **18/1** 265, 537s., 596; **18/2**
1.465, 1.553, 1.638, 1.684
- água da **9/2** 218, 340
- - cf. tb. *Aqua vitae*
- ambivalência da **6** 457
- ampliação da **8/2** 765, 790
- após a morte **18/1** 683s., 700, 741,
753s.; **18/2** 1.574
- árvore da
- - cf. Árvore

- atributos da **11/2** 229
- caráter paradoxal da **16/2** 523
- claustral **14/1** 103
- como alma **14/3** 328
- como assimilação **14/2** 121[262]
- como enfermidade com diagnóstico
desfavorável **11/1** 167
- como função do átomo de carbono
8/2 284
- concepção da **4** 682
- consagrada a Deus **14/1** 200
- consciente **6** 237
- consigo mesmo **16/2** 522
- cotidiana **18/1** 906; **18/2** 1.592
- criadora **17** 305
- curso
- - circular da **9/2** 211, 212, 410, 417s.
- - desenrolar da **8/1** 70, 91, 94; **8/2**
778, 796-800
- decurso da **13** 216
- definição da **13** 170
- depois da morte **9/1** 202; **9/2** 174;
10/1 521
- - cf. tb. Além túmulo; Imortalidade
- divina no mundo **14/2** 112
- do extrovertido **6** 539s.
- do herói **11/4** 644
- do introvertido **6** 538, 731
- do primitivo **8/1** 94, 114-119; **8/2** 789
- dos antepassados **17** 207
- duração da **14/3** 296
- e espírito **13** 370
- elixir da **13** 76[37], 170, 203, 212
- e morte **13** 455; **16/2** 467s.
- e o pensamento do indiano **11/5**
933, 950, 959
- e psique **8/2** 334, 368, 375, 606,
618s.
- e renascimento **13** 459
- escopos da **17** 331s.
- espírito vivo ou da **13** 175; **14/2**
292[201], 289, 301
- espiritual / psíquica **6** 144, 257
- essência da **14/2** 174; **15** 17

- estancamento da **7/1** 147; **7/2** 206
- eterna **9/2** 323, 336, 345; **13** 137, 207[222], 421[250]; **14/3** p. 66-67; **16/2** 485[12]; **18/1** 537s.; **18/2** 1.079
- experiência da **8/1** 112; **8/2** 352, 633; **14/2** 430; **15** 139
- ferida da **3** 428
- finalidade / escopo **8/2** 789, 798s.
- fonte da **8/2** 666; **10/4** 742; **14/1** 73
- força de **4** 258, 282, 668; **13** 93, 193, 200, 263
- forma(s)
- - artística e **6** 555
- - inferiores da **15** 158
- fuga da **5** 617
- história de **3** 455
- humana
- - etapas da **8/2** 479, 755, 759s., 764
- imediata **11/1** 88
- impulso de **14/2** 358
- individual **16/2** 538
- instinto de **18/2** 1.150
- longa / *vita longa* **13** 171, 176[114], 177, 185, 190, 193, 201; **14/2** 127, 258, 429
- luta com o lobo Fenris, **5** F 101
- medo da tarefa de **16/2** 368
- meia-idade da **15** 9
- meio da **8/2** 555, 759, 772, 798
- metade da **4** 762; **8/1** 113; **8/2** 784-787, 801
- mudança de **6** 536, 551
- não vivida **7/1** 161; **17** 90
- - pelos pais **15** 4; **17** 87s., 154, (328)
- negação da **8/2** 645
- o meio da **17** 331a, 333
- opressão da **6** 554, 555, 566
- plenitude da **16/1** 185
- pré-natal **11/5** 842
- primeira metade da **17** 337
- princípio da **13** 171, 243, 262, 420
- princípio vital **14/2** 323, 383
- problemas da **8/2** 769s., 771
- - comuns da **14/2** 405

- processo da **13** 413, 459
- provisória **16/2** 336
- prudência da / esperteza **14/1** 339
- psíquica / espiritual **6** 833
- racionalidade e irracionalidade da **7/1** 72
- renovação da **6** 298, 308, 322, 436s., 457, 480, 498, 511; **7/1** 68, 91; **7/2** 260, p. 156, 162s.; **11/1** 59; **16/2** 480
- reprimida **14/2** 398
- - cf. Renovação
- repressão da **6** 702
- reprimir a / abafar **16/2** 502
- ritmo da **6** 470; **7/1** 67, 87
- segunda metade da **16/1** 83, 110; **16/2** 474; **17** 331a, 335s.
- segundo suas próprias leis **14/1** 186, 307
- sentido da **7/1** 68; **14/2** 174, 405; **16/1** 21, 96, 99, 103, 110, 229; **17** 159, 248, 313
- - garantido pelo segredo guardado **14/1** 306
- - falta de **16/1** 83; **16/2** 400
- simbólica 608-696
- sopro de **8/2** 662
- sua finalidade é realizá-la **14/1** 195
- substância da **13** 172
- surgimento a partir da morte **14/2** 323
- terrena
- - o carro como símbolo da **14/1** 266
- tomada como culpa **14/1** 200
- totalidade da **6** 82
- trajetória do Sol da **5** 600
- transformação da energia como expressão da **8/1** 80s.
- transição para a segunda metade da **7/1** 116, 184
- três fases da **4** 262
- valor da **14/2** 175[322], 197
- vivida individualmente **17** 307
- vontade de **17** 313

Índices gerais   675

Vida / força vital **9/1** 172s., 185, 200s., 207s., 226, 238[36], 244, 267, 385s., 389, 521s., 529, 548, 564[95], 566, 580, 595[149], 603, 608, 616, 654[11], 691

Videira **9/1** 210, 248; **9/2** 312, 353; **11/3** 418; **11/4** 612; **14/1** 175[323]; **14/3** 524, 525-528, p. 134-135, 142-143
- cf. Uva; Vinha

Vidência / o que tudo vê **8/2** 394

Vidente **11/5** 951
- cegueira do **5** 183
- de Prevorst **1** 49, 59, 63, 70, 73, 116, 143s.

Vidro (m.s.) **8/3** 935; **13** 245, 250; **14/2** 64[161], 308, 351
- *cinis* (cinza) como **14/1** 313; **14/2** 313
- diáfano como o mundo ou a alma **14/1 14/1** 255
- como *sal sodae* **14/1** 313
- como retorta **14/2** 322[23]
- como sinônimo de alma **14/2** 64[161]
- copo de **12** 243, 246
- lapidável
- cf. Cristal

Vidro / vítreo **9/1** 532[4], 593, 655, 680, 686

Vigília
- estado de **3** 137, 523; **8/2** 299
- - automatismos no **1** 95
- - de um sonâmbulo **1** 73s., 111
- - e alucinação visionária **1** 28
- - e estado semissonambúlico **1** 114
- - e tremores **1** 82[33]
- - experiências criptomnésicas no **1** 86[35]
- - parcial e alucinações complexas **1** 106

Vilis / barato, vil **14/3** 62, 63

Vilões, os **9/1** 413

Vimana
- cf. Pagode

Vinagre (*acetum*) **13** 103, 113; **14/1** 239, 339; **14/2** 164[392], 257, 257[180], 260, 274, 292[244], 345[80], 390, 404; **14/3** 261, 425, 511, p. 106-107, 114-115
- miséria com **14/2** 257, 257[180]

Vinculum **14/3** 573
- alma, anima como **16/2** 454, 475, 504
- espírito como **16/2** 454[14]
- - cf. Água

Vindima **14/3** 526

Vinditas
- cf. Verde

Vingança **8/1** 86; **8/2** 456

Vinha **14/2** 17[54]; **14/3** 293, 546, p. 82-83, 138-139, 142-143
- verdadeira **13** 359[59], 374[90], 403, 414, 458

Vinhateiro
- Hermes como **14/3** 526

Vinho **13** 359[59]; **14/2** 11[32], 73, 87, 230[62], 343, 343[69], 345, 351, 363, 381, 403, 404, 411; **14/3** 280, 293, 419, 460, 470, 525-528, p. 72-73, 140-141; **15** 212
- borra / resíduo **14/2** 351, 354, 363, 403, 404
- céu do **14/2** 345, 351, 353, 363
- como bálsamo **14/2** 328[49]
- como sangue de Osíris **14/2** 383
- da prostituição **14/2** 73[184]
- destilação do **14/2** 354
- e sangue **11/4** 720
- espírito de **8/2** 569, 602
- filosófico **14/2** 328[49], 343, 349[69], 351
- milagre em Caná **9/2** 331
- na alquimia **14/1** 13, 152[331]

676 Obra Completa − Vol. 20

- pedrinha do **14/2** 351
- simbolismo do **12** 177, 417s.
- temperado **14/2** 257[184]
- vulgar **14/2** 328[49]

Vinte e quatro (anciãos) **14/3** 417s., 422, p. 118-119

Vinum ardens **9/2** 379; **10/4** 629, 741; **14/2** 404

Viola (*petrae lutea*) **13** 234

Violência **5** 8, 248
- sexual **5** 34

Violeta (cor) **8/2** 441
- cf. tb. Cores

Viper
- cf. Serpente

Viperinus conatus **14/2** 97[239]

Vir a ser si-mesmo
- cf. Individuação

Vir unus **9/2** 320; **14/2** 48

Virada da vida **5** 458

Virago **14/1** 18, 33

Virgem(ns) (*virgo*) **4** 494; **5** 155, 363, 400; **6** 503; **10/2** 914; **11/1** 107; **11/4** 643, 718, 723; **12** 5*, 33*, 61, 87*, 107*, 438, 462[92], 470s., 491, 493, 499; **14/1** 52, 76, 77, 275, 289, 294; **14/2** 104[245], 116, 164, 197, 198, 200, 233[78], 237, 244, 253, 389[196]; **14/3** p. 132-133, 136-137; **16/2** 518; **17** 208; **18/1** 254, 258; **18/2** 1.360
- a branca como **14/1** 149[181]; **14/2** 370[127]
- apoteose da Virgem-Mãe **14/2** 329[53]
- arquétipo da **11/4** 715
- celeste **14/2** 120
- como arcano **12** 483, 484
- como personificação do firmamento **12** 105*

- como serpente, dragão **5** 567[113]
- como terra **12** 524
- constelação de **14/3** 158
- da luz **14/2** 232
- Deus e a **12** 522s.
- e o dragão **14/1** 294
- leite de **13** 255[30], 380; **18/2** 1.784
- luminosa **14/3** 251
- Maria **5** F 4, 76; **14/1** 117, 121, 149[184], 212, 295, 297; **14/2** 59, 96, 114, 148, 200
- - nascimento virginal **9/1** 11, 22, 282
- masculina **14/1** 33; **14/2** 191[415], 192
- montanha **10/2** 914
- na liturgia **5** 155
- prudentes e tolas **14/3** 238-239, 537, p. 72-73
- redimida **14/2** 111
- serpente **13** 180
- transformação da **14/1** 76
- unicórnio e a
- - cf. Unicórnio

Virgem / donzela **9/1** 71, 74, 93, 156, 270, 312, 351, 398, 422, 433

Virgem / virginal **9/2** 145[75], 164, 177, 218, 339; **13** 132, 162, 392, 416

Virgindade **14/2** 289[223]; **14/3** 425; **18/2** 1.684
- ideal da **14/2** 191[417]
- viril **14/2** 192
- cf. tb. Dogma da Imaculada Conceição

Virgo / Virgem **9/2** 166, 194, 396; **13** 218, 262, 273
- a quintessência como **14/2** 111
- Beata **9/2** 320
- *coelestis* **9/2** 145[75]
- constelação **9/2** 173
- - cf. tb. Zodíaco
- no 5° círculo **14/2** 109, 113
- mãe
- - rainha rejuvenescida **14/2** 113

Índices gerais

- Terra **18/2** 1.552
- cf. tb. Castissima

Viriditas **13**
- benedicta **13** 374[92]
- gloriosa **13** 415

Virilidade inconsciente na mulher e o Eros **14/1** 122

Virtude(s) **11/2** 291; **11/4** 729, 743; **13** 86[1], 93; **14/2** 59, 61[143], 79, 240[119], 343[70], 366, 389[196]; **14/3** 425
- curativa **14/2** 179, 235[81]

Virtus **9/2** 274; **11/3** 447; **14/2** 11, 29, 308[336], 343; **14/3** p. 110-111
- caelestis **14/2** 343
- como summa virtus **14/2** 353
- - unidade da **14/2** 343, 353
- divina **14/2** 29

Visão(ões) **2** 793, 833; **3** 180, 453, 508, 549, 565; **4** 72, 388; **5** 95; **7/1** 108, 121; **6** 38, 827, 926; **7/2** 229, 233, 252, 342, 366s., 384, p. 151s.; **8/1** 122; **8/2** 318s., 396, 554, 573, 576, 632, 672; **9/1** 6, 12s., 68, 106s., 130[20], 132s., 210, 217, 263, 268, 275, 309, 311[3], 318, 398, 408, 506, 509, 536, 546, 715;. **9/2** 26, 158, 190, 304, 315-323, 336[123], 344[149], 351, 378s.; **10/3** 26, 83, 1.012s.; **11/1** 81, 95, 101, 138; **11/3** 345, 375; **11/4** 739; **11/5** 828ss., 937; **12** 56[1], 350, 356, 404, 410; **13** 42, 85-144, 180, 183[142], 204, 215, 245, 273, 374, 439, 446, 458, 477; **14/1** 136, 268, 272; **14/2** 83, 107, 274; **14/3** 218, 410, 436, 438, 561, 604; **17** 137, 193, 207; **16/1** 254; **16/2** 538; **18/1** 81s., 150, 221, 236, 255, 416, 466, 524, 532, 543, 601, 674, 701, 711s., 778s.; **18/2** 1.265, 1.290, 1.431, 1.433, 1.538, 1.561, 1.587, 1.605, 1.617, 1.692, 1.708, 1.723, 1.764, 1.816
- arquetípicas **3** 582

- campo tubular **8/2** 295
- coletiva **9/1** 408; **18/2** 1.431, 1.441, 1.562
- como irrupções do inconsciente **11/4** 664
- como matriz da mitologia **5** 611
- como o irromper do inconsciente **16/2** 383
- como produto
- - da anima **14/2** 83
- - natural **11/1** 136; **11/3** 405; **11/4** 667
- como suprema dominante psíquica **16/1** 180s.
- com rosto vermelho **1** 43
- concretização das **11/5** 929
- conteúdo das **1** 43, 47, 59s.
- da genitália **3** 63
- da mulher solar **11/4** 738, 744
- da Santíssima Trindade (em Nicolau de Flüe) **7/1** 119
- da serpente (em Inácio de Loyola **7/1** 119; **8/2** 395; **11/5** 957
- da vida do Bardo **11/5** 856
- de Ângelo Silésio **6** 476s.
- de Arisleu **9/2** 200[22]; **14/1** 2, 60, 102, 136[127], 230, 256[480], 256[483]
- de Black Elk **14/1** 260[487]
- de Cristo (por Paulo) **8/2** 582
- de defuntos **1** 7, 11, 26, 37
- de Deus **3** 562; **14/3** 143, 169[13], 173, 206, 438, p. 102-103
- - como expressão de situações **5** 685
- de Esdras **9/2** 178[49]
- - cf. tb. Bíblia, Apócrifos
- de Ezequiel **8/2** 394; **9/2** 191, 304, 378; **14/1** 260, 262, 264, 266, 278; **14/2** 308
- - cf. tb. Bíblia
- de Guillaume de Digulleville **11/1** 128, 160
- de Hermas **6** 430, 448
- de Hermes Trismegistus **14/2** 75

- de Hiawatha **5** 521
- de incêndio **1** 130
- de Isaías **9/2** 104, 158
- - cf. tb. Bíblia
- de Nabucodonosor **8/2** 484
- de Nicolau de Flüe **8/2** 413
- de mundo (cosmovisão) **16/1** 22, 179, 185s., 188s., 240s., 249s., 253; **16/2** 412
- de Swedenborg **8/3** 905, 974
- de Zósimo **5** 200, 484; **9/2** 283; **14/1** 27, 77[209]; **14/2** 113[254]
- diminuição das **1** 71
- do alquimista **14/1** 136
- do Bruder Klaus **16/2** 403[6]
- do diabo **6** 75
- do irmão Klaus (Nicolau de Flüe) **14/1** 214
- do médico **16/1** 233
- do paraíso **11/1** 116s.; **14/1** 269, 272
- do *Pastor de Hermas* **14/1** 11
- do relógio do mundo **11/1** 111s., 138; **12** 307s., 323
- dos dez mundos **11/5** 913
- do símbolo em Fausto **6** 188
- do Sol **1** 101
- em Nistzsche **6** 210
- em relação ao bem-estar psíquico **16/1** 218
- em Schiller **6** 206
- elementares **1** 101[53]
- hipnagógica **5** 255
- marianas **11/4** 748
- moral da vida **14/1** 302
- nas ausências **1** 42, 126
- no estado de sono **1** 106
- onírica **14/2** 292[240]
- originária **15** 142
- psicológica **14/1** 89
- realidade das **1** 43
- sem ausências **1** 43
- significado das **1** 106, 128s.
- surgimento da(s) **1** 43; **6** 925

Visão / aparição **10/4** 593, 597, 598, 608, 618, 622, 624, 642, 643, 649, 650, 651, 663, 669, 678, 699, 730, 731, 738, 766, 770, 792-801
- coletiva **10/4** 597, 616

Vis a tergo **8/1** 87

Visco / planta **5** 392, 393

Vishnu **5** F 5, 449, F 86, 87, 545; **9/1** 554[75]; **9/2** 176[42], 272; **10/3** 992; **12** 75*, 533, 255*; **13** 334, 339

Vishuddha **9/1** 467[14]

Visibilidade / visual **2** 28, 84, 143, 148, 206, 450[68], 471s.

Visio Arislei **12** 193[7], 356, 392, 435, 437s., 449s., 496s., 498s.; **13** 86[6], 88[21, 23], 124[161], 403, 441[294]; **14/1** 2, 60, 102 / R₁: *6, 15, 54*, R₃: *480, 503*; **14/2** 18[57], 41, 60, 69, 94, 131, 292 / R₄: 57, 283 / R₅: *256*; **14/3** 41[6], 176[32]; **16/2** 2, 357[13], 455, F 5
- cf. tb. *Rosarium Philosophorum* **9/1**

Visionário **15** 149, 151, 153
- modo de criar **15** 139, 141

Visual
- personalidade **8/2** 638, 640

Vita **13**
- *aerea* **13** 201
- cosmográfica **13** 205
- gloriosa **13** 416
- longa
- - cf. Vida longa

Vital **8/2**
- energia **8/1** 31s., 116
- - cf. tb. Libido
- força **8/1** 32; **8/2** 662
- instinto **8/1** 56; **8/2** 215
- necessidade **8/2** 686
- sentimento
- - exaltado **8/2** 668
- - extinção do **8/1** 61; **8/2** 739

Índices gerais

Vitalidade **14/2** 443; **14/3** 570
- da natureza **10/2** 431

Vitalismo **4** 282; **8/1** 51; **8/2** 529

Vitelo / novilho
- cf. Touro

Vítima **7/1** 145

Vitis
- cf. Videira

Vitium **9/2** 91

Vitória **14/3** p. 110-111

Vitríolo **13** 375
- de ferro (sulfato de ferro) **14/2** 386

Vitrum
- cf. Vidro

Viúva / *vidua* **14/1** 6-30, 31, 52[99]; **14/3** 144, 287
- a Igreja como (S. Agostinho) **14/1** 17
- como dinamismo subordinado à consciência **14/1** 146
- filhos da **14/1** 14, 14[69], 31
- liberdade da **14/1** 303
- Malchut como **14/1** 14[69]
- sinônimos de **14/1** 14[69]

Vivência **14/2** 106, 157, 440; **15** 37
- arquetípica **14/2** 71[182]
- concreta **14/2** 71[182]
- da tonalidade **14/2** 432
- de iluminação **14/2** 431
- de que "alguém outro" sofre em mim **14/2** 157, 158
- de Satori no Zen **14/2** 426
- do si-mesmo **14/2** 433, 434
- do tipo sensação extrovertido **6** 675
- empírica **14/2** 426
- em vez de estetismo **6** 214
- estética **6** 566
- explicada pela metafísica **14/2** 435
- expressa por conceitos religiosos **14/2** 435
- genuína **14/2** 157

- importância subjetiva da **14/2** 426
- irracional **14/2** 179
- mística **14/2** 106, 179, 433
- numinosa **14/2** 426, 432, 434, 435
- - involuntária **14/2** 437
- ocorrência de **14/2** 435
- original e sua vivacidade **14/2** 401, 432
- originária **15** 141, 143, 144, 147, 151, 161
- primordial (em Joel) **5** 500, 500[33], 501
- - afirmativa mítica como **5** 223
- psíquica **14/2** 172, 178, 426, 435
- religiosa, empolgação da **14/2** 157, 158, 400
- repetição da **14/2** 432
- representação intelectual da **14/2** 432
- tentativa de explicação científica **14/2** 435
- vomitar, motivo do **14/2** 147[327]

Vivenciar o inconsciente **12** 61, 81, 564

Viver
- arte de **8/2** 789

Vivo
- corpo (organismo) **8/3** 917

Voar
- capacidade de **13** 132
- no sonho **18/1** 477

"Você não passa de" (*Nichts-als*) **7/1** 67

Volátil
- cf. Asas

Volatilia **8/2** 559

Volatilidade **12** 390s., 511[205]

Volucres **9/2** 185

Volúpia **17** 145

Völuspa **5** 681[88]

Vomitar / vomitado **17** 68s.

Vômito **4** 464, 513; **13** 278

Vontade **2** 868, 901, 1.067, 1.352; **3** 20, 33, 170, 402, 561; **4** 280; **5** 195; **6** 365, 577, 640, 811, 890, 921; **8/1** 47; **8/2** 149, 159, 377s., 747; **8/3** 895; **9/1** 260, 276, 386, 404, 492, 497, 563; **9/2** 3, 11, 16, 90s., 216; **10/1** 548, 565; **10/3** 312, 828, 842; **11/4** 688, 757; **11/5** 869; **13** 13s., 31, 44, 48, 66, 298; **14/2** 135, 178, 187, 398, 406; **15** 110, 112, 113, 128, 159, 173; **17** 166s., 224s., 296, 315, 331s.; **18/1** 23, 27, 35, 77, 90s., 101, 149, 175s., 198, 314, 458, 492, 502, 555, 559, 754, 873, 888; **18/2** 1.155, 1.256, 1.305, 1.312s., 1.389, 1.473, 1.493
- de Deus **18/2** 1.539s., 1.554, 1.627s., 1.637s., 1.660, 1.667
- ascética **4** 640
- atos inconscientes **8/2** 363, 365, 380, 383
- capacidade de querer o contrário **11/2** 252, 290
- cega **4** 352
- como função dirigida **7/1** 72
- como poder **7/1** 74
- como quantidade de energia **8/2** 166, 379, 397, 430
- complexo e **16/2** 266s.
- consciente **5** 673; **6** 456
- criação da **5** 548
- de Deus **8/2** 677; **8/3** 917, 927; **11/4** 659, 694
- - vontade contrária como **11/2** 292
- - e Lúcifer **11/2** 290
- de poder (Adler) **16/2** 360, 368
- desenvolver a **16/1** 109s.
- desenvolvimento da **16/2** 393
- desunião da **6** 913
- determinação **6** 177; **8/2** 247, 636
- e a função inferior **11/2** 245
- e consciência **1** 176s.; **8/1** 87; **8/2** 249, 642, 667, 677

- e constelação de complexos **8/2** 200, 254
- e fenômenos psicossomáticos **8/2** 440
- e instinto / impulso **8/2** 245, 293, 371-380
- e inteligência **1** 220s.
- em Nietzsche **6** 109, 215
- em Schiller **6** 170, 175, 185[72], 197
- em Schopenhauer **6** 318, 474, 817; **8/1** 55; **8/3** 828
- e processo de individuação **8/2** 430
- esforço da **14/2** 398, 406
- espasmos da **14/2** 398
- extinção da **11/1** 41
- fraqueza de **3** 505, 521, 531, 578
- - cf. tb. Abulia
- *hybris* do querer **16/2** 396, 399
- influência sobre os sonhos **8/2** 532, 545, 580
- - e instinto **8/2** 272, 379
- liberdade da **2** 868, 896; **6** 572
- livre-arbítrio **11/1** 143
- motivos da **17** 17[5]
- objetivo da **6** 169, 172
- originária **7/2** 212
- paralisia da **4** 206
- que trascende a consciência humana **14/2** 440
- razão como **6** 584
- suspensão da **6** 913
- cf. tb. Atitude; Querer

Voo (m.s.) **8/2** 535

Voracidade **16/2** 361

Vourukasha (lago pluvial) **5** 306[3], 367[77], 422; **13** 406, 461

Vox Dei
- cf. tb. Deus

Voz(es) **12** 114, 120, 294; **14/1** 133[108], 136, 140; **18/1** 150, 226, 746
- audição de **8/2** 576, 584
- do doente mental **8/2** 253, 581
- do íntimo **17** 300s., 309s., 315s.

Índices gerais

- exorcizar as **3** 155
- interior **7/2** 229, 254, p. 151s.; **11/1** 63s., 80, 128; **11/3** 441
- no sonho **16/1** 16
- outras **8/2** 170, 186
- ouvir **3** 64, 180[167] (E), 180 (E), 190, 198, 307 (E), 453, 459, 482, 508, 540 (E), 574 (E)

- - cf. tb. Alucinação

Vulcano **6** 299; **9/2** 393, 396

Vulcanus (Mulciber) **14/1** 16[104], 42

Vulcão **17** 19, 29

Vulgata
- como fonte
- - da simbólica alquímica **14/1** 318
- - do latim medieval **14/1** 240
- cf. tb. Bíblia

Vulva **5** 210, 408

W

Wagner
- música de **14/2** 408

Waberlohe **5** 423

Wagalaweia
- o canto de **10/2** 389

Wakan **8/1** 122

Wakanda **8/1** 115s.; **10/2** 397[14]

Wallenstein **6** 980

Walpurgis
- noite de **18/2** 1.696

Wampum
- cinto / couraça de **5** 482, 547

Wandlungen in der Freudschen Schule (Furtmüller) **4** 634

Wandlungen und Symbole der Libido (Jung) **4** 180[19], 252[12], 263[14], 271, 342, 481, 553[3], 694[3]

Wasserstein der Weysen **13** 138[215], 139[216], 141

Wataka **8/1** 83

Watschandis **8/1** 83, 88
- magia da fecundação dos **5** 213, 220, 226

Wavo **8/3** 842

Weimar **9/1** 386

Weltanschauung (mundividência, concepção do mundo, cosmovisão) **3** 420, 421, 422; **7/2** 229
- dos doentes **3** 417
- - cf. tb. Sistema
- racional **7/2** 324

Wen **15** 83

Wernicke, C. **1** 304

Whisky (S) **4** 164s., 169

Wichita
- cf. Índios

Wieland, o Ferreiro **5** 183, 516

Wong **8/1** 118

Wotan **5** 421, 422, 555, 563, 598, 602s., 623; **7/2** 218; **9/1** 50, 413, 442, 445s., 454, 597; **10/2** 371-399, 400, 435; **10/3** 174; **10/4** 701; **11/1** 44; **13** 246, 250; **18/2** 1.329, 1.693s.;
- e Brünhilde **5** 560, 678
- sobre Sleipnir, **5** F 82

Wundt, W. **1** 479

Würzburg **3** 321

Wu-wei **6** 419; **13** 20

X

Xamã(s) **4** 578; **9/1** 77, 213, 409, 414, 457, 482; **14/3** 574
- dervixes **5** 481
- feiticeiro, curandeiro **7/1** 154

Xamã / xamanismo **11/3** 346[11], 410, 447

Xamanismo **9/1** 115[6], 457; **10/3** 21s., 101, 977; **13** 91[37], 132, 305, 399, 402, 404, 407, 462; **18/1** 578; **18/2** 1.473;
- e casamento celestial **14/1** 2[6]
- noiva celeste no **13** 455, 460
- cf. tb. Árvore

Xeque **4** 85

Y

Yaibichi **18/2** 1.225

Yajnavalkya **13** 301

Yajur-Veda
- cf. tb. *Veda(s)*

Yama (deus hindu dos mortos) **5** 421; **9/2** 339[134]

Yang **13** 13, 57
- como dragão que ocupa o leste **14/2** 63[147]

Yang e *Yin* **5** 581[159]; **6** 417s., 902; **7/2** 287; **8/3** 863, 865s.; **9/2** 104, 281; **10/2** 913, 939; **10/3** 65, 295; **10/4** 772; **11/2** 291; **11/3** 375; **11/5** 791; **12** 43, 192, 436[41]; **13** 13, 37; **14/1** 83, 159[228], 245; **14/2** 53[127], 63, 63[147], 237, 274, 327, 334; **15** 94

- combinação de **14/2** 327
- como condutores do carro **14/2** 63[147]
- como Sol e Lua **14/2** 63[147]
- os vários sentidos de **14/2** 334

Yantra **9/1** 630, 710, 714; **10/4** 803; **12** 122, 39

Yaos **8/1** 117

Yaris **8/1** 125

Yesod **14/3** 410

Yggdrasil
- cf. Árvore; Freixo nórdico

Yima **9/2** 389[82]; **14/2** 306[324]

Yin **13** 7, 13, 57, 460[338]; **16/2** 344
- como tigre que ocupa o oeste **14/2**

63[147]
- e *yang* **9/1** 40, 120, 183, 197, 564[95], 603, 637
- cf. tb. *Yang*

Yliaster **15** 12

Ymir
- - de seu suor provém os primeiros homens **14/1** 33[218]

Yoga
- cf. Ioga

Yolkaíestsan **13** 130

Yoni **5** 210[12], 408; **9/1** 156; **12** 192; **16/2** 340
- lingam com **5** F 53

Yü (sinais I Ching) **9/1** 598

Yugas **9/1** 551

Índices gerais

Z

Zacarias
- cf. tb. Bíblia

Zagreu **5** 527, 665; **7/1** 113; **8/2** 162; **11/1** 142
- como touro **5** 527
- cf. tb. Dioniso

Zähringer **3** (D) 17, 310

Zanzibar **18/2** 1.290

Zaratustra **1** 140s., 180s.; **3** 171; **5** 446, 583[163], 585[168], 601; **6** 144, 310, 318s., 321, 605s., 796, 917, 1.033; **7/1** 36; **7/2** 397; **8/2** 162, 254, 643; **9/1** 77s., 216, 254; **11/1** 11; **11/5** 892, 905s.; **13** 119, 148[338], 163,174[401], 446, 458; ; **15** 103, 111, 117, 159, 178, 185, 192, 214; **18/1** 455
- como *alter ego* de Nietzsche **11/1** 142
- cf. tb. Nietzsche

Zeesar **9/2** 330

Zen **9/1** 602; **9/2** 260; **16/2** 532

Zen-budismo **11/5** 827, 877ss., 893ss.
- filosofia do **8/2** 431

Zênite e Nadir **10/4** 771

Zentralblatt für Psychoanalyse **4** 502, 632, 634; **18/1** 794 nota, 1.027 nota, 1.031; **18/2** 1.077 nota, 1.082 nota, 1.284 nota

Zepelim **10/4** 618[7]

Zeus **5** 119[6], 198, 208, 363, 460[71], 560; **9/2** 322[75]; **10/2** 394; **10/3** 848; **11/3** 400; **11/4** 569, 656; **13** 54, 129; **14/2** 420[226]; **15** 110, 152; **18/1** 82
- ou Júpiter **14/1** 27[178], 82, 83, 140[157]
- triops **13** 270[141]
Zinco **14/1** 84[224]

Zodiacais
- significado dos signos **8/3** 867

Zodíaco **9/1** 7, 552s., 606s.; **11/1** 113; **11/3** 418; **12** 214s., 92*, 93*, 314, 104*, 346; **13** 160[38], 414[225]; **14/1** 5, 211, 269, 292; **18/2** 1.077
- animais do **5** 163, 163[73], (295), F 84, F 112
- signos do **8/2** 394; **9/2** 136, 136[51], 147, 149[88], 177, 181, 212, 230, 351, 366[25]; **14/2** 119, 158[365], 389[196]
- - Aquário **9/2** 136, 147, 148
- - Áries **9/2** 128[14], 147[78], 154; **13** 193, 203, 409[201]
- - Balança **9/2** 130[41], 137[55]
- - Capricórnio **9/2** 148[85], 173; **13** 176[114]
- - Carneiro **9/2** 130[41]
- - Gêmeos **9/2** 130[134]
- - Touro **13** 193[184]
- - Virgem **9/2** 130[41], 166

Zogo **8/1** 120

Zona(s)
- de influência **9/2** 418
- erógenas **4** 244s.
- espasmógena **4** 245

Zon hydor **9/2** 312, 323

Zoologia **14/2** 312

Zorobabel **8/2** 394; **14/1** 60; **14/2** 293[263]

Zósimo
- conteúdo simbólico da visão de Z. da missa **11/3** 374
- e missa **11/3** 403
- transformação durante a visão de Z. da missa **11/3** 410
- visão de **11/1** 153; **11/3** 297, 344, 359, 403, 410; **14/1** 175[317]

Zrwan akarana **5** 425

Zuppinger **3** (D) 283, 293

Zur Psychologie und Pathologie sogenannter occulter Phänomene (Jung) **4** 152[3]

Zur Psychopathologie des Alltagslebens (Freud) **4** 338

Zurique **3** 281, 291, 325[4]; **4** 604
- escola de **4** 456, 671, 673, 686
- Sociedade de Psicologia Analítica de **4** 684

Conecte-se conosco:

f facebook.com/editoravozes

◉ @editoravozes

🐦 @editora_vozes

▶ youtube.com/editoravozes

🟢 +55 24 99267-9864

www.vozes.com.br

Conheça nossas lojas:

www.livrariavozes.com.br

Belo Horizonte – Brasília – Campinas – Cuiabá – Curitiba
Fortaleza – Juiz de Fora – Petrópolis – Recife – São Paulo

  Vozes de Bolso

EDITORA VOZES LTDA.
Rua Frei Luís, 100 – Centro – Cep 25689-900 – Petrópolis, RJ
Tel.: (24) 2233-9000 – E-mail: vendas@vozes.com.br